제2판 수정증보판

# 근로기준법 주해

# III

노동법실무연구회

박영사

# 발 간 사(제 2 판 수정증보판)

근로기준법 주해 제2판이 출판된 지도 벌써 5년이 지났습니다. 그 사이에 근로기준법 등 개별적 근로관계에 관한 법령이 수차례 개정되었고 주목할 만한 판례도 많이 선고되었습니다.

먼저 근로기준법이 타법 개정으로 인한 것을 제외하고도 5차례 개정되었습니다(2020. 3. 31. 법률 제17185호, 2021. 1. 5. 법률 제17862호, 2021. 4. 13. 법률 제18037호, 2021. 5. 18. 법률 제18176호, 2024. 10. 22. 법률 제20520호). 계속근로기간이 1년 미만인 근로자의 연차 유급휴가 사용 촉진을 위한 규정 등이 신설되었고, 단위기간이 3개월을 초과하고 6개월 이내인 탄력적 근로시간제가 신설되었으며, 직장 내 괴롭힘 금지제도와 관련하여 사용자에 대하여 객관적 조사 의무를 부여하고 사용자가 직장 내 괴롭힘을 한 경우 과태료를 부과하는 규정이 신설되었습니다. 부당해고 시 원직복직이 불가능한 경우에도 부당해고 구제절차를 통하여 금전보상을 받을 수 있는 근거가 마련되고 구제명령 불이행에 대한 이행강제금의 한도가 상향되었으며, 임신 중인 여성 근로자의 업무 시작 및 종료 시각의 변경 신청이 허용되었습니다. 미지급 임금에 대한 지연이자 지급의 적용 범위가 재직 중인 근로자까지 확대되었으며, 상습적인 체불사업주에 대한 제재조치를 확대·강화하기 위한 근거 등이 마련되었습니다. 근로기준법 개정에 발맞춰 남녀고용평등법, 근로자퇴직급여 보장법, 임금채권보장법 등 개별적 근로관계에 관한 법령도 개정되었습니다.

다음으로 여러 전원합의체 판결이 선고되어 해당 쟁점에 관한 법적 규율의 기준을 새롭게 세웠습니다. 대법원 2020. 1. 22. 선고 2015다73067 전원합의체 판결은 기준근로시간을 초과하는 약정 근로시간에 대한 임금으로서 월급 형태로 지급되는 고정수당을 시간급 통상임금으로 환산하는 경우, 특별한 정함이 없는 한 근로자가 실제로 근로를 제공하기로 약정한 시간 수 자체를 합산하여야 하는 것이지, 가산수당 산정을 위한 '가산율'을 고려한 연장근로시간 수와 야간근로시간 수를 합산할 것은 아니라고 하였습니다. 대법원 2020. 2. 20. 선고 2019두52386 전원합의체 판결은 근로자가 부당해고 구제신청을 하여 해고의 효력을 다투던 중 정년에 이르거나 근로계약기간이 만료하는 등의 사유로 원직에 복직하는 것이 불가능하게 되었으나 해고기간 중의 임금 상당액을 지급받을 필요가 있는 경우, 구제신청을 기각한 중앙노동위원회의 재심판정을 다툴 소의 이익이 있다고 보았습니다. 대법원 2023. 5. 11. 선고 2017다35588, 35595 전원합의체 판결은 사용자가 취업규칙을 근로자에게 불리하게 변경하면서 근로자의 집단적 의사결정방법에 따른 동의를 받지 못한 경우, 노동조합이나 근로자들이 집단적 동의권을 남용하였다고 볼 만한 특별한 사정이 없는 한 해당 취업규칙의 작성 또는 변경에 사회통념상 합리성이 있다는 이유만으로 그 유효성을 인정할 수는 없다고 하여 종전 판례의 이른바 '사회통념상 합리성 법리'를 폐기하였습니다. 대법원 2024. 12. 19. 선고 2020다247190 전원합의체 판결은 통상임금의 개념을 새로이 정립하여 종전 판례가 제시한 고정성 개념을 통상임금의 개념적 징표에서 제외하였습니다.

위 전원합의체 판결들 이외에도 플랫폼 종사자의 근로자성 판단 기준에 관한 판결, 전속적 지입차주의 근로자성에 관한 판결 등 근로기준법상 근로자 해당 여부에 관한 판결들, 임금인상 소급분을 통상임금에 해당한다고 본 판결, 파견과 도급의 구별에 관한 판결, 파견근로자였다가 직접 고용된 근로자에게 적용할 근로조건에 관한 판결, 정년유지형 임금피크제를 연령차별로 무효로 본 판결, 정년 후 재고용 기대권 · 용역업체 변경에 따른 고용승계 기대권 · 정규직 전환 채용 기대권 등 기대권에 관한 판결, 대학 시간강사의 소정근로시간에 관한 판결, 근무성적이나 근무능력 부진을 이유로 한 통상해고에 관한 판결, 정리해고 후 재고용의무 위반에 따른 손해배상책임에 관한 판결, 취업규칙이나 근로계약에 임금 공제의 근거를 마련한 경우 그 효력에 관한 판결, 대기시간 · 휴식시간 · 교육시간의 근로시간 해당 여부에 관한 판결, 1주간 연장근로 한도 초과 여부의 판단 기준에 관한 판결, 휴일 해당 여부에 관한 판결, 연차휴가 미사용수당 청구권의 소멸시효와 기산점에 관한 판결, 근로자의 작업중지권에 관한 판결, 사업주의 육아기 근로자에 대한 일 · 가정 양립을 위한 배려의무 위반 여부와 판단 기준에 관한 판결, 육아휴직을 마친 근로자에 대한 인사발령의 적법성에 관한 판결 등이 있었습니다.

이번 근로기준법 주해 제2판 수정증보판에서는 2024. 12. 31.까지 개정된 법률과 선고된 판례를 반영하였습니다. 다만, 제2판 출판 이후에 발간된 문헌의 경우 일부를 제외하고는 반영하지 못하였는데, 이에 관하여는 제3판에서의 반영을 기약해봅니다.

대법원 노동법실무연구회는 근로기준법 주해 제2판을 펴낸 이후 2023. 2.에 노동조합 및 노동관계조정법 주해 제2판을 펴낸 바 있습니다. 그에 이어서 근로기준법 주해 제2판 수정증보판 작업에도 함께해주신 집필자와 편집위원들께 진심으로 깊이 감사드립니다. 그리고 계속해서 이 책의 출판을 맡아준 박영사 관계자 여러분께도 감사의 말씀을 드립니다.

이 책이 개별적 근로관계에서 인간의 존엄성이 보장되어야 한다는 헌법의 구상이 실현되는 데 조금이나마 보탬이 되기를 기원합니다.

감사합니다.

2025. 1.

공동편집대표

이 흥 구

# 발 간 사(제 2 판)

대법원 노동법실무연구회(이하 '노실연'이라 약칭)가 초대 회장이신 김지형 전 대법관님의 주도 하에 2010년 9월 15일 근로기준법 주해 초판을 펴낸 뒤 강산이 변하기에 족한 세월인 10년이 흘렀습니다. 그동안 개별 근로관계 분야에는 상당한 변화와 발전이 있었습니다.

먼저, 상대적으로 약자의 지위에 있는 근로자에 대한 실효적 보호를 위해 법률의 개정이 몇 차례 있었습니다. 2010. 5. 25. 법률 제10319호로 개정되어 2012. 1. 1.부터 시행된 근로기준법(제15차 개정)은 사용자의 근로조건 명시 및 서면 교부의무를 강화하였습니다. 이러한 입법취지에 따라 판례는 포괄임금제를 제한해 왔습니다. 2012. 2. 1. 법률 제11270호로 개정된 근로기준법(제16차 개정)은 악의적이고 상습적인 임금체불 사업주에 대한 명단공개를 통해 임금체불을 예방하고자 하였고, 도급사업 근로자의 임금채권 보호를 위해 상위 수급인의 책임을 강화하였으며, 근로자의 휴가사용 촉진제도도 개선하였습니다. 2019. 1. 15. 법률 제16270호로 개정된 현행 근로기준법(제21차 개정)과 개정 산업재해보상보험법, 개정 산업안전보건법 등은 직장 내 괴롭힘 금지 규정을 신설하였습니다.

다음으로, 많다고 할 수는 없지만 중요한 대법원 전원합의체 판결들이 있었습니다. 대법원 2013. 12. 18. 선고 2012다89399 전원합의체 판결은 통상임금의 의의와 요건을 구체화하고 신의칙 항변의 기준을 적시하였습니다. 아울러 재직조건 기타 고정성 요건이나 근로관계에 대한 신의칙 항변 적용의 타당성에 대하여 학계의 많은 논의와 사회적 관심을 촉발하였습니다. 대법원 2018. 6. 21. 선고 2011다112391 전원합의체 판결은 연장근로와 휴일근로의 중복 가산임금 지급에 관하여 법리를 밝혔습니다. 대법원 2019. 4. 18. 선고 2016다2451 전원합의체 판결은 소정근로시간만을 단축하는 택시회사 노사 합의를 최저임금법을 잠탈하는 탈법행위로 규제하였습니다. 대법원 2019. 8. 22. 선고 2016다48785 전원합의체 판결은 선택적 복지제도에 기초한 복지포인트의 임금성 여부를 판단하였습니다.

그리고 전원합의체 판결 외에도 노동법 분야에 큰 영향을 미친 판례들이 많이 있었습니다. 근로기준법상 근로자성을 보다 확대한 판결들, 불법파견 법리를 정립하고 사용자성을 확대하여 간접고용 근로자의 보호를 도모한 판결들, 기간제근로자의 갱신기대권 법리와 정규직 전환기대권 법리 등을 통해 기간제근로자의 보호를 강화한 판결들, 유리 조건 우선 원칙에 따라 근로자에게 유리한 근로계약이 집단적 동의를 받은 취업규칙보다 앞선다는 것을 밝힘으로써 근로조건은 동등하고 자유롭게 결정되어야 한다는 법리를 확인한 판결 등을 꼽을 수 있습니다.

노실연은 위와 같은 법률 및 판례의 변화·발전과 고용관계의 다양화, 산업·노동환경의 변화를 둘러싸고 발생한 새로운 노동법 쟁점들에 대한 학계와 현장의 목소리를 노동법 실무에 반영하기 위해 노력해왔습니다. 노실연은 2015. 4. 1. 노동조합 및 노동관계조정법 주해를 출간한 데 이어 2015. 10.경 근로기준법 주해 개정 준비작업 착수를 의결하고 2017. 7.부터 본격적인 개정 작업을 진행하였습니다. 근로기준법 주해 초판 집필에 동참한 22명의 필진에 새로이 22명의 필진이 힘을 보태었습니다. 초판의 조문과 주제에 대한 해설 이외에 직장 내 괴롭힘 금지 등 신설 조문에 대한 해설을 새롭게 마련하였고, '사직, 합의해지 등', '정년제', '인사이동', '교원에 대한 불이익처분과 구제절차', '최저임금법', '도산절차와 근로관계', '남녀고용평등법상 모성보호 및 일·가정의 양립 지원' 등 새로운 주제에 대한 해설을 추가하였습니다. 각 조문, 주제의 집필자가 초고를 작성한 후에 노실연 발표와 편집위원회 독회 등을 통해 많은 토론과 수정 작업을 거쳐 최종 원고가 완성되었습니다. 2년 6개월 정도의 노력 끝에 제 2 판을 출판하게 되었습니다.

제 2 판 작업에도 함께 해주신 김지형 초대 회장님, 노동법을 사랑하고 올바른 노사관계를 고민하는 판사, 변호사, 교수로 구성된 집필진과 권창영, 김민기, 김진, 김진석, 도재형, 신권철, 최은배 편집위원, 김희수, 마은혁, 임상민 편집위원 겸 간사, 그리고 노실연 세미나에서 제 2 판 원고가 발표되고 치열하게 논의되도록 도와 준 대법원 근로조 재판연구관들, 제 2 판 원고의 교정 작업에 동참해 준 법원 노동법분야연구회 회원들의 희생적인 노고가 있었기에 제 2 판의 출판이 가능했습니다. 진심으로 깊이 감사드립니다. 그리고 초판에 이어 또 다시 이 책의 출판을 맡아준 박영사 관계자 여러분께도 감사의 말씀을 드립니다.

우리는 구성원 모두가 인간으로서의 존엄과 가치를 존중하고 행복하게 살아갈 수 있는 사회를 바랍니다. 우리 사회 구성원의 절대 다수를 차지하고 재화와 용역의 직접 생산자인 근로자들이 차별받지 않고 정당하게 대우받는 것이 그러한 사회의 출발점이 될 것입니다. 이 책이 노동이 존중받고 노사가 화합하며 사각지대에 있는 근로자가 보호받아 좀 더 아름답고 살기 좋은 사회를 이루는 데 한 점 보탬이 되기를 희망합니다. 부족한 점이 있겠지만, 노동법에 대한 사랑과 고민이 여기저기에 묻어 있습니다. 독자 여러분께서 따가운 질책과 더불어 부드러운 격려도 함께 해 주시기를 간곡히 부탁드립니다.

감사합니다.

2020. 1.

공동편집대표

김 선 수

# 제 2 판 펴냄에 즈음하여

현대 노동법의 아버지라고 불리는 후고 진쯔하이머(Hugo Sinzheimer, 1875~1945)는 그의 저서 『노동법 원리』(Grundzüge des Arbeitsrechts)에서 노동법학의 궁극적 과제를 "**종속노동(abhängige Arbeit)에 의존하는 인간의 지위를 사회구조 전체 안에서 어떻게 결정할 것인가**"로 집약했습니다. 그는 '노동 법령과 문헌 · 판례가 이러한 과제를 해결할 것'으로 희망했습니다. 오늘날 우리는 과연 이러한 과제에 얼마나 가까이 다가갔을까요.

돌아보면 2010년에 이 주해서의 초판이 나왔습니다. 늦었지만 우리 노동법 분야에서 최초로 선보인 주석서인 데다가 실무가들 중심으로 집필한 것이어서 처음 발간 당시의 기억과 감회가 지금도 새롭습니다. 그로부터 딱 10년이 지나 이번 제 2 판이 나왔습니다. 그사이 변모한 우리 노동 법령과 문헌 · 판례가 개정 작업을 떠밀었습니다.

개인적으로도 10년의 틈새에 여러 일이 있었습니다. 법복의 무게를 벗고 얼마 되지 않아 노동법연구소 해밀을 창립하였습니다. "노동의 문제가 있는 곳에 노동법이 진정한 해답이 되어야 한다"는 것이 '해밀'의 설립 목적이었습니다. 창립 7주년을 넘긴 것만으로도 스스로 대견합니다. 그동안 '삼성전자 반도체 및 LCD 사업장에서의 백혈병 등 희귀질환 발병을 둘러싼 문제해결을 위한 조정위원회', '구의역 사고 진상조사위원회'에 이어 최근의 '고 김용균 사망사고 진상규명과 재발방지를 위한 석탄화력발전소 특별노동안전조사위원회'에 이르기까지 노동 관련 사회적 의제를 다루는 논의기구에도 참여하였습니다. 성과는 불문으로 하고, 노동문제에 대한 사회적 논의의 장(場)이 마련되었다는 것, 노동현장의 문제를 곧바로 직접 다루었다는 것, 노동을 '상품이 아닌 인격'으로 바라볼 수 있는 사회적 경험의 축적이 시작되었다는 것, 이런 것들에서 엿볼 수 있는 의미가 없지는 않았다고 봅니다. 하지만 '노동이 자본과 상생하고 공존하는 해법'을 찾아내는 것은 결코 쉬운 일이 아닙니다. 애써 그 여정을 떠난 노동법이 앞으로도 걸어가야 할 길은 아직도 한참 멀구나 하는 생각을 지우기 어렵습니다. 이러한 생각은 "노동법을 어떻게 공부하고, 무엇을 노동법이라고 말할 것인가"라는 고민으로 직결됩니다.

그사이 많은 노동법 연구자들도 비슷한 고심을 해왔을 것으로 짐작합니다. 예를 들어, 도재형 교수는 2016년에 펴낸 『노동법의 회생』에서 노동법의 미래 과제를 짚어 주었습니다. 1990년대 이후 신자유주의적 구조조정 정책이 추진되면서 우리 노동법이 겪은 위기, 2000년대 중반 이후 노동법이 회생을 모색해 나간 과정 등을 서술하면서, 노동법이 앞으로 해결해야 할 과제가 무엇인지를 차분히 밝히고 있습니다. 서울대학교 고용복지법센터 이철수 교수가 2017년에 편저자로 펴낸 『전환기의 노동과제』도 눈여겨볼 만합니다. 노동법학·노동경제학·노사관계학·사회복지학·경영학 등 다양한 분야의 연구자들이 거시적인 관점의 노동현안과 아울러 법 개정 또는 정책적 개선이 필요한 노동과제 각론에 대해 문제점과 원인을 심층 분석·진단하고 해법이나 대안을 제시하려고 했습니다. 일일이 거명하지 못해 송구하지만, 대법원 노동법실무연구회를 비롯하여 한국노동법학회, 서울대학교 노동법연구회, 노동법이론실무학회, 한국노동연구원, 노동법연구소 해밀 등에 속한 수많은 실무가와 학자들이 꾸준히 노동법 연구에 진력해 왔습니다.

2020년의 이번 제 2 판 역시, 이렇게 다양한 경로로 축적되고 있는 노동법의 연구결과 및 논의들과 더불어, 노동법 관련 세부 이슈와 쟁점들에 대해 이해의 폭을 넓히고, 노동법이 장차 해결해야 할 과제들에 대해 문제의식을 공유하는 데 일조를 할 것입니다.

이 주해서 초판이 출간된 바로 같은 해에 경제평론가 아나톨 칼레츠키(Anatole Kaletsky, 1952~)가 저술한 『자본주의 4.0』이 나와 세계적인 주목을 받았습니다. 칼레츠키는 이 책에서 자본주의의 원년을 1776년으로 잡았습니다. 애덤 스미스(Adam Smith, 1723~1790)의 『국부론』이 출간된 해입니다. 이렇게 시작된 자본주의 경제 패러다임은 1930년경까지 1.0 버전의 자유방임주의, 1930년경부터 1980년경까지 2.0 버전의 수정자본주의를 거쳐, 1980년 이후 이른바 3.0 버전의 신자유주의로 이어졌으나, 2008년 맞이한 세계적인 금융위기를 계기로 4.0

버전으로 전환되었다고 진단합니다.

칼레츠키에 의하면 3.0 버전의 신자유주의에서는 정치와 경제가 분리되어 시장이 경제를 주도하였다고 합니다. 그러나 4.0 버전에서 정치와 경제는 분리될 수 없으며 정부와 시장이 상호의존적인 관계로 결속되어야 한다고 주장합니다. 노동법의 역할도 3.0 버전과 4.0 버전에서 서로 다를 것입니다. 칼레츠키의 이러한 견해에 비추어 본다면, 3.0 버전에서 4.0 버전으로 막 전환되던 무렵에 나온 초판과 비교하여 온전히 4.0 버전으로 바뀐 뒤에 나온 이 제 2 판에서 달라진 노동법의 변곡점을 읽어내는 것도 흥미로울 듯합니다.

물론 우리 노동법은 앞으로 더 많은 진화가 필요합니다. 따라서 이 제 2 판에도 불구하고 여전히 남겨져 있는 부분은 향후 제 3 판, 제 4 판 등에 담아내는 노력이 계속되어야 할 것입니다.

앞서 이미 말씀드렸듯이, 우리가 노동법학의 궁극적 과제에 얼마나 가까이 다가갔는지는 선뜻 답을 내놓기 어렵습니다. 그러나 적어도 이것 하나만은 분명합니다. 대법원 노동법실무연구회가 이 주해서 초판과 이어진 이번 제 2 판 발간 작업에 공을 들인 것은 우리에게 주어진 위 궁극의 과제를 해결하기 위한 작지만 한 걸음이고 결실이라는 점입니다.

그 길을 연구회의 역대 회장을 역임해 주신 김용덕 · 조희대 · 조재연 전 · 현 대법관님들과 현 회장이신 김선수 대법관님이 앞장서 이끌어 주셨습니다. 당연히 이 제 2 판 집필 작업에 헌신적으로 참여해 주신 분들이 계시지 않았다면 이 책은 세상에 나올 수 없었습니다. 집필진 44명 한분 한분의 성함은 본문에서 확인하는 것이 좋겠다고 판단해 여기서 거명하는 것은 과감히 줄이겠습니다. 나아가 편집위원들의 공로도 결코 빼놓을 수 없습니다. 김민기 · 김진석 고등법원 고법판사, 권창영 · 김진 · 최은배 변호사, 도재형 · 신권철 법학전문대학원 교수와 함께 편집위원회 간사인 마은혁 지방법원 부장판사, 김희수 · 임상민 재판연구관이 거칠고 힘든 편집작업에 정성을 다해 주었습니다. 특히 편집위원회 간사 마은혁 부장판사의 선한 의지, 성실한 추진력, 착한 열정은 자칫 더딜 수도 있는 발간 작업을 힘있게 견인해 주었습니다. 각별한 고마움을 표합니다. 그리고 막판 원고 교정 작업에 힘을 보태준 법원 노동법분야연구회 회원 여러분의 노고에도 치하의 말씀을 드립니다. 끝으로 초판에 이어 제 2 판 발간을 맡아준 박영사 관계자분들에게도 깊이 감사드립니다.

출산에는 산고(産苦)가 동반합니다. 하지만 출산은 축복입니다. 산고를 잊고 기쁨을 같이하게 합니다. 이 제 2 판 출간 역시 마찬가지입니다. 출간과 더불어 출간 때까지의 고통을 잊고 연구회 회원 모두, 그리고 이 책을 펼쳐 들 독자 여러분들과 기쁨을 같이 나누려 합니다. 출산과 동시에 갓난애가 산모인 엄마의 몸을 나와 세상을 마주하듯이, 이 책 역시 출간이 완료되는 순간부터는 연구회의 손을 떠나 이 책을 펴드는 독자 여러분들을 마주하게 됩니다. 그것은 새로운 소통의 시작입니다. 모쪼록 이 제 2 판 발간을 계기로 '노동이란 무엇인가', '노동법은 무엇이어야 하는가'에 대한 물밑 토론을 독자 여러분과 계속 이어가길 소망합니다.

감사합니다.

2020년 1월 31일

공동편집대표

김 지 형

# 책 펴냄에 즈음하여(초판)

## 법(法) 안에서 법을 묻다

법을 하는 사람들에게, 법은 언젠가 도달하여야 할 목표이다. 적어도 처음 시작할 때의 생각은 그러하였다. 넘어야 할 산(山)이었다. 시선은 저 높이 산봉우리부터 향하였고, 떠나기에 앞서 신발 끈을 질끈 동여매었다. 노동법이라고 다를 바 뭐 있으랴.

하지만 산(山)은 그런 치기(稚氣)를 받아주지 않았다. 그러기엔 너무 크고 끝이 없었다. 그래서 서서히 깨달을 수 있었다. 법은 극복해야 할 대상이 아니다. 정복해야 할 상대가 아니다. 정상(頂上)에서 만날 수 있는 그 무엇이 아니다.

그런 깨우침의 시간 속에서 많은 이들을 만날 수 있었다. 산길을 걸으면서 서로가 서로에게 물었다. 그래서 '길 위에서 길을 묻다'고 하였던가, '산속에서 산을 묻다'고 하였던가.

깊은 산속 옹달샘에서 솟아나는 샘물 한 모금으로 목마름을 달래본 적이 있는 이는 알 일이다. 문답을 나누는 것은 그것만으로 단맛 나는 즐거움이었다. 한번쯤 그런 이야기들을 남겨두어야겠다는 욕심이 들 법도 하지 않겠는가. 누구라도 산길에서 만날 수 있는 조그마한 이정표라도 세워둔다면 나쁘지 않을 것이다. 처음 산을 오를 때 산봉우리를 향했던 시선은 잠시 거두어도 좋지 않겠는가.

그러나 우리 모두는 잘 알고 있다. 아직 가야 할 길은 멀고 먼 길이다. 계속해서 그 길을 걷는 것을 멈추지 않을 것이다. 하지만 조급해 하지도 않을 것이다. 누군가의 말처럼, 빨리 가려면 혼자 갈 것이지만, 멀리 가려면 함께 가야 한다. 이 산에 이렇게 함께 갈 많은 이들이 있으니, 두려움도 없고 망설임도 없다. 그저 고맙고 든든하며 한없이 여유로울 뿐이다.

## 빛과 그리고 그림자

이 책이 드디어 세상에 빛을 보게 되었습니다. 책을 펴냄에 즈음하여 이 글을 쓰고 있는 이 순간, 기쁨에 넘쳐 주절주절 떠오르는 단상(斷想)부터 생각나는 대로 적어보았습니다.

내가 행복해야 세상이 행복한 것이 아니라 세상이 행복하여야 내가 행복할 수 있다고 믿는 사람들, 우리가 살고 있는 세상이 좀 더 아름다워질 수 있다고 믿는 사람들, 그런 법률가들이 만났습니다.

그 때가 2005년 여름쯤인 것으로 기억합니다. "세상을 경륜하고 백성에게 혜택을 베풀어주는 학문을 하라"는 다산(茶山)의 가르침에 공감하여 『노동법실무연구회』를 창립하였습니다.

"노동법에 관심 있는 법관이나 변호사 등 실무가들이 한데 모여 마음껏 이야기할 수 있는 공간이 있으면 좋겠다"는 바람에서 출발하였는데, 20명가량의 법관과 15명가량의 변호사들이 뜻을 같이 해 주었습니다.

"노동법에 관한 실무적 연구 성과를 통해 뭔가 우리 사회에 기여할 수 있는 길은 없는지 찾아보자", "실무가들은 비교적 노동사건을 생생하게 접할 수 있는 위치에 있기에 실무가들끼리 현장감 있는 이야기를 나누어보면 좀 더 실제적이고 유익한 토론이 될 수 있겠다"는 등등, 많은 이야기 끝에 연구회의 활동을 하나로 집약할 수 있는 일차적인 목표로 근로기준법을 비롯한 노동법 주석서의 발간을 추진하기로 하였습니다.

연구회는 이후 대법원 산하 연구회로 공식 편성되었고 2006년 3월경부터 월례모임으로 본격적인 세미나를 가졌습니다. 집필자로 선정된 회원은 집필한 원고를 발제하고, 집필자마다 2명의 지정토론자를 두어 송곳처럼 날카로운 지적과 찬반토론을 주도하게 하였으며, 세미나에 참석한 회원 전원이 자유토론을 이어가게 함으로써 충실하고 물샐 틈 없는 논의가 이루어질 수 있도록 하였습니다.

2007년 12월까지 근로기준법 분야에 관한 발제를 마쳤습니다. 그 사이 편집위원회가 구성되어, 근로기준법 주석서 집필의 방향, 집필의 방식 및 체제의 통일 등에 관하여 논의하였습니다.

집필진에서는 이 책을 이렇게 써보겠다고 마음먹었습니다.

무엇보다 이 책은 법조문을 순서대로 따라가면서 그 법조문이 담고 있는 의미를 세밀하게 풀어쓴 '주석서'입니다. 따라서 우리 법조문의 해석론을 중심으로 서술함을 원칙으로 하였습니다. 해당 법조문의 연혁이나 비교법적 검토 등은 대부분 생략하였습니다. 다만, 외국에서 우리나라와 동일한 쟁점에 관하여 논의가 있는 경우에 한하여 이를 간략하게 소개하되, 이 때에도 외국의 법규정과 우리나라 법규정을 비교하여 외국에서의 논의가 그대로 우리 법상 해석론으로 적용될 수 있는지를 검토하는 정도에 그치는 것으로 하였습니다. 아울러 쟁점에 대한 깊은 연구와 그에 대한 집필자의 주관적 견해를 제시하기보다는, 다양하고 광범위한 쟁점의 발굴과 이에 대한 해석론이나 판례를 풍부하게 제시하는 데 비중을 두고 집필자의 개인적 견해는 간략하게 언급하고자 하였습니다.

이 책은 실무가들이 실무적 관점에서 쓴 '실무서'입니다. 학문적 연구 성과를 제공하는 것을 주된 목적으로 하는 이론서와는 구분될 수 있습니다. 따라서 실무적 해결에 도움을 줄 수 있는, 유용하고 품위 있는 법률정보의 제공을 목적으로 하였습니다. 해당 법조문의 모든 쟁점에 관하여 빠짐없이 서술하고, 경우에 따라서 구체적인 실무 현황에 관하여도 언급하려고 한 것은 바로 이런 연유에서입니다. 또한 우리 판례는 중요 하급심 판결을 포함하여 가능한 한 모두 수록함을 원칙으로 하되, 판례는 선고일자 및 사건번호를 기재하여 특정하고 본문 중에는 그 요지만을 기술하였습니다. 나아가 관련 판례에 대한 평석이 있는 경우 매우 중요한 몇몇 판례를 제외하고는 평석의 요지만을 설명하고, 각주에서 그 평석의 출처를 표시함으로써 그 상세한 내용을 확인할 수 있도록 하였습니다.

이 책은 이론서는 아니지만 '학술서'로서의 성격도 함께 갖추려고 하였습니다. 학술적 연구자료로서 가치를 가질 수 있도록 하기 위하여, 참고문헌을 최대한 광범위하게 인용하려고 하였습니다. 다만, 본문 중에 이를 일일이 열거하는 것보다는 해당 법조문 첫머리에 일괄하여 예시하고, 본문 중에는 저자와 면수만을 인용하는 방식을 택하였습니다. 한편 학설 및 판례는 국내의 것을 우선 소개하고 경우에 따라 일본 등 외국의 것을 보충하였습니다.

마지막으로 이 책은 동시에 '실용서'로서 기능하여야 한다고 생각하였습니다. 노동법이라는 전문분야를 다루기는 하지만 법률전문가뿐만 아니라 일반 노동실무가들에게도 접근이 가능하여야 하고, 따라서 될 수 있는 한 쉬운 문체로 서술하려고 하였습니다.

빛이 비추어지는 모든 것에는 반드시 그림자가 따릅니다. 이 책이 빛을 볼 수 있었던 것은 두말할 나위 없이 집필진을 포함한 연구회 회원들의 보이지 않는 땀과 열정이 있었기에 가능한 일이었습니다.

우리 모두에게는 갈증이 있었습니다. 노동법과의 인연을 공유하면서도 부족한 그 무엇을 채워야만 했습니다. 이 책은 한두 사람이 아닌 우리 모두의 힘으로 만든 것입니다. 그래서 우리에게 마르지 않는 샘이 되어 줄 것입니다. 처음 시작해서 5년여에 이르기까지 우리 모두 한결같이 함께 할 수 있었기에, 우리는 오늘 더욱 행복할 수 있습니다.

## '삶의 본질은 온기이다'

노동의 역사는 길지만, 노동법의 역사는 짧습니다. 노동법은 더욱 성장할 것이고, 또 성장하여야만 합니다. 노동법은 이제 더 이상 주변에 머물러 있는 법 영역이 아닙니다. 노동문제는 다름 아닌 인간의 문제입니다. 노동법은 서로 대립하고 상충할 수 있는 인간관계의 가장 본질적이고 중요한 문제를 다룹니다. 현재뿐만 아니라 미래의 우리 삶을 결정지을 수 있는 법 분야입니다. 그러기에 노동법에 관하여 우리 사회는 갈수록 어려운 여러 가지 숙제를 던져주고 있습니다. 개별 노동법규의 해석의 문제는 물론이고, 새로운 노동법제의 패러다임을 모색해야 하는 입법의 문제, 실체법의 문제뿐만 아니라 절차법의 문제에 이르기까지 숱한 난제들이 쌓여 있습니다. 이 책에서 다루어지고 있는 근로기준법은 그러한 노동법의 문제들 중 가장 기초적인 분야의 하나입니다. 집필에 관여한 우리 모두는 적지만 있는 힘을 다해 진지하게 고민하고 논의한 결과물을 이 책 속에 담아보려고 노력하였습니다.

그러나 우리는 이 책이 '완성'이라고는 결코 말하지 않습니다. 앞으로도 더 많은 '과정'이 남아 있음을 예감합니다. 누군가 '삶의 본질은 온기이다'라고 말한 것을 기억합니다. 아직 크게 부족하지만 서둘러 이 책을 선보이는 것은, 이 책에서 집필자들과 그 밖에 관계한 모든 분들의 순수한 온기가 느껴지기를 바라는 욕심 때문이라고 이해해 주시길 바랄 뿐입니다.

근로기준법에서 무엇을 어떻게 읽을 것인가, 그것은 이제 이 책을 펴 드시는 분들의 몫일 것입니다. 질정을 달게 기다리겠습니다.

앞으로도 우리 연구회는 처음 시작했을 때와 마찬가지로 정기적인 학술모임을 거듭하면서 많은 이야기를 나누고 노동법에 관한 유익한 경험을 쌓아갈 것입니다. 스스로의 부족함을 잘 알고 있기에 그 부족함을 채울 수 있다는 약속도 드릴 수 있습니다.

끝으로 이 책의 출판을 맡아준 박영사와 관계하신 직원 여러분에게도 감사를 전합니다.

고맙습니다.

2010년 8월 31일

編輯代表

金 知 衡

# 편집위원회(제 2 판 수정증보판)

편집대표

김선수[전 대법관, 사법연수원 석좌교수]
김지형[전 대법관, 변호사, 법무법인(유한) 지평]
이흥구[대법관, 노동법실무연구회 회장]

편집위원

권오성[연세대학교 법학전문대학원 교수]
권창영[변호사, 법무법인(유한) 지평]
김민기[수원고등법원 고법판사]
김　진[변호사, 법무법인 지향]
김진석[대전고등법원 청주재판부 고법판사]
도재형[이화여자대학교 법학전문대학원 교수]
신권철[서울시립대학교 법학전문대학원 교수]
최은배[변호사, 법무법인 엘케이비앤파트너스]

편집위원 겸 간사

김영진[변호사, 법무법인(유한) 광장]
김희수[의정부지방법원 고양지원 부장판사]
마은혁[헌법재판관]
박가현[광주지방법원 순천지원 부장판사]
성준규[서울서부지방법원 판사]
여연심[변호사, 법무법인 지향]
유동균[서울고등법원 고법판사]
이명철[변호사, 법무법인(유한) 율촌]
이병희[서울고등법원 고법판사]
임상민[부산고등법원 고법판사]
최윤정[창원지방법원 부장판사]

(이상, 가나다 순)

# 집 필 자(제 2 판 수정증보판)

강문대[변호사, 법무법인 서교]
고종완[대구지방법원 부장판사]
구민경[창원지방법원 부장판사]
권두섭[변호사, 법무법인 여는]
권창영[변호사, 법무법인(유한) 지평]
권혁중[서울고등법원 부장판사]
김민기[수원고등법원 고법판사]
김선일[변호사, 김 · 장 법률사무소]
김성수[변호사, 법무법인(유한) 태평양]
김용신[광주지방법원 부장판사]
김 진[변호사, 법무법인 지향]
김진석[대전고등법원 청주재판부 고법판사]
김태욱[변호사, 법무법인 여는]
김홍준[전 부산고등법원장]
김희수[의정부지방법원 고양지원 부장판사]
도재형[이화여자대학교 법학전문대학원 교수]
마은혁[헌법재판관]
민중기[변호사, 법률사무소 이작]
박상훈[변호사, 법무법인(유한) 화우]
성준규[서울서부지방법원 판사]
신권철[서울시립대학교 법학전문대학원 교수]
여연심[변호사, 법무법인 지향]
오승이[대구지방법원 김천지원 부장판사]
유동균[서울고등법원 고법판사]
이명철[변호사, 법무법인(유한) 율촌]

이미선[헌법재판관]
이병희[서울고등법원 고법판사]
이상훈[변호사, 법무법인(유한) 광장]
이용구[전 법무부차관]
이정아[대법원 재판연구관]
이정한[변호사, 법무법인(유한) 태평양]
이현석[변호사, 김·장 법률사무소]
이효은[서울남부지방법원 판사]
임상민[부산고등법원 고법판사]
임상은[서울중앙지방법원 판사]
임자운[변호사, 법률사무소 지담]
정재헌[변호사, 에스케이텔레콤 사장]
정지원[변호사, 법률사무소 정]
정진경[변호사]
진창수[변호사, 법무법인(유한) 광장]
차승환[서울중앙지방법원 부장판사]
최누림[서울중앙지방법원 부장판사]
최은배[변호사, 법무법인 엘케이비앤파트너스]
최정은[서울대학교 법학전문대학원 임상부교수]
홍준호[변호사, 김·장 법률사무소]

(이상, 가나다 순)

# 편집위원회(제 2 판)

# 집 필 자(제 2 판)

강문대[변호사, 청와대 사회조정비서관]
고종완[대구지방법원 의성지원 판사]
구민경[창원지방법원 부장판사]
권두섭[변호사, 민주노총 법률원]
권창영[변호사, 법무법인(유한) 지평]
권혁중[대전고등법원 부장판사]
김민기[서울고등법원 고법판사]
김선일[춘천지방법원 원주지원장]
김성수[변호사, 법무법인(유한) 태평양]
김용신[서울중앙지방법원 판사]
김 진[변호사, 법무법인 지향]
김진석[부산고등법원 창원재판부 고법판사]
김태욱[변호사, 민주노총 법률원]
김흥준[서울남부지방법원장]
김희수[대법원 재판연구관]
도재형[이화여자대학교 법학전문대학원 교수]
마은혁[서울중앙지방법원 부장판사]
민중기[서울중앙지방법원장]
박상훈[변호사, 법무법인(유한) 화우]
성준규[제주지방법원 판사]
신권철[서울시립대학교 법학전문대학원 교수]
여연심[대법원 재판연구관]
오승이[인천지방법원 판사]
유동균[법원행정처 정보화심의관]
이명철[대법원 재판연구관]

이미선[헌법재판관]
이병희[서울고등법원 고법판사]
이상훈[변호사, 법무법인(유한) 광장]
이용구[법무부 법무실장]
이정한[변호사, 법무법인(유한) 태평양]
이현석[대전지방법원 부장판사]
이효은[서울중앙지방법원 판사]
임상민[대법원 재판연구관]
임상은[서울서부지방법원 판사]
임자운[변호사, 법률사무소 지담]
정재헌[서울중앙지방법원 부장판사]
정지원[변호사]
정진경[변호사, 법무법인 정앤파트너스]
진창수[변호사, 법무법인(유한) 광장]
차승환[대전지방법원 부장판사]
최누림[대구지방법원 포항지원 부장판사]
최은배[변호사, 법무법인 엘케이비앤파트너스]
최정은[대법원 재판연구관]
홍준호[변호사, 김 · 장 법률사무소]

(이상, 가나다 순)

# 편집위원회(초판)

# 집 필 자(초판)

강문대(변호사, 법률사무소 로그)
구민경(부산지방법원 판사)
권두섭(변호사, 민주노총 법률원)
권창영(서울고등법원 판사)
김민기(대법원 재판연구관)
김성수(광주지방법원 순천지원 부장판사)
김 진(변호사, 법률사무소 이안)
김진석(서울고등법원 판사)
김흥준(수원지방법원 안산지원장)
김희수(창원지방법원 판사)
마은혁(서울가정법원 판사)
민중기(서울고등법원 부장판사)
박상훈(변호사, 법무법인 화우)
이병희(수원지방법원 판사)
이상훈(변호사, 법무법인 광장)
이용구(사법연수원 교수)
이정한(변호사, 법무법인 태평양)
정재헌(서울중앙지방법원 판사)
정지원(의정부지방법원 판사)
정진경(변호사, 법무법인 정세)
최은배(인천지방법원 부장판사)
홍준호(수원지방법원 성남지원 부장판사)

(이상, 가나다 순)

# 일러두기

이 책에 서술된 법률이론이나 견해는 집필자들이 소속된 기관의 공식 견해가 아님을 밝혀둔다.

## 1. 조　　문

법 2조 1항 1호 ← 근로기준법 제 2 조 제 1 항 제 1 호
법 44조의2 ← 근로기준법 제44조의2
영 10조 1항 ← 근로기준법 시행령 제10조 제 1 항

## 2. 법령약어

### 가. 법　　률

| | |
|---|---|
| 건설근로자의 고용개선 등에 관한 법률 | 건설근로자법 |
| 경제사회노동위원회법 | 경사노위법 |
| 고용보험법 | 고보법 |
| 고용상 연령차별금지 및 고령자고용촉진에 관한 법률 | 고령자고용법 |
| 고용정책 기본법 | 고기법 |
| 공무원연금법 | 공연법 |
| 공무원의 노동조합 설립 및 운영 등에 관한 법률 | 공무원노조법 |
| 교원의 노동조합 설립 및 운영 등에 관한 법률 | 교원노조법 |
| 교육공무원법 | 교공법 |
| 국가공무원법 | 국공법 |
| 국민 평생 직업능력 개발법 | 평생직업능력법 |
| 국제노동기구헌장 | ILO 헌장 |
| 근로기준법 | 법 또는 근기법 |
| 근로복지기본법 | 근복법 |
| 근로자참여 및 협력증진에 관한 법률 | 근로자참여법 |

| | |
|---|---|
| 근로자퇴직급여 보장법 | 퇴직급여법 |
| 기간제 및 단시간근로자 보호 등에 관한 법률 | 기간제법 |
| 남녀고용평등과 일·가정 양립 지원에 관한 법률 | 남녀고용평등법 |
| 노동위원회법 | 노위법 |
| 노동조합 및 노동관계조정법 | 노조법 또는 노동조합법 |
| 민사소송법 | 민소법 |
| 민사조정법 | 민조법 |
| 민사집행법 | 민집법 |
| 산업안전보건법 | 산안법 |
| 산업재해보상보험법 | 산재법 또는 산재보험법 |
| 어선원 및 어선 재해보상보험법 | 어선원재해보험법 |
| 외국인근로자의 고용 등에 관한 법률 | 외국인고용법 |
| 임금채권보장법 | 임보법 |
| 장애인고용촉진 및 직업재활법 | 장애인고용법 |
| 장애인차별금지 및 권리구제 등에 관한 법률 | 장애인차별금지법 |
| 지방공무원법 | 지공법 |
| 직업교육훈련 촉진법 | 직업교육훈련법 |
| 직업안정법 | 직안법 |
| 진폐의 예방과 진폐근로자의 보호 등에 관한 법률 | 진폐예방법 |
| 채무자 회생 및 파산에 관한 법률 | 채무자회생법 |
| 청년고용촉진 특별법 | 청년고용법 |
| 최저임금법 | 최임법 또는 최저임금법 |
| 파견근로자 보호 등에 관한 법률 | 파견법 |
| 행정소송법 | 행소법 |
| 행정심판법 | 행심법 |

### 나. 시행령, 시행규칙 또는 예규

| | |
|---|---|
| 근로기준법 시행령 | 영 또는 근기법 시행령 |
| 근로기준법 시행규칙 | 규칙 또는 근기법 시행규칙 |
| 남녀고용평등 업무처리 규정 | 남녀고용평등규정 |
| 노동위원회규칙 | 노위규칙 |

## 3. 문헌약어

국내교과서 · 주석서, 일본교과서 · 주석서 등을 아래와 같이 저자명만으로 또는 서명 · 서명약어만으로 인용한다. 여기에 기재되지 아니한 참고문헌은 각 조에 대한 해설 첫머리의 참고문헌 모음에 표시하고, 참고문헌 모음에서 밑줄을 긋고 굵은 글씨로 표시한 저자명만으로 또는 서명 · 서명약어만으로 인용한다.

### 가. 국내교과서 · 주석서

김유성, 노동법 Ⅰ—개별적 근로관계법—, 법문사(2005) → 김유성

김유성, 노동법 Ⅱ—집단적 노사관계법—, 법문사(2001) → 김유성Ⅱ

김지형, 근로기준법 해설, 청림출판(2000) → 김지형

김형배, 노동법(제26판), 박영사(2018) → 김형배

노동법실무연구회, 근로기준법 주해 Ⅰ, 박영사(2010) → 근기법주해(초판) Ⅰ

노동법실무연구회, 근로기준법 주해 Ⅱ, 박영사(2010) → 근기법주해(초판) Ⅱ

노동법실무연구회, 근로기준법 주해 Ⅲ, 박영사(2010) → 근기법주해(초판) Ⅲ

노동법실무연구회, 노동조합 및 노동관계조정법 주해 Ⅰ, 박영사(2015) → 노조법주해 Ⅰ

노동법실무연구회, 노동조합 및 노동관계조정법 주해 Ⅱ, 박영사(2015) → 노조법주해 Ⅱ

노동법실무연구회, 노동조합 및 노동관계조정법 주해 Ⅲ, 박영사(2015) → 노조법주해 Ⅲ

민주사회를 위한 변호사모임 노동위원회, 변호사가 풀어주는 노동법 I—근로기준법(신판), 여림(2014) → 민변노동법 I

민주사회를 위한 변호사모임 노동위원회, 변호사가 풀어주는 노동법Ⅱ—노동조합 및 노동관계조정법, 민주사회를 위한 변호사모임(2009) → 민변노동법Ⅱ

민주사회를 위한 변호사모임 노동위원회, 변호사가 풀어주는 비정규직법, 법문사(2018) → 민변비정규직법

박홍규, 노동법 1—고용법 · 근로기준법—(제 2 판), 삼영사(2005) → 박홍규

이병태, 최신노동법(제 8 전정판), 중앙경제(2008) → 이병태

이상윤, 노동법(제16판), 법문사(2019) → 이상윤
이철수 · 김인재 · 강성태 · 김홍영 · 조용만, 로스쿨 노동법(제 4 판), 오래(2019)
→ 이철수 외 4명
임종률, 노동법(제17판), 박영사(2019) → 임종률
조용만 · 김홍영, 로스쿨 노동법 해설(제 4 판), 오래(2019) → 조용만 · 김홍영
하갑래, 근로기준법(전정제32판), 중앙경제(2019) → 하갑래
해고와 임금, 사법연수원(2016) → 해고와 임금

### 나. 일본교과서 · 주석서

スゲノ カズオ, 이정 역, 일본노동법(전면개정판), 법문사(2015) → 菅野(역)
菅野和夫, 勞働法(第十一版補正版), 弘文堂(2017) → 菅野
東京大學勞働法硏究會, 注釋 勞働基準法(上) · (下), 有斐閣(2003)
→ 注釋 (上) · (下)
東京大學勞働法硏究會, 注釋 勞働時間法, 有斐閣(1990) → 時間法
西谷 敏, 勞働法(第2版), 日本評論社(2013) → 西谷
西谷 敏 · 野田 進 · 和田 肇, 新基本法コンメンタ-ル, 勞働基準法 · 勞働契約法,
日本評論社(2012) → 新基本法コンメ勞基 · 勞契
日本勞働法學會編, 現代勞働法講座 第1~15卷, 總合勞働硏究所(1981)
→ 現代講座
日本勞働法學會編, 講座21世紀の勞働法 第1~8卷, 有斐閣(2000) → 21世紀講座
日本勞働法學會編, 講座勞働法の再生 第1~6卷, 日本評論社(2017) → 再生講座
林豊 · 山川隆一 編, 新 · 裁判實務大系 16 · 17 勞働關係訴訟法[Ⅰ] · [Ⅱ],
青林書院(2001) → 勞働訴訟[Ⅰ] · [Ⅱ]
青木宗也 外 5人, 勞働判例大系 第1~20卷, 勞働旬報社(1993) → 判例大系
下井隆史, 勞働基準法(第4版), 有斐閣(2007) → 下井
荒木尙志, 勞働法(第3版), 有斐閣(2016) → 荒木
荒木尙志 · 菅野和夫 · 山川隆一, 詳說勞働契約法(第2版), 弘文堂(2014)
→ 詳說勞働契約法
厚生勞働省 勞働基準局編, 平成22年版勞働基準法 (上) · (下), 勞務行政硏究所
(2011) → 勞基(上) · (下)

## 4. 판례 인용례

아래와 같이 기재하고, 출처는 따로 표시하지 아니한다.

### 가. 법원 판례

대법원 판결 인용 시 → 대법원 1996. 4. 26. 선고 96다1078 판결[1)]

대법원 전원합의체 판결 인용 시 → 대법원 1995. 11. 16. 선고 94다56852, 56853 전원합의체 판결

대법원 결정 인용 시 → 대법원 1996. 11. 16.자 95마252 결정

하급심 판결 인용 시 → 서울중앙지법 2004. 3. 18. 선고 2003가합10574 판결

☞ 하급심 법원 이름은 '서울고등법원 → 서울고법', '서울중앙지방법원 → 서울중앙지법', '서울행정법원 → 서울행법', '제주지방법원 → 제주지법'과 같이 줄여 쓴다(법원명이 변경되거나 폐지된 경우에는 판결선고 · 결정고지 당시 법원명을 사용한다).

### 나. 헌법재판소 결정

헌법재판소 결정 인용 시 → 헌재 1994. 7. 29. 선고 92헌바49, 52 결정[2)]

---

1) 사건명은 적지 않는다. 사건 번호는 병합, 반소, 참가 사건 구분 없이 '94다56852, 56853'과 같이 나열한다. 다만 사건번호가 3개 이상 연속된 경우에는 최초의 사건번호만 표기하고 등을 말미에 첨가한다(예: 2005다123, 345, 678의 경우는 '2005다123 등'으로 표기한다).

2) 만일 소부에서 선고 없이 나온 결정이라면, '2007. ○. ○.자 2006헌바○ 결정'으로 표기한다.

# 차 례

근로기준법 주해 Ⅲ

## 제3장 임 금

## 제 4 장 근로시간과 휴식

## 제 5 장 여성과 소년



## 제 6 장 안전과 보건



## 제 6 장의2 직장 내 괴롭힘의 금지

## 제 7 장 기능 습득



## 제 8 장 재해보상



## 제 9 장 취업규칙

## 제10장 기 숙 사



## 제11장 근로감독관 등

## 근로기준법 주해 I



### 제1장 총 칙

## 근로기준법 주해 Ⅱ

## 제 2 장 근로계약

# 제 3 장

# 임 금

# 제 3 장 임 금

## 임금 전론(前論): 최저임금

[참고문헌]

**고용노동부**, "개정 최저임금법령 설명자료"(2019. 1.); **김수복**, 근로기준법(개정 4판), 중앙경제(2016); **김헌수**, 최저임금법, 법원사(2018); **노경필**, "최저임금 미달 여부의 판단 기준과 방법", 대법원판례해설 68호, 법원도서관(2008. 1.); **박준우**, "최저임금에 산입하는 임금과 그렇지 않은 임금의 범위", 노동법률 303호, 중앙경제(2016. 8.); **신동진**, 근로기준법(개정증보 3판) 중앙경제(2013); **이상익**, "매월 지급하는 상여금의 최저임금 산입 여부", 노동법률 303호, 중앙경제(2016. 8.); **이승욱**, "최저임금 산정범위의 조정 — 통상임금과의 관계를 중심으로", 이화여자대학교 법학논집 21권 4호, 이화여자대학교 법학연구소(2017. 6.); **정경심**, "통상임금 범위 확대 판결과 무관한 최저임금의 범위", 노동법률 303호, 중앙경제(2016. 8.); **최저임금위원회a**, 최저임금 30년사, 휴먼컬처아리랑(2018); **최저임금위원회b**, "포인트정리, 최저임금제", 고용노동부(2018. 1.); **한인상**, "최저임금법 개정의 주요 쟁점과 과제", 노동법포럼 22호, 노동법이론실무학회(2017. 11.); **현병훈**, 최저임금법제에 관한 연구, 서울대학교 대학원 박사학위논문(2014. 8.); **현창종**, 근로기준법실무(개정증보 6판), 중앙경제(2012).

제 1 조(목적)

이 법은 근로자에 대하여 임금의 최저수준을 보장하여 근로자의 생활안정과 노동력의 질적 향상을 꾀함으로써 국민경제의 건전한 발전에 이바지하는 것을 목적으로 한다.

〈세 목 차〉

## Ⅰ. 의　　의

### 1. 최저임금제의 의의 및 목적

최저임금제는 국가가 임금의 최저수준을 정하고 사용자에게 그 수준 이상의 임금을 지급하도록 법으로 강제하는 제도이다.[1)]

최저임금제는 1894년 뉴질랜드에서 산업평화 유지를 목적으로 처음 도입된 이래 세계 각국에서 저임금 근로자의 보호 목적에 기초하여 다양한 역할을 수행하는 정부 정책수단으로 운용되고 있다.[2)]

우리나라는 1986. 12. 31. 최저임금법의 제정으로 최저임금제를 도입하여 1988. 1. 1.부터 시행하고 있다. 헌법은 32조 1항 후문에서 "국가는 사회적·경제적 방법으로 근로자의 고용의 증진과 적정임금의 보장에 노력하여야 하며, 법률이 정하는 바에 의하여 최저임금제를 시행하여야 한다."라고 하여 최저임금제 시행을 국가의 의무로 규정하고 있다.

임금은 노사 간 근로계약 또는 단체협약에 의해 자율적으로 결정되는 것이 원칙이나, 임금의 결정을 노사 자율에만 맡겨둔다면 노사 간 실질적인 교섭력의 차이로 인해 임금이 근로자의 생활안정을 해칠 정도의 낮은 수준으로 결정될 우려가 있다. 최저임금제의 목적은 국가가 임금결정에 개입하여 임금의 최저수준을 보장함으로써 근로자의 생활안정을 도모하려는 데에 있다.[3)]

### 2. 최저임금제의 기능[4)]

최저임금제는 저임금 근로자들의 임금을 최저임금 수준으로 높여 계층 간

1) 김헌수, 3면; 김형배, 357면; 이병태, 712면; 하갑래, 271면.
2) 현병훈, 7면.
3) 임종률, 418면.
4) 김헌수, 6~8면.

의 임금격차를 축소시키고, 소득분배의 개선을 촉진시키는 효과가 있다.

또한 최저임금제의 시행으로 저임금 근로자들에게 기본적인 생활 욕구를 충족시킬 수 있는 임금수준이 보장되면, 근로자의 생활이 안정될 뿐만 아니라 생산성 향상도 기대할 수 있다.

기업 입장에서도 저임금에 의존하는 안일한 경영방식에서 벗어나 적정한 임금을 지급하면서 생산성 향상과 품질의 개선, 경영의 합리화 등을 촉진하는 계기로 삼을 수 있고, 저임금을 바탕으로 한 불공정한 경쟁을 방지하고 공정한 경쟁을 촉진하는 효과가 있다.

나아가 최저임금제는 부당한 저임금을 제도적으로 해소하여 영세기업의 노사관계를 안정시키고, 유효수요의 유지라는 순기능을 가진다.

## Ⅱ. 최저임금제의 도입 및 변화

### 1. 도입 과정[5)]

1953. 5. 1. 제정된 근기법은 34조에서 "사회부는 필요에 의하여 일정한 사업 또는 직업에 최저임금을 정할 수 있다"고 하여 최저임금제를 규정하고 있었으나, 당시 국가의 모든 정책이 전쟁으로 파괴된 산업시설을 재건하는 데 중점을 두고 있어, 위 조항은 선언적 규정에 불과하였다.

정부 주도의 공업화로 급격한 산업화 시대를 맞이하던 1960년대 정부는 임금을 근로자의 생계수단이 아닌 기업의 요소비용으로 보았다. 그러다가 1970년대 중반부터 정부는 행정지도를 통해 저임금문제를 해결하려 하였으나, 저임금이 일소되지는 못하였다.

1980년대에 들어 경제성장 과실에 대한 근로자들의 적정분배요구가 커지고, 지나친 저임금을 해소해야 한다는 사회적 요구가 높아지면서 최저임금제 도입 논의가 본격화되었다. 이에 공론화 과정을 거쳐 1986. 12. 31. 근기법과는 별도의 법률인 최저임금법의 제정으로 최저임금제가 도입되어 1988. 1. 1.부터 시행되었고,[6)] 1987. 10. 29. 개정된 헌법은 국가의 최저임금제 시행의무를 명시적

---

5) 최저임금위원회a, 81~86면 참조.

6) 제정 최저임금법 부칙에서 1987. 12. 15.까지 다음해에 적용될 최저임금을 결정·고시하도록 정함에 따라 최저임금제는 1988. 1. 1.부터 시행되었다.

으로 규정하였다.

## 2. 최저임금법 개정 연혁

### 가. 개 관

최저임금법은 1986. 12. 31. 제정된 이후 여러 차례에 걸쳐 개정되면서, 최저임금법의 적용 범위가 확대되었고, 최저임금의 적용이 제외되는 근로자의 범위와 최저임금이 감액 적용되는 근로자의 범위는 점차 축소되었다.

최저임금의 적용을 위한 비교대상 임금과 관련한 규정은 제정 이래 개정 없이 유지되다가, 2018. 6. 12. 개정으로 그 범위가 대폭 조정되었다.

### 나. 최저임금법 적용 범위의 확대

제정 최저임금법은 근기법의 적용을 받는 사업 또는 사업장을 그 적용 대상으로 하면서(따라서 동거의 친족만을 사용하는 사업과 가사사용인은 최저임금법의 적용 대상이 아니다), 사업의 종류·규모 등을 고려하여 대통령령이 정하는 사업과 선원법의 적용을 받는 선원 및 선원을 사용하는 선박의 소유자에 대해서는 최저임금법을 적용하지 않는다고 규정하였고, 위 규정은 2000. 10. 23. 개정 전까지 유지되었다.

이에 따라 최저임금법의 적용 범위는 최저임금법 시행령의 개정을 통해 확대되어 왔다. 즉, 최저임금제가 최초로 시행된 1988년에는 상시 10명 이상의 근로자를 사용하는 제조업을 적용 대상으로 하였다가, 1988. 7. 7.자 개정으로 1989년부터 상시 10명 이상 근로자를 사용하는 제조업·건설업·광업으로 적용 대상이 확대되었고, 1989. 7. 4.자 개정으로 1990년부터 사업의 종류를 불문하고 상시 10명 이상 근로자를 사용하는 사업 또는 사업장으로 확대되었으며, 1999. 3. 17.자 개정으로 1999. 9. 1.부터 상시 5명 이상 근로자를 사용하는 사업 또는 사업장으로 확대되었다.

이후 최저임금제의 적용 대상을 모든 사업으로 확대할 필요가 있다는 공감대가 형성되면서, 2000. 10. 23. 동거의 친족만을 사용하는 사업과 가사사용인, 선원법의 적용을 받는 선원과 선원을 사용하는 선박의 소유자를 제외한 모든 사업 또는 사업장을 그 적용 범위로 하는 내용으로 최저임금법이 개정되어 2000. 11. 24.부터 시행되었다.

〈최저임금법 적용 범위 추이〉

| 적용연도 | 적용 범위 |
|---|---|
| 1988. 1. 1.~1988. 12. 31. | 상시 10명 이상 근로자를 사용하는 제조업 |
| 1989. 1. 1.~1989. 12. 31. | 상시 10명 이상 근로자를 사용하는 제조업·건설업·광업 |
| 1990. 1. 1.~1999. 8. 31. | 상시 10명 이상 근로자를 사용하는 모든 사업 또는 사업장 |
| 1999. 9. 1.~2000. 11. 23. | 상시 5명 이상 근로자를 사용하는 모든 사업 또는 사업장 |
| 2000. 11. 24.~현재 | 모든 사업 또는 사업장 |
| 비고 | 동거하는 친족만을 사용하는 사업, 가사사용인, 선원법의 적용을 받는 선원과 선원을 사용하는 선박의 소유자는 제정 이래로 현재까지 적용 범위에서 제외 |

### 다. 최저임금 적용 제외 대상 근로자의 축소

최저임금법은 제정 당시 정신 또는 신체의 장애로 근로능력이 현저히 낮은 자, 수습 사용 중에 있는 자, 직업훈련기본법[7]에 의한 사업 내 직업훈련 중 양성훈련을 받는 자, 기타 최저임금을 적용하는 것이 적당하지 아니하다고 인정되는 자 등에 해당하는 자로서 노동부장관의 인가를 받은 자를 최저임금 적용에서 제외하였고, 최저임금법 시행령은 '감시 또는 단속적으로 근로에 종사하는 자'를 '기타 최저임금을 적용하는 것이 적당하지 아니하다고 인정되는 자'로 들었다.

이후 2005. 5. 31. 최저임금법이 개정되면서 수습 사용 중에 있는 자와 양성훈련을 받는 자에 대한 적용 제외 규정이 삭제되었고, 2006. 12. 21. 개정된 최저임금법 시행령은 '정신 또는 신체의 장애가 업무 수행에 직접적으로 현저한 지장을 주는 것이 명백하다고 인정되는 자'만을 적용 제외 대상 근로자로 규정하고 감시·단속적 근로자에 대한 적용 제외 규정을 삭제하였다.

이로써 정신장애 또는 신체장애로 근로능력이 현저히 낮은 자로서 고용노동부장관의 인가를 받은 자에 대해서만 최저임금이 적용되지 않게 되었다.

### 라. 최저임금 감액 대상 근로자의 축소

제정 최저임금법은 취업기간이 6개월을 경과하지 아니한 18세 미만의 근로

7) 이후 근로자직업훈련촉진법으로 대체되었고 동법은 근로자직업능력개발법, 그리고 다시 국민 평생 직업능력 개발법으로 법명이 개정되었다.

자에 대해서는 대통령령이 정하는 바에 따라 고시된 최저임금액과 다른 금액으로 최저임금액을 정할 수 있도록 하였고, 당시 최저임금법 시행령은 고시된 최저임금액의 10%를 감액할 수 있도록 하였다.

2005. 5. 31. 최저임금법 개정 당시 최저임금 적용 제외 대상 근로자에 관한 규정이 개정되면서 이와 맞물려 감액 대상 근로자에 관한 규정도 개정되었다. 즉 '수습 사용 중에 있는 자로서 수습 사용한 날부터 3개월 이내인 자'와 '감시 또는 단속적으로 근로에 종사하는 자로서 노동부장관의 승인을 얻은 자'에 대해서는 대통령령이 정하는 바에 의하여 고시된 최저임금액과 다른 금액으로 최저임금액을 정할 수 있는 것으로 개정되었는데, 감시·단속적 근로자의 경우 그 시행 시기를 2007. 1. 1.로 정하였다.

이후 2012. 2. 1.자 및 2017. 9. 19.자 최저임금법의 각 개정을 거쳐, 3개월 미만의 수습 사용기간 중에 있는 근로자 가운데 근로계약기간이 1년 미만인 기간제 근로자와 고용노동부장관이 고시한 단순노무직종에 종사하는 근로자는 감액 대상에서 제외되었다.

한편 감시·단속적 근로자의 경우 최저임금법 시행령 개정을 통해 2007. 1. 1.부터 2007. 12. 31.까지는 고시된 최저임금액의 70%, 2008. 1. 1.부터 2011. 12. 31.까지는 80%, 2012. 1. 1.부터 2014. 12. 31.까지는 90%가 적용되었다가, 2015. 1. 1.부터는 최저임금 전액이 적용되고 있다.

이로써 현행 최저임금법상 최저임금 감액 대상 근로자는 1년 이상의 기간을 정하여 근로계약을 체결하고 3개월 미만의 수습 사용기간 중에 있는 근로자로 한정되고, 고용노동부장관이 지정한 단순노무직종 종사자에 대해서는 수습 사용기간 중인지를 불문하고 고시된 최저임금 전액을 적용하여야 한다.

#### 마. 비교대상 임금의 산입범위 개편 및 최저임금 적용기준 시간 수의 정비

최저임금법은 제정 당시부터 최저임금의 적용을 위한 비교대상 임금의 산입범위를 노동부장관이 정하도록 위임하였고, 이에 따라 최저임금법 시행규칙은 비교대상 임금에 산입하지 않는 임금의 범위와 산입하는 임금의 범위를 구체적으로 예시하였다.

그러나 최저임금법 제정 당시와 비교하여 임금 항목이 상당히 복잡해졌고, 상여금과 복리후생적 임금의 비중이 커지면서 비교대상 임금의 산입범위에 관한 규정이 실제 지급되는 임금을 제대로 반영하지 못하다는 비판이 제기되었다. 이에 2018. 6. 12. 비교대상 임금의 범위를 법률에 직접 규정하고 종전 비교대상 임금에 산입되지 않았던 매월 지급되는 상여금과 생활보조적·복리후생적 임금 중 일정 부분을 비교대상 임금에 산입하는 내용으로 최저임금법이 개정되었고, 이에 따라 최저임금법 시행규칙의 비교대상 임금 범위에 관한 규정도 2018. 12. 31. 개정되었다. 개정된 최저임금법과 최저임금법 시행규칙은 2019. 1. 1.부터 시행되고 있다.

한편 일·주·월 단위로 정해진 비교대상 임금이 고시된 시간급 최저임금액 이상인지 여부를 판단하기 위해서는 그 비교대상 임금을 시간급으로 환산하여야 하는데, 최저임금법은 환산 방법을 대통령령에 위임하고 있다. 이에 따라 종전 최저임금법 시행령은 일·주·월 단위로 정해진 임금을 '소정근로시간 수'로 나누어 시간급 임금으로 환산하도록 정하였다. 그런데 주·월 단위로 정해진 임금의 환산과 관련하여 위 '소정근로시간 수'에 근기법 55조 1항에 따라 유급으로 처리되는 시간, 즉 주휴시간[8] 수가 포함되는지에 대하여 판례와 행정해석이 다른 입장을 취해 노동현장에 혼선을 초래하여 온 데다, 위와 같이 최저임금법의 개정으로 비교대상 임금의 범위가 확대·조정되자, 2018. 12. 31. 주급, 월급을 나누는 시간 수인 '최저임금 적용기준 시간 수'를 소정근로시간 수와 주휴시간 수를 합산한 시간 수로 한다는 내용으로 최저임금법 시행령이 개정되어, 2019. 1. 1.부터 시행되고 있다.

### 3. 우리나라 최저임금제의 특징

#### 가. 전국 단일의 최저임금제

세계 여러 나라에서 시행되고 있는 최저임금제는 그 적용범위에 따라 산업의 구분에 관계없이 모든 산업 근로자에게 적용되는 일반적 최저임금제와 특정 산업의 근로자에게만 적용되는 산업별 최저임금제로 나눌 수 있다.[9] 또한 지역간 근로자의 생계비와 사업의 임금지불능력의 차이 등을 고려하여 지역별로 최저임금을 정하는 방식도 있다.[10]

---

8) 판례는 '주휴 근로의제시간'이라는 표현을 사용한다(대법원 2015. 8. 19. 선고 2012다119351 판결 등).

9) 김헌수, 21면; 현병훈, 7면.

10) 일본은 지역별, 산업별로 최저임금을 정하고 있는데, 산업별 최저임금은 해당 지역의 지역

산업별 · 지역별 구분 없이 모든 근로자에게 적용되는 단일의 최저임금액을 정하는 전국 단일의 최저임금제는 모든 근로자에게 사회적 안전망을 제공하여 빈곤을 줄이는 데 기여할 수 있을 뿐만 아니라 행정적으로 강제하기 쉽다는 장점이 있다. 그러나 산업별, 지역별로 임금격차가 심할 때는 산업별, 지역별 임금 실태를 제대로 반영하기 어렵다는 단점이 있다.[11]

우리나라는 최저임금제 시행 첫 해인 1988년 제조업을 섬유 · 식료품 등 12개 업종 1그룹과 담배 · 화학 등 16개 업종 2그룹으로 나누어 시간급 최저임금액을 각 462.5원, 487.5원으로 정하였으나, 1989년에는 당시 최저임금법 적용 대상인 제조업 · 건설업 · 광업 부문의 시간급 최저임금액을 600원으로 정한 이래로 1990년부터는 모든 산업에 대하여 전국 단일의 최저임금액을 정하고 있다.[12]

### 나. 임금위원회 방식

최저임금의 결정은 나라마다 실정에 따라 다양한 방식으로 이루어지는데, 대체로 임금위원회 방식, 중재재판소 방식, 의회(법률) 방식, 단체협약의 확장적용 방식 등으로 구분할 수 있다.[13]

임금위원회 방식은 근로자위원과 사용자위원, 공익위원으로 임금위원회 또는 임금심의회를 구성하여 최저임금을 심의 · 결정하는 방식이다. 중재재판소 방식은 노사 간 분쟁을 조정하는 기관의 중재결정으로 임금의 최저수준을 결정하고, 그 임금에 최저임금으로서의 법적인 구속력을 부여하는 방식이다. 의회(법률) 방식은 최저임금을 법률로 결정하는 방식이고, 단체협약의 확장적용 방식은 임금의 최저수준에 관한 단체협약을 일정한 절차에 따라 최저임금으로 결정하여 단체협약을 체결한 당사자 이외의 근로자나 사용자에게도 이를 적용하는 방식이다.[14]

우리나라는 최저임금의 결정권한을 정부에 부여하고 있다(8조 1항 전문). 그러나 정부는 최저임금위원회가 심의 · 의결한 최저임금안에 따라 최저임금을 결정하여야 하고(8조 1항 후문), 그 최저임금안대로 결정하기 어렵다고 인정될 때에는 이유를 밝혀 최저임금위원회에 재심의를 요구할 수 있으나, 최저임금위원회

별 최저임금액 이상으로 결정하여야 한다고 한다(김헌수, 48~49면).

11) 현병훈, 151면.

12) 최저임금위원회a, 56면.

13) 김헌수, 18~19면; 김수복, 256면.

14) 김헌수, 18면; 현병훈, 122~123면.

가 재의결할 때에는 그에 따라 결정하도록 정함으로써(8조 3항, 5항), 최저임금위원회가 사실상의 결정권한을 갖도록 하였다.[15] 따라서 우리나라는 임금위원회 방식을 취하고 있다고 할 수 있다.

제2조(정의)

이 법에서 "근로자", "사용자" 및 "임금"이란 「근로기준법」 제2조에 따른 근로자, 사용자 및 임금을 말한다.

〈세 목 차〉



## Ⅰ. 근 로 자

최저임금법에서의 근로자는 근기법 2조 1항 1호의 근로자와 동일한 개념이다. 따라서 직업의 종류와 관계없이 임금을 목적으로 사업 또는 사업장에 근로를 제공하면, 상용근로자, 일용근로자, 시간제 근로자, 기간제 근로자, 임시근로자, 아르바이트 근로자, 파견근로자, 외국인근로자 등 고용형태나 국적에 관계없이 최저임금법의 근로자에 해당된다.[1][2]

외국인근로자의 경우 출입국관리법상 취업자격이 있는지 여부를 불문하고 제공된 근로에 대해서는 최저임금법이 적용된다고 보아야 한다.

## Ⅱ. 사 용 자

최저임금법에서의 사용자 개념도 근기법 2조 1항 2호의 사용자와 동일하다. 근기법 2조 1항 2호는 사용자를 사업주, 사업 경영 담당자, 그밖에 근로자에

15) 한인상, 47~48면.

1) 김헌수, 71면.

2) 대법원 2006. 12. 7. 선고 2006다53627 판결.

관한 사항에 대하여 사업주를 위하여 행위하는 자로 정의하고 있다.

지급된 임금이 고시된 최저임금액에 미달하는 경우 민사상 그 차액을 지급할 의무를 부담하는 자는 해당 근로자와 근로계약을 체결한 당사자인 사업주이나, 사업 경영 담당자 또는 그밖에 근로자에 관한 사항에 대하여 사업주를 위하여 행위하는 자가 임금에 관한 결정권한을 부여받은 경우에는 최저임금법상 최저임금 지급 책임을 부담하고 위반 시 형사처벌의 대상이 된다고 할 것이다.

## Ⅲ. 임 금

최저임금법에서 사용하는 임금의 개념도 근기법 2조 1항 5호에서 규정한 임금의 개념과 동일하다. 다만, 최저임금법은 최저임금의 적용 대상이 되는 임금, 즉 근로자에게 지급된 임금이 고시된 최저임금액에 미달하는지 여부를 판단할 때 그 비교대상이 되는 임금을 한정하고 있다(최저임금법 6조 4항 부분 참조).

제3조(적용 범위)

① 이 법은 근로자를 사용하는 모든 사업 또는 사업장(이하 "사업"이라 한다)에 적용한다. 다만, 동거하는 친족만을 사용하는 사업과 가사(家事)사용인에게는 적용하지 아니한다.

② 이 법은 「선원법」의 적용을 받는 선원과 선원을 사용하는 선박의 소유자에게는 적용하지 아니한다.

〈세 목 차〉

# Ⅰ. 최저임금법의 적용 범위

## 1. 모든 사업 또는 사업장

최저임금법은 근로자를 사용하는 모든 사업 또는 사업장에 적용된다. 근기법이 원칙적으로 상시 5명 이상의 근로자를 사용하는 사업 또는 사업장을 적용 범위로 하는 것과 구별된다. 따라서 근로자 1명 이상을 사용하는 사업 또는 사업장에도 최저임금법이 적용되고, 여기서 근로자는 해당 사업장에 계속 근무하는 근로자뿐만 아니라 그때그때의 필요에 따라 사용하는 일용근로자도 포함된다.

## 2. 사업 또는 사업장

최저임금법 3조 1항에서 말하는 '사업 또는 사업장'은 근기법 11조의 '사업 또는 사업장'과 동일한 개념이다. 따라서 영리의 목적으로 행하여지는 것은 물론 영리의 목적이 없는 사회사업이나 종교단체의 계속적 활동 등과 같이 사회통념상 업으로 행하여진다고 인정되는 것은 모두 포함된다[1)]

## 3. 국가와 지방자치단체

근기법은 국가와 지방자치단체에 대해서도 근기법이 적용됨을 명시적으로 규정하고 있다(근기법 12조). 최저임금법은 명시적인 규정을 드고 있지 않지만 국가와 지방자치단체에 대해서도 적용된다. 다만, 공무원의 인사, 보수 및 복무 등에 관하여는 국가공무원법 또는 지방공무원법이 따로 규정하고 있으므로 그 범위에서는 최저임금법이 적용될 여지가 없고, 국가나 지방자치단체에서 사용하는 공무원 아닌 근로자가 최저임금법의 적용을 받게 된다.[2)]

# Ⅱ. 최저임금법의 적용 제외

## 1. 동거하는 친족만을 사용하는 사업

최저임금법은 동거하는 친족만을 사용하는 사업 또는 사업장을 적용 범위에서 제외하고 있다.

---

1) 대법원 1978. 7. 11. 선고 78다591 판결.
2) 김헌수, 88~89면.

'친족'이란 민법 767조, 777조에서 규정하는 친족, 즉 8촌 이내의 혈족, 4촌 이내의 인척과 배우자를 말하고, '동거'란 세대를 같이 하면서 생활을 공동으로 하는 것을 의미한다. 따라서 친족이라 하더라도 동거하지 않으면 '동거하는 친족'으로 볼 수 없다.[3)]

동거하는 친족 이외의 근로자가 1명이라도 있으면 '동거하는 친족만을 사용하는 사업 또는 사업장'이 아니다. 이 경우에는 친족 이외의 근로자뿐만 아니라 동거하는 친족인 근로자에 대해서도 최저임금법이 적용된다.[4)]

### 2. 가사사용인

가사사용인도 최저임금법의 적용 범위에서 제외된다. 가사사용인이란 일반 가정의 가사업무에 사용되는 자로서, 가구에 고용된 요리사, 가사도우미, 보모, 개인비서, 운전기사, 집사, 정원관리인, 가정교사 등이 이에 해당한다.[5)]

### 3. 선원법의 적용을 받는 선원과 선원을 사용하는 선박의 소유자

선원법은 59조에서 "해양수산부장관은 필요하다고 인정하면 선원의 임금 최저액을 정할 수 있다. 이 경우 해양수산부장관은 해양수산부령으로 정하는 자문을 하여야 한다."고 규정하고 있다.

이에 따라 해양수산부장관은 매년 선원에게 적용될 최저임금을 결정하여 고시하는데, 선원의 최저임금은 시간급이 아닌 월 단위를 기준으로 결정되고, 해상의 열악한 작업여건과 선원들의 생활 안정 등을 고려하여 보통 육상 근로자의 최저임금보다 높게 책정된다.

선원법의 적용을 받는 선원과 선원을 사용하는 선박소유자에 대해서는 위와 같이 선원법에 의해 결정·고시된 최저임금이 적용되는 결과 최저임금법은 적용되지 않는데, 최저임금법 3조 2항은 이를 명확히 하였다.

선원법의 적용 대상이 아닌 선박, 즉 ① 총톤수 5톤 미만의 선박으로서 항해선이 아닌 선박, ② 호수, 강 또는 항내만을 항행하는 선박(선박의 입항 및 출항 등에 관한 법률 24조에 따른 예선은 제외), ③ 총톤수 20톤 미만인 어선으로서 해양수산부령으로 정하는 선박, ④ 선박법 1조의2 1항 3호에 따른 부선(해운법 24조 1항

3) 김헌수, 90면; 최저임금위원회b, 13면.
4) 김헌수, 91면; 최저임금위원회b, 14면.
5) 김헌수, 91면; 최저임금위원회b, 13면.

또는 2항에 따라 해상화물운송사업을 하기 위하여 등록한 부선은 제외)에 승무하는 선원과 그 선박의 소유자에 대해서는 최저임금법이 적용된다.

제 4 조(최저임금의 결정기준과 구분)

① 최저임금은 근로자의 생계비, 유사 근로자의 임금, 노동생산성 및 소득분배율 등을 고려하여 정한다. 이 경우 사업의 종류별로 구분하여 정할 수 있다.

② 제 1 항에 따른 사업의 종류별 구분은 제12조에 따른 최저임금위원회의 심의를 거쳐 고용노동부장관이 정한다.

〈세 목 차〉



## Ⅰ. 최저임금의 결정기준

### 1. 개 요

최저임금의 결정기준은 최저임금제가 지향하는 목적을 달성할 수 있도록 보장해 주는 한편 최저임금에 관한 의사결정이 자의적이지 않고 원칙과 기준에 입각하도록 하는 기능을 갖는다.[1)]

최저임금제를 실시하는 많은 국가에서 최저임금 결정기준을 법에 명시하고 있는데, 그 내용이 다양하다. 우리나라가 2001년 비준한 ILO 협약 131호는 최저임금 결정시 (1) 해당 국가의 일반적 임금수준, 생계비, 사회보험 급부 및 다른 사회집단의 상대적인 생활수준을 고려한 근로자 및 그 가족의 필요(needs), (2) 경제발전의 필요조건, 생산성 수준 및 높은 고용수준을 달성하고 유지하기 위한 요구 등을 포함한 경제적 요소를 고려하여야 한다고 정하고 있다.[2)]

최저임금법 4조 1항은 최저임금을 결정할 때 고려하여야 할 기준으로 근로자의 생계비, 유사 근로자의 임금, 노동생산성 및 소득분배율을 정하고 있다.

1) 김헌수, 96면.
2) 김헌수, 98면; 최저임금위원회a, 42면.

'소득분배율'은 2005. 5. 31. 개정 당시에 추가된 것이다. 당시 최저임금법 일부 개정법률안 제안이유에는, 최저임금제 시행 이후 변화된 산업구조와 노동시장의 여건을 반영하여 최저임금이 보다 객관적이고 합리적인 기준에 따라 결정될 수 있도록 종전의 생계비, 유사 근로자의 임금 및 노동생산성에 더하여 최저임금의 사회경제적 영향을 반영하는 소득분배율 등을 결정기준으로 추가한다는 내용이 기재되어 있다.

### 2. 최저임금 결정기준의 구체적 내용

'생계비'란 가계 단위인 하나의 가구가 생활을 하는 데 필요한 비용을 말한다.[3] 근로자의 생계비를 산출할 경우 어떤 근로자를 상정하여야 할 것인가가 문제 되는데, 현재 최저임금위원회는 비혼(非婚) 단신근로자의 실태생계비를 산출하여 최저임금 심의자료로 활용하고 있다.[4] 이에 대해서는 대다수 근로자가 최소 2~4인의 가구원의 생계를 책임져야 하는 소득원이라는 점에서 현실적이지 않다는 비판이 있다.[5]

'유사 근로자의 임금'과 관련하여, '유사 근로자'를 같은 사업에서 동일한 종류 또는 유사한 종류의 업무에 종사하는 근로자로 보는 견해, 최저임금 수준에 가까운 임금을 받는 근로자의 임금으로 보는 견해, '유사 근로자의 임금'을 결정기준으로 둔 것은 최저임금을 사업의 종류별로 구분하여 정할 수 있도록 한 것에 대응하여 해당 사업에서의 일반 근로자의 임금을 고려하도록 정한 것으로 해석하여야 하므로 전국 단일의 최저임금이 적용되고 있는 현 상황에서는 전체 일반 근로자의 임금 관련 지표가 결정기준이 된다는 견해 등이 있다.[6] 현재 최저임금위원회에서 '유사 근로자의 임금'을 어떻게 정의할 것인지에 대해 합의된 기준은 없고, 전체 근로자를 대상으로 하는 통계자료들을 사업체 규모, 연령, 성, 학력 등의 세부 특성별로 분석한 후 이를 기초로 '유사 근로자의 임금'을 가늠하고 있다고 한다.[7]

'노동생산성'은 산출량을 노동투입량으로 나눈 값을 말한다. 노동생산성이

3) 김헌수, 99면.
4) 최저임금위원회a, 67면.
5) 최저임금위원회a, 42면.
6) 김헌수, 102~103면; 현병훈, 113면.
7) 최저임금위원회a, 69면.

증가하면 투입된 노동단위당 산출량이 증가하고, 이에 따라 수입이 증가하여 기업의 임금지불능력이 높아지게 된다. 따라서 노동생산성은 임금결정 과정에서 고려해야 할 요소이고, 최저임금법도 최저임금 결정과정에서 고려해야 할 요소로 노동생산성을 들고 있다. 최저임금위원회는 근로자 1명 이상을 고용한 제조업 사업장의 물적 노동생산성 지수 및 상승률 등의 지표와 부가가치 노동생산성 지수 및 상승률 지표 등을 활용한다.[8)]

'소득분배율'이란 총소득이 균일하게 분배되는 정도를 나타내는 지표를 말한다. 최저임금위원회는 하위 10%번째 근로자의 임금률(일정 시간 동안 제공된 노동에 대해 근로자에게 지급되는 임금 단가)을 하위 50%번째 근로자의 임금률로 나눈 값, 최저임금액 시간급을 하위 50%번째 근로자의 임금률로 나눈 값, 최저임금액 시간급을 근로자 임금률의 평균값으로 나눈 값을 산출하여 소득분배율 자료로 활용한다.[9)]

## Ⅱ. 사업의 종류별 구분

최저임금법은 4조 1항 후문에서 최저임금을 사업의 종류별로 구분하여 정할 수 있다고 정하여 사업의 종류별로 최저임금을 달리 정할 수 있는 근거 규정을 두고 있다. 이에 따라 최저임금법 제정 당시에는 제조업을 섬유·식료품 등 12개 업종 1그룹과 담배·화학 등 16개 업종 2그룹으로 나누어 각 그룹별로 시간급 최저임금액을 정하였다. 그러나 1990년부터는 모든 산업에 대하여 단일의 최저임금액을 정하고 있다.

8) 김헌수, 104면~106면.
9) 최저임금위원회a, 80면.

제5조(최저임금액)

① 최저임금액(최저임금으로 정한 금액을 말한다. 이하 같다)은 시간·일(日)·주(週) 또는 월(月)을 단위로 하여 정한다. 이 경우 일·주 또는 월을 단위로 하여 최저임금액을 정할 때에는 시간급(時間給)으로도 표시하여야 한다.

② 1년 이상의 기간을 정하여 근로계약을 체결하고 수습 중에 있는 근로자로서 수습을 시작한 날부터 3개월 이내인 사람에 대하여는 대통령령으로 정하는 바에 따라 제1항에 따른 최저임금액과 다른 금액으로 최저임금액을 정할 수 있다. 다만, 단순노무업무로 고용노동부장관이 정하여 고시한 직종에 종사하는 근로자는 제외한다.

③ 임금이 통상적으로 도급제나 그 밖에 이와 비슷한 형태로 정하여져 있는 경우로서 제1항에 따라 최저임금액을 정하는 것이 적당하지 아니하다고 인정되면 대통령령으로 정하는 바에 따라 최저임금액을 따로 정할 수 있다.

영 제4조(도급제 등의 경우 최저임금액 결정의 특례)

법 제5조 제3항에 따라 임금이 도급제나 그 밖에 이와 비슷한 형태로 정해진 경우에 근로시간을 파악하기 어렵거나 그 밖에 같은 조 제1항에 따라 최저임금액을 정하는 것이 적합하지 않다고 인정되면 해당 근로자의 생산고(生産高) 또는 업적의 일정단위에 의하여 최저임금액을 정한다.

〈세 목 차〉



## Ⅰ. 최저임금액 결정의 단위기간

### 1. 결정 단위기간

최저임금법은 최저임금액을 시간·일·주 또는 월을 단위로 하여 정하도록 규정하고 있다. 일반적인 임금 결정 단위기간인 시간·일·주·월을 단위로 최저임금액을 정하도록 한 것인데, 실제 지급된 임금과 고시된 최저임금액을 쉽게

비교할 수 있도록 하기 위한 것이다.[1)]

최저임금위원회나 고용노동부가 위 네 가지 단위기간에 대한 최저임금액을 모두 심의·결정하여야 하는 것은 아니고, 그때그때의 경제·사회적 여건에 따라 단위기간을 선택하여 최저임금액을 결정하면 된다.[2)]

우리나라는 시간을 단위로 하여 최저임금액을 정하고 있다. 이에 따라 고용노동부는 시간급 최저임금액을 결정·고시하고 있다. 다만, 고용노동부는 2016년 적용 최저임금 고시부터 시간급 최저임금액에 월 환산 기준시간 수 209시간(주 소정근로 40시간을 근무할 경우 주당 유급주휴 8시간을 포함하여 산정한 근로시간 수)을 곱하여 산정한 월 환산액을 함께 표기하고 있다.[3)]

### 2. 시간급 최저임금액의 구속력

고시된 시간급 최저임금액은 대외적 구속력을 갖는다. 고용노동부는 2016년 적용 최저임금액을 고시할 때부터 월 환산액을 병기하고 있는데, 우리나라는 시간을 최저임금의 결정 단위기간으로 하고 있으므로, 대외적 구속력을 갖는 것은 시간급 최저임금액에 국한되고, 월 환산액은 환산의 편의를 위하여 시간급 최저임금액에 월 환산 기준시간 수를 곱하여 산출된 금액을 병기한 것에 불과한 것으로 보아야 한다.

## Ⅱ. 최저임금의 감액 적용

### 1. 개　요

1명 이상 근로자를 사용하는 모든 사업 또는 사업장에 종사하는 모든 근로자에게는 고시된 최저임금액이 적용되는 것이 원칙이다.

그러나 최저임금법 5조 2항은 1년 이상의 기간을 정하여 근로계약을 체결하고 수습 중에 있는 근로자로서 수습을 시작한 날부터 3개월 이내인 사람에 대해서는 고시된 최저임금액과 다른 최저임금액을 정할 수 있다고 하여, 최저임금을 감액할 수 있는 경우를 정하고 있다. 수습을 시작한 날부터 3개월 이내인 근로자

1) 김헌수, 119면.
2) 김헌수, 119면.
3) 최저임금위원회b, 1면.

는 근로능력이나 숙련도가 일반 근로자에 비해 상대적으로 낮은 점을 고려하여 최저임금을 감액하도록 한 것이다.[4] 다만, 단순노무업무로 고용노동부장관이 정하여 고시한 직종에 종사하는 근로자에 대해서는 최저임금을 감액할 수 없다.

감시·단속적 근로에 종사하는 근로자의 경우 2015. 1. 1. 이전에는 고용노동부장관의 승인을 얻으면 감액 적용 대상이었으나, 2015. 1. 1.부터는 감액 적용 대상에서 제외되어 최저임금 전액이 적용되고 있다(1조 Ⅱ. 2. 라. 참조).

### 2. 수습 근로자의 최저임금액

#### 가. 수습 근로자의 개념

수습이란 일반적으로 취업규칙이나 근로계약 등에서 정하는 바에 따라 정식으로 채용하기 전에 기업에 대한 적응 능력이나 기술 습득, 기능 양성 등을 목적으로 사용되는 근로형태를 말한다.[5] 이를 '시용(試用)'이라 하기도 한다.

정식채용 후 근로자의 작업능력이나 사업장에서의 적응능력을 키워주기 위한 근로형태는 협의의 수습이라 할 수 있다.[6]

시용기간 중인 근로자나 협의의 수습 사용 중인 근로자 모두 최저임금법 5조 2항의 수습 근로자에 해당한다고 할 것이다. 다만, 취업규칙이나 근로계약 등에 시용 또는 수습에 관한 명시적인 규정이 있어야 하고, 그러한 규정이 없다면 시용기간 내지 수습기간은 없는 것으로 보아야 한다.[7]

#### 나. 감액 적용 대상

계약기간이 1년 미만인 기간제 근로자는 수습 근로자라 하더라도 최저임금을 감액할 수 없다. 계약기간 1년 미만의 기간제 근로자는 단순 업무에 종사하는 경우가 대부분임에도 불구하고 수습기간을 3개월까지 설정하여 고시된 최저임금액의 90%를 지급하는 등 수습기간과 최저임금 감액 적용 제도의 취지를 악용하는 사례가 빈번하게 발생하자, 2012. 2. 1. 1년 미만의 기간제 근로자에 대해서는 수습 사용기간 최저임금 감액 규정을 적용하지 않는 것으로 최저임금법이 개정된 것이다.

또한 2017. 9. 19. 최저임금법 개정 당시, 단순노무업무의 경우 기능숙련 기

4) 김헌수, 124면; 최저임금위원회b, 15면.
5) 근기법주해(초판) Ⅱ, 273면.
6) 최저임금위원회b, 15면.
7) 김헌수, 122면; 최저임금위원회b, 15면.

간이 필요하지 아니하여 최저임금을 감액 지급할 필요가 없음을 이유로 고용노동부장관이 지정 고시한 단순노무직종에 종사하는 근로자를 최저임금 감액 대상에서 제외하였다. 고용노동부장관이 지정 고시한 단순노무직종 종사 근로자는 한국표준직업분류 상 대분류 9(단순노무 종사자)에 해당하는 근로자이다(고용노동부 고시 2018-23호).

### 다. 최저임금액

감액 적용 대상인 수습 근로자의 최저임금액은 고시된 최저임금액의 90%로 한다(최저임금법 시행령 3조). 따라서 감액 적용 대상 근로자에게 지급된 임금이 최저임금에 미달하는지 여부는 고시된 시간급 최저임금액의 90%에 해당하는 금액을 기준으로 판단한다.

감액 적용기간은 3개월을 초과할 수 없으므로, 당사자 사이에 정한 수습기간이 3개월을 초과하더라도 감액 적용기간은 3개월 이내로 한정된다. 또한 수습기간에 한해서만 최저임금을 감액할 수 있으므로, 예를 들어 수습기간이 1개월인 경우에는 그 1개월에 대해서만 감액된 최저임금액이 적용되고, 수습이 아닌 기간까지 포함해서 3개월까지 최저임금을 감액할 수는 없다.[8)]

## Ⅲ. 도급제 형태 근로자의 최저임금액

### 1. 도급제 형태 근로자의 의의

앞서 본 것과 같이 최저임금법은 최저임금액을 시간·일·주 또는 월 등 기간을 단위로 결정하도록 하고 있다.

그러나 근로형태의 특성상 기간을 단위로 최저임금액을 정하는 것이 적절하지 아니한 경우가 있는데, 최저임금법 5조 3항은 그러한 경우에 기간이 아닌 별도의 단위로 최저임금액을 정할 수 있음을 규정하고 있다 즉, 위 조항은 임금이 통상적으로 도급제나 그 밖에 이와 비슷한 형태로 정하여져 있어 기간 단위로 최저임금액을 정하는 것이 적당하지 아니하다고 인정되면 대통령령으로 정하는 바에 따라 최저임금액을 따로 정할 수 있다고 규정하고 있고, 그 위임에 따라 최저임금법 시행령 4조는 임금이 도급제나 그 밖에 이와 비슷한 형태로

8) 김헌수, 125면.

정해진 경우에 근로시간을 파악하기 어렵거나 그 밖에 같은 조 1항에 따라 최저임금액을 정하는 것이 적합하지 않다고 인정되면 해당 근로자의 생산고 또는 업적의 일정단위에 의하여 최저임금액을 정한다고 규정하고 있다.

'임금이 도급제나 그 밖에 이와 비슷한 형태로 정하여지는 경우'란 일반적으로 성과 내지 실적에 따라 임금이 정하여지는 경우를 말한다. 여기에는 ① 일정액의 고정급여를 정하고 그 이상에 대해서는 실적에 따라 소정의 임금을 추가로 지급하는 경우와 ② 고정급여 없이 처음부터 실적의 일정 비율로 급여를 지급하는 경우가 있는데,[9] 어느 것이나 해당 근로자의 실적에 따라 임금액이 달라진다는 데 그 특징이 있다.

임금이 이와 같이 도급제 그 밖에 이와 비슷한 형태로 정하여지고, 근로시간을 파악하기 어려운 근로형태의 근로자를 도급제 형태 근로자라 한다.[10]

### 2. 최저임금을 별도로 결정하는 이유

임금이 도급제 내지 성과급제 형태로 결정되는 경우라도 시간·일·주 또는 월 등 기간단위로 정해진 최저임금액을 적용하는 것이 원칙이다(최저임금법 5조 1항, 최저임금법 시행령 5조 2항 참조).

그런데 근로계약에서 근로시간을 따로 정하지 않는 등의 이유로 실제 근로시간을 정확히 측정하기 곤란한 경우에는 기간을 단위로 결정되는 최저임금액을 적용하는 것이 적합하지 않을 수 있다. 최저임금법령은 이러한 경우에는 해당 근로자의 생산고 또는 업적의 일정단위에 의하여 최저임금액을 따로 정하도록 한 것이다.[11] 따라서 임금이 도급제 내지 성과급제 형태로 정하여지더라도 근로계약상 매일 출퇴근 시간이 정해져 있는 등으로 근로시간을 파악할 수 있는 경우에는 최저임금법 5조 3항이 적용되지 않고, 원칙대로 최저임금법 5조 1항의 기간단위의 최저임금액이 적용된다고 보아야 한다.

대법원 2007. 6. 29. 선고 2004다48836 판결은, 철도역 구내매점에서 성과급영업인 또는 성과급영업보조원으로 근무하는 근로자들이 개점시간(06:00부터 23:00까지)만 준수하면 자신의 업무를 자신이 고용한 판매대리인 등으로 하여금 대행하게 할 수 있고, 임금도 기본급 없이 상품판매액수에 소정의 성과급률을 곱하

9) 김헌수, 130면.
10) '도급제 근로자'라고 하기도 한다(김헌수, 129면 이하; 하갑래, 276면).
11) 김헌수, 130면.

여 산출한 성과급을 지급받는 등 그 근무형태가 도급적 성격이 강하고, 업무의 내용도 단속적·간헐적이어서 실제 근로시간을 산출하는 것이 어려운 점을 들어, 이들의 근로형태를 도급제 기타 이와 유사한 형태로 정하여져 있는 경우로서 근로시간의 파악이 어렵거나 그 밖에 최저임금법 5조 1항의 규정에 의하여 최저임금액을 정하는 것이 적합하지 아니한 경우에 해당한다고 판단하였다. 위 개점시간을 근로시간으로 인정할 여지도 있으나, 대법원은 근로자 스스로가 제3자를 고용하여 업무를 대행하게 할 수 있는 등 위 개점시간을 해당 근로자의 실제 근로시간으로 인정하기 어려운 측면이 있는 점을 고려하여 위와 같이 판단한 것으로 보인다.

### 3. 최저임금액의 결정

최저임금법 5조 3항과 최저임금법 시행령 4조에 의하면, 고용노동부장관은 임금이 통상적으로 도급제나 그 밖에 이와 비슷한 형태로 정하여져 있어 기간단위로 최저임금액을 정하는 것이 적당하지 아니하다고 인정되면 해당 근로자의 생산고 또는 업적의 일정단위에 의해 최저임금액을 정할 수 있다. 여기서 '생산고'란 일정한 기간에 생산된 제품이나 서비스의 양을 말하고, '업적의 일정단위'란 생산한 재화를 일정한 수량인 개수, 무게, 길이, 부피 등으로 나타낸 것을 말한다.[12)]

최저임금법 시행령 4조는 '해당 근로자'의 생산고 또는 업적의 일정단위에 의해 최저임금을 정하도록 하고 있으므로, 최저임금법 5조 3항에 따라 최저임금액을 결정하는 경우에는 모든 근로자에게 일률적으로 적용되는 최저임금액이 아닌 해당되는 근로자에게만 적용되는 최저임금액을 결정하여야 한다.

그런데 최저임금법 5조 3항과 최저임금법 시행령 4조가 예정하고 있는 근로형태는 그 유형이 천차만별이어서 이를 미리 예측하여 사전에 해당 근로자에게 적용될 최저임금액을 개별적으로 정해 둔다는 것은 사실상 거의 불가능하다. 이러한 이유로 현재까지 고용노동부장관은 도급제 형태의 근로자에게 적용될 최저임금액을 따로 결정·고시한 적이 없다.

대법원은 위 2004다48836 판결에서, 노동부장관이 해당 사건의 원고들의 근로형태에 적용될 최저임금액을 결정·고시한 바가 없다면, 해당 사건을 심판

12) 김헌수, 132면.

하여야 할 법원이 최저임금법 4조의 최저임금 결정기준과 해당 근로계약의 내용, 근로의 형태와 방식, 근로시간, 근로의 밀도, 임금의 산정방식, 성과급영업인 혹은 성과급영업보조원들의 임금산정 기준기간 동안의 평균적인 생산고 및 그에 따른 성과급 수준, 노동부장관이 일반적으로 고시한 최저임금액 등 모든 사정을 참작하여, 원고들에게 적용될 적정한 월 최저임금액을 정할 수밖에 없다고 판시하여, 최저임금법 5조 1항에 따라 결정·고시된 '시간급 최저임금액'에 '월의 통상임금 산정기준 시간 수'를 곱하여 산정된 월 최저임금액을 원고들에게 적용한 원심을 파기하였다.[13] 법원으로 하여금 최저임금액을 결정하도록 한 것인데, 법문상 법원에 최저임금액을 정할 권한이 있는지 의문이다.[14]

제5조의2(최저임금의 적용을 위한 임금의 환산)

최저임금의 적용 대상이 되는 근로자의 임금을 정하는 단위기간이 제5조 제1항에 따른 최저임금의 단위기간과 다른 경우에 해당 근로자의 임금을 최저임금의 단위기간에 맞추어 환산하는 방법은 대통령령으로 정한다.

영 제5조(최저임금의 적용을 위한 임금의 환산)

① 근로자의 임금을 정하는 단위가 된 기간이 그 근로자에게 적용되는 최저임금액을 정할 때의 단위가 된 기간과 다른 경우에는 그 근로자에 대한 임금을 다음 각 호의 구분에 따라 시간에 대한 임금으로 환산한다.

1. 일(日) 단위로 정해진 임금: 그 금액을 1일의 소정근로시간 수로 나눈 금액
2. 주(週) 단위로 정해진 임금: 그 금액을 1주의 최저임금 적용기준 시간 수(1주 동안의 소정근로시간 수와 「근로기준법」 제55조 제1항에 따라 유급으로 처리되는 시간 수를 합산한 시간 수를 말한다)로 나눈 금액
3. 월(月) 단위로 정해진 임금: 그 금액을 1개월의 최저임금 적용기준 시간 수(제2호에 따른 1주의 최저임금 적용기준 시간 수에 1년 동안의 평균의 주의 수를 곱한 시간을 12로 나눈 시간 수를 말한다)로 나눈 금액

---

13) 위 사건의 원심은, 해당 근로자의 근로형태가 최저임금법 5조 3항, 최저임금법 시행령 4조에서 정한 도급제 형태에 해당된다고 보면서도, 노동부장관이 위 조항에 따라 별도로 최저임금액을 결정·고시한 바가 없는 점 등을 이유로 최저임금법 5조 1항에 따라 결정·고시된 '시간급 최저임금액'에 '월의 통상임금 산정기준 시간 수'를 곱하여 산정된 월 최저임금액을 해당 근로자에게 적용하여야 한다고 판단하였다. 위 사건은 파기환송심에서 화해권고결정이 확정되어 종결되었다.

14) 하갑래, 276면.

4. 시간 · 일 · 주 또는 월 외의 일정 기간을 단위로 정해진 임금: 제 1 호부터 제 3 호까지의 규정에 준하여 산정(算定)한 금액

② 생산고에 따른 임금지급제나 그 밖의 도급제로 정해진 임금은 그 임금 산정기간(임금 마감일이 있는 경우에는 임금 마감기간을 말한다. 이하 이 항에서 같다)의 임금 총액을 그 임금 산정기간 동안의 총근로시간 수로 나눈 금액을 시간에 대한 임금으로 한다.

③ 근로자가 받는 임금이 제 1 항이나 제 2 항에서 정한 둘 이상의 임금으로 되어 있는 경우에는 해당 부분을 대하여 각각 해당 규정에 따라 환산한 금액의 합산액을 그 근로자의 시간에 대한 임금으로 한다.

④ 근로자의 임금을 정한 단위가 된 기간의 소정근로시간 수가 그 근로자에게 적용되는 최저임금액을 정할 때의 단위가 된 기간의 근로시간 수와 다른 경우에는 제 1 항 각 호의 구분에 따라 그 근로자의 임금을 시간에 대한 임금으로 환산한다.

2018. 12. 31. 개정 전 영 제 5 조

① 근로자의 임금을 정하는 단위가 된 기간이 그 근로자에게 적용되는 최저임금액을 정할 때의 단위가 된 기간과 다른 경우에는 그 근로자에 대한 임금을 다음 각 호의 구분에 따라 시간에 대한 임금으로 환산한다.

1. 일(日) 단위로 정해진 임금: 그 금액을 1일의 소정근로시간 수(일에 따라 소정근로시간 수가 다른 경우에는 1주간의 1일 평균 소정근로시간 수)로 나눈 금액
2. 주(週) 단위로 정해진 임금: 그 금액을 1주의 소정근로시간 수(주에 따라 소정근로시간 수가 다른 경우에는 4주간의 1주 평균 소정근로시간 수)로 나눈 금액
3. 월(月) 단위로 정해진 임금: 그 금액을 1개월의 소정근로시간 수(월에 따라 소정근로시간 수가 다른 경우에는 1년간의 1개월 평균 소정근로시간 수)로 나눈 금액
4. 시간 · 일 · 주 또는 월 외의 일정 기간을 단위로 정해진 임금: 제 1 호부터 제 3 호까지의 규정에 준하여 산정(算定)한 금액

〈세 목 차〉

## Ⅰ. 개 요

앞서 본 것과 같이 우리나라는 시간을 최저임금액 결정의 단위기간으로 한다. 따라서 사업장에서 지급된 임금이 최저임금에 위배되는지 여부는, 지급된 임금에서 최저임금의 적용 대상이 되는 비교대상 임금을 가려내어 이를 시간급 임금으로 환산한 후 고시된 시간급 최저임금액과 비교하여 판단한다.

최저임금법 5조의2는 임금을 정하는 단위기간이 최저임금의 단위기간과 다른 경우, 즉 시간 이외의 기간을 단위로 임금이 정해진 경우 해당 임금을 시간급으로 환산하는 방법을 대통령령으로 정하도록 하고 있다. 이에 따라 최저임금법 시행령 5조에서 구체적인 환산방법을 정하고 있다. 그 중 1항은 일·주·월 등의 단위로 정해진 임금을 시간급으로 환산하는 방법을 정하고 있는데, 위 조항은 제정 이후 표현의 수정 외에 개정 없이 유지되어 오다가 2018. 12. 31. 개정되었고, 개정 조항은 2019. 1. 1.부터 시행되고 있다.

## Ⅱ. 최저임금법 시행령 5조 1항의 개정

### 1. 2018. 12. 31. 개정 전 최저임금법 시행령 5조 1항

2018. 12. 31. 개정 전 최저임금법 시행령 5조 1항은 일·주·월 단위로 정해진 임금을 시간급으로 환산할 때는 해당 임금을 각 1일의 소정근로시간 수, 1주의 소정근로시간 수, 1개월의 소정근로시간 수로 나누어 산정하도록 규정하였다.

주 또는 월 단위로 정해진 임금의 환산과 관련하여, 고용노동부는 위 ‘소정근로시간’을 근기법 2조 1항 8호[1]의 소정근로시간에 근기법 55조 1항에 따라

1) 2018. 3. 20. 개정된 근기법의 조문 순서에 따른다.

유급으로 처리되는 시간, 즉 주휴시간을 합산한 시간으로 해석하여 왔다.[2] 반면, 법원은 위 '소정근로시간'을 근기법 2조 1항 8호의 소정근로시간만으로 보고, 주휴시간은 포함되지 않는다는 입장을 유지하여 왔다.[3]

법원이나 고용노동부는 주급 또는 월급에 포함되어 있는 주휴수당을 비교대상 임금에 산입하고 있으나,[4] 시간급 환산 시 주휴시간을 포함할지 여부에 대해서는 위와 같이 입장을 달리하여 왔다.

주휴시간을 제외하는 법원의 해석은 개정 전 최저임금법 시행령 5조 1항이 통상임금의 시간급 환산 방법을 정한 근기법 시행령 6조 2항과 달리 '소정근로시간'만을 기준으로 비교대상 임금의 시간급을 환산하도록 정하고 있는 점을 근거로 한 것으로 볼 수 있다. 이에 대해서는 주휴수당을 비교대상 임금에 산입하는 이상 주휴시간도 '소정근로시간'에 반영하여야 한다는 반론이 있다.

### 2. 2018. 12. 31. 개정 최저임금법 시행령 5조 1항

위와 같이 주휴시간을 '소정근로시간'에 포함할 것인지에 대한 판례와 행정해석의 불일치로 현장에 혼란이 초래되자, 2018. 12. 31. 최저임금법 시행령 5조 1항을 개정하여 주급 및 월급을 시간급 임금으로 환산할 때 해당 급여를 나누는 시간 수인 '최저임금 적용기준 시간 수'를 소정근로시간 수와 주휴시간 수를 합산한 시간 수로 한다고 명확히 하여, 기존의 행정해석을 입법화하였다.[5] 개정 조항은 2019. 1. 1.부터 시행되고 있다.

이하의 내용은 개정 조항을 중심으로 한다.

## Ⅲ. 시간급 환산 방법

### 1. 최저임금 적용기준 시간 수

#### 가. 개 념

최저임금법 시행령 5조 1항 2호 및 3호는 주 또는 월 단위로 정해진 임금

2) 고용노동부, 최저임금제도 업무처리지침(2007. 11. 26.).
3) 대법원 2007. 1. 11. 선고 2006다64245 판결, 대법원 2017. 11. 9. 선고 2015다7879 판결, 대법원 2017. 12. 28. 선고 2016도8729 판결, 대법원 2018. 6. 19. 선고 2014다44673 판결, 대법원 2021. 6. 24. 선고 2020다34356, 34363 판결, 대법원 2023. 11. 2. 선고 2018도965 판결 등.
4) 대법원 2007. 1. 11. 선고 2006다64245 판결, 대법원 2018. 6. 19. 선고 2014다44673 판결 등.
5) 고용노동부, 45~47면.

을 '1주의 최저임금 적용기준 시간 수' 또는 '1개월의 최저임금 적용기준 시간 수'로 나누어 시간급 임금으로 환산하도록 정하고 있다.

위 규정에 따르면, '1주의 최저임금 적용기준 시간 수'는 1주 동안의 소정 근로시간 수와 주휴시간 수를 합산한 시간 수를 말하고, '1개월의 최저임금 적용기준 시간 수'는 1주의 최저임금 적용기준 시간 수에 1년 동안의 평균의 주의 수를 곱한 시간을 12로 나눈 시간 수를 말한다.

### 나. 소정근로시간

최저임금법 시행령 5조 1항에서 말하는 '소정근로시간'은 근기법 2조 1항 8호의 '소정근로시간'과 동일한 개념이다. 따라서 근로계약, 단체협약, 취업규칙 등에서 정한 근로시간(이하 편의상 '약정 근로시간'이라 한다)이 근기법 50조, 69조 본문 또는 산안법 139조에 따른 근로시간(이하 '기준근로시간'이라 한다)의 범위 내일 경우에는 약정 근로시간을 소정근로시간으로 한다. 약정 근로시간이 기준근로시간의 범위를 초과할 경우에는 기준근로시간을 소정근로시간으로 하고, 초과된 시간은 연장근로시간으로 처리한다.[6] 이에 관한 자세한 내용은 아래에서 설명한다.

감시 또는 단속적으로 근로에 종사하는 자로서 근기법 63조 3호의 규정에 의하여 고용노동부장관으로부터 근로시간 등의 적용 제외 승인을 받은 경우에는 근기법상의 근로시간에 관한 규정이 적용되지 않으므로, 기준근로시간과 관계없이 약정 근로시간을 소정근로시간으로 본다.[7] 그러나 고용노동부장관의 승인이 없다면 감시·단속적 근로자에 대해서도 근로시간에 관한 규정이 모두 적용되므로, 기준근로시간을 기준으로 소정근로시간을 정한다.

상시 4명 이하의 근로자를 사용하는 사업 또는 사업장에 대해서는 근기법 50조(근로시간), 53조(연장 근로의 제한), 56조(연장·야간 및 휴일근로) 등이 적용되지 않는다. 따라서 이 경우에도 기준근로시간과 관계없이 약정 근로시간을 소정근로시간으로 본다.[8]

### 다. 주휴시간

사업장의 규모와 관계없이 1주 동안의 소정근로시간이 15시간 이상인 근로

6) 김헌수, 137면, 최저임금위원회b, 22면.
7) 최저임금위원회b, 22면.
8) 신동진, 546면; 최저임금위원회b, 22면.

자에 대해서는 주휴수당을 지급하여야 한다(근기법 11조, 18조 3항, 55조 1항, 근기법 시행령 7조 [별표1]). 주휴수당이 포함된 주급 및 월급 형태의 임금을 시간급으로 환산할 때는 최저임금법 시행령 5조 1항 2호 및 3호에 따라 소정근로시간 수에 주휴시간 수를 합산한 시간 수를 기준으로 한다.

주휴수당 지급 대상이 아닌 근로자[9]에 대해서는 최저임금 적용기준 시간 수에 주휴시간을 산입할 여지가 없고, 결근 등으로 주휴수당이 지급되지 않은 경우에도 주휴시간을 최저임금 적용기준 시간 수에 산입하지 아니한다.[10]

### 라. 약정 유급휴일 시간의 미산입

주 5일 근무제가 정착되면서 주휴일 외에 약정 유급휴일을 정하는 사업장이 늘고 있다. 2018년 최저임금법령 개정 당시 약정 유급휴일 시간을 최저임금 적용기준 시간 수에 포함할 것인지에 대한 논의가 있었으나, 약정 유급휴일에 대한 임금인 약정 유급휴일수당을 비교대상 임금에 산입하지 아니하고 약정 유급휴일 시간도 최저임금 적용기준 시간 수에 포함하지 아니하는 것으로 하였다(최저임금법 시행령 5조 1항, 최저임금법 시행규칙 2조 1항 3호).[11]

## 2. 일(日) 단위로 정해진 임금의 경우

### 가. 환산 방법

일급으로 정해진 비교대상 임금은 그 금액을 1일의 소정근로시간 수로 나누어 시간급으로 환산한다. 주휴수당은 1주 동안의 소정근로일을 개근하였을 때 지급되는 것이므로, 일급 금액을 시간급으로 환산할 때에는 주휴수당 및 주휴시간을 고려할 여지가 없다.

약정 근로시간이 기준근로시간을 초과하는 경우에는 기준근로시간을 소정근로시간으로 하고, 초과된 시간은 연장근로시간으로 본다(근기법상 근로시간에 관한 규정이 적용되지 않는 근로자에 대해서는 약정 근로시간을 소정근로시간으로 한다. 위 1의

9) 1주 동안의 소정근로시간이 15시간 미만인 근로자와 감시·단속적으로 근로에 종사하는 자로서 근기법 63조 3호의 규정에 의하여 고용노동부장관으로부터 근로시간 등의 적용 제외 승인을 받은 근로자를 말한다.

10) 고용노동부, 44면.

11) 대법원 2018. 10. 12. 선고 2018도6486 판결은, 2018년 최저임금법 시행령 및 동법 시행규칙이 개정되기 전의 사안에서 기본급에서 약정유급휴일수당을 공제한 금액을 소정근로시간 수로 나누어 시간급 비교대상 임금을 산정한 원심의 판단을 유지하였다. 이는 약정유급휴일수당을 비교대상 임금에 산입하지 아니하고 약정 유급휴일 시간도 최저임금 적용기준 시간 수에 포함하지 아니하는 현행 최저임금법령과 같은 입장이다.

나.항 참조). 이 경우 약정 근로시간을 기준으로 지급된 일급 금액에 근기법 56조에 따른 연장근로수당까지 포함하는 것으로 근로계약을 맺었다면, 연장근로수당은 비교대상 임금에 산입되지 않으므로(최저임금법 6조 4항 1호, 최저임금법 시행규칙 2조 1항 1호), 해당 일급을 시간급으로 환산할 때에는 연장근로수당과 연장근로시간 수를 분자 및 분모에서 모두 제외하여야 한다. 다시 말하면, 해당 일급[12]에서 연장근로수당을 공제한 금액을 소정근로시간 수로 나누어 시간급 비교대상 임금을 산정하는 것이다. 그런데 연장근로수당과 가산율이 반영된 연장근로시간 수를 분자 및 분모에 모두 포함하여 계산하더라도 결과 값은 동일하므로, 편의상 연장근로수당이 포함된 일급을 1일의 소정근로시간 수와 가산율이 반영된 연장근로시간 수를 합산한 시간 수로 나누어 시간급 비교대상 임금을 산정한다.

한편 2018. 12. 31. 개정 전 최저임금법 시행령 5조 1항 1호는 일(日)에 따라 소정근로시간 수가 다른 경우에는 1주간의 1일 평균 소정근로시간 수를 기준으로 시간급 임금을 산정한다는 내용을 부가적으로 규정하였다. 위 내용은 개정 최저임금법 시행령에서는 삭제되었는데, 일급은 일(日)의 대소가 없고, 해당일의 소정근로시간이 명확하기 때문에 1주간 평균 시간 수로 나눌 이유가 없는데다, 현장에서 적용되지 않는 사문화된 규정이라는 점이 삭제 이유이다. 주(週) 단위로 정해진 임금의 시간급 환산 방법을 정한 같은 항 2호에도 같은 취지의 내용이 있었으나, 같은 이유로 개정 최저임금법 시행령에서는 삭제되었다.[13]

### 나. 예 시

① (상시 5인 이상 사업장) 1일 기본급 90,000원, 1일 약정 근로시간 9시간, 약정 근로시간을 기준으로 지급된 기본급에 연장근로수당을 포함하기로 한 경우
시간급 비교대상 임금 9,473원[14] = 90,000원÷(1일 소정근로시간 8시간 + 가산율이 반영된 1일 연장근로시간 1.5시간)

② (상시 4인 이하 사업장) 1일 기본급 90,000원, 1일 약정 근로시간 9시간
시간급 비교대상 임금 10,000원 = 90,000원÷1일 소정근로시간 9시간

12) 연장근로수당 외에 비교대상 임금에 산입되지 않는 임금은 없는 것으로 가정한다.
13) 고용노동부, 48면.
14) 이하 계산식에서 소수점 이하는 버린다.

### 3. 주(週) 단위로 정해진 임금의 경우

#### 가. 환산 방법

주급으로 정해진 비교대상 임금은 그 금액을 1주의 최저임금 적용기준 시간 수로 나누어 시간급으로 환산하는데, 1주의 최저임금 적용기준 시간 수는 1주 동안의 소정근로시간 수와 주휴시간 수를 합산한 시간 수를 말한다. 주급 금액으로 지급하는 급여에 주휴수당이 포함되어 있다는 것이 근로계약, 취업규칙, 단체협약 내용이거나 관행이라면, 주급으로 정해진 임금을 시간급 임금으로 환산할 때에는 주휴수당에 해당하는 부분도 포함하도록 한 것이다.

약정 근로시간이 기준근로시간을 초과하는 경우의 처리 방법은 위 2의 가. 항에서 설명한 것과 같다.

#### 나. 예　　시

① 1주 기본급 500,000원(주휴수당 포함), 1주 약정 근로시간 40시간
시간급 비교대상 임금 10,416원=500,000원÷(1주 소정근로시간 40시간+1주 주휴시간 8시간)

② 1주 기본급 400,000원(주휴수당 포함), 1주 약정 근로시간 35시간
시간급 비교대상 임금 9,523원=400,000원÷(1주 소정근로시간 35시간+1주 주휴시간 7시간)

③ (상시 5인 이상 사업장) 1주 기본급 500,000원(주휴수당 포함), 1주 약정 근로시간 44시간, 약정 근로시간을 기준으로 지급된 기본급에 연장근로수당을 포함하기로 한 경우
시간급 비교대상 임금 9,259원=500,000원÷(1주 소정근로시간 40시간+가산율이 반영된 1주 연장근로시간 6시간+1주 주휴시간 8시간)

④ (상시 4인 이하 사업장) 1주 기본급 500,000원(주휴수당 포함), 1주 약정 근로시간 44시간
시간급 비교대상 임금 9,615원=500,000원÷(1주 소정근로시간 44시간+1주 주휴시간 8시간)

### 4. 월(月) 단위로 정해진 임금의 경우

#### 가. 환산 방법

월급으로 정해진 비교대상 임금은 그 금액을 1개월의 최저임금 적용기준 시간 수로 나누어 시간급으로 환산한다. 1개월의 최저임금 적용기준 시간 수는 1주의 최저임금 적용기준 시간 수에 1년 동안의 평균의 주의 수를 곱한 시간을 12로 나눈 시간 수를 말한다. 다시 말하면 1주 동안의 소정근로시간 수와 주휴시간 수를 합산한 시간 수에 월 평균 주 수를 곱한 것이 1개월의 최저임금 적용기준 시간 수이다.

판례는 주휴수당 지급 대상인 근로자에 대한 임금을 월급으로 지급할 경우 그 월급에는 주휴수당이 포함되어 있는 것으로 보고 있다.[15)]

약정 근로시간이 기준근로시간을 초과하는 경우의 처리 방법은 위 2의 가. 항에서 설명한 것과 같다.

근로계약, 단체협약, 취업규칙 등에서 주휴일 외에 유급휴일을 정하는 경우, 앞서 본 주휴수당과 관련된 판례에 비추어보면 이 경우에도 그 월급에는 약정 유급휴일에 대한 휴일수당이 포함되어 있는 것으로 볼 수 있다. 그런데 약정 유급휴일에 대한 휴일수당은 비교대상 임금에 산입되지 않으므로 시간급 환산 시 유급휴일수당과 유급휴일 시간을 분자 및 분모에서 모두 제외하여야 하는데, 유급휴일수당과 유급휴일 시간 수를 분자 및 분모에 모두 포함하여 계산하더라도 결과 값은 동일하다. 따라서 유급휴일수당이 포함된 월급 금액을 유급휴일 시간 수가 포함된 시간 수로 나누어 시간급 비교대상 임금을 산정한다.[16)]

한편 2018. 12. 31. 개정 전 최저임금법 시행령 5조 1항 3호는 월에 따라 소정근로시간 수가 다른 경우에는 1년간의 1개월 평균 소정근로시간 수를 기준으로 시간급 임금을 산정한다는 내용을 부가적으로 규정하였으나, 2018. 12. 31.자 개정으로 위 내용은 삭제하고 대신 1주의 최저임금 적용기준 시간 수에 월 평균 주수를 곱하여 1개월의 최저임금 적용기준 시간 수를 산정하도록 하였다.[17)]

---

15) 대법원 1990. 12. 26. 선고 90다카12493 판결, 대법원 1991. 6. 28. 선고 90다카14758 판결, 대법원 1998. 4. 24. 선고 97다28421 판결, 대법원 2015. 8. 19. 선고 2012다119351 판결 등.

16) 고용노동부, 52면.

17) 개정 전 내용을 보다 정확하게 표현한 것으로 볼 수 있다.

## 나. 예 시

① 월 기본급 2,000,000원, 약정 근로시간 1주 40시간, 주휴일 부여
시간급 비교대상 임금 9,589원=2,000,000원÷[(1주 소정근로시간 40시간+1주 주휴시간 8시간)×(365일÷7일)÷12개월]

② 월 기본급 2,000,000원, 약정 근로시간 1주 40시간, 주휴일 부여, 약정유급휴일 1일 8시간 부여
시간급 비교대상 임금 8,219원=2,000,000원÷[(1주 소정근로시간 40시간+1주 주휴시간 8시간+1주 약정유급휴일시간 8시간)×(365일÷7일)÷12개월])

③ (상시 5인 이상 사업장) 월 기본급 2,500,000원, 약정 근로시간 1주 44시간, 주휴일 부여, 약정 근로시간을 기준으로 지급된 기본급에 연장근로수당을 포함하기로 한 경우
시간급 비교대상 임금 10,654원=2,500,000원÷[(1주 소정근로시간 40시간+가산율이 반영된 1주 연장근로시간 6시간+1주 주휴시간 8시간)×(365일÷7일)÷12개월]

④ 월 기본급 700,000원, 약정 근로시간 1주 18시간(통상근로자는 주 40시간 근무), 주휴일 부여
시간급 비교대상 임금 7,458원=700,000원÷[(1주 소정근로시간 18시간+1주 주휴시간 3.6시간[18]))×(365일÷7일)÷12개월]

### 5. 시간·일·주·월 외의 일정 기간을 단위로 정해진 임금의 경우

예를 들어 15일을 단위로 임금이 정해진 경우와 같이 시간·일·주 또는 월 외의 일정 기간을 단위로 정해진 임금은 위 2.부터 4.까지의 환산 방법에 준하여 시간급으로 환산한다.

### 6. 도급제로 정해진 임금의 경우

생산고에 따른 임금지급제나 그 밖의 도급제로 정해진 임금은 그 임금 산정기간(임금 마감일이 있는 경우에는 임금 마감기간을 말한다)의 임금 총액을 그 임금 산정기간 동안의 총 근로시간 수로 나누어 시간급으로 환산한다.

비교대상 임금에 산입되는 '생산고에 따른 임금'은 매월 1회 이상 지급되는

18) 3.6시간=(해당 근로자의 1주 소정근로시간 18시간÷통상근로자의 1주 소정근로시간 40시간)×통상근로자의 주휴시간 8시간. 1주 40시간을 근무하는 통상근로자의 주휴시간이 8시간이므로, 이를 기준으로 주휴시간을 산정한 것이다.

것이어야 한다(최저임금법 6조 4항).

위 내용은 도급제로 임금을 정하더라도 근로시간을 파악할 수 있는 경우에 적용되는 것으로, 근로시간을 파악하기 어렵거나 그 밖에 기간 단위로 최저임금액을 정하는 것이 적합하지 않은 경우에는 최저임금법 5조 3항과 최저임금법 시행령 4조가 적용된다.

### 7. 2 이상의 임금형태로 정해진 임금의 경우

근로자에게 지급된 임금이 월 단위로 정해진 임금과 생산고에 따른 임금으로 구성되는 경우와 같이 2 이상의 임금형태로 정해진 경우에는, 각 부분에 대하여 각각 해당 환산 방법에 따라 시간급을 환산한 다음 이를 합산하는 방법으로 시간급 임금을 산정한다.

### 8. 임금이 포괄임금으로 정해진 경우

포괄임금의 시간급 환산 방법은 최저임금법 6조 4항 부분에서 설명한다.

### 9. 임금 단위 기간이 다른 경우

최저임금법 시행령 5조 4항은 근로자의 임금을 정한 단위가 된 기간의 소정근로시간 수가 그 근로자에게 적용되는 최저임금액을 정할 때의 단위가 된 기간의 근로시간 수와 다른 경우에는 1항 각 호의 구분에 따라 그 근로자의 임금을 시간에 대한 임금으로 환산한다고 정하고 있다.

2003. 9. 15. 근기법 개정 당시 기준근로시간을 1주 44시간에서 40시간으로 단축하면서 2004. 7. 1.부터 2011. 7. 1.까지 단계적으로 시행하도록 하였다. 이에 따라 연초에는 당시 시행되던 기준근로시간인 1주 44시간을 기준으로 임금을 정하였다가, 그 해 7. 1. 이후부터 개정된 기준근로시간인 1주 40시간이 시행되는 경우에 비교대상 임금의 시간급 환산 방법을 정할 필요가 있었고, 이에 관한 규정이 최저임금법 시행령 5조 4항이다. 위 조항은 현재로서는 적용될 여지가 없다.[19]

19) 김헌수, 155면.

제6조(최저임금의 효력)

① 사용자는 최저임금의 적용을 받는 근로자에게 최저임금액 이상의 임금을 지급하여야 한다.

② 사용자는 이 법에 따른 최저임금을 이유로 종전의 임금수준을 낮추어서는 아니 된다.

③ 최저임금의 적용을 받는 근로자와 사용자 사이의 근로계약 중 최저임금액에 미치지 못하는 금액을 임금으로 정한 부분은 무효로 하며, 이 경우 무효로 된 부분은 이 법으로 정한 최저임금액과 동일한 임금을 지급하기로 한 것으로 본다.

〈세 목 차〉



## Ⅰ. 최저임금액 이상의 임금 지급의무

최저임금법은 6조 1항에서 "사용자는 최저임금의 적용을 받는 근로자에게 최저임금액 이상의 임금을 지급하여야 한다."고 규정하여 사용자로 하여금 국가가 정한 임금액의 최저한도 이상을 근로자에게 지급하도록 강제하고 있고, 나아가 6조 3항에서 "최저임금의 적용을 받는 근로자와 사용자 사이의 근로계약 중 최저임금액에 미치지 못하는 금액을 임금으로 정한 부분은 무효로 하며, 이 경우 무효로 된 부분은 이 법으로 정한 최저임금액과 동일한 임금을 지급하기로 한 것으로 본다."고 규정하여 최저임금에 미달하는 임금 차액에 대한 근로자의 임금청구권을 직접 인정하고 있다.[1)]

사용자가 고시된 시간급 최저임금액 이상의 임금을 지급할 의무가 있다고 해서 반드시 근로자가 실제로 근무한 매시간에 대해 최저임금액 이상의 임금을 지급하여야 하는 것은 아니고, 근로계약에서 정한 임금산정 기준기간 내에 평균적인 최저임금액 이상을 지급하면 된다. 예를 들어 월급제인 경우라면 지급된 월 급여 중 비교대상 임금에 해당하는 임금을 시간급으로 환산하여 고시된 시

1) 대법원 2019. 4. 18. 선고 2016다2451 전원합의체 판결.

간급 최저임금액과 비교하여 최저임금 미달 여부를 판단한다. 다만, 최저임금제가 임금의 최저수준을 보장하여 근로자의 생활안정과 노동력의 질적 향상을 기하고자 하는 데 그 목적이 있고, 임금은 원칙적으로 매월 1회 이상 일정한 기일을 정하여 지급하여야 하는 것인 점(근기법 43조 2항 본문) 등에 비추어 볼 때, 최저임금의 적용을 위한 임금산정 기준기간은 특별한 사정이 없는 한 1개월을 초과할 수 없다고 보아야 한다.[2] 따라서 연봉제인 경우 연봉이 아닌 매월 지급된 임금을 기준으로 최저임금 미달 여부를 판단하여야 한다.[3]

최저임금액보다 적은 임금을 지급하는 자는 3년 이하의 징역 또는 2천만 원 이하의 벌금에 처하고, 이 경우 징역과 벌금은 병과할 수 있다(최저임금법 28조 1항).

## Ⅱ. 임금수준 저하 금지

### 1. 취 지

최저임금법 6조 2항은 사용자로 하여금 최저임금을 이유로 종전의 임금수준을 낮출 수 없음을 규정하고 있다.

최저임금제의 목적은 국가가 임금의 최저수준을 정하고 사용자에게 그 수준 이상의 임금을 지급하도록 강제함으로써 근로자의 생활안정을 도모하려는 데에 있으므로, 사용자는 고시된 최저임금액을 이유로 종전에 이보다 높게 지급하던 임금을 최저임금에 위반하지 않는 범위 내에서 낮출 수 없도록 한 것이다.

근기법에서 정하는 근로조건을 이유로 근로조건을 낮출 수 없도록 정한 근기법 3조와 같은 취지라고 할 수 있으나, 근기법 3조를 위반한 경우에는 그 처벌조항이 없는 반면, 최저임금법 6조 2항을 위반한 자는 3년 이하의 징역 또는 2,000만 원 이하의 벌금에 처하고, 징역과 벌금은 병과할 수 있다(최저임금법 28조 1항).

### 2. 임금수준의 저하

종전의 임금수준을 낮추었는지 여부는 비교대상 임금뿐만 아니라 비교대상 임금에 산입되지 않는 임금까지 합한 임금 총액을 기준으로 판단한다.[4]

구체적인 사안에서 종전의 임금수준을 낮춘 것이 최저임금을 '이유로' 한 것

2) 대법원 2007. 6. 29. 선고 2004다48836 판결.
3) 노경필, 235면.
4) 하갑래, 289면.

이어서 최저임금법 6조 2항에 위반되는지 여부는 종전의 임금수준을 낮출 필요가 있었는지, 임금수준의 저하가 합리적인지 여부 등을 기준으로 판단하여야 한다.[5]

근기법 63조의 고용노동부장관의 승인을 받은 감시·단속적 근로자에 대해서는 휴게시간을 부여하지 않아도 되는데, 최저임금을 이유로 근로자의 동의 없이 일방적으로 휴게시간을 부여하여 임금을 감액하는 경우를 임금수준 저하 금지 위반의 사례로 들 수 있다.[6]

반면에 임금 총액의 변동 없이 임금체계를 변경하여 종전에 비교대상 임금에 포함되지 않던 임금 항목을 비교대상 임금에 포함되도록 변경하는 것은 특별한 사정이 없는 이상 최저임금법 6조 2항 위반으로 보기 어렵다. 오히려 최저임금법 6조의2는 사용자가 1개월을 초과하는 주기로 지급하는 상여금 등을 비교대상 임금에 포함시키기 위하여 총액의 변동 없이 매월 지급하는 것으로 취업규칙의 내용을 변경할 수 있음을 정하고 있다.

## Ⅲ. 최저임금 위반의 효과

### 1. 최저임금 위반 여부의 판단방법

지급된 임금이 최저임금액에 미달하는지 여부는, 지급된 임금 중 최저임금의 적용 대상이 되는 비교대상 임금을 가려내어 이를 시간급 임금으로 환산한 후 고시된 시간급 최저임금액과 비교하여 판단한다.[7][8]

법령이나 단체협약 등에서 일정한 금액을 임금에서 공제하기로 한 때에는 공제 전의 임금을 최저임금과 비교한다. 예컨대, 소득세법 등에 의하여 근로소득세, 건강보험료 등을 임금에서 공제하는 경우에는 공제 전의 임금을 기준으로 판단하고, 단체협약, 취업규칙 등에 의한 징계로 인해 감급의 제재를 받는 경우에는 감급되기 전의 임금을 기준으로 판단한다.[9]

---

5) 근기법주해(초판) Ⅰ, 283면.
6) 하갑래, 289~290면.
7) 대법원 2007. 1. 11. 선고 2006다64245 판결, 대법원 2017. 12. 28. 선고 2014다49074 판결, 대법원 2018. 6. 19. 선고 2014다44673 판결.
8) 이승욱, 210면.
9) 현창종, 615면.

## 2. 최저임금에 반하는 근로계약 등의 효력

최저임금액에 미달하는 임금을 정한 근로계약은 최저임금법 6조 3항에 따라 그 부분에 한하여 무효로 되고, 무효로 된 부분은 최저임금법으로 정한 최저임금액과 동일한 임금을 지급하기로 한 것으로 본다. 지급된 임금 중 최저임금액과 비교할 비교대상 임금이 최저임금액에 미달하면 비교대상 임금에 산입된 임금의 총액은 최저임금액으로 대체되는 것이다.10) 따라서 근기법 2조의 평균임금을 산정하여야 할 사유가 발생한 경우, 근로자가 최저임금액에 미달하는 임금을 받아왔다면 실제로 지급된 임금이 아닌 최저임금액을 기초로 평균임금을 산정하여야 한다.11)

근로자와 사용자가 비교대상 임금에 산입되지 않는 임금을 비교대상 임금의 범위에 산입하여 최저임금액에 미달하는 부분을 보전하기로 약정한 경우, 그 약정은 최저임금법 6조 3항에 반하여 무효이다.12)

최저임금법 6조 3항은 근로계약이 최저임금에 반하는 경우만을 규정하고 있으나, 위 조항은 단체협약이나 취업규칙에서 최저임금액에 미치지 못하는 금액을 임금으로 정한 경우에도 동일하게 적용된다.

## 3. 통상임금에 미치는 영향

최저임금이나 최저임금의 적용을 위한 비교대상 임금은 통상임금과는 그 기능과 산정 방법이 다른 별개의 개념이다(6조 4항에 관한 설명 부분 참조). 따라서 사용자가 최저임금의 적용을 받는 근로자에게 최저임금액 이상의 임금을 지급하여야 한다고 하여 곧바로 통상임금 자체가 최저임금액을 그 최하한으로 한다고 볼 수 없다. 다만, 비교대상 임금 총액이 최저임금액보다 적은 경우에는 비교대상 임금 총액이 최저임금액으로 증액되어야 하므로, 이에 따라 비교대상 임금에 산입된 개개의 임금도 그 해당 비율만큼 증액되고 그 증액된 개개의 임금 중 통상임금에 해당하는 임금들을 기준으로 통상임금이 새롭게 산정될 수 있다.13)

---

10) 노경필, 235면.
11) 대법원 2014. 10. 27. 선고 2012다70388 판결.
12) 대법원 2007. 1. 11. 선고 2006다64245 판결.
13) 대법원 2017. 12. 28. 선고 2014다49074 판결.

예를 들어 비교대상 임금에 산입된 기본급, 주휴수당, 근속수당의 합계액이 최저임금액에 미달하는 경우, 기본급, 주휴수당, 근속수당의 합계액은 최저임금액으로 증액된다. 이에 따라 비교대상 임금에 산입된 개개의 임금인 기본급, 주휴수당, 근속수당도 해당 비율만큼 증액되나, 그 중 주휴수당은 통상임금에 해당하지 아니하므로, 증액된 기본급과 근속수당만을 기준으로 통상임금을 새롭게 산정하여야 한다.

제6조(최저임금의 효력)

④ 제1항과 제3항에 따른 임금에는 매월 1회 이상 정기적으로 지급하는 임금을 산입(算入)한다. 다만, 다음 각 호의 어느 하나에 해당하는 임금은 산입하지 아니한다. 〈개정 2018. 6. 12〉

1. 「근로기준법」 제2조 제1항 제8호에 따른 소정(所定)근로시간(이하 "소정근로시간"이라 한다) 또는 소정의 근로일에 대하여 지급하는 임금 외의 임금으로서 고용노동부령으로 정하는 임금
2. 상여금, 그 밖에 이에 준하는 것으로서 고용노동부령으로 정하는 임금의 월 지급액 중 해당 연도 시간급 최저임금액을 기준으로 산정된 월 환산액의 100분의 25에 해당하는 부분
3. 식비, 숙박비, 교통비 등 근로자의 생활 보조 또는 복리후생을 위한 성질의 임금으로서 다음 각 목의 어느 하나에 해당하는 것
   가. 통화 이외의 것으로 지급하는 임금
   나. 통화로 지급하는 임금의 월 지급액 중 해당 연도 시간급 최저임금액을 기준으로 산정된 월 환산액의 100분의 7에 해당하는 부분

부칙

제1조(시행일)

이 법은 2019년 1월 1일부터 시행한다.

제2조(최저임금의 효력에 관한 적용 특례)

① 제6조 제4항 제2호의 개정규정에도 불구하고 같은 호에서 규정하고 있는 "100분의 25"는 다음 각 호에 따른 비율로 한다.

1. 2020년은 100분의 20
2. 2021년은 100분의 15
3. 2022년은 100분의 10
4. 2023년은 100분의 5

5. 2024년부터는 100분의 0

② 제 6 조 제 4 항 제 3 호의 개정규정에도 불구하고 같은 호 나목에서 규정하고 있는 "100분의 7"은 다음 각 호에 따른 비율로 한다.

1. 2020년은 100분의 5
2. 2021년은 100분의 3
3. 2022년은 100분의 2
4. 2023년은 100분의 1
5. 2024년부터는 100분의 0

2018. 6. 12. 개정 전 법 제 6 조

④ 다음 각 호의 어느 하나에 해당하는 임금은 제 1 항과 제 3 항에 따른 임금에 산입(算入)하지 아니한다.

1. 매월 1회 이상 정기적으로 지급하는 임금 외의 임금으로서 고용노동부장관이 정하는 것
2. 「근로기준법」 제 2 조 제 1 항 제 7 호에 따른 소정(所定)근로시간(이하 "소정근로시간"이라 한다) 또는 소정의 근로일에 대하여 지급하는 임금 외의 임금으로서 고용노동부장관이 정하는 것
3. 그 밖에 최저임금액에 산입하는 것이 적당하지 아니하다고 인정하여 고용노동부장관이 따로 정하는 것

규칙 제 2 조(최저임금의 범위) [2018. 12. 31. 전문개정]

① 「최저임금법」(이하 "법"이라 한다) 제 6 조 제 4 항 제 1 호에서 "고용노동부령으로 정하는 임금"이란 다음 각 호의 어느 하나에 해당하는 것을 말한다.

1. 연장근로 또는 휴일근로에 대한 임금 및 연장·야간 또는 휴일 근로에 대한 가산임금
2. 「근로기준법」 제60조에 따른 연차 유급휴가의 미사용수당
3. 유급으로 처리되는 휴일(「근로기준법」 제55조 제 1 항에 따른 유급휴일은 제외한다)에 대한 임금
4. 그 밖에 명칭에 관계없이 제 1 호부터 제 3 호까지의 규정에 준하는 것으로 인정되는 임금

② 법 제 6 조 제 4 항 제 2 호에서 "고용노동부령으로 정하는 임금"이란 다음 각 호의 어느 하나에 해당하는 것을 말한다.

1. 1개월을 초과하는 기간에 걸친 해당 사유에 따라 산정하는 상여금, 장려가급(奬勵加給), 능률수당 또는 근속수당
2. 1개월을 초과하는 기간의 출근성적에 따라 지급하는 정근수당

2018. 12. 31. 개정 전 규칙 제2조(최저임금의 범위)

「최저임금법」(이하 "법"이라 한다) 제6조 제4항에 따라 최저임금에 산입(算入)하지 아니하는 임금의 범위는 별표 1과 같다. 다만, 별표 2의 임금은 최저임금에 산입한다.

〈세 목 차〉



# Ⅰ. 비교대상 임금의 의의

## 1. 의　의

최저임금법은 근로자가 지급받은 임금 중 일정 범위의 임금과 고시된 최저임금액을 비교하여 최저임금액 미달 여부를 판단하도록 규정하고 있다. 이와 같이 실제 지급된 임금 중 최저임금액 미달 여부를 판단하는 기준이 되는 임금을 '최저임금의 적용을 위한 임금' 또는 '비교대상 임금'이라고 한다.

최저임금법에서 비교대상 임금의 범위를 제한하는 이유는, 최저임금제가 근로자의 생활안정을 위한 것이기 때문에 최저임금의 적용 대상이 되는 임금을 사전에 예상할 수 있도록 통상의 임금으로 한정할 필요가 있고, 또한 비교대상 임금의 범위를 제한하지 않고 임금 총액을 기준으로 하게 되면 통상임금의 산정기초가 되는 기본급을 낮게 정하고 연장근로나 휴일근로 등을 증가시켜 최저임금액 이상의 임금이 되도록 할 우려가 있기 때문이다.[1)]

1) 김헌수, 174면.

### 2. 통상임금과의 비교

통상임금은 연장근로수당 등 법정수당을 산정하는 기준임금으로서 근기법에 의해 인정되는 것인 반면, 비교대상 임금은 지급된 임금이 최저임금에 미달하는지 여부를 판단하기 위해 최저임금법과 최저임금법 시행규칙에 의해 그 범위가 정해진다.

또한 비교대상 임금은 매월 1회 이상 소정의 근로에 대해 정기적으로 지급되는 임금이면 족하고 통상임금처럼 반드시 '고정적 임금'임을 요하지 않는다.[2] 따라서 주휴수당은 통상임금에는 포함되지 않으나 비교대상 임금에는 산입되고, 실적에 따른 임금도 대체로 통상임금에는 포함되지 않으나 매월 1회 이상 지급되는 경우에는 최저임금에 산입된다.

이와 같이 비교대상 임금은 통상임금과는 그 기능과 산정 방법이 다른 별개의 개념이다.[3]

## Ⅱ. 비교대상 임금의 산입범위

### 1. 개 요

비교대상 임금의 산입범위를 정한 최저임금법 6조 4항과 최저임금법 시행규칙 2조는 최저임금법과 최저임금법 시행규칙이 제정된 이래로 표현의 변경 외에 실질적인 내용의 개정 없이 유지되어 왔다.[4]

---

2) 종전 판례는 소정근로의 대가로 근로자에게 지급되는 금품으로서 정기적·일률적·고정적으로 지급되는 것인지를 기준으로 통상임금 해당 여부를 판단하였다. 그러나 대법원 2024. 12. 19. 선고 2020다247190 전원합의체 판결은 고정성 징표를 더하는 것은 소정근로를 중심으로 도출되어야 하는 정당한 통상임금의 범위를 축소시키게 되어 부당하다는 등의 이유로, 종전 판례가 제시한 고정성 개념을 통상임금의 개념적 징표에서 제외하였다. 위 변경된 판례 법리에 따르면 더 이상 비교대상 임금과 통상임금의 판단 기준의 차이 중 하나로 '고정성'을 들 수는 없다. 다만, 위 2024년 전원합의체 판결은 위와 같이 변경된 판례 법리가 2024. 12. 19. 이후의 통상임금 산정부터 적용된다고 하였다. 따라서 비교대상 임금과 통상임금의 판단 기준의 차이 중 하나로 '고정적 임금'을 든 위와 같은 설명은 2024. 12. 18.까지 제공한 연장근로 등에 대하여 새로이 제기되는 통상임금 소송과 관련하여서는 여전히 유효하다.

3) 대법원 2007. 1. 11. 선고 2006다64245 판결, 대법원 2017. 12. 28. 선고 2014다49074 판결.

4) 1994. 11. 14. 최저임금법 시행규칙 개정 당시, 비교대상 임금에 산입하지 아니하는 임금의 범위를 정한 별표 1 중 '유급휴일에 대한 임금'이 '유급휴일근로수당'으로 변경되었고, 비교대상 임금에 산입하는 임금의 범위를 정한 별표 2 중 '생산장려수당 등 생산기술과 능률을 향상시킬 목적으로 근무성적에 따라 매월 일정한 금액을 지급하는 수당'이 '생산장려수당 등

그러나 임금 항목이 복잡해지면서 최저임금법령상의 비교대상 임금의 산입범위에 관한 규정이 근로현장을 제대로 반영하지 못하고 있고, 판례로 임금성이 인정된 상여금과 복리후생비 등이 임금 구성에서 차지하는 비중이 높아져 상여금과 복리후생비 등도 비교대상 임금에 산입되어야 한다는 점 등을 들어 비교대상 임금 산입범위의 개선 필요성이 지속적으로 제기되었다. 이에 2017년 공론화 과정을 거쳐 2018. 6. 12. 최저임금법 및 2018. 12. 31. 최저임금법 시행규칙이 각 개정되어 비교대상 임금의 산입범위가 개편되었다.

위 개정의 골자는, 종전에는 비교대상 임금에 산입되지 않던 매월 지급되는 상여금 및 생활보조적·복리후생적 임금 중 일정 부분을 비교대상 임금에 산입하도록 한 것이다.

## 2. 비교대상 임금 산입범위의 개정 내용

2018. 6. 12. 개정 전 최저임금법 6조 4항은 비교대상 임금에 산입되지 않는 임금의 범위를 정하고, 구체적인 내용은 고용노동부장관이 정하도록 하였다. 이에 따라 종전 최저임금법 시행규칙은 별표 1과 별표 2에서 각 비교대상 임금에 산입하지 아니하는 임금의 범위와 산입하는 임금의 범위를 구체적으로 예시하여 규정하였다.

이에 비해 2018. 6. 12.자로 개정되어 2019. 1. 1.부터 시행된 최저임금법 6조 4항은 본문에서 '매월 1회 이상 정기적으로 지급하는 임금'을 비교대상 임금에 산입한다고 명시하고, 단서에서 비교대상 임금에 산입되지 않는 임금의 범위를 정하면서 구체적인 내용은 고용노동부령에 위임하고 있다. 이에 따라 2018. 12. 31.자로 개정된 최저임금법 시행규칙은 종전 별표 1에서 규정하던 '최저임금에 산입하지 아니하는 임금의 범위'를 본칙으로 규정하였고, 별표 2에서 규정하던 '최저임금에 산입하는 임금의 범위'는 법에서 위임한 것이 아니라 노사의 편의를 돕기 위하여 정리한 것인 점, 실무적으로 산입범위의 판단기준으로 활용되지 않는 점 등을 고려하여 삭제하였다.[5]

최저임금법은 개정 전후를 불문하고 소정근로에 대한 대가로서 매월 1회 이상 지급하는 임금만을 비교대상 임금에 산입하도록 하고 있다. 다만, 1년간

---

생산기술과 능률을 향상시킬 목적으로 매월 일정한 금액을 지급하는 수당'으로 변경되었다. 이는 정확한 의미 전달을 위한 개정일 뿐, 그 내용을 실질적으로 변경한 것은 아니다.

5) 고용노동부, 18면.

제공된 근로에 대하여 연간 기본급의 600%에 해당하는 상여금을 매월 분할하여 지급하는 경우와 같이, 매월 지급하는 임금이더라도 1개월을 초과하는 기간에 걸친 사유에 따라 산정되는 임금은 비교대상 임금에 산입되지 않는다는 것이 개정 전 최저임금법 하에서의 고용노동부의 입장이었다. 이에 대해 앞서 본 것과 같은 비판이 제기되자, 2018. 6. 12. 최저임금법을 개정하면서 상여금 그 밖에 이에 준하는 임금의 월 지급액 중 해당 연도 시간급 최저임금액을 기준으로 산정된 월 환산액의 100분의 25에 해당하는 부분은 비교대상 임금에 산입하지 않는다고 규정하여, 매월 지급하는 상여금과 이에 준하는 임금 중 일정 부분을 비교대상 임금에 산입하도록 하는 한편, 해마다 미산입 비율을 연차적으로 축소하여 2024년부터는 전부 비교대상 임금에 산입하도록 하였다.

또한 종전 최저임금법 및 최저임금법 시행규칙에 의하면 생활보조적·복리후생적 임금은 매월 1회 이상 지급되더라도 비교대상 임금에서 제외되었으나, 2018년 개정된 최저임금법은 매월 1회 이상 통화로 지급하는 생활보조적·복리후생적 임금의 월 지급액 중 해당 연도 시간급 최저임금액을 기준으로 산정된 월 환산액의 일정 부분을 비교대상 임금에 산입하도록 하면서, 이 역시 해마다 미산입 비율을 연차적으로 축소하여 2024년부터는 전부 비교대상 임금에 산입하도록 하였다.

### 3. 구체적 내용

#### 가. 매월 1회 이상 정기적으로 지급하는 임금

위에서 본 것과 같이 최저임금법은 개정 전후를 불문하고 매월 1회 이상 정기적으로 지급하는 임금만을 비교대상 임금에 산입하도록 하고 있다.

최저임금법의 취지가 근로자들의 생활안정에 있음을 고려하면 1개월 단위로 최저임금액 이상의 임금 지급이 보장되어야 하므로, 지급주기가 1개월 이내인 임금만을 비교대상 임금에 산입하도록 한 것이다. 따라서 매월 지급하지 않는 임금은 그것이 소정근로에 대한 임금이라고 하더라도 비교대상 임금에 산입되지 않는다. 이 경우 통상임금에는 해당될 수 있다.

한편 매월 생산고에 따라 지급하는 임금도 비교대상 임금에 포함되나, 최저임금법 6조 5항은 택시운전근로자에 한정해 생산고에 따른 임금을 비교대상 임금에서 제외하고 있다.

### 나. 소정근로시간 또는 소정의 근로일에 제공된 근로에 대하여 지급하는 임금

#### (1) 취 지

매월 1회 이상 정기적으로 지급하는 임금이라도 소정근로시간 또는 소정의 근로일에 대하여 지급하는 임금 외의 임금, 즉 소정근로에 대한 임금이 아닌 것은 비교대상 임금의 산입범위에서 제외된다. 이는 최저임금법령 개정 전후를 불문하고 동일하다.

소정근로만 제공하더라도 생계비가 보장되어야 하는 것이 최저임금제도의 취지로, 소정근로에 대한 임금 외의 임금도 비교대상 범위에 산입하는 것은 이와 같은 최저임금제도의 취지에 반할 뿐만 아니라, 연장근로나 휴일근로 등을 증가시켜 최저임금액 이상의 임금이 되도록 할 우려가 있기 때문이다.

소정근로시간 또는 소정의 근로일에 대하여 지급하는 임금 외의 임금으로 최저임금법 시행규칙 2조 1항은, 연장근로 또는 휴일근로에 대한 임금 및 연장·야간 또는 휴일 근로에 대한 가산임금(1호), 근기법 60조에 따른 연차 유급휴가의 미사용수당(2호), 유급으로 처리되는 휴일(근기법 55조 1항에 따른 주휴일은 제외)에 대한 임금(3호), 그 밖에 명칭에 관계없이 제1호부터 제3호까지의 규정에 준하는 것으로 인정되는 임금(4호) 등을 규정하고 있다.

종전 최저임금법 시행규칙은 소정근로시간 또는 소정의 근로일에 대하여 지급되는 임금 외의 임금으로 별표 1에서 연차휴가 근로수당, 유급휴가 근로수당, 유급휴일 근로수당, 연장근로·휴일근로에 대한 임금 및 가산임금, 야간근로에 대한 가산임금, 일직·숙직수당, 그 밖에 명칭에 관계없이 소정근로에 대하여 지급하는 임금이라고 인정할 수 없는 것 등을 규정하였다. 2018. 12. 31.자 최저임금법 시행규칙 개정으로 위 '연차휴가 근로수당'은 '연차 유급휴가의 미사용수당'으로 용어가 변경되었고, '유급휴가 근로수당'은 현행 근기법상 매월 부여하는 유급휴가가 없어 매월 1회 이상 정기적으로 지급하는 유급휴가 미사용수당이 발생하지 않는 점을 고려하여 삭제되었다. '일·숙직수당'도 삭제되었는데, 일·숙직 업무가 본연의 업무여서 기본임금으로 지급되는 경우에는 매월 1회 이상 정기적으로 지급하는 임금으로 비교대상 임금에 산입되고, 일·숙직 업무가 소정근로의 연장선에서 이루어진 경우에는 연장·휴일 야간근로수당에 해당하여 비교대상 임금에서 제외되는 점을 고려한 것이다.[6] '유급휴일 근로수당'

---

6) 고용노동부, 19면.

은 휴일근로수당(휴일근로에 대한 임금 및 가산임금)과 같은 개념으로 볼 수 있다.

이처럼 소정근로시간 또는 소정의 근로일에 대하여 지급하는 임금 외의 임금은 비교대상 임금에 산입되지 않으므로, 소정의 근로일에 해당하지 않는 날에 근로자가 근로하였더라도 그 근로한 시간은 특별한 사정이 없는 한 사용자가 최저임금액 이상의 임금을 지급해야 하는 시간에도 포함되지 않는다.[7)]

### (2) 연장근로 또는 휴일근로에 대한 임금 및 연장·야간·휴일 근로에 대한 가산임금

연장근로 또는 휴일근로에 대한 임금과 연장·야간·휴일 근로에 대한 가산임금은 비교대상 임금에 산입되지 않는다.

소정근로시간 내에 이루어진 야간근로의 경우 야간근로 자체에 대한 임금은 소정근로에 대한 임금으로 비교대상 임금에 산입되고, 가산임금만이 비교대상 임금에 산입되지 않는다. 반면 야간근로가 소정근로시간 외에 이루어진 경우에는, 야간근로는 연장근로에 해당하여 이에 대해서는 연장근로에 대한 임금 및 가산임금과 야간근로에 대한 가산임금이 지급되고, 이들 임금은 비교대상 임금에 산입되지 않는다. 따라서 연장근로나 휴일근로시간은 사용자가 최저임금액 이상의 임금을 지급해야 하는 시간에도 포함되지 않는다. 판례도 소정근로시간은 1주 40시간이라는 근기법이 정한 기준근로시간 범위 내에서 근로자와 사용자가 정한 근로시간을 뜻하므로, 근로자와 사용자가 정한 1주의 근로시간이 40시간을 초과한다면 그 초과 부분은 최저임금 지급 대상 시간 산정의 기준이 되는 소정근로시간 수에 포함될 수 없다고 보고 있다.[8)]

한편 소정근로시간이 기준근로시간보다 적은 경우, 그 소정근로시간을 초과하지만 기준근로시간 내에 이루어진 근로인 이른바 '법내 초과근로'에 대한 임금과 기간제법 6조 3항에 따라 지급되는 가산임금[9)]을 비교대상 임금에 산입할 것인지 여부가 문제 된다. 이에 대해서는 비교대상 임금의 산입범위를 정하고 있는 최저임금법 시행규칙 2조 1항 1호에서 말하는 연장근로가 근로기준법

7) 대법원 2024. 10. 8. 선고 2021다304779, 2021다304786 판결.

8) 대법원 2024. 7. 25. 선고 2023다223744, 2023다223751 판결.

9) 일반적으로 법내 초과근로에 대해서는 근기법에서 정한 가산임금을 지급할 의무가 없다(대법원 1998. 6. 26. 선고 97다14200 판결). 그러나 기간제법이 적용되는 경우에는 위 법에 따른 가산임금이 지급된다. 즉, 2014. 3. 18. 기간제법 개정 당시 신설된 6조 3항은 사용자가 단시간근로자에 대하여 소정근로시간을 초과하여 근로하게 한 경우에는 통상임금의 100분의 50 이상을 가산하여 지급하도록 하고 있다.

상 개념임을 전제로, 이른바 기준근로시간 내에 이루어지는 '법내 초과근로'는 근로기준법상 연장근로에 해당하지 않으므로 이에 대한 임금 등은 비교대상 임금에 산입되어야 한다는 견해가 있을 수 있다. 그러나 최저임금법에서 비교대상 임금 해당성 여부를 판단함에 있어 핵심적인 기준은 '소정근로의 대가'인지 여부인 점, 비교대상 임금의 시간급 환산 방법을 정하고 있는 최저임금법 시행령 5조 1항에서 소정근로시간 외의 근로시간을 고려하고 있지 않은 점 등을 고려하면, 법내 초과근로에 대한 임금 등은 비교대상 임금에서 제외하는 것이 타당하다고 할 것이다.[10]

(3) 연차 유급휴가 미사용수당

근기법 60조에 따라 부여되는 연차휴가를 사용하지 않은 경우 연차휴가일수에 상응하여 지급되는 '연차 유급휴가의 미사용수당'(최저임금법 시행규칙 2조 1항 2호)은 소정근로일에 대하여 지급하는 임금 외의 임금으로서 비교대상 임금에 산입되지 않는다. 반면 연차 유급휴가를 사용하면 연차휴가수당이 지급되는데, 연차 유급휴가를 사용하여 유급으로 처리되는 시간은 최저임금 지급 대상 시간에 포함된다. 아래 (4) 참조.

(4) 유급으로 처리되는 휴일에 대한 임금

유급휴일에 대한 임금 중 근기법 55조 1항의 주휴수당만 비교대상 임금에 산입된다.[11] 그 외 법정휴일(근로자의 날 및 근기법 55조 2항에 따른 휴일) 및 약정 유급휴일에 대한 임금은 소정근로일에 대하여 지급하는 임금 외의 임금으로서 비교대상 임금에 산입되지 않고, 법정휴일 시간 및 약정 유급휴일 시간도 최저임금 적용기준 시간에 포함되지 않는다. 대법원도 소정의 근로일에 해당하지 않아 근로자가 근로하지 아니한 휴일(주휴일은 논외)이나 소정의 근로일에는 해당하지만 근로자가 실제 근로하지 아니하여 본래 임금을 지급할 필요가 없는 휴가일 또는 결근일에 대하여 근로계약이나 취업규칙, 단체협약 등에 의해 임금을

10) 이승욱, 223~225면; 고용노동부, 32~33면.

11) 2018. 12. 31.까지는 구 최저임금법 시행령 5조 1항 2호 및 3호가 적용되어 최저임금의 산정기준이 되는 근로시간에 주휴시간이 포함되지 않지만, 이는 주급제, 월급제에서 주휴수당이 포함된 비교대상 임금을 시간급으로 환산할 때 적용되는 최저임금 적용기준 시간 수에 관한 것으로서 주휴시간이 최저임금 지급대상 시간에 해당하는지 여부를 판단할 때 직접 적용되는 법리는 아니다(대법원 2024. 7. 25. 선고 2021다246545 판결). 즉 주휴수당은 최저임금으로 지급해야 할 대상이 되므로, 비교대상 임금에도 산입된다.

지급하기로 하였더라도, 그 유급으로 처리된 시간은 특별한 사정이 없는 한 최저임금액 이상의 임금을 지급해야 하는 시간에 포함되지 않는다고 보면서도, 다만, 근기법 60조가 정한 연차 유급휴가를 사용한 날과 같이, 소정근로시간에 포함되는 시간 중 근로자가 실제로 근로를 제공하지 아니하였으나 사용자가 법령에 의해 임금을 지급할 의무를 부담하는 시간은 최저임금 지급 대상 시간에 포함된다고 보았다.[12)]

### 다. 임금 산정기간이 1개월을 초과하는 임금

1개월을 초과하는 기간에 걸친 해당 사유에 따라 산정하는 상여금, 장려가급(奬勵加給), 능률수당 또는 근속수당 및 1개월을 초과하는 기간의 출근성적에 따라 지급하는 정근수당 등과 같이 산정기간이 1개월을 초과하는 임금은 대부분 그 지급주기도 1개월을 초과한다. 이러한 임금은 비교대상 임금에 산입되지 않는다.

그러나 1년간 제공된 근로에 대하여 연간 기본급의 600%에 해당하는 상여금을 매월 분할하여 지급하는 경우와 같이, 임금 산정기간은 1개월을 초과하나 그 지급주기는 1개월인 임금이 비교대상 임금에 산입되는지에 관하여 2018년 개정 전 최저임금법령 하에서는 논란이 있었고,[13)] 앞서 본 것과 같이 고용노동부는 비교대상 임금에 산입되지 않는다는 입장을 견지하였다.[14)]

2018. 6. 12.자로 개정된 최저임금법은 1개월을 초과하는 기간에 걸친 해당 사유에 따라 산정하는 상여금, 장려가급, 능률수당 또는 근속수당 및 1개월을 초과하는 기간의 출근성적에 따라 지급하는 정근수당 등이 매월 지급되는 경우에는 월 지급액 중 해당 연도 시간급 최저임금액을 기준으로 산정된 월 환산액의 100분의 25에 해당하는 부분은 비교대상 임금에 산입하지 않는다고 규정하

12) 대법원 2024. 7. 25. 선고 2023다223744, 2023다223751 판결(연차 유급휴가를 사용하여 유급으로 처리한 시간은 별도 약정이 없더라도 사용자가 임금 지급 의무를 부담하는 시간이라는 점에서 실제 근로를 제공한 시간과 다를 바 없고, 최저임금 지급 대상 시간에 포함되지 않는다고 본다면 최저임금액 미만의 임금을 지급받는 근로자들의 연차 유급휴가 사용이 사실상 위축되는 부당한 결과가 초래될 우려가 있기 때문이다).

13) 이상익, 38~41면; 박준우, 48면; 정경심, 89면.

14) 현재까지 이를 명시적으로 다룬 대법원 판결은 찾아볼 수 없었다. 다만 대법원 2017. 11. 9. 선고 2014다85148 판결은, 연간 기본급의 400%를 상여금으로 지급하되, 200%는 매월 분할하여 지급하고, 나머지 200%는 추석과 설에 각 100%씩 지급하기로 한 사안에서, 매월 분할 지급된 상여금을 비교대상 임금에 산입하여 시간급 임금을 환산한 원심 판단을 유지하였는데, 원심의 위와 같은 판단은 근로자들인 원고들이 매월 분할 지급된 상여금을 비교대상 임금에 산입하여 환산한 시간급 임금과 최저임금액과의 차액을 청구한 데 따른 것으로 보인다.

여, 매월 지급되는 상여금 등에 대하여 일정 부분은 비교대상 임금에 산입되도록 하였다. 그리고 부칙에서 최저임금에 산입되지 않는 월 환산액의 비율을 연차적으로 축소하여, 2024년부터는 매월 지급하는 상여금 등의 전부가 최저임금에 산입되도록 하였다.

여기서 '월 환산액'은 해당 연도 시간급 최저임금액에 최저임금법 시행령 5조 1항 3호의 1개월의 최저임금 적용기준 시간 수를 곱하여 산정한다(최저임금법 시행령 5조의2).[15)]

2019년 고시된 시간급 최저임금 8,350원을 기준으로, 소정근로시간이 1일 8시간, 1주 40시간이고, 주휴일이 부여되며, 연간 기본급의 300%에 해당하는 상여금이 매달 500,000원씩 분할 지급되는 경우를 상정해 본다. 이때 비교대상 임금에 산입되는 상여금은 매달 지급액 500,000원에서 시간급 최저임금의 월 환산액 1,741,571원(각주 10 참조)의 25%인 435,392원을 공제한 나머지 64,608원이다.

한편 임금 명목이 상여금이라고 하더라도 산정단위와 지급주기가 모두 1개월을 초과하지 않는 경우에는 최저임금법의 개정 전후를 불문하고 그 전액이 비교대상 임금에 산입된다. 지급 여부나 지급액이 근속기간에 연동하는 근속수당을 매월 단위로 정해진 금액으로 매월 1회 이상 지급하는 경우에도 최저임금법의 개정 전후를 불문하고 그 전액이 비교대상 임금에 산입된다.[16)]

### 라. 생활보조적 · 복리후생적 임금

종전 최저임금법은 생활보조적 · 복리후생적 임금을 비교대상 임금의 산입범위에서 제외하였으나, 2018. 6. 12.자로 개정된 최저임금법은 매월 1회 이상 통화로 지급하는 생활보조적 · 복리후생적 임금의 월 지급액 중 해당 연도 시간급 최저임금액을 기준으로 산정된 월 환산액의 100분의 7에 해당하는 부분은 비교대상 임금에 산입하지 않는다고 규정하여, 매월 통화로 지급하는 생활보조적 · 복리후생적 임금 중 일정 부분을 비교대상 임금에 산입하도록 하였다. 그리고 부칙에서 최저임금에 산입되지 않는 월 환산액의 비율을 연차적으로 축소하여,

---

15) 월 환산액의 산정 예시(2019년 시간급 최저임금액 8,350원 기준).

- 소정근로시간 1일 8시간, 1주 40시간, 주휴일 1일인 경우 월 환산액
  ⇒ 8,350원×[(40시간+8시간)×365일÷7일÷12개월]=1,741,571원
- 소정근로시간 1일 7시간, 1주 35시간, 주휴일 1일인 경우 월 환산액
  ⇒ 8,350원×[(35시간+7시간)×365일÷7일÷12개월]=1,523,875원

16) 대법원 2007. 1. 11. 선고 2006다64245 판결.

2024년부터는 매월 통화로 지급하는 생활보조적·복리후생적 임금 전부가 최저임금에 산입되도록 하였다.

개정 최저임금법은 식대보조를 위하여 지급하는 식비, 숙박 제공·지원을 위하여 지급하는 숙박비, 통근 등 교통 제공·지원을 위하여 지급하는 교통비 등을 생활보조적·복리후생적 임금의 예시로 들고 있다. 이러한 목적으로 지급되는 것이면, 식대, 식비보조금, 급식수당, 주택수당, 기숙사수당, 통근비 등 유사한 명칭으로 지급된 임금도 생활보조적·복리후생적 임금에 해당한다. 나아가 종전 최저임금법 시행규칙 별표 1에서 비교대상 임금에 산입하지 아니하는 임금으로 예시한 가족수당도 생활보조적·복리후생적 임금에 해당한다고 할 것이다.[17)]

통화 이외의 것으로 지급되는 생활보조적·복리후생적 임금은 최저임금법의 개정 전후를 불문하고 비교대상 임금에 산입되지 않는다.

2019년 고시된 시간급 최저임금 8,350원을 기준으로, 소정근로시간이 1일 8시간, 1주 40시간이고, 주휴일이 부여되며, 매월 식비 100,000원, 교통비 50,000원이 지급되는 경우를 상정해 본다. 이때 비교대상 임금에 산입되는 식비와 교통비는 매달 지급액 합계 150,000원에서 시간급 최저임금의 월 환산액 1,741,571원(각주 10 참조)의 7%인 121,909원을 공제한 나머지 28,091원이다.

어떠한 임금이 생활보조적·복리후생적 임금에 해당하는지 여부는, 해당 임금의 지급근거인 단체협약, 취업규칙, 근로계약 등의 내용, 해당 임금의 지급 배경, 근로자의 근무형태 등을 종합적으로 고려하여 실질적으로 판단하여야 한다. 판례는, 조세특례제한법에 따라 일반택시 운수종사자에게 현금으로 지급되는 부가가치세 경감세액은 일반택시 운수종사자의 처우개선과 복지향상을 위해 지급되는 것임을 이유로 생활보조적·복리후생적 임금에 해당한다고 보았고,[18)] 월 기본급에 부과되는 세금을 줄이는 차원에서 그 중 일부의 명칭만 중식비로 변경된 것일 뿐 실제 식사 여부와 무관하게 매월 1회 이상 지급된 중식비는 생활보조적·복리후생적 임금에 해당하지 않는다고 보았다.[19)]

---

17) 고용노동부, 39면.
18) 대법원 2015. 2. 26. 선고 2012두22003 판결.
19) 대법원 2016. 12. 15. 선고 2014다67775 판결.

## Ⅲ. 포괄임금제와 비교대상 임금

### 1. 문 제 점

포괄임금제는 기본임금을 미리 정하지 않은 채 연장근로수당 등 법정 제 수당을 합한 금액을 월 급여액 또는 일당 임금으로 정하여 지급하는 유형(정액급제)과, 기본임금 외에 매월 일정액을 법정 제 수당으로 지급하는 유형(정액수당제)으로 나눌 수 있다.

정액수당제의 경우 기본임금이 정하여져 있으므로 비교대상 임금의 범위를 정하는 데에 특별히 문제될 것은 없다. 그러나 정액급제의 경우는 기본임금이 정하여져 있지 않아 무엇을 기준으로 최저임금 위반 여부를 판단할지, 즉 무엇을 비교대상 임금으로 볼 것인지가 문제 된다.

### 2. 정액급제 하에서 최저임금 위반 여부 판단 기준

정액급제의 포괄임금에는 기본임금 외에 최저임금법상 비교대상 임금의 산입범위에서 제외되는 연장근로 또는 휴일근로에 대한 임금 및 연장·야간·휴일근로에 대한 가산임금, 연차 유급휴가 미사용수당 등 법정 제 수당이 포함되어 있다.

이러한 경우에도 지급된 임금이 최저임금에 미달하는지 여부는 포괄임금계약에 따라 지급된 임금 중 최저임금법과 같은 법 시행규칙에서 비교대상 임금에 산입하지 아니하는 것으로 정한 임금을 제외한 임금액과 최저임금액을 비교하여 판단하여야 한다.[20]

### 3. 비교대상 임금의 산정 방법

기본임금이 정해져 있지 아니한 정액급의 포괄임금제에서도 근기법 50조, 69조 본문 또는 산안법 139조 1항에서 정한 기준근로시간을 초과한 근로에 대한 임금은 비교대상 임금에 포함될 수 없다. 따라서 실근로시간을 기준근로시간 범위 내의 소정근로시간과 연장·야간·휴일 근로시간으로 구분한 다음 연장·야간·휴일 근로시간에 대해서는 가산율을 적용하여 역산하는 방법을 이용한다.

정액급의 포괄임금으로 월급여액을 정한 경우를 본다. 주휴수당 지급 대상

20) 대법원 2014. 12. 24. 선고 2014도12265 판결, 대법원 2023. 9. 21. 선고 2021다273264 판결.

인 근로자에 대한 임금을 월급으로 지급하는 경우 그 월급여액에 주휴수당이 포함되어 있는 것으로 보므로, 비교대상 임금은 월급여액에 '소정근로시간, 주휴시간 및 가산율을 반영한 연장·야간·휴일 근로시간을 모두 더한 시간'에서 '소정근로시간 및 주휴시간'이 차지하는 비율을 곱하는 방식으로 산정한다.[21) 그리고 이를 시간급으로 환산하여 최저임금액과 비교하는 방식으로 최저임금법 위반 여부를 판단하여야 한다.

### 4. 감시·단속적 근로자의 경우

감시·단속적 근로자의 경우 임금 지급 방법으로 포괄임금제를 채택하는 경우가 많다. 한편 근기법 63조 3호에 따라 고용노동부장관의 승인을 얻은 감시·단속적 근로자에 대해서는 근기법의 근로시간, 휴일, 휴게 관련 규정이 적용되지 않는다. 따라서 근기법 63조 3호의 고용노동부장관의 승인을 얻은 감시·단속적 근로자가 포괄임금을 받는 경우, 기본임금을 산정할 때 연장·휴일 근로시간에 대한 가산율을 반영할 필요가 없다. 다만 근기법의 야간근로에 관한 규정은 적용되므로, 야간근로가 이루어진 경우에는 가산율을 고려하여야 한다.

근기법 63조 3호에 따라 고용노동부장관의 승인을 얻은 감시·단속적 근로자가 1일 24시간 격일제 근로를 하면서, 월 4,000,000원의 포괄임금을 받는 경우를 상정해 본다. 이 경우 1일 근로시간 수는 28시간(24시간+야간근로에 대한 가산임금 환산분 4시간)이고, 1개월 근로시간 수는 426시간[(28시간×365일×0.5)÷12개월, 소수점 이하 올림]이 된다.[22)] 따라서 월 4,000,000원을 1개월 근로시간 수인 426시간으로 나누어 산정된 9,389원이 시간급 기본임금, 즉 시간급 비교대상 임금이다.

21) 대법원 2023. 11. 2. 선고 2018도965 판결. 위 판결은 2018. 6. 12. 법률 제15666호로 개정되기 전의 구 최저임금법과 2018. 12. 31. 대통령령 제29469호로 개정되기 전의 구 최저임금법 시행령이 적용된 사안에 관한 것이나, 위 판결이 제시한 정액급제의 포괄임금에서 비교대상 임금을 산정하는 방식은 개정된 최저임금법과 같은 법 시행령 하에서도 적용된다고 할 것이다. 다만 위 판결에서는 구 최저임금법 하에서 월 단위로 지급된 비교대상 임금을 시간급으로 환산할 때 주휴시간을 고려하지 아니한 판례를 따랐다.

22) 최저임금위원회b, 32면.

제6조(최저임금의 효력)

⑤ 제4항에도 불구하고 「여객자동차 운수사업법」 제3조 및 같은 법 시행령 제3조 제2호 다목에 따른 일반택시운송사업에서 운전업무에 종사하는 근로자의 최저임금에 산입되는 임금의 범위는 생산고에 따른 임금을 제외한 대통령령으로 정하는 임금으로 한다.

영 제5조의3(일반택시운송사업 운전 근로자의 최저임금에 산입되는 임금의 범위)

법 제6조 제5항에서 "대통령령으로 정하는 임금"이란 단체협약, 취업규칙, 근로계약에 정해진 지급 조건과 지급률에 따라 매월 1회 이상 지급하는 임금을 말한다. 다만, 다음 각 호의 어느 하나에 해당하는 임금은 산입(算入)하지 아니한다.

1. 소정근로시간 또는 소정의 근로일에 대하여 지급하는 임금 외의 임금
2. 근로자의 생활 보조와 복리후생을 위하여 지급하는 임금

〈세 목 차〉



## Ⅰ. 개 요

최저임금법 6조 5항은 "제4항에도 불구하고 「여객자동차 운수사업법」 제3조 및 같은 법 시행령 제3조 제2호 다목에 따른 일반택시운송사업에서 운전업무에 종사하는 근로자의 최저임금에 산입되는 임금의 범위는 생산고에 따른 임금을 제외한 대통령령으로 정하는 임금으로 한다."고 규정하여, 택시운전근로자의 경우 비교대상 임금에 산입되는 임금의 범위를 '생산고에 따른 임금을 제외한' 대통령령으로 정하는 임금으로 한정하고 있다. 이에 따라 최저임금법 시행령 5조의3은 '단체협약, 취업규칙, 근로계약에 정해진 지급 조건과 지급률에 따라 매월 1회 이상 지급하는 임금'을 비교대상 임금으로 하되, '소정근로시간 또는 소정의 근로일에 대하여 지급하는 임금 외의 임금' 및 '근로자의 생활 보조와 복리후생을 위하여 지급하는 임금'은 비교대상 임금에 산입하지 않도록 규

정하고 있다.

최저임금법이 택시운전근로자의 비교대상 임금 산입범위를 별도로 규정하는 취지는 택시운전근로자가 받는 임금 중 고정급의 비율을 높여 초과운송수입금이 적은 경우에도 최저임금액 이상의 임금을 받을 수 있도록 보장함으로써 보다 안정된 생활을 영위할 수 있도록 하려는 데에 있다.[1)]

## Ⅱ. 정액사납금제 하에서 택시운전근로자의 비교대상 임금

### 1. 초과운송수입금의 제외

택시운전근로자가 근무 당일의 운송수입금 중 일정 금액을 회사에 납입하고 나머지인 초과운송수입금을 자신의 수입으로 가져가는 이른바 정액사납금제 하에서, 초과운송수입금은 생산고에 따른 임금의 성격을 가진다.

최저임금법 6조 4항에 따르면 매월 1회 이상 정기적으로 지급되는 생산고에 따른 임금은 비교대상 임금에 산입된다.

그런데 택시운전근로자의 총수입 중 상당 부분을 차지하는 초과운송수입금은 그 액수를 확정하기 어려워 택시운전근로자의 총수입액을 불안정하게 하는 요인으로 작용하는데다, 운송수입금이 적은 경우에는 택시운전근로자가 기본적인 생활을 할 수 있는 정도의 임금조차 확보하기 어려운 문제점이 있다. 이러한 상황에서 최저임금법 6조 4항에 따라 초과운송수입금을 비교대상 임금에 포함하게 되면 고정급 금액이 최저임금액에 현저히 미달하여도 최저임금법에는 저촉되지 않게 되며, 이는 택시운전근로자의 저임금구조를 장기간 고착화시키는 결과로 이어진다.

이에 최저임금법은 입법 목적을 달성하고 택시운전근로자의 생활안정을 실효적으로 보장하기 위한 방안으로, 비교대상 임금의 범위를 보다 예측 가능한 통상적이고 기본적인 임금으로 한정하기 위해 6조 5항을 둔 것이다.[2)]

---

1) 대법원 2018. 7. 11. 선고 2016다9261, 9278 판결, 헌법재판소 2011. 8. 30. 선고 2008헌마477 결정.

2) 대법원 2019. 4. 18. 선고 2016다2451 전원합의체 판결.

## 2. 비교대상 임금의 산입범위

### 가. 매월 1회 이상 지급하는 임금

택시운전근로자의 비교대상 임금 산입범위에 관한 구체적 내용은 최저임금법 시행령 5조의3에서 정하고 있다. 위 조항은 '단체협약, 취업규칙, 근로계약에 정해진 지급 조건과 지급률에 따라 매월 1회 이상 지급하는 임금'을 비교대상 임금으로 정하고 있다. 이와 관련하여 매월 지급하는 상여금 등과 같이 임금 산정기간은 1개월을 초과하나 그 지급주기가 1개월인 임금을 비교대상 임금에 포함할 것인지가 문제 될 수 있다.

일반 근로자의 경우 1개월을 초과하는 기간에 걸친 해당 사유에 따라 산정하면서 매월 지급하는 상여금 등을 비교대상 임금에 산입할 것인지에 관하여 그동안 논의가 있었으나, 2018년 개정된 최저임금법에 따라 2019. 1. 1.부터 2023년까지는 그 중 일정 부분만 비교대상 임금에 산입되고, 2024년부터 전액 비교대상 임금에 산입된다(최저임금법 6조 4항 2호, 부칙 2조 1항). 그러나 정액사납금제하의 택시운전근로자에 대해서는 최저임금법 6조 4항이 적용되지 않고, 임금 중 상당 부분을 차지하는 초과운송수입금이 비교대상 임금에서 제외되는 점을 고려하면, 임금 산정기간이 1개월을 초과하는 경우에도 정해진 지급 조건과 지급률에 따라 매월 1회 이상 지급되면 비교대상 임금에 산입된다고 할 것이다.[3)]

한편 구 여객자동차 운수사업법(2016. 1. 19. 법률 제13800호로 개정되기 전의 것)하에서 택시운송사업자가 운송수입금 전액관리제를 시행하면서, 단체협약으로 실제 운송수입금 납부액이 기준 운송수입금액에 미치지 못하는 경우 택시운전근로자의 월 정액급여에서 그 미달액을 공제하기로 정하는 것은 허용되는데, 이때 비교대상 임금을 기준 운송수입금 미달액을 공제하기 전의 급여로 볼 것인지, 아니면 기준 운송수입금 미달액을 공제한 후의 급여로 볼 것인지가 문제된다. 대법원은 위와 같은 공제가 이루어진 경우에는 특별한 사정이 없는 한 기준 운송수입금 미달액을 공제한 후의 급여를 토대로 비교대상 임금을 계산하여 최저임금법 위반 여부를 판단하여야 한다고 판시하였다.[4)] 그 이유로 택시운전근로자가 운송수입금을 전액 납부한 이상, 단순히 생산고가 높지 않아 운송수입

3) 고용노동부, 83면.

4) 대법원 2022. 9. 29. 선고 2017다242928 판결.

금이 적게 됨에 따라 기준 운송수입금 미달액이 월 정액급여에서 공제되는 경우에도 최저임금액 이상의 임금을 보장하는 것이 최저임금법의 취지에 부합한다는 점 등을 들고 있다.

#### 나. 산입에서 제외되는 임금

매월 1회 이상 지급하는 임금 중 '소정근로시간 또는 소정의 근로일에 대하여 지급하는 임금 외의 임금'은 최저임금법 시행령 5조의3 1호에 따라 비교대상 임금에 산입되지 아니한다. 여기서 '소정근로시간 또는 소정의 근로일에 대하여 지급하는 임금 외의 임금'은 최저임금법 6조 4항 1호가 일반 근로자의 비교대상 임금에서 제외하고 있는 '소정근로시간 또는 소정의 근로일에 대하여 지급하는 임금 외의 임금으로서 고용노동부령으로 정하는 임금'과 같은 것으로 볼 수 있다.

최저임금법 시행령 5조의3 2호는 매월 1회 이상 지급하는 임금 중 '근로자의 생활 보조와 복리후생을 위하여 지급하는 임금'도 비교대상 임금에서 제외하고 있다. 일반 근로자의 경우 2018년 최저임금법의 개정으로 2019. 1. 1.부터 매월 1회 이상 통화로 지급하는 생활보조적·복리후생적 임금 중 일부가 비교대상 임금에 산입되나, 택시운전근로자에 대해서는 최저임금법 6조 4항이 적용되지 않으므로, 위 개정과 상관없이 생활보조적·복리후생적 임금은 택시운전근로자의 비교대상 임금에 산입되지 않는다.

## Ⅲ. 최저임금법 위반 유형

### 1. 도급제 방식의 근로계약을 체결하는 경우

택시운송사업자가 소속 택시운전근로자와 사이에 초과운송수입금만으로 보수를 지급하고 고정급은 별도로 지급하지 않는 내용의 이른바 도급제 방식의 근로계약을 체결하는 경우, 처음부터 고정급이 없다는 점에서 최저임금법 6조 5항이 적용되는지 여부가 문제될 수 있다.

그러나 최저임금법 6조 5항은 택시운전근로자가 받는 임금 중 고정급의 비율을 높여 운송수입금이 적은 경우에도 최저임금액 이상의 임금을 받을 수 있도록 보장하기 위한 규정이므로, 택시운전근로자가 자발적으로 도급제 방식의 근로계약을 체결하고 고정급을 받지 않았더라도 최저임금법 6조 5항이 적용된다. 그 결과 택시운전근로자가 수령한 초과운송수입금은 비교대상 임금에 산입되지 아니하고, 택시운송사업자는 초과운송수입금의 액수와 관계없이 택시운전근로자에게 최저임금액 이상의 고정급을 임금으로 지급하여야 한다.[5)]

## 2. 소정근로시간을 단축하는 경우

앞서 본 것과 같이 정액사납금제를 채택한 택시운송사업자는 최저임금법 6조 5항에 의해 초과운송수입금을 비교대상 임금에 산입할 수 없고 고정급만으로 최저임금액 이상의 임금을 지급하여야 한다.

그런데 지급된 임금이 최저임금액에 미달하는지 여부는 비교대상 임금을 시간급 임금으로 환산한 후 이를 고시된 시간급 최저임금액과 비교하여 판단하는데, 택시운송사업자가 이러한 점에 착안하여 비교대상 임금에 산입되는 고정급을 증액하는 대신에 소정근로시간을 줄임으로써 소정근로시간을 기준으로 산정되는 시간당 고정급을 높이는 방식으로 고시된 시간급 최저임금액에 미달하는 것을 회피하는 방안을 강구할 수 있다. 택시운전근로자 입장에서도 사납금의 증액을 수반하는 고정급 인상보다는 초과운송수입금을 종전 수준으로 유지하는 것이 유리하다고 생각할 수 있다. 이 경우 택시운송사업자와 택시운전근로자의 경제적 이해관계가 일치하여 실제 운행시간의 변경 없이 소정근로시간만을 단축하는 내용의 합의가 이루어질 수 있다.

이처럼 정액사납금제 하에서 생산고에 따른 임금을 제외한 고정급이 최저임금에 미달하는 것을 회피할 의도로 사용자가 소정근로시간을 기준으로 산정되는 시간당 고정급의 외형상 액수를 증가시키기 위해 택시운전근로자와 사이에 실제 근무형태나 운행시간의 변경 없이 소정근로시간만을 단축하기로 합의한 경우, 이러한 합의는 최저임금법 6조 5항의 적용을 잠탈하기 위한 탈법행위로서 무효라고 보아야 한다. 이러한 법리는 사용자가 택시운전근로자의 과반수로 조직된 노동조합 또는 근로자 과반수의 동의를 얻어 소정근로시간을 단축하는 내용으로 취업규칙을 변경하는 경우나 노동조합과 같은 내용으로 단체협약을 체결하는 경우에도 마찬가지로 적용된다.[6)] 이때 소정근로시간 단축 합의가

5) 대법원 2018. 7. 11. 선고 2016다9261, 9278 판결.
6) 대법원 2019. 4. 18. 선고 2016다2451 전원합의체 판결.

탈법행위에 해당한다는 구체적인 사정은 그 합의가 무효임을 주장하는 자가 주장·증명하여야 한다.[7]

소정근로시간 단축 합의가 탈법행위로서 무효인지 여부는, 합의를 체결한 근로관계 당사자들의 주된 목적이 최저임금법의 적용을 회피하려는 것이었는지와 아울러 단축된 소정근로시간과 택시운전근로자의 실제 근로시간을 비교하여 양자 사이에 상당한 불일치가 있는지를 중심으로 규범적인 관점에서 판단해야 하고, 소정근로시간 단축의 주된 목적이 최저임금법의 적용을 회피하려는 것이었는지는 합의의 구체적인 경위와 시기, 단축 전후의 소정근로시간을 적용할 경우 산정되는 시간급 비교대상 임금과 법정 최저임금의 객관적 차이 및 변동 추이 등을 고려하여 판단한다.[8] 소정근로시간 단축합의가 여러 해에 걸쳐 수 회 이루어진 경우 그 효력은 각 단축합의마다 판단하여야 하고, 최종 단축합의가 탈법행위로 무효라고 하더라도 종전 단축합의까지 전부 탈법행위라고 단정해서는 안 된다.[9]

또한 대법원은 소정근로시간 단축합의의 효력 판단기준에 관하여, 소정근로시간 단축합의의 효력을 부정하기 위해서는 최저임금제도의 실질적 잠탈 여부 등 관련 사정을 종합하여 엄격하게 판단하여야 한다고 설시하면서도[10] 소정근로시간 단축에 관한 근로관계 당사자들의 자발적인 합의가 있었다고 하여 최저임금법 6조 5항의 강행법규로서의 취지와 규범력이 약화되는 것은 아니므로, 이들이 자유로운 의사로 정한 소정근로시간이라고 하더라도 최저임금법 6조 5항의 적용을 잠탈할 의도로 단지 형식적으로 정해졌다고 평가할 수 있는 경우에는 그 합의의 효력을 인정하기 어렵다고 보고 있다.[11]

7) 대법원 2024. 5. 30. 선고 2023다279402, 2023다280563 판결.
8) 대법원 2024. 5. 30. 선고 2023다279402, 2023다280563 판결[택시운전근로자의 실제 근로시간은 영업시간(실차시간)뿐만 아니라 택시의 입·출고 및 정리 등에 소요되는 준비시간, 승객을 찾거나 기다리는 데 소요되는 대기시간(공차시간)과 같이 택시운전근로자가 실제로 근로를 제공하는 시간을 포괄하는 개념으로, 택시운전근로자의 실제 근무환경과 근무형태를 고려하여 추산하여야 하고, 이러한 택시운전근로자의 실제 근로시간이 일부 감소하였다고 볼 수 있는 경우 그와 같이 감소된 실제 근로시간과 단축된 소정근로시간 사이에 상당한 불일치가 있는지를 판단할 때는 소정근로시간 단축의 비율, 빈도, 급격성 등을 고려하여야 한다고 판시함].
9) 대법원 2024. 5. 30. 선고 2023다286189 판결.
10) 대법원 2024. 1. 4. 선고 2023다237460 판결(2018. 12. 31. 이전의 기간 동안 소정근로시간의 단축합의가 최저임금법 6조 5항 등의 적용을 잠탈하기 위한 탈법행위로서 무효인지 여부를 판단할 때 특별한 사정이 없는 한 주휴시간은 제외해야 한다고 판시함).
11) 대법원 2024. 5. 30. 선고 2023다279402, 2023다280563 판결.

한편 최저임금법 6조 5항의 시행 이후에 설립된 택시회사가 취업규칙이나 단체협약으로 소정근로시간을 처음 정하였는데 그 소정근르시간의 합의가 무효인 경우 최저임금 미달 여부 및 미달액 판단을 위한 소정근로시간을 어떻게 확정할 것인가가 문제된다. 대법원은 소정근로시간의 의의와 기능 등을 고려하면, 근로계약, 취업규칙, 단체협약 등에 소정근로시간에 관한 유효한 정함이 없는 경우 법원은 최저임금 미달 여부 및 미달액 판단 등을 위해 근로관계 당사자들의 의사를 보충하여 근로계약을 해석하는 방법으로 유효한 소정근로시간을 확정할 필요가 있다고 판시하였다.[12)]

제6조(최저임금의 효력)

⑥ 제1항과 제3항은 다음 각 호의 어느 하나에 해당하는 사유로 근로하지 아니한 시간 또는 일에 대하여 사용자가 임금을 지급할 것을 강제하는 것은 아니다.

1. 근로자가 자기의 사정으로 소정근로시간 또는 소정의 근로일의 근로를 하지 아니한 경우
2. 사용자가 정당한 이유로 근로자에게 소정근로시간 또는 소정의 근로일의 근로를 시키지 아니한 경우

⑦ 도급으로 사업을 행하는 경우 도급인이 책임져야 할 사유로 수급인이 근로자에게 최저임금액에 미치지 못하는 임금을 지급한 경우 도급인은 해당 수급인과 연대(連帶)하여 책임을 진다.

⑧ 제7항에 따른 도급인이 책임져야 할 사유의 범위는 다음 각 호와 같다.

1. 도급인이 도급계약 체결 당시 인건비 단가를 최저임금액에 미치지 못하는 금액으로 결정하는 행위
2. 도급인이 도급계약 기간 중 인건비 단가를 최저임금액에 미치지 못하는 금액으로 낮춘 행위

⑨ 두 차례 이상의 도급으로 사업을 행하는 경우에는 제7항의 "수급인"은 "하수급인(下受給人)"으로 보고, 제7항과 제8항의 "도급인"은 "직상(直上) 수급인(하수급인에게 직접 하도급을 준 수급인)"으로 본다.

12) 대법원 2024. 10. 25. 선고 2023다206138 판결, 대법원 2024. 11. 28. 선고 2023다211345 판결.

〈세 목 차〉



## Ⅰ. 최저임금 지급의무 면제

최저임금제는 근로자가 제공한 근로에 대한 대가인 임금을 지급할 때 임금의 최저액을 보장하여 주는 것으로, 근로자가 자기의 사정으로 근로를 하지 아니하거나, 사용자가 정당한 이유로 근로자에게 근로를 시키지 못한 경우까지 사용자로 하여금 임금을 지급하도록 강제하는 제도는 아니다.[1] 최저임금법 6조 6항은 이를 명시적으로 규정하고 있다.

근로자가 자기의 사정으로 근로를 하지 아니한 경우란 근로를 하지 못한 원인이 근로자에게 있다는 의미이다. 근로자가 개인적인 사유로 결근하여 근로하지 않은 경우가 대표적이다.

그러나 단체협약이나 취업규칙 등에서 근로자가 자기의 사정으로 근로를 제공하지 아니한 경우에도 임금을 지급하도록 하였다면, 사용자는 근로계약에서 약정한 임금을 지급할 의무가 있다. 이때 근로계약에서 약정한 임금이 고시된 최저임금액에 미치지 못하면 최저임금법 6조 3항에 따라 약정 임금이 최저임금액으로 대체되므로, 사용자는 해당 근로자에게 최저임금액 상당의 금원을 임금으로 지급하여야 한다. 그럼에도 사용자가 최저임금액이 미치지 못하는 금원만을 지급한 경우 근기법상 임금체불 문제 외에 최저임금법 6조 1항 위반의 문제가 발생하는지와 관련하여 이를 부정하는 견해도 있으나,[2] 단체협약 등에 의하여 사용자의 임금지급의무가 인정되는 이상 최저임금법 6조 1항 위반으로 보는 것이 타당하다고 생각한다.

사용자가 정당한 이유로 근로자에게 근로를 시키지 아니한 경우로는 천재지변·전쟁 등으로 근로의 수령이 불가능하게 된 경우, 산안법 45조의 규정에 의하여 감염병, 정신병 또는 근로로 인하여 병세가 크게 악화될 우려가 있는 질병에 걸린 근로자에게 근로를 금지한 경우 등을 들 수 있다.

1) 김헌수, 195~196면.
2) 김헌수, 197면.

## Ⅱ. 도급인의 수급인 근로자에 대한 최저임금 보장

최저임금법 6조 7항부터 9항은 도급업체의 수급업체 근로자에 대한 최저임금 보장을 규정하고 있다.

도급으로 사업을 진행하는 경우, 도급인이 책임져야 할 사유로 수급인이 그 근로자에게 최저임금액에 미치지 못하는 임금을 지급한 때에는 도급인은 해당 수급인과 연대하여 수급인의 근로자에 대한 책임을 진다. 두 차례 이상의 도급으로 사업이 진행되는 경우에는 직상 수급인이 하수급인 근로자에 대하여 위와 같은 책임을 부담한다.

도급인에게 연대책임을 묻기 위해서는 도급인에게 귀책사유가 있어야 한다. 최저임금법 6조 8항은 도급인이 책임져야 할 사유로 도급인이 도급계약 체결 당시 인건비 단가를 최저임금액에 미치지 못하는 금액으로 결정한 경우, 도급인이 도급계약 기간 중 인건비 단가를 최저임금액에 미치지 못하는 금액으로 낮춘 경우를 정하고 있다.

위와 같은 사유로 연대책임을 부담하는 도급인과 수급인이 수급인의 근로자에게 최저임금액 상당의 임금을 지급하여야 할 채무의 관계는 연대채무관계이다. 따라서 근로자는 도급인과 수급인 모두에게 동시에 또는 순차적으로 임금채무의 지급을 구할 수 있다.[3)]

도급인에게 연대책임이 발생하여 근로감독관이 그 연대책임을 이행하도록 시정지시하였음에도 불구하고 도급인이 시정기한 내에 이를 이행하지 아니한 경우 2년 이하의 징역 또는 1,000만 원 이하의 벌금에 처한다(최저임금법 28조 2항).

제6조의2(최저임금 산입을 위한 취업규칙 변경절차의 특례)

사용자가 제6조 제4항에 따라 산입되는 임금에 포함시키기 위하여 1개월을 초과하는 주기로 지급하는 임금을 총액의 변동 없이 매월 지급하는 것으로 취업규칙을 변경하려는 경우에는 「근로기준법」 제94조 제1항에도 불구하고 해당 사업 또는 사업장에 근로자의 과반수로 조직된 노동조합이 있는 경우에는 그 노동조합, 근로자의 과반수로 조직된 노동조합이 없는 경우에는 근로자의 과반수의 의견을 들어야 한다.

3) 근기법주해(초판) Ⅲ, 23면.

위 조항은 2018. 6. 12. 최저임금법 개정 당시 신설된 것으로, 최저임금법 개정으로 매월 지급되는 상여금 등 가운데 일정 부분이 비교대상 임금에 산입됨에 따라 상여금 지급주기를 용이하게 변경할 수 있도록 취업규칙 변경절차에 대한 특례를 둔 것이다.

위 조항에 따르면, 1개월을 초과하여 지급되던 임금을 비교대상 임금에 산입하기 위하여 총액의 변동 없이 매월 1회 이상 지급하는 것으로 취업규칙을 변경하는 경우에는 해당 사업 또는 사업장에 근로자의 과반수로 조직된 노동조합이 있는 경우에는 그 노동조합, 근로자의 과반수로 조직된 노동조합이 없는 경우에는 근로자의 과반수의 의견을 들어야 한다. 즉 과반수 노동조합 또는 근로자 과반수의 의견을 듣는 것으로 충분하고 그 동의를 받을 필요는 없다는 것이 위 조항의 취지이다. 취업규칙 변경 시 의견을 듣지 아니한 자는 500만 원 이하의 벌금에 처한다(최저임금법 28조 3항).

예를 들어 연간 기본급의 600%에 해당하는 상여금을 짝수 달에 100%씩 지급하던 것을 매월 50%씩 지급하는 것으로 변경하는 경우와 같이, 지급주기만 변경되고 임금의 총액에는 변동이 없어야 위 조항이 적용된다. 그런데 총액에 변동이 없다는 것은 결국 총액의 감소가 없어야 한다는 의미이므로, 총액이 인상된 경우에도 위 조항이 적용되어 과반수 노동조합 또는 근로자 과반수의 의견을 들으면 충분하고 그 동의를 받을 필요는 없다.

위 조항은 근기법 94조 1항의 특례를 규정한 것이므로, 위 조항이 적용되면 근기법 94조 1항에 따른 취업규칙 변경절차는 적용되지 않는다. 그러나 위 조항에 따라 취업규칙을 변경하는 경우에도 사용자는 근기법 93조에 따른 취업규칙신고 의무를 부담하고, 신고 시 94조 2항에서 정한 의견서를 첨부하여야 한다.

다만, 단체협약으로 상여금 지급주기를 정한 경우에는 취업규칙 변경만으로는 지급주기를 변경할 수 없고, 단체교섭을 통해 지급주기를 변경하는 내용의 새로운 단체협약을 체결하여야 한다.

이처럼 단체협약으로 임금의 지급주기를 별도로 정하지 아니한 경우에는, 사용자는 위 조항에 따라 근로자집단의 동의 없이도 취업규칙의 변경을 통해 1개월을 초과하는 주기로 지급하던 임금을 매월 지급하는 것으로 변경할 수 있다. 통상 1개월을 초과하는 주기로 지급하는 임금을 총액의 변동 없이 매월 지급하는 것으로 변경하는 것은 임금 지급의 안정성을 높인다는 점에서 근로자에게 일부 유리한 측면이 있다. 그러나 이로써 종전에는 비교대상 임금에 산입되지 않던 임금이 비교대상 임금에 산입된다면, 최저임금액 인상으로 인한 실제 임금인상 효과가 종전보다 감소될 수 있어 최저임금과 관련된 근로자의 법적 지위가 종전에 비해 불리해질 수 있다. 따라서 1개월을 초과하는 주기로 지급하는 임금을 비교대상 임금에 산입하기 위하여 매월 지급하는 것으로 지급주기에 관한 취업규칙을 변경하는 것은, 비록 임금 총액의 변동이 없더라도 경우에 따라 근로자에게 불리한 변경이 될 수 있는데, 위 조항은 그러한 경우에도 근로자 집단의 동의 없이 취업규칙을 변경할 수 있도록 한 것이다.

노동조합이 임금의 지급주기에 관하여 단체협약의 체결을 주장하면서 단체교섭을 요구할 수 있다고 하더라도, 사용자가 위 조항에 따라 근로자집단의 동의 없이 종전보다 근로자에게 불리하게 임금의 지급주기에 관한 취업규칙을 변경할 수 있고 근로자로서는 이와 같이 불리하게 변경된 근로조건을 적용받을 수밖에 없는 국면에서 근로자의 단체교섭권의 침해 여부가 문제된다. 이에 대하여 헌법재판소 2021. 12. 23. 선고 2018헌마629 등 결정은, 위 조항이 사용자로 하여금 일방적으로 임금의 지급주기를 변경할 수 있도록 함으로써 근로자의 단체교섭권을 제한하지만, 비교대상 임금의 산입범위를 확장한 최저임금법 6조 4항과 부칙 2조의 실효성을 확보하고 근로자에게 임금의 최저수준을 매월 보장함으로써 근로자의 생활안정을 꾀하고자 하는 조항이며, 비교대상 임금 산입을 위한 목적에서 임금 총액의 변동 없이 지급주기를 매월 지급하는 것으로 변경하는 경우만 적용되고, 비교대상 임금 산입범위 개편으로 영향을 받는 근로자의 규모나 그 영향의 정도가 비교적 한정적이라는 점 등을 고려하면, 위 조항이 과잉금지원칙에 위배되어 근로자의 단체교섭권을 침해한다고 볼 수 없다고 하였다.

제7조(최저임금의 적용 제외)

다음 각 호의 어느 하나에 해당하는 사람으로서 사용자가 대통령령으로 정하는 바에 따라 고용노동부장관의 인가를 받은 사람에 대하여는 제6조를 적용하지 아니한다.

1. 정신장애나 신체장애로 근로능력이 현저히 낮은 사람
2. 그 밖에 최저임금을 적용하는 것이 적당하지 아니하다고 인정되는 사람

〈세 목 차〉



## Ⅰ. 적용 제외 대상자 및 취지

최저임금법 7조는 정신장애나 신체장애로 근로능력이 현저히 낮은 사람, 그 밖에 최저임금을 적용하는 것이 적당하지 아니하다고 인정되는 사람으로서 대통령령으로 정하는 바에 따라 고용노동부장관의 인가를 받은 사람에 대해서는 최저임금을 적용하지 아니한다고 규정하고 있다.

이에 따라 최저임금법 시행령 6조는, 최저임금법 7조에 의해 고용노동부장관의 인가를 받아 최저임금의 적용을 제외할 수 있는 자는 정신 또는 신체의 장애가 업무 수행에 직접적으로 현저한 지장을 주는 것이 명백하다고 인정되는 사람으로 한다고 규정하고 있다.

따라서 현행 최저임금법령상 최저임금의 적용이 제외되는 사람은 정신 또는 신체의 장애가 업무 수행에 직접적으로 현저한 지장을 주는 것이 명백하다고 인정되어 고용노동부장관의 적용 제외 인가를 받은 사람에 한정된다.

최저임금법 7조의 취지는 일반 근로자에 비해 노동생산성이 현저히 낮아 최저임금을 적용하면 고용기회가 줄어들 수 있는 특수한 경우에 있는 근로자에 대해 최저임금의 적용을 배제함으로써 근로를 할 수 있는 기회를 제공하되, 해당 근로자의 보호를 위하여 고용노동부장관의 인가를 받은 후에 최저임금의 적용을 배제할 수 있도록 하려는 데에 있다. 적용 제외 인가를 받지 못한 장애인 근로자에게는 최저임금액 이상의 임금을 지급하여야 한다.

## Ⅱ. 적용 제외 인가기준

정신 또는 신체의 장애가 업무 수행에 직접적으로 현저한 지장을 주는 것이 명백하다고 인정되는 경우에만 최저임금 적용 제외의 인가를 받을 수 있다.

장애인복지법에 의하면, '정신장애'란 발달장애 또는 정신 질환으로 발생하는 장애를 말하고, '신체장애'란 주요 외부 신체 기능의 장애, 내부기관의 장애

등을 말한다.

이와 같은 정신 또는 신체의 장애가 근로자가 수행하고자 하는 업무에 직접적인 지장을 주어야 한다. 따라서 다리에 장애가 있는 사람이 앉아서 수작업을 주로 하는 경우와 같이 장애와 업무 사이에 직접 관련이 없는 경우는 인가를 받을 수 없다.[1)]

최저임금법 시행규칙 3조 1항 [별표3]에 따르면, 정신 또는 신체의 장애가 업무 수행에 '현저한 지장'을 준다는 것은 해당 장애로 인하여 동일 또는 유사 직종에서 최저임금을 받는 다른 근로자 중 가장 낮은 근로능력자의 평균작업능력에도 미치지 못하는 것을 의미한다. 고용노동부의 '최저임금제도 업무처리지침'은 기준 근로자인 동일·유사 직종의 가장 낮은 근로능력자를 원칙적으로 동일 사업장 내에서 선정하되, 없으면 인근 사업장에서 선정하고, 인근 사업장에도 없는 경우에는 무기능 미숙련자의 작업능력을 고려하여 대상자를 선정하도록 하고 있으며, 장애인 근로자의 작업능력은 작업 실적 또는 작업능률에 근거한 양적 비교를 통해 평가하되, 양적 비교가 어려운 경우에는 사업장의 실제 근로실태를 파악하고 동료근로자, 해당 근로자의 가족 등의 의견을 종합적으로 고려하여 평가하도록 하고 있다. 작업능력은 한국장애인고용공단의 의견을 들어 판단하여야 한다.

고용노동부는 2018년 이전까지 장애인 근로자의 작업능력이 기준 근로자 작업능력의 90% 미만이면 최저임금 적용 제외를 인가하여 왔으나, 적용 제외 인가를 받은 장애인 근로자의 과도한 저임금 문제가 지적되자 2018년부터는 기준 근로자 작업능력의 70% 미만인 경우에만 인가하는 것으로 기준을 강화하였다.

## Ⅲ. 인가절차

최저임금 적용 제외의 인가를 받으려는 사용자는 관할 지방고용노동관서의 장에게 일정한 양식의 신청서에 신청일이 속하는 달의 직전 달의 사업장 전체 근로자 임금대장 사본, 정신장애인이나 신체장애인임을 증명할 수 있는 서류 사본, 친권자 의견서 사본(지적장애, 정신장애 또는 자폐성장애 등으로 인한 신청의 경우만 해당한다)을 첨부하여 제출하여야 한다(최저임금법 시행규칙 3조 2항).

1) 최저임금위원회b, 17면.

지방고용노동관서의 장이 인가 신청에 대하여 인가를 할 때에는 최저임금 적용이 제외되는 근로자에게 유사 직종에 근무하는 근로자의 임금수준에 상응하는 임금을 지급할 것을 사용자에게 권고할 수 있다(최저임금법 시행규칙 3조 3항).

인가기간은 1년을 초과할 수 없다(최저임금법 시행규칙 3조 1항 [별표3]).

제8조(최저임금의 결정)

① 고용노동부장관은 매년 8월 5일까지 최저임금을 결정하여야 한다. 이 경우 고용노동부장관은 대통령령으로 정하는 바에 따라 제12조에 따른 최저임금위원회(이하 "위원회"라 한다)에 심의를 요청하고, 위원회가 심의하여 의결한 최저임금안에 따라 최저임금을 결정하여야 한다.

② 위원회는 제1항 후단에 따라 고용노동부장관으로부터 최저임금에 관한 심의 요청을 받은 경우 이를 심의하여 최저임금안을 의결하고 심의 요청을 받은 날부터 90일 이내에 고용노동부장관에게 제출하여야 한다.

③ 고용노동부장관은 제2항에 따라 위원회가 심의하여 제출한 최저임금안에 따라 최저임금을 결정하기가 어렵다고 인정되면 20일 이내에 그 이유를 밝혀 위원회에 10일 이상의 기간을 정하여 재심의를 요청할 수 있다.

④ 위원회는 제3항에 따라 재심의 요청을 받은 때에는 그 기간 내에 재심의하여 그 결과를 고용노동부장관에게 제출하여야 한다.

⑤ 고용노동부장관은 위원회가 제4항에 따른 재심의에서 재적위원 과반수의 출석과 출석위원 3분의 2 이상의 찬성으로 제2항에 따른 당초의 최저임금안을 재의결한 경우에는 그에 따라 최저임금을 결정하여야 한다.

제9조(최저임금안에 대한 이의 제기)

① 고용노동부장관은 제8조 제2항에 따라 위원회로부터 최저임금안을 제출받은 때에는 대통령령으로 정하는 바에 따라 최저임금안을 고시하여야 한다.

② 근로자를 대표하는 자나 사용자를 대표하는 자는 제1항에 따라 고시된 최저임금안에 대하여 이의가 있으면 고시된 날부터 10일 이내에 대통령령으로 정하는 바에 따라 고용노동부장관에게 이의를 제기할 수 있다. 이 경우 근로자를 대표하는 자나 사용자를 대표하는 자의 범위는 대통령령으로 정한다.

③ 고용노동부장관은 제2항에 따른 이의가 이유 있다고 인정되면 그 내용을 밝혀 제8조 제3항에 따라 위원회에 최저임금안의 재심의를 요청하여야 한다.

④ 고용노동부장관은 제3항에 따라 재심의를 요청한 최저임금안에 대하여 제8조 제4항에 따라 위원회가 재심의하여 의결한 최저임금안이 제출될 때까지는 최저임금을 결정하여서는 아니 된다.

〈세 목 차〉



## Ⅰ. 개 요

최저임금을 결정하는 방법은 나라마다 다른데, 일반적으로 임금위원회 방식, 중재재판소 방식, 의회(법률) 방식, 단체협약의 확장적용 방식 등이 있다.

최저임금법은 최저임금위원회의 심의를 거친 후에야 고용노동부장관이 최저임금을 결정할 수 있도록 함으로써 임금위원회 제도를 채택하고 있다. 그리고 고용노동부장관의 재심의 요청에 대하여 최저임금위원회가 다시 원안대로 의결하면 고용노동부장관은 그에 따라 최저임금을 결정하여야 하므로, 실질적으로 최저임금위원회가 최저임금에 대한 결정권한을 갖고 있다고 볼 수 있다.

## Ⅱ. 최저임금 결정절차

### 1. 최저임금위원회의 심의 · 의결절차

고용노동부장관은 매년 8월 5일까지 다음 해 1월 1일부터 적용될 최저임금을 결정하여야 한다. 고용노동부장관이 매년 8월 5일까지 최저임금을 결정하려면 최저임금위원회의 심의기간, 공고기간 등을 고려할 때 3월 31일까지는 심의를 요청하여야 한다(최저임금법 시행령 7조).

심의 요청을 받은 최저임금위원회는 최저임금안을 의결하고, 심의 요청을 받은 날부터 90일 이내에 고용노동부장관에게 제출하여야 한다.

### 2. 최저임금안의 고시 및 이의 제기

고용노동부장관은 최저임금위원회로부터 최저임금안을 제출받은 때에는 이를 지체 없이 고시하여 일반 국민들이 알 수 있도록 하여야 한다. 최저임금법 시행령 8조는 사업 또는 사업장의 종류별 최저임금안 및 적용 사업의 범위를 고시하도록 하고 있으나, 현재 최저임금위원회는 전체 산업에 적용될 하나의 최저임금안을 의결하고 있으므로 고용노동부장관은 사업의 종류별 구분 없이 전 사업장에 동일한 최저임금액이 적용된다는 취지를 고시하고 있다.

최저임금안이 고시되면 고시된 날부터 10일 이내에 근로자를 대표하는 자나 사용자를 대표하는 자는 고용노동부장관에게 이의를 제기할 수 있다. 여기서 근로자를 대표하는 자는 총연합단체인 노동조합의 대표자 및 산업별 연합단체인 노동조합의 대표자로 하고, 사용자를 대표하는 자는 대한상공회의소 대표자, 중소기업중앙회 대표자, 소상공인연합회 대표자, 그 밖에 전국적 규모를 갖는 사용자단체로서 고용노동부장관이 지정하여 고시하는 단체의 대표자로 한다(최저임금법 시행령 10조, 최저임금법 시행규칙 4조). 일반 근로자와 사용자가 이의를 제기하고자 할 경우에는 이러한 단체를 통하여 이의를 제기하여야 한다.

### 3. 최저임금안의 재심의 및 최저임금의 결정

고용노동부장관은 최저임금위원회가 심의하여 의결한 최저임금안에 따라 최저임금을 결정하여야 한다. 그러나 고용노동부장관은 최저임금위원회가 심의하여 제출한 최저임금안에 따라 최저임금을 결정하기가 어렵다고 인정되면 20일 이내에 그 이유를 밝혀 최저임금위원회에 10일 이상의 기간을 정하여 재심의를 요청할 수 있다.

또한 고용노동부장관은 최저임금법 9조 2항에 따른 이의가 있다고 인정되는 경우에도 그 내용을 밝혀 최저임금위원회에 최저임금안의 재심의를 요청하여야 한다. 이 경우 고용노동부장관은 최저임금위원회가 재심의하여 의결한 최저임금안이 제출될 때까지는 최저임금을 결정하여서는 아니 된다.

최저임금위원회는 재심의 요청을 받은 때에는 그 기간 내에 재심의하여 그 결과를 고용노동부장관에게 제출하여야 한다. 최저임금위원회가 재심의에서 재적위원 과반수의 출석과 출석위원 3분의 2 이상의 찬성으로 당초의 최저임금안을 재의결한 경우에는, 고용노동부장관은 그에 따라 최저임금을 결정하여야 하고 다시 재심의를 요청할 수 없다.

최저임금법 8조 5항은 최저임금위원회가 당초의 최저임금안을 고수하지 않고 고용노동부장관의 재심 이유를 받아들여서 변경된 최저임금안을 의결할 경우의 의결정족수에 관해서는 규정하고 있지 않다. 이 경우에는 최저임금법 17조 3항에 따라 재적위원 과반수의 출석과 출석위원 과반수의 찬성이 있으면 된다고 본다.[1] 최저임금위원회가 재심의 결과 새로운 최저임금안을 의결한 경우에도 고용노동부장관은 다시 재심의를 요청할 수 없다고 할 것이다.[2]

제10조(최저임금의 고시와 효력발생)

① 고용노동부장관은 최저임금을 결정한 때에는 지체 없이 그 내용을 고시하여야 한다.

② 제1항에 따라 고시된 최저임금은 다음 연도 1월 1일부터 효력이 발생한다. 다만, 고용노동부장관은 사업의 종류별로 임금교섭시기 등을 고려하여 필요하다고 인정하면 효력발생 시기를 따로 정할 수 있다.

〈세 목 차〉



## Ⅰ. 개 요

고용노동부장관이 최저임금법 8조 1항에 따라 최저임금을 결정하거나 재심의를 요구하여 같은 조 5항에 따라 최저임금을 결정하는 경우에는 지체 없이 그 내용을 고시하여야 한다.

고시된 최저임금은 다음 연도 1월 1일부터 효력을 발생한다. 최저임금법 10조 2항은 다음 연도의 최저임금이 전년도에 미리 고시된 경우에 다음 연도 1월 1일부터 고시된 최저임금이 효력을 발생한다는 것으로, 만약 다음 해의 최저임금이 다음 해 1월 1일 이후에 고시된 경우에는 그 효력이 1월 1일부터 소급하여 발생하는 것은 아니라고 할 것이다.[1] 다만, 고용노동부장관은 사업의 종류별로 임금교섭시기 등을 고려하여 필요하다고 인정하면 효력발생 시기를 따로 정할 수 있다.

1) 김헌수, 221면.
2) 김헌수, 220면.
1) 김헌수, 234~235면.

## Ⅱ. 최저임금 고시의 법적 성질

불특정 다수인을 대상으로 한 고시가 일반적·추상적 성격을 가질 때에는 법규명령 또는 행정규칙에 해당하나, 다른 집행행위의 매개 없이 그 자체로서 직접 국민의 구체적인 권리의무나 법률관계를 규율하는 성격을 가질 때에는 행정처분에 해당한다.[2)]

고용노동부장관이 최저임금을 고시하면, 최저임금법에 따라 다른 집행행위의 매개 없이 사용자는 고시된 최저임금액 이상의 임금을 지급하여야 할 의무를 부담하고, 최저임금의 적용을 받는 근로자와 사용자 사이의 근로계약 중 최저임금액에 미치지 못하는 금액을 임금으로 정한 부분은 무효로 되며, 이 경우 무효로 된 부분은 고시된 최저임금액으로 대체된다. 이와 같이 고용노동부장관의 최저임금 고시는 그 자체로 직접 국민의 구체적인 법률관계를 규율하는 성격을 가지므로 행정처분에 해당하는 것으로 보아야 할 것이다.

고용노동부장관은 2016년 적용 최저임금 고시부터 시간급 최저임금액과 함께 월 환산액을 표기하고 있다. 그런데 우리나라는 시간을 최저임금의 결정 단위기간으로 하고 있으므로, 대외적 구속력을 갖는 것은 고시된 시간급 최저임금액에 한정되고, 월 환산액은 고용노동부가 환산의 편의를 위하여 시간급 최저임금액에 월 환산 기준시간 수를 곱하여 산출된 금액을 병기한 것에 불과한 것으로 보아야 한다. 따라서 현재로서는 최저임금 고시 중 월 환산액 부분에 대해서는 행정처분성을 인정하기가 어렵다고 할 것이다.

제11조(주지 의무)

최저임금의 적용을 받는 사용자는 대통령령으로 정하는 바에 따라 해당 최저임금을 그 사업의 근로자가 쉽게 볼 수 있는 장소에 게시하거나 그 외의 적당한 방법으로 근로자에게 널리 알려야 한다.

2) 대법원 2006. 9. 22. 선고 2005두2506 판결.

〈세 목 차〉



## Ⅰ. 개 요

최저임금의 적용을 받는 근로자가 자기에게 적용될 최저임금액이 얼마인지 또 근로자 본인이 최저임금의 적용 대상인지를 모른다면 최저임금제를 시행하는 의의가 상실될 것이다. 이에 최저임금법은 최저임금의 적용을 받는 사용자에 대하여 근로자에게 최저임금을 주지시켜야 할 의무를 부과하고 있다.

## Ⅱ. 주지시켜야 할 내용

사용자가 근로자에게 주지시켜야 할 최저임금의 내용은 최저임금의 적용을 받는 근로자의 최저임금액, 최저임금법 6조 4항에 따라 최저임금에 산입하지 아니하는 임금, 최저임금법 7조에 따라 해당 사업에서 최저임금의 적용을 제외할 근로자의 범위, 최저임금의 효력발생 연월일이다(최저임금법 시행령 11조 1항).

## Ⅲ. 주지방법 및 기간

사용자는 위와 같은 내용을 그 사업의 근로자가 쉽게 볼 수 있는 장소에 게시하거나 그 외의 적당한 방법으로 근로자에게 널리 알려야 하는데, 사업장 내의 게시판에 게시하거나 사내 전산망에 게재하거나 전체 근로자에게 방송 또는 교육을 시키는 등 각 사업장의 실정에 따라 적당한 방법을 택하면 된다.[1)]

최저임금의 내용은 최저임금법 10조 2항에 따른 최저임금의 효력발생일 전날까지 근로자에게 주지시켜야 한다(최저임금법 시행령 11조 2항). 일반적인 경우 최저임금이 매년 1월 1일부터 효력을 발생하므로, 사용자는 고용노동부장관이 최저임금을 결정·고시한 날부터 12월 31일 사이에 근로자들에게 다음 해의 최저임금을 주지시켜야 한다.

1) 김헌수, 238면.

## Ⅳ. 주지의무 위반

사용자가 위와 같은 주지의무를 위반하면 100만 원 이하의 과태료에 처한다(최저임금법 31조 1항 1호).

제12조(최저임금위원회의 설치)

최저임금에 관한 심의와 그 밖에 최저임금에 관한 중요 사항을 심의하기 위하여 고용노동부에 최저임금위원회를 둔다.

제13조(위원회의 기능)

위원회는 다음 각 호의 기능을 수행한다.

1. 최저임금에 관한 심의 및 재심의
2. 최저임금 적용 사업의 종류별 구분에 관한 심의
3. 최저임금제도의 발전을 위한 연구 및 건의
4. 그 밖에 최저임금에 관한 중요 사항으로서 고용노동부장관이 회의에 부치는 사항의 심의

제14조(위원회의 구성 등)

① 위원회는 다음 각 호의 위원으로 구성한다.

1. 근로자를 대표하는 위원(이하 "근로자위원"이라 한다) 9명
2. 사용자를 대표하는 위원(이하 "사용자위원"이라 한다) 9명
3. 공익을 대표하는 위원(이하 "공익위원"이라 한다) 9명

② 위원회에 2명의 상임위원을 두며, 상임위원은 공익위원이 된다.

③ 위원의 임기는 3년으로 하되, 연임할 수 있다.

④ 위원이 궐위(闕位)되면 그 보궐위원의 임기는 전임자(前任者) 임기의 남은 기간으로 한다.

⑤ 위원은 임기가 끝났더라도 후임자가 임명되거나 위촉될 때까지 계속하여 직무를 수행한다.

⑥ 위원의 자격과 임명 · 위촉 등에 관하여 필요한 사항은 대통령령으로 정한다.

제15조(위원장과 부위원장)

① 위원회에 위원장과 부위원장 각 1명을 둔다.

② 위원장과 부위원장은 공익위원 중에서 위원회가 선출한다.

③ 위원장은 위원회의 사무를 총괄하며 위원회를 대표한다.

④ 위원장이 불가피한 사유로 직무를 수행할 수 없을 때에는 부위원장이 직무를 대행한다.

제16조(특별위원)

① 위원회에는 관계 행정기관의 공무원 중에서 3명 이내의 특별위원을 둘 수 있다.

② 특별위원은 위원회의 회의에 출석하여 발언할 수 있다.

③ 특별위원의 자격 및 위촉 등에 관하여 필요한 사항은 대통령령으로 정한다.

제17조(회의)

① 위원회의 회의는 다음 각 호의 경우에 위원장이 소집한다.

1. 고용노동부장관이 소집을 요구하는 경우
2. 재적위원 3분의 1 이상이 소집을 요구하는 경우
3. 위원장이 필요하다고 인정하는 경우

② 위원장은 위원회 회의의 의장이 된다.

③ 위원회의 회의는 이 법으로 따로 정하는 경우 외에는 재적위원 과반수의 출석과 출석위원 과반수의 찬성으로 의결한다.

④ 위원회가 제3항에 따른 의결을 할 때에는 근로자위원과 사용자위원 각 3분의 1 이상의 출석이 있어야 한다. 다만, 근로자위원이나 사용자위원이 2회 이상 출석요구를 받고도 정당한 이유 없이 출석하지 아니하는 경우에는 그러하지 아니하다.

제18조(의견 청취)

위원회는 그 업무를 수행할 때에 필요하다고 인정하면 관계 근로자와 사용자, 그 밖의 관계인의 의견을 들을 수 있다.

제19조(전문위원회)

① 위원회는 필요하다고 인정하면 사업의 종류별 또는 특정 사항별로 전문위원회를 둘 수 있다.

② 전문위원회는 위원회 권한의 일부를 위임받아 제13조 각 호의 위원회 기능을 수행한다.

③ 전문위원회는 근로자위원, 사용자위원 및 공익위원 각 5명 이내의 같은 수로 구성한다.

④ 전문위원회에 관하여는 위원회의 운영 등에 관한 제14조 제3항부터 제6항까지, 제15조, 제17조 및 제18조를 준용한다. 이 경우 "위원회"는 "전문위원회"로 본다.

제20조(사무국)

① 위원회에 그 사무를 처리하게 하기 위하여 사무국을 둔다.

② 사무국에는 최저임금의 심의 등에 필요한 전문적인 사항을 조사·연구하게 하기 위하여 3명 이내의 연구위원을 둘 수 있다.

③ 연구위원의 자격·위촉 및 수당과 사무국의 조직·운영 등에 필요한 사항은 대통령령으로 정한다.

제21조(위원의 수당 등)

위원회 및 전문위원회의 위원에게는 대통령령으로 정하는 바에 따라 수당과 여비를 지급할 수 있다.

제22조(운영규칙)

위원회는 이 법에 어긋나지 아니하는 범위에서 위원회 및 전문위원회의 운영에 관한 규칙을 제정할 수 있다.

〈세 목 차〉



## Ⅰ. 최저임금위원회의 설치

최저임금법 12조는 최저임금의 심의와 그밖에 최저임금에 관한 중요한 사항을 심의하기 위한 기관으로 고용노동부에 최저임금위원회를 설치하도록 하고 있다.

최저임금위원회는 행정조직과 독립적인 위치에서 최저임금에 관한 사실상의 결정권한을 갖는 합의체 의결기관이다. 최저임금 결정과정에서 정부의 영향력을 배제하고 심의 자료 등의 기준에 의하여 독자적으로 최저임금을 심의·의결할 수 있도록 하기 위함이다.[1)]

## Ⅱ. 최저임금위원회의 기능

### 1. 최저임금에 관한 심의 및 재심의

최저임금위원회의 가장 중요한 기능은 최저임금에 관한 심의 및 재심의이다.

1) 최저임금위원회a, 133면.

최저임금위원회는 고용노동부장관의 심의 요청이 있으면 최저임금의 결정 단위기간 및 최저임금액에 관한 심의를 하고, 심의 요청을 받은 날부터 90일 이내에 심의 결과를 고용노동부장관에게 제출하여야 한다.

고용노동부장관은 최저임금위원회가 심의하여 제출한 최저임금안에 따라 최저임금을 결정하기가 어렵다고 인정하는 경우 또는 근로자대표나 사용자대표의 최저임금안에 대한 이의가 이유 있다고 인정하는 경우에는 최저임금위원회에 재심의를 요청할 수 있다. 최저임금위원회는 고용노동부장관의 재심의 요청이 있으면 지정한 기간 내에 재심의를 하여 고용노동부장관에게 그 결과를 송부하여야 한다.

### 2. 최저임금 적용 사업의 종류별 구분에 관한 심의

최저임금법 4조 1항은 최저임금을 사업의 종류별로 구분하여 정할 수 있도록 규정하고 있다. 이에 따라 최저임금법 13조 2호는 최저임금위원회의 기능으로 최저임금 적용 사업의 종류별 구분에 관한 심의를 들고 있다.

우리나라는 최저임금제가 처음 시행된 1988년에 제조업을 섬유 · 식료품 등 12개 업종 1그룹과 담배 · 화학 등 16개 업종 2그룹으로 나누어 각 그룹별로 시간급 최저임금액을 정하였으나, 1990년부터는 모든 산업에 대하여 전국 단일의 최저임금액을 정하고 있다.

### 3. 최저임금제도의 발전을 위한 연구 및 건의

최저임금위원회는 우리나라의 임금실태와 수준, 최저임금 적용실태와 국가경제에 미치는 영향, 최저임금에 관한 외국의 제도나 수준 등을 조사하고 연구하여 우리나라의 경제 상황에 맞는 최저임금제도에 대한 건의를 고용노동부장관에게 할 수 있다. 이러한 연구는 고용노동부장관의 요청이 없더라도 최저임금위원회에서 독자적으로 할 수 있다.[2)]

### 4. 최저임금에 관한 중요 사항으로서 고용노동부장관이 회의에 부치는 사항의 심의

위에서 언급한 내용 외에 최저임금위원회는 최저임금에 관한 중요 사항으로서 고용노동부장관이 회의에 부치는 사항을 심의할 수 있다.

2) 김헌수, 241면.

## Ⅲ. 최저임금위원회의 구성

### 1. 개 요

최저임금법은 근로자와 사용자, 공익을 각 대표하는 위원 9명씩 총 27명으로 최저임금위원회를 구성하도록 하고 있다.

최저임금은 근로자에게는 최저수준의 임금을 보장하여 생활안정을 도모하는 효과가 있는 한편, 사용자 입장에서는 전체 근로자의 임금수준 결정에 영향을 미쳐 임금 인상의 효과가 있으므로, 최저임금을 결정하는 과정에서 근로자측과 사용자측의 실태를 반영할 필요가 있다. 이에 최저임금법은 근로자위원과 사용자위원을 같은 수로 참여시켜 심의와 의결권의 균형을 이루게 하는 동시에, 노·사 어느 쪽에도 치우치지 않고 독립적인 입장에서 의견을 제시하고 조정하는 역할을 할 공익위원도 같은 수로 참여시키도록 한 것이다.[3)]

### 2. 위원의 위촉 등

최저임금위원회의 위원은 고용노동부장관의 제청에 의하여 대통령이 임명한다(최저임금법 시행령 12조 1항).

근로자위원은 총연합단체인 노동조합에서 추천한 사람 중에서 제청하고, 사용자위원은 전국적 규모의 사용자단체 중 고용노동부장관이 지정하는 단체에서 추천한 사람 중에서 제청한다. 공익위원은 ① 3급 또는 3급 상당 이상의 공무원이었거나 고위공무원단에 속하는 공무원이었던 사람으로서 노동문제에 관한 학식과 경험이 풍부한 사람, ② 5년 이상 대학에서 노동경제, 노사관계, 노동법학, 사회학, 사회복지학, 그 밖에 이와 관련된 분야의 부교수 이상으로 재직 중이거나 재직하였던 사람, ③ 10년(위에서 규정한 분야의 박사학위 소지자는 5년) 이상 공인된 연구기관에서 노동문제에 관한 연구에 종사하고 있거나 종사하였던 사람, ④ 그 밖에 위 ①부터 ③까지에 상당하는 학식과 경험이 있다고 고용노동부장관이 인정하는 사람 중에서 제청한다(최저임금법 시행령 12조 3항, 13조).

위원은 임기 중에 본인의 의사에 반하여 해촉할 수 없다. 다만, 심신장애로 인하여 직무를 수행할 수 없게 된 경우, 직무와 관련된 비위사실이 있는 경우, 직무태만, 품위손상이나 그 밖의 사유로 인하여 위원으로 적합하지 아니하다고

---

3) 김헌수, 243~244면.

인정되는 경우, 위원 스스로 직무를 수행하는 것이 곤란하다고 의사를 밝히는 경우 등에는 해촉할 수 있다(최저임금법 시행령 12조의2).

위원의 임기는 3년으로 하되, 연임할 수 있다. 위원이 궐위되면 그 보궐위원의 임기는 전임자 임기의 남은 기간으로 한다. 위원은 임기가 끝났더라도 후임자가 임명되거나 위촉될 때까지 계속하여 직무를 수행한다.

### 3. 상임위원

최저임금위원회에는 2명의 상임위원을 두며, 상임위원은 공익위원이 된다. 상임위원은 고위공무원단에 속하는 임기제공무원에 해당한다(고용노동부와 그 소속기관 직제 30조).

상임위원은 3급 또는 3급 상당 이상 공무원이나 고위공무원단에 속하는 공무원으로서 노동행정 경력이 있는 사람, 대학에서 노동경제, 노사관계, 노동법학, 사회학, 사회복지학, 그 밖에 이와 관련된 분야의 부교수 이상으로 5년 이상 재직하였던 사람 중에서 임명한다(최저임금법 시행령 14조).

### 4. 위원장과 부위원장

최저임금위원회에는 위원장 1인과 부위원장 1인을 둔다. 위원장과 부위원장은 최저임금위원회에서 선출하는데, 공익위원 중에서 선출한다. 위원장을 노·사 어느 쪽에서 맡게 되면 편파적으로 심의·의결을 유도해 나갈 우려가 있어 중립적인 위치에 있는 공익위원이 위원장과 부위원장을 맡도록 한 것이다.

위원장은 최저임금위원회의 사무를 총괄하며 최저임금위원회를 대표한다. 위원장이 불가피한 사유로 직무를 수행할 수 없을 때에는 부위원장이 직무를 대행한다.

### 5. 특별위원

최저임금위원회에는 관계 행정기관의 공무원 중에서 3명 이내의 특별위원을 둘 수 있다. 특별위원은 최저임금위원회의 회의에 출석하여 발언할 수 있다.

최저임금은 경제·사회에 중대한 영향을 미치므로 정부의 경제정책, 산업정책, 임금정책 등을 고려하여 결정되어야 한다. 이러한 점을 고려하여 최저임금법 16조는 위와 같은 업무를 담당하는 정부 공무원을 특별위원으로 하여 최저임금위원회의 회의에 출석하여 발언할 수 있도록 하고 있다.

특별위원은 관계 행정기관의 3급 또는 3급 상당 이상의 공무원이나 고위공무원단에 속하는 공무원 중에서 고용노동부장관이 위촉한다(최저임금법 시행령 15조). 여기서 '관계 행정기관'이란 최저임금제 실시에 이해관계가 있는 집단 또는 최저임금제 실시에 의하여 영향을 받는 부문을 행정대상으로 하는 기관으로, 고용노동부, 산업통상자원부, 기획재정부, 중소벤처기업부 등이 이에 해당한다.[4)]

특별위원은 최저임금위원회의 회의에 출석하여 발언할 수 있으나, 심의권과 의결권은 없다.

## Ⅳ. 최저임금위원회의 회의

### 1. 회의의 소집

최저임금위원회의 위원장은 고용노동부장관이 소집을 요구하는 경우, 재적위원 3분의 1 이상이 소집을 요구하는 경우, 위원장이 필요하다고 인정하는 경우에 회의를 소집한다.

최저임금법은 정기회의와 임시회의를 구별하지 않고 필요한 경우에는 언제든지 회의를 개최할 수 있도록 하고 있다.[5)]

### 2. 의결정족수

최저임금위원회의 회의는 최저임금법에서 따로 정하는 경우 외에는 재적위원 과반수의 출석과 출석위원 과반수의 찬성으로 의결하는데, 의결을 할 때에는 근로자위원과 사용자위원 각 3분의 1 이상이 출석하여야 한다. 다만, 근로자위원이나 사용자위원이 2회 이상 출석요구를 받고도 정당한 이유 없이 출석하지 아니하는 경우에는 근로자위원과 사용자위원이 각 3분의 1 이상이 출석하지 아니하더라도 재적위원의 과반수인 14명 이상이 출석하면 안건에 대해 표결할 수 있고, 출석위원 과반수의 찬성으로 의결한다.

---

4) 김헌수, 251면.

5) 최저임금위원회a, 140면.

## V. 그 밖의 내용

### 1. 의견 청취

최저임금위원회는 업무 수행에 필요하다고 인정하는 경우 최저임금법 18조에 따라 관계 근로자와 사용자, 그 밖의 관계인의 의견을 들을 수 있다.

문제가 된 사안과 직접 관련이 있는 근로자와 사용자뿐만 아니라 다른 근로자와 사용자로부터도 의견을 청취할 수 있고, 학계와 노동계, 정부의 공무원 등 최저임금의 심의에 필요하다고 인정되는 사람은 모두 의견 청취 대상자인 관계인에 해당한다.[6]

### 2. 전문위원회의 설치

최저임금위원회는 노·사·공익위원 전원으로 구성되는 전원회의 외에 최저임금법 19조, 최저임금법 시행령 17조에 따라 위원장이 지명하는 노·사·공익위원 각 5명 이내로 구성되는 전문위원회를 둘 수 있다.

전원회의에서 모든 사항을 조사·심의하기는 어렵고, 전문지식을 가진 위원만 따로 모여서 심의하는 것이 효율적일 수 있어, 최저임금위원회 내에서 자율적으로 전문위원회를 구성하여 특정사항에 대한 조사·심의를 할 수 있도록 한 것이다.[7]

최저임금법 19조 1항은 사업의 종류별 또는 특정 사항별로 전문위원회를 둘 수 있다고 규정하고 있는데, 현재 생계비전문위원회와 임금수준전문위원회가 설치되어 있다. 생계비전문위원회는 최저임금 심의의 기초가 되는 비혼 단신근로자의 실제 소비실태와 수준, 근로소득실태 등 생계비 수준에 관한 자료와 최저임금위원회로부터 위임받은 사항을 심사한다. 임금수준전문위원회는 근로자의 임금실태와 노동생산성 등을 조사·분석하고 최저임금안 등에 관련된 사항과 최저임금위원회로부터 위임받은 사항을 심사한다.[8]

전문위원회는 최저임금위원회 권한의 일부를 위임받아 최저임금법 13조에서 정한 최저임금위원회의 기능을 수행할 수 있으나, 최저임금안의 의결권은 전문위원회에 위임할 수 없다.

---

6) 김헌수, 258면.

7) 최저임금위원회a, 142면.

8) 최저임금위원회a, 143면~144면.

전문위원회에 관하여는 최저임금위원회의 운영 등에 관한 최저임금법 14조 3항부터 6항까지(위원의 임기 등), 15조(위원장과 부위원장), 17조(회의) 및 18조(의견청취)를 준용한다.

### 3. 사무국의 설치

최저임금위원회에 그 사무를 처리하게 하기 위하여 사무국을 둔다. 최저임금위원회의 위원은 상임위원을 제외하고는 모두 비상임이므로, 예산편성 및 집행, 문서작성 및 발송, 청사관리, 그 밖에 최저임금위원회의 회의 준비 등과 같은 업무를 수행하게 할 별도의 기구인 사무국을 두도록 한 것이다.

사무국에는 최저임금의 심의 등에 필요한 전문적인 사항을 조사·연구하게 하기 위하여 3명 이내의 연구위원을 둘 수 있다.

### 4. 위원의 수당·여비

최저임금위원회 및 전문위원회의 위원에게는 대통령령으로 정하는 바에 따라 수당과 여비를 지급할 수 있다. 최저임금법 시행령 18조는 최저임금위원회의 상임위원을 제외한 위원 및 전문위원회의 위원에게는 예산의 범위에서 그 직무수행에 필요한 수당과 여비를 지급하되, 수당은 출석한 일수에 따라 지급하고 여비는 상임위원의 직위에 상응하는 금액을 지급하도록 하고 있다.

### 5. 운영규칙

최저임금위원회는 최저임금법에 어긋나지 아니하는 범위에서 최저임금위원회 및 전문위원회의 운영에 관한 규칙을 제정할 수 있다. 이에 따라 1987. 7. 31. 「최저임금위원회 운영규칙」이 제정되어 시행되고 있다.

제23조(생계비 및 임금실태 등의 조사)

고용노동부장관은 근로자의 생계비와 임금실태 등을 매년 조사하여야 한다.

제24조(정부의 지원)

정부는 근로자와 사용자에게 최저임금제도를 원활하게 실시하는 데에 필요한 자료를 제공하거나 그 밖에 필요한 지원을 하도록 최대한 노력하여야 한다.

제25조(보고)

고용노동부장관은 이 법의 시행에 필요한 범위에서 근로자나 사용자에게 임금에 관한 사항을 보고하게 할 수 있다.

제26조(근로감독관의 권한)

① 고용노동부장관은 「근로기준법」 제101조에 따른 근로감독관에게 대통령령으로 정하는 바에 따라 이 법의 시행에 관한 사무를 관장하도록 한다.

② 근로감독관은 제1항에 따른 권한을 행사하기 위하여 사업장에 출입하여 장부와 서류의 제출을 요구할 수 있으며 그 밖의 물건을 검사하거나 관계인에게 질문할 수 있다.

③ 제2항에 따라 출입·검사를 하는 근로감독관은 그 신분을 표시하는 증표를 지니고 이를 관계인에게 내보여야 한다.

④ 근로감독관은 이 법 위반의 죄에 관하여 「사법경찰관리의 직무를 행할 자와 그 직무범위에 관한 법률」로 정하는 바에 따라 사법경찰관의 직무를 행한다.

제26조의2(권한의 위임)

이 법에 따른 고용노동부장관의 권한은 대통령령으로 정하는 바에 따라 그 일부를 지방고용노동관서의 장에게 위임할 수 있다.

〈세 목 차〉



## Ⅰ. 생계비 및 임금실태 등의 조사

최저임금위원회는 근로자의 생계비, 유사 근로자의 임금, 노동생산성 및 소득분배율 등을 고려하여 최저임금액을 심의·의결한다.

고용노동부장관은 최저임금의 심의자료인 근로자의 생계비와 임금실태 등을 매년 조사하여 최저임금위원회에 최저임금의 심의를 요청할 때 그 결과를 분석한 자료도 같이 보내야 한다. 다만, 고용노동부장관은 최저임금법 시행령 19조에 따라 최저임금위원회로 하여금 근로자의 생계비와 임금실태에 관한 조사를 하게 할 수 있다.

## Ⅱ. 정부의 지원

최저임금제가 성공하기 위해서는 노사가 최저임금제의 내용을 정확히 알고 있어야 한다. 이를 위하여 정부는 근로자와 사용자에게 최저임금제를 원활하게 실시하는 데에 필요한 자료를 제공하거나 그 밖에 필요한 지원을 하도록 노력하여야 하는데, 최저임금을 홍보하는 책자를 제작하여 각 사업장에 제공하거나 최저임금에 관한 교육 기회를 마련하는 등의 정책을 수행할 필요가 있다.

## Ⅲ. 임금에 관한 사항의 보고

고용노동부장관은 최저임금의 심의자료인 임금실태를 조사하기 위하여 또는 사업장에서 최저임금이 제대로 시행되고 있는지를 감독하기 위하여 필요한 범위에서 근로자나 사용자에게 임금에 관한 사항을 보고하게 할 수 있다.

사용자 등이 고용노동부장관의 요청에 응하지 않고 임금에 관한 사항을 보고하지 않거나 거짓으로 보고를 하면 100만 원 이하의 과태료를 부과한다(최저임금법 31조 1항 2호).

## Ⅳ. 근로감독관의 권한

최저임금법의 시행에 관한 사무는 근로감독관이 관장한다. 근로감독관은 그 권한을 행사하기 위하여 사업장에 출입하여 장부와 서류의 제출을 요구할 수 있고, 그 밖에 물건을 검사하거나 관계인에게 질문할 수 있다.

근로감독관은 최저임금법 위반의 죄에 관하여 「사법경찰관리의 직무를 행할 자와 그 직무범위에 관한 법률」에서 정하는 바에 따라 사법경찰관의 직무를 수행한다. 이에 따라 근로감독관은 최저임금법 위반의 죄에 관하여 형사소송법상 특별사법경찰관으로서 수사를 한다.

## Ⅴ. 권한의 위임

최저임금법에 따른 고용노동부장관의 권한 중 일부는 대통령령으로 정하는 바에 따라 지방고용노동관서의 장에게 위임할 수 있는데, 최저임금법 시행령 21조의2는 최저임금법 7조에 따른 최저임금 적용 제외의 인가, 25조에 따른 보고의 요구, 31조에 따른 과태료의 부과·징수를 위임하도록 규정하고 있다.

[이 미 선]

## 제43조(임금 지급)

① 임금은 통화(通貨)로 직접 근로자에게 그 전액을 지급하여야 한다. 다만, 법령 또는 단체협약에 특별한 규정이 있는 경우에는 임금의 일부를 공제하거나 통화 이외의 것으로 지급할 수 있다.

② 임금은 매월 1회 이상 일정한 날짜를 정하여 지급하여야 한다. 다만, 임시로 지급하는 임금, 수당, 그 밖에 이에 준하는 것 또는 대통령령으로 정하는 임금에 대하여는 그러하지 아니하다.

### 영 제23조(매월 1회 이상 지급하여야 할 임금의 예외)

법 제43조 제 2 항 단서에서 "임시로 지급하는 임금, 수당, 그 밖에 이에 준하는 것 또는 대통령령으로 정하는 임금"이란 다음 각 호의 것을 말한다.

1. 1개월을 초과하는 기간의 출근 성적에 따라 지급하는 정근수당
2. 1개월을 초과하는 일정 기간을 계속하여 근무한 경우에 지급되는 근속수당
3. 1개월을 초과하는 기간에 걸친 사유에 따라 산정되는 장려금, 능률수당 또는 상여금
4. 그 밖에 부정기적으로 지급되는 모든 수당

〈세 목 차〉

[참고문헌]

강기탁, "임금전액지급원칙과 임금에 대한 상계계약의 유효성", 2001 노동판례비평, 민주사회를 위한 변호사모임(2002); 권창영, "선박소유자의 금품청산의무위반에 대한 형사책임", 2003 노동판례비평, 민주사회를 위한 변호사모임(2004); 김재훈, "단체협약에 의한 근로조건 불이익변경의 한계", 2000 노동판례비평, 민주사회를 위한 변호사모임(2001); 김진a, "경영악화를 이유로 한 상여금 삭감의 효력", 1999 노동판례비평, 민주사회를 위한 변호사모임(2000); 김진b, "상여금지급을 유보하는 단체협약의 효력", 노동법연구 9호, 서울대학교 노동법연구회(2000); 김태창, "임금전액불의 원칙과 관련하여", 판례연구 7집, 부산판례연구회(1997); 남기정, 실무 강제집행법(채권, 기타재산권 편), 육법사(1990); 마은혁, "취업규칙 불이익변경의 사회통념상 합리성에 관한 판례 법리", (2016년도)법관연수 어드밴스과정 연구논문집, 사법연수원(2017); 문일봉, "강행법규에 반하는 부제소특약의 효력", 판례월보 335호, 판례월보사(1998. 8.); 박성철, "임금채권의 직접불의 원칙", 판례연구 1집, 부산판례연구회(1991); 박수근, "임금의 지급과 채권의 양도", 판례연구 26집 2, 서울지방변호사회(2013); 윤석종, "사용자가 근로자에 대한 채무명의에 기하여 근로자의 자신에 대한 임금채권에 관하여 압류 및 전부명령을 받을 수 있는지 여부", 대법원판례해설 21호, 법원행정처(1994); 이근윤, "단체협약 자치의 한계", 대법원판례해설 29호, 법원도서관(1998); 이재성, "전부명령에 대하여", 민사재판의 이론과 실제 2권, 법조문화사(1976); 이준상, "단체협약에 의한 근로조건의 불이익변경", 법조 50권 2호, 법조협회(2001. 2.); 하경효, "임금(채권)의 보호내용과 그 해석에 관련된 문제점", 고려법학 36호, 고려대학교 법학연구원(2001).

## Ⅰ. 임금의 지급 방법 개요

법 43조는 근로자가 생계수단인 임금을 확실하고, 신속하며, 예상 가능하게 지급받을 수 있도록 하기 위하여 통화 지급의 원칙, 전액 지급의 원칙, 직접 지급의 원칙, 월 1회 이상 정기급 원칙의 4가지 원칙을 규정하고 있다. 근로자의 생활안정을 도모하려는 데에 그 입법취지가 있다.[1)]

## Ⅱ. 직접 지급의 원칙

### 1. 의 의

임금은 반드시 근로자 본인에게 직접 지급되어야 한다(법 43조 1항 본문, 선원법 52조 1항). 이를 임금의 직접 지급 원칙이라 한다. 이 원칙은 임금 중간착취 등의 폐해를 방지하고 근로자에 의한 임금 수령을 확실하게 하여 근로자의 기초생활을 보장하려는 취지이다. 이 원칙은 통화 지급의 원칙이나 전액 지급의 원칙과 달리 법령 또는 단체협약에 의한 예외를 인정하지 않고 있다.

다만, 선원에게는 선원법에서 예외가 인정된다. 즉 선박소유자는 승무 중인 선원이 청구하거나 법령이나 단체협약에 특별한 규정이 있는 경우에는 앞서 본 바와 같은 직접 지급의 원칙에도 불구하고 매월 1회 이상 일정한 기일에 선원이 청구하는 바에 따라 임금의 전부 또는 일부를 그가 지정하는 가족 또는 그 밖의 사람에게 통화로 지급하거나 금융회사 등에 예금하는 등의 방법으로 지급하여야 한다(선원법 52조 3항).

### 2. 임금 직접 지급 원칙의 구체적 내용

근로자가 제 3 자에게 임금 수령을 위임하거나 대리하게 하는 법률행위는 무효이다. 사용자가 임금을 근로자의 친권자, 그 밖의 법정대리인에게 지급하는 것 또한 직접 지급의 원칙에 위반된다.[2)] 임금채권이 양도된 경우 양수인에게 임금을 지급하거나,[3)] 양수인이 직접 사용자의 집행재산에 대하여 배당을 요구하는 것도 이 원칙에 위반된다.[4)]

다만, 임금채권을 대위변제한 경우 사용자가 대위자에게 임금을 지급하는 것은 이 원칙에 반하지 않는다. 타인의 채무를 변제하고 채권자를 대위하는 대위변제의 경우 채권자의 채권은 동일성을 유지한 채 법률상 당연히 변제자에게

1) 대법원 2017. 7. 11. 선고 2013도7896 판결.
2) 대법원 1988. 12. 13. 선고 87다카2803 전원합의체 판결; 이상윤, 223면; 하갑래, 312면.
3) 대법원 1988. 12. 13. 선고 87다카2803 전원합의체 판결; 이상윤, 223면.
4) 대법원 1994. 5. 10. 선고 94다6918 판결, 대법원 1996. 3. 22. 선고 95다2630 판결.

이전하고, 이러한 법리는 채권이 근기법상의 임금채권이라 하더라도 동일하게 적용되기 때문이다.[5] 임금채권이 압류되어 사용자가 집행채권자에게 압류금액을 지급하는 것도 이 원칙에 반하지 않는다.[6] 노동조합이 조합원의 임금을 대리 수령하는 경우가 문제되나, 법률의 규정상 예외를 인정하지 않는 것에 비추어 노동조합이 임금을 대리 수령하는 것도 허용될 수 없다고 보아야 한다.[7] 건설현장 일용근로자의 임금을 제3자에게 위탁해서 지급대행하게 하도록 하는 것도 허용되지 않는다.[8]

사자(使者)에 의한 임금의 수령은 가능하다. 예컨대 근로자가 병에 걸려 결근 중에 배우자 또는 자녀가 근로자의 사자로서 임금을 수령하러 온 경우 그에게 임금을 지급하는 것은 직접 지급의 원칙에 반하지 않는다.[9] 실제 임금을 수령하는 이가 대리인인지 단순한 사자인지 명확하게 구별하기가 어려운 때가 많을 것이나, 근로자 본인이 직접 수령할 수 없는 사정에 상당한 이유가 있고 또한 사회통념상 근로자 본인에게 지급하는 것과 동일시되는 사람 또는 근로자 본인에게 그대로 전달할 것이 확실하다고 판단되는 사람이 임금을 수령할 때에만 그를 사자로 보아야 한다.[10]

근로자의 희망에 의하여 지정된 은행의 예금 계좌에 입금하는 것은 직접 지급의 원칙에 반하지 않는다.[11]

### 3. 임금채권의 양도

#### 가. 양도의 효력

직접 지급의 원칙과 관련하여 양도를 금지하는 명문의 규정[12]이 없는 임금채권은 원칙적으로 양도가 허용된다고 보아야 한다.

임금채권이 양도되는 경우 양도의 효과를 어떻게 볼 것인지에 대하여는 학설의 대립이 있다. 이에 대하여는 양도 이후에는 양수인이 수취권을 갖는다는

---

5) 대법원 1996. 2. 23. 선고 94다21160 판결.
6) 대법원 1988. 12. 13. 선고 87다카2803 전원합의체 판결; 이상윤, 222면; 하갑래, 313면.
7) 하갑래, 328면; 유사한 취지의 판결로는 대법원 1960. 11. 17. 선고 4293민상326 판결.
8) 김형배, 362면; 하갑래, 328면.
9) 김형배, 362면; 이상윤, 221~222면; 하갑래, 328면.
10) 박성철, 363면.
11) 노동부 질의회시 1985. 10. 7. 근기 01254-18305; 이상윤, 228면; 하갑래 313면.
12) 가령 재해보상청구권은 법 86조가 명문으로 양도를 금지하고 있고 퇴직연금제도의 급여를 받을 권리도 퇴직급여법 7조 1항에서 명문으로 양도를 금지하고 있다.

견해가 있을 수 있으나 이는 임금 직접 지급의 원칙에 반한다는 문제가 있다. 일반적인 견해는 양도가 허용되므로 실체상의 권리는 양수인에게 이전하지만 양수인이 사용자에게 임금을 직접 청구할 수는 없다고 보고 있다.[13)]

이때 근로자와 양수인, 사용자의 법률관계를 어떻게 구성할 것인가에 관하여는, 실체상의 권리는 양수인에게 넘어가지만 수취 권능은 여전히 근로자에게 있고, 실체상의 채권과 수취 권능은 분리되어 각각 채권자와 근로자에게 귀속된다는 견해,[14)] 채권양도가 무효는 아니나 적어도 사용자에 대한 관계에서는 양도의 효과가 발생하지 아니한다는 견해[15)]가 있다.[16)]

판례는 채권 양도와 상관없이 임금은 근로자에게 지급되어야 한다고 보고 있다.[17)] 즉 판례는, "근로기준법에서 임금 직접 지급의 원칙을 규정하는 한편 그에 위반하는 자는 처벌하도록 하는 규정을 두어 그 이행을 강제하고 있는 취지가 임금이 확실하게 근로자 본인의 수중에 들어가게 하여 그의 자유로운 처분에 맡기고 나아가 근로자의 생활을 보호하고자 하는 데 있는 점에 비추어 보면 근로자가 그 임금채권을 양도한 경우라 할지라도 그 임금의 지급에 관하여는 같은 원칙이 적용되어 사용자는 직접 근로자에게 임금을 지급하지 아니하면 안 되는 것이고 그 결과 비록 양수인이라고 할지라도 스스로 사용자에 대하여 임금의 지급을 청구할 수는 없다"고 판시하였다.[18)]

이 판례에 따르면 근로자는 임금채권이 양도되었는지 여부나 사용자가 양수인에게 임금을 지급하였는지 여부와 상관없이 사용자를 상대로 임금을 청구할 수

---

13) 이를 '편면적 유효설' 내지 '양도효력제한설'이라고 부르기도 한다.

14) 김형배, 363면. 이 견해에 의하면 근로자는 내부적으로 양수인의 수령대리인 유사 지위에 서게 된다고 본다.

15) 박성철, 370~371면.

16) 그 밖에도 일본에서는, 근로자가 법률상 당연히 양수인의 대리인이 된다는 견해와 임금채권의 양도계약에는 임금의 추심에 관한 대리권을 근로자에게 부여하는 위임 유사의 합의가 포함되었다는 견해, 임금채권의 양도에 노동기준법에 의하여 임금이 직접 근로자에게 지불된다고 하는 조건 내지 부담이 붙은 것으로 보는 견해 등이 있다.

17) 대법원 1988. 12. 13. 선고 87다카2803 전원합의체 판결, 대법원 1996. 3. 22. 선고 95다2630 판결.

18) 한편 이러한 판시에 대하여는 대법원 1988. 12. 13. 선고 87다카2803 전원합의체 판결에 소수의견이 있다. 그 소수의견은 임금채권이 양도되면 양수인이 직접 사용자에게 지급을 구할 수 있다고 한다. 그러면서 위 소수의견은 임금채권이 양도된 경우에도 그 추심권이 여전히 근로자에게 있다고 하는 것은 채권양도의 본질에 반하고, 당사자 사이의 법률관계를 복잡하게 하며 근로자들이 임금채권(특히 퇴직금)을 담보로 필요한 목돈을 장만할 기회를 잃게 하여 오히려 근로자의 생활보호에 지장을 초래할 우려가 있다고 다수의견을 비판한다.

있다. 그리고 사용자는 양수인의 임금지급 청구에 대하여 이를 거절할 수 있다.

이때 근로자와 양수인의 법률관계가 어떻게 구성되는지에 관하여는 판례에 언급이 없으나, 근로자가 양수인에 대하여 수령대리인의 지위에 있다고 봄이 상당하다.[19] 이 경우 근로자가 아닌 제3자가 채권자이고, 근로자는 제3자의 대리인 지위에 있게 된다.

임금채권의 양도 자체는 유효하므로 만일 양수된 채권을 근로자의 다른 채권자가 압류할 경우 양수인은 제3자이의의 소로써 구제받을 수 있다. 그리고 임금이 양도인인 근로자에게 지급된 때에는 양수인은 근로자를 상대로 부당이득반환청구를 할 수 있다.[20]

### 나. 임금채권 양도와 임금 공제 단체협약

임금채권의 양도와 관련하여 단체협약에서 임금을 공제하기로 규정한 경우 이러한 협약이 직접 지급의 원칙에 위반되는지가 문제된다. 이 부분은 전액 지급의 원칙과 관련이 있으므로 그 부분에서 상세히 본다(자세한 설명은 법 43조에 대한 해설 Ⅳ. 참조).

## Ⅲ. 통화 지급의 원칙

임금은 법령 또는 단체협약[21]에 특별한 규정이 있는 경우를 제외하고는 강제통용력이 있는 화폐, 즉 통화(通貨)로 지급하여야 한다(법 43조 1항). 이를 임금의 통화 지급 원칙이라 한다. 이 원칙은 가격이 불명료하고 환가하기 불편하며 폐해를 초래할 염려가 있는 현물 급여(Truck System)를 금지하여 근로자의 실질적인 임금 확보를 도모하려는 데 그 목적이 있다.

어음이나 수표에 의한 임금 지급도 통화 지급의 원칙에 위반되므로 허용되지 않는다. 다만, 자기앞수표에 의한 임금지급은 통화에 준하는 것으로 보아 가능하다고 해석할 수 있다.[22]

---

19) 김형배, 363면.

20) 박성철, 370면.

21) 노동조합이 없는 경우도 있고 다른 규정들과의 균형을 고려한다면 임금지급원칙의 예외 인정근거로는 '단체협약'보다 '근로자대표와의 서면합의'로 개정함이 바람직하다는 견해가 있다[임종률, 427면 각주 1)].

22) 김형배, 367면; 이상윤, 223면; 하갑래, 337면. 근로자의 동의가 있으면 가능하다는 견해는 임종률, 427면. 단체협약에 정함이 있거나 근로자의 동의가 있어야 한다는 견해는 이병태,

물론 단체협약에서 임금을 현물, 주식, 상품교환권 등으로 지급하기로 한 경우 조합원들의 개별적 동의와 상관없이 이러한 지급은 허용된다(법 43조 1항 단서).[23] 이 경우에도 단체협약의 효력은 조합원에게만 미친다.[24] 근로자 과반수를 대표하는 자와 사용자가 한 서면 합의, 노사협의회의 합의는 단체협약이 아니므로 이를 근거로 통화 아닌 다른 것으로 임금을 지급할 수 없다.[25] 성과배분제도를 시행하면서 성과급의 지급수단으로 주식을 지급하는 경우는 그 성과급이 임금으로서 실질을 가지지 않는 한 위법하다고 할 수 없다.[26]

사용자가 근로자의 임금 지급에 갈음하여 사용자가 제3자에 대하여 가지는 채권을 근로자에게 양도하기로 하는 채권양도약정은 통화 지급의 원칙에 반하여 전부 무효이다.[27] 판례는 "다만 당사자 쌍방이 위와 같은 무효 사유를 알았더라면 임금의 지급에 갈음하는 것이 아니라 지급을 위하여 채권을 양도하는 것을 의욕하였으리라고 인정될 때에는 무효행위 전환의 법리(민법 138조)에 따라 그 채권양도약정은 '임금의 지급을 위하여 한 것'으로서 효력을 가질 수 있다"고 본다.[28]

## Ⅳ. 전액 지급의 원칙

### 1. 의 의

사용자는 법령 또는 단체협약에 특별한 규정이 있는 경우를 제외하고는 근

---

736면.

23) 임종률, 427면. 이 경우도 개별근로자의 보호를 위해 강행법규로 규율하고 있는 사항에 대하여 과연 협약에서 달리 규율할 수 있는지는 강행법규의 규범취지와 성격에 따라 달리 판단되어야 하므로, 통화지급원칙의 예외로서 단체협약규정에 근거한 통화 이외의 현물급여를 허용한 것은 단체협약의 내적 한계(Innenschranke)라는 측면에서 제한적 해석의 필요성에 대한 신중한 검토가 요구된다.

24) 하갑래, 337면.

25) 임종률, 428면.

26) 하갑래, 337면. 다만, 이 경우에도 그 성과급은 소득세법상 근로소득에 해당한다.

27) 대법원 2012. 3. 29. 선고 2011다101308 판결. 이에 대한 평석으로는 박수근, 235면 이하.

28) 대법원 2012. 3. 29. 선고 2011다101308 판결. 판례 사안은, 근로자가 퇴사 당시 지급받지 못한 임금 및 퇴직금의 지급에 갈음하여 사용자인 회사의 제3자에 대한 채권을 양도받기로 합의한 다음 양도받은 채권 중 일부에 대하여만 추심하여 미수령 임금 및 퇴직금 중 일부에 대하여만 충당한 후에, 근로자가 다시 회사를 상대로 나머지 미변제 임금 및 퇴직금(양수금채권 중 변제받지 못한 부분이 있었다) 부분의 지급을 구한 사안이다. 사용자는 채권양도약정으로 미지급 임금 및 퇴직금채권이 소멸하였다고 주장하였으나 판례는 위 채권양도 합의가 무효이고 무효행위 전환의 법리에 따라 임금 및 퇴직금의 지급을 위한 것으로 보아야 하므로, 근로자는 원래의 미수령 임금 및 퇴직금 중 양수금채권을 통해 변제받은 부분을 제외한 나머지 부분의 임금 및 퇴직금에 대하여는 그 지급을 사용자에게 청구할 수 있다고 본 것이다.

로자에게 임금 전액을 지급하여야 한다(법 43조 1항). 이를 임금의 전액 지급 원칙이라 한다. 이 원칙은 사용자가 임금채권을 수동채권으로 하고 자신의 근로자에 대한 채권을 자동채권으로 하여 상계하거나,[29] 임금채권의 일부를 부당하게 공제한 후 나머지를 지급하는 행위를 금지하는 취지이다. 사용자가 근로자에게 지급하여야 할 임금을 임의로 공제하면 임금을 유일한 생계수단으로 하는 근로자는 생활에 위협을 받게 되고 나아가 인신구속을 강요받을 우려가 있다. 판례 역시 같은 취지로 판시하고 있다.[30]

이에 따라 사용자는 근로자에 대하여 가지는 채권으로써 근로자의 사용자에 대한 임금채권을 상계하지 못하고, 이행기가 도래한 임금채권의 일부에 대한 지급을 유보하고 나머지를 지급하는 것도 허용되지 않는다.

전액 지급의 원칙에 위반되는지 여부는 임금 지급의 형식만을 보고 판단할 것이 아니라 실질적으로 판단하여야 한다. 예를 들어, 근로자에게 퇴직금을 지급하면서 퇴직금을 근로자 명의의 예금 계좌에 입금한 후 근로자에 대한 변상금채권을 근거로 미리 근로자로부터 받아 둔 예금청구서를 이용하여 그 금액을 인출하고 이를 사용자의 근로자에 대한 변상금채권 변제에 충당하는 것은, 형식적으로는 전액을 지급한 것으로 볼 수 있으나 실제로는 직접 전액 지급이 이루어지지 않았으므로 이 원칙을 위반한 것이 된다.[31]

### 2. 임금채권 상계 금지 관련 법규

법 21조는 "사용자는 전차금(前借金)이나 그 밖에 근로할 것을 조건으로 하는 전대(前貸)채권과 임금을 상계하지 못한다."고 하여 근로할 것을 조건으로 하는 사용자의 채권을 가지고 임금채권을 상계하거나 공제하는 행위를 제한하고 있다. 이 규정 역시 임금채권의 상계를 제한하는 규정으로 해석되고 있는데, 이 규정이 없더라도 법 43조 1항의 임금 전액 지급 원칙에 따라 사용자는 근로자에 대하여 가지는 모든 채권으로 상계할 수 없는 것이다.

민법 또한 압류금지채권을 수동채권으로 하는 상계를 금지하고 있다(민법

29) 조문상에는 공제만 규정하고 있으나 상계도 여기에 포함되는 것으로 본다. 김형배, 364면; 임종률, 429면; 하갑래, 330면.

30) 대법원 1976. 9. 28. 선고 75다1768 판결, 대법원 1990. 5. 8. 선고 88다카26413 판결, 대법원 1995. 6. 29. 선고 94다18553 판결, 대법원 1999. 7. 13. 선고 99도2168 판결. 이들 판례의 평석으로는 강기탁, 59면 이하.

31) 대법원 1989. 11. 24. 선고 88다카25038 판결.

497조). 따라서 민법에 의해서도 압류가 금지되는 임금채권의 범위 내에서는 상계를 하지 못한다.

### 3. 예외적으로 상계나 공제가 허용되는 경우

#### 가. 법령이나 단체협약에 따른 상계나 공제

법령이나 단체협약에 특별한 규정이 있는 경우에는 예외적으로 상계나 공제가 허용된다(법 43조 1항 단서).

법령으로 상계를 할 수 있는 것으로는 근로소득세, 국민건강보험 보험료, 국민연금 보험료 등이 있고, 단체협약으로 상계·공제를 할 수 있는 것으로는 노동조합비, 소비조합 구매 대금, 사택 사용료, 대부금 등이 허당될 수 있다.[32)]

법 43조의 규정 형식과 법의 강행규정성에 비추어 볼 때 취업규칙이나 근로계약으로는 상계가 허용되지 않는다.[33)] 대법원도 "근기법 43조 1항에 의하면 임금은 직접 근로자에게 그 전액을 지급하여야 하므로, 사용자가 임의로 근로자에게 지급하여야 할 임금 중 일부를 공제하지 못하는 것이 원칙이고, 이는 경제적·사회적으로 종속관계에 있는 근로자를 보호하기 위한 것이다. 다만 사용자는 같은 항 단서에 따라 법령 또는 단체협약에 특별한 규정이 있는 경우에는 예외적으로 임금의 일부를 공제하여 지급할 수 있지만, 그 예외의 경우를 넓게 인정하게 되면 임금을 생계수단으로 하는 근로자의 생활안정을 저해할 우려가 있으므로 그에 해당하는지 여부는 엄격하게 판단하여야 한다. 위와 같은 근기법 43조의 규정 형식이나 취지, 그 법적 성격 등에 비추어 보면, 취업규칙이나 근로계약에 임금의 일부를 공제할 수 있는 근거를 마련하였다고 하더라도 그 효력이 없다고 보아야 한다."라고 판단하였다.[34)]

단체협약에 따라 노동조합비를 사전에 공제하는 경우에드 노동조합을 탈퇴한 근로자에게는 노동조합비를 공제할 수 없다.[35)] 조합원인 근로자가 명시적인 의사로 노동조합비의 공제를 거부하는 경우에는 노동조합 내부에서 해당 조합원을 제재하는 것은 별론으로 하더라도 공제가 허용되지 않는다는 견해가 있으나,[36)] 조합원은 조합 탈퇴로 공제 의무를 면할 수 있고 사용자가 이를 거부하는

---

32) 하갑래, 328면.
33) 하갑래, 329면.
34) 대법원 2022. 12. 1. 선고 2022다219540, 219557 판결.
35) 하갑래, 329면; 1986. 7. 3. 노조 01254-10877.

경우 단체협약에 위배된다는 점에 비추어 볼 때 명시적인 거부 의사에도 불구하고 공제할 수 있다고 보아야 한다.[37)]

### 나. 임금채권에 대한 압류 및 전부명령

사용자가 근로자의 임금채권에 대하여 압류 및 전부명령을 받으면 전부명령의 효력에 따라 상계를 허용하는 것과 같은 결과가 된다.[38)] 이 경우 상계금지 채권인 임금채권에 대하여 전부명령이 가능한지에 관하여, 학설은 일정한 경우 이를 제한하여야 한다는 견해[39)]가 있다. 그러나 특별히 민법 등 법 규정에서 어떤 채권에 대한 상계를 금지하고 있다 하여 그에 대한 강제집행까지 금하는 취지로 볼 수는 없으므로,[40)] 이러한 채권에 대한 전부명령은 허용되고,[41)] 이에 따라 상계금지 채권에 대하여도 전부명령의 결과 혼동에 의하여 상계되는 것과 같은 결과가 생기게 되는 것은 가능하다고 본다.

판례도 임금채권에 대한 압류와 전부명령을 허용하는 견해이다. 즉 판례는 사용자가 근로자의 자신에 대한 임금채권 중 2분의 1 상당액에 관하여 압류 및 전부명령을 받은 후 이를 변제에 충당하는 것은 전액 지급의 원칙에 반하지 않고, 법 21조 역시 사용자가 전차금이나 그 밖에 근로할 것을 조건으로 하는 전대채권과 임금을 상계하지 못한다는 취지를 규정한 데 불과하므로 이에 의하더라도 사용자의 임금채권에 관한 압류 및 전부명령이 허용되지 않는다고 볼 수는 없다고 한다.[42)]

---

36) 김형배, 364면; 1990. 5. 18. 임금 32240-7142(2004. 4. 10. 임금정책과 1249로 변경되었다).

37) 임종률, 429면; 2004. 4. 10. 임금정책과 1249.

38) 압류채권자 자신이 제3채무자로 된 채권이라 하더라도 집행대상으로서 피전부적격을 가진다. 따라서 압류채권자와 제3채무자가 동일인인 경우 그 전부명령의 효력에 따라 피전부채권은 혼동으로 소멸하고(민법 507조), 이러한 채권에 대한 전부명령은 사실상 상계와 유사한 기능을 가진다.

39) 남기정, 233면(상계금지의 요건에 해당하고, 나아가 그 상계금지의 취지가 공익적인 이유 또는 당사자 간의 이익형량에 의하여 채무의 현실적인 이행을 요구하는 것인 때에는 피전부채권자에 대한 채권의 전부명령은 상계금지의 취지를 잠탈하는 것으로 허용될 수 없다).

40) 원래 집행채권자는 채무자에 대하여 금전채무를 부담하는 경우 자신의 금전채권으로 상계하여 간단히 처리할 수 있는 것인데, 상계가 금지된 채권인 경우에는 이러한 절차에 의하지 못하므로 강제집행절차를 통하여 처리할 수밖에 없게 된다. 이러한 강제집행절차까지 금지하게 되면 채권자는 자신의 채권을 실현할 방법이 지극히 제한될 수밖에 없다.

41) 이재성, 173면; 해고와 임금, 162면.

42) 대법원 1994. 3. 16.자 93마1822, 1823 결정(이에 대한 평석으로는 윤석종, 547면 이하). 이 결정은 사용자인 채권자가 근로자인 채무자와 사이의 소송비용액 확정사건의 집행력 있는 결정 정본에 기한 청구채권의 집행을 위하여 채무자가 채권자에 대하여 가지는 임금채권을 대상으로 압류 및 전부명령을 구한 사안이었다. 1심 결정은 이와 달리 임금채권에 대한 압류

다만, 이러한 전부명령은 압류가 허용되는 임금채권 범위 안에서만 가능하다. 다시 말해 민집법 246조 1항 4호(임금 등 채권의 2분의 1 또는 최저생계비 등을 기준으로 정한 압류금지 생계비 또는 최저금액[43]) 등 법령에 따라 압류할 수 없는 임금채권에 대하여는 전부명령도 불가능하다. 압류의 제한에 관하여는 법 38조에 대한 해설 Ⅱ. 참조.

### 다. 조정적 상계

전(前) 지급일의 임금 계산 착오나 지각·결근 일에 대한 임금 지급 등의 사정으로 임금이 초과 지급된 경우 일종의 부당이득반환청구권인 초과 지급된 임금의 반환청구권을 자동채권으로 하여, 이후 발생하는 임금채권과 상계하여 정산하는 것을 '임금의 조정적 상계'라고 한다.[44]

이러한 조정적 상계는 정산의 시기, 방법, 금액 등에 비추어 근로자의 생활안정을 해치지 않는 범위 내의 것일 때에는 전액 지급의 원칙에 반하지 않는 것으로 해석된다.[45] 이는 임금 상호간의 조정 내지는 청산의 의미를 가지는 경우로서 전체적으로 임금 전액을 지급한 경우와 동일하기 때문이다. 판례도 계산의 착오 등으로 임금을 초과 지급한 경우로서 근로자가 퇴직 후 그 재직 중 받지 못한 임금이나 퇴직금을 청구하거나, 근로자가 비록 재직 중에 임금을 청구하더라도 위 초과 지급한 시기와 상계권 행사의 시기가 임금의 정산, 조정의 실질을 잃지 않을 만큼 근접하여 있고 나아가 사용자가 상계의 금액과 방법을 미

---

및 전부명령은 임금채권의 직접, 전액 지급과 상계 금지 법 규정을 잠탈하는 것이라고 보았다. 대법원 2017. 8. 21.자 2017마499 결정도 참조.

43) 2019. 3. 5. 개정된 민집법 시행령(대통령령 29603호)에 의하면, 민집법 195조 3호에 따른 압류금지 생계비는 185만 원이고, 민집법 246조 1항 4호에 따른 압류금지 최저금액은 월 185만 원이다.

44) 초과 지급 임금을 퇴직금과 정산하는 것도 같은 경우이다.

45) 김형배, 365면; 이상윤, 222면; 임종률, 430면. 이에 대하여 "조정적 상계의 문제는 형식적으로 본다면 착오로 초과 지급된 부분은 부당이득으로서 사용자는 반환청구권을 가지고, 이후의 임금 지급 시에 근로자의 임금채권과 상계하는 것이라고 파악될 수 있으나, 근로자에게 지급되어야 할 임금이 전체적으로는 전액 근로자에게 직접 지급되었다는 점에서 상계 문제와는 그 본질을 달리하는 임금 자체의 정산이어서 당연히 허용되어야 한다"는 해석 방법도 있다(하경효, 51면). 한편, 반대 견해도 있다[주석 채권총칙(하), 693면]. 이에 따르면, "임금채권의 전액 지급 원칙이 규정된 취지는 근로자의 임금은 근로자의 생활을 지탱하는 중요한 재원으로서 일상생활에 필요한 것이기 때문에 이를 근로자에게 확실히 수령시켜 근로자의 생활에 불편을 없애는 것이 노동정책상 매우 필요하다는 데 있다고 할 것이므로 부당이득반환청구권에 의한 상계의 경우라고 하여 위 입법취지를 관철시키지 않을 이유가 없어 이 경우에도 상계금지원칙이 적용되어야 한다"고 한다.

리 예고하는 등으로 근로자의 경제생활의 안정을 해할 염려가 없는 때에는, 사용자는 위 초과 지급한 임금의 반환청구권을 자동채권으로 하여 근로자의 임금채권이나 퇴직금채권과 상계할 수 있다고 판시하고 있다.[46)]

이른바 퇴직금 분할 지급 약정에 따라 월급이나 일당과 함께 퇴직금으로 지급된 돈은 임금에 해당하지 않고, 근로자가 사용자에게 반환해야 할 부당이득의 대상이 된다.[47)] 이 경우 사용자가 이 부당이득반환채권을 자동채권으로 하여 근로자의 퇴직금채권과 상계하는 것도 조정적 상계에 해당하여 가능하다고 보아야 한다. 다만, 이 경우 상계는 퇴직금채권의 2분의 1을 초과하는 부분에 해당하는 금액에 관하여만 허용될 것이다(민집법 246조 1항 5호, 민법 497조).[48)]

쟁의행위 기간에 대해 임금이 지급된 경우 이를 다음 임금에서 공제하는 것도 조정적 상계로서 허용된다고 한다.[49)] 착오로 일부 수당이 과소 지급되고 다른 수당이 과다 지급된 경우에도 과다 지급액의 초과 지급 부분은 과소 지급액에 충당된다.[50)]

### 4. 상계계약의 허용 여부

#### 가. 학설과 판례

근로자가 동의하거나 사용자와 근로자 사이에 합의가 이루어진 경우[51)] 임금채권의 상계가 가능한가에 관하여, 학설은 부정설[52)]과 제한적 긍정설(또는 자

46) 대법원 1993. 12. 28. 선고 93다38529 판결, 대법원 1995. 6. 29. 선고 94다18553 판결, 대법원 1995. 12. 21. 선고 94다26721 전원합의체 판결(이에 대한 평석으로는 김태창, 700면 이하), 대법원 1996. 2. 9. 선고 94다19501 판결, 대법원 1996. 10. 25. 선고 96다5346 판결, 대법원 1998. 6. 26. 선고 97다14200 판결, 대법원 2010. 5. 20. 선고 2007다90760 전원합의체 판결.

47) 대법원 2010. 5. 20. 선고 2007다90760 전원합의체 판결, 대법원 2012. 12. 13. 선고 2012다77006 판결.

48) 대법원 2010. 5. 20. 선고 2007다90760 전원합의체 판결(이 판례에서 소수의견은, 퇴직금 지급으로서의 효력을 인정할 수 없는 퇴직금 명목의 금전을 지급하여 부당이득반환이 문제되는 경우는 단순히 계산의 착오 등과 같이 볼 수 없고, 그 금액이 다액이어서 근로자의 생활안정을 위협할 수 있고, 당사자 사이에 부당이득 여부에 대하여 다툼이 있는 경우가 많다는 점을 근거로 상계를 허용할 수 없다고 보고 있다).

49) 1990. 7. 14. 임금 32240-9945; 하갑래, 332면.

50) 대법원 2011. 9. 8. 선고 2011다22061 판결; 하갑래, 332면.

51) 일반적으로 당사자 간에 존재하는 대립채권을 대등액 내지 대등의 평가액에 관하여 소멸시키는 것을 목적으로 하는 상계계약은 계약자유의 원칙상 유효하다. 이 경우 민법상의 상계요건을 갖출 필요도 없으므로 민법상 상계금지 규정은 상계계약에는 적용되지 않는다.

52) 강기탁, 74면. 이 견해에 따르면, 근로자의 임금채권에 대해 사용자의 채권을 실현하는 방법은 압류 가능한 근로자의 임금채권액(2분의 1. 다만, 최소한 월 185만 원에 대하여는 압류불가)에 대하여 압류 및 전부명령을 받는 방법이 유일한 것이 된다.

유의사설. 근로자의 자유로운 의사에 기하여 이루어졌다고 볼 합리적인 근거가 있는 경우에 한하여 허용되어야 한다는 견해[53])로 나뉜다. 부정설의 주요 논거는 제한적 긍정설에서 주장하는 근로자의 자유 의사는 모호한 개념이어서 상대적으로 약자의 지위에 있는 근로자가 사용자의 상계 합의 요청을 거절하기 어렵고, 상계계약의 효력을 판단하면서 자유 의사의 결여 여부를 판단하는 것 또한 쉽지 않아 근로자의 생활보장이라는 규정의 취지를 살릴 수 없다는 점을 들고 있다.

그러나 전액 지급 원칙에 따라 금지되는 것은 사용자의 일방적인 의사에 의한 상계일 뿐 근로자의 의사와 편의에 따라 이루어지는 상계까지 포함되는 것으로 볼 수 없고, 근로자의 자유로운 의사 아래 이루어진 상계 내지 공제는 반드시 근로자에게 불리하다고 할 수도 없으며, 근로자의 생활 보장의 취지에 반하지도 않으므로 제한적 긍정설에 따라 허용하는 것이 타당하다. 다만, 근로관계의 특성상 임금채권의 상계 합의나 상계의 의사표시는 사용자에 의하여 강제되어 근로자의 의사에 반하여 이루어질 위험이 크므로, 그 합의 또는 의사표시가 근로자의 자유로운 의사에 기한 것이라고 인정하는 것에는 충분한 합리적 이유와 근거가 반드시 있어야 하고, 그러한 판단은 신중하고 엄격하게 이루어져야 한다.

판례도 "사용자가 근로자의 동의를 얻어 임금채권에 대하여 상계하는 경우에는 그 동의가 근로자의 자유로운 의사에 터잡아 이루어진 것이라고 인정할만한 합리적인 이유가 객관적으로 존재하는 때에는 법 42조 1항(현행 법 43조 1항)에 위반하지 않는다고 보아야 한다. 다만 임금전액지급의 원칙의 취지에 비추어 볼 때 그 동의가 근로자의 자유로운 의사에 기한 것이라는 판단은 엄격하고 신중하게 이루어져야 한다."고 하여 제한적 긍정설에 따르고 있다.[54)]

이 경우 근로자의 동의가 사기나 강박 등 하자있는 의사표시에 의한 경우이거나 노사의 상하관계를 기초로 이루어진 것인 때에는 근로자는 이를 취소할 수 있을 것이다.[55)]

53) 김형배, 364~365면; 임종률, 429~430면; 하갑래, 330면. 그 외 근로자의 재직 중에 이루어진 상계계약은 근로자의 자유의사가 억압된 상태에서 이루어졌을 가능성이 크므로 인정되어서는 아니되나, 퇴직 후 또는 퇴직 시에는 그러한 가능성이 없으므로 인정되어야 한다는 견해도 있다.

54) 대법원 2001. 10. 23. 선고 2001다25184 판결(이에 대한 평석으로는 강기탁, 59면 이하), 대법원 2003. 6. 27. 선고 2003다7623 판결.

55) 김형배, 365면.

## 나. 문제되는 경우

### (1) 선지급(가불) 임금의 공제

근로가 제공되기 전에 미리 지급한 임금(이른바 선지급 임금, 가불 임금)은, 그와 같은 임금의 가불을 청구하는 근로자의 의사에는 이후 지급될 임금에서 가불된 임금을 공제하는 것을 동의한다는 것이 포함되어 있다고 말할 수 있으므로 근로자의 자유로운 의사 아래 상계에 대한 동의가 이루어진 것으로 보아 상계가 허용된다.[56)]

다만, 사용자가 선지급(가불)의 형식을 빌려 실질적으로 근로자에 대한 채권과 상계하는 효과를 얻으려는 것은 허용될 수 없다. 예를 들어, 사용자가 근로자의 과실로 인한 손해배상채권을 변제받을 의도로 근로자에게서 임금 가불 영수증(확인서)을 받고 해당 채권액을 임금에서 공제하는 것은, 형식은 임금 선지급이나 실질은 일반적으로 금지되는 임금의 상계이고, 여기에 근로자의 자유로운 의사에 의한 동의가 있었다고 볼 수도 없으므로 허용되지 않는다.[57)]

### (2) 택시회사 사납금 부족액 공제

택시회사에서 단체협약 등을 통하여 임금을 기본임금과 개인수입금으로 나누고 개인수입금은 운송수입금에서 사납금을 내고 난 나머지 금액으로 하는 경우가 적지 않다. 그러한 근로관계에서 운송수입금이 사납금[58)]에 미치지 못하는 경우 그 차액을 기본임금에서 공제하기로 하는 약정은 유효한지 문제된다. 이에 관하여는, 그러한 약정은 임금에 대한 공제 약정이 아니라 임금액의 기준을 정한 것에 불과하므로 허용된다는 견해와,[59)] 택시운전 근로자의 최저생계를 침해할 우려가 있고 임금의 전액 지급 원칙의 취지에 비추어 허용되어서는 아니 된다는 견해가 가능하고, 절충적 견해로 전액 지급의 원칙에 어긋나지 않도록 단체협약에 근거가 있어야 한다는 견해도 있다.[60)]

---

56) 이병태, 738면; 하갑래, 331면.

57) 하갑래, 331면; 하경효, 50면; 2000. 5. 23. 임금 68207-104.

58) 사납금의 성격에 대하여는, 운송회사의 운전사들이 운송수입금 중 사납금을 공제한 잔액을 운전사 개인의 수입으로 한 경우 그 사납금 초과 수입금은 임금에 해당하나, 이를 운전사들이 개인 수입으로 자신에게 직접 귀속시킨 경우에는 그 사납금 초과 수입금이 퇴직금 산정의 기초가 되는 평균임금에 포함되지 않고, 운전사들이 운송수입금 중 사납금을 초과하는 부분을 운송회사에 납부하였다가 다시 운송회사로부터 지급받은 경우에는 평균임금에 포함된다고 보고 있다(대법원 1998. 3. 13. 선고 95다55733 판결, 대법원 1999. 4. 23. 선고 98다19568 판결, 대법원 2002. 8. 23. 선고 2002다4399 판결, 대법원 2007. 7. 12. 선고 2005다25113 판결).

59) 1993. 11. 6. 근기 68207-2289.

### 5. 임금채권 포기의 허용 여부

#### 가. 개별 근로자에 의한 포기

##### (1) 사전 포기

사용자가 경영부진 등으로 인한 도산 위기를 극복하는 과정에서 근로자에게 이를 요구하거나, 근로자의 과실로 인하여 사용자가 손해를 입은 경우 손해배상 책임을 묻지 않는 대신 향후 발생할 임금채권을 사전에 포기하도록 하는 것이 허용될 것인가. 이는 임금의 전액 지급 원칙 내지 직접 지급 원칙과 관련된다.

근로자가 사용자와 합의에 따라 임금채권을 사전에 포기하는 것은 강행규정인 근기법이 정한 근로조건을 어기는 것이어서 무효라는 의견과,[61] 임금채권의 포기가 근로자의 자유로운 의사에 의하여 이루어진 것으로 인정할 만한 합리적인 이유가 있는 경우에는 이를 무효로 볼 수는 없다는 의견이 있다.[62]

장래에 발생할 임금채권을 사전에 포기하는 것은 강행법규인 근기법이 정한 근로조건을 위배하는 것이어서 무효라고 보아야 한다. 판례도 같은 입장에서 '근로자가 사전에 자신의 임금청구권을 포기하는 것은 허용될 수 없는 것임이 근로기준법의 정신에 부합한다'고 판시하고 있다.[63] 구체적으로 판례는, 근로자와 사용자 사이에서 장래에 발생할 연장근로수당 등 법정 수당청구권을 포기하기로 하는 합의 역시 강행법규인 근기법을 위반한 것으로 무효이고,[64] 회사가 경영위기상황을 극복하기 위하여 직원을 대폭 감축하면서 회사에 잔류한 직원들에 대하여 일방적으로 일부 임금(상여금) 지급을 중지하고, 근로자들이 그와 같은 조치에 별다른 이의 없이 근무해왔다는 사정만으로는 근로자들이 장래에

60) 하갑래, 331면("사납금 제도가 여객자동차운수사업법 위반으로 해당금품이 불법행위 대상금액이라는 점, 사납금을 초과하는 개인 수입이 평균임금에 포함되지 않고 기타금품으로 분류된다는 점에서 논란의 여지가 있으나 여객자동차운수사업법 위반은 별론으로 하고 성과급제임금제도로 인정될 수 있다."고 보면서, "사납금부족액을 기본임금에서 공제하는 것은 전액지급의 원칙에 위반되지 않도록 단체협약에 근거가 있어야 한다"고 설명하고 있다).

61) 이병태, 738면; 대법원 1976. 9. 28. 선고 75다801 판결. 전액 지급의 원칙이 근로자의 임금채권을 보호하기 위한 강행규정이고 이 규정은 임금이 확실하게 근로자의 수중에 들어가게 하기 위한 것이므로, 수령한 임금을 포기하고 다시 실질적으로 반납할 수는 있어도 임금채권을 포기할 수는 없다는 견해도 있다.

62) 하갑래, 329면.

63) 대법원 1976. 9. 28. 선고 75다801 판결, 대법원 2002. 12. 10. 선고 2000다25910 판결, 대법원 2015. 12. 23. 선고 2013다209039 판결.

64) 대법원 2016. 8. 24. 선고 2014다5098, 2014다5104 판결.

발생할 그 일부 임금(상여금)의 청구권을 포기하였다고 볼 수 없다고 보았다.[65] 다만 판례가 '특단의 사정이 있는 경우'에는 포기가 허용될 수 있다고 해석하는 듯이 설시를 한 경우도 있다.[66]

장래에 발생할 퇴직금에 대하여 판례는 '퇴직금은 사용자가 일정기간을 계속근로하고 퇴직하는 근로자에게 그 계속근로에 대한 대가로서 지급하는 후불적 임금의 성질을 띤 금원으로서 구체적인 퇴직금청구권은 계속근로가 끝나는 퇴직이라는 사실을 요건으로 하여 발생되는 것이고, 최종 퇴직시 발생하는 이와 같은 퇴직금 청구권을 사전에 포기하거나 사전에 그에 관한 민사상 소송을 제기하지 않겠다는 부제소특약을 하는 것은 강행법규인 근기법 내지 퇴직급여법에 위반되어 무효'라고 판시하고 있다.[67] 판례는 또한, '근로계약을 하면서 사용자에게서 급여, 연장근무수당, 일당, 교통비, 휴가보상금만을 지급받고, 계약기간이 끝나면 사용자에게 어떠한 경우에도 추가 보상을 요구하지 않기로 하는 내용의 근로계약을 하는 것은 퇴직금 청구권을 사전에 포기한 것으로서 근기법 위반에 해당하여 무효'이고,[68] '노사협의회에서 퇴직금 중간정산을 합의하면서 향후 중간정산일 이후의 퇴직금만 청구하기로 하였으나 이러한 중간정산이 무효인 경우 그러한 합의는 결국 최종 퇴직 때 발생하는 퇴직금 청구권의 일부를 사전에 포기하게 하는 것이어서 무효'라고 보았다.[69]

(2) 사후 포기

근로자가 임금채권을 사후에 포기하는 것은 원칙적으로 허용된다. 판례도 이미 구체적으로 그 지급청구권이 발생한 임금(상여금 포함)은 근로자의 사적 재산영역으로 옮겨져 근로자의 처분에 맡겨진 것이기 때문에 근로자가 이를 사후에 포기하는 것이 허용된다고 보고 있다.[70] 다만, 임금채권은 법에 의해 강력하

65) 대법원 1999. 6. 11. 선고 98다22185 판결(이에 대한 평석으로는 김진a, 197면 이하), 대법원 2002. 4. 12. 선고 2001다41384 판결.

66) 대법원 2002. 12. 10. 선고 2000다25910 판결.

67) 대법원 1997. 7. 25. 선고 96다22174 판결, 대법원 1998. 3. 27. 선고 97다49732 판결(이에 대한 평석으로는 문일봉, 24~33면), 대법원 2018. 7. 12. 선고 2018다21821, 25502 판결.

68) 대법원 1998. 3. 27. 선고 97다49732 판결, 대법원 2002. 7. 26. 선고 2000다27671 판결. 이러한 근로계약 내용은 퇴직금청구소송을 제기하지 않기로 하는 부제소특약이라고 보면서 이 특약이 강행규정 위반으로 무효라고 판시하고 있다.

69) 대법원 1997. 7. 25. 선고 96다22174 판결(이에 대한 평석으로는 이근윤, 357면 이하), 대법원 1998. 3. 27. 선고 97다49732 판결, 대법원 2002. 7. 26. 선고 2000다27671 판결. 이와 같은 합의 사항이 단체협약과 동일한 효력이 있다고 하더라도 강행법규인 근기법에 위반하여 무효가 된다고 본다.

게 보호를 받으므로 근로자에게 불리한 임금채권 포기의 의사표시가 있었는지는 엄격하게 해석하여야 하고, 이를 판단할 때에는 여러 경위를 살펴 포기 의사표시 여부를 판단하여야 한다.[71]

근로자가 퇴직하여 퇴직금채권이 발생한 후에 이를 포기하는 것도 그것이 유효한 의사표시인 이상 허용되어야 한다.[72] 판례는 퇴직 수개월 후에 미지급 급여와 퇴직금 등 명목으로 돈을 지급받으면서 '본인은 귀사에 밀린 급료(퇴직금 포함)를 모두 정리하였으므로 더 이상의 추가 금액을 요구하지 않을 것을 약속합니다'라는 각서를 작성하여 준 사안에서도 퇴직금 청구권을 사후에 포기한 것으로서 유효하다고 보았다.[73]

### 나. 단체협약에 의한 포기

개별 근로자가 자신의 자유 의사에 따라 임금채권을 포기하는 것이 아니라 임금 채권의 포기를 단체협약으로 정한 경우 그 효력은 다음과 같다.

#### (1) 사전 포기

단체협약으로 경영 위기 타개 등의 기업 경영상 목적이나 공익상 목적에서 향후 발생할 상여금 등 일부 명목의 임금을 당분간 지급하지 않기로 하는 단체협약은, 그러한 협약의 내용과 체결 경위, 경영 여건 등을 고려할 때 현저하게 합리성이 없어 노동조합의 목적을 벗어난 것이라고 볼 수 있는 경우와 같은 특별한 사정이 없는 한 무효라고 볼 수 없다. 그리고 이러한 단체협약을 할 때 노동조합이 사전에 근로자들의 개별적인 동의나 수권을 받을 필요도 없다.[74]

#### (2) 사후 포기

원칙적으로 이미 발생한 임금채권은 개별 근로자의 의사 없이 단체협약으로 포기시킬 수 없다. 이것이 허용되면 결국 노동조합이 조합원의 개인 재산권을 포기하도록 하는 것이 되는데, 단체협약 당사자에게 이러한 권한까지 부여된

70) 대법원 2000. 9. 29. 선고 99다67536 판결, 대법원 2013. 4. 11. 선고 2012다105505 판결, 대법원 2015. 12. 23. 선고 2013다209039 판결, 대법원 2017. 12. 22. 선고 2014다82354, 대법원 2017. 12. 28. 선고 2017다2359 판결.

71) 대법원 1997. 7. 22. 선고 96다38995 판결, 대법원 2013. 4. 11. 선고 2012다105505 판결.

72) 대법원 1996. 6. 14. 선고 95다3350 판결, 대법원 1997. 11. 28. 선고 97다11133 판결, 대법원 2018. 7. 12. 선고 2018다21821, 25502 판결.

73) 대법원 2018. 7. 12. 선고 2018다21821, 25502 판결.

74) 대법원 2000. 9. 29. 선고 99다67536 판결(이에 대한 평석으로는 김재훈, 231면 이하; 김진b, 186면 이하; 이준상, 205면 이하).

것이 아니다. 이에 대하여 공익상의 불가피한 요구나 특별히 긴박한 기업 경영상의 사정과 관련된 극히 예외적인 경우에 이미 발생한 청구권의 포기를 단체협약에서 규정하는 것은 허용될 수 있다고 보는 견해도 있다.[75] 판례는 이미 구체적으로 그 지급청구권이 발생한 임금(상여금 포함)은 근로자의 사적 재산영역으로 옮겨져 근로자의 처분에 맡겨진 것이기 때문에, 노동조합이 근로자들로부터 개별적인 동의나 수권을 받지 않는 이상, 사용자와 사이의 단체협약만으로 이에 대한 포기나 지급유예와 같은 처분행위를 할 수 없다는 입장이다.[76]

### 다. 취업규칙에 의한 포기

#### (1) 사전 포기

취업규칙으로 장래 발생할 임금이나 퇴직금의 일부 또는 전부를 포기하는 문제는 통상의 취업규칙 불이익변경에 의한 근로조건의 변경 문제에 해당한다. 따라서 근기법 94조 1항 단서에 따라 근로자집단의 집단적 의사결정방법에 의한 동의 여부에 의하여 그 가부가 결정된다. 자세한 내용은 법 94조에 대한 해설 Ⅱ. 참조.

#### (2) 사후 포기

취업규칙으로 이미 발생한 임금이나 퇴직금의 일부 또는 전부를 포기할 수 있는지 여부도 문제될 수 있다. 이는 취업규칙을 불이익하게 변경하면서 소급적으로 변경하는 경우에 해당한다.

이미 구체적으로 그 지급청구권이 발생한 임금(상여금 포함)은 근로자의 사적 재산영역으로 옮겨져 근로자의 처분에 맡겨진 것이기 때문에, 근로자들의 개별적 동의가 없는 이상 취업규칙의 소급적 불이익 변경에 대하여 집단적 의사결정방법에 의한 동의가 있더라도 허용되지 않는다는 것이 판례의 입장이다.[77]

---

75) 하경효, 54면. 하지만 이 견해에 의하더라도, 기업 경영 위기 때 전체 근로자의 대표성이 없는 노동조합이 임금채권의 포기나 임금반납의 합의를 하는 것이 그 자체로서 예외적 요건을 충족하여 효력이 인정된다 할지라도 조합원이 아닌 근로자를 구속할 수는 없다는 점에서 그 적용에 한계가 있다.

76) 대법원 2000. 9. 29. 선고 99다67536 판결, 대법원 2002. 4. 12. 선고 2001다41384 판결, 대법원 2013. 4. 11. 선고 2012다105505 판결.

77) 대법원 2015. 12. 23. 선고 2013다209039 판결(이 판결의 원심인 서울고법 2013. 6. 21. 선고 2012나55091 판결에서 취업규칙인 연봉규정 시행세칙 개정으로 이미 구체적으로 지급청구권이 발생하여 근로자의 사적 재산영역으로 옮겨져 근로자의 처분에 맡겨진 임금 등에 대하여 소급삭감한 것은 효력이 없다고 보고, 개별적 동의 여부에 대하여 판단하였는데, 대법원도 이와 같은 취업규칙에 의한 소급삭감은 효력이 없다는 전제 하에 개별적 동의 여부에 대하

### 6. 노동조합비 일괄 공제의 허용 여부

노동조합비 일괄 공제 제도(check-off)란 사용자가 노동조합의 조합원인 근로자에게 지급할 임금 중에서 노동조합이 조합원으로부터 징수하여야 할 노동조합비와 그 외 징수금 상당액을 일괄 공제하여 직접 노동조합에 지급하기로 하는 제도이다.

임금의 전액 지급 원칙의 예외로서 법령이나 단체협약으로 상계나 공제가 허용되는 예로 단체협약으로 노동조합비의 공제를 정했을 때 그 공제가 인정된다고 함은 앞서 언급한 바와 같다(Ⅳ. 3. 가. 법령이나 단체협약에 의한 상계나 공제 참조).

노동조합비 일괄 공제 제도는 궁극적으로 노동조합과의 관계에서 근로자의 이익을 위하여 행하여지는 것이므로 임금으로부터 공제되더라도 전액 지급의 원칙에 반하지 않는다.[78] 다만, 이러한 공제를 위하여 법 43조 1항 단서에 따라 단체협약에 특별한 정함이 있어야 하는가에 대하여는 이를 부정하는 견해도 있으나, 공제 제도 역시 임금 전액 지급 원칙의 예외이므로 근기법에 따라 단체협약에 정함이 있어야만 허용된다고 보아야 한다.[79]

조합비 일괄 공제에서 개별 근로자의 동의가 필요한지 여부에 대하여는 이를 긍정하는 견해[80]도 있으나, 단체협약상 조합비 공제는 조합원들이 이미 승인하였으므로 부정함이 타당하다.[81]

### 7. 임금지급약정에 부가된 부관의 효력

판례는 임금지급약정에 붙은 부관이 법 43조 규정 취지에 위반하는 경우 허용될 수 없고, 그 경우 법 15조 1항 규정에 따라 해당 부관만 무효가 되고, 나머지 임금지급약정은 유효하다고 한다.[82] 임금지급약정에 부관이 부가되어

---

여 판단하였다).

78) 이상윤, 223면; 임종률, 429면; 해고와 임금, 165면.

79) 임종률, 429면; 해고와 임금, 165면.

80) 김형배, 364면(일괄공제 유효의 조건으로 "단체협약 내의 check-off 규정이 당연히 개개의 조합원을 구속하지는 않고 개개 조합원의 동의가 있거나 조합규약 내의 조합비공제규정에 대한 조합원의 승인이 있어야 한다"고 본다).

81) 임종률, 429면(개별조합원의 동의가 필요 없다는 점의 근거로, "규약상의 조합비공제 규정이 있다는 것은 조합원 3분의 2 이상이 이미 조합비공제를 승인한 것이라는 점, 근로기준법은 전액 지급의 원칙에 대하여 단체협약의 특별한 규정을 예외요건으로 규정할 뿐 본인의 동의나 승인을 요건으로 규정하고 있지 않은 점"을 근거로 들고 있다).

82) 대법원 2020. 12. 24. 선고 2019다293098 판결(보조금 수령을 불확정기한으로 하여 임금 중

있는 경우 언제나 법 43조 규정에 반하여 무효라고 할 것은 아니고, 부관이 붙은 임금의 성격(기본급인지 수당인지), 부관의 성격, 부관이 부가된 임금액의 다과, 부관의 성취가 누구의 지배영역 안에 있는 것인지, 부관 성취 가능성 등 여러 사정을 고려하여 법 43조 취지에 위배되는지를 살펴야 할 것이다.

## Ⅴ. 월 1회 이상 정기 지급의 원칙

임금은 매월 1회 이상 일정한 기일을 정하여 지급하여야 한다(법 43조 2항 본문). 이를 임금의 월 1회 이상 정기 지급의 원칙이라 한다. 이 원칙은 임금 지급 간격이 지나치게 넓어지거나 임금 지급이 부정기적으로 행해짐으로써 근로자의 생활이 불안정해지지 않도록 하기 위한 것이다.[83)]

이 원칙과 관련하여 사용자는 취업규칙에 반드시 임금 지급 시기를 명시하여야 한다(법 93조 2호). 임금지급일은 취업규칙이나 근로계약으로 자유로이 정할 수 있지만 이 원칙에 따라 매월 1회 이상 일정한 날짜를 정하여 지급하여야 한다.[84)] 여기서 매월이란 월력상 1일부터 말일까지를 의미하고, 일정한 기일이란 주기적으로 도래하는 특정일을 의미하므로, '매주 금요일'이나 '매월 25일'과 같은 방법으로 임금지급일을 정할 수 있다.[85)]

이 원칙에 대한 예외로, 임시로 지급되는 임금, 수당 그 밖에 이에 준하는 것 또는 대통령령으로 정하는 임금은 매월 1회 이상 일정한 기일에 지급되지 않아도 된다(법 43조 2항 단서). 임시로 지급되는 임금은 그 지급사유의 발생이나 성격이 임시적이거나 불확정한 것에 한한다. 상여 등과 같이 명칭이 임시적으로 지급되는 형식이라고 하더라도 정기적으로 지급되고 그 지급액이 확정되어 있는 것은 당연히 여기에 해당하지 않는다.[86)] '매년 6월, 12월 말에 통상임금의 각 100%'와 같이 수개월에 1회 정기적으로 지급되는 상여금의 경우 그 지급일 전에 근로자가 퇴직하였더라도, 해당 근로자는 상여금 산정 기간 내에 근로를 제공하

---

일부를 지급하기로 한 사건에서 여러 사정을 고려하여 위 불확정기한을 무효라고 보았다).

83) 대법원 1985. 10. 8. 선고 85도1262 판결, 대법원 1995. 11. 10. 선고 94도1477 판결; 임종률, 430면; 하갑래, 338면.

84) 임종률, 431면. "2조 2교대 격일제 근무자나 특정요일에만 출근하는 단시간근로자에 대하여 매월 15~16일, 또는 둘째 ○요일부터 ○요일로 정하는 것도 무방하다"고 한다(임종률, 431면).

85) 하갑래, 338면.

86) 대법원 1981. 11. 24. 선고 81다카174 판결, 대법원 1982. 4. 13. 선고 81다카137 판결.

고 있었으므로 그 기간 일수에 대하여는 상여금이 지급되어야 할 것인데, 이는 정기일 지급임금은 매월 1회 이상 지급한다는 원칙에 따른 당연한 결론이다.[87)]

여기서 '임시로 지급되는 임금, 수당 그 밖에 이에 준하는 것 또는 대통령령으로 정하는 임금'은, (i) 1개월을 초과하는 기간의 출근 성적에 따라 지급하는 정근수당, (ii) 1개월을 초과하는 일정 기간을 계속하여 근무한 경우에 지급되는 근속수당, (iii) 1개월을 초과하는 기간에 걸친 사유에 따라 산정되는 장려금, 능률수당 또는 상여금, (iv) 그 밖에 부정기적으로 지급되는 모든 수당이다(영 23조).

## VI. 형사처벌

이상 본 바와 같은 임금 지급 원칙(법 43조)을 위반한 자는 3년 이하의 징역 또는 3,000만 원 이하의 벌금에 처한다(법 109조 1항). 다만, 피해자의 명시한 의사에 반하여 공소를 제기할 수 없다(동조 2항).

한편 근기법의 개정으로, 2025. 10. 23. 이후 발생한 위반행위에 대하여는 i) 43조의2에 따라 명단 공개된 체불사업주가 ii) 명단 공개 기간 중에 법 43조를 위반한 경우, 이는 반의사불벌죄에 해당하지 아니한다(법 109조 2항 단서, 부칙 8조).

이 법 조항 위반죄의 죄수와 관련하여 판례는, "이 법 위반의 범죄는 근로자에 대하여 일정 기일까지 임금을 지급받게 하기 위한 취지이므로 근로자가 수인일 경우 그 범의가 단일한 것이라고 인정하기 어려울 때에는 지급을 받을 수 없었던 근로자 각자마다 같은 법조 위반의 범의가 있다"그 판시하여 근로자별로 1죄가 성립한다고 한다.[88)]

이 형사 문제에 관한 자세한 내용은 '임금 후론(後論)' 1 참조.

[정 재 헌·이 정 아]

---

87) 대법원 1982. 4. 13. 선고 81다카137 판결, 대법원 1982. 11. 23. 선고 80다1340 판결.

88) 대법원 1995. 4. 14. 선고 94도1724 판결(이에 대한 평석으로는 권창영, 73면 이하).

제43조의2(체불사업주 명단 공개)

① 고용노동부장관은 제36조, 제43조, 제51조의3, 제52조 제 2 항 제 2 호, 제56조에 따른 임금, 보상금, 수당, 그 밖의 모든 금품(이하 "임금등"이라 한다)을 지급하지 아니한 사업주(법인인 경우에는 그 대표자를 포함한다. 이하 "체불사업주"라 한다)가 명단 공개 기준일 이전 3년 이내 임금등을 체불하여 2회 이상 유죄가 확정된 자로서 명단 공개 기준일 이전 1년 이내 임금등의 체불총액이 3천만원 이상인 경우에는 그 인적사항 등을 공개할 수 있다. 다만, 체불사업주의 사망·폐업으로 명단 공개의 실효성이 없는 경우 등 대통령령으로 정하는 사유가 있는 경우에는 그러하지 아니하다.

② 고용노동부장관은 제 1 항에 따라 명단 공개를 할 경우에 체불사업주에게 3개월 이상의 기간을 정하여 소명 기회를 주어야 한다.

③ 제 1 항에 따른 체불사업주의 인적사항 등에 대한 공개 여부를 심의하기 위하여 고용노동부에 임금체불정보심의위원회(이하 이 조에서 "위원회"라 한다)를 둔다. 이 경우 위원회의 구성·운영 등 필요한 사항은 고용노동부령으로 정한다.

④ 제 1 항에 따른 명단 공개의 구체적인 내용, 기간 및 방법 등 명단 공개에 필요한 사항은 대통령령으로 정한다.

제43조의2(체불사업주 명단 공개)[1)]

① 고용노동부장관은 제36조, 제43조, 제51조의3, 제52조 제 2 항 제 2 호, 제56조에 따른 임금, 보상금, 수당, 근로자퇴직급여 보장법 제12조 제 1 항에 따른 퇴직급여등, 그 밖의 모든 금품(이하 "임금등"이라 한다)을 지급하지 아니한 사업주(법인인 경우에는 그 대표자를 포함한다. 이하 "체불사업주"라 한다)가 명단 공개 기준일 이전 3년 이내 임금등을 체불하여 2회 이상 유죄가 확정된 자로서 명단 공개 기준일 이전 1년 이내 임금등의 체불총액이 3천만원 이상인 경우에는 그 인적사항 등을 공개할 수 있다. 다만, 체불사업주의 사망·폐업으로 명단 공개의 실효성이 없는 경우 등 대통령령으로 정하는 사유가 있는 경우에는 그러하지 아니하다.

② 고용노동부장관은 제 1 항에 따라 명단 공개를 할 경우에 체불사업주에게 3개월 이상의 기간을 정하여 소명 기회를 주어야 한다.

③ 제 1 항에 따른 체불사업주의 인적사항 등에 대한 공개 여부 및 제43조의4에 따른 상습체불사업주에 관한 사항을 심의하기 위하여 고용노동부에 임금체

1) 근기법 43조의2는 2024. 10. 22. 법률 20520호로 다음과 같이 개정되었고 2025. 10. 23.부터 시행된다.

불정보심의위원회(이하 이 조 및 제43조의4에서 "위원회"라 한다)를 둔다. 이 경우 위원회의 구성·운영 등 필요한 사항은 고용노동부령으로 정한다.

④ 위원회 위원 중 공무원이 아닌 사람은 형법 제127조 및 제129조부터 제132조까지를 적용할 때에는 공무원으로 본다.

⑤ 제1항에 따른 명단 공개의 구체적인 내용, 기간 및 방법 등 명단 공개에 필요한 사항은 대통령령으로 정한다.

영 제23조의2(체불사업주 명단 공개 제외 대상)

법 제43조의2 제1항 단서에서 "체불사업주의 사망·폐업으로 명단 공개의 실효성이 없는 경우 등 대통령령으로 정하는 사유"란 다음 각 호의 어느 하나에 해당하는 경우를 말한다.

1. 법 제36조, 제43조, 제51조의3, 제52조 제2항 제2호, 제56조에 따른 임금, 보상금, 수당, 그 밖의 일체의 금품(이하 "임금등"이라 한다)을 지급하지 않은 사업주(이하 "체불사업주"라 한다)가 사망하거나 「민법」 제27조에 따라 실종선고를 받은 경우(체불사업주가 자연인인 경우만 해당한다)
2. 체불사업주가 법 제43조의2 제2항에 따른 소명 기간 종료 전까지 체불 임금등을 전액 지급한 경우
3. 체불사업주가 「채무자 회생 및 파산에 관한 법률」에 따른 회생절차개시 결정을 받거나 파산선고를 받은 경우
4. 체불사업주가 「임금채권보장법 시행령」 제5조에 따른 도산등사실인정을 받은 경우
5. 체불사업주가 체불 임금등의 일부를 지급하고, 남은 체불 임금등에 대한 구체적인 청산 계획 및 자금 조달 방안을 충분히 소명하여 법 제43조의2 제3항에 따른 임금체불정보심의위원회(이하 이 조에서 "위원회"라 한다)가 명단 공개 대상에서 제외할 필요가 있다고 인정하는 경우
6. 제1호부터 제5호까지의 규정에 준하는 경우로서 위원회가 체불사업주의 인적사항 등을 공개할 실효성이 없다고 인정하는 경우

영 제23조의3(명단공개 내용·기간 등)

① 고용노동부장관은 법 제43조의2 제1항에 따라 다음 각 호의 내용을 공개한다.

1. 체불사업주의 성명·나이·상호·주소(체불사업주가 법인인 경우에는 그 대표자의 성명·나이·주소 및 법인의 명칭·주소를 말한다)

2. 명단 공개 기준일 이전 3년간의 임금등 체불액

② 제1항에 따른 공개는 관보에 싣거나 인터넷 홈페이지, 관할 지방고용노동관서 게시판 또는 그 밖에 열람이 가능한 공공장소에 3년간 게시하는 방법으로 한다.

〈세 목 차〉



## Ⅰ. 체불사업주 명단 공개

### 1. 의 의

임금 등을 악의적이고 상습적으로 체불하는 사업주에 대한 제재 방안으로 명단 공개제도의 도입을 통하여 임금체불을 예방하고 근로자를 보호하기 위해 2012년 법 개정을 통해 체불사업주의 명단을 공개하는 규정을 신설하였다. 임금채권에 대한 특례 규정이나, 체불사업주에 대한 형사처벌만으로는 근로자에 대한 실질적인 보호에 한계가 있어 체불사업주의 명단 공개를 통해 간접적으로 임금체불을 예방하고 상습적이고 악의적인 체불사업주를 제재하여 체불임금을 청산하도록 하려는데 그 목적이 있다.

### 2. 명단 공개의 요건

#### 가. 체불사업주

체불사업주란 법에서 정한 임금, 보상금, 수당, 근로자퇴직급여 보장법 2조 5호에 따른 퇴직금,[2] 그 밖의 모든 금품을 지급하지 아니한 사업주로서 법인의 경우에는 그 대표자를 의미한다.

2) 근로자퇴직급여 보장법 2조 5호에 따른 퇴직금은, 근기법 개정(2024. 10. 22. 법률 20520호)에 따라, 2025. 10. 23. 이후부터 산정에 포함된다.

근로자가 사망 또는 퇴직한 경우 사용자는 특별한 사정이 있어 근로자와 합의하여 기일을 연장하지 아니하는 경우 그 지급 사유가 발생한 때부터 14일 이내에 임금, 보상금, 그 밖의 모든 금품(이하 '임금등'이라 한다)을 지급하여야 하는데 이를 위반한 사업주나(법 36조), 임금의 지급에 있어 통화 지급의 원칙, 전액 지급의 원칙, 월 1회 이상 정기 지급의 원칙 등을 위반한 사업주나(법 43조), 탄력적 근로시간제와 관련하여 단위기간 중 근로자가 근로한 기간 평균이 1주 40시간을 초과한 부분에 대한 가산 임금 지급의 원칙을 위반한 사업주(법 51조의3), 선택적 근로시간제와 관련하여 1개월을 초과하는 정산기간을 정하였고 매 1개월마다 평균하여 1주간의 근로시간이 40시간을 초과하는 부분에 대한 가산 임금 지급의 원칙을 위반한 사업주(법 52조 2항 2호), 연장근로, 휴일근로, 야간근로에 대하여 법에서 정한 가산 임금 지급의 원칙을 위반한 사업주(법 56조)가 이에 해당한다.

### 나. 유죄의 확정

체불사업주가 명단공개 기준일 이전 3년 이내 임금등을 체불하여 2회 이상 유죄가 확정되어야 한다(법 43조의2 1항 본문). 형사재판에서 유죄가 선고된 이상 그 형종이 징역형인지 벌금형인지 등은 관계 없고, 형의 집행이 유예되거나 형의 선고가 유예된 경우도 포함되는 것으로 보아야 한다. 유죄가 확정되어야 하므로 상소 등으로 아직 형사재판이 확정되지 않은 경우는 여기에 해당하지 않는다.

### 다. 체불임금의 총액

명단 공개 기준일 이전 1년 이내 임금등의 체불총액이 3천만 원 이상이어야 한다(법 43조의2 1항 본문). 체불총액은 체불한 임금, 보상금, 수당, 그 밖의 모든 금품의 액수를 합한 금액을 기준으로 한다.

### 라. 소명기회의 부여

고용노동부장관은 체불사업주 명단 공개를 할 경우 체불사업주에게 3개월 이상의 기간을 정하여 소명 기회를 주어야 한다(법 43조의2 2항)

### 마. 임금체불정보심의위원회

체불사업주 명단 공개를 위해서는 고용노동부차관을 위원장으로 하고 11명의 위원으로 구성된 임금체불정보심의위원회의 심의를 거쳐야 한다. 이 위원회에서는 재적위원 과반수의 출석과 출석위원 과반수의 찬성으로 심의 내용을 의결하게 된다(규칙 7조의2 1항, 4항). 위원회 위원 중 공무원이 아닌 사람은 형법 127조 및 형법 129조부터 132조까지를 적용할 때에는 공무원으로 본다(법 43조의2 4항).[3)]

### 3. 명단 공개의 내용과 방법

체불사업주의 인적 사항과 체불액을 공개 대상으로 한다. 인적 사항과 관련하여서는 성명·나이·상호·주소를 공개 대상으로 하되, 체불사업주가 법인인 경우에는 그 대표자의 성명·나이·주소 및 법인의 명칭·주소를 공개 대상으로 한다. 체불액은 명단 공개 기준일 이전 3년간의 임금등 체불액을 그 대상으로 한다(영 23조의3 1항).

공개 방법은 관보에 싣거나 인터넷 홈페이지, 관할 지방고용노동관서 게시판 또는 그 밖에 열람이 가능한 공공장소에 3년간 게시하는 방법으로 한다(영 23조의3 2항).

### 4. 업무의 위탁

고용노동부장관은 대통령령이 정하는 바에 따라 체불사업주 명단 공개 업무 중 일부를 산재법 10조에 따른 근로복지공단이나 전문성을 갖춘 연구기관·법인·단체에 위탁할 수 있고, 이 경우 위탁받은 기관의 임직원은 형법 129조부터 132조까지를 적용할 때에는 공무원으로 본다(법 43조의5).[4)]

## Ⅱ. 명단 공개의 예외

### 1. 의 의

임금등을 체불한 사업주가 사망하거나 폐업으로 명단 공개의 실효성이 없는 경우 등의 사유가 있는 경우 명단 공개 대상에서 제외된다(법 43조의2 1항 단서).

### 2. 예외 사유

체불사업주가 사망하거나 실종선고를 받은 경우(영 23조의2 1호), 체불사업주

3) 4항 부분은 근기법 개정(2024. 10. 22. 법률 20520호)에 따라 2025. 10. 23.부터 시행된다.
4) 이 부분은 근기법 개정(2024. 10. 22. 법률 20520호)에 따라 2025. 10. 23.부터 시행된다.

가 법 43조의2 2항에서 정한 소명 기간 종료 전까지 체불임금등을 전액 지급한 경우(영 23조의2 2호), 체불사업주가 채무자회생법에 따른 회생절차개시 결정을 받거나 파산선고를 받은 경우(영 23조의2 3호), 체불사업주가 임노법 시행령 5조에 따른 도산등사실인정을 받은 경우(영 23조의2 4호), 체불사업주가 체불임금등의 일부를 지급하고, 남은 체불임금등에 대한 구체적인 청산 계획 및 자금 조달 방안을 충분히 소명하여 법 43조의2 3항에 따라 임금체불정보심의위원회가 명단 공개 대상에서 제외할 필요가 있다고 인정하는 경우(영 23조의2 5호), 위 각 사유에 준하는 경우로서 임금체불정보심의위원회가 체불사업주의 인적 사항 등을 공개할 실효성이 없다고 인정하는 경우(영 23조의2 6호) 등이 예외 사유에 해당한다.

[정 재 헌 · 이 정 아]

제43조의3(임금등 체불자료의 제공)

① 고용노동부장관은 「신용정보의 이용 및 보호에 관한 법률」 제25조 제2항 제1호에 따른 종합신용정보집중기관이 임금등 체불자료 제공일 이전 3년 이내 임금등을 체불하여 2회 이상 유죄가 확정된 자로서 임금등 체불자료 제공일 이전 1년 이내 임금등의 체불총액이 2천만원 이상인 체불사업주의 인적사항과 체불액 등에 관한 자료(이하 "임금등 체불자료"라 한다)를 요구할 때에는 임금등의 체불을 예방하기 위하여 필요하다고 인정하는 경우에 그 자료를 제공할 수 있다. 다만, 체불사업주의 사망 · 폐업으로 임금등 체불자료 제공의 실효성이 없는 경우 등 대통령령으로 정하는 사유가 있는 경우에는 그러하지 아니하다.

② 제1항에 따라 임금등 체불자료를 받은 자는 이를 체불사업주의 신용도 · 신용거래능력 판단과 관련한 업무 외의 목적으로 이용하거나 누설하여서는 아니 된다.

③ 제1항에 따른 임금등 체불자료의 제공 절차 및 방법 등 임금등 체불자료의 제공에 필요한 사항은 대통령령으로 정한다.

제43조의3(임금등 체불자료의 제공)[1]

① 고용노동부장관은 신용정보의 이용 및 보호에 관한 법률 제25조 제2항 제1호에 따른 종합신용정보집중기관이 다음 각 호의 어느 하나에 해당하는 체불사업주의 인적사항과 체불액 등에 관한 자료(이하 "임금등 체불자료"라 한다)를 요구할 때에는 임금등의 체불을 예방하기 위하여 필요하다고 인정하는 경우에 그 자료를 제공할 수 있다. 다만, 체불사업주의 사망·폐업으로 임금등 체불자료 제공의 실효성이 없는 경우 등 대통령령으로 정하는 사유가 있는 경우에는 그러하지 아니하다.

1. 임금등 체불자료 제공일 이전 3년 이내 임금등을 체불하여 2회 이상 유죄가 확정된 자로서 임금등 체불자료 제공일 이전 1년 이내 임금등의 체불총액이 2천만원 이상인 체불사업주
2. 제43조의4에 따른 상습체불사업주

② 제1항에 따라 임금등 체불자료를 받은 자는 이를 체불사업주의 신용도·신용거래능력 판단과 관련한 업무 외의 목적으로 이용하거나 누설하여서는 아니 된다.

③ 제1항에 따른 임금등 체불자료의 제공 절차 및 방법 등 임금등 체불자료의 제공에 필요한 사항은 대통령령으로 정한다.

영 제23조의4(임금등 체불자료의 제공 제외 대상)

법 제43조의3 제1항 단서에서 "체불사업주의 사망·폐업으로 임금등 체불자료 제공의 실효성이 없는 경우 등 대통령령으로 정하는 사유"란 다음 각 호의 어느 하나에 해당하는 경우를 말한다.

1. 체불사업주가 사망하거나 「민법」 제27조에 따라 실종선고를 받은 경우(체불사업주가 자연인인 경우만 해당한다)
2. 체불사업주가 법 제43조의3 제1항에 따른 임금등 체불자료(이하 "임금등 체불자료"라 한다) 제공일 전까지 체불 임금등을 전액 지급한 경우
3. 체불사업주가 「채무자 회생 및 파산에 관한 법률」에 따른 회생절차개시 결정을 받거나 파산선고를 받은 경우
4. 체불사업주가 「임금채권보장법 시행령」 제5조에 따른 도산등사실인정을 받은 경우

---

1) 근기법 43조의3은 2024. 10. 22. 법률 20520호로 다음과 같이 개정되었고 2025. 10. 23.부터 시행된다.

5. 체불자료 제공일 전까지 체불사업주가 체불 임금등의 일부를 지급하고 남은 체불 임금등에 대한 구체적인 청산 계획 및 자금 조달 방안을 충분히 소명하여 고용노동부장관이 체불 임금등 청산을 위하여 성실히 노력하고 있다고 인정하는 경우

영 제23조의5(임금등 체불자료의 제공절차 등)

① 법 제43조의3 제1항에 따라 임금등 체불자료를 요구하는 자(이하 "요구자"라 한다)는 다음 각 호의 사항을 적은 문서를 고용노동부장관에게 제출하여야 한다.

1. 요구자의 성명 · 상호 · 주소(요구자가 법인인 경우에는 그 대표자의 성명 및 법인의 명칭 · 주소를 말한다)
2. 요구하는 임금등 체불자료의 내용과 이용 목적

② 고용노동부장관은 제1항에 따른 임금등 체불자료를 서면 또는 전자적 파일 형태로 작성하여 제공할 수 있다.

③ 고용노동부장관은 제2항에 따라 임금등 체불자료를 제공한 후 제23조의4 각 호의 사유가 발생한 경우에는 그 사실을 안 날부터 15일 이내에 요구자에게 그 내용을 통지하여야 한다.

〈세 목 차〉



## Ⅰ. 체불자료의 제공

### 1. 의　　의

임금 등을 악의적이고 상습적으로 체불하는 사업주에 대한 제재 강화 및 체불사업주 관리 등의 필요에 따라, 신용정보의 이용 및 보호에 관한 법률에서 정한 종합신용정보집중기관에 체불사업주에 관한 자료를 제공함으로써 임금체

불을 예방하고 근로자를 보호하기 위한 목적으로 체불사업주 명단 공개와 함께 신설되었다. 체불사업주의 명단 공개는 체불사업주의 명예와 신용에 대한 제재를 통한 체불임금 구제방법이라면 체불사업주 자료제공은 대출규제나 신용제한을 통한 구제방법이라고 할 수 있다.

## 2. 체불자료 제공의 요건

### 가. 체불사업주

개정된 근기법(법률 20520호)이 시행되는 2025. 10. 23. 이전에는, 임금등 체불자료 제공일 이전 3년 이내 임금등을 체불하여 2회 이상 유죄가 확정된 자로서 임금등 체불자료 제공일 이전 1년 이내 임금등의 체불총액이 2천만 원 이상인 체불사업주에 대하여만 체불자료 제공을 요구할 수 있다.

한편 개정된 근기법은 체불자료 제공 대상이 되는 체불사업주를 확대하여, 법 43조의4에 따른 상습체불사업주도 체불자료 제공의 대상으로 포함하였다.

#### (1) 1호에 따른 체불사업주[2)]

##### ㈎ 체불사업주

이에 대한 자세한 설명은 법 43조의2에 대한 해설의 Ⅰ. 2. 가. 참조.

##### ㈏ 유죄의 확정

체불사업주가 명단공개 기준일 이전 3년 이내 임금등을 체불하여 2회 이상 유죄가 확정되어야 한다(법 43조의3 1항 1호).

##### ㈐ 체불임금유죄의 확정

명단 공개 기준일 이전 1년 이내 임금등의 체불총액이 2천만 원 이상이어야 한다(법 43조의3 1항 1호). 명단 공개의 대상이 체불총액 3천만 원 이상인 것과 구분된다.

#### (2) 2호에 따른 체불사업주(상습체불사업주)

고용노동부장관은 위원회의 심의를 거쳐 i) 임금등 체불자료 제공일이 속하는 연도의 직전 연도 1년간 근로자에게 임금등(퇴직급여법 12조 1항에 따른 퇴직급여등은 제외한다)을 3개월분 임금 이상 체불한 사업주, ii) 임금등 체불자료 제공

2) 개정법이 시행되는 2025. 10. 23. 이전의 경우 이 호의 요건을 충족하는 체불사업주만 체불자료 제공 요구대상이 된다.

일이 속하는 연도의 직전 연도 1년간 근로자에게 5회 이상 임금등을 체불하고, 체불총액이 3천만 원 이상인 사업주를 상습체불사업주로 정할 수 있다(법 제43조의4). 이 부분은 개정된 근기법(법률 20520호)에 따라 2025. 10. 23.부터 시행된다.

### 나. 종합신용정보집중기관의 요구

종합신용정보집중기관의 요구가 있어야 한다(법 43조의3 1항 본문). 종합신용정보집중기관이란 신용정보를 집중하여 수집·보관함으로써 체계적·종합적으로 관리하고, 신용정보회사등 상호 간에 신용정보를 교환·활용하려는 자로서 금융위원회로부터 신용정보집중기관으로 허가를 받은 자 중에서 일정한 금융기관 전체로부터의 신용정보를 집중관리·활용하는 신용정보집중기관을 말한다(신용정보의 이용 및 보호에 관한 법률 25조).

### 다. 필요한 경우

고용노동부장관이 임금등의 체불을 예방하기 위하여 필요하다고 인정하는 경우에 자료를 제공할 수 있다(법 43조의3 1항 본문).

## 3. 체불자료 제공의 절차

종합신용정보집중기관으로서 임금등 체불자료를 요구하는 자는, 요구자의 성명·상호·주소(요구자가 법인인 경우에는 그 대표자의 성명 및 법인의 명칭·주소를 말한다), 요구하는 임금등 체불자료의 내용과 이용 목적을 기재한 문서를 고용노동부장관에게 제출하여야 한다(영 23조의5 1항). 고용노동부장관은 임금등 체불자료를 서면 또는 전자적 파일 형태로 작성하여 제공할 수 있다(영 23조의5 2항). 고용노동부장관은 임금등 체불자료를 제공한 후 체불사업주가 임금등 체불자료 제공 제외대상에 해당하게 되는 경우에는 그 사실을 안 날부터 15일 이내에 요구자에게 그 내용을 통지하여야 한다(영 23조의5 3항).

개정된 근기법(법률 20520호)에 의하여 2025. 10. 23.부터, 고용노동부장관은 대통령령이 정하는 바에 따라 위 업무 중 일부를 산재법 10조에 따른 근로복지공단이나 전문성을 갖춘 연구기관·법인·단체에 위탁할 수 있고, 이 경우 위탁받은 기관의 임직원은 형법 129조부터 132조까지를 적용할 때에는 공무원으로 본다(법 43조의5).

### 4. 제공받은 자료의 목적 외 이용 및 누설 금지

임금등 체불자료를 받은 자는 이를 체불사업주의 신용도·신용거래능력 판단과 관련한 업무 외의 목적으로 이용하거나 누설하여서는 아니 된다(법 43조의4 2항).

## Ⅱ. 체불자료 제공의 예외

### 1. 의 의

임금등을 체불한 사업주가 사망하거나 폐업으로 임금등 체불자료 제공의 실효성이 없는 경우 등의 사유가 있는 경우 체불자료 제공 대상에서 제외된다(법 43조의3 1항 단서).

### 2. 예외 사유

체불사업주가 사망하거나 실종선고를 받은 경우(영 23조의4 1호), 체불사업주가 법 43조의3 1항에 따른 임금등 체불자료 제공일 전까지 체불임금등을 전액 지급한 경우(영 23조의4 2호), 체불사업주가 채무자회생법에 따른 회생절차개시 결정을 받거나 파산선고를 받은 경우(영 23조의4 3호), 체불사업주가 임보법 시행령 5조에 따른 도산등사실인정을 받은 경우(영 23조의4 4호), 체불사업주가 체불자료 제공일 전까지 체불임금등의 일부를 지급하고, 남은 체불임금등에 대한 구체적인 청산 계획 및 자금 조달 방안을 충분히 소명하여 고용노동부장관이 체불임금등 청산을 위하여 성실히 노력하고 있다고 인정하는 경우(영 23조의4 5호) 등이 예외 사유에 해당한다.

[정 재 헌·이 정 아]

제43조의4(상습체불사업주에 대한 보조 · 지원 제한 등)[1)]

① 고용노동부장관은 위원회의 심의를 거쳐 다음 각 호의 어느 하나에 해당하는 자(법인인 경우에는 그 대표자를 포함한다)를 상습체불사업주(이하 "상습체불사업주"라 한다)로 정할 수 있다.

1. 임금등 체불자료 제공일이 속하는 연도의 직전 연도 1년간 근로자에게 임금등(「근로자퇴직급여 보장법」 제12조 제1항에 따른 퇴직급여등은 제외한다)을 3개월분 임금 이상 체불한 사업주
2. 임금등 체불자료 제공일이 속하는 연도의 직전 연도 1년간 근로자에게 5회 이상 임금등을 체불하고, 체불총액이 3천만원 이상인 사업주

② 고용노동부장관은 제1항에 따라 상습체불사업주로 정할 경우에 해당 사업주에게 3개월 이상의 기간을 정하여 소명 기회를 주어야 한다.

③ 고용노동부장관은 중앙행정기관의 장, 지방자치단체의 장 또는 대통령령으로 정하는 공공기관의 장(이하 "중앙행정기관장등"이라 한다)에게 상습체불사업주에 대하여 다음 각 호의 조치를 하도록 요청하고 임금등 체불자료를 제공할 수 있으며, 중앙행정기관장등이 다음 각 호의 조치를 목적으로 상습체불사업주의 임금등 체불자료를 요청하는 경우 해당 자료를 제공할 수 있다.

1. 「보조금 관리에 관한 법률」, 「지방자치단체 보조금 관리에 관한 법률」 또는 개별 법률에 따른 각종 보조 · 지원사업의 참여 배제나 수급 제한
2. 「국가를 당사자로 하는 계약에 관한 법률」 또는 「지방자치단체를 당사자로 하는 계약에 관한 법률」에 따른 입찰참가자격 사전심사나 낙찰자 심사 · 결정 시 감점 등 불이익 조치

④ 제3항에 따라 상습체불사업주의 임금등 체불자료를 제공받은 자는 제공받은 자료를 제3항 각 호에서 정한 목적 외의 목적으로 이용하거나 누설하여서는 아니 된다.

⑤ 제3항에 따른 임금등 체불자료의 제공 절차 및 방법은 제43조의3 제1항 단서 및 같은 조 제3항을 준용한다.

⑥ 그 밖에 제1항 제1호에 따른 3개월분 임금의 산정, 같은 항 제2호에 따른 임금등의 체불횟수 산정, 제2항에 따른 소명 기회 제공 및 제3항에 따라 제공되는 임금등 체불자료의 제공기간 등에 필요한 사항은 대통령령으로 정한다.

---

1) 근기법 43조의4는 2024. 10. 22. 법률 20520호로 신설되었고 2025. 10. 23.부터 시행된다. 43조의4의 개정규정에 따라 고용노동부장관이 상습체불사업주를 정하는 경우 임금등 체불자료 제공일이 속하는 연도의 직전 연도 1년간 체불횟수와 체불액은 이 법 시행 이후 고용노동부장관이 임금등의 체불을 확인한 경우부터 산정한다(부칙 3조).

〈세 목 차〉



## Ⅰ. 상습체불사업주에 대한 보조·지원 제한

### 1. 의 의

임금 등을 악의적이고 상습적으로 체불하는 사업주에 대한 제재 강화의 필요에 따라, 상습체불사업주에 대하여 국가나 지방자치단체, 공공기관에서 지원하는 보조금이나 지원금 신청을 제한함으로써, 임금체불을 예방하고 근로자를 보호하기 위한 목적으로 출국금지, 3배 이내 손해배상 규정과 함께 신설되었고, 2025. 10. 23.부터 적용된다. 상습체불사업주에 대한 보조·지원 제한은 경제적 제재를 통한 구제방법이라고 할 수 있다.

### 2. 보조·지원 제한의 요건

#### 가. 상습체불사업주

고용노동부장관은 위원회의 심의를 거쳐 다음의 요건을 충족하는 자를 상습체불사업주로 정할 수 있다(법 43조의4 1항). 체불사업주는 법 43조의2에 대한 해설의 Ⅰ. 2. 가.에서 본 바와 같이, 법에서 정한 임금, 보상금, 수당, 그 밖의 모든 금품을 지급하지 아니한 사업주로서 법인의 경우에는 그 대표자를 의미한다.

##### (1) 1호에 따른 체불사업주

i) 임금등 체불자료 제공일이 속하는 연도의 직전 연도 1년간, ii) 근로자에게 3개월분 이상의 임금등을 체불한 사업주가 이에 해당한다. 체불한 임금등에는 임금, 보상금, 수당, 그 밖의 모든 금품이 포함되나, 퇴직급여법 12조 1항에 따른 퇴직급여등은 제외된다.

(2) 2호에 따른 체불사업주

i) 임금등 체불자료 제공일이 속하는 연도의 직전 연도 1년간 ii) 근로자에게 5회 이상 임금등을 체불하고, iii) 체불총액이 3천만 원 이상인 사업주가 이에 해당한다. 1호와 달리 퇴직급여법 12조 1항에 따른 퇴직급여도 포함된다. 체불총액은 체불한 임금, 보상금, 수당, 퇴직급여, 그 밖의 모든 금품의 액수를 합한 금액을 기준으로 한다.

### 나. 체불임금 및 체불횟수, 체불자료의 제공기간 산정방법

i) 법 43조의4 1항 1호에 따른 3개월분 임금의 산정, ii) 법 43조의4 1항 2호에 따른 임금등의 체불횟수 산정, iii) 법 43조의4 2항에 따른 소명 기회 제공, iv) 법 43조의4 3항에 따라 제공되는 임금등 체불자료의 제공기간 등에 필요한 사항은 대통령령으로 정하도록 되어 있다(법 43조의4 6항).[2]

고용노동부장관이 상습체불사업주를 정하는 경우 임금등 체불자료 제공일이 속하는 연도의 직전 연도 1년간 체불횟수와 체불액은, 개정된 법이 시행되는 2025. 10. 23. 이후로 고용노동부장관이 임금등의 체불을 확인한 경우부터 산정한다(부칙 3조).

### 다. 임금체불정보심의위원회

고용노동부장관은 상습체불사업주로 지정하기 위하여 고용노동부차관을 위원장으로 하고 11명의 위원으로 구성된 임금체불정보심의위원회의 심의를 거쳐야 한다. 이 위원회에서는 재적위원 과반수의 출석과 출석위원 과반수의 찬성으로 심의 내용을 의결하게 된다(법 43조의4 1항, 규칙 7조의2 1항, 4항).

### 라. 소명기회의 부여

고용노동부장관은 상습체불사업주로 지정할 경우 해당 사업주에게 3개월 이상의 기간을 정하여 소명 기회를 주어야 한다(법 43조의4 2항).

## 3. 보조 · 지원 제한의 내용과 방법

### 가. 보조 · 지원 제한의 내용

보조 · 지원 제한의 조치에는, i) 보조금 관리에 관한 법률, 지방자치단체 보조금 관리에 관한 법률 또는 개별 법률에 따른 각종 보조 · 지원사업의 참여 배

2) 근기법(법률 20520호) 개정에 따라 근기법 시행령의 개정이 예정되어 있다.

제나 수급 제한(법 43조의4 3항 1호), ii) 국가를 당사자로 하는 계약에 관한 법률 또는 지방자치단체를 당사자로 하는 계약에 관한 법률에 따른 입찰참가자격 사전심사나 낙찰자 심사·결정 시 감점 등 불이익 조치(법 43조의4 3항 2호)가 있다.

따라서 상습체불사업주는 국가나 지방자치단체, 공공기관에서 지원하는 보조금이나 지원금신청에서 제한을 받게 된다. 또한 상습체불사업주가 국가나 지방자치단체, 공공기관에서 발주하는 공사에 참여하고자 하는 경우 임금 체불이 반영되어 참여가 제한되거나 감점 등의 불이익을 받을 수 있다.

### 나. 보조 · 지원 제한의 방법

#### (1) 고용노동부장관의 조치 요청 및 자료 제공

고용노동부장관은 중앙행정기관의 장, 지방자치단체의 장 또는 대통령령으로 정하는 공공기관의 장(이하 '중앙행정기관장등')에게 상습체불사업주에 대하여 보조·지원 제한의 조치를 하도록 요청하고 임금등 체불자료를 제공할 수 있다.

#### (2) 중앙행정기관장등의 조치 목적을 위한 자료제공요청

중앙행정기관장등이 위와 같은 보조·지원 제한조치를 목적으로 고용노동부장관에게 상습체불사업주의 임금등 체불자료를 요청할 수 있고, 그 경우 고용노동부장관은 상습체불사업주의 임금등 체불자료를 제공할 수 있다.

#### (3) 제공받은 자료의 목적 외 이용 또는 누설 금지

법 43조의4 3항에 따라 상습체불사업주의 임금등 체불자료를 제공받은 자는 제공받은 자료를 법 43조의4 3항 각 호에서 정한 목적 외의 목적으로 이용하거나 누설하여서는 아니 된다(법 43조의4 4항).

### 다. 업무의 위탁

고용노동부장관은 대통령령이 정하는 바에 따라 보조·지원 제한 업무 중 일부를 산재법 10조에 따른 근로복지공단이나 전문성을 갖춘 연구기관·법인·단체에 위탁할 수 있고, 이 경우 위탁받은 기관의 임직원은 형법 129조부터 132조까지를 적용할 때에는 공무원으로 본다(법 43조의5).

## Ⅱ. 보조 · 지원 제한의 예외

### 1. 의　　의

상습체불사업주가 사망하거나 폐업으로 보조 · 지원 제한의 실효성이 없는 경우 등의 사유가 있는 경우 명단 공개 대상에서 제외된다(법 43조의4 5항, 법 43조의3 1항 단서).

### 2. 예외 사유

체불사업주가 사망하거나 실종선고를 받은 경우(영 23조의4 1호), 체불사업주가 법 43조의3 1항에 따른 임금등 체불자료 제공일 전까지 체불임금등을 전액 지급한 경우(영 23조의4 2호), 체불사업주가 채무자회생법에 따른 회생절차개시 결정을 받거나 파산선고를 받은 경우(영 23조의4 3호), 체불사업주가 임보법 시행령 5조에 따른 도산등사실인정을 받은 경우(영 23조의4 4호), 체불사업주가 체불자료 제공일 전까지 체불임금등의 일부를 지급하고, 남은 체불임금등에 대한 구체적인 청산 계획 및 자금 조달 방안을 충분히 소명하여 고용노동부장관이 체불임금등 청산을 위하여 성실히 노력하고 있다고 인정하는 경우(영 23조의4 5호) 등이 예외 사유에 해당한다.

[정 재 헌 · 이 정 아]

제43조의5(업무위탁 등)[1]

① 고용노동부장관은 제43조의2부터 제43조의4까지에 관한 업무를 효율적으로 하기 위하여 대통령령으로 정하는 바에 따라 업무 중 일부를 산업재해보상보험법 제10조에 따른 근로복지공단(이하 "근로복지공단"이라 한다)이나 전문성을 갖춘 연구기관 · 법인 · 단체에 위탁할 수 있다.

② 제1항에 따라 위탁받은 기관의 임직원은 형법 제129조부터 제132조까지를 적용할 때에는 공무원으로 본다.

1) 근기법이 2024. 10. 22. 법률 20520호로 개정되면서 신설되었고, 2025. 10. 23.부터 시행된다.

제43조의6(체불사업주 명단공개 등을 위한 자료제공 등의 요청)[1)]

① 고용노동부장관은 제43조의2에 따른 체불사업주 명단 공개, 제43조의3에 따른 임금등 체불자료의 제공, 제43조의4에 따른 상습체불사업주에 대한 중앙행정기관장등의 보조 및 지원 제한 등에 관한 업무를 수행하기 위하여 다음 각 호의 어느 하나에 해당하는 자료의 제공 또는 관계 전산망의 이용(이하 "자료제공등"이라 한다)을 해당 각 호의 자에게 각각 요청할 수 있다.

1. 법원행정처장에게 체불사업주의 법인등기사항증명서
2. 국세청장에게 체불사업주의 소득세법 제 4 조 제 1 항 제 1 호에 따른 종합소득에 관한 자료, 법인세법 제 4 조 제 1 항 제 1 호에 따른 소득에 관한 자료, 부가가치세법 제 8 조, 법인세법 제111조 및 소득세법 제168조에 따른 사업자등록에 관한 자료
3. 국세청장에게 임금등이 체불된 근로자의 소득세법 제 4 조 제 1 항 제 1 호에 따른 종합소득에 관한 자료
4. 근로복지공단에 임금등이 체불된 근로자의 고용보험 및 산업재해보상보험의 보험료징수 등에 관한 법률 제16조의3에 따른 월평균보수에 관한 자료, 고용보험법 제13조 및 제15조에 따른 피보험자격 취득에 관한 자료 및 체불사업주의 임금채권보장법 제 7 조, 제 7 조의2 및 제 8 조에 따른 대지급금에 관한 자료

② 고용노동부장관은 제 1 항 제 4 호에 따른 월평균보수 및 피보험자격 취득에 관한 자료를 제공받기 위하여 해당 근로자의 임금, 근로제공기간 등 대통령령으로 정하는 정보를 근로복지공단에 제공할 수 있다.

③ 제 1 항에 따라 자료제공등을 요청받은 자는 정당한 사유가 없으면 그 요청에 따라야 한다.

〈세 목 차〉



1) 근기법이 2024. 10. 22. 법률 20520호로 개정되면서 신설되었고, 2025. 10. 23.부터 시행된다.

## Ⅰ. 업무의 위탁

### 1. 의 의

고용노동부장관은 체불사업주 명단 공개(법 43조의2), 임금등 체불자료의 제공(법 43조의3), 상습체불사업주에 대한 보조·지원 제한(법 43조의4) 등에 관한 업무를 효율적으로 하기 위하여 대통령령으로 정하는 바에 따라[2] 위 업무 중 일부를 산재법 10조에 따른 근로복지공단이나 전문성을 갖춘 연구기관·법인·단체에 위탁할 수 있다.

### 2. 위탁받은 기관의 임직원의 지위

1항에 따라 고용노동부장관으로부터 체불사업주 명단 공개, 임금등 체불자료의 제공, 상습체불사업주에 대한 보조·지원 제한 등에 관한 업무 중 일부를 위탁받은 근로복지공단이나 전문성을 갖춘 연구기관·법인·단체의 임직원은 수뢰죄(형법 129조 1항), 사전수뢰죄(형법 129조 2항), 제3자뇌물제공죄(형법 130조), 수뢰후부정처사죄(형법 131조 1항, 4항), 부정처사후수뢰죄(형법 131조 2항, 4항), 사후수뢰죄(형법 131조 3항, 4항), 알선수재죄(형법 132조)를 적용할 때에 그 신분이 공무원으로 간주된다.

## Ⅱ. 체불사업주 명단 공개 등을 위한 자료제공 등의 요청

### 1. 의 의

고용노동부장관은 43조의2에 따른 체불사업주 명단 공개, 43조의3에 따른 임금등 체불자료의 제공, 43조의4에 따른 상습체불사업주에 대한 중앙행정기관장등의 보조 및 지원 제한 등에 관한 업무를 수행하기 위한 목적으로 법원행정처장, 국세청장, 근로복지공단에 자료제공 또는 관계 전산망의 이용(이하 '자료제공등')을 요청할 수 있다(법 43조의6).

2) 근기법 개정(법률 20520호)에 따라 근기법 시행령의 개정이 예정되어 있다.

## 2. 요 건

### 가. 목적

고용노동부장관의 자료제공등의 요청은 체불사업주 명단 공개(법 43조의2), 임금등 체불자료의 제공(법 43조의3), 상습체불사업주에 대한 중앙행정기관장등의 보조 및 지원 제한(법 43조의4) 등에 관한 업무를 수행하기 위한 목적이 있어야 한다.

### 나. 요청할 수 있는 자료 및 요청대상

#### (1) 체불사업주의 법인등기사항증명서 - 법원행정처장

고용노동부장관은 체불사업주 명단 공개, 임금등 체불자료의 제공, 상습체불사업주에 대한 보조 및 지원 제한 등에 관한 업무를 수행하기 위하여 법원행정처장에게 체불사업주의 법인등기사항증명서의 제공 또는 관계 전산망의 이용을 요청할 수 있다.

#### (2) 체불사업주의 종합소득 등에 관한 자료 - 국세청장

고용노동부장관은 국세청장에게 i) 체불사업주의 종합소득에 관한 자료(소득세법 4조 1항 1호), ii) 체불사업주의 소득에 관한 자료(법인세법 4조 1항 1호), iii) 체불사업주의 사업자등록에 관한 자료(부가가치세법 8조, 법인세법 111조, 소득세법 168조)의 제공 또는 관계 전산망의 이용을 요청할 수 있다.

#### (3) 임금등이 체불된 근로자의 종합소득 등에 관한 자료 - 국세청장

고용노동부장관은 국세청장에게 임금등이 체불된 근로자의 종합소득에 관한 자료(소득세법 4조 1항 1호)의 제공 또는 관계 전산망의 이용을 요청할 수 있다.

#### (4) 임금등이 체불된 근로자의 월평균보수, 피보험자격 취득에 관한 자료 및 체불사업주의 대지급금에 관한 자료 - 근로복지공단

고용노동부장관은 근로복지공단에 i) 임금등이 체불된 근로자의 월평균보수에 관한 자료(고용보험법 16조의3), ii) 임금등이 체불된 근로자의 피보험자격 취득에 관한 자료(고용보험법 13, 15조), iii) 체불사업주의 대지급금(임금채권보장법 7조, 7조의2, 8조)에 관한 자료의 제공 또는 관계 전산망의 이용을 요청할 수 있다.

이때 고용노동부장관은 임금등이 체불된 근로자의 평균보수 및 피보험자격 취득에 관한 자료를 제공받기 위하여 해당 근로자의 임금, 근르제공기간 등 대통령령으로 정하는 정보를 근로복지공단에 제공할 수 있다(법 43조의6 2항).[3]

### 3. 자료제공 등의 요청에 따른 효력

고용노동부장관으로부터 법 43조의6 1항에 따라 자료제공등을 요청받은 자는 정당한 사유가 없으면 그 요청에 따라야 한다(법 43조의6 3항).

[정 재 헌·이 정 아]

## 제43조의7(출국금지)[1]

① 고용노동부장관은 제43조의2에 따라 명단이 공개된 체불사업주에 대하여 법무부장관에게 출입국관리법 제4조 제3항에 따라 출국금지를 요청할 수 있다.
② 법무부장관은 제1항의 요청에 따라 출국금지를 한 경우 고용노동부장관에게 그 결과를 정보통신망 등을 통하여 통보하여야 한다.
③ 고용노동부장관은 체불임금의 지급 등으로 출국금지 사유가 없어진 경우 즉시 법무부장관에게 출국금지의 해제를 요청하여야 한다.
④ 제1항부터 제3항까지에서 규정한 사항 외에 출국금지 및 그 해제의 요청 등의 절차에 필요한 사항은 대통령령으로 정한다.

〈세 목 차〉



3) 근기법(법률 20520호) 개정에 따라 근기법 시행령의 개정이 예정되어 있다.
1) 근기법이 2024. 10. 22. 법률 20520호로 개정되면서 신설되었고, 2025. 10. 23.부터 시행된다. 43조의7의 개정규정은 이 법 시행 이후 43조의2에 따라 명단 공개가 결정된 체불사업주부터 적용한다(부칙 4조).

## Ⅰ. 출국금지

### 1. 의 의

임금 등을 악의적이고 상습적으로 체불하는 사업주에 대한 제재 강화의 필요에 따라, 임금체불을 예방하고 근로자를 보호하기 위한 목적으로 체불사업주에 대한 보조·지원 제한조치, 3배 이내의 손해배상청구 제도와 함께 신설되었다. 체불사업주의 출국금지는 체납자가 출국을 이용하여 체불임금을 청산하지 않은 채 해외에 도피할 수 없도록 하기 위함이라 한다.[2)3)] 이는 체불사업주의 명예와 신용뿐 아니라 출국의 자유에 대한 제재를 통한 체불임금 구제방법이다.

### 2. 출국금지의 요건

법 43조의2에 따라 명단이 공개된 체불사업주에 해당하여야 한다. 따라서 i) 명단공개 기준일 이전 3년 이내 임금등을 체불하여 2회 이상 유죄가 확정되고, ii) 명단 공개 기준일 이전 1년 이내 임금등의 체불총액이 3천만 원 이상인 사업주로서(법 43조의2 1항 본문), 임금체불정보심의위원회의 심의를 거쳐 명단이 공개된 체불사업주에게 적용된다.

### 3. 출국금지의 내용 및 절차

고용노동부장관은 명단이 공개된 체불사업주에 대하여 출입국관리법 4조 3항에 따라 법무부장관에게 출국금지를 요청할 수 있다. 법무부장관은 체불사업주에 대하여 6개월 이내의 기간을 정하여 출국을 금지할 수 있다(출입국관리법 4조

---

2) 상습체불 근절 및 육아지원3법 보도자료.

3) 유사한 제도로 출입국관리법 4조 1항 4호, 그 시행령 1조의3 2항에서 조세체납을 이유로 한 출국금지를 정하고 있다.
판례는 '조세체납을 이유로 한 출국금지는 체납자가 출국을 이용하여 재산을 해외에 도피시키는 등으로 강제집행을 곤란하게 하는 것을 방지함에 주된 목적이 있는 것이지 체납자의 신병을 확보하거나 출국의 자유를 제한하여 심리적 압박을 가함으로써 체납 세금을 자진납부하도록 하기 위한 것이 아니다'고 판시하였던바(대법원 2014. 1. 29. 선고 2013두16647 판결), 그 목적이 체납사업주의 출국금지와 차이가 있다.
한편 판례는 조세 체납으로 인한 출국금지 처분에 관하여 '재산을 해외로 도피시킬 우려가 있는지 여부 등을 확인하지 아니한 채 단순히 일정 금액 이상의 조세를 체납하였고, 그 체납에 정당한 사유가 없다는 사유만으로 바로 출국금지 처분을 하는 것은 위와 같은 헌법상의 기본권 보장 원리 및 과잉금지의 원칙에 비추어 허용되지 아니한다'고 판시하였다(위 대법원 2013두16647 판결).

3항, 1항 6호).[4]

법무부장관은 고용노동부장관의 요청에 따라 명단이 공거된 체불사업주에 대하여 출국금지를 한 경우, 고용노동부장관에게 그 결과를 정보통신망 등을 통하여 통보하여야 한다(법 43조의7 2항). 그 밖에 출국금지 등의 절차에 필요한 사항은 대통령령으로 정한다(법 43조의7 4항).[5]

## Ⅱ. 출국금지의 해제요청

고용노동부장관은 체불임금의 지급 등으로 출국금지 사유가 없어진 경우 즉시 법무부장관에게 출국금지의 해제를 요청하여야 한다(법 43조의7 3항).

출국금지 해제의 요청 등의 절차에 필요한 사항은 대통령령으로 정하도록 하였다(법 43조의7 4항).[6]

출국금지 해제요청을 위하여는 체불사업주에게 임금 등의 지급을 회피할 목적으로 국외로 도피할 우려가 없다는 점이 인정되어야 한다.

체불임금의 지급 외에 출국금지 사유가 없어진 경우로는, 국외건설계약 체결, 수출신용장 개설, 외국인과의 합작사업 계약 체결 등 구체적인 사업계획을 가지고 출국하려는 경우, 국외에 거주하는 직계존비속이 사망하여 출국하려는 경우, 본인의 신병 치료 등 불가피한 사유로 출국금지를 해제할 필요가 있다고 인정되는 경우 등을 들 수 있다.

[정 재 헌·이 정 아]

4) 출입국관리법은 2025. 3. 18. 법률 20794호로 개정되어, 4조(출국의 금지) 6호로 '근기법 43조의2에 따라 명단이 공개된 체불사업주'를 신설하였다. 체불사업주에 대한 출국금지는 2025. 10. 23. 이후 근기법 43조의2에 따라 명단 공개가 결정된 체불사업주부터 적용한다[출입국관리법 부칙(20794호, 2025. 3. 18.) 4조].

5) 근기법 개정(법률 20520호)에 따라 근기법 시행령의 개정이 예정되어 있다.

6) 근기법 개정(법률 20520호)에 따라 근기법 시행령의 개정이 예정되어 있다.

제43조의8(체불 임금등에 대한 손해배상청구)[1)]

① 근로자는 사업주가 다음 각 호의 어느 하나에 해당하는 경우 법원에 사업주가 지급하여야 하는 임금등의 3배 이내의 금액을 지급할 것을 청구할 수 있다.

1. 명백한 고의로 임금등(근로자퇴직급여 보장법 제2조 제5호의 급여는 제외한다. 이하 이 조에서 같다)의 전부 또는 일부를 지급하지 아니한 경우
2. 1년 동안 임금등의 전부 또는 일부를 지급하지 아니한 개월 수가 총 3개월 이상인 경우
3. 지급하지 아니한 임금등의 총액이 3개월 이상의 통상임금에 해당하는 경우

② 법원은 제1항에 따른 금액을 결정할 때에 다음 각 호의 사항을 고려하여야 한다.

1. 임금등의 체불 기간 · 경위 · 횟수 및 체불된 임금등의 규모
2. 사업주가 임금등을 지급하기 위하여 노력한 정도
3. 제37조에 따른 지연이자 지급액
4. 사업주의 재산상태

〈세 목 차〉



## Ⅰ. 체불 임금등에 대한 손해배상청구

### 1. 의 의

임금 등을 악의적이고 상습적으로 체불하는 사업주에 대한 제재 강화의 필요에 따라, 근로자가 법원에 사업주가 지급하여야 하는 임금등의 3배 이내의 금액을 지급할 것을 청구할 수 있도록 함으로써 임금체불을 예방하고 근로자를 보호하기 위한 목적으로 상습체불사업주에 대한 보조·지원 제한, 출국금지와 함께 신설되었다. 이는 징벌적 손해배상에 해당하는 것으로, 민법상 구제방법에

1) 근기법이 2024. 10. 22. 법률 20520호로 개정되면서 신설되었고, 2025. 10. 23.부터 시행된다. 43조의8의 개정규정은 이 법 시행 이후 사업주가 같은 개정규정 각 호의 어느 하나에 해당하는 경우부터 적용한다(부칙 5조).

해당한다.

### 2. 손해배상 청구 요건

근로자는 사업주가 다음 중 어느 하나에 해당하는 경우, 법원에 사업주가 지급하여야 하는 임금등의 3배 이내의 지급을 구할 것을 청구할 수 있다(법 43조의8 1항 본문). 이는 2025. 10. 23. 이후 사업주가 각 호의 어느 하나에 해당하는 경우부터 적용된다(부칙 5조).

#### 가. 명백한 고의로 임금등을 미지급한 경우(1호)

사업주가 i) 명백한 고의로, ii) 임금등(퇴직급여법 2조 5호의 급여는 제외한다)의 전부 또는 일부를 지급하지 아니한 경우를 의미한다. 같은 항 2, 3호는 미지급한 개월 수 또는 미지급임금 등의 총액을 기준으로 하는 반면, 1호는 사업주의 임금 전부 또는 일부 미지급에 '명백한 고의'가 있는 악의적인 체불사업주에 대하여, 임금이 체납된 기간을 불문하고 손해배상을 청구할 수 있도록 하였다.

#### 나. 1년 동안 총 3개월 이상 임금등을 미지급한 경우(2호)

사업주가 i) 1년동안, ii) 임금등의 전부 또는 일부를 지급하지 아니한 개월 수가 총 3개월 이상인 경우를 의미한다. 이때 미지급한 임금등에서 근로자퇴직급여 보장법 2조 5호의 급여는 제외된다.

#### 다. 미지급 임금등의 총액이 3개월 이상의 통상임금에 해당하는 경우(3호)

사업주가 지급하지 아니한 임금등의 총액이 3개월 이상의 통상임금에 해당하는 경우를 의미한다. 이때 미지급한 임금등의 계산에서 퇴직급여법 2조 5호의 급여는 제외된다.

## Ⅱ. 손해배상액의 결정

법원은 1항에 따라 임금등의 3배 이내 금액의 지급 청구에 대하여, 이 금액을 결정할 때, i) 임금등의 체불 기간·경위·횟수 및 체불된 임금등의 규모, ii) 사업주가 임금등을 지급하기 위하여 노력한 정도, iii) 법 37조에 따른 지연이자 지급액, iv) 사업주의 재산상태를 고려하여야 한다.

[정 재 헌·이 정 아]

제44조(도급 사업에 대한 임금 지급)

① 사업이 한 차례 이상의 도급에 따라 행하여지는 경우에 하수급인(下受給人)(도급이 한 차례에 걸쳐 행하여진 경우에는 수급인을 말한다)이 직상(直上) 수급인(도급이 한 차례에 걸쳐 행하여진 경우에는 도급인을 말한다)의 귀책사유로 근로자에게 임금을 지급하지 못한 경우에는 그 직상 수급인은 그 하수급인과 연대하여 책임을 진다. 다만, 직상 수급인의 귀책사유가 그 상위 수급인의 귀책사유에 의하여 발생한 경우에는 그 상위 수급인도 연대하여 책임을 진다.

② 제 1 항의 귀책사유 범위는 대통령령으로 정한다.

영 제24조(수급인의 귀책사유)

법 제44조 제 2 항에 따른 귀책사유 범위는 다음 각 호와 같다.

1. 정당한 사유 없이 도급계약에서 정한 도급 금액 지급일에 도급 금액을 지급하지 아니한 경우
2. 정당한 사유 없이 도급계약에서 정한 원자재 공급을 늦게 하거나 공급을 하지 아니한 경우
3. 정당한 사유 없이 도급계약의 조건을 이행하지 아니하여 하수급인이 도급사업을 정상적으로 수행하지 못한 경우

〈세 목 차〉



[참고문헌]


**김상철**, "구 근로기준법 제36조의2 제 1 항에 의하여 하수급인의 근로자에게 임금지급 의무를 부담하는 직상수급인의 재산이 근로자의 임금채권에 대하여 최우선변제권이 인정되는 사용자의 재산에 해당되는지 여부", 대법원판례해설 29호, 법원도서관(1998. 6.); **이달휴**, "도급사업에 있어서의 '연대'의 의미", 노동법률 105호, 중앙경제(2000. 2.).

## Ⅰ. 도급 근로자의 임금 지급 보장

### 1. 의 의

사업이 한 차례 이상의 도급에 따라 행하여지는 경우 하수급인(도급이 한 차례에 걸쳐 행하여진 경우에는 수급인을 말한다, 이하 같다)이 직상 수급인(도급이 한 차례에 걸쳐 행하여진 경우에는 도급인을 말한다, 이하 같다)의 귀책사유로 근로자에게 임금을 지급하지 못할 경우에는 그 직상 수급인은 그 하수급인과 연대하여 하수급인의 근로자에 대한 임금 지급 책임을 지고(법 44조 1항 본문), 그 직상 수급인의 귀책사유가 그 상위 수급인의 귀책사유에 의하여 발생한 경우에는 그 상위 수급인도 연대하여 책임을 진다(법 44조 1항 단서).

도급관계에 따라 행해지는 사업은, 대개 수급인이나 하수급인이 도급인이나 직상 수급인 내지 상위 수급인에 대한 종속도가 높고 영세한 경우도 많아 근로자에게 임금을 지급하지 못할 위험성이 상대적으로 크다.[2] 그리고 이때 수급인이나 하수급인의 근로자는 상위 수급인이나 도급인의 지시·감독에 복종하는 관계에 있는 경우 또한 적지 않다.[3] 이러한 관계에 대해 법은 수급인이나 하수급인의 근로자들에 대한 임금채권을 보장하기 위해 귀책사유 있는 직상 수급인과 그 상위 수급인의 임금 지급 연대책임을 규정하였다.

종전에 하도급인과 귀책사유가 있는 직상 수급인 사이에 대하여만 연대책임을 규정하였으나 직상 수급인의 귀책사유가 그 상위 수급인의 귀책사유에 의해 발생한 경우에는 그 상위 수급인도 연대하여 책임을 지는 것으로 개정되었다(2012. 2. 1. 법률 11270호). 근로자의 임금채무에 대하여 연대채무를 지는 사람에 상위 수급인을 추가하여 근로자의 임금채권 보호를 강화하였다. 또한 종전에는 '사업이 여러 차례의 도급에 따라 행하여지는 경우'라고 규정하여 사업이 한 차례의 도급으로 행하여지는 경우에도 이에 해당하는지에 대한 해석상의 논란이 있었는데 개정을 통하여 그 의미를 명확히 규정하였다(2020. 3. 31. 법률 17185호). 한편 개정 전 법 44조 2항 단서의 '상위 수급인'에 도급이 두 차례 이상 행해진 경우의 최초 도급인도 포함되는지 여부에 관하여 대법원은 최초 도급인은 문언상 수급인에 해당한다고 볼 수 없고, 확장 해석을 할 필요가 있다고 보이지

2) 김형배, 399면; 이상윤, 250면; 하갑래, 339면.
3) 하갑래, 339면.

도 않는다는 점을 들어 최초 도급인은 위 조항의 '상위 수급인'에 해당하지 않는다고 판시하였다.4)

이 규정은 상시 4명 이하 근로자를 사용하는 사업·사업장에도 적용된다(법 11조 1항·2항; 영 7조, [별표 1]). 여기서 수급인 또는 하수급인이 상시 4명 이하 근로자를 사용하는 사업·사업장인 경우에 이 규정이 적용됨은 물론이고 직상 수급인이 상시 4명 이하 근로자를 사용하는 사업·사업장인 경우에도 이 규정이 적용된다.5)

### 2. 최임법상 도급 근로자 최저임금 보호

한편 도급 근로자에 대한 임금의 최저한을 보장하여 생활 안정을 도모하기 위한 최저임금법상 특칙으로서 최임법은 근기법 44조와 유사한 구조의 규정으로 "도급으로 사업을 행하는 경우 도급인이 책임져야 할 사유로 수급인이 근로자에게 최저임금액에 미치지 못하는 임금을 지급한 경우 도급인은 해당 수급인과 연대하여 책임을 진다."고 규정하면서(최임법 6조 7항), 도급인의 책임범위 등을 정하고 있다(최임법 6조 8항 내지 9항). 이에 따르면, 도급으로 사업을 행하는 경우 수급인이 도급인의 책임 있는 사유[구체적으로는 최임법 6조 8항이 규정하고 있다. 이에 따르면 (i) 도급인이 도급계약의 체결 당시 인건비 단가를 최저임금액에 미치지 못하는 금액으로 결정하거나, (ii) 도급인이 도급계약 기간 중 인건비 단가를 최저임금액에 미치지 못하는 금액으로 인하한 행위를 도급인의 책임 있는 사유로 본다]로 근로자에게 최저임금액에 미달하는 임금을 지급한 때에는 도급인은 해당 수급인과 연대하여 책임을 진다(최임법 6조 7항). 그리고 2차례 이상 도급으로 사업을 행하는 경우에는 앞서 본 수급인을 하수급인으로, 도급인을 직상 수급인으로 본다(최임법 6조 9항).

## Ⅱ. 직상 수급인등의 연대 책임 요건

### 1. 한 차례 이상의 도급

개정 전에는 '사업이 여러 차례의 도급에 따라 행하여지는 경우'라고 규정

4) 대법원 2024. 7. 25. 선고 2022다233874 판결. 도급이 두 차례 이상 행하여진 경우는 이미 하수급인 근로자가 귀책사유 있는 직상 수급인 혹은 상위 수급인에 대하여 연대책임을 물을 수 있고 최초 도급인은 사업자가 아닌 경우도 많다는 점까지 고려하면, 수급인이라는 문언을 벗어나 확장 해석을 할 필요가 있다고 보이지 않는다고 설시하였다.

5) 김형배, 399면; 하갑래, 339면.

되어 있어 도급이 1차에 걸쳐 이루어져 도급인과 수급인만 있는 경우도 여기에 포함되는지에 대하여 해석상의 논란이 있었다. 판례와 통설은 이 규정의 취지가 수급인이 경영하는 사업의 의존성과 종속성을 고려하여 일정한 귀책사유가 있는 도급인에게도 임금미지급의 책임을 부담시키려는데 있으므로 도급이 1차에 걸쳐 이루어진 경우도 포함되는 것으로 해석하였다.[6][7] 개정법은 이러한 판례와 통설의 입장을 입법화하여 의미를 명확히 한 것이다.

## 2. 귀책사유

도급인, 직상 수급인 또는 상위 수급인(이하 '직상 수급인등')에게 연대책임을 묻기 위해서는 직상 수급인등에게 귀책사유가 인정되어야 한다. 여기에서 직상 수급인이란 하수급인과 직접 도급계약을 한 도급인을 말한다.

이 귀책사유의 범위는 대통령령으로 정하는데(법 44조 2항), 영 24조가 이를 정하고 있다. 이에 따르면, 직상 수급인등의 귀책사유 범위는, (i) 정당한 사유 없이 도급계약에 의한 도급 금액 지급일에 도급 금액을 지급하지 아니한 경우, (ii) 정당한 사유 없이 도급계약에 의한 원자재 공급을 늦게 하거나 공급을 하지 아니한 경우, (iii) 정당한 사유 없이 도급계약의 조건을 이행하지 아니하여 하수급인이 도급사업을 정상적으로 수행하지 못한 경우이다.

직상 수급인등에게 귀책사유가 있더라도 직상 수급인등의 귀책사유와 임금의 미지급 사이에는 인과관계가 있어야 한다.[8]

한편 여기에서 '정당한 사유'가 무엇을 뜻하는지에 관하여, 직상 수급인등에게 고의·과실이 없는 경우를 뜻한다는 견해와 직상 수급인등의 책임 영역 밖의 사유(위험)를 뜻한다는 해석이 가능하다.[9] 전자의 견해에 따를 때 '정당한 사유'의 인정 여지가 더 넓어지는데, 이 제도는 수급인 또는 하수급인(이하 '하수급인등')의 근로자를 보호하고자 하는 정책적인 고려에 따라 책임을 부담시킨다는 점에서 볼 때 후자로 좁게 해석함이 타당하다. '정당한 사유'의 증명 책임은 직상 수급인등에게 있으므로 직상 수급인등이 정당한 사유가 있음을 증명하여야 한다.[10]

---

6) 대법원 1999. 2. 5. 선고 97다48388 판결(이에 대한 평석으로는 이달휴, 47면 이하).
7) 김형배, 399~400면; 이상윤, 251면; 임종률, 433~434면; 하갑래, 329면; 해고와 임금, 167면.
8) 임종률, 434면.
9) 김형배, 401면; 하갑래, 324면.
10) 김형배, 401면.

## Ⅲ. 직상 수급인등 임금 연대 책임의 내용

### 1. 연대채무

하수급인등이 근로자에게 임금을 지급하지 못한 경우, 귀책사유 있는 직상 수급인등은 하수급인등과 연대하여 하수급인등의 근로자에게 임금을 지급할 책임을 진다. 직상 수급인등과 하수급인등이 하수급인등의 근로자에게 임금을 지급해야 할 채무의 관계는 연대채무관계이다. 따라서 직상 수급인등은 하수급인등에게 먼저 임금을 청구할 것을 항변(최고·검색의 항변)할 수 없고, 근로자는 이들 중 1인 또는 이들 모두에게 동시에 또는 순차적으로 임금채무의 지급을 구할 수 있다.[11)]

### 2. 책임의 범위

직상 수급인등이 연대 책임을 지는 임금은 귀책사유가 있는 범위 안으로 한정되고, 인과관계가 인정되는 부분만으로 한정된다.

### 3. 직상 수급인등과 하수급인등 사이의 법률관계

직상 수급인등이 하수급인등의 소속 근로자에게 임금 지급 책임을 지고 이에 따라 임금을 지급한 경우 직상 수급인등은 하수급인등에 대해 임금 상당액의 구상권을 취득함에 그친다. 다시 말해 임금을 지급했다고 하여 하수급인등에게 지급할 대금 채무가 그 지급액의 범위 안에서 당연히 소멸하는 것은 아니다. 그리고 이러한 구상권은 직상 수급인등이 하수급인등의 소속 근로자에게 그 임금 상당액을 실제 지급했을 때 발생한다.[12)]

직상 수급인등이 그 지급액을 가지고 자신의 대금 지급 채무를 면하기 위하여는, 하수급인등에게 상계 의사표시를 해야 한다. 따라서 직상 수급인등이 한 상계의 의사표시가 효력을 발생하기 전에 제3자가 하수급인등의 직상 수급인등에 대한 도급 대금 채권을 압류하고 이에 대해 전부명령을 받았다면, 직상 수급인등은 그 전부 채권자에 대해 하수급인등을 대신하여 임금을 지급하였다는 사정을 가지고 대항할 수 없다.[13)]

---

11) 김형배, 400면; 이상윤, 252면; 하갑래, 340면.
12) 대법원 1988. 4. 12. 선고 87다카1886 판결.
13) 대법원 1988. 4. 12. 선고 87다카1886 판결.

### 4. 형사 책임

직상 수급인등이 정당한 사유 없이 도급금액을 지급기일에 지급하지 아니하는 등 앞서 말한 귀책사유로 말미암아 하수급인등이 소속 근로자에게 임금을 지급하지 못했다면 직상 수급인등(사업 경영 담당자 포함)은 이 법 조항을 위반한 형사 책임[3년 이하의 징역 또는 3,000만 원 이하의 벌금(법 109조 1항). 다만, 피해자의 명시적인 의사에 반하여 처벌할 수 없다(법 109조 2항)[14)]]을 진다.[15)][16)]

[정 재 헌·이 정 아]

제44조의2(건설업에서의 임금 지급 연대책임)

① 건설업에서 사업이 2차례 이상 「건설산업기본법」 제 2 조 제11호에 따른 도급(이하 "공사도급"이라 한다)이 이루어진 경우에 같은 법 제 2 조 제 7 호에 따른 건설사업자가 아닌 하수급인이 그가 사용한 근로자에게 임금(해당 건설공사에서 발생한 임금으로 한정한다)을 지급하지 못한 경우에는 그 직상 수급인은 하수급인과 연대하여 하수급인이 사용한 근로자의 임금을 지급할 책임을 진다.

② 제 1 항의 직상 수급인이 「건설산업기본법」 제 2 조 제 7 호에 따른 건설사업자가 아닌 때에는 그 상위 수급인 중에서 최하위의 같은 호에 따른 건설사업자를 직상 수급인으로 본다.

[참고문헌]

**양승엽**, "하수급인에 대한 불벌의 표시가 직상 수급인에게 미치는지 여부", 노동리뷰 130호, 한국노동연구원(2016).

법 44조의2는, 건설업의 도급에서 하수급인의 근로자에 대하여 직상 수급

14) 다만, 근기법이 개정되어(2024. 10. 22. 법률 20520호), 법 43조의2에 따라 명단 공개된 체불사업주가 명단 공개 기간 중에 법 44조를 위반한 경우에는 그러하지 아니하다. 위 개정 규정은 시행(시행일 2025. 10. 23.) 이후 발생한 위반행위부터 적용한다(법 109조 2항 단서, 부칙 8조).

15) 대법원 1990. 10. 12. 선고 90도1794 판결(이에 대한 평석으로는 김상철, 337면).

16) 헌법재판소는 직상 수급인에게 수급인과 연대하여 임금을 지급하도록 의무를 부과하고 이를 위반하는 경우 처벌하는 규정에 대하여 죄형법정주의에 위반되지 않는다고 판단하였다(헌재 2014. 4. 24. 선고 2013헌가12 결정).

인이 하수급인과 연대하여 임금의 지급을 책임지는 또 다른 경우를 규정하였다.

즉, 건설업에서 사업이 2차례 이상 도급[1])이 이루어진 경우에 건설산업기본법 또는 다른 법률에 따라 등록 등을 한 건설사업자[2])가 아닌 하수급인이 그가 사용한 근로자에게 임금(해당 건설공사에서 발생한 임금으로 한정한다)을 지급하지 못한 경우에는 그 직상 수급인은 하수급인과 연대하여 하수급인이 사용한 근로자의 임금을 지급할 책임을 진다. 이때 직상 수급인이 건설산업기본법 또는 다른 법률에 따라 등록 등을 한 건설사업자가 아닌 때에는 그 상위 수급인 중에서 최하위로서 건설산업기본법 또는 다른 법률에 따라 등록 등을 한 건설사업자를 직상 수급인으로 본다(법 44조의2; 건설산업기본법 2조 7호 · 11호).

이와 같은 임금 지급의 연대 책임은, 하수급인이 건설산업기본법이나 그 밖의 법률로 등록 등을 한 건설사업자가 아닐 때, 그 직상 수급인이 하수급인의 근로자에 대한 임금 지급 책임을 하수급인과 연대하여 같이 지도록 하여, 하도급을 하면서 건설 관련 법령에 따라 등록 등을 한 건설사업자에게 도급을 하지 않고 영세한 미등록 건설사업자에게 공사를 도급하고, 그 과정에서 영세한 미등록 건설사업자가 임금을 체불함으로써 건설 일용 근로자가 피해를 입는 것을 개선하기 위함이다. 동 규정의 입법 취지와 관련하여 판례는, “직상 수급인이 건설업 등록이 되어 있지 않아 건설공사를 위한 자금력 등이 확인되지 않는 자에게 건설공사를 하도급하는 위법행위를 함으로써 하수급인의 임금지급의무 불이행에 관한 추상적 위험을 야기한 잘못에 대하여, 실제로 하수급인이 임금지급의무를 이행하지 않아 이러한 위험이 현실화되었을 때 그 책임을 묻는 취지로서, 건설 하도급 관계에서 발생하는 임금지급방식을 개선하여 건설근로자의 권리를 보장할 수 있도록 하는 데 입법 취지를 두고 있다.”라고 판시하였다.[3])

불법 하도급으로 말미암아 건설 일용 근로자에 대한 임금 체불이 많이 발생하는 현실에서 건설업의 하도급관계에서 발생하는 임금 지급 방식을 개선하

---

1) 법 조문에는 ‘건설산업기본법 2조 11호에 따른 도급’이라 하고 있는데, 건설산업기본법 2조 11호는, 원도급 · 하도급 · 위탁 기타 명칭의 여하에 불구하고 건설공사를 완성할 것을 약정하고, 상대방이 그 일의 결과에 대하여 대가를 지급할 것을 약정하는 계약을 ‘도급’이라 한다고 규정하고 있다. 결국 ‘건설산업기본법 2조 11호에 따른 도급’은 강학상 도급계약 중에서 건설업에서 이루어지는 도급을 말한다.

2) 법 조문에는 ‘건설산업기본법 2조 7호에 따른 건설사업자’라 하고 있는데, 건설산업기본법 2조 7호는, 건설사업자를 이 법(건설산업기본법) 또는 다른 법률에 따라 등록 등을 하고 건설업을 하는 자로 정의하고 있다.

3) 대법원 2019. 10. 31. 선고 2018도9012 판결, 대법원 2021. 6. 10. 선고 2021다217370 판결.

기 위해 2007. 7. 27. 법 개정 때 신설된 제도이다.

이 연대 책임을 요건을 나누어 보면, (i) 건설업에서 사업이 2차례 이상 도급이 이루어졌을 것, (ii) 건설산업기본법 또는 다른 법률에 따라 등록 등을 하지 않은 건설사업자가 하수급인이 되었을 것, (iii) 그와 같이 등록 등을 하지 않은 하수급인이 소속 근로자에게 임금(해당 건설공사에서 발생한 임금으로 한정한다)을 지급하지 못했을 것이다.

이러한 요건이 발생하면 하수급인의 직상 수급인은 하수급인과 연대하여 하수급인이 사용한 근로자의 임금을 지급할 책임을 진다. 건설업자가 아닌 하수급인이 그가 사용한 근로자에게 임금을 지급하지 못하였다면, 그 하수급인의 직상 수급인은 자신에게 귀책사유가 있는지 여부 또는 하수급인에게 대금을 지급하였는지 여부와 관계없이 하수급인과 연대하여 하수급인이 사용한 근로자의 임금을 지급할 책임을 부담한다.[4] 이 연대 책임의 내용은 법 44조에서 말하는 연대 책임과 같다. 자세한 내용은 법 44조에 대한 해설 참조. 다만, 법 44조가 말하는 귀책사유와 관련하여 법 44조에서는 귀책사유와 인과관계가 있는 임금에 관하여만 직상 수급인이 연대 책임을 진다고 하지만, 법 44조의2에서 말하는 이른바 불법하도급에서는 그와 같이 등록 등을 하지 않은 건설사업자에게 하도급하였다는 사정과 임금 사이의 인과관계가 있어야 연대 책임을 진다고 말할 수는 없다.

한편, 법 44조의2의 입법 취지, 규정 내용과 형식, 위반행위에 대해 형사처벌 규정을 두고 있는 점 등을 종합하여 보면 법 44조의2는 개인의 의사에 의하여 적용을 배제할 수 없는 강행규정으로 봄이 타당하고 따라서 이를 배제하거나 잠탈하는 약정을 하였더라도 그 약정은 효력이 없다.[5] 따라서 근로자가 임금 수령권한을 하수급인에게 위임하였다는 이유로 직상 수급인이 임금 상당액을 하수급인에게 지급했는데 나중에 하수급인은 근로자에게 임금을 지급하지 않았을 때, 직상 수급인이 이미 근로자에게 임금을 지급하였다고 보아 법 44조의2에 따른 책임을 면하는 것은 위 조항의 취지에 반하므로 직상 수급인은 법 44조의2에 따

4) 대법원 2021. 6. 10. 선고 2021다217370 판결.

5) 대법원 2021. 6. 10. 선고 2021다217370 판결['근로자인 원고가 소외인(하수급인)에게 직상 수급인인 피고로부터 임금을 수령할 권한을 위임하였으므로 피고가 소외인에게 원고의 임금을 포함한 하도급 대금을 모두 지급함으로써 법 44조의2에 따른 임금지급의무를 이행하였다.'는 피고의 주장에 대해, 이를 허용하는 것은 강행규정인 법 44조의2를 형해화하는 결과가 되므로 임금수령권한을 위임하는 행위는 강행규정 위반으로 그 효력이 없다는 이유로 이를 배척한 원심판결에 관련 법리를 오해한 잘못이 없다고 판단하였다].

른 임금지급의무를 이행하였다고 할 수 없다. 이처럼 직상 수급인이 직접 근로자에게 임금을 지급하지 않은 이상, 위 임금 상당액이 근로자에게 임금으로 전달되도록 담보하는 확실한 조치를 취하였다는 등의 특별한 사정이 없는 한 직상 수급인에게 임금 미지급으로 인한 근기법 위반의 고의가 부정되지는 않는다.[6)]

나아가 판례는, 건설근로자의 임금청구 소송을 심리하는 사실심법원은, '건설근로자가 소송 상대방과의 고용관계를 주장하는 경우 그러한 주장 안에 설령 고용관계가 인정되지 않는다고 하더라도 법 44조의2에 따른 직상 수급인으로서의 책임을 묻는 취지가 포함되어 있는지 여부 등을 신중하게 살펴보아야 하고, 그러한 취지가 포함되어 있는 것으로 볼 수 있는 사정이 충분함에도 섣불리 소송 상대방이 해당 건설근로자와의 고용관계가 인정되지 않는다는 이유만을 들어 그 임금청구를 배척하여서는 안 된다.'고 판시하고 있다.[7)8)]

이 규정을 위반한 직상 수급인에 대하여 처벌규정을 두고 있고, 근로자의 명시적인 의사와 다르게 공소를 제기할 수 없도록 정하고 있다(법 109조, 44조의 2).[9)] 이는 직상 수급인이 건설업 등록이 되어 있지 않아 건설공사를 위한 자금력 등이 확인되지 않는 사람에게 건설공사를 하도급하는 위법행위를 함으로써 하수

6) 대법원 2024. 6. 27. 선고 2024도4055 판결.

7) 대법원 2021. 6. 10. 선고 2021다217370 판결. 이 판결은, 법 44조의2가 건설근로자를 보호하기 위한 것으로 강행규정인 점, 사업이 여러 차례의 도급에 따라 행하여지는 경우가 많고, 필요에 따라 해당 공사현장에서 공사기간 동안만 일시적으로 근로관계가 맺어지는 건설사업의 특성상 건설근로자의 경우 누구와 근로계약관계를 맺은 것인지가 명확하지 않은 경우도 종종 발생하고 이에 따라 건설근로자로서는 보다 자력이 있는 직상 수급인 등을 자신과 고용관계를 맺은 사업주라고 주장할 여지가 상당한 점 등을 염두에 둘 필요가 있다는 점을 논거로 삼고 있다.

8) 한편 법 44조의2의 적용과 관련하여 건설근로자의 사용자가 인력공급업체인지 하수급인인지가 문제된 사건으로는, 대법원 2019. 12. 12. 선고 2019다253175 판결(근로자를 공급받는 업체가 공사 현장에서 근로자들에 대하여 지휘·감독을 하였던 이상, 인력공급업체가 근로자들과 근로조건에 관한 협의를 하고 임금을 지급하였다고 하더라도, 사용자는 인력공급업체가 아닌 인력을 공급받은 업체라고 보았다), 대법원 2021. 11. 11. 선고 2021다255051 판결(인력공급업체가 직업안정법상 유료직업소개사업으로서 근로자를 공급받는 업체와 근로자 사이에 고용계약 성립을 알선하는 형태로 인력공급을 한 것이라면, 특별한 사정이 없는 한 해당 근로자의 사용자는 인력을 공급받는 업체이고, 외형상 인력공급업체가 임금을 지급하거나 근로자들을 지휘·감독한 것으로 보이는 사정이 있다고 하더라도, 이는 임금의 대위지급 또는 임금 지급에 관한 근거자료 등을 위해 현장 근로상황을 파악하는 형태에 불과할 수 있으므로, 위 사정들만으로 섣불리 근로자들의 사용자를 인력공급업체로 볼 수 없다고 하였다) 참조.

9) 다만, 근기법이 개정되어(2024. 10. 22. 법률 20520호), 법 43조의2에 따라 명단 공개된 체불사업주가 명단 공개 기간 중에 법 44조의2를 위반한 경우에는 그러하지 아니하다. 위 개정규정은 시행(시행일 2025. 10. 23.) 이후 발생한 위반행위부터 적용한다(법 109조 2항 단서, 부칙 8조).

급인의 임금지급의무 불이행에 관한 추상적 위험을 야기한 잘못에 대하여, 실제로 하수급인이 임금지급의무를 이행하지 않아 이러한 위험이 현실화되었을 때 책임을 묻는 취지이다.

판례는 하수급인의 처벌을 희망하지 아니하는 근로자의 의사표시가 있을 경우 이 의사표시가 직상 수급인에 대한 처벌 불희망도 포함하고 있는지에 대하여, 근로자가 직상 수급인에게 임금을 직접 청구한 적이 있는지, 하수급인이 직상 수급인에게 임금 미지급 사실을 알린 적이 있는지, 하수급인과 근로자의 합의 과정에 직상 수급인이 참여할 기회가 있었는지, 근로자가 합의 대상에서 직상 수급인을 명시적으로 제외하고 있는지, 변제나 면제 등을 통하여 하수급인의 책임이 소멸하였는지 등의 여러 사정을 참작하여 판단하여야 한다고 판시하고 있다.[10)]

[정 재 헌 · 이 정 아]

## 제44조의3(건설업의 공사도급에 있어서의 임금에 관한 특례)

① 공사도급이 이루어진 경우로서 다음 각 호의 어느 하나에 해당하는 때에는 직상 수급인은 하수급인에게 지급하여야 하는 하도급 대금 채무의 부담 범위에서 그 하수급인이 사용한 근로자가 청구하면 하수급인이 지급하여야 하는 임금(해당 건설공사에서 발생한 임금으로 한정한다)에 해당하는 금액을 근로자에게 직접 지급하여야 한다.

1. 직상 수급인이 하수급인을 대신하여 하수급인이 사용한 근로자에게 지급하여야 하는 임금을 직접 지급할 수 있다는 뜻과 그 지급방법 및 절차에 관하여 직상 수급인과 하수급인이 합의한 경우
2. 「민사집행법」 제56조 제 3 호에 따른 확정된 지급명령, 하수급인의 근로자에게 하수급인에 대하여 임금채권이 있음을 증명하는 같은 법 제56조 제 4 호에 따른 집행증서, 「소액사건심판법」 제 5 조의7에 따라 확정된 이행권고결정, 그 밖에 이에 준하는 집행권원이 있는 경우
3. 하수급인이 그가 사용한 근로자에 대하여 지급하여야 할 임금채무가 있음을 직상 수급인에게 알려주고, 직상 수급인이 파산 등의 사유로 하수급인이 임금을 지급할 수 없는 명백한 사유가 있다고 인정하는 경우

10) 대법원 2015. 11. 12. 선고 2013도8417 판결(이에 대한 평석으로는 양승엽, 113~116면).

② 「건설산업기본법」 제 2 조 제10호에 따른 발주자의 수급인(이하 "원수급인"이라 한다)으로부터 공사도급이 2차례 이상 이루어진 경우로서 하수급인(도급받은 하수급인으로부터 재하도급 받은 하수급인을 포함한다. 이하 이 항에서 같다)이 사용한 근로자에게 그 하수급인에 대한 제 1 항 제 2 호에 따른 집행권원이 있는 경우에는 근로자는 하수급인이 지급하여야 하는 임금(해당 건설공사에서 발생한 임금으로 한정한다)에 해당하는 금액을 원수급인에게 직접 지급할 것을 요구할 수 있다. 원수급인은 근로자가 자신에 대하여 「민법」 제404조에 따른 채권자대위권을 행사할 수 있는 금액의 범위에서 이에 따라야 한다.
③ 직상 수급인 또는 원수급인이 제 1 항 및 제 2 항에 따라 하수급인이 사용한 근로자에게 임금에 해당하는 금액을 지급한 경우에는 하수급인에 대한 하도급 대금 채무는 그 범위에서 소멸한 것으로 본다.

법 44조의3은 도급 근로자의 임금 보호를 위한 또 다른 제도로서 건설공사의 직상 수급인 또는 원수급인이 하수급인 소속 근로자에게 임금을 직접 지급해야 하는 또 다른 경우를 규정하고 있다. 1항은 직상 수급인과 하수급인 사이의 합의나 이에 준하는 직상 수급인의 인정, 집행권원의 존재 등 일정 요건이 있을 때 직상 수급인에게 임금 직접 지급 의무를 지우고 있고, 2항은 집행권원의 존재라는 요건이 있을 때 원수급인에게 임금 직접 지급 의무를 지우고 있다. 이 제도 역시 법 44조의2와 마찬가지로 2007. 7. 27. 법 개정 때 신설되었다.

건설업에서 (i) 직상 수급인이 하수급인을 대신하여 하수급인이 사용한 근로자에게 지급할 임금을 직상 수급인이 직접 지급할 수 있다는 뜻과 그 지급 방법 · 절차를 직상 수급인과 하수급인이 합의한 경우, (ii) 확정된 지급명령, 하수급인의 근로자에게 하수급인에 대하여 임금채권이 있음을 증명하는 공증인 작성 집행증서, 소액사건심판법에 따라 확정된 이행권고결정, 그 밖에 이에 준하는 집행권원이 있는 경우, (iii) 하수급인이 그가 사용한 근로자에 대하여 지급하여야 할 임금 채무가 있음을 직상 수급인에게 알려주고, 직상 수급인이 파산 등의 사유로 하수급인이 임금을 지급할 수 없는 명백한 사유가 있다고 인정하는 경우의 하나에 해당하는 때에는, 직상 수급인은 하수급인에게 지급하여야 하는 하도급 대금 채무의 부담 범위에서 그 하수급인이 사용한 근로자가 청구하면 하수급인이 지급하여야 하는 임금(해당 건설공사에서 발생한 임금으로 한정한다)에 해당하는 금액을 근로자에게 직접 지급하여야 한다(법 44조의3 1항).

건설공사를 수급한 자(이하 '원수급인')에게서 도급이 2차례 이상 이투어진 경우로서 하수급인(도급받은 하수급인으로부터 재하도급 받은 하수급인을 포함한다)이 사용한 근로자가 하수급인을 상대로 (i) 확정된 지급명령, (ii) 임금채권이 있음을 증명하는 공증인 작성 집행증서, (iii) 소액사건심판법에 따라 확정된 이행권고결정, (iv) 그 밖에 이에 준하는 집행권원을 가지고 있다면, 하수급인이 지급하여야 하는 임금(해당 건설공사에서 발생한 임금으로 한정한다)에 해당하는 금액을 원수급인에게 직접 지급할 것을 요구할 수 있다. 원수급인은 근로자가 자신에 대하여 민법 404조에 따라 채권자대위권을 행사할 수 있는 금액의 범위에서 이에 따라야 한다(법 44조의3 2항). 직상 수급인 또는 원수급인이 하수급인이 사용한 근로자에게 임금에 해당하는 금액을 지급한 경우에는 하수급인에 대한 하도급 대금 채무는 그 범위에서 소멸한 것으로 보아야 한다(법 44조의3 3항).

[정 지 헌 · 이 정 아]

## 제45조(비상시 지급)

사용자는 근로자가 출산, 질병, 재해, 그 밖에 대통령령으르 정하는 비상(非常)한 경우의 비용에 충당하기 위하여 임금 지급을 청구하면 지급기일 전이라도 이미 제공한 근로에 대한 임금을 지급하여야 한다.

## 영 제25조(지급기일 전의 임금 지급)

법 제45조에서 "그 밖에 대통령령으로 정한 비상(非常)한 경우"란 근로자나 그의 수입으로 생계를 유지하는 자가 다음 각 호의 어느 하나에 해당하게 되는 경우를 말한다.

1. 출산하거나 질병에 걸리거나 재해를 당한 경우
2. 혼인 또는 사망한 경우
3. 부득이한 사유로 1주일 이상 귀향하게 되는 경우

〈세 목 차〉

## Ⅰ. 임금의 비상시 지급

임금은 원칙적으로 법 43조의 규정에 따라 정기일에 전액을 지급하여야 한다. 그러나 예외적으로 근로자 보호를 위하여 법은 근로자에게 발생한 비상한 경우 이미 제공한 근로에 대한 임금을 지급할 수 있도록 하였다. 이는 근로자가 급박한 경비 지출 필요에 대응할 수 있도록 법규로 인정한 선지급(가불) 제도로서 '법정 가불 제도'라고 볼 수 있다.

선원법에도 같은 취지의 규정이 있다. 이에 따르면 선박소유자는 선원이나 그 가족의 출산·질병·재해 그 밖의 비상한 경우에 비용에 충당하기 위하여 선원이 임금의 지급을 청구하는 경우에는 임금의 지급기일 전이라도 이미 제공한 근로에 대한 임금을 지급하여야 한다(선원법 53조). 비상한 경우에 관하여는 대통령령으로, 혼인 또는 사망한 경우, 해양수산부장관이 정한 부득이한 사유로 7일 이상 하선하게 되는 경우를 규정하고 있다(선원법 시행령 17조의2).

## Ⅱ. 요 건

실체적 요건으로서, 비상한 경우에 해당하여 그 비용에 충당하기 위한 경우이어야 한다.

법에서는 비상한 경우로 출산, 질병, 재해를 열거하고 있고, 그 밖에 대통령령이 비상한 경우를 추가할 수 있도록 하고 있다. 이에 따라 영 25조는 비상한 경우로 근로자가 출산, 질병, 재해를 당한 경우뿐 아니라 근로자의 수입으로 생계를 유지하는 자가 출산, 질병, 재해를 당한 경우와 근로자나 그의 수입으로 생계를 유지하는 자가 혼인하거나 사망한 경우 또는 부득이한 사유로 1주일 이상 귀향하게 되는 경우를 규정하고 있다(영 25조).

질병의 경우는 업무상의 질병뿐만 아니라 업무 외의 질병도 포함되고, 재해는 홍수, 화재, 그 밖의 천재·지변, 사변 등이 모두 포함된다.[1)]

근로자의 수입으로 생계를 유지하는 자는 친족뿐 아니라 그 밖의 동거인이라도 근로자가 부양의무를 지고 있는 사람을 모두 포함한다.[2)]

1) 이상윤, 231면; 하갑래, 339면.
2) 이상윤, 231면; 하갑래, 339면.

절차적 요건으로서, 근로자가 사용자에게 임금 지급을 청구하여야 한다.

## Ⅲ. 효 과

사용자는 비상한 경우의 비용에 충당하기 위하여 근로자의 청구가 있으면 지급기일 전이라도 근로자가 이미 제공한 근로에 대한 임금을 지급하여야 한다.

사용자는 근로자가 이미 제공한 근로에 대한 임금만 지급할 의무가 있다.[3) 단체협약이나 취업규칙으로 아직 제공하지 않은 근로의 대가를 비상시 지급할 수 있도록 정할 수 있음은 물론이다.

사용자가 이를 위반하면 1,000만 원 이하의 벌금에 처한다(법 113조).

[정 재 헌·이 정 아]

第46条(휴업수당)

① 사용자의 귀책사유로 휴업하는 경우에 사용자는 휴업기간 동안 그 근로자에게 평균임금의 100분의 70 이상의 수당을 지급하여야 한다. 다만, 평균임금의 100분의 70에 해당하는 금액이 통상임금을 초과하는 경우에는 통상임금을 휴업수당으로 지급할 수 있다.

② 제1항에도 불구하고 부득이한 사유로 사업을 계속하는 것이 불가능하여 노동위원회의 승인을 받은 경우에는 제1항의 기준에 못 미치는 휴업수당을 지급할 수 있다.

〈세 목 차〉



3) 이상윤, 231면; 하갑래, 339면.

[참고문헌]

박수근, "경영상 휴업과 근로자의 보호", 노동법연구 27호, 서울대학교 노동법연구회(2009. 9.); 이장호, "휴업수당", 재판자료 39집 근로관계소송상의 제문제(상), 법원행정처(1987. 12.); 정진경, 부당해고의 구제, 서울대학교 법학연구소 법학연구총서 23, 경인문화사(2009. 6.).

## Ⅰ. 휴업수당의 의의

사용자에게 책임 있는 사유로 근로자가 근로를 제공하지 못하면, 위험부담에 관한 채무자주의 원칙의 예외(민법 538조 1항)에 따라 근로자는 자신의 채무인 근로 제공을 하지 않아도 사용자에게 그 채무와 견련관계에 있는 채권인 임금청구권을 행사할 수 있다. 하지만 이 경우 사용자의 고의·과실 등을 증명해야 하는 어려움이 있다.

법은 이러한 민법상 위험 부담 법리에 의존하지 않고도 근로자의 최저 생활을 보장하려는 취지에서 휴업수당 제도를 두었다.[1]

휴업수당 제도는 상시 5명 이상 근로자를 사용하는 사업·사업장에만 적용된다(법 11조 1항·2항, 영 7조, [별표 1] 참조).

## Ⅱ. 휴업수당의 발생 요건

### 1. 사업장의 휴업, 근로 제공의 수령 거부

휴업수당은 사업장의 전부 또는 일부가 휴업하는 경우에 발생하는 것이 전형적인 경우이나, 개개의 근로자가 근로계약에 따라 근로를 제공할 의사가 있는데도 사용자가 근로자의 의사에 반하여 근로 제공의 수령을 거부하거나 근로

1) 이장호, 419~420면; 민법 538조 1항과 법 46조의 관계에 대한 상세한 논의는 정진경, 144~151면 참조.

제공을 불가능하게 한 경우에도 휴업수당 청구권이 발생한다.[2)]

국가의 부당한 면직처분으로 공무원이 그 의사에 반하여 근로를 제공할 수 없는 경우에도 휴업수당 청구권이 발생한다. 공무원에게도 최저 생활을 보장할 필요성이 있음은 사기업의 근로자와 동일하기 때문이다.[3)]

도급제 임금 지급방식으로 근로계약을 체결한 경우에는 그 성격상 휴업수당 규정이 적용되지 않음이 원칙이다.

## 2. 사용자의 귀책사유

법 46조가 말하는 '귀책사유'가 무엇인지에 관하여, 민법 538조가 말하는 '사용자에게 책임 있는 사유'와 같이 보아야 한다는 견해가 있을 수 있으나, 법 46조가 규정한 '귀책사유'는 민법 538조가 규정한 '사용자에게 책임 있는 사유'와 달리 고의·과실에 이를 필요가 없고, 원칙적으로 사용자의 세력범위 안에서 발생한 경영장애라고 해석하는 것이 일반적이다.[4)] 문제되는 경우를 보면 다음과 같다.

### 가. 경영상의 사정으로 인한 휴업

동력 자원, 원료, 부품 등을 확보하지 못한 경우, 판매가 부진하거나 주문이 감소한 경우, 기업 운영 자금이 부족한 경우,[5)] 하도급 업체의 사정으로 인한 하수급업체의 공사량 감소[6)]와 같은 경영상의 사정은 사용자의 귀책사유에 해당한다. 이러한 사정은 사용자가 경영기술상 마땅히 예상하여 그에 대비하여야 하므로 이로써 불가항력을 주장할 수 없다.

### 나. 법령 또는 행정명령을 준수하기 위한 조치로 인한 휴업

근로자에 대한 정기적인 건강 검진이나 건강 진단 결과에 의한 근로시간 단축 등 법령 또는 행정명령을 준수하기 위한 조치는 비록 법령에 따라 강제되더라도 노동력의 적정한 관리라는 경영 기술상의 요청에 부합하는 것으로서 사용자의 사업 범위 안에 있는 사유이다.[7)]

2) 대법원 1991. 12. 13. 선고 90다18999 판결, 대법원 2009. 9. 10. 선고 2007두10440 판결; 이장호, 435면.

3) 대법원 1996. 4. 23. 선고 94다446 판결.

4) 김형배, 393면; 이상윤, 233면; 이장호, 439면; 임종률, 423면; 하갑래, 292~293면.

5) 대법원 1963. 2. 21. 선고 62다912 판결.

6) 대법원 1970. 5. 26. 선고 70다523, 524 판결.

7) 김지형, 254면.

### 다. 정전 또는 단전으로 인한 휴업

사용자가 시설관리를 소홀히 하여 정전이 된 경우, 전기료 체납으로 인하여 단전된 경우는 사용자의 귀책사유에 해당한다. 전기 공급 사업자측의 송전 시설 고장, 전기 공사 등 외부적 사유로 정전이 된 경우 등은 사용자에게 직접적 책임이 없어 귀책사유에 해당하지 않을 여지가 있지만, 사용자에게 자가 발전 시설 등 정전에 대비한 대책을 갖출 것을 기대할 수 있는 경우는 사용자의 귀책사유로 볼 수 있다.[8)]

## Ⅲ. 휴업수당의 산정

휴업수당은 평균임금의 70% 이상이어야 하고, 다만 평균임금의 70%에 상당하는 금액이 통상임금보다 많으면 통상임금으로 휴업수당을 지급할 수 있다(법 46조 1항).

휴업기간에 대하여 근로자가 임금의 일부를 지급받은 경우에는 사용자는 휴업기간 전체에 대한 평균임금에서 이미 지급된 임금을 뺀 금액의 100분의 70 이상에 해당하는 수당을 지급하여야 한다(영 26조 본문). 다만, 법 46조 1항 단서에 따라 통상임금을 휴업수당으로 지급하는 경우에는 통상임금에서 이미 지급된 임금을 뺀 금액을 지급하여야 한다(영 26조 단서).

위와 같은 휴업수당 지급의무를 위반한 자는 3년 이하의 징역 또는 3,000만 원 이하의 벌금에 처한다(법 109조 1항). 다만, 피해자의 명시적인 의사와 다르게 공소를 제기할 수 없다(법 109조 2항).[9)]

## Ⅳ. 휴업수당의 감액

### 1. 의 의

사용자에게 귀책사유가 있더라도 부득이한 사유로 사업을 계속하는 것이

8) 김지형, 254면.

9) 다만, 근기법이 개정되어(2024. 10. 22. 법률 20520호), 법 43조의2에 따라 명단 공개된 체불사업주가 명단 공개 기간 중에 법 46조를 위반한 경우에는 그러하지 아니하다. 위 개정 규정은 시행(시행일 2025. 10. 23.) 이후 발생한 위반행위부터 적용한다(법 109조 2항 단서, 부칙 8조).

불가능하여 노동위원회의 승인을 받은 경우에는 사용자는 평균임금의 100분의 70 또는 통상임금 미만의 휴업수당을 지급할 수 있다(법 46조 2항).

지방노동위원회의 휴업수당 지급 예외 승인 결정은 수당지급 채권의 발생 여부에 직접 영향을 미치는 것으로서 승인 신청자는 당해 사용자가 되고 그 결정에 대한 재심신청 당사자는 당해 근로자 또는 사용자이다. 노동조합은 승인결정이나 재심판정에 사실상 이해관계가 있거나, 노위법 23조 1항 소정의 관계인에 해당하더라도 재심신청인 자격이 인정되지 않는다.[10)]

## 2. 요 건

두 가지 요건이 필요한데, 첫째 부득이한 사유로 사업을 계속하는 것이 불가능하여야 하고, 둘째 노동위원회의 승인을 받아야 한다.

먼저, 부득이한 사유를 어떻게 파악할 것인지에 관하여, 천재지변 등 불가항력적인 사유를 가리킨다는 견해[11)]가 있으나, 법 46조 2항에서 '제 1 항에도 불구하고'라고 하여 사용자의 귀책사유로 휴업하는 경우를 전제로 한 점, 불가항력적인 사유라면 사용자의 귀책사유가 없어서 휴업수당 청구권이 발생하지 않는다고 보는 것이 상당한 점 등을 고려할 때, '당해 사업 외부의 사정에 기인한 사유 등으로 인하여 사용자에게 휴업수당을 전액 지급하게 하는 것이 타당하지 아니하다고 인정되는 사유'라고 봄이 타당하다.[12)] 정당성을 갖추지 아니한 파업, 전면 파업 예정, 1개 공장의 파업으로 인한 다른 공장의 조업 불가능 등의 사정을 들어, 부득이한 사유로 사업 계속이 불가능한 경우에 해당한다고 한 판결이 있다.[13)] 부득이한 사유로 사업을 계속하는 것이 불가능하다는 점에 대한 증명책임은 휴업수당 지급 책임을 면하고자 하는 사용자에게 있다.

부득이한 사유로 사업을 계속하는 것이 불가능하다고 하더라도 노동위원회의 승인이 있어야 휴업수당의 감액이 가능하다.[14)] 승인 신청자는 당해 사용자가 되고 그 결정에 대한 재심신청 당사자는 당해 근로자 또는 사용자이다. 노동위원회의 승인 또는 그에 관한 재심 처분은 관계 당사자들 사이의 수당지급채권의

10) 대법원 1993. 11. 9. 선고 93누1671 판결.
11) 이병태, 729면; 이장호, 455~457면.
12) 김유성, 105면~107면; 박수근, 246면; 임종률, 425면; 하갑래, 296면.
13) 대법원 2000. 11. 24. 선고 99두4280 판결.
14) 김유성, 107면; 임종률, 425면; 하갑래 295면; 대법원 1968. 9. 17. 선고 68누151 판결.

발생 여부에 대해 직접적인 영향을 미치므로 행정처분으로서 행정소송의 대상이 된다.[15] 지방노동위원회의 처분에 불복할 경우, 사용자는 노위법 26조 2항에 따라 지방노동위원회의 처분 통지를 받은 날부터 10일 이내에, 근로자는 승인 처분의 직접 당사자가 아니고 처분 통지를 받는 것도 아니므로 행심법 27조에 따라 처분이 있음을 알게 된 날부터 90일 이내에, 처분이 있었던 날부터 180일 이내에 중앙노동위원회에 대한 재심을 각 제기할 수 있다.[16] 노동조합은 승인결정이나 재심판정에 사실상 이해관계가 있거나, 노위법 23조 1항 소정의 관계인에 해당하더라도 재심신청자격이나 재심판정취소의 소의 원고 적격이 인정되지 않는다.[17]

### 3. 휴업수당 감액 수준

법은 "제 1 항의 기준에 못 미치는 휴업수당을 지급할 수 있다"(법 46조 2항)라고만 규정하고 있고, 그 경우에 지급하여야 할 휴업수당의 범위에 관하여는 규정하고 있지 아니하다.

먼저 노동위원회가 승인을 할 때 휴업수당의 범위까지 결정할 수 있는지가 문제된다. 법 46조의 문리적 해석상 노동위원회의 승인 대상은 부득이한 사유로 사업을 계속하는 것이 불가능한지 여부에 한정되고, 이때 휴업수당의 범위는 승인 대상이 되지 아니한다.[18] '제 1 항의 기준에 못 미치는 휴업수당'이라고 하였으므로 조금이라도 휴업수당을 지급하여야 하는지가 문제되나, 법 46조 2항은 사용자의 휴업수당 지급 의무의 예외를 정한 것이고 그러한 예외의 경우에 휴업수당 지급의 하한이 별도로 정해지지 않은 이상 사정에 따라서는 사용자가 휴업수당을 전혀 지급하지 않는 것도 가능하다.[19]

## V. 쟁의행위와 휴업수당

쟁의행위가 있는 경우 휴업에 이르게 되는 경우가 많다. 이러한 경우 휴업

15) 대법원 1968. 9. 17. 선고 68누151 판결.
16) 대법원 1995. 6. 30. 선고 94누9955 판결.
17) 대법원 1993. 11. 9. 선고 93누1671 판결.
18) 임종률, 425면; 하갑래, 296면. 이에 대하여 노동위원회가 판단할 수 있는 대상 또는 범위에는 부득이한 사유뿐 아니라 감액하고자 하는 휴업수당의 내용도 포함된다는 견해는 박수근, 247면.
19) 김형배, 394~395면; 하갑래, 296면; 대법원 2000. 11. 24. 선고 99두4280 판결.

수당 지급 의무가 있는지 문제된다. 이 문제는 쟁의행위로 휴업을 할 때 이 휴업이 사용자의 귀책사유로 인한 것인가 하는 판단 문제이다. 만약 사용자가 부득이한 사유로 사업을 계속하는 것이 불가능함을 이유로 노동위원회의 승인을 얻은 경우에는 노동위원회의 승인이라는 행정처분이 적법한지도 문제된다.

### 1. 전면 파업

근로자가 정당한 파업에 참가한 경우 근로자는 자기의 목적을 관철하기 위하여 근로의 제공을 거부하는 것이기 때문에 근로자가 사용자에 대하여 지고 있는 근로 제공 의무를 이행하지 않는 것으로 보아야 한다. 따라서 이를 두고 사용자의 귀책사유로 휴업한 것이라 볼 수는 없다. 따라서 이 경우 휴업수당 청구권은 발생하지 않는다.[20]

### 2. 부분 파업

근로자 또는 노동조합 조합원의 일부만 파업에 참가하여 파업 불참자나 비조합원은 근로를 희망하고 근로를 제공할 수 있는 상태에 있을 때 사용자가 그들의 근로 수령을 거절한 경우 휴업수당 지급을 청구할 수 있는지 문제된다.

이에 관하여는 첫째, 파업이 집단적 현상인 점을 중시하여 파업 참가자와 불참자의 연계관계나 근로희망자들만으로 가치 있는 조업이 가능한지를 불문하고 휴업수당을 지급할 필요가 없다는 견해, 둘째 개별적인 근로계약관계의 면을 중시하여 사용자는 취업거부를 불가항력에 의한 것으로 주장할 수 없고 휴업수당을 지급하여야 한다는 견해, 셋째 절충설로서 근로 희망 근로자들의 근로만으로 사용자에게 가치 있는 조업이 가능함에도 그 취업을 거부한 경우에는 사용자에게 휴업수당 지급 의무를 인정하는 견해로 나눌 수 있다.[21] 사용자에게 가치 있는 조업이 가능함에도 취업을 거부하는 경우에 사용자에게 귀책사유가 있다고 봄이 상당하므로 세 번째 견해가 타당하다.[22]

[김 진 석]

20) 김형배, 396면; 이장호, 446면; 하갑래, 333면.
21) 김지형, 255면; 이장호, 446~448면.
22) 김지형, 255면; 김형배, 396~398면; 이장호, 448면; 하갑래, 334~335면.

제47조(도급 근로자)

사용자는 도급이나 그 밖에 이에 준하는 제도로 사용하는 근로자에게 근로시간에 따라 일정액의 임금을 보장하여야 한다.

〈세 목 차〉



## Ⅰ. 도급 근로자의 임금액 보호

도급제 아래에서 근로자는 근로시간과 상관없이 일의 완성 여부에 따라 임금을 지급받게 되는 것이 원칙이다. 그러나 이를 관철하는 경우 원자재 공급 지연이나 사업장의 내부 사정 등 근로자가 책임질 수 없는 사정, 특히 사용자의 귀책사유로 일의 완성이 지연되는 경우 근로자는 자신의 잘못 없이 급여를 지급받지 못하여 생계를 위협받을 우려가 있다. 법 47조는 이때 도급 근로자의 임금을 보호하기 위하여 마련된 규정이다.[1)]

이를 위반한 자는 500만 원 이하의 벌금에 처한다(법 114조 1호).

## Ⅱ. 적용 대상

근로시간에 따라 일정액의 임금을 보장받을 근로자는 도급제로 근무하는 근로자뿐만 아니라 성과급제, 능률급제 등 도급제와 유사한 형태로 근무하는 근로자를 포함한다.[2)] 하지만 근기법의 적용을 받지 않는 민법상 도급의 수급인은 여기에 포함되지 않는다. 수급인은 근기법상의 근로자로 볼 수 없기 때문이다.[3)]

## Ⅲ. 보장액의 수준

근기법은 일정액의 임금을 보장한다고 규정하면서 일정액의 객관적인 기준

1) 김형배, 361면.
2) 하갑래, 271면.
3) 하갑래, 271면.

을 제시하지 않고 있다. 근로계약, 취업규칙, 단체협약 등에 정한 것이 있으면 이에 따른다고 보는 것이 일반적인 견해이다.[4)]

이러한 규정이 없는 경우 일반 근로자에게 보장되는 임금 수준을 보장해야 한다는 견해와 최저임금 수준 이상을 보장하여야 한다는 견해,[5)] 법 46조가 규정하는 휴업수당 상당액인 평균임금의 70% 이상을 보장해야 한다는 견해가 있다.[6)]

[정 지 헌·이 정 아]

## 第48조(임금대장 및 임금명세서)

① 사용자는 각 사업장별로 임금대장을 작성하고 임금과 가족수당 계산의 기초가 되는 사항, 임금액, 그 밖에 대통령령으로 정하는 사항을 임금을 지급할 때마다 적어야 한다.

② 사용자는 임금을 지급하는 때에는 근로자에게 임금의 구성항목 · 계산방법, 제43조 제1항 단서에 따라 임금의 일부를 공제한 경우의 내역 등 대통령령으로 정하는 사항을 적은 임금명세서를 서면(「전자문서 및 전자거래 기본법」 제2조 제1호에 따른 전자문서를 포함한다)으로 교부하여야 한다.

## 영 제27조(임금대장의 기재사항)

① 사용자는 법 제48조 제1항에 따른 임금대장에 다음 각 호의 사항을 근로자 개인별로 적어야 한다.

1. 성명
2. 생년월일, 사원번호 등 근로자를 특정할 수 있는 정보
3. 고용 연월일
4. 종사하는 업무
5. 임금 및 가족수당의 계산기초가 되는 사항
6. 근로일수
7. 근로시간수

---

4) 김형배, 361면; 이상윤, 210면.
5) 하갑래, 271면.
6) 이상윤, 210면.

8. 연장근로, 야간근로 또는 휴일근로를 시킨 경우에는 그 시간수
9. 기본급, 수당, 그 밖의 임금의 내역별 금액(통화 외의 것으로 지급된 임금이 있는 경우에는 그 품명 및 수량과 평가총액)
10. 법 제43조 제 1 항 단서에 따라 임금의 일부를 공제한 경우에는 그 금액

② 사용기간이 30일 미만인 일용근로자에 대하여는 제 1 항 제 2 호 및 제 5 호의 사항을 적지 않을 수 있다.

③ 다음 각 호의 어느 하나에 해당하는 근로자에 대하여는 제 1 항 제 7 호 및 제 8 호의 사항을 적지 않을 수 있다.

1. 법 제11조 제 2 항에 따른 상시 4명 이하의 근로자를 사용하는 사업 또는 사업장의 근로자
2. 법 제63조 각 호의 어느 하나에 해당하는 근로자

영 제27조의2(임금명세서의 기재사항)

사용자는 법 제48조 제 2 항에 따른 임금명세서에 다음 각 호의 사항을 적어야 한다.

1. 근로자의 성명, 생년월일, 사원번호 등 근로자를 특정할 수 있는 정보
2. 임금지급일
3. 임금 총액
4. 기본급, 각종 수당, 상여금, 성과금, 그 밖의 임금의 구성항목별 금액(통화 이외의 것으로 지급된 임금이 있는 경우에는 그 품명 및 수량과 평가총액을 말한다)
5. 임금의 구성항목별 금액이 출근일수 · 시간 등에 따라 달라지는 경우에는 임금의 구성항목별 금액의 계산방법(연장근로, 야간근로 또는 휴일근로의 경우에는 그 시간 수를 포함한다)
6. 법 제43조 제 1 항 단서에 따라 임금의 일부를 공제한 경우에는 임금의 공제 항목별 금액과 총액 등 공제내역

법은 임금과 관련한 제 규정의 실효적인 준수나 감독행정의 실효 확보를 위하여 사용자에게 임금대장의 작성 의무 및 임금명세서의 서면 교부의무를 부여하고 있다. 즉, 사용자는 각 사업장별로 임금대장을 작성하고 임금과 가족수당 계산의 기초가 되는 사항, 임금액, 그 밖에 대통령령으로 정하는 사항을 임금을 지급할 때마다 적어야 하고(법 48조 1항), 임금을 지급하는 때에는 근로자에

게 임금의 구성항목·계산방법, 임금의 일부를 공제한 경우의 내역 등 대통령령으로 정하는 사항을 적은 임금명세서를 서면(「전자문서 및 전자거래 기본법」상 전자문서 포함)으로 교부하여야 한다(법 48조 2항). 이를 위반한 자에게는 500만 원 이하의 과태료를 부과한다(법 116조 2항 2호).[1] 그리고 이러한 임금대장 작성 및 임금명세서 교부는 상시 4명 이하의 근로자를 사용하는 사업·사업장에도 적용된다.

임금대장에 기재하여야 할 사항 중 대통령령이 정하는 사항은, 근로자 개인별로 성명, 생년월일, 사원번호 등 근로자를 특정할 수 있는 정보, 고용 연월일, 종사하는 업무, 임금 및 가족수당의 계산기초가 되는 사항, 근로일수, 근로시간수, 연장근로·야간근로 또는 휴일근로를 시킨 경우에는 그 시간수, 기본급·수당 그 밖의 임금의 내역별 금액(통화 외의 것으로 지급된 임금이 있는 경우에는 그 품명 및 수량과 평가총액), 법 43조 1항 단서의 규정에 의하여 임금의 일부를 공제한 경우에 그 금액이다(영 27조 1항).

다만, 사용기간이 30일 미만인 일용근로자에 대하여는 생년월일, 사원번호 등 근로자를 특정할 수 있는 정보와 임금 및 가족수당의 계산기초가 되는 사항을 적지 아니할 수 있고(영 27조 2항), 상시 4명 이하의 근로자를 사용하는 사업·사업장의 근로자와 법 63조 각 호에 해당하는 근로자의 경우는 근로시간수 및 연장근로·야간근로 또는 휴일근로를 시킨 경우에 그 시간수를 적지 아니할 수 있다(영 27조 3항).

임금명세서에 기재하여야 할 사항 중 대통령령이 정하는 사항은, 근로자의 성명, 생년월일, 사원번호 등 근로자를 특정할 수 있는 정보, 임금지급일, 임금총액, 기본급, 각종 수당, 상여금, 성과금, 그 밖의 임금의 구성항목별 금액(통화 외의 것으로 지급된 임금이 있는 경우에는 그 품명 및 수량과 평가총액), 임금의 구성항목별 금액이 출근일수·시간 등에 따라 달라지는 경우에는 임금의 구성항목별 금액의 계산방법(연장근로, 야간근로 또는 휴일근로의 경우에는 그 시간 수 포함), 법 43조 1항 단서의 규정에 의하여 임금의 일부를 공제한 경우에 임금의 공제항목별 금액과 총액 등 공제내역이다(영 27조의2).

[경 재 헌·이 정 아]

---

1) 종전에는 500만 원 이하의 벌금에 처하도록 했으나, 2007. 1. 26. 법 개정 때 과태료를 부과하는 것으로 개정되었다.

제49조(임금의 시효)

이 법에 따른 임금채권은 3년간 행사하지 아니하면 시효로 소멸한다.

〈세 목 차〉



## Ⅰ. 임금채권의 시효

법 49조는 임금채권의 소멸시효를 3년으로 규정하고 있다. 이는 민법상 급료채권의 단기소멸시효와 동일하다(민법 163조 1호). 퇴직급여법에서는 퇴직금의 소멸시효를 역시 3년으로 규정하고 있다(퇴직급여법 10조).

1974. 12. 24. 개정 전의 법에서는 임금채권의 시효가 2년이었다.

헌법재판소는, 임금채권 소멸시효를 일반 채권보다 단기로 규정한 것이 입법재량의 범위를 현저히 일탈하였다거나 다른 일반채권들에 비하여 근로자에 대해서만 특별히 차별대우를 하고 있다고 볼 수 없어 위헌이 아니라고 판시한 바 있다.[1)]

## Ⅱ. 임금채권 시효의 내용

### 1. 임금채권의 범위

이 규정의 적용을 받는 임금은 임금의 정의 규정인 법 2조 1항 5호에 따른 모든 임금을 포함한다.[2)] 따라서 임금, 상여금, 시간외 근로수당, 연차 유급휴가에 의한 임금지급청구권(법 60조), 퇴직금지급청구권, 임금의 성질을 가지고 있는 식비, 월동수당, 가족수당,[3)] 그 밖의 여러 수당이 모두 포함된다. 한편 법 2조 1항 5호가 적용되지 않는, 근로관계로 인한 다른 채권은 일반채권의 소멸시효에 따른다.[4)]

1) 헌재 1998. 6. 25. 선고 96헌바27 결정.
2) 하갑래, 365면.
3) 김형배, 344면.
4) 하갑래, 365면. 임금이 아닌, 근로관계로 인한 다른 채권도 단기 소멸시효가 적용된다는 견해로는 이병태, 761면.

근로자가 아닌 이사 등 임원으로 근무한 자의 퇴직금은 퇴직급여법 소정의 퇴직금이 아니라 재직 중의 직무 집행에 대한 보수의 일종이므로 일반채권의 소멸시효 규정이 적용된다.[5)]

## 2. 시효의 기산점

소멸시효의 기산일은 그 채권을 행사할 수 있는 날로부터 진행된다(민법 166조 1항).

구체적으로 보면, 임금채권 중 임금 부분은 임금의 정기지급일, 상여금은 그 상여금에 관한 권리가 발생한 때,[6)] 연·월차휴가근로수당은 각 근로수당 청구권이 발생한 때,[7)] 퇴직금 청구권은 퇴직한 다음 날이 소멸시효의 각 기산일이 될 것이다.

판례는 법 36조의 금품청산 규정과 소멸시효 기산점의 관계에 대하여, 권리를 행사할 수 있을 때라 함은 권리를 행사하는 데에 이행기 미도래, 정지조건 미성취 등 법률상의 장애가 없는 경우를 말하는데, 법 36조 소정의 금품청산 제도는 근로관계가 종료된 후 사용자로 하여금 14일 내에 근로자에게 임금이나 퇴직금 등의 금품을 청산하도록 하는 의무를 부과하는 한편, 이를 불이행하는 경우 형사상의 제재를 가함으로써 근로자를 보호하고자 하는 것이지 사용자에게 위 기간 동안 임금이나 퇴직금 지급 의무의 이행을 유예하여 준 것이라고 볼 수는 없으므로, 이를 가리켜 퇴직금 청구권의 행사에 대한 법률상의 장애라고 할 수는 없고, 따라서 퇴직금 청구권은 퇴직한 다음날부터 이를 행사할 수 있다고 하여 법 36조가 시효 기산점의 예외가 아님을 명백히 하고 있다.[8)]

## 3. 시효의 중단

임금채권에 대한 소멸시효의 중단에 관하여는 법에서 특별한 규정을 두고 있지 않으므로 민법의 일반원칙이 적용된다.[9)] 근로자가 사용자의 부당노동행위로 인하여 해고를 당한 경우 그 구제를 위하여 행정상 구제절차를 이용하여 노

5) 대법원 1988. 6. 14. 선고 87다카2268 판결.
6) 대법원 1980. 5. 13. 선고 79다2332 판결.
7) 대법원 1980. 5. 13. 선고 79다2332 판결.
8) 대법원 2001. 10. 30. 선고 2001다24051 판결(이에 대한 평석으로는 황병일, 248면 이하).
9) 하갑래, 365~366면.

동위원회에 구제신청을 한 후 노동위원회 결정에 대하여 행정소송에서 다투는 방법으로 임금청구권 등 부당노동행위로 침해된 권리의 회복을 구한 경우 이러한 행정소송 역시 소멸시효 중단 사유인 재판상 청구에 해당한다.[10] 노동위원회의 구제명령에 대하여 사용자가 제기한 행정소송에서 근로자가 보조참가를 하여 다툰 경우도 임금채권에 대한 소멸시효 중단 사유인 재판상 청구에 해당한다.[11]

[정 재 헌·이 정 아]

10) 대법원 2012. 2. 9. 선고 2011다20034 판결.

11) 대법원 2012. 2. 9. 선고 2011다20034 판결; 하갑래, 365면.

# 임금 후론(後論) 1: 임금 체불에 대한 제재와 구제

〈세 목 차〉



[참고문헌]


**권창영**, "선박소유자의 금품청산의무위반에 대한 형사책임", 2003 노동판례비평, 민주사회를 위한 변호사모임(2004); **김현룡**, "퇴직금을 월급 등에 포함하여 지급하는 약정을 이유로 사용자가 퇴직근로자에게 퇴직금지급을 거절한 경우, 구 근로기준법 제112조, 제36조 위반죄의 고의 인정 여부", 대법원판례해설 74호, 법원도서관(2008. 7.); **노동특수이론** 및 업무상재해관련소송, 사법연수원(2003); **이국환**, "근로기준법의 각 규정에 대한 준수의무의 주체로서의 사용자", 대법원판례해설 29호, 법원도서관(1998. 6.); **이주원**, "근로기준법상 임금 등의 기일 내 지급의무 위반죄의 면책사유인 '임금 등을 기일 안에 지급할 수 없었던 불가피한 사정'의 판단 기준", 대법원판례해설 62호, 법원도서관(2006); **조원철**, "기존기업의 일부 생산부문의 인적 조직을 이른바 '소사장 법인'으로 분리시킨 경우, 그 소사장 법인 소속근로자를 기존 기업의 근로자로 인정하기 위한 요건 …", 대법원판례해설 43호, 법원도서관(2003).


## Ⅰ. 임금 체불의 의의

사용자가 근로자에게 근기법상의 임금을 근기법에서 정한 바에 따라 지급하지 아니하는 경우를 임금 체불이라 한다. 이러한 임금 체불은 근로자의 생계를 직접적으로 위협하므로 근기법 등은 이에 대하여 일반적인 채무불이행과 달리 취급하고 있다.

## Ⅱ. 임금 체불에 대한 제재와 구제의 구체적 내용

### 1. 형사 책임

#### 가. 법 규정

사용자가 임금을 체불하는 경우 법 109조에 따라 3년 이하의 징역이나 3,000만 원 이하의 벌금형에 처한다. 실무상 법 36조 위반죄를 금품청산의무위반죄, 법 43조 위반죄를 임금지불의무위반죄라고 하고, 임금체불죄 또는 임금미불죄는 양자를 포괄하는 개념으로 사용하고 있다.

#### 나. 구성요건

(1) 주 체

본죄는 근기법상 금품청산명령 규정(법 36조)과 임금지급명령 규정(법 43조)을 위반하였을 때 성립하는 부작위범이므로, 작위의무를 부담하는 자가 범죄의 주체가 된다. 따라서 근기법상의 사용자가 그 주체이다. 사용자는 사업주 또는 사업 경영 담당자, 그 밖에 근로자에 관한 사항에 대하여 사업주를 위하여 행위하는 자를 말한다(법 2조 1항 2호). 이는 근기법이 근로자의 보호를 위하여 마련한 근로조건에 관한 사항에 대하여 강제적으로 이를 준수하지 않으면 안 되는 민·형사상의 법적 책임을 부담하는 자를 뜻한다.[1)]

사용자가 주체가 되지만 진정 신분범은 아니다. 공범 형태로 사용자가 아닌 자가 사용자와 공모하여 본 범죄를 저지를 수도 있다. 예를 들어 사용자의 채권자가 자신의 채권을 회수하기 위해 사용자와 공모하여 사용자로 하여금 임금을 체불하게 하면 그 채권자 역시 본 범죄의 공범으로 처벌된다.

㈎ 사 업 주

사업주란 사업 경영의 주체를 말한다.[2)] 개인사업체에서는 개인, 회사나 그 밖의 법인체에서는 법인 그 자체가 될 것이다.

사업주가 법인인 경우 법인의 범죄능력 유무가 문제되지만, 법 115조는 이 법의 위반 행위를 한 자가 당해 사업의 근로자에 관한 사항에 대하여 사업주의 대리인, 사용인, 그 밖의 종업원인 경우에는 사업주에게도 해당 조문의 벌금형을 과한다고 하여 양벌 규정을 두고 있으므로, 당해 사업의 근로자에 관한 사항

1) 노동특수이론, 41면.

2) 대법원 2015. 6. 11. 선고 2014도15915 판결.

에 대하여 사업주의 대리인, 사용인, 그 밖의 종업원이 근기법 위반 행위를 한 경우에는 사업주인 법인에 대하여도 벌금형을 부과할 수 있다.[3)]

실무상으로는 지입 차량 운전수의 사업주,[4)] 광업수급업자에 의하여 채용된 광부의 사업주,[5)] 건설공사 노무도급계약상 수급인에게 고용된 일용 근로자의 사업주,[6)] 지방자치단체에 근무하는 잡급직원의 사업주,[7)] 아파트관리업자와 근로계약을 체결한 관리사무소 직원의 사업주,[8)] 전국항운노동조합연맹 산하 단위

3) 대법원 1997. 5. 7. 선고 96도3461 판결.

4) 자동차 운수회사가 지입 차주와 위탁·수탁계약을 체결하고 회사 경의로 차량 소유권 등록을 한 후 자동차 운수사업을 행할 경우, 지입 차주가 운전수를 채용하고 그에 대한 임금 지급 등을 전적으로 자신의 책임 하에 전담하더라도, 대외적으로는 위 회사가 차량을 소유하고 이를 운행하는 경영 주체이고, 따라서 그 사업장의 근로자와 관계에서도 위 회사가 사업주로서 직접적인 책임을 진다(대법원 1987. 2. 24. 선고 86도2475 판결). 중기를 지입받아 중기 대여업을 경영하는 회사도 그 지입 중기의 조종사에 대한 관계에서 사업주이다(대법원 1990. 9. 25. 선고 90도1214 판결).

5) 광업권을 가지고 광업을 경영하는 탄광 회사로부터 노무 도급 형식으로 채탄작업의 일부를 도급받은 수급업자에 의하여 채용되어 위 회사 소속 광업소에서 광부로 종사하는 근로자의 사업주는 광업권자인 탄광 회사이다. 즉, 탄광 회사와 수급업자 사이의 위 노무 도급계약은 광업권자인 탄광 회사가 광업법 11조에 의하여 금지되는 이른바 광산덕대계약을 회피하는 한편 광산사고로 인한 책임 또는 근기법상의 책임을 면하기 우한 방편으로 이용된 것이고, 회사는 산재보험에서 대외적으로 회사를 광부들에 대한 사업주로 하여 왔으며 도급작업에 종사하는 광부들과 사이에 기본임금을 보장한다는 단체협약이 있고 광부들이 위 회사로부터 제반 시설을 대여받아 실질상 회사의 강력한 지휘·감독과 통제 아래 채탄작업을 하고 있는 경우에는 광부는 수급업자를 통하여 실질적으로 광업권자와 고용계약을 맺은 것으로 보아야 한다. 따라서 위 회사는 위 광부의 사업주로서 광부에 대한 퇴직금 지급 등 근기법상의 직접 책임을 진다(대법원 1979. 7. 10. 선고 78다1530 판결).

6) 건설회사로부터 그 회사가 시공하는 공사 중 특정 부분을 하도급받은 자에게 고용되어 건설회사의 공사장에서 일용 근로자로 근무한 경우, 위 건설회사가 일용 근로자에 대한 사업주로서 위 근로자를 산재보험에 가입시키고 위 근로자에게 일당의 형식으로 임금을 지급하여 왔으며 위 공사에 필요한 제반 장비와 시설을 제공함은 물론 위 하도급업자를 통하여 위 근로자의 작업을 지휘·감독하여 왔다면, 위 근로자는 실질적으로 위 건설회사와 사이에 고용계약을 맺은 것으로서 그들 사이에 종속적인 근로자·사용자관계가 있으므로 위 건설회사는 사업주로서 위 근로자에 대하여 근기법상의 퇴직금 지급 등 채무를 부담한다(대법원 1986. 8. 19. 선고 83다카657 판결).

7) 시 교육장의 지시에 따라 공립 초등학교의 교장이 시의 예산지원을 받아 고용기간 1년으로 하는 일용 잡급의 형태로 과학실험조교를 채용하여 근무하게 하고 고용기간이 만료되면 다시 채용하는 형식으로 계속 근무하게 하였으며 공휴일과 방학기간을 제외한 해당 학교의 수업일에 근로를 제공하고 보수는 일당제로 지급받아 오면서 본인이 희망하는 경우 교원건강보험에도 가입하였다면 그 고용주는 교육법에 따라 위 학교를 설치 운영하는 시가 된다(대법원 1992. 4. 14. 선고 91다45653 판결).

8) 아파트 입주자 대표회의와 사이에 위·수탁관리계약을 체결한 아파트 관리업자의 대리인인 관리소장이 관리사무소에서 근무하게 된 직원들과 근로계약을 체결하였다면 그 직원들은 아파트 관리업자의 피용인이다. 따라서 아파트관리업자와 위·수탁관리계약을 체결하였을 뿐인 아파트 입주자 대표회의가 직원들에 대하여 임금지급의무가 있는 사용자로 인정되기 위하여는 그 직원들이 관리사무소장을 상대방으로 하여 체결한 근로계약이 형식적이고 명목적인

노동조합 조합원의 사업주,[9] 소사장 기업에 고용된 채 기존 기업의 사업장에서 기존 기업의 생산 업무에 종사하는 자의 사업주,[10] 원고용주에 고용되어 제3자의 사업장에서 제3자의 업무에 종사하는 자의 사업주,[11] 집행관사무원의 사업주[12] 등이 문제되었다.

#### ㈏ 사업 경영 담당자

사업 경영 담당자는 사업 경영 일반에 관하여 책임을 지는 자로서 사업주로부터 사업 경영의 전부 또는 일부에 대하여 포괄적인 위임을 받고 대외적으로 사업을 대표하거나 대리하는 자를 말한다.[13]

근기법이 각 조항이 정한 의무를 준수할 사람으로서 사용자를 사업주에 한정하지 아니하고 사업 경영 담당자 등으로 확대한 이유가 노동 현장에서 근기법의 각 조항에 대한 실효성을 확보하기 위한 정책적 배려에 있는 만큼, 원칙적으로 사업 경영 일반에 관하여 권한과 책임을 가진 사람으로서 관계 법규에 의하여 제도적으로 근기법의 각 조항을 이행할 권한과 책임이 부여된 사람이면 사업 경영 담당자에 해당한다. 반드시 그 사람이 현실적으로 그러한 권한을 행

---

것에 지나지 않고, 직원들이 사실상 입주자 대표회의와 종속적인 관계에서 근로를 제공하며, 입주자 대표회의는 그 대가로 임금을 지급하는 사정 등이 존재하여 관리사무소 직원들과 입주자 대표회의와 사이에 적어도 묵시적인 근로계약관계가 성립되어 있다고 평가되어야 한다(대법원 1999. 7. 12.자 99마628 결정).

9) 항운노동조합의 조합원은 조합에 가입하거나 등록함으로써 조합과 사이에 조합의 지시·감독 아래 각 하역업체에 노무를 제공하고 그에 따른 대가를 지급받기로 하는 내용의 근로계약관계를 맺은 근로자에 해당한다(대법원 1998. 1. 20. 선고 96다56313 판결).

10) 기존 기업 중 일부 생산부문의 인적 조직이 이른바 '소사장 기업'이라는 별개의 기업으로 분리된 경우 그 소사장 기업에 고용된 채 기존 기업의 사업장에서 기존 기업의 생산업무에 종사하는 자를 기존 기업의 근로자로 보기 위해서는 그가 소속된 소사장 기업이 사업주로서 독자성이 없거나 독립성을 결여하여 기존 기업의 한 부서와 동일시할 수 있는 등 그 존재가 형식적·명목적인 것에 지나지 아니하고, 사실상 당해 근로자는 기존 기업과 사용종속관계에 있다고 평가될 수 있어야 한다(대법원 2002. 11. 26. 선고 2002도649 판결. 이에 대한 평석으로는 조원철, 742면 이하).

11) 원고용주에게 고용되어 제3자의 사업장에서 제3자의 업무에 종사하는 자를 제3자의 근로자라고 할 수 있으려면 원고용주는 사업주로서의 독자성이 없거나 독립성을 결하여 제3자의 노무대행기관과 동일시할 수 있는 등 그 존재가 형식적·명목적인 것에 지나지 아니하고, 사실상 당해 피고용인은 제3자와 종속적인 관계에 있으며, 실질적으로 임금을 지급하는 자도 제3자이고, 또 근로제공의 상대방도 제3자이어서 당해 피고용인과 제3자 간에 묵시적 근로계약관계가 성립되어 있다고 평가될 수 있어야 할 것이다(대법원 1999. 11. 12. 선고 97누19946 판결).

12) 집행관 사무원에 대하여 퇴직금 지급의무를 부담하는 사용자는 집행관 합동사무소이다.(대법원 1999. 2. 9. 선고 97다56235 판결).

13) 대법원 1988. 11. 22. 선고 88도1162 판결.

사하여야만 하는 것은 아니다.[14] 이에 해당하는 사람으로는 주식회사의 대표이사, 합명회사·합자회사의 업무집행사원, 유한회사의 이사, 상법상 지배인, 회생회사의 관리인 등을 들 수 있다. 사업주가 파산선고를 받은 후에 파산관재인이 영업의 일부를 계속하면서 파산 선고를 이유로 해고한 직원 중 일부를 다시 보조자로 선임하여 근로를 제공받는 경우, 파산관재인이 임금채권 부담금을 납부할 의무가 있는 사업주에 해당한다.[15]

법인등기부상 대표이사직에서 사임하였으나 실제로 회장으로서 회사를 사실상 경영하여 온 자는 사용자에 해당한다.[16] 반면 탈법적인 목적을 위하여 명목상으로만 대표이사로 등기되었을 뿐이고, 회사의 모든 업무 집행에서 배제되어 실질적으로 아무런 업무를 집행하지 아니한 명목상 대표이사는 사업 경영 담당자인 사용자라 할 수 없다.[17]

회생절차가 개시된 회사의 경우 회생절차개시결정에 따라 관리인이 선임되면 그 회사의 업무 수행과 재산 관리·처분을 하는 권한은 관리인에게 전속한다(채무자회생법 56조 1항). 소속 근로자와의 관계도 회사 대 근르자 관계에서 관리인 대 근로자관계로 바뀌므로, 회사의 대표이사는 더 이상 회사의 사업 경영 담당자가 되지 않고, 회생절차개시결정 이후에 퇴직하는 근로자에 대하여 퇴직금 등을 지급할 법적 책임을 지지 않는다.[18] 하지만 회생 회사의 공동 관리인 또는 상무로서 위 회사의 근로자에 관한 사항에 대하여 실질상 회사를 위하여 직무를 집행하여온 사실이 인정된다면 사용자에 해당한다.[19]

주식회사의 이사나 감사 등 임원은 법률상으로는 이사회의 구성원으로서 업무 집행을 위임받거나 회사의 의사 결정에 참여하거나 직무의 집행을 감사하는 권한을 회사로부터 위임받지만, 그와 같은 사실만으로 근기법상의 사용자에 해당하지는 않는다. 여기에서 더 나아가 사업주에게서 사업 경영의 전부 또는 일부에 대하여 포괄적인 위임을 받고 대외적으로 사업을 대표하거나 대리하면서 실질적으로 회사를 경영하였거나,[20] 사업주나 사업 경영 담당자인 대표이사

14) 대법원 1997. 11. 11. 선고 97도813 판결(이에 대한 평석으로는 이국환, 335면 이하).
15) 대법원 2001. 2. 23. 선고 2000두2723 판결.
16) 대법원 1997. 11. 11. 선고 97도813 판결, 실질적 사주인 경우 같은 취지의 판결로는 대법원 2002. 11. 22. 선고 2001도3889 판결, 대법원 2012. 6. 14. 선고 2010도1283 판결.
17) 대법원 2000. 1. 18. 선고 99도2910 판결.
18) 대법원 1986. 6. 24. 선고 86도830 판결, 대법원 1989. 8. 8. 선고 89도426 판결.
19) 대법원 1984. 4. 10. 선고 83도1850 판결.

로부터 근로자에 관한 사항에 대하여 그 책임과 권한을 부여받은 경우에[21] 사업 경영 담당자 또는 근로자에 관한 사항에 대하여 사업주를 위하여 행위하는 자가 된다.[22]

**㈐ 그 밖에 근로자에 관한 사항에 대하여 사업주를 위하여 행위하는 자**

근로자에 관한 사항에 대하여 사업주를 위하여 행위하는 자는, 근로자의 인사, 급여, 후생, 노무관리 등 근로조건의 결정 또는 업무상의 명령이나 지휘, 감독을 하는 등의 사항에 관하여 사업주나 사업 경영 담당자에게서 그 권한을 위임받아 자신의 책임 아래 근로자를 채용하거나 해고 등 인사 처분을 할 수 있고 직무상 근로자의 업무를 지시, 감독하며 근로시간이나 임금 등 근로조건에 관한 사항을 결정하고 집행할 수 있는 자를 말한다.[23] 형식상 회사 내에서 갖는 직함의 높고 낮음에 관계없이 독자적인 책임 하에 근로자를 고용하여 사용종속관계에 두고 근로를 제공하게 하면서 그 근로자에 대하여 근로조건의 전부 또는 일부에 관한 사항을 결정할 수 있는 권한을 부여받은 사람이면 '그 권한과 책임의 한도 안에서' 그 근로자에 대한 관계에서 사용자가 된다.

근로자에 관한 사항에 대하여 사업주를 위하여 행위하는 자는 위와 같이 그가 고용하여 지휘·감독하거나 근로조건을 결정할 수 있는 근로자에 대한 관계에서는 사용자에 해당하지만, 상대적으로 사업주, 사업 경영 담당자, 다른 근로자에 관한 사항에 대하여 사업주를 위하여 행위하는 자에 대한 관계에서는 근기법상 보호를 받아야 하는 근로자에 해당할 수 있다.

실무상 학교법인 산하 사립학교의 교장,[24] 법인이 경영하는 병원의 원

20) 대법원 1990. 10. 12. 선고 90도1794 판결, 대법원 1995. 12. 5. 선고 95도2151 판결.

21) 대법원 1978. 2. 14. 선고 77다3673 판결.

22) 주식회사의 이사가 전무이사직에 있으면서 대표이사의 지시에 의하여 근로자들을 임시고용한 바 있다 하더라도, 전체적으로 자기가 맡은 분야의 업무만을 수행한 것에 불과하고 회사 사무에 관하여 대내외 관계에 있어서 독자적으로 업무를 담당 집행한다고 볼 수 없는 경우에는 사용자로서 근기법상의 법적 책임을 지지 아니한다(대법원 1983. 10. 11. 선고 83도2272 판결, 대법원 1988. 11. 22. 선고 88도1162 판결).

23) 대법원 1989. 11. 14. 선고 88누6924 판결, 대법원 2008. 10. 9. 선고 2008도5984 판결, 대법원 2015. 6. 11. 선고 2014도15915 판결.

24) 학교법인 산하에 설립 운영되는 사립학교의 교장이 비록 그 학교의 일반직 직원들에 대한 임면권을 가지지 않더라도 위 직원들을 학교에 근무시키면서 학교 운영의 일환으로 그 업무를 지시, 감독하고 학교 예산에서 교장의 명의로 직원들의 봉급을 매월 지급하여 왔고, 학교예산을 교장이 편성하여 집행하면서 교장이 직원들의 임금 내지 퇴직금을 체불한 경우, 교장은 직원들에 관한 사항에 대하여 사업주인 학교법인을 위하여 행위하는 자로서 근기법상 사용자에게 적용되는 형사처벌을 받게 된다(대법원 1986. 7. 8. 선고 86도722 판결).

장,[25] 회사의 공장장 · 현장소장 · 광업소장[26] 등이 문제된 바 있다.

㈑ 선박의 소유자

선원법상 선박소유자 역시 근기법상 사용자와 동일하게 해석되어야 한다.[27]

(2) 객 체

본죄의 객체(상대방)는 근로자이다. 이때 근로자란 직업의 종류를 불문하고 사업 또는 사업장에서 임금을 목적으로 근로를 제공하는 자를 말한다(법 2조 1항 1호).[28] 자신이 운전기사로 있던 회사의 소유 트럭을 불하 받아 그 회사의 자회

25) 법인이 경영하는 병원의 원장도 그 법인의 피용자이지만 그 병원의 간호사들은 병원장이 자신의 책임 하에 직접 채용하여 그의 지휘 · 감독 아래 근무하게 하였다면 적어도 위 간호사들에 대한 관계에서는 사업주인 법인을 위하여 행위하는 자로서 근기법상의 사용자이다. 그러므로 예를 들어 위 병원의 원장이 부당하게 근기법상의 기준 근로시간을 넘어 시간 외 근로를 지시한 경우에는 근기법 위반의 형사책임을 진다(대법원 1980. 11. 11. 선고 80도1070 판결).

26) 회사 내에서 위와 같은 직책을 맡고 있는 자가 그 공장, 건설공사현장, 광업소 등 일정한 범위의 사업장의 업무수행과 관련하여 자신의 책임 하에 그곳에서 근무하는 근로자들을 채용하고 작업을 지휘 · 감독하면서 회사로부터 지급받은 돈으로 그 근로자들에게 임금을 지급하는 업무를 행하여 왔다면 근로자에 관한 사항에 대하여 사업주인 회사를 위하여 행위하는 자에 해당하므로 이들 근로자에 대한 임금체불에 대하여 근기법 위반의 형사책임을 진다(대법원 1976. 10. 26. 선고 76다1090 판결, 대법원 1983. 11. 8. 선고 83도2505 판결). 그러나 회사의 상가신축공사에 현장소장으로 있었으나 인부들의 공사감독은 주로 대표이사의 친척되는 사람이 맡았고, 노임 등도 대표이사가 위 친척되는 사람을 통하여 지급하여 왔을 뿐인 경우(대법원 1983. 6. 28. 선고 83도1090 판결), 명목상 부사장의 직함이 있더라도 회사의 이사도 아니며 회사 경영에 참여하거나 직원을 채용하는 지위에 있지 않을 뿐 아니라 단순히 무보수로 대표이사를 보좌하였을 뿐인 경우(대법원 1978. 1. 31. 선고 77도3528 판결), 대리점 경영주로부터 그 경영을 부탁받고 자신이 근무 중이던 회사의 퇴근 후에만 대리점에 출근하여 경리전표를 정리해 주는 등으로 대리점 운영을 도와주다가 그 경영주가 부도를 내고 행방을 감추어 버리자 부득이 한 달 남짓 그의 사무를 관리하여 주어서 대리점 운영에 관여해온 경우(대법원 1989. 9. 26. 선고 89도1191 판결) 등은 근기법 소정의 사용자의 범주에 들지 않고 따라서 회사나 대리점의 근로자에 대하여 근기법상의 임금지급책임 등이 있다고 할 수 없다.

27) 해상법상 선박소유자란 광의로 선박의 소유권을 가진 자를 말하고, 협의로는 소유선박을 해상기업을 영위할 목적으로 항행에 제공하는 자를 말한다. 이에 비하여 구 선원법(2011. 8. 4. 법률 11024호로 개정되기 전의 것) 2조 3항은 "선주 · 선박차용인 · 선박관리인 · 용선인 등의 명칭에 불구하고 선원을 고용하고 그 선원에 대하여 임금을 지급하는 자에게 이 법 중 선박소유자에 관한 규정을 적용한다"고 규정하고 있고, 선원법이 규정하는 내용이 선원의 직무, 복무, 근로조건의 기준, 직업안정 및 교육 · 훈련에 관한 사항으로서 선박의 소유권과는 관계없이 선박의 운영 및 그에 따른 부수적인 것들인 점에 비추어 보면, '선원법상 선박소유자'는 선박을 실체법적으로 소유하는 자를 말하는 것이 아니라 선박의 소유와는 관계없이 실질적으로 그 선박을 운영하면서 선원을 고용하고 임금을 지급하는 자를 말한다(자세한 내용은 권창영, 87면 이하). 현행 선원법 2조 2호는 "선박소유자"란 선주, 선주로부터 선박의 운항에 대한 책임을 위탁받고 이 법에 따른 선박소유자의 권리 및 책임과 의무를 인수하기로 동의한 선박관리업자, 대리인, 선체용선자 등을 말한다고 명시적으로 규정하였다.

28) 근로기준법상의 근로자에 해당하는지 여부는 계약의 형식이 고용계약인지 도급계약인지보다 그 실질에 있어 근로자가 사업 또는 사업장에 임금을 목적으로 종속적인 관계에서 사용

사 명의로 등록한 후 지입차주 겸 운전사로서 그 회사와 콘크리트 운반계약을 체결하고 운반업무에 종사하던 사람은 여기에 해당하지 않는다.[29]

자세한 내용은 법 2조 1항 1호에 대한 해설 참조.

### (3) 금품청산의무위반죄의 구성요건적 행위

금품청산의무위반죄의 구성요건적 행위는 근로자가 사망 또는 퇴직한 경우 그 지급사유가 발생한 때로부터 14일 이내에 기일 연장에 관한 합의 없이 임금·보상금 그 밖의 모든 금품을 지급하지 아니하는 것이다.

#### ㈎ 근로자의 사망 또는 퇴직

근로계약상 근로자의 지위는 일신전속적인 것으로서 근로자가 사망하면 그 지위는 상속되지 않고 근로관계는 종료된다.

근로자의 퇴직이란 근로자의 사망 외의 일체의 근로관계 종료사유를 의미한다. 퇴직에는 해고, 합의 해지, 사직, 당연퇴직, 의원면직, 명예퇴직,[30] 조건부 면직 처분, 기간 갱신의 거절 등이 모두 포함된다.

#### ㈏ 임금, 보상금, 그 밖의 모든 금품

임금은 사용자가 근로의 대상으로 근로자에게 임금, 봉급, 그 밖에 어떠한 명칭으로든지 지급하는 모든 금품을 말한다(법 2조 1항 5호). 여기에는 시간 외 근로수당, 야간근로수당, 휴일근로수당, 연월차수당, 생리수당, 출산전후휴가수당,

---

자에게 근로를 제공하였는지 여부에 따라 판단하여야 하고, 여기에서 종속적인 관계가 있는지 여부는 업무 내용을 사용자가 정하고 취업규칙 또는 복무(인사)규정 등의 적용을 받으며 업무 수행 과정에서 사용자가 상당한 지휘·감독을 하는지, 사용자가 근무시간과 근무장소를 지정하고 근로자가 이에 구속을 받는지, 노무제공자가 스스로 비품·원자재나 작업도구 등을 소유하거나 제3자를 고용하여 업무를 대행케 하는 등 독립하여 자신의 계산으로 사업을 영위할 수 있는지, 노무 제공을 통한 이윤의 창출과 손실의 초래 등 위험을 스스로 안고 있는지, 보수의 성격이 근로 자체의 대상적 성격인지, 기본급이나 고정급이 정하여졌는지 및 근로소득세의 원천징수 여부 등 보수에 관한 사항, 근로 제공 관계의 계속성과 사용자에 대한 전속성의 유무와 그 정도, 사회보장제도에 관한 법령에서 근로자로서 지위를 인정받는지 등의 경제적·사회적 여러 조건을 종합하여 판단하여야 한다. 다만, 기본급이나 고정급이 정하여졌는지, 근로소득세를 원천징수하였는지, 사회보장제도에 관하여 근로자로 인정받는지 등의 사정은 사용자가 경제적으로 우월한 지위를 이용하여 임의로 정할 여지가 크기 때문에, 그러한 점들이 인정되지 않는다는 것만으로 근로자성을 쉽게 부정하여서는 안 된다(대법원 2006. 12. 7. 선고 2004다29736 판결, 대법원 2007. 3. 29. 선고 2005두13018 판결, 대법원 2007. 9. 7. 선고 2006도777 판결, 대법원 2009. 10. 29. 선고 2009다51417 판결).

29) 대법원 1995. 6. 30. 선고 94도2122 판결.

30) 근로자가 명예퇴직의 신청(청약)을 하면 사용자가 요건을 심사한 후 이를 승인(승낙)함으로써 합의에 의하여 근로관계를 종료시킨다(대법원 2000. 7. 7. 선고 98다42172 판결).

퇴직금, 휴업수당 등이 포함된다.

보상금에는 재해보상금 등이 포함되며, '그 밖의 모든 금품'은 임금과 보상금을 제외한 나머지 금전이나 현물을 의미한다.

㈐ **지급사유 발생일로부터 14일 이내 기일 연장에 관한 합의 없이 금품 미지급**

금품의 지급사유 발생일은 법령, 근로계약, 취업규칙, 단체협약, 노사관행 등으로 정해진다.

법 36조의 입법 취지는 퇴직 근로자 등의 생활 안정을 도모하기 위하여 법률관계를 조기에 청산하도록 강제하는 한편 사용자측에는 그 청산에 걸리는 기간을 유예하여 준다는 것이다. 그러한 의미에서 금품청산의무위반죄는 사용자가 금품을 지급사유 발생일로부터 14일 이내에 지급하지 아니하면 성립한다. 따라서 사업주가 법인일 경우에는 위 14일이 경과할 당시에 퇴직금 등의 지급 권한을 갖는 대표자가 그 체불로 인한 죄책을 짐이 원칙이고 14일이 경과하기 전에 퇴직 등의 사유로 그 지급 권한을 상실한 대표자는 특별한 사정이 없는 한 그 죄책을 지지 않는다.[31)]

법 36조 소정의 금품청산제도는 근로관계가 종료된 후 사용자로 하여금 14일 내에 근로자에게 임금이나 퇴직금 등의 금품을 청산하도록 하는 의무를 부과하는 한편, 이를 불이행하는 경우 형사상의 제재를 가함으로써 근로자를 보호하고자 하는 것이지 사용자에게 위 기간 동안 임금이나 퇴직금 지급의무의 이행을 유예하여 준 것이라고 볼 수는 없으므로, 이를 가리켜 퇴직금 청구권의 행사에 대한 법률상의 장애라고 할 수는 없고, 따라서 퇴직금 청구권은 퇴직한 다음날부터 이를 행사할 수 있다.[32)]

특별한 사정이 있을 경우에는 당사자 간의 합의에 의하여 기일을 연장할 수 있다(법 36조 단서). 사용자는 지급 사유가 발생한 때부터 14일 이내에 근로자와 기일 연장을 합의하여야 한다.[33)] 근로자와 사용자의 지급기일 연장에는 제한이 없으므로 연장 기간은 3개월을 초과하여도 무방하다.

'특별한 사정'이란 사용자가 모든 성의와 노력을 다했어도 임금의 체불이나 미불을 방지할 수 없었다는 것이 사회통념상 긍정할 정도가 되어 사용자에게

31) 대법원 1995. 11. 10. 선고 94도1477 판결.
32) 대법원 2001. 10. 30. 선고 2001다24051 판결.
33) 대법원 1997. 8. 29. 선고 97도1091 판결, 대법원 1998. 12. 23. 선고 98도3822 판결.

더 이상의 적법 행위를 기대할 수 없는 불가피한 사정에 준하는 것으로 해석하여야 한다. 특별한 사정이 인정되는 경우에는 책임이 조각되는 것으로 보아야 한다. 판례도 사용자가 그 지급을 위하여 최선의 노력을 다하였으나, 경영부진으로 인한 자금사정 등으로 지급기일 내에 지급할 수 없었던 불가피한 사정이 사회통념에 비추어 인정되는 경우에만 면책된다고 판시하면서 이를 책임조각사유로 해석하고 있다.[34] 따라서 사용자가 사업의 부진 등으로 자금 압박을 받아 이를 지급할 수 없었다는 것만으로는 퇴직금 지급 기일을 연장할 수 있는 '특별한 사정'이 되지 못한다.[35]

불가피한 사정에 대한 판단기준으로는, 사용자가 퇴직 근로자 등의 생활안정을 도모하기 위하여 임금이나 퇴직금 등을 조기에 청산하기 위해 최대한 변제노력을 기울이거나 장래의 변제계획을 분명하게 제시하고 이에 관하여 근로자측과 성실한 협의를 하는 등, 퇴직 근로자 등의 입장에서 상당한 정도 수긍할 만한 수준이라고 객관적으로 평가받을 수 있는 조치들이 행하여졌는지 여부 등이 징표가 될 수 있다.[36]

임금지급기일을 연장하기로 한 합의가 지급 사유가 발생한 날부터 14일을 지나 이루어졌다면 이는 정상 참작 사유에 불과하고, 범죄 자체가 성립하는 것에는 아무런 영향이 없다.[37]

#### (4) 임금지불의무위반죄의 구성요건적 행위

구성요건적 행위는 법 43조 1항·2항에서 정한 임금 지급 원칙을 위반하는 것, 다시 말해 임금을 통화(通貨)로 직접 근로자에게 전액을 지급하지 않는 것과 임금을 매월 1회 이상 일정한 날짜를 정하여 지급하지 않는 것이다. 사용자가 매월 일정하게 정해진 날에 근로자에게 근로의 대가 전부를 직접 지급하는 것을 강제함으로써 근로자의 생활안정을 도모하려는 데에 입법취지가 있으므로, 사용자가 어느 임금 지급기일에 임금 전액을 지급하지 아니하는 경우 법 43조 1항과 43조 2항의 각 규정이 모두 적용될 수 있으나 다만 하나의 죄만 성립한다고 보아야 한다.[38] 예를 들어 연차휴가미사용수당이 매월 일정한 날짜에 정기

34) 대법원 2006. 2. 9. 선고 2005도9230 판결(이에 대한 평석으로는, 이주원, 481면 이하 참조).
35) 대법원 1987. 5. 26. 선고 87도604 판결.
36) 대법원 2006. 2. 9. 선고 2005도9230 판결
37) 대법원 1997. 8. 29. 선고 97도1091 판결, 대법원 1998. 12. 23. 선고 98도3822 판결.
38) 대법원 2013. 11. 28. 선고 2013도1959 판결, 대법원 2017. 7. 11. 선고 2013도7896 판결.

적으로 지급되는 임금은 아니어서 법 43조 2항이 곧바로 적용될 수는 없더라도, 사용자가 그 전액을 지급기일에 지급하지 아니하였다면 이로써 법 109조 1항, 43조 1항 위반죄는 성립하게 된다.[39] 매월 2개월마다 정기적으로 지급되는 정기상여금이나 시간외 근무일수에 따라 증감되는 시간외 수당의 경우에도 지급기일에 전액 지급을 하지 않았다면 여기에 해당하게 된다.[40]

다만, 법령 또는 단체협약에 특별한 규정이 있어 임금의 일부를 공제하거나 통화 이외의 것으로 지급하는 경우, 임시로 지급하는 임금·수당·그 밖에 이에 준하는 것 또는 대통령령으로 정하는 임금을 1개월을 초과하는 간격으로 지급하는 경우는 구성요건적 행위에 해당하지 않는다(법 43조 1항·2항 각 단서).

임금의 직접 지급, 전액 지급, 통화 지급, 매월 1회 이상 정기 지급과 그 예외에 관한 자세한 내용은 법 43조에 대한 해설 참조.

#### (5) 고 의

본죄는 고의범이다.[41] 본죄의 고의는 사용자가 금품지급의무가 있음에도 그 지급 의무를 이행하지 않는 것을 인식하고 이를 인용하는 것을 내용으로 한다. 고의에는 미필적 고의도 포함되나, 사용자가 구성요건에 관하여 인식이 없거나 인식이 있더라도 이를 의욕하지 않은 경우에는 형사책임을 물을 수 없다.[42]

사용자가 사법상의 효력이 없는, 매월의 월급이나 매일의 일당 속에 퇴직금을 포함시켜 지급한다는 내용의 약정을 내세워 퇴직한 근로자에 대한 퇴직금의 지급을 거절하는 것은, 퇴직금 지급 의무의 존부에 관하여 다툴 만한 근거가 있어 사용자가 퇴직금을 지급하지 아니한 데에 상당한 이유가 있는 경우라고 볼 수 없고, 이러한 사용자에게는 임금 등의 기일 내 지급의무 위반죄에 관한 고의가 있다.[43]

근로자가 여러 명일 때에는 임금 등을 지급받지 못한 근로자 각각에 대하여 위 법조 위반의 범의가 있어야 한다.[44]

---

39) 대법원 2017. 7. 11. 선고 2013도7896 판결.
40) 대법원 2013. 11. 28. 선고 2013도1959 판결.
41) 대법원 1997. 9. 30. 선고 97도1490 판결.
42) 대법원 1988. 2. 9. 선고 87도2509 판결, 대법원 1993. 7. 13. 선고 92도2089 판결, 대법원 1998. 6. 26. 선고 98도1260 판결.
43) 대법원 2007. 8. 23. 선고 2007도4171 판결(이에 대한 평석으로는 김현룡, 594~605면 이하). 이에 대하여 위 판례의 사안은 비난가능성이 없어 책임이 조각되는 경우에 해당한다고 볼 여지가 있다는 주장이 있다(권창영, 105면).
44) 대법원 1995. 4. 14. 선고 94도1724 판결. 위 판결은 단일한 범의가 인정되는 경우에는 포괄일죄가 성립할 가능성이 있는 것으로 판시하고 있으나(하지만 근로자들의 퇴직일자가 다른

### 다. 기수 시기

금품청산의무위반죄의 경우 구성요건적 행위가 완성될 때 범죄가 성립한다.[45] 따라서 사용자가 지급사유 발생일로부터 14일 이내에 금품 등을 지급하지 아니하거나 기일연장에 관한 합의를 하지 아니하면 본 죄는 성립한다.[46]

본 죄에 대하여는 미수범 처벌 규정은 없으므로, 본 죄의 미수죄는 성립하지 않는다.

### 라. 위법성조각 사유

#### (1) 피해자의 승낙

근기법이 강행법규라는 점을 근거로 임금체불죄에서는 피해자의 승낙이 위법성을 조각하지 아니한다는 견해가 있다.[47]

이 견해에 따르더라도 금품청산의무위반죄의 경우 피해자의 동의 아래 14일이 도과되었다면 당사자 사이의 합의에 의해 기일이 연장된 것으로 볼 여지가 있을 수 있다. 다만, 이 때에도 앞서 본 바와 같은 특별한 사정이 존재하여야 본 죄가 성립하지 않는다.

#### (2) 피해자의 권리 포기

근로자가 임금 등 채권(특히 퇴직금)을 사전에 포기하는 것은 강행법규인 근기법에 위반되어 무효이다.[48] 따라서 근로자의 권리 포기는 위법성조각사유가 될 수 없다.

다만, 근로자가 퇴직 후 자유로운 의사에 기하여 임금 등 채권을 지급기일부터 14일까지 사이에 포기하면, 이는 이미 발생한 임금 등 채권의 포기로서 적법하고 이에 따라 당해 채권 자체가 소멸하므로, 이러한 경우는 금품청산의무위반죄의 구성요건해당성을 조각한다.[49] 반면 지급기일부터 14일이 경과하여 본 죄가 성립한 이후에 근로자가 임금 등 채권을 포기하는 것은 정상 참작 사유에

---

점을 인정하여 단일한 범죄를 부정하였다), 위 법조의 구성요건 및 보호법익에 비추어 보면, 단일한 범의라도 임금을 체불한 근로자가 여러 명이라면 근로자별로 범죄가 성립하는 것으로 보아야 할 것이다(권창영, 102면).

45) 권창영, 103면.

46) 대법원 1995. 11. 10. 선고 94도1477 판결.

47) 권창영, 103면.

48) 대법원 1998. 3. 27. 선고 97다49732 판결, 대법원 2002. 7. 26. 선고 2000다27671 판결. 자세한 내용은 법 43조에 대한 해설 Ⅳ. 전액 지급의 원칙 참조.

49) 권창영, 103면.

불과할 뿐 범죄 성립에는 영향이 없음은 앞서 본 바[나. (3) (다)]와 같다.

### 마. 책임조각 사유

#### (1) 기대가능성

사용자가 모든 성의와 노력을 다했어도 임금의 체불이나 미불을 방지할 수 없었다는 것이 사회통념상 긍정할 정도가 되어 사용자에게 더 이상의 적법행위를 기대할 수 없는 불가피한 사정이 있는 때에는 기대가능성이 없어 본죄가 성립되지 아니한다.[50)]

적법행위에 대한 기대불가능성으로 인한 책임조각 사유가 인정되기 위해서는, 주관적으로 사용자는 금품 지급을 위하여 모든 성의와 노력을 다하여야 하고, 객관적으로 사회통념상 임금의 체불이나 미불을 방지할 수 없는 특별한 사정이 있을 것, 즉 지급가능성의 부존재가 요구된다.[51)] 지급가능성의 유무는 사용자의 자력·수입의 유무, 자금 조달의 가능성, 다른 채무의 지급을 행할 필요성, 자금 부족에 이르게 된 원인 등을 종합적으로 고려하여 판단하여야 한다.[52)] 이러한 법리는 퇴직 근로자 스스로 사용자로 하여금 금품청산을 할 수 없는 상황을 초래하고, 이로 인하여 사용자가 모든 성의와 노력을 기울이더라도 임금의 체불이나 미불을 방지할 수 없었다고 사회통념상 인정되는 경우에도 적용된다.[53)] 그러나 단순한 사업의 부진[54)]이나 기업이 불황[55)]이라는 사유는 임금지급을 연기할 특별한 사정에 해당하지 않는다.

#### (2) 구체적인 사례

책임조각 사유가 인정된 사례로는, 회생 회사의 관리인이 법원의 감독을 받고 노동조합과 합의하여 우선적으로 회생 회사의 도산을 막기 위하여 공장 가동의 계속에 필요한 최소한의 비용을 지출하고 남은 자금으로 종업원의 급료를 지급하고

---

50) 대법원 1994. 3. 25. 선고 93도2903 판결, 대법원 1997. 11. 11. 선고 97도813 판결. 기대가능성의 법적 지위에 관하여 일본에서는 구성요건해당성이 조각된다는 견해, 위법성이 조각된다는 견해, 책임이 조각된다는 견해 등 이론상의 대립이 있으나, 대법원은 적법행위에 대한 기대가능성이 없는 것은 책임조각 사유가 된다는 입장을 취하고 있는 것으로 보인다.

51) 권창영, 104면.

52) 권창영, 104면.

53) 대법원 2002. 12. 10. 선고 2002도3730 판결, 대법원 2006. 2. 9. 선고 2005도9230 판결(이에 대한 평석으로는 이주원, 480면 이하).

54) 대법원 2003. 9. 23. 선고 2003두3420 판결, 대법원 2004. 3. 11. 선고 2004두916 판결, 대법원 2006. 2. 9. 선고 2005도9230 판결, 대법원 2007. 11. 30. 선고 2006도7329 판결.

55) 대법원 2001. 2. 23. 선고 2001도204 판결, 대법원 2002. 9. 24. 선고 2002도3666 판결.

관리인의 개인 재산까지 담보로 제공하는 등 최선의 노력을 다하였으나 자금 사정의 한계로 퇴직금 등을 지급할 수 없었던 경우,[56] 실질적 사주의 북한 방문을 계기로 한 기업 경영 외적 원인으로 시작된 금융기관의 여신 중단과 대출금 회수에 따른 자금난으로 회사가 부도의 위험에 처한 상태에서 대표이사로 선임된 후 위 회사의 부도를 막고 임금의 미불을 방지하기 위한 자금을 마련하기 위하여 금융기관 등에 부탁하는 등으로 최선의 노력을 다하였음에도 불가피하게 임금의 체불에 이른 경우 그 대표이사,[57] 법원에 의하여 회사의 보전관리인으로 선임된 후 임금·퇴직금의 체불 없이 인원 감축, 경영 축소 등 갱생을 위하여 노력하였는데, 위 회사의 대표이사가 유가증권위조죄 등으로 구속, 기소되자 거래처들과 회사 직원들의 동요가 한층 심각해지던 중 법원에서 갱생 가능성이 없다는 이유로 위 회사에 대한 회생절차개시 신청이 기각되어, 회사의 경영은 걷잡을 수 없이 악화되고, 급격히 늘어나는 퇴직자들의 퇴직금을 지급할 수 없게 된 경우[58] 등이 있다.

특히 기업 회생절차상의 관리인은, 채무자나 그의 기관 또는 대표자가 아니고 채무자와 채권자 등으로 구성되는 이른바 이해관계인 단체의 관리자로서 일종의 공적 수탁자에 해당하고, 채권자·주주·지분권자 등 이해관계인의 법률관계를 조정하여 채무자 또는 사업의 효율적인 회생을 도모하기 위하여 업무수행 등을 하는 것이고, 재산의 처분이나 금전의 지출 등의 일정 행위에 대하여 미리 법원의 허가를 받거나, 채무자의 업무와 재산의 관리상태 등을 법원에 보고하여야 하는 등의 방법으로 법원의 감독을 받게 되므로 관리인이 채무자회생법 등에 따라 이해관계인의 법률관계를 조정하여 채무자 또는 사업의 효율적인 회생을 도모하는 업무를 수행하는 과정에서 자금 사정의 악화나 관리인의 업무수행에 대한 법률상의 제한 등에 따라 불가피하게 근로자의 임금 또는 퇴직금을 지급기일 안에 지급하지 못한 것이라면 임금 및 퇴직금 등의 기일 내 지급의무 위반죄의 책임조각 사유의 구체적인 징표가 될 수 있다.[59]

부정된 사례로는, 대표이사가 회사의 영업을 폐지하는 행위만을 하였을 뿐 달리 체불 임금 등의 지급을 위한 노력을 하지 아니한 경우,[60] 사용자가 사업의

56) 대법원 1995. 11. 10. 선고 94도1477 판결.
57) 대법원 1994. 3. 25. 선고 93도2903 판결.
58) 대법원 1993. 7. 13. 선고 92도2089 판결.
59) 대법원 2013. 3. 28. 선고 2010다63836 판결, 대법원 2015. 2. 12. 선고 2014도12753 판결.
60) 대법원 2003. 1. 10. 선고 2002도6198 판결.

부진 등으로 자금 압박을 받아 퇴직금을 지급할 수 없었던 경우[61] 등이 있다.

### 바. 죄 수

위 범죄는 근로자에 대하여 일정기일까지 임금을 지급받게 하기 위한 취지이므로, 근로자가 수인일 경우 지급받을 수 없었던 근로자 각자에 대하여 범죄가 성립하고, 따라서 그 범죄 상호간은 포괄일죄가 아니고 실체적 경합범관계에 있다.[62]

금품청산의무위반죄와 임금지불의무위반죄 상호간에는 구성요건과 보호법익이 서로 다르므로, 사용자가 근로자의 임금을 일정 기일에 지급하지 아니하고, 근로자의 금품청산의무를 위반한 경우에는 양 죄의 죄책을 지고, 양자는 실체적 경합범관계에 있게 된다.[63]

사용자·선박소유자가 근로자와 선원에 대하여 각 금품청산의무를 위반한 경우에는 선원법위반죄와 근기법위반죄의 죄책을 지고, 양자는 실체적 경합범관계에 있다.[64]

선박소유자가 선원에 대하여 임금을 일정한 기일에 지급하지 아니한 경우에는 선원임금지불의무위반죄가 성립한다.[65]

### 사. 반의사불벌죄

임금체불죄는 피해자의 명시한 의사에 반하여 공소를 제기할 수 없다(법 109조 2항). 2005. 3. 31. 개정 법에서 체불 임금에 대한 지연 이자를 강화하는 대신 형사 책임에 대하여는 반의사불벌죄로 규정하여 책임을 다소 완화함에 따른 것이다.

다만 근기법의 개정으로, 2025. 10. 23. 이후 발생한 위반행위의 경우, i) 43조의2에 따라 명단 공개된 체불사업주가 ii) 명단 공개 기간 중에 법 43조를 위반하였다면, 이는 반의사불벌죄에 해당하지 아니한다(법 109조 2항 단서, 부칙 8조).

### 아. 공소시효

임금의 정기지급일 임금지불의무위반죄는 각 임금의 정기지급일로부터 공

61) 대법원 1987. 5. 26. 선고 87도604 판결.
62) 대법원 1995. 4. 14. 선고 94도1724 판결, 대법원 1997. 9. 30. 선고 97도1490 판결.
63) 권창영, 105면.
64) 권창영, 105면.
65) 선원법 137조의3 1호, 48조 2항. 자세한 사항은 권창영, 73면 이하.

소시효가 기산된다. 따라서 월급여의 경우 매월 정해진 지급약정일, 분기별로 지급되는 상여금의 경우 매 분기별 지급약정일이 공소시효의 기산점이 된다(법 43조 2항).

금품청산의무위반죄는 퇴직일로부터 14일이 경과한 날 다음날인 15일째 되는 날부터 기산되어 5년이 경과되면 공소시효가 완성된다(법 36조).

## 2. 민사 책임

사용자는 근로자가 사망 또는 퇴직하였을 때 지급해야 할 임금과 퇴직급여법이 정한 퇴직급여 제도에 따른 일시금의 전부 또는 일부를 그 지급 사유 발생일부터 14일 안에 지급하지 아니한 경우, 그 다음 날부터 지급하는 날까지의 지연 일수에 대하여 연 20%의 비율로 계산한 지연이자를 지급하여야 한다(법 37조 1항[66]; 영 17조).[67]

근기법의 개정으로 2025. 10. 23. 이후에는, 사용자는 법 43조에 따라 지급하여야 하는 임금에 대하여도 대통령령으로 정하는 이율에 따른 지연이자를 지급하여야 한다(개정법 37조 1항 2호). 이때 사용자가 재직근로자에 대한 임금을 지급하지 아니하여 지연이자를 지급할 의무가 발생한 이후 근로자가 사망 또는 퇴직한 경우 해당 임금에 대한 지연이자는 법 43조 2항에 따라 정하는 날을 기준으로 산정한다(개정법 37조 2항).

이와 같이 가중된 이율로 지연이자를 지급하도록 한 것은 2005. 3. 31. 법 개정 때 신설된 규정에 따른 것이다. 이 법 개정 전에는 임금 체불에 대하여 상법 54조에 따른 연 6%의 비율로 지연 이자를 계산해야 한다고 보았다.[68]

한편, 사용자가 천재·사변, 그 밖에 대통령령으로 정하는 사유에 따라 임금 지급을 지연하는 경우 그 사유가 존속하는 기간에 대하여는 지연이자를 계산할 때 위와 같은 연 20%의 이율을 적용하지 아니한다(법 37조 2항). 그 대통령령이 정하는 사유는, (i) 임보법 7조 1항 1호부터 3호까지의 사유 중 어느 하나에 해당하는 경우, 즉 채무자회생법에 따른 회생절차개시의 결정이 있는 경우(1호), 채무

66) 개정된 근기법(법률 20520호)에 따르면 37조 1항 1호에 해당한다.

67) 법 37조 1항에는 그 지연이자의 이율을, 연 100분의 40 이내의 범위에서 은행법에 따른 금융기관이 적용하는 연체금리 등 경제 여건을 고려하여 대통령령으로 정하는 이율이라고 하고 있고, 현재 영 17조가 그 '대통령령이 정한 이율'을 연 100분의 20으로 정하고 있다.

68) 대법원 1976. 6. 22. 선고 76다28 판결. 보조적 상행위로 해석하고 있다.

자회생법에 따른 파산선고의 결정이 있는 경우(2호), 고용노동부장관이 대통령령으로 정한 요건과 절차(임보법 시행령 5조가 정하고 있다. 자세한 내용은 법 38조에 대한 해설 중 임보법 부분 참조)에 따라 미지급 임금 등을 지급할 능력이 없다고 인정한 경우(3호), (ii) 채무자회생법, 국가재정법, 지방자치법 등 법령상 제약에 따라 임금과 퇴직금을 지급할 자금을 확보하기 어려운 경우, (iii) 지급이 지연되고 있는 임금·퇴직금의 전부 또는 일부의 존부(存否)를 법원이나 노동위원회에서 다투는 것이 적절하다고 인정되는 경우, (iv) 그 밖에 위와 같은 사유에 준하는 사유가 있는 경우이다(영 18조).

### 3. 그 밖의 구제 방법

임금 체불은 근로조건에 관한 사항이고 법 위반에 해당하므로 이를 사유로 근로감독관에게 그 사실을 통보하면 근로감독관은 이와 같은 임금 체불에 관한 근로조건 기준 확보를 위해 필요한 권한을 행사한다(법 101조 1항, 102조 1항, 5항, 104조 1항).

한편, 파산 선고를 받거나 회생절차가 개시되는 등의 사정이 생긴 사용자의 근로자는 임보법에 따라 국가에게서 체불 임금을 받을 수 있다. 임보법에 따른 임금 지급 보장 제도에 관한 자세한 내용은 법 38조에 대한 해설 Ⅳ. 참조.

[정 재 헌·이 정 아]

## 임금 후론(後論) 2: 쟁의행위와 무노동 무임금 원칙

〈세 목 차〉



[참고문헌]

강성태, "파업기간 중 노조 전임자의 급여", 2003 노동판례비평, 민주사회를 위한 변호사 모임(2004); 고호성, "파업참가 노동자의 파업기간 중의 임금", 판례연구 1집, 제주판례연구회(1997); 곽현수, "무노동 무임금의 원칙 및 쟁의행위시 임금공제범위", 재판실무연구 1권, 수원지방법원(1996); 김규장, "쟁의행위기간중의 임금(무노동 무임금의 원칙)", 국민과 사법 — 윤관 대법원장 퇴임 기념, 박영사(1999. 1.); 김선수, "쟁의행위와 무노동 무임금의 원칙", 노동법률 57호, 중앙경제(1996. 2.); 김태창, "임금전액불의 원칙과 관련하여", 판례연구 7집, 부산판례연구회(1997); 김형배a, "경영위험부담론", 법률행정논집 10집, 고려대 법률행정연구소(1972); 박진환, "태업 시 무노동 무임금 원칙의 적용 여부와 임금의 공제 방법", 이상훈 대법관 재임기념 문집, 사법발전재단(2017); 이광택, "무노동 무임금의 법적 근거 없다", 월간 신동아 366호, 동아일보사(1990. 3.); 이철수, "쟁의행위 기간 중의 임금지급 여부", 노동법률 57호, 중앙경제(1996. 2.); 임종률a, "파업참가기간과 임금삭감", 법률신문 2481호, 법률신문사(1996. 2.); 정기남, "쟁의행위에 있어서 쟁의위험의 분배", 법학연구 4권 1호, 충남대학교 법학연구소(1993); 정재성, "무노동 무임금에 대하여", 노동판례 평석: 노동현장에서 부딪히는 노동사건 주요 판례 평석, 인쇄골(1999. 4.); 하경효, "파업참가 근로자에 대한 정근수당 지급: 삼척군의료보험조합사건", 노동판례평석집 Ⅱ, 한국경영자총협회(1997. 12.).

## Ⅰ. 무노동 무임금 원칙의 의의

무노동 무임금 원칙이란, 근로자가 여러 가지 사정으로 인하여 근로를 제공하지 않은 기간 동안에 사용자는 근로의 대가에 해당하는 임금을 지급할 의무가 없다는 원칙이다.[1] 기본적으로 임금은 근로 제공의 대가이므로 근로자의 근로 제공이 없으면 사용자는 임금을 지급할 의무가 없다. 근로자가 결근·조퇴 등으로 노무를 제공하지 않는 경우 사용자는 그 노무 제공을 하지 않은 시간에 해당하는 임금액을 지급하지 않고 나머지 임금만을 지급하는 것이 전형적인 무노동 무임금 원칙의 예이다.

무노동 무임금 원칙이 주로 논의되는 곳은 쟁의행위에 참가한 근로자에게 파업 기간에 상응하는 임금액을 지급하지 않아야 하는지 여부이다. 이에 관해 논의가 많이 진행되어 왔다.[2]

## Ⅱ. 쟁의기간 중 무노동 무임금 원칙의 적용 여부

우리나라에서는 쟁의행위에 무노동 무임금 원칙을 적용할 것인지가 1988년 대우조선 쟁의 때부터 본격적으로 논의되기 시작했다. 그 전까지는 사용자가 근로자들에게 쟁의기간 중의 임금을 그대로 지급하는 것이 일반적인 현상이었는데, 1988년 대우조선 쟁의 때 회사측은 무노동 무임금 원칙을 고수하고 직장폐쇄를 하였고,[3] 이후 대우조선 노사는 임금은 지급하지 않고 대신 특별상여금 50%를 지급하는 것으로 합의하였다.

현행 노조법 44조 1항은 "사용자는 쟁의행위에 참가하여 근로를 제공하지 않은 근로자에 대하여는 그 기간 중의 임금을 지급할 의무가 없다"라고 규정하여 무노동 무임금 원칙을 명시하고 있다. 또한 위 원칙을 뒷받침하기 위해, 파

---

1) 대부분의 학자는 무노동 무임금의 개념을 근로자가 쟁의행위 참가로 인하여 근로를 제공하지 못한 시간 동안 사용자는 임금을 제공할 의무가 없다는 것으로 제한하여 논의하고 있다(김지형, 260면).

2) 일부 학자는 무노동 무임금 원칙이라는 용어 대신 '파업 삭감의 원칙'이라는 용어를 사용하고 있다(임종률, 262면).

3) 당시 회사측이 직장폐쇄를 하면서 그 이유로 노사분규가 적법적이고 발전적인 방향으로 해결되는 관행을 확립하기 위한다는 것과 그리고 당해 노사협상 결과가 전체 산업의 분규협상에 중대한 영향을 미친다는 점을 들었다.

업 기간에 대한 임금지급 요구를 관철하기 위한 쟁의행위를 금지한다(노조법 44조 2항. 이를 위반하면 2년 이하의 징역 또는 2,000만 원 이하의 벌금에 처한다, 노조법 90조). 이에 대해서는 이러한 법 규정이 노사관계의 연혁적 배경과 무노동 무임금의 원칙이 쟁의권을 심각하게 제약한다는 점을 들어 법률로 무노동 무임금 원칙을 규정하고 있는 것을 반대하는 견해가 있다.[4)]

대법원은 “쟁의행위로 인하여 사용자에게 근로를 제공하지 않은 근로자는 일반적으로 근로의 대가인 임금을 청구할 수 없다”고 하여 일관되게 무노동 무임금 원칙을 인정하고 있다.[5)]

## Ⅲ. 무노동 무임금 원칙의 적용 범위(임금 삭감의 범위)

무노동 무임금 원칙은 노조법 44조 1항의 규정에서 명백히 규정되어 있다. 이 노조법 규정은 노조법이 1997. 3. 13. 제정되었을 때 비로소 규정되었다.[6)]

이 노조법 제정 이전 학설과 판례는 쟁의행위 때 지급되지 않는 임금의 범위에 대하여 논란이 있었다.

---

4) 김선수, 36면. 이러한 견해는 특히, 국가에 의하여 이 원칙을 강제하는 것은 국가 중립의 의무에 반하는 것으로서 결국 노사가 자율적인 협상에 의하여 임금 지급 여부를 결정하여야 한다고 보고 있다. 그러나 이러한 노동계의 입장에 대하여 반대하는 측은, 쟁의권의 이론적 근거는 근로자가 자신의 임금 상실을 감수하면서 사용자에 대하여 경제적 손실을 가하는 투쟁을 통해 교섭력을 높이는 근로자의 권리로 해석되므로, 사용자에게 파업을 통한 영업활동 정지의 경제적 타격을 가하면서 파업참가자들에 대한 임금까지 지급하도록 강요하는 것은 투쟁대등성의 원칙에 비추어 부적절하다고 한다(김형배, 1230~1231면).

5) 대법원 1992. 3. 27. 선고 91다36307 판결(이 판결은 다음 항에서 보는 바와 같이 임금 중 생활보장적 성격을 가진 부분은 지급 의무가 있다고 판시하고 있어 근로를 제공하지 않아도 임금이 지급될 수 있다는 태도를 보이고 있다고 해석하기도 하나, 원칙적으로 쟁의로 인하여 근로를 제공하지 않은 경우 임금 지급 의무가 없다는 판시를 했다는 점에서 볼 때 무노동 무임금의 원칙을 천명한 것으로 보아야 한다. 일부 생활보장적 성격의 임금을 지급할 것인지 여부는 무노동 무임금 원칙의 적용 범위에서 논의한다), 대법원 1995. 12. 21. 선고 94다26721 전원합의체 판결(이에 대한 평석으로는 김규장, 601면 이하; 임종률a, 15면 이하; 정재성, 242면 이하), 대법원 1996. 2. 9. 선고 94다19501 판결, 대법원 1996. 10. 25. 선고 96다5346 판결, 대법원 1996. 12. 6. 선고 96다26671 판결, 대법원 1997. 3. 25. 선고 96다723 판결, 대법원 1998. 6. 26. 선고 97다14200 판결, 대법원 1999. 7. 13. 선고 99도2168 판결, 대법원 2013. 11. 28. 선고 2011다39946 판결.

6) 다시 말해 노조법 제정 전의 구 노동조합법(1997. 3. 13. 폐지되기 전의 것)이나 구 노동쟁의조정법(1997. 3. 13. 폐지되기 전의 것) 등 노사관계 관련 법령에는 이러한 규정이 없었다.

## 1. 학 설

쟁의행위로 삭감되는 임금의 범위에 관한 견해로는 일부 삭감설, 전부 삭감설, 계약해석설의 대립이 있었다. 이는 임금의 법적 성격과 관련되어 있다.

일부 삭감설은, 임금 안에 사실상 근로 제공의 대가로 지급되는 '교환적 부분'과 근로 제공과 무관하게 근로자의 지위에 터잡아 받는 '생활보장적 부분'이 있고, 쟁의행위에 참가한 근로자의 임금을 삭감할 때에는 교환적 부분의 임금만 삭감할 수 있다고 한다.[7)]

반면 전부 삭감설은, 일부 삭감설이나 임금 이분설과 같이 임금을 두 부분으로 나누어 파악할 수 없고, 모든 임금은 근로 제공의 대가이므로, 근로자가 쟁의행위에 참가하여 근로를 제공하지 않은 기간에 대하여 명목 여하를 불문하고 그 기간에 대한 임금 모두를 삭감해야 한다고 한다.[8)]

계약해석설은 쟁의행위 참가 근로자의 임금을 삭감할 수 있는지 여부와 삭감할 임금의 범위는 근로계약의 내용을 기준으로 판단하여야 한다고 한다.[9)] 이에 따르면, 파업 참가자는 통상의 결근, 지각, 조퇴의 경우와 동일하게 취급하고, 취업규칙이나 관행상 임금을 어떻게 삭감하는지를 기준으로 임금 삭감 여부와 그 범위를 판단한다.

일부 삭감설은 임금이분설을 기초로 하고 있으나 실제 근로 형태에서는 모든 근로자에게 생활보장적 성격의 임금이 있다고 보기는 어렵다는 점에서 모든 근로자에게 보편적으로 적용될 수 없다는 문제가 있다.[10)] 전부 삭감설은, 쟁의행위 참가로 인한 결근과 평상 시 결근이 근본적으로 다르다는 점을 전제로 하고 있지만 이러한 전제에서 임금 삭감은 '정당한 단체행동 참가를 이유로 한 불이익 취급'(노조법 81조 5호)이 될 수 있다는 점과 임금의 유형 중 실적급에서 쟁의 참가로 근로를 제공하지 않았지만 결과적으로 실적을 똑같이 올린 근로자에게 당연히 실적급이 지급되어야 함에도 쟁의 참가를 이유로 실적급이 전부 삭감되는 결과를 가져온다는 점에서 불합리하다는 지적을 받고 있다.[11)] 계약해석

7) 대법원 1992. 3. 27. 선고 91다36307 판결(대법원 1995. 12. 21. 선고 94다26721 전원합의체 판결에 의하여 변경되었다); 이광택, 318면.

8) 김형배, 1232~1233면.

9) 이병태, 367면; 정기남, 448면.

10) 실제 계약직 근로자 등 불안정한 취업 형태를 지닌 근로자들의 경우 임금 중 생활보장적 성격의 임금은 매우 적거나 없다고 말할 수 있다.

설은 쟁의행위라는 집단 노사관계에 관한 법적 문제를 개별적 계약법상의 채무불이행과 같은 차원에서 판단함으로써 쟁의행위를 규율하는 집단적 노사관계법의 취지를 간과한다는 비판이 있다.[12)]

### 2. 판례의 태도

#### 가. 종전 판례의 태도(일부 삭감설)

쟁의행위 기간 중 임금에 관하여 초기 판례는, 임금을 근로자의 전인격적인 노동력의 처분 등에 관한 권한을 사용자에게 맡겨 놓은 것에 대한 대가로 보고, 임금을 교환적 부분과 생활보장적 부분으로 구분하는 일부 삭감설의 견해에 서서 쟁의행위 기간에 대하여는 '교환적 부분'의 임금만 삭감 가능하고, '생활보장적 부분'의 임금은 삭감할 수 없다고 보았다. 그리고 임금 중 교환적 부분과 생활보장적 부분을 구별하는 것은 당해 임금의 명목에 불구하고 단체협약이나 취업규칙 등 규정에 결근, 지각, 조퇴 등으로 근로를 제공하지 않았을 때 당해 임금의 감액을 정하고 있는지 여부나, 이러한 규정이 없더라도 종래 관행에 따라 판단해야 한다고 보았다.[13)]

#### 나. 현재 판례의 태도

그후 대법원은 전원합의체 판결로 판례를 바꾸어 전부 삭감설에 따라 모든 임금에 대해 무노동 무임금 원칙을 관철시켰다.[14)] 즉 판례는, 현행 실정법 아래에서 모든 임금은 근로의 대가로서 지급되는 것이고, 이른바 생활보장적 임금이란 있을 수 없으며, 현행법상 임금을 이분설적으로 볼 근거도 없다고 보았다.[15)] 이 판결은 임금의 성격에 관하여 노동대가설에 기초하였다고 평가되었고, 전형적으로 생활보장적 성격의 임금으로 설명되는 가족수당, 주택수당 등도 그 지급내용을 보면 그것이 근로시간에 직접 또는 비례적으로 대응하지 않는다는 의미

---

11) 임종률, 263~264면.

12) 김형배, 1230~1231면.

13) 대법원 1992. 3. 27. 선고 91다36307 판결, 대법원 1992. 6. 23. 선고 92다11466 판결. 위 판결에 대해 교환적 부분과 생활보장적 부분을 구별하는 기준에 관한 판시를 볼 때 임금이분설(일부 삭감설)을 취한 것이 아니라 계약해석설을 취했다고 보는 견해도 있다(임종률, 264면).

14) 대법원 1995. 12. 21. 선고 94다26721 전원합의체 판결, 대법원 2009. 12. 24. 선고 2007다73277 판결, 대법원 2010. 7. 15. 선고 2008다33399 판결.

15) 대법원 1995. 12. 21. 선고 94다26721 전원합의체 판결(이에 대한 평석으로는 고호성, 143면 이하; 곽현수, 175~210면; 김태창, 697~718면; 이철수, 22~28면; 임종률a, 15면 이하; 하경효, 232~241면).

에서 근로제공과의 밀접도가 약하기는 하지만 실질적으로 근로자가 사용자가 의도하는 근로를 제공한 것에 대하여 그 대가로서 지급되는 것이라고 보았다.

이 판결은 또한 쟁의행위의 성격을 근로관계 정지로 파악하고 있다. 즉, "근로자는 사용자에 대한 주된 의무인 근로 제공 의무로부터 벗어나는 등 쟁의행위 기간 동안 근로계약에 따른 근로자와 사용자의 주된 권리·의무가 정지된다. 그리하여 이때 사용자는 근로자의 근로 제공에 대하여 노무지휘권을 행사할 수 없게 된다. 반면 개별 근로자의 결근, 지각, 조퇴 등은, 그로 인해 근로관계가 일시 정지되는 것이 아니고, 경우에 따라 단순히 개별 근로자의 근로 제공 의무의 불이행만이 남게 되는 것으로서 사용자는 여전히 근로자의 노무 제공과 관련하여 노무지휘권을 행사할 수 있으므로 쟁의행위의 경우와는 근본적으로 그 성질이 다르다"고 보았다. 이러한 근거를 들면서 위 판결은, "단체협약이나 취업규칙 등에서 결근, 지각, 조퇴자 등에게 일부 명목의 임금을 지급하도록 하였거나, 임금 삭감 등을 규정하지 않았거나, 일부 명목의 임금을 지급해온 관행이 있다 해도, 쟁의행위에 이를 유추하여 쟁의행위 기간 중의 임금을 사용자가 지급할 의무가 있다고 볼 수 없다"고 하였다.

이러한 판례 태도는 임금을 둘로 나누어 파악하지 않고 모든 임금에 대하여 무노동 무임금 원칙을 적용한다는 취지이다. 다만, 단체협약이나 취업규칙 등에 쟁의행위 기간의 임금 지급에 관하여 정함이 있거나, 그에 관해 당사자 약정이나 관행이 있는 경우에는 그에 따라야 한다는 점은 판례도 지적하고 있다.

## Ⅳ. 관련 문제

### 1. 노동조합 전임자가 받는 급여

노동조합 전임자가 받는 급여는 임금이 아니라고 보는 것이 판례 태도이다.[16] 노동조합 전임자가 받는 급여 가운데 쟁의행위 기간에 해당하는 급여 또한 사용자에게 청구할 수 없는 것인지에 관하여, 쟁의행의에 노동조합 전임자가 행하는 업무는 전형적인 노동조합 활동과 관련된 업무라는 점에서 급여 청구권

16) 대법원 1998. 4. 24. 선고 97다54727 판결, 대법원 2003. 9. 2. 선고 2003다4815 등 판결, 대법원 2011. 8. 18. 선고 2010다106054 판결. 이에 관한 자세한 내용은 법 2조 1항 5호에 대한 해설 Ⅵ. 2. 마. (2) 참조.

이 인정된다고 본 지방법원 판례가 있으나,[17] 대법원은 이를 부정한다. 대법원 판례에 따르면, 일반 조합원이 쟁의행위 때 그 쟁의행위 기간에 대한 임금을 받지 못하는 것과 마찬가지로 노동조합 전임자가 사용자에게서 받는 급여로서 쟁의행위 기간에 해당하는 부분은 사용자에게 청구할 수 없다.[18]

## 2. 파업 기간 중에 변제기에 도달한 임금의 지급 의무

사용자는 쟁의행위 기간 중에 변제기에 도달한 임금까지 지급을 거절할 수는 없다. 따라서 쟁의행위 기간 이전에 근로를 제공한 부분에 대한 임금은 쟁의행위 기간 중이라도 사용자가 이를 지급할 의무가 있다.[19] 이는 이미 근로를 제공한 부분에 대한 임금의 변제기가 나중에 도래한 것일 뿐이어서 무노동 무임금 원칙과 관계없이 지급의무가 발생하기 때문이다.[20]

다만, 근로자의 근로제공의무가 정지되어 임금지급의무가 발생하지 않는 쟁의기간 사이에 포함된 유급휴일에 대하여는 사용자의 임금지급의무가 인정되지 않는다. 유급휴일은 휴일제도의 취지를 살려 근로자가 이를 충분히 활용할 수 있도록 하여 주기 위하여 임금의 지급을 보장하는 것이어서, 근로의 제공 없이도 근로자에게 임금을 지급하도록 한 유급휴일의 특별규정이 적용되기 위하여는 평상적인 근로관계, 즉 근로자가 근로를 제공하여 왔고, 또한 계속적인 근로제공이 예정되어 있는 상태가 당연히 전제되어 있다고 보아야 하기 때문이다.[21]

17) 서울중앙지법 2006. 9. 21. 선고 2004가합68903 판결. 이 판결에 대한 항소심인 서울고법 2007. 9. 21. 선고 2006나100181 판결은 이와 견해를 달리하여 대법원 판례와 같이 쟁의행위 기간 중 노동조합 전임자의 급여 청구권을 부정하였다. 이 서울고법 판결은 대법원 2009. 12. 24. 선고 2007다73277 판결로 파기되었으나, 노동조합 전임자에 대한 급여 청구권을 인정하지 않은 부분은 대법원도 그대로 수긍하였다.

18) 대법원 2003. 9. 2. 선고 2003다4815 등 판결(이 판결에 대한 평석으로는 강성태, 186면 이하), 대법원 2011. 2. 10. 선고 2010도10721 판결. 위 판례의 논거로는, "노동조합 전임자를 일반조합원보다 더욱 유리하게 처우하는 것은 단체협약의 규정을 둔 목적이나 취지에 비추어 볼 때 노사 쌍방이 당초 의도한 바와 합치하지 아니하고, 또 파업으로 인하여 일반조합원들이 무노동 무임금 원칙에 따라 임금을 지급받지 못하게 된 마당에 그 조합원들로 구성된 노동조합의 간부라고 할 수 있는 노동조합 전임자들이 자신들의 급여만은 지급받겠다고 하는 것은 일반조합원들에 대한 관계에 있어서도 결코 정당성이 인정될 수 없다"는 점을 들었다.

19) 김형배, 1232면.

20) 김형배, 1232면.

21) 대법원 2009. 12. 24. 선고 2007다73277 판결, 대법원 2010. 7. 15. 선고 2008다33399판결, 대법원 2013. 11. 28. 선고 2011다39946 판결; 김형배, 1232면.

### 3. 쟁의행위에 참가하지 않은 근로자의 임금청구권

조합원이 아닌 근로자 등 쟁의행위에 참가하지 않은 근로자는 쟁의행위 기간 중 자신의 의무인 근로 제공의 의무가 정지되지는 않는다. 따라서 근로자는 사용자에게 근로 제공 수령을 요구할 수 있다. 만일 근로자가 근로를 제공하려고 하였음에도 사용자가 이를 수령하지 않으면 사용자는 수령 지체에 빠진 것이므로 근로 제공의 대가인 임금 지급 의무는 그대로 발생함이 원칙이다.[22)]

한편, 쟁의행위로 말미암아 기업 경영에 장애가 발생하였고, 그 때문에 쟁의행위에 참여하지 않은 근로자의 근로 제공을 사용자가 수령하지 못했을 때[23)] 이러한 경우에도 사용자에게 임금 지급 의무가 있는지에 관해서는 논의가 있다. 이에 관해, 어느 측의 세력 범위에서 장애가 발생하였는지에 따라 정하여야 한다는 영역설[24)]은 쟁의행위로 인한 경영장애의 원인이 근로자측에 있으므로 종업원의 전체적 연대성을 기초로 그 위험을 근로자가 부담하게 되어 쟁의에 참여하지 않은 근로자도 임금을 청구할 수 없다고 한다.[25)] 현재 지배적 견해는 적법한 쟁의행위로 인하여 쟁의에 참여하지 않은 근로자의 근로 제공을 수령할 수 없게 된 경우, 이들 근로자가 임금 지급의 위험을 부담하여야 하므로 사용자는 임금을 지급할 의무가 없다고 해석한다. 이는 영역설의 근거와 달리 적법한 쟁의행위가 결국 쟁의에 참여하지 않은 근로자들에게도 유익하게 작용하기 때문이라는 점에 근거하고 있다.[26)]

다만, 이러한 해석은 쟁의행위 기간 동안 사용자가 근로자의 노동력을 이용하는 것이 불가능한 경우에만 해당하고, 사용자가 쟁의행위로 인하여 근로제공의 의사가 있는 근로자의 근로를 이용하는 데 하등의 영향을 받지 않는 경우에는 원칙으로 돌아가 근로 수령 거부는 수령 지체에 해당한다.[27)]

---

22) 김형배, 1232~1233면.

23) 이를 경영장애(經營障碍, Betriebsstörung)라고 한다. 김형배, 1232면.

24) 이 문제에 대하여 1920년대 초기 독일에서는 급부불능론 또는 수령지체론의 입장에서 논의가 시작되었으나 이후 어느 측의 세력범위에서 장애가 발생하였는지에 따라 정하여야 한다는 영역설이 주장되게 되었다(자세한 내용은 김형배a, 267면 이하 참조).

25) 이에 대하여 쟁의행위로 인하여 발생된 경영장애로 인한 근로제공 불능의 문제는 경영위험의 문제가 아니라 쟁의행위로 인해서 발생된 반대급부위험의 부담문제에 해당하므로 이를 경영위험과 구별하여 쟁의위험(爭議危險, Arbeitskampfrisiko)이라 부르기도 한다.

26) 김형배, 1232면.

27) 김형배, 1232면.

### 4. 직장폐쇄와 임금지급

근로제공을 희망하는 근로자에 대하여 사용자는 임금 지급 의무가 있으므로 사용자가 의무를 면하려면 근로제공에 대한 적법한 거부 방식인 직장폐쇄의 조치를 취하여야 한다.[28] 다만, 이 경우에도 직장폐쇄가 과잉조치로 인정되어 정당성을 상실한다면 사용자는 임금 지급 의무를 부담하게 된다. 파업에 참여하지 않는 근로제공 희망 근로자들만으로는 정상적인 조업이 불가능한 경우라면 직장폐쇄의 정당성이 인정될 수 있을 것이다.[29] 직장폐쇄의 개시 자체는 정당하더라도 어느 시점 이후에 근로자가 쟁의행위를 중단하고 진정으로 업무에 복귀할 의사를 표시하였음에도 사용자가 직장폐쇄를 계속 유지함으로써 근로자의 쟁의행위에 대한 방어적인 목적에서 벗어나 공격적 직장폐쇄로 성격이 변질되었다고 볼 수 있는 경우에는 그 이후의 직장폐쇄는 정당성을 상실하게 되므로, 사용자는 그 기간 동안의 임금에 대해서는 지급의무를 면할 수 없다.[30]

## Ⅴ. 태업(怠業)과 관련한 무노동 무임금 원칙

태업은 쟁의행위의 한 유형으로서 근로 제공을 불완전하게 행하는 경우를 말한다. 부분적인 파업과 태업이 그 유형상으로 차이가 있지만 판례는 이를 특별히 구별하지 않는 것으로 보인다.[31] 태업은 파업과 마찬가지로 근로계약 내용에 좇은 근로의 제공이 이루어지지 않은 것이므로 파업의 경우처럼 무노동 무임금 원칙에 따라 임금을 감액하여야 함이 원칙이다.[32] 판례도 "근로를 불완전하게 제공하는 형태의 쟁의행위인 태업도 근로제공이 일부 정지되는 것이라고 할 수 있으므로, 여기에도 이러한 무노동 무임금 원칙이 적용된다"고 판시하고

28) 김형배, 1233면.
29) 김형배, 1233~1234면.
30) 대법원 2016. 5. 24. 선고 2012다85335 판결, 대법원 2017. 4. 7. 선고 2013다101425 판결, 대법원 2017. 7. 11. 선고 2013도7896 판결.
31) 대법원 1991. 12. 10. 선고 91누636 판결.
32) 태업에 대하여 무노동 무임금 원칙의 적용을 부정하는 견해도 있다. 이 견해는 태업은 근로제공은 계속하되 근로의 양 내지 질을 줄이거나 저하시켜 사실상 사용자에게 손해를 입히는 것을 특징으로 하므로 태업 시 근로는 불완전하게나마 제공되는 것이어서 이를 근로를 제공하지 않은 것과 동일하게 취급하는 것은 부당하다는 것을 근거로 든다[강문대, "태업시에도 무노동 무임금 원칙이 적용되는지 여부", 법률신문 4193호(2014. 1)].

있다.[33)]

태업의 경우 그 감액의 범위는 실적급의 경우를 제외하고는 태업에 참가한 시간의 길이가 아니라 제공된 근로의 불완전성 비율 또는 요구되는 근로 제공을 이행하지 않은 비율에 따라 평상 시의 임금에서 감액하여 정하게 될 것이다.[34)]

근로를 이행하지 않은 비율을 어떻게 산정할 것인지는 일률적으로 정할 수 없다. 단순히 태업에 참여한 기간만을 기준으로 할 수는 없고 태업으로 인하여 감소한 생산량 등을 평소의 그것과 비교하여 산출하는 등 평상 시의 해당 근로자의 근로 내용, 근로성과 등과 태업의 형태, 태업으로 인한 경영 장애의 내용 등을 종합하여 판단할 수밖에 없다.[35)]

판례는 사용자가 각 근로자별로 측정된 태업시간 전부를 비율적으로 계산하여 임금에서 공제하는 방법으로 근로자의 태업에 따른 근로자의 임금과 노동조합 전임자의 급여를 삭감하여 지급한 사안에서 그 계산 방법이 불합리하지 않다고 판단하였다.[36)] 이에 대해, 태업을 한 근로자들의 임금을 공제하면서 같은 비율로 노동조합 전임자에 대한 급여도 공제하는 것은 노동조합 전임자 제도의 취지에 비추어 부적절하다는 견해도 있다.[37)]

판례는 태업기간 중에 포함된 유급휴일에 대하여도 무노동 무임금 원칙이 그대로 적용되는 것으로 보고 있다.[38)]

---

33) 대법원 2013. 11. 28. 선고 2011다39946 판결(이에 대한 평석으로는 박진환, 497면 이하 참조).
34) 김형배, 1232~1233면; 박진환, 529~530면; 임종률, 265면; 하갑래, 336면.
35) 박진환, 520면; 임종률, 265면(구체적으로, "감속 태업의 경우에는 기본급, 직무수당 등 고정급에 관하여 근로제공의 불완전이행 비율을 시간으로 계산할 수는 없지만, 생산량이나 그 밖의 기준에 따라 특정할 수 있으면 그 비율에 따라 삭감할 수 있다. 다만 그 비율은 해당 사업장의 평소 총생산량이 태업 때문에 어느 정도 감소되었는가에 따라 일률적으로 산정해서는 안 되고, 원칙적으로 근로자 개개인에 대하여 그 근로자의 평소 생산량이 태업참가 때문에 어느 정도 감소되었는가를 개별적으로 결정해야 할 것이고, 근로자가 수행해야 할 여러 직무 중에서 서류기재 업무나 납금 업무 등 특정의 업무만을 거부하면서 다른 업무는 정상적으로 수행하는 직무태업의 경우에도 위 감속태업의 경우와 마찬가지로 근로제공의 불완전이행 비율을 개별적으로 산정하면 된다. 다만 사용자가 특정 업무를 명하였음에도 불구하고 이를 거부하고 그 대신 사용자가 명하지 않은 다른 업무를 수행한 경우에는 근로계약상의 근로제공이 있었다고 볼 수 없으므로 이러한 업무수행은 근로제공 불이행으로 보아 무노동 무임금의 원칙에 따라 전액 삭감이 가능할 것"이라고 그 기준을 설정하고 있다).
36) 대법원 2011. 2. 10. 선고 2010도10721 판결, 대법원 2013. 11. 28. 선고 2011다39946 판결.
37) 강문대, "태업시에도 무노동 무임금 원칙이 적용되는지 여부", 법률신문 4193호(2014. 1).
38) 대법원 2011. 2. 10. 선고 2010도10721 판결, 대법원 2013. 11. 28. 선고 2011다39946 판결(판례는 "근로기준법상 휴일제도는 연속된 근로에서의 근로자의 피로회복과 건강회복 및 여가의 활용을 통한 인간으로서의 사회적·문화적 생활의 향유를 위하여 마련된 것이고, '유급휴일'이란 휴일제도의 취지를 살려 근로자가 이를 충분히 활용할 수 있도록 하여 주기 위하여

사용자가 특정 업무를 명하였음에도 불구하고 이를 거부하고 그 대신 사용자가 명하지 않은 다른 업무를 수행한 것과 같은 경우, 근로계약상의 근로 제공이 있었다고 볼 수 없으므로 이러한 업무 수행은 근로 제공 불이행으로 보아 무노동 무임금의 원칙에 따라 전액 임금 삭감도 가능할 것이지만,[39] 리본을 패용하거나 완장을 착용하고 근무한 것이 업무 저해에 이르러 태업에 해당하더라도,[40] 그와 같은 상태에서 이루어지는 근로 제공이 전면적인 업무 중단에 이르지 않는 한 그 시간에 해당하는 임금 전액을 삭감하여서는 아니 된다.

[정 재 헌·이 정 아]

---

임금의 지급이 보장되어 있는 휴일, 즉 휴식을 취하더라도 통상적인 근로를 한 것처럼 임금이 지급되는 날을 말하는 것으로서 이러한 휴일 및 유급휴일 제도를 근로기준법에 규정한 목적에 비추어 보면, 근로의 제공 없이도 근로자에게 임금을 지급하도록 한 유급휴일의 특별 규정이 적용되기 위하여는 평상적인 근로관계, 즉 근로자가 근로를 제공하여 왔고, 또한 계속적인 근로제공이 예정되어 있는 상태가 당연히 전제되어 있다"고 보아, "유급휴일에 대한 법리는 휴직 등과 동일하게 근로자의 근로제공의무 등의 주된 권리·의무가 정지되어 근로자의 임금청구권이 발생하지 아니하는 쟁의행위인 파업에도 적용된다 할 것이므로, 근로자는 파업기간 중에 포함된 유급휴일에 대한 임금의 지급 역시 구할 수 없고 이와 같은 법리는 파업과 마찬가지로 무노동 무임금 원칙이 적용되는 태업에도 그대로 적용된다고 할 것이므로 근로자는 태업기간에 상응하는 유급휴일에 대한 임금의 지급을 구할 수 없다."고 판시하고 있다).

39) 임종률, 265면.

40) 리본 패용, 완장 착용이 업무 저해의 정도에 이르지 않았다면 이는 단순한 노동조합 활동에 불과하므로 임금 삭감은 불가능하다.

제 4 장

# 근로시간과 휴식

# 제 4 장 근로시간과 휴식

제50조(근로시간)

① 1주 간의 근로시간은 휴게시간을 제외하고 40시간을 초과할 수 없다.

② 1일의 근로시간은 휴게시간을 제외하고 8시간을 초과할 수 없다.

③ 제1항 및 제2항에 따라 근로시간을 산정하는 경우 작업을 위하여 근로자가 사용자의 지휘·감독 아래에 있는 대기시간 등은 근로시간으로 본다.

〈세 목 차〉



[참고문헌]


**강성태**, "연장시간근로 등에서 근로시간의 산정", 노동법연구 4호, 서울대학교 노동법연구회(1994); **김진**, "휴게시간과 최저임금", 2006 노동판례비평, 민주사회를 위한 변호사모임(2007); **노상헌**, "버스 운전기사의 근로시간 산정", 노동리뷰 162호, 한국노동연구원(2018. 9.); **도재형**, "대기시간", 장시간 노동과 노동시간 단축(Ⅱ), 한국노동연구원(2011);

**조연민**, "경비노동자 가면(parasleep) 휴게시간의 근로시간 해당성", 2017 노동판례비평, 민주사회를 위한 변호사모임(2018).

## Ⅰ. 근로시간법 개설

### 1. 근로시간법

근로시간은 임금과 함께 가장 중요한 근로조건이며, 흔히 '근로시간법'이라고 하면 장시간 근로로부터 근로자를 보호하기 위한 입법론적 논의에서 출발하는 것이 보통이다. 1919년 ILO의 첫 번째 협약이 '근로시간 단축에 관한 협약'이라는 것도 이 점을 잘 보여준다. 근로시간 단축은 처음에는 1일 8시간 근로제의 정착을 목표로 논의되었으나, 이것이 1919년의 ILO 1호 협약으로 국제적인 표준이 된 이후에는 1주간 근로시간 단축에 초점이 맞추어졌다. 1주 40시간 근로제를 결의한 1935년 ILO 47호 협약(주 40시간 협약)은 가맹국의 비준을 거의 받지 못하였으나, 그 후로도 ILO는 1962년에 116호 권고(근로시간 단축에 관한 권고)로 1주 40시간 근로제를 '달성해야 할 사회적 기준'이라고 선언하는 등 생활수준의 저하 없는 근로시간의 단축을 유도하여 왔다.

우리나라는 1953년 법을 제정하면서 ILO 1호 협약을 받아들여 1일 8시간 근로제를 도입하였고, 기준근로시간을 주 48시간으로 정하였다(1953. 5. 10. 제정 법 42조 1항). 그 후 1989. 3. 29. 법을 개정하면서 주당 기준근로시간을 44시간으로 줄였고, 2003. 9. 15. 법 개정(법률 6971호) 때에는 주당 기준근로시간을 40시간으로 변경하였다.[1)]

---

1) 2003. 9. 15. 개정 법은 부칙(6974호, 2003. 9. 15.) 1조에서 그 시행일을 다음 각 호와 같이 사업 규모에 따라 단계적으로 정하였다.

1. 금융·보험업, 정부투자기관관리기본법 2조의 규정에 의한 정부투자기관, 지방공기업법 49조 및 동법 76조의 규정에 의한 지방공사 및 지방공단, 국가·지방자치단체 또는 정부투자기관이 자본금의 2분의 1 이상을 출자하거나 기본재산의 2분의 1 이상을 출연한 기관·단체와 그 기관·단체가 자본금의 2분의 1 이상을 출자하거나 기본재산의 2분의 1 이상을 출연한 기관·단체 및 상시 1,000인 이상의 근로자를 사용하는 사업 또는 사업장: 2004년 7월 1일
2. 상시 300인 이상 1,000인 미만의 근로자를 사용하는 사업 또는 사업장: 2005년 7월 1일
3. 상시 100인 이상 300인 미만의 근로자를 사용하는 사업 또는 사업장: 2006년 7월 1일
4. 상시 50인 이상 100인 미만의 근로자를 사용하는 사업 또는 사업장: 2007년 7월 1일
5. 상시 20인 이상 50인 미만의 근로자를 사용하는 사업 또는 사업장: 2008년 7월 1일
6. 상시 20인 미만의 근로자를 사용하는 사업 또는 사업장, 국가 및 지방자치단체의 기관: 2011년을 초과하지 아니하는 기간 이내에서 대통령령이 정하는 날

법은 4장에서 근로시간에 관하여 다양한 제한 규정을 두고 있다. 이와 같이 근로시간을 제한하는 주된 이유는, 근로시간 결정을 단순히 사용자와 근로자의 합의에 맡겨두는 경우 사용자와 근로자 간 힘의 불균형이나 가산임금을 얻고자 하는 경제적 유인 등으로 장시간 근로가 많아져 근로자의 신체와 건강에 악영향을 미친다는 점, 근로자에게 피로가 축적되면서 재해가 빈발하고 근로 능률을 저하시킨다는 점, 근로자가 사회적 · 문화적 생활을 영위할 여유와 활력을 박탈당한다는 점 등이다.[2)]

근로시간과 관련하여 (i) 근로시간제, (ii) 휴게시간 및 주휴일 제도, (iii) 연차 휴가 제도, (iv) 연장근로 · 야간근로 · 휴일근로 · 휴가근로에 대한 금전적 대우 등이 주로 문제된다.[3)]

### 2. 근로시간 개념의 다의성

근기법과 그 해석에서 근로시간은 몇 가지 다른 의미로 사용된다. 근로자와 사용자 사이에 정한 근로시간인 '소정근로시간'(법 2조 1항 8호)을 일컫기도 하고, 법에서 정한 소정근로시간의 한도인 '기준근로시간'(법 50조, 69조 본문, 산안법 139조 1항)을 뜻하기도 하나, 가장 널리 쓰이는 근로시간 개념은 실제 근로한 시간, 즉 '실근로시간'이다.[4)]

## Ⅱ. 기준근로시간

### 1. 의 의

근로시간에 대한 가장 기본적인 노동법 규제는 1주 및 1일에 대한 근로시간의 한도를 설정하는 형태로 나타난다. 이러한 근로시간의 한도를 흔히 '기준

---

그 후 위 6호에 따른 시행일은 '국가 및 지방자치단체의 기관'의 경우 2005. 7. 1.[영 부칙(20142호, 2007. 6. 29.) 3조], 그 외 '사업 또는 사업장'의 경우 2011. 7. 1.[영 부칙(22567호, 2010. 12. 29.) 2조]로 정해짐으로써 2011. 7. 1.부터는 원칙상 5인 이상의 근로자를 사용하는 모든 사업이나 사업장에 적용되고 있다.

2) 박홍규, 339면.

3) 김지형, 324면.

4) 우리나라에서는 크게 논의되지 않았지만 독일과 일본의 학설과 판례는 노동보호법상의 근로시간과 임금청구권의 대상으로 되는 근로시간, 즉 임금시간을 구별하여 파악해왔으며, 특히 일본에서는 노동보호법상 근로시간과 임금시간, 그리고 근로의무가 존재하는 시간으로 삼분하여 논하기도 한다. 강성태, 241면; 注釋(上), 507면; 西谷, 292면

근로시간'이라 하는데,[5] '법정근로시간',[6] '법정기준시간'[7] 또는 '법정기준근로시간'[8]이라는 용어를 쓰기도 한다. 이는 근로시간의 절대적인 상한은 아니고 이를 초과하는 근로를 일정한 요건 하에 허용하며, 가산수당 발생, 탄력적·선택적 근로시간제 등의 기준이 된다는 점에서 '기준근로시간'이라는 용어가 더 적합한 것으로 보인다.

우리 노동법 체계에서는 일반근로자(18세 이상으로서 유해·위험한 작업에 종사하지 않는 근로자)의 기준근로시간을 정하면서(법 50조), 연소자의 근로시간(법 69조)과 유해·위험한 작업 종사자의 근로시간(산안법 139조)을 보다 엄격하게 보호하고 있는데, 아래에서 자세히 살펴본다.

### 2. 일반 기준근로시간

일반근로자의 기준근로시간은 1주 40시간, 1일 8시간이다(법 50조 1항·2항).[9]

#### 가. 1주간

종래 1주에 휴일이 포함되는지에 관하여 논란이 있었으나, 2018. 3. 20. 개정 법 2조 1항 7호에서 '1주'란 휴일을 포함한 7일을 말한다고 명시하여 그 의미가 명확해졌다.[10]

1주는 원칙적으로 일요일부터 토요일까지를 의미하는데, 자세한 내용은 법 2조 1항 7호에 대한 해설 참조.

#### 나. 1일

1일은 원칙적으로 오전 0시부터 24시간에 해당하는 역일에 의한 하루를 의미하지만,[11] 계속된 근로 중간에 오전 0시가 끼어 2역일에 걸쳐 근로한 때에는

---

5) 1987. 11. 28. 개정 전 법 42조 1항이 "1일에 8시간, 1주일에 48시간을 기준으로 한다"라고 정한 것에서 비롯된 것으로 보인다. 한편 위 법 개정으로 이를 "1일에 8시간, 1주일에 48시간을 초과할 수 없다"로 바꾼 것에 관하여 고용노동부는 단순한 자구수정에 불과하고 내용에는 변경이 없는 것으로 해석하였다(1988. 7. 19. 근기 01254-10854). 하갑래, 371면.

6) 김형배, 429면; 임종률, 436면.

7) 김유성, 146면.

8) 하갑래, 371면.

9) 종래 '1일 8시간, 1주 44시간'의 입법형식을 취하였으나, 1996. 12. 31. 개정 법에서 '1주 44시간, 1일 8시간'으로 순서가 바뀌었다. 이는 1987년 일본 노동기준법 개정을 그대로 따른 것인데, 일본 후생노동성은 이에 관하여 '근로시간의 규제는 1주 단위의 규제를 기본으로 하고, 1일 단위의 규제는 1주간의 근로시간을 1주간의 근로일수로 나눌 경우 그 상한선이 정하여지는 데 의의가 있다'고 설명한다. 이병태, 770면.

10) 자세한 내용은 법 53조에 대한 해설 Ⅱ. 5. 및 법 56조에 대한 해설 Ⅱ. 2. 나. (1) 참조.

비록 역일을 달리 할지라도 그 계속된 근로를 1일 근무로 보아야 하고 시업 시각이 속하는 날의 계속근로로 보아야 한다.[12] 기준근로시간에 대한 법적 규제는 일정 시간을 초과하여 계속 근로하게 하여서는 안 된다는 취지에서 비롯되었으므로, 이틀에 걸쳐 연속적으로 이루어진 근로를 하루하루 역일 단위로 구분하는 방식은 불합리하기 때문이다.[13] 예컨대 아침 10시부터 연속하여 24시간을 일하는 격일제 근무의 경우 첫날에 14시간, 둘째 날에 10시간을 근무하여 8시간만 연장근로한 것이 아니라 첫날의 8시간 근로를 넘어서는 16시간을 모두 연장근로한 것으로 보아야 한다.[14]

### 다. '주 40시간 근로제'와 '주 5일 근무제'

기준근로시간이 1주 40시간, 1일 8시간으로 규정된 이러 주 5일 근로가 당연한 것으로 받아들여지고 있으나, 법 55조가 주 1일을 휴일로 정하고 있는 이상 반드시 주 5일제를 취해야 하는 것은 아니다.[15] 따라서 소정근로시간이 기준근로시간인 1주 40시간, 1일 8시간을 초과하지 않는 이상 당사자 사이에 1주에 6일을 근무하기로 정할 수도 있고(예를 들어, 월요일부터 토요일까지 하루에 6시간 40분씩 근무), 어느 경우에나 사용자는 실근로시간이 1주 40시간 또는 1일 8시간을 초과한 경우에만 연장근로수당을 지급하면 된다.

## 3. 특수한 기준근로시간

### 가. 연소자의 기준근로시간

15세 이상 18세 미만인 자의 근로시간은 휴게시간을 제외하고 1일에 7시

---

11) 이상윤, 264면; 임종률, 436면. 1980. 8. 6. 법무 811-19544(1일 3교대 근로자가 14:00~22:00 근무한 후 익일 06:00~14:00 근무하여 24시간 이내에 16시간을 근무하였더라도 익일의 8시간 작업이 연장근로가 되는 것은 아니다). 취업규칙 등에 시업 시각이 정해진 경우에는 시업 시각부터 24시간을 1일로 본다는 견해도 있다(김유성, 146면; 하갑래, 372면).

12) 이병태, 771면; 이상윤, 264면; 임종률, 436면. 1991. 10. 5. 근기 01254-1433, 1989. 12. 14. 근기 01254-20752. 다만, '다음 날 시업 시각 이후의 근로'에 대하여는 다음 날 근로로 본다는 행정해석(2003. 3. 31. 근기 68207-402)과 근로자가 유리한 쪽을 택할 수 있다고 하는 견해(하갑래, 372면)가 있다.

13) 김지형, 329면.

14) 따라서 첫날이 휴일인 경우 24시간 전부에 관하여 휴일근로수당(연장·야간근로에 해당하는 경우 연장·야간근로수당 추가 지급)을 지급할 의무가 있다(2003. 3. 31. 근기 68207-402). 다음 날이 휴일이라면 다음 날의 근로시간에 대하여는 법 56조 2항의 규정에도 불구하고 그 전부에 대하여 휴일근로수당과 연장근로수당이 중복하여 지급되어야 한다(하갑래, 401면).

15) 이병태, 771면; 하갑래, 373면.

간, 1주에 35시간을 초과하지 못한다(법 69조 본문, 영 41조). 법은 이렇게 연소자에 대한 기준근로시간을 성인과 달리 정하였다. 아직 육체적으로 연약하고 성장기에 있는 연소자를 과도한 근로에서 보호하고자 함이 입법취지이다.

1953. 5. 10. 제정 법은 13세 이상 16세 미만인 근로자의 근로시간을 1일 7시간, 1주 42시간으로 제한하였고, 사회부의 인가를 얻어 1일 2시간을 한도로 연장할 수 있도록 하였다가, 1974. 12. 24. 법 개정 때 연소자의 범위를 '16세 미만'에서 '18세 미만'으로 확대하였다. 1980. 12. 31. 개정 법은 연장근로의 한도를 '1일 2시간 이내'에서 '1일 1시간, 1주 6시간'으로 줄였고, 1996. 12. 31. 개정 근기법(1997. 3. 13. 폐지)과 1997. 3. 13. 제정 근기법은 취업 최저 연령을 13세에서 15세로 변경하면서 연소자의 범위 중 하한 역시 '13세 이상'에서 '15세 이상'으로 변경하였다. 그 후 2003. 9. 15. 법 개정으로 1주 기준근로시간을 42시간에서 40시간으로 줄였으나 1일 기준근로시간을 7시간으로 유지하여 주 5일제를 할 수 없다는 비판이 있었는데, 2018. 3. 20. 법 개정으로 1주 기준근로시간을 35시간으로 다시 줄임으로써 이를 시정하였다.[16]

고용노동부장관의 취직인허증(법 64조 1항 단서)을 소지한 15세 미만의 자가 취업한 경우에 관하여는 별도의 규정이 없으나, 15세 이상 18세 미만 근로자의 기준근로시간이 적용된다고 보아야 한다.[17]

### 나. 유해 · 위험 작업 종사자의 기준근로시간

사업주는 유해하거나 위험한 작업으로서 높은 기압에서 하는 작업 등 대통령령이 정하는 작업에 종사하는 근로자에 대하여는 휴게시간을 제외하고 1일 6시간, 1주 34시간을 초과하여 근로하게 하여서는 아니 된다(산안법 139조 1항). 여기서 '높은 기압에서 하는 작업 등 대통령령이 정하는 작업'이란 '잠함(潛函) 또는 잠수 작업 등 높은 기압에서 하는 작업'을 말한다(산안법 시행령 99조 1항). 법 65조가 임신 중인 여성 등의 취업을 금지하는 '유해 또는 위험한 사업'과는 다른 개념이다.

유해 · 위험 작업 종사자의 경우에는 탄력적 · 선택적 근로시간제의 대상이 되지 않고 연장근로도 허용되지 않는다. 따라서 이들의 기준근로시간은 명실상

16) 하갑래, 371면.

17) 이상윤, 317면; 임종률, 437면. 따라서 '15세 이상'이라는 제한은 무의미하므로 삭제함이 바람직하다.

부한 근로시간의 최고한도라고 할 수 있다.[18)]

1953. 5. 10. 제정 근기법은, 지하 작업 기타 대통령령으로 정한 유해·위험한 작업의 기준근로시간을 1일 6시간, 1주 36시간으로 하였고, 다만 주무 관청 인가를 얻은 경우에는 1일 2시간 이내, 1주 12시간을 한도로 연장할 수 있도록 하였다(1953. 5. 10. 제정 법 43조). 그러다 1988. 3. 29. 근기법 개정 때 36시간의 주간 기준근로시간을 34시간으로 줄였다. 그 후 1990. 1. 13. 산안법 전문 개정 때 연장근로를 할 수 있는 근거를 없앴다.

### 4. 기준근로시간 적용의 배제

기준근로시간을 유연하게 운영할 수 있는 탄력적·선택적 근로시간제를 도입하는 경우(법 51조, 51조의2, 52조), 근로시간 규율이 불가능하거나 부적절한 일정한 사업 또는 업무의 경우(법 63조)에는, 기준근로시간을 정한 법 50조 등의 적용이 배제된다. 이에 대하여는 해당 조문에 대한 해설 참조.

### 5. 기준근로시간 초과 근로의 효과

#### 가. 민사상 효과

기준근로시간을 초과하는 근로에 대하여는 연장근로에 대한 가산임금을 지급해야 하고, 기준근로시간을 초과하는 근로시간을 정하면서 가산임금을 지급하지 않기로 하는 약정이 무효라는 점에 대하여는 이론이 없다.[19)][20)] 따라서 사용

---

18) 김유성, 147면. 조문 형식도 법 50조와 69조는 '초과할 수 없다' 또는 '초과하지 못한다'고 하면서 연장근로에 대한 규정을 함께 두고 있으나(법 53조, 69조 단서), 산안법은 "초과하여 근로하게 해서는 아니 된다"고 정하고 있고 연장근로에 관한 근거 규정이 없다.

19) 다만, 하갑래, 399면은 1시간 미만인 연장근로시간에 대해 '30분 미만'은 0시간으로, '30분 이상'은 1시간으로 간주하는 취업규칙이 위법하지 않다고 본다.

20) 대법원 2020. 11. 26. 선고 2017다239984 판결은 "여객자동차 운수사업을 영위하는 갑 주식회사 소속 운전기사인 을 등에게 적용되는 단체협약 등에서 임금 산정 시간과 관련하여 주간근무일은 소정근로 8시간과 연장근로 1시간을 포함한 9시간, 연장근무일은 연장근로 5시간의 보장시간을 정하는 한편 보장시간에 미달되거나 초과되는 근로시간은 일 단위로 계산하지 않고 월 단위로 상계하기로 하는 '월 단위 상계약정'을 둔 사안에서, 위 상계약정은 월 단위로 합산한 실제 근로시간을 근무일수에 따라 계산한 보장시간의 월간 합계와 비교하여 연장근로수당을 추가로 지급할 연장근로시간을 계산하는 방법을 취하고 있는데, 이와 같이 임금 산정의 대상이 되는 근로시간이 소정근로시간인지 또는 연장근로시간인지를 구분하지 않은 채 전체 근로시간만을 단순 비교하여 연장근로시간을 계산한 결과 실제 연장근로시간 중 소정근로시간과 중첩되어 상쇄되는 부분이 발생하는 경우, 그 부분에 대해서는 통상시급에 해당하는 금액만이 임금으로 산정되어 연장근로에 대해서는 통상임금의 100분의 50 이상을 가산해야 한다는 근기법 56조 1항이 정한 기준에 미달하게 되므로, 그 한도에서 위 상계

자는 기준근로시간을 초과하는 실근로시간에 대하여 연장근로수당을 지급하여야 한다.[21)]

근로자와 사용자가 근로계약, 취업규칙 또는 단체협약 등으로 합의한 근로시간이 기준근로시간을 초과하는 경우, 법 2조 1항 8호에서 '소정근로시간'을 '기준근로시간의 범위에서 근로자와 사용자 사이에 정한 근로시간'으로 정의한 점에 비추어 그와 같은 합의는 기준근로시간을 초과하는 부분에 한하여 무효이다(법 15조). 따라서 근로자는 기준근로시간을 초과하여 근로를 제공할 의무가 없고, 시간급 통상임금의 산정 등에 있어 기준근로시간을 소정근로시간으로 보게 된다.

이에 반해 근로자와 사용자는 기준근로시간을 초과하지 않는 한 자유로운 의사에 따라 소정근로시간을 합의할 수 있다. 다만 소정근로시간의 정함이 단지 형식에 불과하다고 평가할 수 있는 정도에 이르거나, 노동관계법령 등 강행법규를 잠탈할 의도로 소정근로시간을 정하였다는 등의 특별한 사정이 있는 경우에는 예외적으로 그 합의의 효력이 부정된다.[22)] 한편, 소정근로시간을 초과하여 근로를 제공하더라도 기준근로시간의 범위 내라면(이른바 '법내 초과근로') 이는 연장근로에 해당하지 않으므로 사용자는 법 56조 1항에서 정한 가산임금을 지급할 의무가 없다.[23)]

---

약정은 근기법에 위반되어 무효"라고 보았다.

21) 김형배, 431면; 이병태, 771면.

22) 대법원은 2019. 4. 18. 선고 2016다2451 전원합의체 판결에서 '정액사납금제 하에서 생산고에 따른 임금을 제외한 고정급이 최저임금에 미달하는 것을 회피할 의도로 사용자가 소정근로시간을 기준으로 산정되는 시간당 고정급의 외형상 액수를 증가시키기 위해 택시운전근로자 노동조합과 사이에 실제 근무형태나 운행시간의 변경 없이 소정근로시간만을 단축하기로 합의한 경우, 이러한 합의는 강행법규인 최임법 6조 5항 등의 적용을 잠탈하기 위한 탈법행위로서 무효'라면서 '이러한 법리는 사용자가 택시운전근로자의 과반수로 조직된 노동조합 또는 근로자 과반수의 동의를 얻어 소정근로시간을 단축하는 내용으로 취업규칙을 변경하는 경우에도 마찬가지로 적용된다'고 판시하였다. 한편, 위 법리에 따라 소정근로시간 단축 합의가 무효로 판단되어 기존 소정근로시간을 기준으로 최저임금액을 계산한 결과 사후적으로 사용자가 그보다 적은 임금을 지급하였다고 밝혀졌더라도 곧바로 사용자에게 최저임금법위반의 고의가 있다고 단정할 수 없다는 판례로는 대법원 2019. 5. 10. 선고 2015도676 판결 참조.

23) 대법원 1991. 6. 28. 선고 90다카14758 판결, 대법원 1998. 6. 26. 선고 97다14200 판결. 김유성, 160면; 김형배, 444면; 이병태, 783면; 하갑래, 400면; 菅野, 496면. 1989. 3. 14. 근기 01254-3951, 1989. 7. 25. 근기 01254-10915. 다만 계약자유의 원칙상 근로계약 당사자는 법내 초과근로에 대한 수당의 지급에 관하여 약정할 수 있고 그러한 약정을 한 이상 사용자는 그에 따를 의무가 있다(대법원 2005. 9. 9. 선고 2003두896 판결). 한편, 단시간근로자의 경우 소정근로시간을 초과한 근로가 모두 연장근로에 해당하여 1주에 12시간을 초과할 수 없고(기간제법 6조 1항), 가산수당 지급의무가 발생한다(기간제법 6조 3항).

### 나. 형사처벌

법 50조와 법 69조의 기준근로시간을 초과하여 근로를 시킨 경우에는 2년 이하 징역 또는 2,000만 원 이하의 벌금에 처하고(법 110조 1호), 유해 또는 위험한 작업 종사자의 기준근로시간을 초과하여 근로를 시킨 경우에는 3년 이하의 징역 또는 3,000만 원 이하의 벌금에 처한다(산안법 169조 1호).[24]

당사자 간의 합의 없이 기준근로시간을 초과하여 근로를 하도록 하는 행위의 경우 법 50조 위반인지 법 53조 1항 위반인지 논란의 여지가 있으나, 벌칙 조항과 형량에 차이가 없어 별다른 실익이 없다. 근로자 1인마다 1죄가 성립한다.

## Ⅲ. 실근로시간의 범위

### 1. 개 관

법이 기준근로시간에 의하여 규제하려고 하는 대상은 근로자가 실제로 근로한 시간(실근로시간)이다. 실근로시간이 기준근로시간을 초과하면 그 초과 부분은 연장근로에 해당하여 가산임금이 지급되어야 하고 형사처벌 문제도 발생하므로, 어떤 시간을 실근로시간으로 볼 것인지는 중요하다

법에는 별도로 실근로시간에 대한 정의가 없다. 다만 법 50조에서 휴게시간은 근로시간에서 제외되고, 작업을 위하여 근로자가 사용자의 지휘·감독 아래에 있는 대기시간 등은 근로시간에 포함된다고만 구정하고 있을 뿐이다.[25] 이와 관련하여 대법원은, 위 규정이 1일 또는 1주를 단위로 과중한 근무시간을 제한하고자 하는 취지이므로 위 법조문의 근로시간은 실근로시간을 의미한다면서, 실근로시간을 "근로자가 사용자의 지휘·감독 아래 근로계약상의 근로를 제공하는 시간"으로 정의하였고,[26] 우리 노동법 학계 다수의 견해도

24) 2018. 4. 17. 산안법 개정(시행일 2018. 10. 17.)으로 벌금 상한이 2,000만 원에서 3,000만 원으로 증액되어 현행 법까지 유지되고 있다.

25) 근로시간에 대기시간 등이 산입되고 휴게시간이 제외됨은 당연하므로, 이를 확인하는 규정에 불과하다(임종률, 453면). ILO 30호 협약도 근로시간을 "근로자가 사용자의 지휘 하에 있는 시간"으로 정의하면서 휴게시간을 제외한다(2조).

26) 대법원 1992. 10. 9. 선고 91다14406 판결(한국피죤 사건), 대법원 1992. 11. 24. 선고 92누9766 판결, 대법원 1993. 5. 27. 선고 92다24509 판결, 대법원 1993. 9. 28. 선고 93다3363 판결, 대법원 2006. 11. 23. 선고 2006다41990 판결, 대법원 2008. 4. 11. 선고 2007다90692 판결, 대법원 2017. 12. 5. 선고 2014다74254 판결, 대법원 2018. 6. 21. 선고 2011다112391 전원합의체 판결, 대법원 2018. 7. 12. 선고 2013다60807 판결 등. 한국피죤 사건 판결에서는 유급휴일에 실제 근로를 제공하지 않은 경우 실근로시간에 해당하지 않는다는 전제에서, 사용자가 통상

이와 같다.[27)]

실근로시간에 해당하는지는 객관적으로 판단되어야 하므로 근로계약, 취업규칙, 단체협약 등에서 일정 시간을 실근로시간에서 제외한다고 정하더라도 아무런 효력이 없다.[28)] 다만 사업장 밖 근로나 재량근로에 있어 법 58조에서 정한 요건을 갖춘 경우 근로자대표와 서면 합의로 정한 시간 등을 실근로시간으로 간주하는데, 이에 관한 자세한 내용은 법 58조에 대한 해설 참조.

## 2. 사용자의 지휘 · 감독 아래 근로계약상의 근로를 제공하는 시간

### 가. 사용자의 지휘 · 감독

근로자가 '사용자의 지휘 · 감독' 아래 있었는지 여부는 근로계약의 내용, 취업규칙의 정함, 당해 활동의 업무관련성 등을 종합하여 사회통념에 의해 객관적으로 판단되어야 하고,[29)] '사용자의 지휘 · 감독'에는 적극적이고 구체적인 지시 · 명령뿐 아니라 묵시적인 지시 · 명령,[30)] 불이익취급에 의한 간접적인 강제도 포함되나,

---

의 경우에는 평일 8시간, 토요일 6시간씩 합계 주당 46시간을 근로시키면서 일요일 이외의 유급휴일이 포함된 주의 토요일에는 6시간을 초과하여 8시간의 근무명령을 하였더라도 그 경우 실근로시간은 40시간(=8시간×5일)이 되므로 구법 소정의 주당 46시간 근무제에 관한 규정에 위배되지 않는다고 판시하였다.

27) 김유성, 140면(본래의 업무에 종사하는 시간은 물론, 본래의 업무는 아니지만 그 활동이 근로자의 의무로 되어 있는 시간은 근로시간으로 보아야 하는 반면, 퇴근시간 이후 사용자의 명시적 또는 묵시적 승인이 없는 상황에서 임의로 제공된 근로는 직접적으로 업무와 관련된 경우라도 사용자의 지휘 · 명령 하에 있다고 보기 어렵기 때문에 특별한 사정이 없는 한 근로시간으로 보기는 어려울 것이다); 김형배, 424면; 이상윤, 258면; 하갑래, 377면. 이에 반해, 근로자의 작업이 사용자의 지휘 · 감독 아래 이루어지는 것이 아니더라도 해당 활동의 '업무성'을 보충적 기준으로 삼아 근로시간에 포함시킬 수 있다는 소수설로는 이병태, 756 · 771면(근로가 업무에 필요한 경우 구속성과 관계없이 근로시간으로 보아야 한다면서 법령, 단체협약, 취업규칙, 근로계약 또는 노사관행에서 근로자의 의무로 정해졌거나 참가하지 않았을 때 일정한 불이익이 과해지는지, 업무에 필요불가결하고 사용자에게 크게 도움이 되는지를 판단기준으로 제시한다) 및 임종률, 453면(근로시간의 개념을 "사용자의 작업상의 지휘 · 감독 아래 있는 시간 또는 사용자의 명시 또는 묵시의 지시 · 승인에 따라 그 업무에 종사하는 시간"으로 정의한다)이 있다. 소수설에 대한 비판으로는 이상윤, 258면 및 하갑래, 379면 참조.

28) 김유성, 139면; 西谷, 289면. 반면, 취업규칙 등에서 "휴게시간을 근로시간에 포함한다"고 규정하는 경우 휴게시간을 근로시간으로 볼 수 있으나, 이와 달리 "휴게시간에 임금을 지급한다"고 규정할 뿐인 경우 경제적인 지원을 의미하는 것에 불과하여 실근로시간에 포함할 수 없다는 견해로는 하갑래, 383~384면 참조.

29) 김유성, 140면. 대법원 2019. 1. 17. 선고 2018다260602 판결은 '기숙학원 강사들의 특강시간'에 대하여 사용자가 강사들의 특강 업무를 구체적으로 관리 · 감독하였다는 등의 이유로 이를 소정근로시간에 포함된다고 보았다.

30) 부산지법 2010. 7. 22. 선고 2010나1675 판결, 서울남부지법 2017. 8. 18. 선고 2014가합110878 판결, 서울고법 2015. 2. 13. 선고 2013나2025567 판결 등. 대법원 1992. 1. 8. 선고 90

사용자의 허락을 받았더라도 반드시 근로시간에 포함되는 것은 아니다.[31)]

## 나. 근로계약상 근로의 제공

작업을 위하여 근로자가 사용자의 지휘·감독 아래에 있는 대기시간 등은 근로시간으로 본다(법 50조 3항). 즉, 외형상 현실적인 근로를 제공하지 않더라도 사용자의 지휘·감독에 구속되어 근로자가 시간을 자유롭게 이용할 수 없다면 '근로를 제공하는 것'이다. 따라서 다음 업무를 위하여 대기 중인 시간이나 민원 창구에서 고객을 기다리는 시간도 근로시간에 해당한다.

'근로계약상의 근로'로 인정되는 업무의 범위 역시 계약상 본래의 업무는 물론 그와 직접 또는 간접으로 관련성이 있는 업무(점검, 정비, 인수인계, 법령상 의무로 된 안전장구 착용 등 활동, 법령상 의무는 아니더라도 작업의 내용이나 성격상 근로자의 안전 확보·원활한 작업수행·생산성 향상을 위해 필요한 작업복 등의 착용, 조례, 작업상의 주의 또는 교육 등)도 모두 포함된다.[32)]

아래 3. 가.항에서 다시 구체적으로 본다.

## 3. 근로시간과 관련한 문제들

### 가. 소정근로시간과 근로시간

#### (1) 소정근로시간과 근로시간의 차이

소정근로시간이란 법 50조, 69조 본문 또는 산안법 139조 1항에서 정한 기준근로시간의 범위 안에서 근로자와 사용자 사이에 정한 근로시간을 말한다(법 2조 1항 8호). 근로계약, 단체협약, 취업규칙 또는 노사협의회 의결(근로자참여법 20조 1항 7호) 등으로 정한 '시업 시각', '종업 시각', '휴게시간'이 엄밀히 지켜지는 경우에는 소정근로시간과 근로시간이 일치하나, 지각이나 연장근로의 경우에는 소정근로시간과 근로시간이 달라진다.[33)]

#### (2) 시업 시각과 준비행위

시업 시각에 어느 장소에서 어떤 상태로 있어야 하는지는 근로계약이나 취

---

다카21633 판결은 근무명령부를 따로 작성하지 않았더라도 실제로 사용자 측의 근무명령에 따라 근로를 한 경우 그 시간도 연장, 야간, 휴일근로시간으로 볼 수 있다고 판시하였다.

31) 2003. 8. 22. 근기 68207-1045(버스 운전기사가 쌍방과실로 유발된 교통사고에 대하여 경찰서에서 사실 조사를 받은 시간은 설사 그와 같은 사유를 회사에 보고하여 허락 또는 지시를 받은 시간이라 하더라도 정상적인 근로와는 다르므로 가산수당에 관한 규정은 적용되지 않는다).

32) 김지형, 384면.

33) 하갑래, 378면.

업규칙에서 정할 수 있으나, 그러한 상태를 준비하기 위한 행위에 필요한 시간을 근로시간에 포함할 것인지는 별개 문제이다. 업무의 인수인계, 기계점검, 정리정돈 등 업무 준비행위 뿐만 아니라 조회, 회의, 체조 등이 시업 시각 전에 행해지더라도 사용자의 지휘·감독 하에 의무적으로 이루어진다면 그 시간 역시 근로시간으로 볼 수 있다.[34)]

작업복 착용에 대하여는 그것이 취업규칙 등에서 의무로 되어 있더라도 그 성질상 근로제공의무의 이행을 위한 단순한 준비행위에 불과하다면(은행원의 제복 착용 등) 근로시간에 포함되지 않지만, 작업 개시에 필수불가결한 업무 관련 행위로 인정할 수 있다면(갱내 안전보호구 착용 등) 근로시간에 해당한다고 보는 견해가 유력하다.[35)]

시업에 지장이 없도록 조기 출근하게 한 경우 이를 근로시간으로 인정할 수 있는지 여부는 조기 출근을 하지 않을 경우 임금을 감액하거나 복무 위반으로 제재를 가하는 권리의무관계라면 근로시간으로 볼 수 있으나, 그렇지 않다면 근로시간에 해당되지 않는다.[36)]

#### (3) 종업 시각과 작업 후 뒤처리 행위

종업 시각 이후의 활동이라도 업무에 필요한 기계·기구의 점검, 청소, 정리정돈, 작업의 인수인계 등은 업무활동의 최종 부분으로서 근로시간에 산입될

---

34) 김형배, 428면; 이병태, 756면; 菅野, 479~480면. 취업회(就業會)의 내용인 갱내 근무자에 대한 보안교육이나 작업지시 및 작업조의 편성은 갱내 교대근무를 위하여 필요불가결한 것으로서 사용자의 지휘·감독에 의한 구속 하에 행해질 수밖에 없으므로 취업회시간은 실근로시간에 포함시키는 것이 타당하다(대법원 1993. 5. 27. 선고 92다20316 판결, 대법원 1993. 9. 28. 선고 93다3363 판결, 대법원 1993. 11. 9. 선고 93다8658 판결). 갱내에서 작업준비 및 작업지시 또는 작업정리에 소요되는 시간은 근로시간에 포함된다(대법원 1993. 3. 9. 선고 92다22770 판결). 버스 운전자의 차량점검, 요금통 설치, 연료충전 등 작업준비시간은 근로시간에 해당된다(2002. 12. 12. 근기 68207-3345). 강의 준비시간이 근로시간에 해당하는지 여부는 우선적으로 근로계약 등에 의한 당사자 약정을 따르고, 당사자 간 약정한 바가 없을 경우에는 준비시간이 다음 강의를 위한 준비시간으로 정해져 있거나 이를 소홀히 할 경우 제재가 가해지는 등 사용자의 지휘·감독 하에 이루어지는지 여부 등을 확인 후 종합적으로 검토하여 판단한다(2012. 8. 28. 근로개선정책과-455). 아침체조 시간이 근로자에게 자율성이 부여되었다면 근로시간으로 볼 수 없다(2011. 4. 26. 근로개선정책과-994).

35) 김형배, 428면; 이병태, 757·762면; 菅野, 480면. 작업복 착용, 안전화·안전모의 착용, 출근카드의 입력 등이 업무 준비에 불과하여 원칙상 근로시간에 산입되지 않는다는 견해(임종률, 455면), 일반적으로 근로시간에 포함된다는 견해(이상윤, 258면), 단체협약 등에 소요시간이 명시되어 있으면 그 시간을, 그렇지 않다면 사회통념상 필요한 시간을 근로시간에 포함시켜야 한다는 견해(하갑래, 379면)도 있다.

36) 1988. 8. 30. 근기 01254-13305.

수 있는 반면, 목욕, 작업복 탈의 등은 근로시간에 산입되지 않는다고 보는 것이 일반적이다.[37] 판례는 노선운행을 마친 후 차고지에 버스를 입고하는 공차운행시간에 관하여 버스 운행 개시에 필수불가결한 것으로서 근로시간에 해당한다고 판시하였다.[38]

#### (4) 지각, 조퇴, 결근, 휴일, 휴가시간, 파업시간 등

소정근로시간이라도 지각, 조퇴, 결근, 휴일 · 휴가,[39] 파업[40] 업무 면제 등에 의해 실제로 근로제공이 이루어지지 않는 시간은 근로시간에 포함시킬 수 없다. 따라서 주중에 결근이 있으면 그 시간을 빼고 1주 단위의 연장근로시간을 계산하고, 지각한 근로자가 종업 시각 후에 추가로 근로하면 실근로시간이 1일 8시간이나 1주 40시간을 초과한 부분만 연장근로시간이다.[41]

#### (5) 출장시 이동시간 등

사용자의 지시에 의하여 출장업무를 수행하는 경우 통상 출장지로 이동하는 데 필요한 시간은 근로시간에 해당한다.[42] 출장지에서 퇴근하여 지정된 현지 숙소로 이동하는 시간은 근로자에게 자유로운 이용이 보장되어 있다면 근로시간에 포함되지 않는다.[43]

### 나. 대기시간과 휴게시간의 차이[44]

작업을 위하여 근로자가 사용자의 지휘 · 감독 아래에 있는 대기시간 등은 근

---

37) 김형배, 428면; 이병태, 762면; 임종률, 455면.

38) 대법원 2016. 8. 24. 선고 2014다5098, 5104 판결.

39) 대법원 1992. 10. 9. 선고 91다14406 판결, 1989. 8. 19. 근기 01254-12214, 1991. 11. 6. 근기 01254-16100, 2000. 9. 28. 근기 68207-2990.

40) 2002. 8. 21. 근기 68207-2776(소정근로시간 도중에 부분파업으로 인하여 실근로시간이 기준근로시간을 초과하지 않는다면 소정근로시간 후의 근로에 대하여 연장근로 가산임금을 지급할 의무가 없다); 다른 취지의 행정해석으로는 2000. 10. 13. 근기 68207-3181(1일 8시간 미만으로 근무한 지각자가 소정근로시간 이후에 근로한 시간에 대하여는 연장근로수당을 지급하여야 한다). 한편, 지각한 근로자라고 하더라도 정해진 종업 시각 후의 근로에 대하여는 가산수당 지급 여부와 별개로 해당 근로자의 동의가 필요하다는 견해로서 하갑래, 근로기준법(전정제34판), 중앙경제(2021), 238면.

41) 임종률, 455~456면; 하갑래, 378면.

42) 2002. 8. 5. 근기 68207-2650, 2001. 6. 14. 근기 68207-1909(다만, 출장지로 출근하고 출장지에서 퇴근하여 평소 출퇴근에 갈음하는 것으로 볼 수 있다면 달리 볼 수 있다고 한다).

43) 2004. 8. 12. 근로기준과-4182.

44) 학계에서 말하는 '대기시간'은 대체로 '사용자의 지시가 있으면 바로 작업에 종사해야 할 시간으로서 그 작업상의 지휘 · 감독 아래 놓여져 있는 시간'을 의미하나, 실무에서는 '대기시간'이 때로는 근로시간을, 때로는 휴게시간을, 때로는 그 중간 영역을 일컫기도 하므로 주의를 요한다. 도재형, 63면.

로시간에 포함되나(법 50조 3항),[45] 휴게시간은 근로자가 사용자의 지휘·명령에서 완전히 해방되어 자유로이 이용하는 시간으로서[46] 근로시간에서 제외되므로(법 50조 1항·2항), 양자의 구별이 필요하다. 대기시간(작업 대기 상태)은 항상 주의를 기울이면서 긴장하고 있는 시간에 한정되지 않고 통상적으로 사용자의 지시에 응할 수 있는 일정한 장소 내에서 작업 준비상태를 갖추고 있으면 충분하며, 외형상 휴게시간과 유사하게 보이거나 당사자 사이에 소정휴게시간으로 합의하였더라도 근로시간에 해당할 수 있다.[47] 반면, 휴게시간은 통상 (i) 근로자가 현실적으로 근로에서 떠나 있고, (ii) 시간적·장소적으로 근로에서 벗어나는 것이 보장되어 근로자가 이를 자유롭게 이용할 수 있는 상태에 있어야 한다고 해석되는 것이 일반적이며,[48] 휴게장소나 휴게방법에 일부 제약이 있더라도 휴게시간으로 인정될 수 있다.[49]

대법원도 "작업시간 도중에 현실로 작업에 종사하지 않은 대기시간, 휴식·수면시간 등이라 하더라도 그것이 휴게시간으로서 근로자에게 자유로운 이용이 보장된 것이 아니고, 실질적으로 사용자의 지휘·감독 아래 놓여 있는 시간이라면 근로시간에 포함된다"면서, 근로자가 출근하여 근무태세를 갖추고 있는 시간,[50] 버스 운전기사가 배차를 기다리는 시간,[51] 격일제 형식으로 근무하는 아파트 경비원들의 심야 수면시간,[52] 우편물 운송 차량 운전사들이 근무 중 수시

45) 다만, 대기시간이 잦아 감시·단속적 근로자로 인정되고 사용자가 고용노동부장관의 승인을 받은 경우 법 63조 3호에 따라 법 4장과 5장에서 정한 근로시간, 휴게와 휴일에 관한 규정이 모두 적용되지 않게 된다.

46) 대법원 1992. 4. 14. 선고 91다20548 판결, 대법원 1993. 5. 27. 선고 92다24509 판결 등.

47) 작업 도중에 정전·기계고장·원료 공급 중단 등으로 인한 대기시간, 자동차 운전사·차장·식당 접객원이 근무장소에서 고객을 기다리는 대기시간, 의사·간호사의 대기시간, 호텔 포터의 야간근무 대기시간 등. 김형배, 426면; 이상윤, 258면; 임종률, 454면.

48) 김지형, 380면; 도재형, 70면. 한편, 임종률, 454면은 집이나 다른 장소에서 자유로이 시간을 보내다 연락이 오면 즉시 출근하여 작업하기로 하는 호출대기의 시간도 근로시간에서 제외된다고 한다.

49) 1980. 5. 15. 법무 811-28682(통상적으로 장기운행을 함으로써 목적지에서 숙박할 경우, 다음 날 출발시각까지 자유로이 그 시간을 이용할 수 있다면 근로시간에 해당하지 않으나, 이 경우 사용자로서는 근로자에게 최소한의 질서유지를 위하여 이용장소와 이용방법에 대해 제한을 가할 수 있다), 2015. 8. 12. 근로기준정책과-3713(국가시험 편집 및 인쇄를 담당하는 근로자의 휴게시간에 관하여, 보안상 합숙기간 중 일부 장소적 제약이 있더라도 근로시간과 명확히 구분되고, 독립적으로 휴게할 공간이 확보되어 근로자가 자유롭게 이용할 수 있는 시간은 휴게시간에 해당한다), 2012. 10. 26. 근로개선정책과-5278.

50) 대법원 1965. 2. 4. 선고 64누162 판결.

51) 대법원 1992. 4. 14. 선고 91다20548 판결.

52) 대법원 2006. 11. 23. 선고 2006다41990 판결(격일제 형식으로 근무하는 아파트 경비원들의 심야 수면시간을 최저임금 산정 시간에서 제외한 원심판결을 파기환송한 사례, 이 판결에 대한 평석으로는 김진, 191면 이하 참조), 대법원 2017. 12. 13. 선고 2016다243078 판결, 대법원

로 휴식을 취한 시간,[53] 생산직 근로자의 중간 휴게시간(2시간마다 10분 또는 15분),[54] 소방공무원의 야간대기 중 수면시간 및 식사시간[55]은 근로시간에 해당할 수 있다고 본 반면, 준설선박의 운전원·갑판원·기관원에게 단체협약상 부여된 휴식 또는 취침시간 4시간은 근로시간이 아니라고 판시하기도 하였다.[56] 또한 대법원은 그 판단기준에 관하여 "특정 업종이나 업무의 종류에 따라 일률적으로 판단할 것이 아니고, 근로계약의 내용이나 해당 사업장에 적용되는 취업규칙과 단체협약의 규정, 근로자가 제공하는 업무의 내용과 해당 사업장에서의 구체적 업무 방식, 휴게 중인 근로자에 대한 사용자의 간섭이나 감독 여부, 자유롭게 이용할 수 있는 휴게 장소의 구비 여부, 그 밖에 근로자의 실질적 휴식을 방해하거나 사용자의 지휘·감독을 인정할 만한 사정이 있는지와 그 정도 등 여러 사정을 종합하여 개별 사안에 따라 구체적으로 판단하여야 한다"면서, 경비원의 일과 후 또는 주말 근무 중 독립된 공간에서 휴식을 취할 수 있던 휴게시간은 근로시간에 해당하지 않는다고 보았고,[57] 버스 운전기사가 다음 운행 전까지 대기하는 시간이 일정하지 않다는 등의 사정만으로 그 전부를 근로시간에 포함시킨 원심판결을 파기하였다.[58]

---

2017. 12. 13. 선고 2016다243085 판결, 대법원 2017. 12. 13. 선고 2016도12876 판결, 대법원 2021. 7. 21. 선고 2021다225845 판결.

53) 대법원 1993. 5. 27. 선고 92다24509 판결.

54) 대법원 2020. 8. 20. 선고 2019다14110 등 판결. 반면 대법원 2018. 9. 28. 2017다53210 등 판결에서는 '생산직 근로자들이 3시간 이상 연장근로 하는 경우 2시간 근무 후에 부여되는 휴게시간 10분'은 근로시간에 해당하지 않는 반면, '연장근로 시작 전 부여되는 간식시간 10분'은 근로시간이라고 보았는바, 일률적으로 판단할 것은 아니다.

55) 대법원 2019. 10. 31. 선고 2013두5845 판결.

56) 대법원 1992. 7. 28. 선고 92다14007 판결[단체협약상 준설선박의 운전원 또는 갑판원, 기관원 등은 아침 7시에 승선하여 다음 날 아침 7시에 하선하며 야간에는 운전원 2명, 갑판원 5명, 기관원 5명, 전기원 1명이 근무하면서 준설작업을 한다. 준설작업은 정상가동 중일 때에는 보고 있기만 하면 되는 단속적 작업이어서 운전원, 갑판원, 기관원은 서로 교대로 작업을 하면서 침실 등에서 쉬거나 잠자는 시간이 부여되어 있고, 실제로 위와 같이 자거나 쉬는 시간을 그때마다 정확히 파악할 수 없어서 회사는 그들에게 하루 4시간씩 휴식(취침)시간을 부여하였다. 위 판결은 이러한 사실을 인정한 다음 근로자의 업무성격과 내용이 이와 같다면 단체협약에 의하여 휴식 또는 취침을 하도록 부여한 4시간은 근무시간이라고 볼 수 없어 그 시간에 근무를 하였음을 전제로 한 야간근로수당은 받아들일 수 없다고 판시하였다].

57) 대법원 2017. 12. 5. 선고 2014다74254 판결. 이에 대한 비판으로는 조연민, 87~91면 참조.

58) 대법원 2018. 6. 28. 선고 2013다28926 판결(임금협정을 체결하면서 대기시간 중 1시간 정도가 근로시간에 해당할 수 있다는 점을 고려하여 1일 근로시간을 9시간으로 합의한 점, 근로자가 대기시간 동안 1시간을 초과하여 청소, 차량점검 및 검사 등의 업무를 하였다고 볼 만한 자료가 없는 점, 대기시간 중 사용자가 업무에 관한 지시를 하는 등 구체적으로 근로자를 지휘·감독하였다고 볼 만한 자료가 없는 점, 사용자가 근로자들의 대기시간 활용에 대하

휴게시간에 관한 보다 자세한 내용은 법 54조에 대한 해설 참조.

### 다. 연수 · 교육 활동 등

소정근로시간 외에 이루어지는 기업의 연수·교육활동과 기업행사(야유회, 체육대회 등)에 참가하는 시간도 근로계약, 단체협약, 취업규칙 또는 노사관행에서 근로자의 의무로 정해졌거나, 참가하지 않았을 때 일정한 불이익이 과해지는 등 근로자가 거부할 수 없는 경우에는 근로시간에 산입되나,[59] 임의적이고 자발적인 것에 불과하다면 근로시간이 아니다.[60] 이 경우 참가수당, 근무평정상 가산점 등의 유인을 제공하는 것만으로는 교육 참가를 강제한 것으로 볼 수 없다.[61] 사용자의 지시가 없더라도 업무를 수행함에 있어 법령에 의해 불가피한 교육은 근로시간으로 볼 수 있으나, 근로자의 과실에서 비롯된 것이라면 그렇지 않다.[62] 한편, 소정근로시간 중에 행해지는 교육은 근로자들이 자율적으로 참여하고 있더라도 근로시간으로 인정된다.[63]

### 라. 숙 · 일직 근무시간

숙·일직 근무는 주로 가산임금의 지급 여부와 관련하여 문제가 된다. 판례

---

여 간섭하거나 감독할 업무상 필요성도 크지 않았던 것으로 보이는 점, 실제로 근로자들이 휴게실에서 휴식을 취하거나 식사를 하는 등 대기시간 대부분을 자유롭게 활용한 것으로 보이는 점 등을 고려하였다고 판시함), 대법원 2018. 7. 12. 선고 2013다60807 판결, 대법원 2019. 7. 25. 선고 2018도16228 판결. 노상헌, 83면은 위 판례들을 평석하면서, 대기시간 중 사용자의 지휘·감독을 벗어나 휴식 등 자유롭게 이용한 시간분에 대하여는 사용자가 이를 입증하여야 한다고 주장하나, 의문이 있다.

59) 이병태, 757면; 하갑래, 379면; 菅野, 481면(그 참여가 의무적이고 회사 업무로서의 성격이 강하면 근로시간이 된다). 2012. 8. 28. 근로개선정책과-4354, 1987. 3. 25. 근기 01254-4824(극기훈련시간이 근로시간인지는 취업규칙이나 단체협약에 명시된 규정이 없다면 훈련의 강제성, 비용부담, 불참자에 대한 제재 여부 등 구체적 기준에 따라 판단되어야 한다), 1988. 3. 18. 근기 01254-4100(근로자에 대하여 업무와 관련이 있고, 생산성 향상과 관련되는 전근로자에 대한 의무적 교육은 근로시간으로 볼 수 있으나, 업무와 관련이 없는 개인의 교양·취미 등의 교육이나 국가의 홍보사항의 교육은 근로시간으로 볼 수 없다), 1970. 12. 29. 근기 1455-12429, 1978. 5. 31. 법무 811-11278, 1988. 9. 29. 근기 01254-14835, 2002. 2. 24. 근기 68207-214(근로자들의 장기간 업무공백에 따른 업무 복귀시 적응훈련 및 업무능력의 향상, 근로자의 자기개발 등 복합적인 목적으로 실시하는 합숙교육은 정상근로와 동일하게 볼 수 없으므로 연장근로수당 지급의무가 당연히 발생한다고 보기 어렵다).

60) 김유성, 142면.

61) 하갑래, 379면. 2013. 1. 25. 근로개선정책과-798.

62) 하갑래, 380면은 같은 취지에서 교통법규로 면허정지된 근로자에 대해 회사에서 도로교통법에 의한 교육을 보내는 경우까지 근로시간으로 본 행정해석(1987. 6. 22. 근기 01254-10005)을 비판한다.

63) 1998. 7. 13. 근기 68207-1482.

에 따르면, 일반적으로 숙·일직이라 함은 정기적 순찰, 전화와 문서의 수수, 기타 비상사태 발생 등에 대비하여 시설 내에서 대기하는 것으로서 그 자체의 노동의 밀도가 낮고 감시·단속적 노동인 경우가 대부분이며, 이러한 업무는 관행적으로 정상적인 업무로 취급되지 아니하여 별도의 근로계약을 체결할 필요 없이 원래의 계약에 부수되는 의무로 이행되어야 하므로 정상근무에 준하는 임금이나 야간·연장·휴일근로수당 등을 지급할 필요가 없고 관례적으로 실비변상적 금품이 지급되는 데 그친다고 할 것이나, 이와 달리 감시·단속적인 숙·일직이 아니고 업무의 내용이 본래 업무가 연장된 경우라거나 그 내용과 질이 통상의 근로와 마찬가지로 평가되는 경우에는 그에 대한 야간·연장·휴일근로수당 등이 지급되어야 한다.[64] 다만, 숙·일직 근무 중 정시에 부여되는 수면시간(휴게시간)이 있는 경우에 이는 제외되고, 숙·일직 근무가 전체적으로 보아 근무의 밀도가 낮은 대기성의 단속적 업무에 해당하더라도 실제로 본래 업무에 종사한 시간은 근로시간으로 인정된다.[65] 당직근무를 하는 도중에 수행하는 업무의 내용과 질이 본래의 업무가 연장된 경우에 해당하거나 통상근무의 태양과 마찬가지인지 여부는, 당직근무가 통상의 근무시간의 구속으로부터 완전히 벗어났는지 또는 통상근무의 태양이 그대로 계속되는지 여부, 당직근무를 하는 도중에 본래의 업무에 종사하게 되는 빈도 내지 시간의 장단, 당직근무를 하면서 충분한 수면시간이 보장되는지 여부 등을 충분히 심리하여 정해야 한다.[66]

자세한 내용은 법 56조에 대한 해설 Ⅱ. 6. 가. 참조.

---

64) 대법원 1995. 1. 20. 선고 93다46254 판결(버스회사 총무부장의 부정기적인 노선지도근무에 관하여 평소 관장업무인지 여부를 불문하고 연장근로로 인정), 대법원 2000. 9. 22. 선고 99다7367 판결(각급 학교의 숙직전담 방호원의 숙직근무시간에 대한 초과근무수당 지급의무를 긍정), 서울고법 2013. 4. 3. 선고 2012나61324 판결(버스회사 정비원의 야간당직근무에 관하여 노동의 밀도가 낮다는 등의 이유로 일부만 연장·야간근로로 인정), 대법원 2018. 5. 31.자 2018다215220 판결(심리불속행 기각, 원심인 광주고법 2018. 2. 2. 선고 2015나12436 판결은 대학병원 전공의의 당직근무에 관하여 근무 밀도가 낮은 단속적 업무에 해당한다는 등의 이유로 당직근무시간 중 피고가 자인하는 4시간 부분만 연장·야간근로로 인정). 이에 대하여 하갑래, 386면은 근로시간과 휴게·휴일에 관한 규정 적용을 제외하는 법리(법 63조)에 따르거나, 포괄임금약정을 체결하거나, 사업장 밖에서의 간주근로시간제(법 58조)를 도입하여 해결하여야 한다면서 법적 근거 없이 특례를 인정하는 판례의 태도를 비판한다.

65) 대법원 1990. 12. 26. 선고 90다카13465 판결(대학병원 약사의 숙·일직 근무), 대법원 1996. 6. 28. 선고 94다14742 판결(대학병원의 임상병리사, 방사선사, 약사 및 간호사 등의 당직 근무).

66) 대법원 2024. 11. 14. 선고 2021다220062 판결(병원의 임상병리사, 방사선기사, 운전기사, 기계·전기기사, 수술실 간호사의 당직 및 콜대기 근무시간을 모두 근로시간으로 보아 가산임금 지급을 인정한 원심을 파기환송함).

### 마. 입 · 출갱 시간

근로시간 산정에 관한 특수문제로서 갱내 근로에서 입 · 출갱 시간의 문제가 있다. 1990. 1. 13. 개정 전의 법 43조는 "지하 작업 기타 대통령령으로써 정한 유해 · 위험한 작업은 1일에 6시간, 1주일에 34시간을 초과할 수 없다"고 규정하고 있었고 1990. 7. 14. 개정되기 전의 영 27조 2항은, "법 43조에 규정된 지하 작업에 있어서 근로자의 입갱과 출갱에 요하는 시간은 근로시간에서 제외한다"고 규정하고 있었다. 그런데 1990. 1. 13. 근기법과 산안법이 개정되면서 지하 작업 자체가 유해 · 위험한 작업에서 제외되고 영 27조 2항도 1990. 7. 14. 삭제되어 기준근로시간이 1일 8시간, 1주 40시간(2003. 9. 15. 법 개정 전까지는 1주 44시간)으로 늘어났음에도 여전히 입 · 출갱 시간이 근로시간에서 제외되는지 문제되었다.[67] 대법원은 일반적으로 입갱 및 출갱에 요하는 시간은 근로시간에 포함되는 것이 원칙이라고 하면서도,[68] 위와 같이 법 43조가 삭제된 이후에도 노사 간에 체결된 단체협약이 여전히 갱내 근로시간을 1일 6시간으로 정하고 있는 경우에는 개정 전의 영 27조 2항의 취지에 따라 입 · 출갱 시간을 제외한 근로시간을 정한 것으로 보았다.[69] 일부 학설과 고용노동부 행정해석은 입 · 출갱 시간이 근로시간에서 제외된다는 견해를 유지하고 있으나,[70] 입 · 출갱에 소요되는 시간은 갱내 근로의 특수성에 비추어 볼 때 필수불가결한 준비 · 정리 시간으로서 근로시간으로 보는 것이 현행 법 해석에 부합한다.[71]

---

67) 현행 산안법 139조 1항은 "사업주는 유해하거나 위험한 작업으로서 높은 기압에서 하는 작업 등 대통령령으로 정하는 작업에 종사하는 근로자에게는 1일 6시간, 1주 34시간을 초과하여 근로하게 하여서는 아니 된다"라고만 규정하고 있고, 산안법 시행령 99조 1항도 이에 관하여 "잠함(潛函) 또는 잠수 작업 등 높은 기압에서 하는 작업을 말한다"고만 규정하였다.

68) 대법원 1992. 2. 25. 선고 91다18125 판결, 대법원 1992. 3. 10. 선고 91다11391 판결, 대법원 1992. 11. 24. 선고 92다24592 판결, 대법원 1992. 12. 8. 선고 91다43732 판결. 다만 개정 전 법 43조 및 영 27조 2항 하에서는 입 · 출갱에 요하는 시간이 근로시간에서 제외되는 것으로 볼 수밖에 없다고 하였다.

69) 대법원 1993. 5. 11. 선고 93다4816 판결, 대법원 1994. 3. 8. 선고 93다32408 판결, 대법원 1994. 12. 23. 선고 93다53276 판결(이 경우에도 제외되는 입 · 출갱 시간은 갱내 대기소까지의 입 · 출갱 시간만을 의미하므로 위 대기소에서 막장까지 오가는 시간은 근로시간에 포함된다).

70) 2004. 7. 13. 근로기준과-4645, 2004. 7. 14. 근로기준과-3564. 반대 취지의 행정해석으로는 2005. 3. 23. 근로기준과-1665(갱내 보안관리직원의 업무수행내용으로 '입 · 퇴갱시 인차관리'가 포함되어 있고, 입 · 퇴갱시 발생한 인차사고 등에 대한 관리책임을 부담하고 있다면, 갱내 보안관리직원의 입 · 출갱 소요시간은 근로시간에 포함된다).

71) 김유성, 142면; 김형배, 432면; 임종률, 455면; 하갑래, 378면.

### 바. 예비군훈련시간 및 민방위훈련시간

예비군훈련시간은 예비군법 10조,[72] 민방위훈련시간은 민방위기본법 27조[73]에 따라 이를 휴무로 처리할 수 없는데, 이는 '유급으로 하여야 한다'는 의미일 뿐 실근로시간으로 간주되는 것은 아니다. 따라서 훈련시간을 제외한 실근로시간이 주 40시간, 일 8시간을 초과하지 않으면 가산수당이 발생하지 않는다.[74]

## 4. 근로시간 산정의 특례

위와 같이 근로시간은 객관적인 관점에서 '사용자의 지휘·감독 아래 근로계약상의 근로를 제공하는 시간'이라는 기준 하에 산정되는 것이 원칙이나, 이러한 방법으로 근로시간을 산정하기가 곤란한 경우 일정한 시간을 근로한 것으로 간주하는, 이른바 '간주근로시간' 제도가 있다. 현행 법으로는 사업장 밖 근로의 간주근로시간제와 전문직 근로자의 재량근로시간제가 있다(법 58조). 자세한 내용은 법 58조에 대한 해설 참조.

[이 정 한·김 진·고 종 완]

第51조(3개월 이내의 탄력적 근로시간제)

① 사용자는 취업규칙(취업규칙에 준하는 것을 포함한다)에서 정하는 바에 따라 2주 이내의 일정한 단위기간을 평균하여 1주 간의 근로시간이 제50조 제1항의 근로시간을 초과하지 아니하는 범위에서 특정한 주에 제50조 제1항의 근로시간을, 특정한 날에 제50조 제2항의 근로시간을 초과하여 근로하게 할 수 있다. 다만, 특정한 주의 근로시간은 48시간을 초과할 수 없다.

② 사용자는 근로자대표와의 서면 합의에 따라 다음 각 호의 사항을 정하면 3개월 이내의 단위기간을 평균하여 1주 간의 근로시간이 제50조 제1항의 근로시간을 초과하지 아니하는 범위에서 특정한 주에 제50조 제1항의 근로시간

---

72) 예비군법 10조(직장 보장) 다른 사람을 사용하는 자는 그가 고용한 사람이 예비군대원으로 동원되거나 훈련을 받을 때에는 그 기간을 휴무로 처리하거나 그 동원이나 훈련을 이유로 불리한 처우를 하여서는 아니 된다.

73) 민방위기본법 27조(직장 보장) 타인을 고용하는 자는 고용하는 자가 민방위 대원으로 동원되거나 교육 또는 훈련을 받은 때에는 그 기간을 휴무로 하거나 이를 이유로 불이익이 되는 처우를 하여서는 아니 된다.

74) 1987. 10. 6. 근기 01254-16091. 하갑래, 근로기준법(전정제34판), 중앙경제(2021), 232면.

을, 특정한 날에 제50조 제 2 항의 근로시간을 초과하여 근로하게 할 수 있다. 다만, 특정한 주의 근로시간은 52시간을, 특정한 날의 근로시간은 12시간을 초과할 수 없다.

1. 대상 근로자의 범위
2. 단위기간(3개월 이내의 일정한 기간으로 정하여야 한다)
3. 단위기간의 근로일과 그 근로일별 근로시간
4. 그 밖에 대통령령으로 정하는 사항

③ 제 1 항과 제 2 항은 15세 이상 18세 미만의 근로자와 임신 중인 여성 근로자에 대하여는 적용하지 아니한다.

④ 사용자는 제 1 항 및 제 2 항에 따라 근로자를 근로시킬 경우에는 기존의 임금 수준이 낮아지지 아니하도록 임금보전방안(賃金補塡方案)을 강구하여야 한다.

제51조의2(3개월을 초과하는 탄력적 근로시간제)

① 사용자는 근로자대표와의 서면 합의에 따라 다음 각 호의 사항을 정하면 3 개월을 초과하고 6개월 이내의 단위기간을 평균하여 1주간의 근로시간이 제50조 제 1 항의 근로시간을 초과하지 아니하는 범위에서 특정한 주에 제50조 제 1 항의 근로시간을, 특정한 날에 제50조 제 2 항의 근로시간을 초과하여 근로하게 할 수 있다. 다만, 특정한 주의 근로시간은 52시간을, 특정한 날의 근로시간은 12시간을 초과할 수 없다.

1. 대상 근로자의 범위
2. 단위기간(3개월을 초과하고 6개월 이내의 일정한 기간으로 정하여야 한다)
3. 단위기간의 주별 근로시간
4. 그 밖에 대통령령으로 정하는 사항

② 사용자는 제 1 항에 따라 근로자를 근로시킬 경우에는 근로일 종료 후 다음 근로일 개시 전까지 근로자에게 연속하여 11시간 이상의 휴식 시간을 주어야 한다. 다만, 천재지변 등 대통령령으로 정하는 불가피한 경우에는 근로자대표와의 서면 합의가 있으면 이에 따른다.

③ 사용자는 제 1 항 제 3 호에 따른 각 주의 근로일이 시작되기 2주 전까지 근로자에게 해당 주의 근로일별 근로시간을 통보하여야 한다.

④ 사용자는 제 1 항에 따른 근로자대표와의 서면 합의 당시에는 예측하지 못한 천재지변, 기계 고장, 업무량 급증 등 불가피한 사유가 발생한 때에는 제 1 항 제 2 호에 따른 단위기간 내에서 평균하여 1주간의 근로시간이 유지되는 범위에서 근로자대표와의 협의를 거쳐 제 1 항 제 3 호의 사항을 변경할 수 있다. 이

경우 해당 근로자에게 변경된 근로일이 개시되기 전에 변경된 근로일별 근로시간을 통보하여야 한다.

⑤ 사용자는 제1항에 따라 근로자를 근로시킬 경우에는 기존의 임금 수준이 낮아지지 아니하도록 임금항목을 조정 또는 신설하거나 가산임금 지급 등의 임금보전방안(賃金補塡方案)을 마련하여 고용노동부장관에게 신고하여야 한다. 다만, 근로자대표와의 서면합의로 임금보전방안을 마련한 경우에는 그러하지 아니하다.

⑥ 제1항부터 제5항까지의 규정은 15세 이상 18세 미만의 근로자와 임신 중인 여성 근로자에 대해서는 적용하지 아니한다.

第51조의3(근로한 기간이 단위기간보다 짧은 경우의 임금 정산)

사용자는 제51조 및 제51조의2에 따른 단위기간 중 근로자가 근로한 기간이 그 단위기간보다 짧은 경우에는 그 단위기간 중 해당 근로자가 근로한 기간을 평균하여 1주간에 40시간을 초과하여 근로한 시간 전부에 대하여 제56조 제1항에 따른 가산임금을 지급하여야 한다.

〈세 목 차〉

[참고문헌]
**고용노동부**, "유연근로시간제 가이드", 고용노동부 근로기준혁신추진팀(2018. 6.); **도재형**, "근로기준법상 근로자대표 및 서면 합의 제도", 노동법학 37호, 한국노동법학회(2011); **이승욱**, "탄력적 근로시간 관련 법제 해외사례 분석: 일본", 노동리뷰 168호, 한국노동연구원(2019. 3.); **이재욱**, "근로시간법제의 성격과 개선과제", 노동법학 50호, 한국노동법학회(2014); **西谷敏 · 萬井隆令**, 勞働法 2 — 個別的勞働關係法 — (第5版), 法律文化社(2005).

## Ⅰ. 근로시간 규제의 유연화

법 50조가 정한 기준근로시간은 1주 40시간, 1일 8시간의 규칙적인 근로형태를 전제로 한다. 그러나 산업구조 등 여건의 변화와 근로자 개개인의 다양한 필요에 대응하여 불규칙적인 근로형태가 확산되고 있다. 이에 따라 법은 일정한 요건 아래 기준근로시간을 유연하게 운영할 수 있도록 하였는데, 일정한 기간(탄력적 근로시간제에서는 '단위기간'이라고 하고 선택적 근로시간제에서는 '정산기간'이라고 한다)을 평균하여 주간 근로시간이 기준근로시간 이내이면 특정 주나 특정 일의 근로시간은 법 50조가 정한 기준근로시간을 초과할 수 있게 하는 것이다.

이렇게 변형된 근로시간 제도로는 탄력적 근로시간제와 선택적 근로시간제가 있다. 아래에서 법 51조 · 51조의2 · 51조의3에서 정한 탄력적 근로시간제를 설명하고, 선택적 근로시간제는 법 52조에 대한 해설에서 설명한다.

## Ⅱ. 탄력적 근로시간제의 의의

탄력적 근로시간제란 일정한 기간을 단위로 그 기간을 평균하여 1주간 근로시간이 1주 기준근로시간인 40시간 이내인 경우에는, 특정 일 또는 특정 주의 근로시간이 기준근로시간을 초과하더라도 연장근로수당 지급의무나 형사책임이 발생하지 않도록 함으로써 근로시간을 탄력적으로 배치 · 운용할 수 있는 제도를 말한다.[1] 단위기간 내 근로시간에 관하여 기준근로시간이 예정하는 형식을

1) 일본에서는 우리 법의 탄력적 근로시간제를 '변형근로시간제'라고 부르고 선택적 근로시간제(플렉스타임제)와 함께 '탄력적 노동시간제'라고 부르기도 하는 데 대하여(이승욱, 25면; 西谷敏 · 萬井隆令, 219면 이하), 우리 학계에서는 '법에서 정한 요건을 충족하는 경우 일정한 기간(단위기간 또는 정산기간)을 평균하여 1주간 근로시간이 기준근로시간 이내이면 특정 일 또는 특정 주의 근로시간은 기준근로시간을 초과할 수 있도록 하는 제도'라는 의미에서, 변형근로시간제를 탄력적 근로시간제와 선택적 근로시간제를 함께 일컫는 말로 보는 견해도 있다

변형하여 배분할 수 있게 함으로써 근로시간 규제를 어느 정도 유연화한 것이다. 현행 법상 탄력적 근로시간제는 '2주 이내 단위 탄력적 근로시간제', '3월 이내 단위 탄력적 근로시간제', '6월 이내 단위 탄력적 근로시간제'의 세 가지 종류가 허용되고 있다.[2)]

## Ⅲ. 입법 연혁

본래 탄력적 근로시간제는 1980. 12. 31. 국가보위입법회의가 개정한 근기법 42조 2항에서 "사용자는 당사자 간의 합의가 있는 경우에는 4주간을 평균하여 1주간의 근로시간이 48시간을 초과하지 아니하는 범위 내에서 특정 일에 대하여 8시간, 특정 주에 대하여 48시간을 초과하여 근로를 시킬 수 있다"고 하여 4주 단위로 도입하였다가 1987. 11. 28. 법 개정 때 삭제되었다. 1일 최고 근로시간의 한도 없이 장시간 근로가 허용되어 건강 장해와 산업재해 발생의 우려가 있고, 노사합의를 전제로 하는 등 절차가 엄격하며, 법정 연장근로수당을 지급하도록 하여 사용자에게도 별다른 실익이 없다는 것이 그 주된 이유였다.[3)]

그러나 그 후 경영계에서 근기법상 근로시간 규제가 지나치고 근로시간 운용이 경직되어 있어 기업들이 산업구조나 근로형태의 변화와 시장 여건 변화에 유연하게 대처하는 데 장애 요인이 되고 나아가 국제경쟁력 제고에 걸림돌로 작용하므로 근로시간의 탄력적 운영을 위한 근로시간제가 도입되어야 한다는 주장이 제기되어, 1996. 12. 31. 근기법 개정(1997. 3. 13. 폐지)과 1997. 3. 13. 근기법 제정 때 '2주 이내' 및 '1월 이내'의 탄력적 근로시간제가 다시 도입되었다. 그 후 2003. 9. 15. 개정에서 주당 기준근로시간을 40시간으로 단축하면서 종래 단위기간이 1월 이내이던 서면 합의에 의한 탄력적 근로시간제를 단위기간 3월 이내로 개정하였고,[4)] 2018. 3. 20. 법 개정 때 단위기간이 짧아 계절적 사업에 적

---

(김유성, 148면).

2) 일본의 경우 단위기간 1년 이내인 탄력적 근로시간제까지 도입되어 있고(노동기준법 32조의4 이하, 자세한 내용은 이승욱, 31면 이하 참조), 독일은 단위기간 6개월 또는 24시간 이내인 탄력적 근로시간제가 시행 중이다(근로시간법 3조).

3) 국회에 제출된 개정이유에는 "장시간 근로에 따른 근로자의 건강을 보호하기 위하여 삭제한다"고 되어 있다.

4) 다만, 그 시행일은 사업주체 및 규모에 따라 2004. 7. 1.부터 2011. 7. 1.까지 단계적으로 정하였다. 법 부칙(8372호, 2007. 4. 11.) 1조, 영 부칙(20142호, 2007. 6. 29.) 3조, 영 부칙(22567호, 2010. 12. 29.) 2조 참조.

용하는 데에 한계가 있다는 등의 이유로 제도의 개선을 위한 논의가 있었으나 부칙(15513호, 2018. 3. 20.) 3조에서 "고용노동부장관은 2022. 12. 31.까지 탄력적 근로시간제의 단위기간 확대 등 제도개선을 위한 방안을 준비하여야 한다"는 규정을 두는 데 그쳤다가, 2021. 1. 5. 법 개정 때 '6월 이내 단위 탄력적 근로시간제'를 도입하기에 이르렀다.5)

## Ⅳ. 2주 이내 단위 탄력적 근로시간제

### 1. 의 의

사용자는 취업규칙(취업규칙에 준하는 것을 포함한다)에서 정하는 바에 따라 2주 이내의 일정한 단위기간을 평균하여 1주간의 근로시간이 40시간을 초과하지 아니하는 범위에서 특정한 주에 40시간을, 특정한 날에 8시간을 초과하여 근로하게 할 수 있다. 다만, 특정한 주의 근로시간은 48시간을 초과할 수 없다(법 51조 1항).

### 2. 요 건

#### 가. 취업규칙 등에 정함

사용자가 2주 이내 단위의 탄력적 근로시간제를 실시하려면 취업규칙이나 그에 준하는 것에서 그 구체적인 사항을 정하여야 한다. 즉, 취업규칙 작성의무가 있는 사용자는 '취업규칙'에서 이를 정하여야 하고, 그렇지 않은 사용자는 작업장 규칙 등 '취업규칙에 준하는 것'으로 갈음할 수 있다.6)

2주 이내 단위 탄력적 근로시간제는 구 근기법 50조 1항과 2항에서 정한 1

---

5) 법 부칙(17862호, 2021. 1. 5.) 1조 단서에 따르면 그 시행일은 다음과 같으나, 그 시행 전이라도 사용자는 6월 이내 단위 탄력적 근로시간제의 도입을 위하여 근로자대표와의 서면 합의 등 필요한 준비행위를 할 수 있고(2조), 고용노동부장관은 탄력적 근로시간제의 원활한 시행 등을 위하여 실태를 조사·파악할 수 있다(4조).

1. 상시 50명 이상의 근로자를 사용하는 사업 또는 사업장, 공공기관의 운영에 관한 법률 제4조에 따른 공공기관, 지방공기업법 49조 및 같은 법 76조에 따른 지방공사 및 지방공단, 국가·지방자치단체 또는 정부투자기관이 자본금의 2분의 1 이상을 출자하거나 기본재산의 2분의 1 이상을 출연한 기관·단체와 그 기관·단체가 자본금의 2분의 1 이상을 출자하거나 기본재산의 2분의 1 이상을 출연한 기관·단체, 국가 및 지방자치단체의 기관: 공포 후 3개월이 경과한 날
2. 상시 5명 이상 50명 미만의 근로자를 사용하는 사업 또는 사업장: 2021년 7월 1일

6) 이 경우 근로자대표와의 서면 합의나 단체협약으로도 가능하나(임종률, 439면), 고용노동부는 최소한 이를 서면으로 작성하여 근로자에게 주지시켜야 한다고 한다(고용노동부, 6면).

주간 및 1일의 기준근로시간을 초과하여 소정근로시간을 정할 수 있도록 한 것으로서 법률에 규정된 일정한 요건과 범위 내에서만 예외적으로 허용된 것이므로 법률에서 정한 방식, 즉 취업규칙에 의하여만 도입이 가능할 뿐 근로계약이나 근로자의 개별적 동의를 통하여 도입할 수 없다. 근로계약이나 근로자의 개별적 동의로 탄력적 근로시간제를 도입할 수 있다고 한다면 취업규칙의 불리한 변경에 대해 근로자 과반수로 조직된 노동조합(그러한 노동조합이 없는 경우에는 근로자 과반수)의 동의를 받도록 한 근기법 94조 1항 단서의 취지가 무색해지는 결과가 초래되기 때문이다.[7)]

취업규칙의 작성 또는 변경에 관하여 법 94조 1항 본문에 따라 근로자의 과반수로 조직된 노동조합이 있는 경우에는 그 노동조합, 근로자의 과반수로 조직된 노동조합이 없는 경우에는 근로자 과반수의 의견을 들어야 함은 물론이나, 탄력적 근로시간제를 도입하는 취업규칙의 변경이 근로자에게 불리한 것으로서 법 94조 1항 단서에 따라 근로자 과반수로 조직된 노동조합 또는 근로자 과반수의 동의가 필요한지에 대하여는, 다음과 같은 견해의 대립이 있다.

① 불요설은, 2주 이내 단위 탄력적 근로시간제의 주당 최대 근로시간이 48시간으로 제한되고(법 51조 1항 단서), 3월 이내 단위 탄력적 근로시간제와 달리 근로자대표와의 서면 합의를 요구하는 규정이 없으며(법 51조 2항), 임금보전방안을 강구할 것을 의무화하고 있고(법 51조 4항), 근로시간이 특정 주 또는 특정 일에 많아진 만큼 다른 주 또는 다른 날에 출퇴근 및 근로의 구속에서 해방되는 이익도 수반되는 점 등을 근거로 근로자에게 불이익하다고 보기 어려워서 법 94조 1항 단서에 따른 동의가 필요 없다고 한다.[8)]

② 절충설은, 탄력적 근로시간제의 도입 취지와 배경, 해당 사업체의 업무의 성질, 취업규칙의 다른 규정과 관계, 도입 이전 기간의 근무형태 등 여러 사정을 종합적으로 고려하여 사안에 따라 달리 판단하여야 한다면서, 주 6일제 사업장에서 격주 토요일 휴무제를 도입하는 경우와 같이 실제로 임금수준의 저하

7) 대법원 2023. 4. 27. 선고 2020도16431 판결.

8) 임종률, 440면(종래 매주 5일간 8시간씩 근로하던 것을 탄력적 근로시간제 실시로 매주 4일간 10시간씩 근무하게 된 경우 종전에도 가산임금을 지급받지 않았으므로 임금에 대한 불이익은 발생하지 않고, 근로자의 생활규칙을 불안하게 만드는 정도 역시 심하지 않은 점 등을 고려하여 취업규칙의 불이익한 변경으로 볼 수 없고, 종전부터 매주 4일간 10시간씩 근무하여 매주 8시간 연장근로수당을 받았더라도 법 51조 4항에 따라 사용자가 임금보전방안을 강구하는 이상 종전에 비하여 불이익이 없다고 한다); 하갑래, 430면.

없이 근로자의 여가 이용이 상당한 정도 증대되었다고 평가할 수 있는 경우에는 사회통념상 합리성이 있으므로 동의가 필요하지 않다는 견해이다.[9)]

③ 필요설은, 탄력적 근로시간제의 도입으로 근로자의 자유로운 시간 이용이 제한되고, 근로시간이 불규칙하게 변화되며, 종래 지급받을 수 있었던 연장근로수당을 지급받지 못하는 등의 불이익이 초래되고, 실질적으로 근로자의 여가 이용이 증대되고 근로조건 수준 저하가 없다면 얼마든지 근로자들의 협조를 얻을 수 있을 것이라는 점에 비추어, 이 제도 도입에 법 94조 1항 단서에 따른 동의가 필요하다고 한다.[10)] 이에 따르면 상시 10명 미만의 근로자를 사용하는 관계로 취업규칙 작성의무가 없는 사용자의 경우(법 93조 참조), 취업규칙의 작성 또는 불이익 변경 등에 관한 근기법 규정들이 바로 적용되지 않기 때문에 취업규칙에 준하는 것으로 2주 이내 단위 탄력적 근로시간제를 도입할 경우 근로자 측의 동의를 얻어야 하는지 문제가 될 수 있으나, 취업규칙 작성의무를 면한다고 하여 이미 작성된 취업규칙의 효력을 달리 평가할 것은 아니므로, 취업규칙에 관한 법 규정들을 적용하여 근로자 과반수의 동의를 얻어야 하는 것으로 해석한다.

한편, 법 96조 1항에 따르면 취업규칙은 단체협약에 어긋나서는 아니 되고, 단체협약에 어긋나는 취업규칙은 그 부분에 한하여 효력이 없으므로,[11)] 단체협약에 '1일 8시간, 1주 40시간의 근로시간을 예외 없이 적용한다'는 등의 탄력적 근로시간제와 양립할 수 없는 규정이 있다면, 그러한 단체협약의 적용을 받는 근로자에게는 취업규칙의 변경만으로 탄력적 근로시간제를 도입할 수 없다.[12)]

### 나. 단위기간: 2주 이내

2주 이내 단위의 탄력적 근로시간제 단위기간이 꼭 2주여야만 하는 것은 아니므로, 2주 이내의 일정기간(예컨대 10일)이면 상관없으나, 해석상 단위기간의 시작일과 종료일은 명백하게 특정되어야 한다.

사원 연수 등 기업의 경영관리상 불특정한 시기에 탄력적 근로시간제를 이용할 필요가 있다는 이유로 취업규칙 등에 시작일을 고지하지 않고 "필요한 시기에 할 수 있다"는 근거 규정이나 조건부 규정을 두고 시작일을 사전에 통지하는 방법이 가능한지에 관하여는,[13)] 근로자의 생활을 불안정하게 할 염려가 있으므로 아무

---

9) 김유성, 151면; 김지형, 349면. 1997. 5. 23. 근기 68207-681. 고용노동부, 5면 · 33면.

10) 김형배, 435면.

11) 자세한 내용은 법 96조에 대한 해설 참조.

12) 하갑래, 429면.

런 제한 없이 허용된다고 볼 것은 아니고, 사용자에게 시작일을 미리 정할 수 없는 특별한 업무상 필요성이 있고 근로자에 대하여 상당한 기간 전에 미리 통지하는 등의 요건이 갖추어진 경우에 한하여 제한적으로만 허용된다고 보아야 한다.[14)]

### 다. 유효기간

2주 이내 단위 탄력적 근로시간제는 3월 이내 단위 또는 6월 이내 단위 탄력적 근로시간제와 달리 법령에서 유효기간을 미리 정할 것을 요구하고 있지 않으므로(영 28조 1항, 28조의2 1항), 취업규칙의 규정에 따라 기간의 제한 없이 실시할 수 있다.

### 라. 근로일과 근로일별 근로시간의 특정

2주 이내 단위 근로시간에 대하여는 3월 이내 단위 또는 6월 이내 단위 탄력적 근로시간제와는 달리 취업규칙에 정해야 할 사항에 관한 별도의 규정이 없으나, 사용자는 시업 시각과 종업 시각을 취업규칙에 명시하여야 하므로(법 93조) 3월 이내 단위의 경우와 마찬가지로 단위기간 내 각 근로일과 근로일별 근로시간 역시 사전에 구체적으로 정할 필요가 있다.[15)]

### 마. 소정근로시간의 한도: 특정 주 48시간 이하

2주 이내 단위 탄력적 근로시간제는 단위기간을 평균하여 1주간 근로시간이 40시간을 초과하지 않는 범위에서만 실시할 수 있고, 특정한 주에 소정근로시간이 40시간을 초과할 수 있으나 48시간을 초과할 수는 없다(법 51조 1항 단서). 다만, 법 53조 2항에서 정한 요건을 갖추는 경우 1주에 12시간을 초과하지 않는 범위에서 연장근로를 시킬 수 있다.

2주 이내 단위 탄력적 근로시간제에서는 3월 이내 단위 또는 6월 이내 단위 탄력적 근로시간제와는 달리 1일 소정근로시간의 한도가 없어 1일 총 근로시간은 얼마든지 장시간으로 특정할 수 있다.[16)] 이에 관하여는 입법상 불비(不備)라거

---

13) 업무의 필요성이 있는 경우에 근로시간을 변경할 수 있다는 취지의 취업규칙이 위법 · 무효라는 일본 판결로는 東京地裁 2000. 4. 27. 判決(JR 東日本 横浜土木技術センター事件, 判例時報 1723호, 23면). 변형근로시간제는 특정의 1주, 1일의 소정근로시간이 기준근로시간에 비추어 '탄력적'으로 정해질 수 있다는 제도이지, 결코 업무상의 필요가 있으면 일단 정해진 근로시간을 임의로 변경할 수 있다는 의미에서 탄력적인 제도는 아니라는 점을 주의해야 한다(西谷敏 · 萬井隆令, 223면).

14) 김지형, 351면.

15) 김유성, 151면; 김지형, 352면; 이병태, 786면; 임종률, 439면; 하갑래, 431면.

16) 이상윤, 283면; 임종률, 439면.

나[17] 1일 근로시간의 상한선을 12시간으로 보아야 한다는 지적이 있다.[18]

## V. 3월 이내 단위 탄력적 근로시간제

### 1. 의 의

사용자는 근로자대표와의 서면 합의에 따라 (i) 대상 근로자의 범위, (ii) 단위기간(3개월 이내의 일정한 기간으로 정하여야 한다), (iii) 단위기간의 근로일과 그 근로일별 근로시간, (iv) 서면 합의의 유효기간을 정하면 3개월 이내의 단위기간을 평균하여 1주간의 근로시간이 40시간을 초과하지 아니하는 범위에서 특정한 주에 40시간을, 특정한 날에 8시간을 초과하여 근로하게 할 수 있다. 다만, 특정한 주의 근로시간은 52시간을, 특정한 날의 근로시간은 12시간을 초과할 수 없다(법 51조 2항, 영 28조 1항).

### 2. 요 건

#### 가. 근로자대표와의 서면 합의

사용자가 3월 이내 단위의 탄력적 근로시간제를 실시하려면 이에 관하여 근로자대표와 서면으로 합의하여야 한다. 여기서 '근로자대표'란 당해 사업 또는 사업장에 근로자의 과반수로 조직된 노동조합이 있는 경우에는 그 노동조합, 근로자의 과반수로 조직된 노동조합이 없는 경우에는 근로자의 과반수를 대표하는 자를 말한다(법 24조 3항).[19] 해석상 근로자대표와 합의하면 개별 근로자의 동의는 필요하지 않다.[20] 서면 합의란 합의의 내용을 서면으로 작성하여 권한 있는 당사자가 서명 · 날인하여야 함을 의미한다.[21]

---

17) 박홍규, 354면; 하갑래, 430면.

18) 김형배, 436면.

19) 근로자대표에 관하여는 법 24조에 대한 해설 Ⅲ. 4. 다. 참조.

20) 김형배, 438면은 이 경우 근로자대표가 비조합원이나 서면 합의에 반대하는 근로자를 포함한 전체 근로자를 대표하는 근거를 법률의 규정에서 찾으면서, 전체 근로자의 의사과정에 대한 참여가 보장되어야 한다고 주장한다. 2006. 3. 29. 근로기준팀-1418은 '근로자에 대한 근무지시 등은 사용자의 고유한 인사권에 속하는 사항으로서 사용자의 권리남용 등 특별한 사정이 없는 한 정당하다고 할 것이므로, 사용자가 통상근무자를 정당하게 탄력적 근로시간제를 실시하는 부서로 일시적으로 근무지시 하였다면, 취업규칙 등에 근무지정자의 근로조건 등에 대하여 별도의 규정이 없는 한 해당 근로자는 본인의 동의 여부와 관계없이 탄력적 근로시간제의 적용대상에 포함된다'고 보았다.

21) 하갑래, 412면.

근로자 전체에 대하여 탄력적 근로시간제를 실시하는 것이 아니라 하나의 사업이나 사업장 안에서 일부 부분 또는 일부 부서 등 일부 근로자에게만 탄력적 근로시간제를 실시할 경우 그 적용 대상인 근로자들만의 서면 합의를 얻어 탄력적 근로시간제를 실시할 수 있는지, 또 근로자대표가 당해 부분 또는 당해 부서 근로자들의 의사를 무시하고 서면 합의를 한 경우 그 효력은 어떠한지 문제된다. 1996. 12. 31. 개정 법(1997. 3. 13. 폐지)에서는 "근로자대표와의 서면 합의(업무단위 또는 부분적으로 적용하고자 할 때에는 당해 근로자와의 서면 합의)"라고 부연 설명을 하고 있었으나 1997. 3. 13. 법 제정 때 이러한 설명을 삭제하였음을 근거로[22] 이 경우 사용자가 전체 근로자대표와 서면 합의를 하여야 하며 당해 부분 또는 부서 근로자들의 의사에 반하더라도 서면 합의의 효력을 부정할 수 없다는 견해가 있다.[23] 그러나 다수의 견해는 이에 반대한다.[24]

근로자참여법상 노사협의회는 "작업과 휴게 시간의 운용"에 관한 사항을 의결할 수 있는데(근로자참여법 20조 2항, 1항 7호), 그러한 의결만으로 탄력적 근로시간제를 도입할 수는 없고 별도의 서면 합의가 필요함은 물론이나, 위 법에 따라 근로자의 과반수로 조직된 노동조합이 위촉한 근로자위원은 근로자대표로 볼 수 있다.[25] 다만, 근로자위원들의 대표자는 민주적인 방법으로 선출된 근로자위원들이 호선으로 선출하였더라도 곧바로 근로자대표로 볼 수 없고 별도로 근로자 과반수의 지지를 받고 있음이 확인되어야 한다.[26]

### 나. 합의할 사항

2주 이내 단위 탄력적 근로시간제와는 달리 법 51조 2항, 영 28조 1항은 근로자대표와 합의해야 할 사항을 구체적으로 정하였다. 서면 합의할 사항은,

---

22) 국회 검토보고서나 법제사법위원회, 본회의 회의록 등에도 이 부분에 관한 언급은 없다.

23) 2007. 11. 29. 근로기준팀-8048(근로자대표는 당해 사업 또는 사업장 단위로 선정되어야 하므로 하나의 사업이 수개의 사업장으로 구성되어 있는 경우 선택적 근로시간제를 사업 단위로 도입하고자 하면 근로자대표는 사업 단위로 선정하고, 또는 일부 사업장에만 도입하고자 하면 사업장 단위로 선정해야 한다), 2008. 4. 29. 근로조건지도과-1167(3월 이내 단위 탄력적 근로시간제를 도입하면서 근로자대표와의 서면 합의가 아닌 대상 근로자 과반수의 개별적 서면 동의를 받는 경우에는 요건을 충족하지 못한 것으로 보아야 한다).

24) 김형배, 439면; 도재형, 99면; 임종률, 441면; 하갑래, 409면(병원에서 주로 4급 이상 직원들을 경영해고하는 경우 4급 이상 직원들의 이해관계를 대변할 수 있는 근로자대표와의 협의도 필요하다는 대법원 2005. 9. 29. 선고 2005두4403 판결을 근거로 함).

25) 2007. 11. 29. 근로기준팀-8048. 이에 반대하는 견해로는 도재형, 105면. 노사협의회 근로자위원을 근로자대표로 간주하는 규정을 두자는 견해로는 이재욱, 123면.

26) 임종률, 441면.

(i) 대상 근로자의 범위, (ii) 단위기간(3개월 이내의 일정한 기간으로 정하여야 한다), (iii) 단위기간의 근로일과 그 근로일별 근로시간, (iv) 서면 합의의 유효기간이다.

### (1) 대상 근로자의 범위

대상 근로자는 서면 합의에 의하여 명확히 특정되어야 한다. 일부 근로자에게만 적용하거나, 단위기간별, 근무조별로 구분하여 근무시간을 배분하는 것도 특별한 제한이 없다. 15세 이상 18세 미만의 근로자와 임신 중의 여성 근로자는 대상 근로자가 될 수 없다(법 51조 3항). 서면 합의에 따른 단위기간 시작일 후에 입사한 근로자 또는 단위기간 내에 퇴직할 근로자에게도 적용될 수 있는지에 관하여는 견해가 대립되었는데,[27] 2021. 1. 5. 법 개정 때 근로기간이 단위기간보다 짧은 경우의 임금 정산 방법에 관한 규정을 신설하였으므로(법 51조의3) 이를 긍정하여야 할 것이다.

### (2) 단위기간

단위기간은 3개월 이내의 일정한 기간으로 정해져야 한다. 반드시 3개월일 필요는 없고, 2주 이내로도 단위기간을 정하여 3월 이내 단위 탄력적 근로시간제를 도입할 수 있지만,[28] 그 시작일과 종료일은 2주 이내 단위 탄력적 근로시간제와 마찬가지로 명백하게 특정되어야 한다.[29]

### (3) 단위기간의 근로일과 그 근로일별 근로시간

단위기간의 근로일과 그 근로일별 근로시간 역시 서면 합의에 명시하여야 한다. 근로자가 미리 예상할 수 없는 근로를 방지함으로써 근로자를 보호하고자 하는 취지이다.[30] 업무에 따라 단위기간별 또는 각 근무조별로 근무형태가 상이

---

27) 김유성, 153면 및 임종률, 442면은 취업규칙이나 단체협약 등과 마찬가지로 근로자대표와의 서면 합의도 입사시기에 관계없이 적용될 수 있다고 보는 반면, 이병태, 791면은 적용을 부정한다.

28) 2003. 12. 9. 근기 68207-1584. 이 경우 2주 이내 단위 탄력적 근로시간제의 적용을 받는 것은 아니므로 취업규칙의 규정은 필요 없다(하갑래, 432면). 3월 이내 단위 탄력적 근로시간제의 단위기간은 2주 이상으로 정해져야 한다는 반대 견해가 있다(김유성, 153면; 이병태, 791면). 한편 2021. 1. 5. 법 개정 때 도입된 6월 이내 단위 탄력적 근로시간제에서는 단위기간을 3개월을 초과하게 정하여야 한다(법 51조의2 1항 2호).

29) 복격일제 근로(2근무일 후 1휴무일이 반복되는 근로형태)를 실시하기로 하는 합의만으로는 일정한 단위기간을 정하였다고 보기 어렵다는 행정해석으로 2004. 4. 6. 근로기준과-1662.

30) 2009. 7. 23. 근로기준과-2621, 2010. 7. 20. 근로기준과-199. 고용노동부, 17면은 근로자가 자신의 근로를 미리 예상할 수 있도록 명확히 정하여야 하고, 노사 간 다툼 방지 등을 위해 구체적인 근무표를 공표·게시하는 것이 바람직하다고 한다.

하여 근무형태별로 구분하여 근무시간을 배분할 필요가 있는 경우에 어느 정도로 특정해야 할지가 문제될 수 있는데, 서면 합의에 각 근무조의 시업·종업 시각, 각 근무조의 근무시간대를 배정하는 조합 방법, 근무시간 배분표 등의 사전 작성·통지 절차 등을 정하여 두고 그에 따라서 근무일별 근두시간 배분표를 단위기간이 개시되기 전에 미리 구체적으로 특정하여 근로자에게 통지하면 탄력적 근로시간제에서 요구하는 단위기간의 근로일 및 근로일별 근로시간 특정의 요건을 갖춘 것으로 볼 수 있다.[31)]

한편, 3월 이내 단위 탄력적 근로시간제를 운영하는 과정에서 업무량의 변동 등으로 잔여기간의 근로일과 그 근로일별 근로시간 등을 변경할 필요가 발생한 경우에는 근로자대표와의 서면 합의를 거쳐야 하고, 이 경우 잔여기간의 근로일별 근로시간의 변경은 최초에 서면 합의한 단위기간 내에서만 가능하며, 단위기간을 통틀어 평균 1주간의 근로시간은 최초에 서면 합의한 시간으로 하여야 한다.[32)]

#### (4) 서면 합의의 유효기간

탄력적 근로시간제의 남용을 막기 위하여 서면 합의에는 반드시 유효기간을 명시하여야 한다(영 28조 1항). 유효기간에 특별한 제한이 없으므로 임의의 기간을 정할 수 있다.[33)] 다만, 서면 합의의 소급적용은 인정되지 않는다.[34)]

"유효기간이 만료된 후 사용자 측과 근로자 측 어느 쪽도 이의가 없으면 서면 합의가 동일한 내용으로 동일한 기간 또는 일정 기간 갱신된다"는 취지의 자동 갱신 조항 또는 "유효기간이 만료된 후 서면 합의 개정을 위한 교섭이 완결되지 않은 경우 새로운 서면 합의가 체결되기 전까지는 종전의 서면 합의의 효력이 지속된다"는 취지의 자동 연장 조항에 관하여는 그 효력을 부인할 수

31) 김지형, 339면. 이에 반해 김형배, 437면은 사용자가 임의로 근토시간을 변경하도록 규정하는 것은 허용되지 않는다고 해석한다. 이병태, 792면은 특정의 범위와 정도에 관하여 근로하는 주나 날의 근로시간을 구체적으로 정하여야 하고 사용자가 업무의 사정에 따라 임의로 근로시간을 변경하는 것은 허용되지 않는다고 하면서도, 특정의 시기에 관하여 단위기간 이전이어야 함은 당연하지만 구체적으로 며칠 전에 하여야 할 것인가는 근로자가 근무일지를 본 뒤 생활설계를 조정하기 위해 필요한 합리적 기간을 두고 하여야 한다고 하여 다소 완화된 해석론을 지지한다.

32) 고용노동부, 36면.

33) 2010. 7. 20. 근로기준과-199(단체협약에서 '노사합의로 개정하는 시점까지'로 유효기간을 정하였다면, 단체협약의 만료와 관계없이 노사합의로 개정하는 시점까지 탄력적 근로시간제를 시행할 수 있다).

34) 2015. 8. 20. 근로기준정책과-3842.

없다는 견해도 있으나,[35] 이는 근로자들의 의사와 '유효기간'을 정한 취지에 반하여 서면 합의의 효력을 계속 인정하는 결과가 되므로, 적어도 단체협약에 대한 일방해지 조항(노동조합법 32조 3항 단서)을 유추하여 근로자대표의 해지권을 인정하여야 한다.

#### 다. 소정근로시간의 한도: 특정 주 52시간 이하, 특정 일 12시간 이하

3월 이내 단위 탄력적 근로시간제는 단위기간을 평균하여 1주간의 근로시간이 40시간을 초과하지 않는 범위에서만 실시할 수 있는데, 특정한 주에 소정근로시간이 40시간을 초과할 수 있으나 52시간을 초과할 수는 없고, 특정한 날의 소정근로시간이 8시간을 초과할 수 있으나 12시간을 초과할 수는 없다(법 51조 2항 단서). 다만, 법 53조 2항에 의하여 1주 12시간을 초과하지 않는 범위에서 연장근로를 시킬 수 있다.

## Ⅵ. 6월 이내 단위 탄력적 근로시간제

### 1. 의 의

사용자는 근로자대표와의 서면 합의에 따라 (i) 대상 근로자의 범위, (ii) 단위기간(3개월을 초과하고 6개월 이내의 일정한 기간으로 정하여야 한다), (iii) 단위기간의 주별 근로시간, (iv) 서면 합의의 유효기간을 정하면 3개월을 초과하고 6개월 이내의 단위기간을 평균하여 1주간의 근로시간이 40시간을 초과하지 아니하는 범위에서 특정한 주에 40시간을, 특정한 날에 8시간을 초과하여 근로하게 할 수 있다. 다만, 특정한 주의 근로시간은 52시간을, 특정한 날의 근로시간은 12시간을 초과할 수 없다(법 51조의2 1항, 영 28조의2 1항).

### 2. 요 건

#### 가. 근로자대표와의 서면 합의

사용자가 6월 이내 단위의 탄력적 근로시간제를 실시하려면 근로자대표와의 서면 합의가 필요함은 3월 이내 단위의 탄력적 근로시간제와 마찬가지이나, 합의하여야 하는 사항에 관하여는 다소 차이가 있다.

---

35) 김지형, 339면; 하갑래, 432면.

### 나. 합의할 사항

법 51조의2 1항, 영 28조의2 1항에 따르면 근로자대표와 서면 합의할 사항은, (i) 대상 근로자의 범위, (ii) 단위기간(3개월을 초과하고 6개월 이내의 일정한 기간으로 정하여야 한다), (iii) 단위기간의 주별 근로시간, (iv) 서면 합의의 유효기간이다. 3월 이내 단위 탄력적 근로시간제에서와 달리 '단위기간의 근로일과 그 근로일별 근로시간'이 아닌 '단위기간의 주별 근로시간'을 서면 합의하면 족하나, 사용자는 각 주의 근로일이 시작되기 2주 전까지 근로자에게 해당 주의 근로일별 근로시간을 통보하여야 한다(법 51조의2 3항). 다만 사용자는 서면 합의 당시 예측하지 못한 천재지변, 기계 고장, 업무량 급증 등 불가피한 사유가 발생한 때에는 단위기간 내에서 평균하여 1주간의 근로시간이 유지되는 범위에서 근로자대표와의 협의를 거쳐 단위기간의 주별 근로시간을 변경할 수 있는데, 이 경우 해당 근로자에게 변경된 근로일 개시 전에 변경된 근로일별 근로시간을 통보하여야 한다(법 51조의2 4항). 나머지 사항들에 대한 자세한 내용은 위 V. 참조.

### 다. 소정근로시간의 한도: 특정 주 52시간 이하, 특정 일 12시간 이하

6월 이내 단위 탄력적 근로시간제는 단위기간을 평균하여 1주간의 근로시간이 40시간을 초과하지 않는 범위에서만 실시할 수 있는데, 특정한 주에 소정근로시간이 40시간을 초과할 수 있으나 52시간을 초과할 수는 없고, 특정한 날의 소정근로시간이 8시간을 초과할 수 있으나 12시간을 초과할 수는 없다(법 51조의2 1항 단서). 다만, 법 53조 2항에 의하여 1주 12시간을 초과하지 않는 범위에서 연장근로를 시킬 수 있다.

### 라. 휴식시간의 보장

6월 이내 단위 탄력적 근로시간제에서는 천재지변 등 불가피한 경우로서[36] 근로자대표와의 서면 합의로 달리 정한 때를 제외하고는 근로자에게 근로일 종료 후 다음 근로일 개시 전까지 연속하여 11시간 이상의 휴식시간을 주어야 한다(법 51조의2 2항).[37] 이를 위반한 사용자는 2년 이하의 징역 또는 2,000만 원 이

36) 영 28조의2 2항은 이를 '1. 재난 및 안전관리 기본법에 따른 재난 또는 이에 준하는 사고가 발생하여 이를 수습하거나 재난 등의 발생이 예상되어 이를 예방하기 위해 긴급한 조치가 필요한 경우, 2. 사람의 생명을 보호하거나 안전을 확보하기 위해 긴급한 조치가 필요한 경우, 3. 그 밖에 제 1 호 및 제 2 호에 준하는 사유로 법 제51조의2 제 2 항 본문에 따른 휴식시간을 주는 것이 어렵다고 인정되는 경우'로 규정하였다.

37) 하갑래, 근로기준법(전정제34판), 중앙경제(2021), 274면은 근로자대표와의 서면 합의가 있

하의 벌금에 처한다(법 110조 1호).

## Ⅶ. 효과: 기준근로시간의 적용제외

탄력적 근로시간제를 도입하면 법 50조에서 정한 기준근로시간이 적용되지 않는다. 따라서 특정한 주에 40시간을 초과하거나 특정한 날에 8시간을 초과하여 근로를 시키더라도, 실근로시간이 단위기간을 평균하여 주 40시간을 초과하거나 법 51조 1항 단서, 2항 단서 및 51조의2 1항 단서에서 정한 한도(2주 이내 단위 탄력적 근로시간제에서는 특정한 주에 48시간, 그 밖의 탄력적 근로시간제에서는 특정한 주에 52시간·특정한 날에 12시간)를 초과하지 않는다면[38] 연장근로가 성립하지 않고 그에 따른 가산임금 지급의무나[39] 형사책임 역시 발생하지 않는다.

그러나 앞서 본 탄력적 근로시간제의 요건을 갖추지 못한 경우 또는 소정근로시간이 단위기간을 평균하여 주 40시간을 초과하거나 앞서 본 법 51조 1항 단서, 2항 단서 및 51조의2 1항 단서에서 정한 한도를 넘는 경우에는 탄력적 근로시간제가 적법하게 도입되었다고 볼 수 없고, 법 50조에 따른 기준근로시간을 초과하는 부분에 대하여 가산임금을 지급하여야 한다.[40]

한편 단위기간 시작일 후에 입사한 근로자 또는 단위기간 내에 퇴직한 근로자와 같이 단위기간 중 실근로기간이 그 단위기간보다 짧은 경우 사용자는

---

으면 휴식시간을 아예 부여하지 않을 수도 있으나, 연장근로시간의 한도 등은 준수되어야 한다고 한다.

38) 특정한 주에 소정근로시간이 40시간을 초과하더라도 52시간을 초과하지 않는 이상 가산임금을 지급할 의무가 없다. 김유성, 154면; 이재욱, 127면.

39) 다만, 당사자 사이에 연장근로에 대한 대가를 별도로 지급하기로 약정할 수 있음은 물론이다. 대법원 2005. 9. 9. 선고 2003두896 판결은 “근로기준법은 근로조건의 최저기준을 정하고 있는 것에 불과하므로 계약자유의 원칙상 근로계약 당사자는 근로기준법이 정한 기준을 초과하는 시간외근로수당(이른바 ‘법내 초과근로수당’)의 지급에 관하여 약정할 수 있는 것이고 그러한 약정을 한 이상 사용자는 그 약정에 따라야 할 의무가 있다”면서, 단체협약을 통하여 3주 단위 탄력적 근로시간제를 도입한 사업장에서 월 기준근로시간 184시간을 초과하는 근로시간에 대하여 시간외근로수당을 지급하기로 하는 종전 단체협약 규정을 그대로 존속시켰고, 실제 사용자가 그 규정에 따라 시간외수당을 지급해왔다면, 그 약정의 효력을 부정할 아무런 근거가 없고, 3주 단위의 탄력적 근로시간제와 월 단위의 기준근로시간에 따른 시간외근로수당 지급이 이론상 양립 불가능한 것도 아니어서 위 탄력적 근로시간제의 도입으로 위 시간외근로수당 지급에 관한 단체협약의 효력이 당연히 소멸하였다고 볼 수도 없다는 이유로 탄력적 근로시간제 도입에도 불구하고 월 기준근로시간 184시간을 초과하는 경우 소정의 방법에 의하여 계산한 시간외근로수당을 지급할 의무가 있다고 판단하였다.

40) 2000. 9. 29. 근기 68207-2997, 2004. 4. 6. 근로기준과-1662.

그 단위기간 중 해당 근로자가 근로한 기간을 평균하여 1주간에 40시간을 초과하여 근로한 시간 전부에 대하여 56조 1항에 따른 가산임금을 지급하여야 한다(법 51조의3).

법 51조 또는 51조의2 위반에 대한 자체 벌칙 규정은 없다.[41] 그러나 사용자가 단위기간을 평균했을 때 기준근로시간을 초과하도록 탄력적 근로시간제를 설정하거나 그에 따라 근로자를 근로시킨 경우라면 법 50조의 기준근로시간 위반으로 보아 법 110조 1호에 따라 2년 이하의 징역 또는 2,000만 원 이하의 벌금에 처할 수 있다.[42] 특히 51조의3을 위반하여 단위기간보다 근로기간이 짧은 근로자에 대한 가산임금을 제대로 지급하지 아니한 사용자는 법 109조에 따라 3년 이하의 징역 또는 3,000만 원 이하의 벌금에 처해질 수 있다(반의사불벌죄[43]).

## Ⅷ. 적용 범위

탄력적 근로시간제는 15세 이상 18세 미만의 근로자와 임신 중인 여성 근로자에게는 적용되지 않는다(법 51조 3항, 51조의2 6항). 이는 불규칙한 근로나 장시간 근로에 취약한 연소자와 임신 중인 여성 근로자를 보호하기 위함이다. 일반 기준근로시간을 전제로 한 규정 취지에 비추어 기준근로시간을 달리 정한 산안법상 유해 · 위험 작업 종사자에게도 탄력적 근로시간제가 적용될 수 없다.[44] 이와 같이 탄력적 근로시간제를 시행할 수 없는 근로자들에 대하여는 근로시간을 51조 1항 · 2항과 같이 '탄력적'으로 배치하여 운영할 수 없고, 기준근로시간(1일 8시간 · 1주 40시간. 다만, 연소자는 1일 7시간 · 1주 35시간, 잠함 · 잠수 작업 등 높은 기압에서의 작업 종사 근로자는 1일 6시간 · 1주 34시간)의 범위 나에서 근로를 시켜야 하며, 이를 초과하면 연장근로에 해당하여 반드시 가산임금을 지급하여야 한다.

또한 감시 · 단속적 근로에 종사하는 등 법 63조에서 정한 근로자에 대하여

41) 다만 51조의2 2항에서 정한 휴식 시간을 부여하지 아니한 경우 법 110조 1호에 따라 형사처벌될 수 있고, 51조의2 5항에서 정한 임금보전방안을 신고하지 아니한 사용자는 법 116조에 따라 과태료를 부과 받을 수 있다.

42) 김유성, 154면.

43) 다만, 근기법이 개정되어(2024. 10. 22. 법률 20520호), 법 43조의2에 따라 명단 공개된 체불사업주가 명단 공개 기간 중에 법 51조의3을 위반한 경우에는 그러하지 아니하다. 위 개정 규정은 시행(시행일 2025. 10. 23.) 이후 발생한 위반행위부터 적용한다(법 109조 2항 단서, 부칙 8조).

44) 임종률, 443면.

는 51조, 51조의2를 비롯하여 근기법상 근로시간에 관한 규정이 전부 적용되지 않는데, 자세한 내용은 해당 조문에 대한 해설 참조.

## Ⅸ. 임금보전방안의 강구

### 1. 2주 이내 단위 또는 3월 이내 단위 탄력적 근로시간제

사용자는 2주 이내 단위 또는 3월 이내 단위 탄력적 근로시간제에 따라 근로자를 근로시킬 경우에는 기존의 임금 수준이 낮아지지 아니하도록 임금보전방안(賃金補塡方案)을 강구하여야 한다(법 51조 4항). 고용노동부장관은 필요한 경우 사용자에게 그 임금보전방안의 내용을 제출하도록 명하거나 이를 직접 확인할 수 있다(영 28조 2항).

'임금보전방안'의 구체적인 내용을 어떻게 할지는 사용자에게 일임되어 있어 규정만으로는 알 수 없으나, 적어도 연장시간에 대하여 그동안 지급되어온 가산임금을 기본급에 포함시키거나 다른 수당으로 지급할 필요가 있다고 해석된다.[45] 다만, 이 조항 위반에 대하여는 벌칙이 없고, 조항 자체의 표현도 '강구하여야 한다'라고만 하고 있어, 훈시규정으로 보는 것이 일반적이다.[46]

### 2. 6월 이내 단위 탄력적 근로시간제

사용자는 6월 이내 단위 탄력적 근로시간제에 따라 근로자를 근로시킬 경우에는 근로자대표와의 서면합의로 별도의 임금보전방안을 마련하지 아니한 이상 기존의 임금 수준이 낮아지지 아니하도록 임금항목을 조정 또는 신설하거나 가산임금 지급 등의 임금보전방안을 마련하여 고용노동부장관에게 신고하여야 하고(법 51조의2 5항),[47] 이를 위반하여 임금보전방안을 신고하지 아니한 자에게는 500만 원 이하의 과태료를 부과한다(법 116조 2항 3호).

[이 정 한 · 김 진 · 고 종 완]

---

45) 김형배, 440면; 박홍규, 354면; 이병태, 788면.

46) 하갑래, 433면.

47) 이러한 신고를 하려면 임금보전방안 신고서에 임금보전방안의 내용을 확인할 수 있는 서류를 첨부하여 관할 지방고용노동관서의 장에게 제출하여야 한다(규칙 8조의2). 하갑래, 근로기준법(전정제34판), 중앙경제(2021), 279면은 임금보전방안의 수준이나 내용이 사용자의 결정에 맡겨져 있고 고용노동부장관의 시정명령권은 인정되지 않는다고 한다.

제52조(선택적 근로시간제)

① 사용자는 취업규칙(취업규칙에 준하는 것을 포함한다)에 따라 업무의 시작 및 종료 시각을 근로자의 결정에 맡기기로 한 근로자에 대하여 근로자대표와의 서면 합의에 따라 다음 각 호의 사항을 정하면 1개월(신상품 또는 신기술의 연구개발 업무의 경우에는 3개월로 한다) 이내의 정산기간을 평균하여 1주간의 근로시간이 제50조 제1항의 근로시간을 초과하지 아니하는 범위에서 1주 간에 제50조 제1항의 근로시간을, 1일에 제50조 제2항의 근로시간을 초과하여 근로하게 할 수 있다.

1. 대상 근로자의 범위(15세 이상 18세 미만의 근로자는 제외한다)
2. 정산기간
3. 정산기간의 총 근로시간
4. 반드시 근로하여야 할 시간대를 정하는 경우에는 그 시작 및 종료 시각
5. 근로자가 그의 결정에 따라 근로할 수 있는 시간대를 정하는 경우에는 그 시작 및 종료 시각
6. 그 밖에 대통령령으로 정하는 사항

② 사용자는 제1항에 따라 1개월을 초과하는 정산기간을 정하는 경우에는 다음 각 호의 조치를 하여야 한다.

1. 근로일 종료 후 다음 근로일 시작 전까지 근로자에게 연속하여 11시간 이상의 휴식 시간을 줄 것. 다만, 천재지변 등 대통령령으로 정하는 불가피한 경우에는 근로자대표와의 서면 합의가 있으면 이에 따른다.
2. 매 1개월마다 평균하여 1주간의 근로시간이 제50조 제1항의 근로시간을 초과한 시간에 대해서는 통상임금의 100분의 50 이상을 가산하여 근로자에게 지급할 것. 이 경우 제56조 제1항은 적용하지 아니한다.

영 제29조(선택적 근로시간제에 관한 합의사항)

① 법 제52조 제1항 제6호에서 "그 밖에 대통령령으로 정하는 사항"이란 표준근로시간(유급휴가 등의 계산 기준으로 사용자와 근로자대표가 합의하여 정한 1일의 근로시간)을 말한다.

② 법 제52조 제2항 제1호 단서에서 "천재지변 등 대통령령으로 정하는 불가피한 경우"란 다음 각 호의 어느 하나에 해당하는 경우를 말한다.

1. 제28조의2 제2항 제1호 또는 제2호에 해당하는 경우
2. 그 밖에 제1호에 준하는 사유로 법 제52조 제2항 제1호 본문에 따른 휴식 시간을 주는 것이 어렵다고 인정되는 경우

〈세 목 차〉



[참고문헌]

**고용노동부**, "유연근로시간제 가이드", 고용노동부 근로기준혁신추진팀(2018. 6.).

## Ⅰ. 선택적 근로시간제의 의의

선택적 근로시간제란 근로자가 출퇴근 시간을 자유롭게 결정하여 기준근로시간의 범위 내에서 근로시간을 임의로 선택할 수 있는 제도, 즉 업무의 시작과 종료 시각을 근로자의 자유로운 결정에 맡기는 근로시간제이다.[1)]

탄력적 근로시간제가 사용자 측의 사정이나 필요에 따른 변형근로시간제라면 선택적 근로시간제는 근로자 측의 편의나 개성에 따른 변형근로시간제라고 할 수 있다. 이 제도는 근로자의 출퇴근 편의와 업무의 능률 향상을 제고하고 고용을 촉진하고자 1996. 12. 31. 개정 근기법(1997. 3. 13. 폐지)과 1997. 3. 13. 제정 근기법에서 도입되었고, 2021. 1. 5. 법 개정 때 근로시간의 탄력적 운영 및 근로자의 시간 선택권의 중요성이 높은 연구개발 업무에 한정하여 정산기간을 1개월에서 3개월로 확대하였다.[2)]

1) '자유출·퇴근제'라는 용어를 같은 의미로 쓰기도 하나(임종률, 443면), '자유출·퇴근제'를 업무의 시작시간만을 근로자의 재량에 맡김으로써 1일 8시간, 1주 40시간의 기준근로시간이 그대로 적용되는 것으로 보아 구분하여 사용하기도 한다(하갑래, 439면).

2) 법 부칙(17862호, 2021. 1. 5.) 1조 단서에 따르면 그 시행일은 다음과 같으나, 그 시행 전이라도 사용자는 정산기간이 1개월을 초과하는 선택적 근로시간제의 도입을 위하여 근로자대표와의 서면 합의 등 필요한 준비행위를 할 수 있고(3조), 고용노동부장관은 선택적 근로시간제의 원활한 시행 등을 위하여 실태를 조사·파악할 수 있다(4조).

1. 상시 50명 이상의 근로자를 사용하는 사업 또는 사업장, 공공기관의 운영에 관한 법률 제4조에 따른 공공기관, 지방공기업법 제49조 및 같은 법 제76조에 따른 지방공사 및 지방공단, 국가·지방자치단체 또는 정부투자기관이 자본금의 2분의 1 이상을 출자하거나 기

## Ⅱ. 요 건

### 1. 취업규칙 등

취업규칙 또는 이에 준하는 것에 "업무의 시작과 종료 시각을 근로자의 결정에 맡긴다"는 취지를 정하여야 하고, 그 대상이 될 수 있는 근로자의 범위를 특정하여야 한다.[3] 사용자가 필요한 경우 시업·종업 시각을 명할 수 있도록 하거나 근로자의 결정에 관하여 사용자나 관리자의 허가를 받게 하는 것은 선택적 근로시간제로 볼 수 없고,[4] 시업 시각이나 종업 시각 중 한 쪽만을 근로자의 결정에 맡기는 것으로도 불충분하며, 근로자의 재량에 맡겨진 시간대가 극단적으로 짧은 경우 역시 선택적 근로시간제의 취지에 부합하지 않는다.[5] 선택적 근로시간제를 새로이 시행하기 위한 취업규칙의 변경을 근로자에게 불이익한 것으로 보아 법 94조 1항 단서에 따라 근로자 과반수로 조직된 노동조합 또는 근로자 과반수의 동의가 필요한지 문제될 수 있으나, 탄력적 근로시간제와 달리 선택적 근로시간제의 경우에는 취업규칙에 정하는 것에 더하여 근로자대표와 서면 합의가 요구되므로 논의의 실익이 없다.

### 2. 서면 합의

선택적 근로시간제를 시행하기 위하여는 근로자대표와 서면 합의를 하여야 한다. 합의할 사항은 (i) 대상 근로자의 범위(15세 이상 18세 미만의 근로자는 제외한다), (ii) 정산기간, (iii) 정산기간의 총 근로시간, (iv) 반드시 근로하여야 할 시간대를 정하는 경우에는 그 시작 및 종료 시각, (v) 근로자가 그의 결정에 의하여 근로할 수 있는 시간대를 정하는 경우에는 그 시작 및 종료시각이고, 영 29조 1항에 의해 (vi) 표준근로시간(유급휴가 등의 계산 기준으로 사용자와 근로자대표

---

본재산의 2분의 1 이상을 출연한 기관·단체와 그 기관·단체가 자본금의 2분의 1 이상을 출자하거나 기본재산의 2분의 1 이상을 출연한 기관·단체, 국가 및 지방자치단체의 기관: 공포 후 3개월이 경과한 날

2. 상시 5명 이상 50명 미만의 근로자를 사용하는 사업 또는 사업장: 2021년 7월 1일

3) '취업규칙에 준하는 것'이나 다음 항에서 보는 '서면 합의'에 관하여는 법 51조·51조의2·51조의3에 대한 해설 Ⅳ. 2. 가. 및 Ⅴ. 2. 참조.

4) 김형배, 442면; 임종률, 444면. 한편, 김형배, 442면은 이에 더하여 근무계획을 신고하도록 하는 것도 허용되지 않는다고 하나, 사견으로는 신고기간 및 정정신고 가능성 등에 비추어 근로시간 선택에 대한 근로자의 자율권을 본질적으로 침해하는 정도가 아닌 이상 단순한 신고의무는 부과할 수 있다고 본다.

5) 김형배, 442면; 이병태, 795면; 임종률, 444면; 하갑래, 441면.

가 합의하여 정한 1일의 근로시간)이 추가되었다. 위 사항들에 관하여 취업규칙에 백지위임하는 합의는 허용되지 않는다.[6)]

### 가. 대상 근로자의 범위

서면 합의에는 구체적으로 대상 근로자를 특정하여야 한다. 탄력적 근로시간제와 마찬가지로 18세 미만의 연소자인 근로자는 대상 근로자가 될 수 없으나(법 52조 1항 1호), 임신 중인 여성 근로자는 대상 근로자가 될 수 있다고 해석한다.[7)]

### 나. 정산기간과 정산기간의 총 근로시간

선택적 근로시간제를 시행하려면, 근로자가 스스로의 결정으로 선택하여 제공한 근로시간을 기준근로시간에 맞추어 정산하여야 할 일정한 단위기간(정산기간)을 정하여야 한다. 정산기간은 1개월 이내의 일정한 기간으로 하여야 하나, 다만 신상품 또는 신기술의 연구개발 업무의 경우에는 3개월 이내로 정할 수 있다. 이 기간을 초과하지 않는 범위 안에서는 자유로이 정할 수 있지만, 정산기간이 시작하는 날은 특정하여야 한다.[8)]

정산기간을 정하면 다음으로 그 기간 동안 근로할 총 근로시간을 정해야 한다(법 52조 1항 3호). 이는 정산기간 동안 근로의무가 있는 소정근로시간수로서 정산기간에 상당한 기준근로시간을 초과할 수 없다.[9)] 예컨대 1개월(30일)을 정산기간으로 한 경우 1주 기준근로시간은 40시간이므로(법 50조 1항) 40시간×[정산기간의 총 일수(30일)÷7]이라는 산식에 따라 171.429시간이 정산기간에 상당한 기준근로시간으로서 소정근로시간의 한도가 된다. 탄력적 근로시간제와는 달리 1주 또는 1일의 근로시간 상한을 정하지 않은 것이 입법의 흠결이라는 견해가 있으나,[10)] 근로자가 자유의사로 출퇴근 시간을 정한다면 근로시간의 상한이

---

6) 김형배, 441면.

7) 김형배, 441면; 임종률, 444면. 반면, 산안법 139조 1항에 정한 유해·위험한 작업 종사자는 대상이 될 수 없다(김유성, 147면; 임종률, 444면). 감시·단속적 근로 종사자 등 법 63조에서 정한 근로자에 대하여는 선택적 근로시간제에 관한 52조를 비롯하여 근기법상 근로시간에 관한 규정이 전부 적용되지 않는데, 자세한 내용은 해당 조문에 대한 해설 참조.

8) 이병태, 796면; 임종률, 444면.

9) 서면 합의에 의한 소정근로시간이 정산기간에 상당한 기준근로시간을 초과하는 경우, 서면 합의 자체를 무효로 보아 선택적 근로시간제 도입을 부정하는 견해(하갑래, 446면)와 선택적 근로시간제 하에서 초과 부분에 관한 연장근로 합의가 있는 것으로 보는 견해가 있다.

10) 김형배, 443면; 박홍규, 356면. 이에 대하여 임종률, 445면은 입법자가 당사자의 결정에 맡긴 것으로서 근거 없는 주장이라고 한다.

특별히 문제되지는 않을 것이다.

### 다. 의무근로시간대와 선택근로시간대

선택적 근로시간제는 근로시간 일부에 관하여만 시행할 수도 있는데, 예를 들어 오전 10시에서 오후 3시까지는 모든 근로자가 반드시 근무를 해야 하고, 나머지 시간대는 근로자가 근로시간을 스스로 정할 수 있도록 할 수 있다.

이와 같이 근로자가 반드시 근로하여야 할 시간대(의무근로시간대) 또는 근로자가 그의 결정에 따라 근로할 수 있는 시간대(선택근로시간대)를 정한다면 그 시작 · 종료 시각을 각각 서면으로 합의해야 한다(법 52조 1항 4호 · 5호). 의무근로시간대를 두 개 이상 정하는 것은 그 사이에 낀 선택근로시간대가 무의미해질 우려가 있어 적절하지 않다.[11)]

### 라. 표준근로시간

선택적 근로시간제를 할 때에는 표준근로시간(유급휴가 등의 계산 기준으로 사용자와 근로자대표가 합의하여 정한 1일의 근로시간)을 서면으로 합의해야 한다(법 52조 6호, 영 29조 1항).

표준근로시간은 연차휴가의 출근율이나 주휴수당의 산정 기초가 되는 근로시간의 길이를 의미한다. 현실적으로 이를 정산기간의 소정근로시간을 정산기간 중 근로일수로 나눈 1일 평균 소정근로시간과 다르게 합의하는 경우에는 표준근로시간에 의하여 산정된 주휴수당이나 연차수당이, 1일 평균 소정근로시간에 의하여 산정된 금액보다 적거나 많아져 해석상 문제가 생길 수 있다.[12)]

## Ⅲ. 효 과

### 1. 근로자의 근로시간 결정 및 기준근로시간 적용의 배제

선택적 근로시간제를 시행하는 경우 근로자는 의무근로시간대를 제외한 나머지 시간대 또는 선택근로시간대에서 스스로 근로시간을 정할 수 있고, 정산기

---

11) 하갑래, 443면.

12) 고용노동부는 '표준근로시간을 정하도록 한 취지가 근로일별 근로시간이나 주별 근로시간이 근로자별로 달라질 수 있어 표준이 되는 1일의 근로시간을 정하여 유급휴일수당이나 연차유급수당 계산 기준으로 삼기 위한 것이므로 근로자별로 표준근로시간이 달라질 수 있으면 그 취지에 부합하지 않는다'면서, 대상 근로자 전체에 일률적으로 적용되는 특정의 근로시간을 표준근로시간으로 정할 것을 권고한다(2011. 4. 8. 근로개선정책과-703).

간을 평균하여 1주 단위 기준근로시간을 초과하지 않는 범위 내에서는, 1일 8시간 또는 1주 40시간의 기준근로시간을 초과하여 소정근로시간이 정해질 수 있다. 그에 따라 특정한 날에 8시간 또는 특정한 주에 40시간을 초과하여 근로하더라도 연장근로수당을 지급받을 수 없으나, 정산기간의 실근로시간이 정산기간에 상당한 기준근로시간 총수를 초과하는 경우에는 연장근로가 된다. 이 조항 자체의 위반에 대한 벌칙 조항은 없고, 탄력적 근로시간제와는 달리 임금보전방안 강구에 관한 규정도 없다.

한편, 2021. 1. 5. 개정 법에 따라 신상품 또는 신기술의 연구개발 업무에 해당하여 '1개월 초과하는 정산기간을 정한 경우'에는 휴식 시간의 부여 및 가산임금의 산정에 관하여 별도의 규정을 두었다. 즉, ① 사용자는 천재지변 등 불가피한 경우로서[13] 근로자대표와의 서면 합의로 달리 정한 때를 제외하고는 근로일 종료 후 다음 근로일 시작 전까지 근로자에게 연속하여 11시간 이상의 휴식 시간을 주어야 하는데(법 52조 2항 1호), 이를 위반한 자는 2년 이하의 징역 또는 2,000만 원 이하의 벌금에 처한다(법 110조 1호). ② 또한 매 1개월마다 평균하여 1주간의 근로시간이 40시간을 초과한 시간에 대하여 가산임금을 지급하되 이 경우 56조 1항에 따른 가산임금은 적용하지 아니하며(52조 2항 2호), 이를 위반한 자는 3년 이하의 징역 또는 3,000만 원 이하에 벌금에 처한다(법 109조, 반의사불벌죄[14]).

### 2. 근로시간 과부족의 이월

선택적 근로시간제의 정산기간 동안 실제 근로시간이 소정근로시간을 초과하거나 미달하는 경우 이를 다음 정산기간으로 이월·조정하는 것이 가능한지에 관하여, 특정 정산기간에 실제 근로시간이 소정근로시간보다 많은 경우에는 초과되는 부분의 임금을 지급하지 않는 것이 임금 전액 지급의 원칙에 위반하

13) 영 29조 2항은 이를 '재난 및 안전관리 기본법에 따른 재난 또는 이에 준하는 사고가 발생하여 이를 수습하거나 재난 등의 발생이 예상되어 이를 예방하기 위해 긴급한 조치가 필요한 경우, 사람의 생명을 보호하거나 안전을 확보하기 위해 긴급한 조치가 필요한 경우, 그 밖에 이에 준하는 사유로 법 52조 2항 1호 본문에 따른 휴식 시간을 주는 것이 어렵다고 인정되는 경우'로 규정하였다.

14) 다만, 근기법이 개정되어(2024. 10. 22. 법률 20520호), 법 43조의2에 따라 명단 공개된 체불사업주가 명단 공개 기간 중에 법 52조 2항 2호를 위반한 경우에는 그러하지 아니하다. 위 개정 규정은 시행(시행일 2025. 10. 23.) 이후 발생한 위반행위부터 적용한다(법 109조 2항 단서, 부칙 8조).

여 허용되지 않으나 정산기간에 실제 근로시간이 적은 경우에는 소정근로시간 전부에 대한 임금을 지급하고 그 후에 초과지급된 임금액을 정산할 수 있다고 보는 견해가 있다.[15] 그러나 초과지급 임금액의 정산을 인정할 경우 그 후 실제 근로시간이 소정근로시간을 초과하였을 때 그 임금을 지급하지 않고 과거 초과지급분 임금으로 정산함으로 말미암아 임금 전액 지급 원칙을 위반하는 문제가 생길 수 있고, 부족 시간의 이월을 인정하는 경우 기준근로시간 초과의 연장근로에 대한 작위적 조작 가능성이 있다는 점을 고려할 때, '정산기간'의 개념에 충실하게 그 기간의 종료에 맞추어 과부족에 대한 정산을 마듭짓는 것이 옳다고 본다.[16]

다만 2021. 1. 5. 개정 법에 따라 '1개월을 초과하는 정산기간'을 둔 경우에는 매 1개월마다 평균하여 1주간의 근로시간이 40시간을 초과한 시간에 대한 가산임금을 지급하도록 규정하였으므로(법 52조 2항 2호), 초과하는 근로시간의 이월·조정은 불가능하다.

[이 정 한·김 진·고 종 완]

제53조(연장 근로의 제한)

① 당사자 간에 합의하면 1주 간에 12시간을 한도로 제50조의 근로시간을 연장할 수 있다.

② 당사자 간에 합의하면 1주 간에 12시간을 한도로 제51조 및 제51조의2의 근로시간을 연장할 수 있고, 제52조 제1항 제2호의 정산기간을 평균하여 1주 간에 12시간을 초과하지 아니하는 범위에서 제52조 제1항의 근로시간을 연장할 수 있다.

③ 상시 30명 미만의 근로자를 사용하는 사용자는 다음 각 호에 대하여 근로자대표와 서면으로 합의한 경우 제1항 또는 제2항에 다라 연장된 근로시간

15) 이병태, 797면; 하갑래, 444면. 김유성, 158면 및 임종률, 446면은 이에 더하여 1임금지급기에 2회의 정산기간이 포함되는 경우에는 1정산기간의 근로시간 과부족을 2정산기간에 이월할 수 있다고 한다.

16) 김지형, 379면. 고용노동부, 58면은 정산기간의 소정근로시간을 초과하여 근로한 경우에는 임금전액불의 원칙에 따라 초과근로시간에 대한 임금을 지급하여야 하므로 다음 정산기간의 근로시간을 줄이는 형태로 상계할 수 없으나, 실근로시간이 소정근로시간에 미달된 경우에는 임금을 감액 지급할 수 있다고 할 뿐이다.

에 더하여 1주 간에 8시간을 초과하지 아니하는 범위에서 근로시간을 연장할 수 있다.

1. 제 1 항 또는 제 2 항에 따라 연장된 근로시간을 초과할 필요가 있는 사유 및 그 기간
2. 대상 근로자의 범위

④ 사용자는 특별한 사정이 있으면 고용노동부장관의 인가와 근로자의 동의를 받아 제 1 항과 제 2 항의 근로시간을 연장할 수 있다. 다만, 사태가 급박하여 고용노동부장관의 인가를 받을 시간이 없는 경우에는 사후에 지체 없이 승인을 받아야 한다.

⑤ 고용노동부장관은 제 4 항에 따른 근로시간의 연장이 부적당하다고 인정하면 그 후 연장시간에 상당하는 휴게시간이나 휴일을 줄 것을 명할 수 있다.

⑥ 제 3 항은 15세 이상 18세 미만의 근로자에 대하여는 적용하지 아니한다.

⑦ 사용자는 제 4 항에 따라 연장 근로를 하는 근로자의 건강 보호를 위하여 건강검진 실시 또는 휴식시간 부여 등 고용노동부장관이 정하는 바에 따라 적절한 조치를 하여야 한다.

〈세 목 차〉

[참고문헌]
**강성태a**, “연장근로의 의의와 규율”, 대구법학 4호, 대구대학교 사회과학연구소(2001); **강성태b**, “근로기준법상 휴일과 연차휴가에 관한 소고”, 사법 34호, 사법발전재단(2015); **고용노동부**, “유연근로시간제 가이드”, 고용노동부 근로기준혁신추진팀(2018. 6.); **이원희**, “서울시 지하철 노조 파업의 노동법상 문제: 준법투쟁을 중심으로”, 노동법학 9호, 한국노동법학회(1999); **이재욱**, “근로시간법제의 성격과 개선과제”, 노동법학 50호, 한국노동법학회(2014); **최영호**, “1개월 단위 탄력적 근로시간제의 해석”, 노동법연구 15호, 서울대학교 노동법연구회(2003).

## Ⅰ. 연장근로의 의의

사용자는 원칙적으로 법 50조에서 정한 기준근로시간(1주 40시간, 1일 8시간) 내에서 근로자를 근로하게 해야 하고,[1] 탄력적·선택적 근로시간제를 운영하는 경우에도 법 51조, 51조의2, 52조에서 기준근로시간에 준하는 한도를 정하고 있다. 그런데 그와 같은 근로시간제에서 통상 예상하기 어려운 업무 증가가 있을 때에는 이를 초과하는 근로제공이 필요한 경우가 있는데, 이렇게 법에서 정한 기준근로시간이나 탄력적·선택적 근로시간제상 근로시간의 한도를 ‘초과’하는 근로를 ‘연장근로’ 또는 ‘시간외근로’라고 한다.[2] 연장근로는 한편으로는 사업 운영상 불가피하다는 측면이 있지만 다른 한편으로는 근로자의 건강을 위협하고, 생활을 불안정하게 할 소지가 크므로,[3] 무한정 허용하여서는 안 되고 일정한 규제가 필요하다. 법 53조는 연장근로를 일정한 요건 하에서만 허용하고, 상한을 두어 그 시간을 초과하는 연장근로를 금지한다.

1953. 5. 10. 처음 제정된 법은, 연장근로에 관하여 기준근로시간에 관한 조문(당시 법 42조, 현행 법 50조)에서 함께 규정하고 있었다. 즉 1953. 5. 10. 제정 법은 42조 1항 본문으로, “근로시간은 휴게시간을 제하고 1일에 8시간, 1주에 48시간을 기준으로 한다”고 규정한 다음 단서에, “단, 당사자의 합의에 의하여 1주일에 60시간을 한도로 근로할 수 있다”고 규정하였고, 현행 법 53조 4항에 있는

1) 15세 이상 18세 미만인 연소자는 법 69조, 유해·위험한 작업 종사자는 산안법 139조 1항에서 기준근로시간을 달리 정하고 있다. 자세한 내용은 법 50조에 대한 해설 참조.
2) 이 책에서는 법 53조에서 사용하는 ‘연장근로’라는 용어를 그대로 사용하기로 한다. 법은 일반 연장근로에 관하여는 ‘연장근로’라는 용어를 사용하면서, 임산부의 연장근로에 관하여는 71조와 74조 5항에서 ‘시간외근로’라는 용어를 쓰고 있다.
3) 김유성, 159면.

특별연장근로를 2항에서 규정하였으며, 현행 법 53조 5항과 같은 연장시간 상당의 휴게 또는 휴일 부여 규정을 3항에서 규정하였다. 그 후 일부 자구 수정(1980. 12. 31. 개정 때 '60시간 한도 근로'를 '12시간 한도 연장근로'로 수정 등)을 거쳐, 1996. 12. 31. 개정 때 탄력적 · 선택적 근로시간제를 도입하고, 그 때의 연장근로를 함께 규정하면서 독립된 조문으로 법 42조의4를 신설하여 현행과 거의 같은 내용의 규정을 두게 되었다. 다만 현행 법 53조 3 · 6항에 있는 소규모 사업장에 대한 한시적 특례는 2018. 3. 20. 법 개정 때 도입되었는데 이에 관하여는 아래 Ⅱ. 6.에서 자세히 본다.

법 53조가 정하는 연장근로에는 업무의 일시적 증가와 같이 통상적으로 예상할 수 있는 상황에서 인정되는 '통상연장근로'(1항 · 2항),[4] 자연재해 등 일반적으로 예측할 수 없는 특별한 사정이 있는 경우에 허용되는 '특별연장근로'(4항 · 5항)가 있고, 법 59조에서는 육상 · 수상 · 항공운송업 등 일정한 사업에 한하여 특례적으로 인정되는 '특례사업 연장근로'를 규정하고 있다.

18세 미만 연소자(법 69조)와 산후 1년이 지나지 않은 여성(법 71조)에 대하여는 연장근로를 보다 엄격히 제한하고, 임신 중인 여성 근로자에게는 연장근로를 금지하는 특칙(법 74조 5항)을 두고 있으므로 이러한 근로자에 대하여는 법 53조, 59조에서 정한 통상연장근로, 특별연장근로 및 특례사업 연장근로가 모두 허용되지 않는다. 한편, 법 63조에서 정한 근로자에 대하여는 법 53조, 59조, 69조, 71조, 74조를 비롯한 근로시간에 관한 규정과 휴게 · 휴일에 관한 규정이 모두 적용되지 아니하나,[5] 다만 어느 경우에나 산안법 139조 1항에서 정한 유해 · 위험한 작업 종사자에게는 연장근로가 금지된다.

연장근로에 대하여는 법 56조 1항에 따라 통상임금 50% 이상의 가산임금을 지급하여야 한다(법 56조). 그러나 소정근로시간을 초과하였더라도 기준근로시간 범위 내에서 하는 근로(이른바 '법내 초과근로')는 연장근로에 해당하지 않으므로 가산임금 지급의무가 발생하지 않는다.[6]

---

4) '합의연장근로'라는 용어가 주로 쓰이나(김형배, 445면; 이병태, 774면; 임종률, 446면), 김유성, 160면은, 모든 연장근로(심지어 기준근로시간 내의 소정근로시간을 초과하는 이른바 '법내 초과근로'조차도)에는 당사자 간의 합의가 필요하다는 점에서 이는 정확한 용어라고 말하기는 어렵다고 비판한다. 여기서는 법 53조 1항과 2항의 연장근로를 합하여 '통상연장근로'라고 부르기로 한다.

5) 자세한 내용은 해당 조문에 대한 해설 참조.

6) 자세한 내용은 법 50조에 대한 해설 Ⅱ. 5. 가. 참조.

## Ⅱ. 통상연장근로

### 1. 의 의

1일 8시간, 1주 40시간의 기준근로시간을 채택한 사업 또는 사업장에서는 그 기준근로시간을 초과하는 근로가 연장근로이고, 당사자 간에 합의하면 주 12시간을 한도로 연장근로가 허용된다(법 53조 1항).[7] 반면, 탄력적 근로시간제를 채택한 경우 주 12시간을, 선택적 근로시간제를 채택한 경우 정산기간을 평균하여 주 12시간을 초과하지 않는 범위에서 연장근로가 가능하다(법 53조 2항).

### 2. 연장근로의 요건: 당사자 간의 합의

통상연장근로를 시키기 위하여는 근로자와 사용자의 합의, 다시 말해 근로자의 동의가 있어야 한다. 이는 강행규정이므로 사용자가 일방적으로 연장근로를 명할 수 있다는 취업규칙은 효력이 없다.[8]

#### 가. 합의의 주체

연장근로에서 말하는 당사자 간 합의는 사용자와 근로자의 개별적 합의라는 것이 통설과 판례이다.[9] 이에 따르면 단체협약에 의한 연장근로 합의는 개별 근로자의 연장근로에 관한 합의권을 박탈하거나 제한하지 아니하는 범위에서만 가능하다.[10]

탄력적 근로시간제를 채택한 경우 미리 사용자와 근로자대표와의 서면 합의나 취업규칙 등에서 연장근로에 관한 내용이 정해져 있어야 하는지 견해가 대립된다. 3월 이내 단위 탄력적 근로시간제에서 서면 합의할 사항(법 51조 2항)에 "단위기간의 근로일과 근로일별 근로시간"이 포함되어 있는 점에 비추어 이를 긍정하는 견해가 있으나,[11] 연장근로의 합의는 탄력적 근로시간제 도입에 관

7) 법문은 "제50조의 근로시간을 연장할 수 있다"고 되어 있으나, 이는 기준근로시간 자체를 연장할 수 있는 것으로 오해될 소지가 있으므로 "제50조의 근로시간을 초과하여 근로하게 할 수 있다"로 개정할 필요가 있다. 임종률, 448면.

8) 하갑래, 393면. 2015. 5. 6. 근로기준정책과-1911.

9) 대법원 1993. 12. 21. 선고 93누5796 판결, 대법원 1995. 2. 10. 선고 94다19228 판결, 대법원 2000. 6. 23. 선고 98다54960 판결. 김형배, 446면('노동조합 또는 근로자대표와의 합의를 의미한다'고 보았던 기존의 견해를 변경하였다); 이병태, 774면; 이상윤, 265면; 하갑래, 393면.

10) 대법원 1993. 12. 21. 선고 93누5796 판결.

11) 이병태, 787면 · 792면; 하갑래, 435면.

한 합의와는 구별되는 것이고, 법문상 그 합의 주체도 '근로자대표'가 아니므로 부정하는 견해가 일반적이다.

### 나. 합의의 방식

법은 '당사자 간에 합의하면'이라고만 하고 있을 뿐, 합의의 구체적인 방식에 관하여는 아무 규정을 두지 않았으므로, 명시적 합의는 물론 묵시적 합의도 가능하고,[12] 이를 반드시 서면으로 할 필요도 없으며, 특정한 형식이 요구되지도 않는다.[13] 그러나 연장근로가 관행화되어 있더라도 그것만으로 합의가 성립되었다고 볼 수 없으므로 연장근로를 거부한 근로자에 대하여 불이익을 주어서는 아니 된다.[14]

실제 연장근로가 행해진 경우 통상적으로 사용자의 묵시적인 승인이 인정될 여지가 많으므로, 사용자가 연장근로에 대한 임금지급의무를 면제받기 위하여는 명시적으로 연장근로를 금지하고 근로제공의 수령을 거부하는 등 적극적인 조치를 취할 필요가 있다.[15]

### 다. 포괄적 사전 합의의 가부

한편, 사전에 포괄적으로 미리 연장근로에 관한 합의를 하는 것이 가능한지에 관하여 논의가 있다.

#### (1) 견해의 대립

먼저 '포괄적 동의설'은 현행 법상 당사자 간 '합의'는 서면에 의하든 구두에 의하든 불문하며, 연장근로의 일수·시간 수, 대상 업무의 범위, 합의의 유효기간 등을 당사자 간에 구체적으로 정할 수도 있고 포괄적으로 미리 사용자의 결정에 맡길 수도 있다는 견해이다. 이에 따르면 단체협약이나 근로자대표와 서면으로 한 합의 등에서 "사용자는 업무상 필요하면 연장근로를 명할 수 있다"는 취지로 약정했을 때에는, 이에 근거하여 사용자는 근로자에게 연장근로를 명

---

12) 이에 반해 선택적 근로시간제에서는 사용자가 연장근로를 요청하였거나 근로자의 연장근로 통지에 대해 사용자가 승인한 경우에만 연장근로가 성립한다는 견해로는 하갑래, 445~447면(서면 합의에서 정한 선택근로시간대 외의 야간근로나 휴일근로에 대하여서도 같은 견해이다) 및 고용노동부, 47면 참조.

13) 김유성, 162면; 임종률, 447면; 하갑래, 394면. 이에 반해 연장근로의 사유, 기간 및 시간, 종류 및 대상근로자 등을 서면으로 합의하여야 한다는 견해가 있다(이병태, 775면; 이상윤, 266면).

14) 대법원 1979. 3. 13. 선고 76도3657 판결. 하갑래, 394면.

15) 2001. 10. 11. 노조 68107-1140.

할 수 있고, 그 명령이 권리남용에 해당하거나 근로자에게 부득이한 사유가 없는 이상, 그 명령에 따라 근로자에게 연장근로를 하여야 할 의무가 발생한다.[16)]

다음으로 '구체적 동의설'은 사용자가 연장근로가 필요한 사유, 연장근로 일수, 대상 업무 등을 해당 근로자에게 밝힌 다음 그 근로자의 명시적인 동의를 받아야 연장근로를 시킬 수 있다는 견해이다.[17)] 이에 따르면 사용자의 지시에 따라 1일 몇 시간의 연장근로를 한다는 이른바 연장근로의 포괄위임계약은 당사자 간에 합의를 요구하는 법 53조 1항의 취지에 반한다.

이 견해보다는 조금 완화된 형태로, 원칙적으로는 연장근로의 합의에 연장근로 사유를 비롯하여 연장근로의 일수와 시간 수, 대상 업무의 범위, 합의의 유효기간 등이 모두 포함되어 있지 않아도 무방하고, 연장근로를 할 때마다 합의하는 것뿐만 아니라 사전에 이를 합의하는 것도 가능하다고 하면서도, 연장근로란 원래 업무상의 예측하기 어려운 수요 등에 대응하기 위해 예외적으로 인정된 것이며 근로자의 합의권을 실질적으로 보장하기 위해서는 연장근로에 대한 근로자의 예견가능성이 보장되어야 하므로, 사회통념상 지나치게 포괄적이거나 장기간에 걸친 연장근로에 대한 합의는 그대로 효력을 인정하기 어렵고, 따라서 이러한 경우에는 근로자가 구체적인 연장근로에 대해 거부권을 유보하고 있는 것으로 보아 그 한도에서 효력을 인정해야 한다는 견해도 있다.[18)]

#### (2) 일본의 논의[19)]

일본에서도 '근로자 측의 동의'와 관련하여 여러 가지 논의가 있으나, 연장근로에 대한 법체제가 우리와는 다르기 때문에 조금 다른 차원에서 진행되고 있다.[20)] 일본의 다수설인 '포괄적 동의설'은 '명령설'이라고도 하는데, 이에 따르면 관련 규정이 있는 이상 사용자는 업무상 필요에 기해 연장·휴일근로를 명

16) 임종률, 447면. 반면, 임종률, 노동법(제20판), 박영사(2022), 457면에서는 그와 같은 취지의 약정만으로는 '당사자 간에 연장근로에 대한 합의가 있다고 보기 곤란하다'고 하였다.

17) 이병태, 775면.

18) 김유성, 162면; 김형배, 446면; 이상윤, 266면; 하갑래, 394면.

19) 注釋(下), 622면 이하.

20) 강성태a, 41면(일본의 노동기준법은 32조 내지 35조에서 기준근로시간과 변형근로시간제 및 휴일 등에 관해 규정한 뒤, 36조에서 사용자와 근로자대표 간의 서면 협정과 행정관청 신고가 있으면 연장근로 및 휴일근로가 가능하다고 규정할 뿐, 우리 법 53조 1항과 같이 '당사자 간에 합의'라는 문언은 없다. 이런 법체제 하에서 일본의 판례와 학계는, 노동기준법 36조에서 요구하는 두 가지 요건의 충족만으로는 형사책임의 면책이라는 효과밖에 없고, 근로자에게 연장근로의무가 발생하려면 이것들 외에 근로자의 동의가 필요하다는 점에 별다른 이견이 없다).

령할 권한이 있고 근로자는 기본적으로 이를 거부할 수 없으며, 다만, 부득이한 사유가 있는 경우에는 사용자의 명령이 권리남용이 될 수 있다고 한다.[21] 개별적 동의설은 취업규칙, 단체협약, 개별 근로계약을 불문하고 포괄적인 연장근로의 근거 규정을 두는 것은 노동기준법 32조에 위반하여 무효이고, 근로자는 기본적으로 연장·휴일근로 명령에 응할 의무가 없으며, 36협정[22] 성립 후 사용자가 그 사유, 구체적인 일시, 장소 등을 지정하여 연장·휴일근로를 요청하고 이에 대해 근로자가 개별적으로 동의를 한 경우에 한하여 연장근로 의무가 발생한다고 한다.[23] 그 외 이 두 견해 사이에, '구체적 규정설'(취업규칙이나 단체협약에서 종사해야 할 연장근로의 내용까지 구체적으로 특정하여 정한 경우에만 의무가 발생한다는 견해), '한정적 명령설'(취업규칙 등의 일반적 규정과 함께 36협정에서 연장근로의 구체적인 내용을 정할 필요가 있다는 견해), '개별적 사전합의설'(취업규칙이나 단체협약에 정할 수는 없지만 개별 근로자와의 사이에 기간, 일시, 장소, 근로 내용, 연장근로시간 등의 구체적인 내용을 정한 합의를 해야 한다는 견해) 등이 있다.

#### (3) 판 례

대법원은, 연장근로를 할 때마다 당사자 간 합의를 할 필요는 없고 근로계약 등으로 미리 이를 약정하는 것도 가능함을 전제로, 1주에 1회 순번에 따라 주간근로자가 근무를 마치는 18:30부터 야간근로자가 근무를 시작하는 20:00까지 1시간 30분의 당직근무(이는 통상적인 숙·일직 근무와는 다른 일반적인 연장근로이다)를 하기로 하는 내용의 근로계약을 기간의 정함 없이 체결한 경우 이를 해지하지 아니한 이상 연장근로에 관한 합의의 효력은 그대로 유효하다고 하였고,[24] 근로계약상 명시적인 약정이 없는 경우에도 채용 시 근로자들에게 상시적인 연장근로의 가능성을 고지하여 근로자들도 연장근로를 하기로 합의하고 채용되어 왔으며 사용자도 근로자들에게 실제 연장근로시간과 관계없이 일률적으로 일정 금액의 수당을 매월 지급하여 온 사실만을 기초로 '연장근로합의' 사실을 인정한 다음 연장근로수당이 적다는 이유로 사용자의 지시를 거부하였다면 이는 취업규칙상 정당한 업무 지시에 불응한 경우와 회사의 정당한 명령에 따

21) 注釋(下), 622면.
22) 일본 노동기준법 36조에서 연장·휴일근로의 요건으로 정한 사용자와 근로자대표 간의 서면 협정을 부르는 말이다.
23) 注釋(下), 622면.
24) 대법원 1995. 2. 10. 선고 94다19228 판결.

르지 아니한 경우에 해당한다고 하였다.[25] 결국 대법원은 포괄적 동의설의 견해를 취한 것으로 보인다.[26]

이러한 판례에 대하여, 일본과 달리 우리 근기법은 연장근로의 사유에 대해 아무런 제한을 하지 않는 점, 근로자대표 협정·행정관청 신고와 같은 근로자 측의 집단적 규제나 행정적 감독이 전혀 없는 점, 포괄임금제를 폭넓게 인정하여 가산임금에 의한 연장근로의 규제도 실효성이 크지 않은 점 등을 고려할 때, 연장근로에 대해 포괄적 합의의 효력을 넓게 인정하는 것은 사용자에게 무한정한 연장근로 명령 권한을 인정하는 것과 같다는 비판이 있다.[27]

### 라. 사용자의 연장근로 허가 의무 유무

일반적으로 근로자가 연장근로나 휴일근로를 희망할 때 사용자가 이를 허가하여야 할 의무는 없다.[28] 다만, 특정 근로자가 파업에 참가하였거나 노동조합 활동에 적극적이라는 이유로 해당 근로자에게 연장근로를 하지 못하게 하는 것은 해당 근로자에게 경제적 내지 업무상의 불이익을 주는 행위로서 부당노동행위에 해당할 수 있다.[29]

25) 대법원 2000. 6. 23. 선고 98다54960 판결. 이는 '근로자 보호를 위한 제법규에 위반되는 근로시간 이상의 노동이 관행화되어 있다 하더라도 그것은 근로자들의 자발적·봉사적 근로제공에 불과할 뿐 합의의 성립을 의미하는 것으로 볼 수 없다'고 한 대법원 1979. 3. 13. 선고 76도3657 판결과 차이가 있다.

26) 형사판결로는 연장근로가 당사자의 합의에 의하여 이루어지는 것이라고 하더라도 근로자들을 선동하여 근로자들이 통상적으로 해 오던 연장근로를 집단적으로 거부하도록 함으로써 회사업무의 정상운영을 방해하였다면 이는 쟁의행위로 보아야 한다는 판결(대법원 1991. 10. 22. 선고 91도600 판결, 대법원 1996. 2. 27. 선고 95도2970 판결)이 있는데, 이에 대하여는 '준법투쟁의 쟁의행위성'과 관련하여, 관행이나 단체협약만으로 연장근로의무가 발생할 수 없고 정당·적법한 업무명령에 의한 근로제공의무가 전제되지 않는 연장근로의 거부는 쟁의행위에 해당되지 않는다는 비판이 있다(이원희, 43면; 하갑래, 394면).

27) 강성태a, 45면.

28) 하갑래, 394면. 2005. 8. 22. 근기-4380(사용자의 요구와 관계없이 근로자가 채권회수성과를 높여 성과수당을 더 받기 위하여 자기의 의사에 의하여 연장근로를 한 경우 사용자의 연장근로수당 지급의무를 부정한 사례). 서울중앙지법 2014. 1. 7. 선고 2013가소5258885 판결은 '현실적으로 연장근로가 필요함에도 불구하고 사용자 측이 싫어하기 때문에 사실상 연장근로 신청을 포기하는 분위기에 있는 직장이라면 연장근로에 대한 사용자의 승인을 얻지 않았다거나 연장근로신청을 하지 않았다고 하더라도 실제로 연장근로한 시간에 대하여는 그에 상당한 임금을 지급하여야 할 것'이라며 원고들의 연장근로수당 청구를 인용하였으나, 항소심에서 연장근로를 인정할 증거가 없다는 등의 이유로 원고 청구를 기각하는 취지로 파기되어 확정되었다(서울중앙지법 2015. 8. 26. 선고 2014나9327 판결).

29) 대법원 2006. 9. 8. 선고 2006도388 판결.

### 3. 연장근로가 되는 부분

#### 가. 일반 기준근로시간제

법 50조에서 정한 기준근로시간을 채택한 경우 특정 주의 근로시간이 40시간을 초과하거나, 특정 일의 근로시간이 8시간을 초과하면 연장근로가 된다.

#### 나. 탄력적 근로시간제

탄력적 근로시간제에서는 특정 주에 40시간, 특정 일에 8시간을 넘겨 근로하기로 하더라도 그러한 초과시간이 바로 연장근로로 인정되지는 않는다. 탄력적 근로시간제는 단위기간을 기준으로 평균근로시간이 1주간 기준근로시간을 초과하지 않도록 하는 것이므로, 단위기간을 평균하여 1주 40시간을 초과하는 실근로시간이 연장근로시간이 된다.[30] 다만, 법 51조 1항 · 2항, 51조의2 1항에서 근로시간의 한도를 정하고 있으므로, 2주 이내 단위 탄력적 근로시간제의 경우에는 특정한 주에 48시간을 넘는 시간은 연장근로가 되고, 3월 이내 단위 및 6월 이내 단위 탄력적 근로시간제의 경우 특정한 주에 52시간을 넘는 시간이나 특정한 날에 12시간을 넘는 근로시간은 연장근로에 해당한다.[31]

한편, 단위기간을 평균한 1주간 소정근로시간을 1주 기준근로시간인 40시간보다 적게 잡은 경우 그 소정근로시간을 초과하더라도 단위기간을 평균하여 1주 40시간 이내라면 '법내 초과근로'로서 연장근로가 성립하지 않고 가산수당이 적용되지 않는다.[32]

단위기간 시작일 후에 입사한 근로자 또는 단위기간 내에 퇴직한 근로자와 같이 단위기간 중 실근로기간이 그 단위기간보다 짧은 경우 사용자는 그 단위기간 중 해당 근로자가 근로한 기간을 평균하여 1주간에 40시간을 초과하여 근로한 시간 전부에 대하여 56조 1항에 따른 가산임금을 지급하여야 한다(법 51조의3).[33]

---

30) 고용노동부, 23면은 '3월 이내 단위 탄력적 근로시간제에서 ① 서면 합의로 미리 정한 근로일별 근로시간을 초과한 시간, ② 특정 일에 12시간을 초과하거나 특정 주에 52시간을 초과한 근로시간, ③ 단위기간을 평균하여 1주 40시간을 초과한 근로시간이 모두 연장근로에 해당한다'는 취지이나, ①의 경우라도 지각, 조퇴 등으로 해당 단위기간의 실근로시간이 평균하여 1주 40시간을 초과하지 않는다면(즉, ③에 해당하지 않는 경우) 연장근로가 성립하지 않는다.

31) 하갑래, 433~434면.

32) 이병태, 798면; 하갑래, 400면 · 436면(소정근로시간을 초과하나 기준근로시간 미만인 부분은 가산수당 지급대상이 되는 연장근로가 아니다).

33) 2021. 1. 5. 법 개정 때 신설한 규정으로서, 같은 내용인 일본 노동기준법 32조의4의2에 따

### 다. 선택적 근로시간제

선택적 근로시간제에서는 정산기간을 기준으로 평균근로시간이 1주 기준근로시간인 40시간을 초과하지 않도록 하는 것이므로, 정산기간을 평균하여 1주 40시간을 초과하는 실근로시간이 연장근로시간이 된다. 다만 2021. 1. 5. 개정법에 따라 '1개월 초과하는 정산기간을 정한 경우'에는 매 1개월마다 평균하여 1주간의 근로시간이 40시간을 초과한 시간에 대하여 가산임금을 지급하도록 하였고 이 경우 56조 1항에 따른 가산임금은 적용되지 아니한다(법 52조 2항 2호).

실근로시간이 정산기간의 소정근로시간, 즉 법 52조 3호에 따라 근로자대표와의 서면 합의로 정한 정산기간의 총 근로시간을 초과하더라도 정산기간을 평균하여 1주 40시간 이내인 경우 '법내 초과근로'로서 가산수당이 발생하지 않는다.[34]

## 4. 연장근로의 한도

### 가. 일반 기준근로시간제

일반 기준근로시간제를 채택한 경우, 즉 탄력적·선택적 근로시간제를 실시하지 않는 경우 연장할 수 있는 근로시간의 최대한은 1주에 12시간이다(법 53조 1항).[35]

법 53조는 1일 연장근로시간의 상한을 정하지 않았는데, 연소자나 산후 1년이 지나지 않은 여성에 대한 특칙인 법 69조, 71조에서 특별히 1일 연장근로시간의 한도를 정하고 있음에 비추어 그 외의 근로자에 대하여는 1일 연장근로시간의 한도를 인정하기 어렵다.[36]

---

르면 중도퇴직자에 대하여는 마치 '실제 근로한 기간'을 단위기간으로 한 탄력적 근로시간제가 시행되는 것처럼 연장근로시간이 산정된다고 한다(菅野, 508~509면).

34) 김형배, 443면; 고용노동부, 47면.

35) 과거 2003. 9. 15. 개정 법은 시행일[사업주체 및 규모에 따라 2004. 7. 1.부터 2011. 7. 1.까지 단계적으로 정하였다. 법 부칙(6974호, 2003. 9. 15.) 1조, 법 부칙(8372호, 2007. 4. 11.) 4조, 영 부칙(20142호, 2007. 6. 29.) 3조, 영 부칙(22567호, 2010. 12. 29.) 2조 참조]부터 3년 동안은 주 40시간에서 12시간을 한도로 연장근로를 하게 할 수 있는 것이 아니라 16시간을 한도로 연장근로를 하게 할 수 있었고, 최초 4시간의 연장근로에 대하여는 통상임금의 50%가 아닌 25% 이상의 가산임금만을 지급하여도 되었다[법 부칙(8372호, 2007. 4. 11.) 6조]. 이는 주 44시간에서 주 40시간으로 기준근로시간이 줄어드는 것에 대한 과도기적 조치로서 일반 기준근로시간제를 채택한 경우에만 적용되었으므로, 탄력적·선택적 근로시간제를 채택한 경우에는 적용되지 않는다.

36) 대법원 1997. 7. 25. 선고 96다29892 판결. 이병태, 776면; 이상윤, 266면; 임종률, 448면; 하갑래, 396면. 이에 따르면 주중 하루만 연장근로를 하는 경우 당사자 사이에 합의만 있으면

판례는 구 근기법 53조 1항은 연장근로시간의 한도를 1주간을 기준으로 설정하고 있을 뿐이고 1일을 기준으로 삼고 있지 아니하므로, 1주간의 연장근로가 12시간을 초과하였는지는 근로시간이 1일 8시간을 초과하였는지를 고려하지 않고 1주간의 근로시간 중 40시간을 초과하는 근로시간을 기준으로 판단하여야 한다고 한다.[37)]

법 53조 1항은 법 50조의 기준근로시간을 초과하여 할 수 있는 연장근로의 한도만 정한 것이므로, 당초 기준근로시간에 미달하는 시간으로 소정근로시간을 정한 경우에는 그 소정근로시간을 초과하는 근로시간은 1주에 12시간을 초과할 수도 있다.

### 나. 탄력적 근로시간제

탄력적 근로시간제를 채택한 경우 주 12시간을 한도로만 연장근로를 할 수 있다(법 53조 2항).

탄력적 근로시간제의 근로시간 제한이 연장근로의 한도로도 될 수 있는가에 관하여 견해가 나뉜다. 즉, 2주 이내 단위의 탄력적 근로시간제에서 특정한 주의 근로시간은 48시간을 초과할 수 없고, 3월 이내 단위 및 6월 이내 단위의 탄력적 근로시간제에서 특정한 주의 근로시간은 52시간, 특정한 날의 근로시간은 12시간을 각 초과할 수 없는데(법 51조 1항·2항, 51조의2 1항), 만약 탄력적 근로시간제에서 연장근로를 한 것에 대해 위와 같은 근로시간의 제한을 가하지 않는다면, 사용자는 1주간 12시간을 한도로 근로자에게 연장근로를 시킬 수 있으므로, 2주 이내 단위 탄력적 근로시간제를 채택한 경우에는 특정 주에 최대 60시간(48시간+12시간)까지, 3월 이내 단위 및 6월 이내 단위의 탄력적 근로시간제를 채택한 경우에는 특정 주에 최대 64시간(52시간+12시간)까지 근로를 시킬 수 있다. 그런데 이와 같이 1주에 64시간을 근무하는 주가 몇 주씩 계속될 수도 있고 주 5일 근무제 하에서는 5일 내내 1일 12.8시간을 근무할 수도 있어, 이것이 허용되는지 문제된다. 이에 관하여는, 1일 근로시간이 3월 이내 단위 및 6월

---

1일 20시간(=기준근로 8시간 + 연장근로 12시간)의 근로가 허용되는데, 이에 대하여 입법상 불비임을 지적하면서 1일 최대 근로시간을 11시간으로 설정하는 것이 타당하다는 견해가 있다(이재욱, 113면).

37) 대법원 2023. 12. 7. 선고 2020도15393 판결. 다만 1일 8시간을 초과하거나 1주 40시간을 초과하는 근로시간에 대하여는 가산임금을 지급하여야 하는바(법 56조), 이와 같이 가산임금 지급 대상이 되는 연장근로와 1주간 12시간을 초과하여 형사처벌 대상이 되는 연장근로의 판단 기준은 동일하지 않다.

이내 단위의 탄력적 근로시간제의 1일 상한인 12시간 규정에 위배되는 결과는 1주 40시간의 근로시간을 채택하면서 근로자의 삶의 질을 향상시키려는 법 개정 취지에 반하므로, 이 경우 특정한 주의 총 근로시간의 한도는 52시간이고, 탄력적 근로시간제에서 1주에 12시간을 한도로 근로시간을 연장할 수 있다는 법 53조 2항 전단의 규정은 탄력적 근로시간제에 의한 1주 근로시간이 52시간 미만인 경우에 적용되는 것으로 목적론적 제한 해석을 해야 한다고 하여 3월 이내 단위 및 6월 이내 단위의 탄력적 근로시간제의 1주 52시간, 1일 12시간의 상한이 유지되어야 한다는 견해가 있다.[38] 그러나 입법적인 개선의 필요성[39]은 별론으로 하고 현행 법은 탄력적 근로시간제에서도 연장근로를 인정하는 점, 탄력적 근로시간제에서 연장근로를 할 수 있다는 법 53조 2항은 "51조 및 51조의 2의 근로시간을 연장할 수 있다"고 하여 특정 주나 특정 일의 근로시간 상한을 정한 51조 1항 단서, 2항 단서 및 51조의2 1항 단서에 대한 적용을 배제하고 있지 않은 점, 연장근로로 증가되는 주 12시간을 일 단위로 배분할 때 1일 근로시간의 제한이 있다고 해석되지 않는 점 등을 종합하면, 특정 주에서 근로시간 총 수의 상한은 60시간 또는 64시간이고 일 단위 근로시간 총 수의 상한은 없다고 봄이 타당하다.[40]

#### 다. 선택적 근로시간제

선택적 근로시간제가 적용되는 경우 연장근로는 정산기간을 평균하여 주 12시간을 초과하지 않는 범위에서만 가능하다(법 53조 2항).

선택적 근로시간제에도 특정한 주에 총 근로시간의 한도가 52시간이라는 견해가 있으나,[41] 탄력적 근로시간제에서와 같은 이유로 현행 법의 해석으로는 무리가 있다.

### 5. 휴일근로의 연장근로 해당 여부

일반 기준근로시간제를 채택한 경우 1주간 근로시간은 40시간을 초과할 수 없고(법 50조 1항), 이를 초과하면 연장근로에 해당하여 1주간 12시간을 초과할

38) 김형배, 447면; 이병태, 792면.
39) 구체적 내용은 김유성, 164면 및 하갑래, 438면 참조.
40) 김유성, 164면; 이상윤, 266면; 최영호, 241면; 하갑래, 434~435면. 2000. 5. 29. 근기 68207-1039.
41) 김형배, 449면.

수 없는데(법 53조 1항), 이러한 1주 단위 근로시간의 규제가 휴일에도 적용되는지, 즉 휴일근로시간을 포함하여 1주간 기준근로시간 40시간 및 1주간 연장근로시간의 한도 12시간의 초과 여부를 판단할 것인지에 관하여 견해가 대립되어 왔다.

이를 부정하는 견해에서는 휴일에 근로를 하더라도 8시간 이내에서는 연장근로가 아니므로 위와 같은 연장근로시간의 규제를 받지 않고 휴일근로수당 외에 연장근로수당도 중첩적으로 지급될 필요가 없다고 보았으며, 종래 고용노동부의 행정해석과 노사관행도 그와 같았다.[42] 반면, 이를 긍정하는 견해에 따르면 1주간 근로시간은 휴일근로시간을 합하여 52시간을 초과할 수 없고, 1주간 휴일이 아닌 날의 근로시간이 이미 40시간을 넘었다면 휴일근로시간은 모두 연장근로시간에도 해당되어 그 전부에 대해 연장근로수당이 휴일근로수당과 중첩적으로 지급되어야 하는데, 2012년 이후 다수의 하급심 판결이 이를 지지하였다.[43]

이에 2018. 3. 20. 개정 법은 후자의 견해에 따라 2조 1항 7호에서 '1주'가 휴일을 포함한 7일임을 명시하여 휴일근로에도 1주 단위 연장근로시간의 규제가 적용됨을 명확히 하였고, 다만 56조 2항에서 8시간 이내의 휴일근로에 대하여는 통상임금의 50%만 가산하여 지급한다고 규정하여 연장근로수당과 중첩적 지급을 인정하지 아니함으로써 입법적으로 위와 같은 논란을 해결하였다.[44]

다만, 위 개정 법 시행일 전의 근로에 관하여는 개정 법에서 그 시행일을

---

42) 1993. 5. 31. 근기 01254-1099, 2000. 9. 19. 근기 68207-2855, 2002. 10. 28. 근기 68207-3125. 이에 따르면 일반근로자는 주 68시간(주 40시간, 통상연장근로 12시간, 휴일근로 2일간 16시간)의 근로가 허용된다(하갑래, 394~396면, 이에 대한 비판으로는 강성태b, 22면 참조). 대법원은 1991. 3. 22. 선고 90다6545 판결에서 1일 8시간을 초과한 휴일근로시간에 대하여 연장근로수당과 휴일근로수당을 중복가산한 원고의 청구를 그대로 인용하였으나 1일 8시간을 초과하지 아니한 휴일근로시간에 관하여는 직접 쟁점으로 다루지 않았다.

43) 대구지법 2012. 1. 20. 선고 2011가합3576 판결, 대구고법 2012. 5. 31. 선고 2011나4408 판결, 서울고법 2012. 10. 19. 선고 2011나85903 판결(상고심에서 파기환송됨), 서울고법 2012. 11. 9. 선고 2010나71280 판결(상고심에서 파기환송됨), 대구지법 2013. 9. 4. 선고 2012나61504 판결, 대구고법 2013. 12. 11. 선고 2012나4252 판결(상고심에서 파기환송됨), 대구고법 2013. 12. 11. 선고 2012나991 판결, 서울중앙지법 2014. 8. 22. 선고 2013가합40082, 544638 판결, 부산고법(창원) 2014. 9. 18. 선고 2013나20871 판결(상고심에서 파기환송됨), 서울남부지법 2014. 12. 12. 선고 2013가합15846 판결, 서울중앙지법 2015. 9. 4. 선고 2014가합543847 판결, 창원지법 2016. 1. 27. 선고 2015노1996 판결, 창원지법 2016. 2. 18. 2013가합4708 판결, 광주지법 2016. 7. 14. 선고 2013가합54583 판결, 창원지법 2016. 8. 25. 선고 2013가합4449 판결 등.

44) 다만 사업장 규모에 따라 그 시행일을 단계적으로 설정하고[부칙(15513호, 2018. 3. 20.) 1조 2항], 법 53조 3항·6항에서는 영세사업장에 1주 8시간의 연장근로를 한시적으로 추가 허용하여(이에 관하여는 다음 항에서 본다) 사용자의 부담을 완화하고자 하였다.

명확히 정한 취지에 비추어 전자의 견해에 따라 기존 행정해석이 그대로 적용된다고 보는 의견이 있었고,[45] 대법원도 2018. 6. 21. 선고 2011다112391 전원합의체 판결에서 종래 노사관행을 존중하여 '구 법상 휴일근로시간은 1주 기준근로시간 40시간 및 1주 연장근로시간 12시간에 포함되지 않고 휴일근로수당과 연장근로수당이 중복하여 지급될 수 없다'고 판시함으로써 이를 확인하였다. 자세한 내용은 법 56조에 대한 해설 Ⅱ. 2. 나. (1) 참조.

### 6. 소규모 사업장에 대한 한시적 특례

상시 30명 미만의 근로자를 사용하는 사용자는 (i) 통상연장근로시간을 초과할 필요가 있는 사유 및 그 기간, (ii) 대상 근로자의 범위에 대하여 근로자대표와 서면 합의한 경우 통상연장근로(법 53조 1, 2항)의 한도인 1주 12시간에 더하여 1주 8시간을 초과하지 않는 범위에서 연장근로를 시킬 수 있다(법 53조 3항).[46] 2018. 3. 20. 개정 법은 2조 1항 7호에서 '1주'를 휴일을 포함한 7일로 정의함으로써 1주 단위 연장근로시간의 규제가 휴일근로에도 적용됨을 명확히 하였는데, 그와 동시에 53조 3항에서 추가 연장근로를 한시적으로 허용함으로써 종래 노사관행에 따라 주 68시간의 장시간 근로가 일반화되어 있는 소규모 사업장에서 발생할 어려움을 해소할 수 있는 과도기적 대책을 마련한 것이다.

이러한 특례는 '상시 30명 미만의 근로자를 사용하는 사용자'에 한하여 2021. 7. 1.부터 2022. 12. 31.까지만 시행되고[부칙(15513호, 2018. 3. 20.) 1조 3항 본문, 2조], 15세 이상 18세 미만의 연소근로자에 대하여는 적용되지 않으며(법 53조 6항), 별도의 제한이 있는 산후 1년이 지나지 않은 여성 근로자(법 71조), 유해하거나 위험한 작업에 종사하는 근로자(산안법 139조 1항), 임신 중인 근로자(법 74조 5항)에게도 적용되지 않는다고 해석된다.[47]

### 7. 벌 칙

법 53조 1항·2항에 위반하여 합의 없이 통상연장근로를 하게 하거나, 한도를 초과하여 연장근로를 하게 한 자는 2년 이하의 징역 또는 2,000만 원 이하의

45) 김형배, 446면; 하갑래, 395면.
46) 상시 근로자의 기준에 관하여는 법 11조에 대한 해설 Ⅲ., 근로자대표와의 서면 합의에 관하여는 법 51조·51조의2·51조의3에 대한 해설 Ⅴ. 2. 참조.
47) 하갑래, 398면.

벌금에 처한다(법 110조 1호).

법 53조 3항·6항 위반에 대하여는 자체 벌칙 규정이 없으나 사용자가 그 요건을 갖추지 못하거나 적용 기간을 도과하여 1주 12시간을 초과하는 연장근로를 시킨 경우라면 법 53조 1항·2항을 위반한 경우와 동일하게 법 110조 1호에 따라 2년 이하의 징역 또는 2,000만 원 이하의 벌금에 처할 수 있다.

## Ⅲ. 특별연장근로

### 1. 의 의

사용자는 특별한 사정이 있으면 사전에 고용노동부장관의 인가와 근로자의 동의를 얻어 통상연장근로(법 53조 1항·2항)의 한도인 1주 12시간을 초과하여 연장근로를 하게 할 수 있다(법 53조 4항). 이를 특별연장근로라 한다.[48]

원칙적으로 1주에 12시간을 넘는 연장근로는 근로자가 동의를 해도 허용되지 않는다. 그러나 천재지변 등에 의하여 불가피하게 이러한 한도를 넘어서 연장근로를 해야만 하는 특별한 사정이 있는 경우, 고용노동부장관의 사전 인가 또는 사후 승인이라는 요건을 추가하여 한도를 초과한 연장근로를 할 수 있도록 한 것이다.

특별연장근로는 법 53조 1항·2항에서 정한 통상연장근로에 대한 예외이다. 따라서 연소자(법 69조)와 산후 1년이 지나지 않은 여성(법 71조)에게는 특별연장근로를 시킬 수 없다.[49] 임신 중인 여성에 대하여는 법 74조 5항에 따라 연장근로를 시킬 수 없으므로 특별연장근로 역시 불가능하다.[50]

### 2. 요 건

#### 가. 특별한 사정

법문에서는 "특별한 사정"이라고만 하고 있을 뿐이나, 규칙 9조 1항은 고용

48) 김유성, 160면; 하갑래, 402면. 이와 달리 임종률, 450면은 '응급연장(인가연장)'이라 한다.
49) 이에 반대하여 이상윤, 317면·318면·324면은 제도의 취지, 근로자의 동의를 요하는 점, 탄력적 근로시간제에서와 같은 금지규정(법 51조 3항)이 없는 점 등을 이유로 특별연장근로의 적용을 긍정한다. 하갑래, 근로기준법(전정제34판), 중앙경제(2021), 247면은 '특별연장근로가 재난뿐 아니라 업무증가에까지 적용됨을 감안'하여 연소자와 산후 1년이 지나지 않은 여성에 대하여 특별연장근로의 적용을 부정하는 것으로 기존 견해를 변경하였다.
50) 김형배, 451면(18세 이상의 여성에게도 그 적용이 배제된다고 한다); 하갑래, 404면.

노동부장관이 인가할 "특별한 사정"을 (i) 재난 및 안전관리 기본법에 따른 재난[51] 또는 이에 준하는 사고가 발생하여 이를 수습하거나 재난 등의 발생이 예상되어 이를 예방하기 위하여 긴급한 조치가 필요한 경우, (ii) 사람의 생명을 보호하거나 안전을 확보하기 위하여 긴급한 조치가 필요한 경우, (iii) 갑작스런 시설·설비의 장애·고장 등 돌발적인 상황이 발생하여 이를 수습하기 위해 긴급한 조치가 필요한 경우, (iv) 통상적인 경우에 비해 업무량이 대폭적으로 증가한 경우로서 이를 단기간 내에 처리하지 않으면 사업에 중대한 지장을 초래하거나 손해가 발생하는 경우, (v) 소재·부품·장비산업 경쟁력강화를 위한 특별조치법 2조 1호 및 2호에 따른 소재·부품 및 장비의 연구개발 등 연구개발을 하는 경우로서 고용노동부장관이 국가경쟁력 강화 및 국민경제 발전을 위해 필요하다고 인정하는 경우로 구체적으로 정하였다. 이는 종래 "해당 사업 또는 사업장에서 자연재해, 재난 및 안전관리기본법상의 재난 또는 이에 준하는 사고가 발생하여 이를 수습하기 위한 연장근로를 피할 수 없는 경우"로 한정하던 것을 2020. 1. 31. 규칙 개정 당시 실질적으로 확대한 것으로서, 장시간 근로 실태 개선을 어렵게 한다는 비판과 함께 헌법이 정한 근로조건 법정주의 원칙(32조 3항)에 어긋난다는 반론이 있다.[52]

### 나. 고용노동부장관의 사전 인가 또는 사후 승인

특별연장근로를 하기 위하여는 원칙적으로 사전에 고용노동부장관의 인가를 받아야 한다(법 53조 4항 본문). 사태가 급박하여 고용노동부장관의 인가를 받을 시간이 없는 경우에는 사후에 지체 없이 승인을 받아야 한다(법 53조 4항 단서).

사용자가 법 53조 4항에 따라 근로시간을 연장하고자 하거나 이미 연장한 경우에는 사전 인가 또는 사후 승인신청서에 근로자의 동의서 사본 및 근로시

51) 재난 및 안전관리기본법 3조 1호는 재난을 다음과 같이 정의한다.
1. "재난"이란 국민의 생명·신체·재산과 국가에 피해를 주거나 줄 수 있는 것으로서 다음 각 목의 것을 말한다.
가. 자연재난: 태풍, 홍수, 호우, 강풍, 풍랑, 해일, 대설, 한파, 낙뢰, 가뭄, 폭염, 지진, 황사, 조류 대발생, 조수, 화산활동, 소행성·유성체 등 자연우주물체의 추락·충돌, 그 밖에 이에 준하는 자연현상으로 인하여 발생하는 재해
나. 사회재난: 화재·붕괴·폭발·교통사고(항공사고 및 해상사고를 포함한다)·화생방사고·환경오염사고 등으로 인하여 발생하는 대통령령으로 정하는 규모 이상의 피해와 국가핵심기반의 마비, 감염병의 예방 및 관리에 관한 법률에 따른 감염병 또는 가축전염병예방법에 따른 가축전염병의 확산, 미세먼지 저감 및 관리에 관한 특별법에 따른 미세먼지 등으로 인한 피해

52) 임종률, 노동법(제18판), 박영사(2020), 453면.

간 연장의 특별한 사정이 있음을 증명할 수 있는 서류 사본을 첨부하여 관할 지방고용노동관서의 장에게 제출하여야 한다(규칙 9조 2항). 관할 지방고용노동관서의 장은 2항에 따른 인가 또는 승인 신청을 받은 날부터 3일 이내에 신청을 반려하거나 인가서 또는 승인서를 신청인에게 내주어야 한다. 다만, 부득이한 사유로 위 처리기간을 준수하지 못하는 경우에는 신청인에게 그 사유와 예상되는 처리기간을 알려주고 처리기간을 연장할 수 있다(규칙 9조 3항).[53]

### 다. 근로자의 동의

특별한 사정이 있는 경우로서 고용노동부장관의 인가를 받았다고 하더라도 연장근로를 시키기 위하여는 근로자의 동의가 필요하다. 이러한 근로자의 동의는 개별 근로자 본인의 동의를 말한다. 그 주체·방식과 관련하여는, 자연재해 등의 긴급한 구조·수습이 필요한 경우 계속적 신뢰관계라는 근로계약관계의 특성에 비추어 근로자에게 연장근로명령에 따를 협력의무 또는 신의칙상 의무가 있다는 견해가 있고,[54] 통상연장근로에서 합의의 방식에 관해 개별적 동의설을 취하는 견해 중에서도 근로자 본인의 동의가 원칙이지만 사업장의 긴박한 상태에서 근로자의 협력의무를 고려한다면 노동조합의 대표 또는 노사협의회의 합의로도 가능하다는 견해가 있다.[55] 그러나 근로자의 동의가 있었는지 여부를 해석하는 기준이 조금 완화될 수는 있겠지만 법문이 명시적으로 '근로자의 동의'를 요하는 이상 개별적으로 동의하지 않은 근로자에 대해 연장근로를 시킬 수는 없다고 보아야 한다.[56]

## 3. 효과: 12시간을 초과하는 연장근로

위와 같은 요건을 모두 갖춘 경우 사용자는 일반 기준근로시간제(법 53조 1항)와 탄력적·선택적 근로시간제 아래 연장근로(법 53조 2항)의 한도인 1주 12시간을 초과하여 연장근로를 시킬 수 있다.

이때 연장근로시간의 한도는 정해지지 않았으나, 그렇다고 하여 무한정 연

53) 2016. 12. 29. 규칙 개정이유에 따르면, 민원 처리에 대한 예측 가능성을 높이는 등 민원인의 편의를 제고하고자 근로시간 연장 인가 또는 승인 신청 민원의 처리기간을 명확하게 명시하고, 부득이한 사유로 근로시간의 연장 인가 또는 승인 처리기간을 준수하지 못하는 경우에는 신청인에게 그 사유와 예상되는 처리기간을 알려주도록 하였다고 한다.

54) 김유성, 165면; 김형배, 324면·451면; 임종률, 451면.

55) 이병태, 778면.

56) 이상윤, 268면; 하갑래, 403면.

장근로를 시킬 수 있다고 볼 수는 없다. 그 연장근로는 정신적·육체적으로 허용될 수 있는 범위 안이어야 하고, 특별연장근로 제도의 취지상 특별연장근로의 원인이 된 특별한 사정에 대처하기 위하여 필요한 최소한의 범위를 벗어나지 않아야 한다(2020. 1. 31. 개정 규칙 9조 4항, 예컨대 화재가 발생한 경우라면 소화 자체에 필요한 시간에 한정되고 그 뒷마무리나 청소까지 시킬 수 있다는 것은 아니다).[57] 사정의 긴박성이 해소되면 연장근로는 허용되지 않으므로 자연재해 등이 초래한 손실을 보충하기 위한 작업을 위한 연장근로는 시킬 수 없다. 사용자는 특별연장근로에 종사하는 근로자에 대하여 작업의 위험성 등을 감안하여 해당 근로자의 안전과 건강을 확보할 제반조치를 갖추는 등 고도로 안전을 배려할 의무를 진다.[58]

사용자는 특별연장근로를 하는 근로자의 건강 보호를 위하여 건강검진 실시 또는 휴식시간 부여 등 고용노동부장관이 정하는 바에 따라 적절한 조치를 하여야 한다(법 53조 7항).[59][60]

특별연장근로를 한 근로자에 대하여 법 56조 1항에 따른 임금과 가산수당이 지급되어야 함은 물론이다.

---

57) 복구작업의 경우 재해의 사후처리와 달리 특별연장근로 대상에 해당되지 않는다고 보는 것이 일반적이나(김형배, 450면; 이병태, 778면; 임종률, 450면), 사회통념상 기업경영에 필수적으로 필요하다고 인정되는 범위 안에서는 복구작업을 위한 특별연장근로가 가능하다는 견해도 있다(하갑래, 404면).

58) 김유성, 166면.

59) 2021. 1. 5. 법 개정 때 신설된 조항으로, 법 부칙(17862호, 2021 1. 5.) 1조 단서에 따라 공포 후 3개월이 경과한 날부터 시행된다. 한편 2020. 1. 31. 규칙 개정 시 관할 지방고용노동관서의 장이 사용자에게 특별연장근로자의 건강보호를 위해 적절한 조치를 하도록 지도할 수 있도록 규정하였으나(규칙 9조 4항 후단), 위 법 조항이 신설되면서 2021. 4. 5. 규칙 개정 때 삭제되었다.

60) 2021. 4. 1. 고용노동부고시 제2021-29호(시행일 2021. 4. 6.)에 따르면 사용자는 위 조항에 따른 특별연장근로 건강보호조치로서 ① 특별연장근로 시간을 1주 8시간 이내로 운영, ② 근로일 종료 후 다음 근로일 개시 전까지 연속하여 11시간 이상의 휴식시간 부여, ③ 특별연장근로기간에 따른 연속적 휴식시간 부여(1주 미만인 경우 특별연장근로 종료 직후 특별연장근로 시간 만큼, 1주 이상인 경우 1주 단위로 24시간 이상) 중 하나 이상의 조치를 실시하여야 하고, 그 외에도 특별연장근로자의 요청이 있는 경우 해당 근로자가 국민건강보험법에 따른 건강검진기관에서 건강검진을 받을 수 있도록 하여야 하며(특별연장근로기간 시작 전에 해당 근로자에게 건강검진을 받을 수 있다는 사실을 서면 통보), 그 건강검진에 따른 담당 의사의 진료소견이 있으면 휴가의 부여, 근로시간 단축, 야간근로의 제한, 연속 휴식시간 부여, 특별연장근로의 중단, 작업장소의 변경, 작업 전환 등 해당 근로자의 건강을 보호할 수 있는 적절한 조치를 하여야 한다.

### 4. 대휴 명령

고용노동부장관은 특별연장근로에 따른 근로시간의 연장이 부적당하다고 인정하면 그 후 연장시간에 상당하는 휴게시간이나 휴일을 줄 것을 명할 수 있다(법 53조 5항). 특별한 사정이 없었거나 그 수습을 위하여 필요한 범위를 초과한 경우 근로시간 연장이 부적당하다고 인정될 수 있고, 사전 인가를 받은 경우는 물론 사후 승인을 받은 경우에도 적용될 수 있다.[61] '연장시간에 상당하는 휴게 또는 휴일'은 예컨대 8시간 연장근로를 한 경우에는 1일의 휴가를, 8시간 미만의 연장근로를 한 경우 연장근로시간 만큼의 휴식시간을 주는 것으로 해석된다.[62]

### 5. 벌 칙

특별한 사정이 인정되지 않거나, 특별한 사정이 있더라도 고용노동부장관의 인가와 근로자의 동의 없이 12시간의 한도를 초과하여 근로자에게 연장근로를 하게 한 자, 고용노동부장관이 정한 특별연장근로 건강보호조치를 취하지 아니한 자, 고용노동부장관의 대휴 명령을 위반한 자는 2년 이하 징역 또는 2,000만 원 이하의 벌금에 처하고(법 110조 1호·2호), 사태가 급박하여 고용노동부장관의 인가를 받을 시간이 없어 연장근로를 하게 한 후 지체 없이 사후에 고용노동부장관의 승인을 받지 아니한 자는 500만 원 이하의 벌금에 처한다(법 114조 1호).

## Ⅳ. 특례사업 연장근로

법 59조는 공중 생활의 편의를 도모하고자, 일부 운수업과 보건업에 한하여 근로자대표와의 서면 합의로 법 53조 1항에서 정한 연장근로의 한도인 1주 12시간을 초과하여 연장근로를 할 수 있게 하였다. 자세한 내용은 법 59조에 대한 해설 참조.

[이 정 한·김 진·고 종 완]

---

61) 임종률, 451면.
62) 이병태, 779면.

## 제54조(휴게)

① 사용자는 근로시간이 4시간인 경우에는 30분 이상, 8시간인 경우에는 1시간 이상의 휴게시간을 근로시간 도중에 주어야 한다.

② 휴게시간은 근로자가 자유롭게 이용할 수 있다.

〈세 목 차〉



[참고문헌]

**강성태**, "휴게시간의 의의", 노동법연구 5호, 서울대학교 노동법연구회(1996); **김진**, "휴게시간 중에 매점에 가는 도중 재해가 업무상 재해인지", 2000 노동판례비평, 민주사회를 위한 변호사모임(2001); **박종태**, "휴게시간 중 사고의 업무상 재해 인정기준 검토", 노동법률 314호, 중앙경제(2017. 7.); **조연민**, "경비노동자 가면휴게시간의 근로시간 해당성", 2017 노동판례비평, 민주사회를 위한 변호사모임(2018).

## Ⅰ. 휴게의 의의

장시간 근로에서 근로자의 건강을 보호함과 동시에 근로자가 시민으로 생활하기에 필요한 자유시간을 확보하기 위한 제도로, 법은 '휴게(54조)'와 '휴일(55조)', 그리고 '휴가(60조, 61조, 62조)'를 나누어 정하고 있다.

휴게시간은 특정일(근로일)의 계속된 근로로부터 근로자의 건강을 보호하는 것과 자유로운 시간 보장을 목적으로 한다.[1)] 우리 법은 1953. 5. 10. 법 제정 때부터 적용 대상자의 제한 없이 모든 근로자들의 최소한의 휴게시간을 보장하고

1) 휴게시간이나 주휴일은 장시간 노동으로 육체적 · 정신적 피로가 누적된 근로자의 생리적인 회복을 주목적으로 한다(헌재 2015. 5. 28. 선고 2013헌마619 결정). 이와 관련하여 휴게시간의 목적을 '피로회복'의 측면으로만 보는 것은 지나치게 협소하다는 비판론이 있고, 특히 자유이용의 원칙과 관련하여 휴게시간의 개념 중 지휘명령으로부터의 해방과 자유이용을 같은 개념으로 보는지에 관한 차이가 문제된다고 한다(강성태, 39면).

있으나,[2] 그 '질적 보호'[3]라고 할 수 있는 자유 이용의 원칙에 관해서는 구체적인 기준을 두지 않았다.

휴게시간은 사용자의 작업에 관한 지휘·감독의 속박으로부터 완전히 벗어나는 것이므로 현실적으로 작업은 하고 있지 않지만 조속한 시간 내에 근무에 임할 것이 예상되거나 사용자로부터 언제 근로의 요구가 있을지 불분명한 상태에서 근로의 요구를 기다리는 '대기시간'과 구별된다. 2012. 2. 1. 신설된 법 50조 3항은 '작업을 위하여 근로자가 사용자의 지휘·감독 아래에 있는 대기시간 등은 근로시간으로 본다'라고 정하고 있다. 이는 사용자의 지휘·감독 아래에 있는 시간은 근로시간에 해당한다는 점을 주의적으로 규정한 것으로 해석된다.

소정의 휴게시간을 식사시간으로 사용하게 하는 것은 무방하다. 판례도 작업 도중에 1시간의 식사시간을 부여하면 별도의 휴게시간을 주지 않아도 된다고 하고 있으며,[4] 실제 별도 휴게시간 없이 점심 식사시간을 주는 것이 보통이다.

한편, '휴게'의 개념에 관하여 법에 명시적인 규정은 없으나, 휴게시간이 근로시간에서 제외된다는 법 50조 1항, 근로시간 도중에 휴게시간을 주어야 한다고 하는 법 54조 1항, 휴게시간의 자유 이용을 규정한 같은 조 2항의 규정 등에 비추어 볼 때, 휴게시간은 "근로시간의 도중에 사용자의 지휘명령으로부터 완전히 해방되어 근로자가 자유로이 이용할 수 있는 시간"이라고 정의할 수 있다.[5] 따라서 근로자가 작업시간 도중에 실제로 작업에 종사하지 않은 시간이라 하더라도 근로자에게 자유로운 이용이 보장된 것이 아니라 실질적으로 사용자의 지휘·감독을 받고 있는 시간이라면 근로시간에 포함된다.[6]

---

2) 입법례 중에는 특정 부류의 근로자(가령 특수직종 근로자나 여자 근로자 또는 연소 근로자)만을 대상으로 하는 방식(ILO, 영국, 프랑스)이 있는가 하면, 미국의 뉴욕주 법에서는 공장에서는 60분, 그 외의 사업장에서는 45분 이상의 식사시간을 주도록 규정하기도 한다(강성태, 35면).

3) 최근 노동시간에 대한 규제가 양적 규제에서 질적 규제로 전화하고 있다는 점에 관해서는 注釋(下), 575~576면.

4) 대법원 1994. 3. 8. 선고 93다32408 판결.

5) 대법원 1992. 4. 14. 선고 91다20548 판결, 대법원 1993. 5. 27. 선고 92다24509 판결, 대법원 2006. 11. 23. 선고 2006다41990 판결; 이병태, 799면.

6) 필요업무를 마쳤을 경우 휴식을 취하거나 시험 준비 등 개인 용무를 처리할 수 있는 비교적 자유로운 시간이 주어졌다고 볼 수 있는 고시원 총무에게 법상 휴게시간이 부여되었다고 볼 수 있는지 여부가 쟁점이 된 사건에서, 2심은 ① 휴게시간으로 사용할 수 있는 구체적 시간이 미리 정해져 있지 않았던 점, ② 총무로서의 업무를 처리하기 위해서는 고시원을 벗어나지 않고 자리를 지키고 있어야 하고, 실제로도 근무장소를 쉽게 이탈하지 못하였던 점, ③ 돌발적인 업무지시가 있었던 점 등을 근거로 총무가 특별한 업무가 없어 휴식을 취하거나

대법원 2017. 12. 5. 선고 2014다74254 판결은, 초등학교 등의 숙직전담 경비원이 고용계약에서 정한 휴게시간을 근로시간으로 보아야 하는지가 쟁점이 된 사안에서 '근로계약에서 휴식시간을 정해 둔 경우 그 시간이 근로시간에 속하는지 아니면 휴게시간에 속하는지에 대해, 특정 업종이나 업무의 종류에 따라 일률적으로 판단할 것이 아니고, 근로계약의 내용이나 해당 사업장에 적용되는 취업규칙과 단체협약의 규정, 근로자가 제공하는 업무의 내용과 해당 사업장에서의 구체적 업무 방식, 휴게 중인 근로자에 대한 사용자의 간섭이나 감독 여부, 자유롭게 이용할 수 있는 휴게 장소의 구비 여부, 그 밖에 근로자의 실질적 휴식을 방해하거나 사용자의 지휘·감독을 인정할 만한 사정이 있는지와 그 정도 등 여러 사정을 종합하여 개별 사안에 따라 구체적으로 판단하여야 한다'고 보면서, 해당 경비원이 근로계약서에 정한 휴게시간은 근로시간이 아니라고 판단하였다. 해당 사안과 비슷한 형태로 근무하는 감시·단속적 근로자의 경우에는 업무의 특성상 수면시간을 포함한 휴게시간에도 퇴근하지 않고 일정한 장소(경비실 등)에 머무를 것이 요구되는 경우가 많고, 휴게시간 중의 돌발적인 상황에 대처할 것이 요구되기도 하지만 업무의 특성상 휴게시간에 필요최소한의 범위에서 장소적 제한이 있거나 잠재적 업무의 가능성이 있다고 하여 곧바로 휴게시간에서 제외하지 않는 입장이라고 할 수 있다. 동 판결은 원고의 청구를 기각하는 근거로 해당 사건 원고가 감시적 업무에 종사하였다는 점을 들었는데, 이에 대해 감시적 근로자라고 하여 근로시간 해당 여부에 관한 판단기준이나 강도가 일반 근로자와 달라야 한다는 결론이 도출된 것은 부당하다는 비판이 있다.[7)]

위 판결 이후 대법원은 버스 운전 근로자들의 이른바 대기시간(배차와 배차 사이의 시간)을 휴게시간으로 정해 둔 경우, 해당 대기시간이 모두 근로시간에 해당하는지가 쟁점이 된 사건들에서 동일한 판시를 반복하면서 구체적인 사실관계에 따라 대기시간이 휴게시간에 해당하는지 여부를 판단하였다.[8)]

---

공부를 하는 등으로 시간을 보냈다고 하더라도, 그 시간은 사용자의 지휘명령으로부터 완전히 해방되고 자유로운 이용이 보장되는 휴게시간이 아니라 근로를 위한 대기시간에 해당한다고 보아 휴게시간 미부여의 점을 유죄로 인정하였고, 대법원은 피고인의 상고를 기각하였다(대법원 2017. 11. 14. 선고 2017도10554 판결).

7) 조연민, 87~88면.

8) 대법원 2018. 6. 28. 선고 2013다28926 판결, 대법원 2018. 7. 12. 선고 2013다60807 판결, 대법원 2018. 7. 12. 선고 2014다11208 판결, 대법원 2018. 7. 12. 선고 2015다223862 판결, 대법원 2018. 9. 13. 선고 2016다254009 판결, 대법원 2018. 9. 13. 선고 2018다22589 판결, 대법원 2018. 9. 28. 선고 2017다53210 판결, 대법원 2021. 8. 12. 선고 2019다266485 판결.

## Ⅱ. 휴게시간의 길이

법 54조 1항은 근로시간이 4시간인 경우에는 30분 이상, 8시간인 경우에는 1시간 이상의 휴게시간을 근로시간 도중에 주어야 한다고 규정하고 있다.

근로시간이 4시간을 넘으나 8시간에 미치지 못하는 경우 30분의 휴게시간만 부여하면 되는지,[9] 4시간당 30분의 비율에 의하여 휴게시간을 부여하여야 하는지(예를 들어 6시간 경우에는 45분)가 명확하지 않다. 법문에서는 단순히 4시간에 30분, 8시간에 1시간만 부여하면 족한 것으로 규정하고 있으며 이에 대하여 처벌 규정(법 110조)까지 두고 있으므로, 이를 유추하여 시간당 비례에 의한 것으로 해석하기는 무리가 있어 보인다.

반면 근로시간이 8시간을 초과하는 경우에는 휴게시간을 얼마나 주어야 하는지에 관하여는 근기법에 정해져 있지 않으므로 1시간 이상의 휴게시간을 주면 되고, 8시간을 초과하는 4시간마다 30분 이상의 휴게시간을 추가로 주어야 하는 것은 아니라는 견해가 있다.[10] 그러나 1일 8시간을 초과하는 근로는 원칙적으로 연장근로에 해당하고 연장근로의 경우에는 피로의 정도가 더욱 가중되므로 연장근로시간이 4시간이 될 때마다 30분 이상의 휴게시간을 주어야 하는 것으로 해석함이 타당하다.[11]

법에서는 휴게시간의 최저기준만을 규정하고 있을 뿐 최장시간을 규제하고 있지는 않으므로 법정 시간 이상의 상당히 긴 시간을 휴게시간으로 부여하더라도 무방하다. 다만, 긴 시간을 휴게시간으로 설정하면 출근과 퇴근 사이의 시간이 지나치게 길어지기 때문에 퇴근 이후의 연속 휴식이 제대로 보장되지 못하여 근로자의 인간다운 생활이 침해될 우려가 있다. 또한 휴게시간의 자유 이용이 보장되어 있다고 하더라도, 휴게시간 이후의 근로제공을 위해 실질적으로는 사업장이나 인근에서 체류할 수밖에 없는 경우도 적지 않다. 따라서 이를 일정 정도 제한할 필요성이 있다.

장시간의 휴게 제도가 유효하기 위해서는 기후·작업 조건·업무의 성격 등

9) 이병태, 812면.
10) 임종률, 460면.
11) 일본(6시간에 45분, 8시간에 1시간)에서는 변형근로 시간제를 택하여 1일 16시간 격일 근무를 하는 경우 1시간의 휴게시간을 주면 된다는 견해가 있으나[注釋(下), 577면], 우리 학설 중에는 이러한 견해는 없다(김유성, 177면; 김지형, 412면).

을 고려하여 사회통념상 그 필요성과 객관적인 타당성이 있어야 하고, 단체협약·취업규칙 등에 의하여 미리 정해져 있어야 하며, 근로자가 근로의 제공으로부터 완전히 이탈하여 휴게시간을 자유로이 이용할 수 있도록 보장되어야 하고, 실질적인 휴식이 가능하도록 필요한 조치가 행해져야 한다는 해석이 있다.[12)]

## Ⅲ. 휴게시간의 배치

법 54조 1항은 "휴게시간을 근로시간 도중에 주어야 한다"고 하므로, 시업시각 이전이나 종업 시각 이후에 휴게시간을 부여할 수 없다. 법은 이렇게 휴게시간을 근로시간 도중에 주어야 한다고만 하고 있을 뿐, 그 구체적인 부여 방식[13)]과 배치에 관하여는 아무런 정함이 없다. 따라서 어느 시간대에 휴게를 배치하는가는 원칙적으로 사용자의 재량에 속하고, 30분 또는 1시간을 일괄하여 줄 수도 있고 나누어 주어도 된다.

그러나 실질적으로 휴게가 이루어질 수 없는 짧은 시간을 나누어 주는 것은 휴게시간을 부여한 취지에 반하고 실제로 근로시간과의 구별이 어려워지므로 허용될 수 없다.[14)] 그리고 취업규칙, 단체협약, 근로계약이나 관행 등에 의해 특정되어 있는 경우에는 사용자는 그 시간을 휴게시간으로 주어야 하고 일방적으로 변경할 수 없다.

## Ⅳ. 휴게시간 자유 이용의 원칙

휴게시간은 근로자가 자유롭게 이용할 수 있다(법 54조 2항). 이를 휴게시간 자유 이용의 원칙이라 한다. 근로자는 근로계약에서 정해진 시간 동안만 사용자에게 근로를 제공할 의무를 부담할 뿐이고 휴게시간은 근로시간에 포함되지 않

12) 근기 01254-1344, 법무 811-5124; 하갑래, 374면.

13) 일본 노동기준법 34조 2항은 휴게 부여 의무의 감독상 편의와 휴게의 충분한 보장을 위하여 "전항의 휴게시간은 일제히 부여해야 한다"고 하여 이른바 일제 부여의 원칙을 정하고 있으나, 우리 법에는 이러한 제한이 없다. 근로자가 상사나 동료의 눈치를 보지 않고 완전하게 휴게시간을 이용할 수 있도록 함과 동시에 부차적으로는 휴게시간에 대한 감독의 철저를 기할 수 있는 효과가 있다면서 우리 법에도 이를 도입해야 한다는 주장이 있다(강성태, 52면).

14) 1992. 6. 22. 근기 01254-884. 임종률, 460면은 휴게시간을 자유이용이 불가능할 정도로 미세하게(5분, 10분 등) 분할하여서는 안된다고 한다.

는 사용자의 구속에서 완전히 벗어난 자유로운 시간이다(법 50조).

휴게의 목적과 관련하여 피로의 회복만을 강조하는 입장에서는 휴게시간의 자유 이용이란 피로 회복의 범위에서 자유로운 이용이면 충족되기 때문에 그 밖의 목적을 위한 근로자의 활동을 제한하는 것은 가능하다고 보게 되지만, 피로의 회복 이외에 직장에서의 사회적·문화적 생활을 영위하기 위한 자유시간 확보의 목적도 있다는 점을 강조하게 되면 휴게시간의 자유 이용이란 본래 근로자가 선택한 행위를 할 수 있는 자유를 의미하는 것이기 때문에 이에 대한 제한은 원칙적으로 허용되지 않는다고 보게 된다.

### 1. 기본 원칙

휴게시간의 자유 이용이란 근로자가 선택한 여러 가지 행위를 할 수 있다는 것을 의미하므로, 이에 대한 제한은 원칙적으로 허용되어서는 안 되고 예외적으로만 허용된다. 그러나 한편으로 근로자가 자신의 휴게시간을 자유롭게 사용할 수 있다고 하여 그것이 사용자의 권리나 다른 근로자의 권리를 훼손할 수 있다는 것을 의미하지는 않기 때문에, 사용자의 시설관리권,[15] 기업질서 유지권을 침해하거나 다른 근로자의 작업, 휴게시간이 끝난 뒤 활동 재개를 위해 필요한 질서를 침해해서도 안 될 것이다.[16]

따라서 관건은 아래와 같은 '사업장의 질서 유지를 위한 적법한 복무 규율'에 의한 제약을 어디까지 인정할 것인가 하는 점에 있으며, 이는 일반적으로 자유 이용 제약의 합리성(목적의 정당성, 수단의 적합성, 목적과 수단 사이의 비례성)에 관한 문제라고 말할 수 있다. 주로 문제되는 몇 가지 경우를 본다.

### 2. 외출·체육 활동

취업규칙 등에서 휴게시간 중 근로자의 외출을 허가제 등으로 제한하는 경

---

15) 박홍규, 361면은 시설관리권의 본질은 물리적 관리이므로, 휴게 중의 근로자가 기업시설의 배치를 왜곡하거나 그 효능을 손상시키는 등 물리적인 손괴를 가하여 업무개시에 구체적인 지장을 초래하는 것은 허용될 수 없겠으나, 직장규율의 경우와는 달리 시설관리권을 침해할 우려가 있다는 것만으로도 근로자의 행동에 제약이 가해질 여지가 있고, 따라서 이러한 사전의 규제가 유효하기 위해서는 특정한 행동과 기업시설에 대한 침해가 과학적으로 또는 경험적으로 충분히 연결되는 것이어야 하며, 지극히 불확실한 가능성의 존재만을 이유로 하여 규제의 근거로 삼을 수는 없다고 한다.

16) 김지형, 414~415면.

우가 있다. 기업 활동의 원활한 수행, 휴게 종료 후 작업 재개, 종업원에 대한 관리라는 규제의 목적 자체는 정당하다고 할 수 있으나, 목적 달성을 위한 수단으로 '허가제'가 적법한 것인지 문제이다. 외출하여 늦게 들어옴으로써 작업 재개에 문제가 생긴다면 이를 별도의 징계 사유로 삼는 것은 별론으로 하고, 근로자를 휴게시간 동안 사업장 안에만 있도록 제한하는 것은 휴게시간 자유 이용의 원칙에 정면으로 반하는 것으로서 과도한 제한으로서 위법하다.[17)]

같은 이유에서 작업에 지장을 줄 것이 명백할 정도로 과격한 것이 아닌 이상, 체육 활동을 금지하는 것도 허용되지 않는다.[18)]

### 3. 정치 활동 · 조합 활동

취업규칙 등에 '사업장 내 정치 활동의 금지(제한) 규정'을 두는 경우 이것이 휴게시간에도 적용되는지 문제된다. 휴게시간 자유 이용 원칙에 비추어 볼 때 정치 활동이나 조합 활동을 다른 활동보다 더 제한할 이유는 없으므로,[19)] 기업 시설의 관리나 기업 질서를 해칠 실질적인 위험성이 없는 경우에는 제한할 수 없다. 정치 활동의 제한을 더 엄격하게 파악하는 견해도 있다. 이에 따르면, 정치 활동의 자유는 헌법상 보장된 기본적 인권이며 사인 간에서도 그것을 제한하거나 금지해야 할 합리적인 이유가 없는 한 최대한 존중되어야 하고 그것을 제한하거나 금지하는 것은 헌법에 위반되어 무효가 된다고 한다.[20)]

### 4. 유인물 배포

단체협약이나 취업규칙 등에 유인물 배포에 관해 허가제를 채택하는 등 제한을 두었다 하더라도 유인물 배포가 허용되는지 여부는 허가 유무만으로 판단할 것은 아니고 유인물 내용이나 배포 방법 등 여러 사정을 고려하여 판단해야 한다. 특히 취업 시간이 아닌 주간의 휴게시간 중의 배포는 다른 근로자의 작업에 나쁜 영향을 미치거나 휴게시간의 자유로운 이용을 방해하거나 구체적으로 직장 질서를 문란하게 하는 것이 아닌 한 허가를 얻지 아니하였다는 이유만으

17) 김유성, 176면; 김지형, 417면; 박홍규, 360면; 이병태, 814면. 반면 임종률, 460~461면은 직장질서나 시설관리를 위하여 필요한 최소한의 제한조치라고 하면서 외출신고제, 객관적 기준에 의한 외출허가제는 허용된다는 입장이다.

18) 김지형, 418면.

19) 김유성, 176면.

20) 박홍규, 361면.

로 정당성을 잃는다고 할 수 없다.[21]

### 5. 부 업

휴게시간 중 부업을 금지하는 것은 원칙적으로 휴게시간 자유 이용 원칙에 대한 제약으로 허용되지 않는다.[22] 다만, 가연성이 있는 물질이 쌓여 있는 작업장 안에서 화력을 사용하여 부업을 하는 경우와 같이, 내용에 비추어 부업에 종사하는 것이 기업 시설 관리나 기업 활동의 원활한 수행을 방해할 염려가 있는 경우에는 이를 금지하거나 허가제로 하는 것이 허용된다.[23]

## Ⅴ. 휴게시간 중 재해

휴게시간 중에는 근로자에게 자유 행동이 허용되므로 통상 이 시간은 사업주의 지배·관리 하에 있는 시간이라 할 수 없다. 따라서 근로자가 휴게시간 중에 사업장 내 시설을 이용하여 어떠한 행위를 하다가 부상을 입은 경우 원칙적으로 업무상 재해라고 할 수 없으나, 한편 휴게시간 중의 근로자의 행위는 휴게시간 종료 후의 노무 제공과 관련되어 있으므로, 근로자의 휴게시간 중의 행위가 당해 근로자의 본래의 업무 행위 또는 그 업무의 준비 행위 내지 정리 행위, 사회통념상 그에 수반되는 것으로 인정되는 생리적 행위 또는 합리적·필요적 행위라는 등 그 행위 과정이 사업주의 지배·관리하에 있다고 볼 수 있는 경우에는 업무상 재해로 인정하여야 한다.[24]

---

21) 대법원 1988. 10. 11. 선고 87누147 판결, 대법원 1991. 11. 12. 선고 91누4164 판결; 임종률 461면.

22) 김지형, 417면.

23) 김지형, 416면.

24) 대법원 1996. 8. 23. 선고 95누14633 판결, 대법원 2000. 4. 25. 선고 2000다2023 판결. 2008. 7. 1. 노동부령 304호로 전부 개정되기 전의 구 산재법 시행규칙 35조의2는 '근기법 54조에 따라 사업주가 근로자에게 제공한 휴게시간 중에 사업장 내에서 사회통념상 휴게시간 중에 할 수 있다고 인정되는 행위로 인하여 발생한 사고로 사상한 경우에는 이를 업무상 재해로 본다. 다만, 취업규칙 등을 위반하거나, 고의·자해 및 범죄행위 또는 그것이 원인이 되어 사상한 경우에는 그러하지 아니하다.'라고 정하고 있었다. 이에 대해 대법원은 이 규정은 행정기관 내부의 준칙을 규정한 것에 불과하므로 휴게시간 중의 행위로 근로자가 사망한 경우 그 사망이 업무상 재해에 해당하는지 여부는 사업장 내외를 불문하고 그 행위 과정이 사업주의 지배·관리하에 있다고 볼 수 있는가에 달려 있다고 판단하였다(대법원 2004. 12. 24. 선고 2004두6549 판결). 현행 산재법은 휴게시간 중 사업주의 지배관리하에 있다고 볼 수 있는 행위로 발생한 사고를 업무상 사고의 하나로 규정하고 있다(37조 1항 1호 마).

대법원은 근로자가 휴게시간에 구내 매점에 가다가 제품 하치장에서 교통사고를 당한 경우나, 사업주의 허락하에 평소와 같이 자기 집에 가서 점심식사를 하고 사업장에 복귀하던 중 사업장 밖에서 넘어지는 사고를 당한 경우, 동료들과 함께 점심식사를 하기 위해 오토바이를 타고 이동하던 중 교통사고를 당한 경우 등은 업무상 재해라고 볼 수 있으나,[25] 평소 점심시간에 사무실에서 식사를 하던 근로자가 외출하여 친척들과 자택에서 식사를 하고 돌아오던 중 사고를 당한 사안에서 점심시간을 이용한 근로자의 임의적 개인적인 외출행위 도중에 발생한 재해는 사업주의 지배·관리하에서 벗어났으므로 업무상 재해가 아니고,[26] 휴게시간 중 노동조합 대의원들끼리 친선 경기를 하는 중에 입은 부상은 그것이 회사가 관리하는 사업장 내 축구장에서 이루어졌다고 하더라도 회사의 지배·관리하에 있다고 볼 수 없으므로 위 부상이 업무상 재해가 아니라고 한다.[27]

## Ⅵ. 휴게시간의 특례

통계법 22조 1항에 따라 통계청장이 고시하는 산업에 관한 표준의 중분류 또는 소분류 중 (i) 육상운송 및 파이프라인 운송업, 다만 여객자동차 운수사업법 3조 1항 1호에 따른 노선 여객자동차운송사업은 제외, (ii) 수상운송업, (iii) 항공운송업, (iv) 기타 운송관련 서비스업, (v) 보건업에 대하여 사용자가 근로자대표와 서면으로 합의한 경우에는 53조 1항에 따른 주 12시간을 초과하여 연장근로를 하게 하거나 54조에 따른 휴게시간을 변경할 수 있다(법 59조 1항).

---

25) 대법원 2000. 4. 25. 선고 2000다2023 판결, 대법원 2004. 12. 24. 선고 2004두6549 판결, 대법원 2005. 10. 28. 선고 2005두6423 판결.

26) 대법원 2003. 10. 10. 선고 2003두7385 판결.

27) 대법원 1996. 8. 23. 선고 95누14633 판결. 이에 대하여는 휴게시간이 사용자의 지배에서 해방된 자유로운 시간이고 원칙적으로 사적 행동의 자유가 인정되는 시간인 동시에, 다른 한편으로 휴게시간에 근로자가 기업 내에 머무르는 경우에는 시설의 관리를 매개로 사용자의 간접 지배를 받게 되고, 휴게종료 후에는 계속적인 작업이 예정되어 있으며, 사용자는 근로시간이 4시간인 경우에는 30분 이상, 8시간인 경우에는 1시간 이상의 휴게시간을 근로시간 도중에 주어야 하는 법적 의무(법 54조 1항)가 있어 통상적·법률적으로 업무에 접착되어 있고, 실제로 휴게시간은 그 이전과 이후의 노무제공과 관련되어 준비행위·정리행위 또는 생리적 행위에 쓰이는 경우가 많아 '업무에 수반되는 행위'를 하는 것이 보통이라는 이중적인 성격이 있으므로, 휴게시간 중 일어나는 재해를 업무상 재해로 인정할 것인가의 문제는 이러한 휴게시간의 특수성을 고려하면서 동시에 근기법상의 재해보상 또는 산재보험의 본질과 취지에 비추어 검토되어야 할 것이라는 이유를 들어 비판적으로 보는 견해가 있다(김진, 161면).

여기서 '휴게시간을 변경할 수 있다'는 것을, 휴게시간을 안 주어도 될 것처럼 해석할 수 있다. 하지만 이러한 무제한 확장 해석은 근로자의 건강과 안전을 위해 휴게시간을 둔 법 취지에 반하므로 최소한의 제한을 두는 것이 필요하다.

한편 1항의 경우 사용자는 근로일 종료 후 다음 근로일 개시 전까지 근로자에게 연속하여 11시간 이상의 휴식시간을 주어야 한다(2항). 지나친 장시간 근로를 방지하기 위해 2018. 3. 20. 법 개정으로 일간 휴식제도를 도입한 것이다. 제 2 항이 "제 1 항의 경우"라고 한 의미에 대해, 고용노동부는 특례업종에 해당하기만 하면 일간 휴식제도가 적용되는 것이 아니라, 1항의 특례제도를 도입한 경우에 한하여 적용된다는 뜻이라고 해석한다.

자세한 내용은 법 59조에 대한 해설 참조.

## Ⅶ. 벌 칙

사용자가 법 54조에 따라 근로자에게 휴게시간을 주지 않은 경우에는 2년 이하의 징역 또는 2,000만 원 이하의 벌금에 처한다(법 110조 1호). 휴게시간을 전혀 주지 않은 경우는 물론이고, 4시간 근로에 30분, 8시간 근로에 1시간의 휴게시간을 제대로 주지 않은 경우, 휴게시간을 근로자로 하여금 자유롭게 이용하지 못하게 한 경우 또한 법 위반이다.

[이 정 한 · 김 진 · 여 연 심]

第55조(휴일)

① 사용자는 근로자에게 1주에 평균 1회 이상의 유급휴일을 보장하여야 한다.

② 사용자는 근로자에게 대통령령으로 정하는 휴일을 유급으로 보장하여야 한다. 다만, 근로자대표와 서면으로 합의한 경우 특정한 근로일로 대체할 수 있다.

부칙〈제15513호, 2018. 3. 20.〉

제 1 조(시행일) ④ 제55조 제 2 항의 개정규정은 다음 각 호의 구분에 따른 날부터 시행한다.

1. 상시 300명 이상의 근로자를 사용하는 사업 또는 사업장, 「공공기관의 운영에 관한 법률」 제4조에 따른 공공기관, 「지방공기업법」 제49조 및 같은 법 제76조에 따른 지방공사 및 지방공단, 국가·지방자치단체 또는 정부투자기관이 자본금의 2분의 1 이상을 출자하거나 기본재산의 2분의 1 이상을 출연한 기관·단체와 그 기관·단체가 자본금의 2분의 1 이상을 출자하거나 기본재산의 2분의 1 이상을 출연한 기관·단체, 국가 및 지방자치단체의 기관: 2020년 1월 1일
2. 상시 30명 이상 300명 미만의 근로자를 사용하는 사업 또는 사업장: 2021년 1월 1일
3. 상시 5인 이상 30명 미만의 근로자를 사용하는 사업 또는 사업장: 2022년 1월 1일

영 제30조(휴일) ① 법 제55조 제1항에 따른 유급휴일은 1주 동안의 소정근로일을 개근한 자에게 주어야 한다.

② 법 제55조 제2항 본문에서 "대통령령으로 정하는 휴일"이란 「관공서의 공휴일에 관한 규정」 제2조 각 호(제1호는 제외한다)에 따른 공휴일 및 같은 영 제3조에 따른 대체공휴일을 말한다.

〈세 목 차〉

[참고문헌]
강성태a, "근로기준법상 휴일과 연차휴가에 관한 소고", 사법 34호, 사법발전재단(2015. 12.); 강성태b, "근로기준법상 휴식 제도의 개정", 노동법연구 41호, 서울대학교 노동법연구회(2016. 9.); 권오성, "최저임금과 주휴수당", 노동리뷰 162호, 한국노동연구원(2018. 9.); 김기덕, "주휴일 임금과 통상임금의 산정", 노동과 법 6호 통상임금, 금속법률원(2006), 박순영, "쟁의행위 기간 중 포함된 유급휴일에 대한 임금의 지급 여부", 대법원판례해설 81호, 법원도서관(2010); 박재필, "각급 학교에서 숙직업무를 전담하는 기능직공무원인 방호원들에게 지방공무원수당규정상의 야간·휴일근로수당을 지급하여야 하는지 여부 및 적법한 휴일대체가 있는 경우까지 휴일근로수당을 지급하여야 하는지 여부", 대법원판례해설 35호, 법원도서관(2001); 고용노동부, 근로시간 단축, 특례업종 축소, 공휴일 민간 적용 관련 개정 근로기준법 설명자료(2018. 5.); 고용노동부, 개정 근로기준법 시행지침(2003. 12.); 이원희, "서울시 지하철노조 파업의 노동법상 문제: 준법투쟁을 중심으로", 노동법학 9호, 한국노동법학회(1999); 임순명, "격일제 근무와 주휴수당", 대법원판례해설 12호, 법원행정처(1990); 고용노동부, 근로자의 날 관련 근로기준법 적용지침(임금근로시간정책팀-3356, 2007. 11. 13); 정인섭, 쟁의행위의 개념, 서울대학교 대학원 박사학위논문(1997); 하갑래a, "휴일제도에 있어 근로조건 자율결정의 원칙과 한계", 노동법연구 27호, 서울대학교 노동법연구회(2009).

## Ⅰ. 휴일제도 개관

### 1. 휴일의 의의

근기법이나 그 밖의 법령은 휴일의 개념을 정의하지 않고 있다.

근기법 등은 '근로일'이라는 용어를 사용하고 있다. 예를 들어 3개월 단위의 탄력적 근로시간제의 서면합의 사항으로 '단위기간의 근로일과 그 근로일별 근로시간'이 있다(법 51조 2항 3호). 이는 '당사자가 근로하기로 정한 날' 즉 '소정근로일'이라고 이해된다.

따라서 휴일은 일단 '소정근로일이 아닌 날' 이거나, '소정근로일이 아닌 날' 중 일부라고 할 수 있다. 구체적으로는 "근로의무가 없는 날",[1] "사용자의 지휘·명령으로부터 완전히 벗어나는 날로서, 계약상 애초부터 근로의무가 없는 날",[2] "사업장의 근로자 전체 또는 일부가 근로를 하지 않기로 미리 정해진 날",[3] "근

1) 김유성, 178~179면. 근로의무가 없는 날 전부가 휴일이라는 뜻은 아니고, 휴일과 휴가, 휴업일 등은 근로의무가 없는 날이라고 설명한다.
2) 김형배, 465면.

로기준법에 의하여 사용자의 지휘감독에 의한 근로로부터 해방되는 날",[4] "사용자의 지휘·명령으로부터 완전히 벗어나 근로를 제공하지 아니하는 날",[5] "계속적인 근로관계에서 벗어나 단체협약 또는 취업규칙이 정하는 바에 따라 근로제공 의무가 없는 날",[6] "취업규칙·근로계약 등에 따라 근로의 의무가 없는 것으로 정해진 날"[7] 등 개념 정의가 다양하다. 판례는 휴일에 대해 사용자의 지휘명령으로부터 완전히 벗어나 근로를 제공하지 아니하는 날을 말하는 것으로, 오늘날 근로기준법상의 휴일제도는 연속된 근로에서의 근로자의 피로회복과 건강회복 및 여가의 활용을 통한 인간으로서의 사회적·문화적 생활의 향유를 위하여 마련된 것이라고 한다.[8]

## 2. 법정휴일과 약정휴일

휴일은 사용자에게 법적으로 부여할 의무가 강제되는지에 따라 법정휴일과 약정휴일로 구분할 수 있다. 법률에 따라 정해진 휴일이 법정휴일, 단체협약, 취업규칙, 근로계약, 관행 등에 따라 정해진 휴일이 약정휴일이라고 할 수 있다.

종래 법정휴일은 주휴일과 근로자의 날(근로자의 날 제정에 관한 법률)뿐이었다. 2018. 3. 20. 개정 법은 대통령령으로 정하는 휴일을 유급으로 보장하도록 하는 55조 2항을 신설하여 법정휴일의 범위를 대폭 확대하였다. 영 30조 2항은 관공서의 공휴일에 관한 규정 2조 2호 내지 11호의 공휴일과 3조의 대체공휴일을 휴일로 정하고 있다. 법 55조 2항은 상시사용 근로자 숫자 등에 따라 2020. 1. 1.부터 순차적으로 시행된다.

약정휴일은 사업장마다 달리 정할 수 있다. 법 55조 2항이 신설되기 전에도 명절 등 공휴일을 약정휴일로 정한 사업장이 적지 않았다. 공휴일 외에 회사창립기념일이나 노동조합 창립기념일 등을 휴일로 정하는 경우도 있다. 약정휴일을 부여할 것인지와 유급으로 할 것인지 등은 원칙적으로 근로자와 사용자가 자율적으로 결정할 사항이다.

법정휴일은 법률에 따라 유급으로 정해져 있으므로 사용자는 법률이 정한

3) 임종률, 461면.
4) 김지형, 420면.
5) 이상윤, 294면.
6) 이병태, 804면.
7) 하갑래, 472~473면.
8) 대법원 2009. 12. 24. 선고 2007다73277 판결.

기준을 하회하는 휴일수당을 지급할 수 없다. 법정휴일에 근무를 하지 않더라도 근무를 한 것으로 간주하여 지급되는 임금인 휴일수당은 그 성질상 통상임금을 기초로 산정해야 하므로, 통상임금에 포함되어야 할 각종 수당을 제외하고 휴일수당을 산정하도록 하는 임금협정 등은 무효이다. 반면 약정휴일은 당사자의 약정에 따라 휴일수당을 정할 수 있고, 무급으로 정할 수도 있다. 약정휴일에 대해 휴일수당을 지급하기로 했다면 그 수당은 약정수당의 성격을 가지기 때문에 통상임금에 해당하는 각종 수당을 제외하고 휴일수당을 산정하도록 하는 임금협정 등은 유효하다.[9]

법정휴일에 근로를 제공하는 경우 법 56조에 따라 휴일근로수당을 지급해야 한다. 대법원은 법정공휴일이 단체협약 등에 의해 약정휴일로 정해져 있는 경우, 법정공휴일에 제공하는 근로도 휴일근로에 해당하므로 통상임금의 50% 이상을 가산해서 지급해야 한다고 본다.[10] 따라서 휴일근로수당과 관련해서 법정휴일과 약정휴일을 구분할 실익은 없다(자세한 내용은 56조 휴일근로수당 부분 참고).

2018. 12. 31. 개정된 최저임금법 시행령 5조 1항 2호와 3호는 비교대상 임금 중 주 단위 또는 월 단위로 지급된 임금을 '1주 또는 1개월의 최저임금 적용기준 시간 수'로 나누어 시간에 대한 임금으로 환산하도록 정하고 있다. 최저임금 적용기준 시간 수에는 주휴일 규정(근기법 55조 1항)에 따라 유급으로 처리되는 시간 수는 들어가지만, 법 55조 2항 및 휴일 약정에 따라 유급으로 처리되는 시간 수는 들어가지 않는다.

---

9) 대법원 2013. 4. 11. 선고 2011다26537 판결.

10) 대법원 1991. 5. 14. 선고 90다14089 판결. 이 판결은 그 근거로 휴일근로수당의 가산을 정한 구 근기법 46조(현 56조)가 45조(현 55조)의 규정에 의한 휴일근로라고 규정하지 아니하고 "휴일근로"라고만 규정하고 있는 점, 연장시간근로 및 야간근로와 함께 휴일근로를 규정하고 있는 점 등의 취지로 미루어 볼 때, 단순히 주휴일제도의 원칙을 유지하기 위한 것만이 아니라, 단체협약이나 취업규칙에 의하여 휴일로 정하여져 있어서, 근로자가 근로할 의무가 없는 것으로 사용자와 근로자 모두에게 인식되어 있는 날에, 사용자의 필요에 따라 부득이 근로를 하게 된 경우에는, 근로자가 근로할 의무가 있는 날에 근로를 한 경우보다는 더 큰 대가가 지급되어야 보상된다는 점을 고려한 것이라고 해석된다는 점을 들었다. 그런데 근기법상 휴일에 관련된 제반 규정을 보면 "휴일"이라고만 정하고 있을 뿐, 주휴일이나 법정휴일에 한정하고 있지 않은 경우가 많다(예를 들어 야간근로와 휴일근로의 제한을 규정한 법 70조). 이러한 근기법의 규정 체계에 대해, 주휴일과 다른 휴일을 구분하고 다른 법적 효과를 부여하려는 것인지, 아니면 구분하지 않으려는 것인지 분명하지 않으므로 입법적 보완이 필요하다는 견해가 있다(하갑래, 475면).

### 3. 휴무일 개념의 인정 여부

소정근로일도 아니고 휴일도 아닌 날을 인정할 수 있을 것인가? 휴일에 해당하지 않으면서도 '근로의무는 없는 날', 즉 '소정근로일이 아닌 날'이 존재하는지의 문제이다.

이 문제는 1일 소정근로시간이 8시간인 사업장에서 소정근로일 5일과 주휴일 1일을 제외한 하루(토요일인 경우가 많다)를 '휴일'로 볼 것인지에 관한 문제로 논의되어 왔다.[11] 토요일을 유급휴일로 명확하게 규정한 경우, 약정휴일로 볼 수 있을 것이다. 문제는 주휴일이 아니고 소정근로일도 아닌 날(토요일)을 유급휴일로 명확하게 정하고 있지 않은 경우이다. 토요일 외에 교대근무자의 비번일, 만근 초과 근무일의 경우에도 유사한 문제가 제기될 수 있다. 이러한 날을 '휴무일'이라고 부르는 경우가 있는데, 이른바 휴무일에 근무하는 경우 법 56조의 휴일근로에 해당한다고 보아 통상임금의 50%를 가산한 휴일근로수당을 지급해야 하는지가 문제된다.

휴무일은 휴일에 해당하지 않는다는 견해[12]는, 휴일은 사용자와 근로자가 애초부터 근로의무가 없는 날로 정한 날 또는 사용자의 지휘·명령에서 완전히 벗어나 있는 날로 정한 날임에 반해, 휴무일은 업무의 내용과 특성 등에 따라 근로의무를 면제한 날 내지 비번일에 불과하여 개념상 구분이 가능하다고 본다. 이 견해는 따로 정하지 않는 한 휴무일에 근로를 하더라드 사용자는 휴일근로가산수당을 지급할 의무가 없다고 본다. 고용노동부도 같은 입장이다.[13]

휴무일도 휴일에 해당한다는 견해[14]는, 휴일근로에 관한 가산임금제의 취지를 고려하면 소정근로일이 아닌 날의 근로는 모두 법 56조가 말하는 휴일근

11) 구 민법(2007. 12. 21. 법률 8720호로 개정되기 전의 것) 161조는 기간의 말일이 공휴일에 해당한 때에는 기간은 그 익일로 만료된다고 규정하였다. 국가공무원 복무규정에 따라 2005. 7. 1.부터 공무원(교원 제외)은 매주 토요일에 휴무하게 되었다. 이러한 휴무토요일이 기간의 말일인 경우 기간이 토요일에 만료되는지, 아니면 그 익일에 만료되는지 여부가 문제된 사안에서, 대법원은 휴무토요일은 관공서의 공휴일에 관한 규정 어디에도 해당하지 않으므로 공휴일이라고 볼 수 없고, 따라서 기간은 토요일에 만료된다고 판간하였다(대법원 2008. 6. 12.자 2006마851 결정). 2007년 개정된 민법 161조는 기간의 말일이 토요일 또는 공휴일에 해당한 때에는 기간은 그 익일로 만료한다고 정하고 있다.

12) 김형배, 470~471면; 이병태, 804면.

13) 시행지침. 1994. 7. 25. 근기68207-1186은 만근을 초과하여 근무한 경우, 휴일근로수당을 지급할 의무는 없다고 하였다.

14) 강성태a, 25면.

로에 해당한다고 본다. 한편 소정근로일이 아닌 날은 모두 휴일에 해당하지만, 소위 휴무일은 약정휴일에 해당하고 약정휴일의 근로에 대해서는 휴일근로수당을 가산하여 지급할 의무가 없다고 보아야 한다는 견해도 있다.[15)]

대법원은 약정휴일에 근로를 제공한 경우에도 통상임금의 50%이상을 가산한 휴일근로수당이 지급되어야 한다고 보는데,[16)] 약정휴일과 구분되는 휴무일 개념을 인정할 것인지에 관한 명시적인 대법원 판례는 없다. 하급심은 휴무일이 휴일에 해당하지 않는다고 본 사례와 휴일과 구분되는 휴무일이라는 개념을 인정할 수 없다고 본 사례로 나뉜다. 대체로 토요일에 제공한 근로에 대해 휴일근로수당이 지급되어야 하는지가 문제된 사안들이다.

서울고법 2015. 4. 15. 선고 2014나2045223 판결(확정)은 근로시간이 단체협약상 '1일 6시간, 1주 5일 30시간'으로 정해져 있는 사업장에서 근로자들이 휴일근무시 부여되는 대체휴가 중 미사용 휴가에 대한 수당 등을 청구하면서 '토요일 근로는 휴일근로에 해당함에도 사용자가 휴일근로로 취급하지 않았다'라고 주장한 사안이다. 판결은 '단체협약 등을 통해 토요일을 휴일로 정하였다는 정황을 찾기 어렵고', '이른바 주5일제 근무를 실시하는 사업장의 경우 토요일은 해당일의 근로로써 가산수당이 발생하는 휴일이 아니라 단순히 근로자들의 근로의무가 면제된 휴무일에 불과하다고 봄이 상당'하며, '주휴일이나 법정공휴일 등의 약정휴일에 근무하는 경우 가산수당 내지 이를 반영한 일수만큼의 대체휴가(1.5일)가 발생하게 되나, 위 사건 원고 등이 토요일에 근무하는 경우에는 1일의 대체휴가가 발생하는 것에 그친다'고 판단하였다. 춘천지법 원주지원 2014. 6. 24. 선고 2013가단5076 판결(확정)은 토요일 근무에 대한 연장근로수당과 휴일근로수당 청구에 대하여, '주 40시간 근로제 아래에서 토요일은 근로시간 단축에 따라 자연적으로 근로하지 않게 된 날, 즉 비번일 내지 휴무일로서 휴일근로(가산)수당이 지급되어야 할 휴일이 아니다. 따라서 근로자의 토요일 근로가 주 40시간을 초과한 연장근로라면, 그에게는 연장근로수당만 지급되면 족하다'는 이유로 원고들의 휴일근로가산수당 지급청구를 기각하였다. 이상의 두 사안은 토요일을 휴일과 구분되는 휴무일로 본 것이다.

반면, 서울고법 2015. 6. 26. 선고 2014나46480 판결(확정)은 토요일이 휴일

15) 하갑래, 495면.
16) 대법원 1991. 5. 14. 선고 90다14089 판결.

인지 규정하지 않은 사안에서, 토요일이 무급휴일이라고 하더라도 통상임금의 50% 이상을 가산한 휴일근로수당이 지급되어야 한다고 판단하였다. 서울고법 2017. 11. 8. 선고 2016나3920 등 판결은 토요일을 '유급휴무일'로 정한 사안에서, 근로기준법이 '휴일'이라는 용어 외에 '휴무일'이라는 용어를 전혀 사용하고 있지 않고, 휴일과 휴무일의 사전적 의미가 서로 다르다고 볼 수 없어 휴일과 별도의 개념인 휴무일을 인정하여 휴일과는 다른 법적 효과를 부여할 아무런 근거가 없다고 판시하였다.[17] 대구지법 2019. 1. 10. 선고 2015가합205837 등 판결(대구고법 2021. 7. 21. 선고 2019나20796 등 판결로 확정)도 토요일(단체협약이나 취업규칙에 토요일을 휴일로 명시하지 않았음)에 근무한 시간에 대해 휴일근로임을 인정하여 휴일근로수당 차액의 지급을 인정하였다.[18]

휴일과 휴무일을 둘러싸고 혼선이 발생하는 이유는 법에 휴일은 물론이고 소정근로일에 대해서도 개념이 정립되어 있지 않기 때문이므로, 법 2조의 정의 규정에 휴일과 소정근로일을 명시하는 입법적인 보완이 필요하다는 견해가 있다.[19]

이러한 하급심의 엇갈린 판결들이 있던 중에 대법원은 버스 운전기사의 만근 초과 근로일에 대해 휴일근로수당이 지급되어야 하는지가 문제된 사건에서, 사업장의 규정과 제반 사정을 살펴보면 해당 사업장에서 만근 초과 근로일을 '휴일'로 정하고 있었으므로 근로기준법상 가산수당이 지급되어야 한다는 취지의 판결을 선고하였다.[20] 약정휴일의 근로에 대해서도 휴일근로수당이 지급되어야 하는데, 그와 같이 "휴일로 정하였는지 여부는 단체협약이나 취업규칙 등에 있는 휴일 관련 규정의 문언과 그러한 규정을 두게 된 경위, 해당 사업장의

17) 상고심 역시 토요일 근로를 휴일근로로 인정하였다(대법원 2020. 6. 11. 선고 2017다54008 등 판결).

18) 1심 판결은 '근로기준법상 근로시간이 1주일에 40시간, 1일에 8시간을 초과할 수 없는 것으로 개정됨에 따라 토요일에 근로를 하지 않게 되어 결국 토요일은 휴일이 된 점, 근로기준법 56조에 따라 휴일근로수당으로 통상임금의 100분의 50 이상을 가산하여 지급하여야 하는 '휴일근로'는, 동조가 '55조에 의한 휴일근로'라고 규정하지 않고 '휴일근로'라고만 규정한 점, 이 사건의 사용자들이 근로자들이 토요일에 근무하는 경우 사용자들이 산정한 통상임금의 150%를 휴일근로수당으로 지급하였던 점, 근로기준법에서는 '휴일'이라는 용어 외에 '휴무일'이라는 용어를 전혀 사용하지 않고, '휴일'과 '휴무일'의 사전적 의미가 서로 다르다고 볼 수도 없으므로, '휴일'과 별도의 개념으로 '휴무일'을 인정하여 '휴일'과는 다른 법적 효과를 부여할 합리적인 근거는 발견할 수 없는 점' 등을 근거로 들었다.

19) 하갑래a, 211면.

20) 대법원 2019. 8. 14. 선고 2016다9704, 9711 판결.

근로시간에 관한 규율 체계와 관행, 근로제공이 이루어진 경우 실제로 지급된 임금의 명목과 지급금액, 지급액의 산정 방식 등을 종합적으로 고려하여 판단하여야 한다."고 판시하고, 해당 사건의 사업장은 만근 초과 근로일을 휴일로 정하고 있다고 판단하였다. 그러나 버스 기사의 만근 초과 근로일이라고 하여 모두 휴일이 되는 것은 아니다. 예를 들어 임금협정에서 월 만근일수를 정하면서 만근을 초과하여 일한 날 전체에 대하여 휴일근로수당을 지급하는 것이 아니라 일정 근무일수까지는 연장근로수당을 지급하는 반면, 이를 초과하는 경우에만 휴일근로수당을 지급하는 것으로 정하였다면 그와 같이 일정한 근무일수를 초과한 날만을 '휴일'로 정하고 있다고 본 사례들도 있다.[21]

이와 같이 법원은 여러 사정을 살펴 '그 사업장이 어떤 날을 휴일로 정하였는지'를 판단한다.[22] 비슷한 속성을 지닌 날이라고 하더라도 특정한 사업장에서 그 날을 휴일로 정하였다면 그 날의 근로는 휴일근로가 되지만 다른 사업장에서 그 날을 휴일로 정하지 않았다면 그 날의 근로는 휴일근로가 되지 않는다.

대법원은 격일제 근무의 근무가 없는 날(이른바 '비번일')에 대해서도 마찬가지 법리에 따라 판단하였다. 사용자가 근로자의 비번일에 교육을 실시한 사안에서, 비번일은 근로제공 의무가 없는 날이지만 단체협약이나 취업규칙 등에서 휴일로 정한 바 없는 날이므로 그 날에 실시된 교육은 휴일근로에 해당하지 않는다고 보았다.[23]

하지만 월요일부터 금요일까지 1일 8시간, 주 40시간을 소정근로로 정한 사업장에서 토요일에 대해 유급으로 처리하고, 그날의 근로에 대해 휴일근로수당을 지급하기로 한 경우 토요일 근로는 근로기준법상 휴일근로에 해당한다고 보았다.[24]

이러한 대법원의 일련의 판결에 따르면, 만근을 초과한 날이나 비번일, 토요일 등은 '휴일'일 수도, '휴일이 아닌 날'일 수도 있다. 사용자는 근로자가 '휴일'에 근로를 제공한 경우에만 휴일근로수당을 지급할 의무를 부담하고, '휴일이 아닌 날'에 근로를 제공한 경우에는 휴일근로수당을 지급할 의무를 부담

21) 대법원 2020. 1. 16. 선고 2014다41520 판결, 대법원 2020. 4. 9. 선고 2015다44069 판결, 대법원 2020. 4. 9. 선고 2016다3850 판결, 2020. 4. 29. 선고 2016다202 판결.

22) 대법원 2020. 1. 30. 선고 2016다236407 판결, 대법원 2020. 2. 13. 선고 2015다73043 판결.

23) 대법원 2020. 6. 25. 선고 2016다3386 판결.

24) 대법원 2020. 8. 20. 선고 2019다14110 등 판결. 대법원 2020. 6. 11. 선고 2017다54008 등 판결도 토요일 근로는 휴일근로에 해당한다고 판단하였다.

하지 않는다(후자의 경우 법정 가산수당을 제외한 통상의 임금이 지급되어야 함은 물론이다).

## Ⅱ. 주휴일 제도

### 1. 주휴일의 의의

법 55조 1항은 주 1회 유급휴일, 즉 주휴일을 정하고 있다.

주휴일 제도는 근로자의 피로를 회복시킴으로써 노동의 재생산을 꾀하고 생산성을 유지하기 위하여 정신적 · 육체적 휴식을 취하는 데에 그치지 않고 나아가 근로자로 하여금 근로제공 의무를 벗어나 사업장 이외의 장소에서 자유로운 시간을 갖도록 하려는 데에 그 취지가 있다.[25] 주휴일 제도는 기독교의 안식일에서 유래하여 전 세계에 보편화된 것이지만, 우리나라에서는 단순한 주휴제에서 더 나아가 '유급' 주휴제라는 점이 특징이다.[26]

이 주휴일 제도는 1953. 5. 10. 법 제정 때부터 있었다(45조 1항. "사용자는 근로자에 대하여 1주일에 평균 1회 이상의 휴일을 주어야 한다"). 그리고 1953. 5. 10. 제정 법 45조 2항에서는 "정휴일(定休日), 법정공휴일은 임금 산출의 근로일로 인정한다"고 규정하여 사실상 모든 휴일을 유급으로 하는 규정까지 두었다. 이후 1961. 12. 4. 법 개정으로 45조 2항은 삭제되고 45조 1항의 주휴일이 유급휴일로 변경되었다.

주휴일 제도는 법에 의한 적용 제외 근로자(법 63조. 농림 · 축산 · 양잠 · 수산 사업, 감시 · 단속 근무 종사, 관리 · 감독 · 기밀 취급 업무 등)가 아닌 이상 모든 근로자에게 적용된다. 따라서 일정한 간격으로 휴무(비번)일이 있는 격일제 근무자,[27] 교대제 근무자,[28] 일용직 · 임시직 근로자, 파견근로자, 단시간근로자 등도 주휴

25) 대법원 2004. 6. 25. 선고 2002두2857 판결.

26) 이에 관해 임종률, 462면(각주2)은, "유급 주휴일은 임금의 계산, 부여 요건 등과 관련하여 번잡하고 때로는 불합리한 문제를 발생시키므로 선진국의 경우처럼 개근 요건을 삭제하고 무급 휴일로 하는 법 개정이 바람직하다고 생각된다. 다만 이 경우 통상임금이 증가하거나(월급제의 경우) 기존의 임금 수준이 저하되거나(일급제의 경우) 하는 부작용이 있으므로 이를 동시에 해결하는 방안을 강구해야 할 것이다"라는 입법론을 펴고 있다. 하갑래, 490면도 주휴일을 유급으로 부여하는 입법례는 대만 등 일부 국가를 제외하고는 발견하기 어렵고, 임금을 높이는 효과는 의심스러운 반면 실무상 여러 혼란을 주므로 유급휴일수당에 대한 보전을 전제로 무급으로 전환하거나, 해석에 맡겨져 있는 여러 사항을 법에 명시해야 한다고 한다.

27) 대법원 1997. 7. 22. 선고 96다38995 판결.

일을 가진다. 경제자유구역의 지정 및 운영에 관한 특별법은 입주외국인투자기업 및 입주국내복귀기업은 유급이 아니라 무급휴일을 줄 수 있다고 규정하고 있다(17조 4항).

### 2. 주휴일 부여 요건

법 55조 1항은 아무런 요건을 정하지 않고, “사용자는 근로자에게 1주에 평균 1회 이상의 유급휴일을 보장하여야 한다”라고 정하고 있다. 이에 반해 영 30조 1항은 “법 55조 1항에 따른 유급휴일은 1주 동안의 소정근로일을 개근한 자에게 주어야 한다”라고 정하여 1주 동안의 소정근로일수를 개근하지 않은 경우에는 주휴일을 부여하지 않아도 된다는 취지의 해석을 가능하게 하고 있다.

법에서 주휴일의 부여 요건을 대통령령에 위임하지 않은 상황에서, 대통령령이 별도로 부여 요건을 정하는 것이 적법한지 문제가 있다.[29] 종래 대법원은 이 규정이 모법에 위반되지 않는다고 하였다가,[30] ‘영 30조에서 사용자로 하여금 1주 간의 소정근로일수를 개근한 근로자에게 1주일에 평균 1회 이상의 유급휴일을 주도록 한 규정은 1주일에 1회 이상의 휴일을 의무화하는 한편 성실 근로를 유도 · 보상하기 위하여 소정근로일수를 개근하는 경우에 유급으로 할 것을 정한 것으로 해석하여야 할 것이므로 근로자가 소정의 근로일수를 모두 근무하지 아니하였다 하더라도 사용자에 대하여 유급휴일로 처리하여 줄 것을 청구할 수 없을 뿐 휴일 자체가 보장되지 않는다고 볼 수는 없다’라고 하여, 주휴일의 부여 요건을 정하고 있는 영의 규정을 주휴일의 부여 요건이 아닌 ‘유급’ 주휴일의 부여 요건으로 제한적으로 해석하고 있다.[31] 그러나, 이러한 제한해석에도 불구하고 영 30조가 법에서 위임되지 않은 사항에 대한 요건을 정하고 있으므로 그 효력에 의문이 있다는 견해가 있다.[32]

1주 동안의 소정근로일수의 개근은 소정근로일수(최대치 6일)를 모두 출근한 것을 말하는데, ‘소정근로일’이란 당사자 간 합의에 의해 근로의무가 있는 날을

28) 대법원 1989. 11. 28. 선고 89다카1145 판결, 대법원 1991. 7. 26. 선고 90다카11636 판결, 대법원 1991. 8. 13. 선고 91다3642 판결, 대법원 1992. 1. 8. 선고 90다카21633 판결.

29) 박홍규, 363면.

30) 대법원 1979. 10. 16. 선고 79다1489 판결.

31) 대법원 2004. 6. 25. 선고 2002두2857 판결. 김지형, 429면도 “개근을 하지 아니한 경우에는 휴일로 쉴 수는 있지만 아무런 임금도 지급되지 않는다”는 입장을 취한다.

32) 하갑래, 483면.

말하므로, 법령(법정휴가, 공민권 행사를 위한 날, 업무상 부상이나 질병으로 인한 휴업일)이나 약정에 의해 근로의무가 면제된 날은 소정근로일수에서 제외된다.

1주 동안의 소정근로일수의 개근 여부를 판단할 때에, 연차휴가 · 출산전후휴가를 사용한 기간, 업무상 부상 · 질병으로 휴업한 기간, 사용자의 귀책사유로 휴업한 기간, 정당한 파업에 참가한 기간 등은 어떻게 보아야 하는지 문제된다. 정당한 파업에 참가한 기간의 경우 노사 자치의 원칙에 따라 근로계약 · 취업규칙 또는 단체협약 등의 약정으로 정하는 바에 따라야 할 것이나 정함이 없는 경우에는 소정근로일수에 포함된다는 견해, 소정근로일에서 제외된다는 견해, 소정근로일수에 포함하되 출근한 것으로 간주된다는 견해 등으로 나뉜다.[33] 대법원은 이러한 견해 대립과 무관하게, 근로의 제공 없이도 근로자에게 임금을 지급하도록 한 유급휴일의 규정이 적용되기 위해서는 평상적인 근로관계가 당연히 전제되어 있다는 이유로 휴직기간이나 파업기간 중에 포함된 유급휴일에 대한 임금청구권은 발생하지 않는다고 본다.[34]

주중의 일부만 파업으로 인해 근로 제공을 하지 않은 경우는 어떠한가? 쟁의행위를 이유로 근로자에게 불이익을 줄 수는 없으나, 다른 한편 무노동 무임금 원칙이 적용되고 쟁의행위 기간에는 근로관계가 정지된다는 점(근로관계정지설)을 감안하면 해당 기간을 소정근로일에서 제외하는 것이 타당하다고 할 것이다.[35] 1주 동안이 전부 쟁의행위 기간이었다면 1주간 소정근로일이 단 하루도 없는 경우에 해당하므로 유급 주휴일이 발생하지 않으나, 1주 동안 일부만 쟁의행위 기간에 해당한다면 쟁의행위 기간을 제외한 나머지 소정근로일수에 대한 출근율에 따라 주휴일을 부여해야 할 것이다.

한편 유급 주휴일 부여에서의 출근율 문제는 연차휴가 관련 부분에서 보는 바와 같이 소정근로일수에서 제외되는 날과 출근한 것으로 보는 날은 구분하여 판단하는 것이 타당하다는 견해가 있다.[36] 그러나 출근간주와 관련하여, 법 60조 6항이 연차휴가 산정시 출근한 것으로 간주하는 기간(업무상의 부상 또는 질병

33) 박순영, 686~687면.

34) 대법원 2009. 12. 24. 선고 2007다73277 판결.

35) 박순영, 688면. 고용노동부도 같은 입장이다(근로기준과-603, 2010. 8. 23.).

36) 임종률, 463면. 연차휴가의 출근율 산정과 공통된 문제이므로 그 부분에 준하여 처리되어야 한다는 것이다. 그러나 대법원 1979. 10. 16. 선고 79다1489 판결은 연차 유급휴가일 산정에서는 업무상 부상 또는 질병으로 휴업한 기간도 출근한 것으로 본다는 규정이 유급휴일의 경우에도 당연히 적용되어 출근한 것으로 보아야 한다는 주장을 받아들이지 아니하였다.

으로 휴업한 기간과 산전·산후 휴가로 휴업한 기간, 육아휴직으로 휴업한 기간)을 규정하고 있는 것과 달리 주휴일에 대해서는 근거 규정이 없다는 점에서 연차휴가와 완전히 동일하게 볼 수 있는지는 의문이다.

지각·조퇴·외출 등의 사유로 소정근로일의 근로시간 전부를 근로하지 못하였다고 하더라도 소정근로일을 단위로 그날에 출근하여 근로를 제공한 이상 이를 결근으로 취급해서는 안 된다. 따라서 가령 취업규칙 등에 지각, 조퇴, 외출 3회를 결근 1일로 취급한다는 규정이 있다면 그 규정은 무효이다.[37)]

### 3. 주휴일 부여 방법

#### 가. 1주일에 1일: 주휴 역일제

주휴일은 1주일에 평균 1일 이상 주어져야 한다. 월 단위로 통산하여 평균 4일을 주는 것은 허용되지 않는다.[38)] 주휴일에서 다음 주휴일까지의 간격은 7일 이내가 바람직하지만 '1주일에 평균 1회' 이상의 휴일을 부여하여야 하는 점을 감안할 때 그 간격이 7일을 초과하더라도 법 위반으로 볼 수는 없다.[39)]

'휴일'이라는 용어의 해석상 주휴일은 24시간을 부여해야 하고, 오전 0시부터 그 다음날 오전 0시까지 역일에 따른 1일 동안 사용자의 일체의 구속에서 해방되는 날이어야 한다.[40)]

이와 관련하여 격일제나 교대제 근무의 경우 역일상 1일이 아니라 계속하여 24시간 부여하는 것도 휴일로 볼 수 있다는 견해도 있으나,[41)] 휴게와는 달리 휴일은 시간 개념이 아니라 날짜 개념이라는 점, 주휴일 보장의 취지가 단순히 24시간 동안의 연속 휴식뿐 아니라 근로자의 개인적·사회적 활동을 위한 것도 포함되어 있다는 점을 고려하면, 오전 0시부터 다음날 오전 0시까지의 24시간에 해당하는 역일에 의한 하루를 의미한다고 해석해야 한다(휴일 역일제, 역일 휴일

---

37) 김유성, 179면; 1984. 10. 20. 근기 1451-21279; 1997. 3. 4. 근기 68207.

38) 김지형, 420면. 일본 노동기준법 35조 2항은 전항의 규정은 4주 간을 통하여 4일 이상의 휴일을 부여한 사용자에게는 적용되지 않는다는 이른바 '변형 주휴제' 규정을 두고 있으나 우리 법에는 이러한 규정이 없다. 대법원 2016. 9. 8. 선고 2013다13658 판결은 주휴일은 반드시 1주일에 1일 이상 주어져야 하고, 월 단위로 통산하여 평균 4일을 주는 것은 허용되지 않으므로, 계속하여 7일 이상을 근무한 경우 7일째 되는 날을 주휴일로 간주하여 그 날의 근로는 휴일근로일수에 산입하여야 한다고 본 원심을 수긍한 바 있다.

39) 하갑래, 484면.

40) 서울고법 2011. 5. 13. 선고 2010나68215 판결.

41) 김유성, 180면; 이병태, 817면; 임종률, 462면; 1999. 11. 10. 근기 68201-574.

의 원칙).[42]

### 나. 격일제 근무와 주휴일

앞서 본 바와 같이 대법원은 "격일제 근무에도 주휴일에 관한 규정이 적용된다"는 원칙을 밝히고는 있으나,[43] 구체적인 산정에서는 명확히 입장을 취하지 않아 연속적인 24시간의 휴무를 '휴일'로 인정할 것인지에 관하여 논란의 여지가 있다.

특히 격일제 근무에 주휴일 적용을 확인한 최초의 판결례로 보이는 대법원 1989. 11. 28. 선고 89다카1145 판결은, "격일제 근무를 한 원고들이 매주의 근무시간 중 8시간을 위 유급휴일에 근로하였다고 단정할 수는 없고 달리 이를 인정할 증거가 없다는 이유로 유급휴일 근로수당의 지급을 구하는 원고들의 주장을 배척한 원심판결의 조치는 정당하다"고 함으로써, 그 판시 취지가 단순한 사실 인정 문제로서 원고들이 근무와 휴무를 되풀이하였을 뿐 휴무일 외에 별도의 유급휴일을 받은 바 없다는 점에 관한 증명이 없다는 취지인지, 아니면 근무일과 휴무일 중 어느 것을 유급휴일로 볼 것인지가 불분명하다는 이유로 원고들의 유급 주휴일 근로수당청구를 배척한 취지인지 문제될 수 있다.[44]

격일제 근무형태는 통상의 1일 근무형태의 물리적 변형에 지나지 않는다. 휴무시간이 연속되어 24시간에 이르므로 따로 휴일을 주지 않아도 된다면 근로자에게 충분한 휴식을 확보해주지 못하게 되고, 1일에 8시간을 근무하는 통상 근로자에게도 휴일을 주도록 규정한 법의 취지를 몰각하는 결과가 된다. 따라서 격일제 근무형태의 근로자에 대하여도 24시간의 휴무 이외에 별도의 유급휴일을 주어야 하고, 만일 별도의 휴일 없이 24시간 근무와 24시간 휴무를 되풀이하였고 별도의 유급 주휴일이 지정되지 않았다면 1근무일 근로시간의 절반은 유급 주휴일에 근로한 것으로 보아 가산임금을 지급하여야 한다.[45]

대법원은 교대제, 교번제 근로자들이 7일 이상 결근하였는지 여부가 문제

42) 김지형, 420면 이하(이렇게 해석할 때 오전 8시부터 다음 날 오전 8시까지 24시간 격일제 근무를 하는 근로자에게 있어 7번째 날의 오전 8시부터 오후 12시까지의 근무는 휴일근로로서 가산임금의 지급대상이 된다); 임순명, 117~118면. 김형배, 468~469면도 교대제 근로에 대하여도 역일제 휴일의 원칙이 지켜져야 한다고 하고 있다.

43) 대법원 1989. 11. 28. 선고 89다카1145 판결, 대법원 1991. 7. 26. 선고 90다카11636 판결, 대법원 1997. 7. 22. 선고 96다38995 판결.

44) 임순명, 119면.

45) 임순명, 118~119면.

된 사안에서, 근무표상 휴일로 정해진 날은 통상 근로자들에게 부여되는 주휴일 등과 같은 유급휴일의 성격을 갖는 것이어서 근무표상 근무일의 정상적인 근무 여부와 상관없이 근로제공의무가 면제되는 휴일로서 보장되는 것이므로 결근일에 포함될 수 없고, 교대제 근무기간 중의 비번일은 전날의 근무일에 정상적인 근무가 이루어진 경우에 인정되는 휴일일 뿐 전날의 정상적인 근무 여부와는 상관없이 인정되는 휴일이 아니므로 결근일에 포함된다고 보았다.[46]

### 다. 휴일의 특정

주휴일을 어느 날에 주어야 하는지에 대하여는 법에 규정되어 있지 않기 때문에 반드시 일요일에 주어야 하는 것은 아니며, 보통은 단체협약이나 취업규칙 등에서 특정된다.[47] 따로 정하지 않은 경우에는 사용자 재량에 속한다고 보아야 한다는 견해,[48] 근로자의 재량에 맡긴 것으로 보아야 한다는 견해[49]가 있다. 따로 정하지 않은 경우 6일 동안 연속하여 휴일을 주지 않은 경우에는 자동적으로 마지막 날이 휴일이 된다고 보아야 한다.

주휴일이 다른 유급휴일(예컨대 근로자의 날)과 중복되는 경우 단체협약이나 취업규칙 등에 다음날을 휴무하기로 하는 등 특별한 정함이 있으면 그에 따르고, 특별한 정함이 없으면 하나의 휴일만 인정된다. 이와 반대로 유급휴가 기간 중에 주휴일이 있으면 휴가 일수에서 주휴일 일수는 제외된다. 휴가는 소정근로일(=근로의무일)을 대상으로 하는 것이므로 휴일을 휴가로 지정한 것으로 볼 수 없기 때문이다.[50]

주휴일의 특정·변경과 관련된 문제로는 '주휴일 대체'가 있다. 아래에서 본다.

## 4. 주휴일의 효과

### 가. 주휴일 근로

주휴일은 법에서 보장되는, 근로제공의무가 없는 날이다. 그러므로 주휴일

46) 대법원 2004. 6. 25. 선고 2002두2857 판결.

47) 고용노동부는 주휴일은 반드시 일요일이어야 하거나 7일 간격으로 부여할 필요는 없으나 단체협약이나 취업규칙 등으로 특정일을 정하여 부여하여야 한다고 해석하고 있다(2004. 5. 24. 근로기준과-2580).

48) 김유성, 180~181면.

49) 강성태a, 18면.

50) 김유성, 181면.

에 근로를 시키기 위해서는 근로자의 동의를 얻어야 한다. 휴일근로를 정당화하는 요건으로서 '근로자의 동의'의 의미는 연장근로에서 근로자의 동의와 같다. 동의가 없는 이상 휴일근로를 시킬 수 없고 근로자가 이를 거부한다고 하여 결근이 되지 않는다.

대법원은, 근로자들이 자신들의 주장을 관철할 목적으로 정당한 이유 없이 집단적으로 회사가 지시한 휴일근로를 거부한 것은 회사 업무의 정상적인 운영을 저해하는 것으로서 쟁의행위에 해당하며, 업무방해죄가 성립된다고 판시하여 집단적인 휴일근로 거부를 위법하다고 하고 있다.[51] 그러나 근로자의 의사에 따라 휴일근로를 거부한 것이 위법하다는 판례 입장은 휴일 제도의 본질에 반하는 것으로서 부당하다는 비판이 있다.[52]

### 나. 주휴일에 대한 임금

법은 주 1회 휴일을 '유급'으로 부여해야 한다고 정하고 있다. 따라서 근로를 하지 않아도 근로일과 마찬가지로 임금을 지급하여야 한다(주휴수당). 앞서 본 바와 같이 대법원은 1주 동안의 소정근로일을 '개근'한 경우에 '유급'이 보장된다고 해석하고, 주휴수당은 정기적, 일률적으로 지급되는 고정적인 임금이라고 할 수 없어 통상임금에는 해당되지 않는다고 본다.[53]

대법원은 근로의 제공 없이도 근로자에게 임금을 지급하도록 한 유급휴일의 규정이 적용되기 위해서는 평상적인 근로관계, 즉 근로자가 근로를 제공하여 왔고, 또한 계속적인 근로제공이 예정되어 있는 상태가 당연히 전제되어 있다는

51) 대법원 1991. 7. 9. 선고 91도1051 판결.

52) 이원희, 43면; 정인섭, 88면.

53) 대법원 1998. 4. 24. 선고 97다28421 판결. 강성태a, 17면은 이러한 판례에 대해 주휴수당은 통상임금에 해당한다고 다음과 같이 비판한다. "먼저 주휴수당은 임금이다. 주휴수당은 1주간의 소정근로일을 개근한 자에게 지급되는 법정수당이다. 법정수당이긴 하지만 소정근로일의 개근이라는 근로의 대가로서 지급되는 것이므로 엄연히 임금이다. 다음으로 주휴수당은 소정근로일의 개근이라는 소정근로의 대가로서 지급된다. 결코 소정근로를 초과하는 근로의 양이나 질에 대한 보상이 아니다. 통상임금성의 또 다른 요건인 정기성, 일률성, 고정성 역시 소정근로가 이루어지는 한 모두 충족될 수 있다. 기실 통상임금성을 의심하지 않는 기본급도 그 날이나 해당 시간의 개근을 요건으로 하는 것이다. 결국 주휴수당은 그것이 무엇으로 계산되고 몇 시간으로 계산되든 소정근로일의 개근이라는 통상적인 소정근로의 대가인 것으로서 매주 요건을 충족한 근로자에게 일률적, 고정적으로 지급되는 임금이다."

한편 대법원 2024. 12. 19. 선고 2020다247190 전원합의체 판결은 종전 판례가 제시한 고정성 개념을 통상임금의 개념적 징표에서 제외하면서도, 성질상 통상임금을 기초로 산정되는 주휴수당 등과 같은 법정수당은 개념적으로 통상임금이 될 수 없어 통상임금에 속하지 않는다고 하였다.

이유로 휴직기간이나 파업기간 중에 포함된 유급휴일에 대한 임금청구권이 발생하지 않는다고 본다.[54] 파업기간 중에 법률의 규정이나 단체협약·취업규칙·근로계약 등에 의하여 근로자에게 부여된 유급휴가가 포함되어 있는 경우에도 마찬가지로 그에 대한 임금청구권이 발생하지 않는다.[55] 태업기간에 상응하는 유급휴일에 대한 임금의 지급도 구할 수 없다.[56]

법은 주휴수당을 산정하는 방법을 따로 정하고 있지 않다. 판례는 근로자가 주휴일에 실제로 근무를 하지 않더라도 근무를 한 것으로 간주하여 지급되는 임금이므로, 그 성질상 통상임금을 기초로 하여 산정해야 한다고 본다.[57]

통상 월급제에서는 주휴일에 대한 임금까지 월급액에 포함되어 있는 경우가 대부분이어서, 따로 주휴수당 명목의 임금이 급여 명세에 나타나지 않는 경우가 많다. 대법원은 1990. 12. 26. 선고 90다카12493 판결에서 근로자에 대한 임금을 월급으로 지급할 경우 월급통상임금에는 구 법 45조(현행 법 55조 1항) 소정의 유급휴일에 대한 임금(주휴수당)도 포함된다고 판시하였다.[58]

나아가 대법원 1998. 4. 24. 선고 97다28421 판결은 시급제 사원이 기본시급과 함께 월단위 고정수당을 지급받는 경우에 그 고정수당 중에는 '구 법 45조(현행 법 55조 1항) 소정의 유급휴일에 대한 임금의 성격을 갖는 부분도 포함'되어 있으므로 시급제 사원의 통상임금을 산정함에 있어서도 매월 지급받는 고정수당 중 주휴수당 부분을 공제해야 한다고 판시하였다. 이 판결에 의하면 월단위 고정수당에 이미 주휴수당이 포함되어 지급되었으므로, 근로자로서는 월단위 고정수당이 추가로 통상임금으로 인정되더라도 (이미 월단위 고정수당에 포함하여 지급하였으므로) 그로 인해 발생하는 주휴수당의 차액을 청구할 수 없는 것이 아닌가 하는 의문이 제기될 수 있다. 이에 대해 대법원은 시급제 또는 일급제 근로자에게 매월 지급되는 고정수당에는 구 법 55조(현행 법 55조 1항)에 따라 유급으로 처리되는 시간(=주휴근로의제시간을 의미함)에 대응하는 부분이 포함되어 있으므로, 매월 지급되는 고정수당액을 월의 소정근로시간과 이처럼 유급으로 처리

54) 대법원 2009. 12. 24. 선고 2007다73277 판결. 상여금 중 파업기간 중에 포함된 무급휴일과 유급휴일에 해당하는 부분의 지급을 구한 원고들의 청구를 배척하였다.

55) 대법원 2010. 7. 15. 선고 2008다33399 판결.

56) 대법원 2013. 11. 28. 선고 2011다39946 판결.

57) 대법원 2010. 1. 28. 선고 2009다74144 판결.

58) 김기덕, 292~293면은 같은 취지의 일련의 판결에 대해, 법원이 임금지급약정과 실태를 살피지도 않고 월급에 주휴수당이 포함되어 있다고 단정하는 것은 납득하기 어렵다고 비판한다.

되는 시간을 합한 총 근로시간 수로 나눈 금액을 기본 시급 또는 기본 일급의 시간급 금액에 더하는 방식에 의하여 시급제 또는 일급제 근로자의 시간급 통상임금을 산정하여도 무방하다고 하면서, 시급제 또는 일급제 근로자가 기본 시급 또는 기본 일급 외에 매월 지급받는 고정수당 중에는 주휴수당이 포함되어 있지 않으므로, 시급제 또는 일급제 근로자로서는 근로기준법상 통상임금에 속하는 매월 지급되는 고정수당을 포함하여 새로이 산정한 시간급 통상임금을 기준으로 계산한 주휴수당액과 이미 지급받은 주휴수당액의 차액을 청구할 수 있고, 이를 주휴수당의 중복 청구라고 할 수 없다고 하였다.[59] 대법원 1998. 4. 24. 선고 97다28421 판결의 의미는 시간급 통상임금의 산정 방식에 관한 판단일 뿐이라는 점을 명확히 한 것으로 이해된다. 그러나 시급제나 일급제가 아닌 월급제 근로자의 경우 월급통상임금에 근기법 55조 1항의 유급휴일에 대한 임금이 포함되어 있으므로 근로계약·단체협약에서 달리 정하지 않는 한 통상임금이 증액됨을 들어 주휴수당의 차액을 청구할 수 없다는 것이 판례의 태도이다.[60]

주휴수당을 통상임금으로 지급한다고 할 때, 몇 시간분의 통상임금으로 지급해야 하는지 문제된다. 일반적으로 1일 8시간 근무하고, 소정근로일이 5일인 근로자의 주휴수당은 하루치 소정근로시간에 대한 통상임금, 즉 8시간분의 통상임금이라고 본다. 즉 주당 소정근로시간을 소정근로일로 나누어 산정한다는 취지로 이해된다.[61] 그런데 이 방식에 따르면, 매주 6일 동안 매일 6시간 40분씩 6일간 근로하는 근로자의 경우 주휴수당은 6시간 40분이 해당하는 통상임금이 된다. 앞서 본 주 5일 동안 40시간을 근로하는 근로자와 주당 소정근로시간이 동일함에도 불구하고 주휴수당에 차이가 발생하는 것이다.[62] 또한, 1일 8시간 근무하고 소정근로일이 3일인 근로자의 주휴수당은 8시간분의 통상임금이고, 1일 4시간 근무하고 소정근로일이 6일인 근로자의 주휴수당은 4시간분의 통상임금이라는 결론에 이른다. 이렇듯 주당 소정근로시간을 소정근로일로 나누어 산정하면, 주당 소정근로시간이 동일함에도 불구하고 주휴수당에 큰 차이가 발생하는 문제가 있다. 이런 점을 고려하여 주당 소정근로시간을 주휴일을 제외한

59) 대법원 2018. 12. 27. 선고 2016다204271 판결.

60) 대법원 2024. 2. 8. 선고 2018다206899 등 판결.

61) 강성태a, 17면. 하갑래, 489면은 '8시간 또는 주당소정근로시간을 소정근로일로 나눈 시간'에 대한 통상임금이라고 본다.

62) 차이가 없도록 하려면 후자의 사례에서 주의 소정근로시간을 5일로 나누어야 하는데, 5일로 나누어야 한다고 볼 만한 법령상 근거는 없다.

6일로 나누어 그 시간에 대해 주휴수당이 지급되는 것으로 정하는 것이 위법하다고 볼 수 없다는 견해가 있다.[63)]

단시간근로자(1주 동안의 소정근로시간이 그 사업장에서 같은 종류의 업무에 종사하는 통상 근로자의 1주 동안의 소정근로시간에 비하여 짧은 근로자)의 1일 소정근로시간수는 4주 동안의 소정근로시간을 그 기간의 통상 근로자의 총 소정근로일수로 나누어 산정한다(법 18조, 영 9조 1항, 별표 2). 단시간근로자의 주휴수당은 이렇게 산출된 1일 소정근로시간수에 시간급 임금을 곱한 금액이 된다.

### 다. '유급' 휴일과 가산수당

주휴일에 근로를 한 경우에는 법 56조 2항이 정하는 바에 따라 휴일근로수당을 지급해야 한다(법 56조). 휴일근로시간이 연장근로시간에도 해당하여 중복할증 대상이 되는지에 관해 논란이 있었으나, 대법원은 구 근기법상의 휴일근로시간은 1주간 기준근로시간 및 1주간 연장근로시간에 포함되지 않는다고 보아야 하므로, 휴일근로에 따른 가산수당과 연장근로에 따른 가산수당은 중복하여 지급될 수 없다고 보았다.[64)] 2018. 3. 20. 개정된 법 56조는 8시간 이내의 휴일근로에 대해서는 통상임금의 50%, 8시간을 초과한 휴일근로에 대해서는 통상임금의 100% 이상을 가산하도록 정하고 있다.

이에 대한 논의는 법 56조에 대한 해설 참조.

## Ⅲ. 주휴일 외의 법정휴일

### 1. 근로자의 날

근로자의 날은 근로자의 날 제정에 관한 법률에 의해 5월 1일로 정해져 있다. 동법은 근로자의 날을 "근로기준법에 따른 유급휴일로 한다"라고 정하고 있다. 따라서 근로자의 날을 적용받는 대상은 근기법 적용대상과 같다고 보아야 하고, 공무원에게는 적용되지 않는다.[65)]

'근기법에 따른 유급휴일'의 효과가 무엇인지는 정해져 있지 않다. 근기법

---

63) 하갑래a, 225면.

64) 대법원 2018. 6. 21. 선고 2011다112391 전원합의체 판결.

65) 하갑래, 478면. 헌법재판소는 근로자의 날을 관공서의 공휴일에 포함시키지 않은 '관공서의 공휴일에 관한 규정'이 공무원의 평등권 등을 침해하는 것이 아니라고 판단하였다(헌재 2015. 5. 28. 선고 2013헌마343 결정).

56조가 적용되어 그날의 근로에 대해 휴일근로수당이 지급되어야 하는 것은 당연하다. 고용노동부는 근로자의 날에 대해 ① 유급휴일이므로 근로제공이 없더라도 임금을 지급해야 하고, ② 그날의 근로에 대하여는 휴일근로수당을 지급하거나 보상휴가제를 실시해야 한다고 본다. 그러나 ③ 휴일대체는 불가능하고, ④ 근기법 63조의 적용제외 근로자의 경우에는 유급휴일로 보장되지만, 보상휴가제는 적용되지 않고(당사자 합의로 제도를 도입하여 운영하는 것은 가능), 그날에 근무하더라도 통상 하루의 소정임금을 추가로 지급하면 되고 가산수당을 지급할 필요는 없다는 입장이다.[66] 휴일 대체와 관련하여 근로자의 날을 주휴일과 달리 취급하는 것은 타당하지 않다는 비판이 있다.[67]

## 2. 공 휴 일

2018. 3. 20. 신설된 법 55조 2항은 사용자가 근로자에게 대통령령으로 정하는 휴일을 유급으로 보장하도록 정하였다. 종래 관공서 등은 관공서의 공휴일에 관한 규정에 따라 공휴일이 지정되고 있으나 일반 기업의 경우 단체협약이나 취업규칙 등에 따라 공휴일 휴무 여부가 다른 관계로 영세 중소기업 근로자는 명절 연휴와 같은 공휴일을 유급휴일로 보장 받지 못하는 문제를 해결하고자 한 것이다.

대통령령이 정하는 휴일은 관공서의 공휴일에 관한 규정 2조 2호 내지 11호에 따른 공휴일과 3조의 대체공휴일이다. 1호를 제외한 이유는 주휴일이 일요일이 아닌 경우도 있기 때문이다. 3조는 대체공휴일에 관한 규정으로 대체공휴일이 겹치는 경우, 대체공휴일이 토요일인 경우도 정하고 있다. 일요일이 아닌 주휴일은 공휴일과 겹치더라도 대체공휴일이 발생하지는 않는다.[68]

> 제 2 조(공휴일) 관공서의 공휴일은 다음 각 호와 같다. 다만, 재외공관의 공휴일은 우리나라의 국경일 중 공휴일과 주재국의 공휴일로 한다.
> 1. 일요일
> 2. 국경일 중 3 · 1절, 광복절, 개천절 및 한글날

66) 적용지침, 3면.
67) 하갑래, 479면.
68) 설명자료, 54면.

3. 1월 1일
4. 설날 전날, 설날, 설날 다음날 (음력 12월 말일, 1월 1일, 2일)
5. 삭제 〈2005. 6. 30〉
6. 부처님오신날 (음력 4월 8일)
7. 5월 5일 (어린이날)
8. 6월 6일 (현충일)
9. 추석 전날, 추석, 추석 다음날 (음력 8월 14일, 15일, 16일)
10. 12월 25일 (기독탄신일)
10의 2. 「공직선거법」 제34조에 따른 임기만료에 의한 선거의 선거일
11. 기타 정부에서 수시 지정하는 날

제 3 조(대체공휴일)

① 제2조 제2호부터 제10호까지의 공휴일이 다음 각 호의 어느 하나에 해당하는 경우에는 그 공휴일 다음의 첫 번째 비공휴일(제2조 각 호의 공휴일이 아닌 날을 말한다. 이하 같다)을 대체공휴일로 한다.
1. 제2조 제2호 · 제6호 · 제7호 또는 제10호의 공휴일이 토요일이나 일요일과 겹치는 경우
2. 제2조 제4호 또는 제9호의 공휴일이 일요일과 겹치는 경우
3. 제2조 제2호 · 제4호 · 제6호 · 제7호 · 제9호 또는 제10호의 공휴일이 토요일 · 일요일이 아닌 날에 같은 조 제2호부터 제10호까지의 규정에 따른 다른 공휴일과 겹치는 경우

② 제1항에 따른 대체공휴일이 같은 날에 겹치는 경우에는 그 대체공휴일 다음의 첫 번째 비공휴일까지 대체공휴일로 한다.

③ 제1항 및 제2항에 따른 대체공휴일이 토요일인 경우에는 그 다음의 첫 번째 비공휴일을 대체공휴일로 한다.

법 55조 2항은 부칙 15513호에 의하여 사업장의 성격 및 규모 등에 따라 순차로 시행되었다. 2022. 1. 1.부터, 상시 5인 이상 근로자를 사용하는 사업 또는 사업장에도 시행되었다.

법 55조 2항의 휴일은 근기법에 의한 휴일이므로 성질에 반하지 않는 한 주휴일에 관한 내용이 그대로 적용된다고 봄이 타당하다.

## Ⅳ. 휴일의 대체

### 1. 개 념

'휴일의 대체'란 취업규칙 등에 정해진 휴일에 근로를 시키는 대신 다른 날에 휴일을 부여하는 것을 말한다.[69] 적법한 휴일 대체가 있으면 원래의 휴일은 통상의 근로일이 되고 그 날의 근로는 휴일근로가 아닌 통상근로가 되며 대체하기로 한 날이 휴일로 변경된다.

과거 법에 휴일 대체에 관한 명시적인 규정은 없었으나 대법원은 일정한 요건을 갖추면 휴일 대체가 가능하다는 입장이었다. 2018. 3. 20. 신설된 법 55조 2항은 법정휴일의 범위를 확대하면서 후문에서 "근로자대표와 서면으로 합의한 경우 특정한 근로일로 대체할 수 있다"라고 정하여 휴일 대체의 법적 근거를 마련하였다. 신설된 법 55조 2항의 전문이 주휴일 외의 법정휴일에 관한 규정이므로 같은 항 후문의 휴일 대체도 주휴일 외의 법정휴일에 관한 것으로 이해된다.[70]

일본에서는 휴일 대체의 적법성 · 요건 · 효과에 대해 학설과 판례가 축적되어 왔다. 그리하여 (i) 법이 휴일 대체를 명시적으로 금지하지 않고 있고, (ii) 휴일을 특정하여야 할 것도 요청되지 않고 있으며, (iii) 일단 특정된 휴일의 변경에 대하여도 규제하지 않는 점 등을 근거로 휴일 대체는 가능하다는 것이 통설이다.

### 2. 내 용

#### 가. 휴일 대체의 요건에 관한 기존 논의

종래 대법원은, "지방공무원법 등 상위 법령의 위임을 받은 조례 또는 단체협약 등에서 특정된 휴일을 근로일로 하고 대신 통상의 근로일을 휴일로 교체할 수 있도록 하는 규정을 두거나 그렇지 않더라도 근로자의 동의를 얻은 경우, 미리 근로자에게 교체할 휴일을 특정하여 고지하면 달리 보아야 할 사정이 없

---

69) 김지형, 428면은 이를 '주휴일의 변경'이라고 부른다. 일본에서는 사전에 휴일을 변경하여 다른 날 쉬게 하는 것을 휴일의 '振替(ふりかえ)'라고 하고, 휴일에 일단 근로를 시킨 다음 다른 날 대신 쉬게 하는 것을 '代休(だいきゅう)'라고 부르는데[注釋(下), 594면 이하], 전자를 '대체'라고 부르는 경우 '대휴' 개념과의 혼동이 생기는 것을 우려한 것으로 보인다. 이 책에서는 대법원 2000. 9. 22. 선고 99다7367 판결에서 사용된 '휴일 대체'라는 용어를 사용하도록 한다.

70) 하갑래, 497면.

는 한 이는 적법한 휴일 대체가 되어, 원래의 휴일은 통상의 근로일이 되고 그 날의 근로는 휴일근로가 아닌 통상근로가 되므로 사용자는 근로자에게 휴일근로수당을 지급할 의무를 지지 않는다"고 함으로써,[71] (i) 규정이 존재하거나 근로자의 동의가 있을 것, (ii) 미리 근로자에게 교체할 휴일을 특정하여 고지할 것 등을 요건으로 하여 휴일 대체가 가능하다고 보았다. 휴일 대체의 근거 규정이 취업규칙이나 단체협약에 있는 경우에도 근로자의 개별적 동의가 있어야 하는지 여부가 문제될 수 있다. 일본의 다수설은 일정한 요건을 갖추고 있으면 사용자는 취업규칙 등의 규정에 의하여 일방적으로 휴일 대체를 할 수 있다고 하며,[72] 우리 학설도 취업규칙 등에서 사용자에게 포괄적 재량을 인정하는 규정을 두는 경우 일정한 요건 하에서 휴일 대체가 적법하다고 보았다.[73]

### 나. 법 55조 2항의 휴일 대체에 관한 규정

2018. 3. 20. 신설된 법 55조 2항 후문은 사용자가 근로자대표와 서면으로 합의한 경우 (전문의 휴일을) 특정한 근로일로 대체할 수 있다고 정하여, 휴일 대체의 법률적 근거를 마련하였다. 그 내용은 연차유급휴가 대체 규정(법 62조)과 동일하다.

근로자대표는 그 사업 또는 사업장에 근로자의 과반수로 조직된 노동조합이 있는 경우에는 그 노동조합이고, 근로자의 과반수로 조직된 노동조합이 없는 경우에는 근로자의 과반수를 대표하는 자를 말한다(법 24조 3항). 서면 합의에 규정해야 할 내용에 관해서 법은 아무런 정함이 없다. 특정한 근로일을 특정한 휴일에 갈음할 수 있다는 취지를 규정하면 된다는 견해, 휴일에 갈음하게 할 수 있는 조건과 대체할 휴일의 날짜를 명백히 정하여야 한다고 보는 견해가 있을 수 있다.[74] 한편, 고용노동부는 근로자 휴일을 대체하기 위해서는 근로자대표와의 서면 합의가 있는 외에, 원래의 휴일 24시간 전에 근로자에게 교체할 휴일을

---

71) 대법원 2000. 9. 22. 선고 99다7367 판결.

72) 박재필, 338면.

73) 김유성, 182면은 (i) 휴일대체를 할 만한 업무상의 필요성이 있을 것, (ii) 사전에 대체가 예고·통지되어 있을 것, (iii) 대체휴일이 사전에 특정되어 있어야 할 것 등을 조건으로 한다고 하고 있으며, 김지형, 428면은 단체협약이나 취업규칙 등에 이와 같이 변경할 수 있는 사유·방법·절차 등의 정함이 있는 경우에는 이에 따라야 한다고 하고 있다. 박재필, 339~340면도 취업규칙 등에 휴일 대체의 근거규정을 둔 경우에도 휴일 대체의 사유를 규정하여야 한다고 하고 있다.

74) 임종률, 465면은 근로자대표와 서면합의에서는 대체할 공휴일, 유급휴일로 할 근로일, 공휴일 대체의 적용 대상 근로자의 범위 등을 정하여야 한다고 하고 있다.

특정하여 고지해야 한다는 입장이다.[75)]

법 55조 2항의 휴일이 아닌 휴일, 즉 주휴일이나 그 밖의 휴일의 대체에 관해서는 법에 규정이 없다. 근거 규정이 없으므로 주휴일은 대체가 불가능하다고 해석할 여지도 있으나, 판례는 주휴일 대체가 가능하다고 보고 있고 학설도 일정한 요건을 갖춘 경우 원칙적으로 주휴일 대체가 허용된다고 본다.[76)] 실무상으로도 주휴일 대체는 빈번하게 활용된다.

적법한 주휴일 대체를 실시하기 위해서는 법 55조 2항의 후문과 동일한 요건을 갖추어야 하는지 논란이 있을 수 있다. 2항의 법정휴일에 대해서는 근로자대표와 서면 합의에 따라 휴일 대체를 실시할 수 있으나, 주휴일에 관한 규정은 없기 때문이다. 결국 주휴일 대체를 위해 어떤 요건을 갖추어야 하는지는 해석에 맡겨져 있다. 법정휴일의 대체 제도를 각각 달리 운영할 필요성을 인정하기 어려우므로 주휴일도 근로자대표와 서면 합의를 하면 휴일 대체를 실시할 수 있다고 볼 것이다.

취업규칙 규정이나 개별 근로자의 동의에 의해 휴일 대체를 실시할 수 있는가? 법 55조 2항에 위반되므로 같은 항의 법정휴일을 대체하는 효력을 인정할 수는 없다. 문제는 주휴일이나 그 밖의 약정휴일의 경우이다. 주휴일이나 약정휴일에 대해서는 반드시 근로자대표와 서면 합의를 해야만 휴일 대체가 가능하다고 볼 근거가 없다. 따라서 서면 합의 외에 취업규칙 규정이나 개별 근로자의 동의에 의해서도 휴일 대체를 실시할 수 있다고 해석된다.

### 3. 효 과

적법하게 휴일 대체가 되면 원래의 휴일은 근로일이 되고, 대체하기로 한 날이 휴일이 된다. 따라서 원래의 휴일에 근로를 하더라도 휴일근로가 아닌 통

75) 설명자료, 22면. 교체할 휴일을 특정해서 고지해야 한다는 규정은 없으나, '대체'의 의미와 법정휴일을 보장해야 하는 것은 사용자의 의무라는 점에서 사용자의 고지의무가 도출된다고 볼 수 있을 것이다.

76) 박재필, 337~338면. 고용노동부 행정해석은 주휴일과 단체협약이나 취업규칙 등으로 정한 휴일(약정휴일)을 다른 날로 변경(대체)하고자 하는 경우, 단체협약이나 취업규칙 등에 그에 관한 요건과 절차 등을 정하고 있을 때에는 그에 따라야 할 것이나 그와 같은 정함이 없는 경우에는 노사 간의 합의가 있어야 할 것이라고 하면서, 근로자의 날은 법률로서 특정한 날을 유급휴일로 정하고 있으므로 다른 날로 대체할 수 없으며 다른 날로 대체하였더라도 근로자의 날에 근로한 경우에는 법 56조에 의한 휴일근로수당을 지급하여야 한다는 입장이다 (2004. 2. 19. 근로기준과-829). 설명자료, 23면도 마찬가지이다.

상근로가 된다. 주당 근로시간의 한도를 초과했는지 여부는 휴일대체 근로시간을 포함하여 산정해야 한다. 대체하기로 한 날이 휴일이 되므로 그 날에 근로를 하게 되면 휴일근로수당이 지급되어야 한다.

적법하게 휴일 대체가 되지 못하면 일단 특정된 휴일에 근로를 하게 한 후 그 휴일에 대신하는 휴일을 주더라도, 근로자가 주휴일에 근로한 것은 휴일근로이고, 대신 쉰 날은 휴일이 아니라 사용자가 근로자로 하여금 근로의무를 면제시킨 날이 된다. 통상 이를 '휴일의 대체'와 구분하여 '대휴(代休)'라고 부른다. 휴일의 대체와 대휴의 차이는 휴일의 대체에서는 별도의 휴일근로수당을 지급할 필요가 없지만,[77] 대휴에서는 별도로 휴일근로수당을 지급하여야 한다는 점에 있다.[78]

## V. 벌 칙

사용자가 법 55조 1항을 위반하여 1주일에 평균 1회 이상의 유급휴일을 주지 않거나, 2항을 위반하여 대통령령으로 정하는 휴일을 유급으로 보장하지 않으면 2년 이하의 징역 또는 2,000만 원 이하의 벌금에 처한다(법 110조 1호). 주휴일은 매주 1회 이상 주어져야 하므로 사용자가 근로자에게 주휴일을 주지 아니한 주마다 근기법 위반죄가 각각 성립하게 된다. 다른 휴일의 경우에도 마찬가지로 정해진 휴일을 주지 않은 때마다 근기법 위반죄가 각각 성립하게 된다. 휴일을 부여하되 휴일수당을 지급하지 않은 경우 이 조항과 아울러 임금 지급에 관한 법 43조를 위반한 것에 대한 벌칙(법 109조. 3년 이하 징역 또는 3,000만 원 이하 벌금)이 같이 적용된다. 근로자의 자발적 의사에 의하여 주휴일 없이 근로한 경우에도 그 의사와 관계없이 본조 위반이 된다고 보는 견해가 있으나,[79] 근로

77) 대법원 2000. 9. 22. 선고 99다7367 판결.

78) 김지형, 428면. 서울중앙지법 2005. 12. 28. 선고 2004가단273036 판결과 그 항소심인 서울중앙지법 2006. 10. 25. 선고 2006나2710 판결에서도 원고들이 단체협약상 공휴일로 정해진 날에 근로하는 대신 다른 날을 정하여 쉰 것을 '적법한 휴일 대체'에 의한 것으로 볼 수는 없고, 사정에 따라 공휴일에 근로한 것에 대한 대상으로 원고들의 휴식과 자유시간의 확보를 위하여 원고들이 좋은 날을 정하여 쉴 수 있도록 부여된 휴일인 '대휴'라고 보아야 한다고 하여 두 용어를 구분하고 있다. 다만, 상고심에서는 이를 엄격히 구분하지 않으면서, 적법한 휴일 대체의 인정범위를 넓히고 있다(대법원 2008. 11. 13. 선고 2007다590 판결). 실제 사업장에서는 '대휴'라고 부르면서도 휴일근로수당을 지급하지 않는 경우가 많다.

79) 이병태, 818면. 강성태a, 19면도 같은 견해이다.

자의 동의에 의한 휴일근로가 가능하다는 점에서 의문이 있다.

[이 정 한·김 진·여 연 심]

## 第56條(연장·야간 및 휴일 근로)

① 사용자는 연장근로(제53조·제59조 및 제69조 단서에 따라 연장된 시간의 근로를 말한다)에 대하여는 통상임금의 100분의 50 이상을 가산하여 근로자에게 지급하여야 한다.

② 제1항에도 불구하고 사용자는 휴일근로에 대하여는 다음 각 호의 기준에 따른 금액 이상을 가산하여 근로자에게 지급하여야 한다.

1. 8시간 이내의 휴일근로: 통상임금의 100분의 50
2. 8시간을 초과한 휴일근로: 통상임금의 100분의 100

③ 사용자는 야간근로(오후 10시부터 다음 날 오전 6시 사이의 근로를 말한다)에 대하여는 통상임금의 100분의 50 이상을 가산하여 근로자에게 지급하여야 한다.

〈세 목 차〉

[참고문헌]

**강성태a**, “연장시간근로 등에서 근로시간의 산정”, 노동법연구 4호, 서울대학교 노동법연구회(1994); **강성태b**, “근로기준법상 임금제도의 개선방향에 관한 연구”, 노동법연구 10호, 서울대학교 노동법연구회(2001); **강성태c**, “포괄임금제의 노동법적 검토”, 노동법연구 26호, 서울대학교 노동법연구회(2009); **김선일**, “업무상 재해로 장기간 휴업한 근로자와 연차휴가수당 청구권”, 대법원판례해설 111호, 법원도서관(2017); **김소영**, “연봉제 도입의 법적 문제", 노동경제논집 21권(1), 한국노동경제학회(1998. 6.); **김용직**, "1. 숙 · 일직 근로와 노선지도업무에 대하여 시간외수당을 지급하여야 하는지 여부 2. … ", 대법원판례해설 23호, 법원도서관(1995. 12.); **김원정**, "숙직근무에 대한 임금청구가 가능한가 여부에 관한 판결", 노동법률 49호, 중앙경제(1995. 6.); **김재훈**, "포괄임금계약과 퇴직금의 지급 등", 1998 노동판례비평, 민주사회를 위한 변호사모임(1999. 8.); **김지형a**, "퇴직금 산정의 기준이 되는 평균임금에 산입될 연월차수당의 범위", 저스티스 32권 3호(53호), 한국법학원(1999); **김지형b**, "노동쟁송과 판례연구(하)", 인권과 정의 319호, 대한변호사협회(2003. 3.); **김진석**, "포괄임금계약의 허용범위", 노동법실무연구 1권, 노동법실무연구회(2011); **김홍영**, "포괄임금약정의 성립 판단 — 대법원 2016. 10. 13. 선고 2016도1060 판결 —", 노동판례리뷰 2017, 한국노동연구원(2018); **문무기 외 3명**, 임금제도 개편을 위한 노동법적 과제, 한국노동연구원(2006); **문형배**, "포괄임금계약과 근로기준법 제61조", 판례연구 11집, 부산판례연구회(2000. 1.); **민중기**, "연차휴가의 산정방법과 연차휴가 수당의 선급 여부", 대법원판례해설 35호, 법원도서관(2001); **박순영**, "근로기준법상 근로시간의 규제와 포괄임금제", 대법원판례해설 83호, 법원도서관(2010); **박용상 외 3명**, "통상임금과 법정수당에 관한 고찰 —서울민사지방법원 노동전담합의부 42부의 실무처리를 중심으로—", 사법논집 21집, 법원행정처(1990); **박이규**, "근로관계종료와 연차휴가수당", 대법원판례해설 54호, 법원도서관(2006. 1.); **박주현**, "포괄산정 근로계약(포괄역산 임금계약)과 근로시간", 노동법연구 2권 1호, 서울대학교 노동법연구회(1992); **박홍우**, "연차유급휴가권", 재판자료 39집 근로관계소송상의 제문제(상), 법원행정처(1987. 12.); **송명호**, "포괄임금계약에 관한 고찰", 인권과 정의 347호, 대한변호사협회(2005. 7.); 노동부, 개정 근로기준법 **시행지침**(2003. 12.); **신수길**, "포괄임금제에 의한 임금지급계약이 유효하기 위한 요건", 대법원판례해설 32호, 법원도서관(1999. 10.); **유승관**, "감시단속적 근로와 포괄임금계약의 유효성", 재판실무연구, 광주지방법원(1998); **이국환**, "감시단속적 근로와 포괄임금계약의 유효성", 대법원판례해설 28호, 법원도서관(1997. 12.); **이승길**, "연봉제의 노동법적 문제", 노동법연구 11호, 서울대학교 노동법연구회(2001); **이원재**, "포괄임금제에 의한 임금계약의 효력대상 판결, 1997 노동판례비평, 민주사회를 위한 변호사모임(1998. 8.); **조임영**, "포괄임금제에 의한 임금지급계약의 성립요건", 노동법률 95호, 중앙경제(1999. 4.); **최은배**, "노동사건 심리상 몇 가지 문제점", 우리법연구회 논문집 6집(2010); **하갑래a**, "포괄임금제의 내용과 한계", 노동법학 29호, 한국노동법학회(2009).

## Ⅰ. 근기법상 근로시간과 휴가 관련 수당

근기법상 근로시간, 휴일, 휴가와 관련하여 지급되도록 하는 수당은 법 56조가 정한 연장·야간·휴일근로수당과 연월차수당, 생리휴가수당, 출산전후휴가수당이 있다. 휴일근로수당 관련하여 2018. 3. 20. 법이 개정되었다.

이하에서는 법 56조와 직접 관련된 연장·야간·휴일근로수당을 먼저 설명하고, 다음으로 연월차수당, 생리휴가수당, 출산전후휴가수당을 설명한다.[1] 이어서 수당과 관련한 문제로 포괄임금제와 연봉제를 여기에서 함께 언급하기로 한다.

## Ⅱ. 연장·야간·휴일근로수당

### 1. 의의 및 취지

사용자는 연장근로·야간근로에 대하여는 통상임금의 100분의 50 이상을 가산하여 지급하여야 한다(법 56조 1항, 3항). 사용자는 휴일근로에 대하여는, 8시간 이내의 휴일근로에 대하여는 통상임금의 100분의 50 이상을, 8시간을 초과한 휴일근로에 대하여는 통상임금의 100분의 100 이상을 가산하여 지급하여야 한다(법 56조 2항).

이에 따라 사용자가 근로자에게 지급하는 임금을 통상 '연장근로수당', '야간근로수당', '휴일근로수당'이라 한다. 통상임금의 일정률을 가산하여 지급한다는 측면에서 위와 같은 수당을 가산임금 또는 할증임금이라고 표현하기도 한다.

가산임금제도[2]의 1차적인 목적은 사용자에게 가중된 금전적 부담을 가함으로써 사전에 위와 같은 근로를 억제하여 근로자 보호를 위한 근로시간 제한제도가 준수되도록 하려는 데 있고,[3] 2차적 목적은 사용자가 위와 같은 근로를 시킨 경우 이는 근로자에게 더 큰 피로와 긴장을 주고 그의 생활상 자유시간을 제한하므로 이에 상응하는 경제적 보상을 해주려는 데 있다.[4]

1953. 5. 10. 제정 근기법은 연장근로와 야간근로에 대하여만 50% 이상의

1) 연월차수당, 생리휴가수당, 출산전후휴가수당에 관한 설명은 법 60조, 61조, 73조, 74조 설명 부분에 포함되어야 하나, 임금 부분에서 따로 설명하고 법 조문 설명 부분에서는 간단히 언급만 한다.
2) 법문에 충실하게 가산임금 또는 가산임금제라는 용어를 사용하기로 한다.
3) 김유성, 170면.
4) 대법원 1990. 12. 26. 선고 90다카12493 판결.

가산임금을 지급하도록 하고, 휴일근로에 대하여는 그 근로에 대한 임금을 지급하였음을 이유로 법에서 정한 휴일에 지급할 임금의 지급을 거절할 수 없다는 내용의 규정만 두어 가산임금은 인정하지 않았으나(1953. 6. 10. 제정 법 46조), 1961. 12. 4. 개정 법에서 휴일근로에 대하여도 50% 이상의 가산임금을 지급하도록 하였으며, 2018. 3. 20. 개정 법에서 8시간 이내 휴일근로와 8시간 초과 휴일근로를 나누어 규정하였다.

## 2. 연장근로수당

### 가. 연장근로

#### (1) 연장근로의 의의[5]

법 56조 1항은 연장근로에 대하여 통상임금의 100분의 50 이상을 가산하여 지급하도록 하면서, 연장근로를 53조, 59조, 69조 단서에 따라 연장된 시간의 근로라 칭하고 있다. 예를 들어 법 53조 1항은 법 50조가 정한 근로시간인 1주 40시간, 1일 8시간의 근로시간을 1주에 12시간 한도 안에서 연장할 수 있다고 규정하고 있다. 이와 같이 법이 정한 근로시간을 초과하여 행하는 근로를 연장근로라 한다.

법은 1일과 1주를 단위로 하여 근로시간의 기본 상한선을 정하고, 당사자 사이의 합의에 따라 그 상한선을 넘어서는 연장근로를 인정하되, 연장근로의 한도를 정함과 아울러 그 연장근로에 대하여 가산임금을 지급하도록 하고 있는 것이다.

가산임금을 주어야 할 연장근로는 적법한 것인지 위법한 것인지 불문한다.

#### (2) 구별 개념

연장근로는 '법내 초과근로(법내 연장근로)'와 구별된다.

법내 초과근로는 근로계약·취업규칙·단체협약 등에 따라 법이 정한 근로시간(법 50조에 따를 경우 1주 40시간, 1일 8시간)보다 적은 시간을 1일, 1주의 근로시간으로 정하였을 때, 그 정해진 근로시간을 초과하면서 법이 정한 근로시간보다 적은 근로시간을 근로한 경우를 말한다.

법내 초과근로는 법 56조의 연장근로에 해당하지 않고, 이에 대해서는 가

---

5) 연장근로에 관하여 보다 자세한 내용은 법 53조에 대한 해설 참조.

산임금을 지급할 필요가 없다.[6] 하지만 법내 초과근로에 대하여 연장근로수당을 지급하기로 하는 근로계약, 취업규칙, 단체협약이 유효함은 계약자유의 원칙으로 보나, 법이 정한 근로기준은 최저 기준에 불과하다는 원리로 보나 당연하다. 이러한 근로계약, 취업규칙, 단체협약이 있으면, 사용자는 연장근로수당을 지급할 의무를 진다.[7]

#### (3) 연장근로가 가능한 경우

기본적인 연장근로는 법 53조가 규정하고 있다.

그리고 법 53조에 대한 특칙으로, 법 59조는 업무 특성상 초과근로가 더 길어도 근로자에게 어려움이 상대적으로 적거나 공중의 편의가 고려된 특례 사업(육상운송 및 파이프라인 운송업, 수상운송업, 항공운송업, 기타 운송관련 서비스업, 보건업)에 대하여는 초과 근로시간의 제한을 없앴다. 그리고 법 69조는 나이 어린 근로자에 대하여 초과 근로시간의 제한을 더 가중하였다.

##### ㈎ 법 53조

당사자 간에 합의하면 1주간에 12시간을 한도로, 법이 초과근로를 못하도록 한 1주 40시간의 근로와 1일 8시간의 근로를 연장할 수 있고(법 53조 1항, 50조), 당사자 간에 합의하면 1주간에 12시간을 한도로, 법 51조에서 정한 탄력적 근로시간제의 근로시간을 연장할 수 있으며, 정산기간을 평균하여 1주간에 12시간을 한도로, 법 52조가 정한 선택적 근로시간제의 근로시간을 연장할 수 있다(법 53조 2항, 51조, 52조).

2018. 3. 20. 개정법은 30인 미만 소규모 사업장에 대한 특례연장근로를 2021. 7. 1.부터 2022. 12. 31.까지 한시적으로 인정하였다(부칙 2조). 상시 30명 미만의 근로자를 사용하는 사용자는 '법 53조 1항 또는 2항에 따라 연장된 근로시간을 초과할 필요가 있는 사유 및 그 기간'과 '대상 근로자의 범위'에 대하여 근로자대표와 서면으로 합의한 경우 법 53조 1항 또는 2항에 따라 연장된 근로시간에 더하여 1주간에 8시간을 초과하지 아니하는 범위에서 근로시간을 연장할 수 있다(법 53조 3항). 2018. 3. 20. 개정법 부칙 1조 2항에 따르면 상시 5명 이상 50명 미만의 근로자를 사용하는 사업 또는 사업장의 경우 2조 1항의 개정규정(2조 1항 7호로 1주를 휴일을 포함한 7일을 말하는 것으로 명확히 규정함으로써 연장·휴일근

6) 대법원 1991. 6. 28. 선고, 90다카14758 판결, 대법원 1995. 6. 29. 선고 94다18553 판결.
7) 대법원 2005. 9. 9. 선고 2003두896 판결.

로를 포함하여 1주 최대 근로시간을 52시간으로 제한한 것)이 2021. 7. 1.부터 시행되는데, 30인 미만 사업장에 대하여는 '법 53조 1항 또는 2항에 따라 연장된 근로시간을 초과할 필요가 있는 사유 및 그 기간'과 '대상 근로자의 범위'에 대하여 근로자대표와 서면으로 합의한 경우에 한하여 2022. 12. 31.까지는 8시간 추가로 연장근로를 할 수 있도록 한 것이다. 18세 미만 연소근로자에 대하여는 위 특례 연장근로가 허용되지 않는다(법 53조 6항).

그리고 사용자는 특별한 사정이 있으면 고용노동부장관의 인가와 근로자의 동의를 받아 위에서 말한 연장근로 시간을 연장할 수 있다. 다만, 사태가 급박하여 고용노동부장관의 인가를 받을 시간이 없는 경우에는 사후에 지체 없이 승인을 받아야 한다(법 53조 4항). 이 경우 고용노동부장관은 근로시간의 연장이 부적당하다고 인정하면 그 후 연장시간에 상당하는 휴게시간이나 휴일을 줄 것을 명할 수 있다(법 53조 5항).

이와 같이 당사자 간 합의로 연장할 수 있는 근로(법 53조 1항 · 2항에 따른 연장근로)는 통상연장근로라 하고, 고용노동부장관의 인가와 근로자 동의를 받아 위와 같이 연장할 수 있는 근로(법 53조 4항에 따른 연장근르)는 특별연장근로라 부른다.

법 53조에 따른 연장근로를 도해하면 아래 표와 같다.

법 53조에 따른 연장근로

| 구분 | 기본 규정의 한도 | | 연장근로 요건 | 연장 한도 |
|---|---|---|---|---|
| §53① | §50: 1주간 40시간(①), 1일 8시간(②) | | 당사자 간 합의 | 1주간 12시간 |
| §53② | §51 (3개월 이내의 탄력적 근로시간제) | ①: 2주간 이내 단위기간 평균 1주간 40시간 내에서, 특정주 40시간, 특정일 8시간 초과 가능. 다만, 특정주 48시간 한도. 취업규칙에 근거 | 당사자 간 합의 | 1주간 12시간 |
| | | ②: 3개월 이내 단위기간 평균 1주간 40시간 내에서, 특정주 40시간, 특정일 8시간 초과 가능. 다만, 특정주 52시간, 특정일 12시간 한도. 근로자대표와 서면 합의에 근거 | 당사자 간 합의 | 1주간 12시간 |
| | §51조의2 (3개월을 | ①: 3개월 초과 6개월 이내 단위기간 평균 1주간 40시간 내에서, 특정주 40 | 당사자 간 합의 | 1주간 12시간 |

| | | | |
|---|---|---|---|
| | 초과하는 탄력적 근로시간제)<br>시간, 특정일 8시간 초과 가능. 다만, 특정주 52시간, 특정일 12시간 한도. 근로자대표와 서면 합의에 근거 | | |
| | §52(선택적 근로시간제)<br>업무의 시작과 종료 시각을 근로자의 결정에 맡기기로 한 근로자, 근로자대표와 서면 합의에 근거. 1개월 이내 정산기간 평균 1주간 40시간 내에서, 1주간 40시간, 1일 8시간 초과 가능 | 당사자 간 합의 | 정산기간을 평균하여 1주간 12시간 |
| §53③ | 상시 30명 미만 근로자 사업장, §53 ①, ②항에 따라 연장된 근로시간을 초과할 필요가 있는 사유 및 그 기간과 대상 근로자의 범위에 대하여 근로자대표와 서면 합의 | 당사자 간 합의 | 1주간 8시간 추가 가능 |
| §53④ | | 특별한 사정+고용노동부장관 인가+근로자 동의 | 1항·2항 연장 가능 |

(나) 법 59조(특례 사업 연장근로)

통계법 22조 1항에 따라 통계청장이 고시하는 산업에 관한 표준의 중분류 또는 소분류 중 (i) 육상운송 및 파이프라인 운송업(다만, 여객자동차 운수사업법 3조 1항 1호에 따른 노선 여객자동차운송사업은 제외), (ii) 수상운송업, (iii) 항공운송업, (iv) 기타 운송관련 서비스업, (v) 보건업에 대하여 사용자가 근로자대표와 서면으로 합의한 경우에는 53조 1항에 따른 주 12시간을 초과하여 연장근로를 하게 할 수 있다(법 59조 1항). 위 경우 사용자는 근로일 종료 후 다음 근로일 개시 전까지 근로자에게 연속하여 11시간 이상의 휴식 시간을 주어야 한다(법 59조 2항). 특례 사업에 대하여는 연장근로의 한도가 적용되지 않으므로 무제한적인 장시간 노동이 가능해 근로자의 건강과 안전은 물론 공중의 생명까지 위협하는 요인이 될 수 있다는 비판이 있었다. 2018. 3. 20. 개정에 따라 특례 사업을 대폭 축소하였고, 근로일 종료 후 다음 근로일 개시전까지 최소 11시간의 연속 휴식 시간을 부여하도록 하는 규정을 신설하여 근로자에게 최소한의 휴식 시간이 보장되도록 하였다.

(다) 법 69조(연소자 연장근로)

법 50조는 근로시간을 1주 40시간, 1일 8시간을 초과하지 못하도록 하고 있지만, 15세 이상 18세 미만인 근로자의 근로시간은 1일에 7시간, 1주일에 35시간을 초과하지 못한다. 다만, 당사자 사이의 합의에 따라 1일 1시간, 1주일 5시간을 한도로 연장할 수 있다(법 69조). 2018. 3. 20. 개정 전 1주일 한도가 40시간이었던 것을 35시간으로, 1주 연장근로시간 한도가 6시간이었던 것으로 5시간으로 단축함으로써 연소근로자를 보다 잘 보호할 수 있도록 하였다.

#### (4) 연장근로의 적용 배제

토지의 경작·개간, 식물의 식재(植栽)·재배·채취 사업, 그 밖의 농림 사업의 근로자, 동물의 사육, 수산 동식물의 채취·포획·양식 사업, 그 밖의 축산, 양잠, 수산사업의 근로자, 감시(監視) 또는 단속적(斷續的)으로 근로에 종사하는 자로서 사용자가 고용노동부장관의 승인을 받은 자, 사업의 종류에 관계없이 관리·감독 업무 또는 기밀을 취급하는 업무에 종사하는 근로자에 대하여는 법 4장과 5장에서 정한 근로시간, 휴게와 휴일에 관한 규정을 적용하지 않는다(법 63조; 영 34조). 따라서 위와 같은 사업·업무에 종사하는 근로자에게는 가산임금과 관련하여 연장근로에 관한 부분은 적용되지 않는다.[8)]

### 나. 연장근로수당액의 산정

연장근로에 대한 임금은 시간급 통상임금을 기초로 거기에 연장근로의 시간수와 법정 가산율을 곱하는 방법에 의하여 산정한다. 따라서 가산임금을 산정하기 위해서는 연장근로의 시간수와 시간급 통상임금을 각각 확정하여야 한다.

한편 연장근로에 대하여 통상임금의 50% 이상을 가산하여 지급하도록 한 법 규정은 연장근로에 대한 임금 산정의 최저기준을 정한 것이므로, 연장근로에 대한 가산임금 산정방식에 관하여 노사 간에 합의한 경우 노사합의에 따라 계산한 금액이 법에서 정한 기준에 미치지 못할 때에는 그 부분만큼 노사합의는 무효이고, 무효로 된 부분은 법이 정하는 기준에 따라야 한다.[9)]

#### (1) 연장근로시간수

연장근로의 시간수는 근로자가 현실적으로 근로를 제공한 실제의 근로시간을 기준으로 산정한다.[10)] 가산임금제도의 사후적·보상적 측면, 즉 근로자에게

8) 김유성, 195면; 대법원 1999. 5. 28. 선고 99다2881 판결. 하지만 야간근로에 관한 가산임금 규정, 연차휴가에 관한 규정은 그대로 적용된다.
9) 대법원 2020. 11. 26. 선고 2017다239984 판결.
10) 김원정, 21면; 김지형, 228면.

가중된 부담을 과하는 근로가 실제로 행해졌다면 이에 상응하는 금전적 보상을 행한다는 측면에서 볼 때, 연장근로가 당사자의 합의 등과 같은 법이 정한 요건을 갖추지 못한 경우나 연장근로시간수가 법이 정한 최장시간의 제한을 초과하였다 해도 그러한 위법행위에 대한 벌칙이 적용되는 것과 별도로 가산임금 제도의 규제는 당연히 받는다. 또한 같은 측면에서 연장근로에 대한 근로자의 동의가 있었다 하더라도 이는 근로자에 대해 연장근로의 의무를 설정하는 효과와 근로시간 규제 원칙 위반에 대한 면책을 부여하는 효과만 있을 뿐이고, 가산임금 제도의 적용을 배제하는 효과는 없다.[11]

단체협약·취업규칙에 "휴게시간에 대해 임금을 지급한다"는 취지로 규정하거나, "휴게시간을 근로시간으로 인정한다"고 규정한 경우, 교대제 근로 등에서 휴게시간을 포함하여 9시간을 근로하였을 때 1시간에 대해 연장근로가산수당을 지급해야 하는가에 대하여 논란이 있을 수 있다. "휴게시간을 근로시간으로 인정한다"라고 규정한 것만으로는 실구속기간이 아니므로 연장근로가산수당이 당연히 발생하지는 않는다고 해석된다는 견해[12]가 있으나, "휴게시간을 근로시간으로 인정한다"라고 규정한 것은 문언 그대로 휴게시간에 근로를 한 것으로 인정한다는 취지이므로 연장근로시간을 계산할 때에는 휴게시간을 근로시간에 넣는 것이 타당하다. 하지만, "휴게시간에 대해 임금을 지급한다"라는 의미로만 규정하였다면 이는 근로시간은 아니지만 특별히 임금을 지급하기로 한 약정으로 볼 여지가 크다. 이러한 경우에 연장근로시간을 산정할 때에는 휴게시간을 근로시간으로 보기 어려울 것이다.

구 근기법(2018. 3. 20. 법률 15513호로 개정되기 전의 것) 상, 주 40시간을 초과하여 휴일에 8시간 이하로 근무한 시간을 연장근로로 보아 연장근로에 따른 50% 가산임금을 지급할 것인지에 관하여는 연장근로에는 해당하지 않는다는 견해(다시 말해 휴일근로에 따른 50% 가산임금만 지급)와 1주당 기준근로시간을 초과한 이상 휴일근로와 연장근로 모두 50% 가산임금을 지급해야 한다는 견해(결국 100%의 가산임금 지급)[13]로 나뉘어 있었으나, 대법원 2018. 6. 21. 선고 2011다112391 전원합의체 판결은, 구 근기법과 구 근기법 시행령(2018. 6. 29. 대통령령 29010호로 개정되기 전의 것) 규정의 내용과 체계 및 취지, 법률 규정의 제·개정

11) 강성태a, 243면.
12) 하갑래, 399면.
13) 자세한 내용은 법 53조에 대한 해설 Ⅱ. 5. 참조.

연혁과 이를 통해 알 수 있는 입법 취지 및 목적, 근로관계 당사자들의 인식과 기존 노동관행 등을 종합적으로 고려하면, 휴일근로시간은 구 근기법 50조 1항의 '1주간 기준근로시간 40시간' 및 53조 1항의 '1주간 연장근로시간 12시간'에 포함되지 않는다고 봄이 타당하다는 이유로 휴일근로에 따른 가산임금과 연장근로에 따른 가산임금은 중복하여 지급될 수 없다고 판시하였다. 구 근기법에 의하더라도 휴일에 8시간을 초과한 근로에 대하여는 연장근로수당과 휴일근로수당이 모두 지급되어야 한다는 것에는 이견이 없다.

#### (2) 시간급 통상임금

판례는 월급제 임금에서 시간급 통상임금은 근로계약, 취업규칙, 단체협약 등에서 다른 내용이 없을 경우 월급액/208.57(주 40시간제)로 본다.

시간급 통상임금의 산정에 관한 자세한 내용은 법 2조 1항 6호에 대한 해설 Ⅲ. 9. 참조.

#### (3) 가 산 율

가산임금은 통상임금의 50%이다.

## 3. 야간근로수당

### 가. 야간근로의 개념

야간근로란 '오후 10시부터 오전 6시까지 사이에 행하는 근로'를 말한다(법 56조 3항).

### 나. 야간근로가 가능한 경우

일반 근로자는 야간근로에 특별한 제한이 없다.

18세 이상 여성 근로자는 동의가 있어야 야간근로를 시킬 수 있고, 18세 미만인 근로자와 임산부[14]는 원칙적으로 야간근로를 시킬 수 없되, 18세 미만 근로자와 산후 1년이 지나지 않은 임산부는 동의 및 고용노동부장관의 인가를 받은 경우에, 임신 중의 여성 근로자는 명시적인 청구 및 고용노동부장관의 인가를 받은 경우에 한하여 야간근로를 시킬 수 있다(법 70조 1항 · 2항).

토지의 경작 · 개간, 식물의 식재(植栽) · 재배 · 채취 사업, 그 밖의 농림 사업

14) 법에서 말하는 임산부는 임신 중이거나 산후 1년이 지나지 않은 여성을 말한다(법 65조 1항 괄호).

의 근로자, 동물의 사육, 수산 동식물의 채취·포획·양식 사업, 그 밖의 축산, 양잠, 수산사업의 근로자, 감시(監視) 또는 단속적(斷續的)으로 근로에 종사하는 자로서 사용자가 고용노동부장관의 승인을 받은 자, 사업의 종류에 관계없이 관리·감독 업무 또는 기밀을 취급하는 업무에 종사하는 근로자에 대하여는 법 4장과 5장에서 정한 근로시간, 휴게와 휴일에 관한 규정을 적용하지 않지만(법 63조; 영 34조), 이와 같이 근로시간, 휴게, 휴일 규정을 적용하지 않도록 하는 법 63조 규정은 야간근로에 관한 가산임금 규정의 적용을 배제하고 있지는 않으므로 위에서 열거한 사업에 종사하는 근로자의 야간근로에 대하여는 야간근로수당을 지급하여야 한다.

### 다. 야간근로수당의 산정

야간근로에 대하여는 야간근로한 시간에 시간급 통상임금[15]의 50%를 가산하여 지급하여야 한다.

## 4. 휴일근로수당

### 가. 개념과 가산율

휴일근로수당이란 휴일에 근로한 것에 대하여 지급되는 수당을 말한다.

휴일은 근로자가 사용자의 지휘·명령으로부터 완전히 벗어나는 날로서 처음부터 근로의무가 없는 날이다.[16] 8시간 이내의 휴일근로에 대하여는 통상임금의 50%를 가산하여 지급하여야 하고(법 56조 2항 1호), 8시간을 초과한 휴일근로에 대하여는 통상임금의 100%를 가산하여 지급하여야 한다(법 56조 2항 2호). 휴일근로에 대하여 지급되는 수당을 휴일근로수당이라 한다. 8시간을 초과한 휴일근로에 대하여는 휴일근로수당 50%와 연장근로수당 50%를 더하여 100%를 가산하여 지급하도록 한 것이다.

### 나. 휴일의 범위

법 56조의 휴일은 법정휴일 즉, 근기법상 휴일(법 55조 1항의 주휴일과 법 55조 2항[17]에 따라 대통령령으로 정하는 휴일, 근로자의 날)뿐만 아니라 약정휴일도 포함하는지

15) 판례는 월급제 임금에서 시간급 통상임금은 근로계약, 취업규칙, 단체협약 등에서 다른 내용이 없을 경우 월급액/208.57(주 40시간제)로 본다. 시간급 통상임금의 산정에 관한 자세한 내용은 법 2조 1항 6호에 대한 해설 Ⅲ. 참조.

16) 김형배, 465면.

17) 법 55조 2항은 2018년 근기법 개정에 따라 신설된 조항으로서 사업장 규모, 공공기관 여

살펴본다. 법 56조에서 '법 55조의 규정에 의한 휴일근로'라고 규정하지 아니하고 '휴일근로'라고만 규정하고 있는 점, 연장근로 · 야간근로와 함께 휴일근로를 규정하고 있는 점을 비롯하여 법 규정의 취지로 미루어 볼 때, 법 56조는 55조에 규정된 주휴일 제도의 원칙을 유지하기 위한 것만이 아니라, 주휴일이 아닌 법정공휴일 또는 다른 날이라도 단체협약이나 취업규칙에 따라 휴일로 정해져 있어 근로자가 근로할 의무가 없는 것으로 사용자와 근로자 모두가 인식하고 있는 날에 사용자의 필요에 따라 부득이 근로를 하게 된 경우에는, 근로자가 근로할 의무가 있는 날에 근로를 한 경우보다는 더 큰 대가가 지급되어야 보상이 된다는 점을 고려한 것이라고 해석함이 타당하다. 따라서 법 56조 2항에 따라 휴일근로수당으로 통상임금의 100분의 50(8시간 이내의 휴일근로) 또는 100분의 100(8시간을 초과한 휴일근로) 이상을 가산하여 지급하여야 하는 '휴일근로'는 55조 1항에 정해진 주휴일과 55조 2항에 정해진 대통령령으로 정하는 휴일의 근로뿐만 아니라 단체협약이나 취업규칙 등에 따라 휴일로 정해진 날의 근로도 포함한다.[18] 따라서 법 55조 1항에 정해진 주휴일, 근로자의 날,[19] '관공서의 공휴일에 관한 규정 2조 각 호(1호는 제외한다)에 따른 공휴일 및 같은 영 3조에 따른 대체공휴일'뿐만 아니라 단체협약 · 취업규칙 등에 따라 휴일로 정해진 날에 한 근로에 대하여는 휴일근로의 가산임금이 지급된다.

단체협약이나 취업규칙 등에서 휴일로 정하였는지 여부는 단체협약이나 취업규칙 등에 있는 휴일 관련 규정의 문언과 그러한 규정을 두게 된 경위, 해당 사업장의 근로시간에 관한 규율 체계와 관행, 근로 제공이 이루어진 경우 실제로 지급된 임금의 명목과 지급금액, 지급액의 산정 방식 등을 종합적으로 고려하여 판단하여야 한다.[20] 이와 관련하여 대법원은, 임금협정에서 월 만근일수를

---

부 등에 따라 시행일이 2020년 1월 1일, 2021년 1월 1일, 2022년 1월 1일로 나뉜다.

18) 대법원 1991. 5. 14. 선고 90다14089 판결, 대법원 2018. 9. 28. 선고 2016다212869 등 판결, 대법원 2019. 8. 14. 선고 2016다9704, 9711 판결, 대법원 2020. 1. 15. 선고 2014다41520 판결, 대법원 2020. 1. 30. 선고 2016다236407 판결, 대법원 2020. 2. 13. 선고 2015다73043 판결, 대법원 2020. 4. 9. 선고 2015다44069 판결, 대법원 2020. 4. 9. 선고 2016다3850, 3867 판결, 대법원 2020. 4. 29. 선고 2016다202 판결, 2020. 5. 14. 선고 2019다18174 판결, 대법원 2020. 6. 25. 선고 2016다3386 판결; 김형배, 470면; 이상윤, 276면; 하갑래, 493면.

19) 근로자의 날 제정에 관한 법률은 5월 1일을 근로자의 날로 하고 이 날을 근기법에 의한 유급휴일로 한다고 규정하고 있다.

20) 대법원 2019. 8. 14. 선고 2016다9704, 9711 판결, 대법원 2020. 1. 16. 선고 2014다41520 판결, 대법원 2020. 1. 30. 선고 2016다236407 판결, 대법원 2020. 2. 13. 선고 2015다73043 판결, 대법원 2020. 4. 9. 선고 2015다44069 판결, 대법원 2020. 4. 9. 선고 2016다3850, 3867

정하면서 나아가 만근을 초과하여 일한 날 전체에 대하여 휴일근로수당을 지급하는 것이 아니라 일정 근무일수까지는 연장근로수당을 지급하는 반면, 이를 초과하는 경우에만 휴일근로수당을 지급하는 것으로 정하였다면, 만근 초과 근로일 중에서도 일정한 근무일수를 초과한 날에 대해서만 '휴일'로 정하고 있다고 봄이 타당하므로, 만근 초과일의 근로 중 휴일로 정하지 않은 날의 근로에 대하여는 휴일근로수당의 지급을 구할 수 없다고 판시하였다.[21] 한편, 판례에 따르면, 급여조견표의 규정과 급여명세서의 기재 및 실제 휴일수당 지급 내용 등 모든 사정을 종합하여 만근 초과일 전부에 대하여 휴일을 인정한 사례도 있고,[22] 만근초과 근로가 근로기준법 또는 단체협약상 정해진 유급휴일 또는 무급휴일에 이루어졌다는 점에 관하여 근로자들이 아무런 주장·증명을 하지 않을 뿐 아니라, 단체협약에서 별도로 유급휴일과 무급휴일을 명시하고 있는 점에 비추어 보면 근로자들에게 근로제공의무가 없는 모든 날을 단체협약상 무급휴일로 확대해석할 수 없다는 이유로 만근초과 근로일을 휴일로 인정하지 않은 사례,[23] 단체협약 등에서 '1일 2교대제, 주 40시간 근로, 격주 5시간 내외 연장근로, 격

---

판결, 대법원 2020. 4. 29. 선고 2016다202 판결, 대법원 2020. 6. 25. 선고 2016다3386 판결.

21) 대법원 2020. 1. 16. 선고 2014다41520 판결, 대법원 2020. 4. 9. 선고 2015다44069 판결, 대법원 2020. 4. 9. 선고 2016다3850, 3867 판결, 대법원 2020. 4. 29. 선고 2016다202 판결. 위 각 판결의 구체적 내용은, 여객자동차운수업을 영위하는 갑 회사가 노동조합과 체결한 임금협정에서 '월 근로일수는 22일 만근(2월은 20일)으로 하고, 월간 근로일수가 22일을 초과할 경우 임금산정표에 의하여 수당을 지급한다'라고 정하였고, 임금산정표에 따르면 월간 근로일수가 26일을 초과(2월은 24일을 초과)하는 경우 '휴일수당'이 지급되는데, 갑 회사가 소속 근로자인 을 등에게 주휴수당과 별도로 임금산정표에서 정한 바와 같이 만근 초과 근로일 중 근로일수 26일(2월은 24일)을 초과한 날에 대해서만 '휴일수당'을 지급하였고, 이에 을 등이 갑 회사를 상대로 만근 초과 근로일 전부에 대한 휴일근로수당의 지급을 구한 사안에서, 갑 회사의 사업장에서는 만근 초과 근로일 중 월간 근로일수 26일(2월은 24일)을 초과한 날에 대해서만 '휴일'로 정하고 있다고 봄이 타당하다는 것이다.

22) 대법원 2019. 8. 14. 선고 2016다9704, 9711 판결. 위 판결의 구체적 내용은, 여객자동차운수업을 영위하는 갑 회사 등에서 운전기사로 근무한 을 등이 월간 근무일수 15일(만근일)을 초과하는 근로일이 휴일임을 전제로 만근 초과 근로일의 1일 15시간 근로 중 8시간을 넘는 7시간 부분에 대해 휴일근로에 따른 가산수당의 지급을 구한 사안에서, 을 등에게 적용되는 급여조견표상 수당 항목에 '연장', '야간' 외에 '휴일' 항목이 별도로 있고, 휴일수당란에 월간 근무일수 15일을 초과하여 근무하는 날마다 8시간분 기본급의 50%를 가산하여 지급하는 것으로 기재되어 있는 점, 실제로 을 등은 월간 근무일수 15일을 초과하여 근무한 날마다 8시간분 기본급의 50%에 해당하는 휴일수당을 지급받아 온 점 등 제반 사정에 비추어 보면, 갑 회사 등의 사업장에서는 만근 초과 근로일을 '휴일'로 정하고 있다고 봄이 타당하고, 따라서 을 등의 만근 초과 근로일 근로는 근로기준법상 가산수당이 지급되어야 하는 휴일의 근로라고 보아야 한다는 것이다.

23) 대법원 2020. 2. 13. 선고 2015다73043 판결.

주 1일 휴무일(무급), 주 1일 휴일'을 정하고 있는 사안에서 위 연장근로가 이루어지는 '연장근무일'에 대하여, 단체협약 등에서 '연장근무일'을 휴일로 정하지 않았고 이에 관한 별도의 관행도 없으며, '연장근무일'에 이루어지는 근로에 대한 연장근로수당의 지급 경위와 그 명목 등에 비추어, '연장근무일'이 휴일로 정한 날이라고 볼 수 없다고 한 사례[24]도 있다. 교대제 근무에서 비번일의 근로는 사안에 따라 앞에서 살펴본 휴일 해당 여부에 관한 판단기준을 적용하여 판단하여야 할 것이다.[25]

하지만 휴가로 지정된 날에 한 근로는 가산임금의 지급 대상인 휴일근로가 아니다.[26]

### 다. 대체 휴일

2018년 근기법 개정 전에는, 취업규칙, 단체협약 등에 정해진 휴일에 근로를 시키는 대신 다른 날에 휴일을 부여하는 것을 '휴일의 대체'로 일컬었다. 2018년 개정 근기법은 55조 2항으로 '사용자는 근로자에게 대통령령으로 정하는 휴일을 유급으로 보장하여야 한다. 다만, 근로자대표와 서면으로 합의한 경우 특정한 근로일로 대체할 수 있다'고 규정하여 주휴일 외의 법정휴일에 대한 휴일 대체 제도를 규정하였다. 휴일 대체의 적법 요건 등 대체 휴일에 관한 자세한 내용은 법 55조에 대한 해설 Ⅳ. 3. 참조.

적법하게 휴일을 대체하면 원래의 휴일은 통상의 근로일이 되고 그 날의 근로는 휴일근로가 아닌 통상근로가 되며 대체하기로 한 날이 휴일로 변경된다. 이와 같이 휴일 대체가 적법한 요건을 갖춘 경우 원래의 휴일에 한 근로에 대하여는 사용자가 근로자에게 휴일근로수당을 지급할 의무가 없다.[27]

---

24) 대법원 2020. 1. 30. 선고 2016다236407 판결.

25) 대법원 2020. 6. 25. 선고 2016다3386 판결은 격일제 근무에서의 비번일이 휴일로 정하여진 날이 아니라고 본 사례로 '이 사건 비번일은 격일제 근무의 특성상 근로시간의 배분이 이루어지지 않은 날에 불과하고, 단체협약이나 취업규칙 등에서 이 사건 비번일을 휴일로 정한 바 없으며, 이 사건 비번일의 근로에 대하여 가산수당을 지급한다는 명시적 규정을 두고 있지도 않고, 이러한 규정들과 다른 노동관행을 인정할 자료도 확인되지 않으며, 임금협정에서 만근 초과일의 근로에 대하여 그 초과일수마다 휴일수당을 가산하여 지급하도록 정하고 있는 등의 사정으로 만근 초과일을 휴일로 하는 약정이 인정된다고 하더라도, 만근 초과일과 이 사건 비번일은 서로 개념을 달리 하므로 이 사건 비번일을 가산수당이 지급되어야 하는 휴일로 정하였다고 해석할 수는 없다'는 등의 이유로 이 사건 비번일은 휴일로 정하여진 날이 아니라고 판단하였다.

26) 김유성, 171면.

27) 대법원 2000. 9. 22. 선고 99다7367 판결, 대법원 2008. 11. 13. 선고 2007다590 판결.

적법한 휴일 대체 요건을 갖추지 못한 경우 특정된 휴일에 근로를 하게 한 후 그 휴일에 대신하는 휴일을 주었다 하더라도 당초의 휴일에 근로한 것은 휴일근로이고, 대신 쉰 날은 휴일이 아니라 사용자가 근로자로 하여금 근로의무를 면제시킨 것에 불과하다. 통상 이를 '휴일의 대체'와 구분하여 '대휴(代休)'라고 한다. 대휴의 경우에는 휴일근로수당을 지급하여야 한다.

#### 라. 주 40시간 근로제 아래 휴무일 근로

법 55조 1항에서 사용자는 주 1일의 유급휴일을 보장하도록 하고 있으므로, 1일 8시간 근로로 한 주에 40시간 근로를 하는 이른바 주 40시간 근로제 아래에서는, 1주일 중 소정근로일은 5일(통상 월요일부터 금요일까지)이고, 법상 유급휴일은 1일(통상 일요일)이다. 나머지 1일(통상 토요일)을 소정근로일도 아니고 휴일도 아닌 날, 즉 휴무일로 인정할 수 있는지에 대하여는 견해의 대립이 있다. 자세한 설명은 법 55조에 대한 해설 Ⅰ. 3. 참조. 다만, 이 경우 다른 날에 주 40시간 근로를 모두 채웠다면 나머지 1일(통상 토요일) 근로한 것에 대하여는 1주 40시간을 초과한 근무에 해당하므로 선택적 근로시간제나 탄력적 근로시간제에 해당하지 않는 한, 연장근로수당이 지급되어야 한다.

### 5. 보상 휴가제

사용자는 근로자대표와의 서면 합의에 따라 연장근로 · 야간근로 · 휴일근로에 대하여 임금을 지급하는 것을 갈음하여 휴가를 줄 수 있다(법 57조). 이를 보상 휴가제라 한다.

자세한 내용은 법 57조에 대한 해설 참조.

### 6. 가산임금과 관련된 문제

#### 가. 숙 · 일직과 야간근로수당 등

##### (1) 숙 · 일직의 개념

일반적으로 숙 · 일직이라 함은 정기적 순찰, 전화와 문서의 접수, 그 밖의 비상 사태 발생 등에 대비하여 시설 내에서 대기하고 있는 것을 말한다. 숙 · 일직은 노동의 밀도가 낮고 감시 · 단속적인 경우가 대부분이다.[28)]

28) 대법원 1995. 1. 20. 선고 93다46254 판결.

(2) 일반적 숙 · 일직의 경우

일반적인 숙 · 일직 업무는 관행적으로 정상적인 업무로 취급되지 아니하여 별도의 근로계약을 필요로 하지 아니하고, 원래의 계약에 부수되는 의무로 이행되어야 하는 것으로서 정상근무에 준하는 임금을 지급할 필요가 없고, 야간 · 연장 · 휴일근로수당 등이 지급되어야 하는 것도 아니며 관례적으로 실비변상적 금품이 지급되고 있다.[29]

(3) 별도의 업무가 있는 주간 근로자가 숙 · 일직을 하는 경우

별도의 업무가 있는 주간 근로자가 숙 · 일직을 하는 경우 초과근로수당을 지급하여야 하는지에 관하여는 다음과 같은 견해로 나누어 볼 수 있다.[30]

첫째, 숙 · 일직의 업무 내용이 감시적 내지 단속적 근로인 경우에도 초과수당을 지급하여야 한다는 견해, 둘째, 숙 · 일직 업무의 내용이 본래의 업무가 연장된 경우에만 초과수당을 지급하여야 한다는 견해, 셋째, 숙 · 일직 업무의 내용이 본래의 업무가 연장된 경우는 물론 그 내용과 질이 통상의 근로와 마찬가지로 평가되는 경우에는 초과수당을 지급하여야 한다는 견해가 그것이다. 판례는 셋째 견해를 취하고 있다.[31]

나. 일부 수당 초과 지급, 일부 수당 과소 지급의 경우

사용자가 근로자들이 지급받아야 할 법정수당액을 산정할 때 사용한 계산방식이 잘못되어 일부 법정수당은 오히려 초과 지급되고 다른 일부 법정수당은 과소 지급되었다면, 특별한 사정이 없는 한 초과하여 지급된 만큼은 지급되지 아니한 다른 법정수당에 충당된 것으로 보아야 한다.[32] 또한 근로자가 일정 기간 동안의 미지급 법정수당을 청구하는 경우에 사용자가 같은 기간 동안 법정수당의 초과 지급 부분이 있음을 이유로 상계나 그 충당을 주장하는 것도 허용된다.[33]

다. 가산금 지급사유의 중복

가산금 지급사유인 연장근로 · 야간근로 및 휴일근로 등이 중복되는 경우, 연장근로 · 야간근로 및 휴일근로에 관하여 가산임금을 지급하여 보호하고자 하는

29) 대법원 1995. 1. 20. 선고 93다46254 판결; 김용직, 364면.

30) 김용직, 364면.

31) 대법원 1995. 1. 20. 선고 93다46254 판결, 대법원 2000. 9. 22. 선고 99다7367 판결, 대법원 2019. 10. 17. 선고 2015다213568 판결.

32) 대법원 1993. 10. 12. 선고 93다28737 판결.

33) 대법원 1995. 12. 21. 선고 94다26721 전원합의체 판결.

대상이 각각 다르므로, 가산임금도 해당 근로에 관하여 각각 가산하여 지급하여야 한다.[34] 2018년 개정 전의 구 근기법상 1주간 기준근로시간을 초과하여 이루어진 8시간 이내의 휴일근로가 연장근로에도 해당되는지 여부에 관하여는 견해 대립이 있다. 대법원은 "구 근기법과 구 근기법 시행령(2018. 6. 29. 대통령령 29010호로 개정되기 전의 것) 규정의 내용과 체계 및 취지, 법률 규정의 제·개정 연혁과 이를 통해 알 수 있는 입법 취지 및 목적, 근로관계 당사자들의 인식과 기존 노동관행 등을 종합적으로 고려하면, 휴일근로시간은 구 근기법 50조 1항의 '1주간 기준근로시간 40시간' 및 53조 1항의 '1주간 연장근로시간 12시간'에 포함되지 않는다."고 판단하고, 따라서 구 근기법상 1주간 기준근로시간을 초과하여 이루어진 8시간 이내의 휴일근로는 연장근로에 해당하지 않으므로 위 휴일근로에 대하여는 휴일근로에 따른 가산임금과 연장근로에 따른 가산임금을 중복하여 지급할 수 없다고 판단하였다.[35]

구 근기법상 휴일근로와 연장근로가 중복된 경우(위 대법원 전원합의체 판결에 따른다)와 2018년 개정 근기법상 휴일근로와 연장근로가 중복된 경우의 임금 산정을 예로 들면 아래 표와 같다.

| 유급휴일 09:00부터 20:00까지 10시간(휴게시간 1시간 제외) 근무한 경우 | | |
|---|---|---|
| | (구 근기법과 개정 근기법 동일) | |
| 1 | 유급휴일수당 | 8시간분 통상임금(근로 여부와 관계없이 지급. 다만, 그 휴일이 주휴일이라면 월급제에서 월급여에 당연 포함되었을 가능성이 크다) |
| 2 | 휴일근로의 대가인 임금 | 10시간분 통상임금 |
| | (구 근기법) | |
| 3 | 휴일근로수당(가산금) | 10시간분 통상임금의 50%(5시간분 통상임금) |
| 4 | 연장근로수당(가산금) | 8시간을 초과한 2시간분에 대한 통상임금의 50%(1시간분 통상임금) |
| | (개정 근기법) | |
| 3 | 8시간 이내의 근로에 대한 휴일근로수당(가산금) | 8시간분 통상임금의 50%(4시간분 통상임금) |

34) 대법원 1991. 3. 22. 선고 90다6545 판결.
35) 대법원 2018. 6. 21. 선고 2011다112391 전원합의체 판결.

| 4 | 8시간을 초과한 근로에 대한 휴일근로수당(가산금) | 2시간분 통상임금의 100%(2시간분 통상임금) |
|---|---|---|
|  | 합　계 | 24시간분 통상임금 |

라. 법 56조 위반과 형사처벌

사용자가 법 56조에 위반하여 가산임금을 지급하지 않으면 3년 이하의 징역 또는 3,000만 원 이하의 벌금에 처한다(법 109조 1항). 또한 위 규정은 강행규정이므로 노사 간의 합의에 의해 가산임금을 지급하지 않기로 하였다고 하더라도 그 합의는 무효이다(법 15조). 다만, 피해자의 명시적인 의사와 다르게 공소를 제기할 수 없다(법 109조 2항).[36)]

## Ⅲ. 연·월차수당, 생리휴가수당, 출산전후휴가수당 등

### 1. 연차수당

가. 연차수당의 개념

사용자는 1년간 80퍼센트 이상 출근한 근로자에게 15일의 유급휴가를 주어야 하고(법 60조 1항), 계속하여 근로한 기간이 1년 미만인 근로자 또는 1년간 80퍼센트 미만 출근한 근로자에게 1개월 개근 시 1일의 유급휴가를 주어야 한다(법 60조 2항). 이를 '연차 유급휴가' 또는 '연차휴가'라고 한다.[37)] 이하 이 '연차수당' 부분 해설에서는 '연차휴가'라고만 한다. '1년간 80퍼센트 미만 출근한 근로자에게 1개월 개근 시 1일의 유급휴가'를 주도록 한 부분은 2012. 2. 1. 법 개정에 따라 추가되었다. 연차수당의 전제가 되는 연차휴가에 관한 자세한 내용은 법 60조, 61조, 62조에 대한 해설 참조. 여기에서는 연차수당과 관련한 문제만 다룬다.

현행 법에서 연차휴가와 관련하여 문제되는 임금은 크게 두 가지이다.

첫째, 연차휴가기간에 대하여 유급으로 당연히 지급되어야 하는 통상임금 또는 평균임금이다. 이는 근로자가 연차휴가시기를 지정하여 실제 사용한 경우

36) 2005. 3. 31. 법 개정 때 이와 같이 반의사불벌죄로 되었다. 다만, 근기법이 개정되어(2024. 10. 22. 법률 20520호), 법 43조의2에 따라 명단 공개된 체불사업주가 명단 공개 기간 중에 법 56조를 위반한 경우에는 그러하지 아니하다. 위 개정 규정은 시행(시행일 2025. 10. 23.) 이후 발생한 위반행위부터 적용한다(법 109조 2항 단서, 부칙 8조).

37) 하갑래, 504~505면은 법 60조 1항에 따른 연차휴가를 '연 단위 연차휴가', 법 60조 2항에 따른 연차휴가를 '월 단위 연차휴가'라고 부른다.

에 지급되는 '협의의 연차휴가수당'과 근로자가 연차휴가시기를 지정하지 않고 사용기간이 경과하거나 퇴직 등으로 근로관계가 종료되어 연차휴가를 사용할 수 없게 된 경우에 연차휴가일수에 상응하여 지급되는 임금인 '연차휴가미사용수당'으로 나누어지고, 위 둘을 합한 '광의의 연차휴가수당'을 통상 '연차휴가수당'이라고 하며, 이에 따라 근로자가 취득하는 권리를 '연차휴가수당 청구권'이라고 한다.[38] '연차휴가미사용수당'은 보통 '연가보상비'라고도 부르는데, 2003. 9. 15. 개정 전의 근기법에는 근거 규정이 없었지만 판례에 따라 그 청구권이 인정되어 왔고, 2003. 9. 15. 개정 법에서 '사용하지 않은 휴가에 대한 보상 의무'가 있음을 전제로 연차휴가 사용촉진 제도를 도입함으로써 간접적으로 그 청구권을 인정하였다.[39] 연차휴가를 사용할 권리 혹은 연차휴가수당 청구권은 근로자가 전년도에 출근율을 충족하면서 근로를 제공하면 당연히 발생하는 것으로서, 연차휴가를 사용할 해당 연도가 아니라 그 전년도 1년간의 근로에 대한 대가에 해당한다.[40] 과거 판례[41] 또는 학설[42]에서 '연차휴가미사용수당'을 '연차휴가근로수당'이라고 부르는 경우가 있으나, 아래에서 보는 바와 같이 '연차휴가근로수당'은 '연차휴가미사용수당'과 구별하여야 하므로 '연차휴가미사용수당'을 '연차휴가근로수당'이라고 부르는 것은 타당하지 않다.[43]

둘째, 근로자가 연차휴가시기를 지정하여 연차휴가일이 특정된 뒤 어떠한 사정으로 연차휴가기간에 근로를 한 경우 그 근로에 대하여 지급되는 통상임금이 있다. 이를 통상 '연차휴가근로수당'이라고 하고, 이에 따라 근로자가 취득하는 권리를 '연차휴가근로수당 청구권'이라고 한다. '연차휴가미사용수당'과 '연차휴가근로수당'의 구별은 이를 평균임금에 산입할 수 있는 임금총액에 포함시

38) 김선일, 232~235면; 김지형, 237~245면; 김지형a, 152~169면; 김형배, 479~485면; 하갑래 510~513면.

39) 김선일, 233면; 하갑래 511면; 헌법재판소 2015. 5. 28. 선고 2013헌마619 결정.

40) 대법원 1990. 12. 21. 선고 90다카24496 판결, 대법원 1991. 11. 12. 선고 91다14826 판결, 대법원 2011. 10. 13. 선고 2009다86246 판결, 대법원 2017. 5. 17. 선고 2014다232296, 232302 판결.

41) 대법원 1990. 12. 21. 선고 90다카24496 판결, 대법원 1990. 12. 26. 선고 90다카12493 판결, 대법원 1991. 8. 13. 선고 91다14437 판결.

42) 박용상 외 3명, 301면.

43) 김지형, 242면; 김지형a, 162~165면; 김형배, 485면. 대법원 2000. 12. 22. 선고 99다10806 판결, 대법원 2005. 5. 27. 선고 2003다48549, 48556 판결, 대법원 2011. 10. 13. 선고 2009다86246 판결 등은 '연차휴가수당'이라는 용어를 사용하고 있고, 최근의 대법원 2017. 7. 11. 선고 2013도7896 판결은 '연차휴가미사용수당'이라는 용어를, 대법원 2019. 10. 18. 선고 2018다239110 판결은 '더 이상 연차휴가를 사용하지 못하게 될 경우에 연차휴가일수에 상응하는 임금'인 '연차휴가수당'이라는 용어를 사용하고 있다.

킬 수 있는지 여부와 관련하여 의미가 있다.[44)]

'광의의 연차휴가수당'과 '연차휴가근로수당'을 합쳐서 '연차수당'이라고 부른다.[45)] 2003. 9. 15. 개정 전 근기법에서는 20일을 초과하는 날에 대한 '연차휴가대체수당'[46)] 제도가 있었으나, 개정 법은 연차휴가의 상한을 25일로 하면서 이 제도를 없앴다.

### 나. 연차수당 청구권의 발생 요건, 발생 시기

#### (1) 개 요

연차휴가를 '근로자가 청구한 시기에 주어야' 한다는 점(법 60조 5항)과 관련하여, 일본에서는 그 동안 연차휴가권의 성질에 관하여 청구권설, 형성권설, 시계지정권설,[47)] 종류채권설, 청구권 · 형성권 이분설 등의 대립이 있었으나,[48)] 우리나라에서는 일반적으로 법 60조 1항, 2항, 4항의 요건을 충족하면 연차휴가권이 발생하고, 근로자가 법 60조 5항 본문에 따라 시기지정을 하였을 때 사용자가 시기변경권을 행사하지 않는 한, 연차 유급휴가일이 특정되어 근로의무가 면제된다고 보는 견해가 통설이다.[49)] 판례도, "연차 유급휴가에 관한 권리는 근로자들 각자가 근로를 개시한 날부터 1년간의 근로에 따라 당연히 발생되는 것이며, 원칙적으로 다음의 1년간의 근로일수 중에서 근로자들 각자의 청구에 따라 그 휴가일이 구체적으로 특정될 성질의 것"이라고 하거나,[50)] "연 · 월차휴가권이

---

44) 김선일, 234면; 김지형a, 163~164면. 연차휴가근로수당의 경우 원래 지정되었던 연차휴가일이 평균임금 산정기간에 속하는지에 따라 평균임금 산입 여부를 판단하면 된다. 연차휴가미사용수당의 경우 예를 들어 2019. 6. 1. 퇴직하면서 연차휴가미사용수당을 받은 경우 이는 2018년에 출근율을 충족하면서 근무한 것에 대한 대가이지, 평균임금 산정기간(2019. 3. 1.~2019. 5. 31.) 동안 근로한 대가는 아니므로 평균임금에 산입할 수 없고, 2019. 3. 1. 퇴직하면서 연차휴가미사용수당을 받은 경우 평균임금 산정기간(2018. 12. 1.~2019. 2. 28.)에 들어가는 2018. 12. 근로에 상응하는 부분은 평균임금 산정기간에 산입해야 한다. 이에 관한 같은 취지의 판례는 대법원 2011. 10. 13. 선고 2009다86246 판결, 대법원 2015. 11. 27. 선고 2012다10980 판결.

45) 김선일, 235면; 김지형, 237~245면.

46) 연차휴가일은 그 상한을 20일로 하고 그 초과하는 일수에 대하여는 통상임금을 지급하고 유급휴가를 주지 아니할 수 있는바, 그 초과하는 일수에 대하여 유급휴가를 주지 아니하기로 한 경우에 지급하는 수당을 말한다.

47) 일본 노동기준법 39조 5항은 연차휴가를 근로자가 청구하는 시계(時季)에 부여하여야 한다고 규정하고 있다.

48) 일본의 학설 소개는 박홍우, 559면 이하.

49) 김유성, 184~187면; 김지형a, 156면; 김형배, 480~482면; 박용상 외 3명, 294면; 박홍우, 562~563면.

50) 대법원 1972. 11. 28. 선고 72다1758 판결.

근기법상의 성립요건을 충족하는 경우에 당연히 발생하는 것이라고 하여도 이와 같이 발생한 휴가권을 구체화하려면 근로자가 자신에게 맡겨진 시기지정권을 행사하여야 한다"고 하여,[51] 동일한 입장이다. 연차수당 청구권의 발생 시기 또는 행사 시기는 임금채권 소멸시효의 기산점과 관련하여 의미가 있다.[52]

#### (2) 연차휴가수당 청구권[53]

연차휴가수당 청구권은 '80 퍼센트 이상의 출근' 또는 '1개월 개근(계속 근로 기간이 1년 미만인 경우 또는 1년간 80퍼센트 미만 출근한 경우)'의 요건이 성취되면 확정적으로 발생하되, 다만 그 행사 시기는 그 이후가 되는데, 근로자가 연차 유급휴가권에 기하여 시기지정권을 행사한 경우(협의의 연차휴가수당 청구권)에는 휴가일 직전 또는 직후의 임금지급일에 연차휴가수당을 지급받을 수 있고(영 33조), 시기지정권을 행사하지 않은 경우(연차휴가미사용수당 청구권)에는 시기지정권 행사 기간이 경과하거나 그 도중에 퇴직 등으로 시기지정권을 행사할 수 없게 되어 그 시기지정권이 소멸된 시점에 비로소 연차휴가수당을 지급받을 수 있다 할 것이다.[54] 판례도 같은 입장이다.[55]

연차휴가미사용수당 청구권의 발생에 대하여 좀 더 구체적으로 살펴본다.

① 근로자가 어떤 근무연도 중간에 퇴직을 한 경우에도 직전 근무연도에 근무함으로 인하여 발생한 연차휴가수당 청구권이 퇴직으로 인하여 소멸하는 것이 아니다. 따라서 퇴직하기 전에 연차휴가를 사용하지 않았더라도 퇴직과 함께 연차휴가수당 청구권이 발생한다.[56] ② 근로자가 근무연도 중간에 퇴직하여 1년간의 근무를 채우지 못한 경우, 그 근무일수에 상당하는 연차휴가수당 청구권도 발생하지 아니한다.[57] ①, ②에 관한 예를 들어 보면, 2018. 1. 1.부터 2018.

---

51) 대법원 1997. 3. 25. 선고 96다4930 판결, 대법원 1997. 3. 28. 선고 96누4220 판결.

52) 김지형a, 165~166면; 박용상 외 3명, 300면.

53) 광의의 연차휴가수당 청구권을 가리킨다.

54) 김지형a, 165~166면; 이와 달리 박용상 외 3명, 300~301면은 발생 시점에 관하여, 협의의 연차휴가수당 청구권의 경우 시기지정권의 행사로 특정된 그 휴가 즈음에 발생하고, 연차휴가미사용수당 청구권(위 논문의 표현에 따르면 연차휴가근로수당 청구권)은 시기지정권을 행사함이 없이 이를 미사용하였을 때 확정되어 발생한다고 본다. 다만, 소멸시효의 기산점에 관하여는 두 견해 모두 같은 의견이다.

55) 대법원 2000. 12. 22. 선고 99다10806 판결(이에 대한 평석은 민중기, 431면 이하), 대법원 2005. 5. 27. 선고 2003다48549, 48556 판결(이에 대한 평석은 박이규, 568면 이하).

56) 대법원 1971. 12. 28. 선고 71다1713 판결, 대법원 1990. 12. 26. 선고 90다카12493 판결, 대법원 1990. 12. 26. 선고 90다카13465 판결.

57) 김지형1, 153면; 대법원 1982. 10. 26. 선고 82다카342 판결, 대법원 1983. 2. 8. 선고 81다카

12. 31.까지 8할 이상 근무한 근로자가 2019년 중에 퇴직하였을 때 2018년도 근무에 대한 연차휴가수당 청구권은 가지지만, 2019년도 근무에 상응하는 연차휴가수당 청구권은 가지지 못한다.[58)]

연차휴가 산정 기간 1년을 채움과 동시에 퇴직하는 경우에 연차휴가수당 청구권이 발생하는지에 관하여 판례는 "연차휴가를 사용할 권리는 다른 특별한 정함이 없는 한 전년도 1년간의 근로를 마친 다음 날 발생한다고 보아야 하므로, 그 전에 퇴직 등으로 근로관계가 종료한 경우에는 연차휴가를 사용할 권리에 대한 보상으로서의 연차휴가수당도 청구할 수 없다."[59)]고 하여 부정적 입장이다.

연차휴가수당 청구권에는 3년의 소멸시효가 적용된다. 소멸시효는 권리를 행사할 수 있는 때부터 진행하므로, 근로자가 시기지정권을 행사한 경우(협의의 연차휴가수당 청구권)에는 그 연차휴가를 주기 전 또는 준 직후의 임금지급일의 다음날이, 시기지정권을 행사하지 않은 경우(연차휴가미사용수당 청구권)에는 연차휴가권을 취득한 날부터 1년의 경과로 그 휴가불실시가 확정된 다음날이 소멸시효의 기산점이 된다.[60)] 판례도 같은 입장이다.[61)]

### (3) 연차휴가근로수당 청구권

'연차휴가근로수당 청구권'의 발생 시기에 관하여 보면, 연차휴가근로수당 청구권은 근로자가 연차휴가권을 취득한 후 그 시기지정권을 행사하여 휴가일이 특정되었으나 그 휴가일에 휴가를 실시하지 않고 근로를 제공한 경우에 그 근로 제공 자체에 대한 임금청구권으로서 발생하고, 그 발생 시점에 관한 임금지급일이 지급 시기가 된다.[62)] '연차휴가미사용수당 청구권'을 '연차휴가근로수당 청구권'으로 보는 견해가 있으나,[63)] '연차휴가미사용수당 청구권'은 '연차휴가수당 청구권'이라고 보아야 함은 위에서 본 바와 같다.[64)] 위와 같은 임금청구

1140 판결, 대법원 1991. 8. 13. 선고 91다14437 판결, 대법원 1991. 11 12. 선고 91다14826 판결.

58) 헌법재판소 2015. 5. 28. 선고 2013헌마619 결정은 '계속근로기간 1년 이상인 근로자가 근로년도 중도에 퇴직한 경우 중도퇴직 전 1년 미만의 근로에 대하여 유급휴가를 보장하지 않는' 근기법(2012. 2. 1. 법률 제11270호로 개정된 것) 60조 2항의 '계속하여 근로한 기간이 1년 미만인 근로자' 부분이 청구인의 근로의 권리나 평등권을 침해하지 않는다고 판단하였다.

59) 대법원 2018. 6. 28. 선고 2016다48297 판결.

60) 김지형a, 167면; 박용상 외 3명, 300~301면.

61) 대법원 1995. 6. 29. 선고 94다18553 판결, 대법원 1995. 12. 21. 선고 94다26721 전원합의체 판결, 대법원 2013. 4. 11. 선고 2012다105505 판결, 대법원 2023. 11. 16. 선고 2022다231403, 232410 판결.

62) 김지형a, 167~168면.

63) 박용상 외 3명, 301면.

권을 '연차휴가수당 청구권'이라고 보느냐 '연차휴가근로수당 청구권'이라고 보느냐에 따라 퇴직금 산정의 기준이 되는 평균임금에 산입할 수 있는 임금총액에 포함시킬 수 있는지 여부가 달라진다.[65] 평균임금 산입 여부에 관하여 자세한 내용은 법 2조 1항 6호 및 2항에 대한 해설 Ⅱ. 2. 다. (5) 참조.

근로자가 매월 월급제로 임금을 지급받는 경우 근로자가 어느 달에 연차휴가를 사용하였을 때 그 달의 월급이 전액지급되었다면 사용한 연차휴가에 대한 임금은 월급과 함께 지급된 것이므로 별도로 연차휴가수당 청구권이 발생하지 아니한다.[66]

### 다. 연차수당 청구권의 소멸

2003. 9. 15. 개정 법은 연차휴가 사용촉진 제도를 신설하여 현재에 이르고 있는데(59조의2, 현행 법 61조), 사용자가 근로자의 연차휴가 사용 촉진을 위해 법 61조가 정한 조치[67]를 다한 경우 연차휴가수당 청구권은 소멸한다(법 61조).

### 라. 연차수당 산정에 관한 문제

#### (1) 산정의 기초와 가산율 적용 여부

연차휴가수당 또는 연차휴가근로수당 산정의 기초가 되는 임금은 통상임금 또는 평균임금이다(법 60조 5항). 연차휴가수당은 취업규칙 등에서 산정 기준을 정하지 않았다면, 그 성질상 통상임금을 기초로 하여 산정하여야 한다.[68]

연차휴가근로수당에 관하여, 휴일근로에 대하여 가산임금을 지급하여야 한다는 법 56조 2항을 유추하여 가산임금을 지급하여야 하는지가 문제되나, 가산임금이 적용되지 않는다는 것이 판례 · 통설이다.[69]

#### (2) 산정 기준 시점

연차휴가수당 또는 연차휴가근로수당 모두 그 청구권이 발생하여 이를 행사

64) 김지형a, 162~163면.
65) 김지형a, 163면.
66) 김지형, 240면.
67) (i) 휴가를 사용할 수 있는 1년의 기간이 끝나기 3개월 전을 기준으로 10일 이내에 사용자가 근로자별로 사용하지 아니한 휴가 일수를 알려주고, 근로자가 그 사용 시기를 정하여 사용자에게 통보하도록 서면으로 촉구하고, (ii) 그와 같이 촉구를 했음에도 근로자가 촉구를 받은 때부터 10일 안에 사용하지 아니한 휴가의 전부 또는 일부의 사용 시기를 정하여 사용자에게 통보하지 아니하면, 휴가를 사용할 수 있는 1년의 기간이 끝나기 2개월 전까지 사용자가 미사용 휴가의 사용 시기를 정하여 근로자에게 서면으로 통보하는 조치.
68) 대법원 2019. 10. 18. 선고 2018다239110 판결.
69) 대법원 1990. 12. 26. 선고 90다카12493 판결; 김유성, 171면; 김형배, 485면.

할 수 있는 시점의 통상임금 또는 평균임금을 기초로 그 수당을 산정해야 한다.[70)]

### 마. 2003. 9. 15. 개정 전 근기법 적용 사업장 근무 근로자의 연차휴가대체수당

2003. 9. 15. 개정 전 근기법에서는, 1년 간 개근한 근로자는 10일, 9할 이상 출근한 근로자는 8일의 유급휴가를 가진다(구 법 59조 1항). 그리고 2년 이상 계속 근로한 근로자는 1년을 초과하는 계속근로연수 1년에 대하여 1항의 휴가에 1일을 가산한 유급휴가를 가진다. 다만, 그 휴가 총일수가 20일을 초과할 경우에는 사용자는 그 초과하는 일수에 대하여 통상임금을 지급하고 유급휴가를 주지 않을 수 있다(구 법 59조 2항).

이와 같이 연차휴가일의 상한을 20일로 하고 그 초과하는 일수에 대하여는 통상임금을 지급하고 유급휴가를 주지 않을 때 그 초과하는 일수에 대하여 지급하는 통상임금을 '연차휴가대체수당'이라 부른다.

## 2. 월차수당

### 가. 개 념

월차휴가 제도는 2003. 9. 15. 개정 전의 법(이하 '구 법')이 적용되는 사업 또는 사업장에서 시행되는 제도로서, 현행 법에는 이 제도가 없다.

구 법에 따르면, 사용자는 근로자에게 1개월마다 1일의 유급휴가를 주어야 한다. 이 유급휴가는 근로자가 자유롭게 1년 동안 적치하여 사용하거나 분할하여 사용할 수 있다(구 법 57조 1항 · 2항). 이에 따라 근로자가 사용할 수 있는 휴가를 월차휴가라 한다.

이러한 월차휴가일은 유급이므로 근로자가 그 휴가일에 근로를 하지 않더라도 당연히 기본임금이 지급되어야 한다. 이 임금을 '월차휴가수당'이라 한다. 또한 근로자가 월차휴가기간에 휴가를 사용하지 않고 근로를 한 경우에는 그 휴가일 근로에 상응하는 임금이 지급되어야 하는데, 이와 같이 월차휴가일에 근로한 대가로 지급되는 임금을 '월차휴가근로수당'이라 한다. 월차휴가수당, 월차휴가근로수당을 합쳐서 '월차수당'이라 한다.

---

70) 김지형, 239~244면; 김지형a, 166~168면; 박용상 외 3명, 303면.

### 나. 월차수당 청구권의 발생 요건, 발생 시기, 산정 방법

#### (1) 발생 요건, 발생 시기

월차휴가는 별다른 휴가의 청구가 없더라도 근로관계가 1개월 동안 지속되면 발생하고, 월차휴가미사용수당 청구권은 그와 같은 월차휴가를 그 이후 1년 동안 사용하지 않았을 것을 정지조건으로 하여 발생한다.[71] 한편 월차휴가수당 청구권은 월차휴가를 사용하였을 때 발생한다.

근로자가 매월 월급제로 임금을 지급받는 경우 연차휴가수당의 경우와 마찬가지로 근로자가 실제로 어느 달에 월차휴가를 사용하였을 때 그 달의 월급이 전액 지급되었다면 사용한 월차휴가에 대한 임금은 월급과 함께 지급된 것이므로, 별도로 월차휴가수당 청구권이 발생하지 않는다.[72]

#### (2) 월차휴가수당의 산정 방법

월차휴가수당에 관하여는 그 산정의 기초가 되는 임금이 무엇인지 명문의 규정이 없다. 연차휴가수당의 규정을 유추적용하여 취업규칙이나 그 밖의 정하는 바에 따른 통상임금 또는 평균임금이 산정기초가 된다고 보아야 한다.[73]

#### (3) 월차휴가수당의 발생 순서

월차휴가는 매월 발생할 수 있고 누적 사용할 수 있다. 월차휴가일이 누적되어 수일에 이르게 된 상태에서 월차휴가를 사용하는 경우 원칙적으로 먼저 발생한 월차휴가분부터 사용된다.[74]

## 3. 생리휴가수당

사용자는 여성 근로자가 청구하면 월 1일의 생리휴가를 주어야 한다(법 73조). 2003. 9. 15. 개정 전의 법(이하 '구 법')에서는 생리휴가가 유급이었으나, 현행 법에서는 무급이다. 그리고 구 법에서는 여성인 근로자에게 생리휴가를 반드시 주도록 하였으나, 현행 법에서는 근로자가 청구를 하여야 생리휴가를 주는 것으로 바뀌었다.

현행 법은 생리휴가가 무급이므로, 이에 대한 임금인 생리휴가수당은 인정

---

71) 박용상 외 3명, 305면.
72) 김지형, 247면.
73) 김지형, 247면; 박용상 외 3명, 305면.
74) 김지형, 247면; 박용상 외 3명, 306면.

되지 않는다. 가령 근로자가 휴가 청구를 하였으나 사용자가 이를 부여하지 않았다 하여도 사용자가 이에 대한 근로수당을 따로 지급할 의무는 없다(휴가 사용이 없었으므로 근무일에 대한 모든 임금은 지급되어야 함은 당연하다).[75]

다만, 단체협약, 취업규칙, 근로계약 등에 의하여 달리 약정한 사실이 있다면 그에 따라야 할 것이다.

### 4. 출산전후휴가수당과 유산 · 사산휴가수당

사용자는 임신 중의 여성에게 출산 전과 출산 후를 통하여 90일(미숙아를 출산한 경우에는 100일, 한 번에 둘 이상 자녀를 임신한 경우에는 120일)의 출산전후휴가를 주어야 한다. 이 경우 휴가 기간의 배정은 출산 후에 45일(한 번에 둘 이상 자녀를 임신한 경우에는 60일) 이상이 되어야 한다(법 74조 1항). 사용자는 임신 중인 여성 근로자가 유산의 경험 등 대통령령으로 정하는 사유로 위 휴가를 청구하는 경우 출산 전 어느 때라도 휴가를 나누어 사용할 수 있도록 하여야 한다. 이 경우 출산 후의 휴가 기간은 연속하여 45일(한 번에 둘 이상 자녀를 임신한 경우에는 60일) 이상이 되어야 한다(법 74조 2항). 그리고 사용자는 임신 중인 여성이 유산 또는 사산한 경우로서 그 근로자가 청구하면[76] 임신기간에 따라 5일부터 90일까지 기간의 유산 · 사산휴가를 주어야 한다. 다만, 인공 임신중절 수술(유전 질환, 전염병, 강간 · 준강간에 의한 임신, 혼인할 수 없는 혈족 · 인척 간에 임신된 경우 등 모자보건법 14조 1항에 따라 인공 임신 중절이 허용되는 경우는 제외한다)에 따른 유산의 경우는 그러하지 아니하다(법 74조 3항; 영 43조 3항).

2001. 8. 14. 법 개정 때 보호휴가 기간(74조 1항의 휴가)이 유급 60일에서 유급 60일을 포함한 90일로 기간이 길어졌고, 2005. 5. 31. 법 개정 때 유산 · 사산한 임신 중 여성에 대하여도 보호휴가(74조 2항의 휴가)를 주도록 하였으며, 2012. 2. 1. 법 개정 때 '산전과 산후의 보호휴가'의 명칭을 '출산전후휴가'로, '유산 · 사산 경우의 보호휴가'의 명칭을 '유산 · 사산휴가'로 변경하고, 임신 중인 여성 근로자가 유산의 경험 등 대통령령으로 정하는 사유로 위 휴가를 청구하는 경우 출산 전 어느 때라도 휴가를 나누어 사용할 수 있도록 하는 규정을 신설하였다. 또한

75) 2004. 7. 13. 여성고용과-1485. 생리휴가 미부여에 따른 형사처벌(500만 원 이하 벌금)을 받는 것은 별론으로 한다.

76) 휴가 청구 사유, 유산 · 사산 발생일 및 임신기간 등을 적은 유산 · 사산휴가 신청서에 의료기관의 진단서를 첨부하여 사업주에게 제출하여야 한다(영 43조 2항).

2014. 1. 21. 법 개정 때 다태아를 임신한 여성 근로자에 관한 규정을 추가하였다.

출산전후휴가와 유산 · 사산휴가 중 최초 60일(한 번에 둘 이상 자녀를 임신한 경우에는 75일)은 유급이다. 다만, 남녀고용평등법 18조에 따라 출산전후휴가급여 등이 지급된 경우에는 그 금액의 한도 안에서 휴가수당 지급 책임이 없다(법 74조 3항).

이 출산전후휴가수당과 유산 · 사산휴가수당의 산정 방법은 연차휴가수당, 구 법의 월차휴가수당, 생리휴가수당에 준한다.[77] 즉 통상임금, 평균임금에 따라 수당액을 산정한다. 만일 월급제 급여를 받는 근로자가 출산전후휴가 또는 유산 · 사산휴가를 사용하였을 때 임신 중이 아니었을 때 평소 받던 월 급여 전액을 그대로 지급받았다면 출산전후휴가수당과 유산 · 사산휴가수당은 모두 지급된 것으로 볼 수 있다. 근로자가 만일 출산전후휴가와 유산 · 사산휴가 전부 또는 일부를 사용하지 않았다면 사용할 수 있는 기간이 끝나는 날에 출산전후휴가근로수당 청구권과 유산 · 사산휴가근로수당 청구권이 따로 발생한다.

## Ⅳ. 포괄임금제

### 1. 의 의

#### 가. 개 념

포괄임금제는 사용자와 근로자가 임금 산정 방법을 정하면서 일정 항목의 임금을 따로 산정하지 않은 채 다른 항목의 급여에 포함시켜 일괄하여 지급하기로 하는 임금 지급 방법을 말한다. 판례는 포괄임금제의 유효성을 언급하면서 포괄임금제가 어떤 것인지에 관하여, '(i) 기본임금을 미리 산정하지 않은 채 시간 외 근로 등에 대한 제 수당을 합한 금액을 월급여액이나 일당 임금으로 정하거나, (ii) 매월 일정액을 제 수당으로 지급하기로 하는 임금지급계약'이 이른바 포괄임금제라고 하였다.

판례는, "근로시간, 근로형태와 업무의 성질 등을 참작하여 계산의 편의와 직원의 근무 의욕을 고취하는 뜻에서 근로자의 승낙을 받고, 그것이 단체협약이나 취업규칙에 비추어 근로자에게 불이익이 없으며 여러 사정에 비추어 정당하다고 인정되면, 포괄임금제의 임금 약정은 유효하다"고 하여,[78] 일정한 조건 아

77) 김지형, 249면.

래 유효성을 인정하고 있다.

이하에서는 포괄임금제의 유형에 관하여 대략적으로 살펴본 후, 포괄임금제의 한 유형인 정액급제의 유효성에 관한 논의, 포괄임금제의 성립 요건, 성격, 적용대상, 유효성, 포괄임금제에 포함되는 수당의 범위, 최저임금과 포괄임금제 등의 문제를 순서대로 본다.

### 나. 유 형

판례에 따라 포괄임금제를 나누어 보면, 1) 먼저 기본임금을 미리 산정하는지 여부에 따라 (i) 기본임금을 미리 산정하지 않은 채 시간외근로 등에 대한 제 수당을 합한 금액을 월급여액이나 일당 임금으로 정하는 유형(이른바 정액급제)과 (ii) 매월 일정액을 제 수당으로 지급하는 유형(이른바 정액수당제)으로 나눌 수 있는데, (i)의 경우는 기본임금과 수당 등을 합쳐서 월급여액이나 일당 임금을 정하고, (ii)의 경우는 기본임금은 정하지만 시간 외 수당 등의 제 수당을 정액으로 정한다.[79] 2) 다음으로 근로시간의 산출이 가능한지 여부에 따라 (i) 근로 형태나 업무의 특수성 때문에 실근로시간의 산출이 어렵거나 불가능한 유형과 (ii) 근로시간의 산출이 가능한 유형으로 나눌 수 있다.[80]

대법원 판례에서 문제된 유형은 아래 표와 같다.

대법원 판결에 나타난 포괄임금제 유형

| 순번 | 대법원 판결 표시 | 대상 근로자 | 기본임금 |
|---|---|---|---|
| 1 | 1982. 3. 9. 선고 80다2384 판결 | 버스회사 배차원(월급제) | 없음 |
| 2 | 1982. 12. 28. 선고 80다3120 판결 | 트랙터 트레일러 운전자 | 있음 |
| 3 | 1983. 9. 13. 선고 82다카49 판결 | 국제통운 | 있음 |
| 4 | 1983. 10. 25. 선고 83도1050 판결 | 경비원, 보일러공(월급제) | 불명 |
| 5 | 1984. 1. 24. 선고 83도2068 판결 | 아파트 관리, 경비(24시간 격일) | 없음 |
| 6 | 1987. 8. 18. 선고 87다카474 판결 | 조양직물 회사원(월급제) | 없음 |

78) 대법원 1997. 4. 25. 선고 95다4056 판결, 대법원 1998. 3. 24. 선고 96다24699 판결, 대법원 1999. 5. 28. 선고 99다2881 판결, 대법원 1999. 6. 11. 선고 98다26385판결 등.

79) 다만 정액급제나 정액수당제의 정액급이나 정액수당이 고정된 액수를 가리키는 것은 아니다. 기본임금을 미리 산정하지 않고 실제 근로시간과 상관없이 운주행거리에 비례·변동하여 각종 수당을 지급하는 형태도 포괄임금제 약정으로 볼 수 있다고 본 대법원 2020. 6. 25. 선고 2015다8803 판결 참조.

80) 김진석, 419면; 최은배, 270면; 하갑래a, 335면.

대법원 판결에 나타난 포괄임금제 유형

| 순번 | 대법원 판결 표시 | 대상 근로자 | 기본임금 |
|---|---|---|---|
| 7 | 1990. 11. 27. 선고 89다카15939 판결 | 염전 회사 현업원(20일 이상 근무 시 고정급, 그 미만 경우 감액조정액 근무수당) | 없음 |
| 8 | 1990. 11. 27. 선고 90다카6934 판결 | 시외버스운전자(일당제) | 있음 |
| 9 | 1991. 4. 9. 선고 90다16245 판결 | 신문사 운전 직원(1일 24시간 격일제) | 없음 |
| 10 | 1991. 4. 23. 선고 89다카32118 판결 | 건설회사 사우디아라비아 현장 관리직원 | 있음 |
| 11 | 1992. 2. 28. 선고 91다30828 판결 | 제분회사 상하차반원 | 없음 |
| 12 | 1992. 7. 14. 선고 91다37256 판결 | 운수회사 운전기사(월 25일 근무 기준 일당제)(포괄임금제에 해당하지 아니함) | 있음 |
| 13 | 1993. 5. 27. 선고 92다33398 판결 | 아파트 경비원(최저임금 보장과의 관계) | 없음 |
| 14 | 1995. 7. 28. 선고 94다54542 판결 | 의료보험조합(포괄임금제에 해당하지 아니함) | 있음 |
| 15 | 1997. 4. 25. 선고 95다4056 판결 | 공사 청원경찰 | 있음 |
| 16 | 1997. 7. 22. 선고 96다38995 판결 | 대학교 수위(포괄임금제에 해당하지 아니함) | 있음 |
| 17 | 1998. 3. 24. 선고 96다24699 판결 | 일용직 | 있음 |
| 18 | 1999. 5. 28. 선고 99다2881 판결 | 야간경비원 | 없음 |
| 19 | 1999. 6. 11. 선고 98다26385 판결 | 성과급 영업원(매점)<br>(성과급에 법정 제수당 포함) | 없음 |
| 20 | 2002. 6. 14. 선고 2002다16958 판결 | 아파트 경비원(기본임금 정한 경우도 차액 지급 청구 불가) | 있음 |
| 21 | 2002. 8. 27. 선고 2000다65383, 65390 판결 | 보일러 시설기사(24시간 격일제, 교대근무수당과 식권에 제수당 포함) | 있음 |
| 22 | 2005. 8. 19. 선고 2003다66523 판결 | 경비업무 | 없음 |
| 23 | 2006. 4. 28. 선고 2004다66995, 67004 판결 | 방송사 외부제작요원<br>(21:00까지 인정, 그 외 불인정) | 없음 |
| 24 | 2009. 12. 10. 선고 2008다45101 판결 | 버스 운전사(포괄임금제에 해당하지 아니함) | 있음 |
| 25 | 2009. 12. 10. 선고 2008다57852 판결 | 운전기사(포괄임금제에 해당하지 아니함) | 있음 |
| 26 | 2010. 5. 13. 선고 2008다6052 판결 | 해군복지근무지원단 근무원 | 있음 |
| 27 | 2012. 3. 29. 선고 2010다91046 판결 | 시외버스 운전기사(포괄임금제에 해당하지 아니함) | 있음 |
| 28 | 2012. 3. 29. 선고 2011다93858 판결 | 사회복지법인 생활지도원(포괄임금제 합의가 있었다고 볼 수 없음) | 있음 |
| 29 | 2014. 6. 26. 선고 2011도12114 판결 | 예술직업학교 교수 | 없음 |

대법원 판결에 나타난 포괄임금제 유형

| 순번 | 대법원 판결 표시 | 대상 근로자 | 기본임금 |
|---|---|---|---|
| 30 | 2014. 6. 26. 선고 2014도4092 판결 | 일식당 주방장 | 없음 |
| 31 | 2014. 9. 4. 선고 2012다71671 판결 | 환경미화원(포괄임금제 합의가 있었다고 볼 수 없음) | 있음 |
| 32 | 2014. 12. 24. 선고 2014도12265 판결 | 아파트 경비원(최저임금에 미치지 못하는지 여부를 기본급을 기준으로 판단하지 아니한 잘못 있음) | 없음 |
| 33 | 2015. 5. 28. 선고 2011다53638 판결 | 방송사 영상취재요원 | 없음 |
| 34 | 2015. 9. 10. 선고 2014다234971 판결 | 보습학원 강사 | 없음 |
| 35 | 2016. 9. 8. 선고 2014도8873 판결 | 노인센터 요양보호사(포괄임금제 약정 중 최저임금에 미달하는 금원에 해당하는 부분은 무효) | 없음 |
| 36 | 2016. 10. 13. 선고 2016도1060 판결 | 공사현장 철골공(포괄임금계약이 체결되었다고 보기 어려움) | 있음 |
| 37 | 2017. 7. 11. 선고 2015도13909 판결 | 오피스텔 주차장 관리원(포괄임금제에 해당하지 아니함) | 있음 |
| 38 | 2018. 8. 1. 선고 2014다5470 판결 | 환경미화원(포괄임금제 합의가 있었다고 볼 수 없음) | 있음 |
| 39 | 2020. 2. 6. 선고 2015다233579, 233586 판결 | 시외버스 운전기사(포괄임금제 합의가 있었다고 볼 수 없음) | 있음 |
| 40 | 2020. 6. 11. 선고 2018다206936, 206943 판결 | 시내버스 운전기사 | 없음 |
| 41 | 2020. 6. 25. 선고 2015다8803 판결 | 시외버스 운전기사 | 없음[81)] |
| 42 | 2020. 7. 9. 선고 2016다54995 판결과 2020. 7. 9. 선고 2016다56120 판결 | 같은 회사 고속버스 운전기사에 관한 판결(연장·야간·휴일근로수당에 관한 포괄임금제 약정 체결 인정) | 있음 |

## 2. 포괄임금제 중 정액급제의 유효성에 관한 논의

앞서 본 바와 같이 대법원 판례의 대부분은 기본임금을 정하지 아니한 포괄임금제의 유효성을 인정하고 있다. 기본임금을 정하는 경우를 정액수당제라

81) 대법원은 "임금협정상의 임금 항목 중에서 기본급과 주행수당(8시간의 기준근로에 대하여 지급되는 임금으로서, 근로시간과는 무관하게 총 주행수당의 55%에 해당하는 금액으로 산정된다)의 합산액이 '기본임금'에 해당한다고 할 것인데, 주행거리에 비례하여 주행수당이 변경되기 때문에 기본임금이 미리 산정되었다고 보기 어렵다"고 한 원심의 판단을 수긍하였다.

하고[앞서 본 유형 중 (ii)의 유형], 기본임금을 정하지 아니하고 기본임금과 제 수당을 합하여 지급하는 경우를 정액급제[앞서 본 유형 중 (i)의 유형]라 할 때, 정액급제의 유효성에 관하여 일본에서는 견해가 나뉜다.[82)]

### 가. 정액급 유효성 부정설

이 견해는, 포괄임금제 중 정액수당제(가산임금 산정 방법으로 가산임금을 정하지 않고 정액을 가산임금으로 하는 것)만 유효하고, 정액급제는 무효라고 한다. 정액급제는 기본급과 가산임금이 구분되지 않아 당해 정액급이 소정 근로시간과 시간 외 근로에 대하여 얼마의 기본급과 얼마의 가산임금을 포함하는 것인지 불명확하고, 당해 정액급이 법이 정한 가산임금 이상을 포함하는지 확인할 수 없어 가산임금 규정을 잠탈한다는 점을 근거로 한다.

### 나. 정액급 유효성 긍정설

정액급제는 임금 지급 방법으로서 타당성은 없지만 근로계약 또는 노동조합과 맺은 자주적인 협정에 기한 것이고 근로자에게 실질적으로 불이익을 주는 것은 아니므로 법에 반하여 무효라고 할 것은 아니라고 한다.

### 다. 검　　토

실제 근로시간을 산정하기 어려운 근무형태 등 여러 가지 사정상, 사용자와 근로자 쌍방이 계산의 편의 등을 위하여 특정한 근로의 목표 내지 양에 대한 합의를 전제로 그러한 특정한 근로에 관하여 기본급과 제반 법정수당이 포함된 정액급제에 합의하였다면, 법의 취지에 위반하였다고 단정하기는 어렵다. 문제는 과연 근로자가 사용자와 얼마나 대등한 위치에서 자유로운 의사에 따라 포괄임금제에 의한 임금 약정을 체결할 수 있느냐는 점이다. 이러한 점을 생각해 볼 때 정액급 방식의 포괄임금제에 관하여도 전면적으로 그 유효성을 부정하기는 어렵지만, 그 요건을 객관화하고 엄격하게 제한하여 유효성을 인정하는 것이 타당하다.[83)]

## 3. 포괄임금제의 성립 요건

포괄임금제에 관하여 먼저 살펴보아야 할 것은 어떠한 경우에 포괄임금제가 성립하느냐 하는 것이다. 포괄임금제의 성립 요건을 그 유효 요건과 함께 파

---

82) 時間法, 509~510면.

83) 문형배, 714면; 송명호, 59면; 이국환, 349면.

악하는 견해도 있지만, 포괄임금제가 성립하였다고 인정되지 않을 경우에는 포괄임금제의 유효 여부는 더 나아가 따질 필요도 없으므로, 포괄임금제의 성립 요건과 유효 요건은 명확히 구별하여야 할 것이다.

### 가. 묵시적 합의에 의한 포괄임금제 성립 여부

포괄임금제에 의한 임금 약정이 성립하기 위해서는 당사자 사이에 합의가 있어야 함은 당연하다.[84] 포괄임금제에 의한 임금 약정이 예외적으로 인정된다는 점, 법 17조가 임금의 구성항목·계산방법·지급방법 등을 명시하도록 하고 있는 점 등에 비추어 서면 또는 구두에 의한 명시적 합의를 요한다는 견해가 있으나,[85] 예외적으로 인정되는 제도라는 점이 묵시적 합의를 배제할 근거가 된다고 보기는 어려운 점, 근로조건의 명시가 근로계약의 성립요건이라고 보기는 어려운 점에 비추어 묵시적 합의에 의한 포괄임금제 약정 성립도 가능하다 할 것이다.[86] 판례는 묵시적 합의에 의한 포괄임금제 임금 약정 체결이 가능하다고 보고 있다.[87] 묵시적 합의에 의한 포괄임금제 약정이 성립하였다고 인정하기 위한 요건은 아래 나.항에서 살펴본다.

### 나. 포괄임금제 성립 여부 판단의 기준

포괄임금제에 의한 임금 약정 체결 여부에 관한 명시적 합의가 인정되지 않는 경우, 어떠한 내용의 합의가 있을 때 포괄임금제에 의한 임금 약정이 성립하였다고 인정할 수 있는지가 문제된다. 판례는, 포괄임금제에 관한 약정이 성립하였는지 여부는 근로시간, 근로형태와 업무의 성질, 임금 산정의 단위, 단체협약과 취업규칙의 내용, 동종 사업장의 실태 등 여러 사정을 전체적·종합적으로 고려하여 구체적으로 판단하여야 한다고 한다.[88]

---

84) 송명호, 74~75면; 이원재, 155면; 하갑래, 309면.

85) 박주현, 306면; 송명호, 75면; 조임영, 47면; 하갑래 309면.

86) 문형배, 718면; 이원재, 155면.

87) 대법원 1983. 10. 25. 선고 83도1050 판결, 대법원 1991. 4. 9. 선고 90다16245 판결, 대법원 2014. 12. 24. 선고 2014도12265 판결, 대법원 2015. 9. 10. 선고 2014다234971 판결, 대법원 2016. 10. 13. 선고 2016도1060 판결. 90다16245 판결은 격일제 24시간 근로계약은 근로형태의 특수성 때문에 근기법상의 기준근로시간을 초과한 연장근로와 야간, 휴일근무가 당연히 예상되는 근로계약이므로 원고가 지급받은 임금에는 1일 8시간, 주 48시간 근로에 대한 임금 외의 연장근로와 휴일, 야간근로에 대한 수당도 포함되어 있는 것으로 보아야 한다고 판시하였다.

88) 대법원 2009. 12. 10. 선고 2008다57852 판결, 대법원 2012. 3. 29. 선고 2010다91046 판결, 대법원 2018. 8. 1. 선고 2014다5470 판결, 대법원 2020. 2. 6. 선고 2015다233579, 233586 판결, 대법원 2020. 6. 11. 선고 2018다206936 판결, 대법원 2022. 2. 10. 선고 2018다298904 판결, 대법원 2023. 7. 27. 선고 2023다221359 판결.

판례에 따르면, 개별 사안에서 근로형태나 업무의 성격상 연장·야간·휴일근로가 당연히 예상된다고 하더라도 기본급과는 별도로 연장·야간·휴일근로수당 등을 세부항목으로 명백히 나누어 지급하도록 단체협약이나 취업규칙, 급여규정 등에 정하고 있는 경우는 포괄임금제에 해당하지 아니하고, 단체협약 등에 일정 근로시간을 초과한 연장근로시간에 대한 합의가 있다거나 기본급에 수당을 포함한 금액을 기준으로 임금인상률을 정하였다는 사정 등을 들어 바로 포괄임금제에 관한 합의가 있다고 섣불리 단정할 수는 없다.[89]

나아가 수년 간 이의 없이 포괄임금제에 의한 임금을 수령한 것은 묵시적인 합의를 추단하는 간접 사실이 됨을 긍정하는 것이 다수의 견해이나,[90] 수년 간 이의 없이 임금을 수령하였다는 것만으로 근로계약을 할 때 포괄임금제에 의한 임금 지급 방식을 묵시적으로 승낙하였다고 보는 것은 매우 의제적이다.[91] 또한 근로 형태의 성질상 야간·연장근로 등을 전제로 근로계약이 되었다는 사정만으로 포괄임금 약정이 맺어졌다고 볼 수 있다는 취지의 종전의 판례 역시 찬성하기 어렵다.[92] 최근의 판례[93]는 '단체협약이나 취업규칙 및 근로계약서에 포괄임금이라는 취지를 명시하지 않았음에도 묵시적 합의에 의한 포괄임금약정이 성립하였다고 인정하기 위해서는, 근로형태의 특수성으로 인하여 실제 근로시간을 정확하게 산정하는 것이 곤란하거나 일정한 연장·야간·휴일근로가 예상되는 경우 등 실질적인 필요성이 인정될 뿐 아니라, 근로시간, 정하여진 임금의 형태나 수준 등 제반 사정에 비추어 사용자와 근로자 사이에 그 정액의 월급여액

89) 대법원 2009. 12. 10. 선고 2008다57852 판결, 대법원 2018. 8. 1. 선고 2014다5470 판결, 대법원 2020. 2. 6. 선고 2015다233579, 233586 판결. 2015다233579, 233586 판결은, 2009년부터 2012년까지 임금협정상 임금 체계는 법정 기준근로시간을 초과하는 약정 근로시간에 대한 사전 합의를 전제로 월별 근무일수에 따른 기본급과 위 약정 근로시간 등에 대한 제 수당 금액을 합산하여 월별 보수를 지급하는 형태에 불과할 뿐, 포괄임금제에 관한 합의를 포함하고 있다고 할 수 없는 점, 각 임금협정서에 "상기 월 임금에는 … 만근 시의 제반 법정수당이 포함된 금액이며(2009년, 2010년 임금협정서)", "포괄임금방식에 의거 1일 19시간을 기준으로 산정하고 임금을 지급(2011년 임금협정서)", "임금제도는 격일제 운행에서 발생할 수 있는 모든 수당을 포함한 포괄임금제로 하고, 임금조견표의 임금은 임금 지급의 편의를 위해 임금 항목을 구분한 것일 뿐이라는 점을 상호 인정(2012년 임금협정서)" 등의 문구가 기재되어 있기는 하나, 위와 같은 기재 부분은 피고의 임금 지급 실무와 일치하지 아니하는 점 등을 들어, '명시적으로 포괄임금제 약정이 성립하였다'고 판단한 원심을 파기하였다.

90) 문형배, 718면; 신수길, 193면.

91) 송명호, 75면; 이원재, 155면.

92) 송명호, 75면.

93) 대법원 2016. 10. 13. 선고 2016도1060 판결.

이나 일당임금 외에 추가로 어떠한 수당도 지급하지 않기로 하거나 특정한 수당을 지급하지 않기로 하는 합의가 있었다고 객관적으로 인정되는 경우이어야 할 것'이라고 판시하였다. 최근의 판례에 따르면 묵시적 합의에 의한 포괄임금제 약정 체결은 위와 같은 엄격한 요건이 충족되어야만 인정될 수 있다 할 것이다.[94]

### 4. 포괄임금제에 관한 논의의 요약

포괄임금제에 관한 논의를 요약해 보면 아래 표와 같다.[95]

| 구분 | 학설 | |
|---|---|---|
| 포괄임금제의 성격 | 예외성 인정설 | 예외성 부정설 |
| 포괄임금제의 적용 대상과 유효성 | 엄격해석론<br>(적용 대상 제한론) | 확대해석론<br>(적용 대상 비제한론) |
| 정산 청구 가능 여부 | 정산부정설 | 정산가능설 |

### 5. 포괄임금제에 의한 임금 약정의 성격

포괄임금제에 의한 임금 약정의 성격에 관하여는 다음과 같이 예외성 인정설, 예외성 부정설 및 절충설인 복수 유형설로 견해가 나뉜다. 이러한 견해의 대립은 뒤에서 보는 바와 같이 포괄임금제의 적용 대상에 관하여도 차이를 나타낸다.

#### 가. 판례에 의해 예외적으로 인정된 제도라는 견해(예외성 인정설)

이 견해는, 법 17조(근로조건의 명시)에 따르면 사용자는 근로계약을 체결할 때에 임금을 명시하여야 하고, 특히 임금의 구성항목·계산방법·지급방법, 소정근로시간에 관한 사항은 서면으로 명시하여야 하는 점, 법 56조(연장·야간 및 휴일 근로)에 따르면 사용자는 연장·야간·휴일 근로에 대해 가산임금을 지급해야 함이 원칙인 점, 법 15조가 규정한 법의 강행적 효력과 보충적 효력 등에 비추어 보면, 포괄임금제는 근기법의 이러한 강행규정성의 원칙 위에서 일정한 요건을 갖춘 예외적인 경우에 한하여 그 유효성이 인정되는 제도라는 견해이다.[96] 이 견해는 그와 같이 포괄임금제가 인정되는 예외적인 경우를, '근로시간, 근로형태와 업무의 성질상 실제 근로시간의 산출이 어려운 경우'[97] 또는 '근로기준

---

94) 김홍영, 62면.
95) 김진석, 420면.
96) 문형배, 716면; 박주현, 305~306면; 송명호, 59면; 신수길, 192면; 유승관, 258면; 이국환, 349면; 이상윤, 279면.
97) 문형배, 716면; 이국환, 349면.

법의 근로시간, 휴일 · 휴가 등에 관한 규정을 그대로 적용하기가 곤란하거나 적용할 필요가 없는 경우'로 보고 있다.[98)]

### 나. 근로계약 당사자가 자유로이 약정할 수 있는 임금 약정의 한 형태라는 견해(예외성 부정설)

이 견해는, 원칙적으로 근로계약 당사자는 근로의 대가로서 임금을 어떻게 정할지를 자유롭게 약정할 수 있다고 전제하면서 포괄임금 약정은 그와 같이 자유롭게 정할 수 있는 임금 약정의 하나로 보는 견해이다.[99)] 따라서 이 견해에 의하면 앞서 본 판례가 말하는 '근로자에게 불이익이 없는지' 여부는 이러한 임금 약정에 강행 규정, 단체협약, 취업규칙 등을 어긴, 근로자에 대한 불이익이 있는지 여부를 말할 뿐, 그 이상의 어떠한 특별한 다른 기준을 제시하는 것은 아니라고 한다.

### 다. 성격이 다른 복수의 유형으로 구성된 제도라는 견해(복수 유형설)

포괄임금제에 대해 하나의 성격을 갖는 하나의 제도로 보기보다는 성격이 다른 복수의 유형으로 구성된 제도로 보는 것이 바람직하다는 견해이다.[100)] 이 견해는, 예외성 인정설에 의하면 요건을 충족하지 못하는 포괄임금계약은 포괄임금제라는 개념에서 제외되고, 다른 이름으로 그 개념을 정의해야 하는 문제가 발생하고, 예외성 부정설에 의하면 '근로시간의 측정이 어려운 근로형태'에 대하여는 정산을 하고자 하여도 현실적으로 곤란할 수 있다는 문제가 있다고 하면서, 두 견해 모두 '근기법에 따라 임금을 산정'할 수 없거나 '근로시간의 측정'이 가능하지 않은 경우에 정산의 과정 없이 포괄임금제의 효력이 인정되므로, 포괄임금제는 '정산가능형'과 '정산곤란형'으로 구분할 수 있다고 한다. 이 견해에 의하면 정산가능형 포괄임금제의 경우에는 포괄임금을 근기법에 따라 산정한 임금과 정산하여 근로자에게 차액을 지급하도록 하여야 한다는 결론에 이른다.[101)]

### 라. 검 토

예외성 인정설과 예외성 부정설이 논의하는 대상은 바람직한 포괄임금제의 성격이 무엇이냐가 아니라, 판례가 규정하는 포괄임금제의 성격이 무엇인가 하

98) 송명호, 59면.
99) 김지형b, 164면.
100) 하갑래a, 335면.
101) 하갑래a, 336면.

는 점이다.

'예외성 인정설'을 살펴보면, 대법원 판례가 대부분 '실제 근로시간을 산출하기 어려운 경우'에 관한 것이기는 하나, 그 중에는 실근로시간을 산정하는 것이 충분히 가능하고, 그것이 쉽기도 한 경우로서 주휴수당이나 연차휴가수당에 대한 포괄임금제가 유효하게 성립할 수 있다고 판시한 사례가 있는 점,[102] '근로시간, 근무 형태, 업무의 성질을 참작하여'라는 표현이, '일정한 경우에 한하여' 체결된 계약을 가리키는 것이라고 보기는 어려운 점에 비추어 볼 때, 이 견해를 찬성하기는 어렵다.

판례의 흐름에 비추어, 판례는 포괄임금제가 유효하다고 볼 수 있는 사례를 꼭 근로시간을 산출하기 어렵거나 근기법을 적용하기 곤란한 경우로 제한하는 방향으로 발전된 것은 아니고, 판례가 보인 포괄임금제의 유효성 판단에서 핵심은 특수한 경우에 한하여 체결될 수 있다는 점이 아니라, '근로자에게 불이익이 없고 제반 사정에 비추어 정당하다고 인정될 때'라는 점으로 보인다. 그리하여 판례는 포괄임금이 적용될 수 있는 대상 자체는 비교적 넓게 보고 있다. 따라서 '예외성 인정설'에서 들고 있는 '예외적 경우'에 한하여 포괄임금제가 인정되고 있다고는 보기 어렵고, '예외성 부정설'에 따라 판례를 보는 것이 타당하다고 생각한다. '복수 유형설'은 포괄임금제가 적용될 수 있는 대상이 '근로시간을 산출하기 어렵거나 근기법을 적용하기 곤란한 경우'에만 제한되지 않는다는 점에서 '예외성 부정설'에 가까운 견해라 할 것이고, 다만 포괄임금제의 적용 대상에 두 가지 유형이 있음에 착안하여 그 효력을 판단한다는 점에서 주목할 만한 견해라 생각한다.

### 6. 포괄임금제의 적용 대상

포괄임금제가 적용될 수 있는 경우를 제한할 것인지, 제한할 필요가 없다고 볼 것인지에 관하여는 아래와 같이 두 가지 견해가 있다.[103]

---

102) 대법원 1998. 3. 24. 선고 96다24699 판결.

103) 강성태c, 253면은 두 견해를 '대상 제한론'(포괄계약을 유효하게 체결할 수 있는 대상 자체를 제한하려는 입장)과 '불이익성론'(포괄임금제의 성립 자체는 상대적으로 넓게 인정하되 성립된 포괄임금제가 근로자에게 불이익하지 않아야 유효하다고 강조하는 입장)으로 부르는 한편, 강성태c, 270면은 다시 두 견해를 '입구 제한론', '출구 제한론'으로 부른다.

### 가. 엄격해석론(적용 대상 제한론)

이 견해는 포괄임금제를 판례가 예외적으로 인정한 제도라고 한다.[104] 앞서 본 포괄임금제 성격 논의에서 예외성 인정설에 따른 견해이다. 이 견해는 근로형태와 업무의 성질상 근로가 불규칙하거나 실제 근로시간의 산출이 어려운 경우에만 계산의 편의와 근로의욕의 고취를 위하여 제한적으로 포괄임금제를 인정해야 한다고 한다. 업무의 성질상 실제 근로시간의 산출이 용이함에도 단순히 계산의 편의를 위하여 포괄임금제를 허용하는 것은 근기법의 원칙에 반하여 실제 근로시간을 잠탈할 우려가 있기 때문에 허용되지 아니한다고 한다.[105]

엄격해석론은, '단순한 계산의 편의나 근무의욕의 고취를 위하여 실제의 근로시간을 산출하지 아니한 채 지급한 금액이 실제의 근로시간을 기초로 하여 지급할 금액을 초과하는 경우에는 그러한 임금지급약정은 유효하다고 할 것이나, 이는 판례가 일정한 요건하에서 인정하는 포괄산정임금제로서 유효한 것이 아니라 실제로 지급한 금액이 정확한 근로시간을 산출하여 그것에 대하여 지급하여야 할 금액을 초과하기 때문에 유효한 것'이라 한다.[106]

### 나. 확대해석론(적용 대상 비제한론)

이 견해는, 포괄임금제를 근로계약 당사자가 자유로이 약정할 수 있는 임금약정의 한 형태로 보는 데에서 출발한다.[107] 이 견해는 포괄임금제 성격 논의에서 예외성 부정설에 따른 견해로서, 근로형태의 특수성이나 업무의 성질상 근로시간 산정이 어려운 경우에 한하지 않고 근로시간 측정이 어렵지 않더라도 사안에 따라 계산의 편의와 직원의 근무 의욕을 고취하기 위해 포괄임금제의 임금 약정을 할 수 있다고 보는 견해이다.[108]

하지만 이 견해는 포괄임금 약정이 계산의 편의와 직원의 근무의욕을 고취하기 위한 것이기만 하면 항상 유효하다고 보는 것은 아니며, 일단 포괄임금제

---

104) 문형배, 716면; 박주현, 305~306면; 송명호, 59면; 신수길, 192면; 이국환, 349면.

105) 문형배, 716면; 송명호, 61면; 이국환, 349면.

106) 이국환, 348~349면.

107) 강성태c, 271면; 김지형b, 164면.

108) 김지형b, 165~166면은 "법정 제 수당을 산정할 수 있는 근로시간의 산출이 용이하고 가능하다"는 사유만으로 포괄임금제의 유효성을 부정할 것은 아니고 그 유효성 여부는 그러한 계약내용의 불이익 유무에 따라 결정되어야 한다는 견해를 취하고 있는 것으로 보이고, 신수길, 193면 역시 "판례가 반드시 엄격해석론만을 고수하고 있다고 단정하기는 어렵다"고 하여 같은 취지의 견해를 취하고 있는 것으로 보인다.

의 적용 대상은 될 수 있되, 그 유효성은 근로자에게 불이익한지 여부에 따라 판단되어야 한다고 한다.[109] 이 견해에 따르면, 앞서 본 대법원 판결에 나타난 포괄임금제 유형 중 7번(염전 회사 현업원), 14번(의료보험조합—부정된 사례), 17번(일용직), 19번(성과급 영업원)의 판결이 확대해석론의 견해에 서서 당사자들이 자유로이 포괄임금제 임금약정을 할 수 있음을 전제로 하였다고 한다.

### 다. 검 토

앞서 본 바와 같이 판례는 예외성 부정설에 서 있다고 봄이 타당하다는 점에서 볼 때 적용 대상에 관하여도 확대해석론이 타당하다고 말할 수 있다.

확대해석론에 대하여는, 앞서 본 "7번 판결의 경우 염전 회사 현업원은 기상조건에 따라서 실근로시간이 달라질 수밖에 없고 이러한 근로형태의 성질상 근로시간의 측정이 사실상 어려운 경우에 해당하고, 14번 판결은 지역의료보험조합의 운영규정상 포괄임금제에 해당하지 않는다고 본 사례이며, 17번 판결의 경우 근기법상 수당보다 더 많은 금액이 지급되었기 때문에 포괄임금 약정의 유효성을 인정하였다고 해석할 수 있고, 19번 판결의 경우 지정된 개점 시간(06:00~23:00) 동안 물품을 판매하도록 되어 있어 근로시간 측정이 가능하다고 볼 여지가 있음에도 감시 · 단속적 근로의 경우에 해당하여 실근로시간의 측정이 어렵다는 점을 그 판결 이유에서 강조하고 있다"는 점을 지적하면서 판례가 확대해석론을 취하고 있다고 단정하기는 어렵다고 하는 주장이 있다.[110]

그러나 14번 판결의 경우 "근로시간, 근로형태와 업무의 성질 등을 참작하거나 계산의 편의와 직원의 근무의욕을 고취하는 뜻에서"라고 하여, '참작하여' 또는 '참작하고'라고 한 판결과는 달리 중첩적이 아닌 선택적 표현을 사용하고 있는 점에서 확대해석론의 근거로 열거된 것이고, 17번 판결의 경우 법상 제수당보다 더 많은 금액이 지급되었다는 점을 이유로 들고 있지 아니하며 "실제 근로시간의 산출이 어렵다는 것"은 매우 불명확한 개념 요소로서, 위 판결들에 비추어 실제 근로시간의 산출이 어려운 경우 또는 그에 준하는 경우만을 포괄임금제의 적용대상으로 판시한 것으로 보기는 어렵다. 확대해석론이 타당하다.

---

109) 김지형b, 165~166면.
110) 송명호, 61면.

### 7. 포괄임금제의 유효 요건

‘예외성 인정설’은 보통 포괄임금제의 유효 요건으로 주된 판례의 논리 구조에 따라 다음 세 가지를 들고 있다. 첫째, 근로시간, 근로형태와 업무의 성질 등을 참작하여 계산의 편의와 직원의 근무 의욕을 고취하기 위한 것이어야 한다. 둘째, 근로자의 승낙이 있어야 한다. 셋째, 단체협약이나 취업규칙에 비추어 근로자에게 불이익이 없고 제반 사정에 비추어 정당하다고 인정되어야 한다. ‘예외성 부정설’에 의하면, 위 첫째 요건은 포괄임금제 임금 약정이 체결되었는지 여부를 판단하기 위한 주요 징표일 뿐이고, 위 둘째 요건은 포괄임금제 계약의 성립 요건일 뿐이며, 위 셋째 요건만을 유효성 요건으로 설시한 것으로 본다.[111)]

‘예외성 부정설’이 타당하다. ‘예외성 인정설’이 주장하는 위 첫째 요건은 다수 포괄임금제 계약의 배경일 뿐이므로 위와 같은 사정이 인정되어야만 포괄임금제 계약이 유효하다고 볼 수는 없다. ‘예외성 인정설’이 주장하는 위 둘째 요건은 앞서 3.항에서 살펴본 바와 같이 포괄임금제 계약의 성립 요건일 뿐이어서 그와 같은 성립 요건이 인정되지 않는 경우 포괄임금제를 인정할 수 없으므로 나아가 포괄임금제가 성립한 것을 전제로 해서 그 유효성을 따질 여지가 없다.

아래에서 ‘예외성 인정설’에 대한 비판적 관점에서 ‘예외성 인정설’이 주장하는 항목별로 유효 요건 여부, 유효 요건의 내용에 관하여 살펴본다.

#### 가. 근로시간, 근로형태와 업무의 성질 등에서 계산의 편의와 직원의 근무 의욕을 고취하기 위한 것

‘예외성 인정설’은 근로시간, 근로형태와 업무의 성질을 참작하여 당해 근로가 불규칙하거나 감시단속적이어서 정확한 실제 근로시간 산출이 어려운 경우에 계산의 편의와 근로 의욕 고취를 위한 것이어야 포괄임금제 임금 약정의 유효성이 인정된다고 한다. 근로시간 산출이 어려운 경우를 중심으로 고찰한다.

##### (1) 문제되는 유형

###### ㈎ 유 의 점

근로의 제공은 반드시 육체적 · 정신적 활동을 통해 사용자를 위해 업무에 종

111) 김지형b, 163~164면.

사하는 것만을 의미하는 것이 아니라, 자신의 노동력을 사용자의 처분에 맡긴다는 의미가 포함되어 있음을 유의하여야 한다. 즉, 근로시간의 개념요소는 '본래 업무에 종사하는가?'가 아니라 '사용자의 지휘 · 명령 하에 있는가?'이다.[112)]

근로시간을 산정하기 어려운 경우를, 일정한 육체적 · 정신적 활동을 하는 시간을 산정하기 어려운 경우로 보아서는 아니 된다. 예를 들어 민원 창구에서 고객을 기다리며 가만히 앉아 있기는 하지만, 고객이 찾아오면 언제든지 업무를 보아야 하기 때문에 일정 시간을 확보하면서 개인적인 용무를 볼 수 없는 시간, 근무시간 중에 화장실에 다녀오거나 개인적인 용무로 잠깐 동안 다른 사람과 통화하거나 인터넷을 보는 시간 등과 같이 구체적인 업무를 보지는 않았지만, 사용자가 지시하면 언제든지 업무를 보아야 하고, 자리를 이탈할 경우 징계 등 사용자의 제재를 받게 되는 시간은 여전히 근로시간으로 보아야 한다. 그렇게 보지 않을 경우 특히 사무직 근로자의 실근로시간 산정은 불가능하고, 이러한 근로자의 임금 약정은 모두 포괄임금제로 할 수 있다는 결과가 된다. 그럴 경우 사용자는 근로자에게 어떠한 업무 처리를 지시하더라도 포괄임금으로 한 정액의 급여만을 지급하면 된다는 것이 되어 부당하다. 이러한 경우를 모두 근로시간을 산정할 수 없는 경우로 보아 포괄임금제 임금 약정이 유효하다고 하는 것은 곤란하다.

#### ㈏ 근로시간 산정이 어려운 사업장 외 근로

사업장 밖에서 장거리 운행을 하는 트랙터 트레일러 운전원,[113)] 운행 경로 · 교통 상황 · 운전사의 근무 태도 등에 따라 근무 시간이 근로자별로 일정하지 않아 정확한 근로시간을 파악하기 어려운 시외버스 운전사[114)] 등을 들 수 있다.

#### ㈐ 근로시간 산정이 어려운 사업장 내 근로

매일의 기상 조건에 따라 근로시간이 달라지는 염전 회사 직원,[115)] 그 형편과 요령에 따라 작업과 휴식 · 수면을 반복하고 작업 시간과 휴게 시간을 명백히 구별하기 어려운 격일제 또는 교대제 근무, 제분 회사 상하차 근무,[116)] 매일의 작업시간과 휴식시간이 불규칙한 해외 건설 현장 관리,[117)] 방송 · 드라마 제작

112) 강성태c, 268면.
113) 대법원 1982. 12. 28. 선고 80다3120 판결.
114) 대법원 1990. 11. 27. 선고 90다카6934 판결.
115) 대법원 1990. 11. 27. 선고 89다카15939 판결.
116) 대법원 1992. 2. 28. 선고 91다30828 판결.
117) 대법원 1991. 4. 23. 선고 89다카32118 판결. 사안은 사우디아라비아 건설 현장이었다.

진행과 기록을 맡은 외부 제작 요원[118] 등을 들 수 있다.

㈑ 재량근로

재량근로(법 58조 3항)[119]가 포괄임금제의 대상이 된다고 하는 견해가 있다.[120] 재량근로제는 근로시간 산정이 어려운 때에는 일정한 시간을 근로한 것으로 간주하는 제도이므로, 재량근로제가 인정되는 때에는 간주된 시간이 명확하게 근로시간으로 인정된다. 따라서 이를 기초로 법 56조에 의한 가산임금 해당 여부를 따지면 될 것이어서, 특별히 다른 근로형태에 비하여 포괄임금제계약 대상이 되어야 할 필요성이 크다고 보기는 어렵다.

㈒ 감시적 근로

감시적 근로라 함은 감시 업무를 주업무로 하며 상태적으로 정신적·육체적 피로가 적은 업무에 종사하는 경우를 말한다.[121] 아파트 경비 업무,[122] 버스회사 배차 업무,[123] 야간 경비 업무[124] 등이 해당한다.

㈓ 단속적 근로

단속적(斷續的) 근로라 함은 근로가 간헐적·단속적으로 이루어져 휴게 시간 또는 대기 시간이 많은 업무에 종사하는 경우를 말한다.[125] 보일러 운전기사,[126] 출퇴근용 버스 또는 승용차 운전사 등이 해당한다.

㈔ 관리·감독 업무 및 기밀 취급 업무

법 63조 4호, 영 34조는 사업의 종류와 관계없이 관리·감독 업무 또는 기밀을 취급하는 업무에 종사하는 근로자는 근로시간·휴게 등에 관한 법의 적용을

118) 대법원 2006. 4. 28. 선고 2004다66995, 67004 판결.

119) 전문적·재량적 업무에 종사하는 근로자에 대해 노사합의에 의하여 정한 시간만큼 근로한 것으로 간주하는 제도를 말한다. 재량근로에 관한 자세한 내용은 법 58조에 대한 해설 참조.

120) 송명호, 66면.

121) 김유성, 193면; 규칙 12조 2항.

122) 대법원 1983. 10. 25. 선고 83도1050 판결. 위 판결은, 이 업무가 1일 24시간 격일 근무, 근로 형태의 특수성 때문에 법상 기준근로시간을 초과한 연장근로와 야간, 휴일근무가 당연히 예상된다고 하였다.

123) 대법원 1982. 3. 9. 선고 80다2384 판결.

124) 대법원 1999. 5. 28. 선고 99다2881 판결.

125) 김유성, 194면; 규칙 12조 3항.

126) 대법원 1983. 10. 25. 선고 83도1050 판결. 위 판결은 이 업무가 1일 24시간 격일 근무, 근로 형태의 특수성 때문에 법상 기준근로시간을 초과한 연장근로와 야간, 휴일근무가 당연히 예상된다고 하였다. 그 외 대법원 2002. 8. 27. 선고 2000다65383, 65390 판결.

받지 않는다고 규정하고 있다. 이러한 관리·감독자나 기밀 취급자와 포괄임금제 임금 약정을 한 것은 특별히 문제되지 않는다.[127)]

(아) 사무직의 경우

사무직 근로자는 주로 월급제의 임금을 지급받으며 출퇴근 기록을 스스로도 하지 않고 연장·야간·휴일근로 등에 대한 구체적인 근거를 남기지 않으며 사용자도 시간 관리를 하지 않는 경우가 있다. 이와 같이 시간 관리에 관한 운영 형태의 관행상 실근로시간의 산출이 어려운 경우에도 포괄임금제의 적용 대상이 될 수 있다.[128)]

(자) 실근로시간 측정이 가능하고 업무의 성질상 당연히 연장·야간·휴일 근로 등이 예상되는 경우

불규칙한 근로가 아니고 감시적·단속적 근로도 아니면서 2교대나 3교대 근무 또는 24시간 격일제 근무인 경우, 예를 들면 제조업 생산직의 교대제근무가 이에 해당한다. 이 경우가 엄격해석론과 확대해석론의 입장 차이를 드러내는 대표적인 근로형태이다.[129)]

(2) 검 토

판례는 주로 근로시간 산정이 어려운 근로로서 운전직 기상 조건에 좌우되는 업무, 감시·단속적 업무, 관리·감독·기밀 취급 업무, 일정 사무직 근무 등에 대해 포괄임금제의 유효성을 인정하고 있다. 하지만 나아가 앞서 본 대법원 판결에 나타난 포괄임금제 유형 중 17번 판결(일용직)[130)]을 보면 실근로시간 산정이 가능한 업무로서 성질상 연장·야간·휴일근로가 예상되는 업무도 포괄임금제의 적용 대상에서 배제하지 않는 것으로 보인다. 또한 판례가 '근로시간, 근로형태 및 업무의 성질'이라는 포괄적인 표현을 사용하고 있는 점을 보면, 일정한 근로형태, 업무 유형에 한하여 포괄임금제가 유효하다고 하지는 않는 것으로 생각된다.

---

127) 송명호, 69면.
128) 송명호, 70면.
129) 송명호, 71면.
130) 대법원 1998. 3. 24. 선고 96다24699 판결. 이 판결의 원심이 인정한 사실에 따르면, 문제되는 근로관계 요지는, 일용직 근로로서, 요일에 관계없이 1일 8시간 근무하고, 하루 근무에 정액의 수당을 받았으며, 상여금은 그 수당에 포함되어 있어 따로 받지 않았다. 원심은 이러한 사안에서 주휴수당과 연월차휴가수당이 수당 속에 포함되어 있는 포괄임금제 임금 약정을 인정하였고, 대법원은 그러한 원심 판단을 수긍하였다.

따라서 어떠한 근로시간, 근로형태 및 업무의 성질에 따라 포괄임금제 임금 약정을 하였느냐 하는 점은 유효성 판단에서 종합적으로 검토될 여러 사정 중 하나이고, 그 전 단계에서 포괄임금제 적용 대상이 되느냐, 되지 않느냐 하는 문제는 아니라고 봄이 상당하다. 그리고 이 요건은 불이익 유무와 구별되는 독자적 유효 요건이라고 보기도 어렵다.

한편 일부 판례가 사용하는 '계산의 편의와 직원의 근무 의욕의 고취'라는 표현과 관련하여, '직원의 근무 의욕의 고취'란 실근로시간에 따라 산정되는 임금·수당에 비해 불리하지 않은 금액을 지급하는 것을 의미하는 것이라는 견해가 있다.[131] 그러나 이는 실근로시간에 따라 산정되는 임금·수당이 얼마인지 알 수 있음을 전제한 견해인데, 이 견해는 실근로시간 산정이 불가능한 경우에는 유효성을 판단할 방법이 없고, 그와 같은 불이익 유무는 별도의 유효 요건으로 설시하고 있으므로, 위와 같은 '계산의 편의와 직원의 근무 의욕의 고취'는 포괄임금제 임금 약정을 하는 동기 중의 하나일 뿐이라고 봄이 상당하다.[132]

대법원은 "근로시간의 산정이 어려운 경우가 아니라면 근로시간수에 상관없이 일정액을 법정수당으로 지급하는 내용의 포괄임금제 방식의 임금 지급계약을 체결하는 것은 그것이 근기법이 정한 근로시간에 관한 규제를 위반하는 이상 허용될 수 없다"[133]고 판시하였는바, 포괄임금제 계약의 경우 '근로시간의 산정이 어려운 경우'와 '근로시간의 산정이 어렵지 않은 경우'가 있을 수 있음을 전제로 '근로시간의 산정이 어렵지 않은 경우'에는 근기법에 정해진 기준에 미달하는 포괄임금제 계약 부분은 근로자에게 불이익하여 무효라고 함으로써 '예외성 부정설'의 입장을 명확히 한 것으로 보인다.

### 나. 근로자의 승낙

'예외성 인정설'은 포괄임금제 임금 약정에 대하여 근로자가 승낙하여야 한다는 점을 유효 요건으로 들고 있다. 포괄임금제 임금 약정은 당사자의 합의에 의하여 체결되므로, 판례가 '근로자의 승낙 하에'라는 표현을 사용한 것은 당연한 성립 요건을 표현한 것인지, 별도의 유효 요건을 부가한 것인지가 문제된다.

상당수의 견해는, '근로자의 승낙 하에'라는 표현을 통상 계약의 성립 요건

131) 문형배, 715면; 이원재, 153면.
132) 송명호, 73면.
133) 대법원 2010. 5. 13. 선고 2008다6052 판결.

인 승낙 또는 약정의 의미로 이해하면서 포괄임금제 임금 약정의 유효 요건의 하나로 본다.[134] 이와 같은 입장에 서 있는 한 견해는, 근로시간, 휴일, 휴게에 관하여 법정 기준과 다른 근로조건을 설정할 때 일정한 절차를 요구하는 경우가 적지 않은 점[135]을 볼 때, 포괄임금제 임금 약정에서 근로자의 승낙을 요구하는 것은, 근로자 본인의 자발적 의사에 의한 승낙이 반드시 요구된다는 의미라고 이해해야 한다고 한다.[136] 엄격한 절차적 요건을 갖추어야 한다는 취지로 이해되나 포괄임금제 임금 약정에 필요한 승낙이라 함은 당연히 자발적 의사에 의한 승낙이어야 하고, 자발적 의사에 기하지 아니한 승낙에 의해서는 약정이 성립되었다고 보기 어려우므로, 자발적 의사에 의한 승낙이 독자적 의미를 가지는 유효 요건이라고 보기는 어렵다. 앞서 3.항에서 살펴본 바와 같이 근로자의 승낙을 토대로 한 당사자 사이의 합의는 포괄임금제 계약의 성립 요건일 뿐이라고 봄이 타당하다.

### 다. 근로자에게 불이익이 없고 제반 사정에 비추어 정당하다고 인정될 때

예외성 인정설이나 예외성 부정설 모두 판례가 든 '근로자에게 불이익이 없고 제반 사정에 비추어 정당하다고 인정될 때'라는 요건을 포괄임금제 임금 약정의 유효 요건으로 본다.

여기에서 '불이익 유무'의 판단 기준이 근기법인가에 관하여는 이를 부정하는 견해(근로기준법 기준 적용부정설)[137]와 긍정하는 견해(근로기준법 기준 적용긍정설)[138]가 있다. 위 문제는 실제 근로시간을 산출하는 것이 가능하고 그러한 실제 근로시간에 기하여 법정 제 수당을 산출한 것이 포괄임금제에 의한 법정 제 수당을 초과하는 경우에 근기법의 기준에 의한 제 수당과 포괄임금제에 의한 제 수당의 차액을 청구할 수 있는지와 연관된다(차액 청구를 부정하는 견해는 정산부정설, 차액 청구를 긍정하는 견해는 정산긍정설로 부를 수 있다).[139]

근기법을 불이익 판단 기준으로 하는 것을 부정하는 견해는, 포괄임금제는 실근로시간의 산출이 어렵거나 불가능한 경우에 정확한 근로시간을 산출하지

---

134) 문형배, 716면; 신수길, 193면; 이국환, 348면.

135) 예를 들어 연장근로(법 53조)에서 근로자와 합의, 탄력적 근로시간제(법 51조) · 선택적 근로시간제(법 52조)에서 근로자대표와 서면 합의 등.

136) 송명호, 74면.

137) 문형배, 726면; 이국환, 350~351면.

138) 김지형b, 167면; 이원재, 155~158면.

139) 하갑래, 312~313면.

아니한 채 포괄하여 지급한 임금 속에 법정 제 수당이 지급되었음을 예외적으로 인정한 제도인데, 다른 한편으로 포괄임금제에 의한 임금이 실제의 근로시간을 계산하여 산출한 임금액을 초과하는 경우에만 유효하다고 한다면 결국 포괄임금제를 부정하는 것으로서 모순된다는 이유로 근기법은 불이익 유무의 판단 기준이 아니라고 한다.[140)]

하지만 이 견해에 따를 경우 포괄임금제 임금 약정은, 포괄임금제 약정이 없었다면 근기법에 따라 받을 수 있었던 실근로시간에 대한 임금 청구권을 포기하게 하는 것과 다름이 없어 임금 채권의 사전 포기가 된다. 임금 채권의 사전 포기는 근기법의 강행규정에 비추어 무효이므로, 비록 포괄임금제 임금 약정이 단체협약이나 취업규칙에 근거하였더라도 근기법의 강행규정에 위반하는 이상 그 유효성을 인정받을 수 없다.[141)] 요컨대 단체협약이나 취업규칙에 비추어 근로자에게 불이익이 없어야 한다는 판결의 취지는, 실제 근로시간에 따라 법정 제 수당을 산정하는 것이 불가능한 경우, 즉 근기법의 기준에 따라 불이익을 따질 수 없을 때 단체협약이나 취업규칙에 비추어 불이익을 따져야 한다는 취지로 보아야 한다.

이에 관하여 판례는 종래에 다소 뉘앙스의 차이가 있는 판결이 병존하고 있었다. 즉, 판례 중에는 포괄임금제 임금 약정이 근로자에게 불이익한지 여부와 관련하여 "(포괄임금제의 유효성이) 근무형태의 특성 그 자체 때문만은 아니고, 포괄임금제의 임금 체계에 의하여 임금이 지급되었더라도 그 지급된 임금에는 법정의 제 수당이 미리 포함되어 있다는 사실에 기인"한다고 한 판결이 있는 한편,[142)] "포괄임금으로 지급받은 초과근무수당, 초과근무수당 가산금, 휴일근무수당에는 근기법의 규정에 의한 시간외 근로수당, 야간근로수당, 휴일근로수당이 모두 포함되어 있다고 볼 것이어서, (원심이) 구체적인 시간외 근로시간 등을 인정하여 포괄임금으로 지급된 제 수당과 원심이 인정한 시간외 근로 등에 대한 근기법

140) 문형배, 726면; 이국환, 350~351면.

141) 김지형b, 167면; 이원재, 155~158면.

142) 대법원 1992. 7. 14. 선고 91다37256 판결. 이 판결은, 운전사·안내원의 일당에 기본급, 연장근로수당, 주휴수당을 포함시키고, 근로시간은 1일 8시간으로 하되 노사 간 합의에 따라 1일 2시간 이내에서 연장근로를 할 수 있으며, 근로일수는 월 25일로 한다고 임금협정이나 단체협약에 규정되어 있다면, 일당에는 근기법상 기준근로시간인 1일 8시간과 2시간의 연장근로를 합한 10시간씩 월 25일 근로할 것을 만근(滿勤)으로 삼아 그 한도 내에서의 연장근로수당과 주휴근로수당만이 포함되어 있다고 보는 것이 타당하고, 거기에 제한 없는 연장근로수당 일체가 포함되어 있다고 보기는 어렵다고 하였다.

의 규정에 의한 수당과의 차액의 지급을 명한 것에는 포괄임금제에 관한 법리 오해의 위법이 있다"고 설시한 판결이 있었다.[143] 그러나 대법원은 "근로시간의 산정이 어려운 경우가 아니라면 근로시간수에 상관없이 일정액을 법정수당으로 지급하는 내용의 포괄임금제 방식의 임금 지급계약을 체결하는 것은 그것이 근기법이 정한 근로시간에 관한 규제를 위반하는 이상 허용될 수 없고, 근로시간의 산정이 어려운 등의 사정이 없음에도 포괄임금제 방식으로 약정된 경우 그 포괄임금에 포함된 정액의 법정수당이 근기법이 정한 기준에 따라 산정된 법정수당에 미달하는 때에는 그에 해당하는 포괄임금제에 의한 임금지급계약 부분은 근로자에게 불이익하여 무효라 할 것이고, 사용자는 근기법의 강행성과 보충성 원칙에 의해 근로자에게 그 미달되는 법정수당을 지급할 의무가 있다"고 판시하고, 위 후자의 판결례(대법원 1997. 4. 25. 선고 95다4056 판결, 대법원 2002. 6. 14. 선고 2002다16958 판결)는 "근로시간의 산정이 어려운 경우에 해당하는 사안에서 이와 달리 근로시간의 산정이 가능한 것을 전제로 하여 근기법상의 법정수당과의 차액을 청구하는 것은 받아들일 수 없다"는 취지라 할 것이고, 나아가 "근로시간의 산정이 어려운 경우 등이 아니라 하더라도 실근로시간과 무관하게 법정수당을 정액으로 정하는 포괄임금계약이 유효하게 성립될 수 있다"는 취지까지 포함하는 것은 아니라고 판시하였다.[144] 위 판결이 '근기법 기준 적용긍정설'과 '정산긍정설'의 입장을 명확히 한 것은 타당하다.[145]

한편 불이익 여부 판단 때 동종의 근로자와 비교하는 것과 관련하여, 판례는 일용직 사원에게 지급된 임금이 취업규칙에 비추어 불이익한지는 그 임금액이 일용직 사원들에게 적용되는 취업규칙의 내용에 비추어 판단하여야 하고, 일반직 사원들의 임금과 비교하는 것이 반드시 필요한 것은 아니라고 본다.[146] 이때 포괄임금제 임금 약정을 한 근로자가 일반직과는 다른 별개의 취업규칙을 적용받더라도, 여기에는 헌법 11조가 정한 평등의 원칙, 법 6조가 정한 균등처우의 원칙, 기간제법 8조가 정한 기간제 · 단시간근로자에 대한 차별적 처우 금지, 남녀고용평등법 8조가 정한 동일 가치 노동 · 동일 임금의 원칙이 적용되어야 한다. 이러한 점에 비추어 보면, 동일 노동 · 동일 임금의 원칙은 불이익 유무

143) 대법원 1997. 4. 25. 선고 95다4056 판결, 대법원 2002. 6. 14. 선고 2002다16958 판결.
144) 대법원 2010. 5. 13. 선고 2008다6052 판결.
145) 김진석, 439면; 박순영, 826면.
146) 대법원 1998. 3. 24. 선고 96다24699 판결.

판단에서도 하나의 기준이 되어야 한다.[147]

한편, “제반 사정에 비추어 정당해야 한다”는 것은, 단체협약, 취업규칙, 동일 노동·동일 임금의 원칙 외의 요소들, 예를 들어 포괄임금제 이전의 연장근로수당 등의 지급 실태, 동종 업계 근로자의 임금 수준 등 기타 사정을 고려하여 정당해야 한다는 취지이다.[148]

### 8. 포괄임금제에 포함되는 수당의 범위

판례는 연장근로수당, 야간근로수당뿐만 아니라 주휴수당, 연월차휴가수당, 휴일근로수당도 포괄임금제의 임금 약정에 포함될 수 있다고 한다. 즉, 판례는, “주휴수당이나 연월차휴가수당이 법에서 정한 기간을 근로하였을 때 비로소 발생하는 것이라 할지라도 당사자 사이에 미리 그러한 소정 기간의 근로를 전제로 하여 주휴수당이나 연월차휴가수당을 일당임금이나 매월 일정액에 포함하여 지급하는 것이 불가능한 것이 아니며, 포괄임금제란 각종 수당의 지급방법에 관한 것으로서 근로자의 연월차휴가권의 행사 여부와는 관계가 없으므로 포괄임금제가 근로자의 연월차 휴가권을 박탈하는 것이라고 할 수 없다”고 하여 포괄임금제에 의한 임금에 주휴수당이나 연월차휴가수당을 포함하는 것도 유효하다고 보았고,[149] 또한 포괄임금제에 의한 임금에 휴일근로수당을 포함하는 것도 유효하다고 보았다.[150] 다만, 퇴직금은 포괄임금제로 다른 급여에 포함될 수 없다.[151]

연월차휴가근로수당이 포괄임금에 포함될 수 있는지에 대하여는 판례가 명확한 입장을 표시하지 않은 것으로 보인다. 연월차휴가근로수당도 포함될 수 있다고 보는 것이 판례의 입장이라고 보는 견해가 있으나,[152] 위 견해가 인용하는 대법원 1998. 3. 24. 선고 96다24699 판결의 내용은 연월차휴가수당에 대한 것일 뿐이고 연월차휴가근로수당에 대한 것은 아니다.

한편 휴일근로수당이나 연차휴가미사용수당에 관하여 휴일, 휴가를 사용하지 않을 경우에 발생하는 것임에도 사전에 이를 포괄임금에 포함하는 것으로 약정하는 것은 모순되고, 휴일의 사용이 실질적으로 제약된다는 점을 근거로 판

147) 김지형b, 165면; 송명호, 82면.
148) 송명호, 82면.
149) 대법원 1998. 3. 24. 선고 96다24699 판결, 대법원 2023. 11. 30. 선고 2019다29778 판결.
150) 대법원 2002. 6. 14. 선고 2002다16958 판결.
151) 대법원 1998. 3. 24. 선고 96다24699 판결.
152) 송명호, 72면.

례를 비판하는 견해가 있다.[153] 그러나 연장·야간근로수당도 일정한 연장·야간근로를 전제로 사전에 이를 포괄임금에 포함하는 것이므로, 일정한 휴일근로 또는 연차휴가일의 근로를 전제로 사전에 휴일근로수당이나 연차휴가미사용수당을 포괄임금에 포함시키는 것은 허용될 수 있다고 생각된다.[154]

### 9. 최저임금 보장과 포괄임금제

포괄임금제 약정이 있는 경우에도 최저임금은 보장되어야 한다. 최저임금법에 따라 비교대상 임금을 산정한 후 최저임금과 비교하여 최저임금법 위반 여부를 판단하게 되는데, 정액수당제의 경우 기본급이 정해져 있으므로 비교대상 임금을 산정하는 데 특별히 문제가 없으나, 정액급제의 경우 기본급이 정해져 있지 않으므로 비교대상 임금을 어떻게 산정할 것인지가 문제된다.

정액급제의 경우 실근로시간을 확정하는 것이 가능하다면, 실근로시간을 소정근로시간과 연장·야간·휴일 근로시간으로 구분한 다음 연장·야간·휴일 근로시간에 대하여는 가산율을 적용하여 소정근로시간에 대한 기본급이 얼마인지를 역산하는 방법으로 기본급을 파악하여 비교대상 임금을 산정할 수 있다.

이와 같이 월급여액으로부터 역산하는 경우 그 월급여액에는 최저임금 산입 제외 임금이 포함되어 있으므로 이를 제외해야 하는데, 월급여액 외에 비교대상 임금이나 통상임금에 포함될 다른 임금 항목이 없는 경우에는 특별한 사정이 없는 한 비교대상 임금은 월급여액에 '소정근로시간, 유급 주휴시간 및 가산율을 반영한 연장·야간·휴일근로시간을 모두 더한 시간'에서 '소정근로시간 및 유급 주휴시간'이 차지하는 비율을 곱하는 방식으로 산정하여야 하고, 이를 최저임금법 시행령 제5조 제1항 제3호에 따라 1개월의 소정근로시간 수로 나눈 아래와 같은 방식으로 산정한 비교대상 시급을 최저임금과 비교하여 최저임금법 위반 여부를 판단하여야 한다.[155]

$$\text{비교대상시급} = \frac{\text{월급여액} \times \dfrac{\text{월소정근로시간} + \text{월유급주휴시간}}{\text{월소정근로시간} + \text{월유급주휴시간} + \text{가산율을 반영한 월연장야간휴일근로시간}}}{\text{월소정근로시간}}$$

153) 강성태c, 273면; 하갑래, 311~312면; 하갑래a, 339면.
154) 송명호, 73면.
155) 대법원 2024. 12. 26. 선고 2020다300299 판결.

판례는 포괄임금제의 경우에 기본급을 기준으로 최저임금법 위반 여부를 판단하여야 한다는 입장이다.[156)]

### 10. 판례에 대한 비판과 이에 대한 검토

포괄임금제에 대하여는, 포괄임금제를 인정하는 판례의 논법이라면 업무의 성질을 따질 필요도 없이 모든 근로자에 대해 임금의 포괄 역산 제도가 인정되는 결과가 된다고 하면서 포괄임금제를 인정하여서는 아니 된다는 견해가 있다.[157)]

또한 포괄임금제가 가지는 가장 큰 문제점으로, 포괄 산정할 수 있는 법정 제 수당의 종류에 아무런 제한이 없다는 점과 가산임금의 대상이 되는 근로시간에 아무런 제한이 없다는 점을 지적하면서, 포괄임금제에 일정한 한계를 설정함으로써 포괄임금제를 제한하고 예외적으로 허용하는 것이 타당하다는 견해도 설득력 있게 주장된다.[158)] 이 견해는 두 가지 측면에서 포괄임금제를 제한할 필요가 있다고 한다. 하나는 특히 연장근로와 휴일근로에서 포괄임금제에 포함시킬 수 있는 근로시간을 월간·연간 단위로 한도를 정하여 제한할 필요가 있다는 것이고, 다른 하나는 포괄임금제를 임금 제도로 채택할 때에는 근로자 본인의 명시적 동의와 함께 근로자대표의 동의를 얻도록 할 필요가 있다는 것이다. 미리 근로자의 동의 여부가 명확히 파악될 수 있고, 연장, 야간, 휴일 근로의 한도가 예측 가능하며 실제 행한 근로가 예측된 한도를 벗어나지 않는 경우 그 적법성이 인정된다는 견해[159)]도 비슷한 취지이다.

오랜 기간에 걸쳐 확립된 판례의 입장, 실무 관행 등에 비추어 금지론은 선뜻 찬성하기 어려우나, 제한적이고 엄격하게 유효성을 인정하여야 한다는 취지의 비판은 경청할 부분이 있다. 유효성 판단 때 연장근로 등의 한도가 취업규

---

156) 대법원 2014. 12. 24. 선고 2014도12265 판결. 한편 대법원 1993. 5. 27. 선고 92다33398 판결은, 아파트 관리 회사의 취업규칙에 "노동청 고시에 의한 최저임금을 보장한다."라는 규정을 둔 경우 '정액급제 근로계약을 체결한 점에 비추어 볼 때 위 취업규칙의 최저임금보장규정의 취지는 기본급을 노동부 고시의 최저임금 수준으로 지급한다는 의미가 아니고 제 수당을 포함한 총급여액을 노동부 고시의 최저임금 수준으로 지급한다는 의미로 새김이 타당하다.'는 취지로 판시하였는데, 이는 취업규칙 내용의 해석에 관한 판시일 뿐이고 위 아파트 관리 회사에 최저임금법이 적용되기 전의 기간에 관한 임금 청구 사건이어서 최저임금법 위반 여부에 관한 판시 또는 최저임금 미달 여부를 판단하는 기준에 관한 판시는 아니다.

157) 오문완, "임금체계 개편방향", 한국노사관계학회 2000년 국제학술대회 발표자료(2000), Ⅳ. 1.(강성태b, 181면에서 재인용).

158) 강성태b, 181~182면; 문무기 외 3명, 202면.

159) 김재훈, 162면.

칙, 근로계약 등에 명확히 명시되어 있는지, 그 범위 내에서 근로가 이루어졌는지를 검토하여 유효성 판단을 엄격하게 할 필요가 있다.

## Ⅴ. 연 봉 제

### 1. 의 의

연봉제는 근로자에 대한 임금의 전부 또는 상당 부분을 당해 근로자가 업적 등에서 목표를 달성한 정도를 평가하여 연단위로 설정하는 제도,[160] 또는 개개인의 능력, 실적 및 공헌도의 평가와 개별 계약에 의하여 연간 임금액이 결정되는 임금지급 형태,[161] 통상 1년을 단위로 하여 능력과 실적을 기준으로 임금을 결정하는 제도[162]로 정의된다. '능력, 실적 또는 공헌도 등을 평가하여 1년 단위로 임금을 결정하는 제도'로 요약할 수 있다. 이러한 연봉제는 현행법이 상정하는 근로시간과 연계된 임금 지급 형태와는 상당한 거리가 있다는 점에서 몇 가지 법적 문제가 있다.

이하에서는 주로 각종 수당의 지급과 관련된 법적 문제를 중심으로 연봉제를 살피기로 한다.

### 2. 연봉제와 관련된 문제

#### 가. 연봉제와 가산임금

근기법에는 근로시간과 임금이 서로 연관되어 있음을 보여주는 규정이 있다. 대표적인 것이 가산임금 규정이다. 그런데 연봉제는 근로시간에 기초한 것이 아니라 능력, 실적 등에 기초하여 임금을 결정하는 제도로서, 근로시간의 장단과 관계없이 능력, 실적 등에 따라 일정액의 임금을 지급하는 것이어서 가산임금 규정과 충돌할 수 있다.

다만, 법에는 일정 사업에 근로시간, 휴일 규정이 적용되지 않도록 하는 규정, 근로시간 계산의 특례 규정이 있어서 해당 규정의 적용 여부에 따라 가산임금 규정이 문제되는 정도가 달라진다.[163]

---

160) 菅野, 221면.
161) 김형배, 415면.
162) 하갑래, 298면.
163) 김소영, 151면; 김형배, 409면; 이승길, 158~159면은 연봉제를 적용하기 쉬운 근로자, 연봉

### (1) 근로시간, 휴게, 휴일 관련 근기법 규정이 적용되지 않는 근로자

토지의 경작·개간, 식물의 식재(植栽)·재배·채취 사업, 그 밖의 농림 사업의 근로자, 동물의 사육, 수산 동식물의 채취·포획·양식 사업, 그 밖의 축산, 양잠, 수산사업의 근로자, 감시(監視) 또는 단속적(斷續的)으로 근로에 종사하는 자로서 사용자가 고용노동부장관의 승인을 받은 자, 관리·감독 업무 또는 기밀을 취급하는 업무에 종사하는 근로자에 대하여는 법 4장과 5장에서 정한 근로시간, 휴게와 휴일에 관한 규정을 적용하지 않는다(법 63조, 영 34조). 따라서 이러한 근로자들이 연봉제의 임금 약정을 한 경우 연장근로수당, 휴일근로수당을 연봉과 별도로 청구하는 문제는 생기지 않는다. 하지만 야간근로에 관하여는 법이 그대로 적용되어서 가산수당이 지급되어야 하므로, 그 수당에 관하여는 연봉액과 별도로 지급되어야 할 경우가 생긴다(야간근로수당에 대해 포괄임금제 임금 약정을 하였다면 이에 따르게 될 것이다).

이들 가운데 연봉제의 적용 대상이 될 가능성이 큰 근로자는 관리·감독 업무 또는 기밀을 취급하는 업무에 종사하는 근로자이다.

### (2) 외근 근로자와 재량 근로자로서 법 58조(근로시간 계산 특례)가 적용되는 근로자

근로자가 출장이나 그 밖의 사유로 근로시간의 전부 또는 일부를 사업장 밖에서 근로하여 근로시간을 산정하기 어려운 경우로서 소정근로시간을 근로한 것으로 보는 근로자(이른바 '외근 근로자')와 전문적·재량적 업무에 종사하는 근로자[164]로서 노사 합의로 정한 시간만큼 근로하는 것으로 간주하는 근로자(이른바 '재량 근로자')는 소정 근로시간(외근 근로자) 또는 노사 합의로 정한 근로시간(재량 근로자)이 근로시간으로 간주된다(법 58조 1항·3항). 이와 같이 간주되는 근로시간이 법정 근로시간을 넘지 않는다면 연장근로를 한 것이 없으므로 연장근로수당 문제는 생기지 않는다. 하지만 휴일 근로시간과 야간 근로시간은 법 58조에 따라 근로시간으로 간주되지 않으므로 휴일, 야간 근로에 대하여는 수당이

---

제 적용 대상의 문제로 서술하고 있다.

164) 업무의 성질에 비추어 업무 수행 방법을 근로자의 재량에 위임할 필요가 있는 업무로서 대통령령으로 정하는 업무를 말한다(법 58조). 여기에서 대통령령이 정하는 업무는 신상품 또는 신기술의 연구개발이나 인문사회과학 또는 자연과학분야의 연구 업무, 정보처리시스템의 설계 또는 분석 업무, 신문·방송 또는 출판 사업에서 기사의 취재·편성 또는 편집 업무, 의복·실내장식·공업제품·광고 등의 디자인 또는 고안 업무, 방송 프로그램·영화 등의 제작 사업에서 프로듀서나 감독 업무, 그 밖에 고용노동부장관이 정하는 업무(발견되지 않는다)이다(영 31조).

따로 지급되어야 한다(휴일, 야간근로수당에 대해 포괄임금제 임금 약정을 하였다면 이에 따르게 될 것이다).

외근 근로자와 재량 근로자의 범위 등 근로시간 간주에 관한 보다 자세한 내용은 법 58조에 대한 해설 참조.

#### (3) 일반 근로자

위 (1), (2)에 해당하지 않는 일반 근로자는 연장, 야간, 휴일근로수당 모두가 문제되므로, 연봉제를 적용할 경우 그 수당을 어떻게 지급할 것인지 문제된다.

만일 연봉제를 하면서 일정 시간의 연장근로, 야간근로, 휴일근로를 하는 것을 전제로 그 수당까지 포함시켜 연봉액을 정한 경우라면, 포괄임금제의 유효요건을 충족하였을 때에 한하여 포괄임금제 임금 약정으로서 효력을 인정받을 수 있을 것이다. 다만, 이때에도 연장, 야간, 휴일 근로를 하기로 한 일정 시간 외에 별도의 연장, 야간, 휴일 근로를 하였다면 이에 대하여는 따로 연장, 야간, 휴일근로수당이 지급되어야 한다. 그 계산은 시간급 통상임금에 연장, 야간, 휴일근로시간을 곱하는 방법에 의할 것이고, 이때 시간급 통상임금은 연봉액을 소정 근로시간수(사전 약정된 연장, 야간, 휴일근로시간수에 1.5를 곱한 시간수와 법정 근로시간수를 더한 시간수)로 나눈 금액이 될 것이다.

이러한 포괄임금제 약정이 없었다면 연봉제는 소정근로시간에 대한 임금을 연봉으로 정한 것으로서, 그 소정근로시간 외의 연장, 야간, 휴일 근로에 대하여는 이에 대한 임금(가산임금 포함)을 지급하여야 한다. 그 수당 산정은 시간급 통상임금에 근로시간을 곱한 임금액과 여기에 가산율을 곱한 금액인 가산임금을 더하는 방법에 따른다. 그리고 연봉제에서 시간급 통상임금은 연봉액을 연간 소정근로시간수[165]로 나눈 금액이 될 것이다.

한편 이때 포괄임금제 임금 약정을 하여 연봉 속에 각종 법정수당이 포함되어 있는 것으로 하여 연봉제를 운용할 수 있을 것이다.[166] 이 경우 포괄임금제 임금 약정의 성립 요건과 유효 요건을 따져 연봉제에 부수한 포괄임금제 임금 약정의 효력을 따져야 한다. 이에 관하여, 포괄임금제에 포함시킬 수 있는

---

165) 근기법이 정한 근로시간대로 근로를 제공하기로 하고, 유급휴일인 주휴일과 근로자의 날에 대한 임금을 연봉액에 당연 포함시켰다면, 1주 44시간 근무제에서는 (365일÷7일)×(44시간+8시간)=2,711시간이 될 것이고, 1주 40시간 근무제에서는 (365일÷7일)×(40시간+8시간)=2,502시간이 될 것이다.

166) 김소영, 152면; 이승길, 183~184면.

연장근로시간과 휴일근로시간의 월간·연간 한도를 정하고, 포괄임금제에 의한 임금계약 시 근로자 본인의 명시적 동의와 함께 근로자대표의 동의를 얻도록 함으로써 포괄임금제를 합리적 범위 내에서 예외적으로 활용하자는 견해가 있는바,[167] 경청할 만하다고 생각한다.

### 나. 통상임금 · 연월차휴가미사용수당의 산정

#### (1) 통상임금

통상임금은 기본급 임금과 고정급 임금은 포함하지만, 제 법정수당과 변동급 임금은 포함하지 아니한다.

연봉은 임금 산정기간, 즉 1년 동안에 지급하기로 정해진 고정급 임금이므로 각종수당을 기본급에 포함하여 기본연봉으로 정한다면 평균임금은 물론이고 통상임금에도 해당한다.[168] 기존 임금 체계를 연봉제로 바꾸면서 기존 임금 항목에서 연봉제로 전환된 부분을 감안하여 연봉액 중 일부만을 통상임금 또는 평균임금으로 한다고 당사자가 합의한 경우 연봉제에 포함되지 않는 제 수당이나 퇴직금 등을 산정할 때 근로자에게 불이익하지 않다면 이를 반드시 위법하다고 보기 어렵다는 견해가 있으나,[169] 그 합의가 효력이 있는지 여부는 근기법 일반 기준에 따라 판단해야 한다.

#### (2) 연월차휴가미사용수당 관련

연월차휴가(월차유급휴가는 2003. 9. 15. 개정 전 법이 적용될 때 문제된다)를 사용하지 못한 경우 지급되는 연월차휴가미사용수당을 연봉액에 포함시킬 수 있는지가 문제된다. 이에 대해 연월차휴가는 휴가를 사용하는 것이 원칙이며 수당으로 금액을 예정하는 것은 근로자의 휴가사용권을 박탈하는 것이고, 또한 연월차휴가는 개근, 출근월, 근속연수에 따라 결과가 상이하기 때문에 연봉액 포함을 부정하는 견해가 있다.[170] 그러나 앞에서 본 바와 같이 판례는 연월차휴가수당도 포괄임금제에 포함될 수 있다고 보고 있고, 연월차휴가미사용수당을 포괄임금에 포함시키는 것도 허용될 수 있다고 보이므로, 그 유효성 여부는 포괄임금제 임금 약정의 유효 요건에 관한 판단을 통해 이루어져야 한다.

---

167) 강성태b, 182면.
168) 하갑래, 301면.
169) 하갑래, 301~302면.
170) 김소영, 153면.

### 다. 연봉제와 퇴직금

자세한 내용은 법 34조에 대한 해설 V. 5. 다. (3) ㈐ 참조.

[김 진 석]

## 第57條(보상 휴가제)

사용자는 근로자대표와의 서면 합의에 따라 제51조의3, 제52조 제2항 제2호 및 제56조에 따른 연장근로·야간근로 및 휴일근로에 대하여 임금을 지급하는 것을 갈음하여 휴가를 줄 수 있다.

〈세 목 차〉



[참고문헌]

노동부, 개정 근로기준법 **시행지침**(2003. 12.).

## Ⅰ. 의 의

사용자는 근로자대표와 서면 합의에 따라 법 51조의3, 52조 2항 2호 및 56조에 따른 연장근로·야간근로·휴일근로에 대하여 임금을 지급하는 것을 갈음하여 휴가를 줄 수 있다. 이에 따른 휴가 제도를 보상 휴가제라 한다.

근로자와 사용자의 임금과 휴가에 대한 선택의 폭을 확대하기 위한 취지에서 2003. 9. 15. 법 개정 때 55조의2로 신설되었고, 2007. 4 11. 전문 개정 때 현재의 조문으로 자리 잡았고, 2021. 1. 5. 법 51조의3, 52조 2항 등이 신설됨에 따라 현재와 같이 개정되었다.

## Ⅱ. 요 건

근로자대표와의 서면 합의가 있어야 한다.

근로자대표란 그 사업 또는 사업장에 근로자의 과반수로 조직된 노동조합이 있는 경우에는 그 노동조합, 근로자의 과반수로 조직된 노동조합이 없는 경우에는 근로자의 과반수를 대표하는 자를 말한다(법 24조 3항 괄호 부분).

서면 합의에는 특별한 형식이 요구되지 않지만 적어도 사용자와 근로자대표가 서명한 문서의 형태를 갖추어야 한다.[1]

사용자가 주는 휴가의 일수는 가산임금제도의 취지를 고려하여 정해야 한다. 예를 들어 12시간의 연장근로에 대한 보상 휴가는 50%를 가산하여 18시간 이상 주어야 한다.

'가산임금을 지급하는 것을 갈음하여'라고 규정하지 아니하고 '임금을 지급하는 것을 갈음하여'라고 규정하고 있는 점에 비추어 보면, 연장근로 · 야간근로 · 휴일근로에 대한 실제 '임금'은 물론 '가산임금' 모두가 대체 대상이고, 그 전체 임금의 전부 또는 일부에 해당하는 근로시간을 산정하여 대체휴가를 부여할 수 있다고 봄이 상당하다.[2] 사용자가 제 3 자인 근로자대표와 합의하여 근로자의 재산권인 임금채권을 소멸하게 하는 처분행위를 할 수 없는 점, 근로자가 근로의 대가로서 취득한 임금채권을 휴가로 대체한다는 것은 근로자의 경제적 생활의 유지 · 향상을 위한 생존권을 침해하는 것으로 볼 수 있는 점 등을 근거로 근기법 57조는 헌법 32조 3항에 위배되어 효력이 없다고 보고, 연장 · 야간 · 휴일근로를 하기 전에 사용자와 근로자대표가 근로의 대가인 임금의 지급에 갈음하여 휴가를 주기로 하는 합의도 무효라고 보는 견해[3]가 있다.

[김 진 석]

제58조(근로시간 계산의 특례)

① 근로자가 출장이나 그 밖의 사유로 근로시간의 전부 또는 일부를 사업장 밖에서 근로하여 근로시간을 산정하기 어려운 경우에는 소정근로시간을 근로한 것으로 본다. 다만, 그 업무를 수행하기 위하여 통상적으로 소정근로시간을 초과하여 근로할 필요가 있는 경우에는 그 업무의 수행에 통상 필요한 시간을 근

1) 김유성, 173면.
2) 김유성, 173면; 시행지침, 28면; 이병태, 829면; 이상윤, 277면.
3) 김형배, 456면.

로한 것으로 본다.

② 제 1 항 단서에도 불구하고 그 업무에 관하여 근로자대표와의 서면 합의를 한 경우에는 그 합의에서 정하는 시간을 그 업무의 수행에 통상 필요한 시간으로 본다.

③ 업무의 성질에 비추어 업무 수행 방법을 근로자의 재량에 위임할 필요가 있는 업무로서 대통령령으로 정하는 업무는 사용자가 근로자대표와 서면 합의로 정한 시간을 근로한 것으로 본다. 이 경우 그 서면 합의에는 다음 각 호의 사항을 명시하여야 한다.

1. 대상 업무
2. 사용자가 업무의 수행 수단 및 시간 배분 등에 관하여 근로자에게 구체적인 지시를 하지 아니한다는 내용
3. 근로시간의 산정은 그 서면 합의로 정하는 바에 따른다는 내용

④ 제 1 항과 제 3 항의 시행에 필요한 사항은 대통령령으로 정한다.

영 제31조(재량근로의 대상업무)

법 제58조 제 3 항 전단에서 "대통령령으로 정하는 업무"란 다음 각 호의 어느 하나에 해당하는 업무를 말한다.

1. 신상품 또는 신기술의 연구개발이나 인문사회과학 또는 자연과학분야의 연구 업무
2. 정보처리시스템의 설계 또는 분석 업무
3. 신문, 방송 또는 출판 사업에서의 기사의 취재, 편성 또는 편집 업무
4. 의복 · 실내장식 · 공업제품 · 광고 등의 디자인 또는 고안 업무
5. 방송 프로그램 · 영화 등의 제작 사업에서의 프로듀서나 감독 업무
6. 그 밖에 고용노동부장관이 정하는 업무

〈세 목 차〉

[참고문헌]

**강성태**, "현행 재량근로제의 내용과 문제점", 노동법연구 11호, 서울대학교 노동법연구회(2001); **박상필**, "사업장 외 근로의 근로시간에 관한 연구", 법학연구 38호, 부산대학교 법학연구소(1988).

## Ⅰ. 간주근로시간(인정근로시간)의 의의

근로시간은 실제 근로를 제공한 시간으로 산정하는 것이 원칙이다. 법 58조에서 정한 이른바 '간주근로시간'은 이와 같은 근로시간 산정 원칙의 예외로서 실근로시간 산정의 특칙이다.

간주근로시간이란 통상의 방법으로 근로시간을 계산하기 어려운 경우에 실제의 근로시간과 상관없이 소정근로시간 등을 근로한 것으로 간주하는 것으로서, 사업장 밖 근로의 간주근로시간(법 58조 1항 · 2항)과 재량근로의 간주근로시간(법 58조 3항)으로 나뉜다.

1996. 12. 31. 개정 전까지는 이러한 특례 규정이 없었고, 1954. 4. 7. 제정 때부터 1997. 3. 27. 폐지되기 전까지 시행령에 "근로자가 출장 기타 사업장 외에서 근로하는 경우에 근로시간을 산정하기 곤란한 때에는 1일 8시간 근로한 것으로 본다"라고 규정하여(1954. 4. 7. 제정 영 28조, 1969. 11. 10. 개정 영 37조), 법률이 아닌 대통령령으로 근로시간 산정의 특례를 인정한다는 비판이 있었다.[1] 그러다 1996. 12. 31. 근기법 개정(1997. 3. 13. 폐지)과 1997. 3. 13. 근기법 제정 때 1987년 일본 노동기준법에 신설된 38조의2를 그대로 옮겨와 사업장 밖 근로와 재량근로의 간주근로시간을 모두 법에서 규정하였다(1996. 12. 31. 개정 법 46조의2, 1997. 3.

1) 박상필, 18면.

13. 제정 법 56조).[2] 처음 신설되었을 때에는 간주근로시간제 시행에 관한 서면 합의를 노동부장관에게 신고하도록 하였는데(같은 조 4항), 1999. 2. 8. 규제 완화 차원에서 신고제도는 폐지되었다.

법 58조 4항은 간주근로시간의 시행에 관하여 필요한 사항은 대통령령으로 정한다고 하고는 있으나, 현행 영은 법 58조 3항에서 재량근로를 할 수 있는 업무로서 대통령령이 정하도록 한 것만을 규정하고(영 31조), 나머지 시행에 관한 규정은 마련하지 않았다.

## Ⅱ. 사업장 밖 근로의 근로시간 간주[3]

### 1. 의 의

근로자가 출장이나 그 밖의 사유로 근로시간의 전부 또는 일부를 사업장 밖에서 근로하여 근로시간을 산정하기 어려운 경우에는 소정근로시간을 근로한 것으로 보고(법 58조 1항 본문), 다만 그 업무를 수행하기 위하여 통상적으로 소정근로시간을 초과하여 근로할 필요가 있는 경우에는 그 업무의 수행에 통상 필요한 시간을 근로한 것으로 보는데(법 58조 1항 단서), 이 경우 그 업무에 관하여 근로자대표와의 서면 합의를 한 경우에는 그 합의에서 정하는 시간을 그 업무의 수행에 통상 필요한 시간으로 본다(법 58조 2항). 이를 사업장 밖 근로의 근로시간 간주라 한다.

이는 사업장 밖에서 근로를 하는 경우에도 근로시간의 산정이 적절하게 이루어지도록 하고자 마련된 규정으로서,[4] 산업구조의 변화, 기술혁신의 진전 등에 맞추어 근로자가 사용자의 구체적인 지휘·감독을 받지 아니하고 영업활동, 가전제품이나 그 외 제품의 설비·수리, 각종 조사·정보수집 등을 위하여 사업장 밖에서 근로를 수행하여 실근로시간 산정이 곤란한 업무가 증가하는 추세에 있어 이러한 규정이 필요하게 되었다.[5]

이러한 사업장 밖 근로의 근로시간 간주 제도를, 사업장 밖에서 근로하는 근

---

2) 국회에서 의결된 법 개정 이유는 기술의 연구·개발 업무 등 업무의 성질에 비추어 업무수행을 근로자의 재량에 맡길 필요가 있는 업무의 경우에는 노사 간 서면 합의로 정한 시간을 근로한 것으로 볼 수 있도록 한다는 것이다.

3) 임종률, 456면은 '외근 간주시간제'라 한다.

4) 이병태, 763면.

5) 김지형, 394면.

로자의 항상적인 장시간 근로를 승인하는 근거로 이해한다면 법의 기본 취지를 무시한 것이므로, "사용자의 직접적인 지휘·감독이 미치지 않는 영역, 근로시간을 산정하기 곤란한 경우(운행 계획 등이 사용자의 지시에 의해 행해지는 경우 제외), 미리 별도의 지시를 하지 않은 경우"에 한하여 적용된다고 보는 견해도 있다.[6)]

### 2. 요 건

#### 가. 사업장 밖 근로

근로시간 간주가 되기 위하여는 근로자가 근로시간의 전부 또는 일부를 사업장 밖에서 근로하여야 한다.

'사업장 밖 근로'란 본래 소속 사업장에서 행해지는 사용자의 직접적인 지휘·감독 체제로부터 장소적으로 벗어나서 다른 어떠한 조직으로부터도[7)] 구체적이고 계속적인 지휘·명령을 받지 아니한 채 행하여지는 근로제공 행위를 말하며, 어떠한 근로가 이에 해당하는지는 사용자의 근로시간 산정의무 면제라는 이 조항의 취지를 고려하여 '지휘·감독의 곤란성'을 기준으로 하여 판단하여야 한다.[8)]

통상적으로 사업장 밖에서 근로하는 경우(신문방송사 기자의 취재, 영업 사원의 판매, 가전제품 방문수리 등)뿐 아니라 출장과 같이 일시적인 것도 포함된다.[9)]

#### 나. 실근로시간 산정이 어려운 경우

사업장 밖에서 근로하는 경우라고 하더라도 근로시간을 산정하기 어려워야 근로시간 간주가 가능하다. 근로시간을 산정할 수 있는 경우에는 산정된 근로시간, 즉 실근로시간을 근로한 것으로 본다.[10)] 어떠한 경우가 근로시간을 산정하기 어려운 경우인지에 관하여 법은 아무런 규정을 두지 않고 있는데, 사용자의 구체적 지휘·감독이나 시간관리가 가능한지 여부에 따라 판단하여야 한다. 일본의 행정해석으로는, (i) 여러 명이 집단으로 사업장 밖의 근로에 종사하고 그 구성원 중에 근로시간을 관리하는 자가 포함되어 있는 경우, (ii) 휴대전화 등을 통하여 수시로 지시를 받으면서 근로하는 경우, (iii) 사업장에서 미리 방문처와

---

6) 박홍규, 349면.

7) 다른 조직의 지휘·감독을 받아 일하게 되는 경우에는 사용자의 지휘·감독이 간접적으로 미친다고 보아 사업장 내 근로로 보아야 한다(백화점이나 슈퍼마켓 파견 사원의 경우).

8) 注釋(下), 656면.

9) 김형배, 458면; 이병태, 763면; 하갑래, 421면.

10) 김유성, 144면; 이상윤, 262면; 하갑래, 422면.

귀사 시각 등 당일 업무에 관한 구체적인 지시를 받아 그 지시대로 업무에 종사하고 사업장에 복귀하는 경우 등은 제외된다.[11)]

한편, 감시·단속적 근로 종사자 등 법 63조에서 정한 근로자에 대하여는 근기법상 근로시간에 관한 규정이 전부 적용되지 않으므로 사업장 밖에서 근로하여 근로시간을 산정할 수 없는 경우라도 58조 1항·2항에 따라 실근로시간을 산정할 수 없다. 자세한 내용은 해당 조문에 대한 해설 참조

### 3. 효 과

#### 가. 간주 대상

근로시간의 전부가 사업장 밖 근로인 경우에는 그 전부가 간주 대상이 됨은 물론이다. 근로시간의 일부가 사업장 밖 근로인 경우 어디까지가 간주 대상인지 문제되는데 일본에서는 견해의 대립이 있으나,[12)] 어느 견해에 의하더라도 큰 차이는 없다.[13)]

#### 나. 소정근로시간 근로의 간주

사업장 밖 근로로 실근로시간 산정이 어려운 경우, 소정근로시간을 근로한 것으로 보는 것이 원칙이다(법 53조 1항 본문). 소정근로시간은 기준근로시간 범위 안에서 근로자와 사용자 사이에 정한 근로시간을 말한다(법 2조 1항 8호). 소정근로시간보다 짧게 근로한 것으로 간주할 수는 없다.

근로자의 언동이나 그 밖의 사유로 우연히 어느 근로일의 실근로시간이 소정근로시간보다 짧은 것으로 판명되더라도 사용자는 소정근로시간분의 임금을 지급하지 않으면 안 되고, 이와 반대로 근로자가 확실한 증빙을 갖추어 당일 사업장 밖에서 소정근로시간을 초과하여 근로하였다고 증명하더라도 사용자는 그에 대한 가산임금을 지급할 필요가 없다.[14)]

---

11) 注釋(下), 657~658면[이 중 재판까지 가서 다투어진 것은 주로 iii)의 사례인데, 사전에 승인된 실시계획에 기해 행해진 교원의 수학여행, 소풍, 각종 경기회 참가, 소정시각에 출퇴근을 하고 그 사이 회사의 지시에 따라 행하는 화물운송업무, 주문회사에 의해 작업장소와 시간이 정해지며 책임자가 작업보고서에 현장명, 출퇴근시간, 작업개시·종료 시간을 기재하고 주문회사에서 확인 도장을 받는 형태로 행해진 공장설비 검사업무, 업무장소와 시간이 한정되고 지점장 등이 업무장소에 같이 있는 전시회 판매 업무는 모두 근로시간 산정이 곤란하지 않다고 보았다]; 김형배, 458면; 이병태, 763면; 임종률, 457면.

12) 注釋(下), 658면.

13) 김유성, 144면; 김지형, 397면.

14) 김지형, 394면; 김형배, 460면.

### 다. 통상 필요한 시간 근로의 간주(1항 단서)

만일 근로자가 그 업무를 수행하기 위하여 통상적으로 소정근로시간을 초과하여 근로할 필요가 있는 경우에는 그 업무의 수행에 통상 필요한 시간을 근로한 것으로 본다(법 53조 1항 단서).

'통상적으로 소정근로시간을 초과하여 근로할 필요'가 있는지 여부는 해당 근로자의 경험에서 주관적으로 판단하는 것이 아니라 평균인이라면 통상 상태에서 그럴 필요가 있는지 여부에 따라 객관적으로 판단하여야 하고, 소정근로시간 일부만 사업장 밖에서 근무하는 경우 사업장 내에서 수행할 업무에 필요한 시간을 합하여 초과근로의 필요가 있는지를 판단하여야 한다. '업무 수행에 통상 필요한 시간' 역시 그 업무수행에 그 근로자가 사용한 시간이 아니라 평균인이 통상의 상태에서 객관적으로 필요한 시간을 말한다.[15)]

### 라. 서면 합의에 의한 간주근로시간(2항)

근로자가 그 업무를 수행하기 위하여 통상적으로 소정근로시간을 초과하여 근로할 필요가 있을 때 그 업무의 수행에 통상 필요한 시간을 근로한 것으로 보지만, 이것에 분쟁의 소지가 있을 때가 많다.[16)] 그리하여 법 53조 2항은 그 업무에 관하여 미리 근로자대표와 서면 합의를 하면 그 합의에서 정하는 시간을 그 업무 수행에 통상 필요한 시간으로 보도록 정하였다. 돌발적인 사업장 밖 근로의 경우에 대하여는 미리 합의를 한다는 것이 쉽지 않으므로 주로 항상적인 사업장 밖 근로에 적용될 것이다.

서면 합의에는 통상 필요한 시간으로 간주할 시간이 가장 주된 내용일 것이고, 직종·직위·부서별로 구분하여 이를 적용할 근로자의 범위와 유효기간 등도 그 내용에 포함될 수 있다.

근로시간의 일부만 사업장 밖에서 근로하는 경우 서면 합의의 대상이 되는 것은 '사업장 밖 근로'에 한하고 사업장 안 근로는 실근로시간으로 산정해야 한다. 따라서 사업장 안 근로를 포함하여 총 근로를 간주하도록 정하는 서면 합의는 허용되지 않는다.[17)]

사용자는 근로자의 실제 근로시간이 서면 합의한 시간에 미달하더라도 이

15) 김형배, 459면; 이병태, 764면; 임종률, 457면.
16) 김지형, 399면; 김형배, 460면.
17) 김지형, 401면; 김형배, 460면. 반대 견해로는 김유성, 144면.

를 이유로 근로시간을 다툴 수 없다.[18]

## Ⅲ. 재량근로의 근로시간 간주

### 1. 의 의

업무의 성질에 비추어 업무 수행 방법을 근로자의 재량에 위임할 필요가 있는 일정한 범위의 업무는, 사용자가 근로자대표와 서면 합의로 정한 시간을 근로한 것으로 본다(법 58조 3항). 이를 재량근로의 근로시간 간주라고 한다.

이는 전문적·재량적 업무에 종사하는 근로자의 경우, 미리 정한 시간만큼을 근로한 것으로 간주하는 제도이다. 고도의 능력으로 전문 업무에 종사하거나 창의적 업무를 수행하여, 업무 수행 수단에 재량의 여지가 크고 보수 또한 근로의 양보다는 근로의 질 내지는 성과에 의하여 결정되는 것이 적절한 업무에 대하여는 종래와 같이 시간의 길이에 따라 임금지급액을 결정하는 규제 방식이 적절하지 않기 때문에, 근로시간 산정의 적절성을 도모하고 다른 한편으로 그러한 근로자에 대한 보수를 근로의 양이 아닌 질과 성과에 따라 결정할 수 있도록 1996. 12. 31. 개정 근기법(1997. 3. 13. 폐지)과 1997. 3. 13. 제정 근기법에서 도입되었다.[19] 이 제도 도입에 찬성한 주장에 따르면, 재량근로제는 단순히 근로시간 산정상의 예외나 근로시간 운영의 탄력화 등 근로시간제만의 변화를 목적으로 한 제도가 아니라, 임금 제도의 변화와 밀접하게 관련된 제도 또는 새로운 임금 제도(능력·성과주의 임금 제도) 확대를 지향하는 것이라고 한다. 이러한 이해 때문인지 1990년대 중반 이후 우리나라 대기업에서 빠른 속도로 전문·관리직을 중심으로 연봉제 등의 임금 제도가 도입되면서, 재량근로제에 대한 확대론도 제기되었다.[20]

일본 노동기준법은 재량근로제를 전문업무형 재량근로제(일본 노동기준법 38조의3)와 기획업무형 재량근로제(일본 노동기준법 38조의4)[21]로 나누고 있다. 하지만

18) 대법원 2007. 11. 29. 선고 2006다81523 판결(거리 순회 환경미화원), 대법원 2011. 9. 8. 선고 2010다95437 판결, 대법원 2012. 3. 29. 선고 2010다91046 판결(시외버스 운전기사).

19) 김지형, 403면; 김형배, 460면; 이병태, 765면.

20) 강성태, 193면.

21) 일본의 경영계가 요구하여 1998년 노동기준법 개정 때 들어간 조항인데, 노동계의 강력한 반대에 부딪혀 대상 근로자의 동의를 적용 요건에 추가하고, 시행을 1년 연기하며, 시행 3년 후 제도의 재검토를 결정하는 등의 진통을 거쳐 2000. 4. 1.부터 시행되었다. 구체적인 도입

우리 법은 그 중에서 이른바 전문업무형 재량근로에 해당하는 것만 근로시간 계산의 특례 항목에서 정하였다.

### 2. 요 건

#### 가. 업무의 성질: 재량성

재량근로의 근로시간 간주라는 근로시간 산정 특례가 인정되기 위하여는 '재량업무'에 해당해야 한다. 이를 업무의 재량성이라 한다. 재량업무가 무엇인지에 관하여 법 58조 3항은 '업무의 성질에 비추어 업무 수행 방법을 근로자의 재량에 위임할 필요가 있는 업무'라고 하고 있을 뿐이나, 사용자와 근로자대표가 서면 합의할 사항에 '사용자가 업무의 수행 수단 및 시간 배분 등에 관하여 근로자에게 구체적인 지시를 하지 아니한다는 내용'이 포함되어 있으므로 이를 재량성 판단에 있어 일응의 기준으로 볼 수 있다.[22)]

한편 이러한 재량성은 당해 업무의 성질에 내재하여야 한다. 비록 영 31조에서 규정된 재량근로의 대상업무이고 근로자대표와의 서면 합의와 같은 형식적 요건을 갖추었을지라도, 업무 성질에 내재하는 재량성이 없다면, 근로시간 간주는 불가능하다.[23)]

##### (1) 수행 수단에 관한 지시를 받지 않을 것

업무에 재량성이 있기 위하여는 수행 수단에 관하여 구체적인 지시를 받지 않아야 한다. 매뉴얼 등으로 근로제공 방법을 사전에 지시하는 것은 배제되나, 업무 수행을 완전히 근로자 재량에 맡겨야 하는 것은 아니다. 재량근로에서도 업무 수행에 관한 기본적 지휘 · 명령권은 사용자에게 있으므로, 사용자는 근로자에게 업무의 기본적 내용을 지시하거나 각 단계에서 진행 상황을 보고할 의무를 지울 수 있고,[24)] 목표를 부여하거나 평가를 할 수도 있다.[25)] 또한 업무 수행과 직접 관련이 없는 직장 질서 또는 기업 내 시설 관리에 관한 사항은 제한 없이 사용자가 지시 · 감독 권한을 가진다.[26)]

---

경위에 관하여는 강성태, 193~197면 참조.

22) 김지형, 405면.

23) 김유성, 145면; 이병태, 765면. 역으로 아무리 재량업무에 해당하더라도 근로자대표와의 서면 합의로 정해지지 않으면 재량근로제의 대상이 될 수 없다(강성태, 201면).

24) 김지형, 405면; 김형배, 461면; 이병태, 765면; 임종률, 459면.

25) 하갑래, 417면.

26) 김지형, 405면.

(2) 시간 배분에 관한 지시를 받지 않을 것

근로자가 시간 배분에 관하여 구체적인 지시를 받지 않아야 재량근로에 해당한다. 사용자가 시업·종업 시각을 미리 제한하였다면 이는 재량근로의 본질에 어긋나지만, 사용자가 근로자의 출퇴근 시각을 확인하기 위해 일정한 조치를 취하였다고 하여 재량근로가 아니라고 말할 수는 없다.27) 근로일에 출근해야 하는지 여부는 근로자의 재량에 맡겨진 업무 수행 방법에 해당하지 않으므로 재량근로의 판단 근거가 되지 못한다.28)

나. 업무의 유형: 대통령령에 정한 업무

법은 재량업무의 유형을 대통령령으로 정하도록 하였다. 근로자가 수행하는 업무가 아무리 재량성이 있더라도 대통령령이 정한 업무에 해당하지 않으면 근로시간 간주를 할 수 없다.

그 업무는, (i) 신상품 또는 신기술의 연구개발이나 인문사회과학 또는 자연과학분야의 연구 업무, (ii) 정보처리시스템의 설계 또는 분석 업무, (iii) 신문·방송 또는 출판사업에서 기사의 취재·편성 또는 편집 업무, (iv) 의복·실내장식·공업제품·광고 등의 디자인 또는 고안 업무, (v) 방송 프로그램·영화 등의 제작 사업에 있어서 프로듀서나 감독 업무, (vi) 그 밖에 고용노동부장관이 정하는 업무이고(영 31조), 위 (vi)에 해당하는 고용노동부장관이 정한 업무란 회계·법률사건·납세·법무·노무관리·특허·감정평가·금융투자분석·투자자산운용 등의 사무에 있어 타인의 위임·위촉을 받아 상담·조언·감정 또는 대행을 하는 업무를 말한다(2019. 7. 31. 고용노동부고시 제2019-36호).

한편, 감시·단속적 근로 종사자 등 법 63조에서 정한 근로자에 대하여는 근기법상 근로시간에 관한 규정이 전부 적용되지 않으므로, 위와 같은 재량업무에 종사하더라도 58조 3항에 따라 실근로시간을 산정할 수 없다. 자세한 내용은 해당 조문에 대한 해설 참조.

다. 근로자대표와의 서면 합의

재량근로 특례가 적용되기 위하여는 사용자와 근로자대표 사이에 서면 합의가 있어야 한다. 근로자대표는 그 사업 또는 사업장에 근로자의 과반수로 조직된 노동조합이 있는 경우에는 그 노동조합, 근로자의 과반수로 조직된 노동조

27) 이병태, 765면; 임종률, 459면.
28) 김지형, 405면.

합이 없는 경우에는 근로자의 과반수를 대표하는 자를 말한다(법 24조 3항).

서면 합의의 내용으로 정해야 하는 것은 (i) 대상 업무, (ii) 사용자가 업무의 수행 수단 및 시간 배분 등에 관하여 근로자에게 구체적인 지시를 하지 아니한다는 내용, (iii) 근로시간의 산정은 당해 서면 합의로 정하는 바에 따른다는 내용이다(법 58조 3항).

이 중에서 서면 합의로 근로시간의 산정을 어느 정도까지 특정해야 하는지 문제된다. 재량근로시간제가 기본적으로 법 50조에 대한 특칙이라는 점을 고려하면, 서면 합의로 근로시간으로 간주할 1일과 1주의 근로시간수를 정해야 한다고 본다.[29)]

### 3. 효 과

#### 가. 근로시간의 간주

재량근로가 실시되는 소정의 업무에 대하여는 사용자와 근로자대표가 서면 합의로 정한 시간이 근로시간으로 간주된다. 근로자나 사용자 모두 더 많이 또는 더 적게 근로했다는 반증을 제시하더라도 근로시간을 달리 인정할 수 없다.

#### 나. 휴게 · 휴일 · 연장 · 야간근로와의 관계

간주근로시간으로 대체하는 것은 실근로시간이므로, 휴게 · 휴일 · 연장 · 야간근로에 관한 규정은 그대로 적용된다.[30)] 따라서 정해진 간주근로시간이 기준근로시간을 초과하면 그 초과하는 시간은 연장근로로서 사용자와 근로자 사이에 개별적 합의가 필요하고 가산임금 지급 대상이 된다.[31)] 그리고 간주근로시간을 정할 때에는 법 54조 소정의 휴게시간을 고려해야 한다.[32)]

휴일근로의 경우 서면 합의에 휴일의 근로시간이 정해진 경우라면 당연히 그 시간을 근로한 것으로 보지만 휴일근로가 간주근로시간으로 정해져 있지 않

29) 강성태, 202면; 김형배, 461면; 임종률, 459면.

30) 김형배, 462면; 이병태, 766면. 다만, 사용자의 요청, 지시, 허가, 승인, 동의가 있는 경우에만 인정된다는 견해로서 하갑래, 419면.

31) 이에 반해 간주근로시간을 기준근로시간보다 길게 정하는 것은 연장근로를 상태화시켜 장시간 근로를 강요함으로써 위법의 소지가 있고 근로시간계산의 편의를 도모하고자 하는 제도의 목적에 어긋난다는 견해로서 하갑래, 근로기준법(전정제34판), 중앙경제(2021), 259면.

32) 재량근로제 하에서는 근로시간의 구체적인 배분이 근로자의 재량에 맡겨져 있어 어느 시간대에 휴식을 취하는지도 근로자의 재량에 달려 있으므로 적용의 효과는 의문이다. 하갑래, 419면은 휴게시간을 부여하지 않을 수도 있다는 의견이다.

은 경우에는 실제로 휴일근로한 시간수에 의하여 가산임금이 계산되어야 한다는 견해가 있는 반면,[33] 당해 업무 수행에 통상 필요한 시간을 간주근로시간으로 정한다는 이 제도의 취지상 휴일에 근로할 것을 간주근로시간으로 정한다는 것은 맞지 않으므로 서면 합의에 의하여 휴일의 근로시간을 정할 수 없다는 견해도 있다.[34]

### 다. 요건을 충족하지 못한 재량근로 등

위 요건을 하나라도 갖추지 못하거나, 요건을 모두 갖추었음에도 사용자가 업무의 수행 수단 또는 시간 배분 등에 관하여 구체적인 지시를 한다면 근로시간 간주의 효과가 없고, 실근로시간을 산정하여야 한다.[35] 설령 근로자가 이러한 근로시간 간주에 동의하였다고 하더라도 그에 따른 재량근로를 할 의무가 있거나 그 근로시간에 따른 임금만을 청구할 수 있는 것이 아니다. 다만, 실제로 근로자가 재량근로 방식으로 근로를 하였다면 그 요건을 갖추지 못한 것에 대한 책임은 사용자에게 있고, 근로자는 근로시간을 실근로시간과 재량근로제로 산정한 경우 중 유리한 쪽을 택하여 임금 등 근로조건을 사용자에게 청구할 수 있다.[36]

이 조항 위반에 대한 벌칙은 따로 없다. 하지만 요건을 갖추지 않은 상태에서 간주근로시간을 정했는데 실제 근로시간이 기준근로시간을 초과하면 기준근로시간을 정한 법 50조 위반의 벌칙이 적용된다(법 110조 1호).

[이 정 한 · 김 진 · 고 종 완]

## 第59條(근로시간 및 휴게시간의 특례)

① 「통계법」 제22조 제1항에 따라 통계청장이 고시하는 산업에 관한 표준의 중분류 또는 소분류 중 다음 각 호의 어느 하나에 해당하는 사업에 대하여 사용자가 근로자대표와 서면으로 합의한 경우에는 제53조 제1항에 따른 주(週) 12시간을 초과하여 연장근로를 하게 하거나 제54조에 따

33) 김지형, 407면; 김형배, 462면.
34) 注釋(下), 669면.
35) 2012. 11. 28. 근로개선정책과-6390.
36) 강성태, 203면; 김유성 146면.

른 휴게시간을 변경할 수 있다.

1. 육상운송 및 파이프라인 운송업. 다만, 「여객자동차 운수사업법」 제 3 조 제 1 항 제 1 호에 따른 노선(路線) 여객자동차운송사업은 제외한다.
2. 수상운송업
3. 항공운송업
4. 기타 운송관련 서비스업
5. 보건업

② 제 1 항의 경우 사용자는 근로일 종료 후 다음 근로일 개시 전까지 근로자에게 연속하여 11시간 이상의 휴식 시간을 주어야 한다.

〈세 목 차〉



[참고문헌]

**김재훈**, "근로시간 관련 규정의 적용 특례 · 배제 조항에 대한 법적 고찰", 노동법의 쟁점과 과제 — 김유성 교수 화갑 기념, 법문사(2000); **박귀천**, "근로시간 특례 제도", 장시간 노동과 노동시간 단축(Ⅱ), 한국노동연구원(2011); **이승욱**, "근로기준법상 서면 합의의 효력", 노동법연구 7호, 서울대학교 노동법연구회(1998).

## Ⅰ. 근로 · 휴게시간의 특례의 의의 및 요건

### 1. 의 의

법 59조는, 엄격한 근로조건 규제로 공중 생활의 불편을 초래할 우려가 있는 일부 운수업과 보건업에 한하여 그 규제를 완화하여 사용자가 근로자대표와 서면 합의를 한 때에 법 53조 1항에 따른 연장근로의 한도인 주 12시간을 초과하여 연장근로를 할 수 있게 하고, 법 54조에 따른 휴게시간을 변경할 수 있게 하였다. 이를 '근로·휴게시간의 특례' 또는 '특례사업 연장근로·휴게'라 한다.

이 제도는 1953. 5. 10. 제정 법에는 없다가 1961. 12. 4. 법 개정 때 신설된 것이다. 1961. 12. 4. 개정 법에서는 운수업, 물품 판매 및 보관업, 금융보험업 등 각 호에서 나열된 사업으로서 공익 또는 국방상 특히 필요할 때 주무 장관의 승인을 얻어 초과 연장근로와 휴게시간 변경이 가능하도록 하였고, 연장할 수 있는 근로시간은 지금처럼 주당 12시간의 연장근로를 초과할 수 있는 것이 아니라, 주당 기준근로시간[일반근로자는 당시 법으로 주 48시간, 1989. 3. 29. 개정 후에는 주 44시간. 유해·위험 작업 종사자(1990. 1. 13. 산안법 개정 전 법 43조가 규정하던 것)는 1961. 12. 4. 개정 당시 법으로 주 36시간, 1989. 3. 29. 개정 후에는 주 34시간] 범위 안에서 1일 근로시간만 8시간(일반근로자) 또는 6시간(유해·위험 작업 종사자)을 초과할 수 있도록 하였다. 그러다 1996. 12. 31. 개정 근기법(1997. 3. 13. 폐지)과 1997. 3. 13. 제정 근기법에서 운수업, 물품 판매 및 보관업, 금융보험업 등 각 호에서 나열된 사업(공중의 편의 또는 업무의 특성상 필요한 경우에 대통령령이 정하는 사업 포함)에서 근로자대표와 서면 합의를 한 때 연장근로의 한도인 주당 12시간을 초과하여 연장근로하게 할 수 있고, 휴게시간을 변경할 수 있도록 하였으며, 위 특례를 적용하고자 할 때 주무 장관의 승인을 얻도록 한 종래 방식 대신 서면 합의 내용을 노동부장관에게 신고하도록 하였다 이러한 신고제도는 1999. 2. 8. 법 개정 때 규제 완화 차원에서 폐지되었다.[1] 2018. 3. 20. 개정 법은 특례 대상 사업을 대폭 제한하였고(2018. 7. 1. 시행),[2] 근로자에게 근로 후 11시간 이상의 휴식 시간을 부여하여야 하는 의무 조항을 신설하였다(2018. 9. 1. 시행).

입법론으로 공중의 편의와 근로자의 보호는 일방이 우선할 수 없고, 공익상 업무 계속의 필요성은 교대제나 시차제의 도입·인력 조정을 통해 해결해야지 개별 근로자의 근로시간을 연장하는 방법으로 풀 수는 없으며, 특히 운수업과 같이 공중의 안전이 고도로 요청되는 사업이 공중의 편의를 이유로 이 제도의 대상이 되어서는 안 된다는 이유로 폐지를 주장하는 견해가 있다.[3]

1) 김재훈, 114~115면.

2) '1주'를 휴일을 포함한 7일로 명시하여 주 52시간 근무의 원칙을 정한 법 2조 1항 7호의 시행일은 2018. 7. 1.이나(상시 300명 미만의 근로자를 사용하는 사업 또는 사업장은 제외), 법 59조 개정규정에 따라 위 특례를 적용받지 아니하게 되는 업종의 경우 1년 후인 2019. 7. 1.부터 시행된다[부칙(15513호, 2018. 3. 20.) 1조 2항 1호].

3) 김유성, 166면; 김재훈, 122면. 박귀천, 107면은 특례사업 연장근로를 존치시킨다고 하더라도 업무나 부서의 특성 등을 고려하여 일부 근로자들만을 대상으로 삼거나, 연장근로시간의

## 2. 요 건

### 가. 대상 사업

1996. 12. 31. 개정 근기법(1997. 3. 13. 폐지)과 1997. 3. 13. 제정 근기법 전의 법에는 '공익 또는 국방상 특히 필요한 때'라는 요건이 있었으나, 그 후로는 업종에 관한 요건만을 정하였으며,[4] 2018. 3. 20. 법 개정으로 다음과 같이 대상 업종이 대폭 축소되었다.

법 59조 1항이 나열하고 있는 업종은 통계법 22조 1항에 따라 통계청장이 고시하는 산업에 관한 표준의 중분류 또는 소분류 중 (i) 육상운송 및 파이프라인 운송업[여객자동차 운수사업법 3조 1항 1호에 따른 노선(路線) 여객자동차운송사업은 제외], (ii) 수상운송업, (iii) 항공운송업, (iv) 기타 운송관련 서비스업, (v) 보건업이다.

대상 사업에 해당하는지는 사업의 목적과 주된 생산활동이 무엇인지에 따라 판단하되,[5] 사업자등록상 사업종류나 실질적인 수행업무를 파악하고,[6] 주요 생산품 · 매출액 그리고 근로자의 직종별 분포 등을 종합적으로 고려하되 대상 사업에 해당된다면 전체 근로자에게 특례가 적용된다.[7] 다만, 하나의 사업에 수개의 사업장이 있는 경우 각 사업의 조직, 인사, 회계, 노무관리 등이 완전히 분리돼 독자적으로 사업 경영이 이루어진다면 각 사업장별로 적용될 수도 있다.[8]

한편, 감시 · 단속적 근로 종사자 등 법 63조에서 정한 근로자에 대하여는 근기법상 근로시간에 관한 규정이 전부 적용되지 않으므로 법 59조 역시 적용될 수 없다. 자세한 내용은 해당 조문에 대한 해설 참조.

---

한도 등을 서면 합의에서 구체적으로 정하도록 하거나, 노동조합과도 합의하도록 하는 등 절차적 요건을 강화하여야 한다고 한다.

4) 2018. 3. 20. 개정 전 법령에서 나열하고 있던 업종은 (i) 운수업 · 물품 판매 및 보관업 · 금융보험업, (ii) 영화 제작 및 흥행업 · 통신업 · 교육연구 및 조사 사업 · 광고업, (iii) 의료 및 위생 사업 · 접객업 · 소각 및 청소업 · 이용업, (iv) 그 밖에 공중의 편의 또는 업무의 특성상 필요한 경우로서 대통령령으로 정하는 사업, 즉 사회복지사업이다.

5) 2012. 5. 21. 근로개선정책과-2714(사업의 종류가 혼재되어 있을 경우에 특례 조항의 대상 사업에 해당하는지는 사업의 목적과 주된 사업영역이 무엇인지에 따라 주된 업종을 판단하되, 근로자의 직종별 분포, 사업 분야별 매출액 등을 종합적으로 고려하여 근로시간 특례업종 해당 여부를 판단해야 한다).

6) 2013. 11. 11. 근로개선정책과-6658.

7) 2008. 9. 8. 근로조건지도과-3641.

8) 2008. 8. 21. 근로조건지도과-3325.

### 나. 근로자대표와 서면 합의

1996. 12. 31. 개정 근기법(1997. 3. 13. 폐지)과 1997. 3. 13. 제정 근기법 전에는 이 특례의 적용 요건으로 노동부장관의 승인이 필요했지만, 위 법 개정·제정으로 노동부장관 승인은 필요하지 않게 되었고, 대신 사용자와 근로자대표가 서면 합의를 해야 한다. 또한 위 개정·제정 법에서는 노동부장관에게 일정한 내용을 포함하여 신고해야 한다는 절차 규정을 두었는데, 규제 완화 차원에서 1999. 2. 8. 삭제되었다. 따라서 현재 필요한 절차적 요건은 사용자와 근로자대표 사이의 서면 합의뿐이고,[9] 합의할 사항도 정해져 있지 않다.[10]

## Ⅱ. 근로·휴게시간의 특례의 효과

### 1. 연장근로 상한·휴게시간의 특례 및 휴식시간의 보장

위와 같은 적용 대상 사업에서 근로자대표와 서면 합의가 있으면 주 12시간을 초과하여 연장근로를 하게 하거나 휴게시간을 변경할 수 있다. 해석상으로는 무한정 연장근로를 시킬 수 있고 휴게시간을 안 주어도 될 것처럼 해석될 여지도 있었다. 이에 근로자의 건강과 안전을 위해 연장근로의 상한을 정한 법 취지에 반하므로 최소한의 제한을 두는 것이 필요하다는 비판이 있어 왔고, 2018. 3. 20. 개정 법은 과도한 연장근로를 제한하기 위하여 근로일 종료 후 다음 근로일 개시 전까지 근로자에게 연속하여 11시간 이상의 휴식 시간을 주어야 한다는 규정을 신설하였다(법 59조 2항, 2018. 9. 1. 시행).

한편 연장근로에 관한 이러한 근로시간의 특례는 법 53조 1항에 한정된다. 따라서 같은 조 2항에서 정한 탄력적·선택적 근로시간제에서 연장근로를 행할 때에는 위와 같은 적용 대상 사업에 해당하고 서면 합의가 있더라도 주 12시간을 초과하여 연장근로를 하게 할 수 없다(휴게시간 변경은 가능하다).[11] 또한 15세 이상 18세 미만인 자(법 69조 단서),[12] 산후 1년이 지나지 않은 여성 근로자(법 71

---

9) '서면 합의'에 관하여는 법 51조·51조의2·51조의3에 대한 해설 V. 2. 참조.

10) 이병태, 780면은 제도의 오용을 방지하기 위하여 ① 주 12시간을 초과하여 연장근로를 하거나 휴게시간을 변경하는 사유, ② 시행기간, ③ 합의의 성립시기 등을 명시하여야 하고, 해당 사유는 공중의 편의 또는 업무의 특성에 비추어 일시적이고 필요·최소한의 범위로 제한되어야 한다고 해석한다.

11) 하갑래, 근로기준법(전정제34판), 중앙경제(2021), 292면. 이에 반해 이상윤, 270면은 탄력적·선택적 근로시간제에 대한 연장근로에도 적용될 수 있다고 한다.

조), 임산부(법 74조), 유해 · 위험작업 근로자(산안법 139조 1항)에 대하여도 적용될 수 없다.[13)]

## 2. 구체적 근로의무의 발생 여부

이와 같은 특례사업 연장근로에서 서면 합의만으로 개별 근로자에게 구체적 근로의무가 발생하는지, 아니면 연장근로를 하게 하기 위하여는 그 외 개별 근로자의 동의가 필요한지에 대하여 견해 대립이 있다. 즉, 이에 관하여는 근로자대표와 서면 합의로 개별 근로자의 동의를 대체하려는 것이 이 제도의 취지라고 보는 견해,[14)] 원칙적으로는 근로계약에 연장근로의무의 근거가 있어야 하지만 서면 합의의 당사자 한 쪽이 근로자 과반수로 구성된 노동조합이고, 그 서면 합의가 단체협약의 요건을 갖춘 경우 조합원인 근로자에게는 단체협약의 규범적 효력에 따라 직접 연장근로의무가 발생한다는 견해,[15)] 근로자대표와 서면 합의는 근로시간의 틀을 정한 것이므로 사용자가 업무상 필요할 때에는 연장근로를 명할 수 있고 예외적으로 이 명령이 권리남용에 해당하거나 근로자에게 부득이한 사유가 있지 않는 한, 근로자는 이에 따를 의무가 있다는 견해[16)]가 있는 반면, 이 제도는 특례사업에서 법으로 정한 연장근로의 상한을 변경한다는 의미가 있을 뿐이고, 서면 합의가 연장근로의 일반 요건인 '당사자 간의 합의'를 대체한다고 볼 수는 없으므로, 근로자대표와 서면 합의만으로 곧바로 개별 근로자에게 연장근로의무가 발생하는 것은 아니라는 견해[17)]도 있다.

휴게시간에 관하여는 연장근로와 달리 해석할 여지는 있지만, 그렇다고 하더라도 개별 근로자의 동의 없이 아예 휴게시간을 안 주는 등의 휴게시간 변경은 허용되지 않는다.[18)]

---

12) 김형배, 463면; 하갑래, 450면.
13) 하갑래, 450면.
14) 김유성, 167면.
15) 이병태, 781면.
16) 임종률, 452면.
17) 이승욱, 100면; 하갑래, 근로기준법(전정제34판), 중앙경제(2021), 291면.
18) 법제처는 민원인의 법령해석 요청에 따른 회신으로(2015. 3. 27. 법제처 15-0068) 휴게시간의 간격이나 시간대를 변경할 수 있다는 의미일 뿐 휴게시간을 줄이거나 전혀 주지 않도록 변경할 수 있다는 의미는 아니라고 하였다. 하갑래, 450면.

### 3. 특례사업 연장근로와 가산임금

특례사업 연장근로는 연장근로의 상한이 12시간을 초과할 수 있게 된다는 것일 뿐, 그 자체가 소정근로시간에 포함되거나 기준근로시간이 변경되는 것은 아니다. 따라서 이 제도에 따른 연장근로에 대하여도 가산임금이 지급되어야 한다(법 56조 1항).

대법원은 근로시간의 특례에 관하여 법 소정의 요건을 갖추지 못한 경우 근로자의 1일 근로시간 중 8시간을 초과한 부분을 연장근로시간으로 인정함이 옳다고 하였으나,[19] 특례사업 연장근로의 요건을 갖춘 경우에도 연장근로로서 가산임금이 지급되어야 함은 물론이다.

### 4. 요건 불비의 효과

특례사업이 아니거나 근로자대표와의 서면 합의가 없는 등 법 59조 1항의 요건을 갖추지 못한 상태에서 휴게시간을 줄이거나 주 12시간을 초과하는 연장근로를 약속하는 것은 효력이 없고, 휴게시간을 줄이거나 주 12시간을 초과하여 연장근로를 하게 한 자는 연장근로 제한에 관한 53조 1항이나 휴게에 관한 54조를 위반한 것이 되어 2년 이하의 징역 또는 2,000만 원 이하의 벌금에 처할 수 있다(법 110조 1호). 59조 2항의 휴식 시간을 부여하지 아니한 사용자 역시 2년 이하의 징역 또는 2,000만 원 이하의 벌금에 처한다(법 110조 1호).

[이 정 한 · 김 진 · 고 종 완]

## 第60조(연차 유급휴가)

① 사용자는 1년간 80퍼센트 이상 출근한 근로자에게 15일의 유급휴가를 주어야 한다.

② 사용자는 계속하여 근로한 기간이 1년 미만인 근로자 또는 1년간 80퍼센트 미만 출근한 근로자에게 1개월 개근 시 1일의 유급휴가를 주어야 한다.

③ 삭제

19) 대법원 1991. 7. 26. 선고 90다카11636 판결(1996. 12. 31. 법 개정 전의 판단이다).

④ 사용자는 3년 이상 계속하여 근로한 근로자에게는 제 1 항에 따른 휴가에 최초 1년을 초과하는 계속 근로 연수 매 2년에 대하여 1일을 가산한 유급휴가를 주어야 한다. 이 경우 가산휴가를 포함한 총 휴가 일수는 25일을 한도로 한다.

⑤ 사용자는 제 1 항부터 제 4 항까지의 규정에 따른 휴가를 근로자가 청구한 시기에 주어야 하고, 그 기간에 대하여는 취업규칙 등에서 정하는 통상임금 또는 평균임금을 지급하여야 한다. 다만, 근로자가 청구한 시기에 휴가를 주는 것이 사업 운영에 막대한 지장이 있는 경우에는 그 시기를 변경할 수 있다.

⑥ 제 1 항 및 제 2 항을 적용하는 경우 다음 각 호의 어느 하나에 해당하는 기간은 출근한 것으로 본다.

1. 근로자가 업무상의 부상 또는 질병으로 휴업한 기간
2. 임신 중의 여성이 제74조 제 1 항부터 제 3 항까지의 규정에 따른 휴가로 휴업한 기간
3. 「남녀고용평등과 일 · 가정 양립 지원에 관한 법률」 제19조 제 1 항에 따른 육아휴직으로 휴업한 기간
4. 「남녀고용평등과 일 · 가정 양립 지원에 관한 법률」 제19조의2 제 1 항에 따른 육아기 근로시간 단축을 사용하여 단축된 근로시간
5. 제74조 제7항에 따른 임신기 근로시간 단축을 사용하여 단축된 근로시간

⑦ 제1항 · 제2항 및 제4항에 따른 휴가는 1년간(계속하여 근로한 기간이 1년 미만인 근로자의 제2항에 따른 유급휴가는 최초 1년의 근로가 끝날 때까지의 기간을 말한다) 행사하지 아니하면 소멸된다. 다만, 사용자의 귀책사유로 사용하지 못한 경우에는 그러하지 아니하다.

〈세 목 차〉

[참고문헌]

**강성태**, “근로기준법상 휴일과 연차휴가에 관한 소고”, 사법 34호, 사법발전재단(2015. 12.), **김근주a**, “연차휴가의 입법적 개선방안”, 노동법학 50호, 한국노동법학회(2014. 6.), **김근주b**, “연차휴가제도의 보상적 성격에 관한 비판적 검토”, 노동법연구 39호, 서울대학교 노동법연구회(2015); **김연수**, “연월차휴가권 행사시기와 부당노동행위”, 1997 노동판례비평, 민주사회를 위한 변호사모임(1998); **김홍영a**, “연 · 월차휴가에 대한 사용자의 시기변경”, 노동법률 129호, 중앙경제(2002. 2.); **김홍영b**, “휴식 보장을 위한 연차휴가의 제도개선론”, 노동법연구 40호, 서울대학교 노동법연구회(2016); **민중기**, “연차휴가의 산정방법과 연차휴가수당의 선급 여부”, 대법원판례해설 35호, 법원도서관(2001); **박재필**, “근로자의 연차유급휴가에 관한 구 근로기준법 48조 1항 위반죄의 성립요건 및 구 노동쟁의조정법 15조의 규정 의미와 그 위반죄의 성립 여부”, 대법원판례해설 35호, 법원도서관(2001); **박종희**, “연차휴가일수 비례산정의 타당성”, 노동법률 274호, 중앙경제(2014); **박홍우**, “연차유급휴가권”, 재판자료 39집 근로관계소송상의 제문제(상), 법원행정처(1987. 12.); **고용노동부**, 1년 미만 근로자 등에 대한 연차휴가 보장 확대 관련 개정 근로기준법 **설명자료**(2018. 5.), **오영준**, “정당한 쟁의행위 참가자 및 육아휴직자에 대한 연차유급휴가일수 산정방법”, 대법원판례해설 97호, 법원도서관(2014); **이철수**, “연차유급휴가에 관한 법리”, 법학논총 4권, 이화여자대학교 법학연구소(1999); **이호근**, “연차휴가제도 — 대법원 2008. 10. 9. 선고 2008다41777판결”, 노동판례백선, 한국노동법학회(2015), **정인섭**, “준법투쟁 판례법리의 특징”, 노동법강의: 기업구조조정과 노동법의 중요과제, 법문사(2002); **정종철**, “고용기간 만료나 고용종료시 연차휴가 발생에 관하여”, 노동법률 327호, 중앙경제(2018).

## Ⅰ. 휴가 제도[1)]

### 1. 휴가의 개념

휴가는 기본적으로 고용관계를 유지하면서 비교적 장시간에 걸쳐 근로자에게 근로의무를 면제함으로써 장기간의 근로로부터 근로자의 건강을 보호·회복함과 동시에 근로자가 시민으로서 생활하기에 필요한 여가를 확보하기 위한 제도이다. 법이 보장하는 '휴식' 제도의 하나라고 할 수 있다.

'휴게'가 1일의 근로시간의 도중에 부여되는 반면 휴가는 원칙적으로 1일 이상의 복수일로 부여되는 점에서 구별된다. 그리고 '휴일'이 아예 근로의무가 없는 날인 것과 달리 휴가는, 근로일은 그대로 두면서 구체적인 근로의무만 면하는 점에서 구별된다.[2)] 그리고 '휴직'은 근로자를 복무시키기 어려운 사정이 있을 때 사용자의 처분으로 행하고 일반적으로 출근 일수나 재직 기간에 포함되지 않는 점에서,[3)] 근로자의 권리이며 출근 일수·재직 기간에 포함되는 휴가와 구별된다.

휴가는 근로계약관계 존속을 전제로 하므로 휴가 종료 후 복직이 당연히 예정되어 있다.[4)] 휴가는 근로자의 권리이므로 정해진 날에 휴가를 사용하였음을 이유로 근로자를 불이익하게 취급하는 것은 금지된다. 휴가 사용과 관련한 불이익취급이나 복직할 권리는 주로 출산전후휴가에서 문제된다.

---

1) 휴가를 근로시간에 관한 법 4장에 함께 규율하고 있는 법체계에 대한 비판적인 견해로는 박홍규, 339~340면이 있다. 1일 8시간, 1주 40시간의 근로시간은 각각 1일 1시간의 휴게와 1주 1일의 휴일에 대응되어 휴게와 휴일은 근로시간과 직결되어 있으나, 1월 또는 1년이라는 근로시간은 정해진 바가 없어 휴가는 근로시간과 대응되지 않고 근로의무로부터 완전하게 해방되는 것을 뜻하며, 근로시간과 완전히 별개의 것이라는 것이다. 또한 휴게와 휴일은 법 59조(운송업 등 특례) 또는 법 63조(농림수산업 등 특례)가 적용되지만 휴가에 대하여는 그러한 특례 적용이 없고, 독일 또한 근로시간령(Arbeitszeitordnung)이 근로시간, 휴게, 휴일을 함께 규율하지만 휴가는 규율하지 않고, 연방휴가법(Bundesurlaubsgesetz)이 휴가를 규율하고 있다고 한다.

2) 설날·추석 연휴 등을 정월 휴가 또는 한가위 휴가 등으로 부르더라도 이는 휴가가 아니라 '휴일'이다. 그리고 휴일이 다른 휴일(예컨대 법정 공휴일)과 겹치더라도 그날 하루만 쉬는 반면, '휴가' 중에 휴일이 겹치는 경우에는 휴가일수에서 휴일의 일수를 뺀다.

3) 다만, 퇴직급여 산정에 필요한 계속근로연수에 휴직기간을 포함시켜야 하는지에 관하여는 견해가 갈린다[법 34조에 대한 해설 V. 4. 라. (9) 참조]. 연차휴가 산정에 필요한 계속근로기간에 휴직기간을 포함할 것인지에 관하여는 Ⅲ. 1. 가. 참조.

4) 注釋(下), 699~700면.

### 2. 법적 성격에 따른 휴가의 구분

노동관계법령상 휴가를 법적 성격에 따라 보상적 휴가와 보장적 휴가로 구분해 볼 수 있다. 보상적 휴가는 근로자의 근로에 대한 보상으로 부여되는 휴가를 의미한다. 근로자의 기여도에 따라 휴가의 취득 여부나 휴가의 일수에서 차이가 발생한다. 보장적 휴가는 일정한 사실에 대해 부여되는 휴가를 의미한다. 근로자의 기여도가 서로 다르더라도 휴가의 취득 여부나 휴가의 일수에 차이가 발생하지 않는 것이 일반적이다.

일반적으로 법상 연차휴가는 출근 요건에 따라 휴가 취득 여부가 결정되고, 계속 근로기간에 따라 차등적으로 부여되므로 보상적 휴가의 성격을 갖는다고 한다. 법 57조에 규정된 보상 휴가도 근로자의 연장근로·야간근로 및 휴일근로에 대한 임금에 갈음하여 휴가를 취득하는 것이므로 보상적 휴가에 해당한다.

법상 생리휴가(73조)나 출산전후휴가(74조), 남녀고용평등법상 배우자 출산휴가(18조의2)는 각 규정이 정하는 사실에 의해 휴가가 부여되므로 보장적 휴가에 해당한다.

### 3. 휴가 관련 규정 개관

현행 법상 휴가 제도로는 연차 유급휴가(60조), 생리휴가(73조), 출산전후휴가(74조)가 있다.

법은 휴가를 보장하기 위해 직접적인 휴가 관련 조항 외에도, (i) 근로계약을 체결할 때에 휴가를 명시하도록 하고(17조; 영 8조), (ii) 취업규칙의 필요적 기재사항으로 기재하게 하여(93조 1호) 근로자에게 주지하게끔 하고(14조), (iii) 법이 정하는 휴가 부여, 근로계약 체결 시 휴가 명시, 취업규칙 기재, 근로자주지의무를 행하지 않았을 때 형벌에 처하거나(110조 1호, 60조 위반, 114조 1호, 17조, 73조, 74조 위반) 과태료를 부과하도록 하여(116조 2항 2호, 93조, 14조 위반) 이행을 강제하고 있다.

이 중에서 생리휴가와 출산전후휴가에 관한 것은 법 73조, 74조에 대한 해설 부분에서 다루고, 휴가에 관한 논의는 연차 유급휴가를 중심으로 본다.

## Ⅱ. 연차 유급휴가의 의의

### 1. 연차 유급휴가의 의의와 연혁

연차휴가는 비교적 장기간에 걸쳐 근로의무를 면제해 줌으로써 근로자로 하여금 신체적 또는 정신적 건강을 회복케 하는 동시에 근로자의 사회적·문화적 생활을 충분히 보장하려는 것이다.[5)]

1953. 5. 10. 제정 법은 연차 유급휴가에 관해 "1년 간 개근한 근로자에 대하여 8일, 9할 이상 출근한 자에 대하여 3일의 유급휴가를 주어야 한다"고만 규정하는 한편, '유급휴일이 20일 이상일 때 초과하는 일수에 대하여 휴일에 지급할 임금을 지급하고 휴가를 주지 않을 수 있다'고 규정하였는데, 1961. 12. 4. 개정 법에서 2년 이상 계속 근로한 근로자에게 계속 근로 1년에 대하여 연차 유급휴가를 1일 가산하도록 하고, 그 휴가일수가 20일을 초과할 경우 초과 일수에 대하여는 통상임금을 지급하고 휴가를 주지 않을 수 있도록 하였다. 1980. 12. 31. 개정 때 현행 법 60조 7항과 같은 1년 미행사 시 연차휴가 소멸 규정을 신설하였고, 1989. 3. 29. 개정에서는 휴가 일수를 1년 개근 때는 10일로, 9할 이상 출근 때는 8일로 각 확대하였다. 1996. 12. 31. 개정 법에서 연차 유급휴가가 30일을 초과할 경우 그 초과일수에 대하여는 휴가를 주지 않을 수 있도록 하였으나, 그 직후 1997. 3. 13. 제정 법에서는 다시 없앴다. 2003. 9. 15. 개정 법은 주 40시간으로 근로시간을 단축한 외에 유급휴가 제도에 상당한 변화를 가져왔다. 월차 유급휴가[6)]를 폐지하고 연차 유급휴가로 단일화하였다. 계속 근로 연수가 1년이 되지 않은 근로자에게는 폐지 전 월차휴가에 상당하는 휴가로서 1월 개근 시 1일의 유급휴가를 주되 다음해 휴가에서 이미 사용한 휴가일수를 빼도록 하였다. 연차 유급휴가는 1년 동안 8할 이상 출근한 근로자에게 15일을 주고 3년 이상 계속 근로한 근로자에게는 15일의 연차휴가에 계속 근로 매 2년마다 1일을 가산하여 최대 25일까지 휴가를 줄 수 있는 것으로 휴가 취득 요건을 완화하고, 상한을 20일에서 25일로 늘리는 대신 한도를 초과하는 휴가 일수에 대

5) 김유성, 183면; 김형배, 473면; 이병태, 830면; 대법원 2008. 10. 9. 선고 2008다41666 판결.

6) 2003. 9. 15. 개정 전 구법은 월차 유급휴가제도와 연차 유급휴가제도를 따로 두었다. 월차휴가는 1월에 대해 1일의 유급휴가를 주는 것으로 1년간에 한해 적치하여 사용하거나 분할하여 사용할 수 있었다. 당시 연차휴가는 1년간 개근한 자에 대하여는 10일, 9할 이상 출근한 자에 대하여는 8일을 주고, 2년에 1일씩을 가산하도록 하였다.

해 보상하지 않도록 하였다. 휴가사용촉진제도도 신설되었다.

2012. 2. 1. 개정 법은 1년 동안 80퍼센트 미만 출근한 근로자에게도 1개월 개근 시 1일의 유급휴가를 주도록 하였다. 2017. 11. 28. 개정 법은 계속 근로 연수가 1년이 되지 않은 근로자가 1개월 개근할 때 주는 유급휴가를 다음해 휴가 일수에서 빼는 조항을 삭제하였다.

## 2. 연차 유급휴가의 법적 성격

연차휴가는 원칙적으로 1년 이상 계속 근로를 하고, 전해에 80% 이상 출근해야 취득할 수 있다. 따라서 기본적으로 보상적 성격을 갖는 휴가라고 할 수 있다.[7] 나아가 최초 1년을 초과하는 매 2년에 대하여 1일씩 가산되는 가산휴가는 계속 근로에 따른 기업에 대한 공로가 연차휴가 부여에 영향을 미친다는 점을 규정한 것으로, 공로보상적 성격을 명확히 했다고 할 수 있다. 그러나 한편으로는 현행 법상 가산휴가일을 20년 근속까지의 가산휴가(10일)만을 인정하므로 계속근로기간 전체가 아닌 업무 능력이 좋은 시점까지만을 보상하는 것 같은 형태를 취하고 있다.[8] 부여된 휴가일 중 사용하지 않거나 사용할 수 없는 일수에 대해 금전으로 보상해야 하는지에 관해 대법원은 연차휴가일수에 상응하는 임금으로서 연차휴가수당이 발생한다고 본다.[9] 연차휴가를 부여받기 위해서 기본적으로 1년간 80%의 출근이라는 요건을 갖추어야 하고, 나아가 미사용 휴가일수에 대해 임금을 청구할 수 있다는 점에 비추어 보면 우리나라의 연차휴가 제도는 보상적 성격이 강한 특징을 가지고 있다고 할 수 있다.

최근 연차휴가 제도에 관한 일련의 법 개정으로 계속근로기간이 1년 미만인 근로자 또는 1년간 80퍼센트 미만 출근한 근로자에게도 유급휴가(1개월 개근 시 1일)가 보장되게 되었다. 연차휴가 제도의 성격이 휴식 보장적으로 변경되고 있다고 평가할 수 있다.

---

7) 김근주b, 144면은, 연차휴가가 근로관계에 있어서 보편적으로 인정되어야 하는 권리라는 점을 고려한다면, 출근율을 기준으로 연차휴가를 부여하는 입법태도가 바람직하다고 볼 수 없다고 한다. 다만 80%라는 완화된 요건을 규정하고 있는 점에 비추어 보면 기본적 취득요건 자체는 보편성을 갖는다고 평가할 수 있다고 한다.

8) 김근주b, 147면.

9) 대법원 2000. 12. 22. 선고 99다10806 판결.

### 3. 국제기준

ILO는 연차휴가에 대해 52호 연차유급휴가 협약(1936년)과 그 뒤 123호 연차유급휴가 개정 협약(1970년) 등 2개의 협약을 채택하였다.

ILO 52호 협약에는 1년간 계속 근로 후에 연차휴가가 부여되는 것으로 규정되어 있었으나,[10] 132호 개정 협약에서는 그 문구가 삭제되었다(3조 1항). 그 결과 휴가를 받기 위해 그 이전 1년의 근로 제공이 반드시 전제되지 않는다. 즉 근속 기간이 1년 미만인 근로자도 근로를 제공하는 도중에 휴가를 이용할 수 있도록 한 것이다.

C132-Holidays with Pay Convention (Revised), 1970 (No. 132)

Article 3

1. Every person to whom this Convention applies shall be entitled to an annual paid holiday of a specified minimum length.
2. Each Member which ratifies this Convention shall specify the length of the holiday in a declaration appended to its ratification.
3. The holiday shall in no case be less than three working weeks for one year of service.
4. Each Member which has ratified this Convention may subsequently notify the Director-General of the International Labour Office, by a further declaration, that it specifies a holiday longer than that specified at the time of ratification.

Article 4

1. A person whose length of service in any year is less than that required for the full entitlement prescribed in the preceding Article shall be entitled in respect of that year to a holiday with pay proportionate to his length of service during that year.
2. The expression year in paragraph 1 of this Article shall mean the calendar year

10) C52-Holidays with Pay Convention, 1936 (No.52) Article 2

1. Every person to whom this Convention applies shall be entitled after one year of continuous service to an annual holiday with pay of at least six working days.

or any other period of the same length determined by the competent authority or through the appropriate machinery in the country concerned.

Article 5

1. A minimum period of service may be required for entitlement to any annual holiday with pay.
2. The length of any such qualifying period shall be determined by the competent authority or through the appropriate machinery in the country concerned but shall not exceed six months.
3. The manner in which length of service is calculated for the purpose of holiday entitlement shall be determined by the competent authority or through the appropriate machinery in each country.
4. Under conditions to be determined by the competent authority or through the appropriate machinery in each country, absence from work for such reasons beyond the control of the employed person concerned as illness, injury or maternity shall be counted as part of the period of service.

ILO 협약에서는 모든 근로자에게 연차휴가가 보장된다고 규정되어 있고, 이는 근로를 제공하는 기간 도중에 휴가를 갖는 것으로 이해된다. 휴가일수는 1년에 3주를 하회할 수 없다(3조 3항). 휴가를 취득하기 위한 요건으로 1년간의 근로를 요구하는 것이 아니라 보장해야 하는 휴가의 최소한도를 정하기 위한 단위 기간이 1년이라는 의미이다. 휴가를 부여하는 1년이라는 단위기간 내의 근무기간이 완전한 휴가를 부여받기에 부족한 경우에는 근무기간에 비례하여 휴가를 받을 권리를 가진다(4조 1항). 최저 근무일수를 휴가 부여의 요건으로 하는 경우에도 (그 근무일수가) 6개월을 초과하도록 할 수 없다(5조).

이와 같은 규정을 보면 ILO 협약에서는 연차휴가에 관해 휴식 보장적 성격을 강조하여 기준을 제시하고 있다고 할 수 있다. 즉 6개월 이상 근무한 근로자에게 보편적으로 연차휴가라는 휴식을 보장하려 하는 것이다. 근로보상적 성격은 근무기간이 6개월 이내일 경우에만 출근율을 고려하면서 예외적으로 인정될 뿐이다.[11)]

11) 김홍영b, 178면.

## Ⅲ. 연차 유급휴가의 요건

### 1. 계속 근로 연수 1년 이상, 1년 간 80퍼센트 이상 출근한 경우

#### 가. 계속근로기간이 1년 이상인 경우

1년 이상의 계속 근로라고 할 때 1년의 기산점은 근로자를 채용한 날이고, 계속 근로는 당해 사업장에서 계속 근로를 제공하고 있음을 뜻한다.[12)]

계속 근로는 재적(근로관계의 존속)으로 충분하다. 휴직 중에도 계속 근로는 유지된 것으로 보아야 한다.[13)] 계속 근로의 의미에 관한 자세한 내용은 법 34조(퇴직급여)에 대한 해설 Ⅴ. 4. 참조.

연차 유급휴가는 단시간 · 일용직 · 임시 근로자인지를 불문하고 어떤 경우에도 주어야 한다. 다만 상시 5명 이상의 근로자를 사용하는 사업 또는 사업장에 해당해야 법 60조가 적용되므로(법 11조 1항), 상시 근로자가 5인 미만이라면 연차 유급휴가 규정이 적용되지 않는다. 1주 동안의 소정근로시간이 15시간 미만인 근로자'(이른바 초단시간근로자)에게도 마찬가지로 법 60조가 적용되지 않는다(법 18조 3항).

연차휴가 미사용수당 청구권은 연차휴가를 사용할 해당 연도가 아니라 그 전년도 1년간의 근로에 대한 대가에 해당하므로 연차휴가 부여의무가 있는 상시 5명 이상의 근로자를 사용하는 사업 또는 사업장에 해당하는지도 그 전년도를 기준으로 판단하여야 한다.[14)]

#### 나. 1년 간 80퍼센트 이상 출근

근로자가 1년 간 80퍼센트 이상 출근하여야 다음해 15일 이상의 연차휴가가 생긴다. 전년도에 80퍼센트 미만 출근한 경우에는 1개월 개근 시 1일의 유급휴가가 생기는 데 그친다.

---

12) 1년간 계속근로는 사용자가 사업장 내의 모든 근로자에 대한 연차휴가를 일률적으로 시행하기 위하여 단체협약이나 취업규칙으로 연차휴가권 발생의 기준이 되는 시점을 정하는 등의 사정이 없는 한, 원칙적으로 그 근로자가 근로를 개시한 날로부터 기산한다(대법원 2000. 12. 22. 선고 99다10806 판결, 대법원 2024. 12. 12. 선고 2023도5476 판결).

13) 임종률, 584면. 퇴직금의 계속 근로 연수에 관해서는 퇴직금이 후불적 임금이라는 점을 고려할 때 근로자의 개인 사유로 휴직한 기간은 계속 근로 연수에서 제외해야 한다는 견해가 있다[자세한 내용은 법 34조에 대한 해설 Ⅴ. 4. 라. (9) 참조].

14) 대법원 2024. 12. 12. 선고 2023도5476 판결.

### 다. 휴가 산정 연도

사용자가 사업장 내 근로자들의 연차휴가를 획일적으로 산정하기 위해 특정 시점부터 1년 기간을 연차휴가 산정 연도로 정하고 그 기간의 마지막 날을 산정 기준일로 정할 수는 있다. 하지만 이 경우에도 근로자에게 불이익이 있어서는 아니 된다. 따라서 산정 연도 도중에 입사한 근로자에 대해 다음 연도 시작일에 근속기간에 비례하여 미리 휴가를 부여하고, 다음 연도부터는 집단적으로 정한 기간인 연도를 기준으로 연차휴가를 부여할 수 있다.[15] 다만 퇴직 시점에서는 그동안 발생한 연차휴가가 입사일을 기준으로 산정한 일수에 미달하면 그 부분에 대하여 연차휴가 수당으로 정산해야 한다.[16]

판례도 같은 취지이다. 즉, 연차휴가 일수가 1년 단위로 산정되는 결과, 연차 유급휴가권 발생 기준 시점부터 이전 1년 간의 근무를 채우지 못하고 퇴직하였고 또 그 기간 중의 근무일수가 연차 유급휴가를 받을 수 있는 출근일수에 미달하는 경우의 연차휴가에 관하여, 대법원은 그 근무일수에 상당하는 연차휴가근로수당 청구권은 발생하지 않는다고 보면서, 앞서 본 바와 같이 사용자가 각 근로자의 취업일을 기준으로 1년 단위로 각 근로자의 연차휴가 일수를 정하지 않고 취업한 해에는 취업일부터 그 해의 말일(12월 31일)까지의 기간 동안은 그 해 출근한 일수에 따라 연차휴가 일수를 월할로 산정하고, 그 다음 해부터 일률적으로 매년 1월 1일부터 12월 31일까지 각 1년 간을 기준으로 하여 연차휴가 일수를 산정하여온 경우에도 퇴직하던 해 1년 미만의 근무기간에 대하여 월할로 연차휴가를 할 권리가 당연히 발생한다고 할 수는 없다고 하였다.[17]

### 라. 소정근로일수와 출근일

'80퍼센트 이상의 출근'이란 연간 소정근로일수(근로의무가 있는 날)를 기준으로 그 중 근로자가 현실적으로 근로를 제공한 날이 얼마인지를 비율적으로

15) 김형배, 475면. 고용노동부 설명자료는 다음과 같이 설명한다. 회사의 휴가 산정 대상 기간이 매년 1월 1일부터 12월 31일까지이고, 어느 근로자가 2017. 7. 1.에 입사하였다면, 근속기간이 연차휴가 산정 대상 기간의 절반에 해당하므로, 다음 연도 1월 1일에 7.5일의 휴가를 부여하고, 다음 연도부터는 1월 1일부터 15일의 휴가를 부여하는 방식으로 1년 단위의 정상적인 휴가 산정을 하면 된다는 것이다. 이 경우 1년 미만 근속기간 중 1개월 개근에 1일씩 발생하는 연차휴가는 별도로 인정한다.

16) 하갑래, 209면.

17) 대법원 1991. 11. 12. 선고 91다14826 판결. 이 판결의 다른 쟁점이라고 할 수 있는 연차휴가 수당의 선급과 관련해서는 민중기, 431면 이하 참조.

따져 판단한다.

휴일은 애초에 노무제공의무가 없는 날이므로 소정근로일 자체에서 제외된다고 보는 것이 일반적이다. 행정해석은 법령 또는 약정에 의한 휴일(근로기준법에 의한 주휴일, 근로자의날제정에관한법률에 의한 근로자의 날, 취업규칙 또는 단체협약 등에 의한 약정휴일, 기타 이상의 날에 준하여 해석할 수 있는 날 또는 기간)은 소정근로일수에서 제외하는 것으로 본다(임금근로시간정책팀-3228, 2007. 10. 25.).

휴가의 경우, 소정근로일에 휴가권을 사용하여 근로의무를 면제받는다고 보는 것이 일반적인데 이에 따르면 휴가를 사용한 경우 그날은 출근한 것으로 간주하는 것이 타당하다는 견해가 있다. 행정해석은 연·월차유급휴가, 생리휴가의 경우 출근한 것으로 간주한다(위 행정해석 참조). 근로계약이나 취업규칙, 단체협약 등에 근거한 휴가의 경우에도 달리 볼 이유는 없을 것이다. 다만 고용노동부는 근로계약, 취업규칙 또는 단체협약 등에 근거하거나 사용자의 허락하에 부여받은 약정 육아휴직 또는 업무 외 부상이나 질병 휴직 등의 기간은 근로관계의 권리와 의무가 정지된 기간으로 보아 소정근로일수에서 제외한다고 본다(임금근로시간과-1736, 2021. 8. 4.).

법 60조 6항에 따라 업무상의 부상 또는 질병으로 휴업한 기간(1호), 출산전후휴가로 휴업한 기간(유산·사산한 임신 중 여성의 보호 휴가 포함)(2호), 육아휴직으로 휴업한 기간(3호), 육아기 근로시간 단축을 사용하여 단축된 근로시간(4호), 법 70조 7항에 따른 임신기 근로시간 단축을 사용하여 단축된 근로시간(5호)은 출근한 것으로 본다.[18] 4호 및 5호의 규정은 개정법 시행일(2024. 10. 22.) 이후 육아기 근로시간 단축 또는 임신기 근로시간 단축을 시작하는 경우부터 적용한다(법률 20520호 부칙 6조). 부당해고 기간은 사용자의 귀책사유로 인한 것이므로 출근한 것으로 보아야 한다.[19]

---

18) 노무제공이 없었던 날을 소정근로일에서 제외하는 것보다는 출근한 것으로 보는 것이 근로자에게 유리하다. 예를 들어 소정근로일이 300일인 근로자가 개인적인 사정으로 60일을 결근하고 업무상 재해로 30일을 휴업하였다면, 30일 휴업일을 (i) 소정 근로일에서 제외하게 되면 210/270=0.78이 되는 반면, (ii) 법 6항에 의해 출근한 것으로 보게 되면 240/300=0.8이 된다(김유성, 185면).

19) 이병태, 832면. 대법원 2014. 3. 13. 선고 2011다95519 판결(연간 소정근로일수와 출근일수를 계산함에 있어서 사용자의 부당해고로 인하여 근로자가 출근하지 못한 기간을 근로자에 대하여 불리하게 고려할 수는 없으므로 그 기간은 연간 소정근로일수 및 출근일수에 모두 산입되는 것으로 보는 것이 타당하며, 설령 부당해고기간이 연간 총근로일수 전부를 차지하고 있는 경우에도 달리 볼 수는 없다).

정당한 파업 기간은 소정근로일수에서 제외하여야 한다는 견해[20]와 출근한 것으로 보아야 한다는 견해[21]로 나뉜다. 대법원 2013. 12. 26. 선고 2011다4629 판결은 정당한 쟁의행위 기간 동안은 근로자가 결근한 것으로 볼 수 없고, 법령에 출근한 것으로 본다는 규정도 없으므로 출근을 의제할 수도 없다고 보고, 이 경우 연간 소정근로일수에서 쟁의행위 등 기간이 차지하는 일수를 제외한 나머지 일수를 기준으로 근로자의 출근율을 산정하여 연차유급휴가 취득 요건의 충족 여부를 판단하되, 그 요건이 충족된 경우 연차유급휴가일수는 다음과 같이 산정하는 것이 합리적이라고 보았다.

$$\text{평상적 근로관계에서 80퍼센트 출근율 충족시의 연차유급휴가일수} \times \frac{\text{연간 소정근로일수} - \text{쟁의행위 일수}}{\text{연간 소정근로일수}}$$

이와 같은 비례적 삭감 방식은 법이 규정한 소정근로일수는 평상적인 근로관계하에서의 소정근로일수임을 전제로 한다. 법상 연차휴가는 주휴일과 마찬가지로 평상적인 근로관계가 계속된 상태에서의 1년을 전제로 한다고 보는 것이다. 따라서 정당한 파업으로 인하여 근로관계가 정지되는 비정상적인 기간이 개입되어 소정근로일수가 감소되는 경우에는 법이 예정하거나 규정하지 않은 예외적인 상황이므로 이에 관해서는 별도의 해석론이 필요한데, 감소된 소정근로일수의 비율만큼 연차휴가일수도 감소한다고 보는 것이 합리적이고 형평에 맞다는 것이다.[22]

이러한 판례의 비례적 삭감 방식에 대해, 연차휴가가 보상적 휴가임을 감안할 때 타당하다는 견해[23]와, 근로제공 의무가 없는 기간 때문에 주휴일이나 연차휴가에 관하여 근로자에게 불이익을 주어 불합리하다는 견해[24]가 있다. 위 판

20) 김지형, 435면; 1990. 3. 20. 근기 01254-4245; 강성태, 33면.

21) 임종률, 474면.

22) 오영준, 243~245면. 이 견해는 비례적 삭감 방식이 국제적인 기준과 비교할 때 근로자에게 불리한 해석임은 부정하기 어려우나, 우리나라의 법이 연차휴가의 발생요건으로 1년간 80% 이상의 출근을 명문으로 규정하여 근로의 대가로서의 성격을 부여하고 있고, 나아가 연차휴가수당을 임금으로 보는 기존의 판례하에서는 이러한 해석론이 불가피하고 정당하다고 한다.

23) 박종희, 63면. 다만 근속연수에 따른 가산휴가일수까지 비례적 삭감의 대상이 되는 휴가일수에 포함시킨 것은 잘못되었다고 평가한다.

24) 이상윤, 302면. 임종률, 474면은 법령상 출근으로 간주한다는 규정은 없지만 그렇다고 하여 법령상 근거 없이 휴가일수를 삭감하여서는 안 되며 출산휴가 등을 출근으로 간주하는

결은 육아휴직 기간에 대해서도 동일하게 판단하였는데, 2017. 11. 28. 법 개정으로 육아휴직 기간은 출근으로 간주되게 되었다. 부칙에 따라 개정법 시행일(2018. 5. 29.) 이후 최초로 육아휴직을 신청하는 근로자부터 출근한 것으로 간주된다. 고용노동부는 신청일을 객관적으로 확인하기 어려운 점을 감안하여 육아휴직 개시일이 개정법 시행일 이후인 근로자는 출근한 것으로 간주된다고 보고 있다.

위와 같은 비례적 삭감방식은, 일단 해당 근로자의 출근일수가 연간 소정근로일수의 80%에 미달함을 전제로 한다. 즉, 해당 근로자의 출근일수가 연간 소정근로일수(쟁의행위 기간을 고려하지 않고 연간 출근의무가 있는 날 전체를 의미한다)의 80% 이상인 경우에는 비례적 삭감방식을 취할 필요가 없다. 쟁의행위에 참여 기간 등으로 인하여 해당 근로자의 출근일수가 연간 소정근로일수의 80%에 미달한 경우에 한하여, 본래 평상적인 근로관계에서 8할의 출근율을 충족할 경우 산출되었을 연차휴가일수에 (연간 소정근로일수 − 쟁의행위 일수)[25]를 연간 소정근로일수로 나눈 비율을 곱하여 산출된 휴가일수를 부여하여야 하는 것이다(임금근로시간과-906, 2021. 4. 15.). 약정 육아휴직 또는 업무 외 부상이나 질병 휴직 등의 기간도 마찬가지로 보아야 할 것이다(임금근로시간과-1818, 2021. 8. 12.).

노동조합이 적법한 파업을 진행하던 중 사용자가 직장폐쇄를 한 경우, 연차휴가 출근율 산정에서 직장폐쇄 기간을 어떻게 처리해야 할 것인지 문제된다. 대법원은 적법한 직장폐쇄와 위법한 직장폐쇄의 경우를 달리 본다. 적법한 직장폐쇄로 인하여 근로자가 출근하지 못한 기간은 원칙적으로 연차휴가일수 산정을 위한 연간 소정근로일수에서 제외되어야 하고 적법한 직장폐쇄 중 근로자가 위법한 쟁의행위에 참가한 기간은 근로자의 귀책으로 근로를 제공하지 않은 기간에 해당하므로, 연간 소정근로일수에 포함시키되 결근한 것으로 처리하여야 한다고 본다. 반면 사용자의 위법한 직장폐쇄로 인하여 근로자가 출근하지 못한 기간을 근로자에 대하여 불리하게 고려할 수는 없으므로 원칙적으로 그 기간은

규정의 취지에 맞게 해석해야 하고, 비례적 삭감방식에 의하면 문제의 기간이 산정기간 전체에 걸친 경우에는 소정근로일수 전부가 제외되어 출근율 산정조차 불가능하게 되는 문제가 있다고 한다. 따라서 부당한 해고, 징계, 휴직 등으로 출근하지 못한 기간, 사용자의 귀책사유로 휴업한 기간, 정당한 파업에 참가한 기간, 위법한 직장폐쇄로 출근하지 못한 기간, 배우자 출산휴가의 기간은 출근한 것으로 보아야 한다는 견해를 밝히고 있다. 하갑래 207면도 같은 견해로, 이러한 점은 연차휴가를 보장적 휴가로 전환해야 한다는 비판의 근거가 될 수 있다고 한다.

25) 행정해석은 이를 '실질 소정근로일수'라고 한다.

연간 소정근로일수 및 출근일수에 모두 산입된다고 본다. 다만 위법한 직장폐쇄 중 근로자가 쟁의행위에 참가하였거나 쟁의행위 중 위법한 직장폐쇄가 이루어진 경우에 만일 위법한 직장폐쇄가 없었어도 해당 근로자가 쟁의행위에 참가하여 근로를 제공하지 않았을 것이 명백하다면, 이러한 쟁의행위가 적법한지 여부를 살펴 적법한 경우에는 그 기간을 연간 소정근로일수에서 제외하고, 위법한 경우에는 연간 소정근로일수에 포함시키되 결근한 것으로 처리하여야 할 것이다. 이처럼 위법한 직장폐쇄가 없었다고 하더라도 쟁의행위에 참가하여 근로를 제공하지 않았을 것임이 명백한지는 쟁의행위에 이른 경위 및 원인, 직장폐쇄 사유와의 관계, 해당 근로자의 쟁의행위에서의 지위 및 역할, 실제 이루어진 쟁의행위에 참가한 근로자의 수 등 제반 사정을 참작하여 신중하게 판단하여야 하고, 그 증명책임은 사용자에게 있다.[26)]

예비군으로 동원되거나 훈련을 받은 날은 출근한 것으로 보아야 하고(예비군법 10조 참조), 민방위 대원으로 동원되거나 교육 또는 훈련을 받은 때에도 마찬가지다(민방위기본법 27조 참조). 공민권의 행사나 공의 직무를 집행하기 위하여 필요한 시간을 청구한 경우에도 그에 따른 시간은 출근한 것으로 간주해야 한다(법 10조 및 공직선거법 6조의2 참조). 한편, 정직이나 직위해제 기간에 관하여 대법원은, 취업규칙의 정함에 따라 정직이나 직위해제 기간을 출근일수에서 제외할 수 있다고 한다.[27)] 이 판결을 연차휴가의 수급요건을 명확히 하였다는 점에 의의가 있다고 평가하는 견해가 있으나,[28)] 징계와 별도로 휴가에서도 불이익을 받는다는 점에서 이중의 불이익에 해당되고 정직이나 직위해제는 사용자의 처분에 의해 근로 제공을 하지 않는 것이므로 소정근로일에서 제외하는 것이 타당하다는 견해도 있다.[29)]

출근이나 개근은 소정근로일에 근로자가 출근하여 노무 제공을 한 것을 말하는 것으로, 조퇴나 지각 등으로 소정근로일의 근로시간 전부에 걸쳐 근로하지

26) 대법원 2019. 2. 14. 선고 2015다66052 판결.
27) 대법원 2008. 9. 25. 선고 2008다41666 판결. "정직이나 직위해제 등의 징계를 받은 근로자는 징계기간 중 근로자의 신분을 보유하면서도 근로의무가 면제되므로, 사용자는 취업규칙에서 근로자의 정직 또는 직위해제 기간을 소정근로일수에 포함시키되 그 기간 중 근로의무가 면제되었다는 점을 참작하여 연차 유급휴가 부여에 필요한 출근 일수에는 포함되지 않는 것으로 규정할 수도 있고, 이러한 취업규칙 규정이 구 근로기준법 제59조에 반하여 근로자에게 불리한 것이라고 보기는 어렵다."
28) 이호근, 79면.
29) 하갑래, 208면.

못하였더라도 상관없다. 그러므로 취업규칙 등에서 3번의 지각이나 조퇴는 1일의 결근으로 취급한다고 규정하고 있더라도 그것은 연차휴가의 발생 요건에는 영향을 미치지 않는다.[30)]

### 2. 계속 근로 기간이 1년 미만인 경우

2003. 9. 15. 개정 법은 월차휴가를 폐지하는 대신 계속 근로 연수가 1년 미만인 경우에도 연차휴가를 받을 수 있게 하였다. 연차휴가를 완전하게 취득하는 데 필요한 기간이 미달된 근로자에게도 어느 정도의 휴가를 인정하고자 하는 것이다. 사용자는 계속하여 근로한 기간이 1년 미만인 근로자에게 1월 개근한 때 1일의 유급휴가를 주어야 한다(법 60조 2항).[31)] 따라서 입사 후 최초 1년 동안 최대 11일의 유급휴가가 발생할 수 있다. 이렇게 계속 근로 연수 1년 미만인 근로자가 받은 휴가일수를 다음 해 연차휴가일수에서 공제하는 조항이 있었으나(구법 60조 3항) 2017. 11. 28. 법 개정으로 해당 조항을 삭제하였다. 이에 따라 최초 고용된 후 2년 동안 발생하는 연차휴가일수의 최대치는 26일(계속 근로 연수 1년 미만에 발생하는 11일 + 다음 해에 발생하는 15일)이 된다. 개정 법 시행일은 2018. 5. 29.이므로 시행일 이후에 2년차가 되는 근로자는 개정 법 적용 대상이 된다. 따라서 2017. 5. 30. 입사자부터 개정법이 적용된다.[32)]

소정근로일이나 출근일의 산정 방법은 위 1. 라.항 설명과 다르지 않다.

### 3. 1년 간 80퍼센트 미만 출근한 경우

2012. 2. 1. 법 개정 이전에는 1년 간 출근율이 80퍼센트에 미달하는 경우에는 다음 해에 연차휴가가 하루도 발생하지 않는다고 보았다. 이 문제를 해소하기 위해 1년 간 80퍼센트 미만 출근한 근로자에게도 연차휴가가 부여될 수 있도록 법을 개정하였다. 사용자는 1년 간 80퍼센트 미만 출근한 근로자에게 1개월 개근시 1일의 유급휴가를 주어야 한다(법 60조 2항). 고용노동부는 이 규정을, 전년도에 80퍼센트 미만 출근한 근로자에게는 전년도에 개근한 월의 숫자만큼

30) 김유성, 185면; 김지형, 436면; 하갑래, 208면; 근기 1451-21279, 1984. 10. 27.

31) 임종률, 472면은 '계속근로기간이 1년 미만'인 경우는 입사 초기에 해당할 수도 있고 1년 이상 계속근로한 자가 퇴직할 때에도 해당할 수 있다고 설명한다. 그러나 1년 이상 계속근로한 자가 퇴직할 때에 계속근로기간 1년 미만인 경우를 상정할 수 있을지는 의문이다.

32) 고용노동부 설명자료, 3면.

당해연도에 연차휴가가 발생하는 것이라고 설명한다. 예를 들어 2018년에 출근율이 80퍼센트 미만인 근로자가 2018년 중에 개근한 달이 3개월이라면, 이 근로자에게는 2019년에 3일의 연차휴가가 발생한다는 것이다. 만약 2018년 중에 개근한 달이 없다면 2019년에 연차휴가가 발생하지 않는다.[33)]

2020. 3. 31. 법 개정에 의하면 1년간 80퍼센트 미만 출근한 근로자에게 주어지는 연차휴가에도 일반적인 연차휴가와 마찬가지의 사용 촉진 제도가 적용되게 되었다(법 61조 1항).

## Ⅳ. 연차 유급휴가의 내용

### 1. 연차휴가의 발생

계속근로기간이 1년 미만인 근로자에게 발생하는 휴가(1개월 개근시 1일)를 제외하면, 연차휴가는 기본적으로 1년 이상의 계속 근로를 요건으로 하고, 산정단위도 1년이다. 퇴직하는 해에 연차휴가 산정기간 1년을 채우지 못하고 퇴직하는 경우에는, 설령 그 해 전체의 소정근로일수에 대해 80% 이상 출근하고 퇴직하는 경우라고 하더라도 연차휴가가 발생하지 않는다. 반면 전년도 출근율이 80퍼센트 이상이어서 일단 연차휴가가 발생하였다면, 근로자가 업무상 재해 등의 사정으로 인해 연차휴가를 사용할 해당 연도에 전혀 출근하지 못한 경우라 하더라도, 이미 부여받은 연차휴가를 사용하지 않은 데 따른 연차휴가수당을 청구할 수 있다.[34)]

한편 연차휴가 산정 기간 1년을 채움과 동시에 퇴직하는 경우에 연차휴가가 발생하는지 문제된다. 이는 특히 1년 단위 기간제 근로계약에서 문제될 수 있다. 가령 2018. 1. 1.부터 2018. 12. 31.까지 1년간 근무하고 퇴직한 근로자에게 연차휴가가 발생하는지의 문제이다. 연차휴가가 발생한다그 본다면 이미 퇴직한 근로자는 휴가를 사용할 수는 없으므로 연차휴가수당을 청구할 수 있게 된다. 이에 대해 과거 고용노동부는 1년의 근로를 마침으로써 연차휴가가 발생하고, 근로자가 휴가를 사용할 수 없으므로 그에 상응하는 연차휴가수당을 청구할 수 있다고 보는 입장이었다.[35)]

---

33) 임종률, 472면도 1년 동안 출근율이 80% 미만인 근로자의 휴가일수는 개근한 월수에 따라 최대 9일이 된다고 하여 고용노동부와 같은 입장으로 보인다.

34) 대법원 2017. 5. 17. 선고 2014다232296, 232302 판결.

그러나 대법원은 고용노동부의 입장과는 달리 연차휴가를 사용할 권리는 다른 특별한 정함이 없는 한 그 전년도 1년간의 근로를 마친 다음 날 발생한다고 본다.[36] 대법원의 입장에 따르면 2018. 1. 1.부터 2018. 12. 31.까지 1년간 근무한 근로자의 경우 2018년 1년간 근로를 제공하면서 1개월의 개근시마다 1일씩 발생하는 연차휴가 외에, 2018년 1년간의 출근율에 따른 연차휴가는 1년간의 근무를 마친 다음날, 말하자면 2019. 1. 1.에 발생하므로, 2018. 12. 31.의 근로를 마침으로써 근로관계가 종료된 근로자에게는 2018년의 출근율에 따른 연차휴가가 발생하지 않는다. 대법원 역시 최대 11일의 연차휴가가 부여된다고 판단하였다.[37] 동 판결이 선고된 후 고용노동부는 "1년간 근로관계가 존속하고, 80% 이상 출근해도, 그 1년의 근로를 마친 다음날(366일째) 근로관계가 있어야 15일의 연차가 발생하고, 퇴직에 따른 연차 미사용 수당도 청구할 수 있는 것"으로 기존 해석을 변경하였다(임금근로시간과-2885, 2021. 12. 20.).

## 2. 휴가일수

계속근로기간이 1년 미만이거나 전년도 출근율이 80퍼센트 미만인 경우에는 휴가일수가 1월 개근에 대하여 1일이고(법 60조 2항), 1년 이상 3년 미만인 경우에는 15일이며, 3년 이상일 때에는 15일에 계속근로기간 1년을 초과하는 매 2년마다 1일씩 가산한 일수가 휴가일수가 된다.[38] 이때 가산휴가를 포함한 총 휴가일수는 25일을 한도로 한다(법 60조 4항).

대법원은 근로기간이 약 1년 3개월인 근로자에게 근기법 60조 2항에 따른 연차휴가 11일만 부여될 뿐 근기법 60조 1항에 따른 연차휴가 15일이 발생하지 않는다고 본 원심에 대하여, 근로자가 1년간의 근로를 마친 다음 날 근기법 60조 1항에 따라 15일의 연차휴가를 사용할 권리가 발생하였음에도 이를 부정한 원심의 판단에는 법리오해의 잘못이 있다고 판단하였다.[39]

---

35) 고용노동부 설명자료 5면.

36) 대법원 2018. 6. 28. 선고 2016다48297 판결. 만 61세가 되는 해의 말일을 정년으로 정하고 있는 사업장에서 정년으로 퇴직한 근로자들은 만 61세가 되는 해의 근로에 대한 연차휴가권을 취득할 수 없으므로 그에 대한 연차휴가수당이 발생하지 않는다고 본 사례이다.

37) 대법원 2021. 10. 14. 선고 2021다227100 판결.

38) 예를 들어 계속근로기간이 9년인 근로자가 그 연도에 80퍼센트 이상 출근하였다면 휴가일수는 15일+(9년－1년)÷2년=19일이다.

39) 대법원 2022. 9. 7. 선고 2022다245419 판결.

휴가일수에서 1일은 1근로일을 말한다. 근로일은 역일로 계산하는 것이 원칙이다. 따라서 1일 1회의 주야 교대근무에서 자정을 넘겨 근무하는 것은 2근로일로 취급되고, 이때 1역일 안에서 2근무를 쉰다고 하더라도 이는 1일의 휴가를 사용한 것이다.[40)]

앞서 본 바와 같이 '휴가'는 소정근로일에 휴가권을 사용하여 근로의무를 면제받는 것이므로 원래 근로의무가 없는 휴일 등은 휴가일수에서 제외된다.[41)]

### 3. 유 급

휴가 기간에 대해서는 취업규칙이나 그 밖의 정하는 바에 의한 통상임금 또는 평균임금을 지급하여야 한다(법 60조 5항 본문). 이때 지급되는 임금을 '연차휴가수당'이라고 한다. 수당에 관한 자세한 내용은 법 56조에 대한 해설 Ⅲ. 1. 참조.

정당한 휴가일수를 초과하여 연차휴가를 사용하였는데 유급으로 처리하였다면 근로자는 초과 사용 연차일수에 해당하는 임금을 사용자에게 반환할 의무가 있다.[42)]

### 4. 휴가 사용의 자유

연차휴가를 어떻게, 어떠한 목적으로 이용할 것인가는 근로자가 자유롭게 정한다. 질병 치료 · 노동조합 활동 · 정치 활동이나 다른 사업장에서 유상으로 근무하는 것 등 그 이용 목적에 제한이 없고, 근로자가 휴가 시기를 지정하면서 표시한 이용 목적과 다른 목적으로 이용하여도 아무 상관이 없다.[43)]

이러한 '휴가 사용의 자유' 원칙과 관련하여 집단적으로 쟁의행위를 목적으로 휴가를 사용하는 것(이른바 '준법 투쟁'의 문제)에 관하여 대법원은 "실질적으로 회사로부터 거부당한 요구사항을 관철시키고 회사의 정상적인 업무수행을 저해할 의도로 근로자들에게 집단적으로 연차휴가를 사용할 것을 선동하고 이에 따라 근로자들이 집단적으로 연차휴가를 사용하고 근로 제공을 거부하기에

---

40) 김지형, 440면.

41) 휴가와 휴일이 겹치는 경우 근기법에 규정되어 있지 않으므로 노사당사자가 단체협약 · 취업규칙 등으로 별도로 정하여 시행할 수 있다는 고용노동부 행정해석(2004. 3. 11. 근기 1238)은 이와 배치된다.

42) 수원지법 2022. 1. 13. 선고 2020나56094, 2020나56100 판결.

43) 김지형, 451면.

이르렀다면, 이는 이른바 쟁의적 준법 투쟁으로서 쟁의행위에 해당한다"는 입장을 유지하고 있다.[44] 학설도 대부분 이러한 경우 사용자가 시기변경권을 행사할 필요도 없다고 하여 같은 견해를 취한다.[45] 하지만, 이에 대해서는 법리상 휴가 사용이 그 목적에 따라 적법성이 좌우된다는 법적인 근거는 어디에도 없다면서 대법원이 실질적으로 휴가 사용의 목적을 적법성 판단의 요소로 삼는 것은 휴가 법리의 중대한 왜곡이라는 비판이 있다.[46]

### 5. 위반에 대한 벌칙

법 60조에 위반하여 근로자에게 연차 유급휴가를 주지 않은 사용자는 2년 이하의 징역 또는 2,000만 원 이하의 벌금에 처한다(법 110조 1호). 연차휴가에 관한 법 위반죄는 사용자가 근로자의 청구가 있는 시기(시기지정권 행사 시)에 유급휴가를 주지 않은 경우에 성립하지만, 연차휴가 자체를 인정하지 않은 경우에는 근로자가 시기지정권을 행사하지 않아도 성립한다.[47]

## Ⅴ. 연차 유급휴가에 관한 그 밖의 문제

### 1. 근로자의 시기지정권

#### 가. 시기지정권의 의의

원칙적으로 휴가는 근로자의 권리이므로 근로자의 청구가 있는 시기에, 발생한 휴가일수 안에서 청구한 만큼 주어야 한다(법 60조 5항 본문 전단). 이렇게 휴가 시기를 근로자가 정할 수 있는 권리를 근로자의 '시기지정권'이라고 한다.

시기지정권의 성격에 관하여, 일본에서는 그동안 연차휴가권의 성질과 관

44) 연차휴가에 대한 것으로는 대법원 1996. 7. 30. 선고 96누587 판결. 사용자의 시기변경권도 인정되지 않는 월차휴가에 대한 것으로는 대법원 1991. 1. 29. 선고 90도2852 판결, 대법원 1991. 12. 24. 선고 91도2323 판결, 대법원 1992. 3. 13. 선고 91누10473 판결 등.

45) 김지형, 451면; 이병태, 836면; 김형배, 483면 등.

46) 정인섭, 329~331면.

47) 대법원 2000. 11. 28. 선고 99도317 판결(근로자가 연차휴가시기로 지정한 기간에 출근명령을 내리거나 근로자의 연차휴가실시를 무단결근으로 처리한 경우뿐만 아니라, 사용자가 근로자의 연차 유급휴가권의 행사를 사전에 혹은 행사시에 억제한 경우, 즉 사용자의 시기변경권이라고 해석하여 그 적법성을 논할 필요도 없이 근로자의 연차휴가 시기지정권의 행사 자체를 방해하는 것이라고 평가할 수 있을 정도의 경우에는 근로자의 시기지정권의 행사가 적법한 요건을 갖추었는지 여부에 관하여 더 나아가 판단할 필요 없이 1997. 3. 13. 개정 전 법 48조 1항 위반죄를 구성한다).

련하여 청구권설과 형성권설의 대립이 있었으나,[48] 우리나라에서는 별다른 견해 대립이 없고 일반적으로 청구권인 '휴가권'과 형성권인 '시기지정권'으로 나누어 보고 있다(이분설).[49]

### 나. 시기지정권의 내용

휴가 시기에는 아무런 제한이 없고, 사용할 수 있는 기간 중에 어느 날이든지 지정할 수 있다. 사용자가 미리 특정일을 정하여 그 날은 휴가 시기로 지정할 수 없도록 하거나, 일정한 시기에 부서 등 일정한 범위의 근로자들로 하여금 일제히 휴가를 쓰도록 정하는 것은 시기지정권을 침해하는 것으로 허용되지 않는다.[50]

### 다. 휴가 사용에 사용자의 승인을 얻어야 한다는 취업규칙의 효력

취업규칙 등에 근로자가 휴가를 사용하기 위하여는 사전에 신청하여 사용자의 승인을 얻어야 한다고 규정하는 것이 시기지정권을 침해하는 것이 아닌지와 관련하여 판례는, 그와 같은 규정이 휴가 시기지정권을 박탈하는 것이 아니라 단지 사용자에게 유보된 휴가 시기변경권을 적절하게 행사하기 위한 규정이라고 보면서, 휴가를 신청한 후 사용자의 승인을 얻지 않은 채 출근하지 않은 것을 무단 결근이라고 판단하였다.[51] 이에 찬성하는 견해도 있고,[52] 반대하는 견해도 있다.[53] 사용자의 시기변경권을 인정한다면 근로자의 시기지정이 있다고 하여 무조건 그 시기에 휴가를 사용할 수 있다고 보기는 어렵다. 실제로 많은 사업장에서 사용자의 시기변경권 행사나 업무 대체 인력 투입 등을 위해 휴

48) 일본의 학설 소개는 박홍우, 559면 이하.

49) 김형배, 480면. 판례도, '연차 유급휴가에 관한 권리는 근로자들 각자가 근로를 개시한 날부터 1년 간의 근로에 따라 당연히 발생되는 것이며, 원칙적으로 다음의 1년 간의 근로일수 중에서 근로자들 각자의 청구에 따라 그 휴가일이 구체적으로 특정될 성질의 것'이라고 하거나(대법원 1972. 11. 28. 선고 72다1758 판결), '연·월차휴가권이 근기법상의 성립요건을 충족하는 경우에 당연히 발생하는 것이라고 하여도 이와 같이 발생한 휴가권을 구체화하려면 근로자가 자신에게 맡겨진 시기지정권을 행사하여야 한다'고 하여(대법원 1997. 3. 25. 선고 96다4930 판결, 이에 대한 평석으로 박재필, 1058~1059면) 이분설의 견해를 취하는 것으로 보인다.

50) 김지형, 445면.

51) 대법원 1992. 6. 23. 선고 92다7542 판결.

52) 임종률, 477면.

53) 이병태, 831면; 이철수, 239면. 근로자의 휴가 신청은 휴가의 시기 지정에 지나지 않으므로 사용자는 원칙적으로 그 시기 지정에 어떠한 제한을 둘 수 없고 법에 정해진 시기변경권을 행사하지 않는 한 시기 지정이 유효하므로 이러한 취업규칙 규정을 효력규정으로 해석해서는 안 된다는 취지이다.

가 신청 및 승인 절차를 규정하고 있는 경우가 적지 않다. 그러나 사용자의 시기변경권 행사를 위해 반드시 '승인'이라는 절차를 두어야 하는 것은 아니라고 생각된다. 연차휴가를 사용하기 위한 시기지정의 방법이나 기한을 미리 정해 두기만 해도 사용자가 시기변경권을 행사하는 데 어려움이 없기 때문이다. 따라서 시기변경권을 적절하게 행사하기 위해 '승인'이라는 절차를 두는 것을 넘어, 사용자의 시기변경권과 구별되는 별도의 연차휴가 승인 또는 허가제도를 운영하는 것은 허용되지 않는다. 사용자가 시기를 변경할 필요성이 없는 경우에도 재량에 의해 연차휴가 사용을 불허할 수 있다는 취지의 규정을 두고 있거나 그와 같이 연차휴가제도를 운영한다면 이는 위법하다.

현행 법이 시기변경권을 '사업 운영에 막대한 지장이 있는 경우'로 예외적으로 인정하면서도 그 구체적인 행사에 관한 입법이 부재하여 휴가의 시기 지정을 사용자의 재량 사항으로 인정할 여지를 두게 됨은 물론, 근로자의 시기 지정에 대하여 사용자의 위법한 거절의 의사표시 및 출근 명령과 정당한 시기변경권 행사를 사법 판단 이전 단계에서 구별할 수 없게 만들고 있다는 비판이 있다.[54]

### 라. 시기 지정의 형식

시기 지정의 형식에는 아무런 제한이 없으나, 다만 근로자의 시기지정권에 대응하여 사용자에게는 시기변경권이 있으므로, 적어도 사용자로 하여금 시기변경권의 행사 여부를 결정할 수 있을 만한 시간적 여유를 두고 시기를 지정하여야 한다.[55]

사용자가 예측할 수 없는 손해를 입지 아니하게 할 시간적 여유를 두고 시기 지정을 철회하는 것은 가능하다.

판례는, 근로자가 그 시기를 특정하지 않은 채 시기 지정(휴가 신청)을 하는 것은 적법한 시기 지정이 아니어서 무효라는 입장을 엄격하게 견지하고 있다. 즉 연·월차휴가권이 근기법상 성립 요건을 충족하면 당연히 발생하는 것이라고 하여도 이와 같이 발생한 휴가권을 구체화하려면 근로자가 자신에게 맡겨진 시기지정권을 행사하여 어떤 휴가를, 언제부터 언제까지 사용할 것인지에 관하여 특정하여야 하고, 근로자가 이러한 특정을 하지 아니한 채 시기 지정을 하는 것은 적법한 시기 지정이라고 할 수 없어 효력이 발생할 수 없다는 것이다. 그

54) 김근주a, 18면.
55) 김지형, 444면.

리하여 단체교섭을 요구하는 농성에 참여하기 위해 시기가 특정되지 않은 연·월차 휴가 신청서를 제출하고 출근하지 않은 노동조합 지부장을 무단결근으로 해고한 것은 정당하다고 하였다.[56] 이에 대해서는 근로자의 휴가권 행사를 지나치게 형식적·요식적으로 파악한 것이며 휴가일수가 남아 있는 한 휴가를 시작하는 즈음에 휴가 사용 의사를 밝힌 것만으로 남은 휴가 범위 안에서 사용하겠다는 취지를 밝힌 것이므로 정당한 휴가권의 사용이라는 비판이 있다.[57]

한편 대법원은 취업규칙에 휴가 청구 절차에 관하여 정함이 없는 회사에서 근로자가 업무 외 부상으로 출근하지 아니하면서 회사에 전화로 치료 기간을 연차휴가로 대체해줄 것을 요청한 사안에서는, 전화로 한 휴가 청구도 적법하므로 이에 대하여 회사가 시기변경권을 행사하였다고 볼 만한 자료가 없다면 연차휴가권의 행사는 정당하다고 하여 시기 지정의 요건을 완화하기도 하였다.[58]

## 2. 사용자의 시기변경권

### 가. 시기변경권의 의의

사용자는 근로자가 신청한 시기에 유급휴가를 주는 것이 사업운영에 막대한 지장이 있는 경우에는 그 시기를 변경할 수 있다(법 60조 5항 단서). 이와 같이 사용자가 근로자의 휴가 신청에 대해 휴가 시기를 변경할 수 있는 권리를 시기변경권이라 한다.

### 나. 시기변경권 행사의 요건 — 사업 운영에 막대한 지장이 있는 경우

근로자가 지정한 시기에 휴가를 준다면 그 사업장의 업무 능률이나 성과가 평상시보다 현저하게 저하되어 상당한 영업상의 불이익을 가져올 것이 염려되거나 그러한 개연성이 엿보이는 사정이 있는 경우를 말한다.[59] 이를 판단할 때에는 업무량의 증대, 사용자의 대체 근무자 확보 여부, 근로자가 담당하는 업무의 성질, 다른 근로자의 시기 지정과 관계, 연휴의 이용 등을 고려하여야 한다.[60] 휴가를 실시함으로써 작업 인원이 감소되어 남은 근로자들의 업무량이 상대적

56) 대법원 1997. 3. 25. 선고 96다4930 판결, 대법원 1997. 3. 28. 선고 96누4220 판결.

57) 김연수, 170면; 김홍영a, 27면.

58) 대법원 1992. 4. 10. 선고 92누404 판결.

59) 이병태, 833면; 김지형, 446면.

60) 이병태, 833면. 서울고법 1999. 12. 9. 99나19997 판결은 버스운전기사가 15일간 연속하여 휴가를 사용하고자 하는 것이 사업 운영에 막대한 지장을 초래한다고 보아 사용자의 시기변경권 행사를 적법하다고 보았다(대법원 2000. 5. 25.자 2000다4005 판결로 심리불속행 기각 확정).

으로 많아지는 등의 사정은 휴가의 성질상 당연한 결과이므로 그것만으로 '막대한 지장'이라고 볼 수 없다. 통상적으로 사용자가 예상해야 하는 휴가 실시와 그로 인한 인원 대체 방법을 제대로 강구하지 않아 발생한 차질[61] 또한 이에 해당하지 않는다.[62]

시기변경권의 요건과 관련하여 노동조합 조합원들이 집회 참석을 위해 집단적으로 휴가 시기를 지정하는 것이 문제되는데, 휴가 사용 목적은 원칙적으로 근로자의 자유(연차휴가 자유 이용의 원칙)이므로 단순히 집회 참석을 목적으로 휴가를 사용한다는 이유로 시기변경권을 행사할 수는 없는 것이지만,[63] 대법원은, 시기변경권의 문제로 검토하지 않고 집단적인 휴가 실시 자체가 쟁의행위에 해당한다고 한다.[64]

### 다. 시기변경권 행사의 시기

시기변경권은 시기지정권을 전제로 한 것이므로 사용자는 원칙적으로 근로자가 시기 지정을 한 때부터 지정된 시기(연차휴가 개시일)가 도래하기 전에 시기변경권을 행사하여야 한다. 지정 시기 도래 전에 시기변경권을 행사하였다 하더라도 그 시점이 휴가 직전인 경우 등과 같이 근로자의 연차휴가권의 원활한 행사를 방해할 우려가 있는 경우에는 권리남용으로 허용되지 않는다.[65]

### 라. 시기변경권 행사 방법

시기변경권 행사 방법에는 제한이 없다.[66] 휴가를 분할하여 시기 변경하는

61) 이에 관해 서울행법 1999. 9. 17. 선고 99구8731 판결(확정)은, '근로자의 연차 휴가는 통상 예견되는 것이고 평상시에도 늘 행하여지는 것이므로 회사로서는 통상적인 근로자의 결원을 예상하여 그 범위 내에서 충분히 대체 근무자를 확보할 의무를 부담한다고 하면서, 회사가 통상 예상되는 결원이 8명 내지 12명임에도 예비 기사를 불과 4명밖에 확보하지 못하여 통상 4명 내지 8명의 작업인원 부족 상태가 지속되었던 점에 비추어 5명의 결원이 사업 운영에 막대한 지장을 초래할 정도의 규모라고는 할 수 없다'고 하였다.

62) 김지형, 447면.

63) 김지형, 449면.

64) 이에 관하여 김지형, 451면은 근로자가 정당하게 연차휴가의 시기를 지정하여 휴가를 얻은 후 그 휴가 중에 쟁의행위에 참가하는 것은 연차휴가 자유이용의 원칙에 비추어 위법하다고 할 수 없으나, 휴가 자체가 목적이 아니라 회사 업무의 정상적인 운영을 저해함으로써 그들의 주장을 관철할 목적으로 집단적으로 일제히 같은 시기로 지정하는 것은 형식적으로는 휴가를 행사하려는 것이었다고 하더라도 실질적으로는 휴가를 빙자한 쟁의행위에 해당하므로 정당한 휴가권의 행사라고 할 수 없다고 한다. 김형배, 483~484면도 자신이 근무하는 사업장에서 동맹파업을 단행하기 위해 일제히 휴가투쟁을 하는 것은 연차휴가제도의 취지에 반한다고 한다. 그러나 다른 사업자에서 발생한 쟁의행위를 지원하기 위해 휴가중의 근로자가 이에 동조, 참여하는 것은 연차휴가권의 성립에 영향을 줄 수 없다고 한다.

65) 김유성, 187면.

것에도 제한이 없으므로 근로자가 지정한 휴가 중 일부에 대해 변경권을 행사하는 것도 가능하다. 또한 특정 근로일에 대하여 여러 명의 근로자가 휴가 시기를 지정하여 시기 지정이 경합된 경우 어떤 근로자에 대해 시기변경권을 행사할 것인지도 사용자가 합리적으로 판단하여 재량에 따라 행사할 수 있다.[67]

### 마. 시기변경권 행사의 제한

시기변경권을 행사하기 위해서는 다른 시기에 휴가를 브여할 가능성이 있어야 한다. 예컨대 근로자가 퇴직을 앞두고 사용하지 않은 연차휴가를 일괄하여 시기 지정하였을 때에는 다른 시기에 휴가를 부여할 가능성이 없으므로 이때 사용자는 시기변경권을 행사할 수 없다.[68]

사용자가 일단 근로자의 시기 지정을 확정적으로 승인한다는 통지를 하였다면, 이는 변경권을 행사하지 않겠다는 뜻을 표명한 것이므로 그 후에는 근로자의 동의를 얻는 등 특별한 사유가 없는 한 이를 취소하거나 철회할 수 없다.[69]

### 바. 시기변경권 행사의 효과

시기변경권이 적법하게 행사되면 근로자가 휴가를 사용할 수 없게 되므로 그 시기에도 근로를 제공해야 한다. 그러나 시기변경권의 행사로 사용자가 다른 시기를 휴가로 지정하는 것은 아니므로 근로자는 언제든지 다른 날을 휴가일로 지정할 수 있다.[70]

## 3. 연차휴가의 사용 기간

연차휴가는 그 발생 시점부터 1년간 행사하지 아니하면 소멸된다. 계속하여 근로한 기간이 1년 미만인 근로자의 법 60조 2항에 따른 유급휴가는 최초 1년의 근로가 끝날 때까지의 기간 동안 행사하지 아니하면 소멸한다. 다만, 사용자의 귀책사유로 사용하지 못한 경우에는 그러하지 아니하다(법 60조 7항). 그 기간은 '시기 지정'의 기간을 말하는 것이 아니라 '사용'의 기간을 말한다. 즉 시기 지정이 1년 안에 이루어졌다고 하더라도 1년 안에 휴가를 사용하지 못하면

66) 임종률, 478면은 사용자가 단순히 '승인하지 않는다'고 하는 의사표시도 시기변경의 의사표시에 해당한다고 한다.

67) 임종률, 478면.

68) 임종률, 478면.

69) 김지형, 470면.

70) 임종률, 478면.

휴가는 소멸한다.

사용자가 시기변경권을 행사하여 근로자가 휴가 시기를 변경함으로써 1년 이내에 휴가를 사용할 수 없게 된 때에는 사용자의 귀책사유로 사용하지 못한 때에 해당한다.[71] 이 경우 '사용자의 귀책사유로 인해 사용하지 못한' 연차휴가는 그 기간 경과에도 불구하고 소멸하지 않는다고 해석되므로, 근로자로서는 다음 해에 휴가를 청구하여 사용할 수 있을 뿐, 그에 대한 수당(연차휴가미사용수당)을 청구할 수는 없는 것인지 문제된다. 연차휴가미사용수당은 연차휴가가 소멸하였음을 전제로 하기 때문이다. 전년도에 사용자의 귀책사유로 인해 사용하지 못한 휴가가 있으면 근로자는 다음 해에도 그 사용을 청구할 수 있음은 물론이다. 이 경우 근로자가 전년도의 경과로 이미 휴가가 소멸하였다고 보고 대신에 연차휴가미사용수당 청구권을 행사한다면 이러한 청구를 부정할 이유는 없다고 생각된다.

퇴직 등의 사유로 연차휴가를 사용하지 않아 휴가가 소멸하였더라도 사용하지 못한 연차휴가에 대한 수당 청구권은 소멸하지 않는다.[72] 연차휴가를 사용할 수 있게 된 날부터 퇴직하기 전까지 실제 휴가를 사용할 수 있었던 일수가 이미 취득한 휴가일수보다 적은 경우 실제 휴가를 사용할 수 있는 일수에 한해서가 아니라 취득한 휴가일수 모두에 대해서 휴가 수당을 청구할 수 있다.[73] 1년간 업무상 재해로 인해 휴업을 하여 휴가를 전혀 사용하지 못한 경우에도 취득한 휴가일수 모두에 대해서 연차휴가미사용수당을 청구할 수 있음은 앞서 본 바와 같다.

[이 정 한 · 김 진 · 여 연 심]

---

71) 김형배, 484면.

72) 대법원 1971. 12. 28. 선고 71다1713 판결, 대법원 1990. 12. 26. 선고 90다카12493 판결, 대법원 1990. 12. 26. 선고 90다카13465 판결, 대법원 1996. 11. 22 선고 95다36695 판결, 대법원 2000. 12. 22 선고 99다10806 판결.

73) 대법원 2005. 5. 27. 선고 2003다48549, 48556 판결. 이 판결은 종래 연차유급일수가 실제 근무가능한 일수보다 적은 경우, 전체를 보상할 필요는 없다고 한 고용노동부의 행정해석(2000. 3. 10. 근기 68201-695)과 반대되는 견해를 취했다. 이에 고용노동부는 2006. 6. 29. '연차 유급휴가청구권 · 수당 · 미사용수당과 관련된 지침'을 제정하여 퇴직연도의 휴가사용가능 일수에 상관없이 미사용한 연차휴가일수에 대하여 퇴직일로부터 14일 이내에 취업규칙이나 그 밖의 정하는 바에 의한 통상임금 또는 평균임금을 지급하도록 견해를 바꾸었다.

제61조(연차 유급휴가의 사용 촉진)

① 사용자가 제60조 제1항·제2항 및 제4항에 따른 유급휴가(계속하여 근로한 기간이 1년 미만인 근로자의 제60조 제2항에 따른 유급휴가는 제외한다)의 사용을 촉진하기 위하여 다음 각 호의 조치를 하였음에도 불구하고 근로자가 휴가를 사용하지 아니하여 제60조 제7항 본문에 따라 소멸된 경우에는 사용자는 그 사용하지 아니한 휴가에 대하여 보상할 의무가 없고, 제60조 제7항 단서에 따른 사용자의 귀책사유에 해당하지 아니하는 것으로 본다.

1. 제60조 제7항 본문에 따른 기간이 끝나기 6개월 전을 기준으로 10일 이내에 사용자가 근로자별로 사용하지 아니한 휴가 일수를 알려주고, 근로자가 그 사용 시기를 정하여 사용자에게 통보하도록 서면으로 촉구할 것
2. 제1호에 따른 촉구에도 불구하고 근로자가 촉구를 받은 때부터 10일 이내에 사용하지 아니한 휴가의 전부 또는 일부의 사용 시기를 정하여 사용자에게 통보하지 아니하면 제60조 제7항 본문에 따른 기간이 끝나기 2개월 전까지 사용자가 사용하지 아니한 휴가의 사용 시기를 정하여 근로자에게 서면으로 통보할 것

② 사용자가 계속하여 근로한 기간이 1년 미만인 근로자의 제60조 제2항에 따른 유급휴가의 사용을 촉진하기 위하여 다음 각 호의 조치를 하였음에도 불구하고 근로자가 휴가를 사용하지 아니하여 제60조 제7항 본문에 따라 소멸된 경우에는 사용자는 그 사용하지 아니한 휴가에 대하여 보상할 의무가 없고, 같은 항 단서에 따른 사용자의 귀책사유에 해당하지 아니하는 것으로 본다.

1. 최초 1년의 근로기간이 끝나기 3개월 전을 기준으로 10일 이내에 사용자가 근로자별로 사용하지 아니한 휴가 일수를 알려주고, 근로자가 그 사용 시기를 정하여 사용자에게 통보하도록 서면으로 촉구할 것. 다만, 사용자가 서면 촉구한 후 발생한 휴가에 대해서는 최초 1년의 근로기간이 끝나기 1개월 전을 기준으로 5일 이내에 촉구하여야 한다.
2. 제1호에 따른 촉구에도 불구하고 근로자가 촉구를 받은 때부터 10일 이내에 사용하지 아니한 휴가의 전부 또는 일부의 사용 시기를 정하여 사용자에게 통보하지 아니하면 최초 1년의 근로기간이 끝나기 1개월 전까지 사용자가 사용하지 아니한 휴가의 사용 시기를 정하여 근로자에게 서면으로 통보할 것. 다만, 제1호 단서에 따라 촉구한 휴가에 대해서는 최초 1년의 근로기간이 끝나기 10일 전까지 서면으로 통보하여야 한다.

〈세 목 차〉



[참고문헌]


고용노동부, 개정 근로기준법 **시행지침**(2003. 12.); **노호창**, “불확정기한부 자동연장협정에 따른 단체협약의 효력연장기간과 단체협약으로 연차휴가 사용촉진 제도를 배제할 수 있는지 여부”, 노동리뷰 130호, 한국노동연구원(2016. 1.); **하경효**, “연차휴가권의 내용과 행사에 관한 비교법적 검토”, 노동법포럼 17호, 노동법이론실무학회(2016. 2.).


## Ⅰ. 제도의 의의

원래 휴가 제도는 근로자의 재충전과 사회적·문화적 생활 영위를 위한 것이다. 그런데 이러한 휴가 제도의 취지를 상실한 채 휴가가 모자라는 임금을 보전하거나 임금을 더 받기 위한 수단으로 이용되는 것이 현재 실상이기도 하다.

이에 휴가 제도의 실효성을 확보하기 위하여, 2003. 9. 15. 개정 법은 사용자가 적극적인 사용 권유를 했음에도 불구하고 휴가를 사용하지 않은 경우 사용자의 금전보상 의무를 면제하는 제도를 신설하였다.[1] 대법원은 사용 촉진 제도를 시행하지 않는 취지의 단체협약이 존재하는 경우, 단체협약이 근로기준법상의 기준에 미치지 못하는 근로조건을 정한 것이어서 무효라고 볼 수 없고 근로기준법의 시행으로 연차휴가 사용 촉진 제도가 당연히 적용되는 것도 아니라고 판단한 원심을 긍정하였다.[2] 이 판결에 대해서는 노동조합이 스스로 이해관계 판단의 결과 사용 촉진 제도를 도입하지 않기로 하였다면 그러한 노동조합의 의사를 반영하는 것이 협약자치의 취지상 타당할 수도 있다고 하면서도, 휴가의 사전매수를 가능하게 하고 사용 촉진 제도의 도입 취지를 무색하게 한다는 비판적 견해가 있다.[3]

1) 부칙 8조에 의해 2003. 9. 15. 개정 법 시행 이후 새로이 발생한 연차휴가에 대해 적용된다.
2) 대법원 2015. 10. 29. 선고 2012다71138 판결.
3) 노호창, 109~112면. 하경효, 238면도 연차휴가를 스스로 포기한 경우까지 그 의사에 반하여 보상될 필요는 없다는 이유로 판결의 타당성에 의문을 표한다.

사용 촉진 제도는 법 60조 1항·2항 및 4항의 규정에 따른 연차 유급휴가에 대해 적용된다. 원래 1년 간 80퍼센트 이상 출근하였을 때 부여되는 연차 유급휴가에 대해 적용되고 법 60조 2항의 연차 유급휴가, 즉 계속하여 근로한 기간이 1년 미만이거나 1년간 80퍼센트 미만 출근한 근로자에게 발생되는 연차휴가(1개월 개근 시 1일의 유급휴가)에 대하여는 적용되지 않았으나 2020. 3. 31. 법 개정으로 모두 사용 촉진 제도의 대상이 되었다. 계속하여 근로한 기간이 1년 미만인 경우의 사용 촉진 제도는 2항에서 따로 규정하고 있다.

## Ⅱ. 요건: 사용자의 촉진 행위

### 1. 개　　관

휴가 사용 촉진 제도에 따라 사용자가 근로자의 미사용 휴가에 대해 보상할 의무를 지지 않으려면, 사용자가 근로자들의 유급휴가 사용을 촉진하기 위한 행위를 해야 한다.

사용자가 해야 할 조치는 2가지로서 하나는 시기 지정 촉구이고, 다른 하나는 휴가 사용 촉구이다. 즉 먼저 사용자는, 연차휴가를 사용할 수 있게 된 날부터 1년의 기간이 끝나기 6개월 전, 1년 미만 근로자의 경우 3개월 전을 기준으로 10일 이내(1년 미만 근로자에게 사용자가 서면 촉구한 후 발생한 휴가에 대해서는 최초 1년의 근로기간이 끝나기 1개월 전을 기준으로 5일 이내)에 사용자가 근로자별로 사용하지 않은 휴가 일수를 알려주고, 근로자가 그 사용 시기를 정하여 사용자에게 통보하도록 서면으로 촉구하여야 한다(법 61조 1항 1호 및 2항 1호, 시기 지정 촉구).

다음으로 사용자는, 이러한 촉구에도 불구하고 근로자가 촉구를 받은 때부터 10일 이내에 사용하지 않은 휴가의 전부 또는 일부의 사용 시기를 정하여 사용자에게 통보하지 아니하면 휴가 사용 가능 기간이 끝나기 2개월 전(1년 미만 근로자의 경우 1개월 전)까지 그 근로자가 사용하지 않은 휴가의 사용 시기를 정하여 근로자에게 서면으로 통보하여야 한다. 단 법 61조 2항 1호 단서에 따라 촉구한 휴가(1년 미만 근로자에 대해 사용자가 시기 지정을 촉구한 후 발생한 휴가에 대해 시기 지정을 촉구한 휴가)에 대해서는 최초 1년의 근로기간이 끝나기 10일 전까지 서면으로 통보하여야 한다(법 61조 1항 2호 및 2항 2호, 휴가 사용 촉구).

### 2. 촉진 행위와 근로자 · 사용자의 시기지정권 · 시기변경권

사용자가 근로자에게 휴가 사용 촉진 행위를 하였더라도 근로자의 시기지정권과 사용자의 시기변경권은 인정된다. 근로자와 사용자가 합의한다면 휴가 사용을 그 다음 해로 이월하는 것도 가능하다.

사용자가 휴가 사용 촉구를 하여 시기를 지정한 경우 이를 다시 근로자가 변경할 수 있는지에 관하여는, 근로자에게 10일 동안 시기 지정을 촉구하도록 한 취지를 고려하면 원칙적으로 사용자가 지정한 시기에 휴가를 사용해야 한다는 해석도 가능하겠으나,[4] 원칙적으로 근로자의 연차휴가는 자유 이용이 원칙이고 예외적인 경우에만 사용자의 변경이 가능한 것이므로, 이 경우 근로자가 다시 사용자가 지정한 시기를 변경하여 새로이 시기를 지정할 수 있다고 보아야 한다.[5] 이 경우도 시기변경권의 요건을 충족하면 사용자는 다시 시기변경권을 행사할 수 있다.

### 3. 사용 촉진 행위의 의사표시 방법

사용자가 행하는 시기 지정 촉구와 휴가 사용 촉구(노무 수령 거부)의 의사표시는 확정적이어야 한다. 만일 근로자가 사용자가 지정한 휴가일에 출근하였을 때 사용자가 노무 수령 거부 의사를 명확하게 표시하지 않았거나 근로자에 대하여 업무 지시 등을 한 경우에는 휴가일의 근로를 승낙한 것으로 되어 그 근로자는 연차휴가로 지정된 날에 근로를 제공한 것이 되고, 사용자는 이에 대해 연차휴가근로수당을 지급하여야 한다.[6]

4) 이병태, 840면.

5) 시행지침, 24면은 근로자는 원칙적으로 그 지정한 시기에 휴가를 사용하여야 하고 이를 변경할 수 없으나 사용자가 승인한 경우 변경할 수 있다고 한다.

6) 시행지침, 16면; 김유성, 191면; 김형배, 487면; 이병태, 840면. 대법원 2020. 2. 27. 선고 2019다279283 판결 역시 "(사용자에게 보상 의무를 면하게 하는) 휴가 미사용은 근로자의 자발적인 의사에 따른 것이어야 한다. 근로자가 지정된 휴가일에 출근하여 근로를 제공한 경우 사용자가 휴가일에 근로한다는 사정을 인식하고도 노무의 수령을 거부한다는 의사를 명확하게 표시하지 아니하거나 근로자에 대하여 업무 지시를 하였다면 특별한 사정이 없는 한 근로자가 자발적인 의사에 따라 휴가를 사용하지 않은 것으로 볼 수 없어 사용자는 근로자가 이러한 근로의 제공으로 인해 사용하지 아니한 휴가에 대하여 여전히 보상할 의무를 부담한다."라고 판시하였다.

## Ⅲ. 효과: 보상 의무 면제

사용자가 휴가 사용 촉진 조치를 하면, 근로자는 그 정해진 시기에 휴가를 사용해야 한다. 근로자가 휴가를 사용하지 않아 법 60조 7항 본문에 따라 휴가가 소멸된 경우에는 사용자는 그 사용하지 아니한 휴가에 대하여 보상할 의무가 없고, 60조 7항 단서에 따른 사용자의 귀책사유에 해당하지 아니하는 것으로 본다. 사용자가 휴가 사용 촉진 조치를 하였음에도 근로자가 휴가를 사용하지 않은 경우에는 법 60조 7항 본문이 정한 사용기간 경과로 휴가 자체가 소멸하는 것으로 이해된다.

앞서 본 것처럼 이때 근로자가 휴가를 사용하지 않은 것은 근로자의 자발적인 의사에 따른 것이어야 한다. 사용자가 형식적으로는 휴가 사용 촉진 조치를 한 듯한 외양을 만들었지만 실제로는 근로자로 하여금 휴가를 사용하지 못하게 하였다면 이는 '근로자의 자발적인 의사에 따른 휴가 미사용'이라고 할 수 없다. 이 경우 휴가가 여전히 남아 있다고 볼 것인지, 아니면 휴가 자체는 사라지고 사용자의 보상 의무만 남는다고 볼 것인지 문제된다. 법 61조 1항 및 2항을 반대 해석하면 사용자는 그 근로자에게 (1) 미사용 휴가에 대하여 보상할 의무가 있고, (2) 휴가 미사용이 60조 7항 단서에 따른 사용자의 귀책사유에도 해당하는 것으로 이해된다. (1)의 미사용 휴가에 대한 보상의 경우, 연차휴가미사용수당을 의미하는지 아니면 연차휴가근로수당(정해진 연차휴가일에 근로를 제공함으로 인해 발생하는 수당)을 의미하는지 명확하지 않다. 근로자에게 아예 휴가가 주어지지 않은 것이라면 전자에 해당하고, 휴가가 주어졌는데 그 휴가일에 근로를 제공한 것이라면 후자에 해당할 것이다. 그런데 (2)의 60조 7항 단서에 따른 사용자의 귀책사유에 해당한다면 근로자에게는 여전히 휴가가 남아 있으므로 휴가 사용을 청구할 수 있다. 이와 같이 (2)의 해석론까지 함께 고려하면, (1)의 미사용 휴가에 대한 보상은 연차휴가미사용수당을 의미하는 것으로 이해된다.

[이 정 한·김 진·여 연 심]

제62조(유급휴가의 대체)

사용자는 근로자대표와의 서면 합의에 따라 제60조에 따른 연차 유급휴가일을 갈음하여 특정한 근로일에 근로자를 휴무시킬 수 있다.

〈세 목 차〉



## Ⅰ. 유급휴가 대체의 의의

사용자는 근로자대표와의 서면 합의에 따라 연차 유급휴가일에 갈음하여 특정한 근로일에 근로자를 휴무시킬 수 있다. 이 제도를 휴가 대체라 한다. 이 제도는 1996. 12. 31. 법 개정과 1997. 3. 13. 법 제정 때 신설된 제도이다. 현행 법에는 연차 유급휴가에 대하여만 휴가 대체를 할 수 있게 되어 있으나, 구 법에서는 월차휴가에 대한 대체도 가능하였다.

일본 노동기준법이 1987년 도입한 이른바 '계획연휴(計劃年休)'[1]를 우리 식으로 도입한 것으로 볼 수 있다.[2] 근로자의 휴가 시기지정권의 예외로 사용자가 근로자대표와 합의하여 근로자들의 휴가를 지정 · 배치할 수 있게 한 것으로, 일부 사업장에서 이른바 '하계 휴가 계획'에 의하여 근로자들의 연차휴가일을 배치하는 것이나 징검다리 휴일을 연휴로 하거나 명절 전후의 근로일을 연차휴가로 대체하는 법적 근거가 된다.

## Ⅱ. 요건: 근로자대표와의 서면 합의

근로자대표는, 그 사업 또는 사업장에 근로자의 과반수로 조직된 노동조합이 있는 경우에는 그 노동조합이고, 근로자의 과반수로 조직된 노동조합이 없는

1) 일본 노동기준법 39조 6항은, '사용자는 서면에 의한 협정에 의해 유급휴가를 부여할 시기에 관한 정함을 한 때에는, 이들 규정에 의한 유급휴가의 일수 중 5일을 초과하는 부분에 대해서는 전항의 규정에도 불구하고 그 정함에 의해 유급휴가를 부여할 수 있다'고 규정하고 있다.

2) 이를 '대휴명령'으로 표현하는 견해(이병태, 835면)도 있으나, '대휴'는 법 53조 4항의 부당한 특별연장근로에 대체하는 행정관청의 명령이나 사용자가 휴일에 근로하게 하고 하루 쉬게 해주는 대신 주는 휴일이라는 의미로 쓰는 것이 일반적이다.

경우에는 근로자의 과반수를 대표하는 자를 말한다(법 24조 3항).

서면 합의에 규정해야 할 내용에 관하여는 규정이 없다. 서면합의에서 휴가일로 대체할 근로일을 특정해야 하고, 그 특정된 날에 휴무하는 대신 그 날을 휴가일로 처리한다는 취지를 규정해야 한다는 견해가 일반적이다.3)

한편 법상 유급휴가 대체는 연차휴가 일수가 5일을 초과하는 부분으로 한정되어 있는 일본의 '계획연휴'와는 달리 그 일수에 관한 제한이 없다. 때문에 근로자의 연차휴가 시기지정권이 지나치게 제한될 우려가 있다.

## Ⅲ. 효과: 시기지정권·시기변경권의 배제

휴가 대체에 관한 서면 합의가 이루어지면, 그 합의에서 정해진 바에 따라 연차휴가일을 갈음하여 특정한 근로일에 근로자를 휴무시킬 수 있다. 휴일은 소정근로일이 아니고, 법 62조는 '근로일'에 휴무시킬 수 있다고 정하고 있으므로 휴일을 대체휴가일로 정할 수는 없다.4) 근로자는 이와 같이 갈음하게 된 휴가에 대하여는 시기지정권을 행사할 수 없고(시기지정권의 배제), 서면 합의에서 정한 특정일에 휴가가 발생하여 사용자도 시기변경권을 행사할 수 없다(시기변경권의 배제).5)

서면 합의에 차별에 해당하는 내용 등 강행법규나 공서양속에 반하는 내용이 포함되어 있으면 그 서면 합의는 무효이다.6)

[이 정 한·김 진·여 연 심]

3) 김유성, 191면; 이병태, 836면; 1998. 3. 31. 근기 68207-609; 임종률, 481면. 김형배, 488면은 더 나아가 특정 근로일을 휴가일로 정하는 이유, 그 시기(일수), 부서 및 인원 등에 관한 사항을 포함시킨다. 한편 서면 '합의'가 아니라 '협정'에 의하도록 하고 있는 일본 노동기준법 39조 5항(현 6항)의 해석에 관하여는, 구체적인 휴가일을 특정하거나, 일수 자체를 특정하지 않는 경우에는 대상이 되는 근로자의 범위, 대상이 되는 휴가일수, 구체적인 휴가일 결정의 시기·절차가 필요적 기재사항이고, 결정된 휴가일을 근로자에게 통지할 시기·방법, 일단 결정된 휴가일의 변경 요건·절차, 휴가부여의 한정기간·제외기간 등을 기재하는 것이 바람직하다고 한다[注釋(下), 735면].

4) 대법원 2019. 10. 18. 선고 2018다239110 판결.

5) 注釋(下), 736면; 김형배, 488면.

6) 注釋(下), 737면; 長崎地裁 1992. 3. 26. 判決(三菱重工業 長崎造船所 事件)과 福岡高裁 1994. 3. 24. 判決(항소심).

제63조(적용의 제외)

이 장과 제5장에서 정한 근로시간, 휴게와 휴일에 관한 규정은 다음 각 호의 어느 하나에 해당하는 근로자에 대하여는 적용하지 아니한다.

1. 토지의 경작·개간, 식물의 식재(植栽)·재배·채취 사업, 그 밖의 농림 사업
2. 동물의 사육, 수산 동식물의 채취·포획·양식 사업, 그 밖의 축산, 양잠, 수산 사업
3. 감시(監視) 또는 단속적(斷續的)으로 근로에 종사하는 사람으로서 사용자가 고용노동부장관의 승인을 받은 사람
4. 대통령령으로 정하는 업무에 종사하는 근로자

영 제34조(근로시간 등의 적용제외 근로자)

법 제63조 제4호에서 "대통령령으로 정한 업무"란 사업의 종류에 관계없이 관리·감독 업무 또는 기밀을 취급하는 업무를 말한다.

〈세 목 차〉



[참고문헌]

**김재훈**, "근로시간관련규정의 적용특례·배제조항에 대한 법적 고찰", 노동법의 쟁점과 과제 — 김유성 교수 화갑 기념, 법문사(2000); **최석환**, "근로시간 적용 제외 제도", 장시간 노동과 노동시간 단축 Ⅱ, 한국노동연구원(2011).

## Ⅰ. 근로시간 및 휴게·휴일 규정의 적용 제외

### 1. 개 요

법은 특정한 사업이나 업무에 종사하는 근로자에 대해서는 그 성격상 근로

시간 규율을 다른 근로자들과 같이 규제하기에 곤란한 점이 있다고 하여, 근로시간·휴게·휴일에 관한 규정을 적용하지 않도록 하는 입법 태도를 취하고 있다. 법 63조는 이들 사업·업무를 한정적으로 열거하되 1호·2호는 사업 단위로, 3호는 업무 단위로 정하고 있으며, 그 위임을 받은 영 34조는 "관리·감독 업무 또는 기밀을 취급하는 업무"를 규정하고 있다.

법 63조는 특정한 사업 혹은 직무가 요건이라는 점과 적용이 제외되는 보호법규가 근로시간에 대한 것이라는 점이 특징적이다. 원칙적으로 법의 적용을 받도록 되어 있는 근로자에 대해 그 보호를 제외한다는 점을 고려하면 이러한 적용 제외는 신중하게 접근되어야 할 필요성이 있다.[1)]

### 2. 비판적 견해

일반적으로 적용 제외 규정의 취지는 '당해 사업이나 업무의 성격상 근로시간 규율을 여타의 근로자와 같이 취급하기가 곤란하기 대문'이라고 한다. 기후나 계절 등 자연조건의 영향을 강하게 받기 때문에 인위적으로 근로시간을 규제하기 곤란하다거나, 출퇴근시간이 엄격하게 정해질 수 없다거나, 직무에 대해 특별수당을 받기 때문이라는 것이다.

그러나 법 63조 1호와 2호에 대해서는 과학기술의 발달에 따라 자연의 영향이 상대적으로 적은 영농기술의 출현, 기업형 1차 산업의 확산, 기간제 근로자 고용의 일반화 등의 변화를 전제할 때 기존의 근거가 더이상 유지되지 않는다는 비판이 가능하다. 4호에 대해서도 사업 내 조직구조의 다양화(관리직의 확대, 팀제의 운영 등)나 관리 업무의 중대성 등에 비추어 볼 때 기존에 논의되던 근거가 더 이상 유효한 것으로 보기 힘들다고 볼 수 있다 따라서 적용 제외 규정이 여전히 필요한지에 대한 재검토가 필요하다.[2)]

또한 적용 제외의 요건을 규정한 법조문의 내용이 추상적이고 이를 위한 구체적 판단 기준이 명확히 제시되어 있지는 않으면서 요건에 해당하는 경우 효과는 극단적이라는 점(유연적 적용이 아니라 전면적 적용 제외)도 현행 제도의 문제점으로 지적된다.[3)]

1) 최석환, 111면.
2) 최석환, 118면.
3) 최석환, 120면은 실체적 요건을 명확하게 규정하는 방식과 적용 제외 근로자에 대해 노사가 합의하는 식의 절차적 요건을 정하는 방식을 설명하면서 이는 효과와 결합하여 고려해야

## Ⅱ. 적용 제외 근로자

### 1. 1차 산업 종사자(1호 · 2호)

토지의 경작 · 개간, 식물의 식재(植栽) · 재배 · 채취 사업, 그 밖의 농림 산업과 동물의 사육, 수산 동식물의 채취 · 포획 · 양식 사업, 그 밖의 축산, 양잠, 수산 사업의 근로자는 근로시간 · 휴게 · 휴일에 관한 규정이 적용되지 않는다(법 63조 1호 · 2호). 1차 산업의 사업 자체가 근로시간, 휴게와 휴일에 관한 규정 적용 제외 대상이 된다. 근로의 대상이 자연물이고 업무가 기상이나 계절 등 자연적 조건에 강하게 좌우되는 사업이기 때문이라고 할 수 있다.

염전에서 소금을 생산하는 천일염 제조업은 수산 사업에 포함되지만,[4] 수산업협동조합 위판장에서 수산물을 양육, 입상, 상차, 검근, 세척, 운반하는 일을 하는 부두 근로자의 작업은 여기에 해당하지 않는다.[5]

법 63조 1호 · 2호는 어디까지나 '사업' 단위의 적용 제외 규정이다. 이 사업에 해당하지 않는 사업을 하는 사업장에서 일부 근로자가 1호 또는 2호에 해당하는 업종 또는 직종에 종사하더라도 이들에 대해서만 근로시간 · 휴게 · 휴일에 관한 규정의 적용을 배제할 수 없다. 반대로 1호 또는 2호에 해당하는 사업 안에서 일부 근로자들이 주된 사업 내용과 구분되는 다른 업종 또는 직종에 종사하고 있더라도 그 일부 근로자들이 적용 제외 대상에서 배제되는 것은 아니다.[6]

이와 달리 사업 자체가 두 개 이상으로 구분되어 있는 경우가 있을 수 있다. 하나의 기업이 두 개의 사업부서로 구분되어 하나의 사업부서는 1호 또는 2호에 해당하는 업종을 영위하고, 다른 사업부서는 그 업종과 무관한 다른 업종을 영위하는 경우이다. 이러한 경우 전체 사업부서 근로자에 대해 근로시간 · 휴게 · 휴일에 관한 규정의 적용이 배제되는지 문제된다. 판례는 이 경우 사업부서별로 근로시간 · 휴게 · 휴일에 관한 규정의 적용이 달라질 수 있다는 전제에서,

---

한다고 한다. 효과가 적용 제외냐 전면 적용이냐로만 규정되어 있을 경우 실체적 요건을 통한 객관적 명확화가 강하게 요청되고, 반면 다양한 스펙트럼의 효과(일부 적용, 일부 제외와 같이)가 가능할 경우 실체적 요건에 집착하지 않더라도 노사의 절차적 교섭을 통해 보다 유연한 대응을 할 수 있으므로 절차적 요건을 도입할 여지가 커진다는 것이다.

4) 대법원 1965. 11. 30. 선고 65다1593 판결, 대법원 1966. 7. 26. 선고 66다695 판결.

5) 1978. 9. 21. 법무 811-20710.

6) 2002. 5. 21. 근기 68207-2012; 2004. 9. 23. 근로기준과-5186; 2005. 6. 16. 근로기준과-3204(관공서에서 초화 생산을 목적으로 운영하는 양묘장과 산불감시 영역을 관공서와 분리하여 별도의 사업이라 할 수 없다고 한 사례).

"만약 사용자가 농업·임업을 주된 사업으로 영위하면서 이와 구별되는 다른 사업도 함께 영위하는 경우라면, 그 사업장소가 주된 사업장소와 분리되어 있는지, 근로자에 대한 지휘·감독이 주된 사업과 분리되어 이루어지는지, 각각의 사업이 이루어지는 방식 등을 종합적으로 고려하여 그 사업이 '그 밖의 농림 사업'에 해당하는지 여부를 판단하여야 한다"라고 판시하였다.[7]

## 2. 고용노동부장관의 승인을 받은 감시 또는 단속적 근로 종사자(3호)

### 가. 감시 또는 단속적 근로

감시(監視) 또는 단속적(斷續的)으로 근로에 종사하는 사람으로서 사용자가 고용노동부장관의 승인을 받은 사람 또한 근로시간·휴게·휴일에 관한 규정이 적용되지 않는다(법 63조 3호).

'감시적으로 근로에 종사'한다는 것은, 감시하는 것을 본래의 업무로 하고 상태(常態)로서 신체 또는 정신적 긴장이 적은 업무를 말한다.[8] 보안직 사원,[9] 청원경찰,[10] 아파트 경비원[11] 등이 여기에 해당한다. 판례는, 출근부 관리나 물품 계량 등의 업무는 부수적인 업무이고 근무시간 중 대부분의 시간 동안 경비실에서 경비원들에 대한 관리·감독 등 경비 업무 전반의 총괄에 종사한 경비계장도 감시적 근로에 해당한다고 보았다.[12] 입법 취지를 고려할 때, 그 내용이 감시와 관련된 업무라도 잠시도 감시를 소홀히 할 수 없는 고도의 정신적 긴장

7) 대법원 2020. 2. 6. 선고 2018다241083 판결. 이 사건에서는 산림조합(피고)에서 산림피해지 복구공사, 계곡 계류보전사업, 등산로 정비사업, 산사태 예방사업 등에 종사한 근로자(원고)들에게 근로시간·휴게·휴일에 관한 규정의 적용이 배제되는지 문제되었다. 대법원은 원고들이 제공한 근로의 내용은 일반적인 건설 근로자와 크게 차이가 없고, 기록에 의하면 ① 원고들은 피고의 주된 사업장인 영림 사업장이 아닌 건설현장에서 근무하면서 근로를 제공하였는데, 그 건설현장은 영림 사업장과 장소적으로 분리되어 있는 사실, ② 피고는 건설현장에 연중 상시적으로 원고들과 같은 일용직 근로자를 투입한 반면, 영림 사업장에는 기후의 영향을 고려하여 특정 기간에만 근로자를 투입하였고, 이에 따라 건설현장과 영림 사업장에 투입된 인력을 별도로 관리하고 있는 사실에 의하면 피고가 건설현장에서 영위하는 사업은 피고의 주된 사업인 임업과 구별되고, 그와 같이 건설현장에서 영위하는 사업은 근로기준법 제63조 제1호에서 규정한 '그 밖의 농림 사업'에 해당한다고 보기 어렵다고 판단하였다.

8) 대법원 1993. 7. 27. 선고 92다46462 판결, 대법원 1997. 4. 25. 선고 95다4056 판결, 대법원 1999. 5. 28. 선고 99다2881 판결; 규칙 10조 2항 참조.

9) 대법원 1996. 11. 22. 선고 96다30571 판결, 대법원 1996. 12. 23. 선고 96다39042 판결.

10) 대법원 1997. 4. 25. 선고 95다4056 판결, 대법원 1997. 7. 11. 선고 96다45399 판결.

11) 대법원 1995. 12. 22. 선고 95다39618 판결, 대법원 1999. 5. 28. 선고 99다2881 판결, 대법원 2002. 6. 14. 선고 2002다16958 판결.

12) 대법원 1993. 7. 27. 선고 92다46462 판결.

이 요구되는 경우는 제외된다.

'단속적으로 근로에 종사'한다는 것은, 근로가 간헐적·단속적으로 이루어져 휴게시간 또는 대기시간이 많은 업무를 말한다.[13] 평소 업무는 한가하지만 돌발적인 사고 발생에 대비하는 업무, 실근로시간이 대기시간의 반 정도에 미치지 못하는 업무 등을 의미한다. 감시적 근로와는 달리 '단속적 근로'에 관한 판단례는 많지 않은데, 근무 시간 중 아침·저녁으로 몇 차례에 걸쳐 청소 업무를 담당하는 건물청소 업무가 단속적 근로에 해당하는지와 관련하여 이를 부정한 하급심 판결이 있다.[14] 대법원 판결 중에는 보일러 운전업무에 종사하는 격일제 근무자의 주된 업무가 1일 2회 보일러를 운전하는 것이고 그 외의 근무시간은 주로 기계장치 등을 점검하면서 대기하는 경우 단속적 근로자에 해당한다고 본 원심을 수긍한 사례,[15] 예술직업학교 교수의 업무는 작업시간과 휴게시간을 구별할 수 없는 단속적 업무에 해당한다는 이유로 포괄임금제에 의한 임금 지급계약을 유효하다고 본 원심에 대해, 해당 교수의 업무가 근로시간의 산정이 어려운 단속적 업무에 해당한다고 보기 어려우므로, 원심이 이들의 업무를 단속적 업무라고 판단한 것은 수긍하기 어렵다고 판시한 사례[16]가 있다.

### 나. 고용노동부장관의 승인

감시·단속적 근로자는 통상적인 근로와 비교하여 노동 밀도가 약하고 육체적·정신적 부담이 적어 근로시간 등에 관한 근기법 규정을 적용하지 않더라도 근로자 보호에 지장이 없다는 점 때문에 적용 제외 대상으로 하고 있으나, 어떤 업무가 이에 해당하는지에 관하여 사용자의 자의적인 판단에 의해 근로자의 이익이 부당하게 침해될 우려가 크기 때문에 감시·단속적 근로자에 대하여 근로시간과 휴게 및 휴일에 관한 규정의 적용을 배제받기 위해서는 고용노동부장관의 승인을 얻게 하고 있다.[17] 고용노동부장관의 승인은 효력 발생 요건으로

13) 규칙 10조 3항 참조.

14) 서울행법 2003. 6. 12. 선고 2002구합29050 판결(항소심에서 소 취하).

15) 대법원 2002. 8. 27. 선고 2000다65383, 65390 판결.

16) 대법원 2014. 6. 26. 선고 2011도12114 판결. 동 판결은 단속적 업무가 아닌 근거로, 교수들이 정해진 시간까지 출근하여 출근표시를 한 후 직무에 임해야 하고, 행정분야 업무에 임해야 한다고 규정되어 있으며, 출퇴근 상황을 기록했고 결근시 임금이 공제되었다는 등의 사정을 들었다.

17) 김재훈, 166면. 고용노동부훈령 517호(2024. 7. 1.) 근로감독관집무규정은 다음과 같이 승인의 기준을 정하고 있다.

68조(감시적·단속적 근로에 종사하는 자에 대한 적용제외 승인) ① 근기법 63조 3호 및 같

보아야 한다. 따라서 고용노동부장관 승인 없이 감시·단속적 근로자에 대하여 8

은 법 시행규칙 10조 2항에 따른 "감시적 근로에 종사하는 자"의 적용제외 승인은 다음 각 호의 기준을 모두 갖춘 때에 한한다.

1. 수위·경비원·물품감시원 또는 계수기감시원 등과 같이 심신의 피로가 적은 노무에 종사하는 경우. 다만, 감시적 업무이기는 하나 잠시도 감시를 소홀히 할 수 없는 고도의 정신적 긴장이 요구되는 경우는 제외한다.
2. 감시적인 업무가 본래의 업무이나 불규칙적으로 단시간동안 타 업무를 수행하는 경우. 다만, 감시적 업무라도 타 업무를 반복하여 수행하거나 겸직하는 경우는 제외한다.
3. 사업주의 지배 하에 있는 1일 근로시간이 12시간 이내인 경우 또는 다음 각 목의 어느 하나에 해당하는 격일제(24시간 교대) 근무의 경우
 가. 수면시간 또는 근로자가 자유로이 이용할 수 있는 휴게시간이 8시간 이상 확보되어 있는 경우
 나. 가목의 요건이 확보되지 아니하더라도 공동주택(주택법 시행령 2조 1항 및 건축법 시행령 별표 1 2호 가목부터 라목까지 규정하고 있는 아파트, 연립주택, 다세대주택, 기숙사) 경비원에 있어서는 당사자간의 합의가 있고 다음날 24시간의 휴무가 보장되어 있는 경우
4. 근로자가 자유로이 이용할 수 있으며 다음 각 목의 기준을 충족하는 별도의 수면시설 또는 휴게시설이 마련되어 있는 경우. 다만, 수면 또는 휴식을 취할 수 있는 충분한 공간과 시설이 마련되어 있는 경우에는 별도의 장소에 마련하지 않아도 적합한 것으로 본다.
 가. 적정한 실내 온도를 유지할 수 있는 냉·난방 시설을 갖출 것(여름 20~28℃, 겨울 18~22℃)
 나. 유해물질이나 수면 또는 휴식을 취하기 어려울 정도의 소음에 노출되지 않을 것
 다. 식수 등 최소한의 비품을 비치하고, 주기적인 청소 등을 통해 청결을 유지하며, 각종 물품을 보관하는 수납공간으로 사용하지 않을 것
 라. 야간에 수면 또는 휴게시간이 보장되어 있는 경우에는 몸을 눕혀 수면 또는 휴식을 취할 수 있는 충분한 공간과 침구 등 필요한 물품 등이 구비되어 있을 것
5. 근로자가 감시적 근로자로서 근로시간, 휴게, 휴일에 관한 규정의 적용이 제외된다는 것을 근로계약서 또는 확인서 등에 명시하고 근로자에게 다음 각 목의 근로조건을 보장하는 경우
 가. 휴게시간(수면시간을 포함한다. 이하 이 호에서 같다)이 근로시간보다 짧을 것. 다만, 사업장의 특성상 불가피성이 인정되고 휴게시간에 사업장을 벗어나는 것이 허용되는 경우에는 예외로 한다.
 나. 휴게시간 보장을 위해 외부 알림판 부착, 소등 조치, 고객(입주민) 안내 등의 조치를 취할 것
 다. 월평균 4회 이상의 휴(무)일을 보장할 것

② 근기법 63조 3호 및 같은 법 시행규칙 10조 3항에 따른 "단속적 근로에 종사하는 자"의 적용제외 승인은 다음 각 호의 기준을 모두 갖춘 때에 한한다.

1. 평소의 업무는 한가하지만 기계고장 수리 등 돌발적인 사고발생에 대비하여 간헐적·단속적으로 근로가 이루어져 휴게시간이나 대기시간이 많은 업무인 경우
2. 실 근로시간이 8시간 이내이면서 전체 근무시간의 절반 이하인 업무의 경우. 다만, 격일제(24시간 교대) 근무인 경우에는 이에 대한 당사자간 합의가 있고, 실 근로시간이 전체 근무시간의 절반 이하이면서 다음날 24시간의 휴무가 보장되어야 한다.
3. 근로자가 자유로이 이용할 수 있으며 다음 각 목의 기준을 충족하는 별도의 수면시설 또는 휴게시설이 마련되어 있는 경우. 다만, 수면 또는 휴식을 취할 수 있는 충분한 공간과 시설이 마련되어 있는 경우에는 별도의 장소에 마련하지 않아도 적합한 것으로 본다.
 가. 적정한 실내 온도를 유지할 수 있는 냉·난방 시설을 갖출 것(여름 20~28℃, 겨울 18~22℃)
 나. 유해물질이나 수면 또는 휴식을 취하기 어려울 정도의 소음에 노출되지 않을 것
 다. 식수 등 최소한의 비품을 비치하고, 주기적인 청소 등을 통해 청결을 유지하며, 각종 물품을 보관하는 수납공간으로 사용하지 않을 것

시간을 넘게 근로하게 한 경우에는 사용자는 기준근로시간을 위반한 것이 되고, 연장근로에 대한 가산임금을 지급할 의무를 진다.[18]

한편 이러한 근로시간, 휴게, 휴일 규정 적용 제외를 위한 고용노동부장관의 승인을 신청하는 데에는 근로자의 동의를 요하지 않는다.[19]

### 3. 관리 · 감독 업무 또는 기밀 업무를 취급하는 근로자

사업의 종류에 관계없이 관리 · 감독 업무 또는 기밀을 취급하는 업무에 종사하는 근로자 역시 근로시간 · 휴게 · 휴일에 관한 규정이 적용되지 않는다(법 63조 4호; 영 34조).

'관리 · 감독 업무에 종사'하는 근로자란 근로조건의 결정 기타 노무관리에 관하여 경영자와 일체의 입장에 있는 자로서, 명칭을 불문하고 실태에 따라 판단해야 한다.[20] '기밀을 취급하는 업무에 종사'하는 근로자란 그 직무가 사업의 기밀 사무를 취급하고 그 지위가 경영자 또는 관리직 지위에 있는 자의 활동과 일체 불가분의 관계에 있고, 엄격한 근로시간 관리에 따르지 아니하는 근로자를 말한다.[21] 관리 · 감독 업무 종사자에게는 연장근로수당 대신 관리직 수당이나 임

---

라. 야간에 수면 또는 휴게시간이 보장되어 있는 경우에는 몸을 눕혀 수면 또는 휴식을 취할 수 있는 충분한 공간과 침구 등 필요한 물품 등이 구비되어 있을 것

4. 근로자가 단속적 근로자로서 근로시간, 휴게, 휴일에 관한 규정의 적용이 제외된다는 것을 근로계약서 또는 확인서 등에 명시하고 근로자에게 다음 각 목의 근로조건을 보장하는 경우

가. 휴게시간(수면시간을 포함한다. 이하 이 호에서 같다)이 근로시간 보다 짧을 것. 다만, 사업장의 특성상 불가피성이 인정되고 휴게시간에 사업장을 벗어나는 것이 허용되는 경우에는 예외로 한다.

나. 휴게시간 보장을 위해 외부 알림판 부착, 소등 조치, 고객(입주민) 안내 등의 조치를 취할 것

다. 월평균 4회 이상의 휴(무)일을 보장할 것

③ 1항 및 2항의 근로시간은 일정기간(주 또는 월 등)의 평균적 개념으로 산정한다.

18) 임종률, 484면; 하갑래, 453면; 대법원 1996. 11. 22. 선고 96다30571 판결.

19) 하갑래, 453면; 대법원 1996. 11. 22. 선고 96다30571 판결.

20) 菅野, 474면. 일본의 행정해석이나 판례에서 요구하는 요건은 ① 사업주의 경영에 관한 결정에 참여하고, 노무관리에 관한 지휘감독권한을 인정할 수 있을 것, ② 자기 출퇴근을 비롯하여 근로시간에 관하여 재량권을 가질 것, ③ 일반 종업원에 비하여 그 지위와 권한에 상응하는 임금상 처우를 받고 있을 것 등이다. 고용노동부는, 관리 · 감독 업무에 종사하는 근로자란 사업의 종류와 관계없이 근로조건의 결정 기타 노무관리에 관하여 경영자와 일체적인 입장에 있는 자를 말하는 것으로, 여기에 해당하는지 여부는 노무관리 방침의 결정에 참여하거나 노무관리상의 지휘 · 감독 권한을 가지고 있는지 여부, 자신의 근로에 대하여 자유재량권을 가지고 있는지 여부, 그 지위에 따른 특별수당을 받고 있는지 여부 등을 종합적으로 검토하되, 공장장, 지점장, 부장 등 그 명칭 여하에 불구하고 근무실태에 따라 구체적으로 판단되어야 한다고 한다(2004. 5. 10. 근로기준과-2326).

원 수당이 지급되는 경우가 많으므로 그 업무 종사자 해당 여부 판단 기준의 하나로 특별수당 등에 의해 그 직위에 부합되는 대우가 행해지고 있는지를 들 수 있다고 하는 견해가 있다.[22] 판례는, 기업 경영자와 일체를 이루는 입장에 있고 자기의 근무시간에 대한 자유 재량권을 가지고 있는 자가 이에 해당한다고 한다.[23]

관리·감독 업무 또는 기밀을 취급하는 업무에 종사하는 근로자를 적용 제외 대상으로 한 것에 대하여는, 법에 정의 규정이 없어 그 개념이 불명확하고, 그 적용 제외에 대해 승인 등 행정관청의 관여도 규정되지 않고 그 적용 제외 대상 범위가 너무 넓어 제도의 남용이 우려된다는 비판이 있다.[24]

## Ⅲ. 적용 제외의 내용

앞서 열거한 사업의 근로자와 해당 업종 종사 근로자에게는 법 4장(근로시간과 휴식)과 5장(여성과 소년)에서 정한 근로시간·휴게·휴일에 관한 규정이 적용되지 않는다(법 63조). 구체적으로 보면, 4장에 있는 규정으로는 기준근로시간(법 50조)·휴게시간(법 54조)·휴일(법 55조)에 관한 규정이나 연장근로 제한(법 53조)이나 연장근로에 대한 가산임금 규정(법 56조) 등이 이들 근로자에게 적용되지 않고, 5장에 있는 규정으로는 연소자에 대한 근로시간 제한 규정(법 69조), 연소자와 여성 근로자에 대한 근로시간 제한 규정(법 70조), 산후 1년이 지나지 않은 근로자의 연장근로 제한(법 71조) 등이 적용되지 않는다.

이와 같이 근로시간·휴게·휴일에 관한 규정이 적용되지 않으므로, 연장근로나 휴일근로를 하더라도 법 56조에 따른 가산임금을 지급할 필요가 없음은 물론, 연장근로에 대한 임금이나 휴일근로에 대한 임금(통상임금의 100%)도 지급할 필요가 없다.[25] 그러나 주휴일의 적용까지 제외하는 것은 비판의 여지가 있

21) 菅野, 475면. 하갑래 455면도 같은 취지로, 반드시 기업의 비밀서류 등을 취급하는 자를 가리키는 것은 아니라고 한다.
22) 김재훈, 135면.
23) 대법원 1989. 2. 28. 선고 88다카2974 판결은 보험회사의 지점장은 이에 해당하고, 과장이나 지점장대리는 해당되지 않는다고 보았다. 대법원 1988. 4. 25. 선고 86다카1124 판결은 해외에서 근무하면서 출근과 퇴근에 있어서 엄격한 통제를 받지 않고 현장소장을 보필하여 회사소속 근로자들을 감독하고 작업전반을 관리하거나 자재조달 및 자재관리를 책임져 온 과장, 차장이 관리·감독 업무 종사자에 해당한다고 보았다.
24) 김재훈, 132면.

다고 본다.[26)]

나아가 판례는 3호에서 감시 · 단속적 근로자로서 사용자가 고용노동부장관의 승인을 받은 경우에는 취업규칙에서 연장근로 · 휴일근로에 관하여 규정하고 있다고 하더라도 취업규칙상의 연장근로 · 휴일근로의 규정이 적용되지 않는다고 한다.[27)]

반대로 1호의 사업[토지의 경작 개간, 식물의 식재(植栽) · 재배 · 채취 사업, 그 밖의 농림사업]이나 2호의 사업[동물의 사육, 수산 동식물의 채취 · 포획 · 양식사업, 그 밖의 축산, 양잠, 수산 사업]에 종사하는 근로자에 대해서, 법에는 근로시간과 휴일 등에 관한 근기법 규정이 적용되지 않도록 되어 있다 하더라도 사용자의 취업규칙에서 연장근로에 관하여 통상임금 범위 안의 수당을 지급하기로 하는 취지의 규정을 둔 경우에는 법 63조 규정과 상관없이 취업규칙에 정한 바에 따라 연장근로에 대한 수당을 지급하기로 한 것으로 보아야 한다고 한다.[28)]

한편 이와 같은 적용 제외는 근기법의 근로시간 · 휴게 · 휴일에 관한 규정에 한한다. 다른 법령에서 정하는 휴일 규정(예컨대 근로자의 날[29)])과 산안법상의 근로시간 규정(산안법 139조)은 이들 근로자에게 그대로 적용된다. 또한 법 4장, 5장에 규정된 것이라도 근로시간 · 휴게 · 휴일에 관한 규정이 아닌 규정, 예를 들어 야간근로에 관한 규정(법 56조 가산임금 규정 중 야간근로 부분), 휴가와 관련한 규정(연차 유급휴가 법 60조, 생리휴가 법 73조, 출산전후휴가 법 74조), 태아검진 시간, 육아 시간에 관한 규정(법 74조의2, 75조) 등은 적용이 배제되지 않는다.

[이 정 한 · 김 진 · 여 연 심]

---

25) 대법원 1989. 2. 28. 선고 88다카2974 판결.

26) 하갑래, 456면.

27) 대법원 1996. 11. 22. 선고 96다30571 판결, 대법원 1996. 12. 23. 선고 96다39042 판결, 대법원 1997. 7. 11. 선고 96다45399 판결, 대법원 1997. 8. 26. 선고 96다3234 판결, 대법원 1999. 5. 28. 선고 99다2881 판결. 판례의 취지는, 법의 최저기준을 상회하는 취업규칙의 효력을 부인한 것으로 보기보다는 취업규칙에 명문의 규정이 없다고 하더라도 고용노동부장관의 적용제외 승인을 받음으로써 근로계약의 내용이 포괄임금제로 변경된 것으로 본다는 것이다. 이들 판례에 의하면 감시 · 단속적 근로의 경우 별도의 임금계약이나 취업규칙의 변경 없이도 적용 제외 승인을 받음으로써 포괄임금제의 적용을 받게 되는 셈이다(자세한 내용은 법 56조에 대한 해설 Ⅳ. 참조).

28) 1호 사업에 대해서는 대법원 2009. 12. 10. 선고 2009다51158 판결, 2호 사업에 대해서는 대법원 1990. 11. 27. 선고 89다카15939 판결.

29) 2005. 2. 4. 근로기준과-669.

제 5 장

# 여성과 소년

# 제 5 장　여성과 소년

## 여성과 소년 전론(前論)

〈세 목 차〉




[참고문헌]
국가청소년위원회, 2006 청소년백서(2006); 고용노동부, 2022년판 고용노동백서(2022); 여성가족부, 2017 청소년백서(2017); **김동석 · 김근주**, "출산휴가에 관한 국제기준의 의의", 법학논총 31권 2호, 한양대학교 법학연구소(2014); **김엘림a**, "여성노동보호법의 법리와 개정방향", 노동법에 있어서 권리와 책임 — 김형배 교수 화갑 기념 논문집, 박영사(1994); **김엘림b**, "저출산 대책과 노동법의 역할과 과제", 노동법학 60호, 한국노동법학회(2016); **김태홍**, 여성 고용구조의 변화와 향후 정책 방향, 한국여성개발원(2000); **김홍영 외 6명**, 연소자 근로관련 제도개선방안 연구, 국제노동법연구원, 노동부(2006); **박창남**, 아동 · 청소년 인권침해법령 조사연구 — 노동관련법령, 국가인권위원회(2002); **안선영 외 3명**, 청소년 아르바이트 실태조사 및 정책방안 연구 I, 한국청소년정책연구원(2014); 고용노동부, 2018 모성보호와 일 · 가정 양립 지원 업무편람(2018); 노동부, 2007년도 여성과 취업(2007); **이승길**, 여성과 노동법제, 한국경영자총협회 부설 노동경제연구원(2003); **이은희**, 근로여성 모성권의 법적 보장에 관한 연구, 이화여자대학교 대학원 석사학위논문(2001); **이철위 · 박창남 · 정혜영**, 청소년파트타임 고용실태와 제도적 지원방안연구, 한국청소년개발원(2000); **조정하**, "연소근로자와 여성근로자의 보호에 관한 법적 규율", 서강법학 10권 1호, 서강대학교 법학연구소(2008); 여성가족부, 2017년 2분기 여성인력 관련 주요통계(2017); **최창욱 외 5명**, 아동청소년 권리에 관한 국제협약 이행 연구 — 한국 아동청소년 인권실태 2018 총괄보고서, 한국청소년정책연구원(2018).


헌법 32조 4항과 5항은 여성과 연소자의 근로를 특별히 보호하고 있고,[1)]

1) 여자의 근로는 특별한 보호를 받으며, 고용 · 임금 및 근로조건에 있어서 부당한 차별을 받지 아니한다(헌법 32조 4항). 연소자의 근로는 특별한 보호를 받는다(32조 5항).

법 5장은 이를 구체화하고 있다. 그리고 남녀고용평등법이 모성 보호와 근로자의 일과 가정의 양립을 지원하는 여러 제도를 마련하고 있다.

## Ⅰ. 여성 근로자의 보호 — 관련 노동법제의 변화

오늘날 기술 혁신, 산업구조의 고도화, 직장 환경의 개선, 교육 수준의 향상, 출산율 저하, 여성 취업에 대한 의식의 전환, 보육 시설의 확대 등 여러 가지 측면에서 여성 취업을 용이하게 하는 방향으로 경제여건이 변화되면서 여성의 경제 활동 참가율은 꾸준히 증가하고 있다.[2)] 그 결과 종래 여성은 남성에 비하여 신체적으로 약하고 노동 능력이 부족하다는 전제 하에 여성 근로자를 특별하게 보호하던 노동 입법의 태도는 오히려 여성 근로자에 대한 과보호가 되거나 여성 근로자의 취업은 물론이고, 임금 · 배치 · 승진 · 정년 등에서 평등한 취급을 받는 데에 걸림돌이 되기에 이르렀다.[3)] 여성과 남성의 성차(性差)에 관하여도 이는 여성이 모성, 즉 임신 · 출산 · 수유를 행해야 한다는 것에서 연유할 뿐 그 밖에 지금까지 여성의 일반적인 특질이라고 생각해온 신체적 · 심리적인 특색은 정치 · 사회 · 문화적으로 형성되어온 것에 불과하다는 인식이 자리잡게 되었다.[4)] 국제적인 여성 정책 또한 초기 열악한 노동환경 속에서 여성 근로자를 보호하던 것으로부터 시작하여 차별적인 현실에 대한 교정과 남녀 평등의 법적 실현 등의 단계를 거쳐 현재는 실질적 평등의 관점에서 여성 근로자 일반에 대한 합리적 이유 없는 특별 보호는 점차 완화, 폐지하는 한편 남녀의 생물학적 차이에서 비롯되는 모성 보호는 더욱 강화하는 추세이고,[5)] 가사 부담이나 육아 책임 등 과거 여성의 역할로 여겨졌던 부분에 대하여 남녀의 공동 책임을 전제로 하는 입법으로 나아가는 추세에 있다.[6)]

---

2) 김태홍, 12~13면. 우리나라 여성의 경제 활동 참가율[만 15~64세 인구 중 경제활동인구(취업자+실업자)가 차지하는 비율]은 1980년 42.8%에서 지속적으로 증가하여 2005년 50%를 넘었고(50.1%), 2012년 55.2%, 2016년 58.4%, 2018년 59.4%, 2020년 59.1%를 기록하였다[여성과 취업, 6면; 주요통계, 3면; e-나라지표 웹사이트(www.index.go.kr, 통계청) 참조]. 한편, 여성 고용률(취업자가 생산가능인구인 만 15~64세 인구에서 차지하는 비율)은 출산, 육아에 대한 사회보험이 시작된 2000년 50.1%부터 꾸준히 증가하여 2010년 52.7%, 2016년 56.1%, 2018년 57.2%, 2021년 57.7%로 상승하였으나, OECD 국가(2020년 평균 63.1%)보다는 여전히 미흡한 상황이다(2022년판 고용노동백서, 108면).

3) 김형배, 노동법(제27판), 박영사(2021), 558면.

4) 이승길, 95면.

5) 이에 관한 상세한 논의로는 김엘림a, 84~109면; 김엘림b, 87~94면 참조.

우리나라에서도 2001. 8. 14. 법 개정을 통하여 여성 근로자의 임신·출산을 이유로 하는 이직을 방지하고 고용을 촉진하기 위하여 관련 규정을 합리적으로 조정하였다.[7] 그 핵심은 국제노동기준을 국내에 수용하고, 남녀 근로자에 대한 고용 평등 달성, 가정과 직장의 조화로운 양립 지원, 여성 근로자에 대한 모성 보호 강화, 그 외 여성 보호 규정의 완화 또는 폐지 등으로 요약될 수 있다.[8] 나아가 2007. 12. 21. 남녀고용평등법의 개정을 통하여 '일 중심'에서 '가정과의 균형'을 중시하는 근로자들의 의식 변화에 대응하고, 저출산·고령화 시대에 여성 인력의 경제활동 참여를 늘리기 위하여 배우자 출산 휴가, 육아기 근로시간 단축 제도, 사업주 차원의 육아 지원 및 가족 돌봄 제도 도입 노력 의무와 이에 대한 정부의 지원, 경력 단절 여성의 재취업 촉진 등 일·가정의 양립을 위한 정책을 강화하였고, 법 이름도 '남녀고용평등과 일·가정 양립 지원에 관한 법률'로 바뀌었다.[9]

## Ⅱ. 연소 근로자의 보호 — 근로환경 및 청소년 의식의 변화

연소자[10]인 청소년들은 성장 단계에 있으므로 성인에 비해 육체적·정신적으로 약하고 교육을 받을 기회를 보장받아야 한다. 그러므르 연소자 근로를 규율하는 근기법은 연소자의 건강 유지와 건전한 성장의 보장, 그리고 인격수양을 위해 연소자의 노동을 제한하는 방식으로 연소 근로자를 보호하고 있다.[11]

그런데 서비스 산업의 확대, 고도 소비 생활의 보편화 등 사회경제 여건의 급속한 변화에 수반하여 소비 욕구의 충족과 장래 직업 선택을 위한 경험 등의 목적으로 아르바이트를 하거나,[12] 가계에 보탬이 되고자 직업활동을 하는 청소

6) 김동석·김근주, 158면.

7) 관보, 2001. 8. 14.자, 39~40면(법률 6507호 근로기준법 일부개정법률 개정이유). 우리나라의 여성단체와 노동계는 1990년대 이래 고용평등 및 모성 보호의 확대를 위하여 여성노동관계법 개정운동을 꾸준히 전개해왔고 이는 위 2001년 법 개정에 많은 영향을 미쳤다. 당시의 개정 논의에 관하여는 이은희, 85~93면 참조.

8) 이승길, 97면.

9) 관보, 2007. 12. 21.자, 532~548면(법률 8781호 남녀고용평등법 일부개정법률 개정이유).

10) 이하에서 보는 바와 같이, 법에서 말하는 연소 근로자는 대체로 18세 미만인 사람을 말한다. 이에 대하여 18세인 사람을 연소 근로자의 특별보호 대상에서 제외할 어떠한 합리적인 이유도 없으므로, 법상 연소 근로자를 청소년 보호법 2조 1호에 따라 '청소년'에 해당하는 만 19세 미만의 사람(다만, 만 19세가 되는 해의 1월 1일을 맞이한 사람은 제외한다)과 일치시켜야 한다는 비판이 있다. 조정하, 243면.

11) 김홍영 외 6명, 1면.

12) 국가청소년위원회에서 2005년에 실시한 아르바이트 실태 조사에 따르면 아르바이트 경험

년이 늘었고,[13] 그에 대한 사회적 관심도 많다.[14] 이러한 상황에서 연소자 근로와 관련된 현행 법상의 보호 조항은 합리적으로 개선되어야 한다는 주목할 만한 주장이 제기되고 있다. 즉 예전과 같이 연소 근로자의 노동 참여 억제를 통한 소극적 노동 보호 정책보다는 노동 참여의 영역을 사회적으로 인정될 수 있는 부분까지 확대하되, 그 참여의 영역에서 연소 근로자에 대한 착취와 학대가 발생하지 않도록 보호해주는 적극적 노동 보호 정책으로 전환할 필요가 있다는 것이다.[15] 위와 같은 청소년 의식과 고용 형태 변화를 감안하면, 이에 부응하여 종래 학계와 실무계에서 제기된 법적 문제를 넘어서 연소자 근로에 대한 규율 방식과 그 범위 전반에 대한 근본적인 논의가 필요하다.

## Ⅲ. 법 5장 '여성과 소년'의 편제

법 5장의 표제는 '여성과 소년'으로 여성 근로자와 연소 근로자 보호를 규정하고 있다. 한 조문 안에서 여성 근로자와 연소 근로자의 근로관계를 함

---

이 있다고 응답한 비율은 중학교 학생의 경우 26.8%, 일반계 고등학교 학생의 경우 26.8%, 실업계 고등학교 학생의 경우 51.9%에 이른다(2006 청소년백서, 112~114면). 2014년의 조사에 따르면 한 번이라도 아르바이트 경험이 있는 중학생은 13.2%, 고등학생은 28.9%, 특성화 고등학교 학생은 52.5%로 나타났다(안선영 외 3명, 114면). 지역규모별로는 읍면지역>중소도시>대도시 순으로 아르바이트 경험이 많았고, 가족유형별로는 조손가정>한부모가정>양부모가정 순이었다. 그리고 학업성적이 낮을수록, 경제적 수준이 낮을수록 아르바이트 경험률이 높은 것으로 나타났다(최창욱 외 5명, 495면).

13) 2016년 조사에서는 고용된 청소년 중 파트타임 고용 청소년의 비율이 24.4%로 2011년 26.3%보다는 감소하였으나, 여전히 OECD 평균(2016년 기준 30.8%)보다 낮은 비율이다(최창욱 외 5명, 494면). 청소년 근로자의 월평균 근로일수는 21.2일로 2015년 대비 1일이 감소한 것으로 나타났으나, 월평균 근로시간은 177.0시간으로 2015년 대비 0.3시간 증가한 것으로 나타났다(최창욱 외 5명, 490면).

14) 여성가족부가 2016년에 실시한 청소년 매체이용 및 유해환경 실태조사에 따르면, 청소년(만 10~18세)의 아르바이트 목적은 '부모님께서 용돈을 주시지만, 내가 원하는 것을 하기에는 돈이 부족해서'가 남성 47.2%, 여성 52.6%로 가장 많은 비율을 차지했고, '부모님께서 용돈을 주시지만, 스스로 사회 경험을 해보고 싶어서'가 남성 21.0%, 여성 17.8%로 그 다음을 차지했다. 위 조사에서 아르바이트 업종별 참여율은 음식점 · 식당 · 레스토랑이 남성 37.6%, 여성 45.5%로 가장 많았고, 뷔페 · 웨딩홀 · 연회장이 남녀 각 17.9%로 그 다음이었다(2017 청소년백서, xiii, xiv면). 이철위 · 박창남 · 정혜영의 연구자료에서는 한국사회에서 10대 청소년들이 아르바이트에 참여하는 원인으로, 첫째 욕망을 자극하여 소비를 창출하는 유행과 광고에 의해 예전보다 높아진 청소년들의 소비 수준, 둘째 입시 위주의 교육 제도 하에서 학교에서 소외감을 느끼고 학교 밖에서 자기 자신을 찾으려는 시도, 셋째 노동시장의 유연화에 따른 파트타임 고용의 확산을 들고 있다(이철위 · 박창남 · 정혜영, 187~188면).

15) 김홍영 외 6명, 1면; 박창남, 89~91면.

께 규율하기도 한다. 이는 1953년 법 제정 때부터 현행 법까지 계속된 편제이다.[16] 즉 법은 5장에서 첫째, 연소 근로자에 대한 특별 보호르 (i) 최저 취업 연령의 제한(법 64조), (ii) 연소자 증명서(법 66조), (iii) 미성년자의 근로계약(법 67조), (iv) 미성년자의 임금 청구(법 68조), (v) 연소자의 근로시간 제한(법 69조) 등을, 둘째 여성과 연소 근로자에 대한 공통 보호로 (i) 유해·위험 사업 사용 금지(법 65조), (ii) 야간근로와 휴일근로의 제한(법 70조), (iii) 갱내근로 금지(법 72조) 등을, 셋째 여성에 대한 특별보호로 (i) 산후 여성에 대한 시간외근로의 제한(법 71조), (ii) 생리휴가(법 73조), (iii) 임산부의 보호(법 74조), (iv) 태아검진 시간의 허용(법 74조의2), (v) 육아 시간(법 75조) 등의 규정을 두고 있다.[17] 여성 근로자에 대해서는 이 밖에도 남녀고용평등법에서 육아휴직, 육아기 근로시간 단축 등(남녀고용평등법 19조 이하), 보육 시설(남녀고용평등법 21조), 복지 시설(남녀고용평등법 22조) 등을 규정하고 있다.[18]

이에 관하여는 비판적 견해가 있다. 즉 이와 같은 편제는 여성 근로자를 성인 남성 근로자와 달리 신체적·정신적으로 미성숙한 소년과 동일하게 약자로 취급하는 것으로서 이미 1987. 10. 29. 개정된 현행 헌법 32조 4항과 5항에서 여성과 소년의 보호를 분리 규정[19]한 취지를 받아들이지 못한 것이라는 점,[20] 여성과 소년에 대한 보호는 그 목적이나 규율 취지, 내용 등 여러 면에서 서로 상이하다는 점[21]을 근거로 들고 있다. 이를 토대로 근기법에서 연소자의 장과 여

16) 우리나라의 입법과정에서 참고가 된 일본의 경우, 종전에는 노동기준법 6장에서 여성과 연소자를 동일한 장 속에 규정하고 있었지만 1985년 법 개정에서 여성과 연소자를 각기 다른 별도의 장으로 분리하였다. 노동기준법의 하위법령으로서 여성과 연소자를 함께 규율하던 체계를 유지해온 '여성연소자노동기준규칙' 역시 노동기준법의 편제 개정에 따라 1986. 1. 27. '여성노동기준규칙'과 '연소자노동기준규칙'으로 분리되었다(김홍영 외 6명, 111면).

17) 이 중 임산부가 아닌 18세 이상 여성의 유해·위험 사업 사용 금지(65조 2항), 임산부가 아닌 18세 이상 여성의 야간·휴일근로 제한(70조 1항), 생리휴가(73조), 건강진단 시간(74조), 육아 시간(75조)은 상시 4명 이하 근로자를 사용하는 사업 또는 사업장에 적용되지 않는다. 법 11조, 영 7조, 별표 1 참조. 김엘림b, 102면에 의하면, 그러한 적용제외 사업장은 우리나라 사업장의 약 70%에 달한다.

18) 그 외 1953. 5. 10. 제정 당시 법은 62조에서 여성 근로자와 18세 미만인 근로자가 해고일부터 14일 안에 귀향하는 경우 귀향여비를 부담하도록 하는 규정을 두었고, 63조에서 상시 30명 이상의 18세 미만인 근로자를 사용하는 자는 교육시설을 하도록 하는 규정을 두었다. 이 규정은 실질적 내용의 개정 없이 1999. 2. 8. 법 개정 전까지 약 45년 동안 계속 존치되어 있다가 1999. 2. 8. 법 개정 때 각종 규제의 폐지·완화 차원에서 삭제되었다.

19) 1987. 10. 29. 개정되기 전의 헌법은 30조 4항에서 여자와 소년의 근로는 특별한 보호를 받는다고 하여 여성과 소년에 대해 같은 조문에서 보호 규정을 두었다.

20) 이은희, 97면.

21) 박홍규, 493면.

성의 장으로 분리하는 방식이 도입되어야 한다는 주장, 더 나아가 연소자 근로와 관련한 독자적인 법령의 제정이 필요하다는 주장 등이 제기되고 있다.

연소자 근로를 별도의 단행 법률로 규율하여야 할 필요성은 아직까지는 높지 않다고 생각한다. 연소자의 경우에도 근기법의 일반 조문이 적용되어야 하며, 근기법이나 다른 관련법에서 마련한 연소자에 대한 특별 보호 규정은 몇 개의 조문에 불과하기 때문이다. 하지만 여성과 연소 근로자에 대한 보호의 역사적 과정, 규율 목적 등에 비추어 보면, 근기법에서 연소자와 여성을 분리하여 규정하는 것이 보다 적절한 편제라 생각한다.[22)]

[김 민 기·오 승 이]

제64조(최저 연령과 취직인허증)

① 15세 미만인 사람(「초·중등교육법」에 따른 중학교에 재학 중인 18세 미만인 사람을 포함한다)은 근로자로 사용하지 못한다. 다만, 대통령령으로 정하는 기준에 따라 고용노동부장관이 발급한 취직인허증(就職認許證)을 지닌 사람은 근로자로 사용할 수 있다.

② 제1항의 취직인허증은 본인의 신청에 따라 의무교육에 지장이 없는 경우에는 직종(職種)을 지정하여서만 발행할 수 있다.

③ 고용노동부장관은 거짓이나 그 밖의 부정한 방법으로 제1항 단서의 취직인허증을 발급받은 사람에게는 그 인허를 취소하여야 한다.

〈세 목 차〉



## Ⅰ. 최저 취업 연령 제한의 원칙

법 64조는 15세 미만인 사람의 사용을 원칙적으로 금지하고 있다. 이와 같이 최저 취업 연령을 설정한 것은 성장 과정에 있는 연소자의 신체 및 건강을

22) 김홍영 외 6명, 112면.

보호하고, 연소자의 정신적 성숙을 위하여 중학교 수준의 의무교육 기회를 실질적으로 보장하기 위한 것이다.[1)]

1953. 5. 10. 제정 법 때에는 최저 취업 연령을 13세 미만으로 하였다가 1996. 12. 31. 개정 법과 1997. 3. 13. 제정 법에서 그 연령을 15세 미만으로 올렸고, 2005. 3. 31. 개정 법에서 초·중등교육법에 의한 중학교에 재학 중인 18세 미만인 사람도 근로자로 사용할 수 없도록 하였다. 그리고 취직인허증의 인허 취소를 규정한 현행 3항의 규정은 2007. 1. 26. 법 개정 때 신설된 규정이다.

최저 취업 연령은 나라마다 사회적·문화적·경제적 사정에 따라 차이가 있으나 대체로 의무교육 연령과 같다.[2)]

한편 아동복지법 17조는, 아동[3)]에게 음란한 행위를 시키거나 이를 매개하는 행위, 아동에게 구걸을 시키거나 아동을 이용하여 구걸하는 행위, 공중의 오락 또는 흥행을 목적으로 아동의 건강 또는 안전에 유해한 곡예를 시키는 행위 등 18세 미만의 아동에게 시킬 수 없는 11가지의 금지 행위를 정하고 있다. 그리고 선원법 91조 1항은 선원의 최저 취업 연령을 16세로 정하고 있다(다만, 중학교 재학 중인 18세 미만인 사람을 취업 제한하는, 근기법과 같은 규정은 없고, 가족만을 사용하는 선박에서는 16세 미만이라도 선원으로 사용할 수 있다).

연령의 계산은 출생일을 산입하여 역일에 따라 계산한다(민법 158조, 160조).

사용자는 18세 미만인 사람에 대하여는 그 연령을 증명하는 가족관계기록사항에 관한 증명서를 사업장에 비치할 의무가 있다(법 66조). 이러한 규정에 비추어 보면, 근로자의 나이가 15세 이상인지 여부를 확인할 의무는 사용자에게 있다.[4)]

최저 취업 연령을 정한 취지는 15세 미만인 사람은 근로계약과 관계없이

---

1) 이상윤, 노동법(제17판), 법문사(2021), 323면.

2) 주요 국가별 최저 취업 연령은 일본 15세 미만(노동기준법), 미국 14세 미만(공정노동기준법), 싱가포르 14세 미만(고용법), 중국 16세 미만(노동법)이다(하갑래, 709면 참조). ILO의 취업의 최저 연령에 관한 138호 협약(1973년)에 따르면, 최저 취업 연령은 원칙적으로 15세이고, 의무교육 종료 연령을 하회하여서는 아니 된다고 규정하고 있다(2조 3항). 다만, 경제 및 교육기관이 충분히 발달하지 아니한 회원국은 관련 사용자 단체 및 근로자 단체가 존재하는 경우에는 그러한 단체와 협의한 후 처음부터 최저 연령을 14세로 명시할 수 있다(2조 4항). 또한 건강 또는 발육에 유해할 우려가 없고, 학교 출석 또는 권한 있는 기관에 의해 인정된 직업지도나 훈련과정의 참여를 방해하지 않거나 학습능력을 손상시키지 않을 것을 조건으로 경미한 노동에 관하여는 국내법령에 따라 13세 이상 15세 미만 자의 취업을 인정할 수 있다(7조 1항).

3) 아동복지법은 아동의 정의를 18세 미만인 사람으로 규정하고 있다(아동복지법 3조 1호).

4) 박홍규, 494면; 이상윤, 노동법(제17판), 법문사(2021), 324면.

실제 근로를 시켜서는 안 된다는 것을 뜻한다. 따라서 15세 미만인 사람이 근로계약을 체결하지 않아도 사실상 근로를 제공하면 법 64조 1항 위반이다.[5)]

## Ⅱ. 예외 — 취직인허증을 가진 사람의 사용

예외적으로 15세 미만인 사람을 근로자로 사용할 수 있는 경우가 있다. 즉, 대통령령으로 정하는 기준에 따라 고용노동부장관이 발급한 취직인허증(就職認許證)을 지닌 사람은 근로자로 사용할 수 있다(법 64조 1항 단서). 이때 취직인허증은 본인의 신청에 따라 의무교육에 지장이 없는 경우에는 직종을 지정하여서만 발행할 수 있다(법 64조 2항).

법 64조 1항에 따라 취직인허증을 받을 수 있는 기준, 절차 등을 정한 규정은 영 35조 내지 영 39조이다. 이에 따르면 취직인허증을 받을 수 있는 자는 13세 이상 15세 미만인 자이고, 다만, 예술공연 참가를 위한 경우에는 13세 미만인 자도 취직인허증을 받을 수 있다(영 35조 1항). 하지만 법 65조에 따라 '18세 미만인 자의 사용이 금지되는 직종'(대표적인 것으로는 고압·잠수 작업, 청소년보호법 등에서 18세 미만 청소년의 고용이나 출입을 금지하고 있는 직종 등. 자세한 내용은 법 65조에 대한 해설 참조)에 관하여는 취직인허증을 발급할 수 없다(영 37조, 40조).

취직인허증을 받으려는 자는 고용노동부령으로 정하는 바에 따라 고용노동부장관에게 신청하여야 하고(영 35조 2항), 그 신청은 학교장(의무교육 대상자와 재학 중인 자에 한함)과 친권자 또는 후견인의 서명을 받아 사용자가 될 자와 연명으로 하여야 한다(영 35조 3항). 고용노동부장관은 취직을 인허할 경우에는 고용노동부령으로 정하는 취직인허증에 직종을 지정하여 신청한 근로자와 사용자가 될 자에게 내주어야 한다(영 36조 1항).[6)]

고용노동부장관은 거짓이나 그 밖의 부정한 방법으로 취직인허증을 발급받은 사람에게는 그 인허를 취소하여야 한다(법 64조 3항).

---

5) 박홍규, 494면.

6) 근로감독관집무규정 69조는 1. 도덕상 또는 보건상 유해·위험한 직종이 아닌 경미한 작업일 것. 2. 당해 근로자의 생명·건강 또는 복지에 위험이 초래되거나 유해하다고 인정되는 업무가 아닐 것 3. 근로시간이 수업에 지장을 주지 않을 것. 4. 친권자 또는 후견인의 동의와 학교장의 의견이 명기되었을 것의 각 기준을 모두 갖춘 경우에 직종을 지정하여 취직인허증을 발급한다고 규정하고 있다.

## Ⅲ. 위반의 효과

사용자가 법 64조 1항을 위반하여 15세 미만인 사람을 사용한 경우에는 2년 이하의 징역 또는 2,000만 원 이하의 벌금에 처한다(법 110조 1호). 아동복지법에 의하면, 아동에게 음란한 행위를 시키거나 구걸, 유해한 곡예를 시키는 등의 행위를 한 경우 사안에 따라 10년 이하의 징역 또는 1억 원 이하의 벌금에서 1년 이하의 징역 또는 1,000만 원 이하의 벌금에 처하도록 하고 있는바(아동복지법 71조, 17조), 이에 해당하는 행위가 동시에 15세 미만을 사용한 근기법 위반 행위에 해당할 경우 그 행위에 따른 두 죄는 상상적 경합관계에 있게 된다.[7)]

사용자가 15세 미만인 사람과 체결한 근로계약은 취직인허증을 지닌 연소자와 한 근로계약이 아닌 한 무효이다. 하지만 연소자는 실제로 제공한 근로의 대가로서 임금 청구권을 잃지 않는다.[8)]

[김 민 기·오 승 이]

제65조(사용 금지)

① 사용자는 임신 중이거나 산후 1년이 지나지 아니한 여성(이하 "임산부"라 한다)과 18세 미만자를 도덕상 또는 보건상 유해·위험한 사업에 사용하지 못한다.

② 사용자는 임산부가 아닌 18세 이상의 여성을 제 1 항에 따른 보건상 유해·위험한 사업 중 임신 또는 출산에 관한 기능에 유해·위험한 사업에 사용하지 못한다.

③ 제 1 항 및 제 2 항에 따른 금지 직종은 대통령령으로 정한다.

---

7) 이병태, 853면. 한편, 선원법에서는 16세 미만인 사람을 선원으로 사용한 선박소유자를 2년 이하의 징역 또는 2,000만 원 이하의 벌금에 처하고(170조 8호) 18세 미만인 사람을 해양항만관청의 승인 없이 선원으로 사용한 선박소유자를 3년 이하의 징역 또는 3,000만 원 이하의 벌금에 처한다(168조 1항 4호)고 하여 후자를 더 엄하게 처벌하고 있다.

8) 김유성, 359면. 김형배, 노동법(제27판), 박영사(2021), 293면에서는 계약상의 채무 이행을 연소 근로자에게 요구할 수 없다는 의미에서 그 근로계약은 무효이지만, 연소 근로자가 이미 현실적으로 근로를 제공한 경우에는 그 근로관계는 유효하게 존속했었던 것으로 취급하여 임금청구권을 인정하면 되고, 이를 민법의 부당이득 법리로 다룰 필요는 없다고 설명한다.

〈세 목 차〉



[참고문헌]

신명 · 윤자야 · 이원희, 여성노동관련법실무 — 남녀고용평등법을 중심으로, 중앙경제(2006).

## Ⅰ. 연소 근로자 · 여성 근로자의 유해 · 위험 사업 사용 금지

법 65조는 여성 근로자를 임신 중이거나 산후 1년이 경과하지 않은 여성(이하 필요한 곳에서는 '임산부'라 약칭한다. 법 65조 이하도 그렇게 부르고 있다)과 그렇지 않은 18세 이상의 여성 근로자로 나누어, 임산부와 18세 미만인 연소 근로자(남녀 모두 포함)를 일정 범위의 도덕상 또는 보건상 유해 · 위험한 사업에 사용하지 못하도록 하고 있고, 임산부가 아닌 18세 이상의 여성 근로자 또한 일정 범위의 보건상 유해 · 위험한 사업에 사용하지 못하도록 하고 있다. 그리고 그 구체적인 금지 직종은 대통령령으로 정하도록 함에 따라 영 40조, [별표 4]가 이를 구체적으로 정하고 있다.

18세 미만 근로자를 일정 직종에 사용하지 못하도록 하는 현행 법의 규정 형식은 1953. 5. 10. 제정 법부터 지금까지 달라진 것이 없다. 반면 여성 근로자의 경우는, 처음 1953. 5. 10. 제정 법 때에는 여성 근로자 모두를 일정 직종에 사용하지 못하도록 하였다(1953. 5. 10. 제정 법 51조). 그러면서 그 여성 근로자를 사용하지 못하는 직종은 18세 미만 근로자를 사용하지 못하는 직종[1] 중 일정 범위의 직종[2]으로 규정하였다. 그러다가 1982. 8. 13. 개정 영에서 여성 근로자를 사용하지 못하는 직종을 고압(특별고압을 포함함) 전선로 및 이에 속하는 전기 기계 및 기구의 취급업무 등 6개 직종으로 대폭 축소하였다. 그 후 여성 근로자

1) 1954. 4. 7. 제정 영은 18세 미만 근로자를 사용하지 못하는 직종으로, 기관의 분화 기타 취급업무 등 모두 57개 직종을 나열하고 있었다(1954. 4. 7. 제정 영 34조).

2) 1954. 4. 7. 제정 영은 기관의 분화 기타 취급업무 등 30개 직종을 나열하고 있었다(1954. 4. 7. 제정 영 35조).

의 이직 방지와 고용 촉진을 위해 이루어진 2001. 8. 14. 법 개정 때 현행 법과 같은 내용으로 임산부인 여성과 임산부가 아닌 18세 이상의 여성으로 구분하여 사용하지 못하는 직종을 따로 규정하는 형식을 취하고 있다.

## Ⅱ. 연소 근로자의 유해·위험 사업 사용 금지

사용자는 18세 미만인 사람을 도덕상 또는 보건상 유해·위험한 사업에 사용하지 못한다(법 65조 1항). 그 금지 직종은 대통령령으로 정한다(법 65조 3항).

유해·위험 사업에서 연소 근로자를 사용하지 못하도록 하는 것은 저항력이 약하고, 육체적·정신적으로 미성숙하며, 유해·위험을 충분히 자각하지 못하는 연소 근로자를 안전과 보건 측면에서 보호하기 위함이다. ILO의 취업 최저 연령에 관한 138호 협약(1973년) 3조 1항은 업무의 성질에 다라 또는 업무가 행해지는 상황에 따라 연소자의 건강·안전 또는 도덕을 해할 우려가 있는 업무에 취업할 수 있는 최저 연령은 원칙적으로 18세를 하회하여서는 아니 된다고 규정하고 있다.[3)]

그 사용 금지 직종은 다음과 같다(영 40조, [별표 4]).

1. 건설기계관리법, 도로교통법 등에서 18세 미만인 자에 대하여 운전·조종면허 취득을 제한하고 있는 직종 또는 업종의 운전·조종업무
2. 청소년보호법 등 다른 법률에서 18세 미만 청소년의 고용이나 출입을 금지하고 있는 직종이나 업종
3. 교도소 또는 정신병원에서의 업무
4. 소각 또는 도살의 업무
5. 유류를 취급하는 업무(주유업무는 제외한다)
6. 2-브로모프로판을 취급하거나 노출될 수 있는 업무
7. 18세 미만인 자의 안전 및 보건과 밀접한 관련이 있는 업무로서 고용노동부령으로 정하는 업무[4)]

3) 김유성, 360면.

4) 2021. 11. 19. 대통령령 32130호로 개정되기 전의 시행령 [별표4]에서는 산업보건기준에 관한 규칙(1990. 7. 23. 노동부령 62호로 제정되었고, 2011. 7. 6. 산업안전기준에 관한 규칙이 고용노동부령 30호로 법령명이 산업안전보건기준에 관한 규칙으로 바뀌고 그 내용이 전부개정될 당시 부칙 2조에 따라 폐지되었다) 69조 2호 및 3호에 따른 고압작업 및 잠수작업을 사용 금지 직종으로 규정하고 있었으나, 위 2021. 11. 19. 시행령 개정 당시 이를 삭제하고 7호와 같이 포괄적으로 규정하였다.

8. 그 밖에 고용노동부장관이 산업재해보상보험및예방심의위원회의 심의를 거쳐 지정하여 고시하는 업무

## Ⅲ. 여성 근로자의 유해·위험 사업 사용 금지

사용자는 임산부를 도덕상 또는 보건상 유해·위험한 사업에 사용하지 못하고, 임산부가 아닌 18세 이상의 여성을, 위에서 언급한 보건상 유해·위험한 사업 중 임신 또는 출산에 관한 기능에 유해·위험한 사업에 사용하지 못한다(법 65조 1항·2항). 그 금지 직종은 대통령령으로 정한다(법 65조 3항).

종래 법은 모든 여성 근로자에 대해 6개의 취업 금지 직종을 규정하였으나,[5] 그 후 과학 기술의 발전에 따라 산업 현장이 자동화·경량화되었고, 여성의 취업을 제한해온 생리적·신체적 차이는 개인마다 그 편차가 상당하므로, 일반 여성 근로자와 임산부를 구분하여, 임산부에 관하여만 강행 법규로 취업 금지 직종을 규정함으로써 모성을 보호하면서도 고용을 촉진시켜 여성 근로자에 대한 실질적 보호와 평등을 달성하여야 한다는 주장이 제기되어 왔다.[6]

이에 따라 2001. 8. 14. 법 개정으로 여성 근로자의 사용 금지 규정이 대폭 개정되었다. 즉 임신 중인 여성의 사용 금지 직종을 별도로 규정하여 모성 보호를 강화하고, 산후 1년이 경과하지 아니한 여성에 대하여는 영아에게 유해하거나 임신에 지장이 있는 2개 업무로 한정하였으며, 임산부 이외의 18세 이상 일반 여성에 대하여는 종전 6개 직종을 모두 삭제하고 임신에 지장을 주는 2-브로모프로판을 취급하거나 이에 노출될 수 있는 업무에 한하여 사용금지하였다. 또한 각각의 경우 임산부와 여성 근로자에게 새로운 유해·위험한 물질이나 업무가 확인되는 경우에는 고용노동부장관이 산업재해보상보험및예방심의위원회의 심의를 거쳐 신속히 지정·고시할 수 있도록 하여 모성 보호에 만전을 기하도록 하였다(영 40조, [별표 4]).

임산부 등에 대한 사용 금지 직종은 다음과 같다(영 40조, [별표 4]).

---

5) 1982. 8. 13. 영 개정 전에는 모두 30개 직종이었다가 위 영 개정 때 6개 직종으로 축소되었다.

6) 신명·윤자야·이원희, 251면.

| 구 분 | 사용금지직종 |
|---|---|
| 임신 중인 여성 | 1. 원자력안전법 91조 2항에 따른 방사선작업종사자 등의 피폭방사선량이 선량한도를 초과하는 원자력 및 방사선 관련 업무<br>2. 납, 수은, 크롬, 비소, 황린, 불소(불화수소산), 염소(산), 시안화수소(시안산), 2-브로모프로판, 아닐린, 수산화칼륨, 페놀, 에틸렌글리콜모노메틸에테르, 에틸렌글리콜모노에틸에테르, 에틸렌글리콜모노에틸에테르 아세테이트, 염화비닐, 벤젠 등 유해물질을 취급하는 업무<br>3. 사이토메갈로바이러스(Cytomegalovirus)·B형 간염 바이러스 등 병원체로 인하여 오염될 우려가 짙은 업무. 다만, 의사·간호사·방사선기사 등의 면허증을 가진 사람 또는 해당 자격 취득을 위한 양성과정 중에 있는 사람의 경우는 제외한다.<br>4. 신체를 심하게 펴거나 굽히면서 해야 하는 업무 또는 신체를 지속적으로 쭈그려야 하거나 앞으로 구부린 채 해야 하는 업무<br>5. 연속작업에 있어서는 5킬로그램 이상, 단속작업에 있어서는 10킬로그램 이상의 중량물을 취급하는 업무<br>6. 임신 중인 여성의 안전 및 보건과 밀접한 관련이 있는 업무로서 고용노동부령으로 정하는 업무[7)]<br>7. 그 밖에 고용노동부장관이 산업재해보상보험법 8조에 따른 산업재해보상보험및예방심의위원회(이하 "산업재해보상보험및예방심의위원회"라 한다. 이하 이 표에서 같다)의 심의를 거쳐 지정하여 고시하는 업무 |
| 산후 1년이 지나지 아니한 여성 | 1. 납, 비소를 취급하는 업무. 다만, 모유 수유를 하지 아니하는 여성으로서 본인이 취업 의사를 사업주에게 서면으로 제출한 여성의 경우는 제외한다.<br>2. 2-브로모프로판을 취급하거나 2-브로모프로판에 노출될 수 있는 업무<br>3. 그 밖에 고용노동부장관이 산업재해보상보험및예방심의위원회의 심의를 거쳐 지정하여 고시하는 업무 |
| 임산부가 아닌 18세 이상인 여자[8)] | 1. 2-브로모프로판을 취급하거나 2-브로모프로판에 노출될 수 있는 업무. 다만, 의학적으로 임신할 가능성이 전혀 없는 여성인 경우에는 그러하지 아니하다.<br>2. 그 밖에 고용노동부장관이 산업재해보상보험및예방심의위원회의 심의를 거쳐 지정하여 고시하는 업무 |

7) 2021. 11. 19. 대통령령 32130호로 개정되기 전의 시행령 [별표4]에서는 위 산업보건기준에 관한 규칙 및 산업안전기준에 관한 규칙(1990. 7. 23. 노동부령 61호로 제정되었고, 2011. 7. 6. 고용노동부령 30호로 전부개정 시 법령명이 산업안전보건기준에 관한 규칙으로 바뀌었다)의 특정 작업을 1 내지 7호에서 구체적으로 열거하여 규정하고 있었으나, 위 2021. 11. 19. 시행령 개정 당시 이를 모두 삭제하고 6호와 같이 포괄적으로 규정하였다.

8) 임산부가 아닌 18세 이상의 여성에 대한 보호규정은 상시 4명 이하 근로자를 사용하는 사업 또는 사업장에는 적용되지 않는다. 법 11조, 영 7조, 별표 1 참조.

## Ⅳ. 위반의 효과

법 65조를 위반하여 18세 미만 근로자와 여성 근로자를 도덕상 또는 보건상 유해·위험한 사업으로 대통령령이 정한 일정한 범위의 사용 금지 직종에 사용한 자는 3년 이하의 징역 또는 3,000만 원 이하의 벌금에 처한다(법 109조 1항). 다수의 근로자를 동시에 사용한 경우에는 1인 1죄가 성립하여 경합범이 된다.9)

[김 민 기·오 승 이]

第66조(연소자 증명서)

사용자는 18세 미만인 사람에 대하여는 그 연령을 증명하는 가족관계기록사항에 관한 증명서와 친권자 또는 후견인의 동의서를 사업장에 갖추어 두어야 한다.

〈세 목 차〉



[참고문헌]

**김홍영 외 6명**, 연소자 근로관련 제도개선방안 연구, 국제노동법연구원, 노동부(2006).

## Ⅰ. 연소자 증명서 비치의 의의

사용자는 18세 미만인 사람에 대하여는 그 연령을 증명하는 가족관계기록사항에 관한 증명서와 친권자 또는 후견인의 동의서를 사업장에 갖추어 두어야 한다. 이는 연소자의 취업을 감독하고, 사용자로 하여금 연소자의 연령을 확인하게 함으로써 연소자 보호에 관한 근기법상의 여러 규정을 준수시키며, 이로써 연소자 보호의 실효성을 확보하려는 데에 그 취지가 있다.1)

9) 이병태, 848면.

법 64조 1항 단서에 따라 15세 미만인 사람을 사용하는 사용자가 취직인허증을 갖추어 둔 경우에는 법 66조의 규정에 의한 가족관계기록사항에 관한 증명서와 친권자나 후견인의 동의서를 갖추어 둔 것으로 본다(영 36조 2항). 이에 대하여 법에서는 따로 하위 법령에 증명서 비치에 관한 세부적인 사항을 위임한 바 없는데 하위 법령이 일정한 경우를 증명서, 동의서 구비로 간주하는 것은 문제가 있다는 지적이 있다.[2)]

## Ⅱ. 갖추어 둘 서류

### 1. 가족관계기록사항에 관한 증명서

사용자가 갖추어 둘 서류는 가족관계기록사항에 관한 증명서와 친권자 또는 후견인의 동의서이다.

가족관계기록사항에 관한 증명서는 가족관계의 등록 등에 관한 법률[3)] 9조에서 규정한 가족관계등록부와 폐쇄한 가족관계등록부의 기록 사항에 관하여 발급한 증명서를 말한다. 그 증명서에는 가족관계증명서, 기본증명서, 혼인관계증명서, 입양관계증명서, 친양자입양관계증명서가 있다(가족관계의 등록 등에 관한 법률 15조). 가족관계등록부에는 등록기준지, 성명 · 본 · 성별 · 출생연월일 및 주민등록번호, 출생 · 혼인 · 사망 등 가족관계의 발생 및 변동에 관한 사항, 그 밖에 가족관계에 관한 사항으로서 대법원규칙이 정하는 사항이 기록된다(같은 법 9조 2항). 그리고 각 증명서에는 같은 법 15조 2항에 규정된 각각의 사항이 기재된다.

친권자 · 후견인 등을 확인하는 것 또한 증명서 비치의 한 목적이므로 기본증명서뿐 아니라 가족관계증명서를 반드시 갖추어 두어야 하고, 그 연소자가 혼인하였거나 입양, 친양자관계를 맺은 경우에는 그 신분관계에 따라 혼인관계증명서, 입양관계증명서, 친양자입양관계증명서도 갖추어 두어야 한다.

이에 관하여는 공적으로 연령을 증명할 수 있는 서류이면 족하기 때문에 주민등록등본 · 초본의 비치도 무방하다는 견해도 있으나,[4)] 가족관계기록사항에

1) 김유성, 363면; 이병태, 853면.
2) 박홍규, 495면.
3) 2007. 5. 17. 법률 8435호로 제정되어 2008. 1. 1.부터 시행된 법으로서 가(家) 중심의 호주제를 기초로 한 호적 제도를 대체하는 법이다.
4) 김유성, 363면; 이병태, 853면.

관한 증명서는 친권자·후견인의 신분을 확인하는 증명서가 될 수 있으므로 친권자·후견인이 별도의 방법으로 확인되지 아니하는 한 가족관계기록사항에 관한 증명서를 반드시 비치하여야 한다.

### 2. 친권자·후견인의 동의서[5)]

사용자는 연소 근로자의 친권자 또는 후견인의 동의서를 갖추어 두어야 한다.

친권자는 부모가 되어 부모가 공동으로 행사한다(양자인 경우 양부모가 친권자가 된다. 혼인외의 자가 인지된 경우나 부모가 이혼하는 경우에는 부모의 협의로 친권자를 정한다. 공동으로 친권을 행사할 부모의 의견이 일치하지 아니하는 경우, 친권자를 정하는 협의가 안 될 때는 각각 가정법원이 정한다. 민법 909조). 일정한 경우 두도록 되어 있는 미성년자의 후견인[6)]은 부모의 유언에 따라 지정되거나(민법 931조) 또는 가정법원이 선임한다(민법 932조). 동의서라 함은 미성년자가 근로계약을 하는 데에 친권자 또는 후견인이 동의(민법 5조 1항 참조)하였다는 취지를 적은 문서를 말한다.

법 66조는 사용자가 동의서를 갖추어 둘 경우를 근로자가 18세 미만인 경우에 한정하고 있어, 18세 이상 미성년자(사람은 19세로 성년에 이르게 된다. 민법 4조)에 대한 법정대리인의 동의서는 사업장에 갖추어 둘 필요는 없지만, 그렇다고 하여 18세 이상 미성년자의 근로계약에 법정대리인의 동의가 필요하지 않다는 것을 의미하지는 않는다.[7)]

## Ⅲ. 위반의 효과

이상과 같은 증명서를 사업장에 갖추어 두지 않은 자에게는 500만 원 이하의 과태료를 부과한다(법 116조 2항 2호). 2007. 4. 11. 법 개정 때 형벌(500만 원 이

5) 김홍영 외 6명, 78면은 서비스 노동력의 부족, 단기 아르바이트 취업을 반복하고 있는 연소자 근로의 실태, 연소자의 취업욕구 증대 등을 고려한다면 친권자(후견인)의 후견적 역할은 취업 이전의 동의서 작성보다는 취업 이후 취소나 해제를 통해서도 일정 부분 달성할 수 있으므로, 최저 취업 연령 이상의 연소자의 경우 원칙적으로 취업이 허용된다는 점에서 연령 증명서만을 요구하고 친권자(후견인)의 동의서까지는 요구하지 않도록 법 규정을 개선해야 한다고 한다.

6) 미성년자의 경우 민법 928조가 후견 개시의 경우를 규정하고 있다. 친권자가 없거나 민법 924조, 924조의2, 925조 또는 927조 1항에 따라 친권 상실, 일시 정지, 일부 제한, 대리권·재산관리권 상실, 그 사퇴 등이다.

7) 김유성, 363~364면.

하 벌금)에 처하도록 한 것에서 과태료를 부과하는 것으로 개정되었다.

[김 민 기·오 승 이]

제67조(근로계약)

① 친권자나 후견인은 미성년자의 근로계약을 대리할 수 없다.

② 친권자, 후견인 또는 고용노동부장관은 근로계약이 미성년자에게 불리하다고 인정하는 경우에는 이를 해지할 수 있다.

③ 사용자는 18세 미만인 사람과 근로계약을 체결하는 경우에는 제17조에 따른 근로조건을 서면(「전자문서 및 전자거래 기본법」 제2조 제1호에 따른 전자문서를 포함한다)으로 명시하여 교부하여야 한다.

〈세 목 차〉



[참고문헌]

**최창욱 외 5명**, 아동청소년 권리에 관한 국제협약 — 한국아동청소년 인권실태 2018 총괄보고서, 한국청소년정책연구원(2018).

## Ⅰ. 근로계약의 대리 금지

### 1. 의 의

미성년자가 법률행위를 하려면 원칙적으로 법정대리인의 동의를 얻어야 하고(민법 5조 1항 본문), 그러한 동의 없이 미성년자가 한 법률행위는 미성년자 또는 법정대리인이 취소할 수 있다(민법 5조 2항). 그리고 법정대리인은 미성년자를 대리하여 재산상의 법률행위를 할 수 있다(민법 920조, 938조, 949조 등 참조). 이 경우 법정대리인의 대리 행위에는 미성년자의 동의를 요하지 않는다. 그러나 자신의 행위를 목적으로 하는 채무를 부담할 경우는 미성년자 자신의 동의를 얻지 않으면 대리하지 못한다(민법 920조 단서, 949조 2항). 이러한 경우는 미성년자의 신체적 속박을 초래하기 때문이다.

이와 같이 민법은 미성년자의 동의가 있으면 법정대리인이 미성년자의 계약을 대리할 수 있도록 규정하고 있으나, 근기법은 나아가 친권자 또는 후견인이 미성년자[1]의 근로계약을 대리할 수 없다고 규정하였다(법 67조 1항). 이는 친권자나 후견인이 미성년자인 근로자의 의사와 관계없이 근로계약을 체결함으로써 연소자가 부당한 근로조건으로 장기간 노동에 얽매이게 되는 봉건적 폐단을 방지하고, 근로계약에 관하여 미성년자의 동의를 얻는 것만으로는 여전히 미성년자에게 불리하게 친권이 남용될 가능성을 막지 못하므로 미성년자의 인적 종속을 가져오는 근로계약을 본인인 미성년자가 스스로 체결하게 하려는 데에 취지가 있다.[2] 따라서 사용자는 미성년자를 고용할 때에는 미성년자 본인과 직접 근로계약을 체결하여야 한다.

### 2. 근로계약 시 법정대리인의 동의 요부

미성년자가 근로계약을 할 때 법정대리인의 동의가 필요한지에 관하여는 학설상 대립이 있다.

동의가 필요없다는 견해[3]도 있다. 미성년자가 법정대리인의 동의를 얻지 않고 체결한 계약은 본인 또는 법정대리인이 이를 취소할 수 있을 뿐(민법 5조 2항) 당연히 무효가 되는 것은 아니라는 점, 법이 18세 미만 근로자에 한하여 법정대리인의 동의를 얻도록 한 점(법 66조) 등을 근거로 한다. 그러나 다수 학설은 동의를 얻어야 한다고 한다.[4] 법 67조 1항은 행위무능력자인 미성년자의 보호

1) 근로계약의 체결상 미성년자의 개념과 근기법상의 '소년' 근로자의 개념은 구별하여야 한다. 즉 미성년자라 함은 행위능력이 없는 만 19세 미만의 자(민법 4조)를 의미하지만, '소년' 근로자라 함은 만 15세 이상 만 18세 미만의 자를 말한다(법 64조 이하).

2) 김형배, 노동법(제27판), 박영사(2021), 291면; 이병태, 855면.

3) 임종률, 노동법(제20판), 박영사(2022), 618면.

4) 김유성, 361면; 김형배, 노동법(제27판), 박영사(2021), 291면; 박홍규, 495면; 이상윤, 노동법(제17판), 법문사(2021), 159면.

라는 민법의 기본 원칙에 대한 예외를 인정하는 것이 아니라 법정대리인의 대리권 행사로 미성년자가 스스로 원하지 않는 노무 제공을 강요당하는 것을 방지하여 미성년자를 두텁게 보호하려는 데에 목적이 있으므로, 미성년자의 근로계약에 관한 법정대리인의 동의는 여전히 중요한 의미를 가진다는 점, 근로계약을 통해 미성년자는 권리만을 얻는 것이 아니라 노무 제공 의무 역시 부담하므로 법정대리인의 동의 없이 미성년자가 단독으로 확정적인 유효한 법률행위를 할 수 있다고 보기 어려운 점, 근로계약 체결시에도 행위무능력자의 보호와 거래의 안전 확보라는 민법상의 기본 취지가 존중되어야 하는 점, 법 66조가 법정대리인의 동의서를 사업장에 비치하도록 요구하고 있는 점 등을 근거로 미성년자가 근로계약을 하기 위해서는 법정대리인의 동의가 있어야 한다고 보고 있다.

다수설에 따르면 미성년자는 법정대리인의 동의를 얻어 사용자와 근로계약을 체결하여야 하고, 동의 없이 체결된 근로계약은 미성년자 본인 또는 그 법정대리인이 취소할 수 있다(민법 5조 2항). 즉 동의를 얻어야 하는 근로계약은 법 64조, 66조가 말하는 18세 미만의 연소 근로자가 체결하는 근로계약에 한하지 않고 모든 미성년자가 체결하는 근로계약이다.

### 3. 위반의 효과

법 67조 1항에 위반하여 친권자 또는 후견인이 미성년자의 근로계약을 대리하면 500만 원 이하의 벌금에 처한다(법 114조 1호). 또한 사용자가 친권자 또는 후견인과 체결한 근로계약은 사법상 무효이다.[5] 하지만 이미 제공한 근로에 대하여는 임금 청구권을 가진다는 점은 앞서 15세 미만 근로자를 사용한 경우에서 본 바와 같다.

## Ⅱ. 미성년자에게 불리한 근로계약의 해지

### 1. 의 의

미성년자의 근로계약이 유효하게 성립한 경우라 하더라도 친권자, 후견인 또는 고용노동부장관은 그 근로계약이 미성년자에게 불리하다고 인정하는 경우에는 이를 해지할 수 있다(법 67조 2항). 미성년자의 판단 능력이 충분하지 않다는

5) 김유성, 361면; 박홍규, 495면; 이병태, 855면; 임종률, 노동법(제20판), 박영사(2022), 618면.

것을 고려하여 사후에 근로계약의 잘못된 점을 시정하기 위해 마련된 규정이다.[6)]

감독 기관인 고용노동부장관에게 해지권을 부여한 것은 법정대리인이 존재하지 않거나, 법정대리인이 미성년자의 이익을 도모하지 않을 경우를 대비한 것이다.[7)]

2007. 1. 26. 개정 전 법에서는, 친권자나 후견인이 미성년자의 근로계약을 대리한 경우와 함께 해지권 행사에 관한 이 규정을 위반한 경우에도 500만 원 이하의 벌금에 처하도록 하였으나(즉 현행 법 67조 1항·2항 위반 행위를 모두 처벌), 이에 대하여는 실제 위반 행위를 상상할 수 없으므로 무익하다고 보는 견해가 있었고,[8)] 2007. 1. 26. 법 개정 때 결국 친권자나 후견인이 미성년자의 근로계약을 대리한 경우만 처벌하고, 미성년자에게 불리한 근로계약의 해지 규정 위반에 대하여는 처벌하지 않도록 하였다(즉 현행 법 67조 1항 위반 행위만 처벌).

## 2. 해지의 대상

해지할 수 있는 근로계약은 미성년자에게 불리하다고 인정되는 근로계약이다. 18세 미만의 연소 근로자가 한 근로계약에 한하지 않고, 미성년자가 한 근로계약 모두가 대상이다.

'미성년자에게 불리하다고 인정되는 경우'란 근로계약을 계속시키는 것이 근로조건·작업 환경·취업 상황 등에서 미성년자에게 불리하다고 인정되는 경우를 말하고,[9)] 미성년자의 보호라는 법의 취지를 고려할 때 넓게 해석하는 것이 바람직하다.[10)]

무엇이 미성년자에게 불리한 것인지에 대한 구체적인 판단은 해지권자에게 일임되어 있으므로 해지권자가 해지의 의사표시를 한 이상 사용자는 이를 다툴 수 없다는 견해도 있으나,[11)] 아무런 해지의 사유를 제시하지 않는다든지 또는

6) 이병태, 856면.

7) 김유성, 362면; 김형배, 노동법(제27판), 박영사(2021), 292면; 이병태, 856면.

8) 박홍규, 496면.

9) 이병태, 856면.

10) 김유성, 362면. 근로감독관집무규정에서는 미성년자에게 불리한 근로계약의 해지요건에 관하여 다음과 같이 규정하고 있다(동 규정 70조): 1. 영 40조의 별표4 중 18세 미만인 자의 사용금지직종에 규정된 도덕상·보건상 유해·위험한 직종에 사용하는 근로계약인 경우, 2. 근로계약의 내용이 법령 또는 사회통념에 반한 경우, 3. 근로계약 기간 중 업무를 감당할 수 없는 심신의 장해가 발생하였거나 발생할 우려가 있는 경우, 4. 친권자나 후견인의 동의 없이 18세 미만인 자와 근로계약을 체결한 경우.

11) 임종률, 노동법(제20판), 박영사(2022), 618면.

이유를 제시하더라도 전혀 근거가 없는 경우에는 사용자도 해지의 무효를 주장할 수 있다고 보아야 한다.[12] 또한 상대방인 사용자에게 오직 고통을 가하거나 손해를 입히려는 목적에서 해지권을 행사하는 경우는 해지권의 남용으로서 무효이다.[13]

미성년자가 해지에 반대하는 경우, 이 때에도 해지가 가능하다는 견해[14]와 해지권자의 주관적 판단에 의해 계약이 해지될 우려가 있으므로 그 근로계약이 미성년자에게 불리하다는 것이 객관적으로 명백하지 않는 한 미성년자의 의사에 반하여 해지권을 행사할 수 없다는 견해[15]가 대립된다. 미성년자의 의사와 상관없이 친권자 등의 고유한 해지권을 인정한 법의 취지에 비추어 볼 때 전자의 견해가 타당하다.

## Ⅲ. 근로조건의 서면 명시

### 1. 의 의

사용자는 18세 미만인 사람과 근로계약을 체결하는 경우에는 법 17조에 따라 근로조건을 서면으로 명시하여 교부하여야 한다(법 67조 3항). 2021. 1. 5. 이 서면에 전자문서를 포함하는 것으로 법이 개정되었다.

2010. 5. 25. 개정 전의 법 17조는, 사용자로 하여금 근로자에게 임금, 소정근로시간, 휴일, 연차 유급휴가, 그 밖에 대통령령으로 정하는 근로조건[16]을 명시하고, 임금의 구성항목 · 계산방법 · 지급방법, 소정근로시간, 휴일, 연차 유급휴가에 관한 사항은 서면으로 명시하며, 근로자의 요구가 있으면 그 서면을 교부하도록 하고 있었다. 법 67조 3항은 18세 미만인 연소 근로자와 근로계약을 체

12) 김형배, 노동법(제27판), 박영사(2021), 292면; 이병태, 856면.
13) 김유성, 362면.
14) 김유성, 362면.
15) 이병태, 856면.
16) 영 8조가 이를 정하고 있다. 1. 취업의 장소와 종사하여야 할 업무에 관한 사항, 2. 법 93조 1호부터 12호까지의 규정에서 정한 사항(취업규칙으로 작성하고 고용노동부장관에게 신고해야 할 사항을 말한다. 대표적인 것으로는 업무의 시작과 종료 시각, 휴게시간, 휴일, 휴가 및 교대 근로에 관한 사항, 임금의 결정 · 계산 · 지급 방법, 임금의 산정기간 · 지급시기 및 승급에 관한 사항, 퇴직에 관한 사항, 퇴직급여, 상여 및 최저임금에 관한 사항, 안전과 보건에 관한 사항, 근로자의 성별 · 연령 또는 신체적 조건 등의 특성에 따른 사업장 환경의 개선에 관한 사항, 그 밖에 해당 사업 또는 사업장의 근로자 전체에 적용될 사항 등이다), 3. 사업장의 부속 기숙사에 근로자를 기숙하게 하는 경우에는 기숙사 규칙에서 정한 사항이 그것이다.

결할 때에는 17조에 따른 근로조건을 모두 서면으로 명시·교부하도록 하여 연소 근로자에 대해서 사용자의 서면 명시와 교부 의무를 강화하였다. 이 조항은 연소 근로자의 노동기본권을 보호하고 사업주의 합법적 고용을 권장하려는 취지에서 2007. 7. 27. 법 개정 때 신설된 것이다. 2010. 5. 25. 법 17조 개정으로 일반 근로자에 대한 사용자의 서면 교부 의무가 일부 강화되었는바(서면으로 명시하도록 한 임금의 구성항목·계산방법·지급방법, 소정근로시간, 휴일, 연차 유급휴가에 관한 사항의 서면을 근로자의 요구가 없어도 교부하도록 함. 다만, 위 사항이 단체협약 또는 취업규칙의 변경 등 대통령령으로 정하는 사유로 인하여 변경되는 경우에는 근로자의 요구가 있어야 교부하도록 함), 이에 따라 연소 근로자와 일반 근로자 사이에 사용자의 근로조건 서면 교부 의무에 차이가 약간 줄어들었다.[17)]

### 2. 명시 대상

사용자가 서면으로 명시하여 교부하여야 할 것은 법 17조에 따른 근로조건, 즉 임금, 소정근로시간, 휴일(법 55조), 연차 유급휴가(법 60조), 그 밖에 영 8조가 정한 취업장소, 업무, 취업규칙으로 작성·신고할 사항, 기숙사 규칙 등이다.

### 3. 위반의 효과

법 67조 3항을 위반하여 일정한 근로조건을 연소 근로자에게 명시하지 않거나 서면으로 교부하지 않은 자는 500만 원 이하의 벌금에 처한다(법 114조 1호).[18)]

[김 민 기·오 승 이]

## 第68조(임금의 청구)

미성년자는 독자적으로 임금을 청구할 수 있다.

---

17) 그러나 2018년 조사에서도 여전히 '아르바이트를 할 때 근로계약서를 작성한 적이 없다'는 응답 비율이 조사대상 청소년 중 57.5%를 차지하여 과반수 이상이 근로계약서를 작성하지 않고 있음을 나타냈다. 다만, 아르바이트 시작 전 근로계약서를 작성한다는 비율은 해마다 증가하고 있어서, 2018년의 42.5%는 전년도에 비해 8.1% 늘어난 수치이다. 최창욱 외 5명, 500면.

18) 법 17조 위반의 경우에도 동일하다.

[참고문헌]

**장재옥**, "미성년자의 행위능력과 임금청구권", 쥬리스트 플러스 409호, 청림출판(2006. 2.).

미성년자는 독자적으로 임금을 청구할 수 있다. 과거에 친권자, 후견인 등 법정대리인이 근로계약을 대리하여 체결함과 아울러 미성년자의 임금을 대리 수령함으로써 미성년자를 혹사하려는 봉건적 폐단을 방지하려는 데에 입법 취지가 있다.[1] 이 조항은 1953. 5. 10. 법 제정 때부터 마련되어 그 내용의 개정 없이 지금에까지 이르고 있다.

법 66조에 의하여 미성년자 자신의 노무 제공에 따른 임금은 미성년자가 독자적으로 청구할 수 있고, 임금청구의 소도 제기할 수 있다.[2] 미성년자뿐만 아니라 친권자 또는 후견인도 임금을 청구할 수는 있으나,[3] 임금을 대리하여 수령할 수는 없다.

법 68조에 대한 별도의 벌칙은 없다. 다만, 법 43조 1항은 근로자에게 직접 임금을 지급하여야 한다는 임금 직접 지급의 원칙을 규정하고 있으므로 임금을 미성년자에게 직접 지급하지 않으면 법 43조 위반이 되어 3년 이하의 징역 또는 3,000만 원 이하의 벌금에 처한다(법 109조 1항).[4]

[김 민 기·오 승 이]

## 第69조(근로시간)

15세 이상 18세 미만인 사람의 근로시간은 1일에 7시간, 1주에 35시간을 초과하지 못한다. 다만, 당사자 사이의 합의에 따라 1일에 1시간, 1주에 5시간을 한도로 연장할 수 있다.

---

1) 이병태, 857면.
2) 대법원 1981. 8. 25. 선고 80다3149 판결(이에 대한 평석으로는 장재옥, 143~147면).
3) 임금의 청구는 친권자에게도 허용되어야 한다는 견해로는 이상윤, 노동법(제17판), 법문사(2021), 325면.
4) 김유성, 362면; 이병태, 857면. 이에 대하여 박홍규, 277~278면은 법 68조 규정은 미성년자에게 독자적인 임금청구권을 부여하고 있는 조항으로서 68조 위반이 곧바로 법 43조의 임금 직접 지급 원칙 위반과 관련되는 것은 아니라고 한다.

〈세 목 차〉



## Ⅰ. 연소자 근로시간 제한의 의의

법 69조는 연소 근로자의 근로시간에 관하여 일반 성인 근로자에 비하여 법정근로시간(기준근로시간)과 연장근로 한도 모두를 단축하고 있다. 이는 성인 근로자의 근로시간에 관한 법 50조에 대한 특별 규정이다. 연소 근로자는 아직도 육체적·정신적으로 성장기에 있고 또 수학 적령기에 있으므로 성인 근로자보다 근로시간을 단축하여 행복하고 건강하게 성장하도록 하면서 교육을 받게 하려는 데에 그 취지가 있다.[1)]

2018. 3. 20. 법 개정 당시 실근로시간 단축을 위하여 관련 제도를 정비하면서, 연소 근로자의 1주간 근로시간 한도가 40시간에서 35시간으로, 1주간 연장근로 한도가 6시간에서 5시간으로 각각 축소되었다.

한편 연소 근로자에 대하여는 탄력적 근로시간제와 선택적 근로시간제를 적용할 수 없다(법 51조 3항, 52조 1호).

## Ⅱ. 주요 내용

### 1. 기준근로시간

15세 이상 18세 미만인 사람의 근로시간은 1일에 7시간, 1주에 35시간을 초과하지 못한다(법 69조). 1주에 35시간 미만의 근로시간이더라도 1일 7시간을 초과할 수 없다. 법은 15세 미만 근로자[2)]의 근로시간에 대하여는 아무런 규정도 두지 않았으나 그 취지에 비추어 볼 때 15세 미만의 근로자에 대하여도 당연히 이 기준근로시간의 제한이 적용된다고 보아야 한다.[3)] 근로시간의 계산은

1) 이병태, 857면.
2) 15세 미만의 근로자가 취직인허증을 가지고 취업한 경우나 사용자가 15세 미만의 연소자를 근로자로 사용하지 못한다는 법을 위반한 채 사실상 노무에 종사시키는 경우 등.
3) 박홍규, 497면; 이병태, 858면; 이상윤, 노동법(제17판), 법문사(2021), 326면.

휴게시간을 제외한 실근로시간에 따른다(법 50조; 영 41조).

### 2. 연장근로

15세 이상 18세 미만의 근로시간은 당사자의 합의에 따라 1일 1시간, 1주 5시간을 한도로 연장할 수 있다(법 67조 단서). 따라서 기준근로시간 1일 7시간에 1시간 연장근로로 1일 8시간, 1주 근로시간 35시간에 5시간 연장근로로 1주에 40시간까지 근로시킬 수 있다.

특별한 사정이 있는 경우 고용노동부장관의 인가와 근로자의 동의를 받아 연장근로시간의 한도(주 12시간)를 연장할 수 있다고 하는 법 53조 4항(인가연장근로)과, 운송업·보건업 등 일정 사업에 대하여 근로자대표와 서면 합의로 주 12시간을 초과하여 연장근로를 하게 할 수 있게 하는 법 59조(근로시간·휴게시간의 특례)가 연소 근로자의 연장근로에 대하여도 적용되는가(일정 요건 아래 연소 근로자의 연장근로시간 한도를 늘릴 수 있는가)에 관하여는, 법 69조는 연소 근로자에 대한 특별 보호 규정이라는 점을 들어 이를 부정하는 견해[4]와 법 53조 4항의 경우는 재해 등에 대처하기 위한 일시적인 연장이라는 점과 근로자 본인의 동의가 없으면 연장근로가 불가능하다는 점에서 연소 근로자에게도 법 53조 4항을 적용할 수 있는 반면 법 59조의 경우는 특별한 사업에 대하여는 연장근로가 일시적인 것이 아니라 상시적일 수 있으며, 본인의 동의를 필요로 하지 않는다는 점에서 연소 근로자에게 법 59조를 적용할 수 없다고 보는 견해[5]가 나뉘어져 있다.

한편, 2018. 3. 20. 신설된 법 53조 3항(추가연장근로)[6]은 같은 조 6항에서 연소 근로자에게 적용하지 아니함을 명시하고 있다.

## Ⅲ. 위반의 효과

법 69조를 위반하여 연소 근로자의 소정근로시간을 1일 7시간, 1주 35시간

4) 박홍규, 497면; 이병태, 858면.

5) 이상윤, 노동법(제17판), 법문사(2021), 326~327, 333면.

6) 상시 30명 미만의 근로자를 사용하는 사용자는 근로자대표와 서면으로 합의한 경우 제1항 또는 제2항에 따라 연장된 근로시간에 대하여 1주 간에 8시간을 초과하지 아니하는 범위에서 근로시간을 연장할 수 있다.

을 초과하여 정하거나, 연소 근로자와 합의 없이 연장근로를 시키거나, 합의가 있었더라도 1일 1시간, 1주 5시간의 한도를 넘어서 연소 근로자에게 연장근로를 시킨 자는 2년 이하의 징역 또는 2,000만 원 이하의 벌금에 처한다(법 110조 1호).

[김 민 기·오 승 이]

제70조(야간근로와 휴일근로의 제한)

① 사용자는 18세 이상의 여성을 오후 10시부터 오전 6시까지의 시간 및 휴일에 근로시키려면 그 근로자의 동의를 받아야 한다.

② 사용자는 임산부와 18세 미만자를 오후 10시부터 오전 6시까지의 시간 및 휴일에 근로시키지 못한다. 다만, 다음 각 호의 어느 하나에 해당하는 경우로서 고용노동부장관의 인가를 받으면 그러하지 아니하다.

1. 18세 미만자의 동의가 있는 경우
2. 산후 1년이 지나지 아니한 여성의 동의가 있는 경우
3. 임신 중의 여성이 명시적으로 청구하는 경우

③ 사용자는 제 2 항의 경우 고용노동부장관의 인가를 받기 전에 근로자의 건강 및 모성 보호를 위하여 그 시행 여부와 방법 등에 관하여 그 사업 또는 사업장의 근로자대표와 성실하게 협의하여야 한다.

〈세 목 차〉



[참고문헌]

**신명 · 윤자야 · 이원희**, 여성노동관련법실무 — 남녀고용평등법을 중심으로, 중앙경제(2006).

## Ⅰ. 연소 근로자와 여성 근로자의 야간·휴일근로 제한

### 1. 의 의

법 70조는 여성과 18세 미만의 근로자에 대한 야간근로와 휴일근로를 제한하고 있다. 즉, 임산부(임신 중인 여성과 산후 1년이 지나지 않은 여성. 법 65조 1항 참조)와 18세 미만 근로자의 야간근로와 휴일근로는 원칙적으로 금지되고(예외적으로 동의 내지 명시적 청구와 고용노동부장관의 인가라는 요건 아래 허용된다), 18세 이상의 여성 근로자의 야간근로와 휴일근로는 근로자의 동의를 얻어야 한다.

야간근로는 사람의 생체주기를 깨뜨려 특히 여성과 연소자에 대하여 부정적인 영향을 미치기 때문에 이를 제한하고 있고, 휴일근로를 제한하는 이유는 연소자에게는 휴식을 통하여 신체적·정신적으로 성장할 기회를 부여하고, 여성 근로자에게는 그 신체와 모성을 보호하기 위한 것이라고 한다.[1)]

### 2. 야간·휴일근로의 개념

야간근로란 오후 10시부터 오전 6시까지 사이의 근로를 뜻한다(법 70조 1항 참조).

법 70조가 말하는 '휴일'의 범위에 관하여, 종래 근기법 55조의 주휴일과 근로자의 날 제정에 관한 법률에 따른 근로자의 날 등 법정휴일만이 여기에 해당하므로 근로계약·취업규칙·단체협약에서 정한 유·무급 휴일(이른바 약정 휴일)의 근로는 임산부나 18세 미만 근로자의 동의가 있으면 가능하다는 견해[2)]와 법문에서 휴일이라고 정하였을 뿐 법정 휴일 이외의 휴일을 배제하지 않았으므로 약정 휴일도 포함된다는 견해[3)]가 대립한다. 다만, 2018. 3. 20. 개정 법 55조 2항과 2018. 6. 29. 개정 영 30조 2항이 관공서의 공휴일 및 대체공휴일을 유급으로 보장하도록 하였고, 이 개정규정은 2020년부터 사업장 종류와 규모에 따라 순차 시행되면서,[4)] 법정 휴일의 범위가 대폭 확대되었다. 이에 따라 기존에 근

---

1) 이상윤, 노동법(제17판), 법문사(2021), 321면.
2) 신명·윤자야·이원희, 212면; 하갑래, 531면; 2001. 12. 13. 여원 68240-561.
3) 이병태, 850면; 이상윤, 노동법(제17판), 법문사(2021), 321면.
4) 상시 300명 이상의 근로자를 사용하는 사업 또는 사업장, 공공기관, 지방공사 및 지방공단, 국가나 지방자치단체 또는 정부투자기관이 자본금이나 기본재산의 1/2 이상을 출자·출연한 기관·단체 등은 2020. 1. 1.부터, 상시 30명 이상 300명 미만의 근로자를 사용하는 사업 또는 사업장은 2021. 1. 1.부터, 상시 5인 이상 30명 미만의 근로자를 사용하는 사업 또는 사업장은

로계약 · 취업규칙 · 단체협약 또는 노동관행에 맡겨져 있던 약정 휴일의 상당 부분이 법정 휴일에 포섭되어 견해 대립에 따른 법 70조상 휴일 해당 여부의 논란은 상당히 불식될 것으로 보인다.[5]

법 60조의 연차휴가나 법 73조의 생리휴가 등의 휴가로서 근로자가 휴가로 지정한 날 또한 근로자의 근로의무가 면제되는 날(근로일이지만 근로의무가 면제되는 날)인데, 연소 근로자와 임산부를 포함한 여성 근로자의 보호라는 이 법 조항의 취지를 볼 때, 이와 같이 휴가로 지정된 날에 근로를 제공하는 것 또한 여기서 사용이 금지되는 휴일근로에 해당한다고 볼 여지도 있으나, 휴가로 지정된 날에 한 근로는 휴일이 아닌 이상 위 규정상의 휴일근로에 해당하지 않는다고 보는 것이 타당하다.[6]

## Ⅱ. 18세 이상 여성 근로자의 야간 · 휴일근로 제한

사용자는 18세 이상의 여성 근로자를 오후 10시부터 오전 6시까지의 시간과 휴일에 근로시키려면 그 근로자의 동의를 받아야 한다(법 70조 1항).

종래 법은 모든 여성 근로자와 18세 미만의 연소 근로자에 대해 야간근로와 휴일근로를 시키지 못하도록 하고, 예외적으로 그 근로자의 동의와 고용노동부장관의 인가가 있는 경우는 야간근로와 휴일근로를 시킬 수 있도록 하였다. 그러다가 2001. 8. 14. 법 개정으로 18세 이상의 여성 중 임산부가 아닌 근로자는 고용노동부장관의 인가 없이도 그 근로자의 동의만 있으면 야간근로와 휴일근로를 시킬 수 있도록 하였다. 오늘날 여성이 경제 활동에 참여하는 규모가 커지고, 3차 산업 특히 서비스 산업이 발전하여 야간근로와 휴일근로가 급격하게 늘어났는데, 사용자들이 이 법 조항을 빌미로 여성을 고용하지 않으려는 유인을 제거하여 여성 근로자의 고용을 촉진하고자 위와 같은 법 개정이 이루어졌다.[7]

동의의 형식은 법에 정한 바가 없으므로 개별적인 구두 또는 서면 동의로 충분하다.[8] 동의는 야간 · 휴일근로 때마다 매번 할 필요는 없고 근로계약 등으

---

2022. 1. 1.부터 각각 55조 2항의 적용을 받는다.

5) 견해 대립에서 법 70조에 따른 휴일 여부가 논란이 될 수 있는 날은, 약정 휴일로 정해진 것 중 가령 회사 창립기념일, 노동조합 창립기념일 등 정도일 것이다.

6) 이로써 근기법주해(초판)Ⅲ, 252면의 견해를 변경한다.

7) 이병태, 849면.

8) 신명 · 윤자야 · 이원희, 214면.

로 미리 이를 약정하는 것도 가능할 것이다.[9)] 근로자 본인의 동의가 요건이므로 단체협약이나 취업규칙에 달리 정함이 있어도 근로자 본인의 동의가 없으면 그 근로자를 야간이나 휴일에 근로시킬 수 없다.[10)]

## Ⅲ. 임산부와 18세 미만 연소 근로자의 야간·휴일근로 제한

### 1. 원칙 — 야간·휴일근로 금지

사용자는 임산부와 18세 미만자를 야간과 휴일에 근로시키지 못한다(법 70조 2항). 임산부는 임신 중의 여성과 산후 1년이 지나지 아니한 여성을 말한다(법 65조 1항). 이때 산(産)의 개념에 대하여, 기존에는 법 74조에서 임신 16주 이후의 유산·사산에 대해서만 유산·사산보호휴가를 부여한 것을 근거로 출산 및 임신 16주 이후에 유산·사산한 경우로 한정하는 견해가 있었으나,[11)] 2012. 2. 1. 모든 유산·사산에 대해 유산·사산 휴가를 주도록 법 74조가 개정됨에 따라 산(産)의 개념은 임신 전 기간 유산·사산한 경우로 볼 수밖에 없게 되었다.[12)]

현실적으로 사업주가 임신 중인 여성근로자를 야간·휴일근로 대상에서 제외해야 하는 시기는 사업주가 그 임신 사실을 알게 된 때부터라고 보아야 할 것이다.[13)14)]

---

9) 다만, 근로자 채용 공고에 '교대근무 가능한 자'라는 문구가 있었던 경우 이는 채용조건일 뿐 여성 근로자의 야간·휴일근로에 대한 동의라고는 볼 수 없다. 한편, 여성 근로자가 자발적 동의에 따라 임신 전에 야간·휴일근로를 하였다면 산후 1년이 지난 후에는 별도의 동의서 작성 없이 야간·휴일근로를 할 수 있으며, 또한 여성 근로자가 20년 전 입사시 자유의사에 따라 야간·휴일근로 동의를 하였다면 재직 중 근무형태(교대근무) 변경 시 야간·휴일근로에 대한 추가적인 동의서는 필요하지 않다(근로조건의 불이익한 변경에 해당할 수 있는지는 별개의 문제이다). 2015. 10. 7. 여성고용정책과-3002.

10) 이병태, 850면.

11) 2004. 12. 24. 여성고용과-3007.

12) 행정해석도 2014. 6. 25. 여성고용정책과-2207로 위와 같이 변경되었다.

13) 2015. 10. 7. 여성고용정책과-3002.

14) 야간·휴일근로를 한 교대제 근로자에게 승진시 가산점을 부여하는 경우, 승진대상자 중 임신 경력이 있는 근로자가 포함되어 있고, 그 근로자가 승진하지 못한 사유가 교대제 가점 때문인 경우에는 남녀고용평등법 2조 1호, 10조에 위반하는 위법한 차별에 해당될 수 있다. 2015. 3. 17. 여성고용정책과-674.

### 2. 예 외

#### 가. 의 의

다만, (i) 18세 미만자의 동의가 있는 경우, (ii) 산후 1년이 지나지 아니한 여성의 동의가 있는 경우, (iii) 임신 중의 여성이 명시적으로 청구하는 경우 사용자는 근로자대표와 성실하게 협의 후 고용노동부장관의 인가를 받아 야간근로와 휴일근로를 시킬 수 있다(법 70조 2, 3항).

#### 나. 예외 충족 요건

##### (1) 근로자 본인의 동의 등

(i) 18세 미만자의 동의, (ii) 산후 1년이 지나지 아니한 여성의 동의, (iii) 임신 중 여성의 명시적 청구가 있어야 한다.

##### (2) 고용노동부장관의 인가

고용노동부장관의 인가가 있어야 임산부와 18세 미만자를 야간이나 휴일에 근로시킬 수 있다.

고용노동부장관의 인가를 얻기 위하여는 야간 또는 휴일근로 인가 신청서에 당해 근로자의 동의서 또는 청구서와 근로자대표와 협의한 결과를 기록한 사본을 첨부하여 관할 지방고용노동관서의 장에게 제출하여야 한다(규칙 12조 1항).[15] 행정해석 중에는 새로운 인가대상 근로자가 발생할 때마다 인가를 받아야 하나, 여성을 다수 고용한 사업장은 매월 익월 근무조 편성 전에 인가대상자를 파악하여 일괄 인가를 받을 수 있다고 한 사례가 있다.[16]

---

15) 근로감독관집무규정 71조에서는 야간·휴일근로의 인가 요건과 내용을 자세히 정하고 있다. 즉 임산부와 18세 미만의 자에 대한 야간 또는 휴일근로의 인가는 법정근로시간의 준수가 가능하다고 인정되고 다음 각 호의 어느 하나에 해당하는 경우에 한한다고 한다(1항).
1. 교대제 실시로 인하여 야간근로가 불가피할 것
2. 운송·방송 등 일상생활에 필수적인 공익사업에 해당하여 야간 또는 휴일근로가 불가피할 것
3. 업종의 특성상 야간에 가동(영업)하지 아니하면 사업의 계속적인 영위가 곤란하여 야간근로가 불가피할 것
4. 일시적인 주문량 증가 등으로 야간 또는 휴일근로가 불가피할 것
5. 그 밖에 위 각 호의 어느 하나에 준하는 사유가 발생할 것

다만, 1항에도 불구하고 18세 미만자의 심야시간(24시~익일 6시) 근로는 생계곤란 등으로 불가피하고 사업장 근무실태 및 업무강도를 연소근로자가 감내할 수 있다고 판단되는 경우에 한하여 인가할 수 있다(2항).

16) 2001. 11. 14. 여원 68240-501.

### (3) 근로자대표와 협의

#### ㈎ 의 의

사용자는 임산부와 18세 미만자를 야간이나 휴일에 근로시키기 위해서는, 고용노동부장관의 인가를 받기 전에 근로자의 건강과 모성 보호를 위하여 그 시행 여부와 방법 등에 관하여 그 사업 또는 사업장의 근로자대표와 성실하게 협의하여야 한다(법 70조 3항).

#### ㈏ 협의의 시기

야간·휴일근로에 대한 근로자대표와의 협의 시기에 관하여 고용노동부장관의 '인가를 받기 전'의 의미가 인가 전까지 협의하면 되는 것인지, 인가 신청 전에 협의를 모두 마쳐야 하는지(다시 말해 전치절차인지) 명확하지 않다. 후술하는 바와 같이 고용노동부장관의 인가를 받기 위한 야간 또는 휴일근로 인가 신청서에 근로자대표와 협의한 결과를 기록한 사본을 첨부하드록 되어 있는 점(시행규칙 12조 1항)과 모성 보호를 위하여 임산부의 야간·휴일 근로를 원칙적으로 금지하고 있는 법의 취지에 비추어 보면, 인가 신청 전의 전치절차로 해석할 여지가 있으나,[17] 법상 인가 신청 전까지 협의를 마쳐야 한다는 제한이 없으므로, 신청 전에는 협의를 하지 않았으나 신청 후에 성실하게 협의를 하고 이에 관한 자료를 보완한 경우에는 인가함이 타당하다.[18]

#### ㈐ 협의의 대상

협의의 상대방은 근로자대표이다. 근로자대표는 그 사업·사업장에 근로자의 과반수로 조직된 노동조합이 있는 경우에는 그 노동조합, 근로자의 과반수로 조직된 노동조합이 없는 경우에는 근로자의 과반수를 대표하는 자이다(법 24조 3항 괄호 부분).[19]

#### ㈑ 협의의 내용

협의할 내용은 야간·휴일근로의 시행 여부 및 방법 등이다. 임산부·18세 미만자가 종사하게 될 야간·휴일근로 업무 범위, 실시 필요성, 근로자 보호 방안, 작업 형태, 근무조 편성 등을 협의하여야 한다. 업무 내용, 근로 방법 등 근무 형태와 작업 환경에 변동이 있어 임산부 등의 야간·휴일근로에 영향을 미칠

17) 신명·윤자야·이원희, 213면.
18) 이로써 근기법주해(초판)Ⅲ, 255면의 견해를 변경한다.
19) 신명·윤자야·이원희, 213면; 하갑래 490면.

경우에는 노사 간에 새로 협의를 하고 변경된 협의결과를 제출하여야 한다는 행정해석이 있다.[20]

㈒ **사용자의 성실 협의 의무**

법 70조 3항은 사용자에게 18세 미만자와 임산부의 야간·휴일근로 시행에 관하여 근로자대표와 성실하게 협의할 의무를 부과하고 있다. 하지만 그 성실 협의 의무는 근로자대표의 동의라든가 상호간의 합의에 이를 것까지 요구하는 것은 아니다. 근로자대표와 견해가 다르더라도 협의를 거쳤으면 그 이후에는 고용노동부장관의 인가와 근로자 본인의 동의 등 다른 요건을 갖추어 야간·휴일근로를 시킬 수 있다.[21]

## Ⅳ. 위반의 효과

법 70조 1항과 2항을 위반하여 (i) 근로자 본인의 동의 없이 여성 근로자와 18세 미만자를 야간·휴일에 근로시킨 자, (ii) 근로자 본인이 명시적으로 청구하지 않았는데도 임신 중인 여성을 야간·휴일에 근로시킨 자, (iii) 고용노동부장관의 인가 없이 임산부나 18세 미만자를 야간·휴일에 근로시킨 자 등은 2년 이하의 징역 또는 2,000만 원 이하의 벌금에 처한다(법 110조 1호). 임산부나 18세 미만자를 야간·휴일에 근로시키면서 고용노동부장관의 인가를 받기 전에 근로자대표와 성실하게 협의하지 않은 자는 500만 원 이하의 벌금에 처한다(법 114조 1호).

[김 민 기·오 승 이]

제71조(시간외근로)

사용자는 산후 1년이 지나지 아니한 여성에 대하여는 단체협약이 있는 경우라도 1일에 2시간, 1주에 6시간, 1년에 150시간을 초과하는 시간외근로를 시키지 못한다.

20) 2001. 11. 14. 여원 68240-501.

21) 신명·윤자야·이원희, 213~214면.

〈세 목 차〉



[참고문헌]

**신명 · 윤자야 · 이원희**, 여성노동관련법실무 — 남녀고용평등법을 중심으로, 중앙경제(2006).

## Ⅰ. 임산부 근로시간 제한의 의의

법 71조는 산후 1년이 지나지 아니한 여성에 대한 시간외근로(연장근로)를 제한하고 있다. 여성은 산후 1년까지는 육체적 · 생리적인 취약성을 면하기 어려우므로 피로 회복에 충분한 시간을 주어 산모의 건강을 보호하려는 데 그 취지가 있다.[1)]

2001. 8. 14. 개정 전 법은 18세 이상의 모든 여성 근로자에 대해 시간외근로를 제한하였다. 그러다가 2001. 8. 14. 개정 법에서 현행 법과 같이 산후 1년이 지나지 않은 여성에 대하여만 시간외근로를 제한하였다. 이는 한편으로는 임산부를 보호하고 다른 한편으로는 여성 고용을 촉진하기 위함이다.[2)]

## Ⅱ. 주요 내용

산후 1년이 지나지 아니한 여성의 기준근로시간 역시 일반 성인의 기준근로시간에 따르므로 1일 8시간, 1주 40시간이다(법 50조).[3)] 이때 그 여성 근로자의 시간외근로는 단체협약에 정한 경우라도 1일 2시간, 1주 6시간, 1년 150시간을 초과하지 못한다. 참고로 일반 근로자의 연장근로 한도는 1주 12시간이고, 18세 미만 근로자의 연장근로 한도는 1일 1시간, 1주 5시간이다.

근로계약, 그 밖에 당사자 사이의 개별적 동의, 취업규칙, 근로자대표와 서면 합의가 있더라도 위와 같은 한도를 초과하는 시간외근로를 시킬 수 없음은 물론

1) 이병태, 858면.
2) 김유성, 365면.
3) 산후 1년이 지나지 않은 근로자가 18세 미만인 경우도 있겠으나(이 경우 기준근로시간은 1일 7시간, 1주 35시간이다), 그러한 경우는 상정하지 않는다.

이고, 단체협약에 의하더라도 위와 같은 시간외근로의 제한범위를 넘지 못한다.[4)]

'1일에 2시간, 1주에 6시간, 1년에 150시간'을 초과하는 시간외근로란 1일, 1주, 1년에 따른 제한을 각각 초과할 수 없다는 것을 말한다.[5)] '산후 1년'은 출산일부터 1년[6)] 또는 유산 · 사산일부터 1년[7)]을 의미한다.

재해 등 특별한 사정이 있을 때 사용자가 고용노동부장관의 인가와 근로자의 동의를 받아 한도를 초과한 연장근로를 시킬 수 있다는 특별연장근로(법 53조 4항)를 산후 1년이 지나지 않은 근로자에게도 적용할 수 있는지에 관하여는, 법 53조 4항의 문언이 '53조 1항, 2항의 근로시간을 연장할 수 있다'고만 되어 있는 등 특별연장근로는 일반 근로자의 연장근로에 대한 예외라는 점, 법 71조는 법 53조 전체에 대한 예외 규정인 점, 산후의 여성 근로자를 보호할 필요성 등에 비추어 부정하는 견해[8)]와 법 53조 4항의 취지가 근로시간의 일시적인 연장이고, 근로자 본인의 동의를 요한다는 점에서 적용이 가능하다는 견해[9)]가 대립하고 있다.

운송업, 보건업 등 사업에서 근로자대표와 서면 합의한 경우 주 12시간을 초과하여 연장근로를 할 수 있다는 법 59조의 근로시간 · 휴게시간 특례가 산후 1년이 지나지 않은 근로자의 연장근로 한도에 적용되어 위 한도를 초과하여 연장근로를 시킬 수 있는지에 관하여도 긍정설과 부정설의 견해 대립이 가능하다.

## Ⅲ. 위반의 효과

법 71조를 위반하여 산후 1년이 지나지 않은 근로자에게 1일에 2시간, 1주에 6시간, 1년에 150시간을 초과하여 시간외근로를 시킨 자는 2년 이하의 징역 또는 2,000만 원 이하의 벌금에 처한다(법 110조 1호).

단체협약 또는 취업규칙 등에서 위와 같은 한도를 초과한 시간외근로를 정

4) 김유성, 365면; 신명 · 윤자야 · 이원희, 211면; 이병태, 859면. 이 규정에 대하여, 법정근로시간의 예외를 인정하는 다른 규정에서는 당사자 사이의 합의나 고용노동부장관의 인가 또는 근로자대표와의 서면합의를 요건으로 하면서 유독 이 규정에서만 '단체협약'을 거론한 것은 적절하지 않으므로, '단체협약이 있는 경우라도'를 삭제하거나 '당사자 사이의 합의 또는 근로자대표와의 서면합의가 있더라도'나 '어떤 이유로도'로 개정함이 바람직하다는 견해가 있다[임종률, 노동법(제20판), 박영사(2022), 622면].

5) 이병태, 859면.

6) 2003. 7. 11. 평정 68240-240.

7) 같은 취지로 2014. 6. 25. 여성고용정책과-2207.

8) 이병태, 858~859면; 자세한 내용은 법 53조에 대한 해설 Ⅲ. 참조.

9) 이상윤, 노동법(제17판), 법문사(2021), 333면.

한 경우 그 조항은 효력이 없다.10) 그리고 산후 1년이 지나지 않은 근로자에게 위 한도를 초과하여 시간외근로를 시킨 경우에는 위 벌칙의 적용과 별개로 그 근로자가 행한 시간외근로에 대하여 가산임금을 포함한 시간외근로수당을 지급하여야 한다.11)

[김 민 기·오 승 이]

第72조(갱내근로의 금지)

사용자는 여성과 18세 미만인 사람을 갱내(坑内)에서 근로시키지 못한다. 다만, 보건·의료, 보도·취재 등 대통령령으로 정하는 업무를 수행하기 위하여 일시적으로 필요한 경우에는 그러하지 아니하다.

〈세 목 차〉



[참고문헌]

**신명·윤자야·이원희**, 여성노동관련법실무 — 남녀고용평등법을 중심으로, 중앙경제(2006).

## Ⅰ. 갱내근로 금지의 의의

갱내근로는 미세 먼지로 말미암은 호흡기 질환이나 갱내 붕괴 사고 가능성 등 작업 환경이 극히 열악하고 위험하며, 육체적으로나 성리적으로 가혹한 조건

10) 이병태, 859면. 이와 관련하여 대법원 1993. 12. 21. 선고 93누5796 판결은 구 법 57조는 사용자는 18세 이상의 여성 근로자에 대하여는 단체협약이 있는 경우라도 1일에 2시간, 1주일에 6시간, 1년에 150시간을 초과하는 시간외 근로를 시키지 못한다고 규정하고 있는바, 이는 여성 근로자의 건강과 모성보호를 위하여 특별히 시간외 근로시간을 규제하고 있는 별도의 규정이므로 단체협약에서 근무시간이 10시간을 초과할 경우 근무시간 및 교대조의 편성 등에 관하여 노동조합과 사전합의를 하여야 한다는 규정은 연장근로의무를 지우는 규정으로는 해석되지 않는 이상 위 단체협약의 규정이 구 법 57조의 규정을 배제하는 취지라고 할 수 없다고 하였다.

11) 신명·윤자야·이원희, 211면.

에서 작업을 하는 경우가 많기 때문에 연소 근로자뿐만 아니라 성인 여성에 대하여도 취업을 원칙적으로 금지하고, 예외적인 경우에 한하여 취업을 허용하고 있다.[1)]

종래 법은 여성과 18세 미만의 자에 대한 갱내근로를 예외 없이 금지하였으나, 2001. 8. 14. 법 개정 때 보건 · 의료, 보도 · 취재 등 일정 범위의 업무 수행을 위한 일시적인 예외를 인정하였다.

## Ⅱ. 주요 내용

'갱내'라 함은 일반적으로 지하에 있는 광물을 시추하거나 채굴하는 장소와 그곳에 출입하기 위해 지표와 연결되는 지하 통로를 의미한다.[2)] 땅 표면에서 시작하는 통로로서 지표의 일반 도로와 동일한 정도의 안전 · 위생이 보장되어 있으며, 갱내 근로자 이외의 자의 통행이 가능한 지하의 통로와 시설은 '갱내'에 포함되지 않는다.[3)]

'갱내근로'라 함은 법 72조 단서에서 예외적으로 허용되는 경우를 제외하고 갱내에서 이루어지는 직접, 간접의 모든 작업을 말한다. 근로 자체가 경미한 것이든 사무적인 것이든 불문한다.[4)]

법 72조 단서가 대통령령으로 정하도록 한, 예외적으로 갱내근로가 허용되는 업무는 다음과 같다(영 42조).[5)]

1. 보건, 의료 또는 복지 업무
2. 신문 · 출판 · 방송프로그램 제작 등을 위한 보도 · 취재업무
3. 학술연구를 위한 조사 업무
4. 관리 · 감독 업무
5. 1호부터 4호까지의 규정의 업무와 관련된 분야에서 하는 실습 업무

---

1) 김유성, 364면; 이상윤, 노동법(제17판), 법문사(2021), 322면.

2) 김유성, 361면.

3) 신명 · 윤자야 · 이원희, 258면.

4) 김유성, 361면; 하갑래, 710면.

5) 한편 ILO가 1935년에 채택한 '광산의 갱내작업에 있어서 여성의 고용에 관한 협약'(45호)은, (i) 근육노동을 하지 않는 관리직 지위에 있는 여성, (ii) 보건 및 복지업무에 종사하는 여성, (iii) 실습과정으로 갱내에서 훈련을 받는 여성, (iv) 비근육적 작업을 위하여 수시로 갱내에 들어갈 필요가 있는 여성에 대하여 예외적으로 갱내근로를 허용한다.

예외적으로 허용되는 갱내근로에 관하여는, 업무수행의 1회 허용시간 등에 대한 제한이 필요하며, 임산부에게는 갱내근로를 예외 없이 금지시켜야 한다는 견해가 있다.[6]

## Ⅲ. 위반의 효과

법 72조를 위반하여 예외적 허용 업무의 일시적 수행에 해당하지 않음에도 여성과 18세 미만인 사람을 갱내에서 근로시킨 자는 3년 이하의 징역 또는 3,000만 원 이하의 벌금에 처한다(법 109조 1항). 근로자 1인마다 1죄가 성립하므로 다수의 근로자를 동시에 사용한 경우에는 경합범으로 처벌된다.[7]

[김 민 기·오 승 이]

第73조(생리휴가)

사용자는 여성 근로자가 청구하면 월 1일의 생리휴가를 주어야 한다.

〈세 목 차〉



[참고문헌]

**노행남**, "임신중 여성의 생리휴가 사용여부", 노사정보 40호, 산업노동연구원(1993); **신명 · 윤자야 · 이원희**, 여성노동관련법실무 — 남녀고용평등법을 중심으로, 중앙경제(2006); **이승길**, 여성과 노동법제, 한국경영자총협회 부설 노동경제연구원(2003); **고용노동부**, 고용평등 및 일가정 양립 지원 질의회시집(2018. 6.).

6) 신명 · 윤자야 · 이원희, 258면.
7) 이병태, 852면.

## Ⅰ. 생리휴가의 의의

생리는 여성의 몸에서 일정한 간격을 두고 주기적으로 반복되는 자궁내막의 출혈 현상으로서, 여성은 생리 기간 동안 신체적·정신적으로 평소와 다른 변화를 겪는다. 법은 여성 근로자가 생리 기간 중 무리하게 근무함으로써 정신적·육체적으로 건강을 해치는 것을 방지하기 위해 생리휴가제도를 규정하고 있다.[1]

생리휴가제도는 1953. 5. 10. 법 제정 때부터 산업 현장의 열악한 노동환경 하에서 여성 근로자를 보호하기 위하여 유급 휴가로 도입되었다. 그러나 이 제도는 우리나라의 독특한 제도로서 일본과 인도네시아에서 무급 생리휴가제도를 두고 있는 것을 제외하고는 세계적으로 입법례를 찾기 어렵다.

제정 당시의 생리휴가 규정은 '청구하는 경우' '유급으로' 부여하도록 하고 있어 휴가 사용 또는 대체임금 지급 거부 등 청구요건과 관련한 사용자의 악용 사례가 발생할 소지가 있다는 지적이 있자 1989. 3. 29. 법 개정 때 '청구하는 경우' 요건을 삭제하여 여성 근로자의 청구 여부에 관계없이 유급으로 부여하도록 하였다.[2] 그러나 이에 대해 많은 논란이 있던 중 2003. 9. 15. 법 개정 때 주 40시간 근무제의 도입과 함께 국제적인 입법례에 따라 월 1일의 생리휴가를 무급화함으로써 사용자의 부담을 경감하고자 '청구하는 때' 월 1일의 생리휴가를 주어야 한다고 현행 규정과 같이 개정되었다.[3]

## Ⅱ. 생리휴가의 부여 요건

### 1. 부여 대상

생리휴가는 여성 근로자에게 부여된다. 생리휴가는 생리 중인 여성 근로자의 신체적·정신적 건강을 보호하기 위한 것이므로 생리휴가는 연령, 계약직·일용직·비정규직 등 근로 형태, 직종, 소정근로일의 개근 여부, 근로일수 등에

1) 생리 시 근로가 곤란하다는 것은 의학적으로는 월경 곤란의 범주에 드는 질환의 하나로서 적절한 치료를 통해 치유할 수 있고, 여성차별철폐협약에서도 모성보호조치로 규정하고 있지 않으며, 다른 나라에서는 그 예를 찾기 어렵다는 점을 이유로 생리휴가제도를 폐지하자는 주장도 있다(박홍규, 512면에서 인용). 이승길, 137면 이하 생리휴가제도의 존폐론 참조.

2) 생리휴가제도의 변천에 관하여는 신명·윤자야·이원희, 217면.

3) 관보, 2003. 9. 15.자, 6면(법률 6974호 근로기준법 일부개정법률 개정이유).

관계없이 사실상 생리 현상이 있는지 여부에 따라 부여하여야 한다.[4] 여성 근로자라 하더라도 고령, 폐경, 자궁 제거 등으로 생리가 없거나 또는 임신으로 인하여 생리가 일시 중단되는 경우 등 생리 현상이 없는 여성 근로자에게는 생리휴가를 부여하지 않아도 무방하다.[5] 행정해석 중에는 병가, 교사의 방학기간, 유급휴무일 등 근로의무가 면제된 기간 중 생리 현상이 있는 경우 취업규칙이나 단체협약 등에 별도의 규정이 없는 한 생리휴가를 부여하지 않아도 무방하다고 한 것이 있다.[6]

생리 기간 해당 여부 및 생리 유무에 관한 증명 책임이 누구에게 있는지에 관하여는 견해의 대립이 있다.

2003. 9. 15. 개정 전 법과 달리 현행 법에 따르면 근로자의 생리휴가권은 청구에 의하여 취득되는 권리이므로 그 발생 요건은 생리휴가권을 주장하는 근로자가 증명하여야 한다는 견해,[7] 휴가부여 의무 면제를 주장하는 사용자가 증명하여야 한다는 견해,[8] 기본적으로는 근로자 본인의 증명을 기대할 수밖에 없으나 이를 엄격하게 해석하면 제도의 취지가 상실될 우려가 있을 뿐만 아니라 성적 프라이버시와도 충돌할 수 있으므로 증명을 요구하여야 할 특별한 사정이 없는 한 증명 없이 생리휴가를 청구하더라도 사용자는 이를 부여하여야 한다는 견해[9]가 있다. 현재 행정해석은 생리현상을 이유로 신청하는 것이 아니라는 증명 책임 및 진단 비용 등을 사용자가 부담하여야 한다고 한다.[10]

## 2. 휴가의 청구 또는 사전 통보

생리휴가는 여성 근로자가 청구하여야 부여된다. 생리휴가의 청구는 본인의 생리 기간 중 특정일에 근로의무를 면하기 위한 청구이므로, 월 1일의 범위 내에서 휴가를 받고자 하는 날을 지정하여 청구하여야 한다. 청구의 성질상 그

4) 2004. 5. 28. 여성고용과-1081, 2004. 5. 15. 여성고용과-996, 2003. 8. 28. 평정 68240-312.
5) 서울민사지법 1993. 5. 7. 선고 92나27668 판결(이 판결에 대한 판례평석으로는 노행남, 24~30면); 2004. 5. 15. 여성고용과-996; 김유성, 366면; 김형배, 노동법(제27판), 박영사(2021), 562면; 이상윤, 노동법(제17판), 법문사(2021), 328면; 임종률, 노동법(제20판), 박영사(2022), 625면; 하갑래, 532면. 이에 대하여 임신 중에도 건강진단을 비롯한 모성보호를 이유로 생리휴가를 주어야 한다는 견해로는 이병태, 860면.
6) 2015. 12. 9. 여성고용정책과-3716, 2003. 8. 28. 평정 68240-312, 2001. 2. 12. 여원 68240-42.
7) 김형배, 노동법(제27판), 박영사(2021), 562면; 이병태, 860면.
8) 신명 · 윤자야 · 이원희, 218면; 임종률, 615면; 하갑래, 532~533면.
9) 김유성, 366면.
10) 2015. 12. 9. 여성고용정책과-3716.

청구 시기는 지정 휴가일 이전이어야 하고, 또 휴가일 이전이면 족하다.[11)]

근로자가 사전 통보 없이 무단결근한 후 생리휴가를 사용한 것이라고 일방적으로 통보하는 경우 사용자는 이를 거부하고 무단결근으로 처리할 수 있다. 단체협약에 월 중 1일의 결근은 생리휴가로 대체하고 결근으로 간주하지 아니한다는 규정이 있는 경우 사후 통보는 가능하겠으나, 여성 근로자는 결근 후 지체 없이 그것이 생리로 인한 결근이었다는 통고를 하거나 그것을 생리휴가로 대체해줄 것을 요구하여야 하고, 만일 그렇지 않았다면 생리휴가를 사용한 것으로 볼 수 없다.[12)]

## Ⅲ. 생리휴가의 내용

### 1. 사용 방법

생리휴가는 월 1일씩 부여된다. 생리휴가는 사실상의 생리 현상에 따라 부여하는 것으로 2003. 9. 15. 개정 전 법에 규정되어 있는 월차휴가와 달리 적치하여 사용하거나 분할하여 사용할 수 없고, 그 달이 지나면 소멸한다.[13)] 생리휴가의 특성상 사용자가 미리 생리휴가 가능 요일을 지정하거나 특정일에 대체휴무를 시키는 것은 허용되지 않는다.[14)] 근로자가 법상 요건을 갖추어 정당하게 생리휴가를 부여받았다면 휴가기간 중 휴식 방법은 근로자의 자유에 맡겨져 있는 것이므로, 생리휴가 중 해외여행을 한 사실만으로 법 위반이라고 보기는 어렵다는 행정해석이 있다.[15)]

생리휴가를 부여하는 대신 생리휴가근로수당으로 대신할 것을 당사자 간에 미리 약정하거나 사용자가 일방적으로 생리휴가근로수당을 지급하는 것은 허용

11) 임종률, 노동법(제20판), 박영사(2022), 625면. 근로자가 생리휴가를 한달 전에 미리 신청하였다 하더라도(즉 생리휴가 당일에 실제 생리현상이 나타날 것인지 불확실하다 하더라도) 휴가일 이전에 신청한 이상 생리휴가를 부여해야 한다는 행정해석으로, 2015. 12. 9. 여성고용정책과-3716 참조.

12) 대법원 1991. 3. 27. 선고 90다15631 판결(단체협약에 회사는 여성 근로자에게 월 1일의 생리유급휴가를 주어야 하고 월 중 1일 결근은 생리유급휴가로 대체하고 결근으로 간주하지 아니한다고 규정하고 있는 사안에서, 3일 연속 결근한 다음날 출근하여 회사간부들에게 어머니 제사 때문에 결근하였다는 말만 하였지 생리휴가관계에 대하여는 아무런 언급이 없었던 여성 근로자의 3일 연속 결근을 모두 무단결근에 해당한다고 본 판결이다).

13) 2003. 3. 17. 평정 68240-99.

14) 신명 · 윤자야 · 이원희, 219면.

15) 여성고용정책과-4065, 질의회시집, 355면에서 재인용.

되지 않는다.

사용자는 정당하게 생리휴가를 사용한 것을 이유로 근로자에게 불이익을 주어서는 안 된다. 생리휴가는 무급이건 유급이건 주휴일, 연차휴가 등을 부여하기 위한 출근율을 산정할 때 소정근로일수에 포함되고 그 날은 출근한 것으로 보아야 한다.[16]

### 2. 무 급

2003. 9. 15. 개정된 현행 법에 따른 생리휴가는 무급이다. 따라서 생리휴가를 사용하였다면 그 휴가일에 대한 임금은 지급되지 않고, 근로자가 휴가 청구를 하였으나 사용자가 이를 부여하지 않았다 하여도 사용자가 이에 대한 근로수당을 따로 지급할 의무는 없다(휴가 사용이 없었으므로 근무일에 대한 모든 임금은 지급되어야 함은 당연하다).[17]

다만, 단체협약, 취업규칙, 근로계약 등에 의하여 달리 약정한 사실이 있다면 그에 따라야 할 것이다.

## Ⅳ. 위반의 효과

법 73조를 위반하여 근로자가 청구를 하였음에도 생리휴가를 주지 않은 자는 500만 원 이하의 벌금에 처한다(법 114조 1호).

[김 민 기·오 승 이]

제74조(임산부의 보호)

① 사용자는 임신 중의 여성에게 출산 전과 출산 후를 통하여 90일(미숙아를 출산한 경우에는 100일, 한 번에 둘 이상 자녀를 임신한 경우에는 120일)의 출산전후휴가를 주어야 한다. 이 경우 휴가 기간의 배정은 출산 후에 45일(한 번에 둘 이상 자녀를 임신한 경우에는 60일) 이상이 되어야 하고, 미숙아의

16) 하갑래, 533면.

17) 2004. 7. 13. 여성고용과-1485. 생리휴가 미부여에 따른 형사처벌(500만 원 이하 벌금)을 받는 것은 별론으로 한다.

범위, 휴가 부여 절차 등에 필요한 사항은 고용노동부령으로 정한다.

② 사용자는 임신 중인 여성 근로자가 유산의 경험 등 대통령령으로 정하는 사유로 제 1 항의 휴가를 청구하는 경우 출산 전 어느 때 라도 휴가를 나누어 사용할 수 있도록 하여야 한다. 이 경우 출산 후의 휴가 기간은 연속하여 45일(한 번에 둘 이상 자녀를 임신한 경우에는 60일) 이상이 되어야 한다.

③ 사용자는 임신 중인 여성이 유산 또는 사산한 경우로서 그 근로자가 청구하면 대통령령으로 정하는 바에 따라 유산·사산 휴가를 주어야 한다. 다만, 인공임신중절 수술(「모자보건법」 제14조 제 1 항에 따른 경우는 제외한다)에 따른 유산의 경우는 그러하지 아니하다.

④ 제 1 항부터 제 3 항까지의 규정에 따른 휴가 중 최초 60일(한 번에 둘 이상 자녀를 임신한 경우에는 75일)은 유급으로 한다. 다만, 「남녀고용평등과 일·가정 양립 지원에 관한 법률」 제18조에 따라 출산전후휴가급여 등이 지급된 경우에는 그 금액의 한도에서 지급의 책임을 면한다.

⑤ 사용자는 임신 중의 여성 근로자에게 시간외근로를 하게 하여서는 아니 되며, 그 근로자의 요구가 있는 경우에는 쉬운 종류의 근로로 전환하여야 한다.

⑥ 사업주는 제 1 항에 따른 출산전후휴가 종료 후에는 휴가 전과 동일한 업무 또는 동등한 수준의 임금을 지급하는 직무에 복귀시켜야 한다.

⑦ 사용자는 임신 후 12주 이내 또는 32주 이후에 있는 여성 근로자(고용노동부령으로 정하는 유산, 조산 등 위험이 있는 여성 근로자의 경우 임신 전 기간)가 1일 2시간의 근로시간 단축을 신청하는 경우 이를 허용하여야 한다. 다만, 1일 근로시간이 8시간 미만인 근로자에 대하여는 1일 근로시간이 6시간이 되도록 근로시간 단축을 허용할 수 있다.

⑧ 사용자는 제 7 항에 따른 근로시간 단축을 이유로 해당 근로자의 임금을 삭감하여서는 아니 된다.

⑨ 사용자는 임신 중인 여성 근로자가 1일 소정근로시간을 유지하면서 업무의 시작 및 종료 시각의 변경을 신청하는 경우 이를 허용하여야 한다. 다만, 정상적인 사업 운영에 중대한 지장을 초래하는 경우 등 대통령령으로 정하는 경우에는 그러하지 아니하다.

⑩ 제 7 항에 따른 근로시간 단축의 신청방법 및 절차, 제 9 항에 따른 업무의 시작 및 종료 시각 변경의 신청방법 및 절차 등에 관하여 필요한 사항은 대통령령으로 정한다.

〈세 목 차〉



[참고문헌]

**구미영**, "육아휴직자의 복직시기를 제한하는 교육부지침의 적법성", 노동리뷰(2014. 8.), 한국노동연구원(2014); **김동석·김근주**, "출산휴가에 관한 국제기준의 의의", 법학논총 31권 2호, 한양대학교 법학연구소(2014); **김엘림**, "저출산 대책과 노동법의 역할과 과제", 노동법학 60호, 한국노동법학회(2016); **손미정**, "현행 근로기준법 제74조 임산부 근로자 휴가제도에 관한 고찰", 법학논고 60호, 경북대학교 법학연구원(2017); **신명·윤자야·이원희**, 여성노동관련법실무 — 남녀고용평등법을 중심으로, 중앙경제(2006); 고용노동부, 2018 모성보호와 일·가정 양립 지원 **업무편람**(2018); **조민혜**, "육아휴직 기간 중 출산휴가 신청을 위한 복직", 젠더 판례 다시 읽기: 2013-2014, 젠더법연구회(2017); 고용노동부, 고용평등 및 일가정 양립 지원 **질의회시집**(2018. 6.).

## Ⅰ. 임신 중 여성 근로자의 보호

법 74조는 임신 중인 여성 근로자를 보호하기 위해 출산전후휴가, 유산·사산휴가, 시간외근로의 금지, 쉬운 종류의 근로로의 전환, 출산전후휴가 종료 후 동일 업무·동등 대우 직무 복귀, 임신기 근로시간 단축 제도를 두었다. 이하 순서대로 본다.

## Ⅱ. 출산전후휴가

### 1. 의 의

출산전후휴가란 임신 중의 여성 근로자에게 출산 전후에 주어지는 휴가를 말한다. 흔히 출산휴가라고 부르기도 한다(국가공무원복무규정 20조 2항 참조). 출산전후 일정한 기간 근로 제공 의무를 면제함으로써 산모와 태아의 건강을 보호하고, 여성 근로자가 임신·출산으로 소모한 체력을 회복하도록 돕는 데에 그 취지가 있다.[1)]

1953. 5. 10. 제정된 법에서는 출산전후휴가 기간이 60일이었다(1953. 5. 10. 제정법 60조). 그 후 1961. 12. 4. 법 개정 때 출산전후휴가가 산후에 30일 이상 확보되도록 하는 규정을 둔 이래(같은 조 1항 단서 신설) 2001. 8. 14. 개정 전까지 법 규정 내용에 변함이 없었다. 그러다가 국내적으로는 여성의 출산과 양육의 부담을 덜어줌으로써 여성의 경제활동 참가율을 제고시킬 필요성이 대두되었고, 국제적으로는 2000. 6. ILO 총회에서 모성보호협약이 개정되어 출산휴가 기간의 최저 기준이 12주에서 14주로 연장되었으며, 권고 기준은 14주에서 18주로 늘어났다.[2)]

이러한 추세에 따라 2001. 8. 14. 법 개정 때 출산전후휴가 기간이 90일로 늘어났고 출산 후에 45일 이상의 휴가가 배치되도록 하였으며 최초 60일은 유급으로, 나머지는 무급으로 하였다. 한편 같은 날 남녀고용평등법이 전문 개정되어 출산전후휴가 중 60일은 사용자의 부담 하에 유급으로 하고, 나머지 30일에 대하여는 국가가 일정한 요건 아래 고용보험에서 출산전후휴가 급여를 지급하도록 함으로써(남녀고용평등법 18조), 모성 보호가 개인과 기업의 책임에서 사회적 책임으로 전환되는 계기를 마련하였다.[3)] 이에 근거하여 고보법은 출산전후휴가 급여의 요건과 지급기간 및 금액에 관하여 규정하고 있다.

그 후 2005. 5. 31. 법 개정 때 사용자가 부담하는 60일분의 휴가수당에 대하여도 "남녀고용평등법 18조의 규정에 따라 출산전후휴가 급여 등이 지급된

---

1) 이병태, 862면; 이상윤, 노동법(제17판), 법문사(2021), 329면; 임종률, 노동법(제20판), 박영사(2022), 625면.

2) ILO 183호 협약 4조 4항 및 191호 권고 1조 1항. 참고로, 183호 협약에서는 임신·출산으로 인한 질병 등의 경우 출산휴가와 별도의 휴가가 부여되어야 한다고 규정하였다(5조). 한국 정부는 183호 협약안 투표에 기권하고 191호 권고안에는 찬성하였다. 한편, 2016년 기준 OECD국가의 평균 출산전후 휴가일수는 평균 123.9일(17.7주)로서 90.3일(12.9주)인 우리나라의 경우와 비교하여 33.6일이 더 길다고 한다. 손미정, 439면.

3) 신명·윤자야·이원희, 229면.

때에는 그 금액의 한도 안에서 지급의 책임을 면한다"는 74조 4항 단서를 신설함으로써 고보법 소정의 우선지원 대상기업에 대하여는 90일분의 출산전후휴가 급여를 전부 사회화하여 고용보험에서 이를 지급하도록 하였다.

2012. 2. 1. 개정 때 휴가의 명칭이 '산전후휴가'에서 '출산전후휴가'로 바뀌었다. 2014. 1. 21. 개정 시에는 다태아 임신의 경우 출산전후휴가 기간이 120일(출산 후 60일 이상이 배정되어야 함)로 늘어났다. 최근 난임부부 치료(체외 및 인공수정시술)가 증가함에 따라 다태아의 출산 비율이 점차 증가하고 있고, 다태아 산모는 2명 이상 동시 출산, 난산, 높은 조산율 등으로 인해 출산 후 회복에 더 많은 시간이 필요하며 육아부담이 일반 산모보다 큰 사정을 고려한 것이다.[4)]

2024. 10. 22. 개정 시에는 미숙아를 출산한 경우 산모의 건강과 신생아의 회복에 더 많은 시간이 필요한 점을 고려하여 미숙아 출산의 경우 출산전후휴가 기간이 100일로 늘어났다.[5)]

배우자의 출산을 이유로 청구할 수 있는 배우자 출산휴가에 관해서는 남녀고용평등법 18조의2가 정하고 있다(여성과 소년 후론 해당부븐 참조).

## 2. 부여 대상

출산전후휴가는 임신 중 여성에게 부여된다. 이는 출·퇴근 성적과 관계없이 보장되는 휴가로서, 기업의 규모, 임시직·일용직·정규직·계약직 등 근로자의 근로 형태, 직종 등에 관계없이 근로자의 임신과 출산이라는 사실에 기초하여 부여된다.[6)] 채용 전 출산한 사람을 채용하더라도, 채용 당시 근로자가 출산 후 90일 내지 120일이 되지 않았다면 사업주는 출산일을 포함하여 90일 내지 120일까지 잔여기간 동안 출산전후휴가를 부여하여야 한다.[7)] 출산전후휴가 기간 중 소속 사업장이 변경된 경우에도 마찬가지이다.[8)]

임신·출산 등으로 소모된 여성 근로자와 태아의 건강을 보호하고, 체력을 회복하는 데에 목적이 있으므로 입양은 출산전후휴가의 대상이 아니다.[9)]

---

4) 김엘림, 101~102면.
5) 74조 1항의 개정규정은 부칙 1조 2호에 따른 시행일(2025. 2. 23.) 이후 출산하는 근로자부터 적용한다(법률 20520호 부칙 7조).
6) 2001. 11. 1. 여원 68240-508.
7) 2017. 2. 26. 여성고용정책과-847.
8) 2018. 1. 15. 여성고용정책과-241.
9) 하갑래, 536면.

육아휴직 중인 근로자가 새로운 육아휴직을 시작하거나 법 74조에 따른 출산전후휴가 또는 남녀고용평등법 19조의2에 따른 육아기 근로시간 단축을 시작하는 경우에는 그 새로운 육아휴직, 출산전후휴가 또는 육아기 근로시간 단축 개시일의 전날에 육아휴직이 끝난 것으로 본다(남녀고용평등법 시행령 14조 4항).[10] 이때 출산전후휴가 기간은 사업주에게 시기변경권이 없으므로 근로자가 신청한 기간에 대해서 주어야 하되 둘째 자녀 출산일이 포함되며 산후 45일이 확보된 90일이어야 한다.[11]

### 3. 출산전후휴가의 내용

#### 가. 휴가 기간

사용자는 임신 중의 여성 근로자에게 출산 전과 출산 후를 통하여 90일(미숙아를 출산한 경우에는 100일, 다태아는 120일)의 출산전후휴가를 주어야 하며, 이 경우 휴가 기간의 배정은 출산 후에 45일(다태아는 60일) 이상이 되어야 하고, 미숙아의 범위, 휴가 부여 절차 등에 필요한 사항은 고용노동부령으로 정한다.[12] 출산 전에 45일 내지 60일이 넘는 기간을 휴가로 사용하였을 경우(가령 출산전후휴가로 90일을 부여했는데 출산일이 늦어져 산후 45일이 확보되지 않은 경우)에도 산후에 45일 내지 60일 이상의 휴가를 주어야 한다. 90일 내지 120일을 초과하는 휴가일수는 무급휴가로 처리될 수 있으며, 사용자의 임금 지급이나 고용보험상 출산전후휴가 급여의 대상이 되지 않는다.[13]

출산전후휴가 기간은 근로자가 지정한 날부터 기산됨이 원칙이고, 만일 근로자가 출산 전에 휴가 기간을 지정하지 않았다면 그 기간은 출산일부터 90일이 되는 날까지이다.[14] 근로자의 신청이 없어도 사업주가 출산 사실을 알았다면 출

---

10) 대법원 2014. 6. 12. 선고 2012두4852 판결은 육아휴직 중인 여성 교육공무원이 구 국가공무원 복무규정(2011. 7. 4. 대통령령 제23010호로 개정되기 전의 것) 20조 2항에 따른 출산휴가 요건을 갖추어 복직신청을 하거나 미리 출산을 이유로 복직신청을 하는 경우, 임용권자는 출산휴가 개시 시점에 휴직사유가 없어졌다고 보아 복직명령과 동시에 출산휴가를 허가하여야 한다고 판시하였다. 공무원의 경우에는 남녀고용평등법 시행령 14조 4항이 직접 적용된다고 보기 어렵고, 국가공무원법 및 교육공무원법에는 위 시행령과 같은 규정이 없기 때문에 불거진 사안이다. 위 판결에 대한 상세한 검토는 구미영 및 조민혜의 글 참조.

11) 2008. 9. 5. 여성고용과-514.

12) 박홍규, 510면은 출산전후휴가 기간을 국제기준에 맞추어 앞으로 더욱 장기화하여야 한다고 주장한다. 미숙아의 범위, 휴가 부여 절차에 관하여는 규칙 12조의2 참조.

13) 2002. 2. 18. 여원 68430-79.

14) 2002. 9. 5. 평정 68240-173.

산전후휴가를 부여해야 하고, 만일 근로자가 사용자의 승인 없이 출산전후휴가를 신청 내용대로 개시하였다 하더라도 출산전후휴가에 대해서는 사업주의 시기변경권이 없으므로 무단 결근이 되지 않는다.[15] 다만, 사업주가 휴직 중인 근로자의 출산 사실을 알지 못하였고, 근로자가 출산전후휴가를 신청하지 않았다면, 출산전후휴가를 부여하지 않았다고 하더라도 법 위반으로 보기는 어렵다.[16]

출산전후휴가 기간 90일 내지 120일은 역일로 계산된다. 따라서 근로계약, 취업규칙, 단체협약 등에 따로 정함이 없는 한 그 기간 중에 있는 휴일(주휴일 등 법정 휴일과 근로계약, 취업규칙, 단체협약에서 정한 휴일 모두 포함) 일수나 휴직한 기간은 휴가 기간에 모두 포함된다(다시 말해 출산전후휴가 기간 중에 있는 휴일이나 휴가 일수만큼 더 쉴 수 있는 것은 아니다).[17] 예를 들어 시간강사의 출산전후휴가 기간에 근로 제공 의무가 없는 방학기간(무급기간)이 포함되어 있더라도 무급기간이 출산전후휴가 기간에서 제외되지 않는다.[18] 다만, 근로자가 출산전후휴가를 사용하지 않은 상태에서 근로제공 의무가 없는 휴일 또는 휴무일에 출산한 경우라면 출산일 다음 날부터 출산전후휴가를 부여하여야 한다는 행정해석이 있다.[19] 근무일에 근무 개시 후 출산 시에는 그 다음날부터 출산전후휴가를 부여하는 것이 타당하다.[20] 출산전후휴가 중 계약기간이 만료되면 출산전후휴가도 종료된다.[21]

근로자가 원하는 경우 출산전후휴가 기간을 단축할 수 있는지 여부와 관련하여, 법 74조가 정한 근로조건은 최저의 근로조건이고, 출산전후휴가는 여성근로자의 모성을 보호하기 위하여 반드시 지켜야 하는 근로조건이므로 근로자가 원한다 하더라도 출산전후휴가 기간을 단축할 수 없다.[22]

### 나. 사용 방법 — 분할 사용 가능

2012. 2. 1. 법 개정 전에는 출산전후휴가를 출산일 전후로 연속적으로 사용

15) 2017. 8. 29. 여성고용정책과-3391. 이는 유산·사산휴가, 육아휴직의 경우에도 마찬가지이다.
16) 2016. 8. 11. 여성고용정책과-2768. 이 행정해석에 따르면, 이 경우 사업주가 (출산일로 소급하지 않고) 그 사실을 안 때로부터 출산전후휴가를 부여하여도 위법이라고 할 수는 없다고 한다.
17) 2002. 9. 5. 평정 68240-173, 2006. 1. 24. 여성고용팀-333.
18) 2000. 10. 11. 여원 68240-343. 근로시 지급받는 임금보다 휴가 내지 휴직시 지급받는 급여가 더 많게 되는 불합리한 결과가 발생하는 것을 방지하는 취지이다. 같은 취지로 2015. 6. 9. 여성고용정책과-1644.
19) 2017. 7. 19. 여성고용정책과-2961.
20) 2016. 5. 18. 여성고용정책과-1542.
21) 2003. 3. 31. 평정 68240-116.
22) 2003. 9. 30. 평정 68240-346.

해야 했고, 적치하여 사용하거나 분할하여 사용할 수 없었다. 그러나 2012. 2. 1. 법 개정으로 74조 2항이 신설되어 유산의 경험 등 대통령령[23]이 정하는 사유가 있어 유산·사산 위험 등이 있는 경우 임신기간 중 어느 때라도 최대 44일(다태아의 경우에는 59일)[24]까지 출산전후휴가를 나누어 사용할 수 있도록 바뀌었다. 근로자의 출산휴가 사용을 촉진하고, 유산 및 사산과 관련하여 고위험군에 있는 임산부에 대한 보호를 더욱 강화함으로써 건전한 출산 및 회복을 도모하려는 목적이다.[25]

분할 사용이 가능한 횟수 및 기간에 대해서 제한 규정이 없으므로, 분할 사유가 있으면 제한 없이 분할 사용이 가능하다.

### 다. 휴가 종료 후 동일 업무 · 동등 대우 직무 복귀

사업주는 출산전후휴가가 종료한 후 그 근로자를 휴가 전과 동일한 업무 또는 동등한 수준의 임금을 지급하는 직무에 복귀시켜야 한다(법 74조 6항). 휴가기간이 상대적으로 장기간인 출산전후휴가를 사용한 근로자가 불이익을 받게 되는 것을 막기 위해 2008. 3. 28. 개정 법에서 신설되었다. 이 조항이 없더라도 휴가 사용을 이유로 근로자에게 불이익을 주는 것은 금지되므로 이 조항은 확인규정에 불과하지만, 이 의무 위반에 대한 벌칙 또한 새로 마련되었으므로 형사처벌이 가능하다는 점에서 규정 신설에 의의가 있다.

### 라. 출산전후휴가 수당 · 출산전후휴가 급여[26]

#### (1) 출산전후휴가 수당

출산전후휴가 기간 중 최초 60일(다태아는 75일)은 유급이다(법 74조 4항 본문). 따라서 사용자는 출산전후휴가 기간 중 최초 60일 내지 75일에 대하여 그 일수

23) 이에 따라 영 43조 1항은, 그 '대통령령이 정하는 사유'를 다음 각 호의 어느 하나에 해당하는 경우라고 규정하고 있다.
1. 임신한 근로자에게 유산·사산의 경험이 있는 경우
2. 임신한 근로자가 출산전후휴가를 청구할 당시 연령이 만 40세 이상인 경우
3. 임신한 근로자가 유산·사산의 위험이 있다는 의료기관의 진단서를 제출한 경우

24) 출산일 1일, 출산 후 45일(다태아 60일)이 보장되도록 하기 위함이다.

25) 손미정, 437면. 한편, 실무상 조산 위험이 있는 경우도 분할 가능 사유로 인정되고 있다(업무편람, 13면). 조산이라 함은 임신 20주 이상 37주 미만의 분만으로, 일반적인 분만에 비하여 신생아 사망률이 상당히 높다(손미정, 441면). 입법론상으로는 조산 위험이 있는 경우를 법령상 분할 가능 사유로 명시하는 편이 보다 명확할 것이다.

26) 법에 의하여 사용자가 유급인 출산전후휴가에 대하여 지급하는 임금을 출산전후휴가 수당이라 하고, 고보법에 따라 출산전후휴가에 대하여 국가가 지급하는 급여를 출산전후휴가 급여라 한다.

에 해당하는 임금을 근로자에게 지급하여야 한다. 법상 지급 기준을 규정하지는 않았으나, 연차휴가수당과 마찬가지로 통상임금 또는 평균임금에 따른 임금을 지급하여야 한다.

근로자가 만일 출산전후휴가 중 전부 또는 일부를 사용하지 않고 그 휴가 기간 중에 근로를 제공하였다면, 그 사용할 수 있는 기간이 끝나는 날에 출산전후 휴가근로수당 청구권이 따로 발생한다.

남녀고용평등법 18조 2항에 따라, 아래에서 보는 출산전후휴가 급여 등이 지급된 경우에는 그 금액의 한도 안에서 사용자는 그 임금 지급 책임을 면한다(법 74조 4항 단서).

### (2) 출산전후휴가 급여

#### ㈎ 출산전후휴가 급여의 취지

고용노동부장관은 일정 자격을 가진 고용보험 가입 근로자(피보험자)가 출산전후휴가를 받은 경우 출산전후휴가 급여를 지급한다(고노법 75조). 이에 따라 지급되는 급여를 출산전후휴가 급여라 한다.

2001. 8. 14. 법 개정으로 출산전후휴가 기간이 60일에서 90일로 늘어났다. 그와 같이 늘어난 30일의 출산전후휴가 기간은 무급인데, 근로소득이 생활의 기반인 근로자가 무급인 30일의 출산전후휴가를 사용하지 않을 우려가 적지 않다. 그러므로 근로소득이 주 소득원인 근로자의 생활 안정에 필요한 급여를 국가재정과 사회보험에서 지급함으로써 출산전후휴가 제도의 실효성을 확보하고 사업주의 부담을 덜어주기 위해 남녀고용평등법 18조에서는 출산전후휴가에 대한 지원과 사업주의 협력 의무 등을 규정하였다. 특히 2005. 5. 31. 고보법 개정을 통해 이른바 우선지원 대상기업[27]에 대해서는 출산전후휴가 급여 90일분 모두를 고용보험에서 지원하도록 하였다. 이는 중소기업에 대한 지원 혜택 범위를 넓히고 사업주의 부담을 덜면서 여성 근로자의 고용을 촉진하고자 하는 취지이다.

#### ㈏ 수급 자격

출산전후휴가 급여를 받을 수 있는 근로자는 출산전후휴가가 끝난 날 이전

---

27) 제조업 500명 이하, 광업, 건설업, 운수·창고업, 정보통신업 등 각 300명 이하, 도매 및 소매업, 숙박 및 음식점업 등 각 200명 이하 등 일정 규모 이하의 중소기업이 이에 해당한다(고보법 19조 2항, 고보법 시행령 12조).

에 고용보험에 가입한 기간이 통산 180일 이상이 되는 여성 근로자이다(고보법 75조 1호).[28]

㈐ 신청 절차

출산전후휴가 급여를 받기 위하여는 휴가를 시작한 날[우선지원 대상기업이 아닌 경우는 휴가 시작 후 60일(다태아 75일)이 지난 날] 이후 1개월부터 휴가가 끝난 날 이후 12개월 이내에 급여 신청을 하여야 한다. 다만, 그 기간에 천재지변, 질병, 군복무, 구속이나 형 집행 등 일정 사유로 출산전후휴가 급여를 신청할 수 없었던 자는 그 사유가 끝난 후 30일 이내에 신청하여야 한다(고보법 75조 2호, 고보법 시행령 100조, 94조).

급여 신청은 일정 서류를 첨부하여 신청인의 거주지 또는 사업장의 소재지를 관할하는 직업안정기관의 장에게 제출함으로써 한다(고보법 시행규칙 121조 1항). 사업주는 관계서류의 작성 · 확인 등 모든 절차에 적극 협력하여야 한다(남녀고용평등법 18조 4항).

㈑ 출산전후휴가 급여액

출산전후휴가 급여액은 출산전후휴가 기간(90일 내지 120일)에 대한 통상임금 해당액이다(남녀고용평등법 18조 1항). 통상임금은 휴가를 시작한 날 당시를 기준으로 한다. 다만, 우선지원 대상기업이 아닌 경우에는 출산전후휴가 기간 중 60일 내지 75일을 초과하는 일수(30일 내지 45일 한도)에 대한 통상임금 해당액만 지급된다(고보법 76조 1항). 그리고 급여액은 대통령령이 정하는 바에 따라 상한액과 하한액이 정해질 수 있는데(같은 조 2항), 2024. 1. 1. 기준으로 출산전후휴가 기간 90일에 대한 통상임금에 해당하는 금액이 630만 원을 초과하는 경우는 630만 원(90일 미만인 경우는 일수로 계산한 금액), 한 번에 둘 이상의 자녀를 임신한 경우의 출산전후휴가 기간 120일에 대한 통상임금에 상당하는 금액이 840만 원을 초과하는 경우는 840만 원(120일 미만인 경우는 일수로 계산한 금액), 하한액은 해당 기간 동안의 소정근로시간에 대한 최저임금법상 최저임금액에 해당하는 금액으로 정해져 있다(고보법 시행령 101조, 고용노동부고시 2023-83호). 사회보험의 공

28) 이에 대하여 신규 취업자 및 기간제 근로자 등이 출산휴가급여를 신청할 수 없는 경우도 발생할 수 있고, 고보법 10조 2호, 고보법 시행령 3조 1항에 의하여 고보법 적용에서 제외되는 1개월간 소정근로시간이 60시간 미만인 자(초단시간근로자)는 출산전후휴가 급여 신청을 할 수 없으므로, 고용기간 및 고용형태에 따른 차별이 발생할 수 있는 여지가 존재한다는 비판이 있다. 김동석 · 김근주, 167~168면.

공성과 형평성, 소득재분배 기능을 고려한 것이다.

㈒ 급여 제한 등

출산전후휴가 급여 기간 중에 근로자가 이직하거나 새로 취업한 경우에는 그 이직 또는 취업하였을 때부터 출산전후휴가 급여를 지급하지 아니하고(고보법 77조, 73조 1항, 2항), 근로자가 사업주로부터 출산전후휴가를 이유로 금품을 지급받은 경우 사업주로부터 받은 금품과 고보법에 따라 산정되는 출산전후휴가 급여를 합한 금액이 출산전후휴가 기간에 대한 통상임금액을 초과한 경우 그 초과액을 뺀 나머지만을 지급한다(고보법 77조, 73조 3항, 고보법 시행령 104조). 즉, 출산전후휴가를 받은 근로자가 고보법에 따라 받는 금품과 사업주로부터 받는 금품의 합계가 출산전후휴가 기간에 대한 통상임금액을 초과할 수는 없는 것이다. 다만, 휴가기간 중에 통상임금이 인상된 피보험자에게 사업주가 인상된 통상임금과 출산전후휴가 급여 등의 차액을 지급하였을 때에는 그러하지 아니하다(고보법 시행령 104조 단서).

거짓이나 그 밖의 부정한 방법으로 출산전후휴가 급여를 받았거나 받으려 한 자에게는 급여 지급이 제한되고(고보법 77조, 73조 4항), 반환과 징수도 이루어진다(고보법 77조, 62조 1항).

㈓ 근기법상 출산전후휴가 수당 지급 책임 면제

근로자가 이와 같이 출산전후휴가 급여 등을 지급받은 경우에는 사용자는 그 금액의 한도에서 출산전후휴가 수당의 지급 책임을 면한다(법 74조 4항 단서). 우선지원 대상기업(원칙적으로 중소기업이 이에 해당한다) 소속 근로자의 경우 통상적으로 출산전후휴가 급여는 출산전후휴가 기간인 90일 내지 120일분의 통상임금액이고, 사용자가 유급으로 근로자에게 지급하여야 할 출산전후휴가 수당은 60일 내지 75일분의 통상임금액일 것이므로 사용자는 전액 출산전후휴가 수당의 지급 책임을 면할 것이다.[29] 하지만 우선지원 대상기업이 아닌 기업(일반 대기업)은 출산전후휴가 급여로 지급되는 금액은 최대 30일 내지 45일분 통상임금이고, 그와 같이 지급되는 급여액은 유급으로 하는 최초 60일 내지 75일이 아닌, 무급에 해당하는 나중의 30일 내지 45일에 해당하는 금액이므로, 사용자는 유급인

29) 다만, 위 ㈑에서 본 바와 같이 2019년 현재 출산전후휴가 급여의 상한은 월 180만 원이므로, 출산전후휴가 최초 60일 내지 75일분 중 월 180만 원을 초과하는 통상임금 부분이 있다면 이는 사업주가 부담하게 될 것이다.

출산전후휴가 수당 60일분 내지 75일분 전액을 근로자에게 지급하여야 한다.

## Ⅲ. 유산 · 사산휴가

### 1. 의 의

사용자는 임신 중인 여성이 유산 또는 사산한 경우로서 그 근로자가 청구하면 대통령령으로 정하는 바에 따라 유산 · 사산휴가를 주어야 한다. 다만, 인공 임신중절 수술(모자보건법 14조 1항에 따른 경우는 제외한다)에 따른 유산의 경우는 그러하지 아니하다(법 74조 3항).

법상 출산전후휴가의 산(産)의 개념에는 정상분만뿐만 아니라 유산 · 사산 등도 포함된다. 정상적인 분만이 아닌 경우의 산모의 건강도 역시 보호대상이므로 그에 준하는 보호가 인정되어야 하는 것이다.[30] 2005. 5. 31. 개정 전 법에는 임신 중의 여성에게 출산 전후에 보호휴가를 주도록 하는 규정만 있어 여기에 유산 · 사산인 경우도 해당하는지에 관하여 논란이 있을 수 있었다. 2005. 5. 31. 개정 법은 임신 16주 이후 유산 또는 사산한 경우에 유산 · 사산휴가를 부여하는 조항을 신설하고 같은 취지로 남녀고용평등법도 개정하였다. 이어서 2012. 2. 1. 개정 법은 '임신 16주 이후' 문구를 삭제하여 유산 · 사산휴가의 범위를 임신 16주 미만을 비롯한 임신 중 모든 기간 동안 유산 · 사산한 경우로 확대하였다.

유산 · 사산휴가는 휴가기간을 임신 기간에 따라 달리 정한 것을 제외하고는 출산전후휴가와 내용이 거의 같다.[31] 앞서 출산전후휴가에서 살펴본 부여 대상, 휴가 기간의 계산 및 사용 방법, 휴가수당, 남녀고용평등법 · 고보법상 휴가급여에 관한 일반적 내용은 모두 유산 · 사산휴가에도 적용된다(휴가수당에 관하여는 법 74조 4항 참조). 이하에서는 유산 · 사산휴가에 특별한 내용만 언급한다.

### 2. 부여 조건

유산 · 사산휴가는 임신 중인 여성 근로자가 유산 또는 사산한 경우로서 그 근로자가 청구하였을 때 대통령령이 정하는 바에 따라 주어진다(법 74조 3항 본문).

---

30) 김유성, 367면.

31) 다만, 동일 업무 · 동등 대우 직무 복귀 규정(법 74조 6항)은 유산 · 사산휴가에 적용되지 않으나, 만일 유산 · 사산휴가 사용을 이유로 업무나 임금과 관련하여 불이익을 준다면 남녀고용평등법 위반에 해당될 것이다.

유산 · 사산휴가를 받기 위하여는 휴가 청구 사유, 유산 · 사산 발생일, 임신기간 등을 적은 유산 · 사산휴가 신청서에 의료기관의 진단서를 첨부하여 사업주에게 청구하여야 한다(영 43조 2항). 사업주는 정당한 이유 없이 그 청구를 거부할 수 없으나, 만일 정당한 이유 없이 청구를 거부한 경우에는 유산 · 사산휴가가 바로 개시된다고 볼 수는 없고, 사업주는 법 110조 1호에 따른 형사 처벌을 받을 것이다.[32)]

### 3. 유산 · 사산휴가 기간

유산 · 사산휴가 기간은 임신기간에 따라 다르다. 유산 또는 사산한 근로자의 임신기간이 15주 이내인 경우 유산 또는 사산한 날부터 10일까지,[33)] 16주 이상 21주 이내인 경우 30일까지, 22주 이상 27주 이내인 경우에는 60일까지, 28주 이상인 경우에는 90일까지 부여된다(영 43조 3항). 이 경우 임신기간은 7일을 1주일로 계산하여야 할 것이다.

출산전후휴가는 근로자가 출산 전에 신청하지 않으면 출산일부터 90일의 휴가가 부여되는바, 유산 · 사산휴가는 유산 · 사산하기 전에는 부여될 여지가 없고, 유산 · 사산 후부터 기간이 진행되며, 앞서 열거한 기간은 근로자가 사용할 수 있는 최장 기간이다. 따라서 유산 · 사산 직후 신청하지 않으면 휴가기간은 그 늦게 신청한 기간만큼 단축된다.[34)]

다태아 임신 중 1명이 정상출산되고 1명이 유산 또는 사산된 경우, 유산 또는 사산 시점에 해당 임신주차의 유산 · 사산휴가 청구권이 발생하고, 분만 시점에 단태아 기준 출산전후휴가를 부여해야 한다는 행정해석이 있다.[35)] 만일 근로자가 출산전후휴가를 출산 전에 분할 사용하던 중 유산을 겪은 경우, 유산한 날부터 새로이 유산 · 사산휴가를 부여하여야 할 것이다.

---

32) 사업주가 휴가 청구를 명시적으로 거부한 경우와 달리 응답을 하지 않았을 때에는 근로자가 요건을 갖추어 청구한 때에 유산 · 사산휴가가 개시된다고 본다.

33) 임신기간이 11주 이내인 경우에는 유산·사산 휴가 기간이 5일이었으나 근기법 시행령 개정으로 10일로 확대되었다(영 43조 3항 1호). 다만 위 개정 규정은 그 시행일인 2025. 2. 23. 이후 유산 또는 사산하는 경우부터 적용한다.

34) 하갑래, 537면.

35) 2015. 10. 29. 여성고용정책과-3216. 휴가기간이 중복될 경우 남은 기간이 더 긴 휴가 1개만 남게 될 것이다.

### 4. 인공 임신중절 수술의 경우

유산 · 사산휴가는 자연적인 유산 또는 사산인 경우에만 주어지고, 인공 임신중절 수술의 경우는 주어지지 않는다. 법률상 금지된 낙태에 대해서까지 산모를 보호하지는 않겠다는 취지이다.[36] 다만, 모자보건법 14조 1항에서 허용하는 인공 임신중절 수술에 따른 유산에는 유산 · 사산휴가를 주어야 한다(법 74조 3항 단서).

한편 헌법재판소는 2019. 4. 11. 선고 2017헌바127 결정으로, "형법 269조 1항, 270조 1항 중 '의사'에 관한 부분은 모두 헌법에 합치되지 아니한다. 위 조항들은 2020. 12. 31.을 시한으로 입법자가 개정할 때까지 계속 적용된다."고 결정하여 부녀가 낙태하는 행위와 의사가 부녀의 촉탁 또는 승낙을 받아 낙태하게 한 행위를 처벌하는 것을 헌법에 합치하지 않는다고 결정하였다. 태아가 모체를 떠난 상태에서 독자적으로 생존할 수 있는 시점인 임신 22주 내외에 도달하기 전이면서 동시에 임신 유지와 출산 여부에 관한 자기결정권을 행사하기에 충분한 시간이 보장되는 시기(결정가능기간)까지의 낙태 중에 다양하고 광범위한 사회적 · 경제적 사유를 이유로 낙태갈등 상황을 겪고 있는 경우까지도 예외 없이 전면적 · 일률적으로 임신의 유지 · 출산을 강제하고, 이를 위반한 경우 형사처벌하고 있어 침해의 최소성을 갖추지 못하였고, 태아의 생명 보호라는 공익에 대하여만 일방적이고 절대적인 우위를 부여함으로써 법익균형성의 원칙도 위반하였으므로, 과잉금지원칙을 위반하여 임신한 여성의 자기결정권을 침해한다는 이유이다(헌법불합치의견 4인의 의견. 그 외에 3인의 단순위헌의견도 있었다). 이에 따라 법률상 금지된 낙태를 보호하지 않겠다는 이유로 유산 · 사산휴가를 주지 않는 것은 타당성이 상당히 줄어들었고, 적어도 2021. 1. 1.부터는 모자보건법에서 허용되는 임신중절 수술이 아니라도 자신의 의사에 따른 임신중절의 경우에도 유산 · 사산휴가가 주어질 필요가 있다고 생각한다.

모자보건법 14조 1항에서 허용되는 인공 임신중절은 임신 24주일 이내에서 (i) 본인 또는 배우자가 대통령령이 정하는 우생학적 또는 유전학적 정신장애나

36) 이에 대해서, 현행법상 허용되지 아니하는 불법행위에 해당하는 낙태라 하더라도 이는 형법이 추구하는 보호법익의 범위 내에서 논해질 문제일 뿐이고, 임산부 근로자가 '유산'으로 말미암아 신체기능 및 근로능력의 회복을 요하는 현실상황에 대한 노동법영역에서의 보호는 이루어질 필요가 있으므로 당해 근로자의 유산 · 사산휴가권을 인정해줄 여지가 있다는 주장이 있다(손미정, 446~447면).

신체질환[37]이 있는 경우, (ii) 본인 또는 배우자가 대통령령이 정하는 전염성 질환이 있는 경우, (iii) 강간 또는 준강간에 의하여 임신된 경우, (iv) 법률상 혼인할 수 없는 혈족 또는 인척 간에 임신된 경우, (v) 임신의 지속이 보건의학적 이유로 모체의 건강을 심각하게 해치고 있거나 해칠 우려가 있는 경우이다.

## Ⅳ. 시간외근로 금지 및 쉬운 종류 근로 전환

### 1. 시간외근로의 금지

사용자는 임신 중의 여성 근로자에게 시간외근로를 하게 하여서는 아니 된다(법 74조 5항 전단). 이는 시간외근로가 임신 중의 여성 근로자에게 과중한 신체적·정신적 부담을 주는 것을 방지하여 산모와 태아를 보호하기 위함이다.[38]

법 70조 2항 3호에서 임신 중의 여성이 명시적으로 청구하고 고용노동부장관의 인가를 받으면 임신 중의 여성도 야간근로와 휴일근로를 시킬 수 있도록 하고 있으므로, 여기서 금지되는 '시간외근로'는 연장근로만을 의미한다고 해석하여야 한다. 한편, 임신 중인 여성 근로자에 대하여는 탄력적 근로시간제도 적용되지 아니한다(법 51조 3항).

임신 중의 근로자에게 시간외근로를 시키지 못하게 하는 것은, 잠함(潛函) 또는 잠수 작업 등 높은 기압에서 하는 작업에 종사하는 근로자(산안법 139조, 산안법 시행령 99조 1항)와 함께 근로관계법에서 연장근로 자체를 금지하는 유일한 경우이다.

### 2. 쉬운 종류의 근로로 전환

사용자는 임신 중인 근로자의 요구가 있는 경우에는 쉬운 종류의 근로로 전환하여야 한다(법 74조 5항 후문). 이는 임신 중에 체력 소모가 많아 통상의 작업을 수행하기 곤란한 경우에 여성 근로자의 건강을 보호하기 위해 업무 강도를 조절할 수 있도록 하기 위한 것이다.[39]

쉬운 종류의 근로의 내용에 관하여는 법상 아무런 규정도 두지 않고 있으므

---

37) 모자보건법 시행령 15조 2항이 정하고 있다. 아래 (ii) '대통령령이 정하는 전염성 질환'은 같은 영 15조 3항이 정하고 있다.

38) 이상윤, 노동법(제17판), 법문사(2021), 330면.

39) 신명·윤자야·이원희, 210면.

로 '쉬운 종류의 근로'인지 여부는 사회 통념에 따라 합리적으로 판단하여야 할 것이나, 대체로 임신 중의 여성이 어려움 없이 감당할 수 있는 업무, 즉 신체적·정신적으로 보다 수월하고 용이한 업무라고 보아야 할 것이다.[40] '쉬운 종류의 근로'는 그 근로 내용만이 아니고 근로시간대의 변경도 포함한다.[41] 이 규정이 사업주에게 근무지역 변경의무까지 부여하는 것은 아니라는 행정해석이 있다.[42]

쉬운 종류의 근로로 전환하는 것은 임신 중의 여성 근로자의 요구를 전제로 하므로 여성 근로자가 요구하지 않는 경우 종래의 업무에 그대로 사용해도 이 규정에 위반되지 않는다.[43] 또한 임신을 이유로 근로자의 의사에 반하여 사용자가 임의로 전환시킬 수는 없다.[44]

## V. 근로시간 단축 및 출퇴근 시간 조정

### 1. 의 의

사용자는 임신 후 12주 이내 또는 32주 이후에 있는 여성 근로자 및 고용노동부령으로 정하는 유산, 조산 등 위험이 있는 여성 근로자가 임신 전 기간 동안 1일 2시간의 근로시간 단축을 신청하는 경우 이를 허용하여야 한다. 다만, 1일 근로시간이 8시간 미만인 근로자에 대하여는 1일 근로시간이 6시간이 되도록 근로시간 단축을 허용할 수 있다(법 74조 7항). 또한 사용자는 임신 중인 여성 근로자가 1일 소정근로시간을 유지하면서 업무의 시작 및 종료 시각의 변경을 신청하는 경우 원칙적으로 이를 허용하여야 한다(법 74조 9항).

임신기 근로시간 단축 제도는 유산의 위험이 높은 임신 12주 이내 및 조산의 위험이 높은 임신 36주 이후에 유산·사산 및 조산 등을 예방하고 임신 근로자의 건강을 보호하여 임신·출산 친화적인 근로환경을 조성하고자 하는 목적에서 2014. 3. 24. 법 개정 때 신설되었다.[45] 다만, 시행시기에 차등을 두어, 상시 300명 이상의 근로자를 사용하는 사업 또는 사업장은 공포 후 6개월이 경과한 2014. 9. 25.부터, 상시 300명 미만의 근로자를 사용하는 사업 또는 사업장은 공

40) 이상윤, 노동법(제17판), 법문사(2021), 330면.
41) 이병태, 865면.
42) 2017. 1. 5. 여성고용정책과-113.
43) 신명·윤자야·이원희, 211면.
44) 이병태, 865~866면.
45) 관보, 2014. 3. 24.자, 111~112면(법률 12527호 근로기준법 일부개정법률 개정이유) 참조.

포 후 2년이 경과한 2016. 3. 25.부터 시행되었다. 2024. 10. 22 법 개정 때 여성 근로자가 1일 2시간의 근로시간을 단축할 수 있는 기간을 '임신 후 12주 이내 또는 36주 이후'에서 '임신 후 12주 이내 또는 32주 이후'로 확대하였고, 고위험 여성 근로자의 경우 임신 전 기간 동안 근로시간 단축을 사용할 수 있도록 하였다. 출퇴근 시간 조정 제도는 2021. 5. 18. 법 개정 때 신설되었다. 이는 출퇴근 시간만을 유연하게 조정하는 제도로, 소정근로시간에는 변동이 없다는 점에서 근로시간 단축과는 다르다.

휴가의 면에서 임산부를 보호하기 위한 규정이 74조 1~4항이라면, 74조 7, 9항은 건강진단 시간을 규정한 74조의2와 함께 근로시간의 조정 측면에서 임산부를 보호하기 위한 규정이라고 할 수 있다. 근로시간 단축 규정은 임신 기간의 근로시간 단축에 관하여 규율하는바, 8세 또는 초등학교 2학년 이하의 자녀가 있는 경우 사용할 수 있는 남녀고용평등법상 육아기 근로시간 단축 제도와 대비된다.

### 2. 주요 내용

단축 근로시간 부여 대상은 임신 12주 이내 또는 32주 이후인 여성 근로자이고, 고용노동부령으로 정하는 유산, 조산 등 위험이 있는 여성 근로자(규칙 12조의3, 별표 3 참조)는 임신 전 기간 동안 단축이 허용된다. 출퇴근 시간 조정은 임신 기간 내내 가능하다. 두 제도를 이용하려는 여성 근로자는 개시 예정일의 3일 전까지 임신기간, 근로시간 변경 예정기간, 근무 개시 시각 및 종료 시각 등을 적은 문서(전자문서를 포함한다)에 의사의 진단서(같은 임신에 대하여 다시 신청하는 경우는 제외한다)를 첨부하여 사용자에게 제출하여야 한다(영 43조의2, 43조의3 1항). 두 제도 모두 근로계약의 형태, 직종, 근속기간 등과 무관하고, 횟수의 제한 없이 해당 임신 기간 중 계속 이용할 수 있으나, 근로자의 청구를 요건으로 한다.

근로자는 1일 최대 2시간까지 근로시간 단축을 청구할 수 있다. 다만, 1일 근로시간이 8시간 미만인 근로자에 대하여 사업주는 1일 근로시간이 6시간이 되도록 근로시간 단축을 허용할 수 있다. 근로시간이 1일 6시간 미만 근로자인 경우에는 사업주가 근로시간 단축을 허용해야 할 의무가 없다. 단축 방식은 제한이 없으므로, 출근 또는 퇴근시간을 조정하거나 중간에 휴게시간을 부여하는 등 사업주와 근로자가 협의하여 자유롭게 정할 수 있다.[46] 그러나 입법 취지를 생각할 때, 근로자가 신청하는 방식으로 허용하는 것이 원칙이 되어야 할 것이다.

사업주는 근로시간 단축을 허용해야 할 의무가 있고, 법에서 이 의무에서 벗어날 수 있는 예외를 두고 있지 않다. 반면 출퇴근 시간 조정에 대해서는, 정상적인 사업 운영에 중대한 지장을 초래하는 경우와 출퇴근 시간 조정시 임신 근로자의 안전과 건강에 관한 관계 법령을 위반하게 되는 경우에는 예외적으로 사업주가 허용하지 않을 수 있다(법 74조 9항 단서, 영 43조의3 2항).

사용자는 위 근로시간 단축을 이유로 그 근로자의 임금을 삭감하여서는 아니된다(법 74조 8항).

## Ⅵ. 위반의 효과

법 74조 1항 내지 5항을 위반한 자, 예컨대 임신 중의 여성 근로자에게 법에서 규정한 출산전후휴가를 주지 않은 자, 출산전후휴가 분할 사용을 불허한 자, 유산·사산한 여성 근로자가 청구를 하였음에도 유산·사산휴가를 주지 않은 자, 유급으로 된 출산전후휴가 수당과 유산·사산휴가수당을 지급하지 않은 자, 임신 중 여성 근로자에게 시간외근로를 시킨 자, 임신 중 여성 근로자가 요구하는데도 쉬운 종류의 근로로 전환하지 않은 자는 2년 이하의 징역 또는 2,000만 원 이하의 벌금에 처한다(법 110조 1호). 법 74조 6항을 위반하여 출산전후휴가가 끝난 후 그 근로자를 휴가 전과 동일한 업무나 동등한 수준의 임금을 지급하는 직무에 복귀시키지 않은 자는 500만 원 이하의 벌금에 처한다(법 114조 1호).

법 74조 7항, 9항을 위반하여 근로자가 임신기 근로시간 단축이나 출퇴근 시간 조정을 신청하였음에도 이를 허용하지 않은 자에게는 500만 원 이하의 과태료를 부과한다(법 116조 2항 2호).

만일 사용자가 임신 중의 여성 근로자에게 부여하도록 되어 있는 출산전후휴가나 유산·사산휴가의 전부 또는 일부를 여성 근로자에게 주지 않아 그 근로자가 근로를 제공하였다면, 유급으로 되어 있는 최초 60일분의 휴가수당을 지급함은 물론, 그 제공한 근로에 대하여 임금을 따로 지급하여야 한다.

[김 민 기·오 승 이]

46) 노사가 합의한다면 이를 주 단위로 적치하여 사용한다고 하여 법을 위반한 것으로는 볼 수 없다는 행정해석이 있다(3교대 근무형태인 병원사업장의 경우). 2016. 8. 11. 여성고용정책과-2768.

제74조의2(태아검진 시간의 허용 등)

① 사용자는 임신한 여성근로자가 「모자보건법」 제10조에 다른 임산부 정기건강진단을 받는데 필요한 시간을 청구하는 경우 이를 허용하여 주어야 한다.

② 사용자는 제1항에 따른 건강진단 시간을 이유로 그 근로자의 임금을 삭감하여서는 아니 된다.

〈세 목 차〉



## Ⅰ. 임산부검진 시간 허용의 의의

사용자는 임신한 여성 근로자가 모자보건법 10조에 따른 임산부 정기건강진단을 받는 데 필요한 시간을 청구하는 경우 이를 허용하여 주어야 하고, 그 건강진단 시간을 이유로 그 근로자의 임금을 삭감하여서는 아니 된다(법 74조의 2). 이 규정은 법 74조 7항과 더불어 근로시간의 면에서 임산부를 보호하기 위한 규정이다. 임산부가 건강진단을 받으려 해도 근로시간과 맞지 않거나 휴일, 휴가 때 이를 받기 어려워 건강진단을 제대로 받지 못하는 일이 생기지 않게 하고, 임산부가 건강진단을 제대로 받을 수 있게 함으로써 산모와 태아의 건강을 보호하려는 데에 입법 취지가 있다.[1)]

이 규정은 2008. 3. 21. 법 개정 때 신설되었으며, 이를 위반한 것에 대한 벌칙은 없다.

## Ⅱ. 시간 허용 요건

사용자가 임신한 여성 근로자에게 허용하여야 할 것은 모자보건법 10조에 따른 임산부 정기건강진단을 받는 데에 필요한 시간이다. 임신한 여성 근로자가 받는 모든 건강진단에 대해 필요 시간이 허용되는 것은 아니고, 모자보건법 10

1) 본문상의 표현은 임산부 정기건강진단이고, 모자보건법상으로드 정기건강진단의 대상은 임산부인데, 조문상 표목은 '태아검진'이라고 되어 있어 서로 맞아떨어지지 않는 면이 있다. 표목과 본문을 일치시키는 편이 보다 적절할 것이다.

조가 정한 임산부 정기건강진단을 받는 데에 필요한 시간만 허용된다. 이에 관해 모자보건법 10조는, 시장·군수·구청장(특별자치도지사를 포함한다. 이하 같다)이 임산부에 대하여 대통령령으로 정하는 바에 따라 정기적으로 건강진단을 실시하는 등 보건관리에 필요한 조치를 하여야 한다고 하고 있고, 모자보건법 시행령 13조는 시장·군수·구청장으로 하여금 (i) 임산부의 진단과 종합검진 및 산전·분만·산후 관리, (ii) 영유아 및 미숙아등에 대한 건강관리 및 건강진단, (iii) 임산부·영유아 및 미숙아등의 건강상의 위해요인 발견, (iv) 감염병의 예방 및 관리에 관한 법률 24조 1항 각 호의 질병 및 그 밖에 보건복지부장관이 정하는 질병의 예방접종 등을 실시하게끔 하고 있다. 결국 시장·군수·구청장 등이 실시하는 정기건강진단을 받는 데에 필요한 시간을 여성 근로자에게 허용하여야 한다.

여성 근로자가 이러한 건강진단을 받는 데에 필요한 시간을 허용받기 위하여는 여성 근로자가 사용자에게 청구를 하여야 한다.

## Ⅲ. 시간 허용의 내용

허용되는 시간은 건강진단에 필요한 시간이다. 이 시간에는 사업장 또는 거주지에서 진단기관까지 오고가는 데에 통상적으로 소요되는 왕복 시간까지 포함시켜야 한다. 근로자가 임산부 정기건강진단 외의 다른 목적으로 임산부검진 시간을 청구하고, 휴가기간 내 임산부검진이 가능하지 않을 것이라는 사실이 신의칙상 명백한 경우라면, 사업주가 근로자의 임산부검진 시간 신청을 허용하지 않더라도 근기법 위반이라고는 볼 수 없다.[2]

사용자는 건강진단 시간을 이유로 그 근로자의 임금을 삭감하여서는 아니 되므로(법 74조의2 2항),[3] 이와 같이 허용된 건강진단 필요 시간에 대하여는 근로한 것과 마찬가지로 임금이 지급되어야 한다.

[김 민 기·오 승 이]

2) 여성고용정책과-4065.
3) 건강진단시간이 유급이라는 것과 같은 의미이다.

## 제75조(육아 시간)

생후 1년 미만의 유아(乳兒)를 가진 여성 근로자가 청구하면 1일 2회 각각 30분 이상의 유급 수유 시간을 주어야 한다.

〈세 목 차〉



[참고문헌]

**김엘림**, "저출산 대책과 노동법의 역할과 과제", 노동법학 60호, 한국노동법학회(2016).

### Ⅰ. 육아 시간 부여의 의의

사용자는 생후 1년 미만의 유아를 가진 여성 근로자가 청구하면 그 근로자에게 1일 2회 각각 30분 이상의 유급 수유 시간을 주어야 한다(법 75조).

육아 시간 제도는 여성 근로자가 직장 생활과 육아를 병행할 수 있도록 하기 위한 취지에서 마련되었다.[1] 이 규정은 1953. 5. 10. 제정 이래 단 한번의 실질적인 개정 없이 지금까지 이르고 있다. 한편, ILO는 3호 협약 '모성보호 협약'(Maternity Protection Convention, 1919년) 3조 (d)항에서 "여성 근로자는 유아에게 수유를 하기 위하여 근로시간 중에 1일 2회 30분이 주어져야 한다."고 하였고, 183호 '모성보호 협약'(Maternity Protection Convention, 2000년)은 103호 '모성보호 협약'(Maternity Protection Convention, 1952년)을 개정하여 10조에서 "여성은 자녀의 수유를 위해 매일 1회 이상의 휴식이나 일일 근르시간 단축 권리를 제공받아야 한다. 수유휴식이나 일일 근로시간 단축은 근로시간에 포함되며, 그에 따라 보수가 주어진다."로 규정하였다.[2]

이 규정 외에 육아와 관련된 지원 제도, 즉 육아휴직, 육아기 근로시간 단

1) 김유성, 368~369면.
2) 김엘림, 102~103면. 대한민국 정부는 183호 협약안 투표에 기권하였다. 한편, 국가공무원 복무규정 20조 5항은, 5세 이하의 자녀가 있는 공무원은 24개월의 범위에서 1일 최대 2시간의 육아시간을 받을 수 있다고 규정하고 있다.

축 등에 대해서는 남녀고용평등법이 규율하고 있다.

## Ⅱ. 주요 내용

### 1. 청구권자

육아 시간의 청구권자는 생후 1년 미만의 유아를 가진 여성 근로자이다. 유아는 육아 시간을 청구하는 여성 근로자 본인이 출산한 자에 국한되지 않는다. 예컨대 입양된 생후 1년 미만의 유아도 육아 시간 청구의 대상이 된다. 육아 시간을 청구하는 여성 근로자가 기혼이든 미혼이든 불문한다.[3] 실질적으로 유아를 양육하는지 여부가 관건이다.

유아를 전적으로 양육하는 경우가 아니라 수유만 하는 경우도 이에 해당하는지 문제되나 수유가 양육의 주요한 요소라는 점을 고려할 때 적극적으로 해석함이 타당하다.

### 2. 부여 방법

수유 시간은 여성 근로자가 필요로 하여 청구하는 경우에 부여하여야 한다. 수유 시간은 근로자가 청구하는 시간대로 주어야 한다. 여성 근로자가 청구하지 않으면 사용자가 부여할 의무는 없다.

수유 시간은 1일 2회 각각 30분 이상을 주어야 한다. 이는 8시간 근로를 예상하여 규정된 것이므로 1일의 근로시간이 4시간 이내가 되는 경우에는 1일 1회의 수유 시간을 부여하는 것으로 충분하다고 해석된다.[4] 수유 시간은 반드시 사실상의 수유 시간만에 한정되는 것이 아니라 여성 근로자가 이에 부수하여 유아를 보살피는 데에 필요한 시간을 포함한다.[5] 근로자와 사업주 간 합의에 의하여 1일 1회 1시간의 수유시간을 부여하는 것도 가능하다고 볼 것이다.[6]

---

3) 김유성, 368~369면; 김형배, 노동법(제27판), 박영사(2021), 565면.
4) 이병태, 867면.
5) 김형배, 노동법(제27판), 박영사(2021), 565면; 이상윤, 노동법(제17판), 법문사(2021), 331면.
6) 국가공무원 복무규정 20조 5항 참조. 동일한 취지의 행정해석으로 2013. 11. 14. 여성고용정책과-2363. 다만, 유급 수유시간의 허용이 퇴근을 의미하는 것은 아니라고 한다.

### 3. 유 급

부여되는 수유 시간은 유급이다.

## Ⅲ. 위반의 효과

법 75조를 위반하여 수유 시간을 주지 않은 자는 2년 이하의 징역 또는 2,000만 원 이하의 벌금에 처한다(법 110조 1호). 수유 시간을 주었지만 유급으로 부여하지 아니한 경우에도 법 75조 위반으로 보아야 할 것이다.[7]

[김 민 기·오 승 이]

## 여성과 소년 후론(後論): 남녀고용평등법상 모성보호 및 일·가정의 양립 지원

〈세 목 차〉



[참고문헌]


**구미영a**, "육아휴직자의 복직시기를 제한하는 교육부지침의 적법성", 노동리뷰 113호, 한국노동연구원(2014. 8.); **구미영b**, "육아휴직급여 반환명령의 정당성", 노동리뷰 115호, 한국노동연구원(2014. 10.); **노호창**, "육아휴직급여에 관한 법적 쟁점의 검토", 서울법학 25권 2호, 서울시립대학교 법학연구소(2017); **박복순 외 4명**, 여성·가족 관련 법제의 실효성 제고를 위한 연구(Ⅲ): 2015년 여성·가족 관련 입법과제, 한국여성정책연구원(2015);


7) 이병태, 868면.

**박은정**, "일 · 가정의 양립 정책에 관한 단상", 젠더법학 4권 2호, 한국젠더법학회(2013); **조민혜**, "육아휴직 기간 중 출산휴가 신청을 위한 복직", 젠더 판례 다시 읽기: 2013-2014, 젠더법연구회(2017); **한지영**, "보편적 돌봄권 확보를 위한 현행 육아휴직제도 개선 방안", 이화젠더법학 8권 1호, 이화여자대학교 젠더법학연구소(2016).

남녀고용평등법은 고용에서 남녀의 평등한 기회와 대우 보장, 직장 내 성희롱 금지, 여성의 직업능력개발 및 고용 촉진, 모성 보호, 일 · 가정 양립 지원 등에 관하여 규율하고 있다. 이 법은 연혁적으로 여성 근로자의 보호와 관련하여 발전 · 확대되어 왔으나, 점차 남녀를 아우르는 모든 근로자의 일과 가정생활의 양립을 지원하는 방향으로 나아가고 있다. 일 · 가정의 양립 지원에 관한 규정들은 사업주에게 근로환경과 직접 관련이 없는 분야에 대해서까지 일정한 범위의 의무, 노력책무, 지원의무 등을 지우고, 국가, 지방자치단체 및 고용노동부장관 역시 각종 지원과 조치, 사업을 해야 한다는 점에서 전통적 의미의 근로자 보호법과는 성질을 달리한다.[1)] 입법론적으로는 규정의 목적과 보호대상 및 수규자(의무 부담자) 등을 기준으로 재편제되는 것이 바람직하다는 의견이 있다.[2)]

남녀고용평등법은 근로자를 사용하는 모든 사업 또는 사업장에 적용되나(남녀고용평등법 3조 1항), 동거하는 친족만으로 이루어지는 사업 또는 사업장과 가사 사용인에 대하여는 법의 전부를 적용하지 아니한다(같은 법 시행령 2조 1항).

## Ⅰ. 배우자 출산휴가

사업주는 근로자가 배우자의 출산을 이유로 휴가를 청구하는 경우에 10일(2025. 2. 23.부터는 20일)의 휴가를 주어야 한다. 이 경우 사용한 휴가기간은 유급으로 한다(같은 법 18조의2 1항). 국가는 배우자 출산휴가를 사용한 근로자 중 일정한 요건에 해당하는 자에게 그 휴가기간에 대하여 통상임금에 상당하는 금액(출산전후휴가 급여등)을 지급할 수 있고(같은 법 18조 1항), 출산전후휴가 급여등이 지급된 경우에는 사업주는 그 금액의 한도에서 지급의 책임을 면한다(같은 법 18조의2 2항). 배우자 출산휴가는 배우자가 출산한 날부터 90일(2025. 2. 23.부터는 120일)이 지나면 청구할 수 없고, 1회(2025. 2. 23.부터는 3회)에 한정하여 나누어 사용할 수

1) 김형배, 노동법(제27판), 박영사(2021), 571면.
2) 김형배, 노동법(제27판), 박영사(2021), 572면.

있으며, 사업주는 배우자 출산휴가를 이유로 근로자를 해고하거나 그 밖의 불리한 처우를 하여서는 아니 된다(같은 조 3~5항). 사업주가 이를 위반하여 근로자가 배우자 출산을 이유로 휴가를 고지하였는데도 휴가를 주지 아니하거나 근로자가 사용한 휴가를 유급으로 하지 아니한 경우에는 500만 원 이하의 과태료를 부과한다(같은 법 39조 3항 3호).

이 제도는 남편인 근로자가 며칠 동안이나마 근로의무에서 벗어나 출산한 배우자를 돌볼 수 있도록 하려는 것으로,[3] 출산에 대해 남녀가 공동으로 책임져야 한다는 사회·문화적 요구를 충족시키고, 일과 가정을 양립시키고자 하는 등의 목적으로[4] 2007. 12. 21. 신설되었다. 당초 3일이었던 휴가 기간은 점차 늘어나 2019. 8. 27. 개정 시 10일이 되면서 배우자 출산휴가급여의 지급 근거가 마련되었으며, 휴가기간 전체가 유급으로 바뀌고, 분할 사용이 가능하게 되었다. 이어 2024. 10. 22. 개정 시 두 배인 20일로 늘어났다.

일·가정의 양립을 지원한다는 제도의 취지에 비추어 볼 때 유산·사산의 경우에도 배우자 출산휴가를 사용할 수 있다고 해석함이 타당하다는 견해가 있다.[5]

## Ⅱ. 난임치료휴가

사업주는 근로자가 인공수정 또는 체외수정 등 난임치료를 받기 위하여 휴가를 청구하는 경우에 연간 3일(2025. 2. 23.부터는 6일) 이내의 휴가를 주어야 하며, 이 경우 최초 1일(2025. 2. 23.부터는 2일)은 유급으로 한다. 다만, 근로자가 청구한 시기에 휴가를 주는 것이 정상적인 사업 운영에 중대한 지장을 초래하는 경우에는 근로자와 협의하여 그 시기를 변경할 수 있다(같은 법 18조의3 1항). 사업주는 난임치료휴가를 이유로 해고, 징계 등 불리한 처우를 하여서는 아니 된다(같은 조 2항). 사업주가 이를 위반하여 난임치료휴가를 주지 아니한 경우에는 500만 원 이하의 과태료를 부과한다(같은 법 39조 3항 3의2호). 근로자는 난임치료휴가를 사용하려는 날, 신청 연월일 등을 적은 문서(전자문서 포함)를 사업주에게 제출해야 하며, 사업주는 해당 근로자에게 난임치료를 받을 사실을 증명할 수 있는 서류의 제출을 요구할 수 있다(같은 법 시행령 9조의2).

3) 임종률, 노동법(제20판), 박영사(2022), 628면.
4) 하갑래, 542면.
5) 민변노동법 Ⅰ, 835면.

이 규정은 2017. 11. 28. 개정으로 신설되었으며, 임신 전 단계에서도 모성을 적극 보호하고자 하는 조치라고 할 수 있다.

## Ⅲ. 육아휴직

### 1. 신청 요건

사업주는 임신 중인 여성 근로자가 모성을 보호하거나 근로자가 만 8세 이하 또는 초등학교 2학년 이하의 자녀(입양한 자녀를 포함한다)를 양육하기 위하여 휴직을 신청하는 경우에 이를 허용하여야 한다(같은 법 19조 1항). 단, 육아휴직 개시 전날까지 해당 사업에서 계속 근로한 기간이 6개월 미만인 근로자에 대해서는 사업주가 육아휴직을 허용하지 않을 수 있다(같은 법 시행령 10조).

육아휴직 신청권은 헌법 36조 1항 등으로부터 개인에게 직접 주어지는 헌법적 차원의 권리라고 볼 수는 없고, 입법자가 입법의 목적, 수혜자의 상황, 국가예산, 전체적인 사회보장 수준, 국민정서 등 여러 요소를 고려하여 제정하는 입법에 적용요건, 적용대상, 기간 등 구체적인 사항이 규정될 때 비로소 형성되는 법률상의 권리이다.[6] 육아휴직 제도는 1987. 12. 4. 남녀고용평등법 제정시 도입되었는데, 초기에는 생후 1년 미만의 영유아를 가진 여성 근로자만 이용할 수 있었으나, 1995. 8. 4. 개정으로 '근로여성 또는 그를 대신한 배우자인 근로자'로 신청권자가 확대되어 남성 근로자도 포괄하게 되었다. 이후 2005. 12. 30. 개정 때 영유아의 요건이 생후 3년 미만으로 확대되었고, 2010. 2. 4. 개정 때 만 6세 이하의 초등학교 취학 전 자녀로 대상을 넓히면서 입양 자녀도 대상에 포함시켰다. 그리고 2014. 1. 14. 개정 때 다시 대상 자녀의 연령이 만 8세 이하 또는 초등학교 2학년 이하의 자녀로 확대되었다. 그 후 배우자가 육아휴직한 경우 사업주가 육아휴직을 불허할 수 있다는 시행령 10조 단서가 2019. 12. 24. 삭제되어 같은 영유아에 대해 부부가 동시에 육아휴직을 할 수 있게 되었다. 2021. 5. 18.에는 임신 중인 여성 근로자의 모성을 보호하기 위하여, 임신 중에도 육아휴직을 할 수 있도록 법 19조 1항이 개정되었다.

6) 헌재 2008. 10. 30. 선고 2005헌마1156 전원재판부 결정.

## 2. 육아휴직 기간

육아휴직 기간은 1년 이내이나, 2025. 2. 23.부터는 같은 자녀를 대상으로 부모 각각 3개월 이상 육아휴직을 사용한 경우나 한부모가족지원법 또는 장애아동의 부 또는 모는 6개월 이내에서 추가로 육아휴직할 수 있다(같은 법 19조 2항). 그 기간은 근속기간에 포함한다(같은 조 4항). 기간제근로자 또는 파견근로자의 육아휴직 기간은 기간제법 4조에 따른 사용기간 또는 파견법 6조에 따른 근로자파견기간에 산입하지 아니한다(같은 법 19조 5항). 사용기간 또는 파견기간의 제한 때문에 사업주가 기간제근로자나 파견근로자의 육아휴직을 꺼리는 일이 없도록 하려는 것이다.[7] 근로자는 육아휴직을 2회(2025. 2. 23.부터는 3회)에 한정하여 나누어 사용할 수 있되, 임신 중인 여성 근로자가 모성보호를 위하여 육아휴직을 사용한 횟수는 분할 사용 횟수에 포함하지 않는다(같은 법 19조의4 1항). 2020. 12. 8. 개정으로 육아휴직을 나누어 사용할 수 있는 횟수가 1회에서 2회로, 2024. 10. 22. 개정으로 3회로 늘었고, 2021. 5. 18. 개정으로 임신으로 인한 휴직을 하는 경우는 분할 사용 횟수에서 제외되었다. 2025. 2. 23.부터는 나누어 사용하는 1회의 기간이 1개월(근로계약기간 만료가 임박한 기간제근로자에 대해서는 남은 근로계약기간) 이상이면 된다.

육아휴직 중인 근로자가 새로운 육아휴직을 시작하거나 법 74조에 따른 출산전후휴가 또는 남녀고용평등법 19조의2에 따른 육아기 근로시간 단축을 시작하는 경우에는 그 새로운 육아휴직, 출산전후휴가 또는 육아기 근로시간 단축 개시일의 전날에 육아휴직이 끝난 것으로 본다(같은 법 시행령 14조 4항).[8]

연차휴가 부여 때 연간 소정근로일수에 육아휴직기간을 포함시켜서 연차휴가 취득 여부를 판단하여야 하는지에 관하여, 대법원은 연간 소정근로일수에서 육아휴직 기간이 차지하는 일수를 제외한 나머지 일수를 기준으로 출근율을 산

---

7) 임종률, 노동법(제20판), 박영사(2022), 630면.

8) 대법원 2014. 6. 12. 선고 2012두4852 판결은 육아휴직 중인 여성 교육공무원이 구 국가공무원 복무규정(2011. 7. 4. 대통령령 23010호로 개정되기 전의 것) 20조 2항에 따른 출산휴가 요건을 갖추어 복직신청을 하거나 미리 출산을 이유로 복직신청을 하는 경우, 임용권자는 출산휴가 개시 시점에 휴직사유가 없어졌다고 보아 복직명령과 동시에 출산휴가를 허가하여야 한다고 판시하였다. 공무원의 경우에는 남녀고용평등법 시행령 14조 4항이 직접 적용된다고 보기 어렵고, 국가공무원법 및 교육공무원법에는 위 시행령과 같은 규정이 없기 때문에 불거진 사안이다. 위 판결에 대한 상세한 검토는 구미영a 및 조민혜의 글 참조.

정하여 연차유급휴가 취득요건의 충족 여부를 판단하되, 그 요건이 충족된 경우에 부여되는 연차유급휴가일수는 연간 소정근로일수에서 육아휴직 기간이 차지하는 비율만큼 삭감된다고 해석한다.[9)]

### 3. 사업주의 의무

사업주는 육아휴직 대상 근로자가 육아휴직을 신청하면 앞서 본 바와 같이 6개월 미만인 근로자를 제외하고는 허용하여야 할 의무를 부담한다. 사업주의 시기변경권은 인정되지 않는다.[10)] 또한 사업주는 육아휴직을 이유로 해고나 그 밖의 불리한 처우를 하여서는 아니 되며, 육아휴직 기간에는 그 근로자를 해고하지 못한다. 다만, 사업을 계속할 수 없는 경우에는 그러하지 아니하다(같은 법 19조 3항). 여기에서 '불리한 처우'란 육아휴직 중 또는 육아휴직을 전후하여 임금 그 밖의 근로조건 등에서 육아휴직으로 말미암아 육아휴직 사용 근로자에게 발생하는 불이익 전반을 의미하므로, 사업주는 육아휴직 사용 근로자에게 육아휴직을 이유로 업무상 또는 경제상의 불이익을 주지 않아야 하고, 복귀 후 맡게 될 업무나 직무가 육아휴직 이전과 현저히 달라짐에 따른 생경함, 두려움 등으로 육아휴직의 신청이나 종료 후 복귀 그 자체를 꺼리게 만드는 등 근로자로 하여금 심리적으로 안정된 상태에서 육아휴직을 신청·사용함에 지장을 초래하지 않아야 한다.[11)]

사업주는 육아휴직을 마친 후에는 휴직 전과 같은 업무 또는 같은 수준의 임금을 지급하는 직무에 복귀시켜야 한다(같은 조 4항 전문). 휴직 전과 '같은 업무'에 해당한다고 보려면, 취업규칙이나 근로계약 등에 명시된 업무내용뿐만 아니라 실제 수행하여 온 업무도 아울러 고려하여, 휴직 전 담당 업무와 복귀 후의 담당 업무를 비교할 때 그 직책이나 직위의 성격과 내용·범위 및 권한·책임 등에서 사회통념상 차이가 없어야 한다. 만약 휴직기간 중 발생한 조직체계나 근로환경의 변화 등을 이유로 사업주가 '같은 업무'로 복귀시키는 대신 '같은 수준의 임금을 지급하는 다른 직무'로 복귀시키는 경우에도 복귀하는 근로자에게 실질적인 불이익이 있어서는 아니 된다. 사업주가 위와 같은 책무를 다하였는지 여부는 근로환경의 변화나 조직의 재편 등으로 인하여 다른 직무를 부

9) 대법원 2013. 12. 26. 선고 2011다4629 판결.
10) 하갑래, 544면.
11) 대법원 2022. 6. 30. 선고 2017두76005 판결.

여해야 할 필요성 여부 및 정도, 임금을 포함한 근로조건이 전체적으로 낮은 수준인지, 업무의 성격과 내용 · 범위 및 권한 · 책임 등에 불이익이 있는지 여부 및 정도, 대체 직무를 수행하게 됨에 따라 기존에 누리던 업무상 · 생활상 이익이 박탈되는지 여부 및 정도, 동등하거나 더 유사한 직무를 브여하기 위하여 휴직 또는 복직 전에 사전 협의 기타 필요한 노력을 하였는지 여부 등을 종합적으로 고려하여 판단하여야 한다.[12)]

### 4. 육아휴직 급여

국가는 사업주가 근로자에게 육아휴직을 허용한 경우 그 근로자의 생계비용과 사업주의 고용유지비용의 일부를 지원할 수 있다(같은 법 20조 1항). 이에 따라 고보법은 일정한 요건[13)]을 갖춘 근로자에게 육아휴직 급여를 지급한다(고보법 70조). 육아휴직 급여액은 육아휴직 시작일을 기준으로 산정한 월 통상임금의 100분의 80에 해당하는 금액(다만, 해당 금액이 150만원을 넘는 경우에는 150만원으로 하고, 해당 금액이 70만원보다 적은 경우에는 70만원으로 한다)으로 한다(고보법 시행령 95조 1항).[14)]

---

12) 대법원 2022. 6. 30. 선고 2017두76005 판결. 위 판결은 육아휴직에서 복귀 시 부여할 업무에 관한 기준을 제시한 최초의 판례이다. 대형마트의 매니저로 근무하던 근로자가 육아휴직 후 복귀하자 같은 지점의 냉동냉장영업담당으로 인사발령한 사안에서, 두 업무는 그 성격과 내용 · 범위 및 권한 · 책임 등에 상당한 차이가 있어 같은 업무에 해당한다고 보기 어렵고, '같은 수준의 임금을 지급하는 직무'에 해당하는지를 판단하기 위해서는 임금을 포함한 근로조건 등 앞서 본 여러 사정을 종합적으로 고려하여 근로자에게 실질적으로 불리한 직무를 부여하는 것인지 여부를 심리 · 판단하여야 한다고 보면서, 위 인사발령이 다른 업무에 복귀시킨 것이라고 볼 수 없고, 전과 다른 수준의 임금을 받는 직무로 복귀시켰다고 볼 수도 없다고 판단한 원심을 파기 환송하였다.

13) 육아휴직 급여를 받기 위해서는 육아휴직을 30일 이상 부여받은 피보험자(근로자) 중 육아휴직을 시작한 날 이전에 피보험 단위기간이 합산하여 180일 이상인 사람이 육아휴직을 시작한 날 이후 1개월부터 육아휴직이 끝난 날 이후 12개월 이내에 신청할 것을 요한다. 다만, 해당 기간에 대통령령으로 정하는 사유(천재지변, 본인 · 배우자 또는 본인이나 배우자의 직계존속 및 직계비속의 질병 · 부상, 병역법에 따른 의무복무, 범죄혐의로 인한 구속이나 형의 집행을 말한다)로 육아휴직 급여를 신청할 수 없었던 사람은 그 사유가 끝난 후 30일 이내에 신청하여야 한다(고보법 70조 1 · 2항). 이때 '육아휴직을 30일 이상 부여받은' 경우의 해석에 대하여, 광주고법 2020. 5. 8. 선고 2019누12509 판결은 동일한 자녀에 대하여 약 20일의 간격을 두고 총 30일의 육아휴직을 1회 분할하여 사용한 근로자의 육아휴직급여 신청을 지방고용노동청장이 육아휴직을 30일 이상 부여받지 않았다는 이유로 거부한 사안에서, 육아휴직 기간이 합산하여 30일 이상이면 연속해서 30일 이상 부여받은 경우가 아니더라도 육아휴직 급여를 신청할 수 있다고 보아 위 처분을 취소하였다(대법원 2020. 9. 10.자 2020두39723 판결로 심리불속행 기각).

14) 육아휴직 4개월째부터는 월 통상임금의 100분의 50에 해당하는 금액이었다가, 2021. 12. 31.

피보험자가 육아휴직 기간 중에 이직하거나 취업한 경우에는 그 때부터 육아휴직 급여를 지급하지 아니한다(고보법 73조 1항 · 2항). 피보험자가 사업주로부터 육아휴직을 이유로 금품을 지급받은 경우 대통령령으로 정하는 바에 따라 급여를 감액하여 지급할 수 있다(같은 조 3항). 거짓이나 그 밖의 부정한 방법으로 육아휴직 급여를 받았거나 받으려 한 사람에게는 그 급여를 받은 날 또는 받으려 한 날부터의 육아휴직 급여를 지급하지 아니한다. 다만, 그 급여와 관련된 육아휴직 이후에 새로 육아휴직 급여 요건을 갖춘 경우 그 새로운 요건에 따른 육아휴직 급여는 그러하지 아니하다(같은 조 4항).

대법원은 육아휴직 급여를 지급받기 위해서는 원칙적으로 '육아휴직 대상 자녀를 양육하기 위한 것'임이 전제되어야 한다고 보면서, 육아휴직자가 육아휴직 대상 자녀를 국내에 두고 해외에 체류한 경우에도 그것이 육아휴직 대상인 자녀를 양육한 때에 해당하는지는 육아휴직자의 양육의사, 체류장소, 체류기간, 체류목적 · 경위, 육아휴직 전후의 양육의 형태와 방법 및 정도 등 여러 사정을 종합하여 사회통념에 따라 판단하여야 한다고 한다.[15)]

### 5. 벌 칙

사업주가 육아휴직을 이유로 해고나 그 밖의 불리한 처우를 하거나, 사업을 계속할 수 없는 경우가 아님에도 육아휴직 기간 동안 해당 근로자를 해고한 경우에는 3년 이하의 징역 또는 3,000만 원 이하의 벌금에 처한다(남녀고용평등법 37조 2항 3호). 사업주가 근로자의 육아휴직 신청을 받고 육아휴직을 허용하지 아니하거나, 육아휴직을 마친 후 휴직 전과 같은 업무 또는 같은 수준의 임금을 지급하는 직무에 복귀시키지 아니한 경우에는 500만 원 이하의 벌금에 처한다(같은 조 4항 4호).

---

고보법 시행령 개정으로 휴직기간 내내 월 통상임금의 100분의 80에 해당하는 금액으로 상향 조정되었다.

15) 대법원 2017. 8. 23. 선고 2015두51651 판결. 이 판결은 대상 자녀를 국내에 두고 멕시코로 출국한 이후 1년의 육아휴직 기간 중 약 8개월의 기간 동안 자녀와 떨어져 멕시코에 체류하면서 자녀와 왕래하지 아니한 사람에 대하여, 적어도 멕시코로 출국하여 대상 자녀를 양육하였다고 보기 어려운 시점부터는 육아휴직 급여 수급요건을 충족하였다고 할 수 없다고 판단하였다.

## Ⅳ. 육아기 근로시간 단축

### 1. 신청 및 허용 요건

전일제 육아휴직은 임금의 상실과 육아휴직 급여의 한계, 복직의 불안감 및 복직 후 적응에 대한 부담감을 안겨주므로,[16] 이러한 전일제 육아휴직 제도의 단점을 보완하기 위하여 2007. 12. 21. 남녀고용평등법 개정 대 육아기 근로시간 단축 제도가 도입되었다.

사업주는 근로자가 만 8세(2025. 2. 23.부터는 만 12세) 이하 또는 초등학교 2학년(2025. 2. 23.부터는 초등학교 6학년) 이하의 자녀를 양육하기 위하여 근로시간의 단축을 신청하는 경우에 이를 허용하여야 한다. 다만, 대체인력 채용이 불가능한 경우, 정상적인 사업 운영에 중대한 지장을 초래하는 경우 등 대통령령으로 정하는 경우[17]에는 그러하지 아니하다(남녀고용평등법 19조의2 1항). 사업주가 육아기 근로시간 단축을 허용하지 아니하는 경우에는 해당 근로자에게 그 사유를 서면으로 통보하고 육아휴직을 사용하게 하거나 출근 및 퇴근 시간 조정 등 다른 조치를 통하여 지원할 수 있는지를 해당 근로자와 협의하여야 한다(같은 조 2항).

### 2. 기간 및 근로시간

단축 후 근로시간은 주당 15시간 이상이어야 하고 35시간을 넘어서는 아니 된다(같은 법 19조의2 3항). 육아기 근로시간 단축의 기간은 1년 이내로 한다. 다만, 근로자가 19조 2항에 따른 육아휴직 기간 중 사용하지 아니한 기간이 있으면 그 기간(2025. 2. 23.부터는 그 기간의 두 배)을 가산한 기간 이내로 한다(같은 조 4항). 근로자는 육아기 근로시간 단축을 나누어 사용할 수 있다. 이 경우 나누어 사용하는 1회의 기간은 3개월(2025. 2. 23.부터는 1개월) 이상이 되어야 한다(같은 법 19조

---

16) 하갑래, 544면.

17) 1. 단축개시예정일의 전날까지 해당 사업에서 계속 근로한 기간이 6개월 미만인 근로자가 신청한 경우
2. 삭제(2019. 12. 24.)
3. 사업주가 「직업안정법」 2조의2 1호에 따른 직업안정기관(이하 "직업안정기관"이라 한다)에 구인신청을 하고 14일 이상 대체인력을 채용하기 위하여 노력하였으나 대체인력을 채용하지 못한 경우. 다만, 직업안정기관의 장의 직업소개에도 불구하고 정당한 이유 없이 2회 이상 채용을 거부한 경우는 제외한다.
4. 육아기 근로시간 단축을 신청한 근로자의 업무 성격상 근로시간을 분할하여 수행하기 곤란하거나 그 밖에 육아기 근로시간 단축이 정상적인 사업 운영에 중대한 지장을 초래하는 경우로서 사업주가 이를 증명하는 경우(남녀고용평등법 시행령 15조의2).

의4 2항).

사업주는 육아기 근로시간 단축을 하고 있는 근로자에게 단축된 근로시간 외에 연장근로를 요구할 수 없다. 다만, 그 근로자가 명시적으로 청구하는 경우에는 주 12시간 이내에서 연장근로를 시킬 수 있다(같은 법 19조의3 3항). 여기서 연장근로라 함은 단축된 근로시간을 초과하는 근로를 말한다.[18] 육아기 근로시간 단축을 한 근로자에 대하여 근기법 2조 6호에 따른 평균임금을 산정하는 경우에는 근로시간 단축 기간을 평균임금 산정기간에서 제외한다(같은 조 4항).

2019. 8. 27. 남녀고용평등법 개정 때 종래 30시간이었던 주당 근로시간 한도를 35시간으로 늘리고, 육아휴직과 육아기 근로시간 단축을 합하여 그 총 기간이 1년을 넘을 수 없다고 규정하였던 것을 바꾸어 총 기간 1년의 제한을 없애고, 분할 사용 횟수 제한도 없앴다. 2024. 10. 22. 개정에서는 일·가정 양립에 대한 지원을 확대·강화하고자 육아기 근로시간 단축 신청 가능 기간을 자녀의 초등학교 전 기간이 포함되도록 대폭 확대하였다.

### 3. 사업주의 의무

사업주는 육아기 근로시간 단축을 하고 있는 근로자에 대하여 근로시간에 비례하여 적용하는 경우 외에는 육아기 근로시간 단축을 이유로 그 근로조건을 불리하게 하여서는 아니 된다(같은 법 19조의3 1항). 육아기 근로시간 단축을 한 근로자의 근로조건(근로시간을 포함한다)은 사업주와 그 근로자 간에 서면으로 정한다(같은 조 2항). 또한 사업주는 육아기 근로시간 단축을 이유로 해당 근로자에게 해고나 그 밖의 불리한 처우를 하여서는 아니 된다(같은 법 19조의2 5항). 사업주는 근로자의 육아기 근로시간 단축기간이 끝난 후에 그 근로자를 육아기 근로시간 단축 전과 같은 업무 또는 같은 수준의 임금을 지급하는 직무에 복귀시켜야 한다(같은 조 6항).

### 4. 육아기 근로시간 단축 급여

국가는 사업주가 근로자에게 육아기 근로시간 단축을 허용한 경우 그 근로자의 생계비용과 사업주의 고용유지비용의 일부를 지원할 수 있다(같은 법 20조 1항). 이에 따라 고보법은 일정한 요건[19]을 갖춘 근로자에게 육아기 근로시간 단

18) 임종률, 노동법(제20판), 박영사(2022), 632면.

축 급여를 지급한다(고보법 73조의2). 급여액은 다음 계산식에 다라 산정한다(고보법 시행령 104조의2 2항).

| 금액 | | 비율 |
|---|---|---|
| (매주 최초 10시간 단축분) 육아기 근로시간 단축 개시일을 기준으로 근기법에 따라 산정한 월 통상임금에 해당하는 금액(200만 원을 상한액으로 하고, 50만 원을 하한액으로 한다) | × | 10 (주당 단축 근로시간이 10시간 미만인 경우 실제 단축한 시간) / 단축 전 소정근로시간 |
| (나머지 근로시간 단축분) 육아기 근로시간 단축 개시일을 기준으로 근기법에 따라 산정한 월 통상임금의 100분의 80에 해당하는 금액(150만 원을 상한액으로 하고, 50만 원을 하한액으로 한다) | × | 단축 전 소정근로시간 - 단축 후 소정근로시간 - 10 / 단축 전 소정근로시간 |

### 5. 벌　　칙

사업주가 육아기 근로시간 단축을 이유로 해고나 그 밖의 불리한 처우를 한 경우, 육아기 근로시간 단축을 하고 있는 근로자에 대하여 근로시간에 비례하여 적용하는 경우 외에 육아기 근로시간 단축을 이유로 그 근로조건을 불리하게 한 경우에는 3년 이하의 징역 또는 3,000만 원 이하의 벌금에 처한다(남녀고용평등법 37조 2항 4, 5호). 사업주가 해당 근로자가 명시적으로 청구하지 아니하였는데도 육아기 근로시간 단축을 하고 있는 근로자에게 단축된 근로시간 외에 연장근로를 요구한 경우에는 1,000만 원 이하의 벌금에 처한다(같은 조 3항). 사업주가 근로자의 육아기 근로시간 단축기간이 끝난 후에 육아기 근로시간 단축 전과 같은 업무 또는 같은 수준의 임금을 지급하는 직무에 복귀시키지 아니한 경우에는 500만 원 이하의 벌금에 처한다(같은 조 4항 5호). 사업주가 육아기 근로시간 단축을 허용하지 아니하였으면서도 해당 근로자에게 그 사유를 서면으로

19) 육아기 근로시간 단축 급여를 받기 위해서는 육아기 근로시간 단축을 30일 이상 실시한 피보험자(근로자) 중 육아기 근로시간 단축을 시작한 날 이전에 피보험 단위기간이 통산하여 180일 이상인 사람이 육아기 근로시간 단축을 시작한 날 이후 1개월부터 끝난 날 이후 12개월 이내에 신청할 것을 요한다. 다만, 해당 기간에 대통령령으로 정하는 사유(천재지변, 본인·배우자 또는 본인이나 배우자의 직계존속 및 직계비속의 질병·부상, 병역법에 따른 의무복무, 범죄혐의로 인한 구속이나 형의 집행을 말한다)로 급여를 신청할 수 없었던 사람은 그 사유가 끝난 후 30일 이내에 신청하여야 한다(고보법 73조의2 1항·2항).

통보하지 아니하거나, 육아휴직의 사용 또는 그 밖의 조치를 통한 지원 여부에 관하여 해당 근로자와 협의하지 아니한 경우, 육아기 근로시간 단축을 한 근로자의 근로조건을 서면으로 정하지 아니한 경우, 같은 법 19조의2 1항을 위반하여 육아기 근로시간 단축 신청을 받고 육아기 근로시간 단축을 허용하지 아니한 경우에는 500만 원 이하의 과태료를 부과한다(같은 법 39조 3항 4~6호).

## Ⅴ. 가족돌봄휴직 등

사업주는 근로자가 조부모, 부모, 배우자, 배우자의 부모, 자녀 또는 손자녀의 질병, 사고, 노령으로 인하여 그 가족을 돌보기 위한 휴직을 신청하는 경우 이를 허용하여야 한다. 다만, 대체인력 채용이 불가능한 경우, 정상적인 사업 운영에 중대한 지장을 초래하는 경우, 본인 외에도 조부모의 직계비속 또는 손자녀의 직계존속이 있는 경우 등 대통령령으로 정하는 경우에는 그러하지 아니하다(같은 법 22조의2 1항). 사업주는 근로자가 가족(조부모 또는 손자녀의 경우 근로자 본인 외에도 직계비속 또는 직계존속이 있는 등 대통령령으로 정하는 경우는 제외한다)의 질병, 사고, 노령 또는 자녀의 양육으로 인하여 긴급하게 그 가족을 돌보기 위한 휴가[20]를 신청하는 경우 이를 허용하여야 한다. 다만, 근로자가 청구한 시기에 가족돌봄휴가를 주는 것이 정상적인 사업 운영에 중대한 지장을 초래하는 경우에는 근로자와 협의하여 그 시기를 변경할 수 있다(같은 조 2항). 사업주는 ① 근로자가 가족의 질병, 사고, 노령으로 인하여 그 가족을 돌보기 위한 경우, ② 근로자 자신의 질병이나 사고로 인한 부상 등의 사유로 자신의 건강을 돌보기 위한 경우, ③ 55세 이상의 근로자가 은퇴를 준비하기 위한 경우, ④ 근로자의 학업을 위한 경우의 사유로 근로시간의 단축을 신청하는 경우에 이를 허용하여야 한다. 다만, 대체인력 채용이 불가능한 경우, 정상적인 사업 운영에 중대한 지장을 초래하는 경우 등 대통령령으로 정하는 경우에는 그러하지 아니하다(같은 법 22조의3).

가족돌봄휴직은 2007. 12. 21. 남녀고용평등법 개정 당시 도입되었는데, 2019. 8. 27. 개정으로 돌봄 대상 '가족'의 개념이 확장되는 등 보호의 폭이 넓어졌고, 가족돌봄휴가와 가족돌봄 및 근로자 자신을 위한 근로시간 단축 제도가

20) 연간 최장 10일로 하며, 일단위로 사용할 수 있다(같은 법 22조의2 4항).

도입되는 등 폭넓은 변화가 이루어졌다. 2019. 8. 27. 개정 규정은 2020. 1. 1.부터 시행된다.

## Ⅵ. 기 타

남녀고용평등법은 19조의5~22조에서 사업주와 국가의 일·가정 양립 지원 의무에 대해서도 규정하고 있다.

사업주는 만 8세 이하 또는 초등학교 2학년 이하의 자녀를 양육하는 근로자의 육아를 지원하기 위하여 업무를 시작하고 마치는 시간 조정, 연장근로의 제한, 근로시간의 단축, 탄력적 운영 등 근로시간 조정, 그 밖에 소속 근로자의 육아를 지원하기 위하여 필요한 조치를 하도록 노력해야 한다. 고용노동부장관은 사업주가 1항에 따른 조치를 할 경우 고용 효과 등을 고려하여 필요한 지원을 할 수 있다(19조의5 1·2항). 판례는 위 규정에 따라서 자녀 양육에 대한 부담으로 발생하는 근무상 어려움을 육아기 근로자 개인이 전적으로 감당하여야 한다고 볼 수 없고, 사업주는 그 소속 육아기 근로자의 일·가정 양립을 지원하기 위한 배려의무를 부담한다고 봄이 타당하며, 사업주가 그 소속 육아기 근로자에 대하여 근로시간 등에서 배려하는 것은 남녀고용평등과 일·가정 양립의 필수적인 전제가 되는바, 이때 사업주가 부담하는 배려의무의 구체적인 내용은 근로자가 처한 환경, 사업장의 규모 및 인력 운영의 여건, 사업 운영상의 필요성 등 제반 사정을 종합하여 개별 사건에서 구체적으로 판단하여야 한다고 한다.[21] 사업주는 육아휴직 중인 근로자에 대한 직업능력 개발 및 향상을 위하여 노력하여야 하고 출산전후휴가, 육아휴직 또는 육아기 근로시간 단축을 마치고 복귀하는 근로자가 쉽게 직장생활에 적응할 수 있도록 지원하여야 한다(19조의6). 일정한 범위의 사업주는 근로자의 취업을 지원하기 위하여 수유·탁아 등 육아에 필요한 어린이집(직장어린이집)을 설치하여야 한다. 고용노동부장관은 고용을 촉진

21) 대법원 2023. 11. 16. 선고 2019두59349 판결. 이 판결은 기존 고용관계를 고용승계한 새로운 사업주가 8년 이상 유지되어 온 근로조건을 바꾸어, 육아기 근로자에게 매월 3~5회 오전 6시부터 오후 3시까지 근무하는 초번 근무와 예외 없는 공휴일 근무를 요구하고, 이를 따르지 않았음을 이유로 시용기간 만료 시 본계약 체결을 거부한 사안에서, 실질적으로 수년간의 고용이 종료되는 것과 마찬가지의 효과를 갖는 이러한 본채용 거부통보에 대해 다소 엄격한 기준에 따라 사업주가 일·가정 양립을 위한 배려를 다하였는지를 심리하고 판단할 필요가 있다고 보아 본채용 거부통보가 사회통념상 상당하다고 한 원심판결을 파기·환송하였다.

하기 위하여 직장어린이집의 설치 · 운영에 필요한 지원 및 지도를 하여야 하고, 직장어린이집을 설치하여야 하는 사업주 외의 사업주가 직장어린이집을 설치하려는 경우에는 직장어린이집의 설치 · 운영에 필요한 정보 제공, 상담 및 비용의 일부 지원 등 필요한 지원을 할 수 있다(21조 1~3항, 21조의2). 또한 국가 또는 지방자치단체는 여성 근로자를 위한 교육 · 육아 · 주택 등 공공복지시설을 설치할 수 있다(22조 1항).

[오 승 이]

제 6 장

# 안전과 보건

# 제 6 장 안전과 보건

## 제76조(안전과 보건)

근로자의 안전과 보건에 관하여는 「산업안전보건법」에서 정하는 바에 따른다.

〈세 목 차〉

[참고문헌]

**강선희**a, "사망사고에 대한 산업안전보건법의 형사책임", 노동법학 42호, 한국노동법학회(2012. 6.); **강선희**b, "파견근로자에 대한 사용사업주의 안전보호의무 위반의 손해배상책임", 노동리뷰 107호, 한국노동연구원(2014. 2.); **강선희**c, "원청업체의 산업안전보건법 제23조 제 1 항 위반책임", 노동리뷰 113호, 한국노동연구원(2014. 6.); **권영문**, "민법상 사용자의 안전배려의무", 판례연구 19집, 부산판례연구회(2008. 2.); **권창영**a, "노동가처분", 노동관계법(대한변호사협회 변호사연수원 제41기 전문분야 특별연수 자료집), 대한변호사협회 변호사연수원(2006); **권창영**b, "작업중지권 행사의 요건과 효과", 노동법률 322호, 중앙경제(2018. 3.); **권창영**c, "물질안전정보(MSDS)와 영업비밀보호의 관계", 노동법률 324호, 중앙경제(2018. 5.); **권창영**d, "작업중지명령의 요건과 효과", 노동법률 332호, 중앙경제(2019. 1.); **권창영**e, "작업중지권 행사에서 급박한 위험의 판단", 노동법률 334호, 중앙경제(2019. 3.); **권혁**, "산업안전보건법상 도급사업주의 책임강화에 관한 입법론적 평가", 노동법논총 43집, 한국비교노동법학회(2018. 8.); **김교숙**, "사업주의 안전배려의무 — 법리의 변천을 중심으로 —", 노동법에 있어서 권리와 책임 — 김형배 교수 화갑 기념 논문집, 박영사(1994); **김기선**, "사내하도급과 산업안전보건 독일 법제를 중심으로", 노동정책연구 13권 4호, 한국노동연구원(2013); **김기우**, "프랑스 노동법전상 안전보건규정의 시사점", 법학연구 51권 2호, 부산대학교(2010); **김병진**, "ILO기준과 산업안전보건법상 근로자 참여제도의 비교", 노동법논총 6집, 한국비교노동법학회(2004. 2.); **김성룡**, "형사벌·행정형벌과 과태료 부과기준 및 산업안전보건법상 처벌규정의 적정성 검토", 강원법학 34권, 강원대학교 비교법학연구소(2011. 10.); **김성룡 외 4인**, 산업안전보건법 위반사건 판결 분석 연구, 고용노동부(2018. 12.); **김영문**, "산업안전보건에 대한 근로자 참여제도 개선방안", 노동법학 23호, 한국노동법학회(2006. 12.); **김유성a·b**, "사용자의 안전배려의무(상)·(하) —새로운 직업병을 중심으로—", 사법행정 33권 5·6호, 한국사법행정학회(1992. 5./6.); **김종기**, "사용자의 보호의무위반과 손해배상책임", 판례연구 13집, 부산판례연구회(2002. 2.); **김치선·김유성**, "산업안전대책을 위한 제도보완 및 시설개선에 관한 연구", 법학 특별호 4권 41호, 서울대학교 법학연구소(1979. 12.); **김희성**, "산업안전보건법상 사전 시정조치의 운영 방식의 타당성과 개선방안에 관한 연구", 강원법학 34권, 강원대학교 비교법학연구소(2011. 10.); **남궁술**, "법규범의 발전과 판례: 프랑스 민법상 '안전배려의무'와 '정보제공의무'의 발전에 있어서의 판례의 역할을 중심으로", 민사법학 28호, 한국사법행정학회(2005. 6.); **노상헌**, "산업안전보건법상 사내하도급에 관한 사업주 책임", 노동법논총 25, 한국비교노동법학회(2012. 8.); **박득배**, "한전배려의무 위반에 대한 계약책임", 한양법학 26권 1호, 한양법학회(2015. 2.); **박영호**, "산업안전보건법에 따라 사업주에 대하여 안전상의 조치의무위반을 다하지 않은 책임을 묻기 위한 요건", 대법원판례해설 86호, 법원도서관(2011); **박일훈**, "안전배려의무의 적용실태와 약간의 검토", 노동법논총 3집, 한국비교노동법학회(2000. 3.); **방준식**, "사내하도급관계에 있어서 사용자의 안전배려의무 — 의무위반에 따른 책임귀속주체를 중심으로 —", 안암법학 25호 하, 안암법학회(2007. 11.); **산업안전보건법해설**, 건설연구원(2000); **손동권**, "이중기능적 양벌규정: 산업안전보건법의 적용사례를 중심으로", 민주사회를 위한 변론 5호, 민주사회를 위한 변호사모임(1995. 12.); **송오식**, "사용자의 안전배려의무", 법률행정논총 23집 1호, 전남대학교 법률행정연구소(2003. 6.); **심재진a**, "사내하도급근로자의 건강과 안전에 대한 도급사업주의 책임: 영국의 사례", 노동법연구 39호, 서울대학교 노동법연구회(2015. 3.); **심재진b**, "사업장 중대안전사고의 규율: 영국의 2007년 법인과실치사법 사례", 노동정책연구 15권 1호, 한국노동연구원(2015. 3.); **오상호·유성재**, 산업현장의 유해·위험물질 관리에 관한 법제연구: 독일과 한국의 산업안전보건법제 비교·분석, 한국법제연구원(2012); **오상호**, "산업안전보건법상 도급인 사업주의 책임 인정기준과 유형', 노동법포럼 23호, 노동법이론실무학회(2018. 2.); **오정용**, "개정 산업안전보건법에 관한 소고 — 형사벌칙 조항의 검토를 중심으로 —", 원광법학 34권 2호, 원광대학교 법학연구소(2018. 6.); **우희숙a**, "양벌규정과 수범자의 처벌범위에 관한 해석론: 산업안전보건법상 양벌규정을 중심으로", 법학논고 40집, 경북대학교 출판부(2012. 10.); **우희숙b**, "산업재해와 형사책임; 산업안전보건법 제66조의2를 중심으로", 법학 54권 1호, 서울대학교 법학연구소(2013); **우희숙c**, "안전조치의무위반죄의 성립요건과 형사책임 — 산업안전보건법 제23조를 중심으로—", 홍익법학 14권 1호, 홍익대학교 법학연구소(2013); 윤경, "건설기계관리법상 사업신고자는 연명신고자가 고용한 조종사에 대하여 안전배려의무가 있는지 여부", 대법원 판례해설 42호, 법원도서관(2003. 7.); 윤조덕a, 산업안전과 노동조합, 한국노동연구원(2000); 윤조덕b, 산업안전보건과 근로자참여—한국과 독일의 비교—, 한국노동연구원(2007); 이규영, "효율적 산업안전보건정책을 위한 독일의 공동 산업안전 보건전략(GDA)", 국제노동브리프 Vol. 9 No. 4, 한국노동연구원(2011. 4.); 이근우, "산업안전보건법에서 범죄주체와 책임의 불일치", 형사판례연구 25권, 한국형사판례연구회(2018); 이상국a, "ILO협약상 안전보건기준과 산업안전보건법의 비교연구—벤젠, 발암물질, 석면을 중심으로—", 노동법논총 6집, 한국비교노동법학회(2004. 2.); 이상국b, "산업안전보건법(Ⅰ)(개정 2 판), 대명출판사(2019); 이상원, "일본최고재판소판례를 통하여 본 안전배려의무의 법리와 이에 대한 반론", 판례월보 231호, 판례월보사(1989. 12.); 이순동, "안전배려의무", 형평과 정의 9집, 대구지방변호사회(1994. 11.); 이은영, "산업재해와 안전의무", 부동산법학의 제문제—석하 김기수 교수 화갑 기념 논문집, 박영사(1992); 이종한 · 이권섭 · 박진우 · 한규남, "사업장 MSDS 영업비밀 적용실태 및 제도 개선방안에 관한 연구", 한국산업위생학회지 21권 3호, 한국산업위생학회(2011); 이주원, "산업안전보건법상 양벌규정에 의한 사업주와 행위자의 처벌", 고려법학 51호, 고려대학교 법학연구원(2008. 10.); 이지은, "사내하도급근로자에 대한 도급인의 안전배려의무", 안압법학 56호, 안암법학회(2018); 이창상, "계약법규범과 불법행위법규범과의 관계에 관한 고찰: 안전배려의무의 법적 성질과 판례의 분석", 경성법학 12호, 경성대학교 법학연구소(2003. 10.); 전형배a, "기업의 사회적 책임과 산업안전보건", 법조 649호, 법조협회(2010. 10.); 전형배b, "산업안전보건법 벌칙규정의 현황과 과제", 강원법학 34권, 강원대학교 비교법학연구소(2011. 10.); 전형배c, "파견근로에서 사용사업주의 안전보호의무와 민사책임", 노동법연구 35호, 서울대학교 노동법연구회(2013); 전형배d, "도급과 근로자의 안전", 노동법논총 31, 한국비교노동법학회(2014. 8.); 전형배e, "안전배려의무의 내용과 과제", 노동법학 55호, 한국노동법학회(2015. 9.); 전형배f, "중소규모 사업장 안전보건법제 검토", 노동법학 67호, 한국노동법학회(2018. 9.); 전형배g, "산업안전보건법 전부개정안의 내용과 과제", 사회법연구 36권, 한국사회법학회(2018); 정진우a, 산업안전보건법의 국제비교 연구: 독일, 미국, 영국, 일본, EU, 한국경영자총협회(2009); 정진우b, "산업안전보건법상 알 권리에 관한 비교법적 연구", 노동법학 46호, 한국노동법학회(2013. 6.); 정진우c, "산업안전보건법 전부개정안에 대한 비판적 고찰", 노동법논총 42집, 한국비교노동법학회(2018. 4.); 정진우d, "산업안전보건법 정부개정안의 쟁점과 과제", 사회법연구 36권, 한국사회법학회(2018); 정태린 · 권재윤, "산업안전보건법에 기초한 프로스포츠 선수에 대한 안전배려의무에 관한 연구", 한국사회체육학회지 73, 한국사회체육학회(2018. 8.); 조흠학a, "산업안전보건법에서의 특수건강진단의 법률적 고찰", 사회법연구 15호, 한국사회법학회(2010. 12.); 조흠학b, "산업안전보건법의 제정에 관한 역사적 의미에 관한 연구", 법학논고 37집, 경북대학교 출판부(2011. 10.); **조흠학**c, “산업안전보건법상 근로자의 권리: 작업중지권 실태조사를 중심으로”, 노동법논총 31권, 한국비교노동법학회(2014); **조흠학**d, “산안법에서 위험작업의 근로자 보호방안”, 노동법논총 42권, 한국비교노동법학회(2018); **조흠학 · 이관형**, “행정법으로의 산업안전보건법에 관한 법률적 의미”, 강원법학 34권, 강원대학교 비교법학연구소(2011. 10.); **조흠학 · 장유리**, “산업안전보건법 개정안에 대한 소고”, 사회법연구 36권, 한국사회법학회(2018); **최정학**, “산업안전보건법 제66조의2의 처벌규정에 관한 연구”, 일감법학 36권, 건국대학교 법학연구소(2017); **최창렬**, “안전배려의무의 체계”, 성균관법학 16권 3호, 성균관대학교 비교법연구소(2004. 12.); **岡村親宜**, “使用者 · 事業主の民事責任”, 講座 12; **勞働基準法 Ⅱ**, 青木宗也 · 片岡曻 編, 青林書院(1995); **桑原昌宏**, 勞働災害と日本の勞働法, 法律文化社(1973); **矢崎博一**, “安全配慮義務と履行補助者”, 勞働訴訟法 [Ⅱ]; **籾井常喜**, “勞働災害と權利鬪爭の課題”, 季刊勞働法 75호(1970. 3.); **齊藤隆**, “過失相計”, 勞働訴訟法 [Ⅱ]; **荒木誠之**, “勞働災害と親企業の責任”, 季刊勞働法 94호(1974. 12.).

## Ⅰ. 의 의

근로자의 생명, 신체, 건강은 근로자에게 가장 소중한 것이고, 그것이 근로제공 과정에서 손상당하지 않도록 하는 것은 노동법의 중요한 과제이다. 근로시간 · 휴식에 관한 법정 기준도 근로자에게 과도한 피로가 축적되는 것을 방지함으로써 건강 장애와 사고 발생을 방지하는 기능을 수행하고,[1] 그 밖의 대우 보장의 체계(최저임금제, 단체교섭권 등)도 근로자 건강의 유지 향상에 간접적으로 이바지하는 것이며, 산업재해보상 책임의 제도화도 산업재해를 억제하는 효과가 있다. 그러나 위와 같은 과제의 중심을 이루는 것은 근로의 장에서 안전 · 보건을 확보하고, 그에 따라 산업재해를 방지하는 것이다.[2]

헌법상 근로의 권리가 ‘일할 자리에 관한 권리’만이 아니라 ‘일할 환경에 관한 권리’도 함께 내포하고 있고, 후자는 인간의 존엄성에 대한 침해를 방어하기 위한 자유권적 기본권의 성격도 갖고 있어 건강한 작업환경을 요구할 수 있는 권리 등을 포함하고 있다.[3] 이를 위하여 헌법 34조 6항은 “국가는 재해를 예방하고 그 위험으로부터 국민을 보호하기 위하여 노력하여야 한다”고 규정하고 있고,[4] 36조 3항은 “모든 국민은 보건에 관하여 국가의 보호를 받는다”고 규정

1) Münchener Kommentar BGB, Band 4, Schuldrecht Besonderer Teil Ⅱ, 5. Aufl., C. H. Beck (München, 2009), 613면.
2) 菅野(역), 418면.
3) 헌재 2007. 8. 30. 선고 2004헌마670 전원재판부 결정.

하고 있으며,[5] 국가는 특히 근로자에 대한 재해예방의무와 보건의무를 구체화하기 위하여 근기법과 산안법 등을 제정·시행하고 있다.

근로자의 안전과 보건에 관하여 1953. 5. 10. 제정된 근기법은 64조부터 73조까지 10개 조문을 두어 위험방지, 안전조치, 특히 위험한 작업, 유해물, 위험작업물의 취급 제한, 안전위생교육, 병자(病者)의 취업 금지, 건강진단, 안전관리자와 보건관리자, 감독상의 행정조치 등을 규정하였다. 우리나라 산업구조가 1953. 5. 10. 근기법 제정 때부터 지금까지 1차 산업 중심에서 2, 3차 산업 중심으로 급격히 고도화되고 근로자의 안전과 보건에 중대한 영향을 끼치는 사업장 내 시설과 환경도 급변하였음에도, 근기법이 정한 6장 안전·보건 규정은 실질적 내용의 개정 없이 1990. 1. 13. 산안법 개정과 함께 삭제되기 전까지 약 40년 가량 그대로 규정되어 있었다. 그리하여 1981. 12. 31. 산안법이 제정되기 전까지 근로자의 안전·보건에 대한 법적 규율은 미미하기 그지 없어, 적어도 법 제도의 영역에서는 사실상 근로자의 안전·보건은 학설상 고용계약과 근로계약의 해석에만 맡겨진 채 방치되어 있었다고 보아도 과언이 아니었다.

산안법은 1981. 12. 31. 총칙, 안전·보건관리체제, 유해위험예방조치, 근로자의 보건관리, 감독과 명령, 보칙, 벌칙 등 현행 산안법과 거의 같은 체제를 갖추고 제정되었다. 1982. 7. 1. 산안법이 시행되면서 근기법의 6장 안전보건 규정과 산안법이 이중적으로 산업안전과 근로자의 안전·보건을 규율하는 체제가 유지되다가, 1990. 1. 13. 개정 산안법이 시행된 1990. 7. 14.부터는 근로자의 안전과 보건에 관하여는 산안법이 정하는 바에 의하도록 하여[6] 산안법 단일 체제로 바뀌었다.[7]

한편, 민법학자들은 민법상 고용계약과 관련된 의무의 하나로 사용자의 안

4) 헌법학자들은 위 조항상 '재해'를 '국가적 재앙'으로 해석하거나[성낙인, 헌법학(8판), 법문사(2008), 676면], '자연재해'로 해석하고 있으나[구병삭, 신헌법원론(3전정판), 박영사(1996), 617면], 위 재해를 이와 같이 좁게 해석할 근거는 없다.

5) 헌법학자들은 보건권을 '국민이 자신과 가족의 건강을 유지하는 데 필요한 국가적 급부와 배려를 요구할 수 있는 권리'[권영성, 헌법학원론(개정판), 법문사(2008), 705면], '국가에 대하여 건강한 생활을 침해하지 않도록 요구하거나 보건을 유지하도록 국가에 대하여 적극적으로 요구할 수 있는 권리'[김철수, 헌법학개론(18전정신판), 박영사(2008), 772면], '국민이 자신의 건강생활에 대해서 국가의 보호를 받을 수 있는 것'[허영, 한국헌법론(전정 4 판), 박영사(2008), 436면]으로 해석하고 있다.

6) 이러한 조항을 일본에서는 입거조항(入渠條項, docking)이라고 한다. 菅野(역), 420면.

7) 이와 별도로 근기법 100조에서는 기숙사의 설비와 안전위생에 관하여 규정하고 있다. 이에 대한 자세한 내용은 근기법 100조에 대한 해설 참조.

전배려의무, 근로자의 성실의무를 인정하고 있고,[8] 노동법학자들도 근로계약의 부수의무의 하나로 사용자의 안전배려의무를 인정하고 있다.[9] 판례도 근로계약에 수반되는 신의칙상의 부수적 의무로서 사용자는 보호의무를 부담한다는 입장을 취하고 있다.[10] 이하에서는 먼저 사용자의 안전배려의무를 살펴보고 산안법의 주요 내용을 검토하기로 한다.

## Ⅱ. 사용자의 안전배려의무

### 1. 개 념

현대 산업 사회에서 근로자는 업무와 관련하여, 부상 · 질병 · 사망 등 직업상 위험에 항시 노출되어 있다. 산업재해가 발생한 경우 근로자는 근기법상 재해보상제도와 산재법상 산재보험에 의하여 보상을 받을 수 있고, 그 밖에 민법상의 책임을 청구할 수 있다. 사용자에게 채무불이행책임이나 불법행위책임을 추궁하기 위해서는 사용자에게 주의의무가 존재하여야 하고 사용자가 주의의무를 위반하여야 하는데, 민법 390조 · 750조는 손해배상청구권의 성립요건으로서 과실을 요구할 뿐 과실의 내용에 관한 구체적인 언급은 없다. 그러므로 주의의무의 존부와 위반 여부를 판단하는 기준은 판례의 분석을 통하여 구체화되어야 한다.[11]

안전배려의무란 근로자의 안전 · 보건에 관한 사용자의 주의의무라고 할 수 있다. 그러나 안전배려의무라는 용어는 통일된 용어는 아니며, 학자마다 용어를 달리 사용하고 있다. 판례는 "사용자는 근로계약에 수반되는 신의칙상의 부수적 의무로서 피용자가 노무를 제공하는 과정에서 생명, 신체, 건강을 해치는 일이 없도록 인적 · 물적 환경을 정비하는 등 필요한 조치를 강구하여야 할 보호의무를 부담하고, 이러한 보호의무를 위반함으로써 피용자가 손해를 입은 경우 이를 배상할 책임이 있다"[12]라고 판시하여 주로 '보호의무'라는 용어를 사용하지만, '안전배려의무'라는 용어를 사용하기도 한다.[13] 이하에서는 안전배려의무에 관

---

8) 민법 주해[XV] 채권(8), 342~354면; 주석 민법(3판) [채권각칙(4)], 70~77면.
9) 김유성, 54면; 김형배, 345면; 이병태, 911면; 임종률, 360면.
10) 대법원 2000. 5. 16. 선고 99다47129 판결, 대법원 2001. 7. 27. 선고 99다56734 판결, 대법원 2004. 7. 22. 선고 2003다20183 판결, 대법원 2006. 9. 28. 선고 2004다44506 판결, 대법원 2012. 8. 23. 선고 2012다9041 판결.
11) 이은영, 974면.
12) 대법원 2000. 5. 16. 선고 99다47129 판결.

한 독일과 일본의 논의를 먼저 살펴보기로 한다.

## 2. 외국의 논의

### 가. 독일의 배려의무론[14)]

#### (1) 배려의무에 관한 논의의 변천

근로관계에서 사용자의 배려의무(Fürsorgepflicht)를 강조하는 것은 독일 게르만법의 가내 노동에 관한 충성근무계약의 고용관에 기초를 둔 것으로, Otto von Gierke에 의해 인법상 공동체관계론(personenrechtlichen Gemeinschaftsverhältnis)의 한 내용으로서 전개되었는데, 항상 근로자의 사용자에 대한 충실의무(Treupflicht)와 대응관계에 선다는 특색이 있다. 독일 민법 제정 당시부터 고용계약상 의무로서 배려의무와 충실의무를 인정할 것인지에 관하여 활발한 논쟁이 전개되었는데, 긍정설은 고용계약의 독자적인 의무로서 배려의무와 충실의무를 인정하여 사용자의 배려의무를 "고용관계의 범위 내에서 근로자를 위하여 노력하고 그에게 보호와 배려를 베풀고 근로자의 이익에 해로운 일체의 일을 행하지 않을 의무"로 이해했다. Kahn-Freund의 평석에 따르면, 제국노동법원은 배려의무를 통해 법률이나 단체협약을 초월하여 근로자에게 사회적 보호를 부여하였는데,[15)] 이러한 판례의 경향은 Nazi 지배 하에서 더욱 강화되었다.[16)]

제 2 차 세계대전 종전 이후에는 배려의무와 충실의무를 부인하는 부정설이 주장되었는데, 이에 의하면 사용자의 배려의무는 내용이 불확정적이고 무제한적이어서 집행이 불가능하다고 한다.[17)] 다른 한편, 배려의무와 충실의무를 신의성실의 원칙의 파생원리로서 채권관계에 따른 부수적 의무에 불과하며 근로계약

---

13) 대법원 2000. 9. 29. 선고 2000다28995 판결, 대법원 2008. 2. 24. 선고 2007다76153 판결.

14) 이은영, 974~980면; Münchener Handbuch Arbeitsrecht, Band 1, Individualarbeitsrecht I, C. H. Beck(München, 1992), 1548~1561면(Blomeyer 집필부분); Erfurter Kommentar zum Arbeitsrecht, C. H. Beck(München, 1998), 1586~1595면(Wank 집필부분); Münchener Kommentar BGB, Band 4, Schuldrecht Besonderer Teil Ⅱ, 5. Aufl., C. H. Beck(München, 2009), 594~626면(Henssler 집필부분).

15) O. Kahn-Freund, Das soziale Ideal des Reichsarbeitsgerichts, wieder abgedruckt bei Ramm, Arbeitsrecht und Politik, 1966, S.149, 194ff.

16) 이은영, 975면.

17) 한편, 노무급부와 직접 관련이 없는 충실의무로서 사용자의 경영 이익을 최선을 다해 지키고 이익에 해가 되지 않도록 행동할 의무를 부과하는 것은 근로자에게 무제한적인 인적 속박을 가하게 되므로 부당하고, 노무급부에 관하여 근로자에게 충실의무를 부과하는 것은 법적으로 불가능하다고 한다.

특유의 독자적인 의무가 아니라는 신의칙상 부수의무설이 주장되었는데, 이에 의하면 배려의무는 선량한 풍속과 예절을 유지할 의무를 포함한다고 해석된다. 선량한 풍속과 예절을 유지할 의무는 독일 민법 242조의 신의성실에 따라 계약을 이행할 의무라는 일반원칙에서 파생된 것으로, 부수의무는 독일 민법이론에서 보호의무(Schutzpflicht)로 일반화됨으로써 채권법의 일반적인 개념으로 논의되고 있다. 한편, 배려의무와 성실의무를 개념상으로나 내용상으로 노동법의 특유한 제도로서 구성하려는 노력도 행해졌다.

(2) 배려의무의 내용

사용자는 기업의 이해와 근로자의 이익을 고려하여 신의와 성실에 따라 공정하게 요구될 수 있는 방법으로 그의 권리를 행사하고 근로관계와 관련된 근로자의 이익을 보호해야 한다. 배려의무의 구체적인 내용은 독일 민법 618조와 619조에 규정되어 있다.[18] 618조는 근로자를 노무와 결부된 생명과 건강의 위험으로부터 보호하려는 목적으로 규정된 것으로,[19] 위 조문상 배려의무는 근로자의 재산에 대한 침해에 대하여는 적용되지 않기 때문에,[20] 고용계약상의 일반적인 배려의무 중 일부만을 명문화한 것으로 해석된다. 618조는 수급인이 도급인이 제공한 기계나 설비를 갖고 작업하던 중 그 설비가 인체에 위험을 끼친 경우에는 도급계약에도 적용되고, 유상의 위임계약에도 적용되며, 공법상의 근로관계(Öffentlicher Dienst)에도 적용된다.[21]

18) 618조(안전배려의무)

① 사용자는, 그가 노무의 실행을 위하여 제공한 장소, 장비나 기구를 설치·유지하고, 자신의 명령 또는 지시 하에 행해지는 노무급부를 지휘할 때 노무급부의 성질이 허용하는 한도에서 노무자가 생명과 건강에 대한 위험으로부터 보호되도록 하여야 한다.

② 노무자가 가정적 공동생활에 받아들여진 때에는, 사용자는 거실과 침실, 식사 및 근로시간과 휴식시간에 관하여 근로자의 건강, 풍기, 종교를 고려하여 필요한 시설과 규율을 행하여야 한다.

③ 사용자가 노무자의 생명 및 건강에 관하여 부담하는 의무를 이행하지 아니한 때에는, 그의 손해배상의무에 관하여 불법행위에 관한 842조 내지 846조의 규정이 준용된다.

619조(보호의무의 강행성)

617조, 618조에 따른 사용자의 의무는 계약에 의하여 사전에 배제하거나 제한할 수 없다.

19) Münchener Kommentar BGB, Band 4, Schuldrecht Besonderer Teil Ⅱ, 5. Aufl., 596면.

20) BAG AP BGB §611 Fürsorgepflicht Nr. 26, 75. 이에 관하여는 611조, 241조 2항 등이 적용된다.

21) 그러나 공법상의 근로관계가 있는 근로자가 아닌, 공무원에 대하여는 618조가 아니라 연방공무원법(Bundesbeamtengesetz) 79조 등이 적용된다. Münchener Kommentar BGB, Band 4, Schuldrecht Besonderer Teil Ⅱ, 5. Aufl., 616면.

#### (3) 배려의무 위반의 효과

##### (가) 이행청구권(Erfüllungsanspruch)

근로자는 독일 민법 618조 1항 · 2항의 배려의무의 이행을 사용자에게 청구할 권리를 갖는다. 이행청구에 관한 소송은 노동법원이 관장하는데, 배려의무에 대한 이행청구의 소를 제기하는 것은 실무에서 매우 드물다.[22] 배려의무를 구체화한 노동관계법에서는 대개 사용자에게 그 이행에 관한 재량을 부여하므로 사용자는 사업장평의회(Betriebsrat)의 동의를 얻어 이행한다. 그렇다고 하여 사용자가 언제나 사업장평의회의 동의가 있을 때까지 이행하지 않고 기다려도 되는 것은 아니다. 근로자의 생명 · 신체에 관하여 구체적인 위험이 존재하는 때에는 사용자가 즉시 그에 대한 조치를 취해야 한다.

##### (나) 급부거절권(Zurückbehaltungsrecht)

사용자가 배려의무를 다하지 않은 경우에 근로자는 독일 민법 273조의 권리를 근거로 노무급부를 거절할 수 있다. 또한 이행청구권의 범위에서 동시이행의 항변권이 존재한다.

##### (다) 손해배상청구권(Schadensersatzanspruch)

사용자의 배려의무 위반으로 근로자가 손해를 입은 경우에 618조 3항에 의해 근로자는 사용자에 대해 불법행위에 기한 손해배상청구권을 갖는다. 618조 3항에 의해 독자적인 청구권이 발생한다는 점은 일반적으로 부정되며, 배려의무 위반사실이 불법행위의 구성요건을 충족시킴으로써 비로소 손해배상청구권이 발생한다고 해석된다. 다수설은 불법행위책임 이외에 채무불이행책임으로서 배려의무 위반에 따른 손해배상책임을 긍정하는데, 이에 의하면 근로자는 사용자의 배려의무 위반에 대하여 적극적 채권침해의 법리에 따라 손해배상을 청구할 수 있다.

#### (4) 배려의무의 기능 쇠퇴

현재 독일에서 618조의 배려의무가 갖는 실질적인 의미는 적은 편인데, 그 이유는 618조의 배려의무는 사용자의 근로자 보호를 위한 공법상의 의무와 중복된다는 점, 근로자의 신체안전을 위한 보호 조치는 기술적인 노동관계법에 의해 규정된다는 점 등 때문이다.

---

22) Münchener Handbuch Arbeitsrecht, Band 1, Individualarbeitsrecht I, 1558면.

한편 노동관계법에 의해 구체화된 원칙들은 다음과 같은 한계를 갖는다. 첫째, 노동관계법의 적용은 근로계약상 의무를 대상으로 한다는 한계를 갖는다. 둘째, 618조의 배려의무는 모든 범위에서 노동관계법으로 보호되지 않는다. 즉, 노동관계법에 의한 보호는 법률에 의해 승인되지 않은 재해에는 미치지 않고, 그 밖에 노동환경에서 인간의 건강에 해롭게 작용하지 않을 물리적·화학적·생물학적 여건을 갖추도록 권장하는 자발적인 근로자 보호규정은 618조와 관계없다.

### 나. 일본의 안전배려의무론[23)]

#### (1) 서

일본에서는 1962년경 와카즈마 사카에(我妻榮) 교수가 신의칙에 기하여 고용계약에서 사용자의 부수의무로 안전배려의무를 주장한 이래 통설과 판례는 모두 이를 인정하고 있다. 학설상으로는 다양한 견해가 주장되고 있으나 이 글에서는 일본의 판례를 간략하게 살펴보기로 한다.

#### (2) 안전배려의무의 본질

안전배려의무의 본질에 관하여는 학설상 신의칙상 부수의무설, 생존권설,[24)] 안전배려의무2분설[25)] 등의 견해대립이 있는바, 最高裁 1975. 2. 25. 判決[26)]은 "국가와 국가공무원 사이에 주요한 의무로, 법은 공무원이 직무에 전념하여야 할 의무와 법령과 상사의 명령에 복종하여야 할 의무를 부담하고 국가는 이에 대응하여 공무원에 대한 급여 지급을 부담할 것을 정하고 있지만, 국가의 의무는 위의 급부의무에 그치지 아니하고 국가는 공무원에 대하여 국가가 공무수행의

23) 岡村親宣, 290~320면.

24) 안전배려의무는 급부의무에 부수하는 것이 아니라 현대의 근로가 근로자의 생명·신체 등을 위험에 노출시키는 필연성이 있는 점에 비추어 볼 때, 사용자는 고용계약상의 보호의무보다도 질적으로 고도의 의무, 즉 개개의 근로자의 부주의까지도 예측하여 불가항력 이외의 사고가 나지 않도록 만전의 조치를 강구하여야 할 의무를 부담하고, 이는 생존권적 신의칙이 지배하는 근로계약상의 본질적 의무, 나아가 결과채무라고 본다.

25) 이는 민법상의 안전배려의무 외에 근로의 위험성을 직시하여 근로계약상 안전배려의무를 인정하고 안전배려의무에는 2종의 유형이 있다고 전제한 다음, 수단채무와 실질채무의 구별을 근거로 하여 의무자가 상당한 위험방지조치를 강구하여야 할 선관주의의무를 부담하는 통상의 안전배려의무와 계약적 접촉에 의한 사고발생의 위험성이 현저하게 높은 것에 주목하여 상대방의 안전확보 그 자체를 의무내용으로 하여 만전의 사고방지조치를 강구하여야 할 결과책임에 가까운 절대적인 안전배려의무의 2유형으로 분류하고, 전자의 경우에는 추상적 과실의 부존재가, 후자의 경우에는 불가항력 혹은 이에 준하는 사유가 증명되면 그 책임을 면한다고 한다.

26) 民集 29권 2호, 143면.

목적으로 설치하는 장소, 시설 또는 기구 등의 설치, 관리 또는 공무원이 국가 또는 상사의 지시에 따라 수행하는 공무의 관리에서 공무원의 생명과 건강 등을 위험으로부터 보호하도록 배려하여야 할 의무(이하 '안전배려의무'라고 한다)를 부담하고 있고, 이러한 안전배려의무는 어떠한 법률관계에 기하여 특별한 사회적 접촉의 관계에 들어선 당사자 사이에서, 당해 법률관계의 부수의무로서 당사자의 일방 또는 쌍방이 상대방에 대하여 신의칙상 부담하는 의무이다"라고 판시하여, 신의칙에 기하여 법률관계의 부수의무로서 국가에 안전배려의무가 있음을 명확히 하였다.

#### (3) 내 용

위 판결은, 안전배려의무의 구체적 내용은 근로자의 직종, 근로의 내용, 근로제공장소 등 안전배려의무가 문제된 구체적 상황 등에 따라 다르고, 자위대원의 경우에는, 다시 당해 근무가 통상의 작업 시, 훈련 시, 방위출동 시, 치안출동 시 또는 재해파견 시의 어디에 해당하느냐에 의하여도 달라지는 것이라고 판시하여 안전배려의무의 내용을 일률적으로 밝힌다는 것이 불가능함을 지적하고 있다.

위 판결에 대한 해설에 의하면, 안전배려의무는 물적 안전관리조치의무와 이를 보완하는 것으로서 인적 안전관리조치의무의 두 가지로 나눌 수 있고, 전자는 물적인 설비나 기계, 근로자를 둘러싼 직장환경으로부터 위험, 유해원인을 제거하고 이것이 곤란한 경우 이에 의한 재해를 방지하기 위한 안전시설이나 안전장치를 구비하고 보호구를 준비하는 것 등이 그 내용이고, 후자는 재해방지를 위한 인적 환경의 정비, 즉 안전시설이나 안전대책을 실효성 있게 하기 위한 인원배치와 점검, 감시의 체제를 취함과 동시에 구체적인 작업에 따라서 안전교육이나 지시를 철저히 하고 규칙이나 안전대책이 충분히 지켜지도록 하며 불안전한 행동을 취하는 근로자에게 주의를 주어 시정시키는 것 등이 그 내용이 된다고 한다.[27)]

#### (4) 주장 · 증명 책임

最高裁 1981. 2. 16. 判決[28)]은 "국가가 국가공무원에 대하여 부담하는 안전배려의무에 위반하고 위 공무원의 생명 · 건강 등을 침해하여 동인에게 손해를 입혔음을 이유로 하여 손해배상을 청구하는 소송에서, 위 의무의 내용을 특정하

27) 이상원, 12면.

28) 民集 35권 1호, 56면.

고 의무위반에 해당하는 사실을 주장·증명하는 책임은 국가의 의무위반을 주장하는 자에 있다고 해석함이 상당하다”라고 판시하였다.

(5) 이행보조자[29)]

最高裁 1983. 5. 27. 判決[30)]은 “안전배려의무는 국가가 공무수행에서 지급관리하는 인적 및 물적 환경으로부터 발생할지도 모르는 위험의 방지에 관하여 신의칙상 부담하는 의무이므로, 국가가 자위대원을 자위대차량에 공무수행으로 승차시키는 경우에는 위 자위대원에 대한 안전배려의무로서 차량정비를 충분히 하여 차량 자체로부터 생길지도 모르는 위험을 방지하고, 차량의 운전자로 그 임무에 적합한 기능이 있는 자를 선임하며, 또 당해 차량을 운전함에 특히 필요한 안전상의 주의를 하여 차량의 운행으로부터 발생할지도 므르는 위험을 방지하여야 할 의무를 부담하지만, 그 밖에 운전자로서 도로교통법, 그 밖의 법령에 기하여 당연히 부담하도록 되어 있는 통상의 주의의무는 위 안전배려의무에 포함되지 아니하고, 또 위 안전배려의무의 이행보조자가 위 차량에 스스로 운전자로 승차하는 경우에는 위 이행보조자에게 운전자로서 위와 같은 운전상의 주의의무위반이 있었다고 하여 국가의 안전배려의무 위반이 있었다고는 할 수 없다”라고 판시하였다.

즉, 공무의 내용이 자동차운행인 경우, 공무관리로서 하여야 할 의무는 구조상 결함이 없는 차량을 배차하고, 운행형태에 따라 통상의 안전을 지킬 능력이 있는 자를 운전자로 배치하는 것이고, 운전행위에 수반하는 고유의 주의의무는 전적으로 운전자에게만 부과되는 의무이고 안전배려의무에는 포함되지 아니한다는 것이다.

그러나 이에 대하여는 차량운전이나 항공기의 조종 등의 직무를 행하는 자는 그 직무행위를 통하여 가장 직접적이고 현실적으로 공무수행에 수반하는 안전을 지배·관리하므로, 그 안전이 확보되는지 여부는 당허 운전행위나 조종행위에 관한 안전상의 주의의무에 관련되는 것으로서 이를 그 차량이나 항공기에 동승하고 있는 피용자에 대한 사용자의 안전배려의무 내용에서 제외하여야 할 이유는 전혀 없다는 비판이 있다.[31)]

29) 矢崎博一, 335~342면.
30) 民集 37권 4호, 477면.
31) 이상원, 17면.

### (6) 제 3 자에 의한 손해와 안전배려의무

숙직근무 중이던 종업원이 도적에게 살해된 사고에 관하여 最高裁 1984. 4. 10. 判決[32]은 "사용자의 안전배려의무의 구체적 내용은 근로자의 직종, 근로내용, 근로제공장소 등 안전배려의무가 문제로 된 당해 구체적 상황 등에 따라 다르지만, 이를 본건의 경우에 비추어 보면 피고 회사는 원고에 대하여 1978. 8. 13. 오전 9시부터 24시간의 숙직근무를 명하고 숙직근무의 장소를 본건 사옥 내, 취침장소를 사옥 1층 상품진열장으로 지시하였기 때문에, 숙직근로 장소인 본건 사옥 내에 숙직근무 중에 도적 등이 용이하게 침입할 수 없도록 물적 설비를 하고, 만일 도적이 침입한 경우에는 도적으로부터 가해질지도 모르는 위해를 면할 수 있도록 물적 설비를 함과 동시에, 이러한 물적 설비를 충분히 정비하는 것이 곤란할 때에는 숙직원을 증원하든가 숙직원에 대한 안전교육을 하여 근로자인 원고의 생명, 신체 등에 위험이 미치지 않도록 배려하여야 할 의무가 있다. 피고 회사의 본건 사옥에는 주야 값비싼 상품이 다수 개방적으로 진열·보관되어 있었고, 휴일 또는 야간에는 도적이 침입할 우려가 있었을 뿐만 아니라, 당시 피고 회사에는 실제로 상품의 분실사고나 도난이 발생하였고, 이상한 전화가 때때로 걸려 왔으며, 침입한 도적이 숙직원에게 발견될 경우에는 숙직원에게 위해를 가할 것도 충분히 예견되었음에도 불구하고, 피고 회사는 도적침입 방지를 위한 내다보는 창구멍·인터폰·방범체인 등의 물적 설비나 침입한 도적으로부터 위해를 면하기 위한 방범벨 등의 물적 설비를 갖추지 아니하였고, 또 도난 등의 위험을 고려하여 휴일 또는 야간의 숙직원을 신입사원 1인으로 하지 않고 적절히 증원하든가 숙직원에 대하여 충분한 안전교육을 시행하는 등의 조치를 취하지 아니하였기 때문에, 피고 회사에는 원고에 대한 안전배려의무의 불이행이 있다"라고 판시하여 제 3 자가 야기한 사고에 관하여도 안전배려의무를 인정하였다.

### (7) 과실상계

과실상계가 허용되는지 여부에 관하여 학설상 견해의 대립이 있는바, 최고재판소의 판례 중에는 과실상계의 가부를 직접 판시한 것이 존재하지 않지만, 하급심은 과실상계 적용 긍정설의 입장이다.[33]

---

32) 判例時報 1116호, 33면.

33) 齊藤隆, 389~390면.

#### (8) 지연손해금의 발생시기

最高裁 1980. 12. 18. 判決[34]에 따르면, 안전배려의무 위반으로 인한 손해배상의무는 채무불이행에 기한 손해배상의무로서 기한의 정함이 없는 채무이고, 일본 민법 412조 3항에 의하여 그 채무자는 채권자로부터 이행의 청구를 받은 때에 비로소 지체에 빠진다고 한다.

#### (9) 소멸시효

##### ㈎ 소멸시효의 기산점

손해배상청구권이라도 채무불이행을 원인으로 하는 경우 그 소멸시효는 본래의 채무이행을 청구할 수 있는 때로부터 진행을 시작하지만, 불법행위의 경우에는 손해 및 가해자를 안 때가 소멸시효의 기산점이다. 안전배려의무 위반에 의한 손해배상청구권의 소멸시효의 기산점에 관하여는 안전배려의무 위반시설, 퇴직일설, 손해배상청구권 발생시설, 손해 및 가해자를 안 때라는 설 등 네 가지 견해가 있다.[35]

##### ㈏ 소멸시효기간

최고재판소 1975. 2. 25. 판결[36]은 "회계법 30조가 금전의 급부를 목적으로 하는 국가의 권리 및 국가에 대한 권리에 관하여 5년의 소멸시효기간을 정한 것은 국가의 권리 · 의무를 조기에 결제할 필요가 있는 등 주로 행정상의 편의를 고려한 것이므로, 동조의 5년의 소멸시효의 규정은 이러한 행정상의 편의를 고려할 필요가 있는 금전채권으로서 달리 시효기간에 관하여 특별한 규정이 없는 경우에 적용된다. 그런데 국가가 공무원에 대한 안전배려의무를 해태한 위법으로 공무원의 생명 등을 침해하여 손해를 받은 공무원에 대하여 손해배상의무를 부담하는 사태는 그 발생이 우발적이고 자주 있는 것은 아니므로 위 의무에 관하여 위와 같은 행정상의 편의를 고려할 필요는 없고, 또 국가가 의무자라고 하더라도 피해자에게 손해를 배상하여야 하는 관계는 공평의 이념에 기하여 피해자에게 생기는 손해의 공정한 전보를 목적으로 하는 점에서, 사인 상호간의 손해배상과 그 목적 · 성질을 달리하는 것이 아니므로, 국가에 대한 위 손해배상청구권의 소멸시효기간은 회계법 30조 소정의 5년이 아니고 민법 167조 1항에 의

34) 民集 34권 7호, 888면.
35) 岡村親宣, 312면.
36) 民集 29권 2호, 143면.

하여 10년이라고 해석하여야 한다"라고 판시하여, 10년설의 입장을 취하고 있다.

(10) 근친자의 위자료청구권

最高裁 1980. 12. 18. 判決[37]은 "원고들은 아들인 망 A를 잃은 데 대한 정신적 고통의 위자료로서 각 125만 엔의 지급을 구하고, 원심은 원고들에 대하여 각 50만 엔의 한도 내에서 이를 인용하고 있지만, 망 A와 피고 사이의 고용관계 내지 이에 준하는 법률관계의 당사자가 아닌 원고들이 고용계약 내지 이에 준하는 법률관계상의 채무불이행에 의하여 고유의 위자료청구권을 취득한다고 할 수는 없다"라고 판시하여 채무불이행에 의한 손해배상의 청구권자는 어디까지나 계약의 당사자이어야 한다는 입장을 취하였다.

### 3. 안전배려의무의 법적 성질

#### 가. 학 설

안전배려의무의 법적 성질에 관하여 학설상 사용자가 근로계약의 부수적 의무로서 신의칙상 부담하는 의무라는 견해가 지배적이다.[38]

#### 나. 판 례

대법원 1997. 4. 25. 선고 96다53086 판결은 "건축공사의 일부분을 하도급받은 자가 구체적인 지휘·감독권을 유보한 채, 재료와 설비는 자신이 공급하면서 시공부분만을 시공기술자에게 재하도급하는 경우와 같은 노무도급의 경우, 그 노무도급의 도급인과 수급인은 실질적으로 사용자와 피용자의 관계에 있고, 그와 같은 경우 도급인은 수급인이 노무를 제공하는 과정에서 생명·신체·건강을 해치는 일이 없도록 물적 환경을 정비하고 필요한 조치를 강구할 보호의무를 부담하며, 이러한 보호의무는 실질적인 고용계약의 특수성을 고려하여 신의칙상 인정되는 부수적 의무로서 산안법 23조가 적용되지 아니하는 사용자일지라도 마찬가지로 인정된다"[39]라고 판시하여 안전배려의무는 신의칙상 인정되는 부수의무라는 입장을 취하였다.

37) 民集 34권 7호, 888면.

38) 김유성, 54면; 김형배, 345면; 이병태, 911면; 임종률, 360면. 이에 비하여 안전배려의무를 근로관계의 본질적 의무로 보는 견해로는 김교숙, 219~221면.

39) 같은 취지 대법원 1999. 2. 23. 선고 97다12082 판결, 대법원 2000. 5. 16. 선고 99다47129 판결, 대법원 2006. 9. 28. 선고 2004다44506 판결, 대법원 2021. 8. 19. 선고 2018다270876 판결.

### 다. 민법상 안전배려의무와 관계

산안법이 정하는 안전배려의무가 민법 고용계약상 안전배려의무와 같은 성질의 것인가? 이는 민법의 고용계약과 산안법의 근로계약이 동일한 것인가, 산안법에 규정이 없는 경우에 민법의 고용에 관한 일반법리가 근로계약에 적용될 수 있는가의 문제로 귀결된다.

### 라. 산안법상 안전배려의무와 관계

#### (1) 양자의 일반적인 관계

산안법이 규정하는 안전배려의무는 안전관리상 가장 중요하고 최저한의 기준을 법정화한 것으로,[40] 일차적으로는 행정감독을 위한 단속규정으로 기능하지만, 나아가서 근로계약상 안전배려의무의 내용을 구체화하는 역할도 하고, 손해배상책임에서 사용자의 과실의 전제가 되는 작위의무에 성문법적 근거를 부여한다.[41] 근로계약상 안전배려의무는 산안법의 의무에 한정되는 것은 아니며, 사용자의 안전배려의무는 계약·관습·신의칙 등을 기초로 산안법보다는 넓은 범위에서 부과된다.[42]

#### (2) 산안법상 안전배려의무의 주체

㈎ 근기법상 안전배려의무를 부담하는 사용자는 근기법상 사용자에 한정되지만,[43] 산안법 5조 2항은 (i) 기계·기구와 그 밖의 설비를 설계·제조 또는 수입하는 자, (ii) 원재료 등을 제조·수입하는 자, (iii) 건설물을 발주·설계·건설하는 자도 산업재해를 방지하기 위하여 필요한 조치를 하여야 한다고 규정하고 있고, 80조 1항은 "누구든지 동력(動力)으로 작동하는 기계·기구로서 대통령령으로 정하는 것은 고용노동부령으로 정하는 유해·위험 방지를 위한 방호조치를 하지 아니하고는 양도, 대여, 설치 또는 사용에 제공하거나 양도·대여의 목

---

40) 김교숙, 223면.

41) 이은영, 987면.

42) 대법원 1997. 4. 25. 선고 96다53086 판결은 "보호의무는 실질적인 고용계약의 특수성을 고려하여 신의칙상 인정되는 부수적 의무로서 산안법 23조가 적용되지 아니하는 사용자일지라도 마찬가지로 인정된다"라고 판시하였다.

43) 건설기계의 조종사를 지휘·감독할 사용자의 지위에 있다고 인정되는 경우 사업신고대표자는 그 조종사에 대하여도 직접 근로계약상의 책임을 지는 사용자로서 그 조종사가 근로를 제공하는 과정에서 생명·신체·건강을 해치는 일이 없도록 물적 환경을 정비하고 필요한 조치를 강구할 보호의무 내지는 산안법 23조 소정의 안전상의 조치의무를 부담하고, 이러한 보호의무를 위반함으로써 피용자가 손해를 입은 경우 이를 배상할 책임이 있다(대법원 2002. 11. 26. 선고 2000다7301 판결).

적으로 진열해서는 아니 된다."라고 규정하고 있으며,[44] 2항은 "누구든지 동력으로 작동하는 기계·기구로서 다음 각 호의 어느 하나에 해당하는 것은 고용노동부령으로 정하는 방호조치를 하지 아니하고는 양도, 대여, 설치 또는 사용에 제공하거나 양도·대여의 목적으로 진열해서는 아니 된다"라고 규정하는 등, 산안법상 주의의무를 부담하는 주체의 범위는 근로관계를 전제로 한 근기법상 안전배려의무의 주체보다 넓게 인정되고 있다.

㈏ 근로자파견에서의 근로 및 지휘·명령 관계의 성격과 내용 등을 종합하면, 파견사업주가 고용한 근로자를 자신의 작업장에 파견받아 지휘·명령하며 자신을 위한 계속적 근로에 종사하게 하는 사용사업주는 파견근로와 관련하여 그 자신도 직접 파견근로자를 위한 보호의무 또는 안전배려의무를 부담함을 용인하고, 파견사업주는 이를 전제로 사용사업주와 근로자파견계약을 체결하며, 파견근로자 역시 사용사업주가 위와 같은 보호의무 또는 안전배려의무를 부담함을 전제로 사용사업주에게 근로를 제공한다고 봄이 타당하다. 그러므로 근로자파견관계에서 사용사업주와 파견근로자 사이에는 특별한 사정이 없는 한 파견근로와 관련하여 사용사업주가 파견근로자에 대한 보호의무 또는 안전배려의무를 부담한다는 점에 관한 묵시적인 의사의 합치가 있고, 따라서 사용사업주의 보호의무 또는 안전배려의무 위반으로 손해를 입은 파견근로자는 사용사업주와 직접 고용 또는 근로계약을 체결하지 아니한 경우에도 위와 같은 묵시적 약정에 근거하여 사용사업주에 대하여 보호의무 또는 안전배려의무 위반을 원인으로 하는 손해배상을 청구할 수 있다.[45]

---

44) 구 산안법 33조 1항의 해석에 관하여 대법원은 "위 법조항이 그 행위주체를 사업주로 한정하지 않고 있음은 그 문언상 명백하고, 승강기 등 유해·위험 기계·기구를 양도·대여·설치·사용·진열하는 자가 반드시 사업주와 일치하는 것도 아니므로, 위 법조항은 사업주의 개념을 전제로 한 규정이 아니라고 할 것이다. 즉, 산안법의 입법 목적 등을 고려하면, 위 법조항은 승강기 등 유해·위험 기계·기구에 대하여 유해·위험방지를 위한 방호조치를 하여야 할 법령상의 의무가 있는 자가 필요한 방호조치를 하지 아니한 경우뿐만 아니라, 널리 누구라도 승강기 등 유해·위험 기계·기구가 유해·위험방지를 위한 방호조치를 취하지 아니한 상태라는 점을 인식하면서 이를 사업장에 양도·대여·설치·사용하거나 양도·대여의 목적으로 진열하는 행위를 금지하는 규정이라고 해석함이 상당하고, 그렇게 해석하는 이상 위 법조항이 유해·위험 기계·기구를 이용하여 근로에 종사하는 근로자의 사업주만을 수범자로 하는 규정이라고 볼 아무런 근거가 없다"라고 판시하였다(대법원 2006. 1. 12. 선고 2004도8875 판결).

45) 대법원 2013. 11. 28. 선고 2011다60247 판결.

#### (3) 산안법상 안전배려의무의 법적 성질

##### ㈎ 법정의무설

이는 산안법상 안전배려의무는 사업주의 경영권 행사에 대응하여 근로자의 생존권을 확보하기 위하여 규정된 단속법적 성격이 있으므로 공법적 효과를 갖는다고 한다. 다만, 사업주가 법규를 위반하였을 때에는 근로자가 취로를 거부할 수 있다는 의미에서 사법적 효과가 있다고 한다. 따라서 근로조건과 안전기준의 저하를 막기 위하여 벌칙과 감독을 통하여 국가가 사업주에게 부과한 의무에 불과하다고 한다.[46)]

##### ㈏ 근로계약상 의무설

국가가 사업주의 안전배려의무에 대하여 취하고 있는 태도는, 한편으로는 노동보호입법을 통하여 근로자의 생명·신체·건강을 사업주가 지켜야 한다는 생존권의 이념에 기초하여 최저한의 근로조건을 법정화하고, 다른 한편으로는 이러한 최저한의 근로조건을 상회하는 내용을 근로자가 단결과 단결활동을 통하여 실현할 수 있는 형태로 되어 있기 때문에 산안법상 안전배려의무는 근로계약상 사업주가 부담하는 안전배려의무의 구체화라고 한다. 즉, 산안법 규정은 사업주가 당연히 부담하여야 할 안전배려의무 가운데 특히 중요한 부분을 강제하는 것이므로, 사업주에게 사법상의 의무가 발생하기보다는 오히려 본래 사업주가 부담해야 할 안전배려의무의 일부가 공법적 명령규범의 형태로 표현되었다고 한다.[47)]

##### ㈐ 소　　결

위 두 견해는 그 실질적 내용이 동일하므로 논의의 실익은 없다. 노동보호법으로서 산안법상 안전배려의무는 법규에 의하여 비로소 창설된 것이 아니고, 본래 사업주가 부담해야 할 안전배려의무 가운데 가장 중요한 부분을 국가가 부분적으로 확인하고 이를 사업주에게 강제하고 있을 뿐이다.[48)] 따라서 산안법상 규정은 공법상의 효과뿐만 아니라 사법상의 효과도 있다.[49)] 사업주가 산안법상 의무를 이행·준수하는 것은 산안법에서 규정하고 있는 벌칙을 면하는 데 그

---

46) 桑原昌宏, 233면.
47) 荒木誠之, 24~26면.
48) 김교숙, 223~224면.
49) 박홍규, 450면.

치고, 사업주가 근로계약상 부담해야 할 안전배려의무로부터 전면적으로 해방될 수는 없다.[50)]

### 4. 안전배려의무의 내용과 증명책임

#### 가. 안전배려의무의 내용

안전배려의무의 구체적인 내용은 근로계약 등 당사자의 약정이나 단체협약, 취업규칙 등에 의하여 결정되지만, 이러한 규정이 없는 경우에는 개별적 근로관계와 관련하여 사회통념상 타당한 범위 내에서 인정되어야 한다.[51)] 판례도 사용자가 부담하는 안전배려의무의 구체적 내용은 근로자의 직종, 노무내용, 노무제공장소 등 안전배려의무가 문제되는 당해 구체적 상황 등에 의하여 결정된다[52)]는 입장을 취하고 있다.

#### 나. 증명책임

판례는 안전배려의무의 내용을 특정하고 의무 위반에 해당하는 사실을 주장·증명할 책임은 그 의무 위반을 주장하는 근로자측이 부담하여야 하고,[53)] 이를 판단하는 방법에 관하여는 “보호의무위반을 이유로 사용자에게 손해배상책임을 인정하기 위해서는 특별한 사정이 없는 한 그 사고가 근로자의 업무와 관련성을 가지고 있을 뿐 아니라 또한 그 사고가 통상 발생할 수 있다고 하는 것이 예측되거나 예측할 수 있는 경우라야 하며, 그 예측 가능성은 사고가 발생한 때와 장소, 가해자의 분별 능력, 가해자의 성행, 가해자와 피해자의 관계 기타 여러 사정을 고려하여 판단하여야 한다”[54)]라는 입장을 취하고 있다.[55)]

50) 籾井常喜, 58면.

51) 김형배, 345면.

52) 기숙사 내에서 발생한 폭행사건에서 대법원 2001. 7. 27. 선고 99다56734 판결은 “이 사건과 같은 기숙사에 관하여 보면 기숙사의 규모, 시설, 위치와 주위 환경, 입사자의 수 및 성별과 나이, 회사의 규모 등 구체적인 상황 등에 따라 보호의무의 내용이 결정되어야 한다”라고 판시하였다.

53) 근로계약에 수반되는 신의칙상의 부수적인 의무로서 근로자에 대한 보호의무를 부담하는 사용자에게 근로자가 입은 신체상의 재해에 대하여 민법 750조 소정의 불법행위책임을 지우기 위하여는 사용자에게 당해 근로로 인하여 근로자의 신체상의 재해가 발생할 수 있음을 알았거나 알 수 있었음에도 불구하고 그 회피를 위한 별다른 안전조치를 취하지 않은 과실이 있음이 인정되어야 하고, 위와 같은 과실의 존재는 손해배상을 청구하는 근로자에게 그 증명책임이 있다(대법원 2000. 3. 10. 선고 99다60115 판결, 대법원 2006. 4. 28. 선고 2005다63504 판결).

54) 대법원 2001. 7. 27. 선고 99다56734 판결.

55) 고용관계 또는 근로관계는 이른바 계속적 채권관계로서 인적 신뢰관계를 기초로 하는 것

### 5. 안전배려의무 위반의 효과

#### 가. 이행청구권, 급부거절권

판례는 아직까지 안전배려의무 위반의 효과로서 손해배상청구권만을 인정하고 있으며, 더 나아가 이행거절권이라든가 이행청구권의 문제에 대해서는 다루고 있지 않다. 그러나 학설은 사용자의 안전배려의무 위반에 대하여 근로자는 안전배려의무 이행청구·안전배려의무에 위반되는 행위의 중지청구와[56] 노무급부거절권을 행사할 수 있다고 본다.[57]

#### 나. 채무불이행책임과 불법행위책임의 병존

사용자가 안전배려의무를 위반하는 경우, 근로자는 사용자에 대하여 채무불이행책임을 물을 수 있고, 불법행위책임을 물을 수도 있다. 판례[58]도 "만일 실질적인 사용관계에 있는 노무도급인이 고의 또는 과실로 이러한 보호의무를 위반함으로써 노무수급인의 생명·신체·건강을 침해하여 손해를 입힌 경우 노무도급인은 노무도급계약상의 채무불이행책임과 경합하여 불법행위로 인한 손해배상책임을 부담한다"고 판시하여 두 책임이 병존한다는 입장을 취하고 있다.

판례는, 근로계약상 보호의무 위반에 따른 근로자의 손해배상청구권의 소멸시효와 관련하여 상법 64조에 따른 5년의 상사 소멸시효기간이 적용되는 것이 아니라 원칙적으로 10년의 민사 소멸시효기간이 적용된다고 보았다.[59]

#### 다. 관련 문제

근로계약에 관한 것은 아니나 숙박계약상의 보호의무 위반과 관련하여 대법

---

이므로, 고용계약에 있어 피용자가 신의칙상 성실하게 노무를 제공할 의무를 부담함에 대하여, 사용자로서는 피용자에 대한 보수지급의무 외에도 피용자의 인격을 존중하고 보호하며 피용자가 그 의무를 이행하는 데 있어서 손해를 받지 아니하도록 필요한 조치를 강구하고 피용자의 생명, 건강, 풍기 등에 관한 보호시설을 하는 등 쾌적한 근로환경을 제공함으로써 피용자를 보호하고 부조할 의무를 부담하는 것은 당연한 것이지만, 어느 피용자의 다른 피용자에 대한 성희롱 행위가 그의 사무집행과는 아무런 관련이 없을 뿐만 아니라, 가해자의 성희롱 행위가 은밀하고 개인적으로 이루어지고 피해자로서도 이를 공개하지 아니하여 사용자로서는 이를 알거나 알 수 있었다고 보이지도 아니하다면, 이러한 경우에서까지 사용자가 피해자에 대하여 고용계약상의 보호의무를 다하지 아니하였다고 할 수는 없다(대법원 1998. 2. 10. 선고 95다39533 판결).

56) 김형배, 345~346면; 임종률, 360면.

57) 박홍규, 451면.

58) 대법원 1997. 4. 25. 선고 96다53086 판결.

59) 대법원 2021. 8. 19. 선고 2018다270876 판결.

원은 "계약의 당사자가 아닌 근친자들로서는 사고로 인하여 정신적 고통을 받았다 하더라도 위자료를 청구할 수 없으며, 보호의무 위반으로 인한 손해배상액을 산정함에 있어 피해자들의 과실을 참작하여야 한다"는 취지로 판시한 바 있다.[60)]

## Ⅲ. 산안법의 주요내용

### 1. 배 경

#### 가. 국제협약

산업사회가 급속하게 진전됨에 따라 산업재해의 발생이 증가함으로써 근로자의 안전과 보건에 대한 법적 보호의 필요성이 대두되었다. 이를 반영하여 ILO는 산업안전 · 보건에 관한 일반협약으로 155호 산업안전 · 보건협약(Occupational Safety and Health Convention, 1981년), 161호 산업보건기구협약(Occupational Health Services Convention, 1985년)을 채택한 것을 비롯하여, 특수한 위험으로부터 근로자를 보호하기 위하여 13호 백연(도장작업)협약[White Lead (Painting) Convention 1921년], 115호 전리방사선보호협약(Radiation Protection Convention, 1960년), 119호 기계방호협약(Guarding of Machinery Convention, 1963년), 127호 최고중량협약(Maximum Weight Convention, 1967년), 148호 작업환경(공기오염, 소음 및 진동)협약[Working Environment (Air Pollution, Noise and Vibration) Convention, 1977년], 136호 벤젠협약(Benzene Convention, 1971년), 139호 직업암협약(Occupational Cancer Convention, 1974년), 162호 석면협약(Asbestos Convention, 1986년), 170호 화학물질협약(Chemicals Convention, 1990년)을 채택하였고, 분야별 보호를 위해 62호 안전규정(건축업)협약[Safety Provisions (Building) Convention, 1937년], 120호 위생(상업 및 사무직)협약[Hygiene (Commerce and Offices) Convention, 1964년], 167호 건설업의 산업안전 · 보건협약(Safety and Health in Construction Convention, 1988년), 27호 중량표시(해양운송화물)협약[Marking of Weight (Packages Transported by Vessels) Convention, 1929년], 28호 산업재해로부터 보호(항만근로자)협약[Protection against Accidents (Dockers) Convention, 1929년], 32호 산업재해로부터 보호(항만근로자)협약(개정)[Protection against Accidents (Dockers) Convention (Revised), 1932년], 152호 산업안전 · 보건[(항만근로자)협약(Occupational Safety and Health (Dock Work) Convention,

60) 대법원 2000. 11. 24. 선고 2000다38718, 38725 판결.

1979년}, 176호 광산업에서 안전보건협약(Safety and Health in Mines Convention, 1995년), 184호 농업에서 안전 · 보건협약(Safety and Health in Agriculture Convention, 2001년)을 채택하였으며, 선원을 위하여 68호 음식 및 공급(선원)협약[Food and Catering (Ships' Crews) Convention, 1946년], 92호 선원의 편의시설협약(개정) [Accommodation of Crews Convention (Revised), 1949년], 133호 선원의 편의시설(보충규정)협약[Accommodation of Crews (Supplementary Provisions) Convention, 1970년], 134호 재해의 예방(선원)협약[Prevention of Accidents (Seafarers) Convention, 1970년], 163호 선원의 복지협약(Seafarers' Welfare Convention, 1987년), 164호 건강보호 및 의료보호(선원)협약[Health Protection and Medical Care (Seafarers) Convention, 1987년] 등을 채택하였다.

ILO는 1998년 노동기본권 선언을 노동자의 최소한의 권리를 보장하기 위한 기준으로 삼고, 그중에서도 특별히 중요한 4개 분야를 기본협약(핵심협약)으로 정했다. 기본협약 비준 여부에 관계없이 모든 회원국에 대해 핵심노동기준에 해당하는 노동권의 이행을 요구하기 위해서는 기존의 경직적인 ILO 감시체제를 그대로 이용할 수는 없었다. ILO 감시체제는 협약을 비준한 국가를 전제로 기능하는 것이기 때문에 비준하지 않은 국가에 대해서도 핵심노동기준의 이행을 요구하기 위해서는 새로운 감시체제의 도입이 요구될 수밖에 없었다. 이러한 요구에 부응하기 위하여 등장한 것이 1998년에 ILO 총회에서 채택된 '노동에서의 기본 원칙과 권리에 관한 선언'이다. ILO는 2019년 100주년 선언문에서 '산업안전보건은 인간다운 노동의 기본'이고, '안전하고 건강한 노동은 양질의 일자리를 위한 필수조건'이라고 선언하였다. 또한 ILO는 스위스 제네바에서 2022. 6. 10. 110차 총회를 열고 '안전하고 건강한 노동환경(Safe and healthy working environment)'을 노동기본권에 포함시키기로 결의하였다. 이전까지는 위 표에서 보는 바와 같이, 결사의 자유, 강제노동 금지, 차별 금지, 아동노동 금지 등 4개 분야를 노동기본권으로 보장했는데, 2022년에 안전하고 건강한 노동환경을 5번째 분야로 넣은 것이다. ILO는 구체적인 기본협약으로는 155호 산업안전보건 협약과 187호 산업안전보건 증진체계 협약을 채택하였다. ILO 기본선언(1998)이 재확인하고 있듯이, 기본협약에 대한 비준 여부와 무관하게 모든 ILO 회원국들은 회원이라는 사실 자체로 인하여 기본협약이 포괄하는 헌장 상의 기본권리에 관한 원칙을 존중하고 촉진, 실현할 법적 의무를 부담한다. 그러므로 산업안전보건이 노동기본권에 포함되면 회원국들은 협약 비준 여부와 관계없이 재해 예방 정책을 제대로 만들어야 하고 사용자는 재해 방지에 협력해야 한다. 우리나라는 2008. 2. 20. 기본협약으로 채택된 155호와 187호를 비준하였다. 기본협약으로 채택된 경우, 비준국이 협약을 제대로 이행하고 있는지 ILO에 보고하는 주기가 6년에서 3년으로 짧아지는 등 엄격한 점검을 받게 된다.

### 나. 우리나라의 산업안전법규

#### (1) 연 혁

근로자의 안전과 보건에 관하여는 종전에는 근기법 6장과 산안법의 이중적 규율체제가 존재하였으나, 1990. 1. 13. 산안법 전문 개정으로 1990. 7. 14.부터는 산안법 단일 체제로 바뀌었고, 그 이후에도 산안법이 빈번하게 개정되면서 규제 내용이 충실해지고 다양화되었다. 2018. 12. 27.에는 (i) 산업재해를 획기적으로 줄이고 안전하고 건강하게 일할 수 있는 여건을 조성하기 위하여 법의 보호대상을 다양한 고용형태의 노무제공자가 포함될 수 있도록 넓히고, (ii) 근로자가 작업을 중지하고 긴급대피할 수 있음을 명확히 규정하여 근로자의 작업중지권 행사를 실효적으로 뒷받침하며, (iii) 근로자의 산업 안전 및 보건 증진을 위하여 도금작업 등 유해·위험성이 매우 높은 작업에 대해서는 원칙적으로 도급을 금지하고, 도급인의 관계수급인 근로자에 대한 산업재해 예방 책임을 강화하며, (iv) 근로자의 안전 및 건강에 유해하거나 위험한 화학물질을 국가가 직접 관리할 수 있도록 하고, (v) 그 밖에 법의 장·절을 새롭게 구분하며 법 조문을 체계적으로 재배열하여 국민이 법 문장을 이해하기 쉽도록 하기 위하여 산안법을 전부 개정하였고, 위 전부개정법(일명 김용균법)은 2020. 1. 16.부터 시행되었다.

#### (2) 산안법의 성격

산안법의 제규정은 산업재해의 방지, 근로자의 건강증진, 쾌적한 직장형성 등을 위해 사업자, 근로자, 관계업자 등에 대하여 광범위하고 다종다양한 규제와 요청을 하는 것이다. 산안법에는 근기법의 직률적 효력(근기법 15조)을 규정하지 않았기 때문에, 산안법의 제규정은 근로관계에 대하여 직률적 효력을 갖지 아니한다.[61] 그러나 산안법의 규정은 강행적 효력을 가지고 근로계약의 내용과 사용자의 업무명령 등을 규율하는 효력이 있다. 또한 근로관계에서 안전보건의

61) 菅野(역), 421면.

기준과 요청은 사업주와 도급인 등의 안전배려의무의 내용이 되어 사법상 효력을 인정받는 경우가 많다.[62)]

## 2. 기본 규정

### 가. 목 적

산안법은 산업안전·보건에 관한 기준을 확립하고 그 책임의 소재를 명확하게 하여 산업재해를 예방하고 쾌적한 작업환경을 조성함으로써 노무를 제공하는 자의 안전 및 보건을 유지·증진함을 목적으로 한다(1조).[63)] 산업재해로부터 근로자의 생명과 건강을 지키기 위해서는 그 원인을 분석하고 위험원인을 제거·회피하는 안전대책을 수립하여야 하는데, 안전대책은 기술, 교육, 관리의 3대 요소를 유기적으로 활용하여야 한다.[64)]

### 나. 정 의

#### (1) 산업재해

'산업재해'란 노무를 제공하는 자가 업무에 관계되는 건설물·설비·원재료·가스·증기·분진 등에 의하거나 작업 또는 그 밖의 업무로 인하여 사망 또는 부상하거나 질병에 걸리는 것을 말한다(2조 1호). 개정 산안법에서는 근로자에 한정하지 않고, 특수형태근로종사자나 배달종사자 등을 포함하여 '노무를 제공하는 자'에게 재해가 발생하는 것으로 확대되었다. 이와 달리 단순한 물적 손실은 산업재해에 해당하지 아니한다.[65)]

#### (2) 중대재해

'중대재해'란 산업재해 중 사망 등 재해 정도가 심하거나 다수의 재해자가 발생한 경우로서 (i) 사망자가 1명 이상 발생한 재해, (ii) 3개월 이상의 요양이 필요한 부상자가 동시에 2명 이상 발생한 재해, (iii) 부상자 또는 직업성 질병자가 동시에 10명 이상 발생한 재해를 말한다(2조 2호, 시행규칙 3조).

#### (3) 근 로 자

'근로자'란 근기법 2조 1항 1호에 따른 근로자를 말한다(2조 3호). 즉 산안법

---

62) 菅野(역), 421면.
63) 이하 6장에서 법명 없이 조문만 있는 경우 산안법을 말한다.
64) 이상국b, 9면.
65) 1986. 7. 3. 산안 01254-10862.

상 보호 대상인 근로자의 개념은 근기법상 근로자 개념과 일치하므로, 사업주에게 정식으로 소속된 근로자가 아니라 하더라도 민법상 고용계약이든 도급계약이든 근로계약의 형식에 관계없이 근로의 실질에서 근로자가 종속적인 관계에서 사용자에게 근로를 제공한다면, 그는 근기법 2조 1항 1호 소정의 근로자에 해당하여 사업주의 안전조치의무의 보호 대상이 된다.[66]

한편, 산안법에는 근로자측 의견을 반영하기 위해 근로자대표의 참여를 보장하는 규정이 많은데, 이때 근로자대표란 근로자의 과반수로 조직된 노동조합이 있는 경우에는 그 노동조합을, 근로자의 과반수로 조직된 노동조합이 없는 경우에는 근로자의 과반수를 대표하는 자를 말한다(2조 5호).

#### (4) 사 업 주

'사업주'란 근로자를 사용하여 사업을 하는 자를 말한다(2조 4호).[67] 이와 같이 산안법이 근기법 2조 1항 2호상 '사용자'가 아닌 '사업주'(이는 근기법 2조 1항 2호상 사업주와 일치한다[68])에 대하여 규제를 실시하는 이유는, 사업 경영 이익의 귀속 주체 그 자체를 의무 주체로 받아들이고 그 안전·보건상 책임을 명확하게 하기 위함이다.[69]

판례에 따르면, 구 산안법 23조가 규정하고 있는 안전상의 조치의무는 근로자를 사용하여 사업을 행하는 사업주가 부담하여야 하는 재해방지의무로서 사업주와 근로자 사이에 실질적인 고용관계가 성립하는 경우에 적용되는 것이다.[70] 그러므로, 건축주가 건물 신축공사를 시행하면서 건축공사 전부를 건축업자에게 도급주어 시공하지 아니하고 직접 근로자를 고용하여 시공하거나 부문별로 일부 공사는 도급을 주어 시공하고 일부 공사는 직접 근로자를 고용하여 시공할 경우에는 건축주는 산안법상의 사업주에 해당하여 구 산안법 23조 3항 또는 29조에 따른 안전조치의무를 부담한다.[71] 지입회사는 지입차량의 운전사에 대하여도 직접 근로계약상의 책임을 지는 사용자로서 그 운전사가 근로를

66) 대법원 2006. 4. 28. 선고 2005도3700 판결.
67) 대법원 2010. 11. 11. 선고 2010도2887 판결.
68) 이른바 시공관리계약의 형태로 공사를 도급받은 수급인인 건설회사 소속 직원들이 공사현장에서 작업에 종사하였다면 그 건설회사는 구 산안법 23조 2항 소정의 '사업주'에 해당되고, 건설회사의 대표이사는 위 '사업주'에 해당하지 아니한다(대법원 1994. 5. 24. 선고 94도660 판결).
69) 1972. 9. 18. 基發 91호; 菅野(역), 422면.
70) 대법원 2004. 6. 25. 선고 2004도1264 판결.
71) 대법원 1996. 7. 26. 선고 95다45156 판결, 대법원 2003. 11. 14. 선고 2003다33196 판결.

제공하는 과정에서 생명 · 신체 · 건강을 해치는 일이 없도록 물적 환경을 정비하고 필요한 조치를 강구할 보호의무 내지는 구 산안법 23조 소정의 안전상의 조치의무를 부담한다.[72] 그러나 건설회사가 건설공사 중 타워크레인의 설치 작업을 전문업자에게 도급주어 타워크레인 설치 작업을 하던 중 발생한 사고에 대하여 건설회사와 그 현장 대리인에게 구 산안법상 장비임차인으로서의 주의의무까지 이행할 것을 요구할 수는 없다고 하였다.[73]

'사업 또는 사업장'이란 일반적으로 영리 또는 비영리 여부를 불문하고 일정한 장소에서 유기적인 조직 하에 업(業)으로서 계속적으로 행해지는 것을 말하므로, 개인이 자신의 주거를 목적으로 주택을 신축하는 것은 원칙적으로 업으로서 계속성을 가지는 사업 또는 사업장에 해당한다고 보기 어려우므로 산안법이 적용되지 않는다.[74]

#### (5) 안전 · 보건

산안법에는 안전 · 보건에 관한 정의 규정은 존재하지 아니한다. '안전(safety)'이란 지속적인 위해요인(hazard)의 발굴과 위험관리(risk management)를 통하여 인명피해나 재산 손실을 야기할 수 있는 위험(risk)이 수용 가능한 수준 이하로 유지되는 상태를 말한다.[75] '보건(health)'[76]이란 근로하는 장소에서 근로자가 접촉하는 물체 또는 환경에 의한 질병의 발생이 필연성을 지니고 있는 경우(이를 '유해'라고 한다) 이러한 유해성을 제거함으로써 질병 방지 등을 꾀하는 것을 의미한다.

### 다. 적용 범위

#### (1) 모든 사업

산안법은 모든 사업에 적용된다. 다만, 유해 · 위험의 정도, 사업의 종류, 사업장의 상시근로자 수(건설공사의 경우에는 건설공사 금액을 말한다. 이하 같다) 등을 고려하여 시행령 2조, 별표 1에서 정하는 종류의 사업 또는 사업장에는 이 법의 전부 또는 일부를 적용하지 아니할 수 있다(3조).

---

72) 대법원 1998. 1. 23. 선고 97다44676 판결.

73) 대법원 2005. 9. 9. 선고 2005도3108 판결, 대법원 2006. 9. 8. 선고 2006도3857 판결.

74) 산안(건안) 68307-10455, 2002. 10. 16.

75) 국토교통부 고시 2017-578호, 국가항공안전프로그램 2조 1호. 안전(safety)이란 가해주체에 의하여 필수 요인이나 확대 요인의 상호 작용으로 피해 주체에 가해지는 외부적인 위험을 어떤 법칙에 적합한 행동과 방법으로 피할 수 있는 것을 의미한다는 견해로는 김치선 · 김유성, 70면.

76) 일본에서는 위생(衛生)이라는 용어를 사용한다. 勞働安全衛生法 참조.

### (2) 노무를 제공하는 자

구 산안법 체계 하에서 보호대상은 근로자에 한정되므로, 특수형태근로종사자는 보호대상에 포함되지 아니하였다.[77] 구 산안법은 근로자의 안전과 보건을 유지·증진하는 것을 목적으로 하지만, 헌법재판소가 특수형태근로종사자를 보호하기 위해서는 특별법에 의한 보호가 필요하다고 판시하였고,[78] 이에 따라 개정 산안법은 그 보호대상을 '노무를 제공하는 자'로 확대하였다. 이렇게 개정 산안법은 적용대상이 확대되었으므로, 보호대상이 근로자인지 여부를 따질 필요 없이 노무제공자인지 여부를 판단하는 것으로 충분하다.

종전에는 근로자성이 부정되거나 고용관계가 불확실한 골프장 캐디, 학습지교사, 화물트럭기사, 보험설계사, 우체국 보험모집인, 콘크리트믹서트럭 운전자, 대출모집인, 신용카드회원모집인, 대리운전기사, 간병인, 방송사 구성작가, 수도검침원, 텔레마케터, 학원 강사, 헤어디자이너, 문화예술인, 야쿠르트 판매원 등 특수형태근로종사자와 택배원, 퀵서비스 배송인, 음식점 배달대행원 등 플랫폼 종사자는 노무제공자에 해당되므로, 산안법 제 5 장 제 4 절에서 규정하는 보호대상에 포함된다.

### (3) 국가 · 지방자치단체 · 공기업

구 산안법 3조 2항에서는 "산안법과 산안법에 따른 명령은 국가·지방자치단체 및 공공기관의 운영에 관한 법률 5조에 따른 공기업에 적용한다"는 규정을 두었다. 종전에는 공무원에 대해서는 공무원관계법령이 우선 적용된다고 보았으나 현재 공무원 관계법령에 따른 공무원에 대한 안전보건기준이 거의 마련되지 않아, 공무원의 안전과 건강보호를 위해 2001. 8.부터 행정해석을 변경하여 산안법을 적용하였다.[79] 또한「공공기관의 운영에 관한 법률」5조에 따른 공기

---

77) 구 산안법은 산업재해를 예방하고 쾌적한 작업환경을 조성함으로써 '근로자'의 안전과 보건을 유지·증진함을 목적으로 하는 것이므로 같은 법 23조, 29조 등이 규정하고 있는 안전상 조치의무 또는 근로자를 사용하여 사업을 행하는 사업주가 부담하여야 하는 재해방지의무는 작업장 내의 모든 사람에게 적용되는 것이 아니라 사업주와 실질적인 고용관계가 있는 근로자에 대하여만 적용되는바, 공사에 필요한 작업을 위하여 일일임대차계약에 의하여 임차한 카고트럭의 소유자 겸 운전기사가 작업 중 현장에서 사망한 경우 임차인인 사업주와 피해자 사이에 실질적인 고용관계가 성립하였다고 보기 어려워, 사업주가 피해자에 대해 구 법 23조에 규정된 안전상 조치의무를 부담한다고 할 수 없다고 본 사례로는 대구지법 2007. 2. 13. 선고 2006고정3671 판결.

78) 헌재 2016. 11. 24. 선고 2015헌바413 결정.

79) 안정 68307-954, 2001. 10. 19.

업 이외의 공기업 또는 공공기관은 산안법이 적용된다. 이와 같이 국가, 지방자치단체, 공기업도 제한없이 일반 사업과 동일하게 산안법이 적용되므로, 개정 산안법에서는 적용범위에 관하여 불필요한 오해를 불러일으키던 구 법 3조 2항을 삭제하였다.

### 라. 정부의 책무

정부는 이 법의 목적을 달성하기 위하여 (i) 산업 안전 및 보건 정책의 수립 및 집행, (ii) 산업재해 예방 지원 및 지도, (iii) 근로기준법 76조의2에 따른 직장 내 괴롭힘 예방을 위한 조치기준 마련, 지도 및 지원, (iv) 사업주의 자율적인 산업 안전 및 보건 경영체제 확립을 위한 지원, (v) 산업 안전 및 보건에 관한 의식을 북돋우기 위한 홍보·교육 등 안전문화 확산 추진, (vi) 산업 안전 및 보건에 관한 기술의 연구·개발 및 시설의 설치·운영, (vii) 산업재해에 관한 조사 및 통계의 유지·관리, (viii) 산업 안전 및 보건 관련 단체 등에 대한 지원 및 지도·감독, (ix) 그 밖에 노무를 제공하는 자의 안전 및 건강의 보호·증진 등을 성실히 이행할 책무를 진다(4조 1항). 정부는 1항 각 호의 사항을 효율적으로 수행하기 위하여 한국산업안전보건공단법에 따른 한국산업안전보건공단(이하 "공단"이라 한다), 그 밖의 관련 단체 및 연구기관에 행정적·재정적 지원을 할 수 있다(4조 2항).

지방자치단체는 4조 1항에 따른 정부의 정책에 적극 협조하고, 관할 지역의 산업재해를 예방하기 위한 대책을 수립·시행하여야 한다(4조의2). 지방자치단체의 장은 관할 지역 내에서의 산업재해 예방을 위하여 자체 계획의 수립, 교육, 홍보 및 안전한 작업환경 조성을 지원하기 위한 사업장 지도 등 필요한 조치를 할 수 있다(4조의3 1항). 정부는 1항에 따른 지방자치단체의 산업재해 예방 활동에 필요한 행정적·재정적 지원을 할 수 있다(4조의3 2항). 1항에 따른 산업재해 예방 활동에 필요한 사항은 지방자치단체가 조례로 정할 수 있다(4조의3 3항).

### 마. 사업주 등의 의무

사업주(77조에 따른 특수형태근로종사자로부터 노무를 제공받는 자와 78조에 따른 물건의 수거·배달 등을 중개하는 자를 포함한다. 이하 이 조 및 6조에서 같다)는 (i) 이 법과 이 법에 따른 명령으로 정하는 산업재해 예방을 위한 기준, (ii) 근로자의 신체적 피로와 정신적 스트레스 등을 줄일 수 있는 쾌적한 작업환경의 조성 및 근로조건개선, (iii) 해당 사업장의 안전 및 보건에 관한 정보를 근로자에게 제공 등을 이행함으로써 근로자(77조에 따른 특수형태근로종사자와 78조에 따른 물건의 수거 · 배달 등을 하는 자를 포함한다. 이하 이 조 및 6조에서 같다)의 안전 및 건강을 유지 · 증진시키고 국가의 산업재해 예방정책을 따라야 한다(5조 1항).

또한 (i) 기계 · 기구와 그 밖의 설비를 설계 · 제조 또는 수입하는 자, (ii) 원재료 등을 제조 · 수입하는 자, (iii) 건설물을 발주 · 설계 · 건설하는 자의 어느 하나에 해당하는 자는 발주 · 설계 · 제조 · 수입 또는 건설을 할 때 이 법과 이 법에 따른 명령으로 정하는 기준을 지켜야 하고, 발주 · 설계 · 제조 · 수입 또는 건설에 사용되는 물건으로 인하여 발생하는 산업재해를 방지하기 위하여 필요한 조치를 하여야 한다(5조 2항).

### 바. 근로자의 의무

근로자는 이 법과 이 법에 따른 명령으로 정하는 산업재해 예방을 위한 기준을 지켜야 하며, 사업주 또는 근로기준법 101조에 따른 근로감독관, 공단 등 관계인이 실시하는 산업재해 예방에 관한 조치에 따라야 한다(6조).

### 사. 고용노동부장관의 책무

#### (1) 산업재해 예방에 관한 기본계획의 수립 · 공표

고용노동부장관은 산업재해 예방에 관한 기본계획을 수립하여야 한다(7조 1항). 고용노동부장관은 1항에 따라 수립한 기본계획을 산재법 8조 1항에 따른 산업재해보상보험및예방심의위원회의 심의를 거쳐 공표하여야 한다. 이를 변경하려는 경우에도 또한 같다(7조 2항).

#### (2) 협조 요청 등

고용노동부장관은 7조 1항에 따른 기본계획을 효율적으로 시행하기 위하여 필요하다고 인정할 때에는 관계 행정기관의 장 또는 공공기관의 운영에 관한 법률 4조에 따른 공공기관의 장에게 필요한 협조를 요청할 수 있다(8조 1항).[80) 행정기관(고용노동부는 제외한다. 이하 이 조에서 같다)의 장은 사업장의 안전 및 보건에 관하여 규제를 하려면 미리 고용노동부장관과 협의하여야 한다(8조 2항). 행정기관의 장은 고용노동부장관이 2항에 따른 협의과정에서 해당 규제에 대한 변경을 요구하면 이에 따라야 하며, 고용노동부장관은 필요한 경우 국무총리에

80) 협조를 요청할 수 있는 사항은 시행규칙 4조 1항에서 자세히 규정하고 있다.

게 협의 · 조정 사항을 보고하여 확정할 수 있다(8조 3항). 고용노동부장관은 산업재해 예방을 위하여 필요하다고 인정할 때에는 사업주, 사업주단체, 그 밖의 관계인에게 필요한 사항을 권고하거나 협조를 요청할 수 있다(8조 4항).

고용노동부장관은 산업재해 예방을 위하여 중앙행정기관의 장과 지방자치단체의 장 또는 공단 등 관련 기관 · 단체의 장에게 (i) 부가가치세법 8조 및 법인세법 111조에 따른 사업자등록에 관한 정보, (ii) 고용보험법 15조에 따른 근로자의 피보험자격의 취득 및 상실 등에 관한 정보, (iii) 그 밖에 산업재해 예방사업을 수행하기 위하여 필요한 정보 또는 자료로서 대통령령으로 정하는 정보 또는 자료 등의 제공 및 관계 전산망의 이용을 요청할 수 있다. 이 경우 요청을 받은 중앙행정기관의 장과 지방자치단체의 장 또는 관련 기관 · 단체의 장은 정당한 사유가 없으면 그 요청에 따라야 한다(8조 5항).

### (3) 산업재해 예방 통합정보시스템 구축 · 운영 등

고용노동부장관은 산업재해를 체계적이고 효율적으로 예방하기 위하여 산업재해 예방 통합정보시스템을 구축 · 운영할 수 있다(9조 1항). 고용노동부장관은 1항에 따른 산업재해 예방 통합정보시스템으로 처리한 산업 안전 및 보건 등에 관한 정보를 시행규칙 5조에서 정하는 바에 따라 관련 행정기관과 공단에 제공할 수 있다(9조 2항). 1항에 따른 산업재해 예방 통합정보시스템의 구축 · 운영, 그 밖에 필요한 사항은 시행령 9조에서 규정하고 있다(9조 3항)

### (4) 산업재해 발생건수 등 공표

고용노동부장관은 산업재해를 예방하기 위하여 시행령 10조 1항에서 규정하는 사업장의 근로자 산업재해 발생건수, 재해율 또는 그 순위 등(이하 "산업재해발생건수등"이라 한다)을 공표하여야 한다(10조 1항). 고용노동부장관은 도급인의 사업장(도급인이 제공하거나 지정한 경우로서 도급인이 지배 · 관리하는 시행령 11조에서 규정하는 장소를 포함한다. 이하 같다) 중 시행령 10조 2항에서 규정하는 사업장에서 관계수급인 근로자가 작업을 하는 경우에 도급인의 산업재해발생건수등에 관계수급인의 산업재해발생건수등을 포함하여 1항에 따라 공표하여야 한다(10조 2항). 고용노동부장관은 2항에 따라 산업재해발생건수등을 공표하기 위하여 도급인에게 관계수급인에 관한 자료의 제출을 요청할 수 있다. 이 경우 요청을 받은 자는 정당한 사유가 없으면 이에 따라야 한다(10조 3항). 1항 및 2항에 따른 공표의 절차 및 방법, 그 밖에 필요한 사항은 시행규칙 8조에서 규정하고 있다(10조 4항).

고용노동부장관의 재해율 산정행위는 행정기관 내부에서 이루어지는 행위에 불과하고 당사자의 법률상 지위에 직접적인 법률적 변동을 일으키지 아니하므로 항고소송의 대상이 되는 행정처분에 해당한다고 볼 수 없지만,[81] 고용노동부장관이 환산재해율 확정 결과를 한국산업안전공단과 조달청에 통보하여 위 공단 인터넷 홈페이지와 조달청 국가종합전자조달 홈페이지를 통하여 통지한 행위는 항고소송의 대상이 되는 행정처분에 해당한다[82]는 재판례가 있다.[83]

#### (5) 산업재해 예방시설의 설치·운영

고용노동부장관은 산업재해 예방을 위하여 (i) 산업 안전 및 보건에 관한 지도시설, 연구시설 및 교육시설, (ii) 안전보건진단 및 작업환경측정을 위한 시설, (iii) 노무를 제공하는 자의 건강을 유지·증진하기 위한 시설, (iv) 그 밖에 고용노동부령으로 정하는 산업재해 예방을 위한 시설 등을 설치·운영할 수 있다(11조).

#### (6) 산업재해 예방의 재원

(i) 11조 각 호에 따른 시설의 설치와 그 운영에 필요한 비용, (ii) 산업재해 예방 관련 사업 및 비영리법인에 위탁하는 업무 수행에 필요한 비용, (iii) 그 밖에 산업재해 예방에 필요한 사업으로서 고용노동부장관이 인정하는 사업의 사업비의 어느 하나에 해당하는 용도에 사용하기 위한 재원(財源)은 산재법 95조 1항에 따른 산업재해보상보험 및 예방기금에서 지원한다(12조).

#### (7) 기술 또는 작업환경에 관한 표준

고용노동부장관은 산업재해 예방을 위하여 (i) 5조 2항 각 호의 어느 하나

81) 서울행법 2008. 5. 15. 선고 2006구합25582 판결(확정).

82) 서울행법 2008. 12. 24. 선고 2008구합30441 판결(확정).

83) 노동부장관의 산정행위는 행정기관 내부에서 이루어지는 행위에 불과하고 노동부장관의 구체적인 통보행위가 있기 전까지는 외부에서 이를 알 수 있는 방법이 없으며 통보행위가 있어야 직접적인 기본권 제한의 문제가 발생하는 점, 청구인들의 이 사건 심판청구의 중요한 이유 중의 하나인 산정행위와 통보행위의 결과로 받게 되는 환산재해율에 의한 구체적인 불이익의 타당성 여부는 그 불이익을 구체적으로 정한 관련규정의 위헌 여부를 통하여 판단하면 족한 점, 그리고 청구인들이 주장하는 산정행위의 위헌성은 위헌으로 의심되는 산안법 시행규칙의 산정기준을 적용하였다는 점에 있는 것이나, 그 산정기준 자체는 기본권침해 가능성이 없는 점 등을 고려하면 산정행위의 공권력행사성이나 직접성을 인정하기 어렵다(헌재 2007. 5. 31. 선고 2003헌마579 결정).

에 해당하는 자가 같은 항에 따라 산업재해를 방지하기 위하여 하여야 할 조치, (ii) 38조 및 39조에 따라 사업주가 하여야 할 조치와 관련된 기술 또는 작업환경에 관한 표준을 정하여 사업주에게 지도·권고할 수 있다(13조 1항). 고용노동부장관은 1항에 따른 표준을 정할 때 필요하다고 인정하면 해당 분야별로 표준제정위원회를 구성·운영할 수 있다(13조 2항). 2항에 따른 표준제정위원회의 구성·운영, 그 밖에 필요한 사항은 고용노동부장관이 정한다(13조 3항).

### 3. 안전보건관리체제와 안전보건관리규정

#### 가. 이사회 보고 및 승인 등

상법 170조에 따른 주식회사 중 (i) 상시근로자 500명 이상을 사용하는 회사, (ii) 건설산업기본법 23조에 따른 전년도 시공능력평가액(토목·건축공사업에 한함) 순위 상위 1,000위 이내의 건설회사의 대표이사는 시행령 13조 2항으로 정하는 바에 따라 매년 회사의 안전 및 보건에 관한 계획을 수립하여 이사회에 보고하고 승인을 받아야 한다(14조 1항, 시행령 13조). 1항에 따른 대표이사는 1항에 따른 안전 및 보건에 관한 계획을 성실하게 이행하여야 한다(14조 2항). 1항에 따른 안전 및 보건에 관한 계획에는 안전 및 보건에 관한 비용, 시설, 인원 등의 사항을 포함하여야 한다(14조 3항). 위 14조는 2021. 1. 1.브터 시행된다.

#### 나. 안전보건관리책임자

사업주는 사업장을 실질적으로 총괄하여 관리하는 사람[84]에게 해당 사업장의 (i) 사업장의 산업재해 예방계획의 수립에 관한 사항, (ii) 25조 및 26조에 따른 안전보건관리규정의 작성 및 변경에 관한 사항, (iii) 29조에 따른 안전보건교육에 관한 사항, (iv) 작업환경측정 등 작업환경의 점검 및 개선에 관한 사항, (v) 129조부터 132조까지에 따른 근로자의 건강진단 등 건강관리에 관한 사항, (vi) 산업재해의 원인 조사 및 재발 방지대책 수립에 관한 사항, (vii) 산업재해에 관한 통계의 기록 및 유지에 관한 사항, (viii) 안전장치 및 보호구 구입 시 적격품 여부 확인에 관한 사항, (ix) 그 밖에 근로자의 유해·위험 방지조치에 관한 사항으로서 고용노동부령으로 정하는 사항 등의 업무를 총괄하여 관리하

84) '사업을 실질적으로 총괄·관리하는 사람'이라 함은 공장장이나 작업소장 등 명칭의 여하를 묻지 아니하고 해당 사업장에서 사업의 실시를 실질적으로 총괄·관리하는 권한과 책임이 있는 자를 말한다. 대법원 2004. 5. 14. 선고 2004도74 판결.

도록 하여야 한다(15조 1항). 1항 각 호의 업무를 총괄하여 관리하는 사람(이하 "안전보건관리책임자"라 한다)은 17조에 따른 안전관리자와 18조에 따른 보건관리자를 지휘 · 감독한다(15조 2항). 안전보건관리책임자를 두어야 하는 사업의 종류와 사업장의 상시근로자 수, 그 밖에 필요한 사항은 시행령 14조에서 규정하고 있다(15조 3항).

### 다. 관리감독자

사업주는 사업장의 생산과 관련되는 업무와 그 소속 직원을 직접 지휘 · 감독하는 직위에 있는 사람(이하 "관리감독자"라 한다)에게 산업 안전 및 보건에 관한 업무로서 시행령 15조 1항으로 정하는 업무를 수행하도록 하여야 한다(16조 1항). 관리감독자가 있는 경우에는 건설기술 진흥법 64조 1항 2호에 따른 안전관리책임자 및 같은 항 3호에 따른 안전관리담당자를 각각 둔 것으로 본다(16조 2항).

### 라. 안전관리자 · 보건관리자, 안전보건관리담당자, 관리전문기관

#### (1) 안전관리자

사업주는 사업장에 15조 1항 각 호의 사항 중 안전에 관한 기술적인 사항에 관하여 사업주 또는 안전보건관리책임자를 보좌하고 관리감독자에게 지도 · 조언하는 업무를 수행하는 사람(이하 "안전관리자"라 한다)을 두어야 한다(17조 1항). 안전관리자를 두어야 하는 사업의 종류와 사업장의 상시근로자 수, 안전관리자의 수 · 자격 · 업무 · 권한 · 선임방법, 그 밖에 필요한 사항은 시행령 16조, 17조, 18조에서 규정하고 있다(17조 2항).[85) 시행령 16조 2항으로 정하는 사업의 종류 및 사업장의 상시근로자 수에 해당하는 사업장의 사업주는 보건관리자에게 그 업무만을 전담하도록 하여야 한다(17조 3항). 고용노동부장관은 산업재해 예방을 위하여 필요한 경우로서 시행규칙 12조로 정하는 사유에 해당하는 경우에는 사업주에게 안전관리자를 2항에 따라 대통령령으로 정하는 수 이상으로 늘리거나 교체할 것을 명할 수 있다(17조 4항). 시행령 19조에서 규정하는 사업의 종류 및 사업장의 상시근로자 수에 해당하는 사업장의 사업주는 산안법 21조에 따라 지정받은 안전관리 업무를 전문적으로 수행하는 기관(이하 "안전관리전문기관"이라 한다)에 안전관리자의 업무를 위탁할 수 있다(17조 5항). 기업활동 규제완

85) 동일한 산업단지등에서 사업을 하는 자는 산안법 17조에도 불구하고 3 이하의 사업장의 사업주가 공동으로 안전관리자를 채용할 수 있다. 이 경우 이들이 상시 사용하는 근로자 수의 합은 300명 이내이어야 한다(「기업활동 규제완화에 관한 특별조치법」 36조).

화에 관한 특별조치법 29조 1항, 2항, 3항에서는 안전관리자의 겸직을 허용하고 있고, 같은 법 30조에서는 중소기업자등에 대한 안전관리자 고용의무를 완화하고 있으며, 31조에서는 두 종류 이상의 자격증 보유자를 채용한 중소기업자등에 대한 의무고용의 완화를 규정하고 있다.

#### (2) 보건관리자

사업주는 사업장에 15조 1항 각 호의 사항 중 보건에 관한 기술적인 사항에 관하여 사업주 또는 안전보건관리책임자를 보좌하고 관리감독자에게 지도·조언하는 업무를 수행하는 사람(이하 "보건관리자"라 한다)을 두어야 한다(18조 1항). 보건관리자를 두어야 하는 사업의 종류와 사업장의 상시근로자 수, 보건관리자의 수·자격·업무·권한·선임방법, 그 밖에 필요한 사항은 시행령 20조, 21조, 22조에서 규정하고 있다(18조 2항).[86] 시행령 20조 2항으로 정하는 사업의 종류 및 사업장의 상시근로자 수에 해당하는 사업장의 사업주는 보건관리자에게 그 업무만을 전담하도록 하여야 한다(18조 3항). 고용노동부장관은 산업재해 예방을 위하여 필요한 경우로서 고용노동부령으로 정하는 사유에 해당하는 경우에는 사업주에게 보건관리자를 2항에 따라 대통령령으로 정하는 수 이상으로 늘리거나 교체할 것을 명할 수 있다(18조 4항). 시행령 23조로 정하는 사업의 종류 및 사업장의 상시근로자 수에 해당하는 사업장의 사업주는 21조에 따라 지정받은 보건관리 업무를 전문적으로 수행하는 기관(이하 "보건관리전문기관"이라 한다)에 보건관리자의 업무를 위탁할 수 있다(18조 5항). 기업활동 규제완화에 관한 특별조치법 29조 4항에서는 보건관리자의 겸직을 허용하고 있다.

#### (3) 안전보건관리담당자

사업주는 사업장에 안전 및 보건에 관하여 사업주를 보좌하고 관리감독자에게 지도·조언하는 업무를 수행하는 사람(이하 "안전보건관리담당자"라 한다)을 두어야 한다. 다만, 안전관리자 또는 보건관리자가 있거나 이를 두어야 하는 경우에는 그러하지 아니하다(19조 1항). 안전보건관리담당자를 두어야 하는 사업의 종류와 사업장의 상시근로자 수, 안전보건관리담당자의 수·자격·업무·권한·선임방법, 그 밖에 필요한 사항은 시행령 24~26조에서 규정하고 있다(19조 2항).

---

86) 동일한 산업단지등에서 사업을 하는 자는 산안법 18조에도 불구하고 3 이하의 사업장의 사업주가 공동으로 보건관리자를 채용할 수 있다. 이 경우 이들이 상시 사용하는 근로자 수의 합은 300명 이내이어야 한다(｢기업활동 규제완화에 관한 특별조치법｣ 36조).

고용노동부장관은 산업재해 예방을 위하여 필요한 경우로서 고용노동부령으로 정하는 사유에 해당하는 경우에는 사업주에게 안전보건관리담당자를 2항에 따라 대통령령으로 정하는 수 이상으로 늘리거나 교체할 것을 명할 수 있다(19조 3항). 시행령 26조로 정하는 사업의 종류 및 사업장의 상시근로자 수에 해당하는 사업장의 사업주는 안전관리전문기관 또는 보건관리전문기관에 안전보건관리담당자의 업무를 위탁할 수 있다(19조 4항).

#### (4) 안전관리전문기관 · 보건관리전문기관

안전관리전문기관 또는 보건관리전문기관이 되려는 자는 시행령 27조로 정하는 인력 · 시설 및 장비 등의 요건을 갖추어 고용노동부장관의 지정을 받아야 한다(21조 1항). 고용노동부장관은 안전관리전문기관 또는 보건관리전문기관에 대하여 평가하고 그 결과를 공개할 수 있다. 이 경우 평가의 기준 · 방법 및 결과의 공개에 필요한 사항은 시행규칙 17조에서 규정하고 있다(21조 2항). 안전관리전문기관 또는 보건관리전문기관의 지정 절차, 업무 수행에 관한 사항, 위탁받은 업무를 수행할 수 있는 지역, 그 밖에 필요한 사항은 시행규칙 16조, 18~22조에서 규정하고 있다(21조 3항).

고용노동부장관은 안전관리전문기관 또는 보건관리전문기관이 (i) 거짓이나 그 밖의 부정한 방법으로 지정을 받은 경우, (ii) 업무정지 기간 중에 업무를 수행한 경우, (iii) 1항에 따른 지정 요건을 충족하지 못한 경우, (iv) 지정받은 사항을 위반하여 업무를 수행한 경우, (v) 그 밖에 대통령령으로 정하는 사유에 해당하는 경우의 어느 하나에 해당할 때에는 그 지정을 취소하거나 6개월 이내의 기간을 정하여 그 업무의 정지를 명할 수 있다. 다만, 1호 또는 2호에 해당할 때에는 그 지정을 취소하여야 한다(21조 4항). 4항에 따라 지정이 취소된 자는 지정이 취소된 날부터 2년 이내에는 각각 해당 안전관리전문기관 또는 보건관리전문기관으로 지정받을 수 없다(21조 5항).

#### (5) 안전관리자 등의 지도 · 조언

사업주, 안전보건관리책임자 및 관리감독자는 (i) 안전관리자, (ii) 보건관리자, (iii) 안전보건관리담당자, (iv) 안전관리전문기관 또는 보건관리전문기관(해당 업무를 위탁받은 경우에 한정한다)의 어느 하나에 해당하는 자가 15조 1항 각 호의 사항 중 안전 또는 보건에 관한 기술적인 사항에 관하여 지도 · 조언하는 경우에는 이에 상응하는 적절한 조치를 하여야 한다(20조).

(6) 안전관리 · 보건관리의 외부 위탁

사업자는 (i) 산안법 17조에 따라 사업주가 두어야 하는 안전관리자, (ii) 산안법 18조에 따라 사업주가 두어야 하는 보건관리자의 업무를 관계중앙행정기관의 장 또는 시 · 도지사가 지정하는 관리대행기관에 위탁할 수 있다(기업활동 규제완화에 관한 특별조치법 40조 1항).

## 마. 산업보건의

사업주는 근로자의 건강관리나 그 밖에 보건관리자의 업무를 지도하기 위하여 사업장에 산업보건의를 두어야 한다. 다만, 의료법 2조에 따른 의사를 보건관리자로 둔 경우에는 그러하지 아니하다(22조 1항). 1항에 따른 산업보건의(이하 "산업보건의"라 한다)를 두어야 하는 사업의 종류와 사업장의 상시근로자 수 및 산업보건의의 자격 · 직무 · 권한 · 선임방법, 그 밖에 필요한 사항은 시행령 29~31조에서 규정하고 있다(22조 2항). 그러나 산안법 22조 1항에 따라 사업주가 두어야 하는 산업보건의는 위 법률에도 불구하고 채용 · 고용 · 임명 · 지정 또는 선임하지 아니할 수 있다(기업활동 규제완화에 관한 특별조치법 28조 1호). 이 경우 해당 사업장의 사업자는 그 사업장의 책임자를 관리책임자로 지정하여 산업보건의가 수행할 업무를 담당하게 하여야 한다(기업활동 규제완화에 관한 특별조치법 28조 4항).

## 바. 명예산업안전감독관

고용노동부장관은 산업재해 예방활동에 대한 참여와 지원을 촉진하기 위하여 근로자, 근로자단체, 사업주단체 및 산업재해 예방 관련 전문단체에 소속된 사람 중에서 명예산업안전감독관을 위촉할 수 있다(23조 1항). 사업주는 1항에 따른 명예산업안전감독관(이하 "명예산업안전감독관"이라 한다)에 대하여 직무 수행과 관련한 사유로 불리한 처우를 해서는 아니 된다(23조 2항). 명예산업안전감독관의 위촉 방법, 업무, 그 밖에 필요한 사항은 시행령 32 33조에서 규정하고 있다(23조 3항).

## 사. 산업안전보건위원회

사업주는 사업장의 안전 및 보건에 관한 중요 사항을 심의 · 의결하기 위하여 사업장에 근로자위원과 사용자위원이 같은 수로 구성되는 산업안전보건위원회를 구성·운영하여야 한다(24조 1항). 사업주는 (i) 15조 1항 1호부터 5호까지 및 7호에 관한 사항, (ii) 15조 1항 6호에 따른 사항 중 중대재해에 관한 사항, (iii) 유해하거나 위험한 기계·기구·설비를 도입한 경우 안전 및 보건 관련 조치에 관한 사항, (iv) 그 밖에 해당 사업장 근로자의 안전 및 보건을 유지·증진시키기 위하여 필요한 사항에 대해서는 1항에 따른 산업안전보건위원회(이하 "산업안전보건위원회"라 한다)의 심의·의결을 거쳐야 한다(24조 1항). 산업안전보건위원회는 시행령 37조로 정하는 바에 따라 회의를 개최하고 그 결과를 회의록으로 작성하여 보존하여야 한다(24조 1항). 사업주와 근로자는 2항에 따라 산업안전보건위원회가 심의·의결한 사항을 성실하게 이행하여야 한다(24조 1항). 산업안전보건위원회는 이 법, 이 법에 따른 명령, 단체협약, 취업규칙 및 25조에 따른 안전보건관리규정에 반하는 내용으로 심의·의결해서는 아니 된다(24조 1항). 사업주는 산업안전보건위원회의 위원에게 직무 수행과 관련한 사유로 불리한 처우를 해서는 아니 된다(24조 1항). 산업안전보건위원회를 구성하여야 할 사업의 종류 및 사업장의 상시근로자 수, 산업안전보건위원회의 구성·운영 및 의결되지 아니한 경우의 처리방법, 그 밖에 필요한 사항은 시행령 34~39조에서 자세히 규정하고 있다(24조 1항).

### 아. 안전보건관리규정

#### (1) 안전보건관리규정의 작성

사업주는 사업장의 안전 및 보건을 유지하기 위하여 (i) 안전 및 보건에 관한 관리조직과 그 직무에 관한 사항, (ii) 안전보건교육에 관한 사항, (iii) 작업장의 안전 및 보건 관리에 관한 사항, (iv) 사고 조사 및 대책 수립에 관한 사항, (v) 그 밖에 안전 및 보건에 관한 사항이 포함된 안전보건관리규정을 작성하여야 한다(25조 1항). 1항에 따른 안전보건관리규정(이하 "안전보건관리규정"이라 한다)은 단체협약 또는 취업규칙에 반할 수 없다. 이 경우 안전보건관리규정 중 단체협약 또는 취업규칙에 반하는 부분에 관하여는 그 단체협약 또는 취업규칙으로 정한 기준에 따른다(25조 2항). 안전보건관리규정을 작성하여야 할 사업의 종류, 사업장의 상시근로자 수 및 안전보건관리규정에 포함되어야 할 세부적인 내용, 그 밖에 필요한 사항은 시행규칙 25조에서 규정하고 있다(25조 3항).

(2) 안전보건관리규정의 작성 · 변경 절차

사업주는 안전보건관리규정을 작성하거나 변경할 때에는 산업안전보건위원회의 심의 · 의결을 거쳐야 한다. 다만, 산업안전보건위원회가 설치되어 있지 아니한 사업장의 경우에는 근로자대표의 동의를 받아야 한다(26조).

(3) 안전보건관리규정의 준수

사업주와 근로자는 안전보건관리규정을 지켜야 한다(27조).

(4) 다른 법률의 준용

안전보건관리규정에 관하여 이 법에서 규정한 것을 제외하고는 그 성질에 반하지 아니하는 범위에서 근로기준법 중 취업규칙에 관한 규정을 준용한다(28조).

4. 안전보건교육

가. 근로자에 대한 안전보건교육

사업주는 소속 근로자에게 고용노동부령으로 정하는 바에 따라 정기적으로 안전보건교육을 하여야 한다(29조 1항). 사업주는 근로자를 채용할 때와 작업내용을 변경할 때에는 그 근로자에게 시행규칙 26조로 정하는 바에 따라 해당 작업에 필요한 안전보건교육을 하여야 한다. 다만, 31조 1항에 다른 안전보건교육을 이수한 건설 일용근로자를 채용하는 경우에는 그러하지 아니하다(29조 2항). 사업주는 근로자를 유해하거나 위험한 작업에 채용하거나 그 작업으로 작업내용을 변경할 때에는 2항에 따른 안전보건교육 외에 시행규칙 26조로 정하는 바에 따라 유해하거나 위험한 작업에 필요한 안전보건교육을 추가로 하여야 한다(29조 3항). 사업주는 1항부터 3항까지의 규정에 따른 안전보건교육을 33조에 따라 고용노동부장관에게 등록한 안전보건교육기관에 위탁할 수 있다(29조 4항).

나. 근로자에 대한 안전보건교육의 면제 등

사업주는 29조 1항에도 불구하고 (i) 사업장의 산업재해 발생 정도가 고용노동부령으로 정하는 기준에 해당하는 경우, (ii) 근로자가 11조 3호에 따른 시설에서 건강관리에 관한 교육 등 고용노동부령으로 정하는 교육을 이수한 경우, (iii) 관리감독자가 산업 안전 및 보건 업무의 전문성 제고를 위한 교육 등 시행규칙 27조로 정하는 교육을 이수한 경우의 어느 하나에 해당하는 경우에는 위 29조 1항에 따른 안전보건교육의 전부 또는 일부를 하지 아니할 수 있다(30조 1

항). 사업주는 29조 2항 또는 3항에도 불구하고 해당 근로자가 채용 또는 변경된 작업에 경험이 있는 등 시행규칙 27조로 정하는 경우에는 위 29조 2항 또는 3항에 따른 안전보건교육의 전부 또는 일부를 하지 아니할 수 있다(30조 2항).

### 다. 건설업 기초안전보건교육

건설업의 사업주는 건설 일용근로자를 채용할 때에는 그 근로자로 하여금 33조에 따른 안전보건교육기관이 실시하는 안전보건교육을 이수하도록 하여야 한다. 다만, 건설 일용근로자가 그 사업주에게 채용되기 전에 안전보건교육을 이수한 경우에는 그러하지 아니하다(31조 1항). 1항 본문에 따른 안전보건교육의 시간·내용 및 방법, 그 밖에 필요한 사항은 시행규칙 28조로 정한다(31조 2항).

### 라. 안전보건관리책임자 등에 대한 직무교육

사업주(5호의 경우는 같은 호 각 목에 따른 기관의 장을 말한다)는 다음 각 호에 해당하는 사람에게 33조에 따른 안전보건교육기관에서 직무와 관련한 안전보건교육을 이수하도록 하여야 한다. 다만, (i) 안전보건관리책임자, (ii) 안전관리자, (iii) 보건관리자, (iv) 안전보건관리담당자, (v) ㈎ 안전관리전문기관, ㈏ 보건관리전문기관, ㈐ 74조에 따라 지정받은 건설재해예방전문지도기관, ㈑ 96조에 따라 지정받은 안전검사기관, ㈒ 100조에 따라 지정받은 자율안전검사기관, ㈓ 120조에 따라 지정받은 석면조사기관에서 안전과 보건에 관련된 업무에 종사하는 사람에 해당하는 사람이 다른 법령에 따라 안전 및 보건에 관한 교육을 받는 등 시행규칙 30조로 정하는 경우에는 안전보건교육의 전부 또는 일부를 하지 아니할 수 있다(32조 1항). 1항 각 호 외의 부분 본문에 따른 안전보건교육의 시간·내용 및 방법, 그 밖에 필요한 사항은 시행규칙 29조로 정한다(32조 2항).

### 마. 안전보건교육기관

29조 1항부터 3항까지의 규정에 따른 안전보건교육, 31조 1항 본문에 따른 안전보건교육 또는 32조 1항 각 호 외의 부분 본문에 따른 안전보건교육을 하려는 자는 시행령 40조로 정하는 인력·시설 및 장비 등의 요건을 갖추어 고용노동부장관에게 등록하여야 한다. 등록한 사항 중 시행령 40조 5항으로 정하는 중요한 사항을 변경할 때에도 또한 같다(33조 1항). 고용노동부장관은 1항에 따라 등록한 자(이하 "안전보건교육기관"이라 한다)에 대하여 평가하고 그 결과를 공개할 수 있다. 이 경우 평가의 기준·방법 및 결과의 공개에 필요한 사항은 시행규칙 32조로 정한다(33조 2항). 1항에 따른 등록 절차 및 업무 수행에 관한 사항, 그 밖에 필요한 사항은 시행규칙 31조, 33조~36조로 정한다(33조 3항). 안전보건교육기관에 대해서는 21조 4항 및 5항을 준용한다. 이 경우 "안전관리전문기관 또는 보건관리전문기관"은 "안전보건교육기관"으로, "지정"은 "등록"으로 본다(33조 4항).

### 5. 유해·위험 방지조치

#### 가. 사업주의 기본의무

##### (1) 법령 요지 등의 게시 등

사업주는 이 법과 이 법에 따른 명령의 요지 및 안전보건관리규정을 각 사업장의 근로자가 쉽게 볼 수 있는 장소에 게시하거나 갖추어 두어 근로자에게 널리 알려야 한다(34조).

##### (2) 근로자대표의 통지 요청

근로자대표는 사업주에게 (i) 산업안전보건위원회(75조에 따라 노사협의체를 구성·운영하는 경우에는 노사협의체를 말한다)가 의결한 사항, (ii) 47조에 따른 안전보건진단 결과에 관한 사항, (iii) 49조에 따른 안전보건개선계획의 수립·시행에 관한 사항, (iv) 64조 1항 각 호에 따른 도급인의 이행 사항, (v) 110조 1항에 따른 물질안전보건자료에 관한 사항,[87] (vi) 125조 1항에 따른 작업환경측정에 관한 사항, (vii) 그 밖에 고용노동부령으로 정하는 안전 및 보건에 관한 사항을 통지하여 줄 것을 요청할 수 있고, 사업주는 이에 성실히 따라야 한다(35조).

##### (3) 위험성평가의 실시

사업주는 건설물, 기계·기구·설비, 원재료, 가스, 증기, 분진, 근로자의 작업행동 또는 그 밖의 업무로 인한 유해·위험 요인을 찾아내어 부상 및 질병으로 이어질 수 있는 위험성의 크기가 허용 가능한 범위인지를 평가하여야 하고, 그 결과에 따라 이 법과 이 법에 따른 명령에 따른 조치를 하여야 하며, 근로자에 대한 위험 또는 건강장해를 방지하기 위하여 필요한 경우에는 추가적인 조치를 하여야 한다(36조 1항). 사업주는 1항에 따른 평가 시 고용노동부장관이 정하여 고시하는 바에 따라 해당 작업장의 근로자를 참여시켜야 한다(36조 2항). 사

---

87) 5호는 2021. 1. 16.부터 시행된다.

업주는 1항에 따른 평가의 결과와 조치사항을 시행규칙 37조로 정하는 바에 따라 기록하여 보존하여야 한다(36조 3항). 1항에 따른 평가의 방법, 절차 및 시기, 그 밖에 필요한 사항은 고용노동부장관이 정하여 고시한다(36조 4항).

#### (4) 안전보건표지의 설치·부착

사업주는 유해하거나 위험한 장소·시설·물질에 대한 경고, 비상시에 대처하기 위한 지시·안내 또는 그 밖에 근로자의 안전 및 보건 의식을 고취하기 위한 사항 등을 그림, 기호 및 글자 등으로 나타낸 표지(이하 이 조에서 "안전보건표지"라 한다)를 근로자가 쉽게 알아 볼 수 있도록 설치하거나 부착하여야 한다. 이 경우 외국인고용법 2조에 따른 외국인근로자(같은 조 단서에 따른 사람을 포함한다)를 사용하는 사업주는 안전보건표지를 고용노동부장관이 정하는 바에 따라 해당 외국인근로자의 모국어로 작성하여야 한다(37조 1항).

독일 산업안전보건법(Arbeitsschutzgesetz) 9조 2항 1문은 "사용자는 급박하고 중대한 위험에 부딪치거나 부딪칠 수 있는 모든 근로자에게 가능한 빨리 그 위험에 대비할 예방책을 마련하여야 한다"고 규정하여, 사용자에게 일정한 위험에 대처하기 위하여 확장된 예방 규정을 설정하고 있다. 사용자는 모든 근로자에게, 적절한 시기에 특정 위험에 관하여 정보를 제공하고, 가능한 예방조치와 자력구제수단을 보장하기 위하여 예방조치를 취할 의무가 있다(Informationsbezogener Gefahrenschutz).[88] 이는 본래의 정보제공의무를 규정한 것이 아니라, 위험과 관련된 정보를 적당할 때 제공하도록 하는 조직의무를 규정한 것이다. 개별 근로자가 지시를 정확히 이해하여야 하기 때문에, 외국인근로자의 경우에는 본국의 언어 또는 그가 이해할 수 있는 제 3 국의 언어로 표시하여야 한다.[89]

안전보건표지의 종류, 형태, 색채, 용도 및 설치·부착 장소, 그 밖에 필요한 사항은 시행규칙 38조~40조로 정한다(37조 2항).

### 나. 안전조치

#### (1) 의 의

사업장에는 통상 사람의 생명·신체의 안전을 위협하는 위험 요소가 상존하고 있고 그러한 위험은 산업 사회가 고도화되면서 그 강도와 규모가 점점 커지는 경향이 있다. 따라서 사업장에서 발생하는 이러한 위험에서 사람의 생명·

88) Deutscher Bundestag Drucksache 13/3540 (1996. 1. 22.), S.18.
89) LAG Baden-Württemberg, AiB 1990, 313.

신체의 안전을 보호하기 위한 예방조치를 하여야 할 필요성은 점점 더 강하게 요청되고 있고, 사업장에 안전보호시설을 설치하는 것은 그러한 예방조치의 하나로 평가할 수 있다.[90)]

(2) 의무의 주체로서 사업주

안전조치 의무를 부담하는 주체는 사업주이다. 구 산안법 23조가 규정하는 안전조치 의무는 근로자를 사용하여 사업을 행하는 사업주가 부담하여야 하는 재해방지의무로서 사업주와 근로자 사이에 실질적인 고용관계가 성립하는 경우에 적용된다.[91)] 여기서 실질적인 고용관계 유무는 고용계약이나 도급계약 등 근로계약의 형식에 좌우되는 것은 아니나, 근로의 실질에 있어 근로자가 종속적인 관계에서 사용자에게 근로를 제공하는 사정이 인정되는 경우에 한하여 실질적인 고용관계를 인정할 수 있다.[92)]

(3) 안전조치 의무의 내용

사업주는 (i) 기계 · 기구, 그 밖의 설비에 의한 위험, (ii) 폭발성, 발화성 및 인화성 물질 등에 의한 위험, (iii) 전기, 열, 그 밖의 에너지에 의한 위험으로 인한 산업재해를 예방하기 위하여 필요한 조치를 하여야 하고(38조 1항), 굴착 · 채석 · 하역 · 벌목 · 운송 · 조작 · 운반 · 해체 · 중량물 취급, 그 밖의 작업을 할 때 불량한 작업방법 등에 의한 산업재해를 예방하기 위하여 필요한 조치를 하여야 하며(38조 2항),[93)] 근로자가 (i) 근로자가 추락할 위험이 있는 장소,[94)] (ii) 토사 ·

90) 헌재 2005. 6. 30. 선고 2002헌바83 결정.

91) 대법원 1997. 5. 9. 선고 97다5169 판결, 대법원 2004. 6. 25. 선고 2004도1264 판결. 한편 시공관리계약의 형태로 공사를 도급받은 수급인이 그 소속 직원들을 공사현장에서 작업에 종사하게 한 경우 구 산안법 23조 2항 소정의 '사업주'에 해당한다고 본 사례로는 대법원 1994. 5. 24. 선고 94도660 판결이 있고, 지입회사는 지입차량의 운전사에 대하여도 직접 근로계약상의 책임을 지는 사용자로서 그 운전사가 근로를 제공하는 과정에서 생명 · 신체 · 건강을 해치는 일이 없도록 물적 환경을 정비하고 필요한 조치를 강구할 보호의무 내지는 구 산안법 23조 소정의 안전상의 조치의무를 부담한다고 본 사례로는 대법원 1998. 1. 23. 선고 97다44676 판결이 있다.

92) 대법원 2010. 6. 24. 선고 2010도2615 판결.

93) 차량계 하역운반기계 등을 사용하는 작업을 하는 경우에 사업주는 차량계 하역운반기계 등에 의한 산업재해를 방지하기 위하여 작업지휘자 또는 유도자를 지정 · 배치하는 것이므로, 특별한 사정이 없는 한 차량계 하역운반기계 등의 운전자 및 그와 더불어 작업 중이어서 차량계 하역운반기계 등에 접촉될 위험이 있는 근로자는 작업지휘자 또는 유도자가 될 수 없다(대법원 2013. 11. 28. 선고 2013도1602 판결).

94) 관리감독자가 작업의 편리성에 치중한 나머지 추락방지망을 제거하고 추가적인 위험방지조치를 강구하지 않은 채 비계해체 작업을 지시한 사안에서, 산업안전기준에 관한 규칙에서 정한 안전조치 의무를 이행하였다면 구 산안법 23조 3항에 규정된 안전조치 의무를 위반한

구축물 등이 붕괴할 우려가 있는 장소,[95)][96)] (iii) 물체가 떨어지거나 날아올 위험이 있는 장소, (iv) 천재지변으로 인한 위험이 발생할 우려가 있는 장소의 어느 하나에 해당하는 장소에서 작업을 할 때 발생할 수 있는 산업재해를 예방하기 위하여 필요한 조치를 하여야 한다(38조 3항). 사업주가 1항부터 3항까지의 규정에 따라 하여야 하는 조치(이하 "안전조치"라 한다)에 관한 구체적인 사항은 고용노동부령으로 정한다(38조 4항).[97)]

### (4) 취 지

산안법이 위와 같이 안전조치 의무를 규정하고 있는 취지는 근로자의 안전의식 결여로 인한 사고를 예방하고자 하는 목적에서 사업주에게 근로자에 대한 안전교육과 구체적 안전 작업 지시 등을 시행할 의무를 부과하고 있는 것이

---

경우에 해당하지 않는다고 한 사례로는 대법원 2009. 5. 28. 선고 2008도7030 판결.

95) 구 법 23조 3항에 따라 사업주가 취하여야 할 안전상의 조치 사항을 정한 구 규칙 341조 1항의 취지는, 사업주가 조적벽 등의 건설물에 근접한 장소에서 굴착작업을 하는 도중에 건설물의 파손 등이 실제로 발생되어 근로자가 위험해질 우려가 있는 경우 뿐 아니라, 굴착작업을 할 때에 건설물의 파손 등의 가능성이 있고 이로 인하여 작업근로자가 위험해질 우려가 있는 경우에도 해당 건설물을 보강하는 등의 위험 방지조치를 취하도록 규정한 것으로 보인다. 따라서 굴착작업을 하는 과정에서 건설물이 붕괴되지 아니하였다고 하더라도 건설물 자체의 노후나 굴착작업 등이 원인이 되어 건설물이 붕괴될 우려가 발생되어 있는 경우에는 구 규칙 341조 1항에 따라 그 위험 방지조치를 취하여야 하며, 이러한 조치를 취하지 아니한 행위는 바로 구 법 23조 3항을 위반한 것에 해당한다. 그리고 나아가 그와 같은 위험 방지조치를 취하지 아니한 결과 실제로 건설물이 붕괴되어 공사현장에서 작업하는 근로자가 사망에 이르렀다면, 비록 건설물의 붕괴가 굴착작업 후에 발생되었다고 하더라도 그 붕괴의 원인이 그와 같은 위험 방지조치의 의무 위반에 있는 이상 이는 구 법 23조 3항 및 구 규칙 341조 1항을 위반한 것으로서 구 법 66조의2에 해당한다고 해석함이 타당하다(대법원 2014. 8. 28. 선고 2013도3242 판결).

96) 교량기초케이슨 및 교각제작공사의 하도급업체 근로자가 철근조립작업 중 철근지지대의 수량부족 등으로 인해 넘어진 수직철근에 머리를 부딪쳐 사망한 사안에서, 수직철근 설치작업의 진행단계에 따른 적절한 철근지지대의 설치 개수나 설치순서 등의 작업방법을 정하지 않은 시공방법상의 잘못은 구 산업안전기준에 관한 규칙 8조의2에서 요구하는 안전진단 실시 등의 안전조치의무 위반에 해당하지 않는다는 이유로 위 하도급업체와 그 업체 종업원인 현장소장에게 구 산안법 66조의2, 23조 3항 위반죄가 성립하지 않는다고 판단한 반면, 철근붕괴 예방을 위하여 적절한 수량의 철근지지대가 충분히 설치되도록 감독하는 등 공사 실시의 관리·감독업무에 관한 주의의무 위반이 인정된다는 이유로 위 현장소장과 컨소시엄 주관회사 종업원인 현장소장에게 업무상과실치사죄가 성립한다고 본 원심판단을 정당하다고 한 사례로는 대법원 2010. 11. 11. 선고 2009도13252 판결.

97) 구 산업안전기준에 관한 규칙 219조의 작업계획은 218조의 지형 및 지반상태 등 조사 결과를 고려하여 차량계 건설기계의 종류 및 능력에 따라 그 운행경로, 작업방법 등을 미리 계획하는 것으로서, 그 작업계획에 당해 차량계 건설기계의 사용과 관련하여 발생 가능한 모든 상황이 포함되어야 한다거나 세부적인 작업 내용의 변경이 발생할 때마다 반드시 작업계획을 수정하여야 하는 것은 아니다(대법원 2010. 2. 25. 선고 2009도3835 판결).

다.[98] 사업주가 예방 또는 방지하여야 할 위험은 사업주가 '당해 사업과 관련하여 지배할 수 있는 범위 내의 위험'에 한정된다.[99]

(5) 형사책임

사업주가 자신이 운영하는 사업장에서 기계·기구, 그 밖의 설비에 의한 위험(38조 1항 1호), 폭발성, 발화성 및 인화성 물질 등에 의한 위험(2호), 전기, 열, 그 밖의 에너지에 의한 위험(3호)을 예방하기 위하여 필요한 조치로서 산업안전보건기준에 관한 규칙에 따른 안전조치를 하지 않은 채, 근로자에게 안전상의 위험성이 있는 작업을 하도록 지시한 경우에는, 산안법 168조 1호, 38조 1항 위반죄가 성립한다. 이러한 법리는 사업주가 소속 근로자로 하여금 사업주로부터 도급을 받은 제3자가 수행하는 작업을 현장에서 감시·감독하도록 지시한 경우에도 그 감시·감독 작업에 위와 같은 안전상의 위험성이 있는 때에는 마찬가지로 적용된다.[100]

사업주에 대한 산안법 168조 1호, 38조 3항 위반죄는, 사업주가 자신이 운영하는 사업장에서 38조 3항에 규정된 안전상 위험성이 있는 작업과 관련하여 규칙이 정하고 있는 안전조치를 취하지 않은 채 작업을 지시하거나, 그와 같은 안전조치가 취해지지 않은 상태에서 위 작업이 이루어지고 있다는 사실을 알면서도 이를 방치하는 등 그 위반행위가 사업주에 의하여 이루어졌다고 인정되는 경우에 한하여 성립하는 것이고, 규칙에서 정한 안전조치 외의 다른 가능한 안전조치가 취해지지 않은 상태에서 위험성이 있는 작업이 이루어졌다는 사실만으로 위 죄가 성립하는 것은 아니다.[101] 그러나 사업주가 사업장에서 안전조치가 취해지지 않은 상태에서의 작업이 이루어지고 있고 향후 그러한 작업이 계속될 것이라는 사정을 미필적으로 인식하고서도 이를 그대로 방치하고, 이로 인하여 사업장에서 안전조치가 취해지지 않은 채로 작업이 이루어졌다면 사업주가 그러한 작업을 개별적·구체적으로 지시하지 않았더라도 위 죄는 성립한다.[102]

한편, 구 산안법에서 정한 안전·보건조치 의무를 위반하였는지 여부는 구

98) 대법원 2001. 8. 21. 선고 2001도937 판결, 대법원 2007. 11. 29. 선고 2006도7733 판결.
99) 대법원 2004. 6. 25. 선고 2004도1264 판결.
100) 대법원 2014. 5. 29. 선고 2014도3542 판결.
101) 대법원 2010. 9. 9. 선고 2008도7834 판결, 대법원 2010. 11. 11. 선고 2009도13252 판결, 대법원 2014. 8. 28. 선고 2013도3242 판결.
102) 대법원 2011. 9. 29. 선고 2009도12515 판결.

산안법 및 같은 법 시행규칙에 근거한 '산업안전보건기준에 관한 규칙'('안전보건규칙')의 개별 조항에서 정한 의무의 내용과 해당 산업현장의 특성 등을 토대로 산안법의 입법 목적, 관련 규정이 사업주에게 안전·보건조치를 부과한 구체적인 취지, 사업장의 규모와 해당 사업장에서 이루어지는 작업의 성격 및 이에 내재되어 있거나 합리적으로 예상되는 안전·보건상 위험의 내용, 산업재해의 발생 빈도, 안전·보건조치에 필요한 기술 수준 등을 구체적으로 살펴 규범목적에 부합하도록 객관적으로 판단하여야 한다. 나아가 해당 안전보건규칙과 관련한 일정한 조치가 있었다고 하더라도 해당 산업현장의 구체적 실태에 비추어 예상 가능한 산업재해를 예방할 수 있을 정도의 실질적인 안전조치에 이르지 못할 경우에는 안전보건규칙을 준수하였다고 볼 수 없다. 특히 해당 산업현장에서 동종의 산업재해가 이미 발생하였던 경우에는 사업주가 충분한 보완대책을 강구함으로써 산업재해의 재발 방지를 위해 안전보건규칙에서 정하는 각종 예방 조치를 성실히 이행하였는지 엄격하게 판단하여야 한다.[103)]

### 다. 보건조치

사업주는 (i) 원재료·가스·증기·분진·흄(fume, 열이나 화학반응에 의하여 형성된 고체증기가 응축되어 생긴 미세입자를 말한다)·미스트(mist, 공기 중에 떠다니는 작은 액체방울을 말한다)·산소결핍·병원체 등에 의한 건강장해,[104)] (ii) 방사선·유해광선·고온·저온·초음파·소음·진동·이상기압 등에 의한 건강장해(2025. 6. 1.부터 "고온·저온"은 "고열·한랭"으로 개정된다), (iii) 사업장에서 배출되는 기체·액체 또는 찌꺼기 등에 의한 건강장해, (iv) 계측감시(計測監視), 컴퓨터 단말기 조작, 정밀공작(精密工作) 등의 작업에 의한 건강장해, (v) 단순반복작업 또는 인체에 과도한 부담을 주는 작업에 의한 건강장해, (vi) 환기·채광·조명·보

103) 대법원 2021. 9. 30. 선고 2020도3996 판결.

104) 사업주가 고용한 근로자가 타인의 사업장에서 근로를 제공하는 경우 그 작업장을 사업주가 직접 관리·통제하고 있지 아니한다는 사정만으로 사업주의 재해발생 방지의무가 당연히 부정되는 것은 아니다. 타인의 사업장 내 작업장이 밀폐공간이어서 재해발생의 위험이 있다면 사업주는 당해 근로관계가 근로자파견관계에 해당한다는 등의 특별한 사정이 없는 한 구 법 제24조 제1항 제1호에 따라 근로자의 건강장해를 예방하는 데 필요한 조치를 취할 의무가 있다. 따라서 사업주가 근로자의 건강장해를 예방하기 위하여 구 법 제24조 제1항에 규정된 조치를 취하지 아니한 채 타인의 사업장에서 작업을 하도록 지시하거나 그 보건조치가 취해지지 아니한 상태에서 위 작업이 이루어지고 있다는 사정을 알면서도 이를 방치하는 등 위 규정 위반행위가 사업주에 의하여 이루어졌다고 인정되는 경우에는 구 법 제66조의2, 제24조 제1항의 위반죄가 성립한다(대법원 2020. 4. 9. 선고 2016도14559 판결).

온·방습·청결 등의 적정기준을 유지하지 아니하여 발생하는 건강장해, (vii) 폭염·한파에 장시간 작업함에 따라 발생하는 건강장해(폭염·한파에 관한 규정은 신설되어 2025. 6. 1.부터 시행된다)의 어느 하나에 해당하는 건강장해를 예방하기 위하여 필요한 조치(이하 “보건조치”라 한다)를 하여야 한다(39조 1항). 1항에 따라 사업주가 하여야 하는 보건조치에 관한 구체적인 사항은 고용노동부령으로 정한다(39조 2항).

### 라. 근로자의 안전조치 및 보건조치 준수

근로자는 38조 및 39조에 따라 사업주가 한 조치로서 고용노동부령으로 정하는 조치 사항을 지켜야 한다(40조). 산안법 6조에서도 “근로자는 이 법과 이 법에 따른 명령으로 정하는 기준 등 산업재해 예방에 필요한 사항을 지켜야 한다”고 규정하고 있으나, 근로자가 산안법 6조의 규정을 위반한 것에 대한 형사상·행정상 제재는 없다. 이와 달리, 근로자가 38조의 안전조치, 39조의 보건조치로서 고용노동부령으로 정한 조치 사항을 위반하게 되면, 위 법조에서 규정하는 각종 조치의 실효성이 상실되고, 산업재해의 발생가능성이 높아지기 때문에 특별히 근로자의 준수의무를 규정하고 있다. 이는 근로계약에 수반되는 신의칙상 의무가 아니라 산안법에 의하여 근로자에게 부과되는 공법상 의무이다. 근로자가 본조를 위반하면 300만 원 이하의 과태료를 부과한다(175조 6항 3호).

### 마. 고객의 폭언 등으로 인한 건강장해 예방조치

#### (1) 의 의

최근 제조업 중심의 산업사회가 서비스산업을 중심으로 빠르게 변화하면서 업무수행과정에서 자신의 감정을 절제하고 조직적으로 요구된 감정을 표현할 것이 요구되는 ‘감정노동’이 증가하고 있으며, 장시간 감정노동으로 정신적 스트레스 및 건강장해 등의 피해를 겪는 근로자가 늘어나는 실정이었다. 이에 사업주로 하여금 고객응대근로자에 대하여 고객의 폭언 등으로 인한 건강장해를 예방하기 위한 조치를 마련하도록 하고, 고객응대업무에 종사하는 근로자에게 건강장해가 발생하거나 발생할 현저한 우려가 있는 경우에는 업무의 일시적 중단 또는 전환 등 대통령령으로 정하는 조치를 하도록 함으로써 감정노동근로자의 건강권을 보장하려는 것이다. 본조는 구 법에서 도입되어 2018. 10. 18.부터 시행되었다.

(2) 내 용

사업주는 주로 고객을 직접 대면하거나 「정보통신망 이용촉진 및 정보보호 등에 관한 법률」 2조 1항 1호에 따른 정보통신망을 통하여 상대하면서 상품을 판매하거나 서비스를 제공하는 업무에 종사하는 고객응대근로자에 대하여 고객의 폭언, 폭행, 그 밖에 적정 범위를 벗어난 신체적·정신적 고통을 유발하는 행위(이하 이 조에서 "폭언등"이라 한다)로 인한 건강장해를 예방하기 위하여 시행규칙 41조로 정하는 바에 따라 필요한 조치를 하여야 한다(41조 1항).

사업주는 고객의 폭언등으로 인하여 고객응대근로자에게 건강장해가 발생하거나 발생할 현저한 우려가 있는 경우에는 (i) 업무의 일시적 중단 또는 전환, (ii) 근기법 54조 1항에 따른 휴게시간의 연장, (iii) 산안법 41조 2항에 따른 폭언등으로 인한 건강장해 관련 치료 및 상담 지원, (iv) 관할 수사기관 또는 법원에 증거물·증거서류를 제출하는 등 산안법 41조 1항에 따른 고객응대근로자등이 같은 항에 따른 폭언등으로 인하여 고소, 고발 또는 손해배상 청구 등을 하는 데 필요한 지원 등 조치를 하여야 한다(41조 2항, 시행령 41조). 고객응대근로자는 사업주에게 2항에 따른 조치를 요구할 수 있고, 사업주는 고객응대근로자의 요구를 이유로 해고 또는 그 밖의 불리한 처우를 해서는 아니 된다(41조 3항). 이를 위반하여 해고나 그 밖의 불리한 처우를 한 자는 1년 이하의 징역 또는 1,000만 원 이하의 벌금에 처한다(170조 1호).

바. 유해위험방지계획서

(1) 유해위험방지계획서의 작성·제출 등

사업주는 (i) 시행령 42조로 정하는 사업의 종류 및 규모에 해당하는 사업으로서 해당 제품의 생산 공정과 직접적으로 관련된 건설물·기계·기구 및 설비 등 일체를 설치·이전하거나 그 주요 구조부분을 변경하려는 경우, (ii) 유해하거나 위험한 작업 또는 장소에서 사용하거나 건강장해를 방지하기 위하여 사용하는 기계·기구 및 설비로서 시행령 42조 2항으로 정하는 기계·기구 및 설비를 설치·이전하거나 그 주요 구조부분을 변경하려는 경우, (iii) 시행령 42조 3항으로 정하는 크기, 높이 등에 해당하는 건설공사를 착공하려는 경우의 어느 하나에 해당하는 경우에는 이 법 또는 이 법에 따른 명령에서 정하는 유해·위험 방지에 관한 사항을 적은 계획서(이하 "유해위험방지계획서"라 한다)를 작성하여 시행규칙 42조로 정하는 바에 따라 고용노동부장관에게 제출하고 심사를 받아야 한다. 다만, 3호에 해당하는 사업주 중 산업재해발생률 등을 고려하여 시행규칙 42조 5항으로 정하는 기준에 해당하는 사업주는 유해위험방지계획서를 스스로 심사하고, 그 심사결과서를 작성하여 고용노동부장관에게 제출하여야 한다(42조 1항).

1항 3호에 따른 건설공사를 착공하려는 사업주(1항 각 호 외의 부분 단서에 따른 사업주는 제외한다)는 유해위험방지계획서를 작성할 때 건설안전 분야의 자격 등 시행규칙 43조로 정하는 자격을 갖춘 자의 의견을 들어야 한다(42조 2항). 1항에도 불구하고 사업주가 44조 1항에 따라 공정안전보고서를 고용노동부장관에게 제출한 경우에는 해당 유해·위험설비에 대해서는 유해위험방지계획서를 제출한 것으로 본다(42조 3항).

고용노동부장관은 1항 각 호 외의 부분 본문에 따라 제출된 유해위험방지계획서를 고용노동부령으로 정하는 바에 따라 심사하여 그 결과를 사업주에게 서면으로 알려 주어야 한다. 이 경우 근로자의 안전 및 보건의 유지·증진을 위하여 필요하다고 인정하는 경우에는 해당 작업 또는 건설공사를 중지하거나 유해위험방지계획서를 변경할 것을 명할 수 있다(42조 4항). 심사결과는 적정, 조건부 적정, 부적정으로 구분·판정한다(시행규칙 45조).

1항에 따른 사업주는 같은 항 각 호 외의 부분 단서에 따라 스스로 심사하거나 4항에 따라 고용노동부장관이 심사한 유해위험방지계획서와 그 심사결과서를 사업장에 갖추어 두어야 한다(42조 5항). 1항 3호에 따른 건설공사를 착공하려는 사업주로서 5항에 따라 유해위험방지계획서 및 그 심사결과서를 사업장에 갖추어 둔 사업주는 해당 건설공사의 공법의 변경 등으로 인하여 그 유해위험방지계획서를 변경할 필요가 있는 경우에는 이를 변경하여 갖추어 두어야 한다(42조 6항).

#### (2) 유해위험방지계획서 이행의 확인 등

42조 4항에 따라 유해위험방지계획서에 대한 심사를 받은 사업주는 고용노동부령으로 정하는 바에 따라 유해위험방지계획서의 이행에 관하여 고용노동부장관의 확인을 받아야 한다(43조 1항). 42조 1항 각 호 외의 부분 단서에 따른 사업주는 고용노동부령으로 정하는 바에 따라 유해위험방지계획서의 이행에 관하여 스스로 확인하여야 한다. 다만, 해당 건설공사 중에 근로자가 사망(교통사고

등 고용노동부령으로 정하는 경우는 제외한다)한 경우에는 고용노동부령으로 정하는 바에 따라 유해위험방지계획서의 이행에 관하여 고용노동부장관의 확인을 받아야 한다(43조 2항). 고용노동부장관은 1항 및 2항 단서에 따른 확인 결과 유해위험방지계획서대로 유해·위험방지를 위한 조치가 되지 아니하는 경우에는 시행규칙 45조, 48조로 정하는 바에 따라 시설 등의 개선, 사용중지 또는 작업중지 등 필요한 조치를 명할 수 있다(43조 3항). 3항에 따른 시설 등의 개선, 사용중지 또는 작업중지 등의 절차 및 방법, 그 밖에 필요한 사항은 시행규칙 45조, 48조로 정한다(43조 4항).

### 사. 공정안전보고서

#### (1) 공정안전보고서의 작성·제출

사업주는 사업장에 시행령 43조 1항으로 정하는 유해하거나 위험한 설비가 있는 경우 그 설비로부터의 위험물질 누출, 화재 및 폭발 등으로 인하여 사업장 내의 근로자에게 즉시 피해를 주거나 사업장 인근 지역에 피해를 줄 수 있는 사고로서 시행령 43조 3항으로 정하는 사고[105](이하 "중대산업사고"라 한다)를 예방하기 위하여 시행령 44조, 시행규칙 50조로 정하는 바에 따라 공정안전보고서를 작성하고 고용노동부장관에게 제출하여 심사를 받아야 한다. 이 경우 공정안전보고서의 내용이 중대산업사고를 예방하기 위하여 적합하다고 통보받기 전에는 관련된 유해하거나 위험한 설비를 가동해서는 아니 된다(44조 1항). 사업주는 1항에 따라 공정안전보고서를 작성할 때 산업안전보건위원회의 심의를 거쳐야 한다. 다만, 산업안전보건위원회가 설치되어 있지 아니한 사업장의 경우에는 근로자대표의 의견을 들어야 한다(44조 2항).

#### (2) 공정안전보고서의 심사 등

고용노동부장관은 공정안전보고서를 시행규칙 52조로 정하는 바에 따라 심사하여 그 결과를 사업주에게 서면으로 알려 주어야 한다. 이 경우 근로자의 안전 및 보건의 유지·증진을 위하여 필요하다고 인정하는 경우에는 그 공정안전보고서의 변경을 명할 수 있다(45조 1항). 사업주는 1항에 따라 심사를 받은 공정안전보고서를 사업장에 갖추어 두어야 한다(45조 2항).

105) 1. 근로자가 사망하거나 부상을 입을 수 있는 1항에 따른 설비(2항에 따른 설비는 제외한다. 이하 2호에서 같다)에서의 누출·화재·폭발 사고, 2. 인근 지역의 주민이 인적 피해를 입을 수 있는 1항에 따른 설비에서의 누출·화재·폭발 사고.

(3) 공정안전보고서의 이행 등

사업주와 근로자는 45조 1항에 따라 심사를 받은 공정안전보고서(이 조 3항에 따라 보완한 공정안전보고서를 포함한다)의 내용을 지켜야 한다(46조 1항). 사업주는 45조 1항에 따라 심사를 받은 공정안전보고서의 내용을 실제로 이행하고 있는지 여부에 대하여 시행규칙 53조로 정하는 바에 따라 고용노동부장관의 확인을 받아야 한다(46조 2항). 사업주는 45조 1항에 따라 심사를 받은 공정안전보고서의 내용을 변경하여야 할 사유가 발생한 경우에는 지체 없이 그 내용을 보완하여야 한다(46조 3항). 고용노동부장관은 시행규칙 54조로 정하는 바에 따라 공정안전보고서의 이행 상태를 정기적으로 평가할 수 있다(46조 4항). 고용노동부장관은 4항에 따른 평가 결과 3항에 따른 보완 상태가 불량한 사업장의 사업주에게는 공정안전보고서의 변경을 명할 수 있으며, 이에 따르지 아니하는 경우 공정안전보고서를 다시 제출하도록 명할 수 있다(46조 5항).

아. 안전보건진단

(1) 안전보건진단

고용노동부장관은 추락 · 붕괴, 화재 · 폭발, 유해하거나 위험한 물질의 누출 등 산업재해 발생의 위험이 현저히 높은 사업장의 사업주에게 48조에 따라 지정받은 기관(이하 “안전보건진단기관”이라 한다)이 실시하는 안전보건진단을 받을 것을 명할 수 있다(47조 1항). 사업주는 1항에 따라 안전보건진단 명령을 받은 경우 시행규칙 56조로 정하는 바에 따라 안전보건진단기관에 안전보건진단을 의뢰하여야 한다(47조 2항). 사업주는 안전보건진단기관이 2항에 따라 실시하는 안전보건진단에 적극 협조하여야 하며, 정당한 사유 없이 이를 거부하거나 방해 또는 기피해서는 아니 된다. 이 경우 근로자대표가 요구할 때에는 해당 안전보건진단에 근로자대표를 참여시켜야 한다(47조 3항). 안전보건진단기관은 2항에 따라 안전보건진단을 실시한 경우에는 안전보건진단 결과보고서를 시행규칙 57조로 정하는 바에 따라 해당 사업장의 사업주 및 고용노동부장관에게 제출하여야 한다(47조 4항). 안전보건진단의 종류 및 내용, 안전보건진단 결과보고서에 포함될 사항, 그 밖에 필요한 사항은 시행령 46조로 정한다(47조 5항).

(2) 안전보건진단기관

안전보건진단기관이 되려는 자는 시행령 47조로 정하는 인력 · 시설 및 장비 등의 요건을 갖추어 고용노동부장관의 지정을 받아야 한다(48조 1항). 고용노동부장관은 안전보건진단기관에 대하여 평가하고 그 결과를 공개할 수 있다. 이 경우 평가의 기준·방법 및 결과의 공개에 필요한 사항은 시행규칙 58조로 정한다(48조 2항). 안전보건진단기관의 지정 절차, 그 밖에 필요한 사항은 시행규칙 59조로 정한다(48조 3항). 안전보건진단기관에 관하여는 21조 4항 및 5항을 준용한다. 이 경우 "안전관리전문기관 또는 보건관리전문기관"은 "안전보건진단기관"으로 본다(48조 4항).

### 자. 안전보건개선계획

#### (1) 안전보건개선계획의 수립·시행 명령

고용노동부장관은 (i) 산업재해율이 같은 업종의 규모별 평균 산업재해율보다 높은 사업장, (ii) 사업주가 필요한 안전조치 또는 보건조치를 이행하지 아니하여 중대재해가 발생한 사업장, (iii) 연간 직업병 질병자가 2명 이상 발생한 사업장(시행령 50조), (iv) 106조에 따른 유해인자의 노출기준을 초과한 사업장의 어느 하나에 해당하는 사업장으로서 산업재해 예방을 위하여 종합적인 개선조치를 할 필요가 있다고 인정되는 사업장의 사업주에게 고용노동부령으로 정하는 바에 따라 그 사업장, 시설, 그 밖의 사항에 관한 안전 및 보건에 관한 개선계획(이하 "안전보건개선계획"이라 한다)을 수립하여 시행할 것을 명할 수 있다. 이 경우 시행령 49조로 정하는 사업장의 사업주에게는 47조에 따라 안전보건진단을 받아 안전보건개선계획을 수립하여 시행할 것을 명할 수 있다(49조 1항). 사업주는 안전보건개선계획을 수립할 때에는 산업안전보건위원회의 심의를 거쳐야 한다. 다만, 산업안전보건위원회가 설치되어 있지 아니한 사업장의 경우에는 근로자대표의 의견을 들어야 한다(49조 2항).

#### (2) 안전보건개선계획서의 제출 등

49조 1항에 따라 안전보건개선계획의 수립·시행 명령을 받은 사업주는 시행규칙 61조로 정하는 바에 따라 안전보건개선계획서를 작성하여 고용노동부장관에게 제출하여야 한다(50조 1항). 고용노동부장관은 1항에 따라 제출받은 안전보건개선계획서를 시행규칙 62조로 정하는 바에 따라 심사하여 그 결과를 사업주에게 서면으로 알려 주어야 한다. 이 경우 고용노동부장관은 근로자의 안전 및 보건의 유지·증진을 위하여 필요하다고 인정하는 경우 해당 안전보건개선계획서의 보완을 명할 수 있다(50조 2항). 사업주와 근로자는 2항 전단에 따라 심사를 받은 안전보건개선계획서(같은 항 후단에 따라 보완한 안전보건개선계획서를 포함한다)를 준수하여야 한다(50조 3항).

### 차. 작업중지

#### (1) 사업주의 작업중지

사업주는 산업재해가 발생할 급박한 위험이 있을 때에는 즉시 작업을 중지시키고 근로자를 작업장소에서 대피시키는 등 안전 및 보건에 관하여 필요한 조치를 하여야 한다(51조). 52조에 규정된 근로자의 작업중지권이 권리이고, 53조에 규정된 고용노동부장관의 작업중지명령이 행정청의 권한이라면, 본조에 규정된 사업주의 작업중지는 안전보건에 관한 사업주의 의무이다.

#### (2) 근로자의 작업중지

##### ㈎ 의 의

산안법이 정하는 안전보건조치가 실시되지 않는 등의 이유로 산업재해의 발생위험이 있는 경우, 근로자가 근로를 거부하거나 작업을 중지할 수 있는지 문제된다. 근로자의 작업중지권은 근로자가 산업재해발생의 급박한 위험이 있다고 믿을 만한 합리적인 근거가 있는 때에는 작업을 중지하고 긴급 대피할 수 있도록 함으로써 산업재해를 예방하고, 안전하고 건강하게 일할 수 있는 여건을 조성하여 근로자의 생명과 건강을 보호하기 위한 규정이다.[106] ILO의 155호 산업안전 · 보건협약(Occupational Safety and Health Convention, 1983. 8. 11. 효력발생) 13조는 "근로자가 자신의 생명이나 보건에 급박하고 중대한 위험이 존재한다고 믿는 데 합리적인 정당성이 있는 경우에는 작업환경에서 스스로 이탈하여도 국내 여건과 국내 관행에 따른 부당한 대우에서 보호받아야 한다"고 규정하여, 근로자의 작업중지권을 인정하고 있다.

일본에서는 노동안전위생법상 작업중지권에 대한 명문의 규정은 존재하지 않지만, 다음 두 경우에는 근로자가 근로계약상 위험한 근로에 관한 의무의 이행을 거부할 수 있다. 첫째는 생명 · 신체에 대한 중대한 위험의 존재 때문에 근로의무의 본래적 한계로서 근로의무를 지지 않는 경우로 노동안전위생법 등의 강행법규 위반 여부를 묻지 아니한다.[107] 둘째는 사용자가 노동안전위생법상 안

106) 대법원 2023. 11. 9. 선고 2018다288662 판결.
107) 最高裁 1968. 12. 24. 判決(民集 22권 13호, 3050면).

전보건조치를 강구하지 않았기 때문에 당해 작업에 생명·신체에 대한 중대한 위험이 발생하는 경우로 노동안전위생법 위반으로 인해 당해 작업에 대한 명령은 구속력이 없다.[108)]

산안법 52조 1항은 "근로자는 산업재해가 발생할 급박한 위험이 있는 경우에는 작업을 중지하고 대피할 수 있다"고 규정하여 근로자의 작업중지권을 명문으로 확인하였다. 이는 구 법 규정만으로는 (i) 근로자에게 작업중지권을 인정한 것인지 여부, (ii) 급박한 위험의 판단 주체에 관하여 다툼이 있기 때문에, 개정 산안법에서는 이에 관하여 명확하게 규정하게 된 것이다.

#### ㈏ 미국의 전국노동관계법(NLRA)에 기한 작업중지권

① 미국에서 산업안전보건에 관한 근로자의 권리는 (i) 전국노동관계법(National Labor Relations Act, 이하 'NLRA'라고 한다) 7조에 기한 단체행동권, (ii) 노사관계법(Labor Management Relations Act) 502조에 기한 작업중지권, (iii) 산업안전보건법(Occupational Safety and Health Act) 11조 ⒞항 및 시행령 29 CFR, sec. 1977.12(1979)에 기한 작업중지권 등이 있다. 이하에서는 급박한 위험의 판단에 관하여 주관설을 채택하고 있는 전국노동관계법상 작업중지권에 대하여 간략하게 살펴본다.

② NLRA 7조[109)]는 근로자가 단체교섭, 상호 협력 또는 보호(mutual aid or protection)를 목적으로 행동하는 것을 허용하고 있다. 전국노동관계위원회(National Labor Relation Board, 이하 'NLRB'라고 한다)는 사용자가 근로자의 산업안전보건을 위한 작업중지를 이유로 근로자를 해고하는 것은 NLRA 7조에 의하여 허용되지 않는다는 입장을 취하고 있다. 그러나 이는 근로자들이 집단적인 방법으로 작업중지권을 행사하여야 한다는 제약이 있다.

예를 들면, 근로자들이 위험한 상황에 관하여 토론하고 사용자에게 이를 주장하고 작업을 중지한 것은 단체행동에 해당한다. 그러나 개별 근로자가 위험한 상황에 대응하여 작업을 중지한 것은 이에 해당하지 않으므로, 대부분의 경우에는 복수의 근로자가 단체행동으로써 작업을 중지하여야 한다. 유일한 예외는 개별 근로자가 단체교섭에 기한 권리행사의 일환으로 작업중지권을 행사한 경우이다. 소수의 근로자들이 노동조합을 무시하고 노동조합과 배타적 교섭대표권을

108) 菅野(역), 426면.
109) 29 U.S.C. §157 Right of employees as to organization, collective bargaining, etc.

다투면서 작업을 중지하는 것은 NLRA 7조에 의하여 보호되지 않는다.[110] 사용자가 근로자를 작업중지권 행사를 이유로 해고한 경우, 근로자는 NLRA 8조 (a)항 1호[111]에 기하여 NLRB에 부당노동행위구제신청을 제기할 수 있다.

③ NLRB v. Washington Aluminum Co. 사건[112]에서는 비노조원인 기계판매점 직원 8명 중 7명은, 영하 12℃의 날씨에 난로가 고장난 상태에서 회사가 적당한 난방을 제공하지 않았다는 이유로, 항의차원에서 작업을 중단하고 판매점을 떠났다. 회사는 근로자들이 상급자의 허가 없이 근무 중 이탈하는 것을 금지하고 있는 회사의 규칙을 위반하였다는 이유로 근로자들을 해고하였다. 법원은 사용자의 해고가 NLRA 8조 (a)항 1호의 부당노동행위에 해당한다는 NLRB의 판정을 승인하였다. 주목할 점은 법원이, "근로자에게는 단체교섭대표가 없었고, 그들의 고충을 사용자에게 전달할 어떠한 대표조직도 없었다. 이러한 상황에서 근로자들은 그들이 할 수 있는 최선의 방법으로 고충을 표현할 수밖에 없었다"라고 판시하면서, 노동조합이 존재하지 않는 상황에서 근로자들의 작업중지권을 승인한 것이다.

④ 근로자들이 단체행동을 개시하기 위한 결정의 합리성 유무는 노동쟁의의 존부 결정과 무관하다는 것은 오래 전부터 인정되었다.[113] 그러므로 법원이나 NLRB는 근로자들이 주장하는 작업환경이 실제로 위험한지 여부에 관하여 심리할 필요가 없다. 조합원으로서 사일로(silo)의 청소를 담당하던 근로자들이 나쁜 날씨와 시계(視界) 불량을 이유로 작업을 중지한 사안에서,[114] NLRB는 "이 사건에서 쟁점은 작업환경의 안전성을 객관적으로 판단하는 것이 아니라, 근로자들이 작업환경이 위험하다고 생각하였기 때문에 작업을 중지한 것인지 여부이다.[115] 다른 근로자들이 동일한 작업환경을 감내하였다거나 외부의 기준에 비추어 보았을 때 당해 근로자들이 지나치게 위험에 민감

110) NLRB v. Sunbeam Lighting Co., 318 F.2d 661 (7th Cir. 1963).

111) 29 U.S.C. §158 (a) (1) (1970).

112) 370 U.S. 9 (1962).

113) NLRB v. Mackay Radio & Telegraph Co., 304 U.S. 333 (1938); NLRB v. Washington Aluminum Co., 370 U.S. at 16 (1962).

114) 213 N.L.R.B. 818, 87 L.R.R.M. 1269 (1974), *enforced by*, Union Boilers Co. v. NLRB, 530 F.2d 970, 90 L.R.R.M. 3057 (4th Cir. 1975).

115) Nicholas A. Ashford/Judith I. Katz, "*Unsafe Working Conditions: Employee Rights Under The Labor Management Relations Act And The Occupational Safety & Health Act*", Notre Dame Lawyer Vol. 52 No. 5 (1977. 6.), 804.

하였다 하더라도, 당해 근로자들이 작업중지권을 행사한 경우에는 불이익취급을 받지 아니 한다"고 판시하였고, 이는 연방항소법원 및 그 이후 다른 사건[116]에서도 승인되었다.

㈐ 요 건

근로자는 '산업재해가 발생할 급박한 위험'이 있는 경우 작업을 중지하거나 대피할 수 있다(52조 1항). 민법 761조 2항도 "급박한 위난을 피하기 위하여 부득이 다른 사람에게 손해를 가한 경우 긴급피난자는 타인에게 손해를 배상할 책임이 없다"고 규정하고 있는데, 산안법의 규정도 이와 유사하다.

① 산업재해의 발생가능성

'산업재해'가 발생할 가능성이 있어야 한다. 이는 산안법 2조 1호에 규정된 산업재해와 동일한 개념이다. 산업재해는 작업중지권을 행사하는 당해 근로자에게 발생할 가능성이 있는 경우와 다른 근로자 또는 작업장 내 다른 사람[117]에게 발생할 가능성이 있는 경우를 모두 포함한다. 최근에는 하나의 사업장에서 하수급인의 근로자, 파견근로자, 공동수급인의 근로자 등이 다양한 근로계약이나 노무지휘권에 기하여 함께 작업하는 경우가 많은데, 위와 같은 근로자에게 재해가 발생할 가능성이 있는 경우에도 작업중지권을 행사할 수 있다. 그러므로 산업재해가 발생할 급박한 위험이 있는 경우 당해 근로자는 본인뿐만 아니라 다른 사람의 안전을 확보할 수 있는 조치를 준비하고 취하여야 한다. 다른 사람의 안전을 위한 조치를 장려하기 위한 입법모델은 민법 735조(긴급사무관리),[118] 761조 2항(긴급피난)이 되어야 한다. 민법 735조는 급박한 위험의 경우 제3자가 본인을 돕기 위하여 조치하는 것이 공공의 이익을 위해 바람직하고, 위험이 발생한 경우 심사숙고할 여유 없이 신속하게 조치를 취하여야 하는 경우가 많다는 점을 고려한 것이다.[119] 독일 판례는 구조행위가 실패한 경우에도 위 조항이 적용된다는 입장을 취하고 있다.[120]

---

116) NLRB v. Modern Carpet Industries Inc., 611 F.2d 811 (10th Cir. 1979).

117) 산업안전보건상황을 점검하기 위하여 출장 중인 근로감독관, 감독 중인 도급인, 산업시찰을 온 관광객, 선박에 몰래 승선한 밀항자 등 근로자 이외의 사람을 말한다.

118) 오늘날 긴급사무관리는 단순히 개인 사이에서 보다도 여러 가지 재해로부터 생긴 본인의 급박한 위해를 피하는 경우에 생기고 있다[주석민법 채권각칙(5)(3판), 한국사법행정학회(1999), 366].

119) BGHZ 43, 188, 194; BGH VersR 1972, 456, 457.

120) BGHZ 43, 188, 192.

산업재해가 현실적으로 발생하기 전 발생할 가능성이 있는 경우에도 작업중지권을 행사할 수 있다. 발생가능성은 물리적·화학적·생물학적·공학적인 인과관계가 인정되는 경우뿐만 아니라, 통상의 근로자라면 특정 작업환경에서 재해가 발생할 가능성이 있다고 인정할 수 있으면 충분하다. 미국 판례에 의하면, 산업재해가 발생한 이후에 작업환경이 개선되지 않은 경우에 산업재해의 발생가능성을 인정하는 경우가 많다.[121)]

② 급박한 위험

산업재해가 발생할 '급박한 위험'이 있어야 한다. 통상의 위험이 존재하는 경우에는 근로자는 먼저 사용자에게 안전배려의무의 이행을 청구하거나, 안전배려의무에 위반되는 행위의 중지를 청구하여야 한다. 작업중지권은 급박한 위험이 존재하여 위와 같은 조치로 재해를 피할 수 없는 경우에, 최후의 수단으로 행사되어야 한다. 급박한 위험이란 산업재해발생이 임박한 경우를 말한다.

급박한 위험이 있는지 여부를 판단하는 기준에 관하여는 (i) 근로자가 작업중지 당시 근로자가 인식한 내용을 기준으로 하는 판단한다는 주관설,[122)] (ii) 작업중지 당시 객관적 상황을 기준으로 판단하여야 한다는 객관설[123)] 등의 견해 대립이 있다. 산안법 52조 4항은 "사업주는 산업재해가 발생할 급박한 위험이 있다고 근로자가 믿을 만한 합리적인 이유가 있을 때에는 제 1 항에 따라 작업을 중지하고 대피한 근로자에 대하여 해고나 그 밖의 불리한 처우를 해서는 아니 된다"고 규정하여 주관설의 입장을 채택하였다.[124)]

③ 구 산안법상 판례[125)]

대법원은 2023. 11. 9. 구 산안법(1996. 12. 31. 법률 5248호로 개정되고 2019. 1. 15. 법률 16272호로 전부 개정되기 전의 것) 26조에 규정된 작업중지권의 행사요건에 관하여 최초로 판단하였다.

갑 유한회사(피고) 인근 회사(주식회사 KOC솔루션 공장)의 공장에서 2016. 7.

121) Whirlpool Corp. v. Marshall, Secretary of Labor, 445 U.S. 1 (1980); Donovan v. Hahner, 736 F.2d 1421 (10th Cir. 1984).

122) 수원지법 2010. 10. 7. 선고 2010노2392 판결, 수원지법 2011. 2. 17. 선고 2010노5562 판결.

123) 서울행법 2012. 9. 27. 선고 2012구합8878 판결, Gateway Coal v. UMW, 414 U.S. 368 (1974); TNS, Inc. (TNS I), 309 N.L.R.B 1348, 1357 (1992); TNS, Inc. v. N.L.R.B. (TNS Ⅱ), 296 F.3d 392 (6th Cir. 2002).

124) 이철수, 노동법, 현암사(2023), 282면; 권창영, "작업중지권의 법리", 법학평론 13권, 서울대학교 법학평론 편집위원회, 박영사(2023. 4.), 65면.

125) 대법원 2023. 11. 9. 선고 2018다288662 판결.

26. 화학물질인 티오비스 약 300ℓ가 누출되는 사고가 발생하였는데, 갑 회사에 재직 중인 근로자로서 을 노동조합 지회장인 병(원고)이 위 소식을 들은 다음, 작업장을 이탈하면서 당시 작업 중이던 위 노동조합 소속 조합원들에게도 대피하라고 하여 조합원들이 작업장을 이탈하였고, 이에 갑 회사가 병에 대해 정직 처분을 하였다.

원심[126)]은 이 사건 누출사고 당시 피고 회사의 직원들에 대하여 '산업재해가 발생할 급박한 위험'이 있었다고 보기 어렵고, 원고가 소외 3의 제안에 따라 재난지휘통제소를 방문하여 객관적으로 작업중지권을 행사할 상황인지 여부를 파악할 수 있는 최소한의 노력을 거부하였으므로 원고에게 산업재해가 발생할 급박한 위험이 있다고 믿을 만한 합리적인 근거가 있었다고 보기 어려우며, 원고가 노조활동으로서 작업중지권을 행사하였다는 측면에서도 원고의 작업중지권 행사가 적법하지 아니하다는 전제에서 징계사유의 존부와 징계양정의 적정 여부를 판단하였다.

대법원은 "위 사고로 누출된 화학물질인 티오비스에서 발생한 황화수소는 흡입 시 눈, 코 또는 목에 자극을 일으키거나 호흡곤란 또는 후각 마비를 유발할 수 있고, 피부에 노출되는 경우 심한 통증과 수축 및 홍반이 나타날 수 있는 등 독성이 강한 기체인데, 당시 반경 100~150m 내에 있는 공장 근로자들에 대해 대피를 유도하였고, 반경 1km 내에 있는 마을 주민들에 대해서는 대피방송이 이루어졌으므로, 누출사고 지점으로부터 반경 10m 이상의 지점에서 황화수소가 검출되지 아니하였더라도 황화수소의 분산으로 인한 피해 범위를 명확하게 예측하기 어려웠고, 상당한 거리까지 유해물질이 퍼져 나갈 가능성을 배제할 수 없었던 것으로 볼 수 있는 점, 실제로 누출사고가 발생한 지 24시간이 경과한 이후에도 오심, 어지럼증, 두통을 호소하는 피해자들이 다수 발생하였고, 누출사고 지점으로부터 200m 이상 떨어진 공장에서도 오심, 구토, 두통을 호소하는 피해자들이 발생한 점 등에 비추어, 누출사고 지점으로부터 반경 200m 정도의 거리에 있던 갑 회사 작업장이 유해물질로부터 안전한 위치에 있었다고 단정하기 어렵고, 병이 갑 회사의 근로자이자 노동조합의 대표자로서 인체에 유해한 화학물질이 누출되었고 이미 대피명령을 하였다는 취지의 소방본부 설명과 대피를 권유하는 근로감독관의 발언을 토대로 산업재해가 발생할 급박한 위험

126) 대전고법 2018. 10. 31. 선고 2018나12405 판결.

이 존재한다고 인식하고 대피하면서, 노동조합에 소속된 갑 회사의 다른 근로자들에게도 대피를 권유하였다고 볼 여지가 있는데도, 병의 작업중지권 행사가 적법하지 아니하다고 본 원심판단에 법리오해 등의 잘못이 있다."고 판시하였다.

(라) 근로자의 보고의무

1항에 따라 작업을 중지하고 대피한 근로자는 지체 없이 그 사실을 관리감독자 또는 그 밖에 부서의 장(이하 "관리감독자등"이라 한다)에게 보고하여야 한다(52조 2항).

(마) 관리감독자등의 조치의무

관리감독자등은 2항에 따른 보고를 받으면 안전 및 보건에 관하여 필요한 조치를 하여야 한다(52조 3항).

(바) 효 과

사업주는 산업재해가 발생할 급박한 위험이 있다고 근로자가 믿을 만한 합리적인 이유가 있을 때에는 1항에 따라 작업을 중지하고 대피한 근로자에 대하여 해고나 그 밖의 불리한 처우를 해서는 아니 된다(52조 4항). 합리적 근거가 없더라도 민법상 긴급피난의 법리에 따라 부득이한 사유가 인정되면 근로자의 민사책임이 조각될 수 있다. 부득이한 사유의 인정에 관하여, 근로자에게 고의 또는 중과실이 없어야 한다는 견해[127)]와 악의가 없으면 충분하다는 견해[128)]가 대립하고 있다.

생각건대, (i) 위험한 작업환경에 직접 노출된 근로자가 본인 또는 근처에 있는 다른 근로자를 위하여 작업중지권을 행사하는 경우에는 업무저해 등의 고의가 없는 한 면책을 인정하고(위험회피의사가 있는 경우에는 당연히 면책된다), (ii) 위험한 작업환경에 직접 노출되지 아니한 근로자(예를 들면, 노동조합 임원이나 산업안전보건위원 등)가 다른 근로자를 위하여 작업중지권을 행사하는 경우에는 고

127) 독일 산업안전보건법 9조 2항 3문.

128) 이인영 의원이 2014. 11. 26. 대표발의한 산업안전보건법개정안(의안번호 12665호)은 구 법 26조 3항을 "사업주는 산업재해가 발생할 급박한 위험이 있다고 판단한 근로자의 의도가 악의적이지 않다면 제 2 항에 따라 업무를 중지하고 대피한 근로자에 대하여 이를 이유로 해고나 그 밖의 불리한 처우를 하여서는 아니 된다"로 개정하자는 내용을 담고 있었다. 2015. 3. 2. 개최된 환경노동위원회에서 전문위원 김양건은 "위 개정안은 근로자의 작업중지권 행사의 부당성 여부를 판단하는 기준을 완화하는 내용으로 산업재해로부터 근로자를 두텁게 보호하려는 취지는 타당하다"고 답변하였다[제331회 국회(임시회) 환경노동위원회(임시회) 제 3 회 회의록, 17면].

의 또는 중과실이 없는 한 면책을 인정하는 것처럼, 이분하여 면책 여부를 판단하는 것이 타당하다.

㈔ 관련 문제

작업중지권에 관하여 노동조합이 단체교섭을 요구하는 경우(노동조합의 작업중지권을 인정하거나, 작업중지권 행사 후 작업재개 시 노동조합의 참여를 요구하는 경우 등), 사용자는 단체교섭의무를 부담하는지 문제된다. 이에 관하여 하급심 판례[129]는 근로자의 안전과 산업재해 예방을 위한 작업중지권을 노동조합에 부여하는 문제는 근로조건에 관한 주장에 포함되므로 단체교섭대상 사항에 해당한다고 한다.

실무상 사용자가 근로자의 작업중지권 행사는 실질적으로 위법한 쟁의행위라고 주장하면서 근로자의 작업중지권 행사 금지 가처분을 신청한 사례가 있는데 이를 인용할 수 있는지 여부가 문제된다. 이에 관하여는, 작업중지권에 의하여 보호되는 법익(생명 · 신체의 안전과 보건)이 피보전권리(재산권, 시설관리권, 노무지휘권 등)보다 우월적 지위에 있는 점, 작업중지권은 급박한 위험이 존재할 때 근로자의 판단에 의하여 행사되는 것으로 이를 포괄적으로 금지하는 가처분의 발령은 작업중지권의 본질에 반하므로 보전의 필요성이 존재하지 않는 점 등에 비추어 보면, 근로자의 작업중지권 행사가 권리남용임이 명백한 것과 같이 특별한 사정이 없는 한 위와 같은 가처분신청은 인용하기 어렵다는 견해[130]와 근로자의 작업중지권행사가 권리남용으로서 사용자의 업무를 방해할 의도로 반복하여 행하여지고 있다는 것이 소명된다면 주문에서 금지대상을 명확히 특정하는 방법에 의하여 이를 제한적인 범위 안에서 인용할 수 있다는 견해가 대립하고 있다.

### (3) 고용노동부장관의 시정조치 및 작업중지 명령

㈎ 시정조치

고용노동부장관은 사업주가 사업장의 건설물 또는 그 부속건설물 및 기계 · 기구 · 설비 · 원재료(이하 "기계 · 설비등"이라 한다)에 대하여 안전 및 보건에 관하여 고용노동부령으로 정하는 필요한 조치를 하지 아니하여 근로자에게 현저한 유해 · 위험이 초래될 우려가 있다고 판단될 때에는 해당 기계 · 설비등에

129) 전주지법 군산지원 1997. 11. 27. 선고 96가합2370 판결.
130) 권창영a, 160면.

대하여 사용중지 · 대체 · 제거 또는 시설의 개선, 그 밖에 안전 및 보건에 관하여 시행규칙 63조로 정하는 필요한 조치(이하 "시정조치"라 한다)를 명할 수 있다(53조 1항). 사용중지명령서등에 관하여는 시행규칙 64조에서 규정하고 있다.

㈏ 시정조치명령서의 게시

1항에 따라 시정조치 명령을 받은 사업주는 해당 기계 · 설비등에 대하여 시정조치를 완료할 때까지 시정조치 명령 사항을 사업장 내에 근로자가 쉽게 볼 수 있는 장소에 게시하여야 한다(53조 2항).

㈐ 작업중지명령

고용노동부장관은 사업주가 해당 기계 · 설비등에 대한 시정조치 명령을 이행하지 아니하여 유해 · 위험 상태가 해소 또는 개선되지 아니하거나 근로자에 대한 유해 · 위험이 현저히 높아질 우려가 있는 경우에는 해당 기계 · 설비등과 관련된 작업의 전부 또는 일부의 중지를 명할 수 있다(53조 3항). 작업중지명령의 발령에 관하여는 시행규칙 65조에서 규정하고 있다. 1항에 따른 사용중지 명령 또는 3항에 따른 작업중지 명령을 받은 사업주는 그 시정조치를 완료한 경우에는 고용노동부장관에게 1항에 따른 사용중지 또는 3항에 따른 작업중지의 해제를 요청할 수 있다(53조 4항). 고용노동부장관은 4항에 따른 해제 요청에 대하여 시정조치가 완료되었다고 판단될 때에는 1항에 따른 사용중지 또는 3항에 따른 작업중지를 해제하여야 한다(53조 5항).

㈑ 관련 문제

지방관서장의 안전진단명령 및 부분작업중지명령에 의하여 공사가 중지된 사안에서, 행정해석[131)]은 공사의 일시정지 사유가 사업주의 책임으로 인한 경우라면 사업주는 계약기간의 연장이나 추가금액을 청구할 수 없다는 입장을 취하였다.

A발주처로부터 하나의 현장에서 B업체(원도급자)는 건축공사를 수행하고, C업체(원도급자)는 기계 · 배관 등 플랜트 공사를 수행하고 있던 중, B업체의 하도급회사 소속근로자의 사망사고가 발생하여 지방관서장은 해당 현장 전체에 작업중지명령을 발령한 경우, 작업중지명령이 발령된 것은 현장 전체에서 발생할 수 있는 유사사고 위험 등으로부터 근로자를 보호하기 위한 조치이므로, 사용자

131) 행정자치부 1AA-1503-011626, 2015. 3. 12. [계약상대자의 책임으로 인한 경우라면 계약상대자는 계약기간의 연장이나 추가금액을 청구할 수 있는지?].

의 세력 범위를 벗어난 불가항력적인 사유로 볼 수 없어 사용자는 휴업수당을 지급하여야 한다.[132)]

### 카. 중대재해

'중대재해'란 산업재해 중 사망 등 재해 정도가 심하거나 다수의 재해자가 발생한 경우로서 (i) 사망자가 1명 이상 발생한 재해, (ii) 3개월 이상의 요양이 필요한 부상자가 동시에 2명 이상 발생한 재해, (iii) 부상자 또는 직업성 질병자가 동시에 10명 이상 발생한 재해를 말한다(2조 2호, 시행규칙 3조).

#### (1) 중대재해 발생 시 사업주의 조치

사업주는 중대재해가 발생하였을 때에는 즉시 해당 작업을 중지시키고 근로자를 작업장소에서 대피시키는 등 안전 및 보건에 관하여 필요한 조치를 하여야 한다(54조 1항). 사업주는 중대재해가 발생한 사실을 알게 된 경우에는 지체 없이 (i) 발생 개요 및 피해 상황, (ii) 조치 및 전망, (iii) 그 밖의 중요한 사항을 사업장 소재지를 관할하는 지방고용노동관서의 장에게 전화·팩스, 또는 그 밖에 적절한 방법으로 보고하여야 한다. 다만, 천재지변 등 부득이한 사유가 발생한 경우에는 그 사유가 소멸되면 지체 없이 보고하여야 한다(54조 2항, 시행규칙 67조).

#### (2) 중대재해 발생 시 고용노동부장관의 작업중지 조치

##### ㈎ 작업중지명령

고용노동부장관은 중대재해가 발생하였을 때 (i) 중대재해가 발생한 해당 작업, (ii) 중대재해가 발생한 작업과 동일한 작업의 어느 하나에 해당하는 작업으로 인하여 해당 사업장에 산업재해가 다시 발생할 급박한 위험이 있다고 판단되는 경우에는 그 작업의 중지를 명할 수 있다(55조 1항). 작업중지를 명하는 경우에는 별지 28호 서식에 따른 작업중지명령서를 발부하여야 한다(시행규칙 68조).

##### ㈏ 헌법상 근거와 정당성

헌법 34조 6항은 "국가는 재해를 예방하고 그 위험으로부터 국민을 보호하기 위하여 노력하여야 한다"고 규정하고 있고, 36조 3항은 "모든 국민은 보건에

132) 하도급업체 근로자의 사망사고로 사업장 전체에 '작업중지 명령'이 내려진 경우 휴업수당 지급 여부(근로기준정책과-741, 2015. 3. 9.). 같은 취지로 대법원 2019. 9. 10. 선고 2019도9604 판결.

관하여 국가의 보호를 받는다"고 규정하고 있으며, 국가는 재해예방의무와 보건의무를 구체화하기 위하여 산안법을 제정·시행하고 있다. 작업중지명령에 의하여 보호되는 산업안전보건에 관한 공익상 법익은 그로 인하여 침해되는 사업주의 법익(재산권 등)보다 더욱 중요하다고 인정되므로, 행정청이 감독상 조치로서 발령하는 작업중지명령의 법적 정당성은 긍정된다. 작업중지명령은 행정청이 공권력의 주체로서 행하는 구체적 사실에 관한 법집행으로서 국민의 권리의무에 직접 영향을 미치는 행위라는 점에서 제재적(침익적) 행정처분에 속한다. 따라서 법치행정의 원리상 행정청이 국민에게 작업중지명령을 발령하기 위해서는 반드시 법률에 근거규정이 있어야 한다.[133] 이에 따라 산안법 55조에서 작업중지명령에 관하여 규정하고 있다.

㈐ 사업장의 작업중지명령

고용노동부장관은 토사·구축물의 붕괴, 화재·폭발, 유해하거나 위험한 물질의 누출 등으로 인하여 중대재해가 발생하여 그 재해가 발생한 장소 주변으로 산업재해가 확산될 수 있다고 판단되는 등 불가피한 경우에는 해당 사업장의 작업을 중지할 수 있다(55조 2항).

㈑ 작업중지의 해제

고용노동부장관은 사업주가 1항 또는 2항에 따른 작업중지의 해제를 요청한 경우에는 작업중지 해제에 관한 전문가 등으로 구성된 심의위원회의 심의를 거쳐 시행규칙 69조, 70조로 정하는 바에 따라 1항 또는 2항에 따른 작업중지를 해제하여야 한다(55조 3항). 사업주가 작업중지의 해제를 요청할 경우에는 별지 29호 서식에 따른 작업중지명령 해제신청서를 작성하여 사업장의 소재지를 관할하는 지방고용노동관서의 장에게 제출하여야 한다(시행규칙 69조 1항). 1항에 따라 사업주가 작업중지명령 해제신청서를 제출하는 경우에는 미리 유해·위험요인 개선내용에 대하여 중대재해가 발생한 해당 작업 근로자의 의견을 들어야 한다(같은 조 2항). 지방고용노동관서의 장은 1항에 따라 작업중지명령 해제를 요청받은 경우에는 근로감독관으로 하여금 사업장을 확인하도록 하고, 불가피한 경우를 제외하고는 4일 이내에 작업중지해제 심의위원회를 개최하여 심의한 후

---

133) 광업법 47조 3항에 의한 채광계획변경명령의 권한은 가지고 있으나 작업중지를 명할 권한은 가지고 있지 아니한 도지사가 위 채광계획변경명령과 함께 행한 작업중지명령은 법적 근거 없이 한 것이어서 당연 무효라고 한 사례로는 대법원 1992. 1. 17. 선고 91누1714 판결.

해제여부를 결정하고 그 결과를 사업주에게 알려주어야 한다(같은 조 3항). 작업중지 해제 심의위원회(이하 "심의위원회"라 한다)는 지방고용노동관서의 장, 공단 소속 전문가 및 해당 사업장과 이해관계가 없는 외부전문가 등을 포함하여 4명 이상으로 구성하여야 한다(시행규칙 70조 1항). 심의위원회는 작업중지명령 대상 유해·위험업무에 대한 안전·보건조치가 충분히 개선되었다고 인정되는 경우 작업중지명령의 해제를 결정하여야 한다.

#### (3) 중대재해 원인조사 등

고용노동부장관은 중대재해가 발생하였을 때에는 그 원인 규명 또는 산업재해 예방대책 수립을 위하여 그 발생 원인을 조사할 수 있다(56조 1항). 고용노동부장관은 중대재해가 발생한 사업장의 사업주에게 안전보건개선계획의 수립·시행, 그 밖에 필요한 조치를 명할 수 있다(56조 2항). 누구든지 중대재해 발생 현장을 훼손하거나 1항에 따른 고용노동부장관의 원인조사를 방해해서는 아니 된다(56조 3항). 중대재해가 발생한 사업장에 대한 원인조사의 내용 및 절차, 그 밖에 필요한 사항은 시행규칙 71조로 정한다(56조 4항).

### 타. 산업재해 발생 은폐 금지 및 보고 등

사업주는 산업재해가 발생하였을 때에는 그 발생 사실을 은폐해서는 아니 된다(57조 1항). 이를 위반하여 산업재해 발생 사실을 은폐한 자 또는 그 발생 사실을 은폐하도록 교사(教唆)하거나 공모(共謀)한 자는 1년 이하의 징역 또는 1,000만 원 이하의 벌금에 처한다(170조 3호). 사업주는 시행규칙 72조로 정하는 바에 따라 산업재해의 발생 원인 등을 기록하여 보존하여야 한다(57조 2항). 사업주는 시행규칙 73조로 정하는 산업재해에 대해서는 그 발생 개요·원인 및 보고 시기, 재발방지 계획 등을 시행규칙 73조로 정하는 바에 따라 고용노동부장관에게 보고하여야 한다(57조 3항).

## 6. 도급 시 산업재해 예방

### 가. 도급의 제한

#### (1) 유해한 작업의 도급금지

사업주는 근로자의 안전 및 보건에 유해하거나 위험한 작업으로서 (i) 도금작업, (ii) 수은, 납 또는 카드뮴을 제련, 주입, 가공 및 가열하는 작업, (iii) 118

조 1항에 따른 허가대상물질을 제조하거나 사용하는 작업의 어느 하나에 해당하는 작업을 도급하여 자신의 사업장에서 수급인의 근로자가 그 작업을 하도록 해서는 아니 된다(58조 1항).

사업주는 1항에도 불구하고 (i) 일시 · 간헐적으로 하는 작업을 도급하는 경우, (ii) 수급인이 보유한 기술이 전문적이고 사업주(수급인에게 도급을 한 도급인으로서의 사업주를 말한다)의 사업 운영에 필수 불가결한 경우로서 고용노동부장관의 승인을 받은 경우의 어느 하나에 해당하는 경우에는 1항 각 호에 따른 작업을 도급하여 자신의 사업장에서 수급인의 근로자가 그 작업을 하도록 할 수 있다(58조 2항).

사업주는 2항 2호에 따라 고용노동부장관의 승인을 받으려는 경우에는 시행규칙 74조로 정하는 바에 따라 고용노동부장관이 실시하는 안전 및 보건에 관한 평가를 받아야 한다(58조 3항). 2항 2호에 따른 승인의 유효기간은 3년의 범위에서 정한다(58조 4항). 고용노동부장관은 4항에 따른 유효기간이 만료되는 경우에 사업주가 유효기간의 연장을 신청하면 승인의 유효기간이 만료되는 날의 다음 날부터 3년의 범위에서 고용노동부령으로 정하는 바에 따라 그 기간의 연장을 승인할 수 있다. 이 경우 사업주는 3항에 따른 안전 및 보건에 관한 평가를 받아야 한다(58조 5항). 사업주는 2항 2호 또는 5항에 따라 승인을 받은 사항 중 시행규칙 76조로 정하는 사항을 변경하려는 경우에는 고용노동부령으로 정하는 바에 따라 변경에 대한 승인을 받아야 한다(58조 6항). 고용노동부장관은 2항 2호, 5항 또는 6항에 따라 승인, 연장승인 또는 변경승인을 받은 자가 8항에 따른 기준에 미달하게 된 경우에는 승인, 연장승인 또는 변경승인을 취소하여야 한다(58조 7항). 2항 2호, 5항 또는 6항에 따른 승인, 연장승인 또는 변경승인의 기준 · 절차 및 방법, 그 밖에 필요한 사항은 시행규칙 75~78조로 정한다(58조 8항).

### (2) 도급의 승인

사업주는 자신의 사업장에서 안전 및 보건에 유해하거나 위험한 작업 중 급성 독성, 피부 부식성 등이 있는 물질의 취급 등 시행령 51조로 정하는 작업을 도급하려는 경우에는 고용노동부장관의 승인을 받아야 한다. 이 경우 사업주는 고용노동부령으로 정하는 바에 따라 안전 및 보건에 관한 평가를 받아야 한다(59조 1항). 1항에 따른 승인에 관하여는 58조 4항부터 8항까지의 규정을 준용한다(59조 2항).

### (3) 도급의 승인 시 하도급 금지

58조 2항 2호에 따른 승인, 같은 조 5항 또는 6항(59조 2항에 따라 준용되는 경우를 포함한다)에 따른 연장승인 또는 변경승인 및 59조 1항에 따른 승인을 받은 작업을 도급받은 수급인은 그 작업을 하도급할 수 없다(60조).

### (4) 적격 수급인 선정 의무

사업주는 산업재해 예방을 위한 조치를 할 수 있는 능력을 갖춘 사업주에게 도급하여야 한다(61조).

## 나. 도급인의 안전조치 및 보건조치

### (1) 안전보건총괄책임자

도급인은 관계수급인 근로자가 도급인의 사업장에서 작업을 하는 경우에는 그 사업장의 안전보건관리책임자를 도급인의 근로자와 관계수급인 근로자의 산업재해를 예방하기 위한 업무를 총괄하여 관리하는 안전보건총괄책임자로 지정하여야 한다. 이 경우 안전보건관리책임자를 두지 아니하여도 되는 사업장에서는 그 사업장에서 사업을 총괄하여 관리하는 사람을 안전보건총괄책임자로 지정하여야 한다(62조 1항). 1항에 따라 안전보건총괄책임자를 지정한 경우에는 「건설기술 진흥법」 64조 1항 1호에 따른 안전총괄책임자를 둔 것으로 본다(62조 2항). 1항에 따라 안전보건총괄책임자를 지정하여야 하는 사업의 종류와 사업장의 상시근로자 수,[134] 안전보건총괄책임자의 직무 · 권한, 그 밖에 필요한 사항은 시행령 52, 53조로 정한다(62조 3항).

### (2) 도급인의 안전조치 및 보건조치

도급인은 관계수급인 근로자가 도급인의 사업장에서 작업을 하는 경우에 자신의 근로자와 관계수급인 근로자의 산업재해를 예방하기 위하여 안전 및 보건 시설의 설치 등 필요한 안전조치 및 보건조치를 하여야 한다. 다만, 보호구 착용의 지시 등 관계수급인 근로자의 작업행동에 관한 직접적인 조치는 제외한다(63조).

134) 수급인에게 고용된 근로자를 포함한 상시근로자가 100명(선박 및 보트 건조업, 1차 금속 제조업 및 토사석 광업의 경우에는 50명) 이상인 사업 및 수급인의 공사금액을 포함한 해당 공사의 총공사금액이 20억 원 이상인 건설업(시행령 52조).

### (3) 도급에 따른 산업재해 예방조치

도급인은 관계수급인 근로자가 도급인의 사업장에서 작업을 하는 경우 (i) 도급인과 수급인을 구성원으로 하는 안전 및 보건에 관한 협의체의 구성 및 운영, (ii) 작업장 순회점검, (iii) 관계수급인이 근로자에게 하는 29조 1항부터 3항까지의 규정에 따른 안전보건교육을 위한 장소 및 자료의 제공 등 지원, (iv) 관계수급인이 근로자에게 하는 29조 3항에 따른 안전보건교육의 실시 확인, (v) ㈎ 작업 장소에서 발파작업을 하는 경우, ㈏ 작업 장소에서 화재 · 폭발, 토사 · 구축물 등의 붕괴 또는 지진 등이 발생한 경우의 어느 하나의 경우에 대비한 경보체계 운영과 대피방법 등 훈련, (vi) 위생시설 등 시행규칙 81조로 정하는 시설의 설치 등을 위하여 필요한 장소의 제공 또는 도급인이 설치한 위생시설 이용의 협조, (vii) 같은 장소에서 이루어지는 도급인과 관계수급인 등의 작업에 있어서 관계수급인 등의 작업시기 · 내용, 안전조치 및 보건조치 등의 확인, (viii) 7호에 따른 확인 결과 관계수급인 등의 작업 혼재로 인하여 화재 · 폭발 등 대통령령으로 정하는 위험이 발생할 우려가 있는 경우 관계수급인 등의 작업시기 · 내용 등의 조정 등의 사항을 이행하여야 한다(64조 1항). 1항에 따른 도급인은 시행규칙 82조로 정하는 바에 따라 자신의 근로자 및 관계수급인 근로자와 함께 정기적으로 또는 수시로 작업장의 안전 및 보건에 관한 점검을 하여야 한다(64조 2항). 1항에 따른 안전 및 보건에 관한 협의체 구성 및 운영, 작업장 순회점검, 안전보건교육 지원, 그 밖에 필요한 사항은 시행규칙 79~82조로 정한다(64조 3항).

### (4) 도급인의 안전 및 보건에 관한 정보 제공 등

(i) 폭발성 · 발화성 · 인화성 · 독성 등의 유해성 · 위험성이 있는 화학물질 중 고용노동부령으로 정하는 화학물질 또는 그 화학물질을 함유한 혼합물을 제조 · 사용 · 운반 또는 저장하는 반응기 · 증류탑 · 배관 또는 저장탱크로서 고용노동부령으로 정하는 설비를 개조 · 분해 · 해체 또는 철거하는 작업, (ii) 1호에 따른 설비의 내부에서 이루어지는 작업, (iii) 질식 또는 붕괴의 위험이 있는 작업으로서 시행령 54조로 정하는 작업을 도급하는 자는 그 작업을 수행하는 수급인 근로자의 산업재해를 예방하기 위하여 시행규칙 83조로 정하는 바에 따라 해당 작업 시작 전에 수급인에게 안전 및 보건에 관한 정보를 문서로 제공하여야 한다(65조 1항). 도급인이 1항에 따라 안전 및 보건에 관한 정보를 해당 작업 시작 전

까지 제공하지 아니한 경우에는 수급인이 정보 제공을 요청할 수 있다(65조 2항). 도급인은 수급인이 1항에 따라 제공받은 안전 및 보건에 관한 정보에 따라 필요한 안전조치 및 보건조치를 하였는지를 확인하여야 한다(65조 3항). 수급인은 2항에 따른 요청에도 불구하고 도급인이 정보를 제공하지 아니하는 경우에는 해당 도급 작업을 하지 아니할 수 있다. 이 경우 수급인은 계약의 이행 지체에 따른 책임을 지지 아니한다(65조 4항).

#### (5) 도급인의 관계수급인에 대한 시정조치

도급인은 관계수급인 근로자가 도급인의 사업장에서 작업을 하는 경우에 관계수급인 또는 관계수급인 근로자가 도급받은 작업과 관련하여 이 법 또는 이 법에 따른 명령을 위반하면 관계수급인에게 그 위반행위를 시정하도록 필요한 조치를 할 수 있다. 이 경우 관계수급인은 정당한 사유가 없으면 그 조치에 따라야 한다(66조 1항). 도급인은 65조 1항 각 호의 작업을 도급하는 경우에 수급인 또는 수급인 근로자가 도급받은 작업과 관련하여 이 법 또는 이 법에 따른 명령을 위반하면 수급인에게 그 위반행위를 시정하도록 필요한 조치를 할 수 있다. 이 경우 수급인은 정당한 사유가 없으면 그 조치에 따라야 한다(66조 2항).

#### (6) 구 법상 도급사업 시의 안전·보건조치 의무

##### ㈎ 구 산안법 29조의 규정

구 산안법에서는 도급사업 시 안전·보건조치 의무에 관하여 다음과 같이 규정하고 있었다. 같은 장소에서 행하여지는 사업의 일부를 도급을 주어 하는 사업으로서 대통령령으로 정하는 사업의 사업주는 그가 사용하는 근로자와 그의 수급인이 사용하는 근로자가 같은 장소에서 작업을 할 때에 생기는 산업재해를 예방하기 위하여 (i) 안전·보건에 관한 협의체의 구성 및 운영, (ii) 작업장의 순회점검 등 안전·보건관리, (iii) 수급인이 근로자에게 하는 안전·보건교육에 대한 지도와 지원, (iv) 그 밖에 산업재해 예방을 위하여 고용노동부령으로 정하는 사항 등의 조치를 하여야 한다(구 법 29조 1항). 위 사업주는 그의 수급인이 사용하는 근로자가 고용노동부령으로 정하는 산업재해 발생위험이 있는 장소에서 작업을 할 때에는 고용노동부령으로 정하는 산업재해예방을 위한 조치를 취하여야 하고(구 법 29조 2항),[135] 고용노동부령으로 정하는 바에 따라 그가

135) 사업주는 이동식 크레인에 의하여 근로자를 운반하거나 근로자를 달아 올린 상태에서 작업에 종사시켜서는 아니 되고, 다만 작업의 성질상 부득이한 때 또는 안전한 작업수행상 필

사용하는 근로자, 그의 수급인 및 그의 수급인이 사용하는 근로자와 함께 정기 또는 수시로 작업장에 대한 안전·보건점검을 하여야 하며(구 법 29조 3항),[136] 그의 수급인 또는 수급인의 근로자가 해당 작업과 관련하여 산안법 또는 산안법에 따른 명령을 위반한 경우에 산업재해를 예방하기 위하여 필요하다고 인정하면 그 위반행위의 시정을 요구할 수 있다(구 법 29조 4항). 건설공사 등의 사업을 타인에게 도급하는 자는 그 시공방법·공기(工期) 등에 대하여 '안전하고 위생적인 작업 수행을 해칠 우려가 있는 조건'을 붙여서는 아니 된다(구 법 29조 6항).

㈏ 판　　례

사업의 일부를 도급한 발주자 또는 사업의 전부를 도급받아 그중 일부를 하도급에 의하여 행하는 수급인 등 사업의 전체적인 진행과정을 총괄하고 조율할 능력이나 의무가 있는 사업주에게 그가 관리하는 작업장에서 발생할 수 있는 산업재해를 예방하기 위한 조치를 하여야 할 의무를 규정한 조항으로, 구 법 29조 1항의 '같은 장소에서 행하여지는 사업'은 사업주와 그의 수급인이 같은 장소에서 작업을 하는 사업을 의미하고, 장소적 동일성 외에 시간적 동일성까지 필요하다고 볼 수 없다.[137] 구 법 29조 2항에서 말하는 '1항의 규정에 의한 사업주'란 29조 1항에 규정된 "같은 장소에서 행하여지는 사업의 일부를 도급을 주어 하는 사업으로서 대통령령으로 정하는 사업의 사업주"를 의미하고, 같은 장소에서 행하여지는 사업의 일부가 아닌 '전부'를 도급을 주어 하는 사업의 사업주는 이에 해당하지 않는다.[138] 이와 달리, 동일한 장소에서 행하여지는 공사나 공정의 일부를 직접 담당하여 시행하는 사업주는 위 규정에 정한 사업주로서 산업재해예방을 위한 조치를 취할 의무가 있다.[139]

요한 때에 한하여 이동식 크레인의 달기구에 전용 탑승설비를 설치하여 그 탑승설비에 근로자를 탑승시킬 수 있으며, 이러한 경우에도 탑승설비가 뒤집히거나 떨어지지 아니하도록 필요한 조치를 하고, 안전대 및 구명줄을 설치하며, 안전난간의 설치가 가능한 구조인 경우에는 중간난간대를 포함한 안전난간을 설치하는 등의 추락방지조치를 취하여야 한다(대법원 2010. 5. 13. 선고 2007다82059 판결).

136) 구 법 29조 3항에서 말하는 '1항에 따른 사업주'란 구 법 29조 1항에 규정된 '같은 장소에서 행하여지는 사업으로서 사업의 일부를 분리하여 도급을 주어 하는 사업 중 대통령령으로 정하는 사업의 사업주'를 의미한다(대법원 2016. 3. 24. 선고 2015도8621 판결).

137) 대법원 2016. 3. 24. 선고 2015도8621 판결.

138) 대법원 2008. 7. 10. 선고 2007도5782 판결, 대법원 2009. 5. 28. 선고 2008도7030 판결.

139) 대법원 2010. 6. 24. 선고 2010도2615 판결. 위 판결의 원심(수원지법 2010. 1. 21. 선고 2008노809 판결)은 피고인 6 주식회사가 발주자로부터 건물신축공사 전부를 도급받아 피고인 7 주식회사 등 10여 개 업체에 하도급을 주는 방식으로 공사를 진행하였다고 전제한 다음, 피

산안법에서 사업주에게 위와 같은 의무를 지도록 하는 목적은 '산업재해를 예방하고 쾌적한 작업환경을 조성함으로써 근로자의 안전과 보건을 유지·증진' 하기 위한 것이라는 점에 비추어, 사업주가 위와 같은 의무를 부담하는 상대방은 사업주 자신이 사용하는 근로자와 그의 수급인이 사용하는 근로자이다. 따라서 그의 수급인은 위와 같은 안전·보건에 관한 조치의무를 부담하지 않는다.[140)]

원칙적으로 도급인에게는 수급인의 업무와 관련하여 사고 방지에 필요한 안전조치를 취할 주의의무가 없으나, 위에서 본 것과 같은 내용을 비롯하여 법령에 따라 도급인에게 수급인의 업무에 관하여 구체적인 관리·감독의무 등이 부여되어 있거나 도급인이 공사의 시공이나 개별 작업에 관하여 구체적으로 지시·감독하였다는 등의 특별한 사정이 있는 경우에는 도급인에게도 수급인의 업무와 관련하여 사고방지에 필요한 안전조치를 취할 주의의무가 있다.[141)]

동일한 장소에서 행하여지는 사업의 일부를 도급에 의하여 행하는 사업의 사업주에 있어서 그의 수급인이 사용하는 근로자가 구 법 29조 2항에 규정된 산업재해 발생위험이 있는 장소에서 작업을 하는 경우인 구 법 68조 1호, 29조 2항 위반죄는, 사업주가 안전상의 위험성이 있는 작업을 규칙이 정하고 있는 바에 따른 안전조치를 취하지 않은 채 하도록 지시하거나, 그 안전조치가 취해지지 않은 상태에서 위 작업이 이루어지고 있다는 사실을 알면서도 이를 방치하는 등 그 위반행위가 사업주에 의하여 이루어졌다고 인정되는 경우에 한하여 성립하는 것이지, 단지 사업주의 사업장에서 위와 같은 위험성이 있는 작업이 필요한 안전조치가 취해지지 않고 이루어졌다는 사실만으로 성립하는 것은 아니다. 그러나 사업주가 사업장에서 안전조치가 취해지지 않은 상태에서의 작업이 이루어지고 있고 향후 그러한 작업이 계속될 것이라는 사정을 미필적으로 인식하고서도 이를 그대로 방치하고, 이로 인하여 사업장에서 안전조치가 취해

고인 6 주식회사의 현장소장인 피고인 2는 이 사건 건물신축공사의 안전보건총괄책임자로서 하청업체의 시공과정의 문제점을 확인하고 붕괴 위험이 있는 곳에서는 작업을 하지 못하도록 하는 등의 조치를 취할 의무가 있음에도 이를 제대로 이행하지 아니하여 이 사건 사고의 원인을 제공하였다고 판단하였다. 나아가 원심은, 피고인 6 주식회사가 공사현장에 다수의 직원을 배치하여 안전보건업무 등을 맡게 하고 인부를 직접 고용하여 안전시설의 설치 등의 작업을 하였다는 등의 사정을 근거로, 피고인 6 주식회사는 이 사건에 적용되는 구 법 29조 2항에 규정된 '동일한 장소에서 행하여지는 사업의 일부를 도급에 의하여 행하는 사업의 사업주'에 해당하고, 피고인 2는 구 법 71조에 규정된 '행위자'에 해당한다고 판단하였다.

140) 대법원 2001. 11. 27. 선고 2001다57532 판결.

141) 대법원 1996. 1. 26. 선고 95도2263 판결, 대법원 2009. 5. 28. 선고 2008도7030 판결, 대법원 2015. 10. 29. 선고 2015도5545 판결.

지지 않은 채로 작업이 이루어졌다면 사업주가 그러한 작업을 개별적·구체적으로 지시하지 않았더라도 위 죄는 성립한다.[142)]

### (7) 산안법상 도급인과 건설공사발주자의 구분 및 형사책임

2019. 1. 15. 법률 16272호로 전부 개정된 개정 산안법은 "도급"의 의미에 관한 정의규정(2조 6호)을 신설하고, 도급인에 해당하는 사업주로 하여금 도급인의 사업장에서 작업을 하는 자신의 근로자뿐만 아니라 관계수급인의 근로자에 대하여서도 안전·보건조치의무를 부담하도록 규정함으로써(63조), 자신의 사업장에서 작업하는 관계수급인의 근로자에 대하여 안전·보건조치의무를 부담하는 도급인의 범위를 대폭 확대하였다. 또한 개정 산안법은 도급 사업주의 안전·보건조치의무 위반 행위를 형사처벌하는 기존의 규정을 유지하면서 그 법정형을 상향하고(169조 1호), 의무위반의 결과 관계수급인 근로자가 사망한 경우 수급 사업주와 마찬가지로 형사처벌하며, 사망사고가 반복될 경우 가중처벌하는 규정을 신설하여(167조) 도급인에 대한 형사처벌을 강화하였다. 한편 개정 산안법은 도급인의 범위에서 제외되는 '건설공사발주자'라는 개념을 도입하였는데(2조 7호 단서), "건설공사발주자란 건설공사를 도급하는 자로서 건설공사의 시공을 주도하여 총괄·관리하지 아니하는 자를 말한다. 다만, 도급받은 건설공사를 다시 도급하는 자는 제외한다."라고 정의하는 한편(2조 10호), 건설공사발주자에 대하여 별도의 조항에서 산업재해 예방 조치의무를 부과하고(67조) 그 위반행위를 과태료 부과의 대상으로 정하였다(175조 4항 3호). 이에 따르면 건설공사 현장에서 안전·보건조치의무를 위반하여 관계수급인의 근로자가 사망한 경우, 건설공사를 도급하는 사업주 중 시공을 주도하여 총괄·관리하는 자는 도급인에 해당하여 그 근로자의 사망에 관하여 개정법 167조의 형사책임을 부담하게 되고, 그렇지 않은 자는 건설공사발주자로서 위와 같은 형사책임을 부담하지 않는다. 건설공사를 도급하는 사업주가 자신의 사업장에서 사망한 관계수급인의 근로자와 관련하여 167조의 형사책임을 부담하는 도급인에 해당하는지는, 산안법의 규정 체계나 입법 경위, 개정법상 도급 사업주의 안전·보건조치의무는 수급 사업주의 안전·보건조치의무와 중첩적으로 부과되는 것으로서, 개정법이 167조에서 관계수급인 근로자 사망에 관한 형사처벌 규정을 신설한 것은 도급 사업주의 의무 인정범위를 확대함

142) 대법원 2011. 9. 29. 선고 2009도12515 판결.

과 함께 그 위반의 결과인 사망사고에 대한 도급 사업주의 책임을 강화하여 도급 사업장에서 발생하는 산업재해를 예방함으로써 근로자의 생명을 보호하기 위한 입법적 결단이라는 점, 다만 건설공사의 경우 그 특수성을 감안하여 도급인의 범위를 시공을 주도하여 총괄·관리하는 자에 한정한 점 등과 함께 도급 사업주가 자신의 사업장에서 시행하는 건설공사 과정에서 발생할 수 있는 산업재해 예방과 관련된 유해·위험요소에 대하여 실질적인 지배·관리 권한을 가지고 있었는지를 중심으로, 도급 사업주가 해당 건설공사에 대하여 행사한 실질적 영향력의 정도, 도급 사업주의 해당 공사에 대한 전문성, 시공능력 등을 종합적으로 고려하여 규범적인 관점에서 판단하여야 한다.[143]

### 다. 건설업 등의 산업재해 예방

#### (1) 건설공사발주자의 산업재해 예방 조치

총 공사금액이 50억 원 이상인 건설공사(시행령 56조)의 건설공사발주자는 산업재해 예방을 위하여 건설공사의 계획, 설계 및 시공 단계에서 (i) 건설공사 계획단계: 해당 건설공사에서 중점적으로 관리하여야 할 유해·위험요인과 이의 감소방안을 포함한 기본안전보건대장을 작성할 것, (ii) 건설공사 설계단계: 1호에 따른 기본안전보건대장을 설계자에게 제공하고, 설계자로 하여금 유해·위험요인의 감소방안을 포함한 설계안전보건대장을 작성하게 하고 이를 확인할 것, (iii) 건설공사 시공단계: 건설공사발주자로부터 건설공사를 최초로 도급받은 수급인에게 2호에 따른 설계안전보건대장을 제공하고, 그 수급인에게 이를 반영하여 안전한 작업을 위한 공사안전보건대장을 작성하게 하고 그 이행 여부를 확인할 것 등의 조치를 하여야 한다(67조 1항). 1항에 따른 건설공사발주자는 대통령령으로 정하는 안전보건 분야의 전문가에게 같은 항 각 호에 따른 대장에 기재된 내용의 적정성 등을 확인받아야 한다(67조 2항). 1항에 따른 건설공사발주자는 설계자 및 건설공사를 최초로 도급받은 수급인이 건설현장의 안전을 우선적으로 고려하여 설계·시공 업무를 수행할 수 있도록 적정한 비용과 기간을 계상·설정하여야 한다(67조 3항). 1항 각 호에 따른 대장에 포함되어야 할 구체적인 내용은 시행규칙 86조로 정한다(67조 4항).

143) 대법원 2024. 11. 14. 선고 2023도14674 판결.

(2) 안전보건조정자

2개 이상의 건설공사를 도급한 건설공사발주자는 그 2개 이상의 건설공사가 같은 장소에서 행해지는 경우에 작업의 혼재로 인하여 발생할 수 있는 산업재해를 예방하기 위하여 건설공사 현장에 안전보건조정자를 두어야 한다(68조 1항). 1항에 따라 안전보건조정자를 두어야 하는 건설공사의 금액, 안전보건조정자의 자격 · 업무, 선임방법, 그 밖에 필요한 사항은 시행령 56, 57조로 정한다(68조 2항).

(3) 공사기간 단축 및 공법변경 금지

건설공사발주자 또는 건설공사도급인(건설공사발주자로부터 해당 건설공사를 최초로 도급받은 수급인 또는 건설공사의 시공을 주도하여 총괄 · 관리하는 자를 말한다. 이하 이 절에서 같다)은 설계도서 등에 따라 산정된 공사기간을 단축해서는 아니 된다(69조 1항). 건설공사발주자 또는 건설공사도급인은 공사비를 줄이기 위하여 위험성이 있는 공법을 사용하거나 정당한 사유 없이 정해진 공법을 변경해서는 아니 된다(69조 2항).

(4) 건설공사 기간의 연장

건설공사발주자는 (i) 태풍 · 홍수 등 악천후, 전쟁 · 사변, 지진, 화재, 전염병, 폭동, 그 밖에 계약 당사자가 통제할 수 없는 사태의 발생 등 불가항력의 사유가 있는 경우, (ii) 건설공사발주자에게 책임이 있는 사유로 착공이 지연되거나 시공이 중단된 경우의 어느 하나에 해당하는 사유로 건설공사가 지연되어 해당 건설공사도급인이 산업재해 예방을 위하여 공사기간의 연장을 요청하는 경우에는 특별한 사유가 없으면 공사기간을 연장하여야 한다(70조 1항). 건설공사의 관계수급인은 1항 1호에 해당하는 사유 또는 건설공사도급인에게 책임이 있는 사유로 착공이 지연되거나 시공이 중단되어 해당 건설공사가 지연된 경우에 산업재해 예방을 위하여 건설공사도급인에게 공사기간의 연장을 요청할 수 있다. 이 경우 건설공사도급인은 특별한 사유가 없으면 공사기간을 연장하거나 건설공사발주자에게 그 기간의 연장을 요청하여야 한다(70조 2항). 1항 및 2항에 따른 건설공사 기간의 연장 요청 절차, 그 밖에 필요한 사항은 시행규칙 87조로 정한다(70조 3항).

#### (5) 설계변경의 요청

건설공사도급인은 해당 건설공사 중에 대통령령으로 정하는 가설구조물의 붕괴 등으로 산업재해가 발생할 위험이 있다고 판단되면 건축·토목 분야의 전문가 등 대통령령으로 정하는 전문가의 의견을 들어 건설공사발주자에게 해당 건설공사의 설계변경을 요청할 수 있다. 다만, 건설공사발주자가 설계를 포함하여 발주한 경우는 그러하지 아니하다(71조 1항). 42조 4항 후단에 따라 고용노동부장관으로부터 공사중지 또는 유해위험방지계획서의 변경 명령을 받은 건설공사도급인은 설계변경이 필요한 경우 건설공사발주자에게 설계변경을 요청할 수 있다(71조 2항). 건설공사의 관계수급인은 건설공사 중에 1항에 따른 가설구조물의 붕괴 등으로 산업재해가 발생할 위험이 있다고 판단되면 1항에 따른 전문가의 의견을 들어 건설공사도급인에게 해당 건설공사의 설계변경을 요청할 수 있다. 이 경우 건설공사도급인은 그 요청받은 내용이 기술적으로 적용이 불가능한 명백한 경우가 아니면 이를 반영하여 해당 건설공사의 설계를 변경하거나 건설공사발주자에게 설계변경을 요청하여야 한다(71조 3항). 1항부터 3항까지의 규정에 따라 설계변경 요청을 받은 건설공사발주자는 그 요청받은 내용이 기술적으로 적용이 불가능한 명백한 경우가 아니면 이를 반영하여 설계를 변경하여야 한다(71조 4항). 1항부터 3항까지의 규정에 따른 설계변경의 요청 절차·방법, 그 밖에 필요한 사항은 시행규칙 88조로 정한다. 이 경우 미리 국토교통부장관과 협의하여야 한다(71조 5항).

#### (6) 건설공사 등의 산업안전보건관리비 계상 등

건설공사발주자가 도급계약을 체결하거나 건설공사의 시공을 주도하여 총괄·관리하는 자(건설공사발주자로부터 건설공사를 최초로 도급받은 수급인은 제외한다)가 건설공사 사업 계획을 수립할 때에는 고용노동부장관이 정하여 고시하는 바에 따라 산업재해 예방을 위하여 사용하는 비용(이하 "산업안전보건관리비"라 한다)을 도급금액 또는 사업비에 계상(計上)하여야 한다(72조 1항). 고용노동부장관은 산업안전보건관리비의 효율적인 사용을 위하여 (i) 사업의 규모별·종류별 계상 기준, (ii) 건설공사의 진척 정도에 따른 사용비율 등 기준, (iii) 그 밖에 산업안전보건관리비의 사용에 필요한 사항을 정할 수 있다(72조 2항). 건설공사도급인은 산업안전보건관리비를 2항에서 정하는 바에 따라 사용하고 고용노동부령으로 정하는 바에 따라 그 사용명세서를 작성하여 보존하여야 한다(72조 3항). 선박의 건조 또는 수리를 최초로 도급받은 수급인은 사업 계획을 수립할 때에는 고용노동부장관이 정하여 고시하는 바에 따라 산업안전보건관리비를 사업비에 계상하여야 한다(72조 4항). 건설공사도급인 또는 4항에 따른 선박의 건조 또는 수리를 최초로 도급받은 수급인은 산업안전보건관리비를 산업재해 예방 외의 목적으로 사용해서는 아니 된다(72조 5항).

산업안전보건관리비를 산업재해 예방을 위하여만 사용하도록 규정한 구 법 30조 3항의 입법 취지는, 도급금액에 계상된 산업안전보건관리비를 오직 산업재해 예방 목적으로만 사용하게 함으로써, 산업재해를 예방하고 쾌적한 작업환경을 조성하여 근로자의 안전과 보건을 유지·증진한다는 산업안전보건법의 입법 목적을 달성하는 데 있다. 만약 수급인이 산업안전보건관리비를 다른 목적으로 사용할 수 있다거나, 사용하지 아니한 산업안전보건관리비를 수급인이 보유할 수 있다고 한다면, 이는 수급인에게 산업안전보건관리비를 목적대로 사용하지 아니할 경제적 유인을 제공하는 것이 되므로, 위 입법 취지에 반한다. 구 법 72조 3항 2호가 산업안전보건관리비를 다른 목적으로 사용한 경우 1,000만 원 이하의 과태료를 부과한다고 규정하고 있으나, 앞서 본 바와 같은 경제적 유인이 존재한다면, 위 과태료 규정만으로는 산업안전보건관리비의 목적 범위 내 사용을 유도하는 데 한계가 있을 수밖에 없다. 위와 같은 사정에 더하여, 고용노동부 고시[144] 8조가 법 30조 2항의 위임 범위 내에서 발령되어 대외적 구속력을 가지는 점[145]을 함께 고려하여 보면, 도급인은 수급인에게 사용하지 않았거나 다른 목적으로 사용한 산업안전보건관리비 상당액의 반환을 요구할 수 있다고 보아야 한다.[146]

### (7) 건설공사의 산업재해 예방 지도

시행령 59조로 정하는 건설공사의 건설공사발주자 또는 건설공사도급인(건설공사발주자로부터 건설공사를 최초로 도급받은 수급인은 제외한다)은 해당 건설공사를 착공하려는 경우 74조에 따라 지정받은 전문기관(이하 "건설재해예방전문지도

144) 건설업 산업안전보건관리비 계상 및 사용기준(2014. 10. 22. 고용노동부 고시 2014-37호) 8조는 수급인이 사용하지 않거나 다른 목적으로 사용한 산업안전보건관리비 상당액에 관하여 도급인이 '이를 계약금액에서 감액조정하거나 반환을 요구할 수 있다'고 규정하고 있었다.

145) 대법원 2012. 2. 9. 선고 2011두24101 판결.

146) 대법원 2015. 10. 29. 선고 2015다214691, 214707 판결.

기관"이라 한다)과 건설 산업재해 예방을 위한 지도계약을 체결하여야 한다(73조 1항). 건설재해예방전문지도기관은 건설공사도급인에게 산업재해 예방을 위한 지도를 실시하여야 하고, 건설공사도급인은 지도에 따라 적절한 조치를 하여야 한다(73조 2항). 건설재해예방전문지도기관의 지도업무의 내용, 지도대상 분야, 지도의 수행방법, 그 밖에 필요한 사항은 시행령 60조로 정한다(73조 3항).

#### (8) 건설재해예방전문지도기관

건설재해예방전문지도기관이 되려는 자는 대통령령으로 정하는 인력 · 시설 및 장비 등의 요건을 갖추어 고용노동부장관의 지정을 받아야 한다(74조 1항). 1항에 따른 건설재해예방전문지도기관의 지정 절차, 그 밖에 필요한 사항은 시행령 61, 62조로 정한다(74조 2항). 고용노동부장관은 건설재해예방전문지도기관에 대하여 평가하고 그 결과를 공개할 수 있다. 이 경우 평가의 기준 · 방법, 결과의 공개에 필요한 사항은 시행규칙 91조로 정한다(74조 3항). 건설재해예방전문지도기관에 관하여는 21조 4항 및 5항을 준용한다. 이 경우 "안전관리전문기관 또는 보건관리전문기관"은 "건설재해예방전문지도기관"으로 본다(74조 4항).

#### (9) 안전 및 보건에 관한 협의체 등의 구성 · 운영에 관한 특례

공사금액이 120억 원(「건설산업기본법 시행령」 별표 1에 따른 토목공사업은 150억 원) 이상인 건설업은 해당 건설공사 현장에 근로자위원과 사용자위원이 같은 수로 구성되는 안전 및 보건에 관한 협의체(이하 "노사협의체"라 한다)를 시행령 64조로 정하는 바에 따라 구성 · 운영할 수 있다(75조 1항, 시행령 63조). 건설공사도급인이 1항에 따라 노사협의체를 구성 · 운영하는 경우에는 산업안전보건위원회 및 64조 1항 1호에 따른 안전 및 보건에 관한 협의체를 각각 구성 · 운영하는 것으로 본다(75조 2항). 1항에 따라 노사협의체를 구성 · 운영하는 건설공사도급인은 24조 2항 각 호의 사항에 대하여 노사협의체의 심의 · 의결을 거쳐야 한다. 이 경우 노사협의체에서 의결되지 아니한 사항의 처리방법은 대통령령으로 정한다(75조 3항). 노사협의체는 시행령 65조로 정하는 바에 따라 회의를 개최하고 그 결과를 회의록으로 작성하여 보존하여야 한다(75조 4항). 노사협의체는 산업재해 예방 및 산업재해가 발생한 경우의 대피방법 등 시행규칙 93조로 정하는 사항에 대하여 협의하여야 한다(75조 5항). 노사협의체를 구성 · 운영하는 건설공사도급인 · 근로자 및 관계수급인 · 근로자는 3항에 따라 노사협의체가 심의 · 의결한 사항을 성실하게 이행하여야 한다(75조 6항). 노사협의체에 관하여는 24조 5항 및 6항을 준용한다. 이 경우 "산업안전보건위원회"는 "노사협의체"로 본다(75조 7항).

(10) 기계 · 기구 등에 대한 건설공사도급인의 안전조치

건설공사도급인은 자신의 사업장에서 (i) 타워크레인, (ii) 건설용 리프트, (iii) 항타기 및 항발기가 설치되어 있거나 작동하고 있는 경우 또는 이를 설치 · 해체 · 조립하는 등의 작업이 이루어지고 있는 경우에는 필요한 안전조치 및 보건조치를 하여야 한다(76조, 시행령 66조).

라. 그 밖의 고용형태에서의 산업재해 예방

(1) 특수형태근로종사자에 대한 안전조치 및 보건조치 등

계약의 형식에 관계없이 근로자와 유사하게 노무를 제공하여 업무상의 재해로부터 보호할 필요가 있음에도 근기법 등이 적용되지 아니하는 자로서 (i) 시행령 67조에서 정하는 직종에 종사할 것, (ii) 주로 하나의 사업에 노무를 상시적으로 제공하고 보수를 받아 생활할 것, (iii) 노무를 제공할 때 타인을 사용하지 아니할 것의 요건을 모두 충족하는 사람(이하 "특수형태근로종사자"라 한다)의 노무를 제공받는 자는 특수형태근로종사자의 산업재해 예방을 위하여 필요한 안전조치 및 보건조치를 하여야 한다(77조 1항).

시행령 67조에서 정하는 특수형태근로종사자로부터 '노무를 제공받는 자'는 시행규칙 95조에서 정하는 바에 따라 안전 및 보건에 관한 교육을 실시하여야 한다(77조 2항). 안전 및 보건교육 대상 특수형태근로종사자는 시행령 67조 2호, 4호부터 6호까지 및 9호에 따른 사람을 말한다(시행령 68조). 위 조항에서 '노무를 제공받는 자'란 특수형태근로종사자에게 노무제공을 청구한 계약당사자를 말한다. 택배사업에서 배송 업무를 담당하는 사람을 예로 들면, 물건매매계약을 체결한 계약당사자인 상인과 소비자 중에서 상인이 노무를 제공받는 자에 해당한다. 물건운송계약은 매도인 겸 송하인인 상인과 배송 업무를 담당하는 사람 또는 배송 업체 사이에서 체결되는바, 소비자는 수하인으로 물건운송계약의 수익자에 불과하므로, 소비자를 노무를 제공받는 자로 해석할 수는 없기 때문이다.

정부는 특수형태근로종사자의 안전 및 보건의 유지 · 증진에 사용하는 비용의 일부 또는 전부를 지원할 수 있다(77조 3항).

(2) 배달종사자에 대한 안전조치

「이동통신단말장치 유통구조 개선에 관한 법률」 2조 4호(2025. 7. 21.부터는 「전기통신사업법」 2조 20호로 개정된다)에 따른 이동통신단말장치로 물건의 수거·배달 등을 중개하는 자는 그 중개를 통하여 자동차관리법 3조 1항 5호에 따른 이륜자동차로 물건을 수거·배달 등을 하는 자의 산업재해 예방을 위하여 필요한 안전조치 및 보건조치를 하여야 한다(78조).

(3) 가맹본부의 산업재해 예방 조치

「가맹사업거래의 공정화에 관한 법률」 2조 2호에 따른 가맹본부 중 시행령 70조 1항으로 정하는 가맹본부는 위 법률 2조 3호에 따른 가맹점사업자에게 가맹점의 설비나 기계, 원자재 또는 상품 등을 공급하는 경우에 가맹점사업자와 그 소속 근로자의 산업재해 예방을 위하여 (i) 가맹점의 안전 및 보건에 관한 프로그램의 마련·시행, (ii) 가맹본부가 가맹점에 설치하거나 공급하는 설비·기계 및 원자재 또는 상품 등에 대하여 가맹점사업자에게 안전 및 보건에 관한 정보의 제공의 조치를 하여야 한다(79조 1항). 1항 1호에 따른 안전 및 보건에 관한 프로그램의 내용·시행방법, 같은 항 2호에 따른 안전 및 보건에 관한 정보의 제공방법, 그 밖에 필요한 사항은 시행규칙 96, 97조에서 자세히 정하고 있다(79조 2항).

## 7. 유해·위험 기계 등에 대한 조치

### 가. 유해하거나 위험한 기계 등에 대한 방호조치 등

(1) 유해하거나 위험한 기계·기구에 대한 방호조치

누구든지 동력(動力)으로 작동하는 기계·기구로서 시행령 70조, 별표 20에서 정하는 것은 시행규칙 98조 1항에서 정하는 유해·위험 방지를 위한 방호조치를 하지 아니하고는 양도, 대여, 설치 또는 사용에 제공하거나 양도·대여의 목적으로 진열해서는 아니 된다(80조 1항). 누구든지 동력으로 작동하는 기계·기구로서 (i) 작동 부분에 돌기 부분이 있는 것, (ii) 동력전달 부분 또는 속도조절 부분이 있는 것, (iii) 회전기계에 물체 등이 말려 들어갈 부분이 있는 것의 어느 하나에 해당하는 것은 시행규칙 98조 2항에서 정하는 방호조치를 하지 아니하고는 양도, 대여, 설치 또는 사용에 제공하거나 양도·대여의 목적으로 진열해서는 아니 된다(80조 2항).[147] 사업주는 1항 및 2항에 따른 방호조치가 정상적인 기능을 발휘할 수 있도록 방호조치와 관련되는 장치를 상시적으로 점검하고 정비하여야 한다(80조 3항). 사업주와 근로자는 1항 및 2항에 따른 방호조치를 해체하려는 경우 등 시행규칙 99조에서 정하는 경우에는 필요한 안전조치 및 보건조치를 하여야 한다(80조 4항).

구 법 33조 2항에서 규정하는 유해·위험 방지를 위한 필요한 조치는 일정한 기계·기구·설비 및 건축물 등을 타인에게 대여하거나 대여받는 자가 하여야 하는 당해 기계 등을 미리 점검하여 보수하는 등의 유해·위험 방지를 위한 필요한 조치를 의미하는 것으로, 같은 조 1항에서 규정하는 과부하방지장치 설치 등의 유해·위험 방지를 위한 방호조치와는 그 내용 및 성격을 달리한다.[148]

이와 관련하여 판례는, "구 산안법 33조 1항이 그 행위 주체를 사업주로 한정하지 않고 있음은 그 문언상 명백하고, 승강기 등 유해·위험 기계·기구를 양도·대여·설치·사용·진열하는 자가 반드시 사업주와 일치하는 것도 아니므로, 위 법 조항은 사업주의 개념을 전제로 한 규정이 아니라고 할 것이다. 즉, 산안법의 입법 목적 등을 고려하면, 위 법조항은 승강기 등 유해·위험 기계·기구에 대하여 유해·위험 방지를 위한 방호조치를 하여야 할 법령상의 의무가 있는 자가 필요한 방호조치를 하지 아니한 경우뿐만 아니라, 널리 누구라도 승강기 등 유해·위험 기계·기구가 유해·위험방지를 위한 방호조치를 취하지 아니한 상태라는 점을 인식하면서 이를 사업장에 양도·대여·설치·사용하거나 양도·대여의 목적으로 진열하는 행위를 금지하는 규정이라고 해석함이 상당하고, 그렇게 해석하는 이상 위 법조항이 유해·위험 기계·기구를 이용하여 근로에 종사하는 근로자의 사업주만을 수범자로 하는 규정이라고 볼 아무런 근거가 없으며, 한편 여기서 말하는 '사용'이란 '사용에의 제공'을 뜻하는 것이라고 보아야 한다"고 판시하여, 구 법 33조 소정의 의무를 부담하는 주체는 사업주에

147) 위험기계 등을 대여하는 자로 하여금 대여를 받는 자에게 당해 기계 등의 능력 및 방호조치의 내역, 특성 및 사용상의 주의사항, 수리·보수 및 점검 내역과 주요 부품의 제조일을 기재한 서면을 교부하도록 하고, 구 시행령 [별표 8호] 12호는 그러한 위험기계 등에 '버킷굴삭기'를 규정하고 있는바, 위와 같은 서면 교부의무는 위험기계 등을 대여받는 자로 하여금 그 방호조치 등을 숙지하도록 함으로써 사업장 내의 위험을 예방하여 작업자들의 안전을 도모하고자 하는 데에 그 취지가 있으므로, 비록 '버킷굴삭기'를 대여하는 자가 운전원을 함께 파견하였다고 하더라도 대여를 받는 자에 대한 위 서면 교부의무가 면제된다고 볼 수는 없다(대법원 2010. 2. 25. 선고 2009도3835 판결).

148) 대법원 2012. 1. 27. 선고 2010도8885 판결.

한정되지 아니하며, '사용'의 의미를 '사용할 수 있게 제공하는 것'을 뜻하는 것으로 보고 있다.[149)]

#### (2) 기계 · 기구 등의 대여자 등의 조치

시행령 71조, 별표 21에서 정하는 기계 · 기구 · 설비 또는 건축물 등을 타인에게 대여하거나 대여받는 자는 필요한 안전조치 및 보건조치를 하여야 한다(81조).[150)]

#### (3) 타워크레인 설치 · 해체업의 등록 등

타워크레인을 설치하거나 해체를 하려는 자는 시행령 72조 1항, 별표 22에서 정하는 바에 따라 인력 · 시설 및 장비 등의 요건을 갖추어 고용노동부장관에게 등록하여야 한다. 등록한 사항 중 시행령 72조 1항에서 정하는 중요한 사항을 변경할 때에도 또한 같다(82조 1항). 사업주는 1항에 따라 등록한 자로 하여금 타워크레인을 설치하거나 해체하는 작업을 하도록 하여야 한다(82조 2항). 1항에 따른 등록 절차, 그 밖에 필요한 사항은 시행규칙 106조로 정한다(82조 3항). 1항에 따라 등록한 자에 대해서는 21조 4항 및 5항을 준용한다. 이 경우 "안전관리전문기관 또는 보건관리전문기관"은 "1항에 따라 등록한 자"로, "지정"은 "등록"으로 본다(82조 4항).

### 나. 안전인증

#### (1) 안전인증기준

고용노동부장관은 유해하거나 위험한 기계 · 기구 · 설비 및 방호장치 · 보호구(이하 "유해 · 위험기계등"이라 한다)의 안전성을 평가하기 위하여 그 안전에 관한 성능과 제조자의 기술 능력 및 생산 체계 등에 관한 기준(이하 "안전인증기준"이라 한다)을 정하여 고시하여야 한다(83조 1항). 안전인증기준은 유해 · 위험기계등

149) 대법원 2006. 1. 12. 선고 2004도8875 판결.

150) 구 산안법 33조 2항, 구 산안법 시행령(2009. 7. 30. 대통령령 21653호로 개정되기 전의 것) 27조 2항, 구 산안법 시행규칙(2009. 8. 7. 노동부령 330호로 개정되기 전의 것) 49조 1항 2호는, 위험기계 등을 대여하는 자로 하여금 대여를 받는 자에게 당해 기계 등의 능력 및 방호조치의 내역, 특성 및 사용상의 주의사항, 수리 · 보수 및 점검 내역과 주요 부품의 제조일을 기재한 서면을 교부하도록 하고, 위 시행령 [별표 8호] 12호는 그러한 위험기계 등에 '버킷굴삭기'를 규정하고 있는바, 위와 같은 서면 교부의무는 위험기계 등을 대여받는 자로 하여금 그 방호조치 등을 숙지하도록 함으로써 사업장 내의 위험을 예방하여 작업자들의 안전을 도모하고자 하는 데에 그 취지가 있으므로, 비록 '버킷굴삭기'를 대여하는 자가 운전원을 함께 파견하였다고 하더라도 대여를 받는 자에 대한 위 서면 교부의무가 면제된다고 볼 수는 없다(대법원 2010. 2. 25. 선고 2009도3835 판결).

의 종류별, 규격 및 형식별로 정할 수 있다(83조 2항).

(2) 안전인증의 내용

유해·위험기계등 중 근로자의 안전 및 보건에 위해(危害)를 미칠 수 있다고 인정되어 시행령 74조로 정하는 것(이하 "안전인증대상기계등"이라 한다)을 제조하거나 수입하는 자(시행규칙 107조로 정하는 안전인증대상기계등을 설치·이전하거나 주요 구조 부분을 변경하는 자를 포함한다. 이하 이 조 및 85조부터 87조까지의 규정에서 같다)는 안전인증대상기계등이 안전인증기준에 맞는지에 대하여 고용노동부장관이 실시하는 안전인증을 받아야 한다(84조 1항).

고용노동부장관은 (i) 연구·개발을 목적으로 제조·수입하거나 수출을 목적으로 제조하는 경우, (ii) 고용노동부장관이 정하여 고시하는 외국의 안전인증기관에서 인증을 받은 경우, (iii) 다른 법령에 따라 안전성에 관한 검사나 인증을 받은 경우로서 고용노동부령으로 정하는 경우의 어느 하나에 해당하는 경우에는 시행규칙 109조로 정하는 바에 따라 1항에 따른 안전인증의 전부 또는 일부를 면제할 수 있다(84조 2항).

안전인증대상기계등이 아닌 유해·위험기계등을 제조하거나 수입하는 자가 그 유해·위험기계등의 안전에 관한 성능 등을 평가받으려면 고용노동부장관에게 안전인증을 신청할 수 있다. 이 경우 고용노동부장관은 안전인증기준에 따라 안전인증을 할 수 있다(84조 3항).

고용노동부장관은 1항 및 3항에 따른 안전인증(이하 "안전인증"이라 한다)을 받은 자가 안전인증기준을 지키고 있는지를 3년 이하의 범위에서 시행규칙 111조로 정하는 주기마다 확인하여야 한다. 다만, 2항에 따라 안전인증의 일부를 면제받은 경우에는 고용노동부령으로 정하는 바에 따라 확인의 전부 또는 일부를 생략할 수 있다(84조 4항).

1항에 따라 안전인증을 받은 자는 안전인증을 받은 안전인증대상기계등에 대하여 고용노동부령으로 정하는 바에 따라 제품명·모델명·제조수량·판매수량 및 판매처 현황 등의 사항을 기록하여 보존하여야 한다(84조 5항).

고용노동부장관은 근로자의 안전 및 보건에 필요하다고 인정하는 경우 안전인증대상기계등을 제조·수입 또는 판매하는 자에게 고용노동부령으로 정하는 바에 따라 해당 안전인증대상기계등의 제조·수입 또는 판매에 관한 자료를 공단에 제출하게 할 수 있다(84조 6항). 안전인증의 신청 방법 · 절차, 4항에 따른 확인의 방법 · 절차, 그 밖에 필요한 사항은 시행규칙 108~113조로 정한다(84조 7항).

(3) 안전인증의 표시 등

안전인증을 받은 자는 안전인증을 받은 유해 · 위험기계등이나 이를 담은 용기 또는 포장에 시행규칙 114조로 정하는 바에 따라 안전인증의 표시(이하 "안전인증표시"라 한다)를 하여야 한다(85조 1항). 안전인증을 받은 유해 · 위험기계등이 아닌 것은 안전인증표시 또는 이와 유사한 표시를 하거나 안전인증에 관한 광고를 해서는 아니 된다(85조 2항). 안전인증을 받은 유해 · 위험기계등을 제조 · 수입 · 양도 · 대여하는 자는 안전인증표시를 임의로 변경하거나 제거해서는 아니 된다(85조 3항). 고용노동부장관은 (i) 2항을 위반하여 안전인증표시나 이와 유사한 표시를 한 경우, (ii) 86조 1항에 따라 안전인증이 취소되거나 안전인증표시의 사용 금지 명령을 받은 경우의 어느 하나에 해당하는 경우에는 안전인증표시나 이와 유사한 표시를 제거할 것을 명하여야 한다(85조 4항).

(4) 안전인증의 취소

고용노동부장관은 안전인증을 받은 자가 (i) 거짓이나 그 밖의 부정한 방법으로 안전인증을 받은 경우, (ii) 안전인증을 받은 유해 · 위험기계등의 안전에 관한 성능 등이 안전인증기준에 맞지 아니하게 된 경우, (iii) 정당한 사유 없이 84조 4항에 따른 확인을 거부, 방해 또는 기피하는 경우의 어느 하나에 해당하면 안전인증을 취소하거나 6개월 이내의 기간을 정하여 안전인증표시의 사용을 금지하거나 안전인증기준에 맞게 시정하도록 명할 수 있다. 다만, 1호의 경우에는 안전인증을 취소하여야 한다(86조 1항).

고용노동부장관은 1항에 따라 안전인증을 취소한 경우에는 시행규칙 115조로 정하는 바에 따라 그 사실을 관보 등에 공고하여야 한다(86조 2항). 1항에 따라 안전인증이 취소된 자는 안전인증이 취소된 날부터 1년 이내에는 취소된 유해 · 위험기계등에 대하여 안전인증을 신청할 수 없다(86조 3항).

(5) 안전인증대상기계등의 제조 등의 금지

누구든지 (i) 84조 1항에 따른 안전인증을 받지 아니한 경우(같은 조 2항에 따라 안전인증이 전부 면제되는 경우는 제외한다), (ii) 안전인증기준에 맞지 아니하게 된 경우, (iii) 86조 1항에 따라 안전인증이 취소되거나 안전인증표시의 사용 금지

명령을 받은 경우의 어느 하나에 해당하는 안전인증대상기계등을 제조·수입·양도·대여·사용하거나 양도·대여의 목적으로 진열할 수 없다(87조 1항). 고용노동부장관은 제1항을 위반하여 안전인증대상기계등을 제조·수입·양도·대여하는 자에게 시행규칙 116조로 정하는 바에 따라 그 안전인증대상기계등을 수거하거나 파기할 것을 명할 수 있다(87조 2항).

(6) 안전인증기관

고용노동부장관은 84조에 따른 안전인증 업무 및 확인 업무를 위탁받아 수행할 기관을 안전인증기관으로 지정할 수 있다(88조 1항). 1항에 따라 안전인증기관으로 지정받으려는 자는 시행령 75조로 정하는 인력·시설 및 장비 등의 요건을 갖추어 고용노동부장관에게 신청하여야 한다(88조 2항). 고용노동부장관은 1항에 따라 지정받은 안전인증기관(이하 "안전인증기관"이라 한다)에 대하여 평가하고 그 결과를 공개할 수 있다. 이 경우 평가의 기준·방법 및 결과의 공개에 필요한 사항은 시행규칙 118조로 정한다(88조 3항). 안전인증기관의 지정 신청 절차, 그 밖에 필요한 사항은 시행규칙 117조로 정한다(88조 4항). 안전인증기관에 관하여는 21조 4항 및 5항을 준용한다. 이 경우 "안전관리전문기관 또는 보건관리전문기관"은 "안전인증기관"으로 본다(88조 5항).

다. 자율안전확인의 신고와 표시

(1) 자율안전확인의 신고

안전인증대상기계등이 아닌 유해·위험기계등으로서 시행령 77조로 정하는 것(이하 "자율안전확인대상기계등"이라 한다)을 제조하거나 수입하는 자는 자율안전확인대상기계등의 안전에 관한 성능이 고용노동부장관이 정하여 고시하는 안전기준(이하 "자율안전기준"이라 한다)에 맞는지 확인(이하 "자율안전확인"이라 한다)하여 고용노동부장관에게 신고(신고한 사항을 변경하는 경우를 포함한다)하여야 한다. 다만, (i) 연구·개발을 목적으로 제조·수입하거나 수출을 목적으로 제조하는 경우, (ii) 84조 3항에 따른 안전인증을 받은 경우(86조 1항에 따라 안전인증이 취소되거나 안전인증표시의 사용 금지 명령을 받은 경우는 제외한다), (iii) 다른 법령에 따라 안전성에 관한 검사나 인증을 받은 경우로서 시행규칙 119조로 정하는 경우의 어느 하나에 해당하는 경우에는 신고를 면제할 수 있다(89조 1항).

고용노동부장관은 1항 각 호 외의 부분 본문에 따른 신고를 받은 경우 그 내용을 검토하여 이 법에 적합하면 신고를 수리하여야 한다(89조 2항). 1항 각 호 외의 부분 본문에 따라 신고를 한 자는 자율안전확인대상기계등이 자율안전기준에 맞는 것임을 증명하는 서류를 보존하여야 한다(89조 3항). 1항 각 호 외의 부분 본문에 따른 신고의 방법 및 절차, 그 밖에 필요한 사항은 시행규칙 120조로 정한다(89조 4항).

#### (2) 자율안전확인의 표시 등

89조 1항 각 호 외의 부분 본문에 따라 신고를 한 자는 자율안전확인대상기계등이나 이를 담은 용기 또는 포장에 시행규칙 121조, 별표 14로 정하는 바에 따라 자율안전확인의 표시(이하 "자율안전확인표시"라 한다)를 하여야 한다(90조 1항). 89조 1항 각 호 외의 부분 본문에 따라 신고된 자율안전확인대상기계등이 아닌 것은 자율안전확인표시 또는 이와 유사한 표시를 하거나 자율안전확인에 관한 광고를 해서는 아니 된다(90조 2항). 89조 1항 각 호 외의 부분 본문에 따라 신고된 자율안전확인대상기계등을 제조 · 수입 · 양도 · 대여하는 자는 자율안전확인표시를 임의로 변경하거나 제거해서는 아니 된다(90조 3항).

고용노동부장관은 (i) 2항을 위반하여 자율안전확인표시나 이와 유사한 표시를 한 경우, (ii) 거짓이나 그 밖의 부정한 방법으로 89조 1항 각 호 외의 부분 본문에 따른 신고를 한 경우, (iii) 91조 1항에 따라 자율안전확인표시의 사용 금지 명령을 받은 경우의 어느 하나에 해당하는 경우에는 자율안전확인표시나 이와 유사한 표시를 제거할 것을 명하여야 한다(90조 4항).

#### (3) 자율안전확인표시의 사용 금지 등

고용노동부장관은 89조 1항 각 호 외의 부분 본문에 따라 신고된 자율안전확인대상기계등의 안전에 관한 성능이 자율안전기준에 맞지 아니하게 된 경우에는 같은 항 각 호 외의 부분 본문에 따라 신고한 자에게 6개월 이내의 기간을 정하여 자율안전확인표시의 사용을 금지하거나 자율안전기준에 맞게 시정하도록 명할 수 있다(91조 1항). 고용노동부장관은 1항에 따라 자율안전확인표시의 사용을 금지하였을 때에는 그 사실을 관보 등에 공고하여야 한다(91조 2항). 2항에 따른 공고의 내용, 방법 및 절차, 그 밖에 필요한 사항은 시행규칙 122조로 정한다(91조 3항).

(4) 자율안전확인대상기계등의 제조 등의 금지 등

누구든지 (i) 89조 1항 각 호 외의 부분 본문에 따른 신고를 하지 아니한 경우(같은 항 각 호 외의 부분 단서에 따라 신고가 면제되는 경우는 제외한다), (ii) 거짓이나 그 밖의 부정한 방법으로 89조 1항 각 호 외의 부분 본문에 따른 신고를 한 경우, (iii) 자율안전확인대상기계등의 안전에 관한 성능이 자율안전기준에 맞지 아니하게 된 경우, (iv) 91조 1항에 따라 자율안전확인표시의 사용 금지 명령을 받은 경우의 어느 하나에 해당하는 자율안전확인대상기계등을 제조·수입·양도·대여·사용하거나 양도·대여의 목적으로 진열할 수 없다(92조 1항).

고용노동부장관은 1항을 위반하여 자율안전확인대상기계등을 제조·수입·양도·대여하는 자에게 시행규칙 123조로 정하는 바에 따라 그 자율안전확인대상기계등을 수거하거나 파기할 것을 명할 수 있다(92조 2항).

라. 안전검사

(1) 안전검사

유해하거나 위험한 기계·기구·설비로서 시행령 78조 1항으로 정하는 것(이하 "안전검사대상기계등"이라 한다)을 사용하는 사업주(근로자를 사용하지 아니하고 사업을 하는 자를 포함한다. 이하 이 조, 94조, 95조 및 98조에서 같다)는 안전검사대상기계등의 안전에 관한 성능이 고용노동부장관이 정하여 고시하는 검사기준에 맞는지에 대하여 고용노동부장관이 실시하는 검사(이하 "안전검사"라 한다)를 받아야 한다. 이 경우 안전검사대상기계등을 사용하는 사업주와 소유자가 다른 경우에는 안전검사대상기계등의 소유자가 안전검사를 받아야 한다(93조 1항). 1항에도 불구하고 안전검사대상기계등이 다른 법령에 따라 안전성에 관한 검사나 인증을 받은 경우로서 고용노동부령으로 정하는 경우에는 안전검사를 면제할 수 있다(93조 2항). 안전검사의 신청, 검사 주기 및 검사합격 표시방법, 그 밖에 필요한 사항은 시행규칙 124~126조로 정한다. 이 경우 검사 주기는 안전검사대상기계등의 종류, 사용연한(使用年限) 및 위험성을 고려하여 정한다(93조 3항).

(2) 안전검사합격증명서 발급 등

고용노동부장관은 93조 1항에 따라 안전검사에 합격한 사업주에게 시행규칙 127조로 정하는 바에 따라 안전검사합격증명서를 발급하여야 한다(94조 1항). 1항에 따라 안전검사합격증명서를 발급받은 사업주는 그 증명서를 안전검사대상기계등에 부착하여야 한다(94조 2항).

### (3) 안전검사대상기계등의 사용 금지

사업주는 (i) 안전검사를 받지 아니한 안전검사대상기계등(93조 2항에 따라 안전검사가 면제되는 경우는 제외한다), (ii) 안전검사에 불합격한 안전검사대상기계등의 어느 하나에 해당하는 안전검사대상기계등을 사용해서는 아니 된다(95조).

### (4) 안전검사기관

고용노동부장관은 안전검사 업무를 위탁받아 수행하는 기관을 안전검사기관으로 지정할 수 있다(96조 1항). 1항에 따라 안전검사기관으로 지정받으려는 자는 시행령 79조로 정하는 인력 · 시설 및 장비 등의 요건을 갖추어 고용노동부장관에게 신청하여야 한다(96조 2항). 고용노동부장관은 1항에 따라 지정받은 안전검사기관(이하 "안전검사기관"이라 한다)에 대하여 평가하고 그 결과를 공개할 수 있다. 이 경우 평가의 기준 · 방법 및 결과의 공개에 필요한 사항은 시행규칙 129조로 정한다(96조 3항). 안전검사기관의 지정 신청 절차, 그 밖에 필요한 사항은 시행규칙 128조로 정한다(96조 4항). 안전검사기관에 관하여는 21조 4항 및 5항을 준용한다. 이 경우 "안전관리전문기관 또는 보건관리전문기관"은 "안전검사기관"으로 본다(96조 5항).

### (5) 안전검사기관의 보고의무

안전검사기관은 95조 각 호의 어느 하나에 해당하는 안전검사대상기계등을 발견하였을 때에는 이를 고용노동부장관에게 지체 없이 보고하여야 한다(97조).

### (6) 자율검사프로그램에 따른 안전검사

93조 1항에도 불구하고 같은 항에 따라 안전검사를 받아야 하는 사업주가 근로자대표와 협의(근로자를 사용하지 아니하는 경우는 제외한다)하여 같은 항 전단에 따른 검사기준, 같은 조 3항에 따른 검사 주기 등을 충족하는 검사프로그램(이하 "자율검사프로그램"이라 한다)을 정하고 고용노동부장관의 인정을 받아 (i) 고용노동부령으로 정하는 안전에 관한 성능검사와 관련된 자격 및 경험을 가진 사람, (ii) 고용노동부령으로 정하는 바에 따라 안전에 관한 성능검사 교육을 이수하고 해당 분야의 실무 경험이 있는 사람의 어느 하나에 해당하는 사람[151]으로부터 자율검사프로그램에 따라 안전검사대상기계등에 대하여 안전에 관한 성

151) 시행규칙 135조에서 자세히 규정하고 있다.

능검사(이하 “자율안전검사”라 한다)를 받으면 안전검사를 받은 것으로 본다(98조 1항). 자율검사프로그램의 유효기간은 2년으로 한다(98조 2항). 사업주는 자율안전검사를 받은 경우에는 그 결과를 기록하여 보존하여야 한다(98조 3항). 자율안전검사를 받으려는 사업주는 100조에 따라 지정받은 검사기관(이하 “자율안전검사기관”이라 한다)에 자율안전검사를 위탁할 수 있다(98조 4항). 자율검사프로그램에 포함되어야 할 내용, 자율검사프로그램의 인정 요건, 인정 방법 및 절차, 그 밖에 필요한 사항은 시행규칙 132, 133조로 정한다(98조 5항).

#### (7) 자율검사프로그램 인정의 취소 등

고용노동부장관은 자율검사프로그램의 인정을 받은 자가 (i) 거짓이나 그 밖의 부정한 방법으로 자율검사프로그램을 인정받은 경우, (ii) 자율검사프로그램을 인정받고도 검사를 하지 아니한 경우, (iii) 인정받은 자율검사프로그램의 내용에 따라 검사를 하지 아니한 경우, (iv) 98조 1항 각 호의 어느 하나에 해당하는 사람 또는 자율안전검사기관이 검사를 하지 아니한 경우의 어느 하나에 해당하는 경우에는 자율검사프로그램의 인정을 취소하거나 인정받은 자율검사프로그램의 내용에 따라 검사를 하도록 하는 등 시정을 명할 수 있다. 다만, 1호의 경우에는 인정을 취소하여야 한다(99조 1항). 사업주는 1항에 따라 자율검사프로그램의 인정이 취소된 안전검사대상기계등을 사용해서는 아니 된다(99조 2항).

#### (8) 자율안전검사기관

자율안전검사기관이 되려는 자는 시행령 81조, 별표 25로 정하는 인력·시설 및 장비 등의 요건을 갖추어 고용노동부장관의 지정을 받아야 한다(100조 1항). 고용노동부장관은 자율안전검사기관에 대하여 평가하고 그 결과를 공개할 수 있다. 이 경우 평가의 기준·방법 및 결과의 공개에 필요한 사항은 시행규칙 134조로 정한다(100조 2항). 자율안전검사기관의 지정 절차, 그 밖에 필요한 사항은 시행규칙 133, 135조로 정한다(100조 3항). 자율안전검사기관에 관하여는 21조 4항 및 5항을 준용한다. 이 경우 “안전관리전문기관 또는 보건관리전문기관”은 “자율안전검사기관”으로 본다(100조 4항, 시행령 83조).

### 마. 유해·위험기계등의 조사 및 지원 등

#### (1) 성능시험 등

고용노동부장관은 안전인증대상기계등 또는 자율안전확인대상기계등의 안전성능의 저하 등으로 근로자에게 피해를 주거나 줄 우려가 크다고 인정하는 경우에는 시행령 83조로 정하는 바에 따라 유해·위험기계등을 제조하는 사업장에서 제품 제조 과정을 조사할 수 있으며, 제조·수입·양도·대여하거나 양도·대여의 목적으로 진열된 유해·위험기계등을 수거하여 안전인증기준 또는 자율안전기준에 적합한지에 대한 성능시험을 할 수 있다(101조).

(2) 유해·위험기계등 제조사업 등의 지원

고용노동부장관은 (i) 안전인증대상기계등(가.목), 자율안전확인대상기계등(나.목), 그 밖에 산업재해가 많이 발생하는 유해·위험기계등(다.목)의 어느 하나에 해당하는 것의 안전성 향상을 위하여 지원이 필요하다고 인정되는 것을 제조하는 자, (ii) 작업환경 개선시설을 설계·시공하는 자의 어느 하나에 해당하는 자에게 유해·위험기계등의 품질·안전성 또는 설계·시공 능력 등의 향상을 위하여 예산의 범위에서 필요한 지원을 할 수 있다(102조 1항). 1항에 따른 지원을 받으려는 자는 시행규칙 138조, 별표 55로 정하는 인력·시설 및 장비 등의 요건을 갖추어 고용노동부장관에게 등록하여야 한다(102조 2항).

고용노동부장관은 2항에 따라 등록한 자가 (i) 거짓이나 그 밖의 부정한 방법으로 등록한 경우, (ii) 2항에 따른 등록 요건에 적합하지 아니하게 된 경우, (iii) 86조 1항 1호에 따라 안전인증이 취소된 경우의 어느 하나에 해당하는 경우에는 그 등록을 취소하거나 1년의 범위에서 1항에 따른 지원을 제한할 수 있다. 다만, 1호의 경우에는 등록을 취소하여야 한다(102조 3항). 고용노동부장관은 1항에 따라 지원받은 자가 (i). 거짓이나 그 밖의 부정한 방법으로 지원받은 경우, (ii) 1항에 따른 지원 목적과 다른 용도로 지원금을 사용한 경우, (iii) 3항 1호에 해당하여 등록이 취소된 경우의 어느 하나에 해당하는 경우에는 지원한 금액 또는 지원에 상응하는 금액을 환수하여야 한다. 이 경우 1호에 해당하면 지원한 금액에 상당하는 액수 이하의 금액을 추가로 환수할 수 있다(102조 4항).

고용노동부장관은 3항에 따라 등록을 취소한 자에 대하여 등록을 취소한 날부터 2년 이내의 기간을 정하여 2항에 따른 등록을 제한할 수 있다(102조 5항). 1항부터 5항까지의 규정에 따른 지원내용, 등록 및 등록 취소, 환수 절차, 등록 제한 기준, 그 밖에 필요한 사항은 시행규칙 138~140조로 정한다(102조 6항).

(3) 유해 · 위험기계등의 안전 관련 정보의 종합관리

고용노동부장관은 사업장의 유해 · 위험기계등의 보유현황 및 안전검사 이력 등 안전에 관한 정보를 종합관리하고, 해당 정보를 안전인증기관 또는 안전검사기관에 제공할 수 있다(103조 1항). 고용노동부장관은 1항에 따른 정보의 종합관리를 위하여 안전인증기관 또는 안전검사기관에 사업장의 유해 · 위험기계등의 보유현황 및 안전검사 이력 등의 필요한 자료를 제출하도록 요청할 수 있다. 이 경우 요청을 받은 기관은 특별한 사유가 없으면 그 요청에 따라야 한다(103조 2항). 고용노동부장관은 1항에 따른 정보의 종합관리를 위하여 유해 · 위험기계등의 보유현황 및 안전검사 이력 등 안전에 관한 종합정보망을 구축 · 운영하여야 한다(103조 3항).

8. 유해 · 위험물질에 대한 조치

가. 유해 · 위험물질의 분류 및 관리

(1) 유해인자의 분류기준

고용노동부장관은 시행규칙 141조, 별표 18로 정하는 바에 따라 근로자에게 건강장해를 일으키는 화학물질 및 물리적 인자 등(이하 "유해인자"라 한다)의 유해성 · 위험성 분류기준을 마련하여야 한다(104조).

(2) 유해인자의 유해성 · 위험성 평가 및 관리

고용노동부장관은 유해인자가 근로자의 건강에 미치는 유해성 · 위험성을 평가하고 그 결과를 관보 등에 공표할 수 있다(105조 1항). 고용노동부장관은 1항에 따른 평가 결과 등을 고려하여 시행규칙 143조로 정하는 바에 따라 유해성 · 위험성 수준별로 유해인자를 구분하여 관리하여야 한다(105조 2항). 1항에 따른 유해성 · 위험성 평가대상 유해인자의 선정 기준, 유해성 · 위험성 평가의 방법, 그 밖에 필요한 사항은 시행규칙 142조로 정한다(105조 3항).

(3) 유해인자의 노출기준 설정

고용노동부장관은 105조 1항에 따른 유해성 · 위험성 평가 결과 등 시행규칙 144조로 정하는 사항을 고려하여 유해인자의 노출기준을 정하여 고시하여야 한다(106조).

#### (4) 유해인자 허용기준의 준수

사업주는 발암성 물질 등 근로자에게 중대한 건강장해를 유발할 우려가 있는 유해인자로서 대통령령으로 정하는 유해인자는 작업장 내의 그 노출 농도를 고용노동부령으로 정하는 허용기준 이하로 유지하여야 한다. 다만, (i) 유해인자를 취급하거나 정화·배출하는 시설 및 설비의 설치나 개선이 현존하는 기술로 가능하지 아니한 경우, (ii) 천재지변 등으로 시설과 설비에 중대한 결함이 발생한 경우, (iii) 시행규칙 146조로 정하는 임시 작업과 단시간 작업의 경우, (iv) 그 밖에 시행령 84조, 별표 26으로 정하는 경우의 어느 하나에 해당하는 경우에는 그러하지 아니하다(107조 1항). 사업주는 1항 각 호 외의 부분 단서에도 불구하고 유해인자의 노출 농도를 1항에 따른 허용기준 이하로 유지하도록 노력하여야 한다(107조 2항).

#### (5) 신규화학물질의 유해성·위험성 조사

시행령 85조로 정하는 화학물질 외의 화학물질(이하 “신규화학물질”이라 한다)을 제조하거나 수입하려는 자(이하 “신규화학물질제조자등”이라 한다)는 신규화학물질에 의한 근로자의 건강장해를 예방하기 위하여 시행규칙 147조로 정하는 바에 따라 그 신규화학물질의 유해성·위험성을 조사하고 그 조사보고서를 고용노동부장관에게 제출하여야 한다. 다만, (i) 일반 소비자의 생활용으로 제공하기 위하여 신규화학물질을 수입하는 경우로서 시행규칙 148조로 정하는 경우, (ii) 신규화학물질의 수입량이 소량이거나 그 밖에 위해의 정도가 적다고 인정되는 경우로서 시행규칙 149, 150조로 정하는 경우의 어느 하나에 해당하는 경우에는 그러하지 아니하다(108조 1항). 시행규칙 151조는 「화학물질의 등록 및 평가 등의 법률」과의 관계에서 고용노동부장관으로부터의 확인의 면제에 관하여 규정하고 있다.

신규화학물질제조자등은 1항 각 호 외의 부분 본문에 따라 유해성·위험성을 조사한 결과 해당 신규화학물질에 의한 근로자의 건강장해를 예방하기 위하여 필요한 조치를 하여야 하는 경우 이를 즉시 시행하여야 한다(108조 2항). 고용노동부장관은 1항에 따라 신규화학물질의 유해성·위험성 조사보고서가 제출되면 시행규칙 152조로 정하는 바에 따라 그 신규화학물질의 명칭, 유해성·위험성, 근로자의 건강장해 예방을 위한 조치 사항 등을 공표하고 관계 부처에 통보하여야 한다(108조 3항). 고용노동부장관은 1항에 따라 제출된 신규화학물질의 유해성 · 위험성 조사보고서를 검토한 결과 근로자의 건강장해 예방을 위하여 필요하다고 인정할 때에는 신규화학물질제조자등에게 시설 · 설비를 설치 · 정비하고 보호구를 갖추어 두는 등의 조치를 하도록 명할 수 있다(108조 4항). 신규화학물질제조자등이 신규화학물질을 양도하거나 제공하는 경우에는 4항에 따른 근로자의 건강장해 예방을 위하여 조치하여야 할 사항을 기록한 서류를 함께 제공하여야 한다(108조 5항).

(6) 중대한 건강장해 우려 화학물질의 유해성 · 위험성 조사

고용노동부장관은 근로자의 건강장해를 예방하기 위하여 필요하다고 인정할 때에는 시행규칙 155조로 정하는 바에 따라 암 또는 그 밖에 중대한 건강장해를 일으킬 우려가 있는 화학물질을 제조 · 수입하는 자 또는 사용하는 사업주에게 해당 화학물질의 유해성 · 위험성 조사와 그 결과의 제출 또는 105조 1항에 따른 유해성 · 위험성 평가에 필요한 자료의 제출을 명할 수 있다(109조 1항). 1항에 따라 화학물질의 유해성 · 위험성 조사 명령을 받은 자는 유해성 · 위험성 조사 결과 해당 화학물질로 인한 근로자의 건강장해가 우려되는 경우 근로자의 건강장해를 예방하기 위하여 시설 · 설비의 설치 또는 개선 등 필요한 조치를 하여야 한다(109조 2항). 고용노동부장관은 1항에 따라 제출된 조사 결과 및 자료를 검토하여 근로자의 건강장해를 예방하기 위하여 필요하다고 인정하는 경우에는 해당 화학물질을 105조 2항에 따라 구분하여 관리하거나 해당 화학물질을 제조 · 수입한 자 또는 사용하는 사업주에게 근로자의 건강장해 예방을 위한 시설 · 설비의 설치 또는 개선 등 필요한 조치를 하도록 명할 수 있다(109조 3항).

(7) 물질안전보건자료(MSDS)의 작성 및 제출

물질안전보건자료(Material Safety Data Sheets, MSDS)는 화학물질 정보공개 제도에 의해 화학물질을 취급하는 근로자나 관련자의 알 권리(Right of known)를 충족시켜주는 수단 중의 하나로 1996. 7. 1.부터 시행되고 있다.[152)]

화학물질 또는 이를 함유한 혼합물로서 104조에 따른 분류기준에 해당하는 것(시행령 86조로 정하는 것은 제외한다. 이하 “물질안전보건자료[153)] 대상물질”이라 한다)을 제조하거나 수입하려는 자는 (i) 제품명, (ii) MSDS대상물질을 구성하는

152) 이종한 · 이권섭 · 박진우 · 한규남, 128면.
153) Material Safety Data Sheet, 통상 MSDS로 약칭한다.

화학물질 중 104조에 따른 분류기준에 해당하는 화학물질의 명칭 및 함유량, (iii) 안전 및 보건상의 취급 주의 사항, (iv) 건강 및 환경에 대한 유해성, 물리적 위험성, (v) 물리 · 화학적 특성 등 시행규칙 156조 2항으로 정하는 사항을 적은 자료(이하 "물질안전보건자료"라 한다)를 시행규칙 156, 157조로 정하는 바에 따라 작성하여 고용노동부장관에게 제출하여야 한다. 이 경우 고용노동부장관은 고용노동부령으로 MSDS의 기재 사항이나 작성 방법을 정할 때 화학물질관리법 및 「화학물질의 등록 및 평가 등에 관한 법률」과 관련된 사항에 대해서는 환경부장관과 협의하여야 한다(110조 1항).

MSDS대상물질을 제조하거나 수입하려는 자는 MSDS대상물질을 구성하는 화학물질 중 104조에 따른 분류기준에 해당하지 아니하는 화학물질의 명칭 및 함유량을 고용노동부장관에게 별도로 제출하여야 한다. 다만, (i) 1항에 따라 제출된 MSDS에 이 항 각 호 외의 부분 본문에 따른 화학물질의 명칭 및 함유량이 전부 포함된 경우, (ii) MSDS대상물질을 수입하려는 자가 MSDS대상물질을 국외에서 제조하여 우리나라로 수출하려는 자(이하 "국외제조자"라 한다)로부터 MSDS에 적힌 화학물질 외에는 104조에 따른 분류기준에 해당하는 화학물질이 없음을 확인하는 내용의 서류를 받아 제출한 경우의 어느 하나에 해당하는 경우는 그러하지 아니하다(110조 2항).

MSDS대상물질을 제조하거나 수입한 자는 1항 각 호에 따른 사항 중 시행규칙 163조로 정하는 사항이 변경된 경우 그 변경 사항을 반영한 MSDS를 고용노동부장관에게 제출하여야 한다(110조 3항). 1항부터 3항까지의 규정에 따른 MSDS 등의 제출 방법 · 시기, 그 밖에 필요한 사항은 시행규칙 157조로 정한다(110조 4항).

#### (8) MSDS의 제공

MSDS대상물질을 양도하거나 제공하는 자는 이를 양도받거나 제공받는 자에게 MSDS를 제공하여야 한다(111조 1항). MSDS대상물질을 제조하거나 수입한 자는 이를 양도받거나 제공받은 자에게 110조 3항에 따라 변경된 MSDS를 제공하여야 한다(111조 2항). MSDS대상물질을 양도하거나 제공한 자(MSDS대상물질을 제조하거나 수입한 자는 제외한다)는 110조 3항에 따른 MSDS를 제공받은 경우 이를 MSDS대상물질을 양도받거나 제공받은 자에게 제공하여야 한다(111조 3항).

1항부터 3항까지의 규정에 따른 MSDS 또는 변경된 MSDS의 제공방법 및 내용, 그 밖에 필요한 사항은 시행규칙 159, 160조로 정한다(111조 4항).

### (9) MSDS의 일부 비공개 승인 등

110조 1항에도 불구하고 영업비밀과 관련되어 같은 항 2호에 따른 화학물질의 명칭 및 함유량을 MSDS에 적지 아니하려는 자는 시행규칙 161조로 정하는 바에 따라 고용노동부장관에게 신청하여 승인을 받아 해당 화학물질의 명칭 및 함유량을 대체할 수 있는 명칭 및 함유량(이하 "대체자료"라 한다)으로 적을 수 있다.[154] 다만, 근로자에게 중대한 건강장해를 초래할 우려가 있는 화학물질로서 산재법 8조 1항에 따른 산업재해보상보험및예방심의위원회의 심의를 거쳐 고용노동부장관이 고시하는 것은 그러하지 아니하다(112조 1항).

고용노동부장관은 1항 본문에 따른 승인 신청을 받은 경우 시행규칙 162조로 정하는 바에 따라 화학물질의 명칭 및 함유량의 대체 필요성, 대체자료의 적합성 및 MSDS의 적정성 등을 검토하여 승인 여부를 결정하고 신청인에게 그 결과를 통보하여야 한다(112조 2항). 고용노동부장관은 2항에 따른 승인에 관한 기준을 산업재해보상보험및예방심의위원회의 심의를 거쳐 정한다(112조 3항).

---

154) EU에서는 화학물질청(ECHA)이 보유하고 있는 물질 · 혼합물 · 완제품내의 물질의 명칭 등 신화학물질관리제도(European Regulation on Registration, Evaluation, Authorisation and Restriction of Chemicals, REACH) 119조 1항에 기재된 정보는 공개된다. 그러나 이를 제외한 나머지 정보는 REACH 119조 2항에 따라 영업비밀 신청절차에 따라 보호될 수 있고, SDS(Safety Data Sheets)와 관련하여 물질 · 혼합물의 분류 · 표지 · 포장 규정(the European Union system of classification, labelling and packaging of chemical substances and mixtures, CLP) 24조에 의하여 대체화학물질명(alternative chemical name)을 사용할 수 있다. 신청인은 국제표준 화학정보 데이터베이스(IUCLID)를 이용하여 비밀보호 신청하는데, 신청의 정당성이 인정되어야 비밀보호가 허용된다. 영업비밀보호 신청의 정당성 판단기준은 지식재산권협정(WTO-TRIPs) 39조 2항에 의한다.

미국의 MSDS 제도에서 영업비밀이 보호되는 것은 화학물질명(Chemical Name)을 식별하기 가능한 것뿐이며, 그 외의 항목에 대해 필요한 정보는 반드시 기자하여야 한다. 화학물질명에 관한 영업비밀의 주장은 기업 간의 정보교환에서 기업이 자주적 판단으로 결정할 수 있으며, 이 경우 산업안전보건청(Occupational Safety & Health Administration, OSHA)의 승인을 받을 필요는 없다. 화학물질명 이외의 영업비밀에 대해서는 기업 간에 영업비밀 계약을 맺은 후에 MSDS에 모두 기재하는 것이 일반적이다. 다만 '유해성 공시기준'(Hazard Communication Standard)에서는 (i) 근로자들이 노출된 화학물질의 유해성을 평가하는 경우, (ii) 근로자들의 노출수준을 평가하기 위해 작업환경조사를 하는 경우, (iii) 노출된 근로자들의 건강진단을 하는 경우, (iv) 노출된 근로자들에게 의학적 치료를 하는 경우, (v) 노출된 근로자들에게 적절한 보호 장비를 선정하는 경우, (vi) 노출된 근로자들에게 공학적 대책 및 다른 보호장치를 개발하는 경우, (vii) 노출의 건강영향을 평가하기 위한 연구를 수행하는 경우 등 필요한 경우에는 정보를 공개할 수 있도록 규정하고 있다.

1항에 따른 승인의 유효기간은 승인을 받은 날부터 5년으로 한다(112조 4항). 고용노동부장관은 위 유효기간이 만료되는 경우에도 계속하여 대체자료로 적으려는 자가 그 유효기간의 연장승인을 신청하면 유효기간이 만료되는 다음 날부터 5년 단위로 그 기간을 계속하여 연장승인할 수 있다(112조 5항). 112조 1항 또는 5항에 따른 승인 또는 연장승인 결과에 이의가 있는 신청인은 그 결과 통보를 받은 날부터 30일 이내에 고용노동부령으로 정하는 바에 따라 고용노동부장관에게 이의신청을 할 수 있다(112조의2 1항). 고용노동부장관은 1항에 따른 이의신청을 받은 날부터 14일(행정기본법 36조 2항 단서에 따라 결과 통지기간을 연장한 경우에는 그 연장한 기간을 말한다) 이내에 고용노동부령으로 정하는 바에 따라 승인 또는 연장승인 여부를 결정하고 그 결과를 신청인에게 통지하여야 한다(112조의2 2항). 고용노동부장관은 2항에 따른 승인 또는 연장승인 여부를 결정하기 위하여 필요한 경우 외부 전문가의 의견을 들을 수 있다. 이 경우 외부 전문가의 의견을 듣는 데 걸리는 기간은 2항에 따른 결과 통지기간에 산입하지 아니한다(112조의2 3항).

고용노동부장관은 (i) 거짓이나 그 밖의 부정한 방법으로 112조 1항, 5항 또는 112조의2 2항에 따른 승인 또는 연장승인을 받은 경우(112조 8항 1호), (ii) 112조 1항, 5항 또는 112조의2 2항에 따른 승인 또는 연장승인을 받은 화학물질이 112조 1항 단서에 따른 화학물질에 해당하게 된 경우(112조 8항 2호)의 어느 하나에 해당하는 경우에는 112조 1항, 5항 또는 112조의2 2항에 따른 승인 또는 연장승인을 취소할 수 있다. 다만, 1호의 경우에는 그 승인 또는 연장승인을 취소하여야 한다(112조 8항). 5항에 따른 연장승인과 8항에 따른 승인 또는 연장승인의 취소 절차 및 방법, 그 밖에 필요한 사항은 시행규칙 164조로 정한다(112조 9항).

(i) 근로자를 진료하는 의료법 2조에 따른 의사, (ii) 보건관리자 및 보건관리전문기관, (iii) 산업보건의, (iv) 근로자대표, (v) 165조 2항 38호에 따라 141조 1항에 따른 역학조사(疫學調査) 실시 업무를 위탁받은 기관, (vi) 산재법 38조에 따른 업무상질병판정위원회의 어느 하나에 해당하는 자는 근로자의 안전 및 보건을 유지하거나 직업성 질환 발생 원인을 규명하기 위하여 근로자에게 중대한 건강장해가 발생하는 등 시행규칙 165조로 정하는 경우에는 MSDS대상물질을 제조하거나 수입한 자에게 1항에 따라 대체자료로 적힌 화학물질의 명칭 및 함유

량 정보를 제공할 것을 요구할 수 있다. 이 경우 정보 제공을 요구받은 자는 고용노동부장관이 정하여 고시하는 바에 따라 정보를 제공하여야 한다(112조 10항).

(10) 국외제조자가 선임한 자에 의한 정보 제출 등

국외제조자는 시행규칙 166조로 정하는 요건을 갖춘 자를 선임하여 MSDS대상물질을 수입하는 자를 갈음하여 (i) 110조 1항 또는 3항에 따른 MSDS의 작성 · 제출, (ii) 110조 2항 각 호 외의 부분 본문에 따른 화학물질의 명칭 및 함유량 또는 같은 항 2호에 따른 확인서류의 제출, (iii) 112조 1항에 따른 대체자료 기재 승인, 같은 조 5항에 따른 유효기간 연장승인 또는 112조의2에 따른 이의신청에 해당하는 업무를 수행하도록 할 수 있다(113조 1항).

1항에 따라 선임된 자는 고용노동부장관에게 110조 1항 또는 3항에 따른 MSDS를 제출하는 경우 그 MSDS를 해당 MSDS대상물질을 수입하는 자에게 제공하여야 한다(113조 2항). 1항에 따라 선임된 자는 고용노동부령으로 정하는 바에 따라 국외제조자에 의하여 선임되거나 해임된 사실을 고용노동부장관에게 신고하여야 한다(113조 3항). 2항에 따른 MSDS의 제출 및 제공 방법 · 내용, 3항에 따른 신고 절차 · 방법, 그 밖에 필요한 사항은 고용노동부령으로 정한다(113조 4항).

(11) MSDS의 게시 및 교육

MSDS대상물질을 취급하려는 사업주는 110조 1항 또는 3항에 따라 작성하였거나 111조 1항부터 3항까지의 규정에 따라 제공받은 MSDS를 시행규칙 167조로 정하는 방법에 따라 MSDS대상물질을 취급하는 작업장 내에 이를 취급하는 근로자가 쉽게 볼 수 있는 장소에 게시하거나 갖추어 두어야 한다(114조 1항). 1항에 따른 사업주는 MSDS대상물질을 취급하는 작업공정별로 시행규칙 168조로 정하는 바에 따라 MSDS대상물질의 관리 요령을 게시하여야 한다(114조 2항). 1항에 따른 사업주는 MSDS대상물질을 취급하는 근로자의 안전 및 보건을 위하여 시행규칙 169조로 정하는 바에 따라 해당 근로자를 교육하는 등 적절한 조치를 하여야 한다(114조 3항).

(12) MSDS대상물질 용기 등의 경고표시

MSDS대상물질을 양도하거나 제공하는 자는 시행규칙 170조로 정하는 방법에 따라 이를 담은 용기 및 포장에 경고표시를 하여야 한다. 다만, 용기 및 포장에 담는 방법 외의 방법으로 MSDS대상물질을 양도하거나 제공하는 경우에는 고용노동부장관이 정하여 고시한 바에 따라 경고표시 기재 항목을 적은 자료를 제공하여야 한다(115조 1항). 사업주는 사업장에서 사용하는 MSDS대상물질을 담은 용기에 고용노동부령으로 정하는 방법에 따라 경고표시를 하여야 한다. 다만, 용기에 이미 경고표시가 되어 있는 등 시행규칙 170조 4항으로 정하는 경우에는 그러하지 아니하다(115조 2항).

### (13) MSDS와 관련된 자료의 제공

고용노동부장관은 근로자의 안전 및 보건 유지를 위하여 필요하면 MSDS와 관련된 자료를 근로자 및 사업주에게 제공할 수 있다(116조).

### (14) 유해 · 위험물질의 제조 등 금지

누구든지 (i) 직업성 암을 유발하는 것으로 확인되어 근로자의 건강에 특히 해롭다고 인정되는 물질, (ii) 105조 1항에 따라 유해성 · 위험성이 평가된 유해인자나 109조에 따라 유해성 · 위험성이 조사된 화학물질 중 근로자에게 중대한 건강장해를 일으킬 우려가 있는 물질의 어느 하나에 해당하는 물질로서 시행령 87조로 정하는 물질(이하 "제조등금지물질"이라 한다)을 제조 · 수입 · 양도 · 제공 또는 사용해서는 아니 된다(117조 1항).

1항에도 불구하고 시험 · 연구 또는 검사 목적의 경우로서 (i) 제조 · 수입 또는 사용을 위하여 시행규칙 172조로 정하는 요건을 갖추어 고용노동부장관의 승인을 받은 경우, (ii) 화학물질관리법 18조 1항 단서에 따른 금지물질의 판매 허가를 받은 자가 같은 항 단서에 따라 판매 허가를 받은 자나 1호에 따라 사용 승인을 받은 자에게 제조등금지물질을 양도 또는 제공하는 경우의 어느 하나에 해당하는 경우에는 제조등금지물질을 제조 · 수입 · 양도 · 제공 또는 사용할 수 있다(117조 2항).

고용노동부장관은 2항 1호에 따른 승인을 받은 자가 같은 호에 따른 승인 요건에 적합하지 아니하게 된 경우에는 승인을 취소하여야 한다(117조 3항). 2항 1호에 따른 승인 절차, 승인 취소 절차, 그 밖에 필요한 사항은 시행규칙 173, 174조로 정한다(117조 4항).

### (15) 유해 · 위험물질의 제조 등 허가

117조 1항 각 호의 어느 하나에 해당하는 물질로서 대체물질이 개발되지 아니한 물질 등 시행령 88조로 정하는 물질(이하 "허가대상물질"이라 한다)을 제조하거나 사용하려는 자는 고용노동부장관의 허가를 받아야 한다. 허가받은 사항을 변경할 때에도 또한 같다(118조 1항). 1항에 따른 허가의 신청절차, 그 밖에 필요한 사항은 시행규칙 173조로 정한다(118조 6항). 허가대상물질의 제조·사용설비, 작업방법, 그 밖의 허가기준은 고용노동부령으로 정한다(118조 2항). 1항에 따라 허가를 받은 자(이하 "허가대상물질제조·사용자"라 한다)는 그 제조·사용설비를 2항에 따른 허가기준에 적합하도록 유지하여야 하며, 그 기준에 적합한 작업방법으로 허가대상물질을 제조·사용하여야 한다(118조 3항). 고용노동부장관은 허가대상물질제조·사용자의 제조·사용설비 또는 작업방법이 2항에 따른 허가기준에 적합하지 아니하다고 인정될 때에는 그 기준에 적합하도록 제조·사용설비를 수리·개조 또는 이전하도록 하거나 그 기준에 적합한 작업방법으로 그 물질을 제조·사용하도록 명할 수 있다(118조 4항).

고용노동부장관은 허가대상물질제조·사용자가 (i) 거짓이나 그 밖의 부정한 방법으로 허가를 받은 경우, (ii) 2항에 따른 허가기준에 맞지 아니하게 된 경우, (iii) 3항을 위반한 경우, (iv) 4항에 따른 명령을 위반한 경우, (v) 자체검사 결과 이상을 발견하고도 즉시 보수 및 필요한 조치를 하지 아니한 경우의 어느 하나에 해당하면 그 허가를 취소하거나 6개월 이내의 기간을 정하여 영업을 정지하게 할 수 있다. 다만, 1호에 해당할 때에는 그 허가를 취소하여야 한다(118조 5항).

### 나. 석면에 대한 조치

#### (1) 석면조사

건축물이나 설비를 철거하거나 해체하려는 경우에 해당 건축물이나 설비의 소유주 또는 임차인 등(이하 "건축물·설비소유주등"이라 한다)은 (i) 해당 건축물이나 설비에 석면이 함유되어 있는지 여부, (ii) 해당 건축물이나 설비 중 석면이 함유된 자재의 종류, 위치 및 면적의 사항을 고용노동부령으로 정하는 바에 따라 조사(이하 "일반석면조사"라 한다)한 후 그 결과를 기록하여 보존하여야 한다(119조 1항).

1항에 따른 건축물이나 설비 중 시행령 89조 1항으로 정하는 규모 이상의 건축물·설비소유주등은 120조에 따라 지정받은 기관(이하 "석면조사기관"이라 한다)에 (i) 1항 각 호의 사항, (ii) 해당 건축물이나 설비에 함유된 석면의 종류 및 함유량의 사항을 조사(이하 "기관석면조사"라 한다)하도록 한 후 그 결과를 기록하여 보존하여야 한다. 다만, 석면함유 여부가 명백한 경우 등 시행령 89조 2항으로 정하는 사유에 해당하여 시행규칙 175조로 정하는 절차에 따라 확인을 받은 경우에는 기관석면조사를 생략할 수 있다(119조 2항).

건축물·설비소유주등이 석면안전관리법 등 다른 법률에 따라 건축물이나 설비에 대하여 석면조사를 실시한 경우에는 고용노동부령으로 정하는 바에 따라 일반석면조사 또는 기관석면조사를 실시한 것으로 본다(119조 3항). 고용노동부장관은 건축물·설비소유주등이 일반석면조사 또는 기관석면조사를 하지 아니하고 건축물이나 설비를 철거하거나 해체하는 경우에는 (i) 해당 건축물·설비소유주등에 대한 일반석면조사 또는 기관석면조사의 이행 명령, (ii) 해당 건축물이나 설비를 철거하거나 해체하는 자에 대하여 1호에 따른 이행 명령의 결과를 보고받을 때까지의 작업중지 명령의 조치를 명할 수 있다(119조 4항). 기관석면조사의 방법, 그 밖에 필요한 사항은 시행규칙 176조로 정한다(119조 5항).

### (2) 석면조사기관

석면조사기관이 되려는 자는 시행령 90조로 정하는 인력·시설 및 장비 등의 요건을 갖추어 고용노동부장관의 지정을 받아야 한다(120조 1항). 고용노동부장관은 기관석면조사의 결과에 대한 정확성과 정밀도를 확보하기 위하여 석면조사기관의 석면조사 능력을 확인하고, 석면조사기관을 지도하거나 교육할 수 있다. 이 경우 석면조사 능력의 확인, 석면조사기관에 대한 지도 및 교육의 방법, 절차, 그 밖에 필요한 사항은 고용노동부장관이 정하여 고시한다(120조 2항). 고용노동부장관은 석면조사기관에 대하여 평가하고 그 결과를 공개(2항에 따른 석면조사 능력의 확인 결과를 포함한다)할 수 있다. 이 경우 평가의 기준·방법 및 결과의 공개에 필요한 사항은 시행규칙 178조로 정한다(120조 3항). 석면조사기관의 지정 절차, 그 밖에 필요한 사항은 시행규칙 177조로 정한다(120조 4항). 석면조사기관에 관하여는 21조 4항 및 5항을 준용한다. 이 경우 "안전관리전문기관 또는 보건관리전문기관"은 "석면조사기관"으로 본다(120조 5항).

### (3) 석면해체·제거업의 등록 등

석면해체·제거를 업으로 하려는 자는 시행령 92조로 정하는 인력·시설 및 장비를 갖추어 고용노동부장관에게 등록하여야 한다(121조 1항). 고용노동부장관은 1항에 따라 등록한 자(이하 "석면해체 · 제거업자"라 한다)의 석면해체 · 제거작업의 안전성을 시행규칙 180조로 정하는 바에 따라 평가하고 그 결과를 공개할 수 있다. 이 경우 평가의 기준 · 방법 및 결과의 공개에 필요한 사항은 고용노동부령으로 정한다(121조 2항). 1항에 따른 등록 절차, 그 밖에 필요한 사항은 시행규칙 179조로 정한다(121조 3항). 석면해체 · 제거업자에 관하여는 21조 4항 및 5항을 준용한다. 이 경우 "안전관리전문기관 또는 보건관리전문기관"은 "석면해체 · 제거업자"로, "지정"은 "등록"으로 본다(121조 4항).

#### (4) 석면의 해체 · 제거

기관석면조사 대상인 건축물이나 설비에 시행령 94조 1항으로 정하는 함유량과 면적 이상의 석면이 함유되어 있는 경우 해당 건축물 · 설비소유주등은 석면해체 · 제거업자로 하여금 그 석면을 해체 · 제거하도록 하여야 한다. 다만, 건축물 · 설비소유주등이 인력 · 장비 등에서 석면해체 · 제거업자와 동등한 능력을 갖추고 있는 경우 등 시행령 94조 2항으로 정하는 사유에 해당할 경우에는 스스로 석면을 해체 · 제거할 수 있다(122조 1항). 1항에 따른 석면해체 · 제거는 해당 건축물이나 설비에 대하여 기관석면조사를 실시한 기관이 해서는 아니 된다(122조 2항). 석면해체 · 제거업자(1항 단서의 경우에는 건축물 · 설비소유주등을 말한다. 이하 124조에서 같다)는 1항에 따른 석면해체 · 제거작업을 하기 전에 시행규칙 181조로 정하는 바에 따라 고용노동부장관에게 신고하고, 1항에 따른 석면해체 · 제거작업에 관한 서류를 보존하여야 한다(122조 3항). 고용노동부장관은 3항에 따른 신고를 받은 경우 그 내용을 검토하여 이 법에 적합하면 신고를 수리하여야 한다(122조 4항). 3항에 따른 신고 절차, 그 밖에 필요한 사항은 고용노동부령으로 정한다(122조 5항).

#### (5) 석면해체 · 제거 작업기준의 준수

석면이 함유된 건축물이나 설비를 철거하거나 해체하는 자는 고용노동부령으로 정하는 석면해체 · 제거의 작업기준을 준수하여야 한다(123조 1항). 근로자는 석면이 함유된 건축물이나 설비를 철거하거나 해체하는 자가 1항의 작업기준에 따라 근로자에게 한 조치로서 고용노동부령으로 정하는 조치 사항을 준수하여야 한다(123조 2항).

### (6) 석면농도기준의 준수

석면해체 · 제거업자는 122조 1항에 따른 석면해체 · 제거작업이 완료된 후 해당 작업장의 공기 중 석면농도가 1㎤당 0.01개 이하(시행규칙 182조)가 되도록 하고, 그 증명자료를 고용노동부장관에게 제출하여야 한다(124조 1항). 1항에 따른 공기 중 석면농도를 측정할 수 있는 자의 자격 및 측정방법에 관한 사항은 시행규칙 184, 185조로 정한다(124조 2항). 건축물 · 설비소유주등은 석면해체 · 제거작업 완료 후에도 작업장의 공기 중 석면농도가 1항의 기준을 초과한 경우 해당 건축물이나 설비를 철거하거나 해체해서는 아니 된다(124조 3항).

## 9. 근로자 보건관리

### 가. 근로환경의 개선

### (1) 작업환경측정

사업주는 유해인자로부터 근로자의 건강을 보호하고 쾌적한 작업환경을 조성하기 위하여 인체에 해로운 작업을 하는 작업장으로서 시행규칙 186조로 정하는 작업장에 대하여 시행규칙 187조로 정하는 자격을 가진 자로 하여금 작업환경측정을 하도록 하여야 한다(125조 1항). 1항에도 불구하고 도급인의 사업장에서 관계수급인 또는 관계수급인의 근로자가 작업을 하는 경우에는 도급인이 1항에 따른 자격을 가진 자로 하여금 작업환경측정을 하도록 하여야 한다(125조 2항). 사업주(2항에 따른 도급인을 포함한다. 이하 이 조 및 127조에서 같다)는 1항에 따른 작업환경측정을 126조에 따라 지정받은 기관(이하 "작업환경측정기관"이라 한다)에 위탁할 수 있다. 이 경우 필요한 때에는 작업환경측정 중 시료의 분석만을 위탁할 수 있다(125조 3항). 사업주는 근로자대표(관계수급인의 근로자대표를 포함한다. 이하 이 조에서 같다)가 요구하면 작업환경측정 시 근로자대표를 참석시켜야 한다(125조 4항).

사업주는 작업환경측정 결과를 기록하여 보존하고 시행규칙 188조로 정하는 바에 따라 고용노동부장관에게 보고하여야 한다. 다만, 3항에 따라 사업주로부터 작업환경측정을 위탁받은 작업환경측정기관이 작업환경측정을 한 후 그 결과를 고용노동부령으로 정하는 바에 따라 고용노동부장관에게 제출한 경우에는 작업환경측정 결과를 보고한 것으로 본다(125조 5항). 사업주는 작업환경측정 결과를 해당 작업장의 근로자(관계수급인 및 관계수급인 근로자를 포함한다. 이하 이 항,

127조 및 175조 5항 15호에서 같다)에게 알려야 하며, 그 결과에 따라 근로자의 건강을 보호하기 위하여 해당 시설 · 설비의 설치 · 개선 또는 건강진단의 실시 등의 조치를 하여야 한다(125조 6항).

사업주는 산업안전보건위원회 또는 근로자대표가 요구하면 작업환경측정 결과에 대한 설명회 등을 개최하여야 한다. 이 경우 3항에 따라 작업환경측정을 위탁하여 실시한 경우에는 작업환경측정기관에 작업환경측정 결과에 대하여 설명하도록 할 수 있다(125조 7항). 1항 및 2항에 따른 작업환경측정의 방법 · 횟수, 그 밖에 필요한 사항은 시행규칙 189, 190조로 정한다(125조 8항).

(2) 작업환경측정기관

작업환경측정기관이 되려는 자는 시행령 95조로 정하는 인력 · 시설 및 장비 등의 요건을 갖추어 고용노동부장관의 지정을 받아야 한다(126조 1항). 고용노동부장관은 작업환경측정기관의 측정 · 분석 결과에 대한 정확성과 정밀도를 확보하기 위하여 작업환경측정기관의 측정 · 분석능력을 확인하고, 작업환경측정기관을 지도하거나 교육할 수 있다. 이 경우 측정 · 분석능력의 확인, 작업환경측정기관에 대한 교육의 방법 · 절차, 그 밖에 필요한 사항은 고용노동부장관이 정하여 고시한다(126조 2항). 고용노동부장관은 작업환경측정의 수준을 향상시키기 위하여 필요한 경우 작업환경측정기관을 평가하고 그 결과(2항에 따른 측정 · 분석능력의 확인 결과를 포함한다)를 공개할 수 있다. 이 경우 평가기준 · 방법 및 결과의 공개, 그 밖에 필요한 사항은 시행규칙 191조로 정한다(126조 3항). 작업환경측정기관의 유형, 업무 범위 및 지정 절차, 그 밖에 필요한 사항은 시행규칙 192, 193조로 정한다(126조 4항). 작업환경측정기관에 관하여는 21조 4항 및 5항을 준용한다. 이 경우 "안전관리전문기관 또는 보건관리전문기관"은 "작업환경측정기관"으로 본다(126조 5항).

(3) 작업환경측정 신뢰성 평가

고용노동부장관은 125조 1항 및 2항에 따른 작업환경측정 결과에 대하여 그 신뢰성을 평가할 수 있다(127조 1항). 사업주와 근로자는 고용노동부장관이 1항에 따른 신뢰성을 평가할 때에는 적극적으로 협조하여야 한다(127조 2항). 1항에 따른 신뢰성 평가의 방법 · 대상 및 절차, 그 밖에 필요한 사항은 시행규칙 194조로 정한다(127조 3항).

#### (4) 작업환경전문연구기관의 지정

고용노동부장관은 작업장의 유해인자로부터 근로자의 건강을 보호하고 작업환경관리방법 등에 관한 전문연구를 촉진하기 위하여 유해인자별·업종별 작업환경전문연구기관을 지정하여 예산의 범위에서 필요한 지원을 할 수 있다(128조 1항). 1항에 따른 유해인자별·업종별 작업환경전문연구기관의 지정기준, 그 밖에 필요한 사항은 고용노동부장관이 정하여 고시한다(128조 2항).

#### (5) 휴게시설의 설치

사업주는 근로자(관계수급인의 근로자를 포함한다. 이하 이 조에서 같다)가 신체적 피로와 정신적 스트레스를 해소할 수 있도록 휴식시간에 이용할 수 있는 휴게시설을 갖추어야 한다(128조의2 1항). 사업주 중 사업의 종류 및 사업장의 상시 근로자 수 등 대통령령으로 정하는 기준에 해당하는 사업장의 사업주는 1항에 따라 휴게시설을 갖추는 경우 크기, 위치, 온도, 조명 등 고용노동부령으로 정하는 설치·관리기준을 준수하여야 한다(128조의2 2항).

### 나. 건강진단 및 건강관리

#### (1) 일반건강진단

사업주는 상시 사용하는 근로자의 건강관리를 위하여 건강진단(이하 “일반건강진단”이라 한다)을 실시하여야 한다. 다만, 사업주가 시행규칙 196조로 정하는 건강진단을 실시한 경우에는 그 건강진단을 받은 근로자에 대하여 일반건강진단을 실시한 것으로 본다(129조 1항). 사업주는 135조 1항에 따른 특수건강진단기관 또는 건강검진기본법 3조 2호에 따른 건강검진기관(이하 “건강진단기관”이라 한다)에서 일반건강진단을 실시하여야 한다(129조 2항).[155] 일반건강진단의 주기·항목·방법 및 비용, 그 밖에 필요한 사항은 시행규칙 197, 198조로 정한다(129조 3항).

155) 노동부장관으로부터 건강진단을 실시하는 자로 지정받은 건강진단기관이 여럿 있는 경우 건강진단명령을 받은 사업주가 여러 건강진단기관 중에서 건강진단을 실시할 기관을 선정할 수 있고, 이를 선정할 때 반드시 산업안전보건위원회의 사전 심의·의결을 거쳐야 하는 것은 아니다. 단체협약(단체협약과 같은 효력이 있는 산업안전보건위원회의 의결)에 노사간 협의로 건강진단 실시 기관을 선정하도록 한 경우, 노사간의 협의에 따라 건강진단을 실시할 기관을 선정하여야 하지만 그 선정에 반드시 노사간에 합의에 이를 필요는 없고, 만일 사업주의 성실한 협의 노력에 대해 노동조합이 부당한 이유를 들어 협의에 응하지 않는 경우에는 사업주가 임의로 건강진단기관을 선정할 수 있다(대법원 2001. 10. 23. 선고 2000도3249 판결).

(2) 특수건강진단 등

사업주는 (i) 시행규칙 201조, 별표 22로 정하는 유해인자에 노출되는 업무(이하 "특수건강진단대상업무"라 한다)에 종사하는 근로자, (ii) 1호, 3항 및 131조에 따른 건강진단 실시 결과 직업병 소견이 있는 근로자로 판정받아 작업 전환을 하거나 작업 장소를 변경하여 해당 판정의 원인이 된 특수건강진단대상업무에 종사하지 아니하는 사람으로서 해당 유해인자에 대한 건강진단이 필요하다는 의료법 2조에 따른 의사의 소견이 있는 근로자의 어느 하나에 해당하는 근로자의 건강관리를 위하여 건강진단(이하 "특수건강진단"이라 한다)을 실시하여야 한다. 다만, 사업주가 시행규칙 200조로 정하는 건강진단을 실시한 경우에는 그 건강진단을 받은 근로자에 대하여 해당 유해인자에 대한 특수건강진단을 실시한 것으로 본다(130조 1항).

사업주는 특수건강진단대상업무에 종사할 근로자의 배치 예정 업무에 대한 적합성 평가를 위하여 건강진단(이하 "배치전건강진단"이라 한다)을 실시하여야 한다. 다만, 시행규칙 203조로 정하는 근로자에 대해서는 배치 전 건강진단을 실시하지 아니할 수 있다(130조 2항). 사업주는 특수건강진단대상업무에 따른 유해인자로 인한 것이라고 의심되는 건강장해 증상을 보이거나 의학적 소견이 있는 근로자 중 보건관리자 등이 사업주에게 건강진단 실시를 건의하는 등 시행규칙 205조로 정하는 근로자에 대하여 건강진단(이하 "수시건강진단"이라 한다)을 실시하여야 한다(130조 3항). 사업주는 135조 1항에 따른 특수건강진단기관에서 1항부터 3항까지의 규정에 따른 건강진단을 실시하여야 한다(130조 4항). 1항부터 3항까지의 규정에 따른 건강진단의 시기 · 주기 · 항목 · 방법 및 비용, 그 밖에 필요한 사항은 고용노동부령으로 정한다(130조 5항).

(3) 임시건강진단 명령 등

고용노동부장관은 같은 유해인자에 노출되는 근로자들에게 유사한 질병의 증상이 발생한 경우 등 시행규칙 207조로 정하는 경우에는 근로자의 건강을 보호하기 위하여 사업주에게 특정 근로자에 대한 건강진단(이하 "임시건강진단"이라 한다)의 실시나 작업전환, 그 밖에 필요한 조치를 명할 수 있다(131조 1항). 임시건강진단의 항목, 그 밖에 필요한 사항은 고용노동부령으로 정한다(131조 2항).

### (4) 건강진단에 관한 사업주의 의무

사업주는 129조부터 131조까지의 규정에 따른 건강진단을 실시하는 경우 근로자대표가 요구하면 근로자대표를 참석시켜야 한다(132조 1항). 사업주는 산업안전보건위원회 또는 근로자대표가 요구할 때에는 직접 또는 129조부터 131조까지의 규정에 따른 건강진단을 한 건강진단기관에 건강진단 결과에 대하여 설명하도록 하여야 한다. 다만, 개별 근로자의 건강진단 결과는 본인의 동의 없이 공개해서는 아니 된다(132조 2항). 사업주는 129조부터 131조까지의 규정에 따른 건강진단의 결과를 근로자의 건강 보호 및 유지 외의 목적으로 사용해서는 아니 된다(132조 3항).[156)]

사업주는 129조부터 131조까지의 규정 또는 다른 법령에 따른 건강진단의 결과 근로자의 건강을 유지하기 위하여 필요하다고 인정할 때에는 작업장소 변경, 작업 전환, 근로시간 단축, 야간근로(오후 10시부터 다음 날 오전 6시까지 사이의 근로를 말한다)의 제한, 작업환경측정 또는 시설·설비의 설치·개선 등 고용노동부령으로 정하는 바에 따라 적절한 조치를 하여야 한다(132조 4항). 4항에 따라 적절한 조치를 하여야 하는 사업주로서 고용노동부령으로 정하는 사업주는 그 조치 결과를 고용노동부령으로 정하는 바에 따라 고용노동부장관에게 제출하여야 한다(132조 5항).

### (5) 건강진단에 관한 근로자의 의무

근로자는 129조부터 131조까지의 규정에 따라 사업주가 실시하는 건강진단을 받아야 한다. 다만, 사업주가 지정한 건강진단기관이 아닌 건강진단기관으로부터 이에 상응하는 건강진단을 받아 그 결과를 증명하는 서류를 사업주에게 제출하는 경우에는 사업주가 실시하는 건강진단을 받은 것으로 본다(133조). 근로자가 이를 위반하면 300만 원 이하의 과태료를 부과한다(175조 6항 3호). 근로자는 사업주가 실시하는 건강진단 및 의학적 조치에 적극 협조하여야 한다(시행규칙 203조 1항).

일본의 경우 공립학교 교원에 대하여, 학교보건법에 기초하는 건강진단이 교직원의 보건뿐만 아니라 아동학생의 보건에도 큰 영향을 미치는 점, 그 하나

156) 사용자가 정기검진 시 근로자의 동의 없이 HIV항체검사를 행한 것에 대하여, 근로자의 프라이버시권을 침해하는 것으로 불법행위가 된다는 판례로는 千葉地裁 2000. 6. 12. 判決(勞判 785호 10면).

의 내용인 결핵예방법(2007년 폐지)에 따른 엑스선 검사가 교직원 개인의 보호뿐만 아니라 학교에서의 결핵방지도 목적으로 하고 있는 점을 근거로, 학교보건법 7조 1항, 노동안전위생법 66조 5항 상의 검사를 받을 의무를 인정하고, 학교장이 그 진료를 직무상 명령으로 발령할 수 있다고 판단한 재판례가 있다.[157)]

또한 사용자가 경견완증후군의 장기 환자인 근로자에 대하여 취업규칙, 단체협약의 규정에 근거하여 사용자가 지정하는 병원에서의 정밀검진을 명하였을 때 근로자가 이를 거부한 사안에서, 정밀검진이 근로자의 질병치료라는 목적에 비추어 합리적이고 상당한 내용의 것이라면, 근로자로서는 검진을 받을 자유와 의사선택의 자유를 이유로 검진을 거부하는 것은 허용되지 않는다고 판단한 재판례도 있다.[158)]

(6) 건강진단기관 등의 결과보고 의무

건강진단기관은 129조부터 131조까지의 규정에 따른 건강진단을 실시한 때에는 시행규칙 209조로 정하는 바에 따라 그 결과를 근로자 및 사업주에게 통보하고 고용노동부장관에게 보고하여야 한다(134조 1항). 129조 1항 단서에 따라 건강진단을 실시한 기관은 사업주가 근로자의 건강보호를 위하여 그 결과를 요청하는 경우 고용노동부령으로 정하는 바에 따라 그 결과를 사업주에게 통보하여야 한다(134조 2항).

(7) 특수건강진단기관

의료법 3조에 따른 의료기관이 특수건강진단, 배치전건강진단 또는 수시건강진단을 수행하려는 경우에는 고용노동부장관으로부터 건강진단을 할 수 있는 기관(이하 “특수건강진단기관”이라 한다)으로 지정받아야 한다(135조 1항). 특수건강진단기관으로 지정받으려는 자는 시행령 97조로 정하는 요건을 갖추어 고용노동부장관에게 신청하여야 한다(135조 2항). 고용노동부장관은 1항에 따른 특수건강진단기관의 진단·분석 결과에 대한 정확성과 정밀도를 확보하기 위하여 특수건강진단기관의 진단·분석능력을 확인하고, 특수건강진단기관을 지도하거나 교육할 수 있다. 이 경우 진단·분석능력의 확인, 특수건강진단기관에 대한 지도 및 교육의 방법, 절차, 그 밖에 필요한 사항은 고용노동부장관이 정하여 고시한다(135조 3항).

157) 最高裁 2001. 4. 26. 判決(勞判 804호 15면).
158) 最高裁 1986. 3. 13. 判決(勞判 470호 6면).

고용노동부장관은 특수건강진단기관을 평가하고 그 결과(3항에 따른 진단·분석능력의 확인 결과를 포함한다)를 공개할 수 있다. 이 경우 평가 기준·방법 및 결과의 공개, 그 밖에 필요한 사항은 시행규칙 212조로 정한다(135조 4항). 특수건강진단기관의 지정 신청 절차, 업무 수행에 관한 사항, 업무를 수행할 수 있는 지역, 그 밖에 필요한 사항은 고용노동부령으로 정한다(135조 5항). 특수건강진단기관에 관하여는 21조 4항 및 5항을 준용한다.[159] 이 경우 "안전관리전문기관 또는 보건관리전문기관"은 "특수건강진단기관"으로 본다(135조 6항).

### (8) 유해인자별 특수건강진단 전문연구기관의 지정

고용노동부장관은 작업장의 유해인자에 관한 전문연구를 촉진하기 위하여 유해인자별 특수건강진단 전문연구기관을 지정하여 예산의 범위에서 필요한 지원을 할 수 있다(136조 1항). 1항에 따른 유해인자별 특수건강진단 전문연구기관의 지정 기준 및 절차, 그 밖에 필요한 사항은 고용노동부장관이 정하여 고시한다(136조 2항).

### (9) 건강관리카드

고용노동부장관은 시행규칙 214조, 별표 25로 정하는 건강장해가 발생할 우려가 있는 업무에 종사하였거나 종사하고 있는 사람 중 고용노동부령으로 정하는 요건을 갖춘 사람의 직업병 조기발견 및 지속적인 건강관리를 위하여 건

159) 구 산안법 43조 9항, 15조의2 1항은 건강진단기관이 다음 각 호의 1에 해당하는 때에는 그 지정을 취소하거나 6월 이내의 기간을 정하여 그 업무의 정지를 명할 수 있다고 하면서, 4호로 '기타 대통령령이 정하는 사유에 해당하는 때'를 규정하고 있다. 산안법은 근로자의 안전과 보건을 유지·증진함을 목적으로 하고 있는바, 산업사회의 발전에 따라 산업안전·보건에 관한 기준도 달라질 수 있고 이에 대한 적절한 대처가 필요하지만 국회의 기술적·전문적 능력이나 시간적 적응 능력에는 한계가 있어 세부적인 사항을 법률에서 구체적으로 규정하는 데 입법기술상 어려움이 있고, 특히 이 사건에서와 같이 특수건강진단기관의 지정취소·정지 사유는 작업장에서 위험에 노출되는 근로자를 대상으로 한 특수건강진단의 대상, 검사항목, 주기 및 실시방법 등의 이행을 확보하기 위한 것으로 그 세부적인 내용을 법률에서 구체적으로 정하기 어려우므로 그 하위법령에 위임할 필요성이 인정된다. 또한, 구 법 15조의2가 지정취소 및 업무정지사유로 1호 내지 3호를 열거하고 있어 4호는 이에 준하는 사항이 될 것이고, 특수건강진단기관을 둔 제도의 취지를 고려하면 특수건강진단기관이 더 이상 당해 지정 목적을 수행할 수 없게 되었다거나 또는 그 지정 목적에 부합하지 않는 행위 등을 하였을 때 등이 지정취소 내지 업무정지의 사유로 정하여질 수 있음은 어렵지 않게 예측할 수 있는데, 이 조항의 수범자가 법의 목적이나 특수건강진단 관련 규정들을 이해할 수 있는 전문적인 능력이 있는 특수건강진단기관이라는 점에서 예측가능성은 더욱 크다. 결국, 이 사건 처분의 근거가 된 법률조항은 그 위임의 필요성이 인정되고 대통령령에 정해질 내용에 관하여 그 대강을 충분히 예측할 수 있으므로 위임입법의 한계를 벗어나는 등 헌법에 위반된다고 할 수 없다(대법원 2009. 7. 9. 선고 2007두15391 판결).

강관리카드를 발급하여야 한다(137조 1항). 건강관리카드를 발급받은 사람이 산재법 41조에 따라 요양급여를 신청하는 경우에는 건강관리카드를 제출함으로써 해당 재해에 관한 의학적 소견을 적은 서류의 제출을 대신할 수 있다(137조 2항). 건강관리카드를 발급받은 사람은 그 건강관리카드를 타인에게 양도하거나 대여해서는 아니 된다(137조 3항). 건강관리카드를 발급받은 사람 중 1항에 따라 건강관리카드를 발급받은 업무에 종사하지 아니하는 사람은 고용노동부령으로 정하는 바에 따라 특수건강진단에 준하는 건강진단을 받을 수 있다(137조 4항). 건강관리카드의 서식, 발급 절차, 그 밖에 필요한 사항은 고용노동부령으로 정한다.(137조 5항).

(10) 질병자의 근로 금지 · 제한

사업주는 감염병, 정신질환 또는 근로로 인하여 병세가 크게 악화될 우려가 있는 질병으로서 시행규칙 220조로 정하는 질병에 걸린 사람에게는 의료법 2조에 따른 의사의 진단에 따라 근로를 금지하거나 제한하여야 한다(138조 1항). 사업주는 1항에 따라 근로가 금지되거나 제한된 근로자가 건강을 회복하였을 때에는 지체 없이 근로를 할 수 있도록 하여야 한다(138조 2항).

(11) 유해 · 위험작업에 대한 근로시간 제한 등

사업주는 유해하거나 위험한 작업으로서 잠함(潛函) 또는 잠수 작업 등 높은 기압에서 하는 작업에 종사하는 근로자에게는 1일 6시간, 1주 34시간을 초과하여 근로하게 해서는 아니 된다(139조 1항, 시행령 99조 1항) 사업주는 시행령 99조 3항으로 정하는 유해하거나 위험한 작업에 종사하는 근로자에게 필요한 안전조치 및 보건조치 외에 작업과 휴식의 적정한 배분 및 근로시간과 관련된 근로조건의 개선을 통하여 근로자의 건강 보호를 위한 조치를 하여야 한다(139조 2항).

(12) 자격 등에 의한 취업 제한 등

사업주는 유해하거나 위험한 작업으로서 상당한 지식이나 숙련도가 요구되는 고용노동부령으로 정하는 작업의 경우 그 작업에 필요한 자격 · 면허 · 경험 또는 기능을 가진 근로자가 아닌 사람에게 그 작업을 하게 해서는 아니 된다(140조 1항). 고용노동부장관은 1항에 따른 자격 · 면허의 취득 또는 근로자의 기능 습득을 위하여 교육기관을 지정할 수 있다(140조 2항). 1항에 따른 자격 · 면허 · 경험 · 기능, 2항에 따른 교육기관의 지정 요건 및 지정 절차, 그 밖에 필요한 사항은 고용노동부령으로 정한다(140조 3항). 2항에 따른 교육기관에 관하여는 21조 4항 및 5항을 준용한다. 이 경우 “안전관리전문기관 또는 보건관리전문기관”은 “2항에 따른 교육기관”으로 본다(140조 4항).

#### (13) 역학조사

고용노동부장관은 직업성 질환의 진단 및 예방, 발생 원인의 규명을 위하여 필요하다고 인정할 때에는 근로자의 질환과 작업장의 유해요인의 상관관계에 관한 역학조사(이하 “역학조사”라 한다)를 할 수 있다. 이 경우 사업주 또는 근로자대표, 그 밖에 고용노동부령으로 정하는 사람이 요구할 때 시행규칙 223조로 정하는 바에 따라 역학조사에 참석하게 할 수 있다(141조 1항). 사업주 및 근로자는 고용노동부장관이 역학조사를 실시하는 경우 적극 협조하여야 하며, 정당한 사유 없이 역학조사를 거부·방해하거나 기피해서는 아니 된다(141조 2항). 누구든지 1항 후단에 따라 역학조사 참석이 허용된 사람의 역학조사 참석을 거부하거나 방해해서는 아니 된다(141조 3항). 1항 후단에 따라 역학조사에 참석하는 사람은 역학조사 참석과정에서 알게 된 비밀을 누설하거나 도용해서는 아니 된다(141조 4항). 고용노동부장관은 역학조사를 위하여 필요하면 129조부터 131조까지의 규정에 따른 근로자의 건강진단 결과, 국민건강보험법에 따른 요양급여기록 및 건강검진 결과, 고용보험법에 따른 고용정보, 암관리법에 따른 질병정보 및 사망원인 정보 등을 관련 기관에 요청할 수 있다. 이 경우 자료의 제출을 요청받은 기관은 특별한 사유가 없으면 이에 따라야 한다(141조 5항). 역학조사의 방법·대상·절차, 그 밖에 필요한 사항은 고용노동부령으로 정한다(141조 6항).

### 10. 산업안전지도사 및 산업위생지도사

9장(142~154조)에서는 산업안전지도사 및 산업위생지도사라는 표제 하에, 산업안전지도사 등의 직무(142조), 지도사의 자격 및 시험(143조), 부정행위자에 대한 제재(144조), 지도사의 등록(145조), 지도사의 교육(146조), 지도사에 대한 지도 등(147조), 손해배상의 책임(148조), 유사명칭의 사용 금지(149조), 품위유지와 성실의무 등(150조), 금지 행위(151조), 관계 장부 등의 열람 신청(152조), 자격대여행위 등의 금지(153조), 등록의 취소 등(154조)에 관하여 규정하고 있다.

## 11. 근로감독관 등

10장(155~157조)에서는 근로감독관의 권한(155조), 공단 소속 직원의 검사 및 지도 등(156조), 감독기관에 대한 신고(157조) 등에 관하여 규정하고 있다. 사업장에서 이 법 또는 이 법에 따른 명령을 위반한 사실이 있으면 근로자는 그 사실을 고용노동부장관 또는 근로감독관에게 신고할 수 있다(157조 1항). 사업주는 1항에 따른 신고를 이유로 해당 근로자에 대하여 해고나 그 밖의 불리한 처우를 해서는 아니 된다(157조 3항).

## 12. 보　　칙

11장 보칙(158~166조)에서는 산업재해 예방활동의 보조·지원(158조), 영업정지의 요청 등(159조), 업무정지 처분을 대신하여 부과하는 과징금 처분(160조), 도급금지 등 의무위반에 따른 과징금 부과(161조), 비밀 유지(162조), 청문 및 처분기준(163조), 서류의 보존(164조), 권한 등의 위임·위탁(165조), 수수료 등(166조)에 관하여 규정하고 있다.

## 13. 벌　　칙

### 가. 형벌 규정

#### (1) 구성요건

산안법 167~172조에서는 산안법 위반에 대한 형벌의 구성요건에 관하여 규정하고 있다. 구법 하의 구성요건과 관련된 판례를 살펴보면 다음과 같다.

구 법 66조의2, 23조 3항 위반죄나 구 법 67조 1호, 23조 1항 위반죄는, 사업주가 자신이 운영하는 사업장에서 구 법 23조 1항·3항으로 정한 안전상의 위험성이 있는 작업과 관련하여 산업안전기준에 관한 규칙으로 정한 안전조치를 하지 않은 채 작업을 지시하거나, 그와 같은 안전조치가 되지 않은 상태에서 위 작업이 이루어진다는 사실을 알면서도 이를 방치하는 등 그 위반 행위가 사업주에 의하여 이루어졌다고 인정되는 경우에 한하여 성립한다. 단지 위 규칙에서 정한 안전조치 외의 다른 가능한 안전조치가 되지 않은 상태에서 위험성이 있는 작업이 이루어졌다는 사실 또는 사업주의 사업장에서 위와 같은 위험성이 있는 작업이 필요한 안전조치가 되지 않고 이루어졌다는 사실만으로 위 죄가

성립하지는 않는다.[160)]

또한, 구 법이 68조 1호, 71조(양벌규정)에서 구 법 29조 2항을 위반한 행위를 처벌하는 것은 산업재해의 결과 발생에 대한 책임을 물으려는 것이 아니라 사업주 등이 구 법 29조 2항 등에 정한 필요한 조치를 이행하지 아니한 것에 대한 책임을 물으려는 것이므로, 사업주 등이 관계 법령상의 필요한 조치를 이행하지 아니하였다면 그 자체로 구 법 67조 1호, 71조 위반죄가 성립한다.[161)]

#### (2) 산안법위반죄와 업무상 과실치사상죄의 관계

도로공사의 현장소장은 지반의 붕괴 등에 의하여 근로자에게 위험을 미칠 우려가 있는 때에는 그 위험을 방지하기 위하여 지반을 안전한 경사로 하고 낙하의 위험이 있는 토석을 제거하거나 옹벽 및 흙막이 지보공 등을 설치하여야 함에도, 이러한 위험방지조치를 취하지 아니함으로써 구 법 23조 3항의 규정에 위반하였다는 범죄사실과 위와 같은 위험을 방지하기 위하여 필요한 조치를 취하지 아니한 업무상 과실로 인하여 위 근로자를 사망에 이르게 하였다는 범죄사실에서, 위의 산안법상의 위험방지조치의무와 업무상 주의의무가 일치하고 이는 1개의 행위가 업무상 과실치사죄와 산안법위반죄의 2개의 죄에 해당하는 경우이다(상상적 경합관계).[162)]

#### (3) 양벌규정

##### ㈎ 개정 전 규정

2002. 12. 30. 개정 전의 산안법 70조 1호, 13조 1항, 68조 1호, 43조 1항, 70조 1호, 31조 1항, 구 법 67조 1호, 23조 1항, 70조, 42조 1항에 각각 정하여진 벌칙 규정의 적용 대상은 사업자임이 규정 자체에 의하여 명백하나, 한편 구 법 71조는 법인의 대표자 또는 법인이나 개인의 대리인, 사용인(관리감독자를 포함한다), 그 밖에 종업원이 그 법인 또는 개인의 업무에 관하여 구 법 67조 내지 70조의 위반 행위를 한 때에는 그 행위자를 벌하는 외에 그 법인 또는 개인에 대

---

160) 대법원 2007. 3. 29. 선고 2006도8874 판결(사업주가 자리를 비운 사이에 자동차정비공장의 공장장이 연료탱크의 용접작업을 임의로 의뢰받아 필요한 안전조치를 취하지 아니한 채 실시한 사안에서, 사업주에게 산안법 23조 1항에 규정된 안전상 조치의무를 다하지 아니한 책임을 물을 수 없다고 한 사례), 대법원 2008. 9. 25. 선고 2008도5707 판결, 대법원 2009. 5. 28. 선고 2008도7030 판결.

161) 대법원 2007. 11. 29. 선고 2006도7733 판결, 대법원 2008. 8. 11. 선고 2007도7987 판결.

162) 대법원 1991. 12. 10. 선고 91도2642 판결. 업무상 과실치상죄와 산안법위반죄가 상상적 경합관계에 있다는 취지의 판례로는 대법원 2001. 8. 21. 선고 2001도937 판결.

하여도 각 본조의 벌칙 규정을 적용하도록 양벌규정을 두고 있고, 이 규정의 취지는 각 본조의 위반 행위를 사업자인 법인이나 개인이 직접 하지 아니하는 경우에는 그 행위자나 사업자 쌍방을 모두 처벌하려는 데에 있으므로, 이 양벌규정에 의하여 사업자가 아닌 행위자도 사업자에 대한 각 본조의 벌칙 규정의 적용 대상이 된다.[163)]

#### ㈏ 헌법재판소의 위헌 결정

헌법재판소는 일련의 형사사건에서 양벌규정이 자기책임의 원칙에 어긋난다는 이유로 위헌결정을 하였다. 산안법상 양벌규정에 관하여도 헌법재판소는, "청구인(법인이 대표자 등)들에 의하여 선임된 공사현장소장이 안전조치의무를 위반하여 피해자를 사망에 이르게 하여 구 법 66조의2의 책임을 진다는 사정만으로 청구인들에게 그에 관한 감독상의 과실이 있다고 단정하기 어려움에도, 피청구인은 청구인들에게 감독상의 과실이 인정되는지 여부에 관하여 철저한 수사를 하지 않은 채 청구인들에 대하여 구 법 71조의 양벌규정에 의한 책임을 물어 기소유예처분을 함으로써 청구인들의 평등권과 행복추구권을 침해하였다"고 판시하였다.[164)]

#### ㈐ 양벌규정의 변경

이에 따라 대법원도 "형벌의 자기책임원칙에 비추어 보면, 위반행위가 발생한 그 업무와 관련하여 법인이 상당한 주의 또는 관리감독 의무를 게을리한 때에 한하여 구 산업안전보건법(2007. 5. 17. 법률 8475호로 개정되기 전의 것) 71조의 양벌규정이 적용된다고 보아야 하며, 구체적인 사안에서 법인이 상당한 주의 또는 관리감독 의무를 게을리하였는지 여부는 당해 위반행위와 관련된 모든 사정 즉, 당해 법률의 입법 취지, 처벌조항 위반으로 예상되는 법익 침해의 정도, 그 위반행위에 관하여 양벌규정을 마련한 취지 등은 물론 위반행위의 구체적인 모습과 그로 인하여 실제 야기된 피해 또는 결과의 정도, 법인의 영업 규모 및 행위자에 대한 감독가능성 또는 구체적인 지휘감독 관계, 법인이 위반행위 방지를 위하여 실제 행한 조치 등을 전체적으로 종합하여 판단하여야 한다"고 판시하였다.[165)]

---

163) 대법원 1995. 5. 26. 선고 95도230 판결, 대법원 2004. 5. 14. 선고 2004도74 판결.
164) 헌재 2013. 7. 25. 선고 2012헌마343 결정.
165) 대법원 2010. 9. 9. 선고 2008도7834 판결, 대법원 2016. 11. 9. 선고 2015도18127 판결.

위와 같은 결정 및 판례 취지에 따라 개정법 173조는 "법인의 대표자나 법인 또는 개인의 대리인, 사용인, 그 밖의 종업원이 그 법인 또는 개인의 업무에 관하여 167조 1항 또는 168조부터 172조까지의 어느 하나에 해당하는 위반행위를 하면 그 행위자를 벌하는 외에 그 법인에게 (i) 167조 1항의 경우: 10억 원 이하의 벌금, (ii) 168조부터 172조까지의 경우: 해당 조문의 벌금형의 구분에 따른 벌금형을, 그 개인에게는 해당 조문의 벌금형을 과(科)한다. 다만, 법인 또는 개인이 그 위반행위를 방지하기 위하여 해당 업무에 관하여 상당한 주의와 감독을 게을리하지 아니한 경우에는 그러하지 아니하다"라고 규정하게 되었다.

#### (4) 수강명령

법원은 38조 1항부터 3항까지, 39조 1항 또는 63조를 위반하여 근로자를 사망에 이르게 한 사람에게 유죄의 판결(선고유예는 제외한다)을 선고하거나 약식명령을 고지하는 경우에는 200시간의 범위에서 산업재해 예방에 필요한 수강명령을 병과(併科)할 수 있다. 다만, 수강명령을 부과할 수 없는 특별한 사정이 있는 경우에는 그러하지 아니하다(174조 1항). 1항에 따른 수강명령은 형의 집행을 유예할 경우에는 그 집행유예기간 내에, 벌금형을 선고하거나 약식명령을 고지할 경우에는 형 확정일부터 6개월 이내에, 징역형 이상의 실형(實刑)을 선고할 경우에는 형기 내에 각각 집행한다(174조 2항). 1항에 따른 수강명령이 벌금형 또는 형의 집행유예와 병과된 경우에는 보호관찰소의 장이 집행하고, 징역형 이상의 실형과 병과된 경우에는 교정시설의 장이 집행한다(174조 3항). 1항에 따른 수강명령은 (i) 안전 및 보건에 관한 교육, (ii) 그 밖에 산업재해 예방을 위하여 필요한 사항의 내용으로 한다(174조 4항). 수강명령에 관하여 이 법에서 규정한 사항 외의 사항에 대해서는 「보호관찰 등에 관한 법률」을 준용한다(174조 5항).

### 나. 과 태 료

과태료의 구성요건은 산안법 175조에서 규정하고 있다. 과태료는 대통령령으로 정하는 바에 따라 고용노동부장관이 부과 · 징수한다(175조 7항). 과태료에 관하여는 질서위반행위규제법이 적용된다.

[권 창 영]

제 6 장의2

# 직장 내 괴롭힘의 금지

# 제 6 장의2 직장 내 괴롭힘의 금지

제76조의2(직장 내 괴롭힘의 금지)

사용자 또는 근로자는 직장에서의 지위 또는 관계 등의 우위를 이용하여 업무상 적정범위를 넘어 다른 근로자에게 신체적·정신적 고통을 주거나 근무환경을 악화시키는 행위(이하 "직장 내 괴롭힘"이라 한다)를 하여서는 아니 된다.

〈세 목 차〉



[참고문헌]


**강성태**, "내부고발자에 대한 '직장 내 괴롭힘'과 손해배상책임", 노동법학 35호, 한국노동법학회(2010); **고용노동부**, 직장 내 괴롭힘 판단 및 예방·대응 매뉴얼(2019); **공익재단법인 21세기직업재단**, 직장 내 괴롭힘에 대한 일본 판례 모음, 노동인권법 비교연구모임 외 엮음(김도형·김진·김진국 감수), 희망을 만드는 법(2016); **관계부처 합동**, 직장 등에서의 괴롭힘 근절대책(2018); **권오성**, "'직장 내 괴롭힘' 관련 개정법(안)에 대한 평가와 향후의 과제", 노동법포럼 25호, 노동법이론실무학회(2018); **김희성**, "독일법상 '직장 내 괴롭힘(MOBBING)과 적대행위(BULLYING)'에 관한 연구", 경영법률 22권 2호, 한국경영법률학회(2012); **노상헌**, "일본의 직장 내 괴롭힘에 대한 법적 쟁점", 노동법논총 26호,

한국비교노동법학회(2012); 박제성, "직장 내 괴롭힘", 국제노동브리프 12권 9호, 한국노동연구원(2014); 방강수, 감정노동자의 법적 보호, 한양대학교 대학원 박사학위논문(2019); 서유정 · 이지은, 국내 직장 괴롭힘의 실태 분석 및 대응방안 연구, 한국직업능력개별원(2016); 서유정 · 박윤희, "국내외 직장 괴롭힘 관련 법령 및 정책 분석 — 우리나라 직장 괴롭힘 대응에 대한 시사점", 비서 · 사무경영연구 26권 1호, 한국비서학회(2017); 신권철, "직장 내 괴롭힘의 법적 개념과 요건", 노동법학 69호, 한국노동법학회(2019); 심재진a, "영국에서의 직장 내 괴롭힘 규제", 노동법논총 25집, 한국비교노동법학회(2012); 심재진b, "직장 내 괴롭힘에 대한 구제의 확대방안 소고", 노동법학 68호, 한국노동법학회(2018); 양승엽, "직장 괴롭힘 방지 입법에 대한 프랑스 법제의 시사점 — 노동의 지속가능성을 위해", 성균관법학 29권 3호, 성균관대학교 법학연구소(2017); 오상호, "노동법에 있어서 독일의 모빙", 법학논고 37호, 경북대학교 법학연구원(2011); 이수연, "직장 괴롭힘 입법안의 쟁점과 과제", 사회법연구 34호, 한국사회법학회(2018); 장다혜, "한국사회에서 직장 괴롭힘의 법적 개념 구성과 분쟁해결절차에 대한 고찰", 아세아여성법학 21호, 아세아여성법학회(2018); 장다혜 · 조성현 · 나진녀, 공동체 규범 및 분쟁해결절차와 회복적 사법의 실현방안 (Ⅱ): 직장 괴롭힘을 중심으로, 한국형사정책연구원(2017); 조상욱 · 송연창, "직장 내 괴롭힘에 관한 주요 실무문제에 대한 소고 — 회사의 가학적 인사관리 및 상급자에 의한 개인적 괴롭힘을 중심으로", 법학평론 7호, 서울대학교 법학평론 편집위원회(2017); 조임영, "직장 내 괴롭힘과 프랑스 노동법", 노동법논총 25호, 한국비교노동법학회(2012); ILO, Ending violence and harassment against women and men in the world of work, International Labour Office(2018).

## Ⅰ. 직장 내 괴롭힘 금지법의 의의

### 1. 개 관

근로관계는 인적 신뢰관계를 기초로 한 계속적 권리의무관계여서 근로자가 신의칙상 성실하게 노무를 제공할 의무를 부담함에 대하여, 사용자로서는 근로자에 대한 보수지급의무 외에도 근로자의 인격을 존중하고 보호하며 근로자가 그 의무를 이행할 때 피해를 받지 아니하도록 필요한 조치를 강구하고 근로자의 생명 · 건강 · 풍기 등에 관한 보호시설을 하는 등 쾌적한 근로환경을 제공함으로써 근로자를 보호하고 부조할 의무를 부담한다.[1]

위와 같은 의무에도 불구하고 2017년 이후 간호사의 태움, 직장 내 갑질

1) 대법원 1998. 2. 10. 선고 95다39533 판결.

문화 등 직장 내 괴롭힘이 커다란 사회문제가 되어 정부가 관계부처 합동으로 2018년 7월 직장 등에서의 괴롭힘 근절대책을 마련하고,[2] 2019년 1월에는 근기법, 산안법, 산재법을 개정하여 직장 내 괴롭힘의 금지와 그 구제, 예방 및 산재 인정을 입법화하여 직장 내 괴롭힘을 금지하는 개정 근기법 규정이 2019년 7월 16일부터 시행되었다.

직장 내에서 발생하는 신체적·정신적·언어적 폭력은 당사자에 대한 직접적인 피해를 준다는 점에서뿐만 아니라 당사자와 그가 속한 공동체의 일상적 생활과 사회적 관계에 영향을 미친다는 점에서 주목받고 있다.[3] 일본에서는 직장 내 괴롭힘에 대한 법적 다툼이 증가하고 사회적으로 문제가 된 원인으로, 인원정리 및 삭감에 따른 업무량 증가(과도한 시간외 근로와 과중한 근로), 업무결과(성과평가)에 따른 임금 반영 등 직장 내의 스트레스 증가, 불경기에 따른 근로조건의 저하와 고용형태의 다양화, 회사 내 의사소통의 부족 등이 지적된다.[4] 아울러 직장 내 괴롭힘이라는 노동인격의 모독이 증가하는 것은 사업장 내 집단적 정체성의 붕괴, 근로자 개인책임의 강화와 같은 노동규범의 약화를 반영하는 것이기도 하다.[5]

종전에는 직장 내 괴롭힘으로 볼 수 있는 폭력과 성희롱 등 특정한 범죄적 행위에 대하여 직접적인 제재규정을 두었는데,[6] 이러한 체계는 다양한 양상의 괴롭힘을 포섭하지 못하고, 직장 내 괴롭힘을 예방·감독하는 데 한계가 있었다.[7] 구체적으로 근로관계에서 직장 내 괴롭힘에 대한 법적 규율의 한계를 보면 i) 근로관계 존속 중의 근로자가 사용자나 상급자를 상대로 괴롭힘 문제를 제기할 경우 그로 인해 불이익을 당할 위험이 상존하고, ii) 정신적 괴롭힘의 경우 그 가해사실이나 피해사실을 증명함에 어려움이 있고, iii) 괴롭힘이 사용자의 권한행사의 외관을 띠고 있고, 근로자 또한 의무로서 노무를 제공해야 해서 불법행위를 인정받기 어렵고, iv) 불법행위나 범죄로 인정되어 가해자에게 법적 책임이 부과되더라도 피해근로자의 피해는 사실상 회복되지 않는 점 등으

2) 관계부처 합동, 6~13면.
3) 장다혜, 14면.
4) 심재진b, 27~28면.
5) 박제성, 2면.
6) 상해(형법 257조), 폭행(형법 260조, 근기법 8조), 협박(형법 283조), 명예훼손(형법 307조), 모욕(형법 311조), 강요(형법 324조) 등.
7) 고용노동부, 1~2면.

로 인해 직장 내 괴롭힘에 대한 사법적 구제가 가진 한계가 지적되었다.[8)]

## 2. 직장 내 괴롭힘의 규율방법

위에서 본 바와 같이 직장 내 괴롭힘을 그 가해자에 대해 손해배상이나 형벌로 처벌하는 것만으로는 한계가 있다. 이에 국제노동기구(ILO)는 2018년 일터에서의 폭력과 괴롭힘 종식을 위한 보고서에서 폭력과 괴롭힘의 개념을 새롭게 구성하고, 일터 괴롭힘에 대한 모니터링과 분쟁해결절차와 기구의 신설, 피해자 · 신고자 · 증인 등의 보호, 가해자에 대한 제재조치와 피해자에 대한 회복조치, 교육 · 인식개선 · 가이드라인 · 국제기준 등을 제안하였다.[9)]

이후 국제노동기구는 2019. 6. 21. 제108차 국제노동기구 총회에서 '일터에서의 폭력과 괴롭힘 종식을 위한 협약(Convention concerning the elimination of violence and harassment in the world of work. 이하 '일터 괴롭힘 협약'이라 한다)'과 권고(Recommendation), 결의(Resolution)를 동시에 채택하여 각 국가가 일터 괴롭힘에 참고할 만한 기준들을 제시하였다.

직장 내 괴롭힘을 규율하는 방식은 각 국가마다 다양한데,[10)] 일본이나 독일의 경우는 별도의 법령 제정 없이 판례에 의한 민사상 손해배상책임이나 괴롭힘 행위의 중지청구 또는 괴롭힘 행위로 인한 산재인정 등으로 해결한다.[11)][12)] 일본의 경우는 2013년 후생노동성을 중심으로 전문가 원탁회의를 거쳐 직장 내 괴롭힘(파워 하라스먼트)에 대한 인식 개선, 예방 및 홍보, 상담 및 행정지도 등을 통해 직장 내 괴롭힘 문제에 대응하고 있다. 이러한 소프트한 예방정책과 달리 프랑스의 경우에는 2002년 사회현대화법률을 입법해 노동법전에 포함시켜 직장 내에서의 정신적 괴롭힘의 금지와 그에 대한 다양한 구제조치(종업원대표 또는 대표노동조합의 이의제기나 소 제기, 법원의 중지명령, 벌금부과 및 징계 · 해고 · 차별조치의 무효 등)를 마련해 두고 있다.[13)]

한국에서 2018년까지 직장 내 괴롭힘을 입법하는 형식과 관련하여 '직장 내 괴롭힘 금지법'이라는 단일 법률로 만드는 방식이 제안되기도 하였고, 산업

8) 신권철, 3면.
9) ILO, 1면 이하.
10) 해외의 직장 괴롭힘 예방 법령을 유형화하여 구분한 논문으로는 서유정 · 박윤희, 188~194면.
11) 노상헌, 134~148면.
12) 일본의 직장 내 괴롭힘에 대한 판례 개황은 공익재단법인 21세기직업재단, 17~24면.
13) 양승엽 126~132면; 조임영, 3면.

안전, 산업재해, 근로기준에 관한 개별 노동법률에 직장 내 괴롭힘과 관련된 규정을 추가하는 방식으로 개정안이 제안되기도 하였다.[14] 단일 법률안은 직장 내 괴롭힘 예방과 금지 등을 단일한 체계 내에 담아 보다 다양한 내용(예방교육, 입증책임, 행정기관과 심판기관의 개입, 비밀유지의무 부과, 실태조사 및 기본계획 수립, 형사처벌과 과태료 부과 등)을 담을 수 있었으나[15] 최종적으로는 근기법 · 산재법 · 산안법을 개정하는 방식이 채택되어 위와 같은 내용들은 담기지 못하게 되었다. 그리하여 한국의 직장 내 괴롭힘 금지법은 i) 산안법을 통하여 정부의 책무로서 사전 예방을 위한 조치기준을 마련하고, ii) 산재법을 통하여 사후적으로 산재급여가 지급될 수 있도록 하고, iii) 근기법을 통하여 금지와 사업(장) 내부의 구제절차를 마련하고 있다.

### 3. 직장 내 괴롭힘 규율의 법적 의의

국제노동기구의 일터 괴롭힘 협약에서는 일터 괴롭힘은 인권침해와 학대이며, 평등한 기회를 위협하고, 노동 존중(decent work)과는 양립할 수 없고, 용납되어서는 안 되는 것임을 천명하고 있다. 아울러 일터 괴롭힘을 막기 위해서는 상호 존중과 인간존엄을 바탕으로 한 일문화(work culture)가 중요함을 강조하고 있다.

직장 내 괴롭힘 방지법이 규율하는 대상은 사업(장) 내 사용자와 근로자들 사이의 말과 행동이다. 그것을 위법성을 가진 사실행위로서 포착하고, 그것의 법적 효과로서 피해자에게는 그 회복조치를, 가해자에게는 제재조치를 사용자가 행하도록 하여 사업(장) 내에서의 교정적 정의를 시행한다. 지금까지의 노동법은 주로 근로자의 법적 지위를 변동시키는 인사처분이나 징계처분의 정당성을 심사하여 유 · 무효를 판단하고, 민사상 불법행위나 형사상 범죄행위 여부만을 기준으로 가해자에게 제재를 해 왔다. 그러나 직장 내 괴롭힘은 상대방에 대한 인격적 침해를 가져오는 언행(사실행위)이 괴롭힘이라는 별도의 판단기준에 의해 평가된다. 이 괴롭힘은 모든 사업(장) 내에서 일률적인 판단기준을 적용할 수 있는 것이 아니라 각 사업(장)마다 가지고 있는 개별적인 관행과 업무나 직종의

---

14) 직장 내 괴롭힘 금지법안들에 대한 평가로는 권오성, 96~104면 이수연, 61~72면.

15) 이정미 의원이 2018. 3. 2. 대표 발의한 '직장 내 괴롭힘 예방 및 피해근로자 보호에 관한 법률안' 및 강병원 의원이 2018. 4. 27. 대표 발의한 '직장 내 괴롭힘 방지 및 피해근로자 보호 등에 관한 법률안'이 단일 법률에 의한 형식을 취하고 있으며 위와 같은 내용들을 담고 있었다.

성격 등을 고려할 수밖에 없다.

괴롭힘 구제절차를 보면, 사용자에게 사업(장) 내의 분쟁해결기관으로서 신고접수부터 조사, 피해자에 대한 회복조치, 가해자에 대한 제재조치를 할 의무가 부과되어 있다. 사용자에게 단순히 근로자에 대한 추상적인 보호의무를 부과하고 있는 것이 아니라 실제 피해근로자의 의견을 청취하여 회복조치나 제재조치에 반영하여야 할 의무를 부과하고 있는데, 이는 다른 측면에서 보면 피해근로자에게 사업장 내에서 자신의 피해와 그에 대한 의견을 드러낼 수 있는 이른바 '말하여질 권리(right to be heard)'가 부여되는 것이기도 하다.

### 4. 직장 내 괴롭힘 규율의 기능과 한계

법 6장의2의 내용으로 된 '직장 내 괴롭힘의 금지'는 근로계약에서 유래하는 사용자의 안전배려의무에 기반하는 것이기도 하지만 그 금지의무의 주체가 사용자 외에 근로자도 규정되어 있어 사업(장) 내 근로자 상호간의 인격적 존중의무도 전제로 하고 있다. 직장 내 괴롭힘 금지가 보호하는 것은 단순히 근로자의 신체와 정신만이 아니라 거기에 통합되어 있는 노동인격과 인간존엄의 보장이라 할 수 있다.

직장 내 괴롭힘이 근기법에서 새롭게 규율되는지 여부와 관계없이 직장 내 괴롭힘에 의한 민사상 손해배상책임은 계약책임이나 불법행위책임으로 인정되어 왔다. 직장 내 괴롭힘 행위는 법에 의해 금지되는 위법행위여서 근로자들 사이에 괴롭힘 행위가 발생하지 않도록 사용자에게 관리·감독할 의무도 함께 부과한다.

근기법은 직장 내 괴롭힘의 구제방법을 외부의 공적 기관(행정감독기관인 고용노동부, 행정심판기관인 노동위원회, 사법기관인 법원)을 끌어들이지 않고, 사업(장) 내에서 사용자가 자체적으로 자신의 권한과 책임으로 처리하는 내부적 분쟁해결시스템을 채택하였다. 이러한 분쟁해결방식은 사용자의 인사권한과 징계권한을 바탕으로 신속하고, 유연하게 괴롭힘 문제를 해결할 수 있는 장점이 있으나 사용자가 괴롭힘 행위의 당사자가 되었을 때에는 공정한 처리를 기대하기 어렵고, 괴롭힘 분쟁의 해결을 위한 내부적 절차나 기구의 독립성이나 중립성이 담보되기 어려운 문제점이 있었다. 이러한 문제점을 해결하기 위해 2021년 일부 규정을 개정하여 사용자에게 객관적 조사의무를 부과하고(76조의3 2항), 사용자와 일정한 친족관계에 있는 자에 의한 괴롭힘의 경우에는 1,000만 원 이하의 과태료를 부과할 수 있도록 하여 사용자와 그 친족에 의한 직장 내 괴롭힘에 대해서는 과태료라는 별도의 제재수단을 마련하고 있다.

## Ⅱ. 직장 내 괴롭힘의 법적 개념

### 1. 직장 내 괴롭힘 개념

국제노동기구는 일터 괴롭힘(violence and harassment in the world of work)에 폭력과 괴롭힘을 함께 규정하고 있고, 그 개념을 '신체적, 정신적, 성적, 경제적 위해를 목적으로 하거나 그러한 위해로 귀결되거나 그럴 가능성이 있는 일과성 또는 반복되는 일련의 용납할 수 없는 행동, 관행 또는 위협'으로 정의하고 있다(일터 괴롭힘 협약 1조 1항 a). 또한 젠더에 기반한 폭력과 괴롭힘은 성적 괴롭힘(sexual harassment)을 포함해 성별과 젠더를 이유로 개인에게 가해지는 폭력과 괴롭힘 또는 특정 성이나 젠더를 가진 사람에게 편중되어 발생하는 폭력과 괴롭힘으로 정의하고 있다(같은 협약 1조 1항 b). 국제노동기구는 위 각 개념 정의 조항을 침해하지 않는다면 국내법령에서 단일화된 개념정의나 분리된 개념정의를 하는 것은 허용된다고 규정하고 있다(같은 협약 1조 2항). 이하에서 각 국의 직장 내 괴롭힘 개념 정의를 보면 다음과 같다.

프랑스의 경우에는 직장 괴롭힘을 정신적 괴롭힘이라는 제목으로 "자신의 권리들과 존엄을 침해하거나 신체적·정신적 건강을 훼손하거나 직업적 장래를 위태롭게 할 수 있는 근로조건의 훼손을 목적으로 하거나 그러한 결과를 초래하는 반복적인 정신적 괴롭힘 행위"로 정의하고 있고(프랑스 노동법전 L. 1152-1),[16] 영국이나 미국은 괴롭힘을 차별의 일종으로 보아 피해자에게 원치 않는 취급을 하는 행위 또는 일정한 차별 사유에 기반한 부적절한 행위로 이해하고 있다.[17] 호주는 2009년 공정근로법(Fair Work Act 2009)을 통하여 직장 내 괴롭힘을 '개인 또는 집단으로 일하는 근로자 또는 근로자 집단에 대해 반복하여 비합리적인 행위를 하고, 그 행위로 인해 안전과 보건에 위험을 초래하는 것'으로 정의하고, 합리적인 인사조치는 괴롭힘에서 제외하고 있다.[18]

16) 장다혜·조성현·나진녀, 53면.
17) 장다혜·조성현·나진녀, 53면.
18) Fair work Act 2009 Part 6-4B—workers bullied at work 789FD.

일본은 2012년 후생노동성이 직장에서의 괴롭힘(파워 하라스먼트)에 관해 "동일한 직장의 근로자에게 직무상의 지위와 인간관계 등 직장에서의 우위를 바탕으로 업무의 적정범위를 넘어 정신적·신체적으로 고통을 주거나 직장환경을 악화시키는 행위"로 정의하고 있다.[19]

근기법은 '직장 내 괴롭힘'을 "사용자 또는 근로자가 직장에서의 지위 또는 관계 등의 우위를 이용하여 업무상 적정범위를 넘어 다른 근로자에게 신체적·정신적 고통을 주거나 근무환경을 악화시키는 행위"로 정의하고 있다. 이는 일본의 파워 하라스먼트 개념과 거의 유사하다. 직장 내 괴롭힘의 개념요건을 분설하여 보면 다음과 같다.

① 주체: 사용자 또는 근로자

② 대상자: 다른 근로자

③ 지위 또는 관계의 우위성 활용: 직장에서의 지위나 관계 등에서의 우위성을 활용

④ 업무일탈: 업무의 적정범위를 넘어서는 행위

⑤ 인적·환경적 침해행위: 근로자 개인에게 신체적·정신적 고통을 주는 행위이거나 직장 내 근무환경을 악화시키는 행위

## 2. 직장 내 괴롭힘 유형

직장 내 괴롭힘은 그 개념 정의만으로는 쉽게 행위유형들을 포섭하기 어려워 각 국가나 지역, 연구자마다 괴롭힘의 유형을 나누어 세분화하는 경우가 많으며 각 유형별로 그 괴롭힘의 요건이나 목적이 구분되어야 하는 경우도 나타난다.

괴롭힘의 유형으로 i) 공격·모욕·비하행위, ii) 고립·차별행위, iii) 물리적 폭력행위, iv) 성적인 괴롭힘, v) 노동환경이나 근로자의 심리에 부정적·침해적 영향을 주는 행위 등과 같이 행위 자체의 형태에 따라 나누는 경우도 있고,[20] 괴롭힘 행위의 목적에 따라 프랑스의 국가인권자문위원회와 같이 i) 전

---

https://www.legislation.gov.au/Details/C2016C00785/Html/Volume_2#_Toc456083700(2019. 5. 30. 최종방문).

19) 일본 후생노동성의 아래 홈페이지 참조.
https://www.mhlw.go.jp/stf/houdou/2r98520000021i2v.html (2019. 5. 30. 최종방문).

체 근로자에 대한 경영전략적 성질을 가진 제도적 괴롭힘, ii) 법정 해고절차를 회피할 목적으로 특정인이나 여러 명의 근로자를 대상으로 기획되는 직업적 괴롭힘, iii) 타인을 파괴하거나 자신의 권력을 크게 보이려는 목적으로 하는 개인적 괴롭힘으로 유형화하기도 한다.[21)]

일본 후생노동성은 직장 내 괴롭힘(파워 하라스먼트)의 유형으로 i) 신체적인 공격(폭행 · 상해), ii) 정신적인 공격(협박 · 폭언 등), iii) 인간관계에서의 분리(격리 · 따돌림 · 무시), iv) 과대한 요구(업무상 명백히 불필요한 것이거나 수행 불가능한 것의 강제, 업무의 방해), v) 과소한 요구(업무상의 합리성 없이 능력이나 경험에서 동떨어진 정도의 낮은 업무를 명령하거나 일을 주지 않는 것), vi) 신상의 침해(사적인 것에 과도하게 간섭하는 것)로 구분하고 있다.[22)] 일본은 주로 개인적 괴롭힘에 초점을 맞추고 있어 경영전략이나 인사권한을 통한 제도적 · 구조적 괴롭힘[23)]까지 그 범주를 확장하지는 못하고 있다.

한국은 직장 내 괴롭힘 금지 외에 근기법상 근로자에 대한 폭행금지와 남녀고용평등법에 규정된 직장 내 성희롱 금지 규정도 있어 의 각 유형간의 관계와 법 적용을 어떻게 할지 문제된다. 근로자에 대한 폭행금지조항에 대해서는 형사처벌 규정만 적용되고 있으나 직장 내 괴롭힘 금지와 관련된 규정은 피해자 피해회복조치와 가해자 제재조치가 가능하도록 되어 있어 근로자에 대한 폭력의 경우에도 직장 내 괴롭힘 금지규정에 따른 구제절차들이 모두 적용된다고 볼 것이다.

직장 내 성희롱의 경우에는 남녀고용평등법에 증명책임과 과태료 등이 추가적으로 규정되어 있고, 직장 내 성희롱은 직장 내 괴롭힘의 한 유형으로 포섭될 수 있기는 하지만 법령을 통해 더 엄격한 보호를 하고 있어 남녀고용평등법의 직장 내 성희롱과 관련된 규정이 근기법의 직장 내 괴롭힘 규정에 관한 특별법으로 먼저 적용된다고 볼 것이다.[24)]

---

20) 장다혜 · 조성현 · 나진녀, 55~58면.

21) 조임영, 5면.

22) 아래의 일본후생노동성 홈페이지의 직장 괴롭힘에 관한 원탁회의 워킹그룹 보고 참조. https://www.mhlw.go.jp/stf/shingi/2r98520000021hkd.html (2019. 3. 30. 최종방문)

23) 기업의 인사관리제도를 통한 괴롭힘의 사례에 대해서는 조상욱 · 송연창, 204~214면.

24) 신권철, 22면.

### 3. 직장 내 괴롭힘의 예시

한국의 직장 괴롭힘 측정 설문지[25] 등 직장 내 괴롭힘 피해 진단항목, 일본·호주 등 해외 매뉴얼 등을 토대로 직장 내 괴롭힘으로 포섭될 가능성이 있는 행위를 예시해 보면 다음과 같다.[26]

① 정당한 이유 없이 업무 능력이나 성과를 인정하지 않거나 조롱 또는 모욕감을 주는 행위

② 정당한 이유 없이 훈련·승진·보상·일상적인 대우 등에서 차별하는 행위

③ 다른 근로자들과는 달리 특정 근로자에 대하여만 근로계약서 등에 명시되어 있지 않는 모두가 꺼리는 힘든 업무를 반복적으로 부여하는 행위

④ 근로계약서 등에 명시되어 있지 않는 허드렛일만 시키거나 일을 거의 주지 않는 행위

⑤ 정당한 이유 없이 업무와 관련된 중요한 정보제공이나 의사결정 과정에서 배제시키는 행위

⑥ 정당한 이유 없이 휴가나 병가, 각종 복지혜택 등을 쓰지 못하도록 압력을 행사하는 행위

⑦ 다른 근로자들과는 달리 특정 근로자의 일하거나 휴식하는 모습만을 지나치게 감시하는 행위

⑧ 사적 심부름 등 개인적인 일상생활과 관련된 일을 하도록 지속적·반복적으로 지시하는 행위

⑨ 정당한 이유 없이 부서이동 또는 퇴사를 강요하는 행위, 개인사에 대한 험담이나 소문을 퍼트리는 행위

⑩ 신체적인 위협이나 폭력을 가하는 행위

⑪ 욕설이나 위협적인 말을 하는 행위

⑫ 다른 사람들 앞이나 온라인상에서 피해자에게 모욕감을 주는 언행을 하는 행위

⑬ 의사와 상관없이 음주·흡연·회식 참여를 강요하는 행위

---

25) 서유정·이지은, 27면. KICQ(Korea Interpersonal Conflict Questionnaire. 한국 개인간 분쟁 설문표)는 직장 괴롭힘 측정설문지로 개인에 대한 공격, 업무 관련 괴롭힘, 배제 및 고립 등으로 직장 괴롭힘 행위 유형을 나누고 있다).

26) 고용노동부, 16면.

⑭ 집단 따돌림

⑮ 업무에 필요한 주요 비품(컴퓨터, 전화 등)을 주지 않거나, 인터넷·사내 네트워크 접속을 차단하는 행위 등

## Ⅲ. 직장 내 괴롭힘 요건

### 1. 금지의무자(행위주체)

#### 가. 행위주체로서 사용자

근기법 1조 2호는 사용자의 유형으로 사업주, 사업경영 담당자, 그 밖에 근로자에 관한 사항에 대하여 사업주를 위하여 행위하는 자로 나누어 제시하고 있는데, 직장 내 괴롭힘의 주체가 될 수 있는 '사용자'에 관하여 검토해 본다.

##### (1) 사 업 주

사업주는 사업(장)의 경영주체를 말하므로 개인사업체에서는 개인, 회사나 사업단체에서는 그 법인이나 단체 자체를 의미한다. '사업주'라는 개념은 산재법, 산안법, 남녀고용평등법에서도 사용되고 있는데 '근로자를 사용하여 사업을 하는 자'(산안법 2조 3호)로 일반적으로 정의되어 있다.

개인사업주의 경우 직장 내 괴롭힘의 주체가 될 수 있는 행위자임에는 의문의 여지가 없지만 법인사업주는 근로자를 '괴롭히는 행위'를 할 수 있는 능력을 가진 사용자인지 검토할 필요가 있다. 법인이 불법행위나 범죄행위의 주체가 되는 이유는 사실상 그 행위를 한 사람(대표이사, 종업원 등)과 함께 책임을 지기 위한 의제일 뿐 실제하는 행위를 한 것은 아니다. 특히 '괴롭히는 행위'는 인사명령이나 징계처분과 같은 법률행위뿐만 아니라 대부분 사실적 행위들로 구성되는 것이기 때문에 신체와 말이 없는 법인은 '괴롭히는 행위'의 직접적인 주체로 보기는 어렵다. 다만, 법인은 괴롭힘의 직접적 행위를 한 자연인과 함께 민사상 법인책임 또는 사용자책임이나 형사상 양벌규정 등에 따라 법적 책임을 부담하게 된다.[27]

##### (2) 사업경영 담당자

근기법 1조 1호에서 정의된 사용자의 범주로 제시도어 있는 '사업경영 담

27) 임종률 교수도 직장 내 성희롱의 주체가 될 수 있는 것은 자연인만 가능하다고 본다(임종률, 390면).

당자'란 '사업주로부터 사업경영의 전부 또는 일부에 대하여 포괄적인 위임을 받고 대외적으로 사업을 대표하거나 대리하는 자'를 말한다.[28] 이러한 사업경영 담당자의 예로는 회사의 대표자, 회생회사의 관리인, 상법상의 지배인, 권한을 위임한 공동대표이사,[29] 대학교 의료원장[30]과 같은 법적 권한이 있는 자 외에도 회장으로서 회사를 사실상 경영해온 자[31]와 같이 실질적인 사주도 이에 포함된다. 이와 같은 사람들도 모두 직장 내 괴롭힘의 주체가 될 수 있다.

#### (3) 사업주를 위하여 행위하는 자

근기법은 사용자 개념범주의 하나로 '근로자에 관한 사항에 관하여 사업주를 위하여 행위하는 자'를 규정하고 있다. 판례는 이를 '근로자의 인사, 급여, 후생, 노무관리 등 근로조건의 결정 또는 업무상의 명령이나 지휘감독을 하는 등의 사항에 대하여 사업주로부터 일정한 권한과 책임을 부여받은 자'로 해석[32]하여 사립학교법인 산하 학교의 교장,[33] 건설공사 현장소장[34] 등과 같이 소속 근로자에 대해 일정한 권한과 책임을 부여받은 자를 의미한다.

#### (4) 근로자파견관계에서 사용사업주

근로자파견관계에서 사용사업주는 직장 내 괴롭힘에서 파견근로자의 사용자로 인정된다. 파견법 34조 1항 본문은 파견사업주와 사용사업주 모두를 근기법에 따른 사용자로 보아 근기법을 적용하도록 규정하고 있다. 판례에 따르면 사용사업주가 파견근로자에 대해 묵시적 의사합치에 따라 보호의무 또는 안전배려의무를 부담한다고 본다.[35] 따라서 해석상 파견근로자에 대한 직장 내 괴롭

---

28) 대법원 1997. 11. 11. 선고 97도813 판결.
29) 대법원 2007. 9. 6. 선고 2007도4904 판결.
30) 대법원 2008. 4. 10. 선고 2007도1199 판결.
31) 대법원 1997. 11. 11. 선고 97도813 판결.
32) 대법원 1989. 11. 14. 선고 88누6924 판결.
33) 대법원 1986. 7. 8. 선고 86도722 판결.
34) 대법원 1983. 11. 8. 선고 83도2505 판결.
35) 대법원 2013. 11. 28. 선고 2011다60247 판결(파견사업주가 고용한 근로자를 자신의 작업장에 파견받아 지휘·명령하며 자신을 위한 계속적 근로에 종사하게 하는 사용사업주는 파견근로와 관련하여 그 자신도 직접 파견근로자를 위한 보호의무 또는 안전배려의무를 부담함을 용인하고, 파견사업주는 이를 전제로 사용사업주와 근로자파견계약을 체결하며, 파견근로자 역시 사용사업주가 위와 같은 보호의무 또는 안전배려의무를 부담함을 전제로 사용사업주에게 근로를 제공한다고 봄이 타당하다. 그러므로 근로자파견관계에서 사용사업주와 파견근로자 사이에는 특별한 사정이 없는 한 파견근로와 관련하여 사용사업주가 파견근로자에 대한 보호의무 또는 안전배려의무를 부담한다는 점에 관한 묵시적인 의사의 합치가 있다고 할 것이고, 따라서 사용사업주의 보호의무 또는 안전배려의무 위반으로 손해를 입은 파견근로자는

힘에 관하여는 파견사업주와 더불어 사용사업주도 사용자로서의 책임을 부담한다.[36] 판례도 남녀고용평등법에서의 '사업주' 개념에 대해 파견근로자에 대한 사용사업주도 해석을 통해 위 사업주 개념에 포함시켜 사용사업주(업무상 위력에 의한 추행을 한 가해자)가 파견근로자(추행의 피해자)의 교체를 요구한 행위를 피해근로자에 대한 '불이익조치 금지'규정을 위반한 것이라 하여 처벌하였다.[37]

(5) 하청노동관계에서 원청사용자

파견법은 위에서 본 바와 같이 사용사업주의 책임에 관해 명문 규정을 두고 있지만 하청노동관계에서 원청업체의 사용자가 하청근로자에 대해 직장 내 괴롭힘 금지의무 등이 있는지 여부에 대하여는 명문 규정이 없다. 법원은 원청업체의 임직원들이 노동조합활동을 하는 하청업체 근로자들의 통제를 위해 회의와 문건 작성 및 보고, 각종 지시 등을 한 경우에 노조법상 지배·개입의 부당노동행위를 인정한 사례가 있다.[38] 참고로 영국의 경우 2010년 평등법에 원청업체가 하청업체 근로자를 하청근로와 관련해 괴롭혀서는 아니된다는 명문의 규정을 두고 있다.[39]

원청이 직접 또는 하청업체를 통하여 하청근로자에 대해 사실상 지시·감독하는 상황이라면 그러한 지시·감독을 통해 하청근로자에게 업무와 관련된 괴롭힘을 행사하는 주체가 될 수 있으므로 원청업체의 사용자에게도 직장 내 괴롭힘 규정을 적용할 필요성이 있다. 나아가 괴롭힘의 금지는 사실행위로서 이루어지는 것이어서 근로관계라는 법적 권리의무관계와 무관하게 원청의 괴롭힘을 규율할 수 있다.

고용노동부는 원청근로자가 하청근로자에 대해 직장 내 괴롭힘의 가해자로 인정되기는 어렵다고 보고 있으나[40] 위에서 본 바와 같이 원청근로자가 하청근로자에게 사실상 지시·감독하는 상황이라면 원청업체의 사용자가 그 원청근로

---

사용사업주와 직접 고용 또는 근로계약을 체결하지 아니한 경우에도 위와 같은 묵시적 약정에 근거하여 사용사업주에 대하여 보호의무 또는 안전배려의무 위반을 원인으로 하는 손해배상을 청구할 수 있다).

36) 고용노동부, 8면(파견법상의 사용사업주가 파견근로자에 대한 직장 내 괴롭힘 행위자로 인정될 수 있다고 보고 있다).

37) 대법원 2017. 3. 9. 선고 2016도18138 판결.

38) 대법원 2006. 9. 8. 선고 2006도388 판결.

39) Equality Act 2010 Section 41(Contract workers); 심재진a, 65~66면.

40) 고용노동부, 10면.

자에 대한 징계 등 제재조치를 취할 수 있다고 보아야 할 것이다.

참고로 국제노동기구의 일터 괴롭힘 협약의 보호범위는 근로자에 더하여 일터의 다른 사람들, 예컨대, 그들의 계약 여부와 상관없이 인턴과 실습생과 같은 훈련 중인 사람, 고용기간이 만료된 사람, 자원봉사자, 구직자와 구직신청인, 사용자의 권한과 의무 및 책임을 수행하는 사람들 모두를 포섭한다(2조 1항).

### 나. 가해근로자

직장 내 괴롭힘의 가해근로자는 반드시 상급자일 필요는 없으며, 동급자나 하급자라 하더라도 행위주체가 될 수 있다. 근로자파견관계에서 사용사업주의 근로자나 하청근로관계에서 원청업체의 근로자도 위에서 본 바와 같이 파견(하청)근로자를 상대로 하는 괴롭힘의 가해자가 될 수 있다.

근로자들이 집단적 행위로서 괴롭힘 행위를 할 수도 있다. 판례를 보면, 조합원인 근로자들이 동료직원의 비위행위를 제보한 근로자에 대한 보복으로 근무태만사실에 대해 탄원서나 진정서를 함께 제출하고, 제보한 근로자를 노동조합에서 제명하여 유니언 숍 조항에 따라 해고를 당하게 하는 경우도 집단적 괴롭힘으로 보아 인격권과 근로자의 자유 침해를 이유로 한 손해배상책임을 인정한 사례가 있다.[41]

### 다. 고객 등의 금지의무자 여부

직장 내 괴롭힘은 사용자 또는 근로자를 금지의무의 주체로 하고 있다. 따라서 고객, 돌봄대상자나 그 가족, 민원인 등은 근기법상 괴롭힘 금지의무의 주체가 아니어서 근기법의 직장 내 괴롭힘 규정의 적용을 받지 않는다.

고객 등 제3자도 근로자 괴롭힘의 주체가 될 수 있는 점을 감안하여 입법론으로 프랑스의 입법례나 장애인차별금지법의 괴롭힘 금지규정(32조), 서울시 감정노동 조례(고객의 의무와 금지행위) 등을 참조하여 만인(萬人)의 괴롭힘 금지 규정("누구든지 근로자에 대하여 폭언, 폭행 그 밖에 적정 범위를 벗어난 신체적·정신적·정서적 고통을 주거나 업무환경을 악화시키는 행위를 하여서는 아니된다")을 둘 것을 제안하는 견해가 있다.[42]

현재의 해석론으로 보면, 사용자는 근로자에 대해 보호의무가 있고, 고객

41) 부산지법 2009. 12. 18. 선고 2008가단167281 판결. 이 판결에 대한 평석으로는 강성태, 378면 이하.

42) 방강수, 244~245면.

등으로부터 괴롭힘을 당하는 근로자에 대해 보호조치를 취하지 않은 경우에는 보호의무위반으로 손해배상책임이 인정될 수 있고, 이러한 보호의무위반을 구성하는 사실(고객의 괴롭힘을 알거나 피해근로자가 호소하였음에도 불구하고 방치한 경우 등)이 부작위에 의한 사용자의 직장 내 괴롭힘으로 포섭될 수 있다.

판례를 보면, 아파트 경비원이 특정 입주민으로부터 과도한 질책과 욕설 등을 당하다가 업무상 스트레스로 자살을 한 사건에서 가해자인 특정 입주민의 불법행위책임 외에 사용자인 관리회사의 피해근로자에 대한 보호의무를 위반한 과실을 들어 사용자의 손해배상책임을 인정하였다.[43)]

### 2. 피해자(다른 근로자)

직장 내 괴롭힘의 피해자는 다른 근로자이다. 고용형태나 근로계약기간의 장·단이나 유·무를 불문한다. 특수형태근로종사자는 본 조문의 근로자에 해당하지 않아 직장 내 괴롭힘의 피해자가 될 수 없다.

피해자가 되는 '다른 근로자'는 가해자인 사용자나 근로자와 동일한 법인(기업)에 속해 있어야 하는 것은 아니다. 근로자파견관계나 하청근로관계를 통해 연결되어 있는 사용사업주나 원청업체의 근로자가 행위주체인 경우도 실질적인 사용·지시 등 일정한 조건 하에서 직장 내 괴롭힘 규정의 적용을 받는다.

### 3. 금지하는 행위: 직장 내 괴롭힘

근기법에 따른 직장 내 괴롭힘이 성립하기 위해서는 다음의 각 요소가 필요하다.

#### 가. 지위나 관계 등의 우위성

직장 내 괴롭힘은 '직장에서의 지위 또는 관계 등의 우위를 이용'해 이루어져야 한다. '지위의 우위'란 기본적으로 지휘명령 관계에서 상위에 있는 경우를 의미한다. 직접적인 지휘명령 관계에 놓여 있지 않더라드 회사 내 직위·직급 체계상 상위에 있음을 이용하였다면 지위의 우위성을 인정할 수 있다. '관계의 우위'란 개인 대 집단과 같은 수적 측면, 나이·학벌·성별·출신지역·인종 등 인적 속성, 근속기간·전문지식 등 업무역량, 노조·직장협의회 등 근로자 조직

43) 서울중앙지법 2017. 3. 10. 선고 2014가단5356072 판결.

의 구성원 여부, 감사·인사부서 등 업무성질로 인한 직장 내 영향력, 정규직 여부 등을 고려하여 상대방이 저항 또는 거절하기 어려울 개연성이 높은 상태로 인정되는 경우를 의미한다.

위와 같은 우위성은 사업(장) 내 통상적인 사회적 평가를 토대로 판단하되, 행위자와 피해자 간에 이를 달리 평가해야 할 특별한 사정이 있는지도 함께 확인해야 한다. 상사의 약점을 이용한 하급자의 괴롭힘이 그 예가 될 수 있다.

직장 내 괴롭힘이 되기 위해서는 행위자가 문제되는 행위를 하면서 피해자와의 관계에서 위와 같은 우위성을 이용해야 직장 내 괴롭힘에 해당한다. 우위성은 사업(장) 내에서 부여된 지위에 의해서 또는 행위주체에게 부여된 업무의 성격에 의하여 대상자(피해주체)보다 우위에 있어야 하나 동급자나 하급자의 경우라도 ⅰ) 장래에 맡게 될 지위나 담당할 업무, ⅱ) 집단적 힘, ⅲ) 피해자의 업무상 과오나 비밀의 지득, ⅳ) 맡고 있는 업무의 내용, ⅴ) 과도하고 집착적인 강압적 요구 등을 통해 우위성을 가질 수 있다.[44] 일본과 독일도 하급자에 의한 상급자 괴롭힘을 인정하고 있다.[45]

### 나. 업무관련 일탈행위

행위자가 피해자에 비하여 우위성이 인정되더라도 문제된 행위가 직장 내 괴롭힘으로 인정되기 위해서는 그 전제로서 업무관련성이 있는 상황에서 발생한 것이어야 한다. 여기서의 업무관련성은 '포괄적 업무관련성'을 의미하므로, 직접적인 업무수행 중에 발생한 경우가 아니더라도 업무수행에 편승하여 이루어졌거나 업무수행을 빙자하여 발생한 경우에도 인정된다.[46]

위와 같은 업무관련상황을 전제로 하여 업무일탈행위는 i) 그 행위가 사회통념에 비추어 볼 때 업무상 필요성이 인정되지 않거나, ii) 업무상 필요성은 인정되더라도 그 행위 양태가 사회 통념에 비추어 볼 때 상당하지 않다고 인정되

44) 신권철, 22면.

45) 김희성, 6면; 노상헌, 134면; 오상호, 343면.

46) 대법원 2006. 12. 21. 선고 2005두13414 판결['성희롱'을 정의한 구 남녀차별금지 및 구제에 관한 법률(2003. 5. 29. 법률 6915호로 개정되기 전의 것) 2조 2호에서의 '지위를 이용하거나 업무 등과 관련하여'라는 요건은 포괄적인 업무관련성을 나타낸 것으로서 업무수행의 기회나 업무수행에 편승하여 성적 언동이 이루어진 경우뿐 아니라 권한을 남용하거나 업무수행을 빙자하여 성적 언동을 한 경우도 이에 포함되고, 어떠한 성적 언동이 업무관련성이 인정되는지 여부는 쌍방 당사자의 관계, 행위가 행해진 장소 및 상황, 행위의 내용 및 정도 등의 구체적 사정을 참작하여 판단하여야 한다].

는 행위를 말한다. 다만, 사용자가 모든 직장 내 인간관계의 갈등상황에 대하여 근기법에 따른 조치를 취해야 하는 것은 아니므로, 문제된 행위는 사용자의 관리영역 하에서 제재나 조치가 가능한 업무관련성이 있는 상황에서 발생한 것이어야 한다.

차별적 행위도 괴롭힘의 한 형태로 포함된다. 어떠한 행위 자체의 업무상 필요성이 인정되더라도 직장 내 동종·유사 업무를 수행하는 근로자들과 비교하여 볼 때 합리적 이유 없이 피해근로자에게만 과도하게 또는 과소하게 주어지는 과업지시라면 사회통념상 상당하지 않은 행위로 볼 수 있다.

업무와 관련된 불법행위의 지시나 강요, 묵인의 요구 등도 업무일탈행위이다. 근로자에게 의무 없는 일을 하게 하거나 의무 있는 일(보고)을 하지 못 하게 하는 것이기 때문이다. 근로자가 그러한 불법행위를 지시를 받아 집행했다고 하더라도 그 행위자의 요구 자체가 업무일탈행위임에는 변함이 없다.

### 다. 고통 또는 근무환경의 악화

세 번째로, 그 행위의 결과로서 피해자의 고통이나 근무환경의 악화가 있어야 한다. 행위자가 피해자에게 신체적·정신적 고통을 주거나 근무환경을 악화시킬 의도를 가지고 문제된 행위를 한 것이 아니더라도 그 행위로 신체적·정신적 고통을 받았거나 근무환경이 악화되었다면 괴롭힘이 인정될 수 있다.47)

법에서 말하는 '근무환경 악화'란 그 괴롭힘 행위로 인하여 피해근로자가 능력을 발휘하는 데 간과할 수 없을 정도의 지장이 발생하는 것을 의미한다. 업무공간을 통상적이지 않은 곳으로 지정하는 등 인사권의 행사범위에는 해당할 수 있더라도 사실상 근로자가 업무를 수행하는 데 적절한 환경이 아닌 경우 근무환경이 악화된 것으로 볼 수 있다.

행위자의 행위가 사실행위에 그치지 않고, 해고·전보·배치전환 등 인사조치가 이루어진 경우에는 근기법 23조의 위반 문제로 인사조치의 유·무효를 다툴 수도 있지만 부당한 인사조치는 직장 내 괴롭힘의 사실행위로서도 인정될

47) 대법원 2018. 4. 12. 선고 2017두74702 판결(성희롱이 성립하기 위해서는 행위자에게 반드시 성적 동기나 의도가 있어야 하는 것은 아니지만, 당사자의 관계, 행위가 행해진 장소 및 상황, 행위에 대한 상대방의 명시적 또는 추정적인 반응의 내용, 행위의 내용 및 정도, 행위가 일회적 또는 단기간의 것인지 아니면 계속적인 것인지 등의 구체적 사정을 참작하여 볼 때, 객관적으로 상대방과 같은 처지에 있는 일반적이고도 평균적인 사람으로 하여금 성적 굴욕감이나 혐오감을 느낄 수 있게 하는 행위가 있고, 그로 인하여 행위의 상대방이 성적 굴욕감이나 혐오감을 느꼈음이 인정되어야 한다).

수 있다.

근기법이 요구하는 직장 내 괴롭힘 행위의 결과라 할 수 있는 '신체적 · 정신적 고통'이나 '근무환경의 악화'는 주관적인 것이 아니라 객관적인 것으로서 피해자와 같은 처지에 있는 일반적이고도 평균적인 사람이라면 그 행위로 인해 고통이나 근무환경의 악화를 느낄 수 있음이 인정되어야 한다.[48)]

### 라. '직장 내'의 의미

끝으로, 법은 '직장 내' 괴롭힘이라는 용어를 쓰고 있는데, 여기서 직장 내는 장소적 개념이라기보다 사업(업무)상 연관되어 있는 관계임을 나타내기만 하면 족하다고 할 것이고, 직장 외의 장소, 근무시간 외의 시간, 온라인이나 전화상으로 이루어지는 언행도 모두 포함된다.

참고로 국제노동기구의 일터 괴롭힘 협약은 일하는 과정에서, 일과 관련하여 또는 일로부터 발생한 괴롭힘에 적용되며, 구체적으로 ⅰ) 일하는 장소로서 사적인 공간과 공적인 공간을 불문하며, ⅱ) 돈을 받는 장소, 휴식 · 식사를 하는 장소, 화장실 · 세면실 · 탈의실, ⅳ) 일과 관련된 출장, 이동, 교육, 행사 또는 사회적 활동 중의 행위, ⅴ) 정보통신기술로 가능해지는 일과 관련된 통신을 통한 행위, ⅵ) 사용자가 제공한 숙소에서의 행위, ⅶ) 출퇴근 시의 행위 등에서도 적용될 수 있음을 규정하고 있다(3조).

## Ⅳ. 직장 내 괴롭힘에 대한 구제수단

### 1. 민사상 손해배상청구

피해자는 사용자를 상대로 채무불이행 또는 불법행위를 원인으로 한 손해배상을 청구할 수 있고, 가해자를 상대로 불법행위를 원인으로 한 손해배상을 청구할 수 있다.

괴롭힘에 대한 손해배상책임은 그 가해자의 법정감독의무자(친권자)나 사용자도 통상 함께 부진정연대책임을 부담하며 그 법리는 주로 법정감독의무자나 사용자의 보호의무에 근거한다. 공립중학교의 학생들이 같은 반의 학생을 집단적으로 괴롭혀 상처를 입히고 우울증 등의 증상을 겪게 한 사안에서, 법원은 집

48) 위 대법원 판결 참조.

단괴롭힘 행위에 대한 예방 및 예견가능성이 있었던 경우에는 그 보호의무위반을 인정하지만[49] 자살 등의 예견가능성이나 회피가능성이 없었던 경우에는 그 손해배상책임을 인정하지 않는다.[50]

한편, 판례는 사용자의 보호의무위반으로 인한 손해배상책임 유무가 문제된 사안에서, "보호의무위반을 이유로 사용자에게 손해배상책임을 인정하기 위하여는 특별한 사정이 없는 한 그 사고가 피용자의 업무와 관련성을 가지고 있을 뿐 아니라 또한 그 사고가 통상 발생할 수 있다고 하는 것이 예측되거나 예측할 수 있는 경우라야 할 것이고, 그 예측가능성은 사고가 발생한 때와 장소, 가해자의 분별능력, 가해자의 성행, 가해자와 피해자의 관계 기타 여러 사정을 고려하여 판단하여야 한다."[51]는 입장을 취하고 있다. 이러한 관점에서 근로자의 다른 근로자에 대한 성희롱행위가 사무집행과 관련 없이 은밀하게 이루어지고, 사용자로서는 알 수도 없는 상황인 경우에는 그 피해 근로자에 대한 보호의무책임을 부담하지는 않는다고 한 판례가 있다.[52]

---

49) 울산지법 2006. 12. 21. 선고 2005가단35270 판결(담임교사로서는 당시의 사회분위기나 자신이 맡고 있는 학급 내 상황에 비추어 피해학생이 가해학생들로부터 집단괴롭힘이나 집단폭행을 당할 수도 있다는 것을 어느 정도 예상할 수 있었으므로, 수업시간 전후로 수시로 돌아보고, 학급의 반장을 통하여 학급 내에서의 집단괴롭힘이나 폭행사건이 발생할 경우 즉각적으로 보고를 하도록 하며, 학급 내에서 종종 동료 학생들을 괴롭히는 가해학생들에 대하여는 보다 적극적인 자세로 훈육을 하고 위와 같은 집단괴롭힘 등이 발생하지 않도록 필요한 예방조치를 취해야 할 주의의무가 있음에도 불구하고 이를 소홀히 함으로써 결과적으로 피해학생으로 하여금 위와 같이 집단따돌림을 당하도록 하는 상황에 이르게 하였으므로, 위 중학교의 설치·경영자인 지방자치단체는 국가배상법 2조에 따라 소속 공무원인 담임교사의 위와 같은 위법한 공무수행으로 인하여 피해학생 및 그 부모가 입은 손해를 배상할 책임이 있다).

50) 대법원 2007. 11. 15. 선고 2005다16034 판결(집단따돌림으로 인하여 피해 학생이 자살한 경우, 자살의 결과에 대하여 학교의 교장이나 교사의 보호감독의무 위반의 책임을 묻기 위하여는 피해 학생이 자살에 이른 상황을 객관적으로 보아 교사 등이 예견하였거나 예견할 수 있었음이 인정되어야 한다. 다만, 사회통념상 허용될 수 없는 악질, 중대한 집단따돌림이 계속되고 그 결과 피해 학생이 육체적 또는 정신적으로 궁지에 몰린 상황에 있었음을 예견하였거나 예견할 수 있었던 경우에는 피해 학생이 자살에 이른 상황에 대한 예견가능성도 있는 것으로 볼 수 있을 것이나, 집단따돌림의 내용이 이와 같은 정도에까지 이르지 않은 경우에는 교사 등이 집단따돌림을 예견하였거나 예견할 수 있었다고 하더라도 이것만으로 피해학생의 자살에 대한 예견이 가능하였던 것으로 볼 수는 없으므로, 교사 등이 집단따돌림 자체에 대한 보호감독의무 위반의 책임을 부담하는 것은 별론으로 하고 자살의 결과에 대한 보호감독의무 위반의 책임을 부담한다고 할 수는 없다).

51) 대법원 2001. 7. 27. 선고 99다56734 판결.

52) 대법원 1998. 2. 10. 선고 95다39533 판결(어느 피용자의 다른 피용자에 대한 성희롱 행위가 그의 사무집행과는 아무런 관련이 없을 뿐만 아니라, 가해자의 성희롱 행위가 은밀하고 개인적으로 이루어지고 피해자로서도 이를 공개하지 아니하여 사용자로서는 이를 알거나 알 수 있었다고 보여지지도 아니하다면, 이러한 경우에서까지 사용자가 피해자에 대하여 고용계약

또한 직원들이 피해근로자에게 부당한 처우를 한 사안에서 사용자인 대표이사가 피해근로자의 탄원 이후 사실조사 및 보고를 지시 후 피해근로자의 직속 상사들의 감정적 대응이 부적절했다는 보고를 받은 후 적절한 조치를 취하라고 지시한 이상 추가적으로 더 부하직원들의 위법행위를 방지하기 위한 조치를 수행할 의무가 없다고 보아 사용자의 손해배상책임을 부정한 사례가 있다.[53]

### 2. 민사상 괴롭힘 금지청구

피해근로자가 자신의 인격권에 기하여 직접 불법행위를 한 행위자를 상대로 장래에도 지속될 수 있는 위법한 인격권 침해행위의 금지를 구하는 것도 가능할 수 있다.[54] 대법원은 노사관계에서 단순히 행위자의 손해배상책임만 인정하는 것이 아니라 사용자인 피해자에 대한 인격권 침해가 미래에도 반복될 위험이 있다면 침해행위(족벌재단 퇴진 등의 리본, 조끼 등의 착용)를 하는 노조원들에게 행위 자체의 금지를 명령하는 것도 허용한 적이 있다.[55] 이는 사용자의 일반적 인격권에 기한 금지청구라 할 수 있는데, 피해근로자도 위와 유사하게 자신의 노동인격에 따른 법익을 침해하는 사용자나 다른 근로자에게 그 금지를 청구할 수 있다고 볼 것이다. 그 금지청구 내용은 가해자의 반복적 가해행위의 금지나 장래 지속될 가능성이 있는 작위 또는 부작위의 금지를 청구하는 것이 될 것이다.

### 3. 형사상 처벌과 과태료

직장 내 괴롭힘의 유형이 폭행, 협박, 명예훼손이나 모욕 등이라면 피해근로자가 수사기관에 고소나 진정을 할 수 있다. 형사처벌과 징계는 하나의 괴롭

---

상의 보호의무를 다하지 아니하였다고 할 수는 없다).

53) 대법원 2009. 5. 14. 선고 2009다2545 판결.

54) 김희성, 11~13면; 오상호, 362면.

55) 대법원 2006. 5. 26. 선고 2004다62597 판결(인격권이나 시설관리권 등과 같은 대세적 권리를 침해하는 행위에 대한 부작위청구권은 대세적 권리에 대한 침해의 우려가 있다는 점 또는 이미 침해가 있었고 그 재발의 위험성이 있다는 점 등을 요건으로 하는 것이며, 이 경우 부작위명령의 대상이 되는 것은 가해자들이 이미 저지른 행위와 동일한 행위뿐만 아니라 그와 유사한 행위로서 장래에 저질러질 우려가 있는 행위를 포함한다. …일부 중략… 학교를 설립·운영하는 법인과 그 교장은 자신들의 인격권을 침해하는 위법한 표현행위 등에 대하여 부작위청구권을 행사하는 권리주체가 될 수 있으며, 나아가 학교에 대한 운영주체로서 그 시설관리권 등에 근거하여 면학분위기를 해치는 위법행위에 대한 방해예방청구 등 부작위청구권을 행사할 수 있다).

힘 행위에 함께 부과될 수 있고, 이중처벌이 되지 않는다.

직장 내 괴롭힘 행위 자체에 대해서는 2019년 신설 당시 근기법에 형벌규정이나 과태료를 부과하는 규정이 없었다. 다만 직장 내 괴롭힘을 신고한 근로자나 피해(주장)근로자에 대해 사용자가 불이익조치를 한 경우에는 형사처벌 규정만 있었다.

그러나 2021. 4. 13. 법 개정으로 사실상 직장 내 조사나 구제절차를 활용하기 사실상 불가능할 수밖에 없는 사용자 및 그의 일정한 친족이 행하는 직장 내 괴롭힘에 대해서는 별도로 행정관청이 1,000만 원 이하의 과태료를 부과·징수할 수 있는 근거규정을 신설하였고(법 116조 1항), 사용자가 객관적 조사실시의무를 위반한 경우에도 500만 원 이하의 과태료를 부과·징수할 수 있는 근거규정이 마련되었다. 이와 같은 사용자에 대한 과태료와 형사처벌은 사용자에 의한 괴롭힘과 불이익조치를 예방할 수 있는 제재수단으로 작용한다.

### 4. 사업 내 구제조치 등

직장 내 괴롭힘 행위 중 민·형사상 책임을 부담할 만한 행위라 하더라도 피해근로자가 적극적으로 소송이나 고소를 하지 않는 경우 가해자가 대체로 민·형사상 책임을 부담하지 않게 된다. 그러나 직장 내 괴롭힘에 대해 피해(주장)근로자는 사용자에게 직장 내 괴롭힘을 신고할 수 있고, 피해회복조치를 요청하고, 가해자의 징계에 대해 의견을 제시할 수 있다. 사업 내 구제조치 등의 구체적 설명에 대해서는 법 76조의3(직장 내 괴롭힘 발생 시 조치) 해설 참조.

### 5. 사용자의 직장 내 괴롭힘

앞서 본 바와 같이 근로기준법상 직장 내 괴롭힘은 사용자가 그 조사 및 구제조치의 주체이자 권한이 있는 자이다. 그렇기 때문에 사실상 사용자나 그 친족에 의한 직장 내 괴롭힘은 사업(장) 내에서 사실상 조사나 구제조치가 불가능한 것으로 인식되었다. 이러한 문제점을 해결하기 위해 사용자와 그 친족에 의한 괴롭힘은 행정관청에 의한 과태료라는 감독기관에 의한 행정상 제재를 가하는 형태로 개정입법이 마련되었다.

먼저, 과태료의 대상이 되는 괴롭힘의 주체를 보면, 사용자와 해당 사업장의 일정한 친족인 근로자로 제한하고 있다. 여기서의 '사용자'는 그 입법취지를 감안하여 볼 때 근기법 2조 1항 2호의 사용자(사업주 또는 사업경영담당자, 그 밖에 근로자에 관한 사항에 대하여 사업주를 위하여 행위하는 자)를 의미한다. 따라서 개인사업주의 경우에는 그 개인, 법인사업주의 경우에는 대표이사와 근로자에 대해 사업주를 위해 행위하는 사람도 포함된다. 한편, 법은 대통령령으로 정하는 친족인 근로자도 사용자와 동일하게 과태료를 부과할 수 있도록 하고 있는데, 그 친족의 범위는 배우자, 4촌 이내의 혈족(부모, 자녀, 형제자매, 손자녀, 조부모 등), 4촌 이내의 인척(배우자의 부모, 자녀, 형제자매 등)으로 한정하고 있다(영 59조의3 1호 내지 3호). 사용자의 배우자나 4촌 이내의 친족이 심부름 등 사적인 일을 시키거나 괴롭힘을 하는 것은 과태료 대상이 아니며, 그러한 친족이 해당 사업(장)의 근로자 지위를 가지고 있어야 한다.

다음으로, 사용자와 그 친족의 괴롭힘은 앞서 본 직장 내 괴롭힘의 요건(직장에서의 지위 또는 관계 등의 우위를 이용하여 업무상 적정범위를 넘어 다른 근로자에게 신체적·정신적 고통을 주거나 근무환경을 악화시키는 행위)을 갖추고 있어야 하며, 조사절차에 있어서도 사용자는 객관적 조사실시 의무에 기반하여 구제조치(피해회복조치)를 실시하여야 하며, 신고 등을 이유로 불이익조치를 하는 경우에는 추가로 형사처벌 대상이 된다.

끝으로, 사용자나 그 친족이 괴롭힘의 가해자인 경우 사업(장) 내부에서의 피해회복조치를 기대하기 어렵고, 괴롭힘 행위에 대한 사업(장) 내 제재조치도 사실상 어려운 것이어서 결국 피해근로자나 다른 근로자가 감독기관(근로감독관)에게 직장 내 괴롭힘을 이유로 통보하여(법 104조 1항) 근로감독관 등의 조사가 이루어지면서 괴롭힘으로 판단되는 경우 감독기관에 의해 과태료가 부과되는 방식으로 진행된다. 이 경우에도 사용자는 그 통보를 이유로 근로자에게 불리한 처우를 하지 못하며(법 104조 2항) 불리한 처우를 하는 경우에는 형사처벌의 대상이 된다(법 110조 1호).

[권 창 영·신 권 철]

## 第76조의3(직장 내 괴롭힘 발생 시 조치)

① 누구든지 직장 내 괴롭힘 발생 사실을 알게 된 경우 그 사실을 사용자에게 신고할 수 있다.

② 사용자는 제1항에 따른 신고를 접수하거나 직장 내 괴롭힘 발생 사실을 인지한 경우에는 지체 없이 당사자 등을 대상으로 그 사실 확인을 위하여 객관적으로 조사를 실시하여야 한다.

③ 사용자는 제2항에 따른 조사 기간 동안 직장 내 괴롭힘과 관련하여 피해를 입은 근로자 또는 피해를 입었다고 주장하는 근로자(이하 "피해근로자등"이라 한다)를 보호하기 위하여 필요한 경우 해당 피해근로자등에 대하여 근무장소의 변경, 유급휴가 명령 등 적절한 조치를 하여야 한다. 이 경우 사용자는 피해근로자등의 의사에 반하는 조치를 하여서는 아니 된다.

④ 사용자는 제2항에 따른 조사 결과 직장 내 괴롭힘 발생 사실이 확인된 때에는 피해근로자가 요청하면 근무장소의 변경, 배치전환, 유급휴가 명령 등 적절한 조치를 하여야 한다.

⑤ 사용자는 제2항에 따른 조사 결과 직장 내 괴롭힘 발생 사실이 확인된 때에는 지체 없이 행위자에 대하여 징계, 근무장소의 변경 등 필요한 조치를 하여야 한다. 이 경우 사용자는 징계 등의 조치를 하기 전에 그 조치에 대하여 피해근로자의 의견을 들어야 한다.

⑥ 사용자는 직장 내 괴롭힘 발생 사실을 신고한 근로자 및 피해근로자등에게 해고나 그 밖의 불리한 처우를 하여서는 아니 된다.

⑦ 제2항에 따라 직장 내 괴롭힘 발생 사실을 조사한 사람, 조사 내용을 보고받은 사람 및 그 밖에 조사 과정에 참여한 사람은 해당 조사 과정에서 알게 된 비밀을 피해근로자등의 의사에 반하여 다른 사람에게 누설하여서는 아니 된다. 다만, 조사와 관련된 내용을 사용자에게 보고하거나 관계 기관의 요청에 따라 필요한 정보를 제공하는 경우는 제외한다.

〈세 목 차〉



※ 이 조에 관한 각주의 참고문헌은 第76조의2 해설의 참고문헌을 가리킨다.

## Ⅰ. 직장 내 괴롭힘 구제절차 개관

### 1. 직장 내 괴롭힘의 구제방법

국제노동기구는 일터 괴롭힘 협약에서 괴롭힘 분쟁 해결절차로서 ⅰ) 사업장 내 분쟁해결 메커니즘, ⅱ) 사업장 외부의 분쟁해결 메커니즘, ⅲ) 법원(court) 또는 심판원(tribunal), ⅳ) 신고자, 피해자, 목격자와 내부고발자에 대한 보복이나 고통을 주는 행위에 대한 보호, ⅴ) 신고자와 피해자를 위한 법적, 사회적, 의료적, 행정적 지원조치를 제시하고, 분쟁해결절차에서의 사생활과 비밀에 대한 보호, 가해자에 대한 제재조치와 피해자에 대한 보호와 다양한 구제조치를 제시하고 있다(10조).

직장 내 괴롭힘에 대하여 일반적으로 과거에는 그 가해자와 사용자를 상대로 한 민사상 불법행위책임을 묻거나 가해자에 대한 형사상 고소(폭행, 협박, 모욕, 명예훼손 등)를 제기하는 방법을 통하여 분쟁을 해결해 왔으나 근기법은 2019년 추가적으로 행정기관이나 사법기관의 관여 없이 사업장 내에서 괴롭힘 분쟁을 자체적으로 해결하는 구제절차를 마련하였다. 다만 2021년 법을 개정하여 사용자와 그 친족근로자의 직장 내 괴롭힘에 대해서는 과태료의 행정제재를 가할 수 있도록 하여 사용자에 의한 괴롭힘은 사업장 외부의 감독기관을 통한 제재방식으로 직장 내 괴롭힘을 예방하고 있다. 참고로 직장 내 괴롭힘에 대한 구제방법은 다음과 같이 나눌 수 있다.

i ) 사업(장) 내부적 고충처리를 통한 분쟁해결방법

ii ) 노동위원회나 법원 등의 심판기관의 결정 · 판결 등 권리분쟁을 통한 해결방법

iii) 고용노동부 등 노동행정기관의 지도 · 감독 · 제재를 통한 해결방법

위와 같은 내부적 자체 분쟁해결방식, 사법적 해결방식, 행정적 해결방식은 함께 중첩적으로 활용될 수도 있으며, 내부적 · 자체적으로 분쟁해결이 안 될 때에 사법적 해결방식이나 행정적 해결방식을 택하는 것도 가능하다. 현재 근기법은 사용자와 그 친족근로자의 괴롭힘을 제외하고는 원칙적으로 내부적 자체 분쟁해결방식을 채택하고 있지만 사용자가 직장 내 괴롭힘 분쟁을 해결하기 위해 별도의 중립적 · 독립적 외부기관에 직장 내 괴롭힘 조사를 위탁의뢰하여 그 조사와 심사를 맡기는 것도 허용된다.

### 2. 남녀고용평등법과의 비교

직장 내 괴롭힘 구제절차는 남녀고용평등법의 성희롱 구제절차의 내용 중 일부를 참조하여 입법화되었다. 1987년 남녀고용평등법이 제정될 당시에는 사업(장) 내 남녀차별로 인한 문제는 사업(장) 내 고충처리기관의 자율적 조치와 지방노동행정기관의 조언 · 지도 · 권고 등을 통해 해결하도록 규정해 왔고, 2001년 직장 내 성희롱에 대한 예방과 금지가 신설되면서 피해근로자에 대한 불이익조치 금지와 가해근로자에 대한 징계 등의 조치가 규정되었다. 이후 2017년 개정을 통해 그 구제절차를 개선하고, 입증책임, 비밀유지의무 등의 조항을 추가적으로 신설하였다. 직장 내 성희롱과 직장 내 괴롭힘의 구제절차와 내용을 비교하여 살펴보면 다음과 같다.

[표] 직장 내 괴롭힘과 직장 내 성희롱 구제절차 비교

| 구제절차의 내용 | 직장 내 괴롭힘 | 직장 내 성희롱 |
|---|---|---|
| 신고권자 | 누구든지 신고할 수 있음 | |
| 신고접수기관 | 사용자 | 사업주 |
| 조사의무 | 사용자(사업주)는 신고접수 또는 인지 시 지체 없는 조사의무 있음 | |
| 조사기간 중 피해(주장)자에 대한 임시조치 | 의사에 반하지 않는 근무장소 변경, 유급휴가 명령 등의 적절한 조치를 사용자(사업주)가 해야 할 의무가 있음 | |
| 조사 후 피해확인 시 피해자에 대한 조치 | 피해근로자 요청 시 근무장소 변경, 배치전환, 유급휴가 명령 등의 적절한 조치를 사용자(사업주)가 해야 할 의무가 있음 | |
| 조사 후 가해확인 시 가해자에 대한 조치 | 피해근로자의 의견을 들어 가해자에 대해 징계, 근무장소의 변경 등 필요한 조치를 사용자(사업주)가 해야 할 의무가 있음 | |
| 비밀유지의무 | 2021년 근기법 개정으로 양자 모두 별도의 비밀유지의무 규정 있음 | |
| 신고자나 피해(주장)자에 대한 불리한 처우 금지 | 해고나 그 밖의 불리한 처우의 금지 | 해고 등 신분상실, 인사조치, 차별, 교육훈련기회 제한, 따돌림 등의 구체적 사례를 예시하여 금지함 |
| 불리한 처우 시 형사처벌 | 신고자나 피해(주장)자에 대한 사용자(사업주)의 불리한 처우 시 형사처벌(3년 이하의 징역 또는 3,000만 원 이하의 벌금) | |
| 과태료 | 2021년 과태료 규정 신설(116조 1항 및 2항 2호)<br>1. 사용자(그 배우자 및 4촌 이내 혈족과 인척인 근로자)의 직장 내 괴롭힘<br>2. 조사로 알게 된 비밀의 누설 | 과태료 규정 있음(39조)<br>1. 사업주의 성희롱<br>2. 성희롱 예방교육 미실시<br>3. 성희롱 예방교육 내용 미게시<br>4. 직장 내 성희롱 발생사실 후 확인 후 미조사<br>5. 피해사실 확인 후 피해자에 대한 적절한 조치 미이행<br>6. 가해사실 확인 후 가해자에 대한 필요한 조치 미이행<br>7. 조사로 알게 된 비밀의 누설 |

## Ⅱ. 직장 내 괴롭힘 신고

### 1. 신고제도의 의의와 한계

근기법에 따른 직장 내 괴롭힘에 대한 구제절차는 외부의 감독기관이나 사법기관을 통하여 문제를 해결하는 것이 아니라 사용자 스스로가 접수, 조사와

조치를 모두 해야 하는 집행기관이 되도록 하여 문제를 해결한다. 사업(장) 내에서의 인사권과 징계권을 가진 사용자가 자체적으로 신속하게 처리할 수 있는 장점도 있으나 사용자가 행위자인 경우나 사업(장)이 소규모인 경우에는 피해자의 신고 자체가 사실상 어려움이 있을 수 있다는 점에서 한계가 있다.

## 2. 신고권자

직장 내 괴롭힘을 사용자에게 신고할 수 있는 사람은 '누구든지'이다. 따라서 피해근로자 외에도 목격자나 소문을 들은 자, 피해근로자가 신고를 부탁한 사람, 피해근로자의 친족 등도 신고권자가 될 수 있으며, 노동조합이나 단체도 신고가 가능하다. 이와 같이 신고권자에 제한을 두지 않은 이유는 근로관계의 존속 중에 있는 피해근로자가 직접 신고를 하는 것이 쉽지 않은 점을 감안한 것이다. 참고로 남녀고용평등법의 직장 내 성희롱도 누구든지 사업주에게 신고할 수 있다(14조).

가명(假名)이나 익명(匿名)에 의한 신고도 가능한가? 법이 신고권자를 제한하지 않고 있고, 가명이나 익명신고의 필요성도 있으며, 신고의 목적은 사용자가 직장 내 괴롭힘을 인지(認知)하도록 하는 데 있으므로 가명이나 익명에 의한 신고도 허용된다.

신고는 누구든지 할 수 있으나 사용자 자신이 피해근로자를 위하여 신고하는 것이 허용될 것인지 문제되는데 부정하여야 할 것이다. 사용자는 직장 내 괴롭힘에 있어 신고접수, 조사 및 조치를 해야 할 중립적이고 독립적인 집행기관으로서 역할하여야 하는데, 신고권자로서도 행세한다면 그 중립성과 독립성을 훼손하게 된다. 또한, 사용자는 직장 내 괴롭힘을 신고할 필요 없이 스스로 인지하여 조사를 시작할 수 있으므로 신고할 실익도 사실상 없다. 다만, 여기서의 사용자는 사업주나 사업경영 담당자만을 의미하고, 사업주를 위하여 행위하는 자는 신고권한이 있다.

## 3. 신고대상자

직장 내 괴롭힘 신고 시에 신고대상자(피신고자)는 신고접수기관인 사용자의 사업(장) 내 구성원이어야 한다. 구체적으로는 괴롭힘 행위를 한 사용자나 근로자여야 하지만 그 대상자가 불특정되는 경우라도 상관없다. 특정이 어려운 사업장 내 구성원에 의해 괴롭힘이 진행되는 경우, 예컨대 누구인지는 모르지만 자신에 대한 허위의 소문이나 사생활을 퍼뜨리는 사업 (내) 사람을 신고하는 것도 허용되어야 하기 때문이다. 사용자 본인 또는 사용자의 친족인 근로자도 신고대상자가 된다.

### 4. 신고의 내용

직장 내 괴롭힘 신고는 직장 내 괴롭힘 행위를 사용자에게 알리는 것이다. 신고내용이 사실에 기초하여 이루어진 경우라면 법령에 근거한 행위이기 때문에 신고를 통해 다른 사람들이 그 사실을 알게 된다고 하더라도 그 행위자에 대해 명예훼손이 되지는 않는다. 그러나 신고가 허위의 내용을 담고 있는 경우라면 그 자체로 그 신고대상자에 대해서는 괴롭힘의 한 방식이 될 수 있다. 사용자로서도 허위신고에 대해서는 그 신고자에 대해 징계절차를 진행할 수도 있으나 허위 여부에 대한 확정이 있기 전까지는 신고에 대한 불이익조치 금지규정에 따라 징계는 신고에 대한 조사완료 전까지 유보될 필요가 있다.

허위사실의 신고란 신고사실이 객관적 사실에 반한다는 것을 확정적이거나 미필적으로 인식하고서 신고하는 것[1)]이다. 그러나 신고사실이 객관적 사실에 반하는 허위이고, 그 허위성에 대해 신고자가 인식하지 못한 경우라도 과실로서 민사상 손해배상책임을 질 여지는 있다.

### 5. 신고접수기관(사용자)

직장 내 괴롭힘 신고를 받는 기관은 원칙적으로 사용자이다. 사용자는 그 신고수리를 위한 절차와 방법, 신고수리담당자나 부서를 정하여 신고접수기관으로서의 임무를 수행하여야 한다. 근기법 76조의3 1항은 신고권자의 신고를 권한(~할 수 있다)의 형식으로 규정하고 있고, 76조의3 2항은 사용자의 신고 접수 시 조사 실시의무를 규정하고 있는 점에 비추어 사용자가 신고접수 자체를 거부할 권한은 없다.

신고접수기관은 사용자가 취업규칙 등을 통하여 기존의 사업(장) 내 고충처리기관 등을 활용할 수도 있고, 사업(장) 내부가 아닌 외부의 중립적·독립적인 조사기관을 신고접수기관으로 지정하여도 무방하다.

---

1) 무고죄에 관한 대법원의 입장임(대법원 2000. 11. 24. 선고 99도822 판결).

## Ⅲ. 직장 내 괴롭힘 조사

### 1. 사용자의 조사의무

사용자는 직장 내 괴롭힘 신고를 접수하거나 그 발생 사실을 인지(認知)한 경우에는 지체 없이 당사자 등을 대상으로 그 사실 확인을 위하여 객관적으로 조사를 실시하여야 한다(법 76조의3 2항). 2021. 4. 개정을 통해 조사 대상자(당사자 등)를 특정하고, 조사에서의 중립성(객관적으로)을 추가하였다. 사용자는 신고를 받거나 인지한 경우에 조사의무가 발생한다. 신고는 접수를 통해 객관적으로 확인할 수 있으나 사용자의 인지(認知)는 내부적 소문, 관련자 면담이나 보고 등을 통해서도 알게 되는 것이어서 언제, 어떤 방식으로 사용자가 인지하였는지 여부를 외부에서 확인하기 어렵기 때문에 조사의무의 발생 여부와 시기도 불분명하게 되는 경우가 있다.

신고를 통해 직장 내 괴롭힘을 알게 되었든, 인지를 통해 직장 내 괴롭힘을 알게 되었든 사용자는 지체 없이 당사자 등을 객관적으로 조사할 의무가 발생한다. 사용자가 내부결재라인을 통해 직장 내 괴롭힘 신고의 접수와 조사를 부하 직원에게 전결(專決)처리하도록 하였다고 하더라도 부하직원의 신고접수나 인지 또는 조사를 통해 사용자 또한 그 사실을 알고 있다고 간주되며, 부하직원의 전결처리를 통해 처리되었다고 하더라도 사용자가 그 조사의무나 불이익처우 금지의무를 면제받는 것은 아니다.

### 2. 직장 내 괴롭힘 조사절차와 방법

사용자의 직장 내 괴롭힘 조사절차나 방법에 대해서는 법령에 규정된 것이 없다. 상시 10명 이상의 근로자를 사용하는 사용자는 취업규칙에 ‘직장 내 괴롭힘의 예방 및 발생 시 조치 등에 관한 사항’을 의무적으로 규정해야 하기 때문에 각 사업장 사정에 맞게 그 절차와 방법을 정해야 한다.

사용자의 직장 내 괴롭힘 조사는 통상 독립성과 중립성이 보장된 조사기관(조사담당자)이 신고자, 피해자, 행위자, 목격자의 진술 등과 증거를 확인하여 직장 내 괴롭힘 해당 여부와 해당하는 경우 관계자들에 대한 조치에 대한 의견을 제시하고, 위원회 형태의 심사기관이 직장 내 괴롭힘 해당 여부와 그 인정 시 관계자들에 대한 조치를 의결하여 최종적으로 사용자가 이를 집행(처분)하는 형태로 이루어진다.

규모가 큰 사업장이거나 사업장 내부담당자에 의한 조사가 중립성이나 공정성을 보장하기 어려운 경우(예컨대, 사업주에 의한 직장 내 괴롭힘)라면 중립성과 독립성이 보장된 외부기관이나 단체에 조사와 의견을 의뢰하여 받는 것도 허용되고, 직장 내 괴롭힘의 조사나 심사, 판정에 있어 외부위원을 위촉하는 것도 가능하다. 예컨대, 사용자가 객관적 조사 실시의무를 이행하기 위해 그 조사를 중립적인 제3의 기관, 예컨대, 객관적 조사가 가능한 법무법인이나 노무법인 등에 위탁을 하는 것도 허용된다.

### 3. 사용자의 비밀유지의무

직장 내 괴롭힘 조사과정에 참여하거나 조사한 사람, 보고받은 사람, 심사·의결에 참여한 사람, 조치를 집행한 사람 등은 조사과정에서 조사대상 근로자들의 개인정보나 비밀을 알 수 있게 된다. 이러한 비밀에 대해 외부에 누설하지 않을 의무가 있는가?

입법과정에서 '직장 내 괴롭힘 방지법 제정안'들은 남녀고용평등법의 직장 내 성희롱 조사 시 비밀누설금지의무 규정(14조 7항. 2017년 신설)을 참고하여 비밀유지의무를 부과하고, 위반 시에 과태료 규정을 두고 있었으나 최종 개정안에 채택되지는 않았다.[2] 그리하여 2019년 직장 내 괴롭힘 규정을 신설할 때에는 비밀유지의무나 그 위반에 대한 제재조치가 규정되지 않았다. 그러나 판례는 남녀고용평등법에 위 비밀누설금지규정이 도입되기 전에 이루어진 직장 내 성희롱 조사에 관해서도 해석을 통해 비밀유지의무를 인정하였다.[3]

---

2) 이정미 의원이 2018. 3. 2. 대표발의한 "직장 내 괴롭힘 예방 및 피해근로자 보호에 관한 법률안" 14조(비밀유지) 및 19조 2항 6호(과태료); 강병원 의원이 2018. 4. 27. 대표발의한 "직장 내 괴롭힘 방지 및 피해근로자 보호 등에 관한 법률안" 23조 및 26조 2항 6호(과태료).

3) 대법원 2017. 12. 22. 선고 2016다202947 판결(개인의 인격권, 사생활의 비밀과 자유를 보장하는 헌법 10조, 17조, 직장 내 성희롱의 예방과 피해근로자 등을 보호하고자 하는 남녀고용평등법의 입법 취지와 직장 내 성희롱의 특성 등에 비추어, 직장 내 성희롱 사건에 대한 조사가 진행되는 경우 조사참여자는 특별한 사정이 없는 한 비밀을 엄격하게 지키고 공정성을 잃지 않아야 한다. 조사참여자가 직장 내 성희롱 사건을 조사하면서 알게 된 비밀을 누설하거나 가해자와 피해자의 사회적 가치나 평가를 침해할 수 있는 언동을 공공연하게 하는 것은 위법하다고 보아야 한다. 위와 같은 언동으로 말미암아 피해근로자 등에게 추가적인 2차 피해가 발생할 수 있고, 이는 결국 피해근로자 등으로 하여금 직장 내 성희롱을 신고하는 것조차 단념하도록 할 수 있기 때문에, 사용자는 조사참여자에게 위와 같은 의무를 준수하도록 하여야 한다).

직장 내 괴롭힘의 경우에도 2021. 4. 법 개정 전에도 위와 같은 판례의 취지에 비추어 볼 때 비록 비밀유지의무 규정이 명문으로 없다고 하더라도 직장 내 괴롭힘 조사 시에 조사참여자 등이 알게 된 개인의 비밀을 보고나 집행 등을 위해 제3자에게 전달하는 경우를 제외하고는 누설하지 않아야 할 의무가 있다. 그리고 사용자 또한 조사참여자 등에게 비밀누설을 하지 않도록 주의시킬 의무가 있다고 볼 것이다. 따라서 직장 내 괴롭힘 조사 등의 과정에서 비밀유지의무를 위반할 경우 위 판결에서와 유사하게 민사상 손해배상책임(사용자책임을 포함)을 부담할 수 있다고 해석되었다.

이러한 해석론에 기반하여 국회는 2021. 4. 법 개정을 통하여 직장 내 괴롭힘을 조사하고, 보고받고, 참여하는 사람은 피해근로자등의 의사에 반하여 다른 사람에게 누설할 수 없도록 비밀유지의무를 부과하고, 다만 사용자에게 보고하거나 관계기관의 요청에 따라 필요한 정보를 제공하는 경우에는 비밀을 공개할 수 있도록 하였다(법 76조의3 7항). 이러한 비밀유지의무를 위반한 경우 그 조사자, 보고자, 참여자 등에 대해 과태료가 부과될 수 있다(법 116조 2항 2호). 위의 개정법에 사용자를 명시하고 있지는 않지만 사용자의 경우 근로관계에서 근로자에 대한 보호의무로서 비밀유지의무를 부담하므로 그 위반 시 민사상 책임을 부담할 수 있다.

### 4. 사용자의 조사의무 위반에 대한 조치와 효과

#### 가. 근로감독관에 대한 통보

사용자는 직장 내 괴롭힘에 대한 신고접수나 인지 후 지체 없이 당사자 등으로부터 사실확인을 위한 조사를 객관적으로 실시할 의무(이하 '조사의무'라 한다)가 있다. 그러나 2019. 1. 법 신설 당시에는 그 조사의무를 이행하지 않거나 이를 지연했다고 하더라도 이를 처벌하거나 과태료를 부과하는 근거규정이 없었으나 2021. 4. 법 개정을 통하여 지체 없이 당사자 등에 대한 객관적 조사를 실시하지 않는 경우 1,000만 원 이하의 과태료를 부과하는 행정제재를 신설하였다.

법령상 의무가 있는 행위(직장 내 괴롭힘 조사)를 사용자가 하지 않은 것이기 때문에 근기법 위반을 이유로 104조에 따라 근로자는 근로감독관에게 통보하여 행정감독을 촉구할 수 있다. 여기서의 통보는 사용자의 근기법 위반 사실에 대한 통보이므로 피해자나 신고자 외의 다른 근로자도 통보가 가능하며, 통보를 이유로 근로자에게 해고 등의 불이익처우를 하지는 못한다(법 104조 2항).

### 나. 조사의무 위반으로 인한 책임

사용자는 신고나 인지로 인해 알게 된 직장 내 괴롭힘 행위에 대해 지체 없이 당사자 등을 조사를 실시할 의무가 있다. 사용자가 조사의무를 이행하지 않았다고 하더라도 그 자체로 신고자의 권리를 침해한 것이라 할 수 있는가? 피해자가 아닌 신고자는 사용자에게 개인적 권리로서 조사청구권을 가진다고 보기는 어렵고, 다만, 사용자는 행정상의 의무로서 조사의무를 부담한다고 볼 것이다. 또한 사용자가 신고나 보고 등을 통해 괴롭힘을 인지하였더라도 피해자의 명예나 비밀 등을 고려하거나 피해자의 의사를 감안해 조사 자체를 하지 않는 것도 하나의 선택지로 택할 수 있다고 볼 필요도 있다.

그러나 피해근로자의 신고가 있는 경우는 달리 보아야 한다. 피해근로자의 신고나 조사요구에도 불구하고 사용자가 조사 자체를 실시하지 않았다면 이는 피해근로자에 대한 보호의무위반으로 볼 수 있고, 미조사 자체가 사용자의 부작위에 의한 괴롭힘의 한 형태도 될 수 있다. 또한 앞서 본 바와 같이 2021. 4. 사용자가 조사실시의무를 이행하지 않은 경우 과태료를 부과할 수 있도록 하여 그 조사의무 위반의 가벌성을 인정하게 되었다는 점에서도 피해근로자의 신고나 조사요구가 있을 경우에는 사용자에게 그 조사실시의무가 있다고 보아야 할 것이다. 아직 피해사실이 확인되지 않은 피해주장근로자에 대해서도 그 조사 실시 전에는 피해여부를 객관적으로 확인할 수 없으므로 사용자가 그 조사 자체를 거부할 수는 없다.

## Ⅳ. 직장 내 괴롭힘에 대한 조치

### 1. 피해자에 대한 조치

### 가. 임시적 보호조치

사용자는 직장 내 괴롭힘 사건의 조사 기간 중에는 피해를 입은 근로자(이하 '피해근로자'라 한다) 또는 피해를 입었다고 주장하는 근로자(이하 '피해주장근로자'라 한다)에 대해 그 보호를 위해 필요한 경우 근무장소의 변경, 유급휴가 명령 등의 적절한 조치를 하여야 하며, 이 경우 피해(주장)근로자의 의사에 반한 조치를 하여서는 안 된다(법 76조의3 4항).

행위자와 피해근로자가 같은 장소에서 계속 접촉하게 되던, 직장 내 괴롭힘이 반복하여 발생할 수 있고, 피해근로자의 피해가 가중될 수 있으므로, 이를 방지하기 위한 잠정조치로서 근무장소의 변경, 유급휴가 명령 등 직장 내 괴롭힘의 재발방지와 손해확대방지에 필요한 적절한 조치를 취하여야 한다.

직장 내 괴롭힘 조사기간 중에는 아직 가해사실이 확인되지 않았지만 피해근로자 외에 피해주장근로자에 대해서도 사용자가 근무장소의 변경이나 유급휴가 명령 등과 같은 일정한 보호조치를 필요한 경우 사용자의 권한으로서 조치하는 것이 가능하다. 다만, 이러한 보호조치 또한 피해(주장)근로자의 의사에 반해 이루어진다면 사실상 보호조치를 빙자한 배제조치(강제적 근무장소 변경이나 휴가조치)로서 활용될 수 있음을 고려해 피해(주장)근로자의 의사에 반하지 못하도록 하고 있다.

조사기간 중의 피해(주장)근로자에 대한 사용자의 보호조치는 마치 의무로서 규정된 것처럼 보이지만(~하여야 한다) 그 요건으로서 '보호하기 위하여 필요한 경우'라 하여 사실상 사용자가 그 필요성 여부를 여러 사정을 고려해 결정할 수 있다. 위와 같은 조사기간 중의 사용자의 피해(주장)근로자에 대한 근무장소의 변경이나 유급휴가 명령 등의 보호조치는 직장 내 괴롭힘이 확인되기 전까지의 임시적인 조치여서 조사 결과 직장 내 괴롭힘이 인정되지 않거나 피해(주장)근로자가 다른 보호조치나 원상회복을 요청하는 경우 그 임시적인 조치는 해제되거나 원상으로 회복될 수 있다.

### 나. 직장 내 괴롭힘 확인 후 피해자 보호조치

조사결과 직장 내 괴롭힘 사실이 확인되고, 피해근로자가 요청할 경우에 사용자는 피해근로자의 근무장소의 변경, 배치전환, 유급휴가 명령 등의 보호조치를 취하여야 한다(법 76조의3 5항).

피해(주장)근로자에 대한 조사기간 중의 임시적 보호조치는 사용자의 조치가 선행할 수 있다. 반면에 피해근로자에 대한 조사 후의 보호조치는 피해근로자의 요청을 전제로 해서만 가능하다. 따라서 피해근로자가 자신에 대해 아무런 조치의 요청도 하지 않는 경우에는 사용자가 이를 무시하그서 보호조치를 감행할 수 없다. 다만, 피해근로자가 특정한 보호조치를 요청한다고 하더라도 사용자는 업무상 필요성과 피해근로자에 대한 보호수준과 내용을 고려하여 보호조치의 내용이나 기간을 조정할 수는 있다.

조사 후 괴롭힘이 확인된 피해근로자에 대한 보호조치로서 법은 근무장소 변경, 배치전환, 유급휴가 명령 등을 예시하고 있으나 그 외에도 근무시간의 조정, 업무분담이나 업무내용의 변경, 업무장비의 변경이나 추가 등도 포함된다. 만약 인사명령이나 징계처분이 괴롭힘 행위의 일부로서 확인되었다면 사용자는 그 인사명령이나 징계처분을 피해근로자 보호조치의 한 방법으로서 철회 또는 취소할 수 있다.

### 2. 행위자에 대한 조치

직장 내 괴롭힘 조사결과 괴롭힘 사실이 확인된 때에는 사용자는 지체 없이 그 행위자에 대해 징계, 근무장소의 변경 등 필요한 조치를 하여야 하고, 징계 등의 조치를 하기 전에 피해근로자의 의견을 들어야 한다(법 76조의3 5항). 징계는 근기법 23조 소정의 징벌과 동일한 의미로 해석되므로, 해고도 포함된다. 사용자가 가해자에 대한 조치를 할 때 피해근로자의 의사를 참작할 필요가 있으므로, 사용자는 조치를 하기 전에 그 조치와 관련하여 피해근로자의 의견을 들어야 한다.

직장 내 괴롭힘의 가해자는 사용자가 될 수도 있다. 그러나 사용자 중에서 사업주나 사업경영담당자인 경우에는 그를 징계하는 것이 불가능하다. 사업주는 개인이거나 법인인데 징계권자인 사업주가 스스로를 징계하는 것은 가능하지 않고, 사업경영담당자(예컨대, 대표이사)는 근로자가 아니라 사업주로부터 권한을 위임받은 자여서 이사회를 통한 해임 외에 별도의 징계는 원칙적으로 가능하지 않다. 다만, 사용자 스스로 직장 내 괴롭힘 행위에 대한 일정한 사과나 반성 및 재발방지 등의 조치를 스스로 수행해 나갈 수는 있다. 다만 2021년 법 개정을 통해 사용자에 의한 직장 내 괴롭힘은 법령위반으로 과태료 부과대상이어서 근로감독관에게 통보할 수는 있다(법 104조 2항).

직장 내 괴롭힘 사실이 확인된 경우에 그 행위를 한 가해자에 대해 사용자는 필요한 조치를 할 의무가 있다. 이는 가해자의 사업(장) 질서문란행위에 대한 제재로서 뿐만 아니라 사용자의 피해근로자에 대한 보호의무의 내용 중의 하나로서 피해근로자에 대한 향후의 직장 내 괴롭힘을 예방하기 위한 조치이기도

하다. 이러한 조치를 취하지 않는 경우 그 자체로 피해근로자에 대한 사용자의 보호의무 위반이 될 수 있다. 다만, 가해자에 대해 필요한 조치는 i) 법적 처분으로서 징계처분이나 인사명령이 될 수도 있고, ii) 사실행위로서 근무장소나 근무시간의 변경이 될 수도 있으며, iii) 직무수행 과정에서의 일정한 금지의무나 작위의무의 부과 등도 포함될 수 있다.

## V. 신고에 대한 불이익조치 금지

### 1. 불이익조치 금지규정의 의의

사용자는 직장 내 괴롭힘 발생 사실을 신고한 근로자 또는 피해(주장)근로자에게 해고나 그 밖의 불리한 처우(이하 해고를 포함하여 '불이익조치'라 한다)를 하여서는 안 되며(법 76조의3 6항), 이를 위반한 경우 3년 이하의 징역이나 3,000만 원 이하의 벌금에 처한다(법 109조 1항).

근로자는 근로관계 속에서 사용자의 지시와 명령을 따라야 할 의무가 있고, 그 의무의 내용은 사용자에 의해 매일매일 구체화되기 때문에 사용자나 다른 근로자의 행위가 적정업무를 이탈한 괴롭힘인지 여부를 스스로 판단하기 어렵다. 또한, 사용자나 다른 근로자의 부당하거나 불법적인 업무지시나 행위를 피해근로자가 당한다고 하더라도 이를 사용자나 제3자에게 호소하기는 어렵다. 그 이유는 자신에게 지시하거나 행위하는 사용자나 근로자로부터 그 호소 자체를 이유로 불이익을 당할 위험이 있기 때문이다. 이러한 점을 감안해 근기법, 노조법, 기간제법이나 파견법 등의 노동법에서는 근로자가 근로감독기관이나 노동위원회에 신고, 증언, 신청 등을 하는 경우에 사용자에게 불이익조치 금지의무를 부과하고, 그 위반 시에 사용자를 처벌하는 규정을 두고 있다.

직장 내 괴롭힘에 대한 신고는 사용자에게 해야 하기 때문에 위의 경우와 달리 사용자가 사업(장)에서의 중립적이고 공정한 분쟁해결기관으로서 스스로 역할해야 한다. 괴롭힘을 당했다고 주장하는 신고를 하였다고 하여 사용자가 그 신고자에게 불이익조치를 한다면 신고제도 자체가 무용지물이 될 수밖에 없다. 이러한 점을 감안해 직장 내 괴롭힘의 신고자나 피해(주장)근로자에 대해 사용자가 불이익조치를 하는 것은 형사처벌을 통해 규제하고 있다.

## 2. 불이익조치와 민·형사상 책임

사용자의 신고근로자나 피해(주장)근로자에 대한 불이익조치는 사용자의 권한행사로서 이루어지는 인사명령, 징계처분, 해고, 갱신거절 등의 법적 행위가 있고, 사실상의 불이익조치로서 따돌림, 업무배제, 차별적 근로환경의 제공 등이 있다. 남녀고용평등법의 직장 내 성희롱 신고에 대한 불이익조치는 구체적으로 규정되어 있어 이를 참조하여 불이익조치를 예시하면 다음과 같다.

ⅰ) 파면, 해임, 해고, 그 밖에 신분상실에 해당하는 불이익조치

ⅱ) 징계, 정직, 감봉, 강등, 승진 제한 등 부당한 인사조치

ⅲ) 직무 미부여, 직무 재배치, 그 밖에 본인의 의사에 반하는 인사조치

ⅳ) 성과평가 또는 동료평가 등에서 차별이나 그에 따른 임금 또는 상여금 등의 차별지급

ⅴ) 직업능력 개발 및 향상을 위한 교육훈련 기회의 제한

ⅵ) 집단 따돌림, 폭행 또는 폭언 등 정신적·신체적 손상을 가져오는 행위를 하거나 그 행위의 발생을 방치하는 행위

ⅶ) 그 밖에 신고를 한 근로자 및 피해(주장)근로자의 의사에 반하는 불리한 처우

불이익조치의 금지의무자는 사용자이다. 따라서 대표이사가 인사명령이나 징계처분으로 법적 불이익조치를 한 경우에는 그 대표이사가 형사책임을 부담하게 되고, 금지의무자가 아닌 가해근로자 등이 사실상의 불이익조치를 한 것이라면 근기법 115조의 양벌규정에 따라 그 불이익조치 행위자들이 진다.

직장 내 괴롭힘 신고에 대한 사용자의 불이익조치는 근기법의 금지 규정을 위반한 것이어서 형사처벌의 대상일 뿐만 아니라 민법상의 불법행위도 구성한다. 판례는 직장 내 성희롱 사건과 관련해 피해근로자를 도와준 동료 근로자에게 불이익조치를 취한 경우 피해근로자가 직접 불이익조치를 당한 것이 아니더라도 사용자는 피해근로자에 대한 보호의무를 위반한 것이어서 민법 750조의 불법행위책임을 부담한다고 보았다.[4)]

4) 대법원 2017. 12. 22. 선고 2016다202947 판결.

### 3. 불이익조치와 인과관계

직장 내 괴롭힘 신고근로자나 피해(주장)근로자에게 불이익조치를 하는 것이 금지되기는 하지만 그 불이익조치는 실제 신고나 피해(주장)가 있음을 이유로 이루어져야 한다. 신고근로자나 피해(주장)근로자에게 신고나 피해 외의 별도의 징계사유나 인사명령 등의 사유가 있는 경우라면 그 징계나 인사 등의 불이익조치가 ⅰ) 시기적으로 신고사실과 징계(인사)사유 중 무엇이 먼저 발생하였는지, ⅱ) 신고가 기존에 진행되던 징계나 인사를 막기 위한 목적인지, ⅲ) 신고내용이 신고 후 행하여진 징계나 인사와 관련성이 있는지 등을 고려해야 한다.

직장 내 괴롭힘 신고가 있다는 사정만으로 그 신고자나 피해(주장)근로자에게 그 조사 및 조치기간 동안 아무런 인사명령이나 징계조치를 할 수 없다거나 또는 직장 내 괴롭힘 신고를 하였다는 이유만으로 그 조사 등이 완료된 이후에도 인사명령이나 징계조치 자체가 금지된다고 보기는 어렵다.

따라서 신고나 피해 이후 그 신고근로자나 피해(주장)근로자에 대해 인사명령이나 징계조치 또는 사실상의 행위 등이 있다고 하더라도 그것이 ⅰ) 먼저, 객관적으로 불이익한 조치로서 인정되어야 하고, ⅱ) 그 조치가 근로자의 신고나 피해주장으로 인해 발생하였다는 인과관계가 필요하다.

불이익조치에 근로자의 신고나 피해주장이 아닌 다른 실질적인 이유가 있는 경우에는 불이익조치 금지위반을 이유로 형사처벌을 할 수는 없다.[5] 직장 내 괴롭힘을 신고하거나 피해주장을 하였다는 이유로 사용자가 근로자에게 불이익조치를 한 것인지 여부는 ⅰ) 사용자가 주장하는 불이익조치의 사유나 정도가 형식적·명목적(오래된 과거의 징계사유, 보편적·관행적 행위에 대한 차별적 징계 등)인 것이거나 ⅱ) 불이익조치가 직장 내 괴롭힘의 신고나 피해주장에 대한 사실상 보복적 조치(징계유형이나 정도의 과도함, 가해근로자와의 불균형 등)로서 이루어진 것으로 보이는지 등을 종합적으로 고려할 필요가 있다.[6]

### 4. 쌍방신고와 불이익조치 여부

앞서 본 바와 같이 사용자는 직장 내 괴롭힘 신고가 접수되거나 직장 내

5) 근로자의 감독기관에 대한 통보를 이유로 한 불이익조치에 관한 대법원 2012. 10. 25. 선고 2012도8694 판결 참조.

6) 위 판결.

괴롭힘 발생사실을 알게 된 경우에는 지체 없이 그 사실을 조사할 의무가 있고, 그 신고나 인지 이후에는 원칙적으로 신고근로자나 피해(주장)근로자에 대해 불이익조치를 할 수 없다. 그런데 만약 신고·접수된 직장 내 괴롭힘의 가해자로 주장된 근로자도 후발적으로 직장 내 괴롭힘 신고나 피해주장을 하는 경우라면 가해자로 주장된 근로자에 대해서도 불이익조치를 할 수 없는 것인지 문제될 수 있다.

i) 신고의 주체는 누구든지 될 수 있고, 신고의 시기도 따로 정해진 것이 없으며, 직장 내 괴롭힘 행위에 대한 별도의 시효기간도 마련되지 않은 이상 신고근로자나 피해(주장)근로자도 언제든 가해자로 지목될 수 있는 점, ii) 직장 내 괴롭힘 신고제도를 통하여 자신이 행한 직장 내 괴롭힘 사건을 지연시키거나 자신에 대한 징계 등을 막기 위해 악용되는 것을 제한할 필요가 있는 점, iii) 직장 내 괴롭힘 신고나 피해주장이 아닌 다른 사유(본인이 가해자인 직장 내 괴롭힘 행위)를 이유로 한 불이익조치(징계, 근무장소의 변경 등)는 법령상 허용되고 있는 점을 고려해 볼 때 가해자로 지목된 자가 직장 내 괴롭힘 신고를 하거나 피해(주장)를 입었다는 사유만으로 징계 등의 불이익조치를 피할 수는 없다고 본다.

### 5. 불이익조치 금지의무자와 대상자

#### 가. 불이익조치 금지의무자

법은 불이익조치 금지의무의 주체를 사용자로 규정하고 있고, 형사처벌 규정 또한 사용자를 그 책임주체로 하고 있다. 이렇게 사용자로 한정한 이유는 불이익조치가 징계처분이나 인사명령을 통하여 이루어지는 경우라면 사용자가 그 처분권자로서 권한을 가지고 있기 때문이다. 다만, 법은 사용자의 범주를 사업주나 사업경영담당자 외에 사업주를 위하여 행위하는 자를 포함시키고 있고, 근기법 115조의 양벌규정을 통하여 사업주의 대리인, 사용인, 그 밖의 종업원도 불이익조치 금지의무를 위반하면 그 행위자 또한 벌하고 있다. 이는 불이익조치가 사업(장) 내 근로자들의 사실행위(따돌림, 업무배제 등)를 통하여 이루어지는 경우에도 형벌규정을 적용할 수 있도록 한 것이다.

### 나. 불이익조치 금지대상자

법은 불이익조치 금지의 대상자를 신고근로자와 피해(주장)근로자로 한정하고 있다. 형사처벌 규정이 있는 점을 고려해 볼 때 이는 죄형법정주의 원칙상 엄격하게 해석되어야 한다. 따라서 신고근로자나 피해(주장)근로자에 동조하는 다른 근로자가 직장 내 괴롭힘 조사과정에서 사실 확인을 위한 의견진술이나 증거를 제출하였다는 이유로 그 다른 근로자에 대해 사용자가 불이익조치를 취한 경우에는 불이익조치 금지의무위반으로 형사처벌할 수는 없다고 할 것이다. 위 불이익조치에 대한 형사처벌은 신고근로자와 피해(주장)근로자에 대한 불이익조치만 규율하기 때문이다. 다만, 앞서 직장 내 성희롱 관련 불이익조치 판례에서 본 바와 같이 직장 내 괴롭힘 피해(주장)근로자를 도와준 동료 근로자에게 불이익조치를 한 경우에는 정당한 사유가 없다면 근기법상의 부당징계나 민법상의 불법행위로 사용자가 민사상 손해배상책임을 질 수 있다.

## 6. 조사관여자의 비밀누설금지

### 가. 비밀누설 금지의무자

앞서 본 바와 같이 2021년 근기법 개정을 통해 조사절차에 관여한 사람들에 대해 비밀유지의무가 부과되었고, 그 위반 시에는 과태료를 부과할 수 있도록 하였다(법 76조의3 7항 및 116조 2항 2호).

비밀누설 금지의무의 대상자는 ⅰ) 직장 내 괴롭힘 발생 사실을 조사한 사람(조사자), ⅱ) 조사 내용을 보고받은 사람(보고수령자), ⅲ) 그 밖에 조사과정에 참여한 사람(조사참여자)이다. 조사자는 사업(장) 내의 근로자일수도 있고, 외부에 조사를 위탁한 경우에는 조사를 위탁받은 기관에 소속된 사람일 수도 있다. 외부의 조사자라 하더라도 비밀유지의무를 부담하고, 위반 시 과태료 부과의 대상이 될 수 있다.

조사 내용을 보고받는 보고수령자는 통상 사업조직 내 인사팀 또는 감사팀의 결재라인이거나 직장 내 괴롭힘 여부를 판단하고, 징계의뢰를 하는 조사위원회가 될 수도 있다. 조사위원회에 외부 인사가 참여하여 그 조사내용을 함께 보고받는 경우 그 외부 위원도 비밀누설 금지의무자가 된다.

조사과정에 참여하는 조사참여자는 그 해석상 논란의 소지가 있다. 직장 내 괴롭힘 조사를 위해서는 피해(주장)근로자, 가해자, 신고자, 목격자(참고인)나 확인자 등이 조사의 대상자로서 참여하게 되는데, 위와 같은 조사 대상자 모두에게 비밀누설 금지의무가 부과된다면 여러 문제가 발생한다. 당사자 입장에서는 직장 내 괴롭힘은 공개되어야 할 필요성이 있는 경우도 있고, 가해자나 피해(주장)근로자 모두 구체적 사실을 제시하고, 서로 반박할 기회도 주어져야 하는 경우도 있는데, 가해자나 피해(주장)근로자에게 비밀유지의무를 부담시켜 과태료를 부과하는 것은 제도적으로 오히려 피해(주장)근로자나 가해자를 위축시키는 문제가 있다.

또한 법 77조의3 7항의 누설이 금지되는 비밀은 해당 조사 과정에서 알게 된 비밀이므로 조사 대상자가 아니라 조사참여자가 조사 과정에서 새롭게 알게 된 사실을 의미한다. 따라서 조사과정에 참여하는 조사참여자는 해당 직장 내 괴롭힘에서의 조사대상인 당사자들(가해자, 피해자, 피해주장자, 목격자, 확인자 등)이 아니라 직장 내 괴롭힘 발생사실을 조사한 사람 외에 그 조사과정에 조사기관으로서 참여한 사람(내 · 외부 조사기관의 참여자나 작성자. 예컨대, 실제 조사나 보고를 받지는 않았지만 조사된 내용을 바탕으로 보고서를 작성하는 사람 등)으로 한정하여 해석해야 할 것이다.

### 나. 누설이 금지되는 비밀

법이 누설을 금지하는 비밀은 해당 조사과정에서 알게 된 비밀이다. 비밀누설금지에서의 비밀은 통상 직무상의 것이고, 법에서 금지하는 것도 직장 내 괴롭힘 조사기관으로서 역할하면서 알게 된 비밀을 의미한다. 여기서 비밀이란 판례상으로 보면, 일반적으로 알려져 있지 않은 사실로서 이를 다른 사람에게 알리지 않는 것이 본인에게 이익이 있는 것을 의미한다.[7] 다만 법은 비밀을 피해(주장)근로자의 의사에 반하여 다른 사람에게 누설하는 것을 금지하고 있기 때문에 피해(주장)근로자의 의사에 반하지 않는 경우에는 다른 사람에게 그 조사내용을 전달하거나 공개할 수 있다. 따라서 조사내용을 전달하거나 공개를 할 경우에는 피해(주장)근로자에게 사전에 그 전달이나 공개에 대해 동의 여부를 확인하거나 미리 알려 줄 필요가 있다.

직장 내 괴롭힘의 가해자 또는 피해자라는 사실도 모두 당사자들에게는 불리한 상황을 야기할 수 있으므로 조사기관에서 이를 내 · 외부의 특정인에게 알

---

7) 대법원 2006. 3. 24. 선고 2005도7309 판결(구 정보통신망이용촉진 및 정보보호 등에 관한 법률에 규정된 '타인의 비밀'에 관한 대법원의 해석이다).

리거나 공개하는 것은 자제하여야 한다. 다만 위의 비밀누설금지 규정은 그 규정 취지상 피해(주장)근로자의 비밀을 보호대상으로 하고 있기 때문에 가해자의 비밀을 누설하는 것은 포함되지 않는다고 볼 것이지만 피해(주장)근로자가 외부에 알리고 싶지 않은 괴롭힘 사건(예컨대 가해자의 성적 괴롭힘 등)이라면 그 가해자를 누설하는 것도 피해(주장)근로자의 비밀의 누설에 해당할 수 있다. 아울러 피해(주장)근로자가 신고한 직장 내 괴롭힘 주장이 목격자나 참고인 등에 의해 모두 확인할 수 없는 경우 그 같은 조사내용을 제3자에게 알리거나 공개하는 것도 피해(주장)근로자 입장에서는 공개되기 원하지 않는 것이라 할 수 있다. 다만 신고된 가해근로자에게는 해당 직장 내 괴롭힘 사건에 대한 조사결과를 통보해 주는 조치는 필요하다.

피해(주장)근로자의 비밀을 보호하기 위해서 조사기관은 비밀을 누설하면 안 되지만 사용자에 대한 보고나 감독관청의 사실 확인 요청 등에는 응해야 할 의무가 있다. 이러한 문제를 감안해 법은 조사와 관련된 내용을 사용자에게 보고하거나 관계기관의 요청에 따라 필요한 정보를 제공하는 경우는 비밀의 누설로 보지 않고 있다(법 76조의3 7항 단서). 여기서 사용자에 대한 보고는 사용자를 위하여 행위하는 자인 사업(장)내 조사팀이나 조사위탁을 받은 기관의 내부 보고를 포함한다고 볼 것이지만, 관련자들이나 임원이나 직원의 사적인 문의에 대해 조사 내용 중 일부를 알리는 행위는 사용자에 대한 보고가 아니므로 비밀누설에 해당된다.

가해근로자나 피해(주장)근로자 등이 조사를 받고, 그 내용이 본인의 진술대로 기재되었는지 확인하기 위해 인쇄하여 읽어본 후 날인을 하거나 조사과정에서 괴롭힘 행위로 적시된 내용들에 대해 입증이나 반박을 위해 해당 당사자들이 자료를 제출하고, 그 제출된 자료에 근거해 조사기관에서 조사 대상자에게 그 사실확인을 하는 경우라면 이는 비밀누설에 해당하지 않는다고 볼 것이다. 직장 내 괴롭힘 조사기관은 객관적 사실을 조사하여 확인할 의무가 있고, 각 당사자들의 주장을 객관적 증거로서 밝혀야 하기 때문이다.

### 다. 비밀누설의 제재(과태료)

직장 내 괴롭힘 조사자, 보고수령자, 조사참여자는 그 조사과정 중에 알게 된 비밀을 누설하면 500만 원 이하의 과태료가 부과될 수 있다(법 116조 2항 2호)

다만 피해(주장)근로자의 의사에 반하지 않는다면 과태료 부과대상이 아니다. 이러한 피해(주장)근로자의 의사에 반하는 누설이 그 누설행위 당시에는 반하는 것이었으나 누설 이후 사후적으로 해당 근로자로부터 그 누설에 동의나 용서를 받았더라도 과태료 부과대상이 될 수 있다. 비밀 누설 당시에 그 의사에 반한 이상 이후 동의나 용서를 받았더라도 그 구성요건 사실이 소급적으로 소멸되는 것은 아니기 때문이다. 다만 사후적 동의나 용서는 과태료 액수의 산정에서 참작될 수 있다.

## Ⅵ. 직장 내 괴롭힘과 취업규칙

### 1. 취업규칙의 불이익변경 및 동의 여부

법은 직장 내 괴롭힘의 예방 및 발생 시 조치 등에 관한 사항을 취업규칙의 필요적 기재사항으로 규정하였다(93조 11호). 따라서 취업규칙 작성 및 신고의무가 있는 상시 10명 이상의 사업(장)에서는 이와 관련된 사항을 취업규칙에 신설(추가)하여 신고하여야 한다.

직장 내 괴롭힘의 예방 및 발생 시 조치 등을 취업규칙에 신설(추가)하는 것이 취업규칙의 불이익 변경이어서 과반수 노동조합(근로자 과반수)의 동의를 받아야 하는가?

고용노동부의 2019년 직장 내 괴롭힘 매뉴얼은 직장 내 괴롭힘 예방과 조치 관련 내용은 과반수 의견을 듣는 것으로 족하나 사내 징계규정을 신설 또는 강화하는 경우 근로조건의 불이익한 변경으로 보아 과반수 동의를 얻어야 한다고 보고 있다.[8)]

이와 관련해서는 직장 내 괴롭힘 방지는 '괴롭힘'이라는 새로운 행위유형을 규정하여 인적 근로환경을 통제하고, 제재하는 것이므로 근로자에 대한 불이익한 변경으로 보아야 하고, 근로환경에 대한 사용자의 일방적 규율은 과반수 노동조합이나 근로자 과반수 동의를 통해 견제되어야 한다는 입장이 있을 수 있다.

그러나 ⅰ) 법이 의무로서 직장 내 괴롭힘에 관한 규정을 취업규칙에 두도록 하였는데, 근로자 과반수 동의를 얻지 못하였다는 이유로 각 사업장에서 이를 취업규칙을 통해 구체적으로 제도화하는 것을 방해받을 수는 없는 점, ⅱ)

8) 고용노동부, 27면.

직장 내 괴롭힘 예방 등의 제도 자체는 사업장 내 괴롭힘이라는 사용자나 근로자의 다른 근로자에 대한 불법행위를 막기 위한 것이어서 근로자에게 불이익한 변경이라 보기 어려운 점, iii) 법이 요구하는 직장 내 괴롭힘 예방 및 발생 시의 조치에 관한 규정은 향후의 잠재적인 신고근로자 및 피해(주장)근로자의 권익보호를 위한 것인 점을 고려해 볼 때 사용자가 법에 따라 취업규칙에 직장 내 괴롭힘 예방 등에 관한 사항을 신설(추가)하는 경우에는 과반수 노동조합(근로자 과반수)의 의견을 듣는 것으로 족하다고 볼 것이다.

다만, 취업규칙의 불이익변경에 과반수 노동조합(근로자 과반수)의 동의를 얻도록 한 것은 근로자들의 기득권(기득이익)의 침해를 막고자 하는 것이므로 직장 내 괴롭힘 관련 규정을 법령이나 기존 규정에 비해 강화하는 내용으로 신설 또는 변경하는 경우라면 동의를 요한다고 볼 것이다.

한편, 직장 내 괴롭힘 방지가 취업규칙의 필요적 기재사항이라고 할지라도 이는 인적 근로환경에 관한 사항이어서 단체교섭의 대상사항이 되며, 단체협약의 한 내용으로 삼을 수 있다.

### 2. 취업규칙의 내용

직장 내 괴롭힘에 관한 취업규칙의 내용에는 어떤 것들이 담겨야 하는가? 먼저 취업규칙은 법령이나 단체협약에 어긋나서는 안 되며, 그러한 경우에는 고용노동부장관이 취업규칙의 변경을 명할 수 있다(법 96조). 따라서 취업규칙은 법령의 내용을 포함하여 그 내용을 사업(장) 형편에 맞게 구체화할 필요가 있다. 구체화될 필요성이 있는 내용은 다음과 같다.

i) 직장 내 괴롭힘 금지규정 — 개념과 요건(유형화 또는 예시사례의 기재)

ii) 직장 내 괴롭힘 신고 — 신고접수기관, 신고접수방식과 절차(신고서식의 예시)

iii) 직장 내 괴롭힘 조사 — 조사기관(조사위탁기관), 조사 기간 · 절차 · 방법 · 서식

iv) 피해(주장)근로자 임시조치 — 조치권자, 조치유형(근무장소 변경, 유급휴가 등), 임시조치의 기간과 명령, 피해(주장)근로자 의사확인절차

v) 직장 내 괴롭힘 심사 — 심사 및 의결기관과 절차, 심사위원 구성, 괴롭

힘 여부 판정, 사용자의 조치에 대한 권고

vi) 행위근로자에 대한 조치 — 피해근로자의 의견진술, 심사의결에 따른 행위근로자에 대한 근무장소 변경, 징계회부 등

vii) 피해근로자에 대한 조치 — 피해근로자의 요청과 이에 따른 조치(근무장소 변경, 배치전환, 유급휴가 등)

viii) 불이익조치의 금지규정 — 금지대상자, 불이익조치의 유형화 등

위의 내용은 법에 규정된 내용을 구체화한 것일 뿐이고, 사업(장) 내에서 추가적으로 직장 내 괴롭힘의 예방이나 분쟁해결을 위한 절차를 규정해 놓을 수 있다. 이를 예시해 보면 다음과 같다.

i) 직장 내 괴롭힘 조사 시 비밀유지의무 규정

ii) 직장 내 괴롭힘 예방교육의 실시

iii) 직장 내 괴롭힘 판정이나 조치에 대한 이의제기 등 분쟁해결절차의 마련

iv) 직장 내 괴롭힘 고충상담기관의 신설이나 지정

v) 직장 내 괴롭힘 예방을 위한 제도개선기관의 신설

vi) 사업주에 의한 직장 내 괴롭힘의 특별 신고 및 접수절차 마련

[신 권 철]

# 제 7 장

# 기능 습득

# 제 7 장 기능 습득

## 제77조(기능 습득자의 보호)

사용자는 양성공, 수습, 그 밖의 명칭을 불문하고 기능의 습득을 목적으로 하는 근로자를 혹사하거나 가사, 그 밖의 기능 습득과 관계없는 업무에 종사시키지 못한다.

〈세 목 차〉



[참고문헌]


**강경종**, "직업교육 법제 정비 방안 연구", 한국직업능력개발원(2008); **김원중**, "경찰공무원 시보임용 예정자인 교육생에 관한 법적 지위 검토", 법학연구 47권, 한국법학회(2012); **두현욱 · 전영우 · 임채현 · 진호현**, "해기사 실습생의 법적 지위 및 관리제도 개선 방안에 관한 연구", 해사법연구 30권 3호, 한국해사법학회(2018. 9.); **박은정**, "산재보험법 특례대상자인 현장실습생의 의미 — 부산지방법원 2016. 7. 20. 선고 2015구단21562 판결 —", 노동법학 64호, 한국노동법학회(2017. 12.); **박은정 · 정연택**, "산재보험법 제123조 현장실습생 특례규정에 대한 검토", 노동법학 65호, 한국노동법학회(2018. 3.); **손미정**, "직업교육 법제의 내용 및 체계에 관한 사회법적 논의", 법학연구 72호, 한국법학회(2018); **이병태a**, 최신노동법(6전정판), (주)중앙경제(2005); **이창희 · 두현욱**, "해외 해기사 실습생의 법적 지위 및 관리정책에 대한 연구 — 영국, 미국, 인도 중심으로 —", 해사법연구 30권 2호(2018. 6.); **조용만a**, "직업훈련법제에 관한 연구 — ILO조약 · 권고 및 프랑스법과의 비교고찰 —", 서울대학교 대학원 석사학위논문(1992); **조용만b**, "직업훈련에 대한 근로자의 권리: ILO국제노동기준 및 프랑스법과의 비교평가", 노동법연구 2권 1호, 서울대학교 노동법연구회(1992. 6.); **常盤忠允**, "職業訓練法制の沿革", 現代講座 13卷; **勞働基準法 Ⅱ**, 青木宗也 · 片岡曻 編, 青林書院(1995).

## Ⅰ. 의 의

근로자가 숙련된 기능을 갖는다는 것은 바로 자기가 원하는 근로를 할 수 있고 근로자로서 대우를 받을 수 있는 기본조건이다. 오늘날에는 학교나 직업훈련기관을 통해 이러한 기능을 배울 수 있으나, 과거에는 기능을 가진 숙련공 밑에서 그 숙련공을 스승으로 모시고 제자로서 견습(見習)을 통해 그 기능을 배우고 전수받았다(도제 제도).[1] 이러한 도제(徒弟) 제도에서 숙련공과 견습공의 관계는 가족적인 신분관계로서, 견습공은 기능 습득이라는 미명 아래 혹사당하거나 기능 습득과 관계없는 잡무에 종사하고, 그 교육은 과학적·체계적인 것이 아니고 오직 보고 흉내를 내는 감각과 요령에 의한 체득이었다.[2]

근기법에서는 종래 1953. 5. 10. 제정 때부터 도제 제도에 따른 전근대적 폐습을 방지하기 위해 7장에서 기능 습득이라는 장을 두어 두 가지 방향에서 기능 습득자를 보호하고 있었다. 그리하여 1953. 5. 10. 제정 근기법은 그 하나로 기능 습득 제도에 따른 전근대적 폐단을 방지하는 규정(위 제정 법 74조, 현행 법 77조)을 두었고, 다른 하나로는 근대적인 기능자 양성 제도를 확립하기 위해 (i) 기능자 양성이 인정되는 직종과 사용자의 자격·계약 기간·근로시간과 임금에 관한 규정을 대통령령으로 정하도록 하는 규정(위 제정 법 75조 1항),[3] (ii) 미성년자인 기능 습득자에 대한 연차 유급휴가 12일 보장 규정(76조), (iii) 기능자 양성의 인가주의 채택(75조 2항)과 사용자의 의무 위반에 따른 인가 취소(77조) 등의 규정을 두었다. 이 규정들은 1999. 2. 8. 근기법 개정 전까지 실질적인 내용 개정 없이 약 45년 동안 계속 존치되어 있었는데,[4] 그 중 후자인 근대적인 기능자 양성 제도를 확립하기 위한 규정들은 1999. 2. 8. 근기법 개정 때 각종 규제 폐지·완화 차원에서 모두 삭제되었다.

근기법은 기능 습득자의 보호에 관한 내용만 규율하고, 직업교육은 다른 법령에서 규율하고 있다. 직업교육법제는 (i) 교육기본법, 초중등교육법, 고등교육법, 산업교육진흥 및 산학연협력촉진에 관한 법률에 의해 규율되는 학교직업교

1) 常盤忠允, 170~171면.

2) 이병태a, 966면.

3) 하지만 대통령령으로 정해둔 것은 없었다.

4) 2007. 1. 26. 법 개정 때 77조의 조문 제목을 '기능습득자의 폐단(弊端) 제외'라고 되어 있던 것을 '기능습득자의 보호'라고 바꾼 것 정도가 눈에 띄는 개정 내용이다.

육, (ii) 평생교육법, 고용정책기본법, 평생직업능력법에 의하여 규율되는 사회직업교육, (iii) 직업교육훈련법에 의해 규율되는 직업교육훈련 등으로 구분된다.5)

## Ⅱ. 취 지

사용자는 양성공, 수습 그 밖의 명칭을 불문하고 기능의 습득을 목적으로 하는 근로자를 혹사하거나 가사, 그 밖의 기능 습득과 관계없는 업무에 종사시키지 못한다(법 77조). 과거 도제 제도에서 나타나는 폐풍으로 기능 습득자를 가혹하게 대우하고, 기능 습득과 관계없는 잡무에 사용하는 것을 방지하려는 데에 취지가 있다.6)

## Ⅲ. 내 용

### 1. 기능의 습득을 목적으로 하는 근로자

기능의 습득을 목적으로 취업한 근로자는 도제·양성공·수습, 그 밖의 명칭을 묻지 않고 이 조항의 적용 대상이 된다.7)

### 2. 혹사의 금지

사용자는 기능의 습득을 목적으로 하는 근로자를 혹사할 수 없다. '혹사'란 열악한 근로 환경, 근로조건에서 사용하는 것을 말한다.8) 그 판단은 개별적·구체적으로 하여야 하지만 궁극적으로 사회통념에 따른다. 근기법의 다른 규정에 위배되

5) 손미정, 411~425면. "산업교육진흥 및 산학연협력촉진에 관한 법률이 산업교육과 직업교육훈련을 준별하면서 산업교육기관인 대학 등이 직업교육훈련 과정이나 학과 등을 설치·운영하기 위한 필요한 규정을 따로 상세히 두고 있는 점 등에 비추어 보면, 산업교육기관인 대학에서 행하여지는 취업 등과 관련된 교육과정을 모두 직업교육훈련법상의 직업교육훈련이라고 할 수 없고, 산업교육진흥 및 산학연협력촉진에 관한 법률 8조에 규정된 직업교육훈련 과정이나 학과 등에서의 교육 등에 해당하여야만 직업교육훈련법상 직업교육훈련으로 볼 수 있다"고 판시한 사례로는 부산지법 2016. 7. 20 선고 2015구단21552 판결(이에 대한 평석은 박은정). 한편 기업체가 고도의 전문성을 요하는 영역에 있어서 다액의 훈련비를 소요해 가면서 해외에 있는 전문교육기관에 위탁하여 근로자에게 실시하는 훈련은 직업훈련기본법에서 말하는 "직업훈련"에 포함되는 것이 아니다(대법원 1992. 2. 25. 선고 91다26232 판결).

6) 이병태, 870면; 注釋(下), 841면.

7) 勞働基準法 Ⅱ, 135면; 注釋(下), 841면.

8) 이병태, 870~871면; 注釋(下), 841면.

지 않더라도 사회통념에서 허용될 수 없는 가혹한 행위는 여기에 모두 포함된다.

### 3. 가사, 그 밖의 기능 습득과 관계없는 업무 사용 금지

기능의 습득을 목적으로 하는 자는 가사(家事), 그 밖의 기능 습득과 관계없는 업무에 종사시키지 못한다. 가사란 집안 살림에 관한 일로 아기보기 · 밥 짓기 · 청소 등을 말한다. 그 밖의 기능 습득과 관계없는 업무란 가사를 제외한 기능 습득과 관계없는 잡무로 잡다한 심부름을 말한다.[9] 종래 기능 습득의 범위를 넘어 잡무에 사용하였던 폐단이 많았던 점을 고려하여 잡무는 어느 경우에나 개별적 · 구체적으로 판단하여야 한다. 작업장의 정돈이나 기계 · 기구의 반입 · 반출 · 정비 및 청소 등과 같이 해당 기능 습득에 필요한 작업은 이에 포함되지 않는다.[10]

## Ⅳ. 위반의 효과

### 1. 중지청구권

사용자가 근로자를 혹사하거나 가사, 그 밖에 기능 습득과 관계없는 업무에 종사시키는 경우, 위와 같은 노무 지휘는 강행법규인 법에 위반된 것으로서 근로자에게 구속력이 없다. 근로자는 위와 같은 사용자의 지휘에 따를 의무가 없고, 사용자에 대하여 혹사나 가사, 그 밖에 기능 습득과 관계없는 업무 종사의 금지를 청구할 수 있다.

### 2. 형사책임

법 77조에 위반하여 기능 습득을 목적으로 하는 자를 혹사하거나 가사, 그 밖에 기능 습득과 관계없는 업무에 종사시킨 자는 500만 원 이하의 벌금에 처한다(법 114조 1호). 구체적인 사안에 따라서는 사용자가 기능 습득을 목적으로 하는 자를 혹사하거나 가사, 그 밖의 기능 습득과 관계없는 업무에 종사시키는 행위가 동시에 학대죄(형법 273조 1항), 아동혹사죄(형법 274조), 강요죄(형법 324조)의 구성요건에 해당할 때가 있다. 이 경우 법 77조 위반죄와 위 형법 각 죄는 하나의 행위가 2개의 죄에 해당하는 것으로서 상상적 경합관계이다.

---

9) 이병태, 871면.

10) 勞働基準法 Ⅱ, 135면. 이에 대하여 구체적으로 판단하여야 한다는 견해로는 박홍규, 95면.

## V. 실습생의 지위

### 1. 근 로 자

고등학교 졸업예정자인 실습생은 작업기간이 잠정적인 것이라 할지라도 바로 이러한 사유만으로 그가 근기법의 적용을 받는 근로자가 아니라고 단정할 수 없고, 사업주와 실습생 사이의 채용에 관한 계약내용, 작업의 성질과 내용, 보수의 여부 등 그 근로의 실습관계에 의하여 사용종속관계가 있음이 인정되는 경우에는 그 실습생은 근기법의 적용을 받는 근로자에 해당한다.[11]

### 2. 산재법 123조의 특례

산재법이 적용되는 사업에서 현장 실습을 하고 있는 학생 및 직업 훈련생(이하 "현장실습생"이라 한다) 중 고용노동부장관이 정하는 현장실습생[12]은 5조 2호에도 불구하고 산재법을 적용할 때는 그 사업에 사용되는 근로자로 본다(산재법 123조 1항). 현장실습생이 실습과 관련하여 입은 재해는 업무상의 재해로 보아 산재법 36조 1항에 따른 보험급여를 지급한다(2항). 현장실습생에 대한 보험급여의 기초가 되는 임금액은 현장실습생이 지급받는 훈련수당 등 모든 금품으로 하되, 이를 적용하는 것이 현장실습생의 재해보상에 적절하지 아니하다고 인정되면 고용노동부장관이 정하여 고시하는 금액으로 할 수 있다(3항). 현장실습생에 대한 보험급여의 지급 등에 필요한 사항은 대통령령[13]으로 정한다(4항). 현장실습생에 대한 보험료의 산정·신고 및 납부 등에 관한 사항은 보험료징수법으로 정하는 바에 따른다(5항).

[권 창 영]

---

11) 대법원 1987. 6. 9. 선고 86다카2920 판결.

12) 산재법 6조 및 같은 법 시행령 2조의 규정에 의한 적용사업장에서 직업교육훈련이나 현장실습수업 등을 이수하고 있는 자를 말한다[현장실습생에 대한 산업재해보상보험 적용범위(2018. 9. 11. 시행, 고용노동부고시 2018-69호) 2조].

13) 산재법 시행령 121조(현장실습생에 대한 보험급여 지급 등) 법 123조에 따른 현장실습생에게 보험급여를 지급하는 경우 등에 관하여는 21조부터 85조까지, 96조부터 98조까지, 101조부터 105조까지 및 113조부터 120조까지의 규정을 준용한다.

제8장

# 재 해 보 상

# 제 8 장　재해보상

## 재해보상 전론(前論)

〈세 목 차〉

[참고문헌]
권오성, "업무와 자살 사이의 상당인과관계의 판단기준", 노동법학 63호, 한국노동법학회(2017. 9.); 김복기, "통근재해보호의 근거 및 보호범위", 노동법연구 9호, 서울대학교 노동법연구회(2000); 김지형a, "노동판례 바로 읽기", 노동법의 미래담론, 해밀(2016); 김형배 · 박지순, 노동법강의, 신조사(2018); 노동특수이론 및 업무상재해관련소송, 사법연수원(2016); 노병호, 노동법 I, 진원사(2017); 도재형 · 최지윤, "직업병 소송의 인과관계 판단에 대한 최근 판결의 검토", 대한의사협회지 61권 8호, 대한의사협회(2018. 8.); 문혜정, "업무상 재해 보상 요건", 재판실무연구 1999, 광주지방법원(2000. 1.); 박승두, "출퇴근 재해에 관한 헌법재판소 판례 비평", 사회법연구 32호, 한국사회법학회(2017. 8.); 박지순 · 이주원, "산재보험급여소송에서 업무상 재해의 증명책임", 고려법학 63호, 고려대학교 법학연구원(2011); 방준식, "과로자살에 관한 법이론적 검토", 노동법논총 29집, 한국비교노동법학회(2013. 12.); 양승엽, "업무상 재해로서 자살의 인정요건과 유형별 고찰", 노동법연구 42호, 서울대학교 노동법연구회(2017. 3.); 오종근a, "산재보험급여를 한 근로복지공단의 제 3 자에 대한 구상권의 범위", 민사판례연구 25권, 박영사(2003. 2.); 오종근b, "산재보험법상 유족급여와 손해배상채권의 관계", 민사판례연구 32권, 박영사(2010. 2.); 이병한, "구 산재법 제54조 제 1 항 본문의 구상권의 상대방인 제 3 자의 범위와 그 단서의 적용 요건", 대법원판례해설 75호, 법원도서관(2008. 12.); 이부하, "산업재해보상보험법상 출 · 퇴근 재해 사건에서 헌법재판소 견해 평가", 법과정책 23권 1호, 제주대학교 법과정책연구소(2017. 3.); 이흥재, "업무상 재해의 인정기준에 관한 판례의 경향: 판례요지의 쟁점별 정리를 중심으로", 법학 40권 2호, 서울대학교 법학연구소(1999); 임자운a, "첨단 산업의 유해성과 그 해소방안", 노동법연구 39호, 서울대학교 노동법연구회(2015. 9.); 임자운b, "반도체 직업병 10년 투쟁의 법 · 제도적 성과와 과제", 과학기술학연구 18권 1호, 한국과학기술학회(2018. 3.); 전광석, "사회보장법에서 헌법문제와 입법정책", 법조 66권 2호, 법조협회(2017. 4.); 조재호, "업무상 질병의 인과관계 증명책임 완화 판례에 대한 검토", 사회보장법연구 7권 2호, 서울대학교 사회보장법연구회(2018); 최윤희, "산재법의 몇 가지 문제점과 개선방향", 노동법연구 26호, 서울대학교 노동법연구회(2009. 3.); 행정소송실무편람, 서울고등법원(2005); 행정재판실무편람(Ⅱ), 서울행정법원(2002); 황정근, "산업재해보상보험법 제54조 제 1 항 소정의 제 3 자의 범위", 대법원판례해설 46호, 법원도서관(2004. 7.).

## Ⅰ. 업무상 재해보상 제도

### 1. 의 의

업무상 재해보상 제도는 근로자가 업무 수행 과정에서 부상을 당하거나 질병에 걸리거나 사망한 경우에 그 근로자나 유족을 보호하기 위하여 적정한 보상을 해주는 제도를 말한다. 이 제도는 초기에는 과실책임 원칙을 기반으로 하는 손해배상 제도에서 출발하였지만 점차 무과실책임 이론을 기반으로 하는 직접 보상 제도로 변천하였고, 오늘날에 와서는 사회보장 제도로서 사회보험의 형식으로 변천하였다.

재해보상의 법적 성질에 대해서는 손해보상설과 생활보장설이 있다. 손해보상설은 재해보상의 본질을 재해로 인하여 생긴 노동력의 훼손에 대한 손해전보에서 구하는 견해이고, 생활보장설은 재해를 근로자의 노동력 훼손이라는 면보다는 근로자의 생활 위험이라는 면에서 포착하고 보상의 목적을 근로자 또는 유족의 생활 보장으로 보는 견해이다. 우리나라의 학설 대부분은 손해보상설의 논거를 부인하지 않으면서도 생활보장설의 입장을 취하는바, 오늘날 재해보상 제도가 사회보장제도로서 사회보험으로 통합되고 있는 것이 국제적인 입법경향인 점에 비추어 재해보상의 본질적 요소는 생존권을 기초로 한 생활보장에 더 중점을 두는 것으로 보아야 할 것이다.[1] 대법원도 재해보상 제도가 손해보상의 성격과 생활보장적 성격을 함께 가지고 있다고 보았다.[2]

### 2. 업무상 재해보상 제도의 개요

현재 업무상 재해보상 제도로는 근기법에 의한 직접보상 방식과 산재법에 의한 사회보험 방식이 병용되고 있다. 이러한 제도는 민사상 손해배상 청구와는 별도로 인정되는 것이다. 따라서 업무상 재해를 당한 근로자는 근기법에 의한 재해보상 청구, 산재법에 의한 보험급여 청구, 민법에 의한 손해배상 청구를 동시에 또는 별도로 할 수 있다.[3]

## Ⅱ. 업무상 재해의 보상 내용 및 청구 절차

### 1. 근기법에 의한 재해보상[4]

#### 가. 의 의

재해보상이란 근로자가 업무상 부상을 입거나 질병에 걸린 경우, 또는 그

1) 노동특수이론, 179~180면.
2) 대법원 1994. 5. 24. 선고 93다38826 판결, 대법원 2010. 8. 19. 선고 2010두5141 판결.
3) 각 제도의 상호 관계에 대해서는 '재해보상 전론(前論)' Ⅳ. 참조.
4) 자세한 내용은 법 78조 이하 각 조문에 대한 해설 참조.

부상 또는 질병으로 사망한 경우에 사용자가 근로자나 그 유족에게 직접 개별적으로 지급하는 각종 보상을 말한다. 재해보상의 내용과 수준은 근기법으로 정하고 있다(법 78조 이하). 재해가 사용자 측의 불법행위에 기인한 경우 재해를 당한 근로자는 사용자를 상대로 민사상 손해배상을 청구할 수 있고, 그와 동시에 또는 별도로 재해보상을 청구할 수도 있다. 각 제도는 상호조정이 되므로 사용자가 이중으로 책임을 부담하는 것은 아니다.

재해보상의 경우 사용자의 과실 여부와 무관하게 사용자에게 보상 책임이 인정되고, 근로자의 과실 정도나 실 손해에 따라 보상 수준이 달라지지 않으며, 형사처벌을 통해 사용자의 보상의무 이행이 담보되는 점, 고용노동부장관 등 행정기관에 심사나 중재를 청구할 수 있는 점, 근로자의 재해보상금 채권에 대하여 최우선변제권이 부여되어 있는 점 등이 민사상 손해배상과 차이가 있다.[5)]

근기법상 재해보상 제도는 재해를 당한 근로자의 보호에 매우 유용한 제도이지만, 보상의 실효성과 범위·내용면에서 근로자에게 더 유리한 산업재해보상보험(이하 "산재보험"이라 한다) 제도가 도입되면서 그 활용도는 높지 않은 편이다. 그러나 근기법상 재해보상 제도가 산재보험 제도의 근거로 작용하고 있을 뿐 아니라 여전히 산재보험 제도가 적용되지 않는 영역이 존재하므로, 근기법상 재해보상 제도의 의미는 여전히 크다고 할 수 있다.

### 나. 재해보상의 내용

근로자가 업무상 부상 또는 질병에 걸리면 사용자는 그 비용으로 필요한 요양을 행하거나 필요한 요양비를 부담하여야 한다(요양보상. 법 78조 1항). 또한 사용자는 요양 중에 있는 근로자에게 평균임금의 100분의 60의 '휴업보상'을 하여야 한다(법 79조). 근로자가 업무상 부상 또는 질병에 걸리고, 완치된 후 신체에 장해가 있으면 사용자는 그 장해 정도에 따라 평균임금에 그 장해 정도에 상응한 일수(日數)를 곱한 금액의 '장해보상'을 하여야 한다(법 80조). 요양보상을 받는 근로자가 요양을 시작한지 2년이 지나도 부상 또는 질병이 완치되지 아니하는 경우에 사용자는 그 근로자에게 평균임금의 1,340일분의 '일시보상'을 행하여 그 후의 보상책임을 면할 수 있다(법 84조). 근로자가 업무상 사망한 경우에는 사용자는 그 유족에게 평균임금의 1,000일분의 '유족보상'을 하여야 하고(법 82

5) 민변노동법 I, 909면.

조), 평균임금의 90일분의 '장례비'를 지급하여야 한다(법 83조).

### 다. 보상 청구 및 불복 절차

업무상 재해를 당한 근로자 또는 그 유족은 사용자에게 직접 재해보상을 청구할 수 있다. 그 과정에서 업무상 재해의 인정, 요양의 방법, 보상금액의 결정, 그 밖에 보상의 실시에 관하여 이의가 있는 자는 고용노동부장관에게 심사나 사건의 중재를 청구할 수 있고, 이 경우 고용노동부장관은 1개월 이내에 심사나 중재를 하여야 한다(법 88조 1항 · 2항). 만일 고용노동부장관이 위 기간 안에 심사 또는 중재를 하지 아니하거나 심사와 중재의 결과에 불복하는 자는 노동위원회에 심사나 중재를 청구할 수 있고, 이 경우 노동위원회는 1개월 이내에 심사나 중재를 하여야 한다(법 89조 1항 · 2항).

재해보상을 받을 권리는 3년간 행사하지 아니하면 시효로 소멸한다(법 92조). 그러나 고용노동부장관에게 심사나 중재를 청구하거나 고용노동부장관이 심사나 중재를 시작하면 시효는 중단된다(법 88조 5항).

## 2. 산재법에 의한 보험급여

### 가. 의 의

산재법에 의한 산재보험은 산업재해에 관하여 국가가 보험자로서 재해보상 책임을 져야 할 사업주를 보험가입자로 하고 재해를 당한 근로자 또는 그 유족을 수급권자로 하여 재해를 당한 근로자 또는 그 유족에게 재해보상을 실시하는 보험 제도를 말한다. 이 제도는 작업장에서 발생할 수 있는 산업안전보건상의 위험을 사업주나 근로자 일방에 전가할 것이 아니라 공적 보험을 통해 산업과 사회 전체가 분담하고자 하는 목적을 가진다.[6)]

산재법상의 모든 보험급여는 근기법상의 재해보상에 상당하는 것이므로[7)] 산재보험은 근기법상 재해보상에 대한 책임보험의 성격이 있다. 그러나 사용자

---

6) 대법원 2017. 8. 29. 선고 2015두3867 판결. "산업재해보상보험제도는 작업장에서 발생할 수 있는 산업안전보건상의 위험을 사업주나 근로자 어느 일방에 전가하는 것이 아니라 공적(公的) 보험을 통해서 산업과 사회 전체가 이를 분담하고자 하는 목적을 가진다. 이 제도는 간접적으로 근로자의 열악한 작업환경이 개선되도록 하는 유인으로 작용하고, 궁극적으로 경제 · 산업 발전 과정에서 소외될 수 있는 근로자의 안전과 건강을 위한 최소한의 사회적 안전망을 제공함으로써 사회 전체의 갈등과 비용을 줄여 안정적으로 산업의 발전과 경제성장에 기여하고 있다."

7) 대법원 1981. 10. 13. 선고 80다2928 판결.

가 업무상 재해로 인하여 부담하게 될 민사상 손해배상책임에 대한 책임보험의 성질까지 갖는 것은 아니다.[8)]

산재보험 사업은 고용노동부장관의 위탁을 받은 근로복지공단(이하 "공단"이라 한다)이 관장한다(산재법 10조). 공단은 고용보험 및 산업재해보상보험의 보험료 징수 등에 관한 법률(이하 "보험료징수법"이라 한다)에 따라 사업주로부터 보험료를 징수하여 보험사업에 드는 비용에 충당한다.

### 나. 산재보험의 적용범위

산재법은 근로자를 사용하는 모든 사업 또는 사업장에 적용된다(산재법 6조 본문). 따라서 상시 근로자가 1명 이상이면 사업주의 의사와는 무관하게 산재법이 적용된다('강제적용사업' 또는 '당연적용사업'). 다만, 위험률·규모 및 장소 등을 고려하여 대통령령으로 정하는 사업에 대하여는 산재법을 적용하지 아니한다(산재법 6조 단서). 헌법재판소는 이처럼 산재법 적용제외 사업을 대통령령으로 정하도록 한 것은 포괄위임금지원칙, 평등원칙 등에 위배되지 않는다고 했다.[9)]

산재법 시행령이 산재법이 적용되지 아니하는 사업으로 정한 것은, (i) 공무원 재해보상법[10)] 또는 군인연금법에 따라 재해보상이 되는 사업(공무원 재해보상법 60조에 따라 순직유족급여 또는 위험직무순직유족급여에 관한 규정을 적용받는 경우는 제외한다), (ii) 선원법, 어선원재해보험법 또는 사립학교교직원 연금법에 따라 재해보상이 되는 사업, (iii) 가구 내 고용 활동, (vi) 농업, 임업(벌목업은 제외한

---

8) 대법원 2007. 2. 8. 선고 2006두15622 판결.

9) 헌재 2003. 7. 24. 선고 2002헌바51 결정, 헌재 2018. 1. 25. 선고 2016헌바466 결정. "심판대상조항은 산재보험법 적용제외사업, 즉 산재보험이 강제적으로 적용되지 않는 사업을 대통령령으로 정하도록 위임하고 있으므로 그 규율의 범위가 쉽게 한정되고, 산재보험 적용제외사업의 범위는 법률에서 자세히 규정하기보다는 전문적·기술적 능력을 갖춘 행정부가 사회경제적 상황의 변동에 따라 탄력적으로 대응할 수 있도록 하위 법령에 위임할 필요성이 인정되며, 행정부가 대통령령으로 적용제외사업을 규정함에 있어 '위험률·규모 및 장소 등'을 고려하도록 함으로써 누구라도 심판대상조항으로부터 대통령령에 산재보험의 강제적용에 따른 부담을 감당하기 어렵거나 그 부담으로 인하여 사업수행에 적지 않은 지장을 받을 수 있는 소규모 사업 등이 산재보험 적용제외사업으로 규정될 것이라고 충분히 예측할 수 있으므로, 심판대상조항은 포괄위임금지원칙에 위배되지 아니한다."

10) 과거 공무원연금법에서 함께 규율하던 공무원 재해보상제도를 분리하여 2018. 3. 20. 공무원 재해보상법을 제정하였다. 공무원 신분임에도 공무원 재해보상 적용을 받지 못하던 시간선택제채용공무원 등을 공무원 재해보상제도의 적용 대상으로 포함하고, 공무수행 중 사망한 무기계약직·비정규직 근로자도 공무원과 동일하게 순직 인정 및 예우 등을 받을 수 있도록 하며, 위험직무순직공무원 요건의 확대 및 재해보상 수준의 현실화 등을 통하여 공무수행 중 발생한 재해에 대한 보상을 강화하고, 재해보상 급여에 대한 심사 절차를 개선하는 등 전문적이고 체계적인 공무원 재해보상제도의 발전을 위한 것이다(관보, 2018. 3. 20.자, 140면).

다), 어업 및 수렵업 중 법인이 아닌 자의 사업으로서 상시근로자 수가 5명 미만인 사업 등이다(산재법 시행령 2조 1항). 이를 '적용제외사업' 또는 '비적용사업'이라 한다.

적용제외사업에 해당하더라도 그 사업주는 공단의 승인을 얻어 산재보험에 가입할 수 있는데(보험료징수법 5조 4항) 이때는 산재법이 적용된다. 이를 '임의적용사업'이라 한다.

한편 근로자를 사용하지 아니하는 자를 포함한 중·소기업 사업주는 공단의 승인을 받아 자기 또는 유족을 보험급여를 받을 수 있는 자로 하여 산재보험에 가입할 수 있고, 이 경우 그 사업주는 산재법을 적용할 때 근로자로 본다(산재법 124조).

다른 한편, 강제적용사업인데도 사업주가 산재보험 가입 신고를 게을리한 기간 중이나 사업주가 보험료 납부를 게을리하는 기간 중에 근로자가 재해를 당하여도 그 근로자는 산재법의 적용을 받는다. 이 경우 공단은 대통령령이 정하는 바에 따라 그 급여에 해당하는 금액의 전부 또는 일부를 사업주로부터 징수할 수 있다(보험료징수법 26조 1항). 하지만 관계 법령에 의하여 당해 사업이 금지되어 있고 그 금지규정을 위반한 때 형사처벌이 따르게 되는 경우, 그 사업은 산재법이 적용되는 사업이라고 볼 수 없다.[11]

산재법이 적용되는 사업은 특별한 사정이 없는 한 국내에서 이루어지는 것만을 의미하지만, 국내 사업주와 산재보험관계가 성립한 근로자가 해외 파견 근무를 하는 경우 근로 장소가 국외일 뿐 실질적으로는 국내 사업에 소속하여 근무한 것이라면 국내 사업주와의 보험관계가 계속 유지된다고 보아야 한다.[12] 그 밖에 국외 사업, 해외파견자와 관련한 재해보상에 대해서는 산재법에 특례 조항이 있다(산재법 121조·122조).

### 다. 산재보험급여의 내용

#### (1) 요양급여와 휴업급여

근로자가 업무상의 사유로 부상을 당하거나 질병에 걸린 경우 그 근로자에게는 '요양급여'를 지급한다(다만, 3일 이내의 요양으로 치유될 수 있으면 지급되지

11) 대법원 2010. 8. 13. 선고 2010두8393 판결. 불법게임장에서 발생한 화재로 게임장 종업원이 사망한 사건에서 이 게임장을 산재법이 적용되는 사업장으로 볼 수 없다고 한 사례.

12) 대법원 2000. 10. 24. 선고 98두18503 판결, 대법원 2010. 4. 29. 선고 2009두22829 판결, 대법원 2011. 2. 24. 선고 2010두23705 판결.

아니한다). 요양급여는 산재보험 의료기관에서 요양을 하게 하는 것인데 부득이 한 경우에는 요양을 갈음하여 요양비를 지급할 수 있다. 요양급여의 범위는 진찰 및 검사, 약제 또는 진료재료와 의지(義肢) 그 밖의 보조기의 지급, 처치·수술·그 밖의 치료, 재활치료, 입원, 간호 및 간병, 이송, 그 밖에 고용노동부령으로 정하는 사항이다. 요양급여의 범위나 비용 등 요양급여의 산정 기준은 고용노동부령으로 정한다(산재법 40조).

요양급여는 재해로 상실된 노동능력을 일정 수준까지 보장하는 것을 주목적으로 하는 장해급여 등과는 달리 재해에 의한 상병을 치유하여 상실된 노동능력을 원상회복하는 것을 주목적으로 한다. 따라서 재해 전후의 장해 상태에 관한 단순 비교보다는 재해로 말미암아 비로소 발현된 증상이 있고 그 증상에 대하여 최소한 치료 효과를 기대할 수 있는 요양이 필요한지에 따라 그 지급 여부 및 범위가 결정된다.[13] 또한 요양급여가 지급되는 업무상 부상의 대상을 반드시 생래적 신체에 한정할 필요는 없으므로 업무상 사유로 근로자가 장착한 의족이 파손된 경우에도 요양급여가 지급될 수 있다.[14]

업무상 재해로 이미 발생한 부상이나 질병이 추가로 발견되었거나 이미 발생한 부상·질병이 원인이 되어 새로운 질병이 발생한 경우 그 '추가 상병'에 대해서도 요양급여를 받을 수 있다(산재법 49조). 요양급여를 받은 자가 치유 후 요양의 대상이 되었던 업무상의 부상 또는 질병이 재발하거나 치유 당시보다 상태가 악화되어 이를 치유하기 위한 적극적인 치료가 필요하다는 의학적 소견이 있는 경우에는 '재요양'을 받을 수 있다(산재법 51조).

요양으로 인하여 취업하지 못한 기간에 대하여는 '휴업급여'를 지급한다(다만, 그 기간이 3일 이내이면 지급하지 아니한다). 휴업급여의 1일당 지급액은 평균임금의 100분의 70에 상당하는 금액인데(산재법 52조), 그 평균임금의 산정사유 발생일은 '사망 또는 부상의 원인이 되는 사고가 발생한 날 또는 진단에 의하여 질병이 발생되었다고 확정된 날'이다. 다만 업무상 부상 또는 질병이 치유 후 상당한 시간이 경과하고 나서 재발하거나 악화되어 새로 요양이 개시되는 경우에는 휴업급여의 산정 기준이 되는 평균임금 산정사유 발생일은 그 재발 또는 악화가 확정된 날이다.[15]

13) 대법원 2009. 7. 9. 선고 2009두6186 판결, 대법원 2012. 2. 9. 선고 2011두25661 판결.
14) 대법원 2014. 7. 10. 선고 2012두20991 판결.
15) 대법원 2011. 12. 8. 선고 2010두10655 판결.

요양 또는 재요양을 받고 있는 근로자가 그 요양기간 중 일정기간 또는 단시간 취업을 하는 경우에는 평균임금에서 취업한 날과 시간에 대한 임금을 뺀 금액의 100분의 90에 상당하는 금액을 지급할 수 있다(부분휴업급여. 산재법 53조). 저소득 근로자, 고령자의 경우에는 급여액이 조정된다(산재법 54조 · 55조). 그 외 산재법은 재요양기간 중의 휴업급여액을 따로 정하고 있다(산재법 56조).

요양급여를 받은 자 중 치유 후 의학적으로 상시 또는 수시로 간병이 필요하여 실제로 간병을 받는 자에게는 '간병급여'를 지급한다(산재법 61조).

요양급여를 받는 근로자가 요양을 시작한 지 2년이 지난 날 이후에 그 부상이나 질병이 치유되지 아니한 상태이고, 그 부상이나 질병에 따른 중증요양상태의 정도가 대통령령으로 정하는 중증요양상태등급 기준(산재법 시행령 65조 1항, [별표 8]에 규정되어 있다)에 해당하며,[16] 요양으로 인하여 취업하지 못하였을 경우에는 휴업급여 대신 '상병보상연금'을 지급한다(산재법 66조).

한편 국민건강보험법에 따라 산재보험 요양급여를 받게 되는 사람은 건강보험 급여를 받을 수 없으므로(국민건강보험법 53조 1항 4호), 업무상 재해를 입은 근로자는 산재보험 요양승인 결정이 있기까지는 건강보험 요양급여도 산재보험 요양급여도 받지 못하는 상황이 생길 수 있다. 산재법은 이러한 공백을 없애기 위해 재해근로자가 우선 건강보험 급여를 받을 수 있도록 한 후 산재보험 요양승인 결정이 있으면 국민건강보험공단이 근로복지공단에게 정산금을 청구할 수 있도록 했다(산재법 42조 1항 · 90조 1항). 이러한 정산금 청구권은 산재요양승인 결정이 있은 때부터 3년간 행사하지 않으면 소멸된다.[17]

### (2) 장해급여

근로자가 업무상의 사유로 부상을 당하거나 질병에 걸려 치유된 후 신체 등에 장해가 있는 경우에 그 근로자는 '장해급여'를 지급받는다. 장해급여는 장해등급에 따라 장해보상연금 또는 장해보상일시금으로 지급한다. 그 장해등급의 기준은 대통령령으로 정한다(산재법 57조).[18]

공단은 장해보상연금 또는 진폐보상연금 수급권자 중 장해상태가 호전 또는

16) 노동능력을 완전히 상실한 경우를 의미한다.
17) 대법원 2014. 11. 27. 선고 2014다44376 판결.
18) 예컨대 장해등급 1급에게는 평균임금 329일분의 장해보상연금 또는 1,474일분의 장해보상일시금을, 2급에게는 평균임금 291일분의 장해보상연금 또는 1,309일분의 장해보상일시금을, 14급에게는 평균임금 55일분의 장해보상일시금을 각각 지급한다(산재법 별표 2 장해급여표 참조).

악화되어 기존 장해등급 또는 진폐장해등급이 변경될 가능성이 있는 자에 대해 수급권자의 신청 또는 직권으로 장해등급 등을 재판정 할 수 있다(산재법 59조).

장해보상연금의 수급권자가 재요양을 받는 경우에도 그 연금의 지급을 정지하지 않는다. 재요양을 받고 치유된 후 장해상태가 종전에 비하여 호전되거나 악화된 경우에는 그 호전 또는 악화된 장해상태에 해당하는 장해등급에 따라 장해급여를 지급하는데 이때 재요양 후의 장해급여 산정 및 지급방법은 대통령령으로 정한다(산재법 60조).[19]

### (3) 유족급여 및 장례비

'유족급여'는 근로자가 업무상 사유로 사망한 경우에 유족에게 지급한다(산재법 62조). 유족급여는 유족보상연금 또는 유족보상일시금 형태로 지급된다.[20] 다만, 유족보상일시금은 근로자가 사망할 당시 유족보상'연금'을 받을 수 있는 자격이 있는 자가 없는 경우에 지급된다(산재법 62조 2항).

유족은 사망한 근로자의 배우자(사실상 혼인관계에 있는 자를 포함한다)·자녀·부모·손·조부모·형제자매이나(산재법 5조 3호), 유족보상연금 또는 유족보상일시금을 받을 수 있는 자격이 있는 자는 근로자의 사망 당시 그 근로자와 생계를 같이하고 있던 유족 중 일정한 범위에 한정되고(산재법 63조·64조·65조), 그 순위 및 범위는 민법상 상속의 그것과 다르다.

'장례비'는 근로자가 업무상의 사유로 사망한 경우에 평균임금 120일분에 상당하는 금액을 그 장제(葬祭)를 지낸[21] 유족에게 지급하고, 유족이 아닌 자가

---

19) 장해보상일시금을 받은 사람이 재요양 후의 장해상태가 종전에 비해 악화되어 장해보상연금을 청구한 경우에는 재요양 후 치유된 날이 속하는 달의 다음 달부터 변경된 장해등급에 해당하는 연금을 지급하되 이미 지급한 일시금의 지급일수에 해당하는 기간만큼의 연금은 부지급하도록 규정하고 있는데(산재법 시행령 58조 3항 1호), 이 조항은 장해보상일시금을 받은 사람이 재요양 후 변경된 장해등급에 해당하는 장해보상연금을 전액 받게 됨으로써 발생할 수 있는 중복지급의 결과를 방지하기 위한 것이므로, 업무상 재해로 장해를 입은 사람이 장해급여를 청구하지 않아 기존 장해에 대해서는 전혀 보상받지 못하다가 기존 장해상태가 악화되어 장해등급이 변경된 후 비로소 장해보상연금을 청구한 경우에는 그와 같은 중복지급의 문제가 발생하지 않으므로, 위 조항에 근거하여 장해보상연금 일부를 부지급해서는 아니 된다(대법원 2015. 4. 16. 선고 2012두26142 전원합의체 판결).

20) 유족보상연금으로는, (i) 급여기초연액(평균임금에 365를 곱하여 얻은 금액)의 100분의 47에 상당하는 금액(기본금액)에, (ii) 유족보상연금수급권자 및 근로자가 사망할 당시 그 근로자와 생계를 같이 하고 있던 유족보상연금수급자격자 1인당 급여기초연액의 100분의 5에 상당하는 금액의 합산액(가산금액. 다만, 그 합산금액이 급여기초연액의 100분의 20을 넘을 때에는 급여기초연액의 100분의 20에 상당하는 금액으로 한다)을 합한 금액이 지급되고, 유족보상일시금으로는 평균임금의 1,300일분이 지급된다.

21) 장의비는 실제로 그 장제를 행하는 사람에게 지급되는 것이다(대법원 1977. 12. 27. 선고 75

장제를 지낸 경우 평균임금 120일분에 상당하는 금액 범위에서 실제 드는 비용을 그 장제를 지낸 자에게 지급한다(산재법 71조).

### 라. 산재보험급여 청구와 불복 절차

산재법상의 보험급여는 각 보험급여를 받을 수 있는 자의 청구에 따라 지급한다(산재법 36조 2항).[22] 보험급여를 받으려는 사람은 근로복지공단에 각각의 보험급여에 대하여 신청하거나 청구하여야 한다(산재법 시행령 21조 1항). 그 신청이나 청구를 받은 공단은 보험급여의 지급 여부와 지급 내용 등을 결정하여 청구인에게 알려야 한다(산재법 시행령 21조 2항). 업무상 '부상'의 경우에는 공단이 자체적으로 그 인정 여부를 정하지만, 업무상 '질병'의 경우 공단 소속 기관인 업무상질병판정위원회에서 그 인정 여부를 정한다(산재법 38조).

보험급여에 관한 결정에 불복하는 자는 그 결정이 있음을 안 날부터 90일 이내에 근로복지공단에 심사 청구를 할 수 있다(산재법 103조). 공단은 심사청구서를 받은 날부터 60일 이내에 산재보험심사위원회의 심사를 거쳐 심사 청구에 대한 결정을 하여야 하며, 부득이한 경우 1차에 한하여 20일을 넘지 아니하는 범위에서 그 기간을 연장할 수 있다(산재법 105조 1항). 이러한 심사 절차는 처분을 한 공단이 스스로 그 처분의 적법성과 합목적성을 확보하도록 하는 내부적 시정 절차에 해당하므로, 당초 처분의 근거로 삼은 사유와 기본적 사실관계의 동일성이 인정되지 아니하는 사유라고 하더라도 이를 처분의 적법성과 합목적성을 뒷받침하는 처분사유로 추가·변경할 수 있다.[23]

근로복지공단의 심사 청구에 대한 결정에 불복하는 자는 그 결정이 있음을 안 날부터 90일 이내에 고용노동부 소속기관인 '산재보험재심사위원회'에 재심사 청구를 할 수 있다. 다만, 업무상질병판정위원회의 심의를 거친 보험급여에 관한 결정에 불복하는 자는 심사 청구를 하지 아니하고 바로 재심사 청구를 할 수 있다(산재법 106조·107조).

---

다1098 판결).

22) 대법원 2008. 2. 1. 선고 2005두12091 판결은 산재법상의 수급권자라 할지라도 그 요건에 해당하는 것만으로 바로 구체적인 급여청구권이 발생하는 것이 아니라 수급권자의 보험급여 청구에 따라 근로복지공단이 보험급여에 관한 결정을 함으로써 비로소 구체적인 급여청구권이 발생한다고 보았다.

23) 대법원 2012. 9. 13. 선고 2012두3859 판결. 근로복지공단이 '소결시효 완성'을 이유로 장해보상급여 부지급결정을 하였다가 근로자가 산재법에 따라 심사청구를 하자 '업무와의 상당인과관계 부존재'를 처분 사유로 추가한 사례.

재심사 청구에 대한 산재보험재심사위원회의 재결에 대하여도 불복이 있으면 근로복지공단을 상대로 행정소송을 제기할 수 있고, 그 시기는 재결서를 송달받은 날로부터 90일, 또는 재심사청구를 한 날로부터 60일이 지나도 재결이 없는 때이다(산재법 111조 2항; 행소법 18조 · 20조).

재해를 당한 근로자나 유족은 심사 청구나 재심사 청구를 거치지 않고도 바로 행정소송을 제기할 수 있다. 심사 청구를 거친 경우에도 재심사 청구를 거치지 않고 바로 행정소송을 제기할 수도 있다. 현행 산재법에 행정소송을 제기하기 전에 행정심판[24]을 거칠 것을 요구하는 특별한 규정이 없기 때문이다.[25]

한편, 정해진 기일 이내에 심사나 재심사의 불복 절차를 거치지 못했거나 행정소송을 제기하지 못한 경우에도, 당해 사안에서 급여청구권이 없다는 내용으로 법률관계가 확정되는 것은 아니다. 따라서 3년의 소멸시효가 완성되지 않은 이상(산재법 112조) 이미 부지급 처분을 받은 재해에 관하여 다시 보험급여 청구를 할 수 있고, 그것이 다시 거부되면 이는 새로운 거부 처분으로서 그에 대한 행정소송을 제기할 수도 있다.[26] 또한 예를 들어 요양불승인처분이 불복 기간의 경과로 확정되었다 하더라도 그 불승인 처분의 대상이 된 부상이 업무상의 사유에 의한 것인지 여부까지 확정된 것은 아니므로, 그 부상으로 인한 신체장해가 업무상의 재해에 해당한다고 하면서 별도로 받은 장해보상급여처분에 대해 위법성을 다툴 수도 있다.[27]

### 마. 소멸시효와 시효의 중단

산재법상 보험급여를 받을 권리는 3년간 행사하지 아니하면 시효로 소멸한다. 하지만 장해급여, 유족급여, 장례비, 진폐보상연금 및 진폐유족연금을 받을 권리는 5년간 행사하지 아니하면 시효로 소멸한다(산재법 112조).

근로복지공단에 보험급여를 청구하면 시효는 중단된다(산재법 113조 전문). 요

24) 산재법에서는 심사와 재심사 절차를 의미한다.

25) 행정재판실무편람(Ⅱ), 547면.

26) 대법원 1993. 4. 13. 선고 92누17181 판결, 대법원 2000. 4. 25. 선고 2000다2023 판결. 보험급여 부지급 결정이 불복기간 경과로 확정된 후에 동일 내용의 보험급여 청구를 재차 하면 공단은 종전 처분이 확정되었다는 이유로 반려처분을 하는 경우가 있는데, 그 반려처분의 취소를 구하는 행정소송이 제기되면 법원은 공단이 사실상 종전 결정의 이유를 원용하여 다시 부지급 결정을 한 것으로 보아 심리를 하고, 그 결과 보험급여청구권이 있다고 인정되면 보험급여 지급 결정을 하라는 취지로 공단의 반려처분을 취소하는 것이 재판 실무이다(민변노동법Ⅰ, 1000면).

27) 대법원 1994. 11. 8. 선고 93누21927 판결.

양급여청구권의 경우에는 요양에 필요한 비용이 구체적으로 확정된 날의 다음날, 즉 요양을 받은 날의 다음날부터 매일매일 진행한다고 할 것이므로 업무상 재해로 인한 질병이 계속되고 있는 경우에는 그 근로자가 요양급여 신청을 한 때로부터 역산하여 3년이 넘는 부분에 대한 요양급여청구권은 이미 소멸시효가 완성되었더라도 3년 이내의 부분 및 장래 발생할 부분에 대한 요양급여청구권은 위 요양급여신청으로 인하여 시효 진행이 중단된다.[28)]

근로복지공단에 대한 보험급여 청구가 업무상 재해 여부의 판단을 필요로 하는 최초의 청구인 경우에는 그 청구로 인한 시효 중단의 효력은 다른 보험급여에도 미친다(산재법 113조 후문). 예를 들어 요양급여를 청구하여 시효가 중단된 경우 그 시효 중단의 효력은 휴업급여와 장해급여에도 미치게 된다.[29)] 여기서 말하는 '업무상 재해 여부의 판단을 필요로 하는 최초의 청구'에는 '업무상 재해의 재발 여부 판단을 필요로 하는 최초의 청구'도 포함된다.[30)]

한편 산재법 113조는 산재법상 보험급여 청구를 민법상 시효 중단 사유와는 별도의 고유한 시효 중단 사유로 규정한 것이므로 그 청구에 대하여 민법상 최고의 시효 중단 효력에 관한 규정(민법 174조)을 준용하여 수급권자의 보험급여를 받을 권리를 제한할 수는 없고, 따라서 수급권자가 보험급여 청구를 하였다가 근로복지공단의 부지급 결정을 받은 때로부터 90일 내에 취소 소송을 제기하지 않았다고 하더라도 당초 보험급여 청구에 기한 시효 중단의 효력은 그대로 유지된다.[31)]

---

28) 대법원 1989. 11. 14. 선고 89누2318 판결.

29) 대법원은 한 때 업무상 재해에 따른 요양급여 청구를 하였다가 요양불승인처분을 받고 위 처분의 취소를 구하는 행정소송을 제기하였더라도 그에 따른 시효중단의 효력이 휴업급여의 청구에까지 미친다고 볼 수는 없다고 하여 시효중단의 효력을 각 보험급여별로 판단하였으나(대법원 1996. 10. 25. 선고 96누2033 판결, 대법원 2006. 2. 23. 선고 2005두13384 판결 등), 이후 전원합의체 판결로 기존 판례를 변경하여, 근로자가 입은 부상이나 질병이 업무상 재해에 해당하는지 여부에 따라 요양급여 신청의 승인, 휴업급여 청구권의 발생 여부가 차례로 결정되고, 따라서 근로복지공단의 요양불승인처분의 적법 여부는 사실상 근로자의 휴업급여 청구권 발생의 전제가 된다고 볼 수 있는 점 등에 비추어, 근로자가 요양불승인에 대한 취소소송의 판결확정시까지 근로복지공단에 휴업급여를 청구하지 않았던 것은 이를 행사할 수 없는 사실상의 장애사유가 있었기 때문이라고 보아야 하므로, 근로복지공단의 소멸시효 항변은 신의성실의 원칙에 반하여 허용될 수 없다고 하였다(대법원 2008. 9. 18. 선고 2007두2173 전원합의체 판결). 이후 이러한 취지가 입법에 반영되어 위와 같은 규정이 명문화되었다.

30) 대법원 2014. 7. 10. 선고 2013두8332 판결. 따라서 근로자가 업무상 재해의 재발 여부의 판단을 필요로 하는 최초 청구인 재요양급여 신청을 한 경우 재요양급여청구권에 대한 소멸시효가 중단될 뿐 아니라 재요양 기간 중의 휴업급여청구권에 대한 소멸시효도 중단된다.

31) 대법원 2018. 6. 15. 선고 2017두49119 판결. 소음성 난청 등에 관한 장해급여청구권의 소멸

보험급여 청구에 대하여 근로복지공단이 보험급여를 지급하지 않기로 결정할 경우 시효는 다시 진행되지만, 그 결정에 대한 심사 청구와 재심사 청구는 시효 중단에 관하여 민법 168조의 규정에 따른 재판상 청구로 보므로(산재법 111조 1항), 심사 청구와 재심사 청구로써 시효는 다시 중단된다.

### 3. 기타 법률에 의한 재해보상

공무원 재해보상법, 군인연금법, 사립학교교직원 연금법, 선원법, 국가유공자 등 예우 및 지원에 관한 법률에도 업무 수행 중 당한 재해에 대한 보상 절차가 마련되어 있다.

## Ⅲ. 업무상 재해

### 1. 의 의

#### 가. 개 념

##### (1) '업무상'의 의미

근기법상 재해보상 제도의 보상 원인과 산재법상 보험급여의 발생 원인으로 통칭되는 개념이 바로 '업무상 재해'이다. 산재법은 '업무상의 재해'를 신속하고 공정하게 보상하는 것이 그 목적이라고 밝히고 있다(산재법 1조). 근기법에는 '업무상 재해'라는 표현 대신 '업무상 부상 또는 질병', '업무상 사망'이라는 표현이 사용되는데, 이는 바로 '업무상 재해'를 뜻한다.

'업무상'의 의미는 일반적으로 '업무수행성'과 '업무기인성'이라는 두 가지 요건에 의하여 규율된다. 즉 업무상 재해는 업무와 재해에 의한 손해 사이에 일정한 인과관계가 있어야 하며(업무기인성), 그 재해는 해당 근로관계 하에 있어야 한다(업무수행성).[32] 단 여기서 말하는 업무수행성이란 '현실적으로 업무를 수행하는 중'이라는 좁은 의미가 아니라 '사용자의 지배 내지 관리 아래 있는 중'이라는 것을 말한다.[33] 종래 학설은 업무상 재해가 성립하기 위해서는 위 두 요

---

시효가 문제된 사안에서 그 소멸시효는 난청에 관하여 더는 치료효과를 기대할 수 없다는 확진을 받은 때부터 기산되고 그로부터 3년이 지나기 전에 장해급여청구를 하였으므로 중단되었다가 근로복지공단의 부지급 처분으로 새로이 진행되며, 그로부터 다시 3년이 지나기 전에 장해급여청구를 하였으므로 소멸시효가 완성되지 않았다고 보았다.

32) 노동특수이론, 214면.

33) 임종률, 494면.

건이 모두 충족되어야 한다고 보았다(2요건주의). 하지만 최근에는 업무수행성은 단지 업무기인성을 판단하는 1차적 기준일 뿐이고 업무상 재해 여부를 판정하는 본질적 요소는 업무기인성이라는 견해가 유력하다(업무기인성 단일주의).[34]

산재법도 '업무상 재해'를 정의함에 있어 구 산재법(1981 12. 17. 법률 3467호로 개정되기 전의 것) 3조 1항은 "업무수행 중 그 업무에 기인하여 발생한 재해"라고 했지만, 1981년 5차 개정시에 "업무수행 중"이란 문구를 삭제하고 "업무상의 사유에 의한 근로자의 부상, 질병, 신체장해 또는 사망"이라고 하여 2요건주의에서 탈피하는 모습을 보였다. 위와 같은 법 개정 이후에도 판례는 업무상 재해를 "근로자가 업무 수행 중 그 업무에 기인하여 발생한 재해"라고 하여 두 요건을 모두 요구하는 것처럼 설시하지만,[35] 구체적으로는 재해의 성격에 따라 업무상 사고에 대하여는 업무수행성을, 업무상 질병 및 과로사에 대하여는 업무기인성을 보다 더 중요한 기준으로 삼고 있는 특징을 보인다.[36]

(2) '재해'의 의미

구 산재법 시행규칙(2008. 7. 1. 부령 304호로 개정되기 전의 것)은 '재해'의 의미를 "사고 또는 유해요인에 의한 근로자의 부상·사망·장해 또는 질병"이라고 정의하였으나 시행규칙이 개정되며 삭제되었다.

근기법이나 산재법에 재해의 내용으로 부상, 질병, 장해, 사망이 규정되어 있으므로 이들을 통칭하는 개념이 바로 '재해'라고 할 수 있다.

### 나. 구 분

'업무상 재해'는 그 원인에 따라서는 '사고로 인한 재해'와 '유해·위험 요인으로 인한 재해'로,[37] 발생 양태에 따라서는 '업무상 부상', '업무상 질병',

34) 노병호, 684~685면; 민변노동법 I, 918~920면("손실의 분배라는 관점에서 본다면 업무수행성과 업무기인성 모두를 갖추는 경우에만 업무상 재해를 인정할 필요는 없을 것이다. 특히 최근 증가하고 있는 과로성 재해와 같은 업무상 질병에 있어서는 업무수행성이 1차적 기준이 될 수 없으며, 업무와 질병의 인과관계가 인정되면 족할 것이다. 왜냐하면 업무상 질병의 경우 장기간에 걸쳐 점진적으로 발생하는 경우가 많은데 발병을 시간적, 장소적으로 특정하기 곤란할 뿐더러 특정할 수 있다고 하더라도 그 발병이 업무와 어떠한 관련이 있는가에 대하여 발병한 때와 장소는 중요한 판단요소가 아니기 때문에 법적으로는 거의 의미가 없다.").

35) 대법원 2007. 9. 28. 선고 2005두12572 전원합의체 판결 등.

36) 민변노동법 I, 918~920면; 박지순·이주원, 48~53면; 이흥재, 202면.

37) 산재법 37조 1항 2호는 '업무상 질병'을 "업무수행 과정에서 물리적 인자(因子), 화학물질, 분진, 병원체, 신체에 부담을 주는 업무 등 근로자의 건강에 장해를 일으킬 수 있는 요인을 취급하거나 그에 노출되어 발생한 질병"이라 규정하였는데, 여기서의 '요인'이 바로 유해·위험 요인이라고 할 수 있다.

'업무상 장해', '업무상 사망'으로 각각 구분할 수 있다. 이 중 원인에 따른 구분이 가장 중요하다. 업무와 재해 사이의 인과관계를 인정함에 있어 '사고로 인한 재해'와 '유해·위험 요인으로 인한 재해' 사이에 큰 차이가 있기 때문이다.

통상 업무상 재해를 '업무상 사고'와 '업무상 질병'으로 구분하지만 전자는 발생 원인 측면에서 후자는 발생 양태 측면에서 각각 구분한 것이므로, 이러한 구분은 적절하지 않다. 업무상 '사고'로 인해 발생한 부상이 원인이 되어 '질병'에 걸리는 경우도 있다.[38] 이러한 구분법이 널리 쓰이는 이유는 사고가 아닌 다른 원인으로 발생한 재해가 통상 '질병'의 형태로 드러나기 때문인 것으로 보이는데, '사고'와 '질병'이 개념적으로 서로 대비되는 것은 아니므로 이러한 구분법은 업무상 재해의 개념을 혼란스럽게 만들 수 있다. 산재법 37조 1항에 '업무상 사고'와 '업무상 질병'이라는 제목으로 관련 내용들이 규정되어 있지만, 그것은 각각에 대한 내용을 설명하기 위한 것이지 그 둘을 개념적으로 대비하여 사용한 것은 아니라고 봐야 한다. 이하에서도 업무상 사고와 업무상 질병이라는 제목으로 각 내용이 서술되어 있지만 그 둘을 개념적으로 대비하여 사용한 것은 아님을 밝혀둔다.

### 다. 재해와 업무 사이의 인과관계

#### (1) 인과관계의 내용

업무상의 재해는 업무에 기인하여 발생한 재해를 말한다. 산재법은 업무상의 재해를 "업무상의 사유에 따른 근로자의 부상·질병·장해 또는 사망을 말한다"고 규정하고 있다(산재법 5조 1호). 판례는 '업무상의 재해'란 근로자와 사업주 사이의 근로계약에 터잡아 사업주의 지배·관리 아래 해당 근로 업무의 수행 또는 그에 수반되는 통상적인 활동을 하는 과정에서 이러한 업무에 기인하여 발생한 재해를 말한다고 한다.[39]

재해가 업무에 기인하여 발생하였다고 하는 것은 재해와 업무 사이에 인과관계가 인정됨을 의미한다. 인과관계와 관련된 학설로 조건설·기회원인설·상

---

38) 구 산재법 시행규칙(2008. 7. 1. 부령 304호로 개정되기 전의 것) 33조 2항에는 '사고'로 인한 '부상'이 '질병'으로 이환될 수 있다는 점을 명시적으로 규정하고 있었고, 현행 산재법 37조 1항 2호 나목에도 업무상 부상이 원인이 되어 질병이 발생할 수 있다는 점이 명시적으로 규정되어 있다.

39) 대법원 2007. 9. 28. 선고 2005두12572 전원합의체 판결, 대법원 2008. 9. 25. 선고 2006두4127 판결.

당인과관계설 · 보호법적 인과관계설 등이 있으나 현재 대부분의 학설이 상당인과관계설을 지지하고 있고, 판례 또한 업무와 재해 발생 사이의 인과관계는 상당인과관계의 유무로써 판단되어야 한다고 하여 상당인과관계설을 취하고 있다.[40)]

산재법은 업무상의 재해로 인정되기 위해서는 업무와 재해 사이에 상당인과관계가 있어야 한다고 명시적으로 규정하고 있다(산재법 37조 1항 단서).

### (2) 증명책임과 증명의 정도

업무와 재해 사이의 상당인과관계에 대한 증명책임은 원칙적으로 산재보험급여를 청구하는 자, 즉 재해근로자 또는 그 유족이 부담한다.[41)]

하지만 이에 대해서는 특히 '업무상 질병' 관련 사건에서 많은 비판이 제기되어 왔다. 그 인과관계를 증명하는 것이 때로는 고도의 전문성과 상당한 시간 및 비용이 요구되는 문제일 뿐 아니라 재해근로자로서는 그 증명에 필요한 자료에 접근하는 것조차 어려운 경우가 많아, 결과적으로 재해근로자 측에 과도한 증명 부담이 가해질 수 있기 때문이다. 이러한 비판에 따라 증명책임을 전환 혹은 분배하는 취지의 산재법 개정안이 국회에서 여러 차례 논의되었고,[42)] 국가인권위원회도 2012년 업무상 질병의 증명책임 문제를 개선하라고 권고한 바 있다.[43)] 국제연합(UN) 인권 특별보고관의 2016년 방한 보고서도 한국의 산재보험제도가 근로자들에게 과도한 증명책임을 지우고 있다고 우려하였다.[44)]

헌법재판소는 이러한 재해자 증명책임의 원칙이 헌법에 위반되지 않는다고

---

40) 대법원 1990. 9. 25. 선고 90누2727 판결, 대법원 2008. 3. 13. 선고 2007두2029 판결, 대법원 2008. 7. 24. 선고 2006두9771 판결 등 참조.

41) 대법원 2004. 4. 9. 선고 2003두12530 판결, 대법원 2008. 5. 15. 선고 2008두3821 판결, 대법원 2017. 8. 29. 선고 2015두3867 판결 등 참조.

42) 관련 산재법 개정안을 발의 시기 순서대로 나열하면 2011. 8. 12. 강성천 의원 등 10인이 발의한 법률안, 2011. 11. 1. 이미경 의원 등 46인이 발의한 법률안, 2012. 7. 12. 이미경 의원 등 33인이 발의한 법률안 및 2016. 10. 21. 신창현 의원이 발의한 법률안이 있다.

43) 국가인권위원회 '산업재해보상보험제도 개선권고'(2012. 6. 13.). "업무상 질병의 입증책임과 관련하여, 피해 근로자가 업무 수행과정에서 유해 · 위험 요인에 노출된 경력이 있음을 증명하도록 하고, 주장된 질병과 업무 사이에 인과관계 없다는 사실은 상대방이 증명하도록 하는 내용으로 산업재해보상보험 법령을 개정할 것."

44) Report of the Special Rapporteur on the implications for human rights of the environmentally sound management and disposal of hazardous substances and wastes on its mission to the Republic of Korea(A/HRC/33/41/Add.1). "the Special Rapporteur is concerned about the difficulty in accessing compensation under that scheme due to the high burden of proof imposed on the claimants." "The burden upon the claimant to prove causation between the health impacts from which workers suffer and the hazardous substances in the workplace can be a significant inconvenience and obstacle, often because of difficulty in using or accessing information."

판시했지만,[45] 이 결정에도 근로자 측에게 업무상 질병에 대한 증명책임을 전적으로 부담시키는 것은 가혹하므로 입법 개선을 할 필요가 있다는 보충의견이 있었다.[46]

최근 대법원 전원합의체는, 2007년 개정으로 신설된 산재법 37조 1항을 산재법상 '업무상 재해'를 인정하기 위한 업무와 재해 사이의 상당인과관계에 관한 증명책임을 근로복지공단에 분배하거나 전환하는 규정으로 볼 수 있는지를 심리하였으나, 다수의견은 그와 같이 볼 수 없고, 근로자가 여전히 증명책임을 부담한다고 판단하여 기존 판례를 유지하였다.[47]

한편 판례는 이러한 재해자 증명책임의 문제를 입증의 정도를 완화함으로써 해소하려고 한다. 즉 업무와 재해 사이의 인과관계는 의학적·자연과학적 관점이 아닌 법적·규범적 관점에서 판단되어야 하고, 따라서 여러 제반 사정을 고려하여 그 인과관계가 있다고 추단되는 경우에는 증명이 있다고 보았다.[48] 재해 발생 원인에 관한 직접적인 증거가 없더라도 간접적인 사실관계 등에 의거하여 경험법칙상 합리적인 설명이 가능한 추론에 의하여 업무기인성을 추정할 수 있는 경우에는 업무상 재해라고 보아야 할 것이며,[49] 산재법상 인과관계의 유무를 규범적 관점에서 판단할 때에는 산재보험제도의 취지와 사회보험제도의

45) 헌재 2015. 6. 26. 선고 2014헌바269 결정. 다수의견은 보험재정의 건전성 유지 측면과 근로자 측의 입증 용이성, 증명 정도를 완화하는 대법원 판시, 근로복지공단이 사업장 조사 등을 하고 있는 점 등을 합헌 근거로 들었다. 한편 헌법재판소는 2024년 결정에서도 '2015년 결정을 변경하여야 할 사정변경이나 필요성을 인정할 수 없다'고 하였다(헌재 2024. 1. 25. 선고 2020헌바257 결정).

46) 위 2015년 헌재 결정 보충의견. "심판대상조항이 헌법에 위반된다고 보기는 어려우나, 업무상 질병은 업무상 사고와 달리 장기간에 걸쳐 천천히 진행할 뿐만 아니라, 근로자 측은 전문적 지식이나 관련 정보가 부족한 경우가 많고, 산업화에 따른 여러 유해환경으로 인하여 현재까지의 과학이나 의학으로는 밝혀낼 수 없는 새로운 질병이 나타나는 현실에서, 근로자 측에게 업무상 질병에 대한 입증책임을 전적으로 부담시키는 것은 근로자 측에게 가혹한 결과를 초래할 수도 있다. 따라서 재해근로자나 그 가족을 보호함에 미흡함이 없도록, 전문가들로 하여금 산업구조 및 작업환경의 변화에 따라 새롭게 나타나는 질병을 과학적으로 조사·체계화하도록 한 후 이를 반영한 산업재해보상보험법시행령 별표 3의 내용을 정기적으로 보완·개정하도록 의무화하는 등 업무상 질병으로 인한 업무상 재해에 있어 근로자 측의 입증부담을 완화할 수 있는 방향으로 입법개선을 할 필요가 있다."

47) 대법원 2021. 9. 9. 선고 2017두45933 전원합의체 판결.

48) 대법원 1994. 6. 28. 선고 94누2565 판결, 대법원 2000. 1. 28. 선고 99두10438 판결, 대법원 2000. 5. 12. 선고 99두11424 판결, 대법원 2015. 6. 11. 선고 2011두32898 판결, 대법원 2017. 8. 29. 선고 2015두3867 판결 등.

49) 대법원 1999. 1. 26. 선고 98두10103 판결, 대법원 2004. 9. 3. 선고 2003두12912 판결, 대법원 2006. 9. 22. 선고 2006두8341 판결 등.

목적 및 사회 형평의 관념 등이 고려되어야 한다고 했다.[50)]

이러한 법원 판단의 배경에는 업무상 재해 여부 판정의 본질은 결국 해당 사안이 업무상 재해 보상 제도를 적용하여 구제할 만한 것인가 아닌가를 결정하는 법률 판단이라는 전제가 있다. 업무상 재해 여부를 판단할 때 의학상의 지식이 필요하기는 하나, 그것은 어떤 질병의 발병 혹은 악화와 업무 사이의 관련성에 대한 과학적 증명이 필요해서가 아니라 그 관련성을 인정하는 것이 의학상의 지식과 모순되지 않을 필요가 있기 때문이다.[51)]

나아가 대법원은 업무와 재해 사이의 상당인과관계 유무는 보통 평균인이 아닌 당해 근로자의 건강과 신체조건을 기준으로 판단해야 하고,[52)] 과로와 같은 업무상 유해요인이 질병의 주된 발생 원인과 직접 관련이 없다 하더라도 그 주된 발생 원인에 겹쳐서 질병을 유발시켰거나 악화시켰다면 인과관계가 있다고 보았다.[53)] 또한 사업주나 근로자의 과실이 있다 하더라도 업무기인성이 부정되지는 않는다 했고,[54)] 여러 개의 사업장을 옮겨 다니며 근무한 근로자가 업무상 질병에 걸리고 그 둘 이상의 사업장에서 해당 질병이 발생할 우려가 있는 업무에 종사하고 있었던 경우에는 복수의 사업장에서 담당한 모든 업무를 포함시켜 판단의 자료로 삼아야 한다고 보았다.[55)]

### 2. 구체적 인정기준

#### 가. 업무상 사고

업무상 사고가 업무상의 재해로 인정되기 위해서는 아래의 경우에 해당하여야 한다(산재법 37조 1항 1호).

---

50) 서울고법 2009. 12. 2. 선고 2009누8849 판결, 서울고법 2017. 5. 25. 선고 2015누71398 판결("근로자의 업무상 재해를 신속하고 공정하게 보상함으로써 근로자 보호에 이바지함을 목적으로 하는 산업재해보상보험제도의 취지와 손해로 인한 특수한 위험을 적절하게 분산시켜 공적 부조를 도모하고자 하는 사회 보험제도의 목적 및 사회형평의 관념 등을 고려하여 그 인과관계의 유무를 규범적 관점에서 판단하여야 할 것이다.") 등.

51) 노동특수이론, 241~242면.

52) 대법원 2001. 7. 27. 선고 2000두4538 판결, 대법원 2004. 3. 26. 선고 2003두12844 판결, 대법원 2006. 3. 9. 선고 2005두13841 판결 등.

53) 대법원 1998. 12. 8. 선고 98두12642 판결, 대법원 2004. 3. 26. 선고 2003두12844 판결.

54) 대법원 1993. 3. 12. 선고 92누17471 판결, 대법원 1994. 12. 2. 선고 94누10122 판결.

55) 대법원 1992. 5. 12. 선고 91누10466 판결, 대법원 1997. 8. 29. 선고 96다54225 판결, 대법원 2010. 1. 28. 선고 2009두5794 판결, 대법원 2017. 4. 28. 선고 2016두56134 판결 등.

가. 근로자가 근로계약에 따른 업무나 그에 따르는 행위를 하던 중 발생한 사고
나. 사업주가 제공한 시설물 등을 이용하던 중 그 시설물 등의 결함이나 관리 소홀로 발생한 사고
다. (삭제)[56)]
라. 사업주가 주관하거나 사업주의 지시에 따라 참여한 행사나 행사준비 중에 발생한 사고
마. 휴게시간 중 사업주의 지배관리 하에 있다고 볼 수 있는 행위로 발생한 사고
바. 그 밖에 업무와 관련하여 발생한 사고

나아가 산재법 시행령은 27조 이하에서 업무상 사고의 구체적 인정 기준을 제시하고 있다.[57)58)]

---

56) 2017. 10. 24. 개정 전의 산재법에서는 "사업주가 제공한 교통수단이나 그에 준하는 교통수단을 이용하는 등 사업주의 지배관리하에서 출퇴근 중 발생한 사고"를 '업무상 사고'의 한 유형으로 규정하였으나, 이에 대한 헌법재판소의 헌법 불합치 결정이 있은 후 개정된 산재법은 37조 1항 1호 다목을 삭제하고 동 조항 3호를 신설하여 '출퇴근 재해'를 독립적 유형의 업무상 재해로 규정하였다. 자세한 내용은 '다. 출퇴근 재해' 참조.

57) 산재법 시행령 27조(업무수행 중의 사고)
① 근로자가 다음 각 호의 어느 하나에 해당하는 행위를 하던 중에 발생한 사고는 법 제37조 제1항 제1호 가목에 따른 업무상 사고로 본다.
1. 근로계약에 따른 업무수행 행위
2. 업무수행 과정에서 하는 용변 등 생리적 필요 행위
3. 업무를 준비하거나 마무리하는 행위, 그 밖에 업무에 따르는 필요적 부수행위
4. 천재지변·화재 등 사업장 내에 발생한 돌발적인 사고에 따른 긴급피난·구조행위 등 사회통념상 예견되는 행위
② 근로자가 사업주의 지시를 받아 사업장 밖에서 업무를 수행하던 중에 발생한 사고는 법 제37조 제1항 제1호 가목에 따른 업무상 사고로 본다. 다만, 사업주의 구체적인 지시를 위반한 행위, 근로자의 사적 행위 또는 정상적인 출장 경로를 벗어났을 때 발생한 사고는 업무상 사고로 보지 않는다.
③ 업무의 성질상 업무수행 장소가 정해져 있지 않은 근로자가 최초로 업무수행 장소에 도착하여 업무를 시작한 때부터 최후로 업무를 완수한 후 퇴근하기 전까지 업무와 관련하여 발생한 사고는 법 제37조 제1항 제1호 가목에 따른 업무상 사고로 본다.
28조(시설물 등의 결함 등에 따른 사고)
① 사업주가 제공한 시설물, 장비 또는 차량 등(이하 이 조에서 "시설물등"이라 한다)의 결함이나 사업주의 관리 소홀로 발생한 사고는 법 제37조 제1항 제1호 나목에 따른 업무상 사고로 본다.
② 사업주가 제공한 시설물 등을 사업주의 구체적인 지시를 위반하여 이용한 행위로 발생한 사고와 그 시설물 등의 관리 또는 이용권이 근로자의 전속적 권한에 속하는 경우에 그 관리 또는 이용 중에 발생한 사고는 법 제37조 제1항 제1호 나목에 따른 업무상 사고로 보지 않는다.
29조 삭제
30조(행사 중의 사고)
운동경기·야유회·등산대회 등 각종 행사(이하 "행사"라 한다)에 근로자가 참가하는 것이 사

다만, 이와 같이 마련된 것은 인정 기준이지 개념 정의 규정은 아니므로, '업무상 재해'의 개념인 '업무상의 사유에 따른 근로자의 부상·질병·장해 또는 사망'(산재법 5조 1호)에 해당한다면, 구체적으로 위와 같은 인정 기준에 포함되지 않더라도 업무상 재해로 인정될 수 있다. 산업기술·정보통신 등의 발달로 변화하는 작업 현장에서 새로운 유형의 유해·위험 요소와 재해가 발생하는 것에 대응하고, 나아가 재해의 발생 원인이 새롭게 규명되는 과정을 적극적으로 반영할 필요가 있기 때문이다.

근로자의 고의·자해 행위나 범죄행위 또는 그것이 원인이 되어 발생한 사고는 업무상의 재해로 보지 아니한다. 다만, 그 재해가 정상적인 인식능력 등이 뚜렷하게 저하된 상태에서 한 행위로 발생한 경우로서 대통령령으로 정하는 사유가 있으면 업무상의 재해로 본다(산재법 37조 2항; 산재법 시행령 36조).[59]

---

회통념상 노무관리 또는 사업운영상 필요하다고 인정되는 경우로서 다음 각 호의 어느 하나에 해당하는 경우에 근로자가 그 행사에 참가(행사 참가를 위한 준비·연습을 포함한다)하여 발생한 사고는 법 제37조 제1항 제1호 라목에 따른 업무상 사고로 본다.

1. 사업주가 행사에 참가한 근로자에 대하여 행사에 참가한 시간을 근무한 시간으로 인정하는 경우
2. 사업주가 그 근로자에게 행사에 참가하도록 지시한 경우
3. 사전에 사업주의 승인을 받아 행사에 참가한 경우
4. 그 밖에 제1호부터 제3호까지의 규정에 준하는 경우로서 사업주가 그 근로자의 행사 참가를 통상적·관례적으로 인정한 경우

31조(특수한 장소에서의 사고)
사회통념상 근로자가 사업장 내에서 할 수 있다고 인정되는 행위를 하던 중 태풍·홍수·지진·눈사태 등의 천재지변이나 돌발적인 사태로 발생한 사고는 근로자의 사적 행위, 업무 이탈 등 업무와 관계없는 행위를 하던 중에 사고가 발생한 것이 명백한 경우를 제외하고는 법 제37조 제1항 제1호 바목에 따른 업무상 사고로 본다.

32조(요양 중의 사고)
업무상 부상 또는 질병으로 요양을 하고 있는 근로자에게 다음 각 호의 어느 하나에 해당하는 사고가 발생하면 법 제37조 제1항 제1호 바목에 따른 업무상 사고로 본다.

1. 요양급여와 관련하여 발생한 의료사고
2. 요양 중인 산재보험 의료기관(산재보험 의료기관이 아닌 의료기관에서 응급진료 등을 받는 경우에는 그 의료기관) 내에서 업무상 부상 또는 질병의 요양과 관련하여 발생한 사고

33조(제3자의 행위에 따른 사고)
제3자의 행위로 근로자에게 사고가 발생한 경우에 그 근로자가 담당한 업무가 사회통념상 제3자의 가해행위를 유발할 수 있는 성질의 업무라고 인정되면 그 사고는 법 제37조 제1항 제1호 바목에 따른 업무상 사고로 본다.

58) 종전에는 이와 같은 내용이 산재법 시행규칙에 규정되어 있었고, 판례는 이에 대해 행정기관 내부의 사무처리 준칙을 규정한 것에 불과하고 대외적으로 일반 국민이나 법원을 기속하는 효력은 없다고 했다(대법원 2004. 12. 24. 선고 2004두6549 판결, 서울행법 2006. 8. 8. 선고 2005구합34701 판결). 이에 2007. 12. 14. 개정 산재법은 업무상 사고의 구체적인 인정 기준을 법률과 시행령에 규정하였다.

### 나. 업무상 질병

업무상 질병이 업무상의 재해로 인정되기 위해서는 아래의 경우에 해당하여야 한다(산재법 37조 1항 2호).

> 가. 업무수행 과정에서 물리적 인자(因子), 화학물질, 분진, 병원체, 신체에 부담을 주는 업무 등 근로자의 건강에 장해를 일으킬 수 있는 요인을 취급하거나 그에 노출되어 발생한 질병
> 나. 업무상 부상이 원인이 되어 발생한 질병
> 다. 근기법 76조의2에 따른 직장내 괴롭힘, 고객의 폭언 등으로 인한 업무상 정신적 스트레스가 원인이 되어 발생한 질병
> 라. 그 밖에 업무와 관련하여 발생한 질병

나아가 산재법 시행령은 34조 이하에서 업무상 질병의 구체적 인정 기준을 제시하고 있다.[60)]

---

59) 산재법 시행령 36조
법 제37조 제 2 항 단서에서 "대통령령으로 정하는 사유"란 다음 각 호의 어느 하나에 해당하는 경우를 말한다.
1. 업무상의 사유로 발생한 정신질환으로 치료를 받았거나 받고 있는 사람이 정신적 이상 상태에서 자해행위를 한 경우
2. 업무상의 재해로 요양 중인 사람이 그 업무상의 재해로 인한 정신적 이상 상태에서 자해행위를 한 경우
3. 그 밖에 업무상의 사유로 인한 정신적 이상 상태에서 자해행위를 하였다는 것이 의학적으로 인정되는 경우

60) 산재법 시행령 34조(업무상 질병의 인정기준)
① 근로자가 근기법 시행령 제44조 제 1 항 및 같은 법 시행령 [별표 5]의 업무상 질병의 범위에 속하는 질병에 걸린 경우(임신중인 근로자가 유산·사산 또는 조산한 경우를 포함한다. 이하 이 조에서 같다) 다음 각 호의 요건 모두에 해당하면 법 제37조 제 1 항 제 2 호 가목에 따른 업무상 질병으로 본다.
1. 근로자가 업무수행 과정에서 유해·위험요인을 취급하거나 유해·위험요인에 노출된 경력이 있을 것
2. 유해·위험요인을 취급하거나 유해·위험요인에 노출되는 업무시간, 그 업무에 종사한 기간 및 업무 환경 등에 비추어 볼 때 근로자의 질병을 유발할 수 있다고 인정될 것
3. 근로자가 유해·위험요인에 노출되거나 유해·위험요인을 취급한 것이 원인이 되어 그 질병이 발생하였다고 의학적으로 인정될 것

② 업무상 부상을 입은 근로자에게 발생한 질병이 다음 각 호의 요건 모두에 해당하면 법 제37조 제 1 항 제 2 호 나목에 따른 업무상 질병으로 본다.
1. 업무상 부상과 질병 사이의 인과관계가 의학적으로 인정될 것
2. 기초질환 또는 기존 질병이 자연발생적으로 나타난 증상이 아닐 것

③ 제 1 항 및 제 2 항에 따른 업무상 질병(진폐증은 제외한다)에 대한 구체적인 인정 기준은 [별표 3]과 같다[별표 3은 뇌·심장·근골격계·난청·간·피부질환 등 발병 부위 내지 증상별

앞서 업무상 사고에서 설명한 것과 마찬가지로 위와 같은 인정 기준에 해당하지 않더라도 업무상 재해의 개념인 '업무상의 사유에 따른 근로자의 부상·질병·장해 또는 사망'(산재법 5조 1호)에 해당한다면 업무상 질병으로 보아야 한다. 판례도 산재법 시행령에 규정된 '업무상 질병에 대한 구체적인 인정기준'(산재법 시행령 [별표3])은 "예시적 규정"에 불과하다고 했고,[61] 산재법 시행령 [별표3]의 13호에도 이 점이 명시적으로 규정되어 있다.[62]

역시 업무상 사고와 마찬가지로 근로자의 고의·자해행위나 범죄행위 또는 그것이 원인이 되어 발생한 질병은 업무상의 재해로 보지 아니한다. 다만, 그 재해가 정상적인 인식능력 등이 뚜렷하게 저하된 상태에서 한 행위로 발생한 경우로서 대통령령으로 정하는 사유가 있으면 업무상의 재해로 본다(산재법 37조 2항; 산재법 시행령 36조).[63]

특히 업무상 스트레스로 인한 자살이 업무상 재해로 인정되기 위한 요건이 문제된다. 산재법 37조 2항과 산재법 시행령 36조를 종합하면 ① 업무상의 사유로 인하여 '정신적 이상 상태'가 발생하였고 ② 이러한 '정신적 이상 상태'로 인하여 자살에 이르게 되었다는 '이중의 인과관계'를 요구하고 있는 것으로 이해된다.[64] 대법원은 업무상 스트레스와 그로 인한 정신적인 고통으로 우울증세

---

로, 또는 자외선 등 물리적 요인·이상기압·소음·진동·여러 유해물질{염화비닐·타르·망간·납·수은·크롬·카드뮴·그 밖의 중금속·톨루엔 등 탄화수소 방향족 화합물(유기용제)·트리클로로에틸렌·디이소시아네이트·이황화탄소}·석면·세균이나 바이러스 등의 병원체 등 발병 원인별로 상세하게 인정 기준을 내놓고 있다. 분량 관계로 내용 전부의 소개는 생략한다]. ④ 공단은 근로자의 업무상 질병 또는 업무상 질병에 따른 사망의 인정 여부를 판정할 때에는 그 근로자의 성별, 연령, 건강 정도 및 체질 등을 고려하여야 한다.

61) 대법원 2014. 6. 12. 선고 2012두24214 판결. 산재법 시행령 34조 3항 및 [별표 3]은 업무상 질병에 해당하는 경우를 예시적으로 규정한 것일 뿐, 그 외의 것을 배제하는 규정은 아니므로, [별표 3]의 기준을 충족하지 못하더라도 업무상 질병으로 인정될 수 있다고 했다.

62) 산재법 시행령 [별표3]

13. 제 1 호부터 제12호까지에서 규정된 발병요건을 충족하지 못하였거나, 제 1 호부터 제12호까지에서 규정된 질병이 아니더라도 근로자의 질병과 업무와의 상당인과관계(相當因果關係)가 인정되는 경우에는 해당 질병을 업무상 질병으로 본다.

63) 산재법 시행령 36조

법 37조 2항 단서에서 "대통령령으로 정하는 사유"란 다음 각 호의 어느 하나에 해당하는 경우를 말한다.

1. 업무상의 사유로 발생한 정신질환으로 치료를 받았거나 받고 있는 사람이 정신적 이상 상태에서 자해행위를 한 경우
2. 업무상의 재해로 요양 중인 사람이 그 업무상의 재해로 인한 정신적 이상 상태에서 자해행위를 한 경우
3. 그 밖에 업무상의 사유로 인한 정신적 이상 상태에서 자해행의를 하였다는 것이 의학적으로 인정되는 경우

가 악화되어 정상적인 인식능력이나 행위선택능력, 정신적 억제력이 현저히 저하된 상황에서 자살에 이르게 된 것으로 추단되는 경우라면 업무와의 상당인과관계가 인정될 수 있고, 비록 우울증으로 치료를 받은 구체적인 병력이 없다거나 내성적인 성격 등 개인적인 취약성이 자살을 결의하게 된 데에 영향을 미쳤다 하더라도, 혹은 자살 직전에 환각, 망상, 와해된 언행 등의 정신병적 증상에 이르지 않았다 하더라도 달리 볼 것은 아니라고 하였다.[65)]

한편, 일반적으로 재해와 업무 사이의 상당인과관계는 보통 평균인이 아닌 당해 근로자의 건강, 신체조건 등을 기준으로 판단해야 한다는 것이 대법원의 확립된 판례인데, 자살과 관련해서는 그 인과관계의 판단을 '사회평균인'을 기준으로 해야 한다는 판시가 일부 존재한다.[66)] 이에 대해서는 업무상 재해의 인정범위를 부당하게 좁힌다는 비판이 있다.[67)]

이른바 '첨단 산업'에서 발생하는 새로운 유형의 직업병 문제 역시 특히 반도체 · LCD 생산공장 근로자들의 사례를 중심으로 계속 논란이 되고 있다.[68)][69)] 이와 관련하여 대법원은 첨단 산업 현장에 종사하는 근로자들이 특수한 안전보건상의 위험, 특히 유해화학물질로 인한 질병 발생의 위험에 노출되어 있음을 지적하며, 그러한 위험에 대비하는 보험은 사회보장제도로서 근로자의 희생을 보상하면서도 첨단 산업의 발전을 장려하고 당사자들의 이해관계를 조정하고 갈등을 해소하는 등의 기능이 있으므로, 산재보험의 그러한 사회적 기능이 업무와 질병 사이의 상당인과관계를 판단하는 과정에서 규범적으로 조화롭게 반영되어야 한다고 보았다.[70)] 이를 전제로 대법원은 근로자에게 발병한 질병이 이른

---

64) 이에 대한 입법론적 비판은 권오성, 134면("자살에 대한 도덕적, 종교적 비난은 잠시 비껴두고, 근로자가 스스로 그 귀한 목숨을 끊었다는 것보다 정신적 이상 상태에 있었음을 강하게 보여주는 증거가 또 있을까?").

65) 대법원 2014. 10. 30. 선고 2011두14692 판결, 대법원 2015. 1. 15. 선고 2013두23461 판결, 대법원 2017. 5. 31. 선고 2016두58840 판결.

66) 대법원 2008. 3. 13. 선고 2007두2029 판결, 대법원 2012. 3. 15. 선고 2011두24644 판결("업무상 스트레스 등으로 인한 정신질환으로 자살에 이를 수밖에 없었는지는 사회평균인 입장에서 판단해야 한다"). 양승엽, 248면은 대법원이 두 판결에서만 사회평균인을 판시하였다며 이를 예외적 설시로 보았다.

67) 권오성, 136~137면; 방준식, 122~124면; 양승엽, 245~249면.

68) 첨단 산업의 의미와 관련 업무 환경의 유해성에 대해서는 임자운a, 54~73면 참조.

69) 반도체 직업병 투쟁의 경과에 대해서는 임자운b, 18~47면 참조.

70) 대법원 2017. 8. 29. 선고 2015두3867 판결(전통적인 산업분야에서는 산업재해 발생의 원인이 어느 정도 규명되어 있다. 그러나 첨단산업분야에서는 작업현장에서 생길 수 있는 이른바 '직업병'에 대한 경험적 · 이론적 연구결과가 없거나 상대적으로 부족한 경우가 많다. 첨단산

바 희귀질환 또는 첨단 산업 현장에서 새롭게 발생하는 유형의 질환에 해당하고 그에 관한 연구 결과가 충분하지 않아 발병 원인으로 의심되는 요소들과 근로자의 질병 사이에 인과관계를 규명하는 것이 현재의 의학과 자연과학 수준에서 곤란하더라도 그것만으로 인과관계를 쉽사리 부정할 수는 없다고 했다. 나아가 ① 특정 산업 종사자 군(群)이나 특정 사업장에서 그 질환의 발병률이 평균 발병률보다 높거나 ② 사업주의 협조 거부 또는 관련 행정청의 조사 거부나 지연 등으로 작업환경상 유해요소들의 종류와 노출 정도를 구체적으로 특정할 수 없었다는 등의 특별한 사정이 인정된다면 이는 상당인과관계 판단에서 근로자에게 유리한 간접사실로 고려할 수 있고, ③ 작업환경에서 여러 유해물질이나 유해요소가 존재하는 경우 개별 유해요인들이 특정 질환의 발병이나 악화에 복합적·누적적으로 작용할 가능성을 간과해서는 안 된다고 했다.[71] 이 판결에 대하여는 역학적 증거와 증명방해 법리 등을 통해 그동안 문제되었던 업무상 질병에 관한 근로자의 증명부담을 실질적으로 완화했다는 평가가 있다.[72]

---

업은 발전 속도가 매우 빨라 작업장에서 사용되는 화학물질이 빈번히 바뀌고 화학물질 그 자체나 작업방식이 영업비밀에 해당하는 경우도 많다. 이러한 경우 산업재해의 존부와 발생 원인을 사후적으로 찾아내기가 쉽지 않다. 사업장이 개별적인 화학물질의 사용에 관한 법령상 기준을 벗어나지 않더라도, 그것만으로 안전하다고 단정할 수도 없다. 작업현장에서 사용되는 각종 화학물질에서 유해한 부산물이 나오고 근로자가 이러한 화학물질 등에 복합적으로 노출되어 원인이 뚜렷하게 규명되지 않은 질병에 걸릴 위험이 있는데, 이러한 위험을 미리 방지할 정도로 법령상 규제 기준이 마련되지 못할 수 있기 때문이다. 또한 첨단산업분야의 경우 수많은 유해화학물질로부터 근로자를 보호하기 위한 안전대책이나 교육 역시 불충분할 수 있다.

이러한 점을 감안하여 사회보장제도로 사회적 안전망의 사각지대에 대한 보호를 강화함과 동시에 규범적 차원에서 당사자들 사이의 이해관계를 조정하고 갈등을 해소할 필요가 있다. 산업재해보상보험제도는 무과실 책임을 전제로 한 것으로 기업 등 사업자의 과실 유무를 묻지 않고 산업재해에 대한 보상을 하되, 사회 전체가 비용을 분담하도록 한다. 산업사회가 원활하게 유지·발전하도록 하는 윤활유와 같은 이러한 기능은 첨단산업분야에서 더욱 중요한 의미를 갖는다. 첨단산업은 불확실한 위험을 감수해야 하는 상황에 부딪칠 수도 있는데, 그러한 위험을 대비하는 보험은 근로자의 희생을 보상하면서도 첨단산업의 발전을 장려하는 기능이 있기 때문이다. 위와 같은 이해관계 조정 등의 필요성과 산업재해보상보험의 사회적 기능은 산업재해보상보험의 지급 여부에 결정적인 요건으로 작용하는 인과관계를 판단하는 과정에서 규범적으로 조화롭게 반영되어야 한다).

71) 대법원 2017. 8. 29. 선고 2015두3867 판결, 대법원 2017. 11. 14. 2016두1066 판결. 두 판결은 이러한 판시 하에 LCD 생산공장 근로자의 다발성경화증과 반도체 생산공장 근로자의 뇌종양에 대해 업무와의 상당인과관계를 부인한 각 원심판결들을 모두 파기환송하였다. 대법원은 2015두3867 판결 선고 당시 보도자료를 통해 판결문의 위 ①~③ 내용을 강조하며, "향후 행정실무 및 재판실무에 구체적인 지침을 제시하였다는 점에 의의가 있다"고 하였다(대법원 2017. 8. 29.자 보도자료).

72) 도재형·최지윤, 477~483면; 조재호, 178~196면.

### 다. 출퇴근 재해

'출퇴근'이란 취업과 관련하여 주거와 취업장소 사이의 이동 또는 한 취업장소에서 다른 취업장소로의 이동을 말한다(산재법 5조 8호). 출퇴근 중의 사고가 업무상의 재해로 인정되기 위해서는 아래의 경우에 해당하여야 한다(산재법 37조 1항 3호).

> 가. 사업주가 제공한 교통수단이나 그에 준하는 교통수단을 이용하는 등 사업주의 지배관리하에서 출퇴근하는 중 발생한 사고
> 나. 그 밖에 통상적인 경로와 방법으로 출퇴근하는 중 발생한 사고

다만, 위 '나.'항의 사고 중 출퇴근 경로 '일탈 또는 중단'이 있는 경우, 해당 일탈 또는 중단 중의 사고 및 그 후의 이동 중의 사고에 대하여는 그것이 대통령령으로 정하는 사유가 있는 경우가 아닌 한, 출퇴근 재해로 보지 아니한다(산재법 37조 3항). 또한 출퇴근 경로와 방법이 일정하지 아니한 직종으로 대통령령으로 정하는 경우에는 위 '나.'항에 따른 출퇴근 재해를 적용하지 아니한다(산재법 37조 4항). 여기서 대통령령에 위임된 내용을 포함하여 기타 출퇴근 재해의 구체적 인정 기준은 산재법 시행령 35조 이하에서 규정하고 있다.[73]

---

73) 산재법 시행령 35조(출퇴근 중의 사고)

① 근로자가 출퇴근하던 중에 발생한 사고가 다음 각 호의 요건에 모두 해당하면 법 제37조 제 1 항 제 3 호 가목에 따른 출퇴근 재해로 본다.

1. 사업주가 출퇴근용으로 제공한 교통수단이나 사업주가 제공한 것으로 볼 수 있는 교통수단을 이용하던 중에 사고가 발생하였을 것
2. 출퇴근용으로 이용한 교통수단의 관리 또는 이용권이 근로자측의 전속적 권한에 속하지 아니하였을 것

② 법 제37조 제 3 항 단서에서 "일상생활에 필요한 행위로서 대통령령으로 정하는 사유"란 다음 각 호의 어느 하나에 해당하는 경우를 말한다.

1. 일상생활에 필요한 용품을 구입하는 행위
2. 「고등교육법」 제 2 조에 따른 학교 또는 「직업교육훈련 촉진법」 제 2 조에 따른 직업교육훈련기관에서 직업능력 개발향상에 기여할 수 있는 교육이나 훈련 등을 받는 행위
3. 선거권이나 국민투표권의 행사
4. 근로자가 사실상 보호하고 있는 아동 또는 장애인을 보육기관 또는 교육기관에 데려주거나 해당 기관으로부터 데려오는 행위
5. 의료기관 또는 보건소에서 질병의 치료나 예방을 목적으로 진료를 받는 행위
6. 근로자의 돌봄이 필요한 가족 중 의료기관 등에서 요양 중인 가족을 돌보는 행위
7. 제 1 호부터 제 6 호까지의 규정에 준하는 행위로서 고용노동부장관이 일상생활에 필요한 행위라고 인정하는 행위

35조의2(출퇴근 재해 적용 제외 직종 등)

법 제37조 제 4 항에서 "출퇴근 경로와 방법이 일정하지 아니한 직종으로 대통령령으로 정하

2017. 10. 24. 개정 전의 법은 업무상 사고의 한 유형으로 '출퇴근 중의 사고'를 규정하였으며(구 산재법 37조 1항 1호 다목), 사업주가 제공한 교통수단이나 그에 준하는 교통수단을 이용하는 중에 발생한 사고로서 그 교통수단의 관리 또는 이용권이 근로자 측의 전속적 권한에 속하지 아니하였을 것을 업무상 재해 인정 기준으로 정하고 있었다(구 산재법 시행령 29조). 대법원은 사업주가 제공한 교통수단을 이용하는 등 사업주의 지배·관리 하에서 출퇴근하는 중 발생한 사고만을 업무상 사고로 인정하였다가,[74] 이후에는 출퇴근의 방법과 경로 선택이 업무 특성이나 근무지 특성상 다른 선택의 여지가 없고 사회통념에 비추어 긴밀한 정도로 업무와 밀접·불가분의 관계에 있다고 판단되는 경우에는 출퇴근 사고를 사업주의 지배·관리 아래 있는 업무상 재해로 볼 수 있다고 하여,[75][76] 출퇴근 재해의 인정 기준인 '사업주의 지배·관리 하에서'의 뜻을 확대 해석하였다.[77]

그런데 헌법재판소는 2016. 9. 29. 구 산재법 37조 1항 1호 다목의 규정이 도보나 자기 소유 교통수단 또는 대중 교통수단 등으로 출퇴근하는 산재보험 가입 근로자(비혜택 근로자)와 사업주가 제공하거나 그에 준하는 교통수단으로

---

는 경우"란 다음 각 호의 어느 하나에 해당하는 직종에 종사하는 사람(법 제124조에 따라 자기 또는 유족을 보험급여를 받을 수 있는 자로 하여 보험에 가입한 사람으로서 근로자를 사용하지 아니하는 사람을 말한다)이 본인의 주거지에 업무에 사용하는 자동차 등의 차고지를 보유하고 있는 경우를 말한다.

1. 「여객자동차 운수사업법」 제 3 조 제 1 항 제 3 호에 따른 수요응답형 여객자동차운송사업
2. 「여객자동차 운수사업법 시행령」 제 3 조 제 2 호 라목에 따른 개인택시운송사업
3. 제122조 제 1 항 제 2 호 라목에 해당하는 사람이 수행하는 배송 업무

74) 대법원 2007. 9. 28. 선고 2005두12572 전원합의체 판결. 이 판결이 공무원과 일반 근로자 사이에 합리적 이유 없이 재해보상에 관하여 달리 취급한다는 비판으로 김지형a, 251~252면 참조.

75) 대법원 2010. 4. 29. 선고 2010두184 판결, 대법원 2012. 11. 29. 선고 2011두28165 판결.

76) 구체적인 사례들을 보면 판례는 사업주의 지시에 따라 급여 외에 일정 대가를 받고 자신의 승용차에 동료직원을 태워 통상적 경로에 따라 출근하다 교통사고가 난 사안에서, 근로자 마음대로 출퇴근 시간이나 경로를 선택할 수 없었던 점에 비추어 근로자의 출퇴근 과정이 사업주의 지배·관리하에 있었다고 보았고(대법원 2008. 5. 29. 선고 2008두1191 판결), 야간근무를 위해 자신의 오토바이를 운전하여 출근하던 중 다친 사안에서, 출퇴근을 위해 대중교통수단이나 통근버스를 이용하는 것이 사실상 불가능하거나 현저한 육체적 노고와 일상생활의 부담을 감수해야 하는 상황이어서 근로자에게 출퇴근 방법에 대한 선택의 여지가 없다고 보아 업무상 재해를 인정하였으며(대법원 2009. 5. 28. 선고 2007두2784 판결), 인력업체가 제공한 차량을 운전하고 공사현장으로 출근하던 중 사고가 난 사안에서, 근로자가 공사현장에 매일 출근한 것이 아니라 공사현장을 바꾸어 가며 근무하였더라도 사고 당일의 출근과정에 대한 건설회사의 지배·관리를 부정할 사유로 보기 어렵다 하였다(대법원 2010. 4. 29. 선고 2010두184 판결).

77) 김형배·박지순, 357면.

출퇴근하는 산재보험 가입 근로자(혜택 근로자)를 자의적으로 차별하는 것이므로 헌법상 평등 원칙에 위배된다고 하였다(헌법불합치).[78]

이에 따라 2017. 10. 24. 개정된 산재법은 37조 1항 1호 다목을 삭제하고 동 조항 3호를 신설하여 '출퇴근 재해'를 '업무상 사고' 및 '업무상 질병'과 함께 독립적 유형의 업무상 재해로 규정하면서 앞에서 설명한 바와 같은 관련 규정들을 신설하였다. 한편, 개정 산재법 부칙은 해당 규정들이 시행일인 2018. 1. 1. 이후 발생하는 재해부터 적용된다고 하였으나, 이에 대해서도 헌법재판소는 위헌불합치 결정 이후 발생한 통상의 출퇴근 사고에 대해 신법 조항을 소급적용하지 않는 것은 헌법상 평등원칙에 위배된다고 하였다(헌법불합치).[79]

개정 산재법의 내용 중 '취업과 관련하여', '주거', '취업장소'(산재법 5조 8호) 및 '통상적인 경로와 방법'(산재법 37조 1항 3호 나목) 등에 대해서는 각각의 구체적인 개념에 관하여 좀 더 면밀한 검토가 이루어져야 한다.[80]

## Ⅳ. 보상책임과 배상책임 사이의 조정과 구상

### 1. 근기법상 재해보상과 산재법상 보험급여 사이의 조정

#### 가. 관련 법 규정

법 87조는 보상을 받게 될 사람이 동일한 사유에 대하여 민법이나 그 밖의 법령에 따라 근기법의 재해보상에 상당한 금품을 받으면 그 가액의 한도에서 사용자는 보상 책임을 면한다고 규정하고 있으며, 산재법 80조 1항은 수급권자가 산재법에 따라 보험급여를 받았거나 받을 수 있으면 보험가입자는 동일한 사유에 대하여 근기법에 따른 재해보상 책임이 면제된다고 규정하고 있고, 같은 조 3항 본문은 수급권자가 동일한 사유로 민법이나 그 밖의 법령에 따라 산재법의 보험급여에 상당한 금품을 받으면 공단은 그 받은 금품을 대통령령으로 정하는 방법에 따라 환산한 금액의 한도 안에서 산재법에 따른 보험급여를 지급하지 아니한다고 규정하고 있다.

---

78) 헌재 2016. 9. 29. 선고 2014헌바254 결정(이에 대한 평석으로는 박승두, 227면 이하; 이부하, 121면 이하; 전광석, 426면 이하). 동 조항에 대해 헌법불합치결정을 선고하되 2017. 12. 31.을 시한으로 개선입법이 있을 때까지 계속 적용을 명하였다.

79) 헌재 2019. 9. 26. 2018헌바218 결정. 부칙 해당 내용의 적용을 중지하고 2020. 12. 31.까지 개정하도록 했다.

80) 김형배·박지순, 358면.

위 규정을 토대로 근기법상 재해보상과 산재법상 보험급여의 관계를 살펴보면, 산재법상 보험급여가 지급되면 사용자는 근기법상 재해보상 책임을 면하고, 근기법상 재해보상이 이루어지면 근로복지공단의 산재법상 보험급여 지급책임은 그 한도에서 소멸됨을 알 수 있다.

법 규정을 도해하면 다음과 같다.

| 요건과 효과 | 근거 법령 |
|---|---|
| 산재법상 보험급여를 받은 경우 → 사용자의 재해보상 책임 면제 | 근기법 87조,<br>산재법 80조 1항 |
| 근기법상 재해보상을 받은 경우 → 공단은 산재법상 보험급여 지급 않음 | 산재법 80조 3항 |

### 나. 양 청구의 관계

근로자가 당한 재해가 업무상 재해가 아니라는 등의 사유로 산재보험급여를 받지 못하는 것이 확정되어도 그로 인해 재해보상 책임까지 소멸하는 것은 아니다. 따라서 수급권자인 근로자는 여전히 같은 사유로 보험가입자인 사용자에게 근기법상의 재해보상금을 청구할 수 있다.[81]

반대로 근로자가 사용자로부터 민법상 손해배상을 받는 등의 사유로 재해보상 책임이 소멸하거나 그 부존재가 확정된 경우에는, 산재법상 보험급여는 국가가 보험자의 입장에서 사용자가 보상하여야 할 근로자의 업무상 재해로 인한 손실을 근로자에게 직접 전보하는 것이므로, 사용자에 대한 근기법상 재해보상 청구권이 소멸하면 산재법상 보험급여청구권도 소멸한다.[82]

### 다. '보험급여를 받을 수 있는'의 의미

산재법 80조 1항에는 수급권자가 '보험급여를 받은 경우' 외에 '보험급여를 받을 수 있는 경우'에도 보험가입자는 근기법상 재해보상 책임이 면제되는 것으로 규정되어 있다. 이것은 수급권자가 현실적으로 보험급여를 '받은' 경우에 보험가입자의 민법상 손해배상 책임이 면제되는 것과 대비된다.

산재보험이 근기법상 재해보상에 대한 책임보험적 성격을 갖고 근로자로

81) 대법원 1986. 8. 19. 선고 83다카1670 판결. 그러나 산재법상 업무상 재해로 인정되지 않은 재해가 근기법상 업무상 재해로 인정될 여지는 거의 없다. 이 판결도 결과적으로는 근로자의 청구를 배척하고 있다.

82) 대법원 1985. 12. 24. 선고 84누697 판결.

하여금 산재보험급여를 먼저 청구하도록 하는 것이 근로자에게 불리하지 않으며, 사용자로서는 강제로 산재보험에 가입하여 보험료를 납부하여 왔는데 근로자에게 재해보상을 선이행해야 한다면 그 보험 이익을 박탈당하는 불합리한 결과가 초래될 뿐 아니라, 재해보상을 한 사용자가 사후에 국가에 대하여 구상할 수 있다 하더라도 그 법률관계가 복잡하게 되는 점 등에 비추어 볼 때, 이 규정의 취지는 합당하다. 따라서 마땅히 산재법상 보험급여가 지급되어야 하는 경우였으나 수급권자가 근로복지공단의 보험급여 부지급 결정에 불복하지 아니하는 등의 이유로 결과적으로 보험급여가 지급되지 아니하게 된 경우에도 사용자는 근기법상 재해보상책임을 면한다.[83)]

## 2. 근기법상 재해보상·산재법상 보험급여와 손해배상 사이의 조정

### 가. 관련 법 규정

앞서 본 바와 같이 근기법상 재해보상을 받게 될 사람이 동일한 사유에 대하여 민법이나 그 밖의 법령에 따라 그 보상에 상당한 금품을 받으면 그 가액의 한도에서 사용자는 보상 책임을 면한다(법 87조). 그리고 산재법상 수급권자가 동일한 사유에 대하여 산재법상 보험급여를 받으면 보험가입자는 그 금액의 한도 안에서 민법이나 그 밖의 법령에 따른 손해배상 책임이 면제된다(산재법 80조 2항). 나아가 산재법상 수급권자가 동일한 사유로 민법이나 그 밖의 법령에 따라 산재법상 보험급여에 상당한 금품을 받으면 공단은 그 금품을 대통령령으로 정하는 방법에 따라 환산한 금액의 한도 안에서 산재법상 보험급여를 지급하지 아니한다(산재법 80조 3항).

근기법 87조와 산재법 80조 3항의 문언상 근로자에게 금품을 주는 자가 사용자에 한하지 않으므로 사용자가 아닌 제 3 자에게서 손해배상을 받은 경우에도 이 규정이 적용된다. 따라서 근로자가 가해자인 제 3 자로부터 손해배상을 받았을 경우에도 사용자는 근기법상 재해보상책임을 면하고 공단은 산재법상 보험급여 지급책임을 면한다. 이 경우 제 3 자가 사용자를 상대로 재해보상 가액을 구상하거나 근로복지공단을 상대로 보험급여가액을 구상할 수 있는지가 문제되는데, 이를 인정할 명문의 규정이 없고, 제 3 자의 경우에는 자신의 책임을 이행한 것에 불과하며, 제 3 자가 채권자인 피해 근로자에게 변제한 채무와 근로자가

83) 대법원 2001. 9. 18. 선고 2001다7834 판결, 대법원 2013. 8. 22. 선고 2013다25118 판결.

사용자나 근로복지공단에 대하여 갖는 채권의 성질이 다르므로 부정함이 타당하다.

법 규정을 도해하면 다음과 같다.

| 요건과 효과 | 근거 법령 |
|---|---|
| 손해배상을 받은 경우 → 사용자의 재해보상 책임 면제 | 근기법 87조 |
| 산재법상 보험급여를 받은 경우 → 보험가입자의 손해배상 책임 면제 | 산재법 80조 2항 |
| 손해배상을 받은 경우 → 공단은 산재법상 보험급여 지급 않음 | 산재법 80조 3항 |

### 나. 상호 보완의 범위

#### (1) 보완의 물적 범위

위 각 규정에서 '동일한 사유'란 그 대상이 되는 손해가 동질의 것으로서 산재보험급여와 손해배상 또는 손실보상이 상호 보완적 관계에 있는 경우를 의미한다.[84)]

따라서 수급권자가 민사상 손해배상을 받았을 경우 그 배상이 적극적 손해·소극적 손해·위자료 중 어느 것을 대상으로 하는 것인지 가려내어 그에 상응하는 재해보상 또는 보험급여에 대해서만 면책이 된다.

근기법 또는 산재법상 요양보상(요양급여), 장례비 등은 적극적 손해에 해당하고, 휴업보상(휴업급여), 장해보상(장해급여), 유족보상(유족급여) 등은 소극적 손해에 해당하며, 일시보상은 위 양자를 포함한 장래의 손해에 각 해당하므로 서로 대응관계 있는 항목 사이에서만 서로 공제가 인정되고 보완관계가 생긴다.[85)]

그런데 위자료는 정신적 손해에 대한 것이고 재해보상은 재산상 손해에 대한 것이므로 상호 보완관계는 생기지 않고, 다만 재해보상이 실현된 경우 위자료 산정에 참작할 사유가 될 뿐이다.[86)87)] 산재보험 수급권자가 보험급여와 별도

84) 산재법 80조 3항의 '동일한 사유'에 대한 대법원 1991. 7. 23. 선고 90다11776 판결의 해석이다. 같은 취지에서 대법원 2015. 1. 15. 선고 2014두724 판결은 근로자가 사업주 명의 자동차를 운전하던 중 사고를 당하여 그 차량이 가입된 보험회사로부터 자기신체사고보험금을 지급받은 후 다시 공단에 산재보험급여를 청구한 사안에서, 사용자가 가입한 자기신체사고보험에 의해 근로자가 지급받은 보험금은 사용자의 손해배상의무의 이행으로 지급받은 것은 아니므로 산재보험급여에서 공제될 수 없다고 했다.

85) 대법원 1991. 7. 23. 선고 90다11776 판결, 대법원 1995. 4. 25. 선고 93다61703 판결. 같은 취지에서 대법원 2012. 5. 24. 선고 2010두18505 판결은 "간병급여는 개호기간 중의 개호비에 대응하는 것이므로 간병급여금에 대해서는 그것이 지급되는 개호기간 중의 개호비 상당 손해액만을 공제할 수 있다"고 했다.

로 사용자에게서 받은 합의금은 근기법상 유족보상, 장례비에 상당하는 손해배상금을 제외한 나머지 손해배상금을 뜻하므로 합의금을 지급받았다고 하여 근기법상 유족보상, 장례비 청구권이 소멸될 수 없다고 한 사례가 있다.[88)]

한편 같은 수입 상실에 관한 것일지라도 그 대상이 되는 기간이 다른 경우, 예컨대 휴업보상과 휴업기간 이후의 수입 상실에 대한 손해 사이에는 상호 보완관계가 없다. 따라서 피해자가 휴업급여를 지급받은 기간 이후의 수입 상실 손해만을 청구하는 경우 위 기산일 이전분으로 지급받은 휴업급여액은 공제할 수 없다.[89)]

또한 산재법상 장해보상연금과 장해보상일시금은 그 전체로서 가치가 같다고 보는 것이 타당하므로 장해보상연금 수급권자에 대하여 민법 등에 따른 손해배상액을 산정하면서 그 일시금 상당액을 공제한 경우에는 장해보상연금은 그 전액이 지급되어야 한다. 그 금액만큼은 일시금 형태로 공제되었기 때문에 중복지급의 문제는 생기지 않는다. 산재법 80조 3항 단서는 같은 조 2항 후문에 대응하여 이러한 취지를 주의적으로 규정한 것이다.[90)]

#### (2) 보완의 인적 범위

재해보상 또는 산재보험급여를 받을 자와 손해배상 청구권자가 서로 다를 수 있다. 예컨대 근로자가 사망한 경우 유족보상과 관련하여 근기법과 산재법상의 수급권자와 민법상의 상속순위가 서로 다른 까닭에 이런 문제가 발생한다.

이와 관련하여 우리 판례는 종전에는 산재보험급여를 받을 자와 손해배상

86) 대법원 1981. 10. 13. 선고 80다2928 판결, 대법원 1985. 5. 14. 선고 85누12 판결, 대법원 1990. 2. 23. 선고 89다카22487 판결.

87) 대법원 2017. 10. 12. 선고 2017다231119 판결은 "자동차손해배상 보장법에 기한 배상책임의 대상이 되는 위자료는 산재보험법이 규정한 보험급여에 의하여 전보되지 아니하는 손해이므로, 근로복지공단이 산재보험법에 따라 지급한 보험급여에 기하여 피해자의 보험자에 대한 위자료청구권을 대위할 수 없다"며 결국, 근로복지공단이 유족급여 등을 지급한 후 책임보험자에 대하여 대위할 수 있는 금액은 책임보험금의 한도 내에서 피해자가 실제 입은 손해액 가운데 위자료를 제외한 나머지 손해액에 한한다고 보았다.

88) 대법원 1993. 6. 22. 선고 92누16102 판결. 따라서 그 전보를 목적으로 하는 산재법상 보험급여청구권도 소멸될 수 없다고 보았다.

89) 대법원 1993. 12. 21. 선고 93다34091 판결, 대법원 1994. 4. 26. 선고 94다6628 판결.

90) 대법원 2001. 7. 13. 선고 2000두6268 판결. 대법원 2007. 6. 15. 선고 2005두7501 판결은 같은 취지에서, 제 3 자의 불법행위로 재해를 입은 근로자가 제 3 자로부터 장해급여일시금을 초과하는 액수의 손해배상금을 수령할 수 있었음에도 그 중 상당 부분에 대한 청구를 포기한 사안에서, 근로자가 장해보상일시금과 장해보상연금 중 어느 것을 선택하였는지와 무관하게 공단의 장해급여지급의무는 전부 소멸한다고 보았다.

청구권의 상속인이 전혀 다른 경우에 수급권자가 지급받은 보상금액을 상속인의 손해배상액에서 공제했는데,[91] 대법원 2009. 5. 21. 선고 2008다13104 전원합의체 판결은 이를 변경하여, "수급권자의 유족급여 수급권은 수급권자 자신의 고유한 권리이고, 사망한 근로자의 상속재산에 포함되지 않는다"고 하면서 산재보험급여 수급권자가 유족급여를 먼저 지급받았더라도 수급권자가 아닌 다른 상속인의 손해배상 채권에 영향을 미칠 수 없다고 판시하였다.[92]

한편 수급권자가 공동상속인 중의 1인인 경우 망인의 손해에 대한 상속분을 계산한 후에 보상액을 수급권자의 상속분에서만 공제할 것인지(상속후 공제설 또는 단독공제설), 망인의 손해에서 유족급여를 먼저 공제한 후 그 잔액에 대하여 상속을 인정할 것인지(공제후 상속설)에 관하여 견해 대립이 있는데, 판례는 과거 공제후 상속설을 취하였으나,[93] 앞서 본 대법원 2009. 5. 21. 선고 2008다13104 전원합의체 판결에서 견해를 변경하여 상속후 공제설에 따랐다.[94]

### 다. 합의와 관련한 문제

근기법상 재해보상 또는 산재법상 보험급여는 근로자 또는 유족의 생활 보호를 위하여 정책적으로 인정되는 것이므로 권리의 양도 또는 압류가 금지되어 있고(법 86조; 산재법 88조 2항), 수급권 포기도 무효라는 것이 통설이다. 그러나 근로자가 사용자에 대하여 갖는 손해배상청구권은 순수한 사권(私權)이므로 이를 포기·면제하거나 그 밖의 합의 등으로 처분행위를 하는 것은 유효하다.

그런데 위와 같이 수급권자가 보험급여를 수령하기 전에 손해배상청구권을 포기 또는 면제하는 것이 가능하다고 하더라도 그것이 수급권자의 보험급여청

91) 대법원 1969. 2. 4. 선고 68다2178 전원합의체 판결, 대법원 1987. 6. 9. 선고 86다카2581 판결, 대법원 1990. 12. 11. 선고 90다5634 판결.

92) 이 판결에 대한 평석으로는 오종근b, 527면 이하.

93) 대법원 1977. 12. 27. 선고 75다1098 판결(산재법상 유족보상일시금을 그 수급권자가 수령한 경우에는 그 금액 한도내에서 민법상의 손해배상 책임을 면하게 되므로 피해자의 일실손해금에서 위 유족보상일시금을 공제한 금원이 있을 경우에 한하여 그에 대한 청구권을 상속인이 승계취득하는 것이다), 대법원 1987. 6. 9. 선고 86다카2581 판결, 대법원 1994. 5. 10. 선고 93다57346 판결(공무원연금에 관한 사안이다).

94) '근로자가 업무상 재해로 인하여 사망함에 따라 발생되는 망인의 일실수입 상당 손해배상채권은 모두가 그 공동상속인들에게 각자의 상속분 비율에 따라 공동상속되고, 근로복지공단이 산재법에 의하여 수급권자에게 지급하는 유족급여는 당해 수급권자가 상속한 일실수입 상당 손해배상채권을 한도로 하여 그 손해배상채권에서만 공제하는 것으로 해석하여야 하고, 이와 달리 망인의 일실수입 상당 손해배상채권에서 유족급여를 먼저 공제한 후 그 나머지 손해배상채권을 공동상속인들이 각자의 상속분 비율에 따라 공동상속하는 것으로 해석할 것은 아니다.'

구권에 어떠한 영향을 미치는가 하는 점은 별도로 고찰해보아야 할 문제이다.

첫째, 사용자의 행위가 개재된 재해의 경우는 근로자가 사용자에 대해 손해배상청구권을 포기 또는 면제하더라도 특별한 문제가 생기지 않는다. 근로복지공단이 사용자에 대해 손해배상청구권을 대위행사하는 문제가 애초부터 생기지 않기 때문이다. 한편 근로자의 손해배상청구권의 포기나 면제가 근기법상 재해보상청구권이나 산재법상 보험급여청구권의 포기나 면제로 확장되어서는 안 된다.

둘째, 제 3 자의 행위가 개재된 재해의 경우에는 근로자가 제 3 자에 대해 손해배상청구권을 포기 또는 면제하면 근기법상 재해보상을 한 사용자 또는 산재법상 보험급여를 지급한 국가(근로복지공단)는 그에 따라 감축된 금액 부분에 대하여는 손해배상청구권을 대위할 기초를 잃어 제 3 자에게 손해배상청구권을 대위 행사(구상권 행사)할 수 없게 되므로, 이 경우 대위권을 행사할 수 없는 금액만큼 근기법상 재해보상 또는 산재법상 보험급여 지급 책임이 감소된다고 볼 것인지가 문제된다. 대법원은 수급권자가 그 재해로 인하여 제 3 자로부터 배상받을 수 있는 진정한 재산상 손해액(보험급여 항목과 관련된 범위에 국한된다)의 한도 내에서 산재보험 지급 청구권을 상실한다는 입장을 취하고 있다.[95] 그러므로 재해를 당한 근로자가 가해자인 제 3 자에 대해 함부로 권리를 포기하거나 그 의무를 면제해주었다가는 근기법상 재해보상이나 산재법상 보험급여 청구를 하지 못하는 어려움을 겪을 수 있다.[96]

다만, 재해를 당한 근로자가 산재보험급여를 수령한 이후에는 제 3 자에 대한 손해배상청구권을 면제하거나 포기하더라도 이는 보험급여액의 한도 안에서 재해 근로자를 대위할 수 있는 손해배상청구권을 국가(근로복지공단)가 취득한 후에 이루어진 것으로서 제 3 자는 그 면제나 포기를 가지고 국가에 대항할 수 없다.[97] 산재보험급여가 이루어진 후 제 3 자가 손해배상 명목으로 피해자에게 지급한 돈이 있더라도 마찬가지다.[98]

---

95) 대법원 1978. 2. 14. 선고 76다2119 전원합의체 판결, 대법원 2007. 6. 15. 선고 2005두7501 판결.

96) 재해 근로자가 자신이 입은 총 손해액에서 산재보험급여를 통해 받을 수 있는 금원을 제외한 나머지 금원만을 가해자인 제 3 자로부터 지급받고 산재보험급여를 통해 받을 수 있는 금원에 대해서는 제 3 자에 대해 포기나 면제를 해주겠다는 의향을 가질 가능성이 많은데, 그것이 공단의 구상권을 제한하는 것이 되어 결과적으로 산재보험급여도 제대로 지급받을 수 없게 되는 상황이 초래될 수도 있으므로, 제 3 자에 대해 포기나 면제를 할 경우에는 신중히 결정하여야 한다.

97) 대법원 1989. 6. 27. 선고 87다카2057 판결, 대법원 1990. 2. 23. 선고 89다카22487 판결.

### 라. 과실상계와 관련한 문제

원칙적으로 재해보상이나 산재보험급여는 손해의 전보만이 아니라 재해를 당한 근로자의 생활 보장에도 목적이 있으므로 일정 사유가 발생하면 일정 금액이 반드시 지급되어야 하고, 재해를 당한 근로자 스스로에게 과실이 있다 하여 보상액에 대해 과실상계를 할 수 없다.[99)]

근기법 81조는 "근로자가 중대한 과실로 업무상 부상 또는 질병에 걸리고 또한 사용자가 그 과실에 대하여 노동위원회의 인정을 받으면 휴업보상이나 장해보상을 하지 아니하여도 된다"고 하고, 산재법 83조는 "근로복지공단은 요양 중인 근로자가 정당한 사유 없이 요양에 관한 지시를 위반하여 부상·질병 또는 장해 상태를 악화시키거나 치유를 방해한 경우와 장해보상연금 수급권자가 장해등급 재판정 전에 자해 등 고의로 장해 상태를 악화시킨 경우에는 보험급여의 전부 또는 일부를 지급하지 아니할 수 있다"고 한다. 그러나 전자는 신의칙에 의하여, 후자는 근로자에 대한 일종의 제재로서 규정된 것이며 과실상계와는 다르다는 것이 일반적 견해이다.

근로자가 가해자에게 손해배상을 청구하거나 근로복지공단이 제 3 자인 가해자에게 구상을 하는 경우, 재해보상 또는 산재보험급여의 공제와 과실상계의 순서에 관하여 견해가 대립한다. 과실상계가 선행한다는 견해(상계 후 공제설)와 재해보상 또는 보험급여의 공제가 선행되어야 한다는 견해(공제 후 상계설)가 있을 수 있는데, 현재 판례는 먼저 산정된 손해액에서 과실상계를 한 후 거기에서 보험급여를 공제한다고 하여 '상계 후 공제설'을 취하고 있다.[100)]

### 마. 자동차 사고 및 산업재해 사고와 관련한 특수한 문제

업무용 자동차종합보험약관에는 "배상책임 있는 피보험자의 피용자로서 산재법에 의한 재해보상을 받을 수 있는 사람에 대하여는 브상하지 아니한다"는

---

98) 대법원 2015. 12. 10. 선고 2015다230228 판결, 대법원 2016. 12. 1. 선고 2016다240093 판결. 즉 보험급여를 한 근로복지공단은 피해근로자의 손해배상채권 범위 내에서 보험급여액 전부에 관하여 가해자에 대한 손해배상채권을 대위할 수 있고, 가해자가 보험급여 후 손해배상 명목으로 피해자에게 지급한 돈이 있더라도 이를 공제할 수 없다.

99) 따라서 민사상 손해배상 사건에서 과실상계 법리를 유추적용하여 손해의 확대 등에 기여한 기왕증을 손해배상액 산정에 참작하는 법리도 산재법상 요양급여에 그대로 적용된다고 볼 수 없다(대법원 2010. 8. 19. 선고 2010두5141 판결).

100) 대법원 1989. 4. 25. 선고 88다카5041 판결, 대법원 2002. 12. 26. 선고 2002다50149 판결, 대법원 2010. 7. 15. 선고 2010다2428, 2435 판결.

면책 조항을 두는 경우가 많다. 이에 따라 재해를 당한 근로자가 산재법에 의한 재해보상을 받을 수 있는 사람이라면 업무용 자동차종합보험의 보험자는 피보험자에게 보상 책임을 지지 아니한다.

이러한 규정을 둔 취지는 노사관계에서 발생한 업무상 재해로 인한 손해에 대하여는 노사관계를 규율하는 근기법에서 사용자의 각종 보상 책임을 규정하는 한편 이러한 보상 책임을 담보하기 위하여 산재보험 제도를 두었으므로, 산재보험 대상인 업무상 자동차 사고에 의한 피해 근로자의 손해에 대하여도 산재보험에 의하여 전보 받도록 하고, 산재보험에 따라 전보가 가능한 범위에서는 제 3 자에 대한 배상책임을 전보하는 것을 목적으로 하는 자동차보험의 대인배상 범위에서 제외하려는 데 있다.

한편 업무상 자동차 사고에 의한 피해 근로자의 손해가 산재법에 의한 보상 범위를 넘어서는 경우에는 보험자가 면책되지 않는다. 만약 그런 경우에도 면책조항에 의하여 보험자가 면책된다고 한다면 자동차보험의 피보험자인 사업주의 피해 근로자에 대한 자동차손해배상 보장법 또는 민법 등에 의한 손해배상책임이 남아 있음에도 불구하고 보험자의 면책을 인정하여 실질적으로 피보험자에게 손해배상책임을 부담지우는 것이 되는바, 이는 피보험자동차의 사고로 인하여 피보험자가 타인에 대하여 부담하는 손해배상책임을 담보하기 위한 자동차보험의 취지에 어긋나기 때문이다.

따라서 "산재법에 의한 보상 범위를 넘어서는 손해가 발생한 경우에도 보상하지 아니 한다"는 약관 규정은 약관의 규제에 관한 법률 6조 1항, 2항 1호 및 7조 2호에 의해 효력이 없다.[101)]

### 바. 기업 내 보상 제도와의 관계

최근 많은 기업들이 단체협약 내지 취업규칙 등으로 업무상 재해에 관하여 산재법이 정한 산재보상액에 일정액의 보상을 추가하여 주는 제도를 실시하고 있다. 이 추가 보상액이 취업규칙 등에 산재보험급여 상당분을 포함하는 것으로 명시되어 있지 않은 이상 산재보험급여나 재해보상과의 조정 문제는 생기지 않는다.[102)] 다만, 사업주가 민사상 손해배상 책임을 면하기 위해 근로자의 피해를 보험사고

101) 이상 이 항에서 다룬 설명은 대법원 2005. 3. 17. 선고 2003다2802 전원합의체 판결에 근거를 두었다.

102) 산재보험급여 상당분에 포함된다고 명시하는 경우는 거의 없다. 산재보험 상당분에 포함되는 것을 굳이 추가 보상액으로 취업규칙·단체협약 등에 규정할 이유가 없기 때문이다.

로 하여 임의로 가입한 민간 보험의 경우에는 사업주가 보험금을 수령하여 근로자에게 지급한 손해배상액은 사업주의 불법행위 책임에 따른 민사상 손해배상이므로 해당 보험금액에 상당하는 부분은 근기법과 산재법이 규정한 바에 따라 조정이 이루어진다.

### 3. 산재보험과 관련된 구상관계

#### 가. 근로복지공단의 사용자에 대한 구상권

근로복지공단이 근로자에게 산재보험금을 지급한 경우 보험가입자인 사용자에게는 구상권을 행사할 수 없다. 이는 산재보험의 책임보험적 성격에 비추어 볼 때 당연하다.

#### 나. 사용자의 근로복지공단에 대한 구상권

먼저 산재보험급여의 요건이 갖추어진 경우, 사용자가 근기법상 재해보상을 먼저 행하였으면 사용자는 근로복지공단에 지급한 재해보상 금액의 범위 안에서 구상할 수 있다. 산재보험은 재해보상에 관하여 책임브험의 성질을 가지고 있고 사업주와 근로복지공단 사이에는 궁극적으로 근로복지공단이 보상책임을 져야 하기 때문이다.[103)]

하지만 사용자가 불법행위책임으로서 근로자에게 손해배상을 한 경우, 그 사용자는 근로복지공단에 대하여 산재보험급여에 해당하는 금액을 청구할 수 있는가에 관하여, 과거 대법원은 산재법상 보험급여는 사용자가 근기법에 의하여 보상하여야 할 근로자의 업무상 재해로 인한 손해를 국가가 보험자의 입장에서 근로자에게 직접 전보하는 성질을 갖고 있으나 사용자가 그 재해로 인하여 부담하게 될 민사상 손해배상책임에 대한 책임보험의 성질까지 갖는 것은 아니므로, 사용자가 근로자에게 민사상 손해배상금을 지급하였다고 하여도 근로자의 국가에 대한 보험급여청구권을 대위 취득할 수는 없다고 판시하였다.[104)]

---

103) 대법원 1994. 5. 24. 선고 93다38826 판결.

104) 대법원 1989. 11. 14. 선고 88다카28204 판결. 아울러 이 판결은 산재보험에 가입한 사업주가 업무상 재해를 입은 근로자에게 민사상 손해배상책임에 기하여 손해를 배상함으로써 그 금액 범위 내에서 국가가 보험급여의 지급의무를 면하게 되었다고 하여도 사업주는 자신의 법률상 의무를 이행한 것에 지나지 않고, 수급권자에게 보험급여가 이미 지급되었다면 그 금액의 한도 내에서 사용자는 민사상 손해배상책임을 면하므로 손해배상액에서 이를 공제할 것이나 현실적으로 보험급여가 지급되지 않은 이상 장래에 보험급여를 지급할 것이 확실하더라도 이를 미리 손해배상액에서 공제할 것이 아니므로, 보험급여액을 공제하지 아니한 채

그런데 1999. 12. 31. 산재법이 개정되면서 신설된 55조의2(현행 산재법 89조)는, 보험가입자가 소속 근로자의 업무상의 재해에 대하여 산재법에 의한 보험급여의 지급 사유와 동일한 사유로 민법이나 그 밖의 법령에 따라 보험급여에 상당하는 금품을 수급권자에게 미리 지급한 경우로서 그 금품이 보험급여에 대체하여 지급한 것으로 인정되는 경우 보험가입자는 대통령령이 정하는 바에 따라 당해 수급권자의 보험급여를 받을 권리를 대위한다고 규정하였다.[105][106] 이로써 사용자의 근로복지공단에 대한 구상 문제는 입법을 통해 해결되었다.

나아가 판례는 산업재해가 보험가입자와 제 3 자의 공동불법행위로 발생하여 제 3 자가 손해배상금을 먼저 지급하고 보험가입자에게 구상권을 행사함에 따라 보험가입자가 이를 지급한 경우에도 보험급여 지급 전에 보험가입자가 수급권자에게 손해배상을 한 경우와 마찬가지로 볼 수 있으므로, 보험가입자는 제 3 자에게 지급한 금원과 동일성이 인정되는 산재보험급여의 범위 내에서 수급권자의 보험급여를 받을 권리를 대위할 수 있다고 했다.[107]

### 다. 근로복지공단과 사용자의 제 3 자에 대한 구상권

#### (1) 근로복지공단의 제 3 자에 대한 구상권

산재법 87조 1항은 근로복지공단은 제 3 자의 행위에 따른 재해로 보험급여를 지급한 경우에는 그 급여액의 한도 안에서 급여를 받은 자의 제 3 자에 대한

---

손해배상액을 지급하였다고 하여 사업주에게 손해가 발생하였다고 할 수는 없는 것이므로 국가에 대하여 부당이득을 구할 여지가 없다고 하였다.

105) 구 산재법(1999. 12. 31. 법률 6100호로 개정되기 전의 것) 55조 단서에 의하면, 대통령령이 정하는 바에 의하여 보험급여의 '수령'은 이를 가족 또는 사업주에게 '위임'할 수 있다고 되어 있었을 뿐이었고, 구 산재법 시행령(2000. 6. 27. 대통령령 16871호로 개정되기 전의 것) 49조 1항 1호는 보험급여를 받을 권리가 있는 자가 긴급 기타 부득이한 사정으로 사업주로부터 그 보험급여액에 상당하는 금액을 대체 지급받았음이 보험급여를 받을 권리 있는 자의 명시적 의사에 의하여 확인되는 경우에는 그 사업주가 그 수령을 위임받을 수 있도록 되어 있었으며, 같은 시행령 51조는 사업주가 산재법에 의한 보험급여의 사유와 동일한 사유로 민법 기타 법령에 의하여 보험급여에 상당하는 금품을 보험급여를 대체하여 지급한 것으로 인정되는 경우에 사업주가 이를 증명하는 서류를 갖추어 근로복지공단에 청구하여야 한다고 규정하고 있었다.

106) 1999. 12. 31. 신설된 산재법 55조의2(현행 산재법 89조)와 관련하여 대법원 2007. 2. 8. 선고 2006두15622 판결은 "산재보험급여는 사용자가 업무상 재해로 인하여 부담하게 될 민사상 손해배상책임에 대한 책임보험의 성질을 갖는 것은 아니나, 근로기준법상 재해보상에 대한 책임보험적 기능을 수행하고 있고, 손실전보라는 면에서 민사상 손해배상과 상호 중복되는 기능을 수행하고 있으므로, 그렇게 중복되는 범위 내에서 민사상 손해배상책임으로 인한 손해까지 전보하는 기능을 담당한다고 봄이 상당하다"고 하였다.

107) 대법원 2007. 2. 8. 선고 2006두15622 판결.

손해배상청구권을 대위한다고 규정하여 보험자 대위를 인정하고 있다. 이러한 구상권을 인정한 취지는 보험급여의 수급권자가 동일한 손해에 대하여 중복하여 전보 받는 것을 금지하고, 재해 근로자가 산재보험에 가입한 사업주 소속의 근로자라는 우연한 사정에 의하여 불법행위를 한 제 3 자가 면책되는 것을 저지하며, 보험 재정의 건전성을 확보하는 데 있다.[108)]

㈎ 대위하는 권리

근로복지공단이 보험급여로 인하여 대위하는 권리는 급여를 받은 자의 제 3 자에 대한 손해배상청구권이다. 따라서 보험금을 지급받기 전에 수급권자가 제 3 자에 대한 손해배상청구권을 포기하였거나 면제한 경우에는 대위할 수 있는 손해배상청구권이 더 이상 존재하지 아니하여 대위할 수 없으나, 수급권자도 그 면제한 한도에서는 산재보험금청구권을 상실한다.[109)]

한편 유족급여의 경우 산재보험급여의 수급권자와 손해배상청구권의 상속인이 일치하지 않는 경우가 생긴다. 먼저 유족급여의 수급권자와 손해배상청구권의 상속인이 전혀 다른 경우에는 유족급여가 이행되었다 할지라도 국가는 수급권자 아닌 상속인의 제 3 자에 대한 손해배상채권을 대위에 의하여 이전받을 수 없다.

다음 유족급여의 수급권자가 공동상속인 중의 1인인 경우 판례는 '산재법상 급여를 받은 자라 함은 수급권자로서 실제로 보험급여를 지급받은 사람뿐만 아니라 피해근로자의 상속인인 유족들이 모두 포함되는 것으로 확장 해석할 수 없고, 그와 같이 확장 해석하면 수급권자 이외의 상속인인 유족들은 보험급여를 받지 아니하고도 그들이 제 3 자에 대하여 가지는 손해배상청구권을 잃든가 그 액을 감액 당하는 경우가 발생하여 그 유족들에게 뜻하지 아니한 손해를 입히게 될 것이므로, 위에서 말하는 급여를 받은 자라 함은 현실로 국가로부터 보험급여에 의하여 보상을 받은 자를 의미하고 그 상속인인 유족은 포함되지 아니한다'고 판시하였다.[110)] 따라서 제 3 자의 행위로 인하여 산재법상 유족급여를 한 근로복지공단은 특별한 사정이 없는 한 수급권자에게 지급한 보험급여의 한도 내에서 수급권자의 제 3 자에 대한 손해배상청구권[111)]만을 대위하여 행사할 수 있다.

108) 황정근, 394면.

109) 대법원 1978. 2. 14. 선고 76다2119 전원합의체 판결, 대법원 2007. 6. 15. 선고 2005두7501 판결.

110) 대법원 1987. 7. 21. 선고 86다카2948 판결, 대법원 2002. 4. 12. 선고 2000다45419 판결.

한편 산재법에 따라 근로복지공단이 대위할 수 있는 '수급권자의 제 3 자에 대한 손해배상청구권'은 근로복지공단이 지급한 보험급여와 동일한 성질의 것에 한한다. 따라서 유족보상일시금에 기하여 일실수입에 대한 손해배상청구권을 대위할 수 있으나, 장례비에 기하여 일실수입에 대한 손해배상청구권을 대위할 수는 없다.[112)]

(나) 제 3 자의 범위

사용자가 피해 근로자에 대하여 불법행위 책임을 지는, 사용자의 행위가 개재된 재해의 경우에는 보험자가 그 수급권자에게 보험급여를 지급하였더라도 보험자 대위는 있을 수 없고, 근로복지공단의 구상권이 생길 여지가 없다. 이는 전술한 바와 같이 산재보험의 법리상 당연하다.

따라서 여기서 제 3 자라 함은 보험자(근로복지공단), 보험가입자(사업주) 및 해당 수급권자(근로자 또는 유족)를 제외한 자 중, 보험가입자인 사업주와 함께 직·간접적으로 피해 근로자와 산재보험 관계가 없는 자로서, 피해 근로자에 대하여 불법행위책임 내지 자동차손해배상 보장법이나 민법 또는 국가배상법의 규정에 의하여 손해배상책임을 지는 자를 말한다.[113)]

제 3 자의 범위에 피해 근로자와 같은 사업장에서 사용자와 같은 근로관계를 맺고 있는 동료 근로자가 포함되는지가 문제된다. 동료 근로자라고 해도 근로자가 보험자(근로복지공단)와 바로 산재보험관계를 형성하고 있지는 않기 때문이다. 통설은 동료 근로자는 제 3 자에 해당하지 않는다고 보고 있다. 동료 근로자를 제 3 자라고 볼 경우 근로복지공단은 가해 근로자에 대하여 구상권을 행사할 수 있게 되는데 그것은 곧 가해 근로자에 대해 사용자 책임을 지는 사업주에 대해 구상권을 행사하는 것이 되어 사업주는 보험가입자로서 보험료를 납부하면서도 보험급여액에 상당하는 구상채무를 다시 부담하는 불합리한 상황에 처하게 되고, 가해 근로자에 대한 구상은 근로자 보호라는 산재보험 제도의 목적에 반할 뿐만 아니라, 근로자가 스스로 부주의한 사고로 상병 등에 관련된 경우에 원칙적으로 보험급여 청구권이 상실되지 않는 것과 모순되기 때문이다.

---

111) 수급권자의 상속분에 한정된다.

112) 대법원 2002. 4. 12. 선고 2000다45419 판결.

113) 대법원 1988. 3. 8. 선고 85다카2285 판결, 대법원 2004. 12. 24. 선고 2003다33691 판결, 대법원 2008. 4. 10. 선고 2006다32910 판결, 대법원 2013. 12. 26. 선고 2012다119092 판결, 대법원 2016. 5. 26. 선고 2014다204666 판결.

판례의 태도도 통설과 같다.[114] 대법원은 그 이유에 대해 '동료 근로자에 의한 가해행위로 인하여 다른 근로자가 재해를 입어 그 재해가 업무상 재해로 인정되는 경우에 그러한 가해행위는 마치 사업장 내 기계기구 등의 위험과 같이 사업장이 갖는 하나의 위험이라고 볼 수 있으므로, 그 위험이 현실화하여 발생한 업무상 재해에 대하여는 근로복지공단이 궁극적인 보상책임을 져야 한다고 보는 것이 산업재해보상보험의 사회보험적 내지 책임보험적 성격에 부합한다"고 했다.[115] 그렇지만 동일한 사업주가 피해 근로자에 대한 관계에서는 산재보험 가입자의 지위에 있지만 가해자에 대한 관계에서는 보험가입자의 지위에 있지 아니한 경우에는 그 가해자는 비록 피해 근로자와 외형적으로는 동료 근로자의 지위에 있다고 하더라도 구상권 행사의 상대방이 되는 제 3 자에 해당한다.[116]

한편, 사업이 여러 차례의 도급에 의하여 행하여져 원수급인을 산재법상 사업주로 보게 되는 경우, 하수급인에게 고용된 근로자가 하수급인의 행위로 업무상 재해를 입었다면 이때의 하수급인도 제 3 자의 범위에서 제외된다.[117] 원수급인을 사업주로 보는 이상 하수급인도 원수급인과 함께 직·간접적으로 재해 근로자와 산재보험관계를 가지는 자에 해당하기 때문이다.

제 3 자의 범위와 관련하여 실무에서 문제되는 것은 건설 현장에서 시공자에게 근로자와 함께 중기(건설기계)를 임대하는 중기 임대인이 자신이 직접 중기를 조작하다 시공자 소속 근로자에게 손해배상책임을 지는 경우나 자신이 고용한 근로자가 저지른 불법행위에 관한 사용자 책임으로서 시공자 소속 근로자에게 손해배상책임을 지는 경우, 그 중기 임대인이 제 3 자에 해당하는지 여부이다. 이를 긍정하는 견해는 중기 임대인이나 그가 고용한 근로자가 보험가입자(원수급인)의 근로자로서 보험가입자의 보험료 산정에 감안되지 않고 있어 중기 임대인의 행위에 대한 손해배상책임에 대해서까지 근로복지공단이 부담하게 하는 것은 부당하고, 중기 소유자들이 중기 운행과 관련하여 책임보험 등에 가입

114) 대법원 2004. 12. 24. 선고 2003다33691 판결, 대법원 2007. 1. 25. 선고 2006다60793 판결.

115) 대법원 2011. 7. 28. 선고 2008다12408 판결. 이와 관련하여 고의·중과실이 있는 동료 근로자에 대해서는 구상할 수 있다고 보아야 한다는 견해는 김형배·박지순, 374면.

116) 대법원 2003. 12. 26. 선고 2003다13307 판결. 지방자치단체 소속의 공무원이 같은 지방자치단체에 소속되어 있는 일용직 환경미화원을 가해한 사안이다. 지방자치단체는 일용직 환경미화원에 대해서는 산재보험 가입자이지만, 공무원은 공무원연금법을 적용받기에 공무원에 대한 관계에서는 산재보험의 가입자가 아니다.

117) 대법원 2016. 5. 26. 선고 2014다204666 판결.

하는 경우가 많은데 중기 임대인에게 구상책임을 부담시키지 않을 경우 보험자가 부당한 이득을 취하게 된다는 점을 논거로 든다.[118] 반면 이를 부정하는 견해는 산재보험에 가입된 당해 사업을 수행하면서 당연히 예상되는 위험이 그 사업의 목적을 달성하기 위하여 필요한 행위로 인하여 현실화됨으로써 발생한 업무상 재해에 대하여는 근로복지공단이 궁극적으로 보상 책임을 져야 산재보험의 사회보험적 내지 책임보험적 성격에 부합한다는 점과 비록 다른 사업장 소속 근로자라고 할지라도 가해 근로자에 대해 구상 책임을 인정하는 것은 근로자 보호라는 제도 목적에 반한다는 것을 주된 논거로 삼는다.[119] 판례는 중기 임대인이나 그가 고용한 근로자는 제 3 자에 해당하는 것으로 본다.[120]

㈐ 불법행위 경합의 경우

제 3 자와 보험가입자 또는 그 소속 근로자의 불법행위가 경합되어 발생한 재해의 경우에도 제 3 자에 대한 근로복지공단의 구상권이 인정되는가?

산재법 87조는 단지 '제 3 자의 행위로 인한 재해'라는 말을 쓰고 있어 제 3 자와 보험가입자 또는 그 소속 근로자의 공동불법행위에 의한 재해의 경우에는 근로복지공단의 보험자 대위가 이루어지지 아니한다고 볼 여지가 있다. 그러나 판례는 위 조항은 당해 재해가 제 3 자만의 불법행위에 의하여 발생한 경우이거나 또는 제 3 자의 불법행위와 보험가입자 또는 그 소속 근로자의 불법행위가 경합하여 발생한 경우이거나를 가리지 않고 적용된다고 한다.[121]

그렇다면 제 3 자와 소속 근로자가 공동불법행위를 하여 업무상 재해가 발생한 경우에 근로복지공단이 피해 근로자에게 보험급여를 하면 제 3 자에 대하여 전액을 구상할 수 있는가?

이에 관하여 과거 대법원은 전액 구상할 수 있다는 견해를 취했었다. 즉, 과거 판례는 근로복지공단이 행사할 수 있는 구상권의 범위를 보험급여액의 한도 내에서 피해자가 제 3 자에 대하여 갖는 손해배상청구권의 범위와 동일한 것

118) 이병한, 351면.
119) 대전고법 2006. 4. 12. 선고 2005나9133 판결; 최윤희, 333면.
120) 대법원 2008. 4. 10. 선고 2006다32910 판결(중기임대인이 고용한 근로자의 불법행위 사안), 대법원 2008. 5. 15. 선고 2006다27093 판결(중기임대인의 불법행위 사안). 두 판결 모두 가해자가 재해 근로자와 동일한 사업주와의 관계에서 임금을 목적으로 종속적 관계에서 근로를 제공하는 자에 해당하지 않으므로 재해 근로자와 직·간접적으로 산재보험관계에 있는 것이 아니라고 보았다.
121) 대법원 1988. 3. 8. 선고 85다카2285 판결, 대법원 1992. 2. 25. 선고 91다28726 판결.

으로 보면서, 이러한 경우에 보험가입자 또는 그 피용자의 과실 비율에 따른 부담 부분에 관계없이 구상권을 행사할 수 있다고 보았다. 나아가 국가의 구상에 응한 제 3 자가 장차 보험가입자에게 과실 비율에 따라 그 부담 부분의 재구상을 할 것까지 예상하여 보험가입자의 부담 부분에 대하여는 구상권을 행사할 수 없다고 볼 것이 아니며, 근로복지공단의 구상권은 당사자 간 내부적 부담관계의 약정에 의하여 영향을 받지 않는다고 하였다.[122)]

그러나 그 후 대법원은 판례를 변경하여 보험가입자의 과실 비율 상당 부분은 구상권을 부정하였다. 즉 이러한 경우 보험급여액 전액을 구상할 수 있다고 한다면, 그 전액을 구상당한 제 3 자는 다시 공동불법행위자인 보험가입자를 상대로 그 과실 비율에 따른 부담 부분을 재구상할 수 있고, 이에 응한 보험가입자는 보험가입자가 재해 근로자에게 손해배상을 한 경우 수급권자의 보험급여 받을 권리를 대위한다는 산재법 규정(현행 산재법 89조)을 유추 적용하여 근로복지공단에게 재구상당한 금액을 재재구상할 수 있다고 할 것인데, 그렇게 되면 순환소송이 되어 소송경제에 반할 뿐 아니라 근로복지공단이 결국은 보험가입자에게 반환할 것을 청구하는 것이 되어 신의칙에 비추어보더라도 상당하지 않다고 보았다. 그러면서 구체적으로는 피해자가 배상받을 손해액 중 보험가입자의 과실 비율 상당액은 보험급여액에서 공제하고 차액이 있는 경우에 한해 그 차액에 대하여만 근로복지공단이 제 3 자로부터 구상할 수 있다고 보았다.[123)]

#### ㈑ 소멸시효

구상 청구권의 소멸시효 기산일을 손해전보일(근로복지공단이 근로자에게 보

---

122) 대법원 1988. 3. 8. 선고 85다카2285 판결, 대법원 1989. 4. 25. 선고 88다카5041 판결, 대법원 1989. 6. 27. 선고 87다카1946 판결, 대법원 1989. 9. 26. 선고 87다카3109 판결, 대법원 1990. 2. 13. 선고 89다5997 판결, 대법원 1992. 2. 25. 선고 91다28726 판결, 대법원 1992. 12. 8. 선고 92다23360 판결.

123) 대법원 2002. 3. 21. 선고 2000다62322 전원합의체 판결(이에 대한 평석은 오종근a, 250면 이하). 대법원 2002. 9. 24. 선고 2002다36303 판결, 대법원 2005. 3. 11. 선고 2004다68250 판결, 대법원 2005. 11. 25. 선고 2005다54463 판결, 대법원 2010. 4. 29. 선고 2009다98928 판결, 대법원 2010. 5. 13. 선고 2007다82059 판결, 대법원 2018. 4. 24. 선고 2016다220808 판결. "근로복지공단은 제 3 자에 대하여 보험가입자의 과실 비율 상당액은 구상할 수 없고, 구체적으로는 피해 근로자가 배상받을 손해액 중 보험가입자의 과실 비율 상당액을 보험급여액에서 공제하고(다만 구상할 수 있는 금액은 보험급여액과 손해액 중 적은 것을 한도로 하므로, 피해 근로자의 손해액이 보험급여액보다 적은 경우에는 그 손해액에서 보험가입자의 과실 비율 상당액을 공제하여야 한다) 차액이 있는 경우에 한하여 그 차액에 대하여만 제 3 자에게 구상할 수 있다."

험급여를 지급한 날)로 보아야 한다는 판결이 있었으나,[124)] 대법원은 판례를 변경하여, 근로복지공단이 법규정에 따라 보험급여를 함으로써 취득하는 손해배상청구권은 동일성이 그대로 유지되므로 소멸시효의 기산점과 기간도 손해배상청구권 자체를 기준으로 판단해야 한다고 하였다.[125)]

㈒ **구상권 행사의 제한**

근로복지공단이 제 3 자의 행위에 따른 재해로 보험급여를 지급한 경우라도, 보험가입자인 2 이상의 사업주가 같은 장소에서 하나의 사업을 분할하여 각각 행하다가 그 중 사업주를 달리하는 근로자의 행위로 재해가 발생하는 때에는 대위 행사를 할 수 없다(산재법 87조 1항 단서).

여기서 '하나의 사업'이란 보험가입자인 둘 이상의 사업주가 각각 사업을 행하되, 같은 장소, 같은 위험권 안에서 같은 사업(목적물)의 완성을 위하여 행하는 것을 의미한다. 따라서 둘 이상의 사업주가 같은 장소에서 사업을 하더라도 각 사업의 내용이 같은 사업이나 목적물의 완성을 위하여 행하는 것이 아닐 때에는 통상 그 위험의 정도도 서로 다르므로 여기서 말하는 '하나의 사업'을 분할하여 각각 행하는 경우에 해당한다고 볼 수 없다.[126)]

판례는 건물 신축 공사를 하는 회사로부터 신축 건물의 보일러 제작 및 설치 작업을 도급받은 회사 소속 근로자가 같은 공사를 하는 회사로부터 자재 · 기계의 운반 및 하역 작업을 도급받은 회사 소속 근로자의 행위로 재해를 당한 경우, 두 회사는 건물 신축 공사를 하는 회사의 사업을 같이 완성하여 가는 관계(즉 산재법 87조 1항 단서가 적용되는 '하나의 사업을 분할하여 각각 행하는' 경우)에 해당한다고 하여 근로복지공단의 손해배상청구권 대위 행사를 부정하였다.[127)] 그러나 조선소 안 공장 시설 일부에 대한 보수공사를 도급받은 회사에 고용된 근로자가 그 조선 회사 소속 근로자의 행위로 재해를 당한 경우,[128)] 건물 신축 공사를 하는 회사로부터 그 공사에 쓰이는 시멘트 운송 작업을 도급받은 회사 소속 근로자의 행위로 그 건물 신축 공사를 하는 회사 소속 근로자가 재해를

124) 대법원 1992. 6. 26. 선고 92다10968 판결.
125) 대법원 1997. 12. 16. 선고 95다37421 전원합의체 판결.
126) 대법원 1997. 4. 11. 선고 95다27684 판결, 대법원 2001. 2. 23. 선고 2000다63752 판결.
127) 대법원 1994. 10. 11. 선고 94다29225 판결(작업장소가 동일하고, 위 각 작업들은 공장신축이라는 하나의 사업을 같이 완성하여 가는 관계에 있다 할 것이어서).
128) 대법원 1994. 11. 18. 선고 93다3592 판결.

입은 경우,[129] 건물 신축 공사에서 철골 공사를 도급받은 회사 소속 근로자가 중기임대업자가 기중기와 함께 제공한 기중기 운전기사의 행위로 재해를 당한 경우에는[130] 모두 '하나의 사업을 분할하여 행하는 경우'가 아니라고 보아 근로복지공단의 손해배상청구권 대위 행사를 긍정하였다.

한편 근로복지공단이 산재법 87조 1항 단서에 의하여 가해 근로자나 그 사용자인 사업주에게 구상할 수 없는 경우에도, 그 사업주와 자동차보험계약을 체결하여 상법 724조 2항에 따라 피해 근로자에 대하여 직접 손해배상책임을 지는 보험자는 산재법 87조 1항에서 정한 '제 3 자'에 해당하므로, 근로복지공단은 피해 근로자가 그 보험자에 대하여 직접 행사할 수 있는 손해배상청구권을 대위할 수 있다.[131]

(2) 사용자의 제 3 자에 대한 구상권

제 3 자의 불법행위로 인한 재해에 관하여 사용자가 근기법상의 재해보상금을 근로자에게 지급한 경우 그 한도 내에서 피해자의 제 3 자에 대한 손해배상청구권이 사용자에게 이전되고 사용자는 구상권을 행사할 수 있는지에 관하여, 명문의 규정은 없으나 손해배상자 대위에 관한 민법 399조, 변제자 대위에 관한 민법 480조 및 민법 399조 준용에 관한 민법 763조 규정을 유추하여 이를 인정함이 타당하다.[132]

[강 문 대·임 자 운]

---

129) 대법원 1997. 4. 11. 선고 95다27684 판결(피고의 위 시멘트 운송 작업은 위 화랑인터내셔날과의 계약에 따라 목포항에서 시멘트를 하역 상차하여 이를 위 신축공사장까지 운송함으로써 종료되는 작업이므로, 위 남화토건의 신축공사와 작업장소가 동일하다고 볼 수 없을 뿐만 아니라, 위 시멘트 운송 작업을 가리켜 위 남화토건의 신축공사의 완성을 위하여 동일 위험권 내에서 하나의 사업을 분할하여 행하는 것이라고 볼 수도 없다).

130) 대법원 2008. 4. 10. 선고 2006다32910 판결(중기임대업자인 소외 1이 이 사건 공장신축공사장에서 그 운전기사 소외 2를 통해서 한 기중기 작업은 원수급인 방주종합건설 주식회사의 사업의 일부를 이루고 있으므로, 소외 1이 방주종합건설 주식회사와 하나의 사업을 '분리'하여 행하고 있었다고 볼 수는 없다).

131) 대법원 2013. 12. 26. 선고 2012다119092 판결(상법 724조 2항에 의한 직접청구권은 피해자가 책임보험자에 대하여 갖는 손해배상청구권으로서 피해자가 책임보험의 피보험자에 대하여 갖는 손해배상청구권과는 별개의 권리이므로, 상법 724조 2항에 의하여 피해자에 대하여 직접 손해배상책임을 지는 책임보험자는 피보험자가 산재법 87조 1항의 제 3 자에 해당하는지 여부와 상관없이 제 3 자에 포함되고, 이러한 법리는 산재법 87조 1항 단서에 의하여 가해 근로자 또는 그 사용자인 사업주에게 구상할 수 없는 경우에도 마찬가지로 적용된다고 보았다).

132) 대법원 1966. 10. 18. 선고 66다1727 판결.

제78조(요양보상)

① 근로자가 업무상 부상 또는 질병에 걸리면 사용자는 그 비용으로 필요한 요양을 행하거나 필요한 요양비를 부담하여야 한다.

② 제 1 항에 따른 업무상 질병과 요양의 범위 및 요양보상의 시기는 대통령령으로 정한다.

〈세 목 차〉



## Ⅰ. 요양보상의 의의

근로자가 업무상의 사유로 부상을 당하거나 질병에 걸리면 사용자가 그 비용으로 필요한 요양을 행하거나 필요한 요양비를 부담하여야 한다(법 78조 1항). 업무상 재해를 입은 근로자에 대한 치료를 사용자가 책임지도록 하여 근로자를 보호하기 위함이다.

'요양'이란 부상 또는 질병을 치유하기 위한 의료적 조치를 의미한다.

사용자가 그 치료에 책임을 져야 하는 업무상 질병의 범위와 치료의 내용, 곧 요양의 범위와 요양보상의 시기는 대통령령으로 정한다(법 78조 2항). 이에 따라 영 44조가 업무상 질병과 요양의 범위, 시기 등을 규정하고 있다.

요양 보상에 대응하는 산재법상의 보험급여는 요양급여이다. 재해를 당한 근로자가 산재법상 수급권자로서 요양급여를 받으면 사용자는 근기법상 요양보상 책임을 면한다(법 87조; 산재법 80조 1항).[1]

한편 사용자가 업무상 재해를 입은 근로자에게 요양보상을 하지 않으면 2년 이하의 징역 또는 2,000만 원 이하의 벌금에 처한다(법 110조 1호). 2017. 11. 28. 법 개정 때 벌금액의 상한을 종전 1,000만 원에서 2,000만 원으로 상향하였다.

1) 산재법상 요양급여와의 조정에 관한 자세한 내용은 '재해보상 전론(前論)' Ⅳ. 1. 참조.

## Ⅱ. 요양보상의 내용

### 1. 요양보상의 요건

요양보상은 근로자가 업무상 부상 또는 질병에 걸렸을 때 이루어진다. 근기법에 '업무상 재해'라는 개념이 사용되고 있지는 않지만, 여기서 말하는 '업무상 부상 또는 질병'은 산재법상 '업무상 재해'와 같은 의미이다.[2)]

업무상 부상은 주로 사고로 인해 발생하는데 그 사고가 업무와 인과관계가 있어야 한다.

업무상 질병은 부상으로 인해 걸릴 수도 있고 부상 없이 유해 요인에 의해 바로 걸릴 수도 있는데, 영 44조 1항 및 [별표 5]의 1항에 그 범위가 규정되어 있다. 그러나 [별표 5]의 1항 마지막에 업무상 질병의 범위가 개방적으로 규정되어 있기 때문에[3)] 영에 구체적으로 규정되어 있는 질병만이 업무상 질병이 될 수 있는 것은 아니다. 따라서 어떤 질병이 업무상 질병인지 여부는 그 질병에 걸리게 된 경로와 사업장의 실태, 근로자의 병력(病歷) 등을 종합적으로 고려하여 판단해야 한다.

### 2. 요양의 범위

요양, 즉 부상 또는 질병을 치유하기 위한 의료적 조치의 범위는 영 44조 1항 및 [별표 5]의 2항에 규정되어 있다. 그 내용은, "가. 진찰, 나. 약제 또는 진료 재료의 지급, 다. 인공팔다리 또는 그 밖의 보조기의 지급, 라. 처치, 수술, 그 밖의 치료, 마. 입원, 바. 간병, 사. 이송"이다. 사용자는 자신의 비용으로 이러한 요양을 행하든가 아니면 근로자에게 필요한 요양비를 부담하여야 한다.

산재법상 요양의 범위는 산재법 40조 4항에 규정되어 있는데, 근기법의 내용에 더하여 '재활치료'가 포함되어 있다.

요양보상은 요양상 적당하다고 인정되는 범위 내에서만 허용되는 것이므로, 근로자가 치료 효과를 기대할 수 있는 유효한 치료 방법이 있음에도 이에 의하지 않고 의학상 일반적으로 승인되지 아니하는 방법에 의하여 치료를 하는 경우에는 그 비용은 요양보상의 대상이 되지 아니한다.[4)]

---

2) 업무상 재해에 관한 자세한 내용은 '재해보상 전론(前論)' Ⅲ. 참조.
3) "그 밖에 가목부터 자목까지에서 규정한 질병외에 업무로 인한 것이 명확한 질병".
4) 대법원 1999. 7. 9. 선고 99다7473 판결. 그 기간 동안의 휴업보상도 인정될 수 없다.

### 3. 요양보상의 시기

사용자는 근로자가 취업 중에 업무상 질병에 걸리거나 부상 또는 사망한 경우에는 '지체 없이' 의사의 진단을 받도록 하여야 하고(영 44조 2항), 요양보상은 매월 1회 이상 하여야 한다(영 46조).

한편 요양보상은 '필요한' 요양을 하거나 '필요한' 요양비를 부담하는 것으로서 그 필요성이 인정될 때까지만 하면 된다. 그 이후에는 장해보상의 지급 여부가 문제된다. 요양의 필요성이 인정되는 시기는 부상 또는 질병에 걸린 때로부터 '완치'될 때까지이다. '완치'라는 표현은 근기법상 장해보상의 지급 요건에 나오는데(법 80조 1항), 부상 또는 질병 이전 상태로 완전히 회복된 경우뿐만 아니라 치료 효과를 더 이상 기대할 수 없고 그 증상이 고정된 상태에 이르게 된 경우도 포함한다.[5] 산재법상 장해급여에는 '완치' 대신 '치유'라는 표현이 사용되고 있고(산재법 57조 1항), 산재법은 그 뜻을 "부상 또는 질병이 완치되거나 치료의 효과를 더 이상 기대할 수 없고 그 증상이 고정된 상태에 이르게 된 것"(산재법 5조 4호)이라고 명문화 하였다.

그러므로 증상이 남아 있더라도 그것이 안정되어 더 이상 치료의 효과를 기대할 수 없고 요양의 여지가 없게 된 때에는 요양의 필요가 없어진 것으로 보아야 하고, 따라서 부상의 경우에는 상처가 치유된 때, 질병에서는 급성 증상이 쇠퇴하고 만성 증상은 남아 있어도 의료 효과를 기대할 수 없는 상태가 된 때에는 치유된 것으로 보아야 한다.[6] 요양 중인 근로자의 상병을 호전시키기 위한 치료가 아니라 단지 고정된 증상의 악화를 방지하기 위한 치료만이 필요한 경우에도 치유된 것으로 보아야 하고,[7] 이후 고정된 증상의 악화를 방지하기 위해 치료하는 것은 요양보상의 대상에 해당하지 않는다.[8] 치유의 증명책임은 요양보상 책임을 면하고자 하는 사용자나 근로복지공단에 있다.

산재법에는 부상이나 질병이 치유되어 요양의 필요성이 없어졌다가 다시 재발하는 경우 등에는 재요양을 받을 수 있도록 되어 있다(산재법 51조).

---

5) 대법원 2013. 12. 12. 선고 2013다210299 판결.
6) 대법원 2002. 3. 29. 선고 2002두738 판결.
7) 대법원 2008. 9. 25. 선고 2007두4810 판결, 대법원 2009. 9. 10. 선고 2009두7332 판결, 대법원 2017. 6. 19. 선고 2017두36618 판결.
8) 대법원 2013. 12. 12. 선고 2013다210299 판결.

### 4. 근로자가 제 3 자로부터 요양보상에 해당하는 급부를 받은 경우

업무상 재해를 입은 근로자가 사용자가 아닌 제 3 자로부터 요양보상에 해당하는 급부를 받았다면, 근로자는 사용자에게 더 이상 요양보상청구권을 행사할 수 없고 사용자는 해당 급부를 한 제 3 자에게 요양보상의무를 면하게 됨으로써 얻은 이득을 반환해야 한다.[9)]

[강 문 대·임 자 운]

## 제79조(휴업보상)

① 사용자는 제78조에 따라 요양 중에 있는 근로자에게 그 근로자의 요양 중 평균임금의 100분의 60의 휴업보상을 하여야 한다.

② 제 1 항에 따른 휴업보상을 받을 기간에 그 보상을 받을 사람이 임금의 일부를 지급받은 경우에는 사용자는 평균임금에서 그 지급받은 금액을 뺀 금액의 100분의 60의 휴업보상을 하여야 한다.

③ 휴업보상의 시기는 대통령령으로 정한다.

〈세 목 차〉



## Ⅰ. 휴업보상의 의의

사용자는 업무상 부상 또는 질병에 걸려 요양 중에 있는 근로자에게 그 요양기간 동안에 평균임금의 100분의 60의 휴업보상을 하여야 한다(법 79조 1항). 요양 중인 근로자의 생계 안정을 도모하기 위해 마련된 것이다.

2008. 3. 21. 법 개정 전에는 현행 법 79조 1항의 규정만 법에 있었고 동조 2항의 내용은 구 영(2008. 6. 25. 대통령령 20873호로 개정되기 전의 것) 45조에 규정되어 있었다. 이에 대해서는 법률에 명시적인 위임 근거 없이 대통령령으로 휴

9) 대법원 2005. 4. 28. 선고 2004다12660 판결.

업보상액을 제한한다는 지적이 있어, 2008. 3. 21. 법 개정 때 해당 내용이 법 79조 2항으로 신설되면서 동조 3항도 함께 신설되었다.

이에 대응하는 보험급여로 산재법에는 휴업급여가 규정되어 있다. 재해를 당한 근로자가 산재법상 수급권자로서 '휴업급여'를 받으면 사용자는 근기법상 '휴업보상' 책임을 면한다(법 87조; 산재법 80조 1항).[1]

한편 사용자가 업무상 재해를 입고 요양 중인 근로자에게 휴업보상을 하지 않으면 2년 이하의 징역 또는 2,000만 원 이하의 벌금에 처한다(법 110조 1호). 2017. 11. 28. 법 개정 때 벌금액의 상한을 종전 1,000만 원에서 2,000만 원으로 상향하였다.

## Ⅱ. 휴업보상의 내용

### 1. 휴업보상의 요건

업무상 부상 또는 질병에 걸린 근로자가 사용자로부터 휴업보상을 받으려면 법 78조에 따라 업무상 부상이나 질병에 걸려 요양 중에 있어야 한다(법 79조 1항). '업무상 부상·질병'은 산재법상 '업무상 재해'와 같은 의미이다.[2]

산재법상 휴업급여는 요양으로 '취업하지 못한' 것을 요건으로 하는 데 반해(산재법 52조), 근기법상 휴업보상에는 법문에 그러한 요건이 규정되어 있지 않다. 이에 '휴업보상' 지급에는 '취업하지 못한' 것이 요구되지 않는지 문제될 수 있다. 그러나 취업을 하여 소정의 임금을 지급받는 경우에는 휴업보상을 별도로 지급할 필요가 없고, 근기법상 휴업보상과 산재법상 휴업급여가 같은 취지라는 점에 비추어, 휴업보상에도 역시 '취업하지 못한' 것이 요구된다고 보아야 한다.[3]

여기서 요양으로 취업하지 못한 기간이라 함은 근로자가 업무상 부상·질병으로 요양을 하느라 근로를 제공할 수 없었기 때문에 임금을 받지 못한 기간을 의미한다. 의료기관에서 치료받은 기간뿐 아니라 자기 집에서 요양을 하느라 실제로 취업하지 못하여 임금을 받지 못한 기간도 포함된다.[4] 하지만 상병의

---

1) 산재법상 휴업급여와의 조정에 관한 자세한 내용은 '재해보상 전론(前論)' Ⅳ. 1. 참조.
2) 업무상 재해에 관한 자세한 내용은 '재해보상 전론(前論)' Ⅲ. 참조.
3) 민변노동법Ⅰ, 947면. 판례도 '취업할 수 없었던' 기간에 대하여 휴업보상을 인정하고 있다 (대법원 1999. 7. 9. 선고 99다7473 판결 참조).

정도, 상병의 치유과정 및 치유상태, 요양방법 등에 비추어 근로자가 요양을 하느라 취업하지 못한 것이 아닌 경우에는 실제 취업하지 아니하였어도 그 기간에 대하여 휴업보상을 받을 수 없고,[5] 요양이 적당하다고 인정되는 범위를 벗어나 의학상 일반적으로 승인되지 않는 방법에 의해 치료를 받는 경우에는 그러한 치료를 위하여 지출한 비용은 요양보상의 대상이 되지 않을 뿐 아니라 그 기간 동안의 휴업보상도 인정될 수 없다.[6]

## 2. 보상의 내용

사용자가 보상하여야 할 휴업보상 액수는 평균임금의 100분의 60이고(법 79조 1항), 만일 휴업보상을 받을 기간에 그 보상을 받을 사람이 임금의 일부를 지급받은 경우에는 평균임금에서 그 지급받은 임금을 뺀 금액의 100분의 60에 해당하는 휴업보상금을 지급하여야 한다(법 79조 2항). 여기서 임금의 일부를 지급받은 경우라 함은 취업하지 못한 상태에서 업무상 부상·질병을 입은 사업·사업장의 사용자에게서 임금 일부를 받은 경우를 뜻하고, 다른 사업·사업장에 취업하여 임금을 받은 경우는 여기에 해당하지 않는다.

휴업보상을 비롯하여 재해보상액 산정을 위한 평균임금은 사망 또는 부상의 원인이 되는 사고가 발생한 날, 또는 진단에 따라 질병이 발생되었다고 확정된 날을 평균임금의 산정 사유가 발생한 날로 한다(영 52조). 사고가 발생한 날을 평균임금 산정 사유 발생일로 하는 것은 당연하고, 질병의 경우 언제 질병이 발생했는지 명확히 알 수 없는 경우가 많아 이 경우 평균임금 산정이 곤란할 것을 고려하여 진단 확정일을 평균임금 산정 사유 발생일로 본 것이다.

산재법상 휴업급여는 1일당 지급액이 평균임금의 100분의 70에 상당하는 금액이고, 취업하지 못한 기간이 3일 이내이면 지급하지 아니한다(산재법 52조).[7] 산재법에는 근기법 79조 2항과 같은 규정이 없다. 따라서 근로자가 사용자로부터 요양 중인 기간에 나머지 30%에 해당하는 임금을 받더라도 휴업급여를 감액할 수 없다. 다만, 요양 중인 기간에 임금 전액을 지급받았을 경우에는 근로

---

4) 대법원 1989. 6. 27. 선고 88누2205 판결. 산재법상 휴업급여에 대한 판결이다.
5) 대법원 2001. 5. 8. 선고 2000두10601 판결. 산재법상 휴업급여에 대한 판결이다.
6) 대법원 1999. 7. 9. 선고 99다7473 판결.
7) 즉 산재법상 휴업급여는 근기법상 휴업보상(평균임금의 60/100)보다 지급액 산정 비율이 높으나 휴업기간이 3일을 초과하는 때에만 지급한다. 따라서 산재법의 적용을 받는 사업장에서도 휴업기간이 3일 이내인 경우에는 사용자가 근기법상 휴업보상을 하여야 한다.

복지공단은 근로자가 보험급여에 상당한 금품을 받은 것으로 보아 휴업급여를 지급하지 아니하고 이미 지급한 휴업급여는 산재법에 따른 부당이득금으로 보아 징수한다. 임금을 지급한 보험가입자가 대위청구권을 행사할 경우에는 보험가입자에게 금원을 지급한다.[8] 요양 중인 기간에 임금의 일부를 지급받은 경우에도 평균임금의 30%를 초과하여 중복지급의 문제가 발생하는 부분에 대해서는 휴업급여 지급 거부나 부당이득 환수 등의 조치가 이루어질 수 있다.

휴업보상은 요양보상과 마찬가지로 매월 1회 이상 하여야 한다(영 46조). 근로자가 업무상 부상 또는 질병의 요양을 위하여 휴업한 기간과 그 후 30일 동안은 사용자는 그 근로자를 해고하지 못한다. 다만, 사용자가 법 84조에 따라 일시보상을 하였을 경우나 사업을 계속할 수 없게 된 경우에는 그러하지 아니하다(법 23조 2항).

[강 문 대·임 자 운]

제80조(장해보상)

① 근로자가 업무상 부상 또는 질병에 걸리고, 완치된 후 신체에 장해가 있으면 사용자는 그 장해 정도에 따라 평균임금에 별표에서 정한 일수를 곱한 금액의 장해보상을 하여야 한다.

② 이미 신체에 장해가 있는 사람이 부상 또는 질병으로 인하여 같은 부위에 장해가 더 심해진 경우에 그 장해에 대한 장해보상 금액은 장해 정도가 더 심해진 장해등급에 해당하는 장해보상의 일수에서 기존의 장해등급에 해당하는 장해보상의 일수를 뺀 일수에 보상청구사유 발생 당시의 평균임금을 곱하여 산정한 금액으로 한다.

③ 장해보상을 하여야 하는 신체장해 등급의 결정 기준과 장해보상의 시기는 대통령령으로 정한다.

8) 근로복지공단 보상 6602-2359. 2001. 10. 10.

[별표]

신체장해등급과 재해보상표(제80조 관련)

| 등 급 | 재해보상 | 등 급 | 재해보상 |
|---|---|---|---|
| 제 1 급 | 1,340일분 | 제 8 급 | 450일분 |
| 제 2 급 | 1,190일분 | 제 9 급 | 350일분 |
| 제 3 급 | 1,050일분 | 제10급 | 270일분 |
| 제 4 급 | 920일분 | 제11급 | 200일분 |
| 제 5 급 | 790일분 | 제12급 | 140일분 |
| 제 6 급 | 670일분 | 제13급 | 90일분 |
| 제 7 급 | 560일분 | 제14급 | 50일분 |

〈세 목 차〉



## Ⅰ. 장해보상의 의의

근로자가 업무상 부상 또는 질병에 걸리고, 완치된 후 신체에 장해가 있으면 사용자는 장해보상을 하여야 한다(법 80조 1항). 업무상 재해로 장해가 남은 근로자에게 상실하였거나 감소한 소득을 전보하여 줌으로써 근로자의 생활을 보장하는 데 취지가 있다.

휴업보상의 경우와 마찬가지로, 2008. 3. 21. 법 개정 전에는 현행 법 80조 1항의 규정만 법에 있었고, 동조 2항의 내용은 구 영(2008. 6. 25. 대통령령 20873호로 개정되기 전의 것) 47조 4항에 규정되어 있었다. 이에 대해서는 법률에 명시적인 위임 근거 없이 대통령령으로 장해보상액을 제한한다는 지적이 있어, 2008. 3. 21. 법 개정 때 해당 내용이 법 80조 2항으로 신설되었다. 아울러 신체장해등급의 결정 기준 역시 명시적 법률 위임 없이 영 47조 1항, [별표 6]에서 정하고 있었으나, 2008. 3. 21. 법 개정 때 80조 3항이 신설되었다.

근기법상 장해보상에 대응하는 보험급여로 산재법에는 장해급여가 규정되어 있다. 재해를 당한 근로자가 산재법상의 수급권자로서 장해급여를 받으면 사

용자는 근기법상의 장해보상 책임을 면한다(법 87조; 산재법 80조 1항).[1]

한편 사용자가 업무상 재해를 입고 완치 후 신체에 장해가 남은 근로자에게 장해보상을 하지 않으면 2년 이하의 징역 또는 2,000만 원 이하의 벌금에 처한다(법 110조 1호). 2017. 11. 28. 법 개정 때 벌금액의 상한을 종전 1,000만 원에서 2,000만 원으로 상향하였다.

## Ⅱ. 장해보상의 내용

### 1. 장해보상의 요건

장해보상은 근로자가 업무상 부상 또는 질병에 걸리고, 완치된 후 신체에 장해가 있을 때 사용자가 근로자에게 지급한다(법 80조 1항).

'완치'란 앞에서 살펴본 바와 같이 부상 또는 질병 이전 상태로 완전히 회복된 경우뿐만 아니라 치료의 효과를 더 이상 기대할 수 없고 그 증상이 고정된 상태에 이르게 된 경우도 포함한다.[2]

'장해'란 부상 또는 질병이 치유되었으나 정신적 또는 육체적 훼손으로 인하여 노동능력이 상실되거나 감소된 상태를 말한다(산재법 5조 5호). 법은 신체장해 등급의 결정 기준을 대통령령으로 정하도록 하여(법 80조 3항), 영 47조 1항, [별표 6]이 신체장해의 등급을 가장 무거운 장해부터 가벼운 장해까지 1급부터 14급까지로 구분하여 열거하고 있다.[3] 산재법도 장해급여를 장해등급에 따라 구분하여 지급하고 그 등급 기준을 대통령령으로 정하도록 하여(산재법 57조 2항), 산재법 시행령 53조 1항, [별표 6]이 장해등급의 기준을 정하고 있다.[4]

---

1) 산재법상 장해급여와의 조정에 관한 자세한 내용은 '재해보상 전론(前論)' Ⅳ. 1. 참조.

2) 따라서 입법론상으로 '완치'란 표현이 적절한지 의문이 제기되고 있고 산재법에는 '치유'라는 표현이 사용되고 있다. 기타 '완치' 개념에 대한 자세한 설명은 앞서 서술한 '요양보상의 시기' 부분 참조.

3) 분량 관계로 일부만 소개하면 다음과 같다. 평균임금 1,340일분을 지급하는 제 1 급에는 두 눈이 실명된 사람, 두 팔을 팔꿈치관절 이상에서 잃거나 영구적으로 사용하지 못한 사람 등이 있고, 두 손의 손가락을 모두 잃은 사람은 제 3 급에 해당하며, 한 팔을 손목관절 이상에서 잃은 사람은 제 5 급이다. 두 귀의 청력이 40센티미터 이상의 거리에서 보통의 말소리를 알아듣지 못하게 된 사람, 외모에 뚜렷한 흉터가 남은 사람은 제 7 급이며, 한 발의 발가락을 모두 제대로 못쓰게 된 사람은 제 9 급이다. 5개 이상의 치아에 대하여 치과보철을 한 사람은 제13급이고, 국부에 신경증상이 남은 사람은 평균임금의 50일분을 지급하는 제14급이다.

4) 산재법 시행령의 장해등급 기준은 근기법 시행령의 장해등급 기준과 거의 일치하나 진폐 관련 내용 등에서 약간 다른 부분이 있다.

근기법과 산재법에서 장해등급을 결정하는 요인이 되는 노동능력은 일반적인 평균적 노동능력을 의미하는 것으로서 재해 근로자가 재해를 당할 당시 취업하고 있던 직종상의 평균적 노동능력을 의미하는 것이 아니다. 따라서 재해 근로자의 연령, 직종, 주로 쓰는 팔, 지식, 경험 등의 직업능력에 관한 여러 조건은 장해의 정도를 결정하는 요인이 되지 않는다.

한편, 영 47조 1항, [별표 6]에 따른 신체장해가 둘 이상 있는 경우에는 정도가 심한 신체장해에 해당하는 등급에 따르되, 둘 이상 있는 신체장해의 등급이 일정 등급 이상인 경우 1개 내지 3개 등급씩 인상한다(영 47조 2항).[5)]

그리고 영 47조 1항, [별표 6]에 해당하지 아니하는 신체장해가 있는 경우에는 그 장해 정도에 따라 [별표 6]에 따른 신체장해에 준하여 등급을 정한다(영 47조 3항). 산재법 시행령에도 장해등급에 관해 이와 비슷한 규정이 있다(산재법 시행령 53조).

장해등급의 판정은 요양이 끝난 때에 증상이 고정된 상태에서 한다. 다만 요양 효과를 기대하기 어렵고 증상의 고정에 이르기까지 상당한 기간을 요할 것으로 예상되는 경우에는, 의학상 타당하다고 인정되는 기간을 기다려 장해 정도를 평가함이 상당하다(산재법 시행규칙 46조 10항 참조).

## 2. 보상의 내용 · 시기

사용자가 보상해야 할 장해보상 액수는 장해등급 1급은 1,340일분의 평균임금, 2급은 1,190일분의 평균임금, 14급은 50일분의 평균임금 등 장해 정도에 따라 평균임금에 [별표]에서 정한 일수를 곱한 금액이다(법 80조 1항).

산재법상 장해급여는 이 금액보다 약간 많다. 그리고 장해등급 1급에서 3급까지는 장해보상연금만 지급되고(이는 노동능력을 완전히 상실한 근로자를 보호하기 위함이다), 4급에서 7급까지는 연금과 일시금을 선택할 수 있으며, 8급 이하는 일시금만 지급된다. 장해보상연금은 1년 지급액 기준으로 1급은 329일분의 평균

---

5) 구체적인 조정은 다음과 같이 한다(조정된 등급이 제1급을 초과하는 때에는 제1급으로 한다).
① 제5급 이상에 해당하는 신체장해가 둘 이상 있는 경우: 정도가 심한 신체장해에 해당하는 등급에 3개 등급 인상
② 제8급 이상에 해당하는 신체장해가 둘 이상 있는 경우: 정도가 심한 신체장해에 해당하는 등급에 2개 등급 인상
③ 제13급 이상에 해당하는 신체장해가 둘 이상 있는 경우: 정도가 심한 신체장해에 해당하는 등급에 1개 등급 인상

임금 등이다. 장해보상일시금은 평균임금에 1급은 1,474일, 2급은 1,309일, 14급은 55일을 각 곱한 금액이다(산재법 57조 1항 내지 3항, [별표 2]; 산재법 시행령 53조 5항).

이미 신체에 장해가 있는 사람이 부상 또는 질병으로 인하여 같은 부위에 장해가 더 심해진 경우에 그 장해에 대한 장해보상 금액은, 장해 정도가 더 심해진 장해등급에 해당하는 장해보상의 일수에서 기존의 장해등급에 해당하는 장해보상의 일수를 뺀 일수에 보상청구사유 발생 당시의 평균임금을 곱하여 산정한 금액으로 한다(법 80조 2항). 산재보험에는 이에 대응되는 규정이 산재법 시행령 53조 4항에 있는데, 근기법과 내용이 거의 같고, 다만 일시금 지급만 가능한 8급 이하의 기존 장해가 연금 지급이 가능한 7급 이상의 장해로 심해진 경우 연금으로 환산하는 내용(일시금 지급일수×0.22)이 더 들어 있다. 여기서 말하는 기존 장해는 업무상 재해로 인한 장해 여부를 불문한다.6)

장해보상은 근로자의 부상 또는 질병이 완치된 후 지체 없이 하여야 하고(영 51조 1항), 장해보상액 산정을 위한 평균임금은 사망 또는 부상의 원인이 되는 사고가 발생한 날 또는 진단에 따라 질병이 발생되었다고 확정된 날을 평균임금의 산정 사유가 발생한 날로 한다(영 52조).

[강 문 대·임 자 운]

## 第81條(휴업보상과 장해보상의 예외)

근로자가 중대한 과실로 업무상 부상 또는 질병에 걸리고 또한 사용자가 그 과실에 대하여 노동위원회의 인정을 받으면 휴업보상이나 장해보상을 하지 아니하여도 된다.

〈세 목 차〉



6) 대법원 2011. 10. 27. 선고 2011두15640 판결. 산재법 시행령 53조 4항에 관한 판례이다.

## Ⅰ. 휴업보상 · 장해보상 예외의 의의

근로자가 중대한 과실로 업무상 부상 또는 질병에 걸리고 또한 사용자가 그 과실에 대하여 노동위원회의 인정을 받으면 휴업보상이나 장해보상을 하지 아니하여도 된다(법 81조).

그 취지는 근로자의 안전 · 보건에 관한 주의의무 이행을 강화하려는 정책적인 규정이라고 하나, 재해보상 제도의 생활보장적 측면에 비추어 입법론적으로 타당하지 않다는 견해가 있다.[1] 사용자가 이 규정을 근거로 보상을 회피하는 것을 막기 위해 노동위원회의 인정을 받을 것을 요건으로 하고 있다.

보상을 하지 않아도 되는 것은 휴업보상이나 장해보상에 한한다. 다른 재해보상인 요양보상, 유족보상, 장례비 등은 업무상 재해 발생에 근로자의 중대한 과실이 있더라도 반드시 보상을 하여야 한다.

산재법에는 근기법과 다른 내용으로 보험급여 지급을 제한하는 규정이 있다(산재법 83조). 이에 따르면, 요양 중인 근로자가 정당한 사유 없이 요양에 관한 지시를 위반하여 부상 · 질병 또는 장해 상태를 악화시키거나 치유를 방해한 경우, 장해보상연금 수급권자가 장해등급 재판정 전에 자해 등 고의로 장해 상태를 악화시킨 경우에는 보험급여의 전부 또는 일부를 지급하지 아니할 수 있다. 이에 따라 지급하지 않아도 되는 보험급여는 휴업급여, 장해급여에 한하지 않는다.

## Ⅱ. 주요 내용

### 1. 중대한 과실

사용자가 근로자에게 휴업보상이나 장해보상을 하지 않기 위해서는 근로자에게 중대한 과실이 있어야 한다.

근로자의 중대한 과실이란 근로자가 고의로 재해를 유발하였다고 평가할 수 있을 정도로 주의의무를 위반한 경우를 의미하는 것으로서, 사용자가 근로자에게 안전한 작업 환경을 제공하고 적정한 작업 지시를 하는 등 업무상 재해의 발생을 방지하기 위한 여러 조치를 취하였음에도 재해 근로자가 현저히 주의의

1) 민변노동법 I, 962면.

무를 위반하여 재해에 이른 것이어서, 공평의 관점에서 재해 근로자를 구태여 보호할 필요가 없다고 봄이 상당하다고 인정되는 상태를 의미한다.[2)]

중과실에 관한 증명책임은 휴업보상과 장해보상의 책임을 면하고자 하는 사용자에게 있다.

### 2. 노동위원회의 인정

사용자가 근로자에게 중대한 과실이 있음을 인정받으려면 규칙이 정한 서식의 업무상 부상 등에 관한 중대과실 인정 신청서에 근로자의 중대한 과실을 증명하는 자료를 첨부하여 관할 지방노동위원회에 제출하여야 한다(규칙 13조). 노동위원회는 심판 사건으로 이를 처리한다(노위규칙 16조 5호).

### 3. 효　　과

사용자가 노동위원회로부터 근로자의 중대한 과실에 대해 인정을 받으면 사용자는 근로자에 대해 휴업보상이나 장해보상을 할 책임을 면하게 된다. 사용자의 과실 비율에 따른 민사상 손해배상 책임까지 면하게 되는 것은 아니지만, 사용자가 재해보상의 책임을 면할 정도로 근로자의 과실이 큰 경우라면 근로자의 책임이 높게 인정되어 사용자의 책임 범위는 그만큼 줄어들게 될 것이다.

휴업보상이나 장해보상 외의 요양보상 또는 유족보상 등에 있어서는 근로자에게 중대한 과실이 있다고 하여도 사용자가 그 보상책임을 면하거나 과실상계의 이론에 따라 보상 범위를 제한하지 못한다. 따라서 재해 근로자가 수령한 요양보상 중 과실 비율에 따른 돈을 부당이득이라 하여 사용자의 손해배상액으로부터 공제할 수 없다.[3)]

[강 문 대 · 임 자 운]

2) 중앙노동위원회 2003. 5. 7. 2003상병1.

3) 대법원 1981. 10. 13. 선고 81다카351 전원합의체 판결, 대법원 1983. 4. 12. 선고 82다카1702 판결, 대법원 1986. 3. 11. 선고 85다카229 판결, 대법원 1989. 7. 11. 선고 88다카25571 판결, 대법원 1992. 5. 12. 선고 91누13632 판결, 대법원 1994. 12. 27. 선고 94다40543 판결, 대법원 2008. 11. 27. 선고 2008다40847 판결, 대법원 2010. 2. 25. 선고 2009다97314 판결.

第82조(유족보상)

① 근로자가 업무상 사망한 경우에는 사용자는 근로자가 사망한 후 지체 없이 그 유족에게 평균임금 1,000일분의 유족보상을 하여야 한다.

② 제1항에서의 유족의 범위, 유족보상의 순위 및 보상을 받기로 확정된 사람이 사망한 경우의 유족보상의 순위는 대통령령으로 정한다.

〈세 목 차〉



## Ⅰ. 유족보상의 의의

근로자가 업무상 사망한 경우에는 사용자는 근로자가 사망한 후 지체 없이 그 유족에게 유족보상을 하여야 한다(법 82조 1항).

유족보상은 근로자가 업무상 사망한 경우에 그 유족을 보호하기 위한 것이다. 2008. 3. 21. 법 개정 전에는 근기법에 "근로자가 업무상 사망한 경우에는 사용자는 그 유족에게 평균임금 1,000일분의 유족보상을 하여야 한다"는 규정만 있었고, 현행 법 82조 2항에 해당하는 규정 없이 영 48조 이하에서 유족의 범위, 보상 순위 등을 규정하였다. 이에 대해서는 법률에 명시적 위임근거 없이 대통령령으로 유족보상액을 제한한다는 지적이 있어, 2008. 3. 21. 법 개정 때 법 82조 2항을 신설하며 동조 1항에도 '지체 없이' 보상하여야 한다는 내용을 추가하였다.

유족보상에 대응되는 것으로 산재법에는 유족급여가 있다. 근로자가 업무상 사망하여 유족이 유족급여를 받으면 사용자는 근기법상 유족보상 책임을 면한다(법 87조; 산재법 80조 1항).[1] 유족급여는 근로자의 사망으로 인하여 장래 얻을 수 있는 수입을 상실하게 된 재산상 손해를 전보하기 위하여 일정액을 유족에게 지급하는 것이므로 위자료의 성질을 가지는 것은 아니다.[2]

사용자가 유족보상을 하지 않으면 2년 이하의 징역 또는 2,000만 원 이하

1) 산재법상 유족급여와의 조정에 관한 자세한 내용은 '재해보상 전론(前論)' Ⅳ. 1. 참조.
2) 대법원 1981. 10. 13. 선고 80다2928 판결.

의 벌금에 처한다(법 110조 1호). 2017. 11. 28. 법 개정 때 벌금액의 상한을 종전 1,000만 원에서 2,000만 원으로 상향하였다.

## Ⅱ. 유족보상의 내용

### 1. 유족보상의 요건

근로자가 업무상 사망한 경우에 유족보상이 지급된다. 업무상 사망은 업무상 재해 가운데 사망의 경우를 뜻한다.[3]

산재법은 선박 또는 항공기 사고 등으로 근로자의 생사가 밝혀지지 아니한 경우에는 사망한 것으로 추정하고 유족급여에 관한 규정을 적용하도록 하였다(산재법 39조 1항).[4]

### 2. 보상의 내용

유족보상의 액수는 평균임금 1,000일분이다. 유족보상은 근로자가 사망한 후 지체 없이 하여야 한다(법 82조 1항; 영 51조 2항).

사망의 원인이 되는 사고가 발생한 날을 평균임금의 산정 사유가 발생한 날로 한다(영 52조).

산재법상 유족급여는 유족보상연금과 유족보상일시금으로 구분된다. 유족보상연금을 지급하는 것을 원칙으로 하고 유족보상연금 수급자격자가 없는 경우에 한하여 유족보상일시금을 지급한다(산재법 62조 2항). 유족보상연금은 (i) 급여기초연액(평균임금에 365를 곱하여 얻은 금액)의 100분의 47에 상당하는 금액(기본금액)에, (ii) 유족보상연금 수급권자와 근로자가 사망할 당시 그 근로자와 생계를 같이 하던 유족보상연금 수급자격자 1인당 급여기초연액의 100분의 5에 상당하는 금액의 합산액(다만, 그 합산금액이 급여기초연액의 100분의 20을 넘을 때에는 급여기초연액의 100분의 20에 상당하는 금액으로 한다)(가산금액)을 합한 금액이

3) 업무상 재해에 관한 자세한 내용은 '재해보상 전론(前論)' Ⅲ. 참조.

4) 사고가 발생한 선박 또는 항공기에 있던 근로자의 생사가 밝혀지지 아니하거나 항행(航行) 중인 선박 또는 항공기에 있던 근로자가 행방불명 또는 그 밖의 사유로 그 생사가 밝혀지지 아니하면 대통령령으로 정하는 바에 따라 사망한 것으로 추정한다. 산재법 시행령 37조에 구체적인 추정 사유 및 추정 시기가 규정되어 있다. 다만 그러한 추정으로 보험급여가 지급된 후 그 근로자의 생존이 확인되었다면, 근로복지공단은 그 급여를 받은 자가 선의라면 받은 금액을, 악의라면 받은 금액의 2배에 해당하는 금액을 징수하여야 한다(산재법 39조 2항).

고, 유족보상일시금은 평균임금의 1,300일분이다(산재법 62조 2항, [별표 3]). 다만 유족보상연금 수급자격자가 원하면 유족보상일시금의 100분의 50에 상당하는 금액을 일시금으로 지급하고, 유족보상연금은 100분의 50을 감액하여 지급한다(산재법 62조 3항).

유족보상연금을 받던 자가 수급자격을 잃은 경우, 다른 수급자격자가 없고 이미 지급한 연금액을 지급 당시의 각각의 평균임금으로 나누어 산정한 일수의 합계가 1,300일에 못 미치면, 그 못 미치는 일수에 수급자격 상실 당시의 평균임금을 곱하여 산정한 금액을 수급자격 상실 당시의 유족에게 일시금으로 지급한다(산재법 62조 4항). 최소한 유족보상일시금에 해당하는 유족급여는 지급되도록 하기 위한 규정이다.

### 3. 유족의 범위 및 순위

유족보상을 받을 유족의 범위, 유족보상의 순위 등은 영 48조에 자세히 규정되어 있다. 이에 따르면 유족보상을 받을 유족의 범위는, (i) 근로자가 사망할 때 그가 부양하고 있던 배우자(사실혼관계에 있던 자를 포함한다) · 자녀 · 부모 · 손(孫) · 조부모, (ii) 근로자가 사망할 때 그가 부양하고 있지 아니한 배우자 · 자녀 · 부모 · 손 · 조부모, (iii) 근로자가 사망할 때 그가 부양하고 있던 형제자매, (iv) 근로자가 사망할 때 그가 부양하고 있지 아니한 형제자매이고, 유족보상을 받을 유족의 순위는 위에서 열거한 순서에 따르되, 같은 호에 해당하는 경우에는 그 적힌 순서에 따른다(영 48조 1항). 이 순위는 민법의 상속 순위와 다르다. 유족의 순위를 정할 때 부모는 양부모를 선순위로 친부모를 후순위로 하고, 조부모는 양부모의 부모를 선순위로 친부모의 부모를 후순위로 하되, 부모의 양부모를 선순위로 부모의 친부모를 후순위로 한다(영 48조 2항). 이 순위와 달리 근로자가 유언이나 사용자에 대한 예고에 따라 위에서 유족의 범위로 열거한 유족 중의 특정한 자를 지정한 경우에는 그에 따른다(영 48조 3항).

같은 순위의 유족보상 수급권자가 2명 이상 있는 경우에는 그 인원수에 따라 똑같이 나누어 유족보상을 한다(영 49조). 유족보상을 받기로 확정된 유족이 사망한 때에는 같은 순위자가 있는 경우에는 같은 순위자에게, 같은 순위자가 없는 경우에는 그 다음 순위자에게 유족보상을 한다(영 50조).

산재법상 유족급여의 경우에는 유족보상연금과 유족보상일시금의 수급권자가 서로 다르다. 유족보상연금 수급자격자의 범위는 근로자가 사망할 당시 그 근로자와 생계를 같이 하고 있던 유족 중 배우자와, (i) 부모 · 조부모(각 60세 이상), (ii) 자녀(25세 미만), (iii) 손자녀(19세 미만), (iv) 형제자매(19세 미만이거나 60세 이상), (v) 위의 어느 하나에 해당하지 아니하는 자녀 · 부모 · 손자녀 · 조부모 또는 형제자매로서 장애인복지법 2조에 따른 장애인 중 고용노동부령으로 정한 장애등급 이상에 해당하는 자 중 어느 하나에 해당하는 자이다. 다만 근로자가 사망할 당시 대한민국 국민이 아닌 자로서 외국에서 거주하고 있던 유족은 제외한다(산재법 63조 1항). 근로자가 사망할 당시 태아였던 자녀는 출생한 때부터 근로자 사망 당시 생계를 같이 하고 있던 유족으로 본다(산재법 63조 2항). 수급자격자 중 유족보상연금을 받을 권리의 순위는 배우자 · 자녀 · 부모 · 손자녀 · 조부모 · 형제자매 순이다(산재법 63조 3항).

유족보상연금 수급자격자인 유족이 사망하거나 재혼하거나(사망한 근로자의 배우자만 해당하며 재혼에는 사실상 혼인관계의 경우를 포함한다) 친족관계가 끝난 경우 등[5]에는 그 자격을 잃고(산재법 64조 1항), 유족보상연금을 받을 권리가 있는 유족보상연금 수급자격자가 그 자격을 잃은 경우에 유족보상연금을 받을 권리는 같은 순위자가 있으면 같은 순위자에게, 같은 순위자가 없으면 다음 순위자에게 이전된다(산재법 64조 2항). 근로복지공단은 근로자 사망 당시 태아였던 자녀가 출생한 경우, 행방불명으로 유족보상연금 지급이 정지되었던 사람이 그 정지의 해제를 신청한 경우, 유족보상연금 수급자격자가 그 자격을 잃은 경우, 유족보상연금 수급자격자가 행방불명이 된 경우에는 수급권자의 청구 또는 직권으로 유족보상연금의 금액을 조정한다(산재법 시행령 63조).

반면, 유족보상연금 수급자격자가 없는 경우에 지급되는 유족보상일시금 수급권자의 순위는, (i) 근로자가 사망할 당시 그 근로자와 생계를 같이 하고 있던 배우자 · 자녀 · 부모 · 손자녀 · 조부모, (ii) 근로자가 사망할 당시 그 근로자와 생계를 같이 하고 있지 아니하던 배우자 · 자녀 · 부모 · 손자녀 및 조부모 또는

5) 그 외 경우를 열거하면 다음과 같다. 자녀가 25세가 된 경우, 손자녀 또는 형제자매가 19세가 된 경우, 앞서 '위의 어느 하나에 해당하지 아니하는 남편 · 자녀 · 부모 · 손자녀 · 조부모 또는 형제자매로서 장애인복지법 2조에 따른 장애인 중 고용노동부령으로 정한 장애등급 이상에 해당하는 자'가 그 장애 상태가 해소된 경우, 근로자가 사망할 당시 대한민국 국민이었던 유족보상연금 수급자격자가 국적을 상실하고 외국에서 거주하고 있거나 외국에서 거주하기 위하여 출국하는 경우, 대한민국 국민이 아닌 유족보상연금 수급자격자가 외국에서 거주하기 위하여 출국하는 경우.

근로자가 사망할 당시 근로자와 생계를 같이 하고 있던 형제자매, (iii) 형제자매의 순서로 하고(그 적힌 순서에 따른다), 같은 순위의 수급권자가 2명 이상이면 그 유족에게 똑같이 나누어 지급한다(산재법 65조 1항). 이때 부모는 양부모(養父母)를 선순위로, 실부모(實父母)를 후순위로 하고, 조부모는 양부모의 부모를 선순위로, 실부모의 부모를 후순위로, 부모의 양부모를 선순위로, 부모의 실부모를 후순위로 하고(산재법 65조 2항), 수급권자인 유족이 사망한 경우 그 보험급여는 같은 순위자가 있으면 같은 순위자에게, 같은 순위자가 없으면 다음 순위자에게 지급한다(산재법 65조 3항). 그러나 근로자가 유언으로 보험급여를 받을 유족을 지정하였다면 그에 따른다(산재법 65조 4항).

[강 문 대·임 자 운]

제83조(장례비)

근로자가 업무상 사망한 경우에는 사용자는 근로자가 사망한 후 지체 없이 평균임금 90일분의 장례비를 지급하여야 한다.

〈세 목 차〉



## Ⅰ. 장례비의 의의

근로자가 업무상 사망하면 사용자는 장례비를 지급하여야 한다(법 83조 1항). 근로자가 업무상 사망한 경우에 장례의 원활한 진행을 위한 것이다.

2008. 3. 21. 법 개정 전에는 '근로자가 업무상 사망한 경우에는 사용자는 평균임금 90일분의 장의비를 지급하여야 한다'고만 규정되어 있었는데, 2008. 3. 21. 법 개정 때 '지체 없이' 보상하여야 한다는 내용을 삽입하였다.

산재법상으로도 장례비가 지급된다. 근로자가 업무상 사망하여 산재법상 장례비가 지급되면 사용자는 근기법상의 장례비 지급 책임을 면하게 된다(법 87

조, 산재법 80조 1항).[1]

한편 사용자가 장례비를 지급하지 않으면 2년 이하의 징역 또는 2,000만 원 이하의 벌금에 처한다(법 110조 1호). 2017. 11. 28. 법 개정 때 벌금액의 상한을 종전 1,000만 원에서 2,000만 원으로 상향하였다.

## Ⅱ. 장례비의 내용

### 1. 장례비의 요건

근로자가 업무상 사망한 경우에 장례비가 지급된다. 업무상 사망은 업무상 재해 가운데 사망의 경우를 뜻한다.[2]

### 2. 보상의 내용

장례비의 액수는 평균임금의 90일분이다. 장례비 지급은 근로자가 사망한 후 지체 없이 하여야 한다(법 83조; 영 51조 2항).

산재법상 장례비의 액수는 평균임금의 120일분이다(산재법 71조 1항). 그렇게 산정된 장례비가 대통령령이 정하는 바에 따라 고용노동부장관이 고시하는 최고 금액을 초과하거나 최저 금액에 미달하면 그 최고 금액 또는 최저 금액을 각각 장례비로 한다(산재법 71조 2항).[3]

### 3. 수급권자

산재법상 장례비는 그 장제(葬祭)를 지낸 유족[4]에게 지급하도록 명시적으로 규정되어 있다(산재법 71조 1항 본문). 그러나 근기법상 장례비는 수령 주체가 명시되어 있지 않다. 장례비가 실제 장례가 원활하게 행해질 수 있도록 지급되는 것이라는 점을 고려하면 근기법상 장례비 역시 그 장제를 지낸 자(유족 여부 불문)

---

1) 산재법상 장례비와의 조정에 관한 자세한 내용은 '재해보상 전론(前論)' Ⅳ. 1. 참조.

2) 업무상 재해에 관한 자세한 내용은 '재해보상 전론(前論)' Ⅲ. 참조.

3) 2023. 12. 27. 고용노동부 고시 2023-79호로 고시된 2024년도 장례비 최고 금액은 18,125,360원이고, 최저 금액은 13,053,080원이다. 위 지급기준 금액은 2024. 1. 1.부터 2024. 12. 31.까지 적용한다.

4) 장제를 지낼 유족이 없거나 그 밖에 부득이한 사유로 유족이 아닌 자가 장제를 지낸 경우에는 그 장제를 지낸 자에게 지급한다. 이 때에는 평균임금 120일분 전액을 지급하는 것이 아니라, 평균임금 120일분에 상당하는 금액의 범위에서 실제 드는 비용을 지급한다(산재법 71조 1항 단서).

가 청구할 수 있는 것으로 보아야 한다.[5)]

[강 문 대·임 자 운]

## 第84조(일시보상)

第78조에 따라 보상을 받는 근로자가 요양을 시작한 지 2년이 지나도 부상 또는 질병이 완치되지 아니하는 경우에는 사용자는 그 근로자에게 평균임금 1,340일분의 일시보상을 하여 그 후의 이 법에 따른 모든 보상책임을 면할 수 있다.

〈세 목 차〉



### Ⅰ. 일시보상의 의의

요양보상을 받는 근로자가 요양을 시작한지 2년이 지나도 부상 또는 질병이 완치되지 아니하는 경우에는 사용자는 그 근로자에게 평균임금 1,340일분의 일시보상을 하여 그 후의 이 법에 따른 모든 보상책임을 면할 수 있다(법 84조).

이 일시보상 제도는 근로자의 요양 기간이 길어져 사용자의 요양보상과 휴업보상의 책임이 지나치게 커지고 장해보상의 책임 내용이 불분명한 상태로 장기화되어 사용자의 책임이 가중되는 것을 조정하기 위한 것이다. 사용자는 장해보상 1급에 해당하는 1,340일분의 보상을 일시에 행하고 근기법의 모든 보상책임에서 벗어날 수 있다.

1953. 5. 10. 제정 법에서는 요양 시작 후 1년이 지났을 때 일시보상이 가능하였고 지급해야 할 보상액은 평균임금 1,000일분이었다. 그런데 1974. 12. 24. 법 개정 때 현행과 같이 요양 시작 후 2년이 지났을 때 일시보상을 할 수 있도

5) 통설이다. 민변노동법 I, 970면.

록 하였고 보상액은 평균임금 1,340일분으로 하였다.

근기법상 일시보상과 유사한 제도로 산재법에는 상병보상연금 제도가 있다. 상병보상연금은 요양급여를 받는 근로자가 요양을 시작한 지 2년이 지난 날 이후에도 부상이나 질병이 치유되지 않고 그 부상이나 질병에 따른 중증요양상태의 정도가 산재법 시행령 65조에서 정하는 폐질등급 기준(3급까지 있다)에 해당하며, 요양으로 취업하지 못하였을 때 지급된다(산재법 66조). 이 제도는 근기법상의 일시보상과 그 요건은 유사하지만 취지는 완전히 다르다. 근로자의 요양이 장기화 되면 근로자 및 가족의 생계가 곤란해지고 근로자의 재활의지도 약해질 우려가 있어, 휴업급여보다 높은 수준의 급여를 지급함으로써 근로자의 생계를 적극적으로 보호하기 위한 제도이다.

## Ⅱ. 일시보상의 내용

### 1. 요 건

일시보상은 업무상 부상 또는 질병에 걸려 법 78조(요양보상)에 따라 보상을 받는 근로자가 요양을 시작한 지 2년이 지나도 부상 또는 질병이 완치되지 아니하는 경우에 사용자가 근로자에게 지급하는 것이다. 따라서 최초 2년의 요양기간 중에는 일시보상을 할 수 없다. 이때 일시보상을 행함으로써 그 이후의 재해보상 의무를 면할 것인지, 아니면 재해보상을 계속할 것인지는 어디까지나 사용자의 선택에 달려 있다. 근로자가 사용자에게 장래의 재해보상에 갈음하여 일시보상을 요구할 권리는 없다.[1)]

### 2. 보 상 액

사용자가 근로자에게 지급해야 할 일시보상금의 액수는 평균임금 1,340일분이다. 이 금액은 장해보상 1급에 해당하는 금액이다.

### 3. 효 과

사용자가 일시보상을 행하면 사용자는 근기법상 재해보상에 관한 모든 책임을 면하게 된다. 따라서 요양보상, 휴업보상, 장해보상, 유족보상, 장례비 등

1) 대법원 1999. 7. 9. 선고 99다7473 판결.

모든 책임을 면한다. 또한 그 이후에는 근로자가 업무상 부상 또는 질병의 요양을 위하여 휴업한 기간과 그 후 30일 동안에도 해고할 수 있다(법 23조 2항 단서).

그러나 일시보상으로 인하여 민사상 손해배상책임 등 다른 법률에 의한 책임까지 면제되는 것은 아니다.

사용자가 일시보상금 명목으로 제공한 돈을 근로자가 그 명목을 알면서 수령하였다면, 사용자와 해당 근로자의 재해보상에 관한 법률관계는 특별한 사정이 없는 한 일시보상에 관한 부분만 남게 되고 그 제공일 이후에 발생하는 요양보상, 상병보상 또는 장해보상에 관한 부분은 종결된다. 따라서 설령 그 일시보상금의 산정이 잘못되었다 하더라도, 근로자는 특별한 사정이 없는 한 미지급된 일시보상금과 그에 대한 지연손해금을 청구할 수 있을 뿐, 일시보상금 제공일 이후에 발생하는 요양보상금 등을 청구할 수는 없다.2)

[강 문 대·임 자 운]

## 第85條(분할보상)

**사용자는 지급 능력이 있는 것을 증명하고 보상을 받는 사람의 동의를 받으면 제80조, 제82조 또는 제84조에 따른 보상금을 1년에 걸쳐 분할보상을 할 수 있다.**

〈세 목 차〉



2) 대법원 2020. 7. 29. 선고 2018다268811, 2018다268828 판결. 선원법상 재해보상에 관한 판례이다. "여기서 특별한 사정이란, 선박소유자가 요양보상, 상병보상 또는 장해보상의 책임을 면할 목적으로, 적법하게 산정된 일시보상금 중 일부만을 지급하는 것이 객관적으로 분명함에도 사회통념상 합리적이라고 볼 수 없는 이유나 주장을 내세우며 단지 겉으로만 일시보상금을 전부 지급한다는 의사를 밝힐 뿐인 경우와 같이 선박소유자가 신의성실의 원칙에 반하여 일시보상금 제도를 본래의 취지나 목적과 다르게 이용한다고 볼 수 있는 사정 등이다."

## Ⅰ. 분할보상의 의의

사용자는 지급 능력이 있는 것을 증명하고 보상을 받는 사람의 동의를 받으면 장해보상, 유족보상, 일시보상 보상금을 1년에 걸쳐 분할보상을 할 수 있다(법 85조).

사용자가 재해보상 책임을 부담하면서 일시에 과도한 책임을 지는 것을 방지하기 위함이다.

1953. 5. 10. 법 제정 때부터 실질적인 개정 없이 지금까지 이어지고 있는 규정이다.

## Ⅱ. 내 용

### 1. 요 건

분할보상을 하기 위하여는 사용자가 지급능력이 있는 것을 증명해야 하고 아울러 보상을 받는 근로자나 유족의 동의를 받아야 한다.

### 2. 효 과

사용자는 장해보상, 유족보상, 일시보상을 1년에 걸쳐 분할하여 할 수 있다. 요양보상이나 휴업보상 및 장례비는 그 대상이 되지 않는다. 분할보상의 최대 기간은 1년이고, 그 기간 내의 보상금 지급 횟수, 1회당 지급 액수 등은 근로자나 유족과 합의로 정하여야 한다.

[강 문 대 · 임 자 운]

第86조(보상 청구권)

보상을 받을 권리는 퇴직으로 인하여 변경되지 아니하고, 양도나 압류하지 못한다.

〈세 목 차〉



## Ⅰ. 의 의

근로자가 재해보상을 받을 권리는 퇴직으로 인하여 변경되지 않는다(법 86조 전단). 사용자의 재해보상 책임은 고용관계의 종료에 의해 변경되는 것이 아니기 때문이다.

근로자나 유족의 재해보상 청구권은 양도나 압류하지 못한다(법 86조 후단). 재해를 당한 근로자나 유족에게 재해보상이 확실하게 행해질 수 있도록 그 수급권을 보호하기 위함이다.

이 역시 1953. 5. 10. 법 제정 때부터 실질적인 개정 없이 지금까지 이어지고 있는 규정이다.

산재법에도 같은 취지의 규정이 있다(산재법 88조).

이에 위반하는 법률행위나 압류 등을 무효로 하는 효력 규정이다. 그러나 이에 위반한 법률행위 등을 하더라도 형사처벌이나 과태료와 같은 제재는 없다.

## Ⅱ. 주요 내용

퇴직으로 인해 변경되지 않는 보상청구권은 퇴직 전까지 발생한 권리만이 아니라, 재직 중의 사고로 퇴직 후 발생하는 권리도 포함된다. 즉, 퇴직하였다고 하여 장래 발생할 재해보상 청구권이 발생하지 않는 것은 아니다.

재해보상 받을 권리를 양도하거나 압류하지 못한다는 것에는 담보 제공 금지도 포함된다.[1] 따라서 재해보상 청구권에 담보를 설정하거나 청구권을 양도하는 계약은 무효이다. 재해보상 받을 권리를 압류하지 못하도록 하는 이 법 86조 규정은 급료 등 채권의 2분의 1에 해당하는 부분을 압류하지 못하도록 하는 민집법 246조 1항 4호의 특칙이라고 할 수 있다.

사용자는 수급권자인 근로자에 대해서 그 수급권을 수동채권으로 상계하는 것도 허용되지 않는다.

---

1) 산재법에는 보험급여 수급권은 담보에 제공하지 못한다는 명문 규정이 있다(산재법 88조 2항).

한편 재해보상금에 해당하는 채권은 사용자의 총재산에 대하여 질권 또는 저당권에 따라 담보된 채권, 조세 · 공과금 및 다른 채권에 우선하여 변제한다(이른바 최우선변제. 법 38조 2항).

[강 문 대 · 임 자 운]

## 第87조(다른 손해배상과의 관계)

보상을 받게 될 사람이 동일한 사유에 대하여 「민법」이나 그 밖의 법령에 따라 이 법의 재해보상에 상당한 금품을 받으면 그 가액(價額)의 한도에서 사용자는 보상의 책임을 면한다.

〈세 목 차〉



### Ⅰ. 규정의 취지

보상을 받게 될 사람이 동일한 사유에 대하여 민법이나 그 밖의 법령에 따라 이 법의 재해보상에 상당한 금품을 받으면 그 가액의 한도에서 사용자는 보상의 책임을 면한다(법 87조).

이는 근로자가 하나의 재해로 이중으로 보상받는 것을 방지하기 위한 것이다. '그 밖의 법령'으로 가장 대표적인 것이 산재법이다.

산재법은 수급권자가 산재법에 따라 보험급여를 받았거나 받을 수 있으면 보험가입자는 동일한 사유에 대하여 근기법에 따른 재해보상 책임이 면제되고(산재법 80조 1항), 수급권자가 동일한 사유에 대하여 산재법에 따른 보험급여를 받으면 보험가입자는 그 금액의 한도 안에서 민법이나 그 밖의 법령에 따른 손해배상의 책임이 면제되며(산재법 80조 2항), 수급권자가 동일한 사유로 민법이나 그 밖의 법령에 따라 산재법의 보험급여에 상당한 금품을 받으면 공단은 그 받은 금품을 대통령령으로 정하는 방법에 따라 환산한 금액의 한도 안에서 산재법에 따른 보험급여를 지급하지 아니한다(산재법 80조 3항)고 규정하고 있다.

## Ⅱ. 내　　용

법 87조에서 '보상을 받게 될 사람이 동일한 사유에 대하여 민법이나 그 밖의 법령에 따라 이 법의 재해보상에 상당한 금품을 받는 경우'는 재해를 입힌 가해자 측(사용자 책임을 지는 경우 포함)으로부터 민사상 손해배상을 받는 경우와 근로복지공단으로부터 산재법상 보험급여를 받는 경우로 크게 나눌 수 있고, 민사상 손해배상을 받는 경우는 다시 (i) 가해자가 사용자 또는 사용자에게 고용된 근로자이어서 사용자로부터 손해배상을 받는 경우와 (ii) 가해자가 제3자이어서 제3자로부터 손해배상을 받는 경우 등 두 가지로 나눌 수 있다.

이와 같은 경우 모두 손해배상 또는 보험급여를 받은 가액의 한도에서 사용자는 재해보상 책임을 면한다.

이와 같이 책임을 면하기 위해서는 손해가 동질·동일한 것이어야 하므로 손해배상 가운데 적극적 손해, 소극적 손해에 상응하는 재해보상에 대하여만 면책이 되고, 정신적 손해는 대응되는 재해보상이 없어 이를 배상 받았더라도 면책되지 않으며, 재해보상이나 산재법상 보험급여 외에 따로 합의금을 받은 것 역시 상응하는 재해보상 부분이 없어 면책되지 않는다. 그리고 일실 수익 상당의 손해배상을 받았다 하더라도 그 대상 기간이 다른 경우에는 재해보상이 면책되지 않는다(예컨대 요양을 위해 휴업한 기간이 아닌 다른 기간에 대한 일실 수익 상당의 손해배상을 받은 것으로는 휴업보상의 면책이 되지 않는다).

산재보험 급여와 관련해서도 역시 각 재해보상에 상응하는 보험급여를 받았을 때 해당 재해보상 책임이 면제된다.

인적 범위와 관련해서 다른 사람이 손해배상을 받았다고 하여 재해보상을 받을 자에 대한 재해보상 책임이 면제되는 것은 아니다(특히 유족보상에서 문제된다).

그 외 합의금, 과실상계 및 자동차 사고 보험과 관련한 문제 등이 법 87조 해석과 관련하여 문제된다.[1)]

[강 문 대·임 자 운]

1) 자세한 내용은 '재해보상 전론(前論)' Ⅳ. 참조.

제88조(고용노동부장관의 심사와 중재)

① 업무상의 부상, 질병 또는 사망의 인정, 요양의 방법, 보상금액의 결정, 그 밖에 보상의 실시에 관하여 이의가 있는 자는 고용노동부장관에게 심사나 사건의 중재를 청구할 수 있다.

② 제 1 항의 청구가 있으면 고용노동부장관은 1개월 이내에 심사나 중재를 하여야 한다.

③ 고용노동부장관은 필요에 따라 직권으로 심사나 사건의 중재를 할 수 있다.

④ 고용노동부장관은 심사나 중재를 위하여 필요하다고 인정하면 의사에게 진단이나 검안을 시킬 수 있다.

⑤ 제 1 항에 따른 심사나 중재의 청구와 제 2 항에 따른 심사나 중재의 시작은 시효의 중단에 관하여는 재판상의 청구로 본다.

근기법상 재해보상에 관하여 업무상 부상, 질병 또는 사망의 인정, 요양의 방법, 보상금액의 결정, 그 밖에 보상의 실시에 관하여 이의가 있는 자는 고용노동부장관에게 심사나 사건의 중재를 청구할 수 있다(법 88조 1항). 이러한 문제들에 대해서는 다툼의 소지가 많기 때문에 재해보상은 통상 고용노동부장관의 심사나 사건의 중재에 따라 지급된다.

이와 같은 심사·중재 제도는 1953. 5. 10. 법 제정 때부터 있던 제도이다.

이 제도는 재해를 입은 근로자나 사용자가 재해보상을 둘러싼 분쟁을 간편하게 해결하기 위해 마련된 행정적 절차이다. 고용노동부장관에 대한 심사·중재 청구는 근로자의 사용자에 대한 재해보상 청구를 하기 위한 필요적 절차가 아님은 물론 민사상 청구에 아무런 영향을 미치지 않는다. 따라서 그 심사·중재 청구에 대해 고용노동부장관 또는 법 89조에 따라 심사·중재 청구를 받은 노동위원회가 재해보상 청구권이 인정되지 않는다는 취지로 심사·중재를 하였다 해도, 재해보상 청구권의 권리 없음이 실체적으로 확정된 것은 아니므로, 재해를 입은 근로자는 이러한 심사·중재에 상관없이, 그리고 고용노동부장관 또는 법 89조에 따라 노동위원회에 심사·중재 청구를 하지 않은 경우에도, 사용자를 상대로 별도의 민사소송 등의 방법으로 재해보상 청구를 할 수 있다.

고용노동부장관에 대한 심사·중재의 청구는 근로자나 유족만이 아니라 사용자도 할 수 있다. 이 청구에 대하여 고용노동부장관은 1개월 이내에 심사나 중재를 하여야 한다(법 88조 2항). 근로자나 유족, 사용자의 청구가 없는 경우에도 고용노동부장관이 직권으로 심사나 중재를 할 수 있다(법 88조 3항). 고용노동부장관은 심사나 중재를 위하여 필요하다고 인정하면 의사에게 진단이나 검안을 시킬 수 있다(법 88조 4항).

재해보상을 받을 권리는 3년간 행사하지 아니하면 시효로 인하여 소멸하지만(법 92조), 고용노동부장관에 대한 심사·중재의 청구나 고용노동부장관의 심사·중재의 시작은 재판상의 청구로 보므로(법 88조 5항), 이에 따라 시효가 중단된다. 고용노동부장관에게 심사·중재를 청구하는 것은 그 기한이 별도로 정해져 있지 않으므로, 재해보상을 받을 권리가 시효로 소멸하지 않는 한 언제든지 할 수 있다.

[강 군 대·임 자 운]

## 第89조(노동위원회의 심사와 중재)

① 고용노동부장관이 제88조 제 2 항의 기간에 심사 또는 중재를 하지 아니하거나 심사와 중재의 결과에 불복하는 자는 노동위원회에 심사나 중재를 청구할 수 있다.

② 제 1 항의 청구가 있으면 노동위원회는 1개월 이내에 심사나 중재를 하여야 한다.

고용노동부장관에게 한 심사나 중재 청구에 대해 고용노동부장관이 1개월 내에 심사 또는 중재를 하지 아니하거나 심사와 중재의 결과에 불복하는 자는 노동위원회에 심사나 중재를 청구할 수 있고, 이 경우 노동위원회는 1개월 이내에 심사나 중재를 하여야 한다(법 89조).

1989. 3. 29. 개정 전의 법은 노동위원회가 1개월 이내에 심사 또는 중재를 하지 않는 경우가 아닌 한 노동위원회의 심사·중재를 거치지 않으면 재해보상에 관한 사항에 관하여 민사소송을 제기할 수 없도록 하였으나[구 법(1989. 3. 29. 법률 4099호로 개정되기 전의 것) 50조],[1] 위 법 개정 때 관련 내용이 삭제되었다.

---

1) 이 개정 전의 구 법(1989. 3. 29. 법률 4099호로 개정되기 전의 것)에서는 재해보상 등에 관

노동위원회의 심사·중재나 법 88조에서 정한 고용노동부장관의 심사·중재가 행정처분에 해당하는지 및 이에 대해 행정소송을 제기할 수 있는지가 문제될 수 있는데, 산재법상 심사 청구와 달리 근기법에 행정소송을 제기할 수 있다는 규정이 없고, 1989. 3. 29. 개정 전의 법에서는 당연히 민사소송만을 제기할 수 있는 것으로 규정되어 있었던 점에 비추어, 고용노동부장관이나 노동위원회의 심사·중재는 행정처분의 성질을 갖지 않고 따라서 행정소송의 대상이 될 수 없다고 보아야 한다.[2)3)]

[강 문 대·임 자 운]

## 제90조(도급 사업에 대한 예외)

① 사업이 여러 차례의 도급에 따라 행하여지는 경우의 재해보상에 대하여는 원수급인(元受給人)을 사용자로 본다.

② 제 1 항의 경우에 원수급인이 서면상 계약으로 하수급인에게 보상을 담당하게 하는 경우에는 그 수급인도 사용자로 본다. 다만, 2명 이상의 하수급인에게 똑같은 사업에 대하여 중복하여 보상을 담당하게 하지 못한다.

③ 제 2 항의 경우에 원수급인이 보상의 청구를 받으면 보상을 담당한 하수급인에게 우선 최고(催告)할 것을 청구할 수 있다. 다만, 그 하수급인이 파산의 선고를 받거나 행방이 알려지지 아니하는 경우에는 그러하지 아니하다.

토목, 건설업 등에서는 하도급이 많이 행해지는데 근로자와 직접 고용관계를 맺는 하수급인은 자력(資力)이 없는 경우가 많아 근로자가 재해보상을 제대로 받지 못할 수 있다. 법 90조는 이런 상황을 방지하기 위해 상대적으로 자력

---

하여 민사소송을 제기하였더라도 노동위원회의 심사 또는 중재를 거쳤다거나 노동위원회가 원고들의 심사 또는 중재청구를 받고 1개월 이내에 심사 또는 중재를 하지 아니하였다는 주장, 증명이 없는 경우 그 소는 부적법한 것이 되었다(대법원 1980. 12. 9. 선고 80다1708 판결). 그러나 현행 법에는 그와 같은 규정이 없으므로 이러한 심사 또는 중재에 관한 주장, 증명이 필요 없다.

2) 대법원 1995. 3. 28. 선고 94누10443 판결. 근기법상 재해보상에 관한 노동위원회의 심사·중재 결정은 관계 당사자의 권리의무에 법적 효과를 미치는 행정처분이 아니고 단순히 권고적 성질을 갖는 행위에 불과하다고 했다.

3) 산재법상 불복 절차에 관한 자세한 내용은 '재해보상 전론(前論)' Ⅱ. 2. 라. 참조.

이 있는 원수급인에게 재해보상 책임을 지우려는 규정이다.[1)]

1953. 5. 10. 제정 법에 있던 규정으로서 지금까지 실질적인 개정 없이 그대로 유지되고 있다.[2)]

사업이 여러 차례의 도급에 따라 행하여지는 경우의 재해보상에 대하여는 원수급인을 사용자로 보고(법 90조 1항),[3)] 원수급인이 서면상 계약으로 하수급인에게 보상을 담당하게 하는 경우에는 그 수급인도 사용자로 본다. 다만, 원수급인은 2명 이상의 하수급인에게 똑같은 사업에 대하여 중복하여 보상을 담당하게 하지 못한다(법 90조 2항). 이와 같이 하수급인을 사용자로 보는 경우에도 원수급인이 재해보상 책임을 벗어나는 것은 아니다. 원수급인이 보상 청구를 받았을 때 보상을 담당한 하수급인에게 우선 최고할 것을 근로자에게 청구할 수 있을 뿐이다(법 90조 3항 본문). 하수급인이 파산 선고를 받거나 행방이 알려지지 아니하는 경우에는 우선 최고할 것을 청구할 수도 없다(법 90조 3항 단서).

산재보험과 관련하여서는 고용보험 및 산재보험의 보험료징수 등에 관한 법률 9조에 건설업 등 대통령령이 정하는 사업이 여러 차례의 도급에 의하여 행하여지는 경우에는 그 원수급인을 사업주로 보되, 근로복지공단의 승인을 얻은 경우에는 하수급인을 사업주로 본다는 규정이 있다. 그 취지는 근기법과 같다.

[강 문 대·임 자 운]

## 제91조(서류의 보존)

**사용자는 재해보상에 관한 중요한 서류를 재해보상이 끝나지 아니하거나 제92조에 따라 재해보상 청구권이 시효로 소멸되기 전에 폐기하여서는 아니 된다.**

---

1) 대법원 1975. 12. 9. 선고 75도2599 판결. "근로자 또는 그 유족들의 생계를 보장하기 위한 정책적인 고려에 기인한 규정".

2) 제정 법 91조 1항은 사업이 수차례 도급으로 행하여지는 경우의 재해보상에서는 "그 원도급인을 사용자로 본다."고 하였는데, 여기서의 "원도급인"은 "당초 도급을 맡은 원래의 수급인"으로 해석되었다(대법원 1975. 12. 9. 선고 75도2599 판결). 그 후 1974. 12. 24. 법 개정 때 동 규정의 "원도급인"이 "원수급인"으로 바뀌었고, 그 이후의 법 개정에서도 조문의 위치가 변경 되었을 뿐 실질적인 내용상의 개정은 없었다.

3) '사용자로 본다'는 의미는 원수급인이 재해근로자와의 관계에서 근기법상 사용자에 해당하지 않더라도 재해보상책임은 원수급인이 지고, 재해근로자를 고용한 하수급인은 재해보상책임을 지지 않는다는 뜻이다(민변노동법 I , 1002면).

사용자는 재해보상에 관한 중요한 서류를 재해보상이 끝나지 아니하거나 재해보상 청구권이 시효로 소멸되기 전에 폐기하여서는 아니 된다(법 91조).

재해보상에 관한 분쟁에 증거가 될 수 있는 서류, 나아가 산업재해에 대한 근로감독에 필요한 서류를 일정 기간 보존하게 하려는 데 그 목적이 있다. 특히 '업무상 질병'에 관한 분쟁에서 매우 중요한 의미를 갖는다. 질병의 잠복기 등으로 인해 업무상 질병은 아주 먼 과거의 업무에 기인하여 발생할 수도 있는데, 그 경우 당시의 업무환경에 관한 자료가 모두 폐기되었다면 근로자가 재해보상을 받는데 큰 어려움이 생기기 때문이다. 하지만 법 91조는 '재해보상에 관한 중요한 서류'가 구체적으로 무엇인지 정하지 않아 실효성이 떨어진다. 산재법에는 관련 규정이 없고, 산안법에 사업주의 기록보존 의무 규정이 일부 있으나 대상 자료가 제한적이고 보존 의무 기간이 대부분 3년, 5년 등으로 짧다(산안법 57조 2항 · 164조 등).[1] 입법적인 개선이 필요하다.

2008. 3. 21. 법 개정 전에는 "사용자는 재해보상에 관한 중요한 서류를 2년간 보존하여야 한다"고 규정하여 보존기간을 2년이라고만 정하였으나, 위 법 개정 때 현행 법과 같이 개정되었다.

재해보상이 끝난 때라는 것은 재해보상에 관한 민사소송에서 판결이 확정되거나 이에 준하는 효력의 재판상 화해, 인낙 등 재해보상에 관한 실체적 권리 · 의무관계가 확정되는 것에서 더 나아가 재해보상을 근로자에게 실제 행하여 재해보상 채권이 소멸하게 되는 때를 뜻한다.

사용자가 이를 위반하여 재해보상에 관한 중요한 서류를 재해보상이 끝나지 아니하거나 재해보상 청구권이 시효로 소멸되기 전에 폐기하면 500만 원 이하의 과태료를 부과한다(법 116조 2항 2호). 종전에는 500만 원 이하의 벌금에 처하도록 했는데, 2007. 1. 26. 개정 법에서 과태료 부과로 변경되었다.

[강 문 대 · 임 자 운]

1) 산안법 57조 2항은 산업재해가 발생한 때에는 사업주에게 재해발생 원인 등을 기록 · 보존하도록 하였고, 동법 164조는 사업주에게 사업장의 안전보건 실태에 관한 각종 자료를 짧게는 2년에서 최대 30년 동안 보존하도록 하였다.

## 第92조(시효)

이 법의 규정에 따른 재해보상 청구권은 3년간 행사하지 아니하면 시효로 소멸한다.

근기법상 재해보상 청구권의 소멸시효는 3년이다(법 92조). 일반 채권보다 단기간의 소멸시효를 규정한 것은 임금·퇴직금의 경우와 마찬가지로 기업 거래의 안전과 법적 안정성[1]을 위한 것이다.

1974. 12. 24. 개정 전의 법에서는 소멸시효 기간이 2년이었는데, 위 법 개정 때 기간이 3년으로 늘어나 지금까지 이르고 있다.

소멸시효의 기산점은 재해보상 청구권을 행사할 수 있는 때이다. 구체적으로 요양보상은 근로자가 업무상 부상 또는 질병에 걸렸을 대, 휴업보상은 요양 중에 있을 때, 장해보상은 업무상 부상 또는 질병에 걸리고 완치된 후 신체에 장해가 있을 때, 유족보상과 장례비는 근로자가 업무상 사망했을 때 각각 해당 재해보상의 요건이 완성되므로 이때가 청구권을 행사할 수 있을 때가 된다.

다만, 영 46조에 따르면 요양보상과 휴업보상은 매월 1회 이상 하여야 하므로, 사용자의 요양보상과 휴업보상금 지급 채무는 적어도 해당 요양기간 내지 휴업기간이 속하는 달의 말일이 경과함으로써 이행지체에 빠지고, 그 요양보상과 휴업보상 청구권의 소멸시효 기산점 역시 그 이행기인 해당 요양 내지 휴업 기간이 속하는 달의 마지막 날이다.[2]

법 88조 1항에 따라 고용노동부장관에게 심사·중재를 청구하거나 법 88조 3항에 따라 고용노동부장관이 심사나 중재를 시작하면, 재해보상 청구권의 소멸시효는 중단된다(법 88조 5항).

산재법상 보험급여를 받을 권리 역시 3년 간 행사하지 아니하면 시효로 소멸하나(산재법 112조), 근로복지공단에 보험급여를 청구하면 시효는 중단된다(산재법 113조 전문). 근로복지공단에 대한 보험급여 청구가 업무상 재해 여부의 판단을 필요로 하는 최초의 청구인 경우에는 그 청구로 인한 시효 중단의 효력은 다른 보험급여에도 미친다(산재법 113조 후문).[3]

[강 문 대·임 자 운]

---

1) 헌재 1998. 6. 25. 선고 96헌바27 결정(임금·퇴직금 채권의 단기소멸시효에 관한 결정) 참조.
2) 서울민사지법 1992. 4. 21. 선고 90가합39151 판결.
3) 산재법상 보험급여 청구권의 소멸시효와 시효 중단에 관한 자세한 내용은 '재해보상 전론(前論)' Ⅱ. 2. 마. 참조.

## 제9장

# 취 업 규 칙

# 제 9 장 취업규칙

## 취업규칙 전론(前論)

〈세 목 차〉



[참고문헌]


**강금실**, “취업규칙의 불이익변경과 관련한 판례와 문제점”, 민사재판의 제문제 9권, 민사실무연구회(1997. 3.); **강기탁**, “취업규칙의 불이익변경 — 회의 방식에 따른 근로자들의 과반수 동의와 그 방법”, 2004 노동판례비평, 민주사회를 위한 변호사모임(2005. 8.); **강**

선희a, “단체협약과 취업규칙의 관계와 유리성 원칙”, 노동법학 45호, 한국노동법학회(2013. 3.); 강선희b, “임금피크제 도입을 위한 취업규칙 불이익 변경시 동의방법과 사회통념상 합리성”, 노동리뷰 128호, 한국노동연구원(2015. 11.); 강성태, “노동개혁을 위한 노동법의 과제: 근로시간 · 해고 · 취업규칙의 개정론을 중심으로”, 노동법학 56호, 한국노동법학회(2015. 12.); 강주원, “해고사유에 관한 단체협약과 취업규칙의 효력관계”, 노동판례평석집 Ⅱ, 한국경영자총협회(1997. 12.); 강희원a, “근로기준법상 「취업규칙」의 개념에 대한 일고찰: 취업규칙법론의 재정립을 위해”, 노동법학 42호, 한국노동법학회(2012. 6.); 강희원b, “동의를 얻지 않은 취업규칙 불이익 변경의 효력”, 노동판례백선, 박영사(2015); 강희원 · 선미란, “취업규칙의 본질에 관한 일고찰”, 외법논집 37권 2호, 한국외국어대학교 법학연구소(2013. 5.); 고경우, “취업규칙의 불이익변경과 사회통념상의 합리성”, 판례연구 13집, 부산판례연구회(2002. 2.); 곽동효, “일정기간의 근속기간에 대한 지급률만이 정하여진 퇴직금 규정을 근로자의 동의 없이 개정하면서 종전의 지급률은 낮추고 그 이후의 지급률을 새로이 정한 경우의 효력”, 재판과 판례 5집, 대구판례연구회(1996. 12.); 곽현수, “일부 근속기간에 상응하는 퇴직금의 계산방법”, 사법연구자료 21집, 법원행정처(1994. 12.); 권오상, “개별 근로계약에서 정한 유리한 근로조건은 취업규칙에 우선한다”, 노동리뷰 158호, 한국노동연구원(2018. 5.); 김건일, “직류변경에 따라 퇴직금지급률이 달라진 경우의 퇴직금 산정방법”, 국민과 사법 — 윤관 대법원장 퇴임 기념, 박영사(1999. 1.); 김경태a, “근로조건 결정규범과 유리한 조건 우선의 원칙”, 노동법학 27호, 한국노동법학회(2008. 9.); 김경태b, “단체협약과 취업규칙의 관계”, 노동판례백선, 박영사(2015); 김기덕, “불이익 변경시 동의의 대상으로서의 취업규칙”, 노동법률 173호, 중앙경제(2005. 10.); 김기섭, “근로자에게 불이익한 취업규칙변경의 동의방식”, 노동법률 14호, 중앙경제(1992. 7.); 김기영, “전화교환직렬 여성의 정년차등이 적합한지 여부”, 노동판례평석집 Ⅱ, 한국경영자총협회(1997. 12.); 김남준, “정년규정 신설이 취업규칙의 불이익변경에 해당하는지 여부와 노동조합장의 동의의 효력”, 1997 노동판례비평, 민주사회를 위한 변호사모임(1998. 8.); 김동욱, “취업규칙 변경 전 징계사유에 대하여 변경된 취업규칙의 의결정족수를 적용하여 근로자를 해고한 것의 정당성 여부”, 노동법학 45호, 한국노동법학회(2013. 3.); 김린, “정규직과 계약직의 근로조건 체계가 상이한 경우의 취업규칙 불이익변경에 대한 동의방법”, 노동리뷰 146호, 한국노동연구원(2017. 5.); 김선수a, “취업규칙의 불이익변경과 노사협의회의 동의”, 노동법률 40호, 중앙경제(1994. 9.); 김선수b, “취업규칙의 불이익변경 — 대법원 1977. 7. 26. 선고 77다355 판결”, 민주사회를 위한 변론 32호, 민주사회를 위한 변호사모임(1999); 김성진a, “근로기준법 적용대상으로서의 상시 5인 이상 사용 사업장의 의미”, 2000 노동판례비평, 민주사회를 위한 변호사모임(2001. 8.); 김성진b, “징계해고와 감급의 문제”, 노동법포럼 13호, 노동법이론실무학회(2014); 김소영, “정년제의 노동법적 고찰”, 2006 노동법의 쟁점, 한국노동연구원(2007); 김엘림, “교환직렬 정년차등의 남녀고용평등 위반 여부”, 노동법률 65호, 중앙경제(1996. 10.); 김영문a, “취업규칙 불이익변경시 집단적 동의요건의 효력”, 노동법률 162호, 중앙경제(2004. 11.); 김영문b, “근로자 동의 없는 취업규칙 불이익변경 기준으로서 ‘사회통념상 합리성’”, 노동법률 298호, 중앙경제(2016. 1.); 김영식, “근로조건 또는 취업규칙의 불이익변경과 사회통념상의 합리성”, 대법원판례해설 13호, 법원행정처(1991. 11.); 김용대, “취업규칙 불이익변경의 효력”, 노동법률 창간호, 중앙경제(1991. 6.); 김국일, “1. 취업규칙의 소급적 불이익변경과 해당근로자의 개별적 동의요건, 2. 계속근로연수의 통산”, 대법원판례해설 18호, 법원행정처(1993. 6.); 김용진, “나이트크럽의 안내원의 가동연한”, 판례월보 182호, 판례월보사(1985. 11.); 김재구, “취업규칙의 변경”, 대법원판례해설 14호, 법원행정처(1991. 11.); 김재훈a, 근로조건 변경의 법리, 서울대학교 대학원 박사학위논문(1999. 2.); 김재훈b, “단체협약상의 해고사유와 취업규칙상의 해고사유”, 노동법연구 4호, 서울대학교 노동법연구회(1994. 12.); 김재훈c, “단체협약에 의한 기존 근로조건의 불이익 변경”, 노동법연구 3호, 서울대학교 노동법연구회(1993. 12.); 김재훈d, “단체협약에 의한 근로조건 불이익변경의 한계”, 2000 노동판례비평, 민주사회를 위한 변호사모임(2001. 8.); 김정만, “취업규칙의 불이익변경”, 민사법연구 4권, 대한민사법학회(1995); 김정환 · 문무기 · 윤문희, 취업규칙분석 Ⅱ, 한국노동연구원(2008); 김지형a, “취업규칙에 의한 퇴직금규정의 불이익 변경”, 노동법강의: 기업구조조정과 노동법의 중요과제, 법문사(2002); 김진a, “상여금 반납 결의가 서명하지 않은 비조합원에게 미치는지 여부”, 노동법률 171호, 중앙경제(2005. 8.); 김진b, “상여금지급을 유보하는 단체협약의 효력”, 노동법연구 9호, 서울대학교 노동법연구회(2000. 12.); 김철, “취업규칙제도의 비교법적 일고찰”, 경희법학 45권 4호, 경희법학연구소(2010. 12.); 김치선, 노동법강의(2전정판), 박영사(1988); 김치중a, 취업규칙에 관한 연구, 서울대학교 대학원 석사학위논문(1987) 김치중b, “15년까지의 근속기간에 대한 지급률만이 정하여진 퇴직금규정을 15년까지의 지급률은 낮추고 그 이후의 지급률은 새로이 정하는 내용으로 개정한 경우의 효력”, 대법원판례해설 22호, 법원행정처(1995. 5.); 김치중c, “취업규칙의 ‘불이익한 변경’인지를 판단하는 기준”, 대법원판례해설 19-2호, 법원행정처(1993. 12.); 김태욱, “취업규칙 불이익 변경시 동의 주체가 되는 근로자 집단과 사회통념상 합리성 이론”, 2015 노동판례비평, 민주사회를 위한 변호사모임(2016); 김한용, “1. 노동조합 또는 근로자의 동의를 얻지 아니하고 개정된 인사규정에 의한 징계해고의 적법성, 2. 징계사유를 세목화하는 내용으로 인사규정을 개정한 것이 근로자에게 불이익한 변경인지 여부 등”, 대법원판례해설 32호, 법원도서관(1999. 10.); 김형배a, 근로기준법(8판 증보 신판), 박영사(2001); 김홍영a, “단체협약상의 정년을 단체협약이 실효된 후 취업규칙의 변경으로 단축하려는 사례”, 노동리뷰 98호, 한국노동연구원(2013. 5.); 김홍영b, “취업규칙 관련 법리의 문제점과 대안: 근로자위원회의 사업장협정 도입 모색”, 노동법연구 42호, 서울대학교 노동법연구회(2017. 3.); 노병호 · 이명로, “취업규칙 불이익 변경 제도 개선을 위한 제언”, 법학연구 28권 1호, 충북대학교 법학연구소(2017. 6.); 도승환, “취업규칙의 불이익변경”, 판례연구 2집, 제주판례연구회

(1999. 1.); **도재형**a, "연봉제와 취업규칙의 불이익변경", 민주사회를 위한 변론 28호, 민주사회를 위한 변호사모임(1999. 3.); **도재형**b, "취업규칙의 불이익 변경에서 집단적 동의 요건의 심사 기준", 노동법률 315호, 중앙경제(2017. 8.); **마은혁**a, "단체협약의 개정에 의한 구 단체협약상 근로조건의 불이익변경과 단체협약 · 취업규칙 사이의 유리원칙", 노동법률 122호, 중앙경제(2001. 1.); **마은혁**b, "일부 근로자 집단에 대한 취업규칙 불이익변경의 동의 주체" 노동법실무연구 1권: 김지형대법관 퇴임기념, 노동법실무연구회(2011); **마은혁**c, "취업규칙 불이익변경의 사회통념상 합리성에 관한 판례 법리", (2016년도)법관연수 어드밴스(Advance) 과정 연구논문집, 사법연수원(2017); **마은혁**d, "단체협약에 의한 근로조건 불이익변경의 한계", 우리법연구회 논문집 7집, 우리법연구회(2017); **문일봉**, "취업규칙의 불이익변경에 대한 소급적 동의의 주체", 법조 44권 9호, 법조협회(1995. 9.); **박귀천**a, "일부 근로자들을 대상으로 하는 취업규칙 불이익 변경에 있어서 동의의 주체", 노동법연구 9호, 서울대학교 노동법연구회(2000. 12.); **박귀천**b, "취업규칙 불이익 변경과 사회통념상 합리성", 노동판례백선, 박영사(2015); **박귀천**c, "9.15노사정 대타협과 법적 쟁점: 해고 및 취업규칙 관련 독일 법리", 노동법학 56호, 한국노동법학회(2015. 12.); **박귀천**d, "취업규칙 불이익 변경에서 동의 주체인 집단의 범위", 노동판례백선, 박영사(2015); **박귀천**e, "독일 노동법상 근로조건 결정시스템: 취업규칙으로부터 사업장협정으로", 노동법연구 41호, 서울대학교 노동법연구회(2016. 9.); **박범석**, "징계시효가 진행 중 경과규정 없이 취업규칙 개정으로 징계시효가 연장된 경우에 징계절차에서 개정된 취업규칙을 적용할 수 있는지 여부", 대법원판례해설 99호, 법원도서관(2014); **박수근**a, "취업규칙의 불이익변경과 집단적 동의", 2009 노동판례비평, 민주사회를 위한 변호사모임(2010); **박수근**b, "부실근무자(저성과자)의 퇴출과 취업규칙의 불이익변경", 노동리뷰 136호, 한국노동연구원(2016. 7.); **박수근**c, "연봉제의 실시에 있어 몇 가지 문제점", 노동법학 13호, 한국노동법학회(2001); **박순성**, "퇴직금제도변경과 차등퇴직금제도금지의 원칙", 대법원판례해설 47호, 법원도서관(2004. 7.); **박은정**, "사립학교 교원 재임용계약의 성질과 취업규칙의 불이익변경", 노동법학 40호, 한국노동법학회(2011. 12.); **박제성**a, "취업규칙과 단체협약 간 유리의 원칙", 노동법학 37호, 한국노동법학회(2011); **박제성**b, "일반해고와 취업규칙", 노동리뷰 130호, 한국노동연구원(2016. 1.); **박종희**a, "유리한 조건 우선의 원칙에 대한 법이론적 검토와 체계상 재구성 시론", 노동법학 8호, 한국노동법학회(1998. 12.); **박종희**b, "취업규칙 본질에 관한 논쟁의 소재와 앞으로의 논의방향성", 노동법학 12호, 한국노동법학회(2001. 6.); **박종희**c, "임금피크제의 허와 실 — 노동법적 검토 및 정책적 평가를 중심으로", 산업관계연구 14권 2호, 한국노사관계학회(2004. 12.); **박종희**d, "기업내 근로조건 결정 메커니즘", 2006 노동법의 쟁점 —2006 노동법 · 법경제 포럼 논문집—, 한국노동연구원(2007. 6.); **박종희**e, "취업규칙과 근로계약간의 유리한 조건 우선의 원칙과 근로조건의 집단적 결정법리와의 관계", 안암법학 56권, 안암법학회(2018. 5.); **박홍규**a, "취업규칙과 단체협약의 관계 및 무단결근을 이유로 한 해고의 정당성", 노동법률 144호,

중앙경제(2003. 5.); **박효숙a**, “일본의 취업규칙에 의한 근로조건의 불이익변경 법리 — 한국과 일본의 비교법적 관점에서”, 노동법학 50호, 한국노동법학회(2014. 6.); **박효숙b**, “일본 판례를 중심으로 본 취업규칙 불이익변경 문제”, 노동법률 298호, 중앙경제(2016. 1.); **방준식**, “취업규칙의 내용통제에 관한 법이론적 검토”, 한양법학 38집, 한양법학회(2012. 5.); **사법연수원**, 노동조합 및 노동관계조정법(2014); **송강직a**, “단체협약변경, 취업규칙 불이익 변경에 대한 비노조원의 적용”, 노동법률 157호, 중앙경제(2004. 6.); **송강직b**, “단체협약 및 취업규칙상 징계사유와의 관계, 부당노동행위의 원인 경합”, 노동법률 99호, 중앙경제(1999. 8.); **신권철**, “취업규칙을 넘어: 판례 법리와 그 비판”, 노동법연구 41호, 서울대학교 노동법연구회(2016. 9.); **신하나**, “취업규칙의 불이익한 변경의 방식”, 2017 노동판례비평, 민주사회를 위한 변호사모임(2018); **심재진**, “정규직 전환시 비정규직 근무기간 불인정의 정당성: 취업규칙 법리와 근로기준법 균등처우조항의 적용”, 법과 기업연구 7권 2호, 서강대학교 법학연구소(2017. 8.); **심태식**, 노동법개론(4전정판), 법문사(1989); **오문완a**, “조직대상을 달리하는 복수노조 설립문제”, 노동판례평석집 Ⅱ, 한국경영자총협회(1997. 12.); **오문완b**, “전화교환직렬 직원만의 정년을 차등규정한 규정의 효력”, 1999 노동판례비평, 민주사회를 위한 변호사모임(1997. 6.); **오문완c**, “사직서 제출의 법적 효과: 산업디자인포장개발원사건”, 노동판례평석집 Ⅱ, 한국경영자총협회(1997. 12.); **오세웅**, “취업규칙 불이익변경의 사회통념상 합리성 여부”, 노동리뷰 127호, 한국노동연구원(2015. 10.); **오창수**, “취업규칙의 불이익변경”, 판례월보 276호, 판례월보사(1993. 9.); **우희숙**, “취업규칙 불이익변경 법리에 나타난 사회통념상 합리성 개념의 형법적 의의와 기능”, 비교형사법연구 17권 4호, 한국비교형사법학회(2015. 12.); **유성재**, “불이익 변경된 취업규칙의 적용범위”, 노동리뷰 41호, 한국노동연구원(2008. 5.); **이경우**, “교대 및 교번 근로자의 주휴일제도”, 노동법률 160호, 중앙경제(2004. 9.); **이광선a**, “취업규칙과 단체협약과의 관계”, 노동법률 300호, 중앙경제(2016. 5.); **이광선b**, “취업규칙 불이익변경시 집단적 동의 방법”, 노동법률 319호, 중앙경제(2017. 12.); **이국환**, “근로자 집단의 동의 없는 취업규칙 불이익변경의 효력과 퇴직금차등제도 금지”, 대법원판례해설 27호, 법원도서관(1997. 7.); **이동흡**, “평균임금과 통상임금(1)”, 법조 44권 1호, 법조협회(1995. 1.); **이미선**, “단체협약상 불이익변경의 한계”, 특별법연구 10권 — 전수안 대법관 퇴임기념, 특별소송실무연구회(2012); **이상덕**, “취업규칙의 불이익변경과 집단적 동의”, 노동법학 46호, 한국노동법학회(2013. 6.); **이상윤a**, 노동법(5판), 법문사(2003); **이상훈**, “부실근무자 관리방안의 변경과 취업규칙 불이익변경”, 노동법률 307호, 중앙경제(2016. 12.); **이승길**, “취업규칙 불이익 변경의 의미”, 노동판례백선, 박영사(2015); **이승욱**, “기업변동의 노동법적 쟁점과 과제”, 노동법강의: 기업구조조정과 노동법의 중요과제, 법문사(2002); **이원재**, “노조결성을 사유로 한 징계의 부당성”, 노동법률 60호, 중앙경제(1996. 5.); **이은영**, “취업규칙의 불이익변경”, 노동법의 제문제 — 가산 김치선 박사 화갑 기념 논문집, 박영사(1983. 11.); **이재강**, “취업규칙의 ‘불이익변경’인지의 판단과 이른바 ‘합리성론’”, 무등

춘추 4호, 광주지방변호사회(1996. 3.); 이재호, “취업규칙을 통한 근로조건의 불이익변경과 노동조합의 동의”, 2008 노동판례비평, 민주사회를 위한 변호사모임(2009); 이재후, “취업규칙의 법적 성질과 그 변경”, 법조 27권 2호, 법조협회(1978); 이정a, “취업규칙 불이익 변경시 동의 주체”, 노동법률 220호, 중앙경제(2009. 9.); 이정b, “정년연장에 따른 임금체계 개편을 둘러싼 법적 쟁점과 과제: 취업규칙 변경법리에 관한 비교법적 검토를 중심으로”, 노동법학 55호, 한국노동법학회(2015. 9.); 이정c, “성과연봉제 도입을 둘러싼 취업규칙 불이익변경과 사회통념상 합리성”, 노동법률 314호, 중앙경제(2017. 7.); 이준, “취업규칙의 불이익한 변경과 변경 후에 근로관계를 갖게 된 근로자에 대한 효력”, 민사판례연구 17권, 박영사(1995. 4.); 이준상, “단체협약에 의한 근로조건의 불이익변경”, 법조 50권 2호, 법조협회(2001. 2.); 이철수a, “취업규칙에 대한 판례 법리와 문제점”, 사법행정 34권 8호, 한국사법행정학회(1993. 8.); 이철수b, “단체협약상의 해고사유와 취업규칙상의 해고사유”, 노동법률 42호, 중앙경제(1994. 11.); 이홍훈, “근로자의 동의 없이 변경된 취업규칙의 효력”, 대법원판례해설 11호, 법원행정처(1990); 이희성, “취업규칙 불이익 변경과 동의방식”, 노동판례백선, 박영사(2015); 임종률a, 노동법(2판), 박영사(2000); 정명현, “취업규칙의 근로조건 결정 기능의 분리 운영 방안”, 법제 679호, 법제처(2017. 12.); 정숙희, “정년연장과 임금피크제”, 노동법포럼 15호, 노동법이론실무학회(2015); 정영훈a, “취업규칙의 불이익변경에 관한 일고찰 — 절차심사와 내용심사의 보강의 당위성과 가능성을 중심으로”, 노동법학 31호, 한국노동법학회(2009. 9.); 정영훈b, “57세 정년을 퇴직 사유로 규정한 취업규칙의 해석 변경의 유효성”, 노동리뷰 159호, 한국노동연구원(2018. 6.); 정인섭a, “취업규칙의 불이익변경과 집단적 동의의 방법”, 노동법연구 17호, 서울대학교 노동법연구회(2004. 12.); 정인섭b, “단체협약의 효력확장과 ‘동종의 근로자’”, 노동법률 157호, 중앙경제(2004. 6.); 정인섭c, “취업규칙과 과반수를 대표하는 노동조합”, 노동법률 178호, 중앙경제(2006. 3.); 정재성, “단체협약에 의한 기존근로조건의 불이익변경”, 노동판례 평석: 노동현장에서 부딪히는 노동사건 주요 판례 평석, 인쇄골(1999. 4.); 정주석, “취업규칙의 불이익변경과 노동조합의 추인”, 1997 노동판례비평, 민주사회를 위한 변호사모임(1998. 8.); 정진경a, “근로조건의 불이익변경”, 노동법연구 13호, 서울대학교 노동법연구회(2002. 12.); 정진경b, “직위해제 후 퇴직한 자의 퇴직금 산정”, 사법연구자료 22집, 법원행정처(1995. 12.); 조경배, “취업규칙의 불이익 변경의 유효요건인 집단적 동의”, 노동법률 145호, 중앙경제(2003. 6.); 조득주, 취업규칙제도에 관한 연구, 고려대학교 대학원 박사학위논문(2008. 6.); 조상균, “일본노동법의 취업규칙의 불이익변경에 관한 판례법리와 최근의 동향”, 법학논총 22권 2호, 전남대학교 법학연구소(2002. 12.); 조성혜, “취업규칙 불이익변경과 ‘사회통념상 합리성’의 기준”, 노동법률 298호, 중앙경제(2016. 3.); 조윤신, “퇴직금 감액지급과 퇴직금 중간정산”, 대법원판례해설 44호, 법원도서관(2004. 1.); 조현철, “일부 근로자에게 불리한 취업규칙의 변경에 대한 동의주체”, 판례연구 24집, 부산판례연구회(2013); 차두희, “취업규칙의 불이익변경을 위한 집단

적 의사결정방법에 의한 동의", 조정과 심판 50호, 중앙노동위원회(2012); 천정배, "취업규칙에 의한 퇴직금청구권의 소급적 침해", 변호사 25집, 서울지방변호사회(1995. 1.); 최영룡, "단체협약 자치의 한계", 대법원판례해설 35호, 법원도서관(2001. 6.); 최영호, "취업규칙의 불이익변경", 노동법연구 3호, 서울대학교 노동법연구회(1993. 12.); 최현희, "취업규칙의 불이익 변경과 사회통념상 합리성", 조정과 심판 31호, 중앙노동위원회(2007. 12.); 하갑래, "취업규칙 불이익변경에 있어 사회통념상 합리성", 법학논총 33권 2호, 단국대학교 법학연구소(2009. 12.); 하경효a, "취업규칙의 불이익변경에 대한 근로자 동의의 의미와 방식", 노동법률 61호, 중앙경제(1996. 6.); 하경효b, "취업규칙의 불이익 변경과 사회통념상의 합리성", 노동법률 121호, 중앙경제(2001. 6.); 하경효c, "구조조정과 근로조건 변경", 한국 법학 50년 — 과거 · 현재 · 미래: 대한민국 건국 50주년 기념 제1회 한국법학자대회 논문집 Ⅱ(1998. 12.); 하경효d, 임금법제론, 신조사(2013); 한덕렬, "취업규칙", 재판자료 40집 근로관계소송상의 제문제(하), 법원행정처(1987); 현천욱, "근로자측의 동의 없는 취업규칙의 불이익변경", 노동판례평석집Ⅰ, 한국경영자총협회(1995. 9.); 홍승욱, "취업규칙 또는 단체협약에 의한 근로조건의 불이익변경과 양자의 관계", 검찰 115호, 대검찰청(2004); 황병일, "회사 합병후의 퇴직금 규정 변경의 효력", 판례연구 16집(상), 서울지방변호사회(2002. 8.); 高木紘一, "退職金 · 企業年金 · 賞與", 21世紀講座 5 賃金と勞働時間; 古川景一, "就業規則不利益変更 — 要件事實 · 證明責任論の視点からの判例法理の檢討", 季刊勞働法 202号(2003. 3.); 菅野和夫a, 勞働法(2판), 弘文堂(1988); 菅野和夫b, "就業規則の法的性質", 勞働法の爭点, 有斐閣(1979); 菅野和夫c, "就業規則の不利益変更", 勞働法の爭点, 有斐閣(1979); 金裕盛, 韓國勞働法の展開, 信山社(2001); 唐津博a, "就業規則の法的性質", 勞働法の爭点(3版), 有斐閣(2004); 唐津博b, 勞働契約と就業規則の法理論, 日本評論新社(2010); 末弘巖太郎, 勞働法研究, 改造社(1926); 大内伸哉a, 勞働條件変更法理の再構成, 有斐閣(1999); 大内伸哉b, "就業規則の最低基準効とは, どのような効力なのか", 勞働法理論変革への模索: 毛塚勝利先生古稀記念, 信山社(2015); 毛塚勝利a, "就業規則理論再構成へのひとつの試み(2 · 完)", 勞働判例 430号(1984); 毛塚勝利b, "就業規則の法的性質", 勞働法の爭点(新版), 有斐閣(1990); 毛塚勝利c, "勞働契約法における勞働條件変更法理の規範構造", 法學新報 119巻 5 · 6号(2012); 米津孝司a, "勞働契約法の成立と今後の課題", 勞働法律旬報 1669号, 旬報社(2018. 4.); 米津孝司b, "就業規則の法的性質 · 效力", 勞働法の爭点, 有斐閣(2014); 米津孝司c, "ドイツ勞働法における集團自治と契約自治", 勞働者人格權の研究: 角田邦重先生古稀記念(上巻), 信山社(2012); 朴孝淑, "韓国における就業規則の不利益変更への集團的同意 — 不利益変更の「有效要件」なのか「拘束力要件」なのか", 日本勞働研究雜誌 643号, 日本勞働研究協會(2014); 本多淳亮, 勞働契約 · 就業規則, 一粒社(1981); 浜田富士郎a, "就業規則と勞働契約", 本多淳亮還曆記念 勞働契約の研究, 法律文化社(1986); 浜田富士郎b, 就業規則法の研究, 有斐閣(1994); 浜村 彰, "就業規則の法的拘束力と不利益変更に対する個別合意", 勞働法律旬報 1837호, 勞働旬報社(2015); 山川

隆一, 勞働紛爭處理法, 弘文堂(2012); 山下 昇, “就業規則と勞働契約”, 再生講座 第2巻 勞働契約の理論, 日本評論社(2017); 三井正信a, 現代雇用社会と勞働契約法, 成文堂(2010); 三井正信b, “就業規則法理の再検討”, 修道法學 23巻 2号(2001); 三井正信c, “勞働契約法九條についての一考察”, 廣島法學 36巻 4号(2013); 三宅正男, 就業規則, 日本評論新社(1952); 水町勇一郎, 勞働法(第7版), 有斐閣(2018); 西谷 敏a, “就業規則”, 新勞働基準法論, 法律文化社(1982); 西谷 敏b, 勞働法における個人と集團, 有斐閣(1992); 西谷 敏c, 規制が支える自己決定, 法律文化社(2004); 西谷 敏d, 勞働組合法(第3版), 有斐閣(2012); 西谷 敏e, 勞働法の基礎構造, 法律文化社(2016); 西谷 敏f, ドイツ勞働法思想史論, 日本評論社(1987); 石田信平, “就業規則の変更による勞働條件の不利益変更”, 再生講座 第2巻 勞働契約の理論, 日本評論社(2017); 石井照久a, “就業規則論”, 私法 8号(1952); 石井照久b, 新版 勞働法(第3版), 弘文堂(1973); 沼田稻次郎, 就業規則論, 東洋經濟新報社(1964); 矢野昌浩, “就業規則の效力”, 西谷 敏, 根本 到(編) 勞働契約と法, 旬報社(2011); 野田進a,“就業規則”, 季刊勞働法 166号, 總合勞働研究所(1985); 野田進b, “勞働契約の多面的機能”, 再生講座 第2巻 勞働契約の理論, 日本評論社(2017); 野川忍, 勞働法, 日本評論社(2018); 奧田香子, “勞働條件決定規範の法的構造と合意原則”, 日本勞働法學會誌 126号, 日本勞働法學會(2015); 吾妻光俊a, “勞働協約と就業規則”, 法曹時報 2巻 1号, 法曹會(1950); 吾妻光俊b, 新訂勞働法概論, 青林書院新社(1964); 有泉亨, 勞働基準法, 有斐閣(1963); 王能君, 就業規則判例法理の研究, 信山社(2003); 池田 悠, “就業規則の法的性質”, 勞働判例百選(第9版), 有斐閣(2016); 淺野高宏, “就業規則の最低基準效と勞働條件変更(賃金減額)の問題について”, 山口浩一郎外(編) 安西 愈先生古稀記念論文集 經營と勞働法務の理論と實務, 中央經濟社(2009); 淺井清信, “就業規則の再検討”, 勞働法 6号, 日本勞働法學會(1955); 青木宗也 · 片岡昇, 注解 勞働基準法 Ⅱ, 青林書院(1995); 村中孝史, “勞働契約と勞働條件の変更 — 西ドイツ一般的勞働條件論をめぐって —”, 法學論叢 124巻5 · 6号, 京都大(1989); 諏訪康雄a, “就業規則”, 文獻研究 勞働法學, 總合勞働研究所(1978); 諏訪康雄b, “就業規則法理の構造と機能”, 日本勞働法學會誌 71号, 日本勞働法學會(1988); 片岡昇, “就業規則の效力”, 法學論叢 76巻 1=2号, 京都大(1964); 土田道夫a, “勞働契約における勞務指揮權の意義と構造(三)”, 法學協會雜誌 105巻 12号(1988); 土田道夫b, 勞働契約法(2版), 有斐閣(2016); 下井隆史a, “就業規則 —〈法的性質〉と〈一方的変更の效力〉の問題をめぐって —”, 論爭勞働法, 世界思想社(1978); 下井隆史b, “就業規則の法的 性質”, 現代講座 10 勞働契約 · 就業規則; 丸山亞子, “有利原則の可能性とその限界”, 日本勞働法學會誌 115号, 日本勞働法學會(2010. 5.); 荒木尙志a, 雇用システムと勞働條件変更法理, 有斐閣(2003); 荒木尙志b, “就業規則の不利益変更と勞働者の合意”, 法曹時報 64巻 9号, 法曹會(2012); 荒木誠之a, “就業規則の效力”, 勞働法大系 5, 有斐閣(1963); 荒木誠之b, “就業規則 — その法的性質と效力 —”, 論爭勞働法, 世界思想社(1978).

## Ⅰ. 취업규칙의 개념

근로조건을 규율하는 규범에는 근로계약, 취업규칙, 단체협약, 근기법 등 법령이 있다.

근로계약은 근로관계를 창설하는 거의 유일한 규범이지만[1] 근로계약의 내용인 근로조건은 대부분 근로계약이 아니라 취업규칙이나 단체협약에 의하여 집단적이고 통일적으로 규율되는 것이 보통이다.

또한 근기법 등의 법령에서는 직접 근로조건을 규율하기도 하지만 임금이나 근로시간과 같은 중요한 근로조건에 한해 그것도 최저기준만을 정하는 경우가 보통이어서 그 작용이 제한적이다.

나아가 우리 헌법 33조에서는 노동3권의 행사를 통한 단체협약에 의하여 근로조건이 결정될 것을 예정하고 있지만, 노동조합이 존재하는 사업장에서 단체협약이 체결되더라도 비조합원의 근로조건은 취업규칙에 의하여 규율될 수밖에 없고, 노동조합이 존재하지 않는 사업장의 경우에는 단체협약은 아무런 기능을 할 수 없어 취업규칙에 의하여 근로조건이 결정된다. 이러한 사정은 근로조건뿐 아니라 복무규율에 관하여도 마찬가지이다.

이와 같이 취업규칙은 근로조건과 복무규율을 결정하는 가장 중요한 규범이라고 할 수 있다.

취업규칙이란 근로자에 대한 근로조건과 복무규율에 관한 기준을 집단적이고 통일적으로 설정하기 위하여 사용자가 일방적으로 작성한 준칙이다. 명칭은 불문한다.[2]

### 1. 근로조건과 복무규율에 관한 기준

#### 가. 근로조건

현행법상 헌법 32조, 33조를 비롯하여 근기법 97조, 노조법 33조 등 여러 규정에서 '근로조건'이라는 용어를 사용하고 있지만 어디에서도 근로조건에 관

1) 근로관계는 근로계약에 의하여 창설되는 것이 원칙이지만 예외적으로 법률 등에 의하여 창설되는 경우가 있다. 구 파견법 6조의 고용간주규정 등이 그 예이다.

2) 대법원 1977. 7. 26. 선고 77다355 판결, 대법원 1992. 2. 28. 선고 91다30828 판결, 대법원 1994. 3. 11. 선고 93다27413 판결, 대법원 1994. 5. 10. 선고 93다30181 판결, 대법원 1997. 11. 28. 선고 97다24511 판결, 대법원 1998. 3. 24. 선고 96다24699 판결, 대법원 1998. 11. 27. 선고 97누14132 판결.

한 정의 규정을 두고 있지 않다. 다만 근기법 17조 1항에서 근로계약 체결 시 사용자가 명시하여야 할 근로조건으로 임금(1호), 소정근로시간(2호), 법 55조에 따른 휴일(3호), 법 60조에 따른 연차 유급휴가(4호), 그밖에 대통령령으로 정하는 근로조건(5호)을 규정하고, 5호의 대통령령으로 정하는 근로조건으로 시행령 8조 1호 내지 3호에서 취업의 장소와 종사하여야 할 업무에 관한 사항(1호), 법 93조 1호부터 12호까지의 규정에서 정한 사항(2호), 사업장의 부속 기숙사에 근로자를 기숙하게 하는 경우에는 기숙사 규칙에서 정한 사항(3호)을 규정함으로써 위에서 열거한 사항들이 근로조건에 해당함을 법정하고 있다. 한편 노조법 2조 5호에서는 노동쟁의를 정의하면서 노동관계 당사자 간에 임금 · 근로시간 · 복지 · 해고 기타 대우 등 근로조건의 결정에 관한 주장의 불일치로 인하여 발생한 분쟁상태를 말한다고 함으로써 근로조건 중 일부에 관하여 예시하고 있고, 노조법 33조 1항에서는 단체협약의 규범적 부분을 근로조건 기타 근로자의 대우에 관한 기준이라고 규정하고 있다.

위와 같은 실정법상의 규정에 기초하여 판례상 나타나는 개념적 정의로는 취업규칙과 관련하여 "근로조건이라 함은 사용자와 근로자 사이의 근로관계에서 임금 · 근로시간 · 후생 · 해고 기타 근로자의 대우에 관하여 정한 조건을 말한다"[3]고 한 것이 있고, 나아가 노동쟁의와 관련하여 좀 더 상세하게 "근로조건은 사용자와 근로자 사이의 근로계약관계에 있어서 근로자의 대우에 관하여 정한 조건을 말하고, 구체적으로는 근기법에 정하여진 임금 · 근로시간 · 후생 · 해고뿐만 아니고 같은 법 94조(현행 93조) 1호 내지 11호, 같은 법 시행령 7조(현행 8조) 1호, 3호 소정의 사항이 포함된다"[4]고 한 것이 있다.[5]

위와 같은 실정법이나 판례에서 언급하고 있는 사항들이 근로조건에 해당함은 명확하지만 근로조건이 위의 사항들에 한정되는 것이라고 볼 수는 없다. 근로조건 해당성과 관련하여 위의 사항들은 예시에 불과하고, 사용자와 근로자의 개별적 근로관계상의 권리의무에 관한 사항은 비록 근기법 17조와 시행령 8조, 근기법 93조에서 규정하고 있는 사항이 아니라고 하더라도 근로조건에 해당

3) 대법원 1992. 6. 23. 선고 91다19210 판결, 대법원 2022. 9. 29. 선고 2018다301527 판결.

4) 대법원 1996. 2. 23. 선고 94누9177 판결.

5) 헌법재판소 결정 중 "근로조건이라 함은 임금과 그 지불방법, 취업시간과 휴식시간, 안전시설과 위생시설, 재해보상 등 근로계약에 의하여 근로자가 근로를 제공하고 임금을 수령하는 것에 관한 조건들"이라고 한 것이 다수 있다. 헌재 2003. 7. 24. 선고 2002헌바51 결정, 헌재 2011. 7. 28. 선고 2009헌마408 결정, 헌재 2016. 3. 31. 선고 2014헌마367 결정 참조.

하고 이에 관하여 사용자가 작성한 규정은 취업규칙에 해당한다. 가령 스톡옵션(Stock Option)이 근기법상 임금에 해당하지 않는다고 하더라도 사용자와 근로자 사이의 권리의무관계에 관한 사항을 규율하는 이상 근로조건에 해당한다.[6)]

근로조건 중 근기법에서 최저기준을 정하고 있거나 근기법 17조에서 명시의무의 대상으로 적시한 사항들(특히 서면 명시의무의 대상으로 적시한 사항들), 기타 노조법 등에서 예시하고 있는 사항들은 중요한 근로조건이라고 할 수 있다. 대법원 판결 중에는 취업규칙이 규정하고 있는 근로관계의 당연 소멸에 관한 사항을 근로자들에게 가장 중대한 문제라고 한 것이 있고,[7)] 헌법재판소 결정 중에는 해고, 임금을 근로조건의 핵심적 부분이라고 한 것이 있다.[8)9)]

근로조건은 그 설정 수단에 따라 근로계약이나 개별 합의에 의하여 설정되는 개별적 근로조건과 취업규칙이나 단체협약에 의하여 설정되는 집단적 근로조건이 있다. 개별 근로계약에 의하여 설정되는 개별적 근로조건과 취업규칙이나 단체협약에 따라 설정되는 집단적 근로조건은 구별되어야 하고, 근로조건의 변경 수단이나 유리 원칙의 인정 여부와 관련하여 그 구별의 실익이 있다.[10)]

대법원은 구 근기법 16조와 관련하여 근로계약기간은 단지 근로계약의 존속기간에 불과할 뿐 근로조건에 해당하지 아니한다고 판시한 바 있다.[11)] 이와 관련하여 비록 단체협약에 관한 것이기는 하나 단체협약의 재계약요건 등에 관한 규정이 근로계약기간에 관하여 정한 것으로 근기법상의 근로조건이 아니라고 본 원심판결들과 달리 위 규정이 근로계약기간, 근로계약의 존속기간이 아니라 근로조건에 관하여 정한 규범적 부분이라고 본 대법원 판결들이 있다.[12)]

대법원은 취업규칙에서 정한 기준 중 채용에 관한 기준은 근로조건에 관한

6) 詳說勞働契約法, 110면.

7) 대법원 2003. 6. 10. 선고 2001다673 판결.

8) 해고에 관한 헌재 2015. 12. 23. 선고 2014헌바3 결정, 임금에 관한 헌재 2021. 12. 23. 선고 2018헌마629, 630(병합) 결정.

9) 일본 최고재판소는 임금, 퇴직금 등 노동자에게 중요한 권리, 노동조건에 관하여 실질적인 불이익을 미치는 취업규칙의 작성 또는 변경에 관해서는 고도의 필요성이 필요하다는 입장을 취하고 있다. 最高裁 1988. 2. 16. 判決(大曲市農協事件, 民集 42권 2호, 60면).

10) 개별적 근로조건과 집단적 근로조건의 구별에 관하여는 荒木尙志a, 227면 이하 참조. 개별적 근로조건과 집단적 근로조건의 구별이 문제되는 경우에 관한 자세한 설명은 법 96조에 대한 해설 Ⅲ. 3.과 법 97조에 대한 해설 Ⅲ. 3. 참조. 취업규칙이나 단체협약에 의하여 집단적 근로조건이 결정된다고 한 것으로 헌재 2021. 12. 23. 선고 2018헌마629, 630(병합) 결정.

11) 대법원 1996. 8. 29. 선고 95다5783 전원합의체 판결.

12) 대법원 2011. 7. 28. 선고 2009두2665 판결, 대법원 2011. 7. 28. 선고 2009두4180 판결, 대법원 2016. 7. 22. 선고 2013두24396 판결 참조.

기준에 해당하지 않아 법 97조의 기준에 포함되지 않는다는 취지이다.[13)]

그러나 판례는 신규채용이 아니라 재채용에 관한 규정은 근로조건에 관한 기준을 정한 것으로서 '취업규칙에서 정한 기준'에 해당한다고 보고 있다.

대법원은 임금피크제 개선안 중 재채용 부분이 임금피크제의 대상이 된 근로자가 임금피크제 기간 동안 근무할 수 있는 기회를 포기하고 특별퇴직을 선택하면 그에 대한 반대급부로서 부여되는 특별퇴직조건 중의 하나이고, 그 내용은 특별퇴직 후 계약직 별정직원으로 재채용되어 근무기간 동안 정해진 임금과 퇴직금 등을 지급받을 수 있는 지위를 보장하는 것으로 근로관계에 관한 기준을 정하는 것으로서 취업규칙의 성질을 가진다고 보았다.[14)]

또한 대법원은 재고용의 요건과 절차 등에 관하여 규정한 재고용에 관한 규정이 계약직원의 근로조건과 복무규율에 관한 준칙을 정한 것으로서 취업규칙에 해당한다고 보았다.[15)]

이에 대하여 사립학교 교원의 재임용에 관한 교수업적평가기준 등은 학교법인이 재임용에 대하여 가지는 재량권을 행사할 때 기준으로 적용되는 것이므로 취업규칙에 명시되는 근로조건과는 그 성격이 다르다는 등의 이유로 근기법 소정의 취업규칙에 해당하지 아니한다고 본 판결들[16)]이 있다. 그러나 교원의 재임용 심사기준 등은 재임용을 하는 경우에는 근로자의 (재)채용에 관한 사항이지만, 재임용을 거부하는 경우에는 근로관계의 종료에 관한 것으로 근로자의 퇴직에 관한 사항(법 93조 4호)에 해당하고, 비록 임용기간이 만료된 교원을 재임용할 것인지 여부는 임용권자의 판단에 따른 재량행위에 속하지만,[17)] 교원은 재임용 여부에 관하여 합리적 기준에 의한 공정한 심사를 받을 권리가 있을 뿐 아니라, 사용자가 근로관계의 일정한 사항에 관하여 재량권 등 권한(가령 인사권이나 징계권)을 가지고 있다고 하여 위 사항이 근로조건이나 복무규율에 해당하지 않는다고 단정할 수 없는 점(가령 판례는 근로자에 대한 전보나 전직은 원칙적으로

13) 대법원 1992. 8. 14. 선고 92다1995 판결.

14) 대법원 2022. 9. 29. 선고 2018다301527 판결. 나아가 이 판결에서 대법원은, 대법원 1992. 8. 14. 선고 92다1995 판결은 신규채용에 관한 사안이므로 이미 피고와 근로관계가 있는 근로자의 특별퇴직 후 재채용이 문제 되는 이 사건과 사안을 달리하는 것이어서 이 사건에 원용하기에 적절하지 않다고 보아 위 92다1995 판결의 적용 범위를 제한하였다.

15) 대법원 2007. 10. 11. 선고 2007두11566 판결.

16) 대법원 2012. 6. 28. 선고 2012다22136 판결, 대법원 2017. 8. 18. 선고 2017다232617 판결, 대법원 2017. 9. 21. 선고 2017다244580 판결 등 참조.

17) 대법원 2010. 9. 30. 선고 2008다58794 등 판결.

인사권자인 사용자의 권한에 속하므로 업무상 필요한 범위 내에서는 상당한 재량을 인정하여야 한다고 보지만,[18] 회사가 업무상의 필요에 따라 전근을 명할 수 있다는 인사규정 등 전보에 관한 규정은 근로조건에 관한 것으로 취업규칙에 해당한다고 보는 것이 타당하다)을 고려하면 위 판결들의 태도에는 의문이 있다.

### 나. 복무규율

복무규율이란 근로자가 근로를 제공하는 과정에서 지켜야 할 작업질서에 관한 규칙 등 사용자가 근로자에 대하여 정한 행위규범과 이를 위반하였을 경우 가해지는 제재를 포함하는 개념이다. 사용자는 기업을 존립시키고 사업을 원활하게 운영하기 위하여 필요불가결한 기업질서를 확립하고 유지하는 데 필요하고도 합리적인 것으로 인정되는 한 근로자의 기업질서 위반 행위에 대하여 근기법 등의 관련 법령에 반하지 않는 범위 내에서 이를 규율하는 취업규칙을 제정할 수 있다.[19]

### 다. 기 준

취업규칙은 근로조건과 복무규율에 관한 '준칙'으로서 일정한 범위의 불특정 다수의 근로자에게 적용될 수 있는 일반적인 기준을 설정하는 것이므로, 특정 근로자에 관한 것이라면 이를 취업규칙이라고 보기 어렵다.

불특정 다수의 근로자에게 적용되는 일반적 기준에 해당하는 이상 계속 적용되는 기준(가령 시간적 적용범위를 한정하지 아니한 연말 상여금 지급기준)은 물론 1회적으로 적용되는 기준(가령 2020년의 연말상여금 지급기준)도 취업규칙에 해당한다고 봄이 타당하다. 대법원 판결 중 '차장 이하 직원 경영평가성과급 지급기준'이 그 적용대상을 '2009년에 실제 근무한 실적이 2개월 이상인 전 직원'으로 한정하고 있는 점 등에 비추어 2010년 경영평가성과급에 국한된 지급기준을 정한 것이어서 취업규칙으로 볼 수 없다는 원심 판단을 정당하다고 한 것[20]이 있으나, 어떤 규정이 일반적 기준을 정하고 있는 이상 시간적 적용범위가 한정되어 있다고 하여 그 점만으로 취업규칙에 해당하지 않는다고 볼 수는 없고, 단지 그 시간적 적용범위를 넘어서면 그 규정이 적용되지 않을 뿐이다. 따라서 위 지

18) 대법원 1997. 12. 12. 선고 97다36316 판결.

19) 대법원 1994. 6. 14. 선고 93다62126 판결, 대법원 1999. 3. 26. 선고 98두4672 판결, 대법원 2018. 9. 13. 선고 2017두38560 판결.

20) 대법원 2016. 10. 13 선고 2015다201954 판결.

급기준이 2010년도에 국한된 것이라고 하더라도 '2009년에 실제 근무한 실적이 2개월 이상인 전 직원'에게 적용되는 이상 일반적 기준의 특성을 그대로 가지고 있어 취업규칙에 해당한다. 다만 2011년 이후에 위 기준이 적용될 수 없으나 이 점만으로 위 지급기준이 취업규칙에 해당하지 않는 것은 아니다.[21) 1회적으로 적용되는 기준이 아니라 계속 적용되는 기준이라는 점을 취업규칙 해당성의 본질적 징표라고 보기는 어렵다.[22)]

근로조건과 복무규율에 관한 기준을 담고 있으면 되고 그 포괄 범위는 묻지 않는다. 따라서 취업규칙, 취업규정, 사규 등의 명칭을 갖는 기본적이고 포괄적인 취업규칙 이외에 임금 · 퇴직금 · 인사 · 징계 등 특정한 사항의 처리를 위한 별개의 규정 또한 취업규칙에 해당하고 취업규칙의 일부를 구성한다.

취업규칙에서 정한 근로조건과 복무규율에 관한 기준의 대부분은 근로관계의 존속을 전제로 하는 것이지만, 기업연금이나 경업금지의무 등 근로관계 종료 후의 사항에 관한 기준도 포함된다.[23)] 대법원도 취업규칙에서 정한 복무규율과 근로조건은 근로관계의 존속을 전제로 하는 것이지만, 사용자와 근로자 사이의 근로관계 종료 후의 권리 · 의무에 관한 사항이라고 하더라도 사용자와 근로자 사이에 존속하는 근로관계와 직접 관련되는 것으로서 근로자의 대우에 관하여 정한 사항이라면 이 역시 취업규칙에서 정한 근로조건에 해당한다고 보았다.[24)]

21) 대법원 2017. 6. 15. 선고 2017다218604 판결에서는 매년 개별적인 사정을 고려하여 생산장려금 지급기준을 정했던 점을 위 지급기준의 취업규칙성을 부인하는 근거로 삼고 있으나 위와 같은 관점에서 볼 때 역시 의문이 있다.

22) 대법원 2005. 7. 29. 선고 2003다9254 판결에서는 주식회사의 보수 규정이 명예퇴직금의 산정 기준이 되는 '보수총액'에 관하여 사장으로 하여금 그 세부 산정 기준을 정하도록 위임하고, 이에 따라 사장이 1차 명예퇴직 당시 '보수총액에 산입될 상여금률'을 850%로 계산하여 명예퇴직금을 지급하였으나, 이를 별도의 퇴직금 산정 기준으로 명문화한 것이 아니라 담당 직원의 기안 문서에 결재하는 형식으로 위와 같이 명예퇴직금을 산정한 것에 불과하다면, 이를 향후에도 지속적으로 적용되는 취업규칙에 해당한다고 보기는 어렵다고 함으로써 향후에도 지속적으로 적용된다는 점을 취업규칙의 본질적 징표로 보는 취지로 판시하고 있으나, 위와 같은 관점에서 볼 때 의문이 있다. 한편 위 판결과 같이 기안 문서에 결재하는 형식을 취한 것에 대하여 취업규칙성을 부정한 하급심 판결로는 서울행법 2016. 5. 13. 선고 2015구합73538 판결, 부산지법 2015. 9. 17. 선고 2014가합43833 판결 참조.

23) 三井正信a, 62면.

24) 대법원 2022. 9. 29. 선고 2018다301527 판결. 대법원은 임금피크제의 대상이 된 근로자가 임금피크제 기간 동안 근무할 수 있는 기회를 포기하고 특별퇴직을 선택하면 그에 대한 반대급부로서 부여되는 특별퇴직조건 중의 하나로 계약직 별정직원으로 재채용되어 근무기간 동안 정해진 임금과 퇴직금 등을 지급받을 수 있는 지위가 보장되는데, 특별퇴직자들에 대한 재채용 행위 자체는 종전 근로관계가 종료된 후에 이루어지는 것이기는 하나, 특별퇴직하는 근로자와 사용자 사이에 존속하는 근로관계와 직접 관련되는 것으로서 특별퇴직하는 근로자

근로조건이나 복무규율 등 근로관계를 직접 규율하는 내용을 담고 있지 않은 부분은 취업규칙의 성격을 갖지 아니한다. 가령 직제 규정에서 별표로 규정한 정원표는 인력수급관리 등의 편의를 위하여 내부적으로 정해 놓은 지침에 불과하여 근로조건에 관한 사항을 규정한 것이라고 할 수 없어 취업규칙에 해당하지 않는다.[25)]

## 2. 근로자에 대한 집단적·통일적 규율

사용자는 다수의 근로자를 사용하는 사업을 효율적으로 운영하기 위하여 근로조건과 복무규율에 관한 규칙을 통일적으로 설정할 필요가 있다. 이와 같이 취업규칙은 사용자가 경영상의 필요에 의하여 근로자 집단에게 통일적으로 적용하기 위하여 작성한 준칙이다. 법 93조에서는 사용자가 취업규칙에 기재할 사항을 열거한 후 13호에서 "그 밖에 해당 사업 또는 사업장의 근로자 전체에 적용될 사항"을 취업규칙에 기재하여야 한다고 함으로써 본질적으로 취업규칙이 '근로자 집단'에 적용될 근로조건과 복무규율을 설정하는 수단임을 명확히 하였다.[26)]

취업규칙은 근로자 집단에 적용될 집단적 근로조건을 설정하는 수단이라는 점에서 개별적 근로조건 설정 수단인 근로계약과 구별되고 단체협약과 유사한 면이 있다. 근로자 집단에 대하여 적용될 집단적 근로조건은 집단의사(취업규칙의 경우 과반수 노동조합이나 근로자 과반수의 의견 청취 또는 동의, 단체협약의 경우 노동조합과 사용자 사이의 집단적 합의)에 의하여 설정 또는 변경되는 데 반해 개별 근로자에게 적용될 개별적 근로조건은 개별의사(근로계약상의 개별적 합의 또는 동의)에 의하여 설정 또는 변경된다는 점에서 집단적 근로조건과 개별적 근로조건을 구별할 실익이 있다.

취업규칙은 반드시 사업장 내의 근로자 전체에게 일제히 적용되도록 작성되어야 하는 것은 아니고 사업장 내의 근로자가 그 근무형태나 대우 등을 달리하는 여러 집단(사무직과 생산직, 일반직과 일용직, 정규직과 임시직 등)으로 나뉘는

---

의 대우에 관한 조건을 정한 것이므로 재채용에 관한 부분은 취업규칙으로서 성질을 가진다고 봄이 타당하다고 하였다. 대법원 2022. 9. 29. 선고 2019다299065 판결도 참조.

25) 대법원 1992. 6. 23. 선고 91다19210 판결.

26) 취업규칙의 '집단적' 성격을 언급한 판례로는 대법원 2003. 3. 14. 선고 2002다69631 판결, 대법원 2014. 6. 12. 선고 2013두25382 판결, 대법원 2016. 1. 28. 선고 2014두12765 판결, 대법원 2016. 6. 9. 선고 2015다78536 판결, 대법원 2016. 12. 29. 선고 2016다26099 판결 등 참조.

경우에는 각 집단의 근로자들을 적용 대상으로 하는 취업규칙을 별개로 작성할 수 있다.[27)]

근기법과 시행령에서는 단시간근로자에 관하여 적용되는 취업규칙을 통상근로자에게 적용되는 취업규칙과 별도로 작성할 수 있다고 함으로써 일부 근로자 집단에게 적용되는 취업규칙을 작성할 수 있음을 입법적으로 인정하고 있다.[28)]

판례도 사용자는 같은 사업장에 소속된 모든 근로자에 대하여 일률적으로 적용되는 하나의 취업규칙만을 작성하여야 하는 것은 아니고, 근로자의 근로조건, 근로형태, 직종 등의 특수성에 따라 근로자 일부에 적용되는 별도의 취업규칙을 작성할 수 있으며, 이 경우 여러 개의 취업규칙을 합한 것이 법 소정의 1개의 취업규칙으로 된다고 하였다.[29)]

다만, 위와 같이 근로자의 직종별이나 그 밖의 기준을 정하여 근로자의 일부만을 그 적용대상으로 한정하는 취업규칙을 여러 개 작성하는 경우에는 근로조건에 관하여 남녀의 성(性)을 이유로 차별적 대우를 하지 못하고, 국적·신앙 또는 사회적 신분을 이유로 근로조건에 대한 차별적 처우를 하여서는 아니 되며(법 6조), 특히 퇴직금 규정의 취업규칙과 관련하여 퇴직급여제도를 설정하면서 하나의 사업 안에 차등을 두어서는 아니 된다(퇴직급여법 4조 2항)는 것에 유념할 필요가 있다.[30)] 시행령에서는 단시간근로자에게 적용되는 취업규칙을 작성 또는 변경하는 경우에는 단시간근로자의 근로조건에 관하여 비례보호의 원칙을 규정한 법 18조 1항의 취지에 어긋나는 내용이 포함되어서는 아니 된다고 명시하고 있다.[31)]

전체 근로자에게 일반적으로 적용되는 취업규칙과 근로자 일부에게 적용되

27) 법 93조 13호에서 "그 밖에 해당 사업 또는 사업장의 근로자 전체에 적용될 사항"을 취업규칙에 기재하여야 한다고 규정한 의미를 일부 근로자 집단에게 적용되는 취업규칙을 작성하는 것을 불허하는 취지로 이해할 수는 없다.

28) 법 18조 2항; 영 9조 1항, [별표 2] 단시간근로자의 근로조건 결정기준 등에 관한 사항 5항 가목. 위 각 규정의 취지가 단시간근로자에 대해서만 별도의 취업규칙을 작성할 수 있고, 단시간근로자 외의 특정 근로자에게 적용되는 취업규칙을 별도로 작성할 수 없다는 의미로 볼 수 없다는 하급심 판결로 서울행법 2015. 10. 22. 선고 2014구합16170 판결, 서울중앙지법 2019. 7. 12. 선고 2017가합42253 판결 참조.

29) 대법원 1992. 2. 28. 선고 91다30828 판결, 대법원 1996. 2. 27. 선고 95누15698 판결, 대법원 1998. 3. 24. 선고 96다24699 판결, 대법원 2000. 2. 25. 선고 98다11628 판결, 대법원 2007. 9. 6. 선고 2006다83246 판결, 대법원 2017. 11. 9. 선고 2012다10959 판결, 대법원 2023. 5. 11. 선고 2017다35588 전원합의체 판결.

30) 해고와 임금, 319면; 대법원 1997. 11. 28. 선고 97다24511 판결 참조.

31) 영 9조 1항, [별표 2] 단시간근로자의 근로조건 결정기준 등에 관한 사항 5항 라목.

는 별도의 취업규칙에서 설정한 기준이 다른 경우 그 충돌을 어떻게 해결할 것인지 문제될 수 있다. 징계절차에 관하여 특정 공장의 근로자에 대한 징계위원회 운영기준이 회사의 전 사업장에 적용되는 취업규칙의 징계절차와 충돌한 사안에서, 위 징계위원회 운영기준이 전 사업장에 적용되는 취업규칙보다 나중에 시행되었고, 업무내용과 근무 장소가 다른 특정 공장의 근로자의 징계절차에 대하여 전 사업장에 적용되는 취업규칙과 일부 다르게 규정하고 있는 점에서 특정 공장의 근로자에 대하여는 위 운영기준에서 정한 징계절차를 우선 적용하여야 하고, 위 운영기준을 전 사업장에 적용되는 취업규칙의 하위규정으로 본 것은 잘못이라는 판결[32]이 있다.

### 3. 사용자의 일방적 작성

#### 가. 일 방 성

취업규칙은 사용자가 일방적으로 작성하는 준칙이다. 취업규칙이 근로조건과 복무규율의 결정에서 근로계약이나 단체협약보다 더 중요한 역할을 담당하고 있는 현실에서 취업규칙이 사용자에 의하여 일방적으로 작성되는 것을 허용하는 것은 근로조건 등을 사용자가 단독으로 결정하고 이를 좌우할 위험성을 내포하고 있다. 법은 비록 이러한 위험성이 있지만 사용자가 일방적으로 작성하는 취업규칙을 승인하여 법적 제도로 편입하는 한편, 사용자의 일방적인 취업규칙 작성·변경에 대하여 작성의무, 신고의무, 의견청취의무 등의 다양한 법적 규제를 가함으로써 근로자의 보호·근로조건 대등 결정의 원칙을 관철하려 하고 있다.[33]

#### 나. 근로계약과의 구별

사용자가 일방적으로 작성하는 취업규칙은 사용자와 근로자가 합의하여 체결하는 근로계약과 구별된다.

기업실무에서 근로계약의 내용은 통일화·정형화되는 경향이 있고 이와 같

32) 대법원 1994. 3. 11. 선고 93다27413 판결.

33) 그러나 위와 같은 규제에도 불구하고 근기법의 취업규칙법제는 사용자에 의한 취업규칙의 일방적인 작성을 승인함으로써 근로조건 대등 결정의 원칙에 반하는 근본적인 문제점을 가지고 있다. 이러한 문제를 해결하기 위하여 근기법의 취업규칙법제를 독일의 사업장평의회와 같은 공동결정 방식에 의한 사업장협정으로 전환하여야 한다는 논의가 있다. 이에 대하여는 김홍영b; 박귀천e 참조.

은 계약의 형태를 표본계약(Mustervertrag)이라고 한다. 표본계약과 취업규칙은 근로조건의 통일을 기한다는 기능적 측면에서는 유사하나 표본계약은 근로자와 사용자의 개별적 합의에 의하여 성립하는 것이고 취업규칙은 사용자가 일방적으로 작성하는 것이어서 표본계약을 취업규칙으로 볼 수는 없다.[34)]

그런데 판례는 개별 근로계약에서 근로조건에 관한 준칙의 내용을 담고 있으면 이 또한 취업규칙에 해당한다고 한다.[35)] 그러나 사용자와 근로자의 개별적 합의에 의하여 성립하는 근로계약과 사용자가 일방적으로 작성한 취업규칙은 구별되어야 하므로 위와 같은 태도는 재검토할 필요가 있다. 근로계약의 내용에 통일적 · 집단적 준칙에 해당하는 내용이 포함되어 있다고 하더라도 개별적 합의에 의하여 성립한 이상 이에 대하여는 취업규칙이 아니라 근로계약의 법리가 적용되어야 한다.[36)]

최근의 대법원 판결들[37)] 중에 복무규율과 근로조건에 관한 준칙의 내용을 담고 있는 고용계약서가 취업규칙에 해당하지 않는다는 점을 전제로 하여 판단하거나, 근로조건(탄력적 근로시간제)이 공통적으로 기재되어 있는 근로계약서가 실질적으로 취업규칙에 해당한다고 평가할 수 없다고 함으로써 위와 같은 판례

---

34) 김형배, 85면; 하경효d, 27면 주3) 참조.

35) 대법원 1992. 2. 28. 선고 91다30828 판결, 대법원 1997. 11. 28. 선고 97다24511 판결, 대법원 1998. 3. 24. 선고 96다24699 판결, 대법원 1998. 11. 27. 선고 97누14132 판결.

36) 급여의 삭감 내지 포기가 개별적인 약정에 해당할 뿐 취업규칙의 변경에 해당하지 않는다고 한 하급심 판결로 수원지법 2017. 6. 14. 선고 2016나20692 판결, 의정부지법 2016. 11. 9. 선고 2015가합51477 판결 참조. 소정근로시간을 감축하는 약정을 근로계약 변경으로 보아 취업규칙의 불이익변경에 해당하지 않는다고 한 것으로 의정부지법 2016. 1. 13. 선고 2014가합5781 판결 참조. 그밖에 서울고법 2016. 8. 19. 선고 2015나8478 판결도 참조.

37) 대법원 2019. 12. 24. 선고 2015다254873 판결. 기간제법 4조 2항에 따라 기간의 정함이 없는 근로계약을 체결한 근로자로 간주(전환)된 근로자에게 적용될 근로조건이 문제된 사안에서, 원심 판결은 위와 같이 기간제(계약직)에서 전환된 무기계약직 근로자에 대하여는 정규직 직원들을 대상으로 한 취업규칙이 적용되지 않고, 계약직 운영 규정도 적용될 수 없다고 한 다음, 사용자가 무기계약직 근로자들에 대한 복무규율과 임금 등 근로조건에 관한 준칙을 담고 있는 '고용계약서'를 별도로 작성하여 이를 기간제에서 전환된 무기계약직 근로자들에게 일률적으로 적용해왔는데, 위 고용계약서가 무기계약직 근로자들에 대하여 직접 적용되는 근로조건에 관한 준칙인 취업규칙에 해당한다고 보았다. 이에 대하여 대법원은 비록 판시에서 명시하지는 않았지만 위 고용계약서가 취업규칙에 해당하지 않는다는 점을 전제로 하여 정규직 근로자에게 적용되는 취업규칙이 적용된다고 보았다. 대법원 2023. 4. 27. 선고 2020도16431 판결. 원심 판결은, 근로계약서에 탄력적 근로에 관한 근로조건이 공통적으로 기재되어 있어 이를 근기법상 취업규칙으로 볼 수 있으므로, 근로계약서에 의하여 탄력적 근로시간제가 유효하게 도입되었다고 보았으나, 대법원은 취업규칙이 별도로 존재하는 점 등을 들어 근로계약서가 실질적으로 취업규칙에 해당한다고 평가할 수 없고, 탄력적 근로시간제가 유효하게 도입되었다고 볼 수 없다고 하였다.

와는 결을 달리하여 근로계약, 개별적 합의와 취업규칙을 준별하는 태도를 취한 것으로 보이는 것이 있다.

나아가 채용 시 취업규칙의 내용이 근로자에게 설명되고 이에 대하여 근로자가 동의한 경우 취업규칙의 내용은 근로계약의 내용이 되고, 취업규칙의 효력으로서가 아니라 합의 즉 근로계약의 효력으로서 사용자와 근로자를 구속한다.38)

### 다. 단체협약과의 구별

사용자가 일방적으로 작성하는 취업규칙은 사용자와 노동조합이 합의하여 체결하는 단체협약과 구별된다.

사용자가 일방적으로 취업규칙을 작성한 후 그 개정 과정에서 노동조합이나 근로자 집단과 합의하는 경우나 아예 취업규칙 작성 과정에서 사용자와 노동조합이 합의하는 경우가 있는데, 이러한 합의를 거친 규정을 단체협약으로 보아야 할지 취업규칙으로 보아야 할지 문제된다.

대법원은 이 경우 단체협약과 취업규칙의 구별 기준에 관하여, 단체협약은 근로조건 기타 근로자의 대우에 관한 기준 등에 관한 사항을 정하는 협정으로서 서면으로 작성하여 노사 쌍방이 서명날인하여야 하고, 유효기간에 일정한 제약이 따르며, 원칙적으로 노동조합원 이외의 자에 대하여는 그 규범적 효력이 미치지 아니하는 것이고, 이에 비하여 취업규칙은 사용자가 근로자의 복무규율과 임금 등 해당 사업의 근로자 전체에 적용될 근로조건에 관한 준칙을 규정한 것을 말한다고 전제한 후, 사용자가 회사 업무수행 중에 발생한 사고의 처리를 위하여 사고 처리 규정을 제정 · 시행한 후, 3번에 걸쳐 노사 쌍방의 합의를 거쳐 각 개정 · 시행하고 있는 사고 처리 규정이 조합원 이외의 직원의 근로관계도 직접 규율하는 것으로 규정되어 있고, 유효기간에 관한 규정이 없이 계속하여 시행되어 왔을 뿐만 아니라, 노사 쌍방의 서명날인도 되어 있지 아니한 점에 비추어 취업규칙에 해당한다고 하였다.39)

---

38) 菅野, 199면; 詳説労働契約法, 103면; 西谷 敏a, 459면; 荒木, 362~363면.

39) 대법원 1997. 4. 25. 선고 96누5421 판결. 위 판결에서 제시한 구별 기준 중 일부는 일응의 구별 징표 정도로 이해하는 것이 타당하고, 절대적인 구별 기준으로 볼 것은 아니다. 가령 위 구별 기준 중 유효기간의 경우, 단체협약의 경우에도 유효기간을 정하지 않는 것이 있고(이 경우 노조법 32조 2항에 의하여 유효기간이 3년이 된다), 유효기간을 정하였다고 하여 취업규칙에 해당하지 않는다고 단정할 수 없다. 취업규칙의 경우 유효기간을 정하지 않는 경우가 대부분일 것이나, 특정 기간에만 적용되는 취업규칙이 허용되지 않는다거나 특정 기간에만 적용된다고 하여 취업규칙에 해당하지 않는다고 볼 것은 아니다. 이러한 관점에서 보면

또한 대법원 판결 중에는 단체협약 체결 이후 노동조합과 합의하여 작성한 징계 규정을 취업규칙이라고 본 것,[40] 회사의 상벌위원회 규정이 회사와 노동조합 사이의 합의에 따라 서면으로 작성되어 노사 쌍방이 서명날인한 것이므로 취업규칙의 성격을 가짐과 동시에 단체협약과 동일한 효력을 가진다고 한 것[41]이 있으며, 취업규칙인 근무 규정, 급여 규정을 구체화하는 범위 안에서 단체협약을 비조합원들에게도 적용하였으므로 단체협약이 근무 규정과 급여 규정을 보충하는 취업규칙의 효력을 가진다고 한 하급심 판결[42]도 있다.

### 4. 명칭 불문

취업규칙은 근로자 집단에게 통일적으로 적용될 복무규율과 근로조건에 관한 준칙의 내용을 담고 있고, 사용자에 의하여 일방적으로 작성되는 한 그 명칭이 무엇인지는 묻지 않는다.[43]

보통은 취업규칙이라는 명칭으로 되어 있는 경우가 많지만, 인사규정, 복무규정, 퇴직금 규정 등의 명칭과 형식으로 마련되어 있다고 하더라도, 그 내용이 근로조건이나 복무규율에 관한 준칙으로서 의미를 가지고 있으면, 취업규칙에 해당한다. 나아가 판례는, 종업원의 근로조건 변경을 목적으로 한 자구계획서,[44] 학교법인의 정관,[45] 이사회 결의,[46] 지역의료보험조합 운영규정,[47] 유휴 인력 활용 지침,[48] 신원보증 규정[49]도 그 명칭에 관계없이 취업규칙이라고 한 바 있다.

---

대법원 2016. 10. 13. 선고 2015다201954 판결에서 원심 판결(대전고법 2014. 12. 12. 선고 2013나10008 판결)이 2011년부터 2013년까지의 적용 여부가 문제된 경영평가성과급 지급기준을 2010년에 국한된 것이어서 취업규칙으로 볼 수는 없다는 취지로 판단한 것으로 보고 이를 정당하다고 한 것에는 의문이 있다(원심 판결에서는 위 지급기준을 취업규칙으로 볼 수 없다고 본 것이 아니라 2010년에 국한된 것이어서 2011년 이후에 적용될 수 없다고 보았을 뿐이다).

40) 대법원 1993. 7. 16. 선고 92누16508 판결.

41) 대법원 2000. 7. 8. 선고 99다47976 판결.

42) 서울지법 2003. 7. 24. 선고 2002나61223 판결(대법원 2002. 11. 22. 선고 2002다42810 판결의 파기 환송 후 사건).

43) 대법원 1992. 2. 28. 선고 91다30828 판결, 대법원 1994. 3. 11. 선고 93다27413 판결, 대법원 1994. 5. 10. 선고 93다30181 판결, 대법원 1997. 11. 28. 선고 97다24511 판결, 대법원 1998. 3. 24. 선고 96다24699 판결, 대법원 1998. 11. 27. 선고 97누14132 판결, 대법원 2002. 6. 28. 선고 2001다77970 판결.

44) 대법원 2004. 2. 12. 선고 2001다63599 판결, 대법원 2004. 2. 27. 선고 2001다28596 판결, 대법원 2005. 5. 12. 선고 2003다52456 판결.

45) 대법원 2003. 6. 13. 선고 2003다2093 판결.

46) 대법원 2003. 6. 13. 선고 2001다24167 판결.

47) 대법원 1994. 8. 23. 선고 94다7553 판결.

## Ⅱ. 취업규칙의 법적 성질

근로계약이나 단체협약과 달리 사용자가 일방적으로 작성하는 취업규칙이 근로자를 법적으로 구속하여 근로조건을 결정하는 근거가 무엇인지는 자명하지 않다. 이를 설명하기 위하여 취업규칙의 법적 성질에 관한 논의가 일본에서 활발하게 진행되었고, 크게 보아 법규설과 계약설의 대립이 있었고, 그 외에 근거이분설, 집단적 합의설이 주장된 바 있다.

취업규칙의 법적 성질에 관한 한국과 일본에서의 논의는 주로 취업규칙의 효력에 관한 다음과 같은 문제의 해명을 위하여 전개되어 왔다.[50]

첫째, 근기법 97조에서는 취업규칙의 기준에 미달하는 근로조건을 정한 근로계약 부분을 무효로 하고 무효로 된 부분은 취업규칙에 정한 기준에 따라 규율하는 취업규칙의 근로계약에 대한 최저기준으로서의 강행적 · 직률적 효력(이하 '최저기준적 효력'이라 한다)을 규정하고 있는데, 사용자에 의하여 일방적으로 작성되는 취업규칙에 위와 같은 효력이 인정되는 것은 취업규칙의 어떠한 성질에 의한 것이며 그 근거가 무엇인가(최저기준적 효력의 근거와 요건).

둘째, 노조법 33조에서는 단체협약에 정한 기준에 위반하는 근로계약의 부분을 무효로 하는 강행적 효력과 무효로 된 부분은 단체협약에 정한 기준에 의하도록 하는 직률적 효력을 인정하는 이외에 근로계약에 규정되지 아니한 사항에 관하여도 단체협약의 보충적 효력을 인정하고 있다. 이와는 달리 취업규칙의 최저기준적 효력에 관하여 규정한 근기법 97조에서는 취업규칙의 보충적 효력에 관하여 명시적 규정을 두고 있지 않은데, 근기법 97조에서 명시적으로 규정한 최저기준적 효력을 넘어서 근로계약에 규정되지 아니한 사항에 관하여도 취업규칙의 보충적 효력이 인정되어 근로자를 구속하는 것인지, 그 근거는 무엇이고 요건은 무엇인가(보충적 효력의 근거와 요건).

셋째, 사용자가 일방적으로 근로자에게 불리하게 변경하는 취업규칙은 반대의 의사표시를 한 근로자에 대하여도 구속력을 가지는가. 그 근거는 무엇이

---

48) 대법원 2007. 11. 30. 선고 2005두13247 판결.

49) 서울고법 2003. 10. 31. 선고 2002누18762 판결.

50) 이하에서는 취업규칙의 법적 성질에 관한 한국과 일본의 논의를 함께 서술하는 관계로 용어(가령 근로계약, 노동계약)의 일관성이 없는 경우가 있다. 한국에서 사용하는 용어와 근기법 규정을 중심으로 서술하되, 특정 일본 법령, 판례 및 학설을 언급할 때는 일본에서 사용하는 용어나 노동기준법 규정도 함께 사용한다.

고, 그 요건은 무엇인가(변경적 효력의 근거와 요건).

### 1. 학 설

#### 가. 법 규 설

(1) 법규설은 취업규칙이 일종의 법규범으로서의 효력을 가지므로 근로계약 당사자의 합의, 근로자의 동의를 거치지 아니하여도 당사자를 구속한다는 견해이다.

(2) 취업규칙이 법규범으로서의 효력을 갖는 근거에 대하여는 여러 견해가 있다. 먼저 취업규칙이 법규범으로서의 효력을 내재적으로 가진다고 보는 견해가 있다. 소유권 내지 경영권을 근거로 하여 사용자가 법규범으로서의 취업규칙을 제정할 권한을 갖는다고 보는 소유권설 또는 경영권설,[51] 공장·사업장이라는 부분 사회에서 현실적으로 존재하고 관습적으로 인정되어온 사회적 법규범인 취업규칙이 관습법의 법원성을 인정한 법례 2조[52]의 유추적용에 의하여 법규범성을 가지게 된다고 보는 사회자주법설 또는 관습법설[53]이 그것이다. 이에 대해 사용자가 일방적으로 작성하는 취업규칙은 법적 확신을 결여하고 있으므로 그 자체로는 법규범성을 가지지 않는 사회규범에 지나지 않지만 근기법은 근로자 보호라는 입법 목적에서 보호법원리에 모순되지 않는 범위에서 근기법 97조를 통해 취업규칙에 법규범적 효력을 부여하였고 이 때문에 취업규칙은 근로관계 당사자를 구속한다는 수권설 또는 법적 효력 부여설[54]이 있다.

(3) 법규설의 주류인 수권설 또는 법적 효력 부여설에서는 근기법 97조에서 강행적·직률적 효력이라는 법규범적 효력을 인정한 것에 기초하여 취업규칙의 법규범성을 도출한다. 즉 근기법 97조를 취업규칙의 법규범성을 일반적으로 인정하는 근거규정으로 이해한다.

(4) 수권설의 대부분은 근기법 97조의 효력을 해석에 의하여 확장하여 비록

51) 일본의 경영권설에 대하여는 王能君, 16면, 25면 참조.

52) 현행 일본의 「法の適用に關する通則法」 3조(公の秩序又は善良の風俗に反しない慣習は、法令の規定により認められたもの又は法令に規定されていない事項に関するものに限り、法律と同一の効力を有する).

53) 김치선, 250면; 末弘巖太郎, 369면 이하.

54) 심태식, 396면; 이병태, 928면; 이은영, 219~221면; 임종률, 363~365면. 일본의 수권설의 대표적인 견해로는 沼田稻次郎, 119면 이하 참조. 수권설(授權說)이라는 명칭은 사용자에게 취업규칙이라는 법규범의 설정권을 수여한다는 것으로 노동자보호법으로서의 노동기준법의 성격과 맞지 않아 법적 효력 부여설이라는 명칭이 타당하다는 견해로 西谷 敏a, 454~455면 참조.

명시적인 규정은 없지만 근기법 97조에 의거하여 법규범적 효력으로서의 보충적 효력을 인정한다.[55]

(5) 법규설은 불이익변경의 문제와 관련하여, 취업규칙이 근로자의 동의를 거치지 아니하여도 법규범으로서 근로계약을 규율한다고 보기 때문에 취업규칙이 불이익하게 변경된 경우 이에 반대하는 의사를 명확히 표시한 근로자까지 구속한다는 결론에 이르기 쉽다. 실제로 법규설 중 경영권설은 사용자에 의하여 일방적으로 불이익하게 변경된 취업규칙도 당연히 법규범으로서 근로자를 구속한다고 한다. 그러나 법규설 중 수권설은 보호법 원리의 진정한 실현을 향해서만 사용자의 일방적 변경이 법인(法認)될 수 있기 때문에 사용자가 근로자에게 불이익하게 취업규칙을 변경하는 경우 그 법적 효력은 부정되어야 한다고 하여 일방적인 불이익변경의 구속력을 부정한다. 다만, 수권설에 의하더라도 단결 내지 노동자 집단의 동의가 있는 경우, 무효인 개정 조항이 상당한 기간 시행되어 온 경우에는 일방적인 불이익변경의 효력이 인정된다고 한다.[56] 법규설 중 법적 효력 부여설을 취하는 견해에서는 취업규칙의 내용이 노동계약의 내용으로 화체된다고 보고, 그 변경을 위해서는 복무규율에 관한 조항을 제외하고, 노동자의 개별 합의가 필요하다고 한다.[57]

### 나. 계 약 설

(1) 계약설은 사용자가 일방적으로 작성한 취업규칙 그 자체에 법적 규범성을 인정하는 것은 근대적인 법의 개념, 계약의 사상과 모순된다는 기본적 발상에서 출발하여 법규설을 비판하고, 취업규칙 그 자체는 근로계약의 모형에 불과하고, 근로계약 당사자의 합의, 근로자의 동의에 의하여 근로계약의 내용이 됨으로써 법적 구속력을 갖는다고 보는 견해이다.

(2) 계약설에는 순수계약설, 사실규범설, 사실인 관습설 등이 있다.

순수계약설에서는 취업규칙은 노동계약의 초안에 불과하고 그 내용에 노동자가 동의함으로써 구속력이 발생한다고 한다.[58]

사실규범설에서는 취업규칙은 사회학적으로는 법으로서의 성질을 가지더라도 국법상은 법규가 아니므로 취업규칙은 독립한 법규도 법률행위도 아닌 일종

55) 青木宗也 · 片岡曻, 293~294면(三井正信 집필); 김유성, 58면; 임종률, 376면.
56) 沼田稻次郎, 130~131면.
57) 西谷 敏a, 462~464면, 505면 이하.
58) 三宅正男, 90~93면.

의 사실상의 규범으로서 사실상 노동조건의 내용을 이루는 기준이고,[59] 취업규칙은 노동자의 명시적 혹은 묵시적 합의가 있어야 비로소 법적 효력이 발생한다고 한다.[60]

사실인 관습설에 의하면, 취업규칙은 다수 노동계약의 공통의 내용을 정형화한 것으로 하나의 제도적인 성격을 가지지만 법률적으로 법규범이 아닌 이상 취업규칙이 각개의 노동계약의 내용으로 받아들여지기 위해서는 어떠한 형태이든 노동자의 동의를 근거로 하여야 한다고 한다. 그러나 취업규칙의 내용은 제도적인 것이기 때문에 각개의 조항에 관하여 각개의 노동자가 그 의미 내용을 이해하여 구체적으로 그에 의한다는 의사를 가지는지 여부를 문제로 하지 않고, 일반적인 노사관계 내에서 노동자가 특히 관습에 의하지 않는다는 반대의 의사를 표시하지 않는 한 취업규칙의 내용이 노동계약의 내용으로 된다는, 즉 취업규칙에 의한다는 사실인 관습(일본 민법 92조)이 성립하고 있는 것에 구속력의 근거를 구해야 한다고 한다.[61][62]

(3) 당초 계약설은 취업규칙의 법규범적 효력을 정한 노동기준법(이하'노기법'이라 한다) 93조(근기법 97조)에 대하여 입법취지가 불명확하고 그 취지를 극히 서투르게 표현한 것이라며 그 법적 의의를 소극적으로 보았다.[63] 그러나 그 후 계약설도 노기법 93조를 노동자 이익의 옹호라는 정책적 관점에서 노기법이 한정적으로 취업규칙에 최저조건보장적 효력이라는 특별한 효력을 부여한 것이라고 보아 그 한도 내에서는 법규적 성격을 인정하기에 이르게 되었다.[64]

(4) 계약설은 근로자의 명시 또는 묵시의 동의에 의해 취업규칙이 노동계약 내용으로 되는 것에 의해 구속력이 발생한다고 보므로 근로계약에 규정되지 아니한 사항에 관하여 법규범적 효력으로서의 보충적 효력을 논의할 여지가 없다.[65]

(5) 계약설에서는 취업규칙 불이익변경의 구속력에 관하여, 취업규칙은 노

59) 吾妻光俊a, 39~40면.

60) 王能君, 30면.

61) 石井照久b, 125~127면; 石井照久a, 26면 이하도 참조.

62) 주의할 것은 사실인 관습설에서는 취업규칙 자체를 사실인 관습으로 해석하는 것이 아니라, 취업규칙에 의한다는 것 자체를 사실인 관습(이른바 백지관습)으로 본다. 김형배a, 193~196면.

63) 吾妻光俊b, 334~335면; 石井照久a, 33면.

64) 下井, 367면; 浜田富士郎a, 394면 이하; 毛塚勝利b, 285면.

65) 계약설에 의하는 한 취업규칙의 보충적 효력을 논할 필요가 없거나(荒木誠之a, 78면), 보충적 효력을 운운할 여지가 없다(本多淳亮, 203면)고 한다. 青木宗也·片岡曻 Ⅱ, 294면(三井正信 집필)도 참조.

동계약의 모형에 불과한 것이기 때문에 취업규칙 자체의 변경은 사용자의 자유이지만 불이익하게 변경된 취업규칙으로 기존의 노동계약 내용을 변경하기 위해서는 개별 노동자의 명시 또는 묵시의 동의가 필요하고, 근로자가 반대의 의사를 표명하는 한 이에 구속되지 않는다는 결론에 이르게 된다. 다만 사용자가 취업규칙을 변경하는 경우, 노동자 측이 이의 없이 근로한다면 사용자의 노동계약 내용 변경 신청에 대한 묵시의 승인이 된다고 한다.66)

### 다. 근거이분설

취업규칙에는 당사자를 구속하는 근거를 달리 하는 두 구분이 포함되어 있어, 노동조건을 정한 부분은 합의에 의하여 노동계약 내용으로 되어 노동자를 구속하지만, 복무규율에 관한 부분은 지휘명령권에 기초하여 노동자에게 고지 내지 주지하는 것에 의해 노동자를 구속한다고 한다. 취업규칙이 변경되는 경우 복무규율에 관한 부분은 당연히 노동자를 구속하지만, 노동조건에 관한 부분은 노동자의 동의가 없으면 효력이 없다고 한다.67)

### 라. 집단적 합의설

노동자의 집단적 참가를 중시하여, 취업규칙은 집단을 장으로 하는 규범이므로 그 작성 변경이 법적 구속력을 가지기 위해서는 노동자의 집단적 동의가 필요하다고 한다.68)

## 2. 판례 및 입법의 태도

### 가. 일본 판례 및 노동계약법의 취업규칙에 대한 규율

#### (1) 일본 판례

##### ㈎ 취업규칙의 법적 성질 또는 구속력의 근거

일본 최고재판소는 秋北버스사건 대법정판결69)을 통하여 취업규칙의 법적 성질 내지 취업규칙의 구속력의 근거에 관하여, 합리적인 노동조건을 정한 취업규칙은 경영주체와 노동자 간의 노동조건은 취업규칙에 의한다는 사실인 관습(일본 민법 92조)을 매개로 하여 법적 규범성을 가진다고 하였다. 당초 대부분의

66) 石井照久a, 33~34면, 36면 주 (5).

67) 有泉亨, 193면 이하; 신권철 12면 이하.

68) 淺井淸信, 40면.

69) 最高裁 1968. 12. 25. 判決(秋北バス事件, 民集 22권 13호, 3459면).

학설은 위 판결이 취업규칙의 법적 규범성을 인정한 점을 근거로 위 판결이 일종의 법규설을 채택하였다고 보고, 위 판결이 계약설(특히 사실인 관습설)의 논거인 법률행위의 의사해석에 관한 일본 민법 92조를 근거로 취업규칙의 법규범성을 인정한 것은 이론적으로 잘못이라는 비판을 가하였다.[70]

그러나 그 후 위 판결에서 말하는 법적 규범성과 관련하여 계약조항도 법적 규범인 것은 틀림없기 때문에 법적 규범성이라는 말이 있다고 하여 법규설을 취한 것은 아니라는 견해가 등장하였고,[71] 나아가 위 판결의 판시에서 말하는 법적 규범성이란 경영주체와 노동자 사이의 노동조건은 취업규칙에 의한다는 사실인 관습이 성립하고 있는 것으로서의 법적 규범성에 불과하고, 판시는 반대의 의사를 명확히 표시한 자까지 구속한다고는 하지 않고 있으므로, 보통계약약관과 마찬가지로 정형계약으로서의 법적 규범성(그 내용에 합리성이 있고, 내용이 개시되고 있는 한 침묵하고 있는 자를 구속하는 법적 규범성)으로 해석할 수 있고, 위 판례의 판시는 계약설의 일종인 정형계약설로 명명할 수 있다고 보아 이를 지지하는 견해가 출현하였다.[72]

이와 같이 판례에서 말하는 법적 규범을 법규범이라는 의미가 아니라 계약내용으로 되어 법적 효력을 가지는 계약규범[73]이라는 의미로 이해하는 태도는 그 이후 노동자의 의무를 정한 취업규칙 규정의 구속력에 관한 최고재판소의 아래의 판결들에서도 나타나고 있다.

즉 최고재판소는 電電公社帯広局사건 판결[74]과 日立製作所사건 판결[75]에서 위 대법정 판결을 인용하면서 취업규칙의 규정 내용이 합리적인 것인 한 당해 구체적 노동계약의 내용을 이룬다고 보아, 취업규칙이 노동계약의 내용으로 편

70) 위 판시에서 취업규칙의 법적 규범성의 근거로 인용한 민법 규정(일본 민법 92조)은 의사표시(계약)의 해석에 관한 규정인 것으로 반대의 의사를 명확히 표시한 자에 대해서까지 법적 효력(구속력)을 발생시키는 의미에서의 법규범성을 기초지울 수 없다는 비판이다. 이에 대하여는 菅野和夫a, 90면.

71) 下井隆史a, 286면 이하; 下井隆史b, 293면 이하 참조. 위 견해에서는 대법정판결이 보통계약약관의 법이론을 취업규칙에 적용한 것으로 보았다. 즉 전기, 가스의 공급계약, 보험계약, 여객수송계약 등에서 사용되는 보통계약약관은 사전 개시와 내용의 합리성을 조건으로 계약자의 지, 부지, 동의의 유무를 불문하고 구속력이 인정되고, 그 법적 근거는 그와 같은 종류의 거래에서는 약관에 의한다는 사실인 관습이 성립하고 있는 것에서 구하는 것이 일반적인데, 이와 같은 법이론을 취업규칙에 적용한 것이라는 견해이다.

72) 菅野和夫a, 90면.

73) 三井正信a, 68~69면.

74) 最高裁 1986. 3. 13. 判決(電電公社帯広局事件, 勞判 470호 6면).

75) 最高裁 1991. 11. 28. 判決(日立製作所事件, 民集 45권 8호 1270면).

입되어 노동계약의 내용으로 되는 것에서 구속력의 근거를 찾았다고 할 수 있고, 이러한 점에서 위 정형계약설의 입장에 접근하고 있다고 할 수 있다. 오늘날 취업규칙의 법적 성질을 둘러싸고 판례 법리가 약관설 내지 정형계약설에 의하고 있다는 이해가 일반적이다.[76]

한편 최고재판소는 후지흥산(フジ興産)사건 판결[77]을 통하여 취업규칙이 "법적 규범으로서의 성질을 가지는 … 것으로서 구속력이 발생하기 위해서는 그 내용의 적용을 받는 사업장의 노동자에게 주지시키는 절차가 채택될 것을 요한다"고 하여 노동자에 대한 주지가 취업규칙의 구속력의 요건이라는 입장을 취하였다.

이와 같이 최고재판소는 취업규칙의 내용이 합리적이고 주지된 경우 노동계약의 내용으로 되어 구속력을 가진다는 법리를 확립하였다.

#### ⑷ 불이익변경의 구속력

위 대법정 판결은 취업규칙 변경에 의하여 노동조건을 일방적으로 변경하는 것은 허용되지 않는 것이 원칙이라고 하면서도, 노동조건의 집단적, 획일적 결정의 필요성을 강조하며 취업규칙 불이익변경이 합리적인 것이라면 이에 반대하는 노동자도 구속된다는 이른바 합리적 변경 법리를 정립하였다.

불이익변경이 합리적이라면 반대하는 노동자도 구속한다는 위 법리는 취업규칙의 법적 성질에 관하여 정형계약설을 주장하는 견해에서도 인정하고 있는 것처럼 계약설의 틀을 명확하게 넘어서는 것이다.[78] 계약설에 의해서는 명시적으로 반대하는 자에 대한 구속력을 도출할 수 없기 때문이다. 그러나 위와 같은 법리가 어떠한 근거에 기초한 것인지 판례는 설득력 있는 논거를 제시하지 못

76) 米津孝司a, 11면. 다만, 계약설의 이론적 핵심은 취업규칙이 근로계약의 내용이 되는 것이 '합의'를 통하여 이루어진다는 점에 있으므로 단순히 취업규칙이 근로계약의 내용이 된다는 점만으로 계약설의 입장을 취하는 것이라고 단정할 수는 없다. 법규설의 입장에서 취업규칙의 내용이 근로계약에 화체되어 근로계약의 내용이 된다는 주장(앞서 본 법규설 중 법적 효력 부여설)도 있을 수 있기 때문이다. 이에 관하여는 米津孝司b, 39면 참조. 또한 당시 법규설과 계약설이 대립하던 중에 대법정판결의 판시가 법적 규범성을 승인한다고 한 점, 반대의견이 위 판결의 다수의견을 법규설로 이해하고 반론한 점, 당시 최고재 조사관이 판결 직후 판례해설을 통해 다수설을 법규설이라고 명언한 점, 당시의 학설이 판시를 법규설에 선 것으로 이해하고 있었던 점 등을 들어 당시 최고재판소는 취업규칙의 법적 성질에 관하여 법규설의 입장에 섰다고 이해하는 것이 솔직한 독해라고 하는 견해가 있다. 이에 대하여는 荒木尚志a, 244~245면.

77) 最高裁 2003. 10. 10. 判決(フジ興産事件, 労判 861호 5면).

78) 菅野和夫a, 90면.

하고 있다.[79] 또한 취업규칙 조항의 합리성 유무의 구체적인 판단기준이 명확하지 않은 문제도 있다.[80][81]

위와 같은 문제에도 불구하고 위 대법정 판결의 판시는 다수의 최고재판소 판결에 의하여 반복되었고, 판단기준 및 판단요소가 정비되어 第四銀行사건 판결[82]에서 정식화되었다. 최고재판소의 합리적 변경법리는 실무에서 완전히 정착하였으며, 학설에서도 위 판례 법리의 이론적 틀을 긍정하거나 분쟁처리 틀로서의 실질적 타당성을 긍정하는 견해가 증가하였다.

### (2) 노동계약법에서의 취업규칙 법리

위와 같은 일본의 판례 법리 중 취업규칙의 법적 성질 내지 구속력의 근거에 관한 법리는 노동계약법(이하 '노계법'이라 한다) 7조에, 합리적 변경 법리는 노계법 9, 10조에 그대로 입법화되었다. 그리고 최저기준효에 관한 노기법 93조의 규정이 노계법 12조로 옮겨졌다.

그리하여 종전 노기법에서는 취업규칙의 노동계약에 대한 효력에 관한 규정으로 최저기준효에 관한 조항밖에 없었지만, 노계법에서는 최저기준효, 계약내용 보충효, 계약내용 변경효라는 세 가지 효력에 관한 조항이 규정되어 노동계약을 규율하게 되었다.[83]

## 나. 우리 판례의 태도

대법원은 1977. 7. 26. 선고 77다355 판결에서 "취업규칙은 사용자가 기업경영권에 기하여 사업장에 있어서의 근로자의 복무규율이나 근로조건의 기준을 획일적 통일적으로 정립하기 위하여 작성하는 것으로서 이는 근로기준법이 종속적 노동관계의 현실에 입각하여 실질적으로 불평등한 근로자의 입장을 보호강화하여 그들의 기본적 생활을 보호향상시키려는 목적의 일환으로 그 작성을 강제하고 이에 법규범성을 부여한 것"이라고 하였다.

---

79) 西谷 敏e, 171면.

80) 石田信平, 136면.

81) 古川景一, 117~118면에 의하면 일본 최고재판소에서 사회통념상 합리성 판단을 거친 사건 10건 중 地裁·高裁·最高裁가 합리성의 유무에 대해 같은 판단을 내린 사건은 1건 밖에 없고 나머지 9건에서는 합리성 판단의 변경이 있었다고 한다.

82) 最高裁 1997. 2. 28. 判決(第四銀行事件判決, 民集 51권 2호 705면).

83) 일본 노계법 중 취업규칙에 관한 규율에 관하여는 詳說勞働契約法, 101~151면 참조. 일본 판례와 노계법 및 한국의 판례와 근기법에서의 취업규칙에 대한 규율을 비교한 것으로 마은혁c, 554~578면 참조.

첫째, 판례는 취업규칙의 법규범성을 명시적으로 인정하고 있다. 판례는 위 판결에서 취업규칙의 법규범성을 언급한 이래 일관하여 취업규칙의 법규범성을 인정하는 취지의 판시를 내놓고 있다. 먼저 판례는 취업규칙의 해석과 관련하여 취업규칙은 노사간의 집단적인 법률관계를 규정하는 법규범의 성격을 갖는다고 하였다.[84] 뿐만 아니라 취업규칙의 주지와 관련하여 취업규칙을 기업 내의 규범으로 보고 신설 또는 변경된 취업규칙의 효력이 생기기 위해서는 법령의 공포에 준하는 절차가 필요하다고 하여 취업규칙의 법규범적 성격을 언급한 판례가 있다.[85] 또한 취업규칙의 불이익변경과 관련하여 취업규칙의 법규범적 효력 또는 법규적 효력을 언급한 것은 대단히 많다.[86][87]

둘째, 판례는 법규설 중 수권설[88]의 입장을 취하고 있는 것으로 해석된다.

---

84) 대법원 2003. 3. 14. 선고 2002다69631 판결, 대법원 2014. 6. 12. 선고 2013두25382 판결, 대법원 2014. 6. 12. 선고 2013두26064 판결, 대법원 2014. 6. 12. 선고 2014두4931 판결, 대법원 2014. 6. 12. 선고 2014두915 판결, 대법원 2016. 1. 28. 선고 2014두12765 판결, 대법원 2016. 6. 9. 선고 2015다78536 판결, 대법원 2016. 12. 29. 선고 2016다26099 판결 참조. 한편 대법원 2007. 10. 11. 선고 2007두11566 판결에서는 취업규칙의 의의에 대하여 언급하면서 취업규칙은 노사 간에 일반적으로 적용되는 일정의 법규범이라고 하였다. 그밖에 소멸시효와 관련하여 권리행사의 법률상 장애의 존재 여부를 판단하면서 취업규칙의 부칙에 법규범적 성격이 있다고 한 것으로 대법원 2002. 10. 25. 선고 2002다32332 판결 참조.

85) 대법원 2004. 2. 12. 선고 2001다63599 판결, 대법원 2004. 2. 27. 선고 2001다28596 판결.

86) 대법원 1992. 12. 22. 선고 91다45165 전원합의체 판결, 대법원 1995. 11. 10. 선고 94다54566 판결, 대법원 1996. 9. 10. 선고 95다15414 판결, 대법원 1996. 9. 10. 선고 96다3241 판결, 대법원 1996. 10. 11. 선고 95다42485 판결, 대법원 1996. 10. 15. 선고 95다53188 판결, 대법원 1996. 12. 23. 선고 95다32631 판결, 대법원 1997. 4. 8. 선고 96다53185 판결, 대법원 1997. 7. 11. 선고 96다45399 판결, 대법원 1997. 7. 11. 선고 97다14934 판결, 대법원 1997. 8. 22. 선고 95다50899 판결, 대법원 1997. 8. 22. 선고 96다6967 판결, 대법원 1997. 8. 22. 선고 97다13085 판결, 대법원 1997. 8. 26. 선고 96다3234 판결, 대법원 1997. 8. 26. 선고 96다1726 판결, 대법원 1997. 8. 26. 선고 97다18462 판결, 대법원 2000. 2. 25. 선고 98다11628 판결, 대법원 1997. 10. 10. 선고 97다26579 판결, 대법원 1997. 10. 14. 선고 97다25132 판결, 대법원 1997. 10. 24. 선고 97다17490 판결, 대법원 1997. 12. 26. 선고 97다39186 판결, 대법원 1998. 1. 20. 선고 97다22577 판결, 대법원 1998. 2. 27. 선고 96다54294 판결, 대법원 1999 11. 12. 선고 99다30473 판결, 대법원 2000. 2. 25. 선고 98다11628 판결, 대법원 2000. 12. 22. 선고 2000다56457 판결, 대법원 2000. 12. 22. 선고 2000다56464 판결, 대법원 2000. 12. 22. 선고 2000다56471 판결, 대법원 2001. 4. 24. 선고 99다9370 판결, 대법원 2002. 6. 28. 선고 2001다77970 판결, 대법원 2003. 12. 18. 선고 2002다2843 전원합의체 판결, 대법원 2007. 9. 6. 선고 2007다42600 판결 등 참조.

87) 한편 사회통념상 합리성에 관한 일련의 판결(대법원 2004. 7. 22. 선고 2002다57362 판결, 대법원 2004. 7. 22. 선고 2002다59702 판결 등)에서는 '법적 규범성'이라는 용어를 사용하고 있다.

88) 판례의 태도를 수권설로 이해하는 것이 학설의 일반적인 태도이다. 수권설로 보는 견해로는 강금실, 86면; 김선수b, 43면; 김유성, 200면; 김재훈a, 111면; 김형배, 311면; 오창수, 200~201면; 이국환, 406면; 이재후 54~55면; 이준, 406면; 이홍훈, 240면; 임종률, 364면; 정진경a, 7면; 홍승욱, 168면 참조.

즉 위 77다355 판결에서 근기법이 근로자보호의 목적으로 그 작성을 강제하고 이에 법규범성을 부여하였다고 판시한 것은 앞서 본 바와 같이 수권설 또는 법적 효력 부여설의 논리를 취한 것으로 볼 수 있다.

셋째, 위 판결은 비록 사용자의 취업규칙 작성의 근거로 기업경영권을 거론하고 있으나, 사용자의 일방적 불이익변경이 허용되지 않는다는 점을 명확히 함으로써 경영권설을 취한 것은 아니라고 볼 수 있고,[89] 다른 한편 판례가 취업규칙 불이익변경에 대하여 과반수 노동조합 또는 근로자 과반수의 동의(이하 '집단적 동의'라 한다)가 있는 경우에는 개별적으로 동의하지 않은 근로자의 근로조건도 변경되고,[90] 집단적 동의가 없는 경우에는 비록 개별 근로자의 동의가 있더라도 그 동의는 효력이 없다[91]고 함으로써 계약설의 입장을 취하지 않는다는 점을 명확히 하였다고 볼 수 있다.

### 3. 검 토

취업규칙의 법적 성질에 관한 논의는 어떠한 이론 구성이 ① 근로자보호법으로서의 근로기준법의 정신, 근로조건 결정의 대원칙인 근로조건 대등결정의 원칙, 계속적 근로계약관계 아래서의 근로조건 변경의 불가피성, 집단적·통일적 성격을 갖는 취업규칙의 속성 등에 부합하는지 여부, ② 취업규칙에 근로계약에 대한 최저기준적 효력을 부여하고(법 97조), 집단적 동의를 취업규칙 불이익변경의 효력요건으로 삼고 있는(법 94조 1항 단서) 등 취업규칙의 효력에 관하여 규정한 현행 근기법의 규정을 이론 내적으로 설명할 수 있는가에 따라 그 적절성에 대한 평가가 이루어져야 한다.

#### 가. 내재적 법규설에 대한 검토

소유권 또는 경영권설이나 사회자주법설 또는 관습법설은 취업규칙의 내재

---

89) 고경우, 924면; 조득주, 25면; 한덕렬, 16면 주11)에서도 경영권설의 표현을 빌려 쓰면서도 궁극적으로는 수권설의 입장을 취하였다고 보고 있다.

90) 대법원 1992. 11. 24. 선고 91다31753 판결, 대법원 1993. 1. 15. 선고 92다41986 판결, 대법원 1993. 3. 23. 선고 92다52115 판결, 대법원 1994. 5. 24. 선고 93다46841 판결, 대법원 1997. 9. 12. 선고 96다56306 판결, 대법원 2008. 2. 29. 선고 2007다85997 판결. 대법원 2000. 9. 29. 선고 99다67536 판결도 참조.

91) 대법원 1977. 7. 26. 선고 77다355 판결, 대법원 1977. 9. 28. 선고 77다681 판결, 대법원 1977. 12. 27. 선고 77다1378 판결, 대법원 1991. 3. 27. 선고 91다3031 판결, 대법원 1991. 9. 24. 선고 91다17542 판결, 대법원 1992. 12. 8. 선고 91다38174 판결, 대법원 2003. 11. 28. 선고 2001다4750 판결.

적 법규범성을 인정하는 견해로서 이에 따르면 법 97조는 확인적 성질을 가지는 규정이 된다. 그러나 사인에 불과한 사용자에게 법규 제정권한을 인정할 수 없는 이상 사용자가 일방적으로 작성하는 취업규칙에 내재적 법규범성을 인정할 수는 없다. 나아가 경영권설 등의 내재적 법규설은 사용자에 의한 일방적 불이익변경을 허용하는 점에서 근로조건 대등결정의 원칙과 맞지 않고 집단적 동의를 효력요건으로 삼아 사용자의 취업규칙 변경 권한을 제한하고 있는 현행 근기법의 규정과 어울리지 않는다는 점에서도 타당하지 않다.

### 나. 계약설에 대한 검토

(1) 근로조건 대등결정이라는 대원칙에서 보면 근로자와 사용자의 개별적 합의를 통하여 취업규칙에서 정한 근로조건이 당사자의 권리, 의무가 된다고 주장하는 계약설이 타당하다고 볼 여지가 있다. 또한 계약설이 내재적 법규설과 달리 취업규칙 그 자체의 법규범성을 인정하지 않는 것은 타당하다.

(2) 근기법 97조에 명시된 최저기준적 효력과 관련하여 보면, 계약설에서도 근기법 97조(노기법 93조)에서 규정하는 취업규칙의 최저기준적 효력의 한도 내에서는 취업규칙의 법규범성을 승인하지만, 계약설에서는 이를 계약 법리에 의하여 도출할 수 없다는 점에서 그 설명에 한계가 있다.92)

(3) 취업규칙의 법적 성질 또는 구속력의 근거에 관하여 보면, 계약설이 법규범적 효력으로서의 보충적 효력을 부정하면서 명시 또는 묵시의 동의에 따라 취업규칙이 노동계약 내용으로 되는 것에 의해 구속력이 발생한다고 하는 것은 앞서 본 바와 같다.

그러나 계약설 중 근로자의 명확한 동의를 요구하는 견해는 적고, 근로자가 채용 시에 제시된 취업규칙에 이의를 하지 않거나 또는 취업규칙 하에서 이의 없이 취로하고 있는 것으로부터 묵시의 동의를 인정하는 견해가 많다.93) 계약설은 취업 계속이라는 현실을 묵시의 동의로 의제하여 법적으로 정당화하고, 사용자가 일방적으로 제정한 취업규칙의 지배를 법적으로 승인하는 것으로 귀착되어, 근로자의 개별적 합의를 그 핵심으로 하는 이론상 의의를 거의 상실하게 된다.

순수계약설 등을 수정한 사실인 관습설에 의하면 명시 또는 묵시의 의사

---

92) 西谷, 161면.
93) 土田道夫b, 160면.

표명이 있을 경우 이외에 관습에 의하지 않는다는 의사를 표명하지 않는 한 노동계약의 내용이 되므로[94] 취업규칙이 노동계약의 내용이 되어 법적 구속력을 갖는 범위가 더 넓어져 사용자는 노동자의 개개의 동의를 얻는 것 없이 취업규칙을 그대로 계약 내용으로서 강행할 권한을 갖는 것과 같은 결과가 된다.[95] 다만 취업규칙에 의하는 것을 반대하는 경우에는 노동계약의 내용이 되지 않는다고 함으로써 그 한도 내에서 계약설의 틀 내에 있다고 볼 수 있다.

秋北버스사건 판결 중 취업규칙의 법적 성질에 관한 판시에서는 노동자의 지(知), 부지(不知), 개별적 동의의 유무를 묻지 않고 당연히 적용을 받는다고만 하였을 뿐 법규설의 핵심이라고 할 수 있는 반대의 의사표시를 명확히 표시한 자를 구속한다고까지는 하지 않은 점에서,[96] 위 판결은 계약설의 계보로 분류될 수 있다. 그러나 위 판례 법리나 정형계약설에 따르면 당해 조항에 대한 개별적 합의가 인정되는 경우가 아니라고 하더라도 합리적인 내용의 취업규칙은 계약 내용으로 되어 구속력을 가진다고 봄으로써 계약설이라고 하면서도 전적으로 취업규칙이 계약 내용으로 되는 것에만 이론의 비중이 두어져 있기 때문에 합의 없는 계약론이라는 비판이 가해지고 있다.[97]

(4) 취업규칙 불이익변경의 효력에 관하여 보면, 계약설의 계보에 속하는 학설이 그 귀결로서 취업규칙은 사용자에 의하여 일방적으로 작성, 변경될 수 있지만 노동자의 명시적 혹은 묵시적인 합의가 없으면 노동자를 구속할 수 없다고 보는 것은 노동자보호의 관점에서 보면 명쾌하다고 평가할 수 있고,[98] 취업규칙의 일방적 불이익변경에 관하여 노동자가 반대의 의사를 표명하는 한 이에 구속되지 않는다는 결론을 취하는 것이 계약설의 최대의 장점이라고 한다.[99]

94) 石井照久a, 27면에 의하면, 일본 민법 92조에서는 법률행위의 당사자가 그 관습에 의할 의사를 가지고 있는 것으로 인정되는 때에 그 관습에 의하도록 되어 있는데, 당사자가 그 관습에 의할 의사를 가지고 있는 것으로 인정되는 때란 관습에 의할 의사를 표명(명시 또는 묵시로)한 때에 한정하지 않고 관습에 의하지 않는다는 의사를 표명하지 않는 한 관습에 의할 의사를 가지는 것으로 인정된다고 한다.

95) 土田道夫a, 1790면.

96) 앞서 본 바와 같이 불이익변경의 구속력에 관한 판시에서는 취업규칙 불이익변경이 합리적인 것이라면 이에 반대하는 노동자도 구속된다고 하여 계약설의 틀을 넘어섰다. 秋北버스사건 판결을 정형계약설의 입장으로 파악하는 견해에서는 취업규칙의 법적 성질에 관한 판시와 불이익변경의 구속력에 관한 판시를 분리함으로써 판례의 입장 중 법적 성질에 관한 판시가 계약설의 일종인 정형계약설이라고 주장한다(荒木, 356면).

97) 三井正信b, 298면; 三井正信a, 68면도 참조.

98) 王能君, 32면.

99) 菅野和夫b, 287면.

그러나 계약설의 위와 같은 입장을 고수하면 계속적·조직적 근로계약관계에서의 통일적 노동조건변경의 필요성에 부응하기 어려운 문제가 있다.[100] 특히 순수계약설이나 사실규범설에 따르면 취업규칙의 변경에 관하여 개개의 노동자의 동의가 필요하게 되어 그 경우에 노동조건의 통일적 결정, 변경이 곤란하게 되는 등의 문제가 있다.[101] 사실인 관습설에 따르더라도 근로자가 명시적으로 반대의 의사를 표명하는 경우에는 취업규칙 불이익변경의 구속력이 미치지 않게 되어 취업규칙 변경과 관련하여 통일적 처리에 문제가 발생한다.

이에 대하여 정형계약설의 경우 통일적인 근로조건 변경을 고려하여, 불이익변경된 취업규칙 규정이 합리적인 것인 한 그것에 반대의 의사를 표명한 노동자도 그 적용을 받는다고 함으로써 취업규칙 변경과 관련하여 집합적 처리가 가능하게 된다.

그러나 앞서 본 바와 같이 취업규칙 규정이 합리적인 것인 한 그것에 반대의 의사를 표명한 노동자도 그 적용을 받는다고 하는 결론은 계약설의 틀을 명확하게 벗어나는 문제가 있다.

이에 대하여 정형계약설에서는 계속적 계약관계에서 계약조건 변경의 합의가 성립하지 않은 경우 계약 해소가 인정된다는 계약설의 원칙이 노동계약관계에서는 해고제한에 의하여 수정되고 있는 이상, 스스로가 동의하지 않는 바에 구속되지 않는다는 계약설의 귀결의 수정도 정당화된다[102]고 주장하나, 이와 같은 설명은 판례 법리의 논리 구조에 대한 설명은 되더라도 그것의 규범적인 근거는 되지 않는다고 할 것이고,[103] 정형계약설이라고 하면서도 사실상 계약적 설명을 방기하는 결과가 된다.[104]

최근에는 우리 학설 중에서도 일본의 정형계약설을 따르는 견해가 나타났는데,[105] 일본에서 정형계약설은 秋北버스사건 판결의 판시 중 취업규칙의 법적 성질에 관한 판시를 전제로 하여 이를 이론화한 것이다. 그런데 위 법적 성질에 관한 판시는 秋北버스사건 판결의 판시 중 불이익변경의 구속력에 관한 합리적

100) 荒木, 359면, 360면.
101) 西谷, 161면.
102) 菅野, 361면; 荒木尙志a, 249면 이하.
103) 西谷 敏e, 168~172면.
104) 米津孝司a, 11면.
105) 김형배, 노동법(21판), 박영사(2012). 종전에는 사실인 관습설에 따르고 있었으나, 위 21판 이후에는 정형계약설을 따르고 있다.

변경 법리를 도출하기 위한 이론적 기초로서의 의미를 가지는 것이다.

그런데 우리는 일본의 합리적 변경 법리와는 전혀 다른 취업규칙 불이익변경에 관한 법제와 판례를 가지고 있는 점, 현행 약관의 규제에 관한 법률 30조에서는 약관이 근기법에 관한 것일 경우에는 약관의 규제에 관한 법률을 적용하지 않는다고 규정하고 있는 점까지 고려한다면 정형계약설을 취할 이론적 필요성이나 실정법적 근거가 있다고 보기 어렵다.106)

취업규칙 불이익변경과 관련한 계약설의 가장 큰 문제점은 취업규칙 불이익변경과 관련하여 집단적 동의를 요구하고 집단적 동의가 있는 경우 변경적 효력이라는 법규범적 효력을 인정하는 현행 근기법의 규정을 설명하기 어렵다는 점에 있다. 계약설은 근로자의 개별적 동의를 통하여 취업규칙이 구속력을 갖는다는 점, 그에 따라 근로자의 개별적 동의가 없는 한 취업규칙을 불이익하게 변경할 수 없다는 점, 반대의 의사표시를 한 근로자에 대하여 구속력이 미치지 않는다는 점을 그 핵심으로 한다고 할 수 있다. 따라서 계약설에 의해서는 현행 근기법 94조 1항 단서에서 개별적 동의가 아니라 집단적 동의를 취업규칙 불이익변경 및 변경적 효력의 요건으로 요구하는 점을 설명하기 어렵다. 또한 판례가 집단적 동의가 없는 경우 개별 근로자의 동의가 있어도 그 동의는 효력이 없다고 보고,107) 집단적 동의가 있는 경우 불이익변경에 동의한 근로자는 물론 개별적으로 동의하지 않은 근로자의 근로조건도 변경된다108)고 보아 법규범적 효력으로서의 변경적 효력을 인정하는 것을 설명할 수 없다.109)

106) 일본에서는 정형계약설에 대하여, 노동계약관계를 불특정다수의 고객을 취급하는 약관거래와 동일시하여도 좋은지 여부, 판례가 말하는 바와 같은 사실인 관습이 존재하는 것인지 여부, 계약설이라고 하면서도 전적으로 취업규칙이 계약내용으로 되는 것에만 이론의 비중이 두어져 있기 때문에 합의 없는 계약론이라는 비판이 가해지고 있다. 三井正信b, 298면.

107) 대법원 1977. 7. 26. 선고 77다355 판결, 대법원 1977. 9. 28. 선고 77다681 판결, 대법원 1977. 12. 27. 선고 77다1378 판결, 대법원 1991. 3. 27. 선고 91다3031 판결, 대법원 1991. 9. 24. 선고 91다17542 판결, 대법원 1992. 12. 8. 선고 91다38174 판결, 대법원 2003. 11. 28. 선고 2001다4750 판결.

108) 대법원 1992. 11. 24. 선고 91다31753 판결, 대법원 1993. 1. 15. 선고 92다41986 판결, 대법원 1993. 3. 23. 선고 92다52115 판결, 대법원 1994. 5. 24. 선고 93다46841 판결, 대법원 1997. 9. 12. 선고 96다56306 판결, 대법원 2008. 2. 29. 선고 2007다85997 판결. 대법원 2000. 9. 29. 선고 99다67536 판결도 참조.

109) 근기법 94조 1항 단서에서 과반수 조합이나 근로자 과반수의 「동의」를 받도록 하고 있는 점을 근거로 하여 그러한 한도 내에서 취업규칙은 계약적 성질을 가진다거나(김형배, 84면), 적어도 계약의 성격을 겸유하고 있음은 부인할 수 없다는 견해(박범석, 383면)가 있으나, 계약적 관점에서의 구속을 정당화하는 것은 계약 주체인 당사자의 개별적 의사에 따른 합의 또는 동의이고, 따라서 계약설에서 말하는 근로계약 당사자의 합의, 근로자의 동의는 모두

### 다. 근거이분설에 대한 검토

근거이분설에 대하여는 노동조건 부분과 복무규율·행위준칙 부분을 구별하는 것이 곤란하다는 지적(예를 들면, 취업규칙에서 시업 시각을 오전 9시로 하고 있는 경우, 이것은 노동조건인 동시에 위반에 대한 징계처분의 근거가 되는 행위준칙·복무규율의 일부를 이루고 있다),[110] 취업규칙의 조항 가운데 취업상의 규율, 즉 사용자의 지휘명령권 발동의 룰을 정한 부분이라고 하더라도, 당해 노동계약관계에서의 지휘명령권의 구체적인 내용을 나타내는 것이기 때문에 적어도 광의의 노동조건에 속하는 것이고, 따라서 결국 노사의 합의를 거쳐 노동계약의 내용이 되어야 비로소 법적 구속력을 갖는 것으로 해석된다는 지적이 있다.[111]

### 라. 집단적 합의설에 대한 검토

집단적 합의설에 대하여는 그것이 취업규칙의 작성이나 유리변경과 관련하여서도 집단적 동의를 요구하고 있어 취업규칙의 작성이나 유리변경과 관련하여 근로자 집단의 의견을 청취할 의무를 부과하고 있을 뿐인 근기법 94조 1항 본문의 태도와 조화하기 어렵다는 지적이 가능하다.

### 마. 수권설 또는 법적 효력 부여설에 대한 검토

(1) 취업규칙의 최저기준적 효력과 관련하여, 수권설은 근로자 보호를 위하여 취업규칙에 창설적으로 법규범적 효력이 부여된 것으로 봄으로써 취업규칙의 최저기준적 효력을 근기법에 의해 부여된 취업규칙의 법규범적 성질로부터 수미일관하게 도출할 수 있다.

(2) 취업규칙의 보충적 효력과 관련하여, 수권설의 대부분은 비록 명문의 규정은 없지만 법규범적 효력으로서의 보충적 효력을 인정하는데, 근기법에서는 97조에서 법규범적 효력으로서의 최저기준적 효력을 인정하는 것 외에도, 일본의 노기법과는 달리 94조 1항 단서에서 법규범적 효력으로서의 변경적 효력을 인정하는 등 취업규칙의 법규범성을 널리 인정하고 있다고 볼 수 있다. 따라서 근기법 94조 1항 단서나 97조 등을 실정법적 근거로 삼고 근로자의 보호나 근로조건의 통일적 규율의 필요성을 정당화 근거로 삼아 법규범적 효력으로서의

---

개별적 합의, 동의일 수밖에 없다. 그런데 근기법 94조 1항 단서에서 요구하는 동의는 개별적 동의가 아니라 집단적 의사결정방법에 의한 동의로서 이는 계약적 관점으로부터 도출할 수 있는 성질의 것이 아니므로, 위와 같은 견해를 취할 수는 없다.

110) 三井正信b, 296~297면.

111) 下井隆史b, 291면.

취업규칙의 보충적 효력을 인정할 수 있으므로, 수권설의 위와 같은 태도는 현행 근기법의 규정과 부합한다.[112]

(3) 취업규칙의 불이익변경과 관련하여, 수권설은 수권의 이념적 기초인 근로조건 보호의 정신, 근로조건 대등결정의 원칙에 따라 사용자에 의한 취업규칙의 일방적 불이익변경을 원칙적으로는 허용하지 않되, 불이익변경에 근로자 집단의 동의가 있는 경우 불이익변경의 효력을 인정함으로써 근기법 94조 1항 단서에서 집단적 동의를 요구하고 집단적 동의를 받은 취업규칙에 법규범적 효력으로서의 변경적 효력을 인정하고 있는 것과 잘 조화된다.

나아가 취업규칙의 집단적 성격이나 그 통일적 획일적 설정의 필요성에도 부응하며, 근로관계의 계속적 성격에 따른 변경의 불가피성의 요청에도 부응하는 면이 있다.

수권설에 대하여는 사적 자치와 근로조건 대등결정의 원칙에 반한다는 계약설로부터의 비판이 있다.[113] 그러나 수권설은 사용자가 일방적으로 작성하는 취업규칙이 당연히 법규범적 효력을 갖는 것은 아니라고 보아 취업규칙 자체의 내재적 법규범성을 인정하지 않는다는 점에서 근로조건 대등결정의 원칙에 부합하는 면이 있다. 또한 근기법이 집단적 동의를 취업규칙 불이익변경의 효력요건으로 정함으로써 사적 자치, 개별적 근로조건 대등결정 원칙의 실현을 집단적 자치, 집단적 근로조건 대등결정 원칙의 실현으로 승화시킨 것이라고 볼 수 있다. 따라서 집단적 동의제도를 통하여 취업규칙에 변경적 효력이라는 법규범적 효력을 부여한 것이 사적 자치와 근로조건 대등결정의 원칙에 반한다는 비판은 타당하지 않다. 수권설 내지 법적 효력 부여설이 타당하다.

## Ⅲ. 취업규칙의 법규범적 효력의 체계와 효력 순위

### 1. 취업규칙의 법규범적 효력의 체계

취업규칙의 근로계약에 대한 법규범적 효력으로는 최저기준적 효력, 보충적 효력, 변경적 효력이 있다.

112) 취업규칙의 보충적 효력의 인정 여부, 그 요건 등에 관한 자세한 내용은 법 97조에 대한 해설 Ⅲ. 2. 나. 참조.

113) 김형배, 293면.

### 가. 최저기준적 효력[114]

취업규칙의 근로계약에 대한 효력으로는 먼저 근기법 97조에서 명문의 규정으로 인정하는 최저기준적 효력이 있다. 취업규칙은 근로계약에 대하여 그 기준에 미달하는 근로조건을 정한 근로계약 부분을 무효로 만들고 취업규칙에 정한 기준이 무효가 된 부분을 규율하는 강행적·직률적 효력을 가진다. 다만 취업규칙은 그 기준에 미달하는 근로조건을 정한 근로계약에만 미치고 그 기준을 상회하는 근로조건을 정한 근로계약에는 미치지 않는다는 의미에서 위 효력은 최저기준으로서의 강행적·직률적 효력, 즉 최저기준적 효력이라고 할 수 있다.

최저기준적 효력은 취업규칙의 기준에 미달하는 근로계약을 무효로 만들고 무효로 된 부분을 취업규칙의 기준에 의하여 규율하여 근로자를 보호한다. 근기법은 취업규칙이 사용자에 의하여 일방적으로 작성되는 것이기는 하지만 위와 같은 근로자보호의 기능을 염두에 두고 취업규칙에 최저기준적 효력이라는 법규범적 효력을 부여한 것이라고 할 수 있다.

### 나. 보충적 효력[115]

최저기준적 효력이 근로계약에 규정된 사항에 대한 취업규칙의 효력이라면 보충적 효력은 근로계약에 규정되지 아니한 사항에 대한 취업규칙의 효력이다. 근로계약에 규정되지 아니한 사항에 대하여 취업규칙에서 정한 기준이 그 공백을 보충하며 근로계약을 규율하는 효력이다.

단체협약의 경우 단체협약에서 정한 기준이 근로계약에 규정되지 아니한 사항을 규율하는 효력을 가진다는 점에 대하여는 명문의 규정이 있으나(노조법 33조 2항), 취업규칙에 대하여는 이에 관한 명문의 규정이 없어 그 인정 여부가 문제되고 이 문제의 해결을 둘러싸고 취업규칙의 법적 성질에 관한 논의가 발생하였다.

또한 최저기준적 효력이 취업규칙의 기준에 미달하는 근로계약을 무효로 만들어 근로자를 보호하는 방향에서만 작동하는 것과는 달리 보충적 효력은 한편으로는 근로자를 보호하는 방향에서 작동하기도 하지만 근로자의 권리를 제한하거나 의무를 부과하는 방향에서 작동하기도 한다. 따라서 보충적 효력을 인정한다고 하더라도 이에 대하여는 엄격한 기준에 의한 내용통제가 요구된다고

114) 최저기준적 효력에 관한 자세한 내용은 법 97조에 대한 해설 Ⅲ. 1.과 2. 가. 참조.
115) 보충적 효력에 관한 자세한 내용은 법 97조에 대한 해설 Ⅲ. 2. 나. 참조.

할 수 있다.

보충적 효력은 주로 근로계약의 체결 시에 그 적용이 문제된다. 보충적 효력은 근로계약 체결 시에 취업규칙의 기준이 근로계약관계에 대하여 가지는 규율적 효력(또는 근로계약 당사자에 대하여 가지는 구속력)의 일종이다.

근로계약 당사자가 근로계약을 체결하면서 개별 합의를 하는 경우 그 개별 합의가 취업규칙의 기준에 미달하면 최저기준적 효력이 적용되어 위 합의가 무효가 되고, 개별 합의가 취업규칙의 기준을 상회하면 유리 원칙이 인정되어 개별 합의가 적용된다. 이에 대하여 근로계약을 체결하면서 개별 합의가 없는 부분, 즉 근로계약에 규정되지 아니한 사항에 대하여는 취업규칙의 보충적 효력이 적용되어 취업규칙의 기준이 근로계약관계를 규율(또는 근로계약 당사자를 구속)하게 된다.

### 다. 변경적 효력116)

마지막으로 근기법 94조 1항 단서에서는 취업규칙을 불리하게 변경하는 경우 과반수 조합 또는 근로자 과반수의 집단적 동의를 받아야 한다고 규정하고 있다. 집단적 동의를 받은 경우의 효력에 관하여 근기법에서 명문의 규정을 두고 있지 않지만 먼저 취업규칙 불이익변경 자체가 유효하게 된다고 할 수 있고, 나아가 유효하게 불이익변경된 취업규칙의 기준에 의하여 근로자의 근로조건이 불이익하게 변경된다고 말할 수 있다(이중의 의미에서의 변경).

변경적 효력은 취업규칙을 변경하는 경우에 변경된 취업규칙의 기준이 근로계약관계에 대하여 가지는 규율적 효력(또는 근로계약 당사자에 대하여 가지는 구속력)의 일종이다.

### 라. 3가지 효력의 관계

(1) 취업규칙의 위 3가지 효력 중 보충적 효력과 변경적 효력은 취업규칙의 기준이 근로계약관계에 대하여 가지는 규율적 효력(또는 근로계약 당사자에 대하여 가지는 구속력)의 일종이다. 보충적 효력은 주로 근로계약 체결시에 근로조건 사항에 관하여 당사자 간에 별도의 약정이 없는 경우에 취업규칙이 근로계약관계를 규율하는 효력으로서 문제되는 것이고, 변경적 효력은 근로계약관계가 전개되어 근로조건을 변경할 경우에 변경된 취업규칙이 근로계약관계를 규율하는

116) 변경적 효력에 관한 자세한 내용은 법 94조에 대한 해설 Ⅱ. 2. 바. 참조.

효력으로서 문제된다. 이와 같이 보충적 효력과 변경적 효력은 문제되는 장면은 다르지만, 본질은 취업규칙의 근로계약관계에 대한 규율적 효력 또는 근로계약 당사자에 대한 구속력으로서 동일하다고 볼 수 있다. 보충적 효력과 변경적 효력의 본질이 규율적 효력 또는 구속력으로서 동일하다는 점은 법규범적 효력으로서의 보충적 효력의 인정 여부와 관련하여 중요한 의미를 가지고 있다.[117)]

이와 같이 보면 취업규칙의 효력은 크게 최저기준적 효력과 규율적 효력으로 분류할 수도 있다.[118)]

(2) 앞서 본 것처럼 취업규칙의 최저기준적 효력, 보충적 효력, 변경적 효력은 그 효력의 내용과 작동하는 방향이 다르고 그에 따라 요건 및 효과가 다르다. 따라서 취업규칙의 효력이 문제되는 경우 최저기준적 효력, 보충적 효력, 변경적 효력을 명확히 구분하고 그 중 어느 것이 문제되는지 명확히 할 필요가 있다.

가령 취업규칙 불이익변경과 관련하여 집단적 동의를 받지 않은 경우 종전 근로자에 대하여는 변경적 효력이 문제되지만, 신규근로자에 대하여는 변경적 효력이 아니라 근로계약 체결 시의 보충적 효력이 문제된다. 위의 경우에 신규근로자에 대하여도 변경적 효력이 미치는가라는 식으로 문제를 설정하는 것은 취업규칙의 근로계약에 대한 위 효력들을 제대로 구분하지 못하고 혼동하는 문제 설정으로서 타당하지 않다.[119)]

### 마. 취업규칙이 효력을 갖기 위한 전제

취업규칙이 위와 같은 효력을 가지기 위해서는 취업규칙이 권한이 있는 자에 의하여 작성·변경되고 주지될 것이 요구된다.[120)] 취업규칙의 작성이나 이익변경과 관련하여서는 사용자에게 일방적인 작성 권한이 부여되어 있다고 할 수 있다. 그러나 취업규칙 불이익변경과 관련하여서는 사용자는 집단적 동의를 받아야 하므로 사용자의 취업규칙 불이익변경 권한은 제한되어 있다. 따라서 사용자가 취업규칙을 불이익하게 변경하면서 집단적 동의를 받지 않는 경우에는 변경적 효력을 갖기 위한 전제인 취업규칙의 변경으로서의 효력을 가질 수 없다.[121)]

---

117) 이에 대한 자세한 내용은 법 97조에 대한 해설 Ⅲ. 2. 나. 참조.

118) 이와 같은 분류는 注釋(下), 1021~1022면(荒木尚志 집필); 菅野, 198면, 201면의 분류를 참고한 것이다.

119) 이에 대한 자세한 내용은 법 94조에 대한 해설 Ⅱ. 2. 아. (1). ㈏. ④. ㉯. 참조.

120) 荒木, 344면.

한편 취업규칙이 근로계약의 모형으로 당사자 사이의 합의 대상이 된 경우, 가령 채용 과정에서 취업규칙이 제시되고 근로자가 이에 동의한 경우에 취업규칙에 기재된 근로조건은 계약의 내용이 되어 사용자와 근로자를 구속하는데, 이 경우 근로계약의 내용을 규율하는 것은 취업규칙 자체의 효력이 아니라 합의의 효력이고, 취업규칙은 합의의 대상이 된 것에 불과하다.[122)]

따라서 취업규칙에 근로계약에 대한 위와 같은 3가지 효력이 인정되는 것은 취업규칙이 근로계약의 모형으로 합의의 대상이 되지 않은 경우이고, 취업규칙이 근로계약의 모형이 되어 합의의 대상이 된 경우에는 취업규칙에 기재된 근로조건이 위와 같은 취업규칙의 3가지 효력이 아니라 합의의 효력에 의하여 계약 내용으로서 사용자와 근로자를 구속한다는 점을 유의할 필요가 있다.

나아가 취업규칙이 근로계약의 모형이 되어 합의의 대상이 된 경우에는 비록 근로계약 중 전부 또는 일부의 내용이 취업규칙의 내용과 동일하게 되지만 취업규칙에 기재된 근로조건을 내용으로 하는 별도의 개별적 합의를 근거로 하여 근로계약이 개별적으로 성립한 것이므로 그 변경을 위해서는 개별 근로자의 개별적 동의가 요구되고, 취업규칙의 변경 절차에 의하여 그 변경이 이루어지는 것이 아니라는 점도 유의할 필요가 있다.[123)]

### 2. 취업규칙의 효력 순위

취업규칙의 근기법 등 법령이나 단체협약과의 효력 순위에 관한 자세한 내용은 법 96조에 대한 해설 참조.

## Ⅳ. 취업규칙의 적용 범위

### 1. 장소적 적용 범위

취업규칙은 사업 또는 사업장 단위에서 작성이 의무화되어 있는 것이므로 그 효력이 미치는 것은 사업 또는 사업장 단위이다.

---

121) 이에 대한 자세한 내용은 법 94조에 대한 해설 Ⅱ. 2. 바. (1). 참조.

122) 菅野, 199면; 詳說勞働契約法, 103면; 西谷 敏a, 459면; 荒木, 362~363면.

123) 이와 같은 관점이 취업규칙과 근로계약 사이의 유리 원칙에 관한 문제를 바로 보는 데 큰 의미가 있고, 대법원 2019. 11. 14. 선고 2018다200709 판결은 이와 같은 관점에서 볼 때 타당하다.

## 2. 인적 적용 범위

단체협약은 노동조합에 가입한 근로자에게만 적용되는 반면 취업규칙은 노동조합 가입 여부를 묻지 않고 사용자와 근로계약관계를 맺은 사업장 내 근로자 전체 또는 특정 근로자 집단에게 적용된다.

대법원은 노동조합 전임자라 할지라도 사용자와 사이에 기본적 근로관계는 유지되는 것으로서 취업규칙이나 사규의 적용이 전면적으로 배제되는 것이 아니므로 단체협약에 노동조합 전임자에 관하여 특별한 규정을 두거나 특별한 관행이 존재하지 아니하는 한 출·퇴근에 대한 사규의 적용을 받는다고 한다.[124)]

비록 사용자와 밀접한 관련성이 있다고 하더라도 별개의 독립된 법인에는 취업규칙의 효력이 미치지 아니한다.[125)]

## 3. 시적 적용 범위

사용자가 취업규칙을 작성·변경하면서 시행일을 정하였다면, 취업규칙의 작성·변경에 관한 유효 요건을 시행일 전까지 갖추지 못한 경우가 아닌 한 그 취업규칙은 정해진 시행일부터 효력을 발생한다.

이와 같이 사업자가 취업규칙을 작성·변경하면서 시행일을 정하였다면 특별한 사정이 없는 한 취업규칙은 정해진 시행일부터 효력이 발생하므로 징계사유의 발생 시와 징계절차 요구 시 사이에 취업규칙이 개정된 경우에 경과 규정에서 달리 정함이 없는 한 징계절차 요구 당시 시행되는 개정 취업규칙과 그에 정한 바에 의하는 것이 원칙이고, 개정 취업규칙이 기존의 사실 또는 법률관계를 적용대상으로 하면서 근로자에 대한 징계시효를 연장하는 등으로 불리한 법률효과를 규정하고 있는 경우에도 그러한 사실 또는 법률관계가 개정 취업규칙이 시행되기 이전에 이미 완성 또는 종결된 것이 아니라면 이를 헌법상 불소급

124) 대법원 1993. 8. 24. 선고 92다34926 판결, 대법원 1995. 4. 11. 선고 94다58087 판결, 대법원 1997. 3. 11. 선고 95다46715 판결, 대법원 2004. 2. 27. 선고 2003다51675 판결, 대법원 2005. 6. 23. 선고 2003두12790 판결, 대법원 2005. 10. 13. 선고 2005두5093 판결, 대법원 2010. 7. 22. 선고 2009도5093 판결.

125) 사용자의 취업규칙의 일종인 학자금 업무처리지침이나 장학금 업무처리편람은 구 사내근로복지기금법에 의하여 설립된 별개의 특수법인인 복지기금에 대하여는 효력이 미치지 않고 사용자도 복지기금 내부규정의 적용을 받지 않는다고 한 것으로 대법원 2022. 10. 27. 선고 2019다255089 판결 참조.

의 원칙에 위배되어 법 96조 1항에 따라 효력이 없다고 할 수 없으며, 그러한 개정 취업규칙의 적용과 관련해서는 개정 전 취업규칙의 존속에 대한 근로자의 신뢰가 개정 취업규칙의 적용에 관한 공익상의 요구보다 더 보호가치가 있다고 인정되는 예외적인 경우에 한하여 그러한 근로자의 신뢰를 보호하기 위하여 신의칙상 적용이 제한될 수 있을 뿐이다.126) 또한 사업자가 취업규칙을 작성·변경하면서 시행일을 소급하여 정하였다면, 특별한 사정이 없는 한 그 취업규칙은 '규정된 시행일'에 소급적용된다고 보아야 한다.127)

시행일을 정하지 않은 경우에는 그 취업규칙은 원칙적으로 취업규칙이 유효하게 작성·변경되는 절차를 완료한 때부터 효력을 발생한다. 취업규칙이 유효하게 작성·변경되는 절차를 완료한 때라 함은 일련의 취업규칙 작성·변경 절차 가운데 특히 취업규칙이 작성·변경에 따른 효력을 갖기 위하여 절대적으로 요구되는 동의 또는 주지 등의 절차를 모두 마친 때를 의미한다.128)

## V. 취업규칙의 해석

대법원은 취업규칙의 해석과 관련하여, 취업규칙은 노사 간의 집단적인 법률관계를 규정하는 법규범의 성격을 갖는 것이므로 명확한 증거가 없는 한 그 문언의 객관적 의미를 존중하는 해석을 하여야 하고, 객관적 의미를 넘는 해석을 할 때에는 신중하고 엄격하여야 할 것이라고 한다.129) 그리고 취업규칙은 사용자가 당해 사업의 근로자 전체에 통일적으로 적용될 근로자의 복무규율과 임금 등 근로조건에 관한 준칙을 규정한 것으로서 사용자 및 근로자 등 관계 당

126) 대법원 2014. 6. 12. 선고 2013두25382 판결, 대법원 2014. 6. 12. 선고 2013두26064 판결, 대법원 2014. 6. 12. 선고 2014두4931 판결, 대법원 2014. 6. 12. 선고 2014두4948 판결, 대법원 2014. 6. 12. 선고 2014두5026 판결, 대법원 2014. 6. 12. 선고 2014두5040 판결, 대법원 2014. 6. 12. 선고 2014두915 판결.

127) 대법원 2016. 12. 29. 선고 2016다26099 판결.

128) 해고와 임금, 356면.

129) 대법원 2003. 3. 14. 선고 2002다69631 판결, 대법원 2014. 6. 12. 선고 2013두25382 판결, 대법원 2014. 6. 12. 선고 2013두26064 판결, 대법원 2014. 6. 12. 선고 2014두4931 판결, 대법원 2014. 6. 12. 선고 2014두4948 판결, 대법원 2014. 6. 12. 선고 2014두5026 판결, 대법원 2014. 6. 12. 선고 2014두5040 판결, 대법원 2014. 6. 12. 선고 2014두915 판결, 대법원 2016. 1. 28. 선고 2014두12765 판결, 대법원 2016. 6. 9. 선고 2015다78536 판결, 대법원 2016. 12. 29. 선고 2016다26099 판결, 대법원 2020. 11. 26. 선고 2017두70793 판결, 대법원 2021. 11. 25. 선고 2019두30270 판결, 대법원 2022. 9. 29. 선고 2018다301527 판결, 대법원 2022. 9. 29. 선고 2019다299065 판결.

사자들에게 보편 타당하고 합리적인 해석을 하여야 하며, 근로자들의 공통적인 의사도 그 일반적인 해석기준의 하나로 된다고 한다.[130]

[마 은 혁]

第93조(취업규칙의 작성 · 신고)

상시 10명 이상의 근로자를 사용하는 사용자는 다음 각 호의 사항에 관한 취업규칙을 작성하여 고용노동부장관에게 신고하여야 한다. 이를 변경하는 경우에도 또한 같다.

1. 업무의 시작과 종료 시각, 휴게시간, 휴일, 휴가 및 교대 근로에 관한 사항
2. 임금의 결정 · 계산 · 지급 방법, 임금의 산정기간 · 지급시기 및 승급(昇給)에 관한 사항
3. 가족수당의 계산 · 지급 방법에 관한 사항
4. 퇴직에 관한 사항
5. 「근로자퇴직급여 보장법」 제4조에 따라 설정된 퇴직급여, 상여 및 최저임금에 관한 사항
6. 근로자의 식비, 작업 용품 등의 부담에 관한 사항
7. 근로자를 위한 교육시설에 관한 사항
8. 출산전후휴가 · 육아휴직 등 근로자의 모성 보호 및 일 · 가정 양립 지원에 관한 사항
9. 안전과 보건에 관한 사항

9의2. 근로자의 성별 · 연령 또는 신체적 조건 등의 특성에 따른 사업장 환경의 개선에 관한 사항

10. 업무상과 업무 외의 재해부조(災害扶助)에 관한 사항
11. 직장 내 괴롭힘의 예방 및 발생 시 조치 등에 관한 사항
12. 표창과 제재에 관한 사항
13. 그 밖에 해당 사업 또는 사업장의 근로자 전체에 적용될 사항

130) 대법원 1999. 5. 12. 선고 97다5015 전원합의체 판결, 대법원 2013. 12. 18. 선고 2012다94643 판결, 대법원 2014. 12. 11. 선고 2012다90764 판결.

〈세 목 차〉



## Ⅰ. 취업규칙 작성·신고 의무 부과의 취지

법 93조는 상시 10명 이상의 근로자를 사용하는 사용자에게 1 내지 13호의 사항에 관하여 취업규칙을 작성할 의무와 작성·변경된 취업규칙을 고용노동부장관에게 신고할 의무를 부과하고 있다. 사용자에게 취업규칙의 작성 의무를 부과하여 근로조건이나 복무규율에 관한 기준을 성문화하고 사용자가 이에 구속되게 함으로써 사용자가 이를 자의적으로 운용하거나 근로자가 그 내용을 알지 못하여 불이익을 받는 등의 폐해를 방지하도록 하는 취지이다. 또한 법 96조에서는 취업규칙이 법령, 단체협약에 어긋나지 않도록 그 한계를 규정하고 있는데, 법 93조에서는 사용자에게 취업규칙의 신고 의무를 부과하여 행정적 감독을 가능하게 함으로써 사업장에서 법령, 단체협약에 어긋나는 규율이 사실상 행해지는 폐해를 방지하도록 하는 취지이다. 법 93조는 사용자에게 취업규칙의 작성·신고의무를 부과함으로써, 비록 사용자에 의하여 일방적으로 작성되는 것이기는 하지만 취업규칙을 통한 근로자의 보호를 도모하고 있다.[1]

※ 이 조에 관한 각주의 참고문헌은 '취업규칙 전론(前論)'의 참고문헌을 가리킨다.

1) 대법원 1977. 7. 26. 선고 77다355 판결에서는 근기법이 종속적 노동관계의 현실에 입각하여 실질적으로 불평등한 근로자의 입장을 보호강화하여 그들의 기본적 생활을 보호향상 시키려는 목적의 일환으로 그 작성을 강제하고 취업규칙에 법규범성을 부여한 것이라고 하였다.

## Ⅱ. 취업규칙 작성 의무

### 1. 작성 의무자

취업규칙 작성 의무자는 상시 10명 이상의 근로자를 사용하는 사용자이다. 따라서 상시 10명 미만의 근로자를 사용하는 사용자에게는 취업규칙을 작성할 의무가 없다. 다만 임의로 작성하는 것은 무방하다.

#### 가. 상시 10명 이상 근로자의 사용

##### (1) 상시 사용하는 근로자의 수

'상시 10명 이상'의 근로자를 사용하는 사업 또는 사업장이란 '상시 근무하는 근로자의 수가 10명 이상인 사업 또는 사업장'이 아니라 '사용하는 근로자의 수가 상시 10명 이상인 사업 또는 사업장'을 뜻하고, 이 경우 상시라 함은 상태(常態)라고 하는 의미로서 근로자의 수가 때때로 10명 미만이 되는 경우가 있어도 사회통념에 의하여 객관적으로 판단하여 상태적으로 10명 이상이 되는 경우는 이에 해당한다.[2)]

사용자가 사용하는 근로자의 수는 사업장의 사정에 따라 날마다 달라질 수 있다. 어떤 날은 10명 이상이고 어떤 날은 10명 미만인 경우 사용하는 근로자가 상태적으로 10명 이상인지 여부는 법 11조에서 규정하는 법의 적용범위(상시 5명 이상의 근로자를 사용하는 사업 또는 사업장)와 관련하여 상시 사용하는 근로자 수의 산정 방법을 정하고 있는 시행령 7조의2에서 정한 방법을 적용하여 판단한다.[3)]

따라서 사용하는 근로자가 상태적으로 10명 이상인지 여부는 해당 사업 또는 사업장에서 법 적용 사유 발생일 전 1개월(사업이 성립한 날부터 1개월 미만인 경우에는 그 사업이 성립한 날 이후의 기간) 동안 사용한 근로자의 연인원을 같은 기간 중의 가동 일수로 나누어 산정(법 11조 3항; 영 7조의2 1항)하여 판단한다.

---

2) 대법원 1987. 4. 14. 선고 87도153 판결, 대법원 1987. 7. 21. 선고 87다카831 판결, 대법원 1995. 3. 14. 선고 93다42238 판결, 대법원 1997. 11. 28. 선고 97다28971 판결, 대법원 2000. 3. 14. 선고 99도1243 판결, 대법원 2000. 3. 23. 선고 99다58433 판결, 대법원 2003. 12. 26. 선고 2003도4543 판결, 대법원 2005. 2. 22. 선고 2005도7520 판결, 대법원 2008. 3. 27. 선고 2008도364 판결, 대법원 2013. 12. 26. 선고 2012도5875 판결, 대법원 2013. 12. 26. 선고 2012도10902 판결.

3) 다만 법 93조의 적용 여부를 판단하는 경우에는 5명 이상의 근로자 사용 여부가 아니라 10명 이상의 근로자 사용 여부가 그 기준이 된다. 시행령 7조의2 2항 참조.

여기의 근로자의 연인원에는 해당 사업 또는 사업장에서 사용하는 통상근로자뿐만 아니라 기간제근로자, 단시간근로자 등 고용형태를 불문하고 하나의 사업 또는 사업장에서 근로하는 모든 근로자가 포함되고, 동거하는 친족 이외의 근로자가 1명이라도 있으면 동거하는 친족인 근로자도 포함되며(영 7조의2 4항). 그때그때 필요에 따라 사용하는 일용근로자도 포함되고,[4] 외국인근로자라고 하여 제외되는 것은 아니다.[5] 그러나 사용자를 달리 하는 파견근로자는 제외되며(영 7조의2 4항), 사내하청근로자도 제외된다.

다만 위와 같은 산정 방법에 따라 산정한 결과 사용하는 근로자가 10명 미만인 경우에도 산정기간에 속하는 일별로 근로자 수를 파악하였을 때 10명에 미달한 일수가 2분의 1 미만인 경우에는 10명 이상의 근로자를 사용한 것으로 보고, 반대로 위와 같은 산정 방법에 따라 산정한 결과 사용하는 근로자가 10명 이상인 경우에도 산정기간에 속하는 일별로 근로자 수를 파악하였을 때 10명에 미달한 일수가 2분의 1 이상인 경우에는 10명 이상의 근로자를 사용한 것으로 보지 않는다(영 7조의2 2항).

#### (2) 상시 10명 이상 근로자 사용 여부 판단의 단위

'상시 10명 이상'의 근로자를 사용하고 있는지 여부를 사업 또는 사업장을 단위로 하여 판단할 것인지, 아니면 기업을 단위로 하여 판단할 것인지 문제된다. 가령 어떤 기업이 전국에 10명 미만의 사업 또는 사업장을 다수 가지고 있는데 각 사업 또는 사업장별로는 10명 미만이나 기업 전체적으로 보면 10명 이상의 근로자를 사용하는 경우, 사용자에게 취업규칙의 작성 의무가 있는지 문제된다. 법 93조에서 명문으로 이를 규정하고 있지는 않으나 법이 원래 사업 또는 사업장을 그 적용 단위로 하는 점(법 11조), 법 94조에서 과반수 노동조합 또는 근로자 과반수에 의한 의견 청취를 사업 또는 사업장 단위로 행하도록 요구하고 있는 점을 감안하면 사업 또는 사업장 단위로 판단하는 것이 타당하다.[6]

---

4) 대법원 2000. 3. 14. 선고 99도1243 판결, 대법원 2005. 2. 22. 선고 2005도7520 판결, 대법원 2008. 3. 27. 선고 2008도364 판결, 대법원 2013. 12. 26. 선고 2012도5875 판결, 대법원 2013. 12. 26. 선고 2012도10902 판결. 가령 이삿짐운송업체에서 상주직원 7명을 고용하고, 3인 이상의 일용 근로자를 사용한 경우 사용자는 취업규칙을 작성할 의무가 있다.

5) 임종률, 345면.

6) 菅野, 189면; 荒木, 343면. 이에 대하여는 기업을 단위로 판단하여야 한다는 견해도 있다. 西谷, 57면; 青木宗也 · 片岡曻, 250면(名古道功 집필) 이하 참조. 西谷, 57면에서는 사업장 단위로 판단할 경우 소규모 사업장을 복수로 가지고 합계 10인 이상의 노동자를 사용하는 기

따라서 원칙적으로 기업에 각 10명 이상의 근로자를 사용하는 독립한 사업 또는 사업장이 수 개 있는 경우에는 각 사업 또는 사업장별로 취업규칙을 작성하여야 한다.

(3) 작성 의무 없는 사용자가 임의로 작성한 취업규칙

'상시 10명 미만'의 근로자를 사용하는 사용자에게는 취업규칙의 작성 · 신고 의무가 없는데, 위 사용자가 취업규칙을 임의로 작성한 경우 그 취업규칙에 법 94조 이하의 규정이 적용되는지 문제된다.

그 취업규칙에 법 95조(제재 규정의 제한), 96조(단체협약의 준수)가 적용되는 것은 규정 취지나 문언을 볼 때 명백하다.

법 97조(위반의 효력)와 관련하여서는, 법 93조가 10명 이상의 근로자를 사용하는 사용자에게 취업규칙 작성 의무를 부과한 것은 주로 벌칙의 적용을 포함한 행정적 단속을 위한 취지이고, 취업규칙의 사법적 효력에 관한 법 97조의 적용 범위를 벌칙의 적용에 의하여 그 작성이 강제되는 취업규칙에 한정할 필연성이 없으므로 상시 10명 미만의 근로자를 사용하는 사용자가 임의로 취업규칙을 작성한 경우에도 법 97조가 적용된다고 본다.[7)]

문제는 법 94조(규칙의 작성, 변경 절차)인데, 94조 2항에서 "사용자는 93조의 규정에 의하여 취업규칙을 신고할 때에는 1항의 의견을 기입한 서면을 첨부하여야 한다"고 규정하여 문언상 본조의 작성 · 신고 의무를 전제로 하고 있는 점을 근거로 그 적용을 부정하는 견해가 있으나,[8)] 취업규칙의 작성과 관련하여 근로자들의 의견을 반영하여 그 내용을 적정화할 필요성, 사용자의 일방적 변경을 방지할 필요성은 10명 미만의 근로자를 사용하는 사용자가 작성한 취업규칙의 경우에도 인정할 수 있으므로 법 94조도 적용된다고 본다.[9)]

---

업에게 취업규칙의 작성 의무가 부여되지 않는 결과가 되어 타당하지 않으므로, 취업규칙 작성 의무의 유무는 기업 단위로 판단하고, 규칙의 작성과 신고는 사업장마다 행해져야 한다고 한다.

7) 西谷 敏a, 486면; 김유성, 201면; 임종률, 376면.

8) 菅野, 189면; 注釋(下), 1006면(荒木尙志 집필).

9) 靑木宗也 · 片岡曻, 250~251면(名古道功 집필); 西谷 敏a, 486면; 임종률 367면 주 4). 대법원 2006. 2. 10.자 2005두12770 판결(심리불속행기각)의 원심 판결인 서울고법 2005. 9. 15. 선고 2004누23621 판결은 전 직원의 수가 6명인 사안에서 법 94조에서 규정하고 있는 취업규칙 불이익변경의 유효 여부를 판단하고 있다. 대법원 2016. 12. 15. 선고 2015다31476 판결에서도 전체 근로자가 6명인 사안에서 취업규칙 불이익변경에 대한 동의 여부와 사회통념상 합리성 여부를 판단하고 있다.

다만, 상시 4명 이하의 근로자를 사용하는 사업장에 대하여는 법 93조를 비롯하여 취업규칙에 관한 규정이 적용되지 않는다(법 11조 1항·2항; 영 7조, [별표 1] 참조).[10)]

대법원은, 상시 4명 이하의 근로자를 사용하는 사업장의 취업규칙인 사무규정에서 사용자가 직원의 의사에 반하여 일방적으로 근로관계를 종료시킬 수 있는 경우로 해임과 징계면직의 두 가지 유형만을 정하여 두고 그 해임과 징계의 사유를 열거하는 등 직원의 해고를 제한하고 있고 이 규정이 근로계약의 한 내용으로 편입되었다면, 사용자가 법에 의한 해고 제한의 적용을 받지 않는다 하더라도 근로계약의 내용을 이루는 사무규정의 해고 제한에 관한 규정에 구속되고 민법 660조 1항의 적용이 배제된다고 하여, 취업규칙이 근로계약으로 편입됨으로써 구속력이 생기는 것을 인정하였다.[11)]

근기법 51조 1항에서는 '취업규칙에 준하는 것'을 포함한 취업규칙에서 정하는 바에 따라 2주 단위 탄력적 근로시간제를 실시할 수 있다고 규정하고 있고, 52조에서는 취업규칙에 준하는 것을 포함한 취업규칙에서 선택적 근로시간제의 대상이 되는 근로자의 범위를 정할 수 있도록 하고 있다. 여기서 '취업규칙에 준하는 것'이란 취업규칙 작성 의무를 부담하지 않는 상시 10인 미만의 근로자를 사용하는 사용자가 작성하는 것으로 취업규칙에는 해당하지 않으면서 탄력적 근로시간제 등에 관하여 개별적으로 정한 문서 규정을 지칭하는 것이다.[12)]

### 나. 사 용 자

법 93조에 따라 취업규칙을 작성하고 신고할 의무를 부담하는 사용자는 직장규율이나 근로조건의 결정 또는 실시 등 취업규칙의 내용을 이루는 사항에 관하여 실질적인 권한과 책임을 갖는 사용자를 말한다.[13)]

---

10) 취업규칙을 작성·신고할 당시에는 상시근로자가 10명 이상이었으나 그 후 상시근로자수가 5명 미만으로 된 경우에 관하여 이미 유효하게 확립된 취업규칙이 상시근로자수가 10명 이하로 줄어들었다는 사정만으로 그 효력이 상실된다고 볼 수 없다고 한 것으로 서울고법 2016. 6. 10. 선고 2015나2044517 판결 참조.

11) 대법원 2008. 3. 14. 선고 2007다1418 판결, 대법원 2016. 9. 29.자 2016다235084 판결(원심판결은 서울고법 2016. 6. 10. 선고 2015나2044517 판결). 한편 4인 이하의 사업장에서 취업규칙의 불이익변경이 문제된 사안에 대하여 근기법 94조가 적용되는 것은 아니지만 사용자가 일방적으로 취업규칙을 변경하거나 근로조건을 변경할 수는 없고, 근로조건의 변경이 효력이 있으려면 적어도 근로자의 묵시적 동의 등이 있어야 한다고 본 것으로 서울고법 2018. 10. 5. 선고 2018나406 판결(대법원 2019. 2. 28.자 2018다44664 판결로 심리불속행 기각)이 있다.

12) 注釋(下), 526면(山川隆一 집필); 新基本法コンメ勞基·勞契, 112면(皆川宏之 집필); 荒木, 343면 참조.

가령 대통령령에서 의료보험조합은 보건사회부장관(현 보건복지부장관)이 정하는 바에 따라 조직 · 인사 · 보수 · 회계 등에 관한 운영규정을 정하여야 한다고 규정하고 있고, 이에 근거하여 보건사회부장관이 예규로서 '지역의료보험조합 운영규정'을 제정하여 이를 전국의 각 단위별 지역의료보험조합으로 하여금 그대로 수용케 하여 일률적으로 적용 시행하도록 강제하고 있는데, 위 운영규정의 구체적인 내용이 법 93조 소정의 취업규칙에 관한 필요적 기재 사항의 대부분을 포함하고 있음에 비추어 볼 때, 위 운영규정은 실질적으로 해당 지역의료보험조합에 적용되는 취업규칙에 해당하므로, 지역의료보험조합의 대표자에게는 위 운영규정과 별개로 취업규칙을 따로 작성 · 신고하여야 할 실질적인 권한과 책임이 있다고 할 수 없고, 그가 이러한 조치를 하지 않았다고 하더라도 취업규칙 작성 · 신고 의무 위반의 형사책임을 물을 수 없다.[14]

취업규칙이 유효하게 성립하기 위해서는 권한 있는 자에 의하여 작성 · 주지될 것이 필요하다. 따라서 취업규칙이라는 명칭이 붙어 있는 근로조건에 관한 문서가 근로자에게 주지되었어도 그것이 권한 없는 자에 의하여 작성 · 주지된 것이라면 취업규칙이 유효하게 성립 · 존재한다고 볼 수 없다.[15]

## 2. 기재 사항

### 가. 필요기재사항

#### (1) 법 93조 1 내지 13호의 사항

법 93조 1 내지 13호에서는 취업규칙에서 기재하여야 할 사항에 관하여 구체적으로 규정하고 있다.

① 업무의 시작과 종료 시각, 휴게시간, 휴일, 휴가 및 교대 근로에 관한 사항(1호)

② 임금의 결정 · 계산 · 지급 방법, 임금의 산정기간 · 지급시기 및 승급(昇給)에 관한 사항(2호)

③ 가족수당의 계산 · 지급 방법에 관한 사항(3호)

---

13) 대법원 1992. 12. 24. 선고 92도2341 판결. 회사의 실질적인 운영자에 의해 작성 · 신고된 취업규칙은 권한 없는 자에 의하여 작성된 것으로 무효라고 볼 수 없다고 한 것으로 대법원 2016. 9. 29.자 2016다235084 판결(원심 판결은 서울고법 2016. 6. 10. 선고 2015나2044517 판결).

14) 대법원 1992. 12. 24. 선고 92도2341 판결, 대법원 1993. 3. 23. 선고 93도432 판결.

15) 荒木, 344면.

④ 퇴직에 관한 사항(4호)

⑤ 근로자퇴직급여보장법 4조에 따라 설정된 퇴직급여, 상여 및 최저임금에 관한 사항(5호)

⑥ 근로자의 식비, 작업 용품 등의 부담에 관한 사항(6호)

⑦ 근로자를 위한 교육시설에 관한 사항(7호)

⑧ 출산전후휴가·육아휴직 등 근로자의 모성 보호 및 일·가정 양립 지원에 관한 사항(8호)

⑨ 안전과 보건에 관한 사항(9호)

⑩ 근로자의 성별·연령 또는 신체적 조건 등의 특성에 따른 사업장 환경의 개선에 관한 사항(9의2호)

⑪ 업무상과 업무 외의 재해부조(災害扶助)에 관한 사항(10호)

⑫ 직장 내 괴롭힘의 예방 및 발생 시 조치 등에 관한 사항(11호)

⑬ 표창과 제재에 관한 사항(12호)

⑭ 그 밖에 해당 사업 또는 사업장의 근로자 전체에 적용될 사항(13호)

#### (2) 절대적 필요기재사항과 상대적 필요기재사항

일본에서는 노동기준법 90조 1 내지 10호의 각 조항 자체에서 각 노동조건과 복무규율에 관한 사항을 어떠한 경우에도 기재하지 않으면 안되는 절대적 필요기재사항과 그에 관한 정함이 있는 경우(제도를 시행하는 경우)에 기재하지 않으면 안되는 상대적 필요기재사항으로 구별하여 규정하고 있으나, 근기법 93조에서는 이와 같이 구별하지 않고 있다.

다만, 근기법 하에서도 필요기재사항으로 규정되어 있다 하여 1 내지 13호의 사항을 모두 취업규칙에 기재하여야 하는 것은 아니다. 예를 들어 교대근로, 가족수당, 상여금 등에 관한 사항은 근기법에서 해당 사항에 대한 최저기준이 규정되어 있지 않으므로 해당 사업 또는 사업장에서 이를 시행하는 경우에만 기재할 의무가 생긴다[16]고 보는 것이 타당하다.

#### (3) 근로조건과 복무규율에 관한 사항

법 93조 1 내지 13호의 사항은 크게 보면 복무규율에 관한 것과 근로조건

16) 임종률, 367면. 학설에서는 대체로 근기법에서 최저기준을 규정하고 있는 사항과 최저기준을 규정하고 있지 않은 사항 사이의 위와 같은 구분을 인정하고 있는 것으로 보인다. 김형배, 297면; 이상윤, 416면; 하갑래, 167면 참조.

에 관한 것으로 대별할 수 있다.[17]

판례에 의하면, 근로조건이란 사용자와 근로자 사이의 근로계약관계에 있어서 근로자의 대우에 관하여 정한 조건을 말하고, 구체적으로는 근기법에 정하여진 임금 · 근로시간 · 후생 · 해고뿐만 아니라, 법 93조 1 내지 13호, 시행령 8조 1, 3호 소정의 사항이 포함된다고 한다.[18]

이에 의하면 법 93조 1 내지 13호의 규정은 대부분의 근로조건을 포괄하는 것이기는 하나 근로조건이 이에 한정되는 것은 아니다. 대표적으로 시행령 8조 1호에서 정하는 취업의 장소와 종사하여야 할 업무에 관한 사항이나 3호에서 정하는 사업장의 부속 기숙사에 근로자를 기숙하게 하는 경우에는 기숙사 규칙에서 정한 사항은 근로조건에 포함되는 것이어서 근로조건 명시의무의 대상이기는 하나, 취업규칙의 필요기재사항에는 포함되지 않는다.

특히 시행령 8조 1호에서 정하는 취업의 장소와 종사하여야 할 업무에 관한 사항이 취업규칙의 필요기재사항으로 되어 있지 않은 것은 위와 같은 사항이 집단적 근로조건이 아니라 개별적 근로조건에 관한 사항으로서 사용자와 근로자 사이의 개별 합의에 의하여 특정되는 경우가 일반적인 점을 고려한 것으로 보인다.

나아가 전형적인 근로조건(가령 임금)에 해당하지 않는다고 하여 필요기재사항에 해당하지 않는다고 단정하는 것은 타당하지 않다. 가령 스톡옵션(stock option)의 경우 법 93조 2호의 임금에는 해당하지 않더라도 법 93조 13호에서 규정하는 그 밖에 해당 사업 또는 사업장의 근로자 전체에 적용될 사항에 해당하여 취업규칙의 필요기재사항에 해당한다고 볼 수 있다.[19] 하급심 판결[20]에서 성과급이 임금에 해당하지 않는다고 하더라도 근로계약의 내용에 포함되는 주요 근로조건 중 하나로 이해되는 이상 성과보상기준의 취업규칙으로서의 성격에는 변함이 없다고 한 것은 이와 같은 취지로 볼 수 있다.

### 나. 임의기재사항

위와 같은 필요기재사항 이외의 사항에 대하여는 사용자가 이를 기재할지 여부를 자유로이 결정할 수 있어, 임의기재사항이라고 한다. 예를 들어 취업규

17) 西谷, 56면.
18) 대법원 1996. 2. 23. 선고 94누9177 판결.
19) 詳說勞働契約法, 110면의 주 90) 참조.
20) 서울중앙지법 2014. 10. 24. 선고 2014가합535938 판결.

칙의 기본정신을 선언한 규정, 취업규칙의 해석에 관한 규정, 적용범위에 관한 규정 등이 그것이다. 임의기재사항의 기재 여부는 사용자의 자유이지만, 일단 기재하면 취업규칙에 관한 근기법상의 모든 규제가 적용된다.[21]

### 3. 작성 형식

취업규칙의 작성이란 법 93조에서 정하는 기재사항을 모두 포함하여 서면화하는 것을 말하므로, 취업규칙은 서면으로 작성하여야 한다. 다만 반드시 1개의 서면으로 작성할 필요는 없다. 취업규칙, 취업규정, 사규 등의 명칭을 갖는 기본적이고 포괄적인 취업규칙 이외에 임금·퇴직금·인사·징계 등 특정한 근로조건과 복무규율의 처리를 위하여 별개의 규정을 작성할 수 있다. 또한 사업장 내의 근로자가 그 근무형태나 대우, 근무장소 등을 달리하는 여러 집단(사무직과 생산직, 일반직과 일용직, 정규직과 임시직)으로 나뉘는 경우 각 집단의 근로자들을 대상으로 취업규칙을 따로 작성할 수도 있다.

### 4. 작성 방법

사용자는 상시 10명 이상의 근로자를 사용할 때부터 지체 없이 사업장 안의 모든 근로자에 관하여 법 93조 각 호로 정한 사항이 모두 포함된 취업규칙을 작성하여야 한다.

법 93조 각 호의 사항 중 일부의 기재를 빠뜨린 취업규칙을 작성하는 것은 작성 의무 위반이다. 다만 교대근로, 가족수당, 상여금 등에 관한 사항은 근기법 등에서 해당 사항에 대한 최저기준을 규정하고 있지 않으므로 이를 시행하는 경우에만 기재할 의무가 생긴다.[22]

또한 취업규칙은 사업장 내 모든 근로자에 대하여 빠짐없이 적용되도록 작성되어야 하므로, 사용자가 사업장의 일부 근로자만을 적용 대상으로 하는 취업규칙을 작성하면서 나머지 근로자들에 대하여 적용되는 취업규칙을 아예 작성하지 않거나, 취업규칙에서 일부 근로자 집단(가령 단시간근로자들)에 대하여 적용을 배제하는 규정을 두면서 그 근로자 집단에게 적용할 별도의 취업규칙을 작성하지 않는 것은 법 93조의 작성 의무 위반이다.

---

21) 김유성, 202면.
22) 임종률, 367면.

사업장 내 정규의 근로자 집단(단시간근로자에 대한 통상 근로자, 기간제근로자에 대한 기간의 정함이 없는 근로자 등)에게 적용되는 취업규칙을 작성하면서 비정규의 근로자 집단(단시간근로자, 기간제근로자)에게 적용될 별도의 취업규칙이 작성되지 않는 경우에는 정규의 근로자 집단에게 적용되는 취업규칙이 비정규의 근로자 집단에게 적용된다. 단시간근로자에 대하여는 근기법 시행령에 명문의 규정이 있다. 즉 단시간근로자에게 적용될 별도의 취업규칙이 작성되지 아니한 경우에는 통상 근로자에게 적용되는 취업규칙이 적용된다.[23] 다만, 정규의 근로자 집단을 적용 대상으로 하는 취업규칙에서 비정규의 근로자 집단에 대한 적용을 배제하거나 다르게 적용한다는 규정을 둔 경우에는 그러하지 아니한다. 단시간근로자에 대하여는 이에 관하여도 명문의 규정이 있다. 즉 단시간근로자에 대한 적용을 배제하는 규정을 두거나 다르게 적용한다는 규정을 둔 경우에는 그에 따른다.[24] 또한 그 성격에 비추어 단시간근로자 등에 대한 적용을 예정하고 있지 않다고 해석되는 조항은 단시간근로자 등에게 적용되지 아니한다.[25] 결론적으로 비정규의 근로자 집단에게 적용되는 취업규칙이 작성되지 않는 경우 정규의 근로자 집단에게 적용되는 취업규칙에서 비정규의 근로자 집단에 대하여 적용을 배제하거나 성질상 비정규의 근로자 집단에 대한 적용을 예정하고 있지 않는 한 비정규의 근로자 집단에게도 정규의 근로자 집단에게 적용되는 취업규칙이 적용된다.[26]

사용자에게 취업규칙을 작성할 의무가 발생하는 기산점은 상시 10명 이상의 근로자를 사용한 때이다. 작성 기한에 관하여는 아무런 규정이 없으나, 그 의무가 발생한 때부터 지체 없이 작성하여야 하고, 그 때부터 상당한 기간 내에 작성하지 않는 경우에는 작성 의무 위반이 된다.

### 5. 작성 의무 위반의 효과

사용자가 취업규칙에 반드시 기재하여야 할 사항을 일부 빠뜨렸거나 사업

23) 법 18조 2항; 영 9조 1항, [별표 2] 단시간근로자의 근로조건 결정기준 등에 관한 사항 5항 다목 본문.

24) 법 18조 2항; 영 9조 1항, [별표 2] 단시간근로자의 근로조건 결정기준 등에 관한 사항 5항 다목 단서.

25) 西谷, 57면.

26) 菅野, 190면에서는 취업규칙은 임시사원, 단시간근로자, 촉탁사원 등에 관하여도 특칙이나 제외규정이 없는 한 적용된다고 한다.

장 내의 일부 근로자에 대하여 적용되는 취업규칙을 작성하지 아니한 경우라고 하더라도 그 취업규칙이 효력을 발생하기 위한 다른 요건을 구비하고 있는 이상 그 작성된 범위 안에서는 유효하게 적용된다.[27)]

취업규칙의 작성 의무를 위반한 사용자에게는 500만 원 이하의 과태료를 부과한다(법 116조 2항 2호).

## Ⅲ. 취업규칙 신고 의무

### 1. 신고의 절차

상시 10명 이상의 근로자를 사용하는 사용자는 취업규칙을 작성 또는 변경한 다음 고용노동부장관에게 신고하여야 한다(법 93조).

사용자가 취업규칙을 신고할 기간에 대하여는 아무런 규정이 없으나, 상시 10명 이상의 근로자를 사용한 때부터 취업규칙을 작성하고 근로자들의 의견을 듣는 데에 소요되는 최소한의 기간이 지나면 지체 없이 신고를 마쳐야 한다.[28)] 취업규칙을 작성한 때부터 1년 5개월이 지나도록 취업규칙을 신고하지 않은 것은 근로자들의 의견을 들어 동의를 받기 위한 최소한의 기간 내에 신고를 마쳤다고 보기 어렵고,[29)] 사용자가 상시 10명 이상의 근로자를 사용한 때부터 8개월 이상 경과한 시점에서야 취업규칙을 신고한 것은 그 최소한의 기간을 도과한 것이다.[30)]

사용자는 취업규칙의 작성 또는 변경에 관하여 과반수 노동조합 또는 근로자 과반수의 의견을 들어야 하고, 취업규칙을 불리하게 변경하는 경우에는 그 동의를 받아야 하는데(법 94조 1항), 취업규칙을 작성 또는 변경하여 신고할 때 위 의견을 적은 서면을 첨부하여야 한다(법 94조 2항). 취업규칙의 작성 또는 변경에 따른 신고 또는 변경신고를 하려면 시행규칙 별지 15호 서식의 취업규칙 신고 또는 변경신고서에 ① 취업규칙(변경신고하는 경우에는 변경 전과 변경 후의 내용을 비교한 서류를 포함한다), ② 근로자의 과반수를 대표하는 노동조합 또는 근로자

---

27) 김유성, 203면; 해고와 임금, 324면.

28) 대법원 1976. 4. 27. 선고 76도146 판결(사안은 선원법상의 취업규칙 신고의무에 관한 것이다). 임종률 375면에서는 신고 기간에 특별한 제한이 없으므로 취업규칙의 작성·변경 후 아무 때나 신고하면 된다고 하나, 신고 의무 부과의 취지에 맞지 않는 해석이다.

29) 대법원 2009. 6. 25. 선고 2007도10274 판결.

30) 전주지법 2005. 6. 14. 선고 2005노195 판결.

과반수의 의견을 들었음을 증명하는 자료, ③ 근로자의 과반수를 대표하는 노동조합 또는 근로자 과반수의 동의를 받았음을 증명하는 자료(근로자에게 불리하게 변경하는 경우에만 첨부한다)를 첨부하여 관할 지방고용노동관서의 장에게 제출하여야 한다.

앞서 본 것처럼 상시 10명 이상의 근로자를 사용하는지 여부는 사업 또는 사업장 단위로 파악하여야 하므로, 원칙적으로 기업에 각 10명 이상의 근로자를 사용하는 독립한 사업 또는 사업장이 수 개 있는 경우에는 각 사업 또는 사업장별로 취업규칙을 신고하여야 한다.[31)]

### 2. 신고 및 반려 행위의 법적 성질

취업규칙 신고 의무는 취업규칙 작성 의무의 실효성을 높이는 한편 행정청에 취업규칙의 작성 · 변경에 관한 정보를 제공하기 위한 것으로 봄이 타당하므로, 사용자의 취업규칙 신고행위는 행정청의 수리를 요하지 아니하는 신고라고 보아야 한다. 따라서 사용자가 행정청에 취업규칙 신고 서류의 접수를 마치면, 비록 행정청이 이를 반려하였다고 하더라도 그 신고 의무를 다하는 것이 되므로 취업규칙 신고에 대한 행정청의 반려행위는 '상대방의 권리의무에 직접적으로 영향을 미치는 행위로서 항고소송의 대상이 되는 행정처분'에 해당한다고 볼 수 없다.[32)]

### 3. 신고 의무 위반의 효과

판례는, 신고 의무에 관한 규정은 단속법규에 불과할 뿐 효력규정이 아니므로 사용자가 신고 의무를 지키지 않았더라도 그것 때문에 취업규칙의 작성 · 변경이 무효로 되는 것은 아니라고 한다.[33)]

31) 다만, 지방관서의 관할지역 내에 본사와 지점, 영업소 등 동일사업의 수 개 사업장이 소재하고 각 사업장에 동일한 취업규칙이 적용되는 때에는 본사의 취업규칙이 신고되면 다른 소속 사업장의 취업규칙도 신고된 것으로 본다(근로감독관집무규정 74조 3항), 또한 동일기업에 소속되어 있는 수 개의 사업 또는 사업장(본사, 지점, 출장소 등)이 2 이상의 지방관서 관할 내에 소재하고 있는 경우로서 본사 또는 주된 사업장에서 근로조건을 일괄하여 결정하고 소속지점 · 출장소 등이 동일한 취업규칙의 적용을 받는 경우와 본사 또는 주된 사업장에서 동일한 취업규칙의 적용을 받는 소속지점 · 출장소 등 소속 사업장의 명칭과 소재지 현황을 첨부하여 취업규칙을 신고하는 경우에는 당해 기업의 모든 사업 또는 사업장에 대한 취업규칙이 신고된 것으로 본다(위 집무규정 74조 4항).

32) 춘천지법 강릉지원 2015. 7. 16. 선고 2015구합1572 판결.

33) 대법원 2004. 2. 12. 선고 2001다63599 판결, 대법원 2004. 2. 27. 선고 2001다28596 판결.

취업규칙의 신고 의무를 위반한 사용자에게는 500만 원 이하의 과태료를 부과한다(법 116조 2항 2호).

## Ⅳ. 취업규칙 주지(周知) 의무

### 1. 취 지

법 14조 1항에서는 사용자에게 법, 시행령의 주요 내용과 함께 취업규칙을 근로자가 자유롭게 열람할 수 있는 장소에 게시하거나 갖추어 두어 근로자에게 널리 알려야 할 의무를 부과하고 있다. 이를 취업규칙의 게시 또는 비치에 의한 주지 의무라 한다. 그 취지는 사용자가 취업규칙에 관한 근로자의 부지 또는 무지에 편승하여 취업규칙에 기초하지 않은 부당한 취급을 행하는 것을 방지하고 근로자로 하여금 이를 감시하게 하며 근로관계에서의 분쟁을 방지하는 데 있다.

### 2. 주지 의무자

취업규칙의 게시 또는 비치에 의한 주지 의무자는 사용자이다. 앞서 본 바와 같이 상시 10명 미만의 근로자를 사용하는 사용자에게는 취업규칙 작성·신고 의무가 부과되지 않지만, 이 사용자가 취업규칙을 작성하는 경우에는 위 사용자에게도 주지 의무가 발생한다.[34)]

### 3. 주지 방법

사용자는 취업규칙을 사업장 내 자유롭게 열람할 수 있는 장소에 항상 게시 또는 비치하여 그 내용을 근로자에게 널리 알려야 한다.

주지의 방법은 게시 또는 비치로 명시되어 있다. 위 주지 방법은 한정적이고 위 방법 이외의 방법(예를 들어 회람, 구두 설명, 인터넷에 의한 공개)에 의하여 주지되었다고 하더라도 사용자는 소정의 의무를 이행한 것으로는 되지 않는다.[35)] 이와 관련하여 게시나 비치는 취업규칙을 주지시킬 수 있는 방법으로 예시된 것이라고 보는 견해[36)]가 있으나, 뒤에서 살펴볼 취업규칙의 효력발생요건으로서의 실질적 주지의 방법은 게시나 비치에 한정되지 않으므로 이와 관련하

34) 菅野, 192면; 荒木, 347면.
35) 西谷, 58~59면.
36) 해고와 임금, 307면.

여서는 타당할 수 있지만, 그 위반에 대하여 과태료가 가해지는 법 14조 1항의 취업규칙의 게시 또는 비치에 의한 주지 의무와 관련하여서는 그와 같이 해석할 수 없다.

게시 또는 비치의 장소는 사업장 내 자유롭게 열람할 수 있는 장소이다. 노조사무실 등이 대표적인 장소에 해당한다. 2006. 12. 21. 법률 8072호로 개정되기 전의 법에서는 취업규칙을 '상시 각 사업장에 게시 또는 비치'하도록 규정하고 있어 게시 또는 비치의 장소가 특정되어 있지 않았으나 현행법에서는 게시 또는 비치의 장소를 사업장 내 자유롭게 열람할 수 있는 장소로 특정하고, 근로자가 사용자를 의식하지 않고 취업규칙을 자유롭게 열람할 수 있도록 하였다.[37)]

해고의 기초가 된 취업규칙의 효력이 문제된 사안과 관련하여, 근로자가 사무실에 비치된 컴퓨터를 통하여 회사의 취업규칙에 쉽게 접근할 수 있을 정도였다면 회사가 근로자의 취업규칙 열람신청에 대하여 별도의 조치를 취하지 아니하였다고 하더라도 사용자의 취업규칙 게시, 비치의무에 위반된 것이라고 단정하기 어렵다고 판시한 대법원 판결[38)]이 있다.

### 4. 주지 의무 위반의 효과

법 14조 1항에 따른 취업규칙의 주지 의무를 위반하는 경우 사용자는 500만 원 이하의 과태료 처분을 받게 된다(법 116조 2항 2호).

대법원은 법 14조 1항에 따른 주지 의무를 위반한 취업규칙의 사법적 효력과 관련하여 법 14조 1항은 단속법규에 불과할 뿐 효력규정이라고는 볼 수 없으므로 사용자가 이러한 규정들을 준수하지 않았다고 하더라도 그로 인하여 바로 취업규칙의 작성 또는 변경이 무효로 되는 것은 아니라고 보았다.[39)]

또한 회사가 취업규칙을 소속 근로자들에게 주지할 수 있도록 조치를 하였다면 이를 근로자에게 별도로 고지하지 아니하였다거나 근로자가 실제로는 그 내용을 알지 못하였다고 하여도 근로자는 그 무효를 주장하거나 그 적용을 거부할 수 없다고 하였다.[40)]

37) 법 개정 전의 사안에서 노조사무실과 관리과 등 사무실에 취업규칙을 비치하여 두고 있는 사실에 근거하여 주지 의무를 준수하였다고 한 판결(대법원 2003 7. 25. 선고 2003두1387 판결)이 있는데, 현행법 하에서 위 관리과 등 사무실이 사업장 내 자유롭게 열람할 수 있는 장소에 해당하는지 여부는 사안에 따라 구체적으로 판단할 일이다.

38) 대법원 2001. 4. 10. 선고 2000두10151 판결.

39) 대법원 2004. 2. 12. 선고 2001다63599 판결, 대법원 2004. 2. 27. 선고 2001다28596 판결.

한편 대법원[41]은 취업규칙은 회사의 모든 직원들에게 공개되는 자료로서 그 직원들이 취업규칙의 내용에 관하여 비밀을 준수할 의무가 있다고 보기 어려우므로 취업규칙을 외부에 유출한 행위는 업무상 배임행위에 해당하지 아니한다고 한다.

## 5. 취업규칙 효력발생요건으로서의 실질적 주지와의 구별

법 14조 1항에 따른 취업규칙의 게시 또는 비치에 의한 주지 의무와 취업규칙의 효력발생요건으로서의 실질적 주지는 구별되어야 한다.

취업규칙이 법규범으로서의 성질을 가지는 것으로서 효력을 발생하기 위해서는 그 내용이 취업규칙의 적용을 받는 사업장의 근로자에게 주지될 필요가 있다. 여기서의 주지란 근로자가 알려고 하면 언제라도 취업규칙의 내용을 알 수 있는 상태에 두는 것을 의미하고, 법 14조 1항에서 정하는 게시 또는 비치의 방법에 의한 주지에 한정되는 것이 아니라 그 이외의 방법에 의하여 실질적으로 주지되면 된다.

판례도 법 14조 1항에 따른 취업규칙의 게시 또는 비치에 의한 주지 의무와 취업규칙의 효력발생요건으로서의 실질적 주지를 구별하고 있다. 앞서 본 바와 같이 대법원은 법 14조 1항을 단속법규에 불과하다고 보고 사용자가 법 14조 1항에 따른 취업규칙의 게시 또는 비치에 의한 주지 의무를 준수하지 않았다고 하더라도 그로 인하여 바로 취업규칙의 작성 또는 변경이 무효로 되는 것은 아니라고 보면서도, 취업규칙은 사용자가 정하는 기업 내의 규범이기 때문에 사용자가 취업규칙을 신설 또는 변경하기 위한 조항을 정하였다고 하여도 그로 인하여 바로 효력이 생기는 것이라고는 할 수 없고, 신설 또는 변경된 취업규칙의 효력이 생기기 위하여는, 반드시 법 14조 1항에서 정한 방법에 의할 필요는 없지만, 적어도 법령의 공포에 준하는 절차로서 그것이 새로운 기업 내 규범인 것을 널리 종업원 일반으로 하여금 알게 하는 절차 즉, 어떠한 방법이든지 적당한 방법에 의한 주지가 필요하다고 보았다.[42]

40) 대법원 1992. 6. 23. 선고 92누4253 판결, 대법원 2001. 4. 10. 선고 2000두10151 판결.
41) 대법원 2013. 6. 13. 선고 2011도946 판결.
42) 대법원 2004. 2. 12. 선고 2001다63599 판결, 대법원 2004. 2. 27. 선고 2001다28596 판결. 위 판결들은 모두 취업규칙의 변경적 효력에 관한 것이다. 취업규칙의 보충적 효력과 관련하여 주지가 필요하다는 취지의 판결로 대법원 2003. 6. 10. 선고 2001다673 판결 참조. 변경적 효력과 보충적 효력의 요건으로서의 실질적 주지에 관한 자세한 설명은 법 94조에 대한 해설

그리하여 상여금과 하기휴가비를 삭감하기로 하는 내용의 취업규칙의 효력과 관련하여 회사가 정상화될 때까지 임직원들의 상여금과 하기휴가비를 삭감하기로 방침을 정한 사실이 언론을 통하여 널리 알려졌을 뿐 아니라 회사가 노조에게 그와 같은 내용이 포함된 취업규칙을 제시하였고 회사의 사내홍보매체를 통하여 전 종업원에게 충분히 알려졌으며 회사 근로자 과반수가 가입한 노조가 위와 같은 취업규칙의 변경에 동의하였으므로 설령 변경된 취업규칙에 대한 게시 및 비치의무를 이행하지 않았다고 하더라도 변경된 취업규칙의 효력이 없다고는 말할 수 없다고 하였다.[43]

다만, 사용자가 취업규칙의 주지를 태만히 하면서, 자기에게 유리하게 취업규칙의 무효를 주장하는 것은 허용될 수 없다고 해석된다.[44]

[마 은 혁]

## 제94조(규칙의 작성, 변경 절차)

① 사용자는 취업규칙의 작성 또는 변경에 관하여 해당 사업 또는 사업장에 근로자의 과반수로 조직된 노동조합이 있는 경우에는 그 노동조합, 근로자의 과반수로 조직된 노동조합이 없는 경우에는 근로자의 과반수의 의견을 들어야 한다. 다만, 취업규칙을 근로자에게 불리하게 변경하는 경우에는 그 동의를 받아야 한다.

② 사용자는 제93조에 따라 취업규칙을 신고할 때에는 제1항의 의견을 적은 서면을 첨부하여야 한다.

Ⅱ. 2. 바. (1)과 법 97조에 대한 해설 Ⅲ. 2. 나. (2) 참조.

43) 대법원 2004. 2. 12. 선고 2001다63599 판결, 대법원 2004. 2. 27. 선고 2001다28596 판결. 대법원 판결 중 실질적 주지의 내용과 관련하여, 사용자가 취업규칙을 근로자들에게 불이익하게 변경하는 경우 노동조합이 그 변경하려는 취업규칙의 내용을 알 수 있도록 한 후 노동조합으로부터 동의를 받는 것으로 충분하고 그에 따른 법적 효과까지 설명하거나 주지시킬 의무는 없다고 판단한 원심을 수긍한 것(대법원 2014. 6. 12. 선고 2013두26064 판결, 대법원 2014. 6. 12. 선고 2014두915 판결)이 있다.

44) 新基本法コンメ勞基・勞契, 289면(細谷越史 집필).

※ 이 조에 관한 각주의 참고문헌은 '취업규칙 전론(前論)'의 참고문헌을 가리킨다.

〈세 목 차〉



## Ⅰ. 의견 청취 의무

### 1. 취　　지

사용자는 취업규칙의 작성 또는 변경에 관하여 해당 사업 또는 사업장에 근로자의 과반수로 조직된 노동조합이 있는 경우에는 그 노동조합, 근로자의 과반수로 조직된 노동조합이 없는 경우에는 근로자의 과반수의 의견을 들어야 한다(법 94조 1항 본문).

이와 같이 사용자에게 취업규칙 작성 또는 변경에 관하여 근로자 집단의 의견을 듣도록 한 것은, 근로자의 의견을 존중하여 취업규칙의 작성 또는 변경에 이를 반영시키기 위한 것이다.[1)]

### 2. 의견 청취의 상대방

의견 청취의 상대방은 먼저 해당 사업 또는 사업장에 근로자의 과반수로 조직된 노동조합이 있는 경우에는 그 노동조합이다.

노동조합이 없거나, 노동조합이 있더라도 조합원의 수가 근로자의 과반수

1) 대법원 1989. 5. 9. 선고 88다카4277 판결.

에 미치지 못하는 경우에는 근로자 과반수의 의견을 들어야 한다. 근로자 과반수를 대표하는 자의 의견을 들어야 하는 것이 아님을 주의할 필요가 있다.2)

단시간근로자에게 적용되는 취업규칙을 별도로 작성하거나 변경하고자 할 경우에는 적용대상이 되는 단시간근로자 과반수의 의견을 들어야 한다.3)

노동조합과 근로자의 의미, 과반수 노동조합, 근로자 과반수와 관련한 근로자 모집단의 범위 등은 취업규칙 불이익변경의 경우에도 동일하게 문제되고 실제 사례에서 문제되는 것은 대부분 불이익변경의 경우이므로 이에 대한 자세한 해설은 취업규칙 불이익변경에 관한 Ⅱ. 2. 다. 항목에서 하기로 한다.

### 3. 의견 청취 의무의 내용과 방식

사용자의 의견 청취 의무는 과반수 노동조합이나 근로자 과반수의 의견을 듣는 것이고, 그 의견에 구속되는 것은 아니다. 따라서 근로자 집단의 의견이 취업규칙 전부에 대하여 반대하거나, 특정 규정에 반대하더라도 그 효력 발생에 필요한 다른 요건을 갖추고 있으면 취업규칙의 효력에는 영향이 없다.

사용자는 취업규칙의 내용, 개정 이유를 설명하고 근로자 집단에게 검토할 시간을 부여한 다음 의견을 표명할 기회를 보장하는 방식으로 근로자 집단의 의견을 들어야 한다.

사용자는 근로자 집단의 의견을 들으면 족하고, 여기에서 더 나아가 사용자에게 근로자 집단과 협의하거나 근로자 집단의 동의를 받아야 할 의무가 부과되는 것은 아니다.4)

근기법 94조 1항에서는 사용자에게 위와 같은 내용의 의견 청취 의무 이외에 취업규칙을 근로자에게 불리하게 변경할 경우에는 과반수 노동조합이나 근로자 과반수 등 근로자 집단의 동의를 받을 의무를 규정하고 있으나, 일본 노동기준법(이하 '노기법'이라 한다) 90조 1항에서는 위와 같은 의견 청취 의무 이외에 취업규칙 불이익변경의 경우에도 근로자 집단의 동의를 받을 의무를 부과하지 않고 있다.

따라서 일본에서는 취업규칙의 작성 · 변경과 관련하여 근로자 집단의 의견

2) 1989. 3. 29. 개정 전의 법에서는 의견 청취의 상대방을 '근로자의 과반수를 대표하는 자'로 규정하고 있었으나, 위 개정법에서 '근로자의 과반수'로 바꾸어 규정하였다. 일본 노동기준법 90조 1항에서는 '노동자의 과반수를 대표하는 자'로 규정하고 있다.

3) 영 9조 1항, [별표 2] 단시간근로자의 근로조건 결정기준 등에 관한 사항 5항 나목.

4) 菅野, 192면; 荒木, 345~346면.

을 청취하기만 하면 되고, 이러한 의미에서 사용자는 취업규칙을 일방적으로 작성 또는 변경할 수 있다고 보는 것이 대체적인 견해이다.[5] 그러나 우리의 경우 취업규칙을 근로자에게 불리하게 변경할 경우에는 근로자 집단의 동의를 얻도록 하고 있어 사용자의 취업규칙 변경 권한에 제한이 가해지고 있다. 이와 같은 점은 근로자 집단의 동의의 효력이나 그 동의를 받지 않은 취업규칙 불이익변경의 효력에 대한 해석과 관련하여 중요한 의미가 있다.[6]

### 4. 의견서 첨부 신고 의무

사용자는 과반수 노동조합 또는 근로자 과반수의 의견을 청취한 후 법 93조에 따라 취업규칙을 고용노동부장관에게 신고할 때 근로자 집단의 의견을 적은 서면을 첨부하여야 한다(법 94조 2항).

### 5. 의견 청취 의무 위반의 효과

사용자가 취업규칙을 작성·변경하면서 근로자 집단의 의견을 듣지 않으면 500만 원 이하의 벌금에 처한다(법 114조 1호).

하지만 사용자의 의견 청취 의무는 근로자의 의견을 존중하여 취업규칙의 작성 또는 변경에 이를 반영시키기 위한 것으로서 그 의견 청취 절차 규정 자체는 단속법규에 불과하고 효력규정이 아니므로 사용자가 이를 준수하지 않았다고 하더라도 그로 인하여 바로 취업규칙의 작성 또는 변경이 무효로 되는 것은 아니라는 것이 판례의 태도이다.[7]

한편 대법원[8]은 단체협약에서 취업규칙의 작성·변경에 관하여 노동조합의 동의를 얻거나 노동조합과의 협의를 거치거나 그 의견을 듣도록 규정하고 있다 하더라도 원칙적으로 취업규칙상의 근로조건을 종전보다 근로자에게 불이익하게 변경하는 경우가 아닌 한 그러한 동의나 협의 또는 의견청취절차를 거치지 아니하고 취업규칙을 작성·변경하였다고 하여 그 취업규칙의 효력이 부정된다

---

5) 荒木, 346면; 土田道夫b, 156면; 池田 悠, 40면; 水町勇一郎, 89~90면; 矢野昌浩, 161면.

6) 이에 대한 자세한 내용은 법 94조에 대한 해설 Ⅱ. 2. 바. 아. 참조.

7) 대법원 1988. 5. 10. 선고 87다카2853 판결, 대법원 1989. 5. 9. 선고 88다카4277 판결, 대법원 1991. 4. 9. 선고 90다16245 판결, 대법원 2004. 2. 12. 선고 2001다63599 판결, 대법원 2004. 2. 27. 선고 2001다28596 판결. 단속규정설이 다수의 견해이다. 김유성, 204~205면; 김형배, 299~300면; 임종률, 369면.

8) 대법원 1994. 12. 23. 선고 94누3001 판결, 대법원 1999. 6. 22. 선고 98두6647 판결.

고 할 수 없다고 한다.

## Ⅱ. 취업규칙 불이익변경의 법리

사용자가 취업규칙을 근로자에게 불리하게 변경하는 경우에는 해당 사업 또는 사업장에 근로자의 과반수로 조직된 노동조합이 있는 경우에는 그 노동조합(이하 '과반수 조합'이라 한다), 근로자의 과반수로 조직된 노동조합이 없는 경우에는 근로자의 과반수의 동의(이하 과반수 조합 또는 근로자 과반수의 동의를 통틀어 '집단적 동의'라고 한다)를 받아야 한다(법 94조 1항 단서).[9)]

취업규칙의 변경이 이익변경인 경우에는 집단적 동의를 받지 않더라도 변경된 취업규칙의 효력에 영향이 없다.[10)] 따라서 취업규칙의 변경이 이익변경인지 아니면 불이익변경인지가 실무상 중요한 문제로 제기된다(불이익변경 해당 여부). 나아가 취업규칙의 불이익변경에 해당하는 경우 변경된 취업규칙이 효력을 가지기 위해서는 집단적 동의를 받아야 하는데, 그 집단적 동의의 구체적 요건, 즉 주체, 방법, 시기 등에 관한 요건을 충족하였는지 문제된다(집단적 동의 요건의 충족 여부).

---

9) 최저임금법 6조의2에서는 최저임금에 산입되는 임금에 포함시키기 위하여 1개월을 초과하는 주기로 지급하는 임금을 총액의 변동 없이 매월 지급하는 것으로 취업규칙을 변경하려는 경우에는 근기법 94조 1항에도 불구하고 과반수 조합, 근로자 과반수의 의견을 들어야 하는 것으로 규정하여 최저임금 산입을 위한 취업규칙 변경절차의 특례를 규정하고 있다. 1개월을 초과하는 주기로 지급하는 임금을 총액의 변동 없이 매월 지급하는 것으로 취업규칙을 변경하게 되면 비교대상 임금에 산입되는 임금액이 늘어나 근로자에게 불리하게 되는 면이 있지만, 이러한 경우에도 근로자 집단의 동의 없이 취업규칙을 변경할 수 있도록 특례조항을 둔 것이다. 헌법재판소는 위 특례조항의 위헌 여부와 관련하여, 위 특례조항은 사용자가 일방적으로 상여금 등의 지급주기를 변경할 수 있도록 함으로써 근로자가 근로자단체를 통해 사용자와 집단적으로 교섭하는 것을 제한하므로, 노동조합과 그 조합원의 단체교섭권을 제한하기는 하나, 위 특례조항은 매월 1회 이상 정기적으로 지급하는 상여금 등 및 복리후생비의 일부를 최저임금에 산입하도록 한 최저임금법 6조 4항 2호, 3호 나목, 부칙 2조의 실효성을 확보하고, 근로자에게 임금의 최저수준을 매월 보장함으로써 근로자의 생활안정을 꾀하고자 하는 조항으로, 최저임금 산입을 위한 목적에서, 임금 총액의 변동 없이 상여금 등 및 복리후생비의 지급주기를 매월 지급하는 것으로 변경하는 경우에만 적용되고, 최저임금 산입범위 개편으로 인해 영향을 받는 근로자의 규모나 그 영향의 정도가 비교적 한정적인 점 등을 감안하면, 이 사건 특례조항에 따라 청구인들의 단체교섭권이 제한되는 정도 역시 크다고 보기 어려워, 위 특례조항은 과잉금지원칙에 위배되어 청구인들의 단체교섭권을 침해한다고 볼 수 없다고 하였다. 헌재 2021. 12. 23. 선고 2018헌마629, 630(병합) 결정.

10) 대법원 1999. 6. 22. 선고 98두6647 판결, 대법원 2005. 11. 25. 선고 2003두8210 판결, 대법원 2007. 10. 12. 선고 2006다59748 판결.

## 1. 취업규칙의 불이익변경

### 가. 불이익변경의 의의

취업규칙의 불이익한 변경이란 사용자가 종전 취업규칙 규정을 개정하거나 새로운 규정을 신설하여 근로조건이나 복무규율에 관한 근로자의 기득의 권리나 이익을 박탈하고 근로자에게 저하된 근로조건이나 강화된 복무규율을 일방적으로 부과하는 것을 말한다.[11]

#### (1) 불이익변경의 대상

취업규칙 불이익변경의 대상은 근로조건이나 복무규율에 관한 근로자의 기득의 권리나 이익이다. 기득의 권리나 이익이란 종전 취업규칙의 보호영역에 의하여 보호되는 직접적이고 구체적인 이익을 말하는 것이고,[12] 종전 취업규칙의 보호영역을 벗어난 것으로 우연한 사정에 의하여 발생하는 반사적 이익은 제외된다.[13] 또한 기득의 권리나 이익이란 지급기일이 도래하여 지급청구권이 발생한 임금청구권과 같이 근로자의 사적 재산영역에 들어가 있는 권리와 구별된다. 근로자의 사적 재산영역에 속한 권리는 집단적 동의나 집단적 합의가 있더라도

---

11) 대법원 1989. 5. 9. 선고 88다카4277 판결, 대법원 1990. 3. 13. 선고 89다카24780 판결, 대법원 1993. 1. 26. 선고 92다49324 판결, 대법원 1993. 8. 24. 선고 93다17898 판결, 대법원 1994. 10. 14. 선고 94다25322 판결, 대법원 1997. 5. 16. 선고 96다2507 판결, 대법원 2000. 9. 29. 선고 99다45376 판결, 대법원 2001. 1. 5. 선고 99다70846 판결, 대법원 2002. 6. 11. 선고 2001다16722 판결, 대법원 2002. 6. 28. 선고 2001다47764 판결, 대법원 2003. 6. 27. 선고 2002다23611 판결, 대법원 2003. 11. 28. 선고 2001다4750 판결, 대법원 2004. 1. 16. 선고 2003다49276 판결, 대법원 2004. 5. 14. 선고 2002다23185, 23192 판결, 대법원 2004. 7. 22. 선고 2002다57362 판결, 대법원 2004. 8. 16. 선고 2003두13526 판결, 대법원 2005. 6. 23. 선고 2004다68953 판결, 대법원 2005. 11. 10. 선고 2005다21494 판결, 대법원 2007. 10. 11. 선고 2007두11566 판결, 대법원 2009. 6. 11. 선고 2007도3037 판결, 대법원 2010. 1. 28. 선고 2009다32362 판결, 대법원 2010. 1. 28. 선고 2009다32522 판결, 대법원 2010. 12. 9. 선고 2010다59998 판결, 대법원 2015. 8. 13. 선고 2012다43522 판결, 대법원 2022. 3. 11. 선고 2018다255488 판결, 대법원 2022. 3. 17. 선고 2020다219928 판결, 대법원 2022. 4. 14. 선고 2021다280781 판결.

12) 대법원 2022. 3. 17. 선고 2020다219928 판결(사립학교법인의 교직원에게 당해 연도의 공무원보수규정을 적용함에 따른 임금 인상에 대한 기득의 권리나 이익은 종전 취업규칙의 보호영역에 의해 보호되는 직접적이고 구체적인 이익이라고 한 사례), 대법원 2022. 4. 14. 선고 2021다280781 판결(학교법인이 매 학년도에 예산 상황 등을 고려하여 새롭게 정한 연구보조비 액수가 매 학년도의 교직원 보수표의 보호영역에 따라 보호되는 직접적이고 구체적인 이익이라고 보기 어렵다고 한 사례)도 위와 같은 견해를 취하고 있다. 대법원 2022. 9. 29. 선고 2018다301527 판결도 참조.

13) 학교회계직원들에 관한 서울고법 2013. 7. 10. 선고 2012나102928 판결의 사안 참조. 상고취하로 확정됨.

취업규칙이나 단체협약에 의하여도 포기 등 처분을 할 수 없다.[14)]

취업규칙의 불이익변경이란 기본적으로 종전 취업규칙에서 정한 근로조건과 복무규율을 불이익하게 변경하는 것을 의미한다. 근기법 등 법령이나 단체협약에 의하여 설정된 근로조건을 하회하는 취업규칙의 기준은 무효이므로 법령이나 단체협약에 의하여 설정된 근로조건을 취업규칙의 불이익변경에 의하여 불리하게 변경하는 것은 허용되지 아니한다.[15)] 또한 개별 근로계약상 합의에 근거한 근로조건을 취업규칙의 불이익변경에 의하여 불리하게 변경할 수 있는가의 문제도 여기서 논의하는 취업규칙의 불이익변경의 문제와는 구별되는 문제이다.[16)]

취업규칙의 변경에 의하여 불이익이 현실화되는 경우는 물론 호봉제에서 연봉제 등 성과주의 임금으로 임금체계가 변경되는 경우와 같이 임금 감액 등 근로조건 등이 저하될 가능성이 존재하거나 취업규칙의 변경에 의하여 어떤 근로조건의 안정성이 상실되는 것 자체만으로도 불이익한 변경으로 볼 수 있다.[17)]

### (2) 불이익변경의 방식

취업규칙의 불이익변경에는 취업규칙의 불이익'개정'과 취업규칙의 불이익 '신설'이 있다.

#### ㈎ 취업규칙의 불이익개정

취업규칙의 불이익변경은 대부분 종전 취업규칙 규정을 근로자에게 불리한 새로운 규정으로 대체하는 방식으로 이루어진다. 가령 퇴직금 지급률에 관한 규정을 누진제에서 단수제로 인하하거나, 정년 규정에서 정년을 62세에서 60세로 단축하는 방식이다. 취업규칙의 불이익변경은 기존의 근로조건에 관한 규정을 삭제하는 방식으로도 이루어진다. 가령 상여금조항을 삭제하는 방식이다.[18)] 취

14) 취업규칙에 관하여는 대법원 2015. 12. 23. 선고 2013다209039 판결, 단체협약에 관하여는 대법원 2013. 4. 11. 선고 2012다105505 판결 등 참조.

15) 자세한 내용은 법 96조에 대한 해설 참조.

16) 자세한 내용은 법 97조에 대한 해설 Ⅲ. 3. 참조.

17) 호봉제에서 연봉제로 보수체계가 변경되면서 일부 교원들의 경우에는 업적 평가에 의해 보수가 삭감될 가능성이 생겼다는 점을 근로자에게 불리한 취업규칙 변경으로 보는 근거로 삼은 원심 판단을 수긍한 판결로 대법원 2012. 6. 28. 선고 2010다17468 판결 참조. 호봉제 보수규정을 폐지하고 성과연봉제 보수규정을 제정하는 것으로 교원의 보수체계를 변경한 것을 임금 상승에 대한 기대이익이 상실되고, 대학의 업적평가 권한이 강화되어 교원 지위의 안정성이 감소하게 되었다는 점을 근거로 취업규칙의 불이익변경으로 본 원심 판단을 수긍한 판결로 대법원 2023. 4. 13. 선고 2019다282371 판결도 참조. 詳説労働契約法, 134~135면; 西谷, 168면.

18) 대법원 2004. 5. 14. 선고 2002다23185, 23192 판결.

업규칙의 불이익변경은 일정한 범위의 근로자들에게 일정한 기간 동안 취업규칙의 적용을 배제하는 방식으로도 이루어진다. 가령 노동조합의 조합원이 아닌 과장급 이상 임직원들에게 1년 동안 상여금 규정의 적용을 배제하여 임금을 실질적으로 삭감하는 방식이다.[19]

이러한 방식들은 모두 기존의 취업규칙 규정을 전제로 하여 이를 근로자에게 불리한 새로운 규정으로 대체하거나, 기존의 취업규칙 규정을 삭제 또는 그 적용을 배제하는 것으로 이를 통틀어 취업규칙의 불이익'개정'이라고 할 수 있다.

㈏ 취업규칙의 불이익신설

취업규칙의 불이익변경은 위와 같이 사용자가 기존의 취업규칙 규정을 불리하게 '개정'하는 방식뿐 아니라 불리한 조항을 '신설'하는 방식으로도 이루어진다. 가령 인사규정에 무계출 또는 부득이한 사유가 없는 결근이 7일을 초과한 경우를 자연 면직 사유로 하는 조항을 신설한 경우,[20] 취업규칙에 정년 규정이 없던 회사에서 근로자들이 정년제 규정이 신설되기 이전에는 만 55세를 넘더라도 아무런 제한 없이 계속 근무할 수 있었으나 55세 정년 규정의 신설로 인하여 만 55세로 정년에 이르고, 회사의 심사에 의하여 일정한 경우에만 만 55세를 넘어서 근무할 수 있게 된 경우[21] 등이 그것이다.[22]

### (3) 취업규칙의 불이익변경과 취업규칙의 제정

취업규칙의 불이익변경, 특히 불이익신설과 취업규칙의 제정은 구별된다. 취업규칙의 불이익신설은 근로자에게 기득의 권리나 이익이 존재하는 상황에서 그보다 불리한 취업규칙 규정을 신설하는 것인 데 대하여, 취업규칙의 제정은 새로운 취업규칙 규정을 신설한다는 점에서는 동일하나 기득의 권리나 이익이 존재하지 않는 사항에 관하여 취업규칙 규정을 신설한다는 점에서 양자는 차이

---

19) 서울지법 2002. 11. 14. 선고 2001가합7792 판결.

20) 대법원 1989. 5. 9. 선고 88다카4277 판결.

21) 대법원 1997. 5. 16. 선고 96다2507 판결.

22) 취업규칙의 신설에는 종전의 취업규칙에 규정이 신설되는 경우와 종래 취업규칙이 존재하지 않던 사업장에서 취업규칙을 신규 작성하는 경우가 있다. 취업규칙의 불이익신설에 해당하기 위해서는 어느 경우든 기득의 권리나 이익의 존재가 전제가 되고 위 두 경우에 관한 법적 규율을 달리할 이유는 없어 보인다. 이에 대하여는 菅野, 203~204면 참조. 합리적 변경법리가 처음으로 제시된 일본의 秋北버스사건 대법정판결의 사안도 종전의 취업규칙에 정년에 관한 규정이 신설된 경우에 관한 것이다.

가 있다.

가령 취업규칙의 징계 규정에 징계 사유를 신설하는 경우 근로자는 그 징계 사유에 해당하는 행위가 있다고 하더라도 징계를 받지 않을 이익을 향유하고 있다가 그 징계 사유 신설로 그 징계 사유에 해당하는 행위를 한 경우 징계를 받게 되어 복무규율이 강화되는 불이익을 받는다. 이와 같은 경우는 취업규칙의 불이익변경의 일종인 취업규칙의 불이익신설에 해당한다.

이에 대하여 가령 야간근로수당의 산정 방법에 관하여 취업규칙에서 아무런 규정을 두지 않아 근기법에서 정한 기준에 따라 야간근로수당을 산정하다가 근기법에서 정한 야간근로수당 산정 기준을 상회하는 내용으로 취업규칙 규정을 신설한 경우, 위 취업규칙 규정의 신설로 근로자들이 기득의 권리나 이익의 침해를 받는 것이 아니므로 이는 위에서 말하는 취업규칙의 불이익신설과는 구별되고, 위와 같이 기득의 권리나 이익의 침해를 수반하지 않는 취업규칙 규정의 신설을 취업규칙의 '제정'이라고 부를 수 있다.

취업규칙의 불이익신설을 포함한 취업규칙의 불이익변경에는 근로자 집단의 동의가 요구되지만, 취업규칙의 '제정'에는 근로자 집단의 동의가 요구되지 않는다.

판례상 취업규칙의 불이익변경과 제정의 구별이 문제된 사례로는, 어느 회사가 퇴직금 규정에서 근속기간 15년까지에 대하여는 누진제의 지급률을 정하고 15년을 초과하는 근속기간에 대하여는 아무런 규정을 두고 있지 않다가, 퇴직금 규정을 개정하여 30년까지의 지급률을 정하는 것으로 수정하면서 근속기간 15년까지에 대하여는 지급률을 크게 인하하고 15년을 초과하는 근속기간에 대하여는 종전의 15년까지의 지급률보다 낮은 지급률로 누진제의 지급률을 규정한 사안이 있다. 이 경우 근속기간 15년까지에 대하여는 지급률을 인하하였으므로 근로자에게 불리하게 변경된 것이 분명하나 15년을 초과하는 근속기간에 대하여는 취업규칙의 불이익변경인지 아니면 취업규칙의 제정인지가 문제된다.

대법원은 근기법의 최저기준을 초과하는 수준의 퇴직금 청구권은 퇴직금 제도의 내용이 근로계약, 단체협약, 취업규칙 등에 규정되어 있는 경우에만 인정된다고 전제한 후, 회사의 개정 전 퇴직금 규정이 초창기에 우선 근속기간 15년까지에 대하여만 지급률을 정하고 있었다면 15년을 초과하는 근속기간에 대한 퇴직금 규정은 근속기간 15년의 누진율을 그대로 적용하겠다는 취지로 볼 것이 아니라 그 부분을 추후 검토하기로 유보하여 아직 제정되지 않은 것으로 보아야 한다고 하였다. 따라서 개정 퇴직금 규정 중 15년을 초과하는 근속기간에 대한 부분은 근기법의 기준에 적합하고 그보다 유리한 종전 규정이 존재하지 않아 종전의 근로조건을 불이익하게 변경한 것이라고 할 수 없으므로 근로자 집단의 동의를 받거나 의견을 듣지 않았다 하여도 이를 이유로 그 부분을 무효라 할 수 없고 새로운 퇴직금 규정의 제정으로서 유효하다고 하였다.[23)24)]

다만, 취업규칙의 불이익변경과 취업규칙의 제정의 구별은 명칭에 구애받지 않고 실질적으로 이루어져야 한다. 형식상 취업규칙의 명칭을 바꾸면서(가령 급여 규정을 보수 규정으로) 그 연혁에서 취업규칙(보수 규정)을 '제정'한 것으로 하였더라도 문제되는 근로조건에 관한 종전 취업규칙상의 규정 내용보다 불이익한 내용을 새로운 취업규칙에서 정한 경우, 이는 취업규칙의 제정이 아니라 취업규칙의 불이익변경에 해당한다.[25)]

---

23) 대법원 1994. 6. 24. 선고 92다28556 판결, 대법원 1997. 2. 28. 선고 95다49233 판결, 대법원 2000. 7. 4. 선고 98다581 판결, 대법원 2001. 9. 25. 선고 2001다18421 판결, 대법원 2001. 10. 30. 선고 2001다24051 판결.

24) 대법원은, 공공기관이 기간제법 시행을 앞두고 정부의 비정규직 종합대책에 따라 비정규직을 일반직으로 전환하기로 하면서 일반직에게 적용되는 취업규칙에서 비정규직을 일반직으로 임용할 경우 비정규직으로 재직한 기간을 근속기간에 산입하여 초임연봉을 산정하도록 규정하고 있음에도 불구하고 위 취업규칙의 부칙에서 위 종합대책에 따라 일반직으로 전환되는 직원의 초임연봉은 비정규직으로 근무시 받은 보수를 기준으로 산출한 등급의 금액으로 하도록 규정한 사안에서, 위 부칙 조항은 종전까지 취업규칙이 정하고 있었던 일반직 임용경로와는 본질적으로 다른 임용경로를 신설함에 따라 그에 필요한 초임연봉 산정방법을 새로 마련한 것으로 보이고, 그 임용경로에 관하여 종전에 있었던 취업규칙 규정을 변경하였다거나 이를 불이익하게 변경하였다고 볼 수 없어, 위 부칙 조항을 신설할 때에 비정규직 직원들의 동의를 얻어야 한다고 볼 수 없다고 하여, 위 부칙 조항의 신설을 취업규칙의 '제정'으로 보았다(대법원 2015. 10. 29. 선고 2013다1051 판결). 그러나 비정규직으로 재직한 기간을 근속기간에 산입하여 초임연봉을 산정하도록 한 취업규칙 규정은 본래 비정규직 직원들을 적용대상으로 하는 점, 위 부칙 조항도 위 취업규칙 규정이 비정규직 직원들에게 적용되는 것을 전제로 위 부칙 조항에서 그 적용을 배제하는 형식을 취하고 있고, 위 부칙 조항이 없다면 위 취업규칙 규정이 적용되었을 것으로 보이는 점, 비정규직 종합대책에 따라 비정규직 직원들을 일반직으로 전환하는 방침이 확정됨에 따라 위 취업규칙 규정의 적용에 대하여 비정규직 직원들이 가지는 기대를 일종의 기득이익으로 볼 수 있는 점, 위 종합대책에 따라 일반직으로 전환되는 직원의 임금이나 근로계약상 지위와 관련하여 위 부칙 조항 이외에는 일반직과 구별하는 다른 규정이 없어 이를 종전까지의 일반직 임용경로와 본질적으로 다른 임용경로라고 볼 수 있는지 의문인 점에 비추어보면 위 판결의 판단에는 의문이 있다.

25) 대법원 2004. 7. 22. 선고 2002다59702 판결.

(4) 사용자 이외의 주체에 의한 취업규칙의 불이익변경

취업규칙의 불이익변경은 통상 사용자에 의해 이루어지지만 법률에 의해 이루어진 전례도 있다.[26] 즉, 1980. 12. 31. 근기법 개정 때 28조 2항이 신설되어 퇴직금 차등 제도 설정 금지의 원칙이 1981. 4. 1.부터 시행되었고, 같은 법 부칙 2항에서 종전에 단체협약이나 취업규칙에 의해 설정된 퇴직금 제도가 차등 제도에 해당할 경우에는 1981. 3. 31.까지 차등 제도 설정 금지의 취지에 적합하도록 이를 변경하여 노동청장에게 신고하지 않는 이상 1981. 4. 1.부터는 그 사업장 내의 최다수 근로자에게 적용되는 퇴직금 제도를 적용하는 것으로 본다고 규정하였다. 이에 따라 최다수 근로자에 속하지 아니하는 근로자에 대하여 적용되고 있던 퇴직금 규정은 최다수 근로자에게 적용되는 퇴직금 제도로 변경되는 것으로 의제되었다.

한편 대법원은, 취업규칙의 적용을 받는 근로자 집단이 집단적 의사 결정 방법에 따라 장래에 발생하는 상여금에 대하여 상여금 반납 결의를 하고 사용자가 이를 수용한 경우, 그 반납 결의한 상여금 부분에 관하여는 취업규칙의 변경에 준하는 효력이 발생하여 그 상여금 반납 결의에 동의하지 아니한 근로자에 대하여도 그 결의의 효력이 미친다고 하여 근로자 집단에 의하여 개시되고 사용자가 이를 수용하는 방식에 의하여 취업규칙의 불이익변경에 준하는 효력이 발생할 수 있음을 인정하였다.[27]

(5) 취업규칙 불이익변경 행위

취업규칙의 불이익변경이 문제되기 위해서는 취업규칙 규정을 개정 또는 신설하는 변경 행위, 즉 사용자가 근기법 93조에 규정되어 있는 사항에 관하여 기재를 변경하는 행위를 하여야 한다.

대법원은 단체협약과 취업규칙에 상여금의 지급 기준에 관하여 같은 내용을 규정하고 있다가 상여금과 하기휴가비를 회사의 경영이 정상화될 때까지 반납한다는 내용의 단체협약이 체결된 사안에서, 원심이, 단체협약에서 명시적으로 취업규칙의 개정을 언급하지 않았더라도 단체협약이 체결된 경위나 취지에 비추어 보면 구 단체협약과 같은 취지를 규정한 취업규칙의 개정도 당연히 예정하였으므로 위 단체협약의 체결에 따라 취업규칙도 함께 개정되었다고 판단

26) 김지형a, 78면.

27) 대법원 2003. 11. 28. 선고 2003다15068 판결.

한 데 대하여, 취업규칙의 변경이 있었다고 하기 위해서는 단체협약에 따라 사용자가 법 96조(현행 법 93조)가 정하는 기재 사항을 변경하였어야 할 것인데, 회사가 단체협약의 내용대로 취업규칙을 개정하였다고 볼 자료를 찾아볼 수 없다는 이유로 취업규칙이 개정되지 않았다고 보았다.[28)]

### 나. 불이익변경의 판단 기준

#### (1) 물적 판단 기준[29)]

사용자는 취업규칙을 변경하면서 어느 한 항목에 관한 규정만을 변경하기보다는 복수의 규정을 동시에 개정하여 다수의 근로조건을 변경하는 것이 일반적이다. 가령 퇴직금 지급률은 낮추면서 퇴직금 산정의 기초가 되는 기준 임금은 확대하고, 그 외에 시간외근무수당이나 휴일근무수당은 인상하고 근무시간, 휴일 제도는 개선하되 징계 사유는 추가하는 식이다.

이와 같이 복수의 취업규칙 규정을 동시에 변경하면서 일부 사항에 관하여는 근로자에게 불리하게, 일부 사항에 관하여는 근로자에게 유리하게 변경하는 경우, 함께 변경된 복수의 근로조건 항목에 관한 변경 전후의 규정 전체를 종합적으로 비교하여 불이익변경 여부를 판단할 것인지 아니면 근로조건 항목마다 변경 전후의 규정을 개별적으로 비교하여 불이익변경 여부를 판단할 것인지 문제된다.

##### ㈎ 학 설

이에 관하여는 취업규칙에서 2개 이상의 근로조건을 동시에 변경하는 경우 어느 근로조건은 불이익하게 변경되는 반면, 다른 근로조건은 이익이 되게 변경된다면 변경되는 근로조건 전체를 종합적으로 고려하여 불이익변경 여부를 판단하여야 한다고 하여 종합적 판단을 원칙으로 하는 견해가 있으나,[30)] 다수의 견해는 불이익변경 여부는 원칙적으로 개별 근로조건별로, 근로조건의 각 항목

---

28) 대법원 2001. 1. 19. 선고 2000다30516 등 판결. 이 경우 상여금 등과 관련하여 하위 규범인 취업규칙의 기준이 상위 규범인 단체협약의 내용보다 유리하게 되어 유리 원칙의 인정 여부가 문제된다. 자세한 내용은 법 96조에 대한 해설 Ⅲ. 3. 참조. 이외에 취업규칙 변경 행위의 존부가 문제된 사건으로 대법원 1999. 4. 9 선고 98다33659 판결, 대법원 1999. 11. 12. 선고 99다30473 판결, 대법원 2000. 12. 22 선고 99다21806 판결, 대법원 2004. 2. 12. 선고 2001다63599 판결, 대법원 2004. 2. 27. 선고 2001다28596 판결 등 참조.

29) 취업규칙 불이익변경의 물적 판단 기준이라는 용어를 사용하고 있는 판결로 대법원 2022. 4. 14. 선고 2021다280781 판결 등 참조.

30) 이상윤, 422~423면.

에 따라 개별적으로 판단하여야 하고, 다만 하나의 근로조건을 결정짓는 요소가 여러 가지가 있고 각 요소의 변경 사이에 서로 대가관계나 연계성이 있는 경우, 또는 근로조건 중에 상호 밀접한 관련성을 가지는 경우, 대가성이나 연계성이 인정되고 비교가능한 경우에는 불이익변경 여부를 전체적·종합적으로 판단하여야 한다고 한다.[31)]

#### ㈏ 판 례

대법원 판결 중에는 "누진제 퇴직금 지급규정이 비누진제로 변경되었으나, 동 취업규칙 변경에 임금 인상, 근로시간 단축 등 근로자에게 유리한 부분도 포함되어 근로조건의 내용이 근로자에게 일방적으로 불이익하게 변경되었다고 단정할 수 없다"[32)]고 판시하여 변경된 규정들 사이의 전체적·종합적 판단을 긍정하는 것으로 보이는 것이 있고, "취업규칙의 변경이 사회통념상 합리성이 있느냐의 여부와 근로자에게 불이익하느냐 여부는 그 변경의 취지와 경위, 해당 사업체의 업무의 성질, 취업규칙 각 규정의 전체적인 체제 등 제반 사정을 종합하여 판단하여야 할 것"[33)]이라고 판시한 것이 있으나, 위 판결들은 취업규칙의 변경이 사회통념상 합리성이 있으면 불이익한 변경이 아니라는 논리 구조를 취한 일련의 판례와 궤를 같이 하는 것으로서 사회통념상 합리성 여부에 관한 판단을 한 것이지 불이익변경 여부의 판단을 한 것이 아니므로 불이익변경 여부를 전체적·종합적으로 판단해야 한다는 것을 긍정하였다고 보기는 어렵다.[34)]

판례상 그 판단 기준을 일정하게 제시하고 있는 것은 퇴직금 규정이나 명예퇴직수당의 불이익변경이 문제되는 사안에서 "취업규칙의 일부인 퇴직금 규정의 개정이 근로자들에게 유리한지 불리한지 여부를 판단하기 위하여는 퇴직금 지급률의 변화와 함께 그와 대가관계나 연계성이 있는 기초 임금의 변화도 고려하여 종합적으로 판단"[35)]하여야 한다고 하여 대가관계나 연계성이 있는 경우 전체적·종합적 판단을 하여야 한다는 입장을 취한 것이 있다. 나아가 불이익변경인지 여부를 판단함에 있어서는, 근로조건을 결정짓는 여러 요소가 있는 경

31) 김유성, 206면; 김지형, 477면; 김치중c, 322면 이하; 김형배, 309~310면; 임종률, 371면; 하경효a, 14면 이하.

32) 대법원 1984. 11. 13. 선고 84다카414 판결.

33) 대법원 1997. 5. 16. 선고 96다2507 판결, 대법원 2000. 9. 29. 선고 99다45376 판결.

34) 자세한 내용은 법 94조에 대한 해설 Ⅱ. 2. 자. 참조.

35) 대법원 1995. 3. 10. 선고 94다18072 판결, 대법원 1997. 8. 26. 선고 96다1726 판결, 대법원 2000. 9. 29. 선고 99다45376 판결, 대법원 2001. 4. 24. 선고 99다9370 판결.

우 그 중 한 요소가 불이익하게 변경되더라도 그와 대가관계나 연계성이 있는 다른 요소가 유리하게 변경되는 경우 이를 종합적으로 고려하여야 한다고 하여 좀 더 일반적인 기준을 제시한 판결이 있다.[36)]

또한 급여규정 등을 개정하여 출퇴근교통비, 직무수당, 장기근속수당을 폐지하고 새로이 학자보조금수당과 가족수당을 신설하는 한편 승급제도를 개정하고 각 직급간의 급여차액을 확대한 사안에서 개정 급여규정에 의하여 수령한 임금총액과 종전 급여방식에 의하여 산출된 임금총액을 비교하여 불이익 여부를 판단한 판결도 전체적·종합적 판단을 한 것으로 보인다.[37)]

#### ㈐ 검 토

다수의 견해와 판례에서는 전체적·종합적 판단을 할 것인지, 아니면 개별적 판단을 할 것인지에 관하여 그 판단 기준으로 대가관계나 연계성을 들고 있다.

① **객관적 관련성** 대가관계나 연계성을 인정하기 위해서는 먼저 여러 근로조건 요소 또는 사항 사이에 객관적 관련성이 있어야 한다.

어떠한 경우에 그와 같은 객관적 관련성이 있다고 할 수 있는가. 먼저, 같은 종류의 근로조건에 관한 취업규칙 규정들 사이에서는 위와 같은 객관적 관련성이 충족되어 대가관계나 연계성을 인정할 수 있다(동종적 관련성). 채권의 목적이 같은 종류인 경우에 한하여 상계가 허용되는 것처럼 어느 하나의 근로조건의 변경이 가져오는 불이익은 그와 같은 종류인 근로조건의 개선에 의하여만 상쇄 여부를 판단할 수 있다. 이에 반해 가령 퇴직금 지급률의 인하와 근로시간의 단축 또는 징계사유의 완화는 서로 그 기초가 다른 근로조건 사항이어서 퇴직금 지급률의 인하로 인하여 초래된 불이익이 근로시간의 단축이나 징계사유의 완화로 인하여 상쇄되었는지 판단할 수 없다. 따라서 근로조건 사항 및 취업규칙 규정 사이에 이와 같은 동종적 관련성이 전제되는 경우 대가관계나 연계성이 인정되어 전체적·종합적 판단이 행해질 것이다.[38)]

---

36) 대법원 2004. 1. 27. 선고 2001다42301 판결, 대법원 2022. 3. 11. 선고 2018다255488 판결.

37) 대법원 1992. 4. 10. 선고 91다37522 판결.

38) 다수의 견해 중 비교가능성을 전체적·종합적 판단을 위한 또 다른 요건으로 제시하는 견해도 같은 취지로 보인다. 한편 독일연방노동법원은 고용보장과 교환하여 근로시간을 연장하면서 연장분의 보수는 일부분밖에 지불하지 않는 계약상의 통일적 규정과 단체협약 사이의 유리 원칙의 적용과 관련하여, 고용보장과 근로시간·임금은 '사과와 배'처럼 완전히 다른 규정 대상으로 사항적 관련성이 없어 상호 비교할 수 없다고 보아 유리 원칙의 적용을 배제하였다(BAG v.20.4.1999, NZA 1999 S.887. 荒木尚志a, 162면; 丸山亞子, 173면에서 재인용). 비

가령 사용자가 급여규정 등을 개정하여 출퇴근 교통비, 직무수당, 장기근속 수당을 폐지하고 새로이 학자보조금 수당과 가족수당을 신설하는 한편 승급제도를 개정하고 각 직급 간의 급여 차액을 확대한 사안[39]의 경우 위 각 폐지한 수당과 신설된 수당 사이에는 동종성이 있어 위 수당들이 폐지됨으로써 초래된 불이익이 다른 수당의 신설에 의하여 상쇄되고 있는지를 개정 급여규정에 의하여 수령한 임금총액과 종전 급여방식에 의하여 산출된 임금총액을 비교하면 판단할 수 있으므로 객관적 관련성을 인정할 수 있다.[40]

다음으로 여러 근로조건 요소 및 이를 규정하는 취업규칙 규정들이 함께 하나의 근로조건 사항을 규율하는 유기적 관련성이 있는 경우에도 위의 객관적 관련성을 충족한다고 할 수 있다(유기적 관련성).

가령 퇴직금 규정에서 퇴직금 지급률의 인하와 함께 퇴직금 산정의 기초가 되는 평균임금에 산입되는 급여의 범위가 확대되고, 근속기간 계산 방식의 개선 등이 이루어지는 경우가 대표적인 경우이고, 그 외에 야간근로수당이라는 하나의 근로조건 사항을 결정하는 통상임금 범위 확정과 가산율에 관한 규정, 명예퇴직수당 산정에서 지급률과 기초임금[41]도 유기적 관련성이 인정되는 경우이다.

② **주관적 관련성** 대가관계나 연계성의 인정과 관련하여서는 다음으로 변경 주체인 사용자에게 여러 근로조건 사항을 관련시킬 의사가 있었는지 여부도 함께 고려되어야 한다. 개정 과정에서 표시된 의사뿐 아니라 개정 과정에 나타난 여러 사정에 의하여 추단되는 사용자의 의사도 포함된다. 사용자가 회사 내부 문서에 의하여 표시한 의사와 변경 당시의 노사 협상 경위, 변경된 규정의 성격 등에 비추어 추단되는 사용자의 실질적인 의사가 다른 경우라면 후자가 우선할 것이다.[42]

하급심에 나타난 사례로는 보수 규정을 변경하면서 특별 상여금을 퇴직금

---

록 근로계약과 단체협약 사이의 유리 원칙 적용과 관련된 판단이기는 하나, 위와 같은 판단 방법과 같은 태도라고 할 수 있다.

39) 대법원 1992. 4. 10. 선고 91다37522 판결.

40) 상여금이나 수당을 삭감하고 삭감된 상여금이나 수당을 기본급으로 전환한 경우에 전후의 총 급여를 비교하여 불이익변경 여부를 판단한 판결(광주지법 2022. 4. 19. 선고 2020노3228 판결)은 위와 같은 동종적 관련성을 인정하고 종합적으로 판단한 것으로 볼 수 있다. 대법원도 원심의 판단을 수긍하였다(대법원 2022. 7. 14. 선고 2022도5116 판결).

41) 대법원 2004. 1. 27. 선고 2001다42301 판결.

42) 김치중c, 326면.

산정의 기초가 되는 기준 임금에서 제외하고 동시에 명예퇴직금 제도를 새로 도입한 사안에서, 명예퇴직금을 합하면 더 많은 퇴직금을 받을 수 있으므로 보수 규정의 내용은 전체적으로 보아 근로자에게 불이익한 것으로 볼 수 없다는 사용자측의 주장에 대하여, 명예퇴직금 제도의 도입은 15년 이상 근속한 자로서 7년 이내에 정년에 달하는 근로자들에게 그들이 정년 퇴직할 경우 받을 기대 퇴직금과 조기 퇴직 당시를 기준으로 받게 되는 퇴직금의 차액 및 정년 퇴직 시까지 계속 근로하여 받을 보수액 중 각 일부를 명예퇴직금의 형식으로 보상함으로써 자진 퇴직을 유도하여 고임금화하는 인력 구조의 문제점을 해소하려는 경영상의 필요에 따라 이루어진 것이고, 위와 같은 사정에 비추어 볼 때 명예퇴직금 제도의 도입이 기준 임금의 범위 축소와 대가관계에 있다고 보기 어렵다고 한 사례가 있다.[43)]

③ 소 결 이상의 논의를 종합하면 취업규칙의 규정 중 복수의 규정이 동시에 변경되는 경우, 여러 근로조건 또는 취업규칙 조항 사이에 일정한 객관적 관련성(동종적 관련성 또는 유기적 관련성)이 인정되고, 사용자가 문제되는 취업규칙 조항을 불이익하게 변경하면서 그에 대한 보상으로 또는 그와 연계시켜 다른 취업규칙 조항을 개선한다는 주관적 관련성이 인정된다면 위 각 규정들 사이에는 대가관계나 연계성이 인정된다.

대가관계나 연계성이 인정되는 경우에는 각 규정별로 변경 전후 규정을 비교하여 불이익변경 여부를 판단하는 것이 아니라 대가관계나 연계성이 있는 다른 규정까지 포함하여 전체적·종합적으로 변경 전후의 규정을 비교하여 불이익변경 여부를 판단한다.

이와 달리 대가관계나 연계성이 인정되지 않는 경우에는 각 규정마다 개별적으로 변경 전후의 규정을 비교하여 불이익변경 여부를 판단하여야 할 것이다.

#### ㈑ 임금피크제와 불이익변경 판단

취업규칙을 변경하여 임금피크제를 도입할 경우 불이익변경 여부가 문제된다. 임금피크제란 정년을 보장 또는 연장하거나 정년 후 재고용을 하면서 특정 연령, 근속연수 또는 호봉을 기준으로 하여 그 이후 임금을 감액하거나 동결하는 제도이다.

---

43) 광주고법 2006. 7. 19. 선고 2006나4037 판결.

임금피크제는 정년의 연장을 수반하는지 여부에 따라 정년 보장형 임금피크제와 정년 연장형 임금피크제로 구분할 수 있다.

정년 보장형 임금피크제란 단체협약이나 취업규칙에서 정한 기존의 정년을 보장하면서 기존 정년 전의 일정한 연령 등의 시점을 기준으로 하여 피크임금을 정하고 이후 임금을 감액 또는 동결하는 유형의 임금피크제이다.

정년 연장형 임금피크제란 단체협약이나 취업규칙에서 정한 기존의 정년을 연장하면서 기존의 정년의 시점 또는 그 이전의 일정 연령 등의 시점을 기준으로 하여 피크임금을 정하고 그 이후 임금을 감액 또는 동결하는 유형의 임금피크제이다.[44]

취업규칙의 변경에 의하여 정년 보장형 임금피크제를 도입하는 경우, 근로자에게는 원래 종전 취업규칙 등에서 정한 정년까지 근로관계의 존속을 보장받는 것에 관한 기득이익이 있었으므로 정년이라는 면에서 새로운 이익이 추가된 것은 없다. 이에 반해 임금이라는 면에서 보면, 임금피크제의 도입에 의하여 종전 취업규칙 등에서 정한 임금보다 감액된 임금을 받게 되어 감액된 임금에 해당하는 기득이익이 박탈되는 결과가 발생한다. 또한 임금피크제의 도입에 의하여 임금만 삭감되는 것이 아니라, 퇴직금, 국민연금, 통상임금으로 인한 각종 법정수당 등 동종성을 갖는 다른 근로조건의 추가적·연쇄적 불이익변경을 초래하게 된다.[45] 따라서 정년 보장형 임금피크제의 도입은 정년이라는 면에서의 유리한 변경 없이 임금이라는 면에서의 근로조건의 불이익한 변경을 가져오므로 앞서 본 불이익변경의 물적 판단기준을 언급할 필요 없이 취업규칙의 불이익변경에 해당하여 이를 적용받은 근로자 집단의 집단적 동의를 받아야 한다.[46]

정년 연장형 임금피크제에 대하여는 정년 이전 기간 동안 감액되는 임금액보다 정년 후 연장된 근무기간 동안 받는 임금 총액이 더 많도록 설계하고 근로자의 자유로운 선택에 따라 이루어진다면 이는 불이익변경으로 평가되지 않

44) 이외에 고용 연장형 임금피크제는 단체협약이나 취업규칙에서 정한 기존의 정년 연령이나 기존 정년 전의 일정한 연령 등에 도달하면 일단 퇴직한 후 기존 정년 이후의 기간까지 재고용하되 재고용 시 기존의 신분에서 촉탁, 계약직 등으로 신분이 변경되면서 임금이 감액 또는 동결되는 유형의 임금피크제이다.

45) 정숙희, 95면.

46) 취업규칙에 의하여 정년 보장형 임금피크제를 도입한 것을 취업규칙의 불이익변경으로 보고 집단적 동의가 필요하다고 한 하급심 판결로 서울행법 2007. 1. 23. 선고 2006구합28598 판결, 제주지법 2014. 5. 15. 선고 2013가합2227 판결 등 참조.

는다는 견해가 있다.[47] 그러나 정년 후 연장된 근무기간에 대하여는 그 기간 동안 근로가 추가적으로 제공되고, 임금피크제의 도입에 따라 퇴직금, 각종 법정수당, 국민연금 등 동종성을 갖는 다른 근로조건의 추가적·연쇄적 불이익이 초래되므로 위와 같이 임금총액만을 단순 비교하여 후자가 전자보다 더 큰 경우에는 불이익변경이 아니라고 단정할 수 없다. 또한 보다 근본적으로는 정년과 임금이라는 두 근로조건 사이에 동종성 또는 유기적 관련성을 인정하기 어려운 이상, 정년의 연장으로 인한 이익과 임금의 감액으로 인한 불이익을 임금총액이라는 하나의 기준으로 환원하여 비교할 수 없으므로, 정년의 연장으로 인한 이익과 임금의 감액으로 인한 불이익을 전체적, 종합적으로 평가할 수 없고, 각 근로조건마다 개별적으로 변경 전후의 규정을 비교하여 불이익변경 여부를 판단하여야 할 것이므로, 결국 위와 같은 정년 연장형 임금피크제의 도입은 기존 정년 시기 이전의 임금감액이 수반되는 이상 불이익변경에 해당한다고 할 것이고 집단적 동의를 받아야 한다.[48]

#### (2) 인적 판단 기준

취업규칙의 변경이 근로자 전체에게 불리한 경우에는 취업규칙의 불이익변경에 해당하여 집단적 동의를 받아야 하는 것이 명백하다. 그런데 일부 근로자에게는 불리하나 일부 근로자에게는 유리한 경우에도 취업규칙의 불이익변경에 해당하는 것인지 문제된다.

##### ㈎ 일부 근로자에게는 유리하고 일부 근로자에게는 불리한 경우

판례는, 취업규칙의 일부를 이루는 급여규정의 변경이 일부 근로자에게는 유리하고 일부 근로자에게는 불리한 경우 그러한 변경에 근로자 집단의 동의를 요하는지를 판단하는 것은 근로자 전체에 대하여 획일적으로 결정되어야 하고, 또 이러한 경우 취업규칙의 변경이 근로자에게 전체적으로 유리한지 불리한지를 객관적으로 평가하기가 어려우며, 같은 개정에 의하여 근로자 상호 간의 이·불리에 따른 이익이 충돌되는 경우에는 그러한 개정은 근로자에게 불이익한 것으로 취급하여 근로자들 전체의 의사에 따라 결정하게 하는 것이 타당하

47) 박종희c, 42면.

48) 정년 연장형 임금피크제의 도입을 취업규칙의 불이익변경으로 본 하급심 판결로는 서울중앙지법 2008. 8. 1. 선고 2007가합111716 판결, 서울중앙지법 2015. 8. 28. 선고 2014가합557402 판결 등 참조.

다고 한다.[49)]

가령 사용자가 1981. 1. 1.을 전후하여 퇴직금 규정 중 퇴직금 지급률을 낮추는 한편, 퇴직금 산정의 기초 임금을 개정 전에는 '기준봉급'(=본봉+직책수당)으로 하였다가 개정 후에는 '기준급여'(=본봉+직책수당+상여금월평균액+연·월차휴가 보상금)로 확대하였는데, 개정 전의 규정에 의한 퇴직금과 개정 후의 규정에 의한 퇴직금을 산출하여 비교하여 보면, 위 퇴직금 규정의 개정은 단기근속자들(6년 이하)에게는 유리하나 장기근속자들(10년 이상)에게는 불리한 경우, 위 퇴직금 규정의 개정은 전체적으로 보아 근로자들에게 불리하여 전체 근로자들의 집단적 동의를 받아야 한다.[50)]

㈏ **연봉제와 불이익변경 판단**

연봉제를 급여액의 변동 모습에 따라 구분하면 적용 대상 직원들 중 일부 직원들의 임금은 증가하고 나머지 직원들의 임금은 기존의 연봉액을 유지하는 Plus Sum 방식과 일부 직원들의 임금이 증가하는 만큼 나머지 직원들의 임금이 감소하는 Zero Sum 방식이 있다.

Plus Sum 방식은 임금의 저하가 발생할 여지가 없고 오히려 일부 직원들의 임금액이 증가한다는 점에서 근로조건의 불이익변경에 해당하지 않으나, Zero Sum 방식에 의할 경우에는 일부 근로자의 임금액이 삭감되고 일부 근로자의 임금액이 증가한다.[51)] 따라서 사용자가 Zero Sum 방식에 의한 연봉제를 실시하기 위하여 연봉 급여 규정을 신설하고 그와 관련된 취업규칙의 여러 규정을 변경하면 연봉제의 실시로 인하여 일부 근로자들에게는 유리하고 일부 근로자들에게는 불리하게 되는 결과가 발생하게 되고, 전체적으로 근로자들에게 불리한 취업규칙의 불이익변경에 해당하여 집단적 동의를 받아야 한다.[52)]

49) 대법원 1993. 5. 14. 선고 93다1893 판결, 대법원 1993. 12. 28. 선고 92다50416 판결, 대법원 1995. 3. 10. 선고 94다18072 판결, 대법원 1997. 8. 26. 선고 96다1726 판결, 대법원 2002. 6. 28. 선고 2001다47764 등 판결, 대법원 2009. 5. 28. 선고 2009두2238 판결, 대법원 2012. 6. 28. 선고 2010다17468 판결.

50) 대법원 1997. 8. 26. 선고 96다1726 판결, 대법원 2000. 9. 29. 선고 99다45376 판결.

51) 도재형a, 22면 이하.

52) 호봉제에서 연봉제로 보수체계가 변경되면서 일부 교원들의 경우에는 업적 평가에 의해 보수가 삭감될 가능성이 생겼고 실제로 일부 교원들의 보수가 삭감되는 상황이 발생한 이상, 급여 규정이 연봉제로 변경된 것은 불이익변경이라고 판단한 것으로 대법원 2012. 6. 28. 선고 2010다17468 판결.

#### (3) 시적 판단 기준

판례에 따르면, 취업규칙의 변경이 근로자들에게 유리한지 불리한지 여부를 판단하는 기준 시점은 취업규칙의 변경이 이루어진 시점이므로, 취업규칙 변경의 불이익 여부를 판단할 때에는 취업규칙 변경 이후에 나타난 사정 변경을 고려하여서는 아니 된다고 한다.[53)]

앞서 살펴본 대법원 1997. 8. 26. 선고 96다1726 판결의 사안에서 위 퇴직금 규정의 개정은 단기근속자들(6년 이하)에게는 유리하나 장기근속자들(10년 이상)에게는 불리하여 전체적으로 보아 근로자들에게 불이익하게 변경된 것인데, 그 후 다시 퇴직금 규정이 개정되어 1984. 7. 1. 전산관리수당이, 1985. 1. 1.에 직무수당이, 1987. 1. 1.에 증권수당이 각 신설되고 퇴직금 산정의 기초 임금에 포함된 경우, 위 1981. 1. 1. 개정 전에 입사하였다가 1987. 1. 1. 이후에 퇴직한 근로자들이 위 개정 전의 퇴직금 규정에 의하여 받을 수 있는 퇴직금액[퇴직 당시의 '기준봉급'(=본봉+직책수당)에 위 개정 전의 지급률을 곱한 금액]보다 위 근로자들이 퇴직 당시 실제로 지급받은 금액[퇴직 당시의 '기준급여'(=본봉+직책수당+상여금 월평균액+연 · 월차휴가 보상금+전산관리수당+직무수당+증권수당)에 개정 후의 퇴직금 지급률을 곱한 금액]이 크게 되었다면 위 1981. 1. 1. 이후의 사정변경까지 고려할 때 위 1981. 1. 1.자 퇴직금 규정의 변경은 근로자들에게 유리하게 변경되었다고 볼 여지가 있다.

그러나 판례는 위 1981. 1. 1.자 퇴직금 규정 개정의 유 · 불리는 취업규칙 개정 당시의 사정만을 기준으로 판단하여야 한다고 하고, 그 개정 이후에 새로이 신설된 수당까지 기초 임금에 포함시켜 판단한 나머지 위 퇴직금 규정의 개정이 근로자들에게 유리하여 근로자들의 동의를 받을 필요가 없다고 판단한 원심은 잘못이라고 하였다. 따라서 위 1981. 1. 1.자 퇴직금 규정의 개정은 개정 당시의 사정만에 기초하여 판단할 때 불이익한 변경이므로 근로자들의 집단적 동의를 받아야 하는데, 판례가 취하는 이른바 상대적 무효설[54)]에 의하면 비록 그 동의를 받지 아니하였다고 하더라도 취업규칙의 작성 · 변경권이 사용자에게 있는 이상 현행의 법규적 효력을 가진 취업규칙은 변경된 취업규칙이고, 다만 기득이익이 침해되는 기존 근로자에 대하여는 종전의 취업규칙이 적용될 따름이므로,

53) 대법원 1997. 8. 26. 선고 96다1726 판결, 대법원 2000. 9. 29. 선고 99다45376 판결.

54) 상대적 무효설에 대한 자세한 내용은 법 94조에 대한 해설 Ⅱ. 2. 아. 참조.

위 퇴직금 규정의 개정이 1981. 1. 1. 당시에는 근로자들에게 불리하였어도 그 후의 거듭된 개정이라는 사정 변경에 의하여 기존 근로자들의 기득이익을 침해하지 않게 된 경우(즉 개정 전의 퇴직금 규정에 의하여 산정된 퇴직금액보다 1987. 1. 1. 개정 이후의 퇴직금 규정에 의하여 산정된 퇴직금액이 더 크다)에는 그 개정에 대한 근로자들의 동의가 없었더라도 기존의 근로자들에게 적용될 취업규칙은 1987. 1. 1. 개정된 취업규칙이라고 한다.[55)]

### 다. 판례에 나타난 불이익변경 여부 판단

이하 판례에 나타난 불이익변경 여부에 관한 판단을 부정례를 중심으로 살펴본다.

① 취업규칙을 개정하여 상담역의 직위를 신설하였는데, 개정 이전에도 후선배치 유휴인력 직위로서 업무추진역 등의 직위를 두고 있었고, 상담역의 직위는 개정 전 업무추진역의 급여 및 처우와 동일하게 규정되어 있으며, 상담역을 중·대형점의 영업전담역으로, 업무추진역은 지역본부의 영업전담역으로 활용하기로 한 사안에서 위 취업규칙 변경은 개정 전의 업무추진역을 지역본부의 영업전담역인 업무추진역과 중·대형점의 영업전담역인 상담역으로 세분하여 규정한 것에 불과하여 불이익변경이라고 볼 수 없다.[56)]

② 개정 인사규정의 징계사유와 징계종류에 관한 규정은 개정 전 인사규정의 징계사유와 징계종류에 관한 규정의 각 호를 그대로 둔 채 종전에 포괄적·추상적으로 규정되어 있던 징계사유와 징계종류의 각 호를 세목화하여 상세히 규정하고 있을 뿐이어서 근로자에게 불이익하게 개정된 것이 아니다.[57)]

③ 회사가 보수 규정에서 새로운 수당을 지급하도록 규정함과 동시에 퇴직금 규정을 개정하여 새로 지급되는 그 수당을 퇴직금 산정의 기초 임금에서 제외시킨 경우에는 퇴직금 규정의 개정을 전후하여 퇴직금의 액수에 변동이 있는 것이 아니어서 기존의 근로자들의 기득의 권리나 이익을 박탈하는 것이 아니므로 그와 같은 개정은 근로자에게 불리한 개정이라고 할 수 없다.[58)]

④ 신 규칙이 구 규정상의 재심위원 중 '대학에서 법학을 담당한 조교수 이상의 직에 2년 이상 근무하고 있는 자'를 제외하고 '교수 및 직원'을 추가함

55) 대법원 1997. 8. 26. 선고 96다1726 판결.
56) 대법원 2002. 8. 27. 선고 2001다62404 판결.
57) 대법원 1999. 6. 22. 선고 98두6647 판결.
58) 대법원 1997. 8. 26. 선고 96다1726 판결.

으로써 근로자의 입장을 대변할 수 있는 직원도 재심위원으로 선임하도록 규정하고 있어 신 규칙이 구 규정에 비하여 근로자에게 불리한 변경이라고 단정할 수는 없으므로 신 규칙의 효력을 부정할 수는 없다.59)

⑤ 이미 시행 중이던 감사업무지침을 인사관리규정에 통합하여 규정화한 경우 협회의 감사제도는 기왕에 시행 중이던 것을 인사관리규정에 통합한 것이지 새로운 제도를 도입·신설한 것이 아니어서 취업규칙의 불이익한 변경에 해당하지 않는다.60)

⑥ 개정된 인사규정 및 인사운영지침이 합병 전의 규정들보다 더 세분화되고 구체적인 내용에서 다소 상이한 점이 있다고 하더라도, 이는 합병 전 A은행과 B은행이 각자 시행하고 있던 제도를 통합하는 과정에서 예상할 수 있는 범위 내의 것이라고 할 것이어서, 이를 가지고 불이익한 취업규칙의 변경이라고 할 수는 없다.61)

⑦ 법령에 의하여 설치된 각종 위원회 상근직은 원래 '가'등급부터 '자'등급까지 9개 등급으로 구분되어 있으므로 채용규정을 개정하면서 종래 조사관 등급에 없던 '라'등급과 '마'등급을 추가하였다고 하더라도 이는 법령에서 정하고 있는 조사관 등급을 세분화한 것에 불과하므로 이를 두고 취업규칙 자체가 조사관들에게 불리하게 변경된 것이라고 볼 수 없다.62)

⑧ 회사가 2006. 1. 1. 신인사제도를 도입하여 과장급 이상은 누적제(기본급 누적식제)로 운영하되, 누적제는 전년도 근무평가 결과에 따라 승급을 개별적으로 조정하였고, 위와 같은 신인사제도를 반영하여 개정된 취업규칙에서 "휴직 중에는 승급 및 평가인상을 실시하지 않는다."라고 규정하였는데, 업무상재해로 휴직 중인 근로자에 대하여 2000년부터 2005년까지는 매년 정기승급을 하여 기본급을 인상하였으나 신인사제도의 시행에 따라 대리이던 근로자의 직급이 과장으로 변경됨에 따라 정기승급이 이루어지지 않게 되었고, 전년도 근무평가 역시 존재하지 않음에 따라 이러한 평가를 통해 기본급을 인상하는 것 역시 가능하지 않게 된 사안에서, 대법원은 위 취업규칙 규정은 정기승급이나 근무평가를 통한 기본급 인상에 관하여 이전부터 있었던 종전 취업규칙 규정을 변경하였다

59) 대법원 2005. 11. 25. 선고 2003두8210 판결.
60) 대법원 2008. 9. 11. 선고 2008두1313 판결.
61) 대법원 2009. 3. 26. 선고 2007다54498 판결, 대법원 2009. 3. 26. 선고 2007다54511 판결.
62) 대법원 2014. 6. 26. 선고 2013다10079 판결.

거나 이를 불이익하게 변경한 것이라고 볼 수 없다고 하였다.[63)]

⑨ 방송국이 2017. 2. 13. 전국의 지역총국과 지역국에서 방송기술업무(TV조정실, 라디오조정실, 송출센터)를 담당하는 기술직 근로자들에 대하여 TV조정실의 근무형태를 '4조 3교대의 교대근무제'에서 '3조 3시차와 4조 3교대의 병합근무제'로 변경하는 등 근무형태 전면 개편조치를 시행하였는데, 이로 인하여 기술직 근로자들의 근무형태가 크게 불규칙해졌다거나 업무부담이 증가하였다고 보기 어렵고, 설령 일부 근로조건에서 다소 저하된 부분이 있다고 하더라도 위와 같은 조치 이후로 밤샘근무가 대폭 축소되는 등 오히려 근로조건이 향상된 부분도 있으므로 여러 요소들을 종합적으로 고려해 보면 취업규칙이 불이익하게 변경되었다고 보기 어렵다.[64)]

⑩ 방송국의 직제 개편에 따라 취업규칙을 개정하여 징계요청권자인 인사담당 본부장이 인사위원회 위원장의 지위를 겸직하게 되었지만, 종전 인사규정 및 취업규칙에 의하더라도 징계요청권자가 인사위원회에 위원으로 참여하도록 함으로써 징계요청권자와 심의권자의 지위가 분리되지는 아니하였고, 징계요청권자인 인사담당 본부장이 인사위원회의 위원이 아닌 위원장의 지위를 겸직하게 된 것은 어디까지나 참가인 회사가 조직을 개편하는 과정에서 직제를 변경한 결과라고 보일 뿐이므로 이로 인하여 기존에 근로자가 누리던 이익이나 절차적 공정성이 침해되었다고 보기는 어려워, 개정 전의 취업규칙을 적용하여 인사위원회를 구성하는 것보다 원고에게 더 불이익한 결과를 가져왔다고 단정하기 어렵다.[65)]

## 2. 집단적 동의

### 가. 집단적 동의의 규범적 요청

일본 노기법을 계수한 제정 근기법은 취업규칙의 작성·변경과 관련하여 사용자에게 과반수 조합이나 근로자 과반수를 대표하는 자의 의견을 청취할 의무를 부과하였을 뿐 불이익변경에 관한 규정을 두지 않았는데, 1989. 3. 29. 법을 개정하면서 법 95조(현행 법 94조) 1항 단서에서 취업규칙을 불이익하게 변경할 경우 과반수 조합의 동의, 과반수 조합이 없는 경우에는 근로자 과반수의 동의,

63) 대법원 2018. 9. 28. 선고 2015다209699 판결.
64) 대법원 2022. 3. 11. 선고 2018다255488 판결.
65) 대법원 2022. 10. 14. 선고 2022두41362 판결.

즉 집단적 동의를 얻어야 한다는 규정을 신설하였다.

취업규칙 불이익변경에 대하여 집단적 동의를 받도록 한 위 규정은 잘 알려진 것처럼 대법원이 1977. 7. 26. 선고 77다355 판결 이후 일련의 판결에서 독창적으로 설시한 판례 법리를 입법화한 것이다.

(1) 대법원 1977. 7. 26. 선고 77다355 판결의 판시 내용과 그 요지

㈎ 판시 내용

"원칙적으로 취업규칙의 작성변경권은 사용자에게 있다 할 것이나 취업규칙의 변경에 의하여 기존 근로조건의 내용을 일방적으로 근로자에게 불이익하게 변경하려면 종전 취업규칙의 적용을 받고 있던 근로자 집단의 집단의사결정 방법에 의한 동의를 요한다고 할 것이며, 그 동의 방법은 근로자 과반수로 조직된 노동조합이 있는 경우에는 그 조합의, 그와 같은 조합이 없는 경우에는 근로자들의 회의 방식에 의한 과반수의 동의가 없는 한 취업규칙의 변경으로서의 효력을 가질 수 없고, 따라서 그러한 취업규칙 변경에 대하여 개인적으로 동의한 근로자에 대하여도 효력이 없는 것이라고 할 것이다. 왜냐하면 기존 근로조건의 내용을 사용자가 일방적으로 근로자에게 불이익하게 변경하는 것은 위의 근로기준법의 보호법으로서의 정신과 기득권 보호의 원칙 및 근로조건은 근로자와 사용자가 동등한 지위에서 자유의사에 의하여 결정되어야 한다는 법 3조(현행 법 4조)의 규정상 허용될 수 없다 할 것이고, 그렇다고 하여 만약 취업규칙의 불이익한 변경에 개인적으로 동의한 근로자에 대하여는 그 변경의 효력이 있고 동의하지 아니한 근로자에 대하여는 효력이 없다고 한다면 근로자는 단체로서 행동할 때 실질적으로 사용자와 대등한 입장에 서게 된다는 것이 모든 노사관계법의 기본 입장이므로 사용자는 실질적으로 대등하지 아니한 우월한 지위에 서서 용이하게 취업규칙의 변경이란 형식으로 개별 근로자에 대하여 기존 취업규칙에 미달되는 근로계약을 체결할 수 있게 되어 취업규칙에 정한 기준에 미달되는 근로조건을 정한 근로계약은 그 부분에 한하여 무효로 하고 무효로 된 부분은 취업규칙에 정한 기준에 의한다 하여 취업규칙상의 기준을 최저기준으로 규정한 법 98조(현행 법 97조)를 사실상 무의미하게 만드는 결과가 되고, 또한 한 개의 사업장에 다수의 취업규칙이 사실상 병존하는 것과 같은 결과가 되어 취업규칙의 규범으로서의 획일적·통일적 적용의 필요성에도 위배된다 할

것이며, 집단에 적용되는 법규범의 변경에는 집단적 의사에 의한 동의를 얻게 함으로써 집단 전체에 그 효력을 미치게 함은 일반 법규범의 변경 절차로서도 타당하기 때문이다."

㈏ 판시 요지

위 판시 내용은 다음과 같이 요약할 수 있다.

① 취업규칙의 변경에 의하여 근로조건을 불이익하게 변경하려면 집단적 동의를 받아야 하고 개인적 동의는 효력이 없다.

② 사용자의 일방적 불이익변경은 근기법의 보호법으로서의 정신, 기득권 보호의 원칙, 근로조건 대등 결정의 원칙상 허용될 수 없다.

③ 개인적 동의가 아니라 집단적 동의가 요구되는 근거는 근로자는 단체로서 행동할 때 실질적으로 사용자와 대등한 입장에 서게 된다는 집단적 대등 결정 원칙, 취업규칙의 획일적·통일적 적용의 필요성, 취업규칙의 집단적 법규범성이다.

(2) 집단적 동의 제도와 여러 규범적 요청의 상호 관계

위 판결에서는 사용자의 일방적인 취업규칙 불이익변경이 허용되지 않는 근거로 근로자 보호의 정신, 기득권 보호의 원칙, 근로조건 대등 결정의 원칙을 제시하고, 나아가 근로자의 개인적 동의가 아니라 집단적 동의가 요구되는 근거로 집단적 대등 결정 원칙, 근로조건의 통일적 규율의 필요성, 취업규칙의 집단적 법규범성 등 여러 규범적 요청들을 제시하고 있다.

다만, 위 판결에서는 여러 규범적 요청을 나열할 뿐, 집단적 동의와 위 규범적 요청들의 상호 관계에 대하여 명확한 태도를 제시하지 않고 있다. 위 상호 관계의 문제, 즉 위 규범적 요청들은 어떠한 측면에서 집단적 동의 제도의 근거가 되는가, 어떠한 규범적 요청이 집단적 동의 제도와 필연적인 관계를 맺고 있고 취업규칙 불이익변경의 효력을 좌우하는 실질적 근거인가 하는 문제에 대한 이해 방식에 따라 집단적 동의의 주체, 방법, 집단적 동의를 받지 않은 경우의 효력의 인적 범위 등 집단적 동의에 관한 구체적인 문제에 대하여 서로 다른 결론이 도출되므로 위 상호 관계의 문제는 집단적 동의에 관한 구체적 문제를 살펴볼 이념적 지표를 구하는 선결적 과제이다.

### ㈎ 집단적 대등 결정 원칙[66)]

근기법 4조에서는 근로조건 대등 결정의 원칙을 규정하고 있는데, 먼저 근로조건 대등 결정의 원칙, 특히 근로조건의 집단적 대등 결정 원칙은 위 판시에서 사용자의 일방적 불이익변경이 허용되지 않는 이념적 근거 중 하나로서 제시되고 있을 뿐 아니라, 개인적 동의가 아니라 집단적 동의가 요구되는 근거로서도 제시되고 있는 점에서 알 수 있는 것처럼 집단적 동의와 직접적·실질적으로 관련을 맺고 있는 규범적 요청이다.

즉 근로자 개개인은 사용자에 대하여 종속 상태에 놓여 있기 때문에 계약자유의 원칙은 형해화되어 사용자의 단독 결정에 의하여 근로조건이 규율될 가능성이 있으므로, 일단 사용자가 일방적으로 작성한 취업규칙에 대하여 법규범적 효력을 인정하되, 적어도 취업규칙이 불이익하게 변경되는 경우에는 근로자로 하여금 집단의 힘으로 근로조건의 결정에 실질적으로 관여하게 함으로써 형해화된 계약 자유를 집단적 차원에서 회복하고 근로조건의 집단적 대등 결정 원칙을 구현하는 것이 필요하므로 취업규칙 불이익변경이 효력을 가지기 위해서는 집단적 동의가 요구된다는 것이다.

집단적 동의 여부에 따라 취업규칙 또는 근로조건의 불이익변경과 관련하여 서로 상반되는 두 가지 결과가 나타난다.

먼저 근로자 집단이 집단적 자기 결정에 기초하여 취업규칙 불이익변경에 대한 집단적 동의를 거부함으로써 사용자에 의하여 시도되는 근로조건의 불이익변경을 저지하는 경우가 있다.[67)]

다음으로 근로자 집단이 집단적 자기 결정에 기초하여 취업규칙 불이익변경에 대한 집단적 동의를 부여함으로써 사용자에 의하여 시도되는 근로조건의 불이익변경을 정당화하는 경우가 있다.

위와 같이 집단적 동의는 그 존부에 따라 취업규칙 또는 근로조건의 불이익변경과 관련하여 서로 다른 결과를 가져오는 양날의 칼을 가진 제도인데, 중

66) 헌법재판소는 헌법 33조 1항에서 규정하는 근로3권의 기본권 보장에 근로조건의 집단적 결정은 대등한 위치에 있는 노사 간의 교섭과 합의를 통해 이루어져야 한다는 이른바 집단적 근로조건 대등결정의 원칙이 내포되어 있다고 본다. 한편 근기법 4조에서 선언한 근로조건 대등결정의 원칙은 개별 근로계약을 체결하거나 변경하는 경우뿐만 아니라 집단적 근로조건을 결정하는 내용의 취업규칙이나 단체협약에 대해서도 적용되어야 한다고 한다. 헌재 2021. 12. 23. 선고 2018헌마629, 630(병합) 결정 참조.

67) 집단적 동의의 방어적 성격을 지적하는 견해로는 박종희b, 150면 참조.

요한 것은 근로자가 집단적 동의를 거부하는 경우든 부여하는 경우든 근로자는 집단의 힘으로 사용자와 대등하게 근로조건의 결정에 실질적으로 관여하고 있다는 점에서 어느 경우에나 집단적 대등 결정 원칙은 관철되고 있다는 점이다.

취업규칙 불이익변경의 효력은 집단적 대등 결정 원칙의 관철 여부(따라서 사용자가 아예 집단적 동의를 받는 시도조차 하지 않는 경우에는 집단적 대등 결정 원칙이 관철되지 않는 경우이므로 취업규칙 불이익변경은 효력이 없다)와 그 집단적 대등 결정의 방향(불이익변경을 저지하는 방향으로 또는 정당화하는 방향으로)에 의하여 좌우된다.

㈏ **근로자 보호의 정신**

근로자 보호의 정신은 취업규칙의 일방적 불이익변경이 허용되지 않는 이념적 근거로서 제시되고 있는 점에서 알 수 있는 것처럼 취업규칙의 불이익변경 법리와 밀접한 관련이 있다.

그러나 근로자 보호의 정신은 집단적 동의가 거부되어 취업규칙의 불이익변경이 저지되는 경우에는 관철된다고 할 수 있지만, 집단적 동의가 부여되는 경우에는 그 결과가 근로자 보호의 정신에 배치되더라도 취업규칙 불이익변경이 정당화된다는 점에서 집단적 동의 제도의 규율 원리라는 면에서 그 작용이 제한적이다.68)

사용자의 취업규칙 불이익변경에 대하여 집단적 동의가 부여되는 경우 앞서 본 것처럼 집단적 대등 결정 원칙은 여전히 관철되는 데 반하여 근로자 보호의 정신은 그 작동을 멈추게 되고 결국 근로자 보호의 정신은 집단적 동의 요건을 전면적으로 규율하지 못하는 한계가 있다.

다만, 근로자 보호의 정신은 근로자 보호법인 근기법의 기본 원리로서 근로자를 보호하는 것이 취업규칙 제도를 포함한 근기법의 기본적 과제인 점, 취업규칙에 대하여 최저기준적 효력 등 법규범적 효력을 부여하는 근거도 궁극적으로는 근로자 보호에 있는 점을 고려하면 집단적 동의에 관한 구체적 문제를 살펴봄에 있어서 항상 근로자 보호의 정신을 염두에 둘 필요가 있다.

68) 대법원 2019. 11. 14. 선고 2018다200709 판결에서는 근기법 94조 1항 단서의 규정은 사용자가 일방적으로 정하는 취업규칙을 근로자에게 불리하게 변경하려고 할 경우 근로자를 보호하기 위하여 위와 같은 집단적 동의를 받을 것을 요건으로 정한 것이라고 판시하고 있으나, 근로자 보호의 정신과 집단적 동의 제도의 관계에 대한 위와 같은 파악에 비추어 보면 위와 같은 판시는 일면적이라고 볼 여지가 있다.

#### ㈐ 기득권 보호의 원칙

기득권 보호의 원칙은 사용자의 일방적인 취업규칙 불이익변경이 허용되지 않는 근거 중 하나로 제시되었을 뿐이고, 나아가 개인적 동의가 아니라 집단적 동의가 요구되는 근거로서는 제시되지 않고 있는 점에서 기득권 보호의 원칙과 집단적 동의 제도와의 연관성은 간접적이다.

또한 집단적 동의 제도는 한편으로는 취업규칙 불이익변경에 대하여 근로자들이 집단적인 힘에 의하여 그 동의를 거부함으로써 근로자의 기득의 권리나 이익을 방어하는 것을 인정하는 의미를 갖지만,[69] 다른 한편 집단적 동의가 있으면 비록 기득의 권리나 이익이 침해되는 결과가 발생하더라도 불이익변경의 정당성이 인정되어 근로조건 불이익변경을 가능하게 하는 제도로서의 의미도 갖는다. 따라서 기득권 보호의 원칙은 집단적 대등 결정 원칙과는 달리 집단적 동의 제도의 규율 원리라는 면에서 그 작용이 제한적이다.

나아가 앞서 불이익변경의 개념에서 본 것처럼[70] 기득의 권리나 이익의 침해는 취업규칙 불이익변경 개념의 핵심적 요소로서 사용자의 취업규칙 변경에 의하여 근로자의 기득의 권리나 이익이 침해되는 경우 이는 취업규칙 불이익변경에 해당하고(불이익변경 해당성 결정 사유) 취업규칙 불이익변경이 효력을 가지기 위해서는 집단적 동의가 요구되기는 하나(집단적 동의의 요부 결정 사유), 그에 의하여 바로 취업규칙 불이익변경의 효력이 좌우되는 것은 아니고 집단적 동의 여부에 따라 취업규칙 불이익변경의 효력이 결정된다. 즉 기득의 권리나 이익의 침해 여부는 불이익변경 해당성 결정 사유, 집단적 동의의 요부 결정 사유에 불과하고 불이익변경의 효력을 좌우하는 사유라고 볼 수 없다.[71]

69) 사용자의 불이익변경에 대해 근로자들이 집단적 동의를 거부함으로써 기득의 권리나 이익을 방어하는 경우에도 기득권 보호의 원칙과 불이익변경의 효력 요건으로서 집단적 동의 제도 사이의 연관은 필연적이라고 할 수 없다. 왜냐하면 기득이익을 보호하는 방법에는, 근기법처럼 집단적 동의를 효력 요건으로 설정하고 집단적 동의가 없으면 불이익변경은 '효력'이 없다고 보아 기득이익을 보호하는 방법이 있을 수 있지만, 다른 한편 사용자에게 일방적 변경 권한을 인정하여 집단적 동의가 없더라도 불이익변경의 효력을 인정하되 변경된 취업규칙은 기득이익을 가진 근로자에게는 '적용'되지 않는다고 보아 변경된 취업규칙의 적용 범위를 한정하여 기득이익을 보호하는 방법도 있을 수 있기 때문이다.

70) 자세한 내용은 법 94조에 대한 해설 Ⅱ. 1. 가. 참조.

71) 집단적 동의를 받지 않은 취업규칙 불이익변경의 효력과 관련하여 대법원 1992. 12. 22. 선고 91다45165 전원합의체 판결은 기득이익의 침해를 효력배제사유라고 하였으나, 이와 같이 보면 문제가 있는 논리이다. 자세한 내용은 법 94조에 대한 해설 Ⅱ. 2. 아. ⑴ ㈏ ④ ㉮ 참조.

기득권 보호의 원칙과 집단적 동의 제도의 관계는 위와 같이 간접적이고, 제한적이어서 위 원칙은 집단적 동의 제도의 실질적 근거가 되지 못하고, 취업규칙 불이익변경의 효력을 좌우하는 사유라고 할 수 없다.

㈑ 근로조건의 통일적 규율

먼저 근로조건을 통일적으로 규율하는 것이 취업규칙의 본래의 기능 중 하나라는 점은 인정할 수 있으나 그것은 주로 사업의 합리적 운영이라는 경영상의 요청 내지 사용자의 현실적인 필요에서 도출되는 것이지, 근로자보호법으로서의 근기법이 취업규칙에 기대하는 규범적 요청이라고까지는 말할 수 없다.[72]

중요한 것은 집단적 동의에 의하는 것이 개인적 동의에 의하는 것보다는 근로조건의 통일적 규율을 위하여 적절한 방법일 수 있지만, 근로조건을 통일적으로 규율하는 방법으로는 집단적 동의 이외에 다양한 방법이 있을 수 있다는 점이다. 가령 일본 최고재판소와 노동계약법(이하 '노계법'이라 한다)은 불이익하게 변경된 취업규칙 조항이 주지되고 합리적일 것을 요건으로 하여 사용자에게 일방적 변경 권한을 부여하는 방법으로 근로조건의 통일적 규율을 추구하고 있다.

이와 같이 근로조건을 통일적으로 규율하는 방법은 우리 판례나 입법처럼 집단적 동의를 효력요건으로 하는 방법 이외에 다른 방법이 있을 수 있다는 점에 비추어 보면 근로조건의 통일적 규율의 필요성이라는 원리로부터 집단적 동의 제도가 필연적으로 도출되는 것은 아니다. 따라서 근로조건의 통일적 규율의 필요성이라는 원리 또한 집단적 동의의 여러 문제를 규율하는 원리로서는 한계를 가지고 있다.

(3) 결 론

결국 위 판결에서 여러 규범적 요청을 나열하고 있으나, 집단적 동의 요건의 직접적·전면적 근거가 되고 집단적 동의의 주체, 방법, 효력 등의 문제를 실질적으로 좌우하는 원칙은 근로조건 대등 결정 원칙, 그 중 근로조건의 집단적 대등 결정 원칙이라고 할 것이다.

따라서 집단적 동의에 관한 여러 문제를 살펴볼 때에는 근로자 보호의 정신을 궁극적인 원리이자 과제로서 염두에 두면서 집단적 대등 결정의 원칙을

72) 西谷 敏a, 456~457면.

중심에 놓고, 기득권 보호의 원칙, 근로조건의 통일적 규율 등의 요소를 부차적인 위치에 놓고 살펴보아야 하며, 위 여러 원칙들 사이에 충돌이 발생할 경우에는 집단적 대등 결정 원칙을 우선하여야 한다.

### 나. 집단적 동의의 법적 성질

사법상 동의는 일반적으로 타인의 법률행위에 대한 인허 또는 시인의 의사표시, 즉 행위자 단독의 행위로는 완전한 법률효과가 발생하지 않는 경우 이것을 보충하는 타인의 의사표시를 말한다.[73] 이를 취업규칙 불이익변경의 경우에 유추하면 비록 근기법이 근로자의 보호를 위하여 사용자가 일방적으로 작성하는 취업규칙에 법규범적 효력을 부여하고 있지만, 사용자가 취업규칙을 불이익하게 변경하는 경우에는 집단적 대등 결정 원칙의 관철을 위하여 사용자의 일방적인 취업규칙 변경 행위만으로는 취업규칙 변경 자체의 효력이나 법규범적 효력으로서의 변경적 효력이 발생하지 않고 근로자 집단의 동의가 있는 경우에 한하여 취업규칙 변경 자체의 효력이나 변경적 효력이 발생한다고 할 수 있다. 이러한 의미에서 집단적 동의는 취업규칙 불이익변경 자체의 적법 · 유효 요건이자 법규범적 효력인 변경적 효력의 요건이라고 할 수 있다.[74]

### 다. 집단적 동의의 주체

법 94조 1항에서 규정하고 있는 것처럼 취업규칙의 불이익변경에 대한 동의 주체는 해당 사업 또는 사업장에 근로자의 과반수로 조직된 노동조합이 있는 경우에는 그 노동조합, 근로자의 과반수로 조직된 노동조합이 없는 경우에는 근로자의 과반수이다.

#### (1) 근로자의 의미

법 94조 1항에서 말하는 근로자란 법 2조 1항 1호에서 말하는 근로자, 즉 “직업의 종류와 관계없이 임금을 목적으로 사업이나 사업장에 근로를 제공하는 자”로서, 계약의 형식(정규직 · 비정규직)이나 직종(사무직 · 생산직) 또는 직위 · 직급을 불문하나, 소속 회사가 다른 파견 근로자나 도급 근로자는 이에 포함되지 않는다.[75]

---

73) 신법률학사전, 법률신문사(1994), 510면.

74) 취업규칙을 법규범으로 볼 때 현행 법제에서 근로자의 집단적 동의와 유사한 역할을 하는 것으로 대통령의 중요 조약 체결이나 선전포고 등에 관한 국회의 동의권(헌법 60조 1항)을 들 수 있다.

(2) 과반수 조합, 근로자 과반수의 의미

과반수 조합은 노조법에서 말하는 노동조합으로서 반드시 해당 사업 또는 사업장의 근로자만으로 조직된 노동조합(기업별 노동조합)일 필요는 없다. 따라서 초기업별 노동조합, 예를 들면 지역별 노동조합이나 산업별 노동조합이라도 해당 사업 또는 사업장의 근로자 과반수가 가입하고 있는 경우라면 여기서 말하는 과반수 조합에 해당한다.[76] 초기업적 노동조합의 지부·분회는 조직적 독립성을 가지고 있는지에 따라 동의 주체가 될 수 있는지가 결정된다.[77]

해당 사업장에 2개 이상의 노동조합이 있는 경우 어느 한 노동조합이 근로자의 과반수로 조직된 경우라면 그 노동조합으로부터 동의를 받으면 되고, 각 노동조합 모두가 근로자의 과반수로 조직되어 있지 아니한 경우에는 각 노동조합 모두 동의의 주체가 될 수 없으며, 이 경우에는 근로자 과반수의 동의가 필요하다.[78]

근로자의 과반수로 조직된 노동조합이란 기존 취업규칙의 적용을 받고 있던 근로자 중 조합원 자격 유무를 불문한 전체 근로자의 과반수로 조직된 노동조합을 의미하고, 종전 취업규칙의 적용을 받고 있던 근로자 중 조합원 자격을 가진 근로자의 과반수로 조직된 노동조합을 의미하는 것이 아니다.[79]

집단적 동의의 주체가 되는 근로자의 과반수로 조직된 노동조합은 위와 같이 조합원 자격 유무를 불문한 전체 근로자의 과반수로 조직된 노동조합을 의미하고, 이는 단체협약의 효력 확장에 관한 노조법 35조의 적용 요건인 '동종의 근로자 반수 이상'에 관하여 판례가 판단기준으로 제시하는 '단체협약의 적용이 예상되는 자, 즉 조합원 자격이 있는 근로자의 반수 이상'과는 다른 개념이다. 따라서 어느 노동조합이 집단적 동의와 관련하여서는 근로자의 과반수로 조직된 노동조합이 아니지만 노조법 35조의 적용과 관련하여서는 조합원 자격이 있는

75) 조득주, 99면.
76) 김유성, 209면.
77) 注釋(下), 1012면(王能君 집필). 의견 청취 의무에 관한 위 견해를 유추한 것이다.
78) 조득주, 102~103면.
79) 대법원 2009. 11. 12. 선고 2009다49377 판결. 서울고법 2005. 3. 24. 선고 2004나42120 판결에서 위와 같이 보는 상세한 근거를 제시하고 있다. 이와 달리 부산고법 1999. 7. 21. 선고 98나8240 판결, 대전고법 2003. 7. 2. 선고 2002나3219, 4083 판결, 대전고법 2005. 12. 7. 선고 2003나8129 판결에서는 조합원 자격 있는 근로자의 과반수를 기준으로 삼았다. 이 밖에 무효인 유니언 숍 협정으로 인하여 조합 가입의 효력 및 과반수 조합 여부가 다투어진 사례로는 대법원 2004. 11. 12. 선고 2003다264 판결이 있다.

근로자의 반수 이상으로 조직된 노동조합인 경우가 있을 수 있고,[80] 역으로 어느 노동조합이 집단적 동의와 관련하여서는 근로자의 과반수로 조직된 노동조합이지만 노조법 35조의 적용과 관련하여서는 조합원 자격이 있는 근로자의 반수 이상으로 조직된 노동조합에 해당하지 않는 경우가 있을 수 있다.[81][82]

과반수 조합이 없는 경우 동의 주체는 근로자 과반수이지 근로자 과반수를 대표하는 자가 아니다.[83][84]

### (3) 동의 주체의 모집단인 근로자 집단의 범위에 관한 일반적 기준

집단적 동의의 주체는 과반수 조합, 근로자 과반수인데, 위 과반수를 어떠한 범위의 근로자 집단을 모(母)집단으로 하여 결정할 것인가 하는 것이 문제된다. 대법원은 과반수 조합, 근로자 과반수의 모집단인 근로자 집단의 범위에 관한 일반적 기준으로 '종전 취업규칙의 적용을 받고 있던 근로자 집단',[85] '종전 근로조건 또는 취업규칙의 적용을 받고 있던 근로자',[86] '여기서 말하는 근로자의 과반수라 함은 기존의 근로조건 또는 취업규칙의 적용을 받는 근로자 집단의 과반수를 뜻한다',[87] '여기서 말하는 근로자의 과반수라 함은 기존 취업규칙의 적용을 받는 근로자 집단의 과반수를 뜻한다'[88]고 하여 경우에 따라 표현을 달리하고 있지만, 실질적 의미의 차이는 없고 대체로 종전 취업규칙의 적용을 받던 근로자 집단을 집단적 동의의 주체인 과반수 조합, 근로자 과반수의 모집

80) 이에 해당하는 판결 사안으로는 대법원 2006. 4. 27. 선고 2004다4683 판결의 사안 참조.

81) 이에 해당하는 판결 사안으로는 대법원 2004. 2. 12. 선고 2001다63599 판결, 대법원 2005. 5. 12. 선고 2003다52456 판결의 사안 참조.

82) 집단적 동의의 경우 전체 근로자의 '과반수'가 요건이고, 노조법 35조의 경우에는 '반수 이상'이 요건이라는 차이도 주의할 필요가 있다.

83) 취업규칙 작성·변경에 대한 의견 청취 의무만을 부과하던 1989. 3. 29. 개정 전의 법에서는 '근로자의 과반수를 대표하는 자'로 규정하고 있었으나, 위 개정법에서 의견 청취의 상대방 및 불이익변경에 대한 동의 주체를 '근로자의 과반수'로 바꾸어 규정하였다.

84) 취업규칙 변경에 있어서 상시근로자 수를 기준으로 근로자의 과반수를 산정하여야 한다고 해석할 수 없다고 한 것으로 대전지법 2017. 11. 23. 선고 2017구합102241 판결 참조.

85) 대법원 1997. 8. 26. 선고 96다1726 판결, 대법원 2000. 9. 29. 선고 99다45376 판결, 대법원 2001. 1. 5. 선고 99다70846 판결, 대법원 2002. 6. 11. 선고 2001다16722 판결, 대법원 2004. 5. 14. 선고 2002다23185, 23192 판결, 대법원 2004. 7. 22. 선고 2002다57362 판결, 대법원 2007. 6. 28. 선고 2007도1539 판결 등 다수의 판례가 있다.

86) 대법원 2005. 3. 11. 선고 2004다54909 판결, 대법원 2005. 6. 9. 선고 2005도1089 판결, 대법원 2005. 6. 23. 선고 2004다68953 판결, 대법원 2007. 10. 11. 선고 2007두11566 판결, 대법원 2007. 11. 30. 선고 2005두13247 판결.

87) 대법원 2005. 11. 10. 선고 2005다21494 판결.

88) 대법원 2008. 2. 29. 선고 2007다85997 판결.

단으로 보고 있다.

### (4) 여러 근로자 집단을 대상으로 한 불이익변경에 대한 동의 주체

#### ㈎ 문제의 소재

사용자가 하나의 취업규칙에서 동일한 집단인 전체 근로자에 관한 근로조건을 일률적으로 규율하다가 취업규칙 불이익변경을 통하여 근로자 전체의 근로조건을 불리하게 변경하는 경우에는 위 판례들에서 제시한 종전 취업규칙의 적용을 받고 있던 근로자 집단이라는 기준에 따라 근로자 전체가 동의 주체의 모집단이 되는 것에 의문이 없다.

그러나 사업장 내 근로자가 근로제공의 형태 · 직종 · 직군 · 직렬 · 직급 · 근속년수 등에 의하여 여러 근로자 집단으로 분류되고, 그에 따라 하나의 취업규칙에서 각 근로자 집단별로 근로조건을 달리 정하고 있거나, 각 근로자 집단별로 별도의 취업규칙이 작성되어 있는데, 사용자가 취업규칙의 불이익변경을 통하여 근로자 집단의 전체 또는 그 중 일부만에 대하여 근로조건을 불이익하게 변경하는 경우, 그 동의 주체가 근로자 전체인지 아니면 일부 근로자 집단인지는 위 판례들에서 제시한 일반적 기준에 의하더라도 자명한 것은 아니다.

가령 개정 전 인사관리규정에서 정년에 관하여 "직원의 정년 퇴직은 1급 60세, 그 외 직원은 55세에 도달하였을 때로 한다"고 규정하여 하나의 취업규칙에서 직급에 따른 근로자 집단별로 정년에 관한 근로조건을 달리 정하였는데, 인사관리규정을 변경하면서 1급 직원에 대한 정년만을 58세로 하향 변경하고 그 외 직원에 대한 정년은 그대로 유지한 경우,[89] 판례에서 동의 주체로 제시한 종전 취업규칙의 적용을 받는 근로자 집단이 종전 인사관리규정의 적용을 받고 있던 근로자 전체를 의미하는 것인지, 아니면 종전 인사관리규정의 적용을 받고 있던 근로자 중 인사관리규정의 변경으로 불이익을 받게 되는 1급 직원만을 의미하는 것인지 문제될 수 있다.[90]

#### ㈏ 학 설

이에 관하여는, (i) 취업규칙의 적용대상자에 관계없이 전체 근로자의 과반

89) 대법원 2003. 6. 27. 선고 2002다23611 판결의 사안이다.

90) 뒤에서 보는 것처럼 정년 단축에 관한 유사한 사안에서, 대법원 2003. 6. 27. 선고 2002다23611 판결은 일부 근로자 집단을, 대법원 2004. 8. 16. 선고 2003두13526 판결, 대법원 2006. 2. 10. 선고 2005두12770 판결은 전체 근로자를 동의 주체로 보아 결론을 달리 하였다. 마은혁b, 107~108면도 참조.

수로 조직된 노동조합이나 전체 근로자의 과반수의 동의가 필요하다는 견해(전체 근로자설),[91] (ii) 변경되는 취업규칙의 직접적인 적용대상이 되는 일부 근로자 집단의 동의가 필요하다는 견해(일부 근로자 집단설),[92] (iii) 변경되는 해당 취업규칙의 적용대상이 되는 근로자 집단의 동의를 받는 외에 전체 근로자의 과반수로 조직된 노동조합이나 전체 근로자의 과반수의 의견을 청취하여야 한다는 견해(병행설),[93] (ⅳ) 불이익변경의 대상이 되지 않는 나머지 근로자들이 동일한 취업규칙 체계 안에 있던 근로자들이라면 전체 근로자가 동의 주체가 되고, 불이익변경의 대상이 되지 않는 나머지 근로자들이 다른 취업규칙을 적용받은 근로자들이라면 이들은 불이익변경의 동의 주체로서 고려될 수 없다고 하여 하나의 취업규칙의 적용을 받는지 아니면 서로 다른 취업규칙의 적용을 받는지에 따라 동의 주체를 달리 보는 견해,[94] 또는 동일한 사업 또는 사업장에 근무하는 근로자들 중 일정한 직급 또는 직역에 속하는 자들만을 상대로 취업규칙의 변경에 의해 연봉제를 실시하려고 할 경우에 관하여, 근로자들이 입사와 인사이동에 의해서 교류가 없고 입사 시부터 별도의 취업규칙을 적용받는 등 이원화된 집단으로 볼 수 있는 특별한 사정이 없다면 해당 사업장에 근무하는 전체 근로자를 산정기준으로 하여 노동조합 또는 근로자 집단의 동의를 받도록 하는 것

91) 임종률a, 319면, 321면에서는 '근로자 과반수'의 산정 기준이 되는 '근로자'란 상용직·일용직, 직종·직급 여하, 해당 취업규칙의 적용 여부 등을 불문하고 해당 사업 또는 사업장의 전체 근로자를 말하고, 일부 근로자에게 적용될 취업규칙이라도 전체 근로자 과반수의 동의를 받아야 한다고 한다. 다만 임종률, 368면, 371면에서는 근로자의 과반수에서 말하는 근로자는 일반적으로 전체 근로자를 말하는데, 근로자 일부에게만 적용되는 취업규칙의 경우에는 종전 취업규칙의 적용을 받던 근로자만을 말한다고 한다. 일본에서 의견청취의무와 관련하여 '노동자의 과반수로 조직된 노동조합'이란 당해 사업장의 모든 노동자(직종 등의 차이를 묻지 않는다) 중 과반수를 조직한 노동조합이라고 보고, 사원노조가 모든 노동자의 과반수로 조직된 노동조합이라면 임시공이나 파트타이머의 취업규칙 작성에 관하여 사원노조의 의견을 청취하여야 하고, 그 의견을 청취하는 것으로 족하다는 견해도 같은 견해로 보인다. 菅野, 192면 참조.

92) 김유성, 208~209면에서는 취업규칙상의 특정 규정이 상시 특정 근로자 그룹에게만 적용되는 경우에 그 규정의 변경에는 '해당 취업규칙의 적용을 받는 근로자'를 산정 기준으로 하는 것이 규정의 취지에 부합한다고 한다. 김지형, 482면에서는 사업장 내의 근로자가 여러 집단으로 분류되어 그 근로자 집단별로 근로조건을 달리 정하고 있거나 별도의 취업규칙이 작성된 경우에는 취업규칙 중 변경되는 부분의 적용을 받는 근로자 집단만이 동의의 주체가 될 뿐이라고 한다. 다만 위 견해들이 사례로 들고 있는 것이 뒤에서 살펴 볼 대법원 1990. 12. 7. 선고 90다카19647 판결처럼 일부 근로자 집단이 동의 주체가 되는 사례들이어서 위 견해들이 이와 다른 사례에서도 일부 근로자 집단을 동의 주체로 보는 것인지는 단정하기 어렵다.

93) 이상윤a, 541면.

94) 박귀천a, 72면.

이 현행 근기법에 규정된 취업규칙의 불이익변경의 법리에 충실한 해석이라는 견해(절충설)[95]가 있다.

㈐ 종래의 판례

뒤에서 살펴보는 대법원 2009. 5. 28. 선고 2009두2238 판결이 나오기 전까지 종래의 판례로는 일부 근로자 집단을 동의 주체로 보는 판결(사원과 노무원에 관한 대법원 1990. 12. 7. 90다카19647 판결 등[96])과 전체 근로자를 동의 주체로 보는 판결(일부 근로자에게는 유리하고 일부 근로자에게는 불리한 퇴직금 규정에 관한 대법원 1993. 5. 14. 선고 93다1893 판결 등[97])이 있었다. 그리하여 하급심 판결에서는 일부 근로자 집단을 동의 주체로 보는 경우에는 위 90다카19647 판결을,[98] 전체 근로자를 동의 주체로 보는 경우에는 위 93다1893 판결을 원용하였고,[99] 위 두 판결군이 서로 모순되는 것인지 여부 등에 대하여 논의가 있었다.

㈑ 검 토

여러 근로자 집단이 있는 경우에 취업규칙 불이익변경에 대한 동의 주체의 모집단이 전체 근로자인가 아니면 일부 근로자 집단인가 하는 문제를 해결하기 위해서는 집단적 동의를 요구한 규범적 요청에 관한 앞의 논의를 다시 상기하고 이에 따라 일반적 기준을 도출해낼 필요가 있다.

먼저 취업규칙 본래의 기능과 집단적 동의의 규범적 요청을 해당 사업장에

---

95) 박수근c, 188면. 김소영, 226면에서 "현재는 변경된 취업규칙의 적용을 받지 않지만 장래에 적용을 받을 가능성이 있거나 간접적으로 영향을 받게 되는 근로자 집단은 동의의 주체에서 배제되어서는 안 될 것이다"라고 한 것도 비슷한 견해로 보인다.

96) 같은 사업장의 동일한 사안에 관한 또 다른 판결로는 대법원 1990. 11. 27. 선고 90다카23868 판결, 대법원 1991. 1. 15. 선고 90다6170 판결, 대법원 1991. 2. 12. 선고 90다15952, 15976 판결 참조.

97) 대법원 1993. 12. 28 선고 1992다50416 판결, 대법원 1995. 3. 10. 선고 94다18072 판결, 대법원 1997. 8. 26. 선고 96다1726 판결, 대법원 2002. 6. 28. 선고 2001다47764 등 판결.

98) 대법원 90다카19647 판결을 원용한 것으로, 부산지법 2001. 11. 6 선고 2001가합2986 판결, 부산고법 2002. 3. 20. 선고 2001나1638 판결, 창원지법 2003. 7. 16. 선고 2002가합281 판결, 서울중앙지법 2004. 1. 29. 선고 2002가합17970 판결, 서울중앙지법 2004. 4. 22. 선고 2003가합30710 판결, 부산고법 2007. 11. 7. 선고 2007나1319 판결 등 참조

99) 대법원 93다1893 판결을 원용한 것으로 서울고법 1995. 1. 17. 선고 94구18692 판결, 서울고법 1995. 11. 30. 선고 95나24151 판결, 서울고법 1996. 7. 2 선고 96나4437 판결, 서울고법 1996. 7. 24. 선고 95나32626 판결, 대구고법 1996. 9. 5. 선고 96나2522 판결, 서울고법 1997. 2. 12 선고 96나39631 판결, 대구지법 경주지원 1997. 6. 5. 선고 96가합3166 판결, 부산고법 1998. 5. 15. 선고 97나9604 판결, 부산고법 1999. 12. 22. 선고 98나8226 판결, 서울고법 2005. 9. 15. 선고 2004누23621 판결, 의정부지법 2006. 1. 13. 선고 2004가합4208 판결, 의정부지법 고양지원 2007. 11. 29. 선고 2006가단49324 판결 등 참조.

종사하는 근로자 전체의 근로조건을 통일적으로 규율하려는 것으로 이해하는 견해에서는 일부 근로자에 대한 취업규칙 불이익변경에 대한 동의 주체를 단지 해당 취업규칙 변경으로 불이익을 받게 되는 일부 근로자 집단만이 아니라 이들을 포함한 전체 근로자 집단으로 보게 될 것이다.[100)]

이에 반해 취업규칙의 불이익변경에 집단적 동의를 받도록 한 근거를 기득권의 보호에 두는 입장에서는 취업규칙 불이익변경으로 인하여 기득권이 침해되어 불이익을 받게 되는 일부 근로자 집단만을 동의 주체로 보게 될 것이다.[101)]

그러나 앞서 집단적 동의의 규범적 요청 항목에서 살펴본 것처럼 집단적 동의의 실질적 근거는 집단적 대등 결정 원칙이고, 사용자와 사이의 집단적 대등 결정은 근로자 집단의 집단적 자기 결정을 그 기초로 한다.

그런데 사업장 내의 각 근로자 집단 사이에 채용 · 급여 · 인사 · 노무관리 등의 점에서 근로조건이 근본적으로 상이하고 근로조건이 이원화되어 있어 하나의 근로조건 체계 안에 있다고 볼 수 없거나 이에 기초하여 별도의 취업규칙이 작성되어 있으며, 어느 근로자 집단으로부터 다른 근로자 집단으로의 전환 가능성도 없어 어느 근로자 집단에 적용되는 취업규칙 규정이 불이익하게 변경되더라도 그 규정이 다른 근로자 집단에게 적용되지 않거나 적용될 것이 예상되지 않는 경우가 있을 수 있다.

이와 같은 경우에도 다른 근로자 집단을 포함한 전체 근로자를 동의 주체로 설정하게 되면 집단적 의사의 형성 과정에서 변경된 취업규칙의 적용을 받거나 그 적용이 예상되는 근로자 집단의 이해관계가 적절히 대변되기를 기대하기 어렵고, 근로자들의 집단적 의사 형성이 취업규칙 불이익변경에 대하여 이해관계 없는 근로자들에 의하여 좌우될 염려가 있어 결국 근로자 집단의 집단적 자기 결정이 아니라 집단적 타인 결정에 빠질 위험성이 있고, 이는 집단적 동의를 요구한 이념적 요청인 집단적 대등 결정 원칙에 정면으로 반하는 것이다.[102)]

100) 가령 이승욱, 32~34면에서는 사업변동 이후 취업규칙을 통일화하는 과정에서 발생한 취업규칙의 불이익변경에 대한 동의의 주체에 관하여 취업규칙은 집단적 근로조건을 통일적으로 결정하는 제도라는 관점에서 전체 근로자를 동의 주체의 모집단으로 설정하고 있다.

101) 박종희b, 148~149면 참조.

102) 단시간근로자에 관한 근기법 시행령 9조 1항 별표 2 5.가.나.항에서 사용자가 단시간근로자에게 적용되는 취업규칙을 통상근로자에게 적용되는 취업규칙과 별도로 작성하거나 변경할 때에는 적용대상이 되는 단시간근로자 과반수의 의견을 듣되, 다만 취업규칙을 불이익하게 변경하는 경우에는 단시간근로자 과반수의 동의를 받도록 하여 불이익변경에 대한 동의 주체의 모집단을 단시간근로자로 정한 것은 위와 같은 고려에 기초한 것으로 볼 수 있다.

다른 한편 비록 문제되는 취업규칙 규정에서 근로자 집단별로 근로조건을 달리 정하고 있거나(가령 직급별로 정년을 달리 규정하는 경우) 별도의 취업규칙이 작성되어 있더라도 그 구별이 연공·근무기간·직급 등에 따른 것이어서 근본적인 것이 아니고 그 외의 다른 근로조건은 실질적으로 동일하여 여러 근로자 집단 사이에 근로조건이 이원화되어 있다고 볼 수 없으며, 나아가 근무기간의 경과 등에 의한 직급 상승 등으로 각 근로자 집단 사이에 전환가능성이 있어 여러 근로자 집단이 하나의 근로조건 체계 안에 있다고 볼 수 있는 경우가 있을 수 있다.

이와 같은 경우 비록 취업규칙 불이익변경 당시에는 그 규정의 적용을 받지 않아 직접적으로 불이익을 받지 않지만, 근무기간의 경과 등으로 인한 직급 상승 등으로 변경된 취업규칙의 적용이 예상되는 근로자 집단을 동의 주체에서 배제하는 것은 자기에게도 관련된 문제의 결정 과정에 관여하는 것을 내용으로 하는 자기 결정의 이념에 반하는 것이다.[103)]

위의 논의에 의하면 사업장 내의 근로자가 여러 집단으로 분류되어 취업규칙에서 그 근로자 집단별로 근로조건을 달리 정하고 있거나 별도의 취업규칙이 작성되어 있는 경우, 동의 주체의 결정과 관련하여 중요한 것은 여러 근로자 집단이 하나의 근로조건 체계 안에 있는지 아니면 근로조건이 이원화되어 있는지 여부에 달려 있다고 할 것이다.

그리하여 여러 근로자 집단이 하나의 근로조건 체계 안에 있고 서로 전환가능성이 있어 취업규칙의 불이익변경 시점에는 어느 근로자 집단만이 직접적인 불이익을 받더라도 근무기간의 경과 등에 의한 직급 상승 등으로 다른 근로자 집단에게도 변경된 취업규칙의 적용이 예상되는 경우에는 일부 근로자 집단은 물론 장래 변경된 취업규칙 규정의 적용이 예상되는 근로자 집단을 포함한 전체 근로자 집단이 동의 주체가 된다.

이와는 반대로 근로조건이 이원화되어 있고 여러 근로자 집단 사이에 전환가능성이 없어 변경된 취업규칙이 적용되어 불이익을 받게 되는 근로자 집단 이외에 변경된 취업규칙의 적용이 예상되는 다른 근로자 집단이 없는 경우에는 변경된 취업규칙이 적용되어 불이익을 받는 근로자 집단만이 동의 주체가 된다.

103) 자기 결정 이념으로부터 위와 같은 의미에서의 관여권을 도출하는 견해로는 西谷 敏c, 184면 이하 참조.

#### ㈑ 대법원 2009. 5. 28. 선고 2009두2238 판결에서의 새로운 법리의 제시

대법원 2009. 5. 28. 선고 2009두2238 판결에서는, 여러 근로자 집단이 있는 경우의 취업규칙 불이익변경에 대한 동의 주체에 관하여, 여러 근로자 집단이 하나의 근로조건 체계 안에 있어 비록 취업규칙의 불이익변경 시점에는 어느 근로자 집단만이 직접적인 불이익을 받더라도 다른 근로자 집단에게도 변경된 취업규칙의 적용이 예상되는 경우에는 일부 근로자 집단은 물론 장래 변경된 취업규칙 규정의 적용이 예상되는 근로자 집단을 포함한 근로자 집단이 동의 주체가 되고, 그렇지 않고 근로조건이 이원화되어 있어 변경된 취업규칙이 적용되어 직접적으로 불이익을 받게 되는 근로자 집단 이외에 변경된 취업규칙의 적용이 예상되는 근로자 집단이 없는 경우에는 변경된 취업규칙이 적용되어 불이익을 받는 근로자 집단만이 동의 주체가 된다고 판시하여 집단적 동의 주체의 모집단의 범위에 관한 문제에 대하여 새로운 법리를 제시하였다. 위 판결로 그동안의 논란이 불식되었고,[104] 위 판결은 대법원의 판례로 확립되었다.[105]

### (5) 여러 근로자 집단이 있는 경우의 동의 주체의 모집단에 관한 기존 대법원 판결의 검토

대법원 2009. 5. 28. 선고 2009두2238 판결에서 제시한 기준에 따라 기존의 대법원 판결에 나타나는 다양한 사안에 대하여 검토한다.

#### ㈎ 여러 근로자 집단이 하나의 근로조건 체계 안에 있는 경우

**① 퇴 직 금** 퇴직금 규정의 변경이 단기근무 후 퇴직하려는 자에게는 유리하지만 장기근속자에게는 불리한 사안과 관련하여, 대법원은 취업규칙의 변경이 일부 근로자에게는 유리하고 일부 근로자에게는 불리한 경우 그러한 변경에 근로자 집단의 동의를 요하는지를 판단하는 것은 근로자 전체에 대하여 획일적으로 결정되어야 할 것이고, 또 이러한 경우 취업규칙의 변경이 근로자에게

---

104) 앞서 살펴 본 대법원 1993. 5. 14. 선고 93다1893 판결 등은 여러 근로자 집단이 하나의 근로조건 체계 안에 있는 경우에 전체 근로자를 동의 주체로 본 것이고, 대법원 1990. 12. 7. 선고 90다카19647 판결 등은 근로조건이 이원화 되어 있는 경우에 일부 근로자 집단을 동의 주체로 본 판결로서 일견 서로 모순, 저촉되는 것으로 여겨지기도 했지만, 서로 다른 경우에 관한 것으로서 양립 가능한 것이고, 위 대법원 2009. 5. 28. 선고 2009두2238 판결에 의하여 종합되었다고 할 수 있다.

105) 대법원 2009. 11. 12. 선고 2009다49377 판결, 대법원 2014. 9. 4. 선고 2012다35309 판결, 대법원 2015. 1. 15. 선고 2012다101145 판결, 대법원 2015. 8. 13. 선고 2012다43522 판결, 대법원 2015. 12. 23. 선고 2013다209039 판결.

전체적으로 유리한지 불리한지를 객관적으로 평가하기가 어려우며, 근로자 상호 간의 이·불리에 따른 이익이 충돌되는 경우에는 근로자에게 불이익한 것으로 취급하여 근로자들 전체의 의사에 따라 결정하게 하는 것이 타당하다고 함으로써 동의 주체의 모집단을 전체 근로자로 설정하였다.106) 이 경우 근로자들 사이에는 근속기간에 따라 이·불리에 따른 이익이 충돌하기는 하지만 근속기간의 경과에 따라 상호 전환이 예정되어 있는 것으로 단기근무자들과 장기근속자는 하나의 근로조건 체계 내에 있다고 볼 수 있으므로 위 2009두2238 판결에서 제시한 법리에 비추어 볼 때 전체 근로자를 동의 주체의 모집단으로 본 위 판결의 태도는 타당하다.

② 정 년

㉮ **대법원 2003. 6. 27. 선고 2002다23611 판결** 개정 전 인사관리규정의 정년에 관한 규정에서 1급의 정년은 60세, 그 외 직원은 55세로 규정하고 있다가 인사관리규정을 개정하여 1급의 정년을 58세로 하향 변경하고 그 외 직원에 대한 정년은 그대로 유지하면서 과반수 조합의 동의는 받았으나 개정된 규정의 적용 대상인 1급 직원 과반수의 동의는 받지 않은 사안에서, 원심107)은 비록 전체 직원의 과반수로 조직된 노동조합이 위 정년규정 개정에 동의하였으나 종전 취업규칙의 적용을 받고 있던 해당 근로자 집단인 1급 직원들의 과반수 동의는 받지 아니하였으므로, 위 취업규칙의 변경은 1급 직원들에 대하여 아무런 효력이 없다고 하였다.

이에 대하여 대법원은 동의 주체에 관하여 정면에서 판시한 것은 아니나 사회통념상 합리성 여부에 대하여 판단하면서 "취업규칙의 개정에 대하여 그 적용대상인 1급 직원들의 집단적 의사결정방법에 의한 동의가 없어도 될 만큼 그 내용에 있어 사회통념상 합리성이 있다고 보기는 어렵다"108)고 함으로써 동의 주체가 정년이 단축되는 1급 직원들이라는 원심 판결의 판단을 간접적으로 지지하였다.

---

106) 대법원 1993. 5. 14. 선고 93다1893 판결, 대법원 1993. 12. 28 선고 92다50416 판결, 대법원 1995. 3. 10. 선고 94다18072 판결, 대법원 1997. 8. 26. 선고 96다1726 판결, 대법원 2002. 6. 28. 선고 2001다47764 등 판결.

107) 부산고법 2002. 3. 20. 선고 2001나1638 판결.

108) 대법원 2003. 6. 27. 선고 2002다23611 판결. 이와 유사하게 후선배치기준인 유휴인력활용지침을 3급 직원에게 적용하는 불이익변경과 관련하여 3급 직원간을 동의 주체로 본 판결로 대법원 2007. 11. 30. 선고 2005두13247 판결 참조.

위의 사안에서 1급과 그 외의 직급의 근로자 집단은 그 구별이 연공, 근무기간에 따른 것으로 직급 상승 등으로 각 근로자 집단 사이에 전환가능성이 있는 것으로 보이므로 비록 위 인사규정 개정 당시에는 위 불이익변경된 1급의 정년에 관한 규정의 적용을 받지 않는 근로자 집단도 승진 등에 의하여 직급이 상승되면 변경된 취업규칙의 적용이 예상된다고 할 수 있으므로, 근로조건이 이원화되어 있다고 할 수는 없고 각 근로자 집단이 하나의 근로조건 체계 안에 있다고 볼 수 있다. 따라서 위 2009두2238 판결에서 제시한 기준에 의하면 이 사안에서의 동의 주체의 모집단은 1급 직원들은 물론 그 외의 근로자 집단을 포함한 전체 근로자라고 보아야 한다.

㉯ 대법원 2006. 2. 10.자 2005두12770 판결 인사와 복무 규정을 개정하여 2급 이상 직원의 정년만 60세에서 55세로 단축하고, 3급 이하 직원의 정년은 변동이 없으며 개정 당시 직원들의 직급은 원고 및 다른 근로자 1명이 2급이고 나머지 직원 4명은 3급 이하의 직급에 속하였는데, 위 개정 이후 직원 6명 중 5명이 위 개정에 대하여 사후 동의한 사안에서, 1심 판결[109]은 정년 규정 개정으로 근로조건이 불이익하게 변경되는 근로자는 2급 직원인 원고 및 다른 근로자 1명뿐인데, 정년 규정 개정에 2급인 다른 근로자 1명의 동의를 받았을 뿐 원고로부터는 동의를 받지 못하였으므로, 이 사건 정년규정은 불이익하게 변경된 근로조건의 적용을 받는 근로자들 과반수의 동의를 받지 못한 효력이 없는 규정이라고 하였다.

그러나 원심 판결[110]은 이와 태도를 달리하여 이 사건 정년규정의 개정 당시 전체 근로자 6명 중 원고 및 다른 근로자 1명을 제외한 나머지 근로자 4명은 모두 3급 이하의 직급이기는 하였으나, 한편 직원들은 누구나 3급에서 2급으로 승진할 가능성이 있고, 이러한 경우 2급으로 승진한 직원들은 개정된 정년규정에 따라 55세에 정년퇴직하여야 하는 점, 실제로 위 사후동의 당시 3급이었던 근로자가 그 후 2급으로 승진한 점, 취업규칙의 변경이 근로자들에게 불이익한지 여부는 근로자 전체에 대하여 판단하여야 하는 점 등에 비추어 볼 때 정년규정의 개정은 당시 2급이었던 원고 및 다른 근로자 1명뿐만이 아니라 전체 직원에게 불이익하고, 회사 전체 직원들의 회의 방식에 의한 과반수 동의가 필

109) 서울행법 2004. 10. 26. 선고 2004구합10180 판결.
110) 서울고법 2005. 9. 15. 선고 2004누23621 판결.

요하다고 판시하였고, 대법원은 심리불속행으로 상고를 기각함으로써 간접적으로 원심 판결을 지지하였다.

위 2009두2238 판결에서 제시한 기준에 의하면 2급 직원에 대하여 정년을 단축한 취업규칙 규정은 나머지 근로자들에 대하여도 적용이 예상되므로 직원 전체가 하나의 근로조건 체계 안에 있다고 볼 수 있고 전체 근로자를 동의 주체의 모집단으로 본 원심과 대법원의 태도가 타당하다.[111)]

**③ 일부 근로자집단에 적용되는 별도의 취업규칙이 있는 경우** 일부 근로자집단에 적용되는 별도의 취업규칙을 제정하는 것은 허용된다. 다만 일부 근로자집단에 적용되는 별도의 취업규칙이 제정된 경우 위 근로자집단과 다른 근로자집단의 근로조건은 이원화된 것으로 보아야 하지 않는가 하는 논의가 있다. 이와 관련하여 대법원은 간부사원만을 적용대상으로 하는 취업규칙 중 연월차휴가일수의 상한을 25일로 제한한 조항 등에 대한 동의 주체와 관련하여, 간부사원 취업규칙 제정 당시 간부사원이었던 직원뿐만 아니라 장래 간부사원으로 승진할 가능성이 있던 일반직·연구직·생산직 등의 직원들까지 포함한 근로자 집단이 간부사원 취업규칙 중 연월차휴가와 관련된 부분의 동의주체가 된다고 본 원심을 수긍함으로써 일부 근로자집단에 적용되는 별도의 취업규칙이 있다는 사유만으로 근로조건이 이원화된 것은 아니라는 점을 시사하였다.[112)]

**(나) 여러 근로자 집단의 근로조건이 이원화된 경우**

**① 퇴직금 규정** 대법원은 취업규칙 중 퇴직금 규정이 사원에 대한 부분과 노무원에 대한 부분으로 이원화되어 있는데, 사원과 노무원 모두에게 퇴직금 규정을 불이익하게 변경하면서 총 근로자의 85%를 넘는 수를 차지하는 노무원이 퇴직금 개정안에 완전히 동의하였다 하더라도 이는 노무원에 대한 부분에 국한하여 효력이 있는 것일 뿐, 그로써 사원에 대한 부분을 포함한 개정안 전체에 대하여 유효한 동의가 있었다고 볼 수 없다고 하였다.[113)]

노무원과 사원은 전환가능성이 없어 근로조건이 이원화되어 있다고 볼 수 있으므로, 퇴직금 규정 중 노무원 부분의 동의 주체의 모집단은 노무원이고, 사원 부분의 동의 주체의 모집단은 사원이라는 위 판결의 태도가 타당하다.

---

111) 유사한 사안에서 전체 근로자를 동의 주체로 본 판결로 대법원 2004. 8. 16. 선고 2003두13526 판결.

112) 대법원 2023. 5. 11. 선고 2017다35588 전원합의체 판결 참조.

113) 대법원 1990. 12. 7. 선고 90다카19647 판결 등.

② **정년 단축** 공사의 인사규정에서 일반직 직원의 정년은 58세로 한다고 규정하는 한편 정보통신부 소속 공무원 중 정보통신부장관이 지정하여 위 공사의 직원으로 된 자의 정년을 그 직원의 공무원 퇴직 당시의 직급에 적용되던 국가공무원법상 정년으로 한다는 예외 규정을 두었다가, 인사규정을 개정하여 직원의 정년은 58세로 한다고 하고 예외 규정을 삭제함으로써 모든 직원의 정년을 58세로 통일하면서 과반수 조합의 동의만을 받았을 뿐 국가공무원법상 정년이 보장되던 비조합원 약 200명의 직원들에 대하여는 별도의 동의를 받지 않은 사안에서, 대법원은 정년을 단축하는 것은 위 200명의 직원들에게는 기존의 근로조건을 불리하게 변경하는 것인데, 인사규정을 개정하면서 노동조합의 동의를 받았을 뿐 위 200명 근로자 집단의 동의를 받은 바 없으므로 정년에 관한 개정 인사규정은 효력이 없다고 판시한 원심판결의 판단을 수긍하였다.114)

위 사안에서는 공무원으로 있다가 위 공사 소속 직원으로 신분이 전환된 200여 명의 근로자들이 58세가 정년인 다른 직원들과는 달리 61세의 정년을 향유하다가 인사규정 변경에 의하여 58세로 정년이 단축되었는데, 61세의 정년을 보장하던 인사규정은 위와 같이 공무원에서 신분이 전환된 전직자에게만 적용되는 것으로 위의 사안에서는 정년에 관한 근로조건은 이원화되어 있고, 전직자에게 적용되던 정년에 관한 인사규정은 다른 근로자에게는 적용이 예상되지 않으므로 결국 위 전직자만이 정년단축에 대한 동의 주체가 된다. 이 점에서 앞서 살펴본 정년에 관한 판례들과는 그 사안을 달리하므로 전직자만을 동의 주체로 본 대법원의 태도가 타당하다.

③ **취업규칙 불이익변경에 대한 사후 동의 시 동의 주체** 판례는 취업규칙의 불이익변경 당시에 근로자나 노동조합의 사전 동의가 없어 무효인 취업규칙을 사후에 동의하면서 그 개정 시로 소급하여 동의하는 것을 인정하고 있다. 이 경우 그 소급적 추인의 주체는 불이익변경 당시의 근로자 중 소급적 동의 시까지 근무하는 근로자의 과반수로 조직된 노동조합 또는 그 근로자의 과반수인가, 아니면 소급적 추인을 할 당시의 근로자 전체의 과반수로 조직된 노동조합 또는 전체 근로자의 과반수인가 하는 문제가 제기된다.

이러한 문제는 집단적 동의를 받지 않고 취업규칙을 불이익하게 변경하는 경우 그 변경의 효력에 관하여 판례가 이른바 상대적 무효설의 입장을 취함에

---

114) 대법원 2004. 1. 27. 선고 2001다42301 판결, 대법원 2004. 9. 3. 선고 2002다63657 판결.

따라 나타난다. 즉 절대적 무효설의 입장을 취한다면 취업규칙의 변경은 무효가 되고 전체 근로자에게 변경 전의 취업규칙이 적용되므로, 소급적 동의를 위해서는 소급적 동의 당시의 전체 근로자의 과반수로 조직된 노동조합이나 전체 근로자의 과반수의 동의가 필요한 것은 당연하다.

그런데 이른바 상대적 무효설의 입장을 취하게 되면 변경 전에 입사한 근로자들에 대하여는 종전의 취업규칙이, 변경 후에 입사한 근로자들에게는 변경된 취업규칙이 적용되어 사용자가 변경 전에 입사한 근로자들과 관련하여 소급적 동의를 받으려고 하는 경우 동의 주체가 전체 근로자인지 아니면 변경 전에 입사한 근로자만인지 하는 문제가 발생하게 되는 것이다.[115]

대법원은 일부 근로자들에게만 불이익한 취업규칙의 변경을 사후에 추인하는 경우 그 노동조합이 사용자가 취업규칙을 불이익하게 변경할 당시에는 존재하지 않았다가 그 후에 설립되었다거나, 그 개정으로 불이익을 입은 근로자들 중 일부는 추인 당시 승진 등의 사유로 노동조합 가입 자격을 상실한 상태였고 실제 그 개정으로 불이익을 입는 근로자들 중 노동조합에 가입한 근로자가 전혀 없다 하더라도 그 노동조합이 유효하게 소급적 동의를 할 수 있다고 하거나,[116] 추인 당시에 근로자 과반수로 조직된 노동조합이 있으면 설사 그 노동조합이 보수 규정 개정 이후에 설립되었고 이해관계가 있는 개정 당시 근로자들이 노동조합에 1명도 가입하지 않았더라도 노동조합의 동의를 받아야 하고, 그러한 노동조합이 없으면 회의 방식에 의하여 전체 근로자 과반수의 동의를 받아야 한다고 함으로써[117] 소급적 동의를 할 당시 전체 근로자의 과반수로 조직된 노동조합 또는 전체 근로자의 과반수가 동의 주체의 모집단이 된다는 입장을 취하고 있다.

판례가 취하는 상대적 무효설을 전제로 할 때 변경 전에 입사한 근로자들에 대하여는 종전의 취업규칙이, 변경 후에 입사한 근로자들에게는 변경된 취업규칙이 적용되어 근로조건이 이원화되어 있고, 변경 후에 입사한 근로자들은 종전 취업규칙에 대하여 이해관계를 가지지 않아 불이익변경의 사후 동의에 관여할 지위에 있지 않으므로, 위 2009두2238 판결에서 제시한 기준에 의하면 종전 취업규칙의 적용을 받는 변경 전에 입사한 근로자들만이 동의 주체가 된다고

115) 절대적 무효설, 상대적 무효설에 대한 자세한 설명은 법 94조에 대한 해설 Ⅱ. 2. 아. 참조.
116) 대법원 1995. 4. 21. 선고 93다8870 판결.
117) 대법원 1997. 2. 11. 선고 95다55009 판결.

봄이 타당하다.

④ **포괄승계의 경우 동의 주체** 영업양도 · 합병 · 법률 규정에 의하여 근로계약관계가 포괄적으로 승계된 경우에는 근로자의 종전 근로계약상의 지위도 그대로 승계되므로, 승계 후 사업 · 사업장의 퇴직금 규정이 승계 전 사업 · 사업장의 퇴직금 규정보다 근로자에게 불리하다면 법 94조 1항 소정의 해당 근로자 집단의 집단적인 의사결정 방법에 의한 동의 없이는 승계 후 사업 · 사업장의 퇴직금 규정을 적용할 수 없다는 것이 판례의 태도이다.[118)]

위와 같은 사안에서 승계 후 사업 · 사업장에는 승계 전 사업 · 사업장의 퇴직금 규정이 적용되는 근로자 집단과 승계 후 사업 · 사업장의 퇴직금 규정이 적용되는 근로자 집단으로 근로조건이 이원화되어 있으므로, 승계 전의 퇴직금 규정을 근로자에게 불리한 승계 후 사업 · 사업장의 퇴직금 규정으로 개정하려면 승계 전 근로자 집단의 집단적 동의가 필요하다.[119)] 판례의 태도가 타당하다.

#### (6) 비조합원과 동의 주체

과반수 조합이 있는 경우 동의 주체는 과반수 조합이 되는데, 비조합원, 특히 조합원 자격이 없는 근로자는 취업규칙 불이익변경 과정에서 자신의 의견을 표명할 기회를 가지기 어렵고, 과반수 조합 또한 이들의 의사를 반영하기 어렵다는 점에서 취업규칙 불이익변경이 효력을 가지기 위해서는 과반수 조합의 동의 이외에 비조합원의 동의 절차가 요구되는 것이 아닌가라는 문제가 제기된다.

그러나 법 94조 1항에서 말하는 과반수 조합은 단지 조합원의 이해관계만을 대표하는 것이 아니라 비조합원을 포함한 근로자 전체의 이해관계를 대표하여 불이익변경에 대하여 동의 여부를 결정하는 지위에 있는 것이므로 과반수 조합의 동의 이외에 별도로 비조합원의 과반수에 의한 동의 절차가 요구된다고 할 수 없다.

따라서 정년퇴직 연령을 단축하는 내용으로 취업규칙의 기존 퇴직규정을 변경하고 이에 관하여 기존 퇴직규정의 적용을 받던 근로자의 과반수로 구성된

118) 합병의 경우로는 대법원 1994. 3. 8. 선고 93다1589 판결, 대법원 2001. 4. 24. 선고 99다9370 판결이 있고, 영업양도의 경우로는 대법원 1995. 12. 26. 선고 95다41659 판결, 대법원 1997. 12. 26. 선고 97다17575 판결이 있으며, 법률 규정의 경우로는 대법원 1994. 8. 26. 선고 93다58714 판결이 있다. 이 외에 대법원 2001. 1. 5. 선고 99다70846 판결, 대법원 2010. 1. 28. 선고 2009다32362 판결 참조.

119) 반면 이승욱, 33~34면은, 취업규칙의 본래 기능을 집단적 근로조건을 통일적으로 결정하는 제도로 보고 전체 근로자 집단을 동의 주체로 본다.

노동조합의 동의를 받은 경우 위 변경 개정은 적법·유효하므로, 그 개정 퇴직규정은 일정 직급 이상으로서 노동조합에 가입할 자격은 없지만 기존 퇴직규정의 적용을 받았던 근로자에게도 그의 개별적 동의 여부와 관계없이 당연히 적용된다.[120)]

다만, 비조합원이 과반수 조합의 의사 형성 과정에 참여할 수 없다는 위와 같은 문제의식은 경시되어서는 아니 되고, 과반수 조합은 그 의사 형성 과정에서 비조합원인 근로자의 의사를 반영하여야 한다.[121)]

#### (7) 노사협의회

노사협의회의 근로자 대표 위원들이 취업규칙의 불이익변경에 동의하는 경우 동의의 효력이 발생할 수 있는지에 관하여, 판례는 근로자들이 노사협의회를 구성하는 근로자위원들을 선출하면서 그들에게 근로조건 불이익변경에 대해 근로자들을 대신하여 동의할 권한까지 포괄적으로 위임한 것이라고 볼 수 없고, 그 근로자위원들이 퇴직금규정의 개정에 동의를 하면서 사전에 그들이 대표하는 각 부서별로 근로자들의 의견을 집약하고 취합하여 그들의 의사표시를 대리하여 동의권을 행사하였다고 볼 만한 자료도 없다면, 근로자위원들의 동의를 받은 것을 근로자들 과반수의 동의를 받은 것과 동일시할 수 없다고 한다.[122)]

다만 기구별 단위 부서별로 근로자들이 취업규칙 변경에 동의하고 그 개정안에 대한 근로자들의 의견 개진을 노사협의회 근로자위원들에게 위임하여 위 근로자위원들이 개정안에 동의한 경우에 근로자 과반수의 동의가 있는 것으로 본 사례[123)]가 있다.

#### (8) 정부투자기관의 이사회

대법원은, 정부투자기관의 임직원의 보수, 퇴직금 등 근로조건에 관한 사항은 근기법의 적용을 받으므로, 구 정부투자기관관리기본법(1997. 8. 28. 법률 5376호로 개정되기 전의 것)[124)] 17조 1항이 정부투자기관 직원의 보수를 경제기획원장관의 지침에 의거하여 이사회가 정하도록 규정하였다고 하여 이로써 그 직원이

---

120) 대법원 2008. 2. 29. 선고 2007다85997 판결, 대법원 2009. 11. 12. 선고 2009다49377 판결.
121) 자세한 내용은 법 94조에 대한 해설 Ⅱ. 2. 사. 참조.
122) 대법원 1994. 6. 24. 선고 92다28556 판결.
123) 대법원 1992. 2. 25. 선고 91다25055 판결.
124) 정부투자기관관리기본법은 2007. 1. 19. 공공기관의 운영에 관한 법률이 제정되면서 폐지되었고, 정부투자기관이라는 용어 대신 공공기관이라는 용어를 쓰고 있다.

가지고 있는 퇴직금에 관한 기득의 권리나 이익을 박탈하는 내용의 결의를 유효하게 할 수 있다는 취지라고는 해석할 수 없다고 하였다.[125)]

한편 판례는 취업규칙의 변경에 이사회나 총회의 결의 등 사용자 내부의 절차가 필요한 경우에 반드시 이러한 사용자 내부의 절차를 거친 다음에 노동조합의 동의를 받아야 하는 것이라고는 할 수 없다고 하였다.[126)]

### 라. 집단적 동의의 방법

취업규칙의 변경에 의하여 기존 근로조건의 내용을 일방적으로 근로자에게 불이익하게 변경하려면 종전 취업규칙의 적용을 받고 있던 근로자 집단의 집단적 의사결정 방법에 의한 동의를 요한다고 할 것이며 그 동의 방법으로 과반수 조합이 있는 경우에는 과반수 조합의, 과반수 조합이 없는 경우에는 회의 방식에 의한 근로자 과반수의 동의가 있어야 한다.[127)]

#### (1) 과반수 조합의 동의

과반수 조합이 취업규칙의 불이익변경에 동의하는 방법은 과반수 조합이 사용자가 취업규칙을 변경하는 과정에 관여하여 직접 동의하는 방식과 단체협약의 체결을 통하여 동의하는 방식이 있다.

##### ㈎ 직접적 동의와 노동조합 대표자의 대표권 제한 가부

취업규칙 불이익변경에 대하여 노동조합의 직접적인 동의가 있었는지 여부가 다투어진 사안에서 대법원은, 노동조합의 동의는 법령이나, 단체협약 또는 노동조합의 규약 등에 의하여 조합장의 대표권이 제한되었다고 볼 만한 특별한 사정이 없는 한 조합장이 노동조합을 대표하여 하면 된다고 한다.[128)] 그리고 그

125) 대법원 1990. 3. 13. 선고 89다카24780 판결, 대법원 1990. 11. 23. 선고 90다카16907 판결, 대법원 1991. 2. 26. 선고 90다15662 판결, 대법원 1991. 3. 12. 선고 90다15457 판결, 대법원 1992. 6. 23. 선고 91다30835 판결, 대법원 1992. 11. 27. 선고 92다32357 판결.

126) 대법원 2004. 7. 22. 선고 2002다59702 판결.

127) 대법원 1977. 7. 26. 선고 77다355 판결, 대법원 1990. 4. 27. 선고 89다카7754 판결, 대법원 1991. 9. 24. 선고 91다17542 판결, 대법원 2004. 5. 14. 선고 2002다23185 판결, 대법원 2005. 11. 10. 선고 2005다21494 판결, 대법원 2007. 6. 28. 선고 2007도1539 판결, 대법원 2008. 2. 29. 선고 2007다85997 판결, 대법원 2008. 4. 11. 선고 2007다90692 판결, 대법원 2009. 11. 12. 선고 2009다49377 판결.

128) 대법원 1997. 5. 16. 선고 96다2507 판결, 대법원 2000. 9. 29. 선고 99다45376 판결, 대법원 2000. 9. 29. 선고 99두10902 판결, 대법원 2003. 6. 13. 선고 2003다7944 판결, 대법원 2003. 6. 13. 선고 2003다7951 판결, 대법원 2003. 6. 13. 선고 2003다7968 판결, 대법원 2003. 6. 13. 선고 2003다7975 판결, 대법원 2003. 7. 11. 선고 2003다14935 판결, 대법원 2004. 7. 22. 선고 2002다59702 판결.

동의는 노동조합 소속 근로자의 과반수의 동의를 받아서 하여야 하는 것은 아니고,[129] 노동조합에 소속된 개별 근로자들의 동의로 갈음할 수도 없다.[130]

결국 위와 같은 판례에 따르면, 노동조합의 대표자가 취업규칙 불이익변경에 동의하면서 단체협약이나 노동조합 규약상 노동조합 총회나 대의원 대회의 의결을 거치도록 한 경우에는 이에 따라야 하고, 노동조합 총회나 대의원 대회에서 취업규칙의 변경에 대한 동의 권한을 노동조합 운영위원회에 맡긴 경우 운영위원회의 동의가 있으면 유효한 동의가 있다고 볼 것이다.[131]

위 대법원 판결들에서 노동조합 대표자의 동의권은 제한될 수 있다고 본 점은 단체협약이나 노동조합 규약에서 노동조합 대표자의 단체협약 체결 권한을 제한하여 단체협약안에 대하여 조합원 총회의 의결을 거치게 하는 것을 무효로 본 대법원 1993. 4. 27. 선고 91누12257 전원합의체 판결과는 사뭇 달라 보이고, 나아가 노동조합이 단체협약을 체결하면서 근로자들의 동의 없이 불이익하게 변경된 취업규칙을 소급적으로 추인한 사안에서 노동조합 규약상 단체협약에 대하여 총회의 의결을 거치도록 한 대표권의 제한은 단체협약의 효력에 아무런 영향을 미치지 못한다고 본 또 다른 일련의 판결[132]과도 배치되는 것처럼 보인다.

이에 대하여 위와 같이 대표권의 제한이 단체협약의 효력에 영향을 미치지 못한다는 일련의 판결(대법원 2002. 6. 28. 선고 2001다77970 판결 등)에 의해 대표권 제한을 인정하는 앞서 본 대법원 판결들(대법원 1997. 5. 16. 선고 96다2507 판결 등)이 사실상 변경되었다는 견해가 있으나,[133] 그 일련의 판결들 중 최초의 판결인 대법원 2002. 6. 28. 선고 2001다77970 판결 이후에도 대표권의 제한이 가능하다고 본 대법원 2004. 7. 22. 선고 2002다59702 판결이 선고되기도 한 점, 노조법에서 노동조합 대표자의 단체협약 체결 권한을 명시적으로 인정하고 있는 것과 달리 근기법에서는 취업규칙 불이익변경에 대한 노동조합 대표자의 동의 권한에 관하여 아무런 규정을 두지 않은 점 등을 고려하면 일반적인 단체협약의 체결에 관한 대표권의 제한 문제와 취업규칙의 불이익변경에 대한 직접적 동의와

129) 대법원 1997. 5. 16. 선고 96다2507 판결, 대법원 2000. 9. 29. 선고 99다45376 판결.
130) 대법원 2004. 7. 22. 선고 2002다59702 판결.
131) 대법원 1984. 11. 13. 선고 84다카414 판결.
132) 대법원 2002. 6. 28. 선고 2001다77970 판결, 대법원 2005. 3. 11. 선고 2003다27429 판결, 대법원 2005. 3. 11. 선고 2003다27436 판결, 대법원 2005. 3. 11. 선고 2003다44691 판결.
133) 정진경a, 23면.

관련한 대표권의 제한 문제는 사안을 달리 하는 것이므로 달리 해석할 수 있다고 본다. 특히 대법원이 노동조합 대표자의 대표권 제한에 대한 위 전원합의체 판결의 태도를 일부 완화하여 규약 등에서 내부 절차를 거치도록 하는 등 대표자의 단체협약 체결 권한의 행사를 절차적으로 제한하는 것은, 그것이 단체협약 체결 권한을 전면적·포괄적으로 제한하는 것이 아닌 이상 허용된다고 보아야 한다는 견해[134]를 취하고 있는 점까지 고려하면 위와 같이 해석이 가능하다.

㈏ **단체협약의 체결에 의한 동의**

판례에 나타나는 과반수 조합의 동의는 단체협약의 체결을 통하여 이루어지는 경우가 많다.

과반수 조합이 단체협약에 의하여 취업규칙의 불이익변경에 동의하는 방식을 세분해 보면, (i) 단체협약 부칙 등에서 "단체협약 시행일 이전에 발생한 모든 사항을 위 협약에 의한 것으로 본다"는 규정을 두어 취업규칙의 불이익변경을 승인하는 방식,[135] (ii) 단체협약에서 "회사는 1년 이상 계속 근로한 조합원이 퇴직 또는 사망하였을 때에는 직원보수 및 퇴직금규정의 정한 바에 의하여 퇴직금을 지급한다"는 식으로 취업규칙의 규정을 원용하는 방식,[136] (iii) 단체협약에서 불리하게 개정된 취업규칙과 동일한 내용의 조항을 직접 두는 방식[137] 등 여러 형태가 있다.

주의할 것은 과반수 조합이 단체협약의 체결을 통하여 취업규칙의 불이익변경에 동의하는 경우 취업규칙이 비조합원인 근로자에 대하여 적용되는 근거는 단체협약에 취업규칙 불이익변경에 동의하는 규정을 둠으로써 취업규칙의 불이익변경에 대하여 근로자 집단이 집단적 의사 결정 방법으로 동의하였기 때문이지, 단체협약에 종전보다 불리한 내용의 새로운 퇴직금 규정이 따로 마련되어 그 규정이 노조법 35조(일반적 구속력)에 따라 비조합원에게 적용되기 때문이 아니라는 점이다.[138]

---

134) 대법원 2014. 4. 24. 선고 2010다24534 판결, 대법원 2018. 7. 26. 선고 2016다205908 판결.

135) 대법원 1992. 7. 24. 선고 91다34073 판결, 대법원 1993. 2. 12. 선고 92다50447 판결, 대법원 1993. 3. 23. 선고 92다52115 판결.

136) 대법원 1993. 5. 11. 선고 92다49294 판결, 대법원 1997. 8. 22. 선고 96다6967 판결, 대법원 1997. 10. 14. 선고 97다25132 판결, 대법원 1997. 12. 26. 선고 97다39186 판결, 대법원 2002. 6. 28. 선고 2001다77970 판결, 대법원 2005. 3. 11. 선고 2003다27429 판결, 대법원 2005. 3. 11. 선고 2003다27436 판결, 대법원 2005. 3. 11. 선고 2003다44691 판결.

137) 대법원 1993. 6. 11. 선고 92다19316 판결, 대법원 2015. 8. 19. 선고 2015다24676 판결.

138) 대법원 1993. 2. 12. 선고 92다50447 판결.

(2) 근로자 과반수의 동의

과반수 조합이 존재하지 않는 경우에는 '회의 방식'에 의한 근로자 과반수의 동의가 있어야 한다.[139)]

'회의 방식'에 의한 근로자 과반수의 동의는 과반수 조합의 동의와 함께 '집단적 의사결정 방법에 의한 동의'의 또 다른 방법이다. 따라서 근로자 과반수의 동의는 단순히 근로자의 개별 의사의 산술적 집합이 과반수에 이를 것을 요구하는 것이 아니라 과반수 조합과 마찬가지로 사용자에 대하여 자주적이고 대등한 지위에서 근로자들의 의사를 충분히 반영할 수 있는 집단 의사가 형성되고 그 집단 의사가 근로자의 과반수에 이를 것을 요구한다. 이와 같은 집단 의사의 주체로서의 근로자 집단을 형성하기 위하여 '회의 방식'에 의한 근로자 과반수의 동의를 요구한다고 말할 수 있다. 근로자 과반수의 동의라는 요건의 충족 여부는 집단 의사를 구현한 근로자 집단이 형성되어 집단적 대등 결정의 요청이 충족되었는지 여부에 따라 결정되어야 한다. 근로자 과반수의 동의라는 동의 방법의 문제에서도 이를 실질적으로 규율하는 원리는 집단적 대등 결정의 원칙인 것이다.[140)141)]

---

139) 대법원 1977. 7. 26. 선고 77다355 판결, 대법원 1977. 9. 28. 선고 77다681 판결, 대법원 1977. 12. 27. 선고 77다1378 판결, 대법원 1990. 4. 27. 선고 89다카7754 판결, 대법원 1991. 9. 24. 선고 91다17542 판결, 대법원 1992. 2. 25. 선고 91다25055 판결, 대법원 1992. 7. 24. 선고 91다34073 판결, 대법원 1992. 9. 14. 선고 91다46922 판결, 대법원 1992. 11. 10. 선고 92다30566 판결, 대법원 1993. 1. 15. 선고 92다39778 판결, 대법원 1993. 8. 24. 선고 93다17898 판결, 대법원 1994. 4. 12. 선고 92다20309 판결, 대법원 1994. 5. 24. 선고 93다46841 판결, 대법원 1994. 9. 23. 선고 94다23180 판결, 대법원 1995. 4. 21. 선고 93다8870 판결, 대법원 1997. 2. 11. 선고 95다55009 판결, 대법원 2003. 4. 11. 선고 2002다71832 판결, 대법원 2003. 10. 23. 선고 2002다71962 판결, 대법원 2004. 5. 14. 선고 2002다23185, 23192 판결, 대법원 2005. 3. 11. 선고 2004다54909 판결, 대법원 2005. 5. 12. 선고 2003다52456 판결, 대법원 2005. 6. 9. 선고 2005도1089 판결, 대법원 2005. 11. 10. 선고 2005다21494 판결, 대법원 2007. 6. 14. 선고 2007도2721 판결, 대법원 2007. 6. 28. 선고 2007도1539 판결, 대법원 2008. 4. 11. 선고 2007다90692 판결, 대법원 2009. 11. 12. 선고 2009다49377 판결, 대법원 2010. 1. 28. 선고 2009다32362 판결, 대법원 2012. 6. 28. 선고 2010다17468 판결, 대법원 2015. 1. 15. 선고 2012다101145 판결.

140) 서울중앙지법 2015. 8. 28. 선고 2014가합557402 판결에서는, '근로자 과반수 동의'라는 요건은 가능한 한 근로자들이 사용자 측의 영향력이 배제된 상태에서 상호 의견교환이나 토론 등 집단적인 논의를 거쳐 취업규칙 변경을 수용할 것인지 여부를 스스로 결정할 수 있는 기회를 실질적으로 보장받았는가라는 관점에서 그 충족 여부를 평가함으로써, 집단적 근로조건의 대등 결정이라는 취지가 훼손되지 않도록 하여야 한다고 판시하였다. 근로자 과반수의 동의가 진정한 의미의 회의 방식에 의하여 이루어졌는지를 판단하는 기준을 제시한 하급심 판결로 서울남부지법 2002. 5. 16. 선고 2001가합10039 판결 참조. 한편 서울고법 2020. 7. 17. 선고 2019나2012099 판결에서는 "'근로자 과반수 동의'라는 요건은 과반수 노동조합이 동의하

회의 방식이 구체적으로 무엇을 의미하는지에 대하여는 대법원 1992. 2. 25. 선고 91다25055 판결에서 "반드시 한 사업 또는 사업장의 전 근로자가 일시에 한 자리에 집합하여 회의를 개최하는 방식만이 아니라(큰 사업 또는 사업장에서는 이러한 회의 방식은 사실상 불가능한 경우가 많을 것이다), 한 사업 또는 사업장의 기구별 또는 단위부서별로 사용자측의 개입이나 간섭이 배제된 상태에서 근로자 상호간에 의견을 교환하여 찬반 의견을 집약한 후 이를 전체적으로 취합하는 방식도 허용된다"고 한 이래 다수의 판결이 이를 따르고 있다.[142)]

위 판결들에 의하면 회의 방식에 의한 동의가 있다고 하기 위해서는 (i) 전체 또는 일부 근로자 집단이 한 자리에 모여 근로자 상호 간에 의견을 교환하여 찬반 의견을 집약한 후 이를 전체적으로 취합하는 과정이 필요하고, (ii) 그 과정에 사용자측의 개입이나 간섭이 배제되어야 한다.

#### ㈎ 회합을 통한 의견 교환 및 취합의 과정

먼저 회합을 통한 의견 교환 및 취합의 과정이 필요하다.

**① 전체 또는 일부 근로자 집단의 회합** 전체 또는 일부 근로자 집단이 회합하여야 한다. 다만, 어느 범위의 근로자 집단이 회합해야 하는가라는 점에 관하여 위 판결들에서는 전체 근로자가 집합하는 방식과 사업 또는 사업장의 기구별 또는 단위 부서별로 회합하는 방식 모두 허용된다고 보고 있다.[143)] 따라

---

는 것과 마찬가지로 사용자에 대하여 자주적이고 대등한 지위에서 근로자들의 의사를 충분히 반영할 수 있는 집단 의사가 형성되어 '집단적 근로조건 대등 결정의 요청'이 충족되었는지 여부에 따라 결정되어야 한다. 나아가 위와 같은 요건 충족 여부는 근로조건이 불이익하게 변경되는 정도와 그것이 개별 근로자들에게 미치는 영향 및 사용자 측이 제도 변경을 추진하게 된 경위 등을 종합적으로 고려하여 근로자들이 사용자 측의 영향력이 배제된 상태에서 상호 의견교환이나 토론 등 집단적인 논의를 거쳐 취업규칙 변경을 수용할 것인지 여부를 스스로 결정할 수 있는 기회를 실질적으로 보장받았는가라는 관점에서 평가되어야 한다." 고 판시하였다(상고심은 대법원 2020. 12. 10.자 2020다258794 심리불속행기각판결).

141) 정리해고를 피하기 위한 방법과 해고의 기준 등에 관하여 과반수 조합이 없는 경우에는 근로자의 과반수를 대표하는 자와 협의하도록 되어 있고(법 24조 3항), 탄력적 근로시간제(법 51조 2항), 선택적 근로시간제(법 52조) 등의 경우에도 근로자의 과반수를 대표하는 자와 합의하도록 되어 있으나, 집단적 동의와 관련하여 근로자의 과반수를 대표하는 자가 아니라 근로자 과반수의 회의 방식에 의한 동의를 요구하는 것도 위와 같은 집단적 대등 결정의 원칙의 실현이라는 관점에서 이해할 수 있다.

142) 대법원 1993. 1. 15. 선고 92다39778 판결, 대법원 1993. 8. 24. 선고 93다17898 판결, 대법원 1994. 4. 12. 선고 92다20309 판결, 대법원 1994. 9. 23. 선고 94다23180 판결, 대법원 2003. 4. 11. 선고 2002다71832 판결, 대법원 2003. 11. 14. 선고 2001다18322 판결, 대법원 2004. 5. 14. 선고 2002다23185, 23192 판결, 대법원 2005. 5. 12. 선고 2003다52456 판결, 대법원 2007. 6. 14. 선고 2007도2721 판결, 대법원 2010. 1. 28. 선고 2009다32362 판결, 대법원 2012. 6. 28. 선고 2010다17468 판결, 대법원 2015. 1. 15. 선고 2012다101145 판결.

서 업무의 특성, 사업의 규모, 사업장의 산재(散在) 등의 사정으로 인하여 전체 근로자들이 회합하기 어려운 경우에는 기구별 또는 단위 부서별로 회합하는 방식도 허용된다. 다만 기구별 또는 단위 부서별로 회합하는 방식이 가능한 경우에는 전체 근로자가 회합하기 어려운 사정을 이유로 기구별 또는 단위 부서별로 회합하는 절차를 생략할 수 없고, 이 절차를 밟지 않는 경우에는 비록 이사회의 결의나, 근로자대표의 동의 또는 근로자들의 개별적 동의가 있다고 하더라도 근로자들의 회의 방식에 의한 동의가 있었다고 할 수 없다.[144] 대법원은 취업규칙을 변경함에 있어서 상시 근로자의 반수를 넘는 인원을 사규제정위원으로 위촉하였다는 사정만으로는 당시 취업규칙의 적용을 받고 있던 근로자들의 집단적 의사결정 방법에 의한 동의가 있었다고 보기 어렵다고 하였다.[145]

② 회의에서 찬반 의견의 교환 회의에서 찬반 의견의 교환이 있어야 한다. 취업규칙의 불이익변경에 대한 근로자의 의견 교환은 집단적 동의를 위하여 필요불가결한 과정이고, 이는 집단적 동의와 찬반 의견의 교환이 없는 개별적 동의의 단순한 산술적 집합을 구별하는 핵심적 징표이다.

근로자 상호 간에 의견 교환의 과정이 결여된 채 단순히 각서, 동의서 등 문서를 회람하거나, 회람하는 문서에 서명하는 방식은 회의 방식에 의한 것이라고 볼 수 없다.[146]

대법원 판결 중 "회람이나 개별적 통지의 방법으로 소속 직원들에게 급여규정의 개정 사실을 알린 바는 있으나, 전 직원들을 한 장소에 모이게 하거나 사업장별로 모이게 한 후 규정의 개정 내용을 설명하고 직원들의 동의 여부를 묻는 절차를 취한 바는 없었다"는 이유로 동의가 없었다고 본 원심 판결을 정당하다고 한 것이 있다.[147]

또한 학교법인이 1999. 2. 25. 개최된 교원연수회에서 연봉제 시행에 대한

---

143) 이에 대하여는 위 판례의 태도를 특별한 사정이 없는 한 전 근로자가 일시에 한자리에 집합하여 회의를 통해 의사를 교환하는 것이 원칙이며, 예외적으로 그러한 전 근로자의 회합이 불가능한 사정이 있는 경우 부분적 회합을 통해 의사를 취합하는 방식도 가능하다는 것으로 해석하는 견해가 있다. 정인섭a, 311면 참조.

144) 대법원 1993. 1. 15. 선고 92다39778 판결, 대법원 1993. 8. 24. 선고 93다17898 판결, 대법원 1994. 4. 12. 선고 92다20309 판결, 대법원 1994. 9. 23. 선고 94다23180 판결, 대법원 1995. 7. 11. 선고 93다26168 전원합의체 판결.

145) 대법원 2007. 9. 6. 선고 2007다42600 판결.

146) 김지형a, 67면.

147) 대법원 2001. 6. 26. 선고 2000다65239 판결.

설명을 한 다음 1999. 3. 교원들로부터 개별적으로 연봉제 적용 동의서를 제출받은 것은 교원들이 집단적인 의사결정을 거쳐 동의한 것이라고 볼 수 없다고 판단한 원심은 정당하다고 한 대법원 판결이 있다.148)

다만, 사용자가 작성한 회람 형식의 상여금 반납 결의문에 대한 개별적 서명 방식의 동의의 유효성과 관련하여, 각 팀장 주재로 거의 대부분의 직원들이 팀별로 회의를 하고 상여금을 반납한다는 결의서에 서명함으로써 1차 상여금 반납 결의를 하기에 이르렀고, 2차 결의 때도 팀장들이 팀 회의를 소집하여 팀원들에게 회사의 경영 실상, 위기 내용, 상여금 반납 추진 배경 등을 설명하면서 질문과 답변이 이루어졌음을 전제로, 직원들에게 그 당시의 회사의 경영 상태와 자구 노력의 일환으로 이루어진 상여금 반납의 필요성에 대하여 충분한 설명이 이루어진 뒤에 상여금 반납에 대한 동의 여부에 대한 의사표시를 하도록 하였으며, 직원들이 그러한 사실을 충분히 인식한 상태에서 회람 형식의 반납 결의문에 서명하였던 것으로 볼 여지가 있다고 하여 원심 판결149)을 파기하고 그 동의의 유효성을 인정한 대법원 판결이 있다.150)

또한 건설 사업 부문 근로자들이 상여금 삭감 동의 각서에 서명하는 방식의 동의의 유효성이 문제된 사안에서, 원심 판결은 그 동의가 사용자측의 개입이나 간섭이 배제된 상태에서 근로자 상호 간 의견을 교환하여 찬반 의견을 집약한 후 이루어진 것으로 보기 어렵다고 하였으나,151) 대법원은 건설 사업 부문의 근로자들이 각 팀별 혹은 현장별로 의견의 집약을 한 후 자유로운 의사에 따라 위 동의 각서에 서명한 것이라고 판시하였다.152)

위와 같은 동의 방식의 유효성을 인정한 대법원 판결에 대하여는 집단적 동의 방식에 대한 기존의 엄격한 법리에서 벗어나 완화된 기준에서 판단하고 있다는 지적이 있다.153)

---

148) 대법원 2012. 6. 28. 선고 2010다17468 판결.
149) 서울고법 2002. 11. 27. 선고 2001나73451 판결.
150) 대법원 2003. 4. 11. 선고 2002다71832 판결.
151) 서울지법 2002. 3. 21. 선고 2001나42904, 42911 판결.
152) 대법원 2004. 5. 14. 선고 2002다23185, 23192 판결. 이밖에 동의서 등을 회람하거나 개별적으로 받아 근로자들의 개별적 연명 또는 서명을 받은 것에 대해 근로자 과반수의 동의를 얻은 것으로 평가한 판결로 대법원 2003. 7. 11. 선고 2003다5474 판결, 대법원 2003. 11. 14. 선고 2001다18322 판결, 대법원 2004. 6. 10. 선고 2002다26993 판결, 대법원 2005. 5. 12. 선고 2003다52456 판결.
153) 김형배, 308면.

집단적 동의의 방법으로 동의서 등을 회람하여 근로자들이 개별적으로 서명하는 방식이 아예 허용되지 않는 방식이라고 할 수는 없을 것이다.[154] 그러나 위 동의서 등의 회람에 의한 개별적 서명 방식은 자칫 사용자의 개입이나 간섭을 손쉽게 하고 근로자들의 의견 교환을 저해하는 도구로 사용될 위험성이 있다. 따라서 위 동의서 등을 회람하고 이에 개별적으로 서명하는 방식의 유효성이 문제되는 경우에는 그 과정에 사용자의 개입이나 간섭이 있었는지, 근로자들의 의견 교환을 통한 집단의사의 형성이 수반되었는지를 엄격하게 평가하여야 한다.[155] 또한 대법원 판결 중 위와 같은 회람 방식의 동의를 유효하다고 본 판결들은 대부분 외환위기 과정에서 경영사정이 악화된 매우 특별한 사안에 대한 판단이었다는 점을 염두에 둘 필요가 있다.

**③ 찬반 의견의 표시와 찬반 의견의 분포 확인 후 이를 집약 또는 취합하는 과정** 마지막으로 찬반 의견의 표시와 찬반 의견의 분포를 확인하고 이를 집약 또는 취합하는 과정이 있어야 한다. 의견 표시와 집약의 방법으로 가장 바람직한 방법은 무기명·비밀투표가 될 것이나 반드시 이에 한정된다고 볼 수 없고,[156] 기명 투표, 거수 등의 방식도 가능할 것이다. 대법원은 근로자 간에 의견을 교환하여 찬반을 집약한 후 이를 전체적으로 취합하면서 개별 근로자의 의견이 드러날 수 있는 기명(서명) 투표나 거수 등의 방식을 취하였다고 하더라도, 그것이 사용자측의 개입이나 간섭이 배제된 상태에서 이루어진 것이라면 위법하지 않다고 하였다.[157] 또한 구두 방식도 가능할 것이나 서면 방식이 명확성을 위하여 바람직하고, 서면 방식에 의할 경우에는 근로자마다 개별적인 문서를 작성하는 이외에 연서 방식도 가능하다.

위와 같은 여러 방식 중 어느 하나의 방식만이 집단적 동의의 방법으로 타당하다고 할 수는 없어 무기명 비밀 투표, 기명 투표, 거수, 연서 방식 등이 집

---

154) 대법원 2005. 4. 29. 선고 2004다54947 판결에서는 동의의 방법으로 회람 등에 근로자들이 서명하는 방식도 허용된다고 판시하였다. 다만 위 판결에서는 대표이사의 처남인 총무부장이 먼저 서명한 의견서에 근로자들에게서 개별적으로 서명을 받은 것은 사실상 단독 면담을 거쳐 날인을 종용한 것과 다름없어 집단적 의사 결정 방법에 의한 동의를 받은 것으로 보기 어렵다는 원심 판결을 정당하다고 하였다.

155) 엄격한 태도를 보인 것으로 볼 수 있는 최근의 판결로 대법원 2017. 5. 31.자 2017다209129 판결(심리불속행기각)과 그 원심 판결인 서울고법 2017. 1. 13. 선고 2015나2049413 판결, 1심 판결인 서울중앙지법 2015. 8. 28. 선고 2014가합557402 판결 참조.

156) 서울행법 2008. 1. 22. 선고 2007구합24135 판결.

157) 대법원 2015. 1. 15. 선고 2012다101145 판결.

단적 동의의 표시 방식으로 가능하겠지만, 의사표명자의 신원이 노출될 가능성이 높은 의사표시 방식일수록 뒤에서 살펴볼 사용자의 부당한 개입, 간섭을 긍정하는 요소로 평가될 수 있을 것이다.

하급심 판결 중 퇴직금 지급률을 인하하는 내용의 취업규칙 불이익변경을 사후에 추인하면서, 해당 직원 43명 중 39명이 참가한 상태에서 무기명투표 방식으로 찬반투표를 실시한 결과 찬성 12표, 반대 26표 및 기권 1표로 부결되었다가, 불과 나흘 후에 기명투표를 하자 37명 중 1명만이 기권을 하고 나머지 36명이 찬성한 경우가 있는데,[158] 다른 요소도 개재되었겠지만 의사표시 방식의 중요성을 잘 보여주는 사례라고 할 수 있다.

#### ㈏ 사용자측의 개입·간섭의 배제

다음으로 회합을 통한 의견 교환의 과정이 사용자측의 개입이나 간섭이 배제된 상태에서 이루어져야 한다.

이에 관하여 판례는, "사용자측의 개입이나 간섭이라 함은 사용자측이 근로자들의 자율적이고 집단적인 의사 결정을 저해할 정도로 명시 또는 묵시적인 방법으로 동의를 강요하는 경우를 의미하고 사용자측이 단지 변경될 취업규칙의 내용을 근로자들에게 설명하고 홍보하는 데 그친 경우에는 사용자측의 부당한 개입이나 간섭이 있었다고 볼 수 없다"[159]고 한다.

### (3) 묵시적 동의 또는 추인

일반적으로 동의는 그 방식에 있어 명시적 동의뿐 아니라 묵시적 동의도 가능하다 할 것이나, 집단적 동의는 과반수 조합의 동의 또는 근로자들의 회의 방식이라는 적극적인 형태의 집단적 의사 결정 방법에 의한 것이어야 하므로 묵시적인 동의가 있는 것으로 인정될 경우는 거의 없을 것이다.

대법원은, 노동조합이나 근로자들이 회사로부터 불이익하게 변경된 취업규칙의 내용을 통보받고도 그 변경 당시 또는 그로부터 18년 동안 이의를 하지 않았다거나, 일부 퇴직한 직원들이 변경 후의 보수 규정에 따른 퇴직금을 수령한 사정만으로는 묵시적 동의가 있었다고 볼 수 없다고 하였다.[160]

---

158) 서울고법 1998. 4. 29. 선고 97나42535 판결.

159) 대법원 2003. 11. 14. 선고 2001다18322 판결, 대법원 2004. 5. 14. 선고 2002다23185, 23192 판결, 대법원 2005. 3. 11. 선고 2004다54909 판결, 대법원 2010. 1. 28. 선고 2009다32362 판결.

160) 대법원 1991. 9. 24. 선고 91다17542 판결, 대법원 1993. 1. 26. 선고 92다49324 판결, 대법원 2000. 9. 29. 선고 99다45376 판결, 대법원 2002. 6. 28. 선고 2001다47764 등 판결.

사후 동의도 사전 동의와 마찬가지로 근로자들의 집단적 의사 결정 방법에 의하여야 할 것이다. 따라서 사전 동의를 받지 않은 취업규칙의 불이익변경에 대하여, 근로자들이 무효인 개정 퇴직급여 규정에 따라 아무런 이의 유보 없이 퇴직금을 수령한 후 3년 가까운 시일이 지났다는 사실,[161] 노동조합이나 근로자들이 단체협약 체결 당시 그때 시행 중이던 보수 규정이 유효하다고 여기고 있었던 사실,[162] 직원들이 이의 없이 퇴직금을 수령하여 왔고 퇴직급여 규정 개정 이후 설립된 노동조합과 사용자 사이에 단체협약을 체결하면서 단체협약에서 정하지 않은 사항에 관하여는 사용자측의 관계 규정에 따르기로 하였다는 등의 사정,[163] 정부투자기관의 노동조합이나 직원들이 단체협약 체결 당시 그때 시행 중이던 보수 규정이 유효하다고 여기고 있었고, 또 그 보수 규정에 의한 퇴직금을 받은 직원들로부터 이의가 없었다는 사유,[164] 근로자들이 보수 규정의 개정에 이의를 하지 않았다든가 보수 규정 개정 이후 3회에 걸쳐 단체협약을 체결하면서 노동조합이 아무런 이의를 제기하지 않았다는 사정,[165] 근로자들이 그 개정 후 약 7년 간 명시적인 반대 의사를 표시한 바 없었다는 사정,[166] 취업규칙이 근로자에게 불이익하게 변경된 후 퇴직 근로자들이나 근로자들로 구성된 회사의 노동조합이 사후에 취업규칙 변경에 대하여 별다른 이의를 제기하지 아니하여 그 개정된 취업규칙이 그대로 시행되어온 사정[167]만으로는 불이익하게 개정된 보수 규정 개정을 추인하였다고 볼 수 없다.

### 마. 집단적 동의의 시기 및 소급적 동의의 허용 여부

#### (1) 동의의 시기

사용자가 취업규칙을 불이익하게 변경하면서 과반수 조합 또는 근로자 과반수의 동의를 받지 않으면 불이익하게 변경된 취업규칙은 효력이 없어 유효하게 시행할 수 없다. 따라서 과반수 조합 또는 근로자 과반수의 동의는 취업규칙의 불이익변경과 그 시행에 앞서 사전에 이루어지는 것이 원칙이다.

161) 대법원 1991. 3. 12. 선고 90다15457 판결, 대법원 1994. 5. 24. 선고 93다14493 판결, 대법원 1994. 6. 24. 선고 92다28556 판결.
162) 대법원 1992. 9. 14. 선고 91다46922 판결.
163) 대법원 1992. 11. 27. 선고 92다32357 판결.
164) 대법원 1993. 8. 24. 선고 93다17898 판결.
165) 대법원 1994. 4. 12. 선고 92다20309 판결.
166) 대법원 1993. 9. 14. 선고 92다45490 판결, 대법원 1994. 8. 26. 선고 93다58714 판결.
167) 대법원 1995. 7. 11. 선고 93다26168 전원합의체 판결.

다만, 불이익변경 당시에 과반수 조합 또는 근로자 과반수의 동의가 없어 사실상 시행하다가 사후에 과반수 조합 또는 근로자 과반수가 불이익변경에 동의하는 사후 동의도 허용되고, 이러한 사후 동의는 일종의 무효행위의 추인이다.

#### (2) 소급적 동의의 허용 여부

과반수 조합 또는 근로자 과반수가 불이익하게 변경된 취업규칙을 소급하여 적용하는 것에 사전 동의하거나 사후 동의를 하면서 변경된 취업규칙을 소급하여 적용하는 것에 동의하는 경우에 소급적 동의의 유효성을 인정할 수 있는가.

소급적 동의의 허용 여부가 판례상 문제된 대부분의 사안은 퇴직금 규정의 소급적 불이익변경에 관한 것이다. 가령 사용자가 1982. 9. 7.자로 퇴직금 지급률을 누진제에서 단수제로 하향 조정하는 내용으로 퇴직금 규정을 개정하면서 집단적 동의 절차 없이 시행하였는데, 근로자들이 1988. 1. 14.경 노동조합을 설립하고 1990. 6. 12. 사용자와 단체협약을 체결하면서 단체협약에 개정된 취업규칙과 같은 내용의 단수제 퇴직금 규정을 두고 그 소급적 적용에 동의한 경우, 단체협약의 시행 후에 퇴직한 직원에 대하여 소급적 동의가 유효하다고 보아 개정된 퇴직금 규정이 시행된 1982. 9. 7.부터 퇴직 시까지 개정된 단수제 지급률이 적용된다고 볼 것인가, 아니면 소급적 적용을 부정하여 단체협약이 시행되기 전인 1990. 6. 11.까지는 누진제를 적용하고 단체협약의 시행일인 1990. 6. 12.부터 퇴직 시까지 단수제를 적용할 것인가 하는 문제이다.

##### ㈎ 판 례

판례는 퇴직금 지급률을 정한 취업규칙을 근속기간에 따라 누진되는 누진제에서 그 누진율을 인하하거나 단수제로 불이익하게 변경하는 것에 대하여 소급적으로 동의하더라도 이는 유효하다고 한다.[168] 다만 위와 같은 동의나 합의의 효력은 그 동의나 합의 당시 그 사업체에 종사하며 그 적용을 받게 될 근로자들에 대하여만 적용할 수 있고, 그 이전에 퇴직한 근로자에게는 미치지 아니한다고 한다.[169]

---

168) 대법원 1992. 2. 25. 선고 91다25055 판결, 대법원 1992. 7. 24. 선고 91다34073 판결, 대법원 1992. 11. 24. 선고 91다31753 판결, 대법원 1993. 3. 23. 선고 92다52115 판결, 대법원 1993. 5. 11. 선고 92다49294 판결, 대법원 1994. 5. 24. 선고 93다46841 판결, 대법원 1995. 4. 21. 선고 93다8870 판결, 대법원 1997. 2. 11. 선고 95다55009 판결, 대법원 1997. 6. 10. 선고 95다34316 판결, 대법원 1997. 8. 22. 선고 96다6967 판결.

㈏ 학　설

학설로는 소급적 동의의 유효성을 부정하는 견해가 대부분이다. 부정하는 근거로는 퇴직금의 후불 임금성을 드는 견해,[170] 취업규칙의 규범적 효력을 전제로 헌법 13조 2항에서 규정하고 있는 소급 입법 금지의 원칙을 드는 견해,[171] 퇴직금 지급 청구권이 근속기간 중 발생한다고 보아 근속기간이 경과한 퇴직금 지급 청구권은 이미 성립한 개인의 청구권으로서 개별 근로자에게 귀속되어 단체협약에 의하여 침해할 수 없다는 견해[172] 등이 있다.

㈐ 검　토

판례는 이미 구체적으로 지급 청구권이 발생한 임금(상여금 포함)이나 퇴직금은 근로자의 사적 재산 영역으로 옮겨져 근로자의 처분에 맡겨진 것이기 때문에 노동조합이 근로자들로부터 개별적인 동의나 수권을 받지 않는 이상, 사용자와 사이의 단체협약만으로 이에 대한 포기나 지급유예와 같은 처분행위를 할 수 없다고 한다.[173]

따라서 단체협약 체결 방식으로 퇴직금 규정의 퇴직금 지급률을 인하하는 불이익변경에 소급적으로 동의하였을 때에도, 그것이 개별 근로자에게 근속기간에 상응하여 이미 발생한 기득의 권리를 침해하는 것으로 평가될 수 있다면, 단체협약 자치의 한계를 벗어나는 것으로서 허용될 수 없다는 결론에 이를 수 있다.

위와 같은 법리는 집단 의사의 개별 의사에 대한 규율의 한계를 의미하는 것이므로 단체협약 체결 방식이 아닌 과반수 조합의 동의나 근로자 과반수의 동의에 의하는 경우에도 준용된다.[174]

그런데 퇴직금 청구권의 발생 시기에 관하여는, "퇴직금 청구권은 근로계약

---

169) 대법원 1992. 7. 24. 선고 91다34073 판결, 대법원 1992. 11. 24. 선고 91다31753 판결, 대법원 1993. 3. 23. 선고 92다52115 판결. 이와 같이 사후 동의가 있기 전에 퇴직한 근로자에게는 불이익변경 전의 높은 퇴직금 지급률이, 사후 동의 이후 퇴직한 근로자에게는 불이익하게 변경된 낮은 퇴직금 지급률이 적용되는 차이가 발생하나, 이러한 결과는 퇴직급여법에서 금지하는 차등 있는 퇴직금 제도를 설정한 경우에 해당되지 않는다고 한 것으로 대법원 1993. 3. 23. 선고 92다52115 판결 참조.

170) 김형배, 316~317면; 정진경a, 27면.

171) 하경효c, 428면 이하.

172) 김재훈a, 160~161면; 강금실, 113면.

173) 대법원 2000. 9. 29. 선고 99다67536 판결 등 참조.

174) 김지형a, 70면. 취업규칙과 관련하여 근로자의 사적 재산 영역에 들어간 권리는 집단적 동의가 있더라도 포기하거나 처분할 수 없다는 취지의 판결로 대법원 2015. 12. 23 선고 2013다209039 판결 참조.

의 존속 중에 이미 발생하고 있지만 그 이행기에 관하여 불확정 기한이 붙어 있는 것에 불과하다"는 견해와 퇴직금을 퇴직 시까지 장기근속 전체에 대한 대가적 보상으로 파악하고 "퇴직이라는 불확정 기한의 도래에 의하여 퇴직금 청구권이 발생한다"고 보는 견해가 있다.[175)]

퇴직금 청구권은 근로계약의 존속 중에 이미 발생하고 있지만 그 이행기에 관하여 불확정 기한이 붙어 있는 것에 불과하다는 견해에 따르면, 퇴직금 지급률을 인하한 불이익변경에 대하여 과반수 조합 또는 근로자 과반수가 소급적으로 동의하더라도 이는 개별 근로자에게 귀속한 권리를 처분하는 것이므로 허용되지 않는다고 보게 된다.

이와 달리 판례는 퇴직금 청구권은 퇴직 시에 비로소 발생하는 권리로 보고 있고,[176)] 이에 기초하여 소급적 동의의 유효성을 인정하고 있다.

다만 소급적 동의의 유효성을 인정하는 판례의 입장이 진정 소급적 동의를 인정하는 것이 아님을 주의할 필요가 있다. 앞서 본 것처럼 판례 스스로 소급적 동의의 효력은 그 이전에 퇴직한 근로자, 즉 소급적 동의 당시 이미 퇴직금 청구권이 발생한 경우에는 미치지 아니한다고 하고 있기 때문이다.[177)] 판례의 입장에서는 위 소급적 동의란 그 동의 당시 사업체에 종사하는 근로자, 즉 소급적 동의 당시 아직 퇴직금 청구권의 발생에 관한 사실 또는 법률관계가 완성 또는 종결되지 아니한 경우에 관한 부진정 소급적 동의의 의미를 가질 뿐이다.[178)179)]

---

175) 高木紘一, 148면 이하. 국내에서 이 문제에 대한 포괄적 소개로는 정진경b, 385~450면.

176) 대법원 1973. 10. 10. 선고 73다278 판결, 대법원 1991. 6. 28. 선고, 90다14560 판결, 대법원 1996. 5. 14. 선고 95다19256 판결, 대법원 2003. 5. 16. 선고 2001다54977 판결 등 참조. 다만 대법원 2014. 7. 16. 선고 2013므2250 전원합의체 판결은, "퇴직급여채권은 퇴직이라는 급여의 사유가 발생함으로써 현실화되는 것이므로, 이혼 시점에서는 어느 정도의 불확실성이나 변동가능성을 지닐 수밖에 없다. 그러나 그렇다고 하여 퇴직급여채권을 재산분할의 대상에서 제외하고 단지 장래의 수령가능성을 재산분할의 액수와 방법을 정하는 데 필요한 기타 사정으로만 참작하는 것은 부부가 혼인 중 형성한 재산관계를 이혼에 즈음하여 청산·분배하는 것을 본질로 하는 재산분할제도의 취지에 맞지 않고, 당사자 사이의 실질적 공평에도 반하여 부당하다. 위와 같은 재산분할제도의 취지 및 여러 사정들에 비추어 볼 때, 비록 이혼 당시 부부 일방이 아직 재직 중이어서 실제 퇴직급여를 수령하지 않았더라도 이혼소송의 사실심 변론종결 시에 이미 잠재적으로 존재하여 경제적 가치의 현실적 평가가 가능한 재산인 퇴직급여채권은 재산분할의 대상에 포함시킬 수 있으며, 구체적으로는 이혼소송의 사실심 변론종결 시를 기준으로 그 시점에서 퇴직할 경우 수령할 수 있을 것으로 예상되는 퇴직급여 상당액의 채권이 그 대상이 된다"고 하였다.

177) 이와 같은 관점을 보여주는 하급심 판결로 광주고법 2015. 8. 19. 선고 2014나4131 판결 참조.

178) 취업규칙의 불이익변경의 효력을 헌법상 불소급의 원칙을 기준으로 판단한 것으로 대법원 2014. 6. 12. 선고 2013두25382 판결, 대법원 2014. 6. 12. 선고 2014두4931 판결 참조.

179) 판례와 같이 퇴직금 청구권이 퇴직에 의하여 발생하는 것으로 보아 근로계약이 종료되기

판례의 태도에 따라 퇴직금 규정의 소급적 변경에 대한 동의를 부진정 소급적 동의로 보고 그 유효성을 인정하더라도 이에 대하여는 신뢰보호의 원칙에 의한 심사가 필요하다. 판례는 개정 취업규칙이 헌법상 불소급의 원칙에 위배되지 아니한 경우에 개정 전 취업규칙의 존속에 대한 근로자의 신뢰가 개정 취업규칙의 적용에 관한 공익상의 요구보다 더 보호가치가 있다고 예외적으로 인정된 경우에 그러한 근로자의 신뢰를 보호하기 위하여 신의칙상 적용이 제한될 수 있다[180]고 보고 있다.

따라서 가령 퇴직을 불과 며칠 앞두고 있는 근로자의 누진제 퇴직금 규정의 존속에 대한 신뢰는 퇴직금 청구권에 근접한 거의 완성된 권리에 대한 것으로 보호가치가 있으므로, 이러한 시점에서 단수제로 퇴직금 규정을 변경하는 것은 위 근로자에 대한 관계에서는 신뢰보호의 원칙에 반하여 허용될 수 없다고 볼 수 있다.

판례의 태도에 따르면, 아직 퇴직하지 아니한 근로자의 퇴직금 청구권과 관련한 소급적 동의는 퇴직금 청구권의 발생에 관한 사실 또는 법률관계가 완성 또는 종결되지 아니한 경우에 관한 것이므로 부진정 소급적 동의의 의미를 가진다고 할 것이나, 다른 근로조건과 관련하여서는 소급적 동의는 진정 소급적 동의의 의미를 가질 수 있다.

그런데 일부 대법원 판결 중에는 일반적으로 기존의 근로조건이나 근로자의 권리를 소급하여 불이익변경할 수 있다고 판시함으로써, 퇴직금은 물론 다른 근로조건과 관련하여서도 소급적 동의가 유효하고 마치 진정 소급적 동의가 유효하다는 태도를 보인 것으로 읽힐 수 있는 판시를 한 것이 있다. 즉 집단적 동의가 없는 한 취업규칙의 변경은 효력을 가질 수 없으나, 그러한 동의나 합의가 있는 한 근로자 개개인의 동의를 얻을 필요 없이 취업규칙의 변경은 유효하고, 이는 취업규칙의 변경에 의하여 기존의 근로조건이나 근로자의 권리를 소급하여 불이익하게 변경하는 경우에도 마찬가지라고 판시한 대법원 판결이 있다.[181]

---

까지의 근로자의 퇴직금에 대한 권리를 일종의 기대권에 불과한 것으로 보더라도(이동흡, 32~33면), 조건부 권리나 기한부 권리와 같은 기대권은 조건의 성취에 의하여 발생할 장래의 권리가 아니라 조건의 성부가 미확정인 상태에서 기대되는 현재의 권리이기에 그것이 재산적인 가치를 지닌 때에는 재산권의 일종으로 볼 수 있다[민법주해[Ⅲ] 총칙(3), 박영사(1992), 345면]. 이러한 면에서 퇴직금 지급률을 누진제에서 단수제로 변경하는 취업규칙의 불이익변경에 대한 소급적 동의는 진정 소급적 동의에 해당된다고 볼 여지도 있다.

180) 대법원 2014. 6. 12. 선고 2013두25382 판결, 대법원 2014. 6. 12. 선고 2014두4931 판결.

그러나 취업규칙이 법규범으로서의 성질을 갖는다는 점을 고려한다면 취업규칙에 대하여도 헌법상 불소급의 원칙이 적용된다고 볼 수 있고, 지급기일이 도래한 임금 청구권, 퇴직에 의하여 발생한 퇴직금 청구권과 같이 근로자 개인의 사적 재산영역으로 옮겨져 근로자의 처분에 맡겨진 것에 대하여는 비록 집단적 동의가 있다고 하더라도 이를 소급적으로 불이익하게 변경할 수 없는 것이므로 마치 진정 소급적 동의가 유효하다고 판시한 것으로 읽힐 수 있는 위 대법원 판결들의 판시는 적절하다고 볼 수 없다.

결론적으로 아직 퇴직하지 아니한 근로자의 퇴직금을 소급적으로 불이익하게 변경하는 등의 부진정 소급적 동의는 판례에 의하여 허용되고 있지만, 진정 소급적 동의는 허용될 수 없고 이는 집단적 동의의 한계를 의미한다.[182)]

#### (3) 사후 소급적 동의의 사실 인정 여부[183)]

사후 동의를 일종의 무효행위의 추인이라 본다면, 취업규칙 불이익변경에 대한 사후 동의, 특히 판례가 인정하는 사후 소급적 동의를 유효하게 하기 위해서는 원칙적으로 과반수 조합이나 근로자 과반수가 변경된 취업규칙이 사전 동의를 받지 않아 무효임을 알고 추인하여야 한다.

종래 판례는 이러한 입장에 서서 퇴직금 규정의 개정 당시 그 변경에 대하여 집단적 동의를 받지 않아 무효인데, 그것이 그 후 장기간 시행되어 오다가 노동조합이 사용자와 단체협약을 체결하면서 위 퇴직금 지급 규정과 동일한 내

181) 대법원 1992. 11. 24. 선고 91다31753 판결, 대법원 1993. 1. 15. 선고 92다41986 판결, 대법원 1994. 5. 24. 선고 93다46841 판결, 대법원 1997. 9. 12. 선고 96다56306 판결. 단체협약과 관련하여서도 노동조합이 사용자측과 기존의 임금, 근로시간, 퇴직금 등 근로조건을 결정하는 기준에 관하여 소급적으로 동의하거나 이를 승인하는 내용의 단체협약을 체결한 경우에 그 동의나 승인의 효력은 단체협약이 시행된 이후에 그 사업체에 종사하며 그 협약의 적용을 받게 될 노동조합원이나 근로자들에 대하여 생긴다는 취지의 일련의 판결들이 있다. 대법원 1992. 7. 24. 선고 91다34073 판결, 대법원 2000. 5. 26. 선고 98다28770 판결, 대법원 2000. 6. 9. 선고 98다13747 판결, 대법원 2001. 4. 10. 선고 98다13716 판결, 대법원 2001. 9. 25. 선고 2001다41667 판결, 대법원 2002. 4. 23. 선고 2000다50701 판결, 대법원 2002. 5. 31. 선고 2000다18127 판결, 대법원 2017. 2. 15. 선고 2016다32193 판결, 대법원 2017. 4. 28. 선고 2016다54360 판결과 주 186)의 판결 참조. 위와 같은 판시에 대하여도 단체협약에 의한 진정 소급효가 가능하다는 취지로 해석될 여지가 있으나, 대부분 퇴직금에 관한 것이거나, 퇴직금에 관한 것이 아닌 경우에는 이미 구체적으로 지급청구권이 발생한 임금에 대하여는 소급효가 미치지 아니한다는 취지여서 부진정 소급효에 관한 것으로 보는 것이 타당하다. 다만 퇴직금 이외의 근로조건에 관한 일반적인 판시로서는 부적절한 면이 있다.

182) 집단적 동의의 한계에 대한 자세한 내용은 법 94조에 대한 해설 Ⅱ. 2. 사. 참조.

183) 이 부분은 해고와 임금, 300~306면을 참조하였다.

용의 퇴직금 규정을 마련하였다고 하더라도, 노동조합이 위 단체협약을 체결할 당시 시행 중이던 개정 퇴직금 규정이 무효임을 인식하고 있었다는 점을 인정할 만한 증거가 없다면, 위 퇴직금 규정의 개정이 사후의 소급적인 추인에 의하여 유효하게 되었다고 볼 수 없다고 하였다.184)

이와 같은 판례의 입장은 무효인 취업규칙의 불이익변경에 대하여 근로자들이 사후에 소급적으로 동의하였다고 인정하기 위해서는 그 의사표시를 할 당시 근로자들 또는 노동조합이 그 때까지 사실상 시행 중이던 개정 취업규칙이 무효라는 사정을 알고 있어야 한다는 것으로 보인다.

그러나 판례는 다른 사례에서, 사용자가 1982. 4. 29.자로 퇴직금 지급률을 하향 조정하는 내용의 퇴직금 규정을 개정하면서 집단적 동의를 받지 않았다가 그 후 근로자들이 1988. 12. 21.경 노동조합을 설립하고 1989. 4. 15. 사용자와 단체협약을 체결하면서 단체협약 부칙에 “위 단체협약 시행일 이전에 발생한 모든 사항은 위 협약에 의한 것으로 본다”고 규정하였다면, “이는 사용자가 그 회사 설립 이후 위 단체협약 체결 시까지 사이에 노사관계에서 발생하였던 근로조건 등의 모든 사항에 관하여 노동조합이 그 효력을 소급적으로 승인하는 취지로 보아야 하고, 위 단체협약에서 특별히 퇴직금 지급률 변경을 위한 1982. 4. 29.자 취업규칙의 개정에 관한 사항을 배제하는 규정을 두지 않았으므로 노동조합은 위 단체협약에 의하여 퇴직금 지급률의 변경에 관하여도 소급적으로 동의한 것이라고 해석하여야 하고, 이와 달리 위 단체협약 부칙의 의미를 장래에 향하여만 효력을 승인한 것이라고 볼 것은 아니다”라고 하였다.185)

이 판결에서 대법원은 무효인 취업규칙의 불이익변경에 대하여 사후에 그 효력을 인정하는 내용으로 단체협약을 체결한 경우, 단체협약 체결 당시 노동조합이나 근로자가 그 불이익변경된 취업규칙이 무효라는 사정을 알았는지 여부에 관하여 특별한 언급 없이 위 단체협약의 체결을 통하여 그 소급적용에 대한 동의 등의 의사표시를 하였다고 사실 인정을 한 것으로 보인다.

그런데 대법원은 더 나아가 명시적으로 위 단체협약을 체결할 당시 노동조

184) 대법원 1993. 6. 11. 선고 92다19316 판결, 같은 취지의 판결로 대법원 1992. 2. 25. 선고 91다25055 판결, 대법원 1992. 9. 14. 선고 91다46922 판결, 대법원 1992. 11. 27. 선고 92다32357 판결, 대법원 1995. 7. 11. 선고 93다26168 전원합의체 판결.

185) 대법원 1992. 7. 24. 선고 91다34073 판결[이에 대한 평석으로는 천정배, 312면 이하(문헌상 판례의 태도 변화에 관한 언급은 위 평석에서 최초로 나타난다); 정재성, 189면 이하]. 같은 취지의 판결로는 대법원 1993. 5. 11. 선고 92다49294 판결.

합이 불이익변경된 취업규칙이 무효이고 기존 근로자들에게 변경 전의 취업규칙이 적용되어야 함을 알았는지 여부에 관계없이 소급적 동의나 승인 등의 의사표시가 있었다고 하는 입장을 밝히고 있어, 앞서 본 판례의 입장을 사실상 변경한 것으로 보인다.

즉 판례는, 노동조합이 사용자측과 기존의 임금, 근로시간, 퇴직금 등 근로조건을 결정하는 기준에 관하여 소급적으로 동의하거나 이를 승인하는 내용의 단체협약을 체결한 경우에 그 동의나 승인의 효력은 단체협약이 시행된 이후에 그 사업체에 종사하며 그 협약의 적용을 받게 될 노동조합원이나 근로자들에 대하여 생기므로, 취업규칙의 변경이 근로자에게 불이익함에도 불구하고, 사용자가 근로자의 집단적 의사 결정 방법에 의한 동의를 받지 아니한 채 취업규칙을 변경함으로써 기득이익을 침해하게 되는 기존의 근로자에 대하여는 종전의 취업규칙이 적용되어야 하는 경우에도 노동조합이 사용자측과 사이에 새로운 내용의 단체협약을 체결한 경우에는 기득이익을 침해하게 되는 기존의 근로자에 대하여 종전의 취업규칙이 적용되어야 함을 알았는지 여부에 관계없이 원칙적으로 그 협약의 적용을 받게 될 노동조합원이나 근로자들에 대하여 효력이 생기고, 그 협약의 적용을 받게 되는 기존의 근로자에 대하여도 개정된 취업규칙 규정을 적용하여야 한다고 하였다.[186)][187)]

---

186) 대법원 1997. 6. 10. 선고 95다34316 판결, 대법원 1997. 8. 22. 선고 96다6967 판결, 대법원 1997. 10. 14. 선고 97다25132 판결, 대법원 1997. 12. 26. 선고 97다39186 판결, 대법원 1997. 12. 26. 선고 97다46665, 97다46672 판결, 대법원 2000. 12. 22. 선고 2000다56457 판결, 대법원 2000. 12. 22. 선고 2000다56464 판결, 대법원 2000. 12. 22. 선고 2000다56471 판결, 대법원 2002. 6. 28. 선고 2001다77970 판결, 대법원 2005. 3. 11. 선고 2003다27429 판결, 대법원 2005. 3. 11. 선고 2003다27436 판결, 대법원 2005. 3. 11. 선고 2003다44691 판결. 이상은 모두 과반수 조합이 퇴직금과 관련하여 단체협약을 체결한 경우로서 과반수 조합에게는 취업규칙 불이익변경에 대한 동의 권한이 있으므로 단체협약의 체결에 의하여 취업규칙 불이익변경에 동의한 것으로 보아 취업규칙이 유효하게 변경된다고 볼 수 있다. 한편 과반수에 미달하는 노동조합이 단체협약을 체결한 사안에도 위 법리를 적용한 판결로 대법원 2006. 4. 27. 선고 2004다4683 판결이 있다. 그러나 이 경우 위 조합에는 취업규칙 불이익변경에 대한 동의 권한이 없어 단체협약의 체결에 의하여 취업규칙이 유효하게 변경되었다고 할 수 없으므로, 위 법리를 그대로 적용하는 것은 타당하지 않다. 한편 이와 같이 취업규칙이 유효하게 변경되지 않았다고 보면 단체협약과 취업규칙의 유리 원칙이 문제된다. 자세한 내용은 법 94조에 대한 해설 Ⅱ. 2. 바. (5)와 법 96조에 대한 해설 Ⅲ. 3. 참조.

187) 조용만·김홍영, 129면은 판례의 이와 같은 변화가 집단적 동의 없이 불이익하게 변경된 취업규칙의 상대적 효력을 인정한 대법원 1992. 12. 22. 선고 91다45165 전원합의체판결에 기인한 것이라고 설명한다.

### 바. 집단적 동의의 효력

#### (1) 적법 · 유효한 취업규칙 불이익변경 및 변경적 효력의 요건

법 94조 1항 단서는 취업규칙을 근로자에게 불리하게 변경하는 경우에는 집단적 동의를 받아야 한다고 규정하고 있다. 따라서 취업규칙을 적법 · 유효하게 불이익변경하기 위해서는 집단적 동의를 받아야 한다. 즉 집단적 동의는 취업규칙 불이익변경 자체의 적법 · 유효 요건이다.

한편 법 94조 1항 단서에서는 취업규칙을 근로자에게 불리하게 변경하는 경우 집단적 동의를 받아야 한다고 규정하고 있을 뿐 집단적 동의를 받은 경우의 효력에 관하여 명시적인 규정을 두고 있지는 않지만, 집단적 동의를 받아 취업규칙의 불이익변경이 적법 · 유효하게 되면 취업규칙의 적용대상자인 근로자들의 근로조건이 불이익하게 변경된다는 점에 대하여 이론이 없다. 이와 같이 적법 · 유효한 취업규칙 불이익변경에 의하여 근로자들의 근로조건을 불이익하게 변경하는 효력을 변경적 효력이라고 할 수 있고, 집단적 동의는 변경적 효력의 요건이라고 할 수 있다.

이와 같이 집단적 동의는 적법 · 유효한 취업규칙 불이익변경의 요건이자 변경적 효력의 요건이다(이중의 의미에서의 요건).

##### ㈎ 취업규칙 불이익변경의 적법 · 유효 요건

법 94조 1항 단서에 따라 취업규칙을 불이익하게 변경하는 경우 사용자는 집단적 동의를 받아야 하므로 사용자의 취업규칙 변경 권한은 제한된다. 따라서 사용자가 취업규칙을 불이익하게 변경하면서 집단적 동의를 받지 않는 경우 그 취업규칙은 근기법상 변경 권한이 제한되어 있는 변경 주체에 의하여 변경된 것으로서 법규범으로서의 정통성에 흠결이 발생하여 취업규칙 변경 자체가 위법하고 무효가 된다. 판례[188]에서 집단적 동의가 없는 한 '취업규칙의 변경으로서의 효력을 가질 수 없다'고 한 것은 이러한 의미로 이해할 수 있다. 이와 같이 집단적 동의는 적법 · 유효한 취업규칙 불이익변경의 요건이다.

188) 대법원 1977. 7. 26. 선고 77다355 판결, 대법원 1977. 9. 28. 선고 77다681 판결, 대법원 1977. 12. 27. 선고 77다1378 판결, 대법원 1988. 5. 10. 선고 87다카2578 판결, 대법원 1991. 9. 24. 선고 91다17542 판결, 대법원 1992. 4. 10. 선고 91다37522 판결, 대법원 1992. 11. 10. 선고 92다30566 판결, 대법원 2007. 6. 28. 선고 2007도1539 판결, 대법원 2008. 4. 11. 선고 2007다90692 판결.

(나) **변경적 효력의 요건**

또한 집단적 동의는 변경적 효력의 요건이다. 사용자가 취업규칙 불이익변경에 대하여 집단적 동의를 받아 취업규칙이 적법·유효하게 변경되면 변경된 취업규칙이 근로계약관계를 규율(또는 근로계약 당사자를 구속)하게 되어 개별 근로자와 사용자의 근로계약의 내용인 근로조건이 불이익하게 변경된다. 즉 변경된 취업규칙에 근로계약관계를 규율하는 효력 또는 근로계약 당사자를 구속하는 효력으로서 근로조건을 변경하는 변경적 효력이 인정된다. 판례[189]에서 '취업규칙의 변경에 의하여 기존 근로조건의 내용을 근로자에게 불이익하게 변경하려면 집단적 동의를 요한다'고 한 것은 이러한 의미로 이해할 수 있다.

변경적 효력은 법 97조에서 규정하는 최저기준적 효력, 해석에 의하여 인정되는 보충적 효력과 함께 취업규칙의 법규범적 효력 중 하나이다.[190] 취업규칙 불이익변경에 대하여 집단적 동의가 있는 경우에는 개별적으로 동의하지 않은 근로자의 근로조건도 변경되고,[191] 집단적 동의가 없는 경우에는 비록 개별 근로자의 동의가 있더라도 그 동의는 효력이 없다.[192] 이와 같이 개별적 동의에 대한 집단적 동의의 우위, 개별의사에 대한 집단의사의 우위를 인정하는 것은 집단적 동의를 받은 변경된 취업규칙에 법규범적 효력으로서의 변경적 효력이 부여되어 있음을 의미한다.

한편 변경적 효력이 인정되기 위해서는 집단적 동의 이외에 법령의 공포에 준하는 절차로서 변경된 취업규칙이 기업 내 규범인 것을 널리 종업원 일반으

189) 대법원 1977. 7. 26. 선고 77다355 판결, 대법원 1977. 9. 28. 선고 77다681 판결, 대법원 1977. 12. 27. 선고 77다1378 판결, 대법원 1990. 11. 27. 선고 90다카23868 판결, 대법원 1991. 2. 12. 선고 90다15952 판결, 대법원 1992. 11. 24. 선고 91다31753 판결, 대법원 1994. 5. 24. 선고 93다46841 판결, 대법원 1997. 9. 12. 선고 96다56306 판결, 대법원 2004. 1. 27. 선고 2001다42301 판결, 대법원 2005. 3. 11. 선고 2004다54909 판결, 대법원 2005. 11. 10. 선고 2005다21494 판결, 대법원 2007. 6. 28. 선고 2007도1539 판결, 대법원 2008. 2. 29. 선고 2007다85997 판결, 대법원 2008. 4. 11. 선고 2007다90692 판결, 대법원 2009. 11. 12. 선고 2009다49377 판결, 대법원 2014. 9. 4. 선고 2012다35309 판결.

190) 취업규칙의 법규범적 효력의 체계에 관하여는 '취업규칙 전론(前論)' Ⅲ. 1. 참조.

191) 대법원 1992. 11. 24. 선고 91다31753 판결, 대법원 1993. 1. 15. 선고 92다41986 판결, 대법원 1993. 3. 23. 선고 92다52115 판결, 대법원 1994. 5. 24. 선고 93다46841 판결, 대법원 1997. 9. 12. 선고 96다56306 판결, 대법원 2008. 2. 29. 선고 2007다85997 판결. 대법원 2000. 9. 29. 선고 99다67536 판결도 참조.

192) 대법원 1977. 7. 26. 선고 77다355 판결, 대법원 1977. 9. 28. 선고 77다681 판결, 대법원 1977. 12. 27. 선고 77다1378 판결, 대법원 1991. 3. 27. 선고 91다3031 판결, 대법원 1991. 9. 24. 선고 91다17542 판결, 대법원 1992. 12. 8. 선고 91다38174 판결, 대법원 2003. 11. 28. 선고 2001다4750 판결.

로 하여금 알게 하는 절차, 즉 어떠한 방법이든지 적당한 방법에 의한 주지(周知)가 필요하다.[193)]

### (2) 취업규칙 불이익변경 자체의 적법·유효 요건과 변경된 취업규칙의 구속력 요건의 관계에 대한 한국과 일본의 비교

일본 노기법 90조에 의하면 비록 불이익변경이라고 하더라도 근로자 집단의 의견을 청취하기만 하면 되고 근기법 94조 1항 단서와 같이 집단적 동의를 요구하지 않는다. 이러한 의미에서 사용자는 취업규칙을 일방적으로 작성 또는 변경할 수 있다고 보는 것이 일본의 일반적인 견해이다.[194)] 그리하여 취업규칙을 변경할 적법한 권한을 가진 사용자가 취업규칙을 불이익하게 변경하면 노기법상 취업규칙의 불이익변경으로서 유효하다. 물론 취업규칙의 불이익변경으로서 유효하다고 하더라도 사용자가 일방적으로 변경한 취업규칙이 바로 구속력(노계법 10조의 변경효)을 가지는 것은 아니다. 변경된 취업규칙이 반대하는 근로자도 구속하는 효력(변경효)을 가지기 위해서는 노계법 10조에서 규정하고 있는 것처럼 합리성과 주지라는 별도의 요건을 갖추어야 한다. 이와 같이 일본에서는 취업규칙 불이익변경 자체의 유효 요건과 구속력 요건이 구별된다고 할 수 있다.

이와 같이 취업규칙 불이익변경의 유효 요건과 구속력 요건이 구별되는 일본에서는, 사용자가 일방적으로 불이익하게 변경한 취업규칙에 합리성이 없어 종전 근로자에 대한 관계에서는 변경의 구속력이 인정되지 않더라도, 변경된 취업규칙 자체가 무효가 되는 것은 아니다. 변경의 권한을 가진 사용자에 의하여 취업규칙이 변경되는 한 변경된 취업규칙이 사업장에 현존하는 취업규칙이고 최저기준효를 갖는 것도 이 변경된 취업규칙이며, 신규 근로자와의 관계에서 최저기준효와 보충효를 갖는 것도 변경된 취업규칙이라는 결론이 도출된다.[195)]

그러나 근기법 하에서는 사정이 전혀 다르다. 근기법 94조 1항 단서는 취업규칙을 불이익하게 변경할 경우 근로자 집단의 의견 청취를 넘어서 집단적 동의를 요구하고 있는데, 앞서 본 것처럼 집단적 동의는 취업규칙 불이익변경 자체의 적법·유효 요건이자 구속력으로서의 변경적 효력의 요건이다. 취업규칙

193) 대법원 2004. 2. 12. 선고 2001다63599 판결, 대법원 2004. 2. 27. 선고 2001다28596 판결. 주지에 관한 자세한 내용은 법 93조에 대한 해설 Ⅳ. 참조.

194) 荒木, 346면; 土田道夫b, 156면; 池田 悠, 40면; 水町勇一郎, 89~90면; 矢野昌浩, 161면.

195) 菅野, 210면; 荒木, 380면, 391면.

불이익변경 자체의 유효 요건과 구속력의 요건이 구별되는 일본과 달리 우리의 경우에는 위 두 요건이 집단적 동의로 동일하다. 따라서 사용자가 취업규칙을 불이익하게 변경하면서 집단적 동의를 받지 않는 경우 종전 근로자에 대한 구속력으로서의 변경적 효력이 발생하지 않는 것은 물론, 변경적 효력의 인정 여부 이전의 문제로서 취업규칙이 유효하게 변경되었다고 볼 수 없다. 근기법 하에서는 변경된 취업규칙의 변경적 효력은 인정되지 않지만 취업규칙은 유효하게 변경되는 상황은 발생할 수 없다. 그리하여 변경된 취업규칙은 단지 사실상의 존재로서만 남아 변경적 효력이 인정되지 않는 것은 물론 근기법상 적법·유효한 존재로 인정될 수 없고, 사업장에 현존하는 취업규칙은 변경된 취업규칙이 아니라 종전 취업규칙이고, 근기법이 취업규칙에 부여하는 최저기준적 효력 이나 보충적 효력 등 다른 법규범적 효력도 변경된 취업규칙이 아니라 종전 취업규칙이 가진다는 결론에 이르게 된다.

판례에서는 '취업규칙의 작성·변경에 관한 권한은 원칙적으로 사용자에게 있다'[196]거나 '취업규칙의 작성·변경권이 사용자에게 있다'[197]고 판시하고 있다. 위와 같은 판시는 먼저 사용자에게 사실행위로서의 취업규칙의 작성·변경권한이 있다는 의미라면 용인될 수 있다. 나아가 사용자에게는 한편으로는 취업규칙의 작성 또는 이익변경과 관련하여 권한이 있지만, 다른 한편 취업규칙의 변경 중

196) 대법원 1977. 7. 26. 선고 77다355 판결, 대법원 1992. 12. 22. 선고 91다45165 전원합의체 판결, 대법원 1993. 1. 15. 선고 92다39778 판결, 대법원 1994. 5. 24. 선고 93다14493 판결, 대법원 1994. 12. 23. 선고 94누3001 판결, 대법원 1995. 4. 21. 선고 93다8870 판결, 대법원 1996. 4. 26. 선고 94다30638 판결, 대법원 1996. 9. 10. 선고 95다15414 판결, 대법원 1996. 9. 10. 선고 96다3241 판결, 대법원 1997. 4. 8. 선고 96다53185 판결, 대법원 1997. 5. 16. 선고 96다2507 판결, 대법원 1997. 7. 11. 선고 97다14934 판결, 대법원 1997. 8. 26. 선고 96다3234 판결, 대법원 1999. 6. 22. 선고 98두6647 판결, 대법원 1999. 11. 12. 선고 99다30473 판결, 대법원 2000. 9. 29. 선고 99다45376 판결, 대법원 2001. 4. 24. 선고 99다9370 판결, 대법원 2004. 1. 16. 선고 2003다49276 판결, 대법원 2004. 1. 27. 선고 2001다42301 판결, 대법원 2004. 8. 16. 선고 2003두13526 판결, 대법원 2005. 11. 25. 선고 2003두8210 판결, 대법원 2007. 10. 11. 선고 2007두11566 판결, 대법원 2007. 10. 12. 선고 2006다59748 판결, 대법원 2008. 2. 29. 선고 2007다85997 판결, 대법원 2009. 5. 28. 선고 2009두2238 판결, 대법원 2009. 11. 12. 선고 2009다49377 판결.

197) 대법원 1996. 10. 11. 선고 95다42485 판결, 대법원 1996. 12. 23. 선고 95다32631 판결, 대법원 1997. 1. 24. 선고 95다16769 판결, 대법원 1997. 7. 11. 선고 96다45399 판결, 대법원 1997. 7. 11. 선고 97다14934 판결, 대법원 1997. 8. 22. 선고 95다50899 판결, 대법원 1997. 8. 22. 선고 97다13085 판결, 대법원 1997. 8. 26. 선고 96다1726 판결, 대법원 1997. 8. 26. 선고 97다18462 판결, 대법원 1997. 10. 10. 선고 97다26579 판결, 대법원 1997. 10. 24. 선고 97다17490 판결, 대법원 1998. 1. 20. 선고 97다22577 판결, 대법원 1998. 2. 27. 선고 96다54294 판결, 대법원 2000. 2. 25. 선고 98다11628 판결, 대법원 2003. 12. 18. 선고 2002다2843 전원합의체 판결.

불이익변경에 대하여는 근로자 집단의 의견을 청취하는 것에 그치는 것이 아니라 집단적 동의를 받도록 되어 있어 사용자의 변경 권한이 제한을 받고 있으므로, 이와 같은 의미에서 '취업규칙의 작성·변경에 관한 권한은 원칙적으로 사용자에게 있다'는 판시를 수긍할 수 있다.[198] 그러나 아무런 유보 없이 '취업규칙의 작성·변경권이 사용자에게 있다'고 한 판시는 불이익변경의 경우에 그 타당성을 잃는다고 할 수 있다. 따라서 취업규칙의 작성·변경권이 사용자에게 있다' 는 명제를 근거로 집단적 동의를 받지 않고 불이익하게 변경된 취업규칙의 법규적 효력을 인정하는 판례의 논리 전개에는 재검토할 여지가 있다.[199] '취업규칙의 작성·변경에 관한 권한은 원칙적으로 사용자에게 있다'고 하면서도 집단적 동의를 받지 않고 불이익하게 변경된 취업규칙의 법규적 효력을 인정하는 판결들[200]에도 마찬가지의 문제가 있다.

### (3) 변경적 효력의 인적 범위

과반수 조합이 취업규칙의 불이익변경에 직접 동의하거나, 단체협약에 의

---

198) '취업규칙의 작성·변경에 관한 권한은 원칙적으로 사용자에게 있다'는 판시를 이와 같은 의미로 이해하는 판결로 대법원 1977. 7. 26. 선고 77다355 판결, 대법원 1994. 5. 24. 선고 93다14493 판결, 대법원 1994. 12. 23. 선고 94누3001 판결, 대법원 1995. 4. 21. 선고 93다8870 판결, 대법원 1999. 6. 22. 선고 98두6647 판결, 대법원 2004. 1. 27. 선고 2001다42301 판결, 대법원 2005. 11. 25. 선고 2003두8210 판결, 대법원 2007. 10. 12. 선고 2006다59748 판결, 대법원 2008. 2. 29. 선고 2007다85997 판결, 대법원 2009. 5. 28. 선고 2009두2238 판결, 대법원 2009. 11. 12. 선고 2009다49377 판결 참조. 대법원 2004. 1. 27. 선고 2001다42301 판결은 '취업규칙의 작성·변경에 관한 권한은 원칙적으로 사용자에게 있다'는 판시의 의미를 다음과 같이 풀어서 설명하고 있다. "취업규칙의 작성·변경에 관한 권한은 사용자에게 있으므로 사용자는 그 의사에 따라 취업규칙을 작성·변경할 수 있는 것이 원칙이고, 다만 그것이 근로조건을 근로자에게 불이익하게 변경하는 것일 때에 한하여 근로자들의 집단적 의사결정방법에 의한 동의를 요하는 것이다."

199) 사용자가 근로자에게 불리하게 취업규칙을 변경함에 있어 근로자의 집단적 의사결정방법에 의한 동의를 얻지 아니하였다고 하더라도 취업규칙의 작성·변경권이 사용자에게 있는 이상 현행의 법규적 효력을 가진 취업규칙은 변경된 취업규칙이라는 판시에는 위와 같은 문제가 있다. 대법원 1999. 11. 12. 선고 99다30473 판결의 아래의 판시는 더욱 더 문제이다. "취업규칙의 작성, 변경의 권한은 원칙적으로 사용자에게 있으므로 사용자는 그 의사에 따라 취업규칙을 작성, 변경할 수 있고, 사용자가 취업규칙을 변경한 경우에 취업규칙의 변경이 기존의 근로자에게 불이익한지 여부를 불문하고 취업규칙의 변경은 유효하여 현행의 법규적 효력을 가진 취업규칙은 변경된 취업규칙이다." 자세한 내용은 법 94조에 대한 해설 Ⅱ. 2. 아. 참조.

200) 대법원 1992. 12. 22. 선고 91다45165 전원합의체 판결, 대법원 1993. 1. 15. 선고 92다39778 판결, 대법원 1996. 4. 26. 선고 94다30638 판결, 대법원 1996. 9. 10. 선고 95다15414 판결, 대법원 1996. 9. 10. 선고 96다3241 판결, 대법원 1997. 4. 8. 선고 96다53185 판결, 대법원 1997. 7. 11. 선고 97다14934 판결, 대법원 1997. 8. 26. 선고 96다3234 판결, 대법원 1999. 11. 12. 선고 99다30473 판결, 대법원 2001. 4. 24. 선고 99다9370 판결.

하여 동의하는 경우 과반수 조합은 단순히 조합원의 이해관계만을 대표하는 지위에 있는 것이 아니라 사업장 내 전체 근로자들의 이해관계를 대표하는 지위에 있으므로 변경된 취업규칙은 조합원은 물론 비조합원인 근로자, 나아가 조합원 자격이 없는 비조합원인 근로자에게도 그 효력이 미친다.[201)]

집단적 동의를 받아 적법·유효하게 불이익변경된 취업규칙은 법규범으로서 그 변경 시점에 이미 취업하고 있는 기존 근로자는 물론 그 이후에 취업하는 신규 근로자에 대하여도 효력을 미친다.

다만, 취업규칙의 불이익변경에 대하여 집단적 동의가 있더라도 변경된 취업규칙의 시행 이전에 퇴직한 근로자에게는 그 효력이 미치지 않는다. 취업규칙이 과반수 조합이나 근로자 과반수의 동의 없이 불이익하게 변경되어 시행된 후 소급 적용에 동의하는 경우에도 불이익변경 이후부터 사후 소급적 동의가 있기까지 이미 퇴직한 근로자에 대하여는 위 사후 동의의 효력이 미치지 않는다.[202)]

#### (4) 변경적 효력의 시적 범위

사전 동의는 일반적으로 불이익하게 변경된 취업규칙을 장래에 향하여 유효하게 시행·적용할 수 있게 하는 효력을 갖는다.

사전 동의 없이 불이익하게 변경된 취업규칙이 시행되고 난 후에 불이익변경에 사후 동의하는 경우 그 변경된 취업규칙을 사후 동의를 한 때로부터 장래에 향하여서만 적용하는 것에 동의하는 것 또한 가능하다.

한편 사전 또는 사후 동의에 의한 소급적 동의의 효력과 관련하여, 판례는 퇴직금 규정의 불이익변경에 대하여 소급적 동의의 효력을 인정하고 있다. 다만 판례의 위와 같은 태도가 진정 소급효까지 인정하는 것은 아님을 주의할 필요가 있다. 판례는 퇴직금 청구권은 퇴직 시에 비로소 발생하는 권리라는 전제 하에 퇴직금 청구권의 발생에 관한 사실 또는 법률관계가 완성 또는 종결되지 아니하였다고 보고 부진정 소급적 동의를 인정하는 것이지, 진정 소급적 동의를 인정하는 것은 아니다. 진정 소급적 동의는 헌법상 불소급의 원칙이나 지급기일이 도래한 임금 청구권, 퇴직에 의하여 발생한 퇴직금 청구권과 같이 근로자 개인의 사적 재산영역으로 옮겨져 근로자의 처분에 맡겨진 것에 대하여는 비록

201) 대법원 1993. 3. 23. 선고 92다52115 판결, 대법원 2004. 2. 27. 선고 2001다28596 판결, 대법원 2008. 2. 29. 선고 2007다85997 판결.

202) 대법원 1992. 7. 24. 선고 91다34073 판결, 대법원 1992. 11. 24. 선고 91다31753 판결, 대법원 1993. 3. 23. 선고 92다52115 판결.

집단적 동의가 있다고 하더라도 이를 소급적으로 불이익하게 변경할 수 없다는 법리에 저촉되어 허용될 수 없다.

판례의 입장과 같이 부진정 소급적 동의를 인정한다면 사전 동의를 하면서 그 변경될 취업규칙의 적용 시점을 그 변경 시점 이전의 시기, 가령 근로자의 입사 시로 하는 것이 가능하다.[203] 또한 사후 동의의 효력을 그 변경 시·시행 시[204] 또는 입사 시로 하는 것도 가능하다.

(5) 과반수 미달 조합의 동의의 효력

취업규칙의 불이익변경이 유효하기 위해서는 과반수 조합의 동의가 요구되므로, 과반수 미달 조합이 불이익변경에 대하여 동의하였다고 하더라도 취업규칙 불이익변경은 무효이다.

이와 관련하여 과반수 미달 조합이 동의하면 조합원인 근로자에 대하여는 취업규칙 불이익변경이 유효하다는 주장이 있을 수 있으나, 이는 명문의 규정에 반하여 취업규칙 불이익변경의 효력을 인정하는 것이고 취업규칙 불이익변경의 효력을 조합원인 근로자와 비조합원인 근로자에 대한 관계에서 서로 달리함으로써 근로조건의 통일적 규율이라는 취업규칙 본래의 기능을 충족시킬 수 없는 견해로서 받아들이기 어렵다.

과반수 미달 조합이 취업규칙 불이익변경에 동의하는 데에서 나아가 이를 소급적으로 승인하는 내용의 단체협약을 체결한 경우 변경된 취업규칙이 조합원이나 비조합원인 근로자에게 효력이 미치는지 여부도 문제가 된다.

대법원은 노동조합이 그 가입 자격이 있는 근로자의 반수 이상이기는 하나 사업장의 근로자 전체의 과반수에는 미달하는 노동조합인 사안에서, 사용자가 근로자의 집단적 의사 결정 방법에 의한 동의를 받지 않고 취업규칙 중 퇴직금 규정을 근로자에게 불이익하게 변경함으로써 기득이익을 침해받게 되는 기존의 근로자에 대하여는 종전의 퇴직금 조항이 적용되어야 하는 경우에도, 노동조합이 사용자측과 사이에 변경된 퇴직금 조항을 따르기로 하는 내용의 단체협약을 체결한 때에는 그 협약의 적용을 받게 되는 기존의 근로자에 대하여도 변경된 퇴직금 조항을 적용하여야 하여 조합원인 근로자에 대한 관계에서 변경된 취업

203) 대법원 1994. 5. 24. 선고 93다46841 판결의 원심판결인 부산고법 1993. 8. 13. 선고 93나3493 판결 참조.

204) 대법원 1992. 7. 24. 선고 91다34073 판결 참조.

규칙의 적용을 긍정하였다.[205)]

나아가 위 사안에서 위 노동조합은 집단적 동의와 관련하여서는 과반수에 미달하는 노동조합이기는 하나 조합원 자격이 있는 근로자의 반수 이상으로 조직된 노동조합이어서 노조법 35조[206)]에서 정하는 '동종의 근로자 반수 이상으로 구성된 조합'에 해당하므로 조합원 자격이 있는 비조합원에 대하여도 단체협약이 확장 적용되는데, 대법원은 단체협약의 직접 적용을 받는 조합원뿐 아니라 노조법 35조에 따라 그 단체협약이 적용되는 조합원 자격이 있는 비조합원들에게도 개정된 보수 규정이 적용되므로 그에 따라 퇴직금을 산정하여야 한다고 판시하였다.

그러나 과반수 미달 조합에게는 불이익변경에 대한 동의권한이 없으므로, 위 노동조합이 변경된 퇴직금 규정을 따르기로 하는 내용의 단체협약을 체결하더라도 이에 의하여 취업규칙이 유효하게 변경되었다고 할 수 없다.[207)] 따라서 취업규칙이 유효하게 변경되었다는 점을 전제로 개정된 보수규정이 적용된다는 취지의 위 판결의 태도는 타당하지 않다.

다만 이 경우 조합원의 경우에는 단체협약상으로는 변경된 퇴직금 조항에 의한 퇴직금 지급 기준을, 취업규칙상으로는 그 보다 유리한 종전의 퇴직금 조항에 의한 지급 기준을 적용받게 되어 단체협약과 취업규칙 사이의 유리 원칙이 문제되는 상황이 발생한다. 나아가 조합원 자격 있는 비조합원에게도 노조법 35조에 의하여 단체협약이 확장 적용되므로 비조합원의 경우에도 단체협약상으로는 개정된 보수 규정에 의한 퇴직금 지급 기준을, 취업규칙상으로는 그보다 유리한 종전의 보수 규정에 의한 퇴직금 지급 기준을 적용받게 되어 유리 원칙이 문제된다.[208)]

---

205) 대법원 2006. 4. 27. 선고 2004다4683 판결.

206) 단체협약의 일반적 구속력을 규정한 조항이다.

207) 노동조합이 집단적 동의를 받지 않고 변경된 취업규칙을 따르기로 하는 단체협약을 체결한 경우 변경된 취업규칙을 적용하여야 한다는 법리는 취업규칙 불이익변경에 대하여 동의권한을 가진 과반수 조합을 전제로 한 법리이다. 위와 같은 법리를 판시한 대법원 1997. 6. 10. 선고 95다34316 판결, 대법원 1997. 8. 22. 선고 96다6967 판결, 대법원 1997. 10. 14. 선고 97다25132 판결, 대법원 1997. 12. 26. 선고 97다39186 판결, 대법원 1997. 12. 26. 선고 97다46665, 97다46672 판결, 대법원 2000. 12. 22. 선고 2000다56457 판결, 대법원 2000. 12. 22. 선고 2000다56464 판결, 대법원 2000. 12. 22. 선고 2000다56471 판결, 대법원 2002. 6. 28. 선고 2001다77970 판결, 대법원 2005. 3. 11. 선고 2003다27429 판결, 대법원 2005. 3. 11. 선고 2003다27436 판결, 대법원 2005. 3. 11. 선고 2003다44691 판결은 모두 과반수 조합이 퇴직금과 관련하여 단체협약을 체결한 경우에 관한 것이다.

### 사. 집단적 동의의 한계

#### (1) 외재적 한계

취업규칙 불이익변경에 대하여 집단적 동의 절차를 거쳤다고 하더라도 그 내용이 강행법규나 선량한 풍속 기타 사회질서에 위배된다면 그 법률적 효력이 배제되어야 하므로 변경된 취업규칙에는 변경적 효력 등의 법규범적 효력이 인정되지 아니한다.

가령, 정액사납금제하에서 생산고에 따른 임금을 제외한 고정급이 최저임금에 미달하는 것을 회피할 의도로 사용자가 소정근로시간을 기준으로 산정되는 시간당 고정급의 외형상 액수를 증가시키기 위해 택시운전근로자 노동조합과 사이에 실제 근무형태나 운행시간의 변경 없이 소정근로시간만을 단축하기로 합의한 경우, 이러한 합의는 강행법규인 최저임금법상 특례조항 등의 적용을 잠탈하기 위한 탈법행위로서 무효라고 보아야 하고, 이러한 법리는 사용자가 택시운전근로자의 과반수로 조직된 노동조합 또는 근로자 과반수의 동의를 얻어 소정근로시간을 단축하는 내용으로 취업규칙을 변경하는 경우에도 마찬가지로 적용된다.[209]

#### (2) 내재적 한계

##### (가) 절차적 한계-법규범적 효력의 실질적 근거[210]

취업규칙의 불이익변경에 대하여 집단적 동의가 있으면 변경된 취업규칙은 법규범적 효력을 가져 개별적으로 불이익변경에 동의하지 않은 근로자의 근로계약관계까지 규율하게 된다. 즉 법 94조 1항 단서는 과반수 조합 또는 근로자 과반수라는 집단 의사가 개별 근로자의 개별 의사보다 우우에 있음을 인정하고 근로자의 계약 자유를 제한하는 의미가 있다.

그러면 법 94조 1항 단서가 집단 의사의 우위를 승인하고 계약 자유의 제한을 정당화하는 실질적 근거는 무엇인가. 근로자 개개인은 사용자에 대하여 종속 상태에 놓이기 때문에 개별적 차원에서의 계약 자유의 원칙은 형해화되고

208) 단체협약과 취업규칙 사이의 유리 원칙에 관한 자세한 내용은 법 96조에 대한 해설 Ⅲ. 3. 참조. 그리고 조합원 자격 있는 비조합원과 관련한 유리 원칙의 문제에 대한 자세한 내용은 노조법주해 Ⅱ, 229~234면 참조.

209) 대법원 2019. 4. 18. 선고 2016다2451 전원합의체 판결.

210) 이하의 절차적 한계에 관한 논의는 단체협약의 규범적 효력의 실질적 근거에 관한 西谷 敏d의 논의를 취업규칙의 불이익변경에 차용한 것이다. 西谷 敏d, 328~330면 참조.

사실상 사용자의 단독 결정에 의하여 근로조건이 규율될 위험성이 있다. 근기법은 이러한 상황에서 취업규칙이 불이익변경되는 경우에는 근로자들로 하여금 집단의 힘으로 근로조건의 결정에 실질적으로 관여하게 함으로써 형해화된 계약 자유를 집단적 차원에서 회복하여 근로자를 보호하고 근로조건 대등 결정의 원칙을 실현하고자 한 것이다.

그렇다면 형식적으로 집단적 동의가 있는 모든 경우에 불이익변경된 취업규칙이 효력을 갖는다고 할 수는 없고, 그 동의가 집단적 차원에서 계약 자유가 회복된다는 위와 같은 집단적 의사의 우위에 관한 실질적 근거에 합치되는 경우, 즉 집단적 동의 여부를 결정하는 과정에 근로자들이 실질적으로 관여하였다는 점을 전제로 그 효력이 발생한다고 할 것이다.

과반수 조합이 동의하는 경우에 먼저 조합원인 근로자와의 관계에서 이 문제를 살펴보면, 취업규칙 불이익변경에 대한 과반수 조합의 동의 의사가 노동조합의 일반적인 의사 결정 기구라 말할 수 있는 조합원 총회나 대의원 대회에서 결정되는 경우에는 큰 문제가 없을 것이다. 그러나 노동조합 간부들의 운영위원회나 노동조합 대표자 등 집행 기구에 의하여 취업규칙 불이익변경에 대한 동의가 결정되는 경우에는 과연 그 의사의 형성 과정에 조합원들의 참여가 보장되었는가라는 관점에 기초한 절차심사가 필요하다.

다음으로 비조합원에 대한 관계에서 이 문제를 살펴보면, 과반수 조합이 취업규칙 불이익변경에 동의하는 것은 조합원인 근로자의 대표로서가 아니라 비조합원을 포함한 전 근로자를 대표하는 지위에서 하는 것이다. 그런데 비조합원인 근로자들의 경우에는 조합원인 근로자들과는 달리 조합 가입의 의사를 전혀 표명한 적이 없고, 노동조합의 일상적인 의사 결정에 참여할 기회를 부여받지 못하고 있어 노동조합 의사를 형성하는 데에 관여할 수 없는 상황이다. 그럼에도 근기법에서 과반수 조합에게 비조합원인 근로자들에 대한 관계에서도 동의 권한을 부여한 것은 과반수 조합이 그 의사 형성 과정에서 비조합원인 근로자들의 의견을 청취하고 그 이익을 배려하였을 때에만 정당화될 수 있다.[211)]

211) 일본 최고재판소의 합리적 변경법리와 이를 지지하는 학설의 검토에 기초하여 법 94조 1항 단서의 해석에서 과반수 조합에 공정대표의무를 부과함으로써 절차심사를 주장하는 견해로 정영훈, 171~187면 참조.

(나) 내용적 한계

① 단체협약 불이익변경의 한계 이론에 기초한 내용적 한계

종전 단체협약에 의한 근로조건을 새로운 단체협약의 체결에 의하여 불이익하게 변경하는 문제에 관하여, 판례는 협약 자치의 원칙상 근로조건을 불리하게 변경하는 내용의 단체협약을 체결할 수 있음을 인정하면서, 다만 그 단체협약이 현저히 합리성을 결하여 노동조합의 목적을 벗어난 것으로 볼 수 있는 경우와 같은 특별한 사정이 있는 경우에는 단체협약의 효력을 부인할 수 있다고 하여 이른바 현저한 불합리성 법리에 의한 내용 통제를 하고 있다.[212]

그런데 노동조합이 종전 단체협약에 의한 근로조건을 새로운 단체협약의 체결을 통하여 불이익하게 변경하는 것과 과반수 조합이 단체협약의 체결을 통하여 취업규칙 불이익변경에 동의함으로써 종전 취업규칙에 의한 근로조건을 불이익하게 변경하는 것은 비록 불이익변경의 대상이 되는 규범 형식은 다르지만, 노동조합이 '단체협약'의 체결을 통하여 근로조건을 불이익하게 변경한다는 점에서 그 실체가 유사하고, 집단적 의사 결정 방식을 통하여 집단적 근로조건을 변경하는 면에서도 유사한 면이 있는 점을 고려할 때, 과반수 조합이 단체협약의 체결을 통하여 취업규칙 불이익변경에 동의하는 경우에도 위와 같은 내용 통제가 요구된다고 할 수 있고, 더 나아가 단체협약 체결 방식이 아닌 과반수 조합의 직접적 동의나 근로자 과반수의 집단적 의사 결정 방법에 의한 동의에도 이러한 법리가 그대로 준용될 수 있다.[213]

대법원은 정년을 단축하기로 하는 내용의 특별협약을 체결한 다음 취업규칙의 정년 규정도 같은 내용으로 변경한 사안에서, 위 특별협약의 정년에 관한 부분이 현저히 합리성을 결하였다고 보고 특별협약 중 정년에 관한 부분을 무효라고 하면서 위 특별협약에 근거하여 개정된 취업규칙도 무효[214]라고 봄으로써 단체협약에 의한 근로조건의 불이익변경에 관한 현저한 불합리성 법리가 취업규칙의 불이익변경에 대한 집단적 동의가 있는 경우에 그 한계 법리로 적용될 수 있음을 인정하였다.[215] 대법원은 나아가 직무연동연봉제를 도입하는 취업

212) 대법원 2000. 9. 29. 선고 99다67536 판결, 대법원 2002. 4. 12. 선고 2001다41384 판결, 대법원 2002. 11. 26. 선고 2001다36504 판결, 대법원 2002. 12. 27. 선고 2002두9063 판결, 대법원 2003. 9. 5. 선고 2001다14665 판결.

213) 독일 사업장협정의 효력 심사에 대한 독일의 판례와 학설에 대한 검토에 기초하여 내용심사를 주장하는 견해로 정영훈, 188~201면.

214) 대법원 2011. 7. 28. 선고 2009두7790 판결.

규칙 불이익변경의 효력이 문제된 사안에서 단체협약의 불이익변경의 한계에 관한 위 판례 법리를 직접적으로 원용하면서 직무연동연봉제가 현저하게 합리성을 결하였는지 여부를 판단[216]하기도 함으로써 위 법리의 취업규칙에로의 적용을 인정하였다고 볼 수 있다.

② 개별 근로자에게 이미 발생한 권리의 처분

단체협약과 관련하여서는 그 규범적 효력의 한계로서, "이미 구체적으로 그 지급청구권이 발생한 임금(상여금 포함)이나 퇴직금은 근로자의 사적 재산영역으로 옮겨져 근로자의 처분에 맡겨진 것이기 때문에 노동조합이 근로자들로부터 개별적인 동의나 수권을 받지 않는 이상, 사용자와 사이의 단체협약만으로 이에 대한 포기나 지급유예와 같은 처분행위를 할 수는 없다"는 법리가 확립되어 있다.[217]

취업규칙과 관련하여서도 이와 유사하게, 근로계약, 취업규칙, 단체협약 등에 의하여 이미 구체적으로 발생하여 근로자 개인의 사적 영역에 옮겨져 그 처분에 맡겨진 권리에 대하여는 사용자가 집단적 동의를 받아 취업규칙을 변경하였더라도 이는 집단적 동의의 한계를 벗어난 것으로서 포기나 지급유예 등의 처분행위가 허용되지 아니한다고 볼 수 있다.

이와 관련하여 대법원 2015. 12. 23 선고 2013다209039 판결의 원심 판결[218]에서는 임금피크제와 관련한 연봉규정 시행세칙의 불이익변경에 의한 임금의 소급 삭감에 대하여 노동조합의 적법·유효한 동의가 있었다고 전제하면서

215) 위 2009두7790 판결의 판례 해설인 이미선, 1295~1296면에서는 단체협약의 불이익변경의 한계이론이 취업규칙의 불이익변경에도 준용된다고 보고 있다.

216) 대법원 2014. 9. 4. 선고 2012다35309 판결. 다만, 위 판결에서 취업규칙 불이익변경의 내용적 한계를 판단함에 있어 단체협약 불이익변경에 관한 판시를 취업규칙에 적합한 형태로 수정하지 않은 채 그대로 원용한 것에는 의문이 있다.

217) 단체협약의 규범적 효력의 내재적 한계로서, 구체적으로 지급청구권이 발생한 임금이나 퇴직금은 근로자의 사적 재산영역으로 옮겨져 단체협약만으로 이에 대한 포기나 지급유예와 같은 처분행위를 할 수 없다고 하는 법리가 확립되어 있다. 대법원 2000. 9. 29. 선고 99다67536 판결, 대법원 2002. 4. 12. 선고 2001다41384 판결, 대법원 2003. 9. 5. 선고 2001다14665 판결, 대법원 2007. 6. 28. 선고 2007도1539 판결, 대법원 2010. 1. 28. 선고 2009다76317 판결, 대법원 2011. 9. 8. 선고 2011다21693 판결, 대법원 2013. 4. 11. 선고 2012다105505 판결. 대법원 2014. 12. 24. 선고 2012다107334 판결, 대법원 2017. 2. 15. 선고 2016다32193 판결, 대법원 2017. 4. 28. 선고 2016다54360 판결, 대법원 2017. 11. 9. 선고 2015다7879 판결, 대법원 2017. 12. 22. 선고 2014다82354 판결, 대법원 2017. 12. 28. 선고 2017다2359 판결, 대법원 2019. 4. 23. 선고 2014다27807 판결 참조.

218) 서울고법 2013. 7. 12. 선고 2012나55091 판결.

도 위 시행세칙에서 소급 삭감의 대상이 된 임금은 이미 지급기일이 도래함으로써 구체적으로 지급청구권이 발생하여 근로자들의 사적 재산 영역으로 옮겨져 그 처분에 맡겨진 것이기 때문에 노동조합이 근로자들로부터 개별적인 동의나 수권을 받지 않은 이상, 위 시행세칙 개정에 동의함으로써 이에 대한 소급 삭감과 같은 처분행위를 할 수는 없다고 함으로써 단체협약의 규범적 효력의 내재적 한계로 논의되는 확립된 법리를 취업규칙에 적용하였다.

위 대법원 판결에서는 위 논점이 직접 판시되지는 않았지만, 소급 삭감의 대상이 된 임금 중 개별 근로자들이 임금피크제 선택 여부 확인서(취업규칙 불이익변경 이전에 제출된 것이다)를 제출할 당시 구체적으로 지급청구권이 발생한 부분은 개별 근로자들이 위 확인서를 제출하여 소급 삭감에 대해 개별적으로 동의함으로써 소급 삭감이 유효하다고 한 원심 판결을 정당하다고 하였는데, 이는 구체적으로 지급청구권이 발생한 부분에 대하여는 노동조합이 위 시행세칙 개정에 동의하더라도 소급 삭감과 같은 처분행위를 할 수 없다는 점을 전제로 하여 개별 근로자들의 동의가 있어야 소급 삭감이 유효하다는 것이어서, 대법원 또한 위 법리를 취업규칙에 적용하는 것을 긍정하였다고 볼 수 있다.

③ 유리 원칙

근로계약의 내용이 취업규칙의 기준에 미달하는 경우에는 근로계약의 내용이 무효가 되나(법 97조), 근로계약에서 취업규칙의 기준을 상회하는 내용의 근로조건을 설정하는 것은 허용되고, 근로계약에서 정한 유리한 근로조건이 취업규칙의 기준에 우선하여 적용된다. 근로계약에서 취업규칙의 기준을 상회하는 근로조건을 설정하게 되는 경우는 기존의 근로계약 내용보다 불리하게 취업규칙이 불이익변경되는 경우에도 발생한다. 이 경우 근로계약과 취업규칙 사이의 유리 원칙이 작동하여 취업규칙 불이익변경에 대하여 집단적 동의가 있다고 하더라도 근로계약의 내용을 새로운 취업규칙의 기준으로 인하할 수 없다.

사용자와 근로자 사이의 교섭을 거친 개별 약정은 물론 정형적인 계약서를 사용하는 통일적 계약규제에 의한 근로계약[독일에서 말하는 이른바 표본계약(Mustervertrag)이나 일반적 노동조건(Allgemeine Arbeitsbedingungen)]에서 정한 근로조건도 취업규칙의 유효한 불이익변경에도 불구하고 계속 존속한다.

대법원도 최근의 판결들219)에서 개별 근로계약상의 합의에 의한 근로조건

219) 대법원 2017. 12. 13.자 2017다261387 판결, 대법원 2019. 11. 14. 선고 2018다200709 판결,

을 취업규칙 불이익변경에 의하여 인하하는 것은 허용되지 않는다는 점을 분명히 하였다.[220]

### 아. 집단적 동의 절차 위반의 효과

사용자가 취업규칙의 불이익변경에 의하여 기존의 근로조건을 근로자에게 불리하게 변경하려면 집단적 동의를 받아야 하고, 집단적 동의는 적법 · 유효한 취업규칙 불이익변경의 요건이자 변경적 효력의 요건이므로, 집단적 동의를 받지 못하면 취업규칙 변경으로서의 효력이 없고 변경적 효력도 발생하지 않는다. 그런데 현재의 판례는 집단적 동의를 받지 않은 취업규칙 불이익변경의 효력과 관련하여 기존 근로자에 대한 관계에서는 변경의 효력이 미치지 않지만, 변경 후에 입사한 신규 근로자에 대한 관계에서는 변경된 취업규칙이 적용된다는 이른바 상대적 무효설을 취하고 있다. 그 내용과 문제점에 대하여 살펴본다.

#### (1) 무효의 인적 범위

##### ㈎ 변경 전에 취업한 기존 근로자

사용자가 취업규칙에서 정한 근로조건을 근로자에게 불리하게 변경하면서 집단적 동의를 받지 않은 경우 취업규칙의 변경은 효력이 없다. 따라서 종전 취업규칙의 적용을 받고 있는 기존 근로자에 대한 관계에서는 종전 취업규칙이 그대로 유효하고, 종전 취업규칙이 그들에게 적용된다.

다만, 취업규칙을 불이익하게 변경하면서 집단적 동의를 받지 않은 경우에 변경 전에 입사한 기존 근로자에게 항상 종전 취업규칙이 적용되는 것이 아님을 주의할 필요가 있다. 즉 취업규칙의 변경이 변경 당시에는 근로자에게 불리하였어도 그 후의 사정 변경으로 기존 근로자의 기득이익을 침해하지 않게 된 경우에는 그 개정에 대한 근로자의 동의가 없었더라도 기존 근로자들에게 적용될 취업규칙은 개정된 취업규칙이라는 것이 판례의 태도이다.[221] 따라서 가령 퇴직금 규정의 개정이 근로자들에게 불리한 것임에도 집단적 동의를 받지 않았다고 하더라도, 그 후 각종 수당 등이 신설되어 퇴직금 산정의 기초임금에 포함됨으로써 개정 전의 퇴직금 규정에 의하여 산정된 퇴직금액보다 개정 후의 퇴

---

대법원 2020. 4. 9. 선고 2019다297083 판결, 대법원 2022. 1. 13. 선고 2020다232136 판결.

220) 자세한 내용은 법 97조에 대한 해설 Ⅲ. 3. 다. 참조.

221) 대법원 1997. 8. 26. 선고 96다1726 판결, 대법원 2003. 12. 18. 선고 2002다2843 전원합의체 판결.

직금 규정에 의하여 산정된 퇴직금액이 더 큰 경우에는 개정된 퇴직금 규정을 적용하여야 한다.[222)]

㈏ **변경 후에 취업한 신규 근로자**

① **판례의 태도** 무효의 인적 범위에 관하여 종전의 대법원 판결은 취업규칙의 불이익변경이 집단적 동의를 받지 못하여 무효라면 종전 취업규칙이 계속 유효하므로 취업규칙의 변경 전에 취업한 근로자에 대하여는 물론 취업규칙 변경 이후에 취업한 근로자에 대하여도 종전 취업규칙이 적용되어야 하고, 변경 이후에 취업한 근로자라고 하여 무효인 취업규칙을 적용할 수는 없다고 하였다(이른바 절대적 무효설).[223)]

그러나 대법원은 1992. 12. 22. 선고 91다45165 전원합의체 판결로 위 판결들을 폐기하고 이른바 상대적 무효설의 입장으로 전환하였다.[224)]

대법원은 위 전원합의체 판결에서 (i) 취업규칙의 작성 · 변경에 관한 권한은 원칙적으로 사용자에게 있으므로 사용자는 그 의사에 따라 취업규칙을 작성 · 변경할 수 있으나, 다만 근로자에게 불이익하게 변경하는 경우에는 근로자의 집단적 동의를 얻어야 하는 제약을 받고, 집단적 동의를 얻지 못한 취업규칙의 변경은 효력이 없다는 것이 대법원의 일관된 견해[225)]라고 전제한 후, (ii) 그러므로 (a) 사용자가 취업규칙에서 정한 근로조건을 근로자에게 불리하게 변경하면서 근로자의 동의를 받지 않은 경우에 그 변경으로 기득이익이 침해되는 기존의 근로자에 대한 관계에서는 그 변경의 효력이 미치지 않게 되어 종전 취업규칙의 효력이 그대로 유지되지만, (b) 그 변경 후에 변경된 취업규칙에 따른 근로조건을 수용하고 근로관계를 갖게 된 근로자에 대한 관계에서는 당연히 변경된 취업규칙이 적용되어야 하고, 기득이익의 침해라는 효력배제사유가 없는 변경

222) 대법원 1997. 8. 26. 선고 96다1726 판결의 사안.

223) 대법원 1990. 4. 27. 선고 89다카7754 판결, 대법원 1990. 7. 10. 선고 89다카31443 판결, 대법원 1991. 12. 10. 선고 91다8777, 8784 판결.

224) 이에 대한 평석으로는 박종희b, 141면 이하; 오창수, 9면 이하; 이준, 339면 이하; 최영호, 161면 이하; 현천욱, 38면 이하.

225) 대법원 1977. 7. 26. 선고 77다355 판결 이래 위 전원합의체 판결까지의 일관된 판결이다. 대법원 1977. 9. 28. 선고 77다681 판결, 대법원 1988. 5. 10. 선고 87다카2578 판결, 대법원 1989. 5. 9. 선고 88다카4277 판결, 대법원 1989. 8. 8. 선고 88다카15413 판결, 대법원 1990. 3. 13. 선고 89다카24780 판결, 대법원 1990. 11. 27. 선고 90다카23868 판결, 대법원 1991. 2. 12. 선고 90다15952 등 판결, 대법원 1991. 3. 27. 선고 91다3031 판결, 대법원 1991. 4. 9. 선고 90다16245 판결, 대법원 1992. 7. 24. 선고 91다34073 판결, 대법원 1992 11. 24. 선고 91다31753 판결, 대법원 1992. 12. 8. 선고 91다38174 판결 등.

후의 취업근로자에 대해서까지 그 변경의 효력을 부인하여 종전 취업규칙이 적용되어야 한다고 볼 근거가 없고, (iii) 위와 같은 경우에 취업규칙 변경 후에 취업한 근로자에게 적용되는 취업규칙과 기존 근로자에게 적용되는 취업규칙이 병존하는 것처럼 보이지만, 현행의 법규적 효력을 가진 취업규칙은 변경된 취업규칙이고, 다만 기존 근로자에 대한 관계에서 기득이익 침해로 그 효력이 미치지 않는 범위 안에서 종전 취업규칙이 적용될 뿐이므로, 하나의 사업 내에 둘 이상의 취업규칙을 둔 것과 같이 볼 수는 없다고 하였다.

위 전원합의체 판결의 태도는 그 후 판례로 확립되었다.[226)]

② **판례의 태도를 긍정하는 견해** 위 전원합의체 판결에 대하여는 취업규칙의 성질에 관한 계약설의 입장에서 기존의 취업규칙과 병존해서 변경된 취업규칙의 유효한 성립을 인정하는 것은 계약 자유의 원칙에 합치되는 것이며, 위 전원합의체 판결은 결과적으로 계약설을 수용하는 태도라고 보는 견해가 있다.[227)]

이와는 반대로 취업규칙의 성질에 관한 법규범설에 입각하여, 취업규칙의 법적 성질을 법규범으로 파악하는 대법원 판결의 입장을 관철하면 취업규칙의 불이익변경은 근로자의 동의 여부와 관계없이 사용자의 일방적 작성, 변경에 의하여 유효하다고 보아야 할 것이므로, 위 전원합의체 판결의 의미를 상대적 무효설이 아니라 유효설로 이해하여 긍정하는 견해[228)]가 있다.

---

226) 대법원 1993. 1. 15. 선고 92다39778 판결, 대법원 1993. 1. 19. 선고 92다9494 판결, 대법원 1993. 6. 11. 선고 93다11876, 11883 판결, 대법원 1996. 4. 26. 선고 94다30638 판결, 대법원 1997. 1. 24. 선고 95다16769 판결, 대법원 1997. 10. 10. 선고 97다26579 판결, 대법원 1998. 2. 27. 선고 96다54294 판결, 대법원 1998. 3. 13. 선고 97다30202 판결, 대법원 1999. 11. 12. 선고 99다30473 판결, 대법원 2000. 2. 25. 선고 98다11628 판결, 대법원 2003. 4. 11. 선고 2001다9380 판결, 대법원 2003. 12. 18. 선고 2002다2843 전원합의체 판결, 대법원 2003. 12. 26. 선고 2003다48112 판결, 대법원 2007. 9. 6. 선고 2007다42600 판결, 대법원 2011. 6. 24. 선고 2009다58364 판결, 대법원 2012. 6. 28. 선고 2010다17468 판결, 대법원 2012. 9. 13. 선고 2010다24718 판결, 대법원 2014. 2. 27. 선고 2011다84922 판결, 대법원 2014. 9. 25. 선고 2013다47583 판결, 대법원 2017. 4. 13. 선고 2016다4426 판결, 대법원 2020. 11. 26. 선고 2020다237513 판결, 대법원 2022. 1. 13. 선고 2019다218837 판결, 대법원 2022. 10. 14. 선고 2022다245518 판결.

227) 김형배a, 199~202면. 다만 김형배, 310~312면에서는 위 전원합의체 판결이 결과적으로 계약설을 수용하는 태도라고 하는 서술을 삭제하였다. 한편 박종희b, 156~157면에서는 대법원 1977. 7. 26. 선고 77다355 판결이 기득권 보호의 원칙을 강조한 점을 기초로 위 판결을 계약설의 입장과 상응하는 것으로 보고, 위 전원합의체 판결은 계약설적 성질을 더욱 부각시켰다고 본다.

228) 이국환, 411면. 이외에 긍정하는 견해로는 임종률, 374~375면; 현천욱, 41면.

③ **판례의 태도를 비판하는 견해** 위 전원합의체 판결에는 위와 같은 논지의 다수의견 외에 별개의견이 있었다. 별개의견에 따르면 다수의견은 취업규칙에 법규범성을 부여한 것으로 보는 등의 다수의견이 유지하는 법리나 정신에 어긋나는 것이고, 기존 근로자에게 적용시키기 위하여 취업규칙을 개정하는 일반적 현실을 바로 보지 아니하는 견해이며, 통상의 취업규칙 변경을, 기존의 근로자들에게는 종전 취업규칙을 적용하고 개정 후에 입사한 근로자들에게는 개정된 취업규칙을 적용한다는 내용을 담은 취업규칙의 개정으로 의제하거나, 취업규칙을 개정하되 경과규정으로서 기존의 근로자에게는 종전의 취업규칙을 적용하도록 하는 규정을 둔 경우와 같이 취급하였다는 비난을 면하기 어려우며, 다수의견대로 한다면 1개의 사업에 변경된 취업규칙과 종전의 취업규칙이 복수로 존재한다고 보지 않을 수 없다고 비판한다. 그러면서 취업규칙의 변경은 특별한 규정이 없는 한 현재와 장래의 모든 근로자에게 적용되고, 또 그렇게 할 목적으로 개정하는 것이며, 만일 새로 입사하는 근로자에게만 적용하고 기존의 근로자에게는 종전의 규정을 적용하고자 할 때에는 그와 같은 경과 규정을 두거나 그와 같은 취지를 규정하는 방식으로 개정하여야 하고, 그렇게 하여야만 1개의 사업에 하나의 취업규칙이 있다고 말할 수 있다고 한다.

이러한 별개의견 외에, 취업규칙은 그 속성상 규범적 성격을 갖고 있어서 획일적·통일적으로 적용될 것이 요구되는데, 다수의견에 따를 경우 하나의 사업장에 무수히 많은 취업규칙이 존재할 수 있게 되어 취업규칙의 규범적 성질에 반하고, 법 94조 1항 단서의 강행규정성에 반한다는 견해,[229] 다수의견은 대법원 1977. 7. 26. 선고 77다355 판결의 근거론 3가지 중 기득권 존중의 원칙만을 유지하였을 뿐, 근기법의 근로자 보호의 정신과 집단적 결정을 통한 근로조건 대등 결정의 원칙이라는 두 가지 근거를 배제하였고, 기득권 존중의 원칙만을 존중한 결과 신규 근로자에게는 제시된 취업규칙에 대한 부동의의 표명이 실제로는 고용 획득 기회의 상실밖에 의미하지 않는 현실, 즉 노동법이 극복하고자 하는 현실을 오히려 입론의 토대로 받아들였다는 견해,[230] 다수의견에 의하면 동일한 사업장에서 무수히 많은 취업규칙이 병존할 수 있게 되어 취업규칙이 규범으로서 통일적이고 획일적으로 근로자들에게 적용된다는 것에 위배되며, 사

229) 오창수, 16~17면.
230) 최영호, 169면.

용자가 기존의 취업규칙에 미달하는 근로계약을 새로 취업하는 근로자와 개별적으로 체결하면 그 근로계약은 무효인 데 반해, 사용자가 기존의 취업규칙보다 근로자에게 불리한 새로운 취업규칙을 일방적으로 작성하여 새로 취업하는 근로자와 근로계약을 체결하면 유효하게 되어 법 94조의 취지가 몰각될 수 있다는 등의 견해가 있다.[231)]

④ 검 토

㉮ 기득이익의 침해는 효력배제사유인가 먼저 위 전원합의체 판결에서 신규 근로자에게 변경된 취업규칙이 적용된다는 근거로 기득이익 침해를 취업규칙 불이익변경의 효력배제사유로 보고 있는 점을 주목할 필요가 있다.

그러나 기득이익의 침해는 취업규칙 불이익변경 개념의 핵심적 요소로서 기득이익의 침해 여부는 불이익변경 해당성 내지 집단적 동의가 요구되는지를 결정하는 사유에 해당할 뿐 취업규칙 불이익변경의 효력을 좌우하는 사유라고 볼 수 없다. 사용자의 취업규칙 변경에 의하여 근로자의 기득이익이 침해되는 경우 이는 취업규칙 불이익변경에 해당하고(불이익변경 해당성 결정사유) 취업규칙 불이익변경이 효력을 가지기 위해서는 집단적 동의가 요구됨에도(집단적 동의의 요부 결정사유), 집단적 동의를 얻지 못하였기 때문에 불이익변경이 효력이 없는 것이지 기득이익이 침해되었기 때문에 바로 효력이 없는 것이 아니다. 집단적 동의 여부가 취업규칙 불이익변경의 효력을 좌우하는 사유이고, 집단적 동의를 얻지 못한 것이 효력배제사유이지 기득이익의 침해가 효력배제사유가 되는 것이 아니다.

따라서 기득이익의 침해가 효력배제사유임을 전제로 하여 기득이익이 침해되는 기존 근로자에 대한 관계에서는 변경의 효력이 미치지 않지만, 기득이익의 침해가 없는 신규 근로자에 대한 관계에서는 변경의 효력을 부인할 근거가 없다고 하는 것은 잘못된 전제에 기초한 논증으로서 타당하지 않다.

나아가 앞서 집단적 동의의 규범적 요청 부분(법 94조에 대한 해설 Ⅱ. 2. 가.)에서 본 것처럼, 대법원 1977. 7. 26. 선고 77다355 판결에서는 기득권 보호의 원칙을 사용자의 일방적인 취업규칙 불이익변경이 허용되지 않는 세 가지 근거 중의 하나로 제시한 바 있다. 즉 77다355 판결에서는 취업규칙 불이익변경 법리의 규범적 요청은 단순히 기존의 취업규칙의 적용을 받고 있던 노동자의 기득

231) 이준, 345~347면.

권의 보호에 있을 뿐 아니라, 취업규칙의 보호법규적 성격 및 노동조건의 노사대등 결정원칙 등 복합적인 규범적 요청에 의하는 것으로 해석하고 있었다. 그런데 위 전원합의체판결은 노동자의 집단적 동의의 규범적 요청을 기득권의 보호 차원의 문제로 보아 신규 입사자에게는 새로운 취업규칙이 적용된다는 결론을 내렸다.[232)]

그러나 앞서 집단적 동의의 규범적 요청 부분에서 본 것처럼 기득권 보호의 원칙은 집단적 동의의 한 측면만을 설명하는 제한적 성격을 가지고 있고, 집단적 동의를 필연적으로 이끌어내는 것도 아니어서 집단적 동의의 실질적 근거가 되지 못하고 취업규칙 불이익변경의 효력을 좌우하는 사유가 될 수 없다. 집단적 동의 요건의 직접적 근거가 되고 집단적 동의의 주체, 방법, 효력 등을 내적으로 규율하여 취업규칙 불이익변경의 유효 여부를 실질적으로 좌우하는 원칙은 집단적 대등 결정의 원칙이다. 따라서 취업규칙 불이익변경에 대하여 집단적 대등 결정원칙이 관철된 집단적 동의가 있으면 비록 기득의 권리나 이익의 침해가 있더라도 불이익변경은 효력을 갖게 된다. 반대로 집단적 동의가 없는 경우 취업규칙 불이익변경은 효력이 없으나, 이는 기득의 권리나 이익이 보호되었기 때문이 아니라 불이익변경을 거부하는 방향으로 집단적 대등 결정이 이루어졌거나(가령 과반수 조합이 변경에 동의하지 않은 경우) 집단적 대등 결정이 결여(가령 사용자가 아예 집단적 동의를 받는 시도조차 하지 않은 경우)되었기 때문이다. 기득의 권리나 이익의 침해 여부는 집단적 동의 여하에 따라, 불이익변경이 효력을 갖는지에 따라 나타나는 결과일 뿐 불이익변경의 효력을 좌우하는 사유는 아닌 것이다. 위 전원합의체 판결에서 기득이익의 침해를 블이익변경의 효력배제사유라고 본 것은 이와 같은 의미에서도 타당하지 않다.

㉯ 문제 설정의 잘못 — 변경적 효력이 아니라 최저기준적 효력, 보충적 효력의 문제이다. 다음으로 전원합의체 판결은 기득이익의 침해다는 효력 배제 사유가 없는 변경 후의 취업근로자에 대해서까지 그 변경의 효력을 부인하여 종전 취업규칙이 적용되어야 한다고 볼 근거가 없다고 하였는데, 취업규칙 변경 후의 신규 근로자들은 변경 당시 근로관계를 맺지 않아 종전 취업규칙의 적용을 받은 적이 없으므로 기득이익이 없는 것은 너무나 당연한 일이고, 아예 변경이라는 것을 관념할 수 없다. 따라서 신규 근로자에 대한 관계에서 변경의 효력을

232) 金裕盛, 342면.

인정할 것인지 아니면 부인할 것인지 하는 식으로 문제를 설정한 것 자체가 잘못된 문제 설정이다. 기득이익이 없어 변경을 관념할 수 없고, 따라서 변경의 효력이 미치는지 여부라는 식의 문제 설정 자체가 잘못인데, 문제 설정 자체가 잘못인 근거가 되는 사유, 즉 기득이익이 없다는 이유로(기득이익의 침해라는 효력배제사유가 없다는 이유로) 변경의 효력이 미친다고 하는 것은 문제 설정의 오류를 확대하는 것이다. 변경의 효력이 있는지 여부는 근로조건이 변경되는 변경 당시의 기존 근로자들에 대한 관계에서만 논의될 수 있는 성질의 것이다.

이를 취업규칙 효력의 체계라는 관점에서 보면, 신규 근로자와 관련하여서는 변경적 효력의 유무가 문제되는 것이 아니라 종전 취업규칙과 변경된 취업규칙 중 어떠한 취업규칙이 최저기준적 효력, 보충적 효력을 갖는지가 문제될 뿐이다.[233] 일반적으로 최저기준적 효력, 보충적 효력은 신규 근로자들이 취업할 당시, 즉 근로계약을 체결할 당시 유효한 취업규칙에 부여되는 것이므로, 변경 후의 신규 근로자들과 관련하여 논의되어야 할 문제는 종전 취업규칙과 변경된 취업규칙 중 어느 것이 유효한 취업규칙인가 하는 점이다.

앞서 본 것처럼,[234] 사용자가 취업규칙을 불이익하게 변경하면서 집단적 동의를 받지 않는 경우 그 취업규칙은 근기법상 변경 권한이 제한되어 있는 변경 주체에 의하여 변경된 것으로서 규범으로서의 정통성에 흠결이 발생하여 취업규칙 변경 자체가 위법하고 무효이다. 사용자가 취업규칙을 불이익하게 변경하면서 집단적 동의를 받지 않는 경우 종전 근로자에 대한 구속력으로서의 변경적 효력이 발생하지 않는 것은 물론, 변경적 효력의 인정 여부 이전의 문제로서 취업규칙이 유효하게 변경되었다고 볼 수 없다.[235] 그리하여 변경된 취업규칙은

---

233) 취업규칙의 효력의 체계에 대한 자세한 내용은 취업규칙 전론(前論) Ⅲ. 1. 참조. 최저기준적 효력에 관하여는 법 97조에 대한 해설 참조. 보충적 효력에 관하여는 법 97조에 대한 해설 Ⅲ. 2. 나. 참조. 변경적 효력에 관하여는 법 94조에 대한 해설 Ⅱ. 2. 바. 참조.

234) 자세한 내용은 법 94조에 대한 해설 Ⅱ. 2. 바. (2) 참조.

235) 일본의 경우에는 취업규칙을 변경할 적법한 권한을 가진 사용자가 취업규칙을 불이익하게 변경하면 비록 합리성이 없어 종전 근로자에 대한 변경의 구속력이 인정되지 아니하더라도 취업규칙의 변경 자체는 유효하다. 즉 합리성은 구속력의 요건이지 취업규칙 변경 자체의 유효요건이 아니다. 그러나 우리의 경우 집단적 동의는 변경적 효력의 요건일 뿐 아니라 취업규칙 변경 자체의 적법·유효 요건이므로 종전 근로자에 대한 구속력은 인정되지 않지만 취업규칙 변경 자체는 유효하다는 논의는 성립할 수 없다. 朴孝淑, 111면 이하에서는 위 전원합의체 판결이 집단적 동의를 취업규칙 불이익변경의 유효 요건이 아니라 구속력 요건으로 이해하고 있다고 보고 있다. 위 전원합의체 판결의 태도에 대한 위와 같은 파악은 타당하다. 그러나 명확하지는 않지만 위 견해가 일본에서의 논의에 기초하여 위와 같은 전원합의체 판결의 태도를 수긍하는 것이라면 이는 타당하지 않다. 집단적 동의를 요구하는 우리의 법제

단지 사실상의 존재로서만 남을 뿐 근기법상 적법·유효한 존재로 인정될 수 없고, 사업장에 현존하는 취업규칙은 변경된 취업규칙이 아니라 종전 취업규칙이며, 근기법이 취업규칙에 부여하는 최저기준적 효력과 보충적 효력 등 법규범적 효력도 변경된 취업규칙이 아니라 종전 취업규칙이 가진다는 결론에 이르게 된다. 이러한 관점에서 보면 '취업규칙의 작성·변경에 관한 권한은 원칙적으로 사용자에게 있으므로 사용자는 그 의사에 따라 취업규칙을 작성·변경할 수 있다'[236]거나 '취업규칙의 작성·변경권이 사용자에게 있다'[237]는 점을 근거로 집단적 동의를 받지 않은 경우라도 현행의 법규적 효력을 가지는 취업규칙은 변경된 취업규칙이라는 판례의 태도는 타당하지 아니하다.

㈐ **변경된 취업규칙에 따른 근로조건 수용의 효력** 한편 위 전원합의체 판결에서는 신규 근로자들이 취업규칙의 변경 후에 변경된 취업규칙에 따른 근로조건을 수용하고 근로관계를 갖게 되므로 당연히 변경된 취업규칙이 적용된다고 하였는데, 먼저 신규 근로자들이 근로계약을 체결하면서 개별적인 교섭을 통하여 근로조건을 정하는 일이 드문 것만큼이나 취업규칙상의 근로조건을 근로계약의 내용으로 하기로 개별적으로 합의하는 일은 드물다. 따라서 신규 근로자들이 변경 후에 변경된 취업규칙에 따른 근로조건을 수용하고 근로관계를 갖게 된다고 보는 것은 지나친 의제이다.[238]

나아가 취업규칙의 내용이 노동계약의 내용으로서 채용 과정에서 노동자에

---

하에서는 종전 근로자에 대한 구속력은 인정되지 않지만 취업규칙 변경 자체는 유효하다는 논의는 성립할 수 없기 때문이다. 위와 같은 견해는 한국과 일본의 취업규칙 법제의 차이로 인하여 발생하는 이론적 귀결의 상이함을 시야에 두지 않는 문제점이 있다고 볼 여지가 있다.

236) 대법원 1992. 12. 22. 선고 91다45165 전원합의체 판결, 대법원 1993. 1. 15. 선고 92다39778 판결, 대법원 1996. 4. 26. 선고 94다30638 판결, 대법원 1996. 9. 10. 선고 95다15414 판결, 대법원 1996. 9. 10. 선고 96다3241 판결, 대법원 1997. 4. 8. 선고 96다53185 판결, 대법원 1997. 7. 11. 선고 97다14934 판결, 대법원 1997. 8. 26. 선고 96다3234 판결, 대법원 1999. 11. 12. 선고 99다30473 판결, 대법원 2001. 4. 24. 선고 99다9370 판결.

237) 대법원 1996. 10. 11. 선고 95다42485 판결, 대법원 1996. 12. 23. 선고 95다32631 판결, 대법원 1997. 1. 24. 선고 95다16769 판결, 대법원 1997. 7. 11. 선고 96다45399 판결, 대법원 1997. 7. 11. 선고 97다14934 판결, 대법원 1997. 8. 22. 선고 95다50899 판결, 대법원 1997. 8. 22. 선고 97다13085 판결, 대법원 1997. 8. 26. 선고 96다1726 판결, 대법원 1997. 8. 26. 선고 97다18462 판결, 대법원 1997. 10. 10. 선고 97다26579 판결, 대법원 1997. 10. 24. 선고 97다17490 판결, 대법원 1998. 1. 20. 선고 97다22577 판결, 대법원 1998. 2. 27. 선고 96다54294 판결, 대법원 2000. 2. 25. 선고 98다11628 판결, 대법원 2003. 12. 18. 선고 2002다2843 전원합의체 판결.

238) 위 전원합의체 판결의 별개의견은 새로 입사한 근로자가 과연 기존 근로자에게 변경의 효력이 없는 취업규칙이라도 그에 따른 근로조건을 수용하는 의사를 가지고 근로관계를 맺었다고 볼 수 있을 것인지 의문이라고 지적하고 있다.

게 설명되고 그것에 대하여 노동자가 동의한 경우에는 취업규칙의 내용은 계약내용 그 자체로서 효력을 갖는 것[239]이고, 취업규칙에 기재된 노동조건이 노동계약의 내용을 이루는 것은 취업규칙 자체의 효력이 아니라 합의의 효력이고, 취업규칙은 합의의 대상으로 된 것에 불과하다.[240] 즉 이와 같은 경우 취업규칙상의 근로조건은 근로계약의 효력으로서 근로관계를 규율하는 것이지 취업규칙의 효력으로서 규율하는 것이 아니므로 위 전원합의체 판결에서 신규 근로자에게 변경된 취업규칙이 적용된다고 판시한 것에는 문제가 있다.

근로계약을 체결하는 과정에서 취업규칙상의 근로조건을 명시한 합의가 있는 경우와 없는 경우에 변경된 취업규칙상의 근로조건이 신규 근로자에게 적용될 수 있는지에 대하여 살펴보면, 먼저 사용자가 신규 근로자와 근로계약을 체결하면서 불이익하게 변경된 취업규칙과 동일한 내용의 근로조건을 신규 근로자에게 명시하고 신규 근로자가 이에 동의하는 경우에는 변경된 취업규칙에 규정된 근로조건이 근로계약의 내용을 이루는데(이는 취업규칙의 법적 성질에 관하여 법규범설의 입장을 취하든 계약설의 입장을 취하든 마찬가지이다), 앞서 본 바와 같이 근기법상 적법 · 유효하게 현존하는 취업규칙은 종전 취업규칙이고, 위 근로계약의 내용은 종전 취업규칙에서 정한 기준보다 근로자에게 불리하므로 근기법 97조에서 규정하는 취업규칙의 강행적 효력에 따라 무효가 되고, 무효가 된 부분은 종전 취업규칙의 직률적 효력에 따라 종전 취업규칙에서 정한 기준에 의하게 되어 결국 종전 취업규칙에 의하여 신규 근로자의 근로조건이 규율된다.

다음으로 사용자가 신규 근로자와 근로계약을 체결하면서 변경된 취업규칙 내용을 명시하는 등의 개별적 합의가 없어 근로조건의 합의에 공백이 있는 경우(이 경우가 일반적이다), 법규범설에 의하면 신규 근로자의 근로조건은 법규범적 효력으로서의 취업규칙의 보충적 효력에 따라 당시 사업장에 유효하게 존재하는 취업규칙인 종전 취업규칙에 따라 규율되고, 한편 계약설 중 사실인 관습설에 의하더라도 종전 취업규칙의 기준이 '근로계약의 내용은 취업규칙에 따른다는 사실인 관습'을 매개로 하여 근로계약의 내용이 되어 종전 취업규칙에서 정한 기준에 따라 신규 근로자의 근로조건이 규율된다.

이와 같은 논의에 의하면, 사용자가 신규 근로자와 근로계약을 체결하면서

239) 菅野, 199면.

240) 詳說勞働契約法, 110~111면.

변경된 취업규칙 내용을 명시한 경우이든 명시하지 않은 경우이든, 취업규칙의 법적 성질에 관하여 법규범설을 취하든 계약설을 취하든, 집단적 동의를 받지 않고 변경된 취업규칙은 신규 근로자의 근로조건을 규율할 수 없고 종전 취업규칙에 따라 신규 근로자의 근로조건이 규율된다고 할 것이다.

㉱ 소 결 결국 위 전원합의체 판결의 이른바 상대적 무효설은 위 판결에서 말하는 '대법원의 일관된 견해'인 무효설로부터는 도출될 수 없는 것이고 위 일관된 견해에 배치되는 것이라 하지 않을 수 없다.

⑤ **판례의 태도는 상대적 무효설인가, 유효설인가** 그러면 변경된 취업규칙을 상대적으로 무효라고 보는 판례의 위와 같은 견해는 어디에 근거를 둔 것인가. 이와 관련하여서는 위 전원합의체 판결의 태도를 상대적 무효설이 아니라 유효설이라고 보는 주장[241]을 주목할 필요가 있다.

위 전원합의체 판결의 판시에는 집단적 동의를 받지 못한 변경된 취업규칙의 효력에 관하여 서로 충돌하거나 논리적으로 연결되지 않는 세 가지 견해가 혼재되어 있다.

이미 살펴본 것처럼 그 중 (i) 부분에서는 집단적 동의를 받지 못한 취업규칙의 변경은 효력이 없다고 하여 무효설의 태도를, (ii) 부분에서는 (a) 기존 근로자에 대한 관계에서는 그 변경의 효력이 미치지 않지만, (b) 그 변경 후에 근로관계를 갖게 된 신규 근로자에 대한 관계에서는 당연히 변경된 취업규칙이 적용된다는 상대적 무효설의 태도를, (iii) 부분에서는 복수의 취업규칙의 병존이라는 논란과 관련하여 현행의 법규적 효력을 가진 취업규칙은 변경된 취업규칙이라고 하여 유효설의 태도를 취하고 있다.

그런데 상대적 무효설을 취하고 있는 (ii) 부분 중 신규 근로자에 대한 (b) 부분 판시는 앞서 살펴본 것처럼 (i) 부분 무효설의 태도로부터 도출될 수는 없고, 오히려 (iii) 부분 유효설의 입장을 취한다면 설명이 가능하다. 즉 유효설에 따르면 집단적 동의를 받지 아니하였더라도 취업규칙 불이익변경은 유효하므로 변경 후 근로관계를 갖게 된 신규 근로자에게 변경된 취업규칙이 적용되는 것은 당연하다. 다만, 위 전원합의체 판결이 유효설의 입장을 취하였다고 보는 경우에는 (ii) 부분 중 기존 근로자에 대한 (a) 부분 판시에서 기존 근로자에 대한 관계에서는 그 "변경의 효력이 미치지 않게 되어 종전 취업규칙의 효력이 그대

241) 이국환, 411면; 박순성, 145면.

로 유지"된다고 한 판시와 충돌하는 문제가 발생하나, 유효설에 따르면서 위 (a) 부분 판시의 의미를 "취업규칙의 변경은 유효하여 당해 사업에서는 변경된 취업규칙이 있을 뿐이나, 기득이익을 침해하게 되는 기존의 근로자에게는 종전의 취업규칙이 적용되므로 변경의 효력이 결과적으로 미치지 않는다는 의미로 해석"[242]하면 그 충돌을 회피할 수 있으므로, 위 전원합의체 판결이 유효설을 취한 것이라는 주장이 전혀 근거가 없다고 할 수 없다.

위 전원합의체 판결이 유효설을 취한 것이 아닌가라는 의문은 위 전원합의체 판결 이후 위 전원합의체 판결을 인용하는 판결들이 전체적으로는 그 입장을 따르면서도 그 중 일부 판결에서 유효설적인 색채를 강화하고 있는 점에서 더욱 증폭된다.

즉 대법원 1996. 9. 10. 선고 96다3241 판결 이후 일련의 판결들은 "사용자가 근로자의 집단적 의사 결정 방법에 의한 동의를 얻지 아니한 채 변경을 하였다고 하더라도 취업규칙의 변경은 유효하여 현행의 법규적 효력을 가진 취업규칙은 변경된 취업규칙이므로, 그 변경 후에 근로관계를 갖게 된 근로자에 대하여는 변경된 취업규칙이 적용되고, 다만 기득이익을 침해하게 되는 기존의 근로자에 대하여는 종전의 취업규칙이 '적용'될 뿐이다"라고 하거나,[243] "사용자가 근로자에게 불리하게 취업규칙을 변경함에 있어 근로자의 집단적 의사결정 방법에 의한 동의를 얻지 아니하였다고 하더라도 취업규칙의 작성 · 변경권이 사용자에게 있는 이상 현행의 법규적 효력을 가진 취업규칙은 변경된 취업규칙이고, 다만 기득이익이 침해되는 기존 근로자에 대하여는 종전 취업규칙이 '적용'된다"고 한다.[244]

즉 대법원 1996. 9. 10. 선고 96다3241 이후의 일련의 판결들에서는 ㈀ 취업규칙의 작성 · 변경권이 사용자에게 있다는 점을 제외하고는 더 이상 무효설에 관

242) 이국환, 410면.

243) 대법원 1996. 9. 10. 선고 96다3241 판결, 대법원 1996. 9. 10. 선고 95다15414 판결, 대법원 1997. 4. 8. 선고 96다53185 판결, 대법원 1997. 7. 11. 선고 97다14934 판결, 대법원 1997. 8. 26. 선고 96다3234 판결, 대법원 1999. 11. 12. 선고 99다30473 판결.

244) 대법원 1996. 10. 11. 선고 95다42485 판결, 대법원 1996. 12. 23. 선고 95다32631 판결, 대법원 1997. 1. 24. 선고 95다16769 판결, 대법원 1997. 7. 11. 선고 96다45399 판결, 대법원 1997. 8. 22. 선고 95다50899 판결, 대법원 1997. 8. 22. 선고 97다13085 판결, 대법원 1997. 8. 26. 선고 96다1726 판결, 대법원 1997. 8. 26. 선고 97다18462 판결, 대법원 1997. 10. 10. 선고 97다26579 판결, 대법원 1997. 10. 24. 선고 97다17490 판결, 대법원 1998. 1. 20. 선고 97다22577 판결, 대법원 2000. 2. 25. 선고 98다11628 판결, 대법원 2003. 12. 18. 선고 2002다2843 전원합의체 판결.

한 위 전원합의체 판결의 (i) 부분 판시가 나타나지 않고, (ㄴ) 취업규칙을 불이익하게 변경하면서 집단적 동의를 받지 아니하였다고 하더라도 취업규칙의 변경은 '유효'하다는 대담한(!) 판시가 나타나고 이에 이어 현행의 법규적 효력을 가진 취업규칙은 변경된 취업규칙이라거나 취업규칙의 작성·변경권이 사용자에게 있는 이상 현행의 법규적 효력을 가진 취업규칙은 변경된 취업규칙이라는 판시가 전면에 등장하며, 이에 기초하여, (ㄷ) 그 변경 후에 근로관계를 갖게 된 근로자에 대하여는 변경된 취업규칙이 적용되고, (ㄹ) 기존의 근로자에 대한 관계에서는 그 변경의 효력이 미치지 않게 되어 종전 취업규칙의 '효력'이 그대로 유지된다는 전원합의체 판결의 판시 대신 취업규칙의 변경이 '유효'하되, 다만 기득이익을 침해하게 되는 기존 근로자에 대하여는 종전의 취업규칙이 '적용'될 뿐이라고 하는 등 유효설의 태도를 취하는 것이 아닌가라는 의문이 들기에 충분한 판시를 하였다.[245]

다만, 대법원은 위 전원합의체 판결 이후에도 기존 근로자가 당사자로 문제된 사안들과 관련한 일련의 판결들에서 집단적 "동의를 얻지 못한 취업규칙의 변경은 효력이 없다"고 하거나,[246] 집단적 "동의를 얻지 못한 취업규칙의 변경은 효력이 없으며, 따라서 사용자가 취업규칙에서 정한 근로조건을 근로자에게 불리하게 변경함에 있어서 근로자의 동의를 얻지 않은 경우에 그 변경으로 기득이익이 침해되는 기존의 근로자에 대한 관계에서는 그 변경의 효력이 미치지 않게 되어 종전 취업규칙의 '효력'이 그대로 유지된다"[247]고 한 것이 있고, 2000년대 이후에는 취업규칙 불이익변경에 대하여 집단적 동의를 얻지 아니하

245) 대법원 1996. 9. 10. 선고 96다3241 판결에 대한 당시 대법원 재판연구관의 판례 해설인 이국환, 433면에서는 위 판결이 근로자의 집단적 의사결정방법에 의한 동의가 없는 취업규칙의 불이익변경도 유효하고, 다만 기득이익이 침해되는 기존의 근로자에 대하여는 변경된 취업규칙이 적용되지 않는다는 점을 분명히 하였다고 평가하고 있다.

246) 대법원 1993. 8. 24. 선고 93다17898 판결, 대법원 1994. 5. 24. 선고 93다14493 판결, 대법원 1994. 5. 24. 선고 93다46841 판결, 대법원 1994. 10. 14. 선고 94다25322 판결, 대법원 1995. 4. 21. 선고 93다8870 판결, 대법원 1997. 9. 12. 선고 96다56306 판결, 대법원 2003. 4. 11. 선고 2002다71832 판결, 대법원 2003. 11. 28. 선고 2001다4750 판결, 대법원 2004. 5. 14. 선고 2002다23185, 23192 판결, 대법원 2005. 3. 11. 선고 2004다54909 판결, 대법원 2005. 6. 9. 선고 2005도1089 판결, 대법원 2007. 6. 28. 선고 2007도1539 판결, 대법원 2008. 4. 11. 선고 2007다90692 판결, 대법원 2010. 1. 28. 선고 2009다32362 판결, 대법원 2010. 12. 9. 선고 2010다59998 판결.

247) 대법원 1996. 4. 26. 선고 94다30638 판결, 대법원 2007. 9. 6. 선고 2007다42600 판결, 대법원 2011. 6. 24. 선고 2009다58364 판결, 대법원 2012. 6. 28. 선고 2010다17468 판결, 대법원 2012. 9. 13. 선고 2010다24718 판결, 대법원 2014. 9. 25. 선고 2013다47583 판결.

였더라도 취업규칙의 변경은 '유효'하다는 판시가 나타나지 않고 있으며, 2008년 이후에는 현행의 '법규적 효력'을 가진 취업규칙은 변경된 취업규칙이라는 판시가 나오지 않고 있는 점[248]에 비추어 보면 유효설을 전면적으로 내세운 것은 아니라고 보인다.

판례의 태도가 상대적 무효설을 취하는 것인지, 아니면 유효설을 취하는 것인지는 향후 귀추가 주목되는 일이나, 앞서 본 것처럼 상대적 무효설은 무효설을 전제로 하는 한 그 근거가 없고, 유효설을 취하는 것은 법 94조 1항 단서에서 집단적 동의를 적법·유효한 취업규칙 불이익변경의 요건, 변경적 효력의 요건으로 정한 것에 정면으로 반하는 것이어서 허용될 수 없다.

**⑥ 상대적 무효설의 적용 영역 확대** 한편 대법원은 상대적 무효설에 관한 위 법리를 신규 채용된 근로자를 넘어서서 재임용된 교원, 근로계약이 갱신된 기간제근로자, 구 파견법에 의하여 고용간주된 근로자에 대하여도 적용하는 등 그 적용 영역을 확대하고 있다.

즉 대법원은 집단적 동의를 받지 않은 취업규칙 변경 후에 재임용된 교원과 관련하여, 기간을 정하여 임용된 사립대학 교원은 학교법인의 정관이나 인사규정 또는 임용계약에 재임용 강제조항이 있거나 임용기간은 형식에 불과하고 임용계약이 계속 반복 갱신되어 연쇄적 근로관계가 인정되는 등의 특별한 사정이 없는 한 재임용의 기대나 재임용 여부에 관하여 합리적 기준에 의한 공정한 심사를 요구할 권리가 있을 뿐, 그와 같은 심사에 의해 재임용되지 않은 이상 그 임용기간 만료로 교원의 신분은 상실된다고 보고, 취업규칙의 변경 이후에 재임용된 교원은 재임용될 당시 변경된 취업규칙에 따른 근로조건을 수용하고 새로운 고용계약을 체결한 것으로 보아야 할 것이므로, 변경된 취업규칙이 적용된다고 보았다.[249] 대법원은 위와 같은 법리를 근로계약이 갱신된 기간제근로

248) 대법원 2007. 9. 6. 선고 2007다42600 판결 이후 지금까지의 대법원 판결에서 현행의 '법규적 효력'을 가진 취업규칙은 변경된 취업규칙이라는 판시는 나타나지 않는다.

249) 대법원 2011. 6. 24. 선고 2009다58364 판결에서는 대학 교원에 대하여 공무원 보수규정을 준용하여 봉급을 지급하는 보수규정을 운영하여 오다가 연봉제로 보수규정을 불이익변경 하였는데, 보수규정의 변경 후에 재임용된 교수에 대하여 개정된 보수규정이 적용되는지 문제된 사안에서, 위와 같은 법리를 전제한 후 교원에 대한 재임용 의무를 부과하는 규정이 없으므로 교원의 재임용은 임용기간 만료 후 새로운 고용계약의 체결에 의해 이루어지는데, 위 교원은 취업규칙 변경 후 조교수로 재임용되었으므로 특별한 사정이 없는 한 재임용될 당시 변경된 취업규칙에 따른 근로조건을 수용하고 새로운 고용계약을 체결한 것으로 보아야 할 것이어서, 재임용 계약 후에는 변경된 취업규칙인 개정된 보수규정이 적용되어야 한다고 하였다. 재임용된 교원에 관한 대법원 2014. 9. 25. 선고 2013다47583 판결, 대법원 2017. 4. 13.

자,[250] 구 파견법에 의하여 고용간주된 근로자[251]에게도 적용하였다.

대법원의 태도는 원칙적으로 임용기간 만료로 교원의 신분을 상실하고, 재임용계약은 새로운 고용계약의 체결이므로 재임용된 교원 등에게 변경된 취업규칙이 적용되고, 다만 예외적으로 재임용 강제조항이 있거나 임용기간은 형식에 불과하고 임용계약이 계속 반복 갱신되어 연쇄적 근로관계가 인정되는 등의 특별한 사정이 있는 경우에 종전 취업규칙이 적용된다는 것으로 이해된다.

이와 관련하여 하급심 판결례[252] 중에는 재임용이 계속적으로 반복되어 연

---

선고 2016다4426 판결도 참조.

250) 대법원 2014. 2. 27. 선고 2011다84922 판결에서는 절대평가에서 상대평가로 근무평가방법이 변경된 계약직원 운용지침이 시행된 후 근로계약이 갱신된 기간제 근로자들은 위 운용지침에 따른 근로조건을 수용하고 근로계약을 체결한 것이므로 계약직원 운용지침이 적용된다고 하였다. 또한 대법원 2020. 11. 26. 선고 2020다237513 판결에서는 다른 이유로 원심을 파기하면서 환송 후 원심으로서는 원고가 각 갱신된 고용계약을 체결할 당시 이미 변경된 취업규칙에 따른 근로조건을 수용하고 새로운 근로관계를 맺은 것으로 볼 수 있는지 여부에 대해서도 아울러 심리할 필요가 있다고 지적하였고, 파기환송 후 원심[부산고법(창원) 2021. 6. 17. 선고 2020나14362 판결]은 취업규칙의 불이익 변경 후 1차로 이루어진 재계약의 경우 변경된 취업규칙에 따른 근로조건을 수용하였다고 보기 어려우나, 2차로 이루어진 재계약의 경우에는 이를 수용하였다고 판단하였고, 이 판결에 대한 재상고심에서 심리불속행기각판결이 내려졌다(대법원 2021. 10. 14.자 2021다252229 판결). 한편 취업규칙이 근로자의 동의 없이 불이익하게 변경된 후에 이루어진 자의에 따른 사직 및 재입사로 근로관계가 단절된 근로자에 대하여 재입사 후 적용되는 취업규칙은 변경된 취업규칙이라는 대법원 1996. 10. 15. 선고 95다53188 판결도 참조.

251) 대법원 2012. 9. 13. 선고 2010다24718 판결에서는 구 파견법 6조 3항의 고용간주규정, 즉 2년 초과하여 파견근로자를 사용한 경우 고용간주된다는 규정에 따른 직접고용관계가 성립된 것이 2002. 1. 1.자 인사규정이 시행된 후인 2004. 1. 1.이므로 고용간주된 근로자들에게 위 인사규정이 적용된다고 하였다.

252) 대구지법 2009. 1. 22. 선고 2008나9042 판결(대법원 2009. 5. 14.자 2009다18489 판결로 심리불속행기각), 광주고법 2013. 10. 16. 선고 2012나3578 판결(대법원 2014. 2. 27.자 2013다92439 판결로 심리불속행기각), 광주고법 2015. 7. 17. 선고 2014나1965 판결(대법원 2015. 12. 24.자 2015다51418 판결로 심리불속행기각), 광주지법 2015. 11. 20. 선고 2014나3708 판결(대법원 2016. 4. 12.자 2015다78055 판결로 심리불속행기각), 광주지법 2016. 8. 26. 선고 2015나55829 판결(대법원 2016. 12. 15.자 2016다250304 판결로 심리불속행기각), 광주고법 2017. 4. 21. 선고 2016나11195 판결(대법원 2017. 9. 7.자 2017다229383 판결로 심리불속행기각), 광주지법 2017. 5. 19. 선고 2016나56478 판결(대법원 2017. 8. 31.자 2017다233979 판결로 심리불속행기각), 대전지법 2018. 7. 17. 선고 2016나110077 판결, 서울중앙지법 2018. 9. 11. 선고 2017나75714 판결(대법원 2019. 1. 17.자 2018다278122 판결로 심리불속행기각), 서울중앙지법 2018. 9. 11. 선고 2017나11376 판결(대법원 2018. 12. 27.자 2018다278412 판결로 심리불속행기각). 한편 선행판결들에서 연쇄적 근로관계가 인정된다고 보았음에도 재임용된 교원에게 변경된 취업규칙이 적용된다는 원심을, 선행판결들에서 인정된 연쇄적 근로관계가 단절되었다고 단정하기 어렵다고 보아 파기한 판결로 대법원 2022. 1. 13. 선고 2019다218837 판결 참조. 위 선행판결들의 취지에 따라 변경된 취업규칙을 수용하였다고 보기 어렵다고 판단한 원심을 수긍한 판결로 대법원 2022. 1. 13. 선고 2020다232136 판결 참조.

쇄적 근로관계가 형성되었다고 볼 수 있어 재임용으로 새로운 근로관계가 창출되었다고 보기 어렵다고 하거나, 임용기간이 만료된 사립대학 교원은 신규 임용된 교원과 달리 변경된 취업규칙의 적용으로 인해 침해되는 기득이익이 존재하므로, 재임용 대상 교원이 재임용 당시 일반적으로 변경된 근로조건을 수용한 것으로 간주하는 것은 타당하지 않다거나, 재임용될 당시 재임용계약서를 작성하였다고 보기 어려워 변경된 취업규칙에 따른 근로조건을 새로이 수용하는 의사표시를 한 것으로 볼 수 없다는 점 등을 들어 재임용된 교원에게 재임용 전에 집단적 동의를 받지 않고 변경된 취업규칙의 적용을 부정함으로써 위 대법원 판결에서의 예외를 확대하려는 태도가 상당수 보이고, 대법원에서도 대체로 위와 같은 하급심 판결례에 대한 상고를 심리불속행기각 한 바 있다.

살피건대, 집단적 동의를 받지 않은 취업규칙 불이익변경의 효력에 관하여 상대적 무효설을 취하는 판례의 법리를 수용한다고 하더라도 신규 채용된 근로자와 취업규칙 불이익변경 당시 근로관계를 맺고 있다가 변경 후에 재임용된 교원 등을 동일시하는 것에 대해서는 의문이 있다.

재임용된 교원이나 재계약 근로자가 근로계약을 새로이 체결하는 것으로 보더라도 일반적으로 기간을 정한 근로계약의 기간이 만료된 후 근로계약을 갱신하는 경우 당사자 사이에 근로조건에 관한 별도의 합의가 없는 이상 종전의 근로조건에 의하여 근로계약관계가 규율된다는 점에 비추어보면 재임용된 교원 등에게는 기득이익이 존재하고 상대적 무효설을 취하는 판례 법리에서 말하는 '기득이익의 침해라는 효력배제사유'가 있다고 보는 것이 타당하므로 재임용된 교원 등을 신규 채용된 근로자와 동일하게 볼 수는 없고, 나아가 위와 같은 기득이익을 가지고 있는 교원 등이 변경된 취업규칙에서 정한 근로조건을 수용한 것으로 일반적으로 간주하는 것은 근로자에게 불리할 수 있는 의사표시에 관하여는 이를 엄격하고 신중하게 해석하여야 한다는 원칙[253]에 반하는 해석으로 타당하지 않다.

따라서 당사자 사이에 재임용 등 당시 근로계약을 체결하면서 변경된 취업규칙의 근로조건을 수용하기로 하는 명시적인 약정이 있다는 등의 예외적인 특별한 사정이 없는 이상 원칙적으로 집단적 동의 없이 변경된 취업규칙은 그 후

253) 임금채권에 관한 것으로 대법원 1997. 7. 22. 선고 96다38995 판결, 대법원 2013. 4. 11. 선고 2012다105505 판결, 대법원 2016. 12. 29. 선고 2016다26099 판결, 상계합의에 관한 것으로 대법원 2001. 10. 23. 선고 2001다25184 판결, 대법원 2001. 11. 27. 선고 2000다51544 판결 참조.

재임용된 교원 등에게 적용되지 않는다고 보는 것이 타당하다.

㈐ 기존 근로자인지 신규근로자인지 여부를 판단하는 기준 시점

기득이익이 침해되는 기존 근로자인지 아니면 신규근로자인지는 변경된 취업규칙의 개정 시점을 기준으로 하여 근로자가 사용자와 근로계약관계를 맺은 시점이 그 전·후인지를 비교하여 판단한다.

가령 근로자인 원고가 2000. 1. 1. 피고에 입사하였는데, 퇴직금 지급률을 누진제에서 단수제로 개정한 보수규정이 2000. 1. 11. 개정·공포되어 시행되었다면, 비록 공포·시행일 이전에 피고를 관할하는 지방자치단체, 행정자치부나 피고의 정기이사회의 승인 등의 절차가 있었고, 원고가 입사한 2000. 1. 1.경에는 이미 보수규정을 개정하는 것이 결정되었고 도지사의 승인만이 남아 있던 상태라고 하더라도 원고는 개정된 보수규정으로 인하여 기득이익이 침해되는 기존 근로자에 해당한다.[254)]

(2) 개별적 동의의 배제

취업규칙에 규정된 근로조건의 내용을 근로자에게 불이익하게 변경하면서 집단적 동의를 받지 않은 경우 취업규칙 변경은 효력이 없고, 이는 그러한 취업규칙의 변경에 대하여 개인적으로 동의한 근로자에 대하여도 마찬가지이다.[255)] 이와 같은 태도는 일본의 판례나 학설 중 합의기준설[256)]과는 달리 취업규칙 변경에 대한 개인적 동의나 합의가 있더라도 집단적 동의가 없는 한 그 변경의 효력을 인정하지 않는 태도로서, 개별적 동의에 대한 집단적 동의의 우위를 인정하는 입장이라고 할 수 있다.

---

254) 대법원 2022. 10. 14. 선고 2022다245518 판결.

255) 대법원 1977. 7. 26. 선고 77다355 판결, 대법원 1977. 9. 28. 선고 77다681 판결, 대법원 1977. 12. 27. 선고 77다1378 판결, 대법원 1991. 3. 27. 선고 91다3031 판결, 대법원 1991. 9. 24. 선고 91다17542 판결, 대법원 1992. 12. 8. 선고 91다38174 판결, 대법원 2003. 11. 28. 선고 2001다4750 판결.

256) 일본에서는 노계법 9조의 반대해석과 관련하여, 노동자가 취업규칙 변경에 합의하고 있는 이상 취업규칙 변경의 합리성은 문제가 되지 않고, 당해 합의에 의하여 노동자는 변경된 취업규칙에 구속된다는 합의기준설과 취업규칙 불이익변경의 구속력은 전적으로 취업규칙 변경의 합리성을 기준으로 생각해야 하고, 취업규칙 변경에 합리성이 없는 경우 노동자가 취업규칙 변경에 합의하더라도 당해 노동자를 구속할 수 없다는 합리성기준설의 대립이 있다. 합의기준설로 분류되는 견해로는 荒木, 379면의 주 125)의 문헌, 합리성기준설로 분류되는 견해로는 주 124)의 문헌 참조. 일본 최고재판소는 最高裁 2016. 2. 19. 判決(山梨県民信用組合事件, 最高裁判所民事判例集 70권 2호 123면)을 통해 합의기준설의 입장을 취하였다.

### (3) 무효의 물적 범위

(가) 취업규칙의 규정 중 수 개의 규정이 동시에 변경될 때, 각 규정들 사이에 대가관계나 연계성이 인정되는 경우와 그렇지 않은 경우가 있을 수 있다. 앞서 법 94조에 대한 해설 Ⅱ. 1. 나. (1)에서 본 바와 같이, 대가관계나 연계성이 인정되는 경우에는 변경 전후의 규정을 전체적·종합적으로 비교하여 불이익변경 여부를 판단하고, 대가관계나 연계성이 인정되지 않는 경우에는 각 규정마다 변경 전후의 규정을 개별적으로 비교하여 불이익변경 여부를 판단한다.

(나) 그리하여 대가관계나 연계성이 인정되고 그에 따라 전체적·종합적으로 판단한 결과 불이익한 변경으로 밝혀졌음에도 근로자들의 집단적 동의를 받지 않은 경우 그 변경은 무효가 되는데, 대가관계나 연계성 있는 각 규정 중 유·불리한 각 규정에 따라 각각 유·무효의 결과가 달라지는 것이 아니라, 대가관계나 연계성 있는 규정 모두가 무효가 된다.[257)]

가령 급여규정을 개정하면서 퇴직금 지급률은 인하하고 기초임금에 산입되는 임금의 범위를 확대하였는데 위 규정을 개정하면서 집단적 동의를 받지 못하여 위 규정의 개정이 무효가 되는 경우, 불리한 항목인 지급률의 인하뿐만 아니라 유리한 항목인 기초임금의 범위가 확대된 부분 역시 무효로 된다.[258)]

한편 퇴직금의 지급에 관한 취업규칙의 불이익변경에 관하여 근로자 집단의 동의가 없어 무효가 된 이상 그 이후 개정된 퇴직금의 지급에 관한 규정은 그 지급률 및 기초임금에 관한 부분 모두 그것이 앞서 무효가 된 퇴직금 규정을 추인한 것이거나[259)] 또는 그 규정과는 연계관계 없이 전혀 별도의 차원에서 변경되어 새로운 퇴직금 규정을 제정한 것으로 볼 수 있는 특별한 사정이 있는 경우를 제외하고는 모두 무효가 된다.[260)]

(다) 이에 반해 대가관계나 연계성이 없어 개별적으로 불이익변경 여부를 판단한 결과 어느 규정은 불리하고, 어느 규정은 유리하거나 종전 규정과 동일한 경우, 불리한 규정에 관하여 근로자들의 집단적 동의를 받지 아니하였다고 하더라도 무효가 되는 것은 불리한 규정뿐이고 유리하거나 동일한 조항은 유효하다.[261)]

---

257) 대법원 1995. 3. 10. 선고 94다18072 판결.
258) 대법원 1995. 3. 10. 선고 94다18072 판결의 사안이다.
259) 추인이 있다고 본 것으로 대법원 2001. 6. 26. 선고 2000다65239 판결.
260) 대법원 1995. 3. 10. 선고 94다18072 판결, 대법원 1995. 5. 12. 선고 94다58414 판결.

(4) 신의칙에 의한 무효 주장의 제한

대법원은, 단체협약 체결 후 그 내용에 따라 보수 규정 및 시행세칙을 불이익하게 변경하였는데, 단체협약을 체결할 당시 노동조합의 대표자를 선출한 대의원들이 모두 또는 대부분 간선제로 선출된 대의원들이었고, 강행 규정인 '대의원은 조합원의 직접 · 비밀 · 무기명 투표에 의하여 선거되어야 한다'는 구 노조법(1996. 12. 31. 법률 5244호로 제정된 노동조합 및 노동관계조정법 부칙 3조에 따라 폐지되기 전의 것) 20조 2항(현행 노조법 17조 2항)에 위반하여 선출되었으므로 대의원들이 선임한 대표자에게 노동조합을 대표하여 단체협약을 체결하거나 위 보수규정 등의 변경에 동의할 대표권이 없어 위 보수 규정 및 시행세칙 불이익변경의 효력이 문제된 사안에서, 사용자로서는 노동조합 대표를 선출할 권한을 가진 대의원회에서 대표자로 선출된 자들을 노동조합의 정당한 대표자로 신뢰할 수밖에 없었던 점, 간선제로 선출된 대의원들에 의하여 선출된 대표자는 노동조합을 대표하여 단체협약을 체결할 권리가 없다는 법리가 대법원 판례[262]로 인정되기 전까지는 그와 같이 선출된 노동조합의 대표자들이 모두 노동조합을 대표하여 사용자측과 단체협약을 체결하는 등 사실상 대표자로서의 권한을 제한 없이 행사하여 온 점, 그 법리를 형식적으로 관철할 경우 노동조합 대표자가 간선제로 선출되어 활동한 기간 동안 체결된 단체협약들은 모두 그 효력이 없게 되어 그동안 형성되어 온 노사 간의 집단적 근로관계를 근본적으로 부정하는 결과를 초래하고, 이는 사용자나 근로자 모두에게 바람직하지 아니한 점 등을 고려할 때, 위 보수 규정 및 시행세칙의 효력을 다투는 것은 신의칙에 반한다고 판단한 원심 판결[263]의 판단을 지지하였다.[264]

---

261) 같은 취지로, 대법원 2020. 11. 26. 선고 2020다237513 판결(변경된 취업규칙 중 일부가 종전의 근로조건을 불이익하게 변경하였고 이에 대하여 종전 근로조건 또는 취업규칙의 적용을 받고 있던 근로자의 집단적 의사결정방법에 의한 동의를 얻지 못하여 그 변경의 효력이 없는 경우라고 하더라도, 이와 대가관계나 연계성이 없는 변경된 다른 부분의 경우 종전의 근로조건을 불이익하게 변경한 것이 아니라면 이를 무효라고 할 수 없다) 참조. 서울행법 2015. 10. 22. 선고 2014구합16170 판결에서는 취업규칙 중 휴일, 연 · 월차 휴가 등에 관한 규정이 불이익하게 변경되었지만 정년에 관하여는 종전 취업규칙에 비해 불이익하게 변경되지 아니한 사안에서, 위 불이익변경에 대하여 집단적 동의를 받지 않은 경우 위 휴일, 연 · 월차 휴가 등에 관한 규정과 대가관계나 연계성이 있다고 볼 수 없는 정년에 관한 규정까지 무효가 된다고 볼 수 없다고 하였다.

262) 대법원 2000. 1. 14. 선고 97다41349 판결을 말한다.

263) 서울고법 2003. 2. 5. 선고 2002나23835 판결.

264) 대법원 2003. 7. 11. 선고 2003다14935 판결.

(5) 위반의 형사상 책임

취업규칙을 불이익하게 변경하면서 집단적 동의를 받지 않은 사용자는 500만 원 이하의 벌금에 처한다(법 114조 1호).[265)]

### 자. 이른바 사회통념상 합리성 법리와 전원합의체 판결에 의한 폐기

(1) 이른바 사회통념상 합리성 법리

종래 대법원은, 취업규칙의 작성·변경이 근로자가 가지고 있는 기득의 권리나 이익을 박탈하여 불이익한 근로조건을 부과하는 내용일 때에는 종전 근로조건 또는 취업규칙의 적용을 받고 있던 근로자의 집단적 의사결정방법에 의한 동의를 받아야 하지만, 해당 취업규칙의 작성 또는 변경이 그 필요성 및 내용의 양면에서 보아 그에 의하여 근로자가 입게 될 불이익의 정도를 고려하더라도 여전히 해당 조항의 법적 규범성을 시인할 수 있을 정도로 사회통념상 합리성이 있다고 인정되는 경우에는 종전 근로조건 또는 취업규칙의 적용을 받고 있던 근로자의 집단적 의사결정 방법에 의한 동의가 없다는 이유만으로 그의 적용을 부정할 수는 없다는 취지로 판단하여, 집단적 동의를 받지 않았더라도 예외적으로 변경된 취업규칙의 효력을 인정하였었다.[266)]

(2) 전원합의체 판결에 의한 폐기[267)]

㈎ 폐기의 이유

전원합의체 판결은, 다음과 같은 이유로 사용자가 취업규칙을 근로자에게 불리하게 변경하면서 근로자의 집단적 의사결정방법에 따른 동의를 받지 못한 경우, 노동조합이나 근로자들이 집단적 동의권을 남용하였다고 볼 만한 특별한

265) 사회통념상 합리성 법리가 폐기되기 이전의 판례(대법원 2009. 6. 11. 선고 2007도3037 판결)는 사회통념상 합리성의 문제를 구성요건 해당성의 문제로 보아 사회통념상 합리성이 인정되면 구성요건 해당성이 배제된다고 보았다. 그러나 당시 주류적 판례의 태도를 따른다면 형사사건에서 사회통념상 합리성은 위법성조각사유로 보는 것이 타당하다. 사회통념상 합리성이 있는 경우 집단적 동의를 받지 않은 사용자의 행위는 형법 20조가 규정한 사회상규에 반하지 않는 정당행위로서 위법성이 조각된다는 하급심 판결로는 부산지법 2007. 3. 30. 선고 2006노2727 판결(확정)이 있다.

266) 대법원 1978. 9. 12. 선고 78다1046 판결, 대법원 1988. 5. 10. 선고 87다카2853 판결, 대법원 2001. 1. 5. 선고 99다70846 판결, 대법원 2002. 6. 11. 선고 2001다16722 판결, 대법원 2005. 6. 23. 선고 2004다68953 판결, 대법원 2007. 11. 30. 선고 2005두13247 판결, 대법원 2009. 6. 11. 선고 2007도3037 판결, 대법원 2015. 8. 13. 선고 2012다43522 판결 등.

267) 대법원 2023. 5. 11. 선고 2017다35588 전원합의체 판결. 위 전원합의체 판결 이후의 대법원 판결로 대법원 2023. 6. 29. 선고 2022두43849 판결, 대법원 2023. 6. 29. 선고 2022다297830 판결 등 참조.

사정이 없는 한 해당 취업규칙의 작성 또는 변경에 사회통념상 합리성이 있다는 이유만으로 그 유효성을 인정할 수는 없다고 보았다.

① 헌법 32조 3항은 "근로조건의 기준은 인간의 존엄성을 보장하도록 법률로 정한다."라고 하고, 근기법 4조는 "근로조건은 근로자와 사용자가 동등한 지위에서 자유의사에 따라 결정하여야 한다."라고 정하고 있다. 한편 근기법 94조 1항은 사용자에게 취업규칙의 작성 또는 변경 권한을 부여하면서도, 그 단서에서 취업규칙을 근로자에게 불리하게 변경하는 경우에는 근로자의 집단적 동의를 받아야 한다고 규정하고 있다. 위 규정들의 취지와 관계에 비추어 보면, 취업규칙의 불리한 변경에 대하여 근로자가 가지는 집단적 동의권은 사용자의 일방적 취업규칙의 변경 권한에 한계를 설정하고 헌법 32조 3항의 취지와 근로기준법 4조가 정한 근로조건의 노사대등결정 원칙을 실현하는 데에 중요한 의미를 갖는 절차적 권리로서, 변경되는 취업규칙의 내용이 갖는 타당성이나 합리성으로 대체될 수 있는 것이라고 볼 수 없다.

② 대법원은 1989. 3. 29. 법률 4099호로 개정된 근기법(이하 '1989년 근기법'이라 한다)이 집단적 동의 요건을 명문화하기 전부터 이미 취업규칙의 불리한 변경에 대하여 근로자의 집단적 동의를 요한다는 법리를 확립하였다(대법원 1977. 7. 26. 선고 77다355 판결 참조). 대법원은 근기법이 사용자에게 취업규칙의 작성을 강제하고 이에 법규범성을 부여한 것은 종속적 노동관계의 현실에 입각하여 실질적으로 불평등한 근로자의 권익을 보호, 강화하여 그들의 기본적 생활을 향상시키려는 목적에서라고 보아, 취업규칙의 변경에 의하여 기존 근로조건의 내용을 근로자에게 불리하게 변경하려면 종전 취업규칙의 적용을 받고 있던 근로자들의 집단적 의사결정 방법에 의한 동의를 요한다고 판단한 것이다. 즉, 근로자의 집단적 동의권은 명문의 규정이 없더라도 위와 같은 근로조건의 노사대등결정 원칙과 근로자의 권익 보장에 관한 근기법의 근본정신, 기득권 보호의 원칙으로부터 도출된다. 이러한 집단적 동의는 단순히 요식적으로 거쳐야 하는 절차 이상의 중요성을 갖는 유효요건이다. 나아가 현재와 같이 근기법이 명문으로 집단적 동의절차를 규정하고 있음에도 취업규칙의 내용에 사회통념상 합리성이 있다는 이유만으로 근로자의 집단적 동의를 받지 않아도 된다고 보는 것은 취업규칙의 본질적 기능과 그 불이익변경 과정에서 필수적으로 확보되어야 하는 절차적 정당성의 요청을 도외시하는 것이다.

③ 근기법은 사용자에게 취업규칙의 작성·변경 권한을 인정하고 있고, 나아가 취업규칙의 불리한 변경 시에도 그 적용을 받는 모든 근로자의 개별적 동의가 아니라 집단적 의사결정방법에 따른 근로자 다수의 동의를 요건으로 하고 있다는 점에서 이미 근로조건의 유연한 변경 가능성을 열어두고 있다. 이와 같이 근로자의 집단적 동의가 있는 경우 취업규칙의 불리한 변경에 반대한 개별 근로자에 대해서도 변경된 취업규칙의 효력을 인정함으로써 근로조건의 통일적 결정에 관한 요청이 충족되고 있으므로, 사용자가 근로자의 집단적 동의를 받지 않은 채 일방적으로 근로조건을 불리하게 변경한 경우에까지 사회통념상 합리성을 이유로 그 유효성을 인정하여 근로조건의 통일성을 도모할 필요가 있다고 볼 수도 없다. 근로조건의 유연한 조정은 사용자에 의한 일방적 취업규칙 변경을 승인함으로써가 아니라, 단체교섭이나 근로자의 이해를 구하는 사용자의 설득과 노력을 통하여 이루어져야 한다. 또한 아래에서 보는 바와 같이 노동조합이나 근로자들이 집단적 동의권을 남용하였다고 볼 만한 특별한 사정이 있는 경우에는 취업규칙의 불이익변경의 유효성을 인정할 여지가 있으므로, 근로자의 집단적 동의가 없다고 하여 취업규칙의 불리한 변경이 항상 불가능한 것도 아니다.

④ 대법원은 단체협약에 사용자의 조합원에 대한 인사처분 시 노동조합의 동의를 받도록 하는 규정이 있을 때 사용자가 노동조합의 동의 없이 조합원에 대한 인사처분을 하였다면 이는 원칙적으로 무효이고, 다만 노동조합이 동의권을 남용한 것으로 평가할 수 있는 경우 그 인사처분은 유효하다는 견해를 취하였다(대법원 2012. 6. 28. 선고 2010다38007 판결 등 참조). 단체협약은 법률보다 하위의 규범임에도 대법원은 단체협약에 의하여 발생한 노동조합의 동의권을 침해하여 행해진 인사처분을 무효라고 보았고, 다만 지나치게 경직되게 해석할 경우 발생할 문제점을 유연하게 해결하기 위하여 동의권 남용 법리를 통해 구체적 타당성을 확보하였다. 취업규칙의 불이익변경에 대하여는 단체협약보다 상위 규범인 법률에서 근로자의 집단적 동의권을 부여하고 있으므로, 취업규칙을 근로자에게 불리하게 변경하면서 근로자의 집단적 동의를 받지 않았다면 이를 원칙적으로 무효로 보되, 다만 노동조합이나 근로자들이 집단적 동의권을 남용한 경우에 한하여 유효성을 인정하는 것이 단체협약에 의한 노동조합의 동의권에 관한 위 대법원 판례의 태도와 일관되고 법규범 체계에 부합하는 해석이다.

⑤ 종전 판례는 불리하게 변경된 취업규칙 조항의 법적 규범성을 시인할

수 있을 정도로 사회통념상 합리성이 있다고 인정되는 경우에는 종전 근로조건 또는 취업규칙의 적용을 받고 있던 근로자의 집단적 의사결정방법에 의한 동의가 없다는 이유만으로 그 적용을 부정할 수는 없다고 보면서, 사회통념상 합리성의 유무는 취업규칙의 변경에 의하여 근로자가 입게 될 불이익의 정도, 사용자 측의 변경 필요성의 내용과 정도, 변경 후 취업규칙 내용의 상당성, 대상조치 등 관련된 다른 근로조건의 개선상황, 노동조합 등과의 교섭경위 및 노동조합이나 다른 근로자의 대응, 동종 사항에 관한 국내의 일반적인 상황 등을 종합적으로 고려하여 판단하여야 한다고 보았다. 그러나 사회통념상 합리성이라는 개념 자체가 매우 불확정적이어서 어느 정도에 이르러야 법적 규범성을 시인할 수 있는지 노동관계 당사자가 쉽게 알기 어려울 뿐만 아니라, 개별 사건에서 다툼의 대상이 되었을 때 그 인정 여부의 기준으로 대법원이 제시한 요소들을 종합적으로 고려한 법원의 판단 역시 사후적 평가일 수밖에 없는 한계가 있다. 이에 취업규칙 변경의 효력을 둘러싼 분쟁이 끊이지 않고 있고, 그 유효성이 확정되지 않은 취업규칙의 적용에 따른 법적 불안정성이 사용자나 근로자에게 끼치는 폐해 역시 적지 않았다.

⑥ 그럼에도 종전 판례의 해석은 근로자의 집단적 동의가 없더라도 일정한 경우 사용자에 의한 일방적인 취업규칙의 작성 또는 변경으로 기존 근로조건을 낮추는 것을 인정하는 것이어서 강행규정인 근기법 94조 1항 단서의 명문 규정에 반하는 해석일 뿐만 아니라, 근기법이 예정한 범위를 넘어 사용자에게 근로조건의 일방적인 변경 권한을 부여하는 것이나 마찬가지여서 헌법 정신과 근로자의 권익 보장에 관한 근기법의 근본 취지, 근로조건의 노사대등결정 원칙에 위배된다.

#### ㈏ 집단적 동의권 남용 법리

전원합의체판결은 근기법 94조 1항 단서를 적용할 때 발생하는 부당한 결과를 막고 구체적 타당성을 실현하는 법리로서 집단적 동의권 남용 법리를 제시하였다. 그 구체적 내용은 다음과 같다.

『우리 민법은 신의성실과 권리남용의 금지를 민사법의 중요한 원칙으로 선언하고 있고, 이는 법질서 전체를 관통하는 일반 원칙으로서 실정법을 형식적이고 엄격하게 적용할 때 생길 수 있는 부당한 결과를 막고 구체적 타당성을 실현하는 작용을 하므로, 근기법상 취업규칙의 불이익변경 과정에서 노동조합이나 근로자들이 집단적 동의권을 행사할 때도 신의성실의 원칙과 권리남용금지 원칙이 적용되어야 한다. 따라서 노동조합이나 근로자들이 집단적 동의권을 남용하였다고 볼 만한 특별한 사정이 있는 경우에는 그 동의가 없더라도 취업규칙의 불이익변경을 유효하다고 볼 수 있다. 여기에서 노동조합이나 근로자들이 집단적 동의권을 남용한 경우란 관계 법령이나 근로관계를 둘러싼 사회 환경의 변화로 취업규칙을 변경할 필요성이 객관적으로 명백히 인정되고, 나아가 근로자의 집단적 동의를 구하고자 하는 사용자의 진지한 설득과 노력이 있었음에도 불구하고 노동조합이나 근로자들이 합리적 근거나 이유 제시 없이 취업규칙의 변경에 반대하였다는 등의 사정이 있는 경우를 말한다. 다만, 취업규칙을 근로자에게 불리하게 변경하는 경우에 근로자의 집단적 동의를 받도록 한 근기법 94조 1항 단서의 입법 취지와 절차적 권리로서 동의권이 갖는 중요성을 고려할 때, 노동조합이나 근로자들이 집단적 동의권을 남용하였는지 여부는 엄격하게 판단할 필요가 있다.

한편 신의성실 또는 권리남용금지 원칙의 적용은 강행규정에 관한 것으로서 당사자의 주장이 없더라도 법원이 그 위반 여부를 직권으로 판단할 수 있으므로(대법원 1989. 9. 29. 선고 88다카17181 판결, 대법원 1995. 12. 22. 선고 94다42129 판결 등 참조), 집단적 동의권의 남용에 해당하는지 여부에 대하여도 법원은 직권으로 판단할 수 있다.』

### 차. 집단적 동의를 받지 못한 경우의 예외적 효력 인정 — 이른바 '사회통념상 합리성론'[268)]

#### (1) 사회통념상 합리성론에 관한 판례 법리의 변천과 긴장관계

㈎ 판례는 사용자의 일방적인 취업규칙 불이익변경을 원칙적으로 허용하지 않으면서도, 해당 취업규칙의 작성 또는 변경이 그 필요성 및 내용의 양면에서 보아 그로 인하여 근로자가 입게 될 불이익의 정도를 고려하더라도 여전히 해당 불이익변경 조항의 법적 규범성을 시인할 수 있을 정도로 사회통념상 합리성이 있다고 인정되는 경우에는 종전 근로조건 또는 취업규칙의 적용을 받던

268) 이하의 내용은 위 전원합의체 판결에 의하여 파기된 종전 판례의 사회통념상 합리성 법리에 대한 해설이다. 종전 판례의 사회통념상 합리성론에 대한 포괄적인 분석으로는 마은혁c를 참조.

근로자의 집단적 의사 결정 방법에 의한 동의가 없다는 이유만으로 그의 적용을 부정할 수는 없다고 하여,[269] 취업규칙을 불이익하게 변경하면서 집단적 동의를 받지 않은 경우라도 사회통념상 합리성이 있는 경우에는 예외적으로 변경된 취업규칙의 효력을 인정하는 법리를 제시하고 있다.

(나) 대법원은 처음에는 사회통념상 합리성론을 불이익변경 여부 판단과 결부시켰다. 그리하여 정년을 55세까지로 정한 것이 사회의 일반 통례에서 벗어난 불합리한 제도라고 볼 수 없으므로, 정년제의 신설이 근로자의 기존 근로조건상의 기득권을 침해하는 근로조건 변경이라고 단정할 수는 없다거나,[270] 인사규정을 변경하였다면 그 변경이 사회통례상 합리성이 있다고 인정되는 한 이를 들어 근로자에게만 불이익한 것이라고 속단할 수 없다고 하여[271] 취업규칙의 변경에 사회통념상 합리성이 있으면 불이익한 변경이 아니라는 논리 구조를 취하였다. 이와 같이 사회통념상 합리성 판단과 불이익변경 여부 판단을 결부시키게 되면 사회통념상 합리성이 인정되는 경우 취업규칙의 변경은 불이익변경에 해당하지 않게 되어, 그 논리적 귀결로서 사회통념상 합리성이 있는 경우는 집단적 동의를 받을 필요가 없게 된다. 즉 위와 같은 태도는 사회통념상 합리성에 집단적 동의를 배제하는 사유로서의 이론적 위치를 부여하는 것이라고 볼 수 있다(집단적 동의 배제사유로서의 사회통념상 합리성).

한편 누진제의 퇴직금 제도를 두고 있다가 취업규칙의 변경으로 단순 지급제의 퇴직금 제도로 변경한 것은 근로자에게만 일방적으로 불리하여 합리성이 없는 취업규칙의 불이익변경에 해당하여 집단적 동의가 없는 한 취업규칙 변경의 효력을 가질 수 없다고 한 것이 있는데,[272] 그 반대 해석상 취업규칙의 불이익변경 중 합리성이 인정되는 경우에는 집단적 동의를 필요로 하지 않는다고

269) 대법원 2001. 1. 5. 선고 99다70846 판결, 대법원 2002. 6. 11. 선고 2001다16722 판결, 대법원 2002. 6. 28. 선고 2001다47764 등 판결, 대법원 2003. 6. 27. 선고 2002다23611 판결, 대법원 2003. 11. 28. 선고 2001다4750 판결, 대법원 2004. 5. 14. 선고 2002다23185, 23192 판결, 대법원 2004. 7. 22. 선고 2002다57362 판결, 대법원 2004. 7. 22. 선고 2002다59702 판결, 대법원 2005. 4. 29. 선고 2004다54947 판결, 대법원 2005. 6. 23. 선고 2004다68953 판결, 대법원 2005. 11. 10. 선고 2005다21494 판결, 대법원 2006. 2. 24. 선고 2004다65169 판결, 대법원 2006. 2. 24. 선고 2004다65176 판결, 대법원 2009. 6. 11. 선고 2007도3037 판결, 대법원 2010. 1. 28. 선고 2009다32522, 32539 판결, 대법원 2010. 1. 28. 선고 2009다32362 판결, 대법원 2010. 12. 9. 선고 2010다59998 판결, 대법원 2012. 3. 15. 선고 2011다103571 판결.

270) 대법원 1978. 9. 12. 선고 78다1046 판결.

271) 대법원 1988. 5. 10. 선고 87다카2853 판결.

272) 대법원 1988. 5. 10. 선고 87다카2578 판결.

해석할 여지를 남기는 것으로서 위 판결 역시 사회통념상 합리성에 집단적 동의를 배제하는 사유로서의 이론적 위치를 부여하는 것이라고 볼 수 있다.

(다) 취업규칙의 불이익변경과 관련하여 근로자의 집단적 의사 결정 방식에 의한 동의를 요구하는 단서 조항을 신설한 1989. 3. 29. 법 개정 이후에는 사회통념상 합리성과 불이익변경 해당성을 개념적으로 구별[273]하는 한편 근로자 집단의 집단 의사 결정 방법에 의한 동의 없이 작성·변경된 취업규칙은 근로조건의 변경이 근로자의 동의를 받지 않아도 사회통례상 합리성이 있다고 인정될 만한 것이 아닌 한 무효라고 판시하였고,[274] 그 이후 주류적인 판례의 흐름도 취업규칙을 불이익하게 변경하면서 집단적 동의를 받지 않은 경우는 원칙적으로 무효인데, 사회통념상 합리성이 있는 경우에는 예외적으로 효력이 부여된다고 보아 사회통념상의 합리성론의 이론적 위치를 집단적 동의가 없어도 취업규칙 불이익변경의 효력을 부여하는 예외적인 효력부여사유로 변경하였다(예외적 효력부여사유로서의 사회통념상 합리성).[275][276]

한편 사용자가 취업규칙에서 정한 근로조건을 근로자에게 불리하게 변경하면서 근로자의 동의를 받지 않은 경우라도 그 변경 이후에 근로관계를 갖게 된 신규 근로자에 대한 관계에서는 그 변경의 효력이 미친다는 대법원 1992. 12. 22. 선고 91다45165 전원합의체 판결이 있기 전에는 사회통념상 합리성 이론이 집단적 동의 없는 취업규칙 불이익변경 전체의 유·무효를 결정하는 이론이었으나, 위

273) 대법원 2001. 1. 5. 선고 99다70846 판결, 대법원 2001. 2. 9. 선고 99다70938 판결에서는 개정 퇴직금 규정이 근로자들에게 불리한 것임에도 원심이 불이익한 변경이 아니라고 판단한 것은 잘못이라는 상고 이유에 대하여, 대법원은 원심의 판단은 개정 퇴직금규정이 구 퇴직금규정에 비하여 불리하지 않다고 판단하고 있는 것이 아니라, 그 지급률에 있어서는 불이익하기는 하나 사회통념상의 합리성이 있으므로 집단적 동의가 없더라도 근로자들에게 적용할 수 있다고 판단하고 있을 뿐이므로 원심 판단에 개정 퇴직금규정이 불이익한 변경이 아니라고 잘못 판단한 위법이 있다고 할 수 없다고 함으로써 사회통념상 합리성과 불이익변경 해당성은 서로 구별되는 개념이라는 점을 명확히 하였다.

274) 대법원 1989. 5. 9. 선고 88다카4277 판결.

275) 대법원 1990. 3. 13. 선고 89다카24780 판결(대법원 판결 중 처음으로 '사회통례상' 합리성이라는 용어 대신 '사회통념상' 합리성이라는 용어를 사용하였다), 대법원 1991. 10. 11. 선고 91다11742 판결, 대법원 1991. 10. 11. 선고 91다11759 판결, 대법원 1993. 1. 15. 선고 92다39778 판결, 대법원 1993. 1. 15. 선고 92다39761 판결, 대법원 1993. 1. 26. 선고 92다49324 판결, 대법원 1993. 1. 26. 선고 92다49331 판결, 대법원 1993. 3. 9. 선고 92다54296 판결, 대법원 1993. 8. 24. 선고 93다17898 판결, 대법원 1994. 5. 24. 선고 93다14493 판결, 대법원 1994. 8. 26. 선고 93다58714 판결, 대법원 1994. 10. 14. 선고 94다25322 판결, 대법원 1996. 4. 26. 선고 94다30638 판결, 대법원 2005. 4. 29. 선고 2004다54947 판결, 대법원 2005. 6. 9. 선고 2005도1089 판결 등 참조.

276) 이 점을 지적하는 문헌으로 이국환 407~408면; 정진경a, 13면; 박종희d, 144면 이하 참조.

전원합의체 판결 이후에는 기득이익이 침해되는 기존 근로자에게 변경된 취업규칙을 적용할 것인지 여부를 결정하는 이론으로 그 작용 영역이 축소되었다.[277)]

㈑ 다만 사회통념상 합리성을 예외적 효력부여사유로 보는 주류적 판례가 형성된 이후에도 사회통념상 합리성과 불이익변경의 판단요소를 동일시하는 판결들[278)]이 있고, 합리성 없는 불이익변경에 한하여 집단적 동의를 요한다는 취지의 판결들[279)]이 있다. 모두 주류적 판례들과는 달리 사회통념상 합리성론을 집단적 동의 배제사유로 보는 판결들이다. 최근의 판결 중 사회통념상 합리성 여부를 근로자의 실질적 불이익 여부에 귀착시키는 판결[280)]은 사회통념상 합리성과 불이익변경을 동일시하는 판결의 계열에 속한다고 볼 수 있고, 사회통념상 합리성을 구성요건 해당성 배제사유로 본 판결[281)]은 사회통념상 합리성이 있는 경우에는 집단적 동의를 받을 필요가 없다는 계열에 속하는 판결로 볼 수 있다. 어느 것이나 사회통념상 합리성을 예외적 효력부여사유로 보는 주류적 판례와는 달리 사회통념상 합리성을 집단적 동의 배제사유로 보는 판결이라고 할 수 있다.

### (2) 판단 기준 및 엄격 해석의 원칙

#### ㈎ 판단 기준

대법원은 사회통념상 합리성의 유무는 취업규칙 변경으로 근로자가 입게 되는 불이익의 정도, 사용자측의 취업규칙 변경 필요성의 내용과 정도, 변경 후 취업규칙 내용의 상당성, 대상(代償) 조치 등을 포함한 다른 근로조건의 개선 상황, 노동조합 등과 교섭 경위와 노동조합이나 다른 근로자의 대응, 동종 사항에 관한 국내의 일반적인 상황 등을 종합적으로 고려하여 판단하여야 한다고 판시

277) 이 점을 지적하는 문헌으로 이국환, 412면; 박순성, 147면. 대법원이 취업규칙의 불이익변경에 근로자 집단의 동의를 받지 못한 경우에는 사회통념상 합리성이 있다고 인정되지 않는 한 기득이익이 침해되는 기존의 근로자에 대하여는 변경된 취업규칙이 적용되지 아니한다고 판시하는 것은 위와 같은 작용 영역의 축소를 염두에 둔 것으로 보인다. 대법원 1997. 5. 16. 선고 96다2507 판결, 대법원 2000. 9. 29. 선고 99다45376 판결, 대법원 2004. 1. 16. 선고 2003다49276 판결, 대법원 2004. 8. 16. 선고 2003두13526 판결, 대법원 2006. 1. 12. 선고2005다59062 판결, 대법원 2007. 10. 11. 선고 2007두11566 판결 참조.

278) 대법원 1997. 5. 16. 선고 96다2507 판결, 대법원 2000. 9. 29. 선고 99다45376 판결, 대법원 2004. 1. 16. 선고 2003다49276 판결, 대법원 2004. 8. 16. 선고 2003두13526 판결. 취업규칙의 변경이 사회통념상 합리성이 있느냐의 여부와 근로자에게 불이익하느냐 여부는 그 변경의 취지와 경위, 해당 사업체의 업무의 성질, 취업규칙 각 규정의 전체적인 체제 등 제반 사정을 종합하여 판단하여야 할 것이라고 한다.

279) 대법원 1989. 8. 8. 선고 88다카15413 판결, 대법원 1992. 12. 8. 선그 91다38174 판결.

280) 대법원 2015. 8. 13. 선고 2012다43522 판결.

281) 대법원 2009. 6. 11. 선고 2007도3037 판결.

하였다.[282)][283)]

나아가 대법원은 사회통념상 합리성 판단의 시적 기준에 관하여, 근로자 집단의 동의를 대신할 만한 사회통념상의 합리성이 있는지를 판단할 때에는 개정 당시의 상황을 근거로 하여야 한다고 하였다.[284)]

㈏ 엄격 해석의 원칙

다만, 최근 대법원은 사회통념상 합리성을 인정하는 것은 취업규칙을 근로자에게 불리하게 변경하는 경우에는 그 동의를 받도록 한 법 94조 1항을 사실상 배제하는 것이므로 제한적으로 엄격하게 해석하여야 한다고 판시하였다.[285)]

#### (3) 판례에 나타난 사회통념상 합리성에 관한 구체적 판단

판례는 근로조건 중 가장 중요한 기본적인 조건인 임금, 퇴직금, 근로시간 등에 관하여는 쉽게 불이익변경을 정당화할 사회통념상 합리성을 인정하지 않는 경향이 있고,[286)] 면직 사유의 신설 등 인사 규정을 강화하는 경우에 사회통념상 합리성을 인정하는 몇몇 판결이 있었다. 다만, 외환위기를 즈음하여 발생한 사건에서 퇴직금 등에 관하여도 사회통념상 합리성을 인정하는 판결이 나타나고 있어,[287)] 대법원이 취업규칙의 불이익변경과 관련하여 사회통념상 합리성론을 보다 넓게 받아들이려는 신호가 아닌지 주목된다는 지적이 있었으나,[288)] 앞서 보았듯이 대법원은 최근 사회통념상 합리성을 인정하는 것과 관련하여 제한적으로 엄격하게 해석하여야 한다는 해석 원칙을 천명하였다.[289)]

---

282) 대법원 2001. 1. 5. 선고 99다70846 판결, 대법원 2002. 6. 11. 선고 2001다16722 판결, 대법원 2002. 6. 28. 선고 2001다47764 등 판결, 대법원 2004. 5. 14. 선고 2002다23185, 23192 판결, 대법원 2004. 7. 22. 선고 2002다57362 판결, 대법원 2004. 7. 22. 선고 2002다59702 판결, 대법원 2005. 6. 23. 선고 2004다68953 판결, 대법원 2005. 11. 10. 선고 2005다21494 판결.

283) 판단기준에 관한 자세한 논의는 마은혁c, 622면 이하 참조.

284) 대법원 1988. 5. 10. 선고 87다카2853 판결, 대법원 2004. 7. 22. 선고 2002다57362 판결, 대법원 2005. 11. 10. 선고 2005다21494 판결.

285) 대법원 2010. 1. 28. 선고 2009다32362 판결, 대법원 2015. 8. 13. 선고 2012다43522 판결.

286) 김영식, 137면 이하. 일본 최고재판소도 "특히 임금, 퇴직금 등 노동자에게 중요한 권리, 노동조건에 관하여 실질적인 불이익을 미치는 취업규칙의 작성 또는 변경에 관하여는, 해당 조항이 그러한 불이익을 노동자에게 법적으로 수인시키는 것을 허용할 수 있을 정도의 고도의 필요성에 기초한 합리적인 내용인 경우에 그 효력이 발생한다"고 한다[最高裁 1988. 2. 16. 判決(大曲市農業協同組合事件, 民集 42권 2호, 60면)].

287) 대법원 2001. 1. 5. 선고 99다70846 판결, 대법원 2001. 2. 9. 선고 99다70938 판결, 대법원 2002. 6. 11. 선고 2001다16722 판결 등.

288) 정진경a, 17면.

289) 대법원 2010. 1. 28. 선고 2009다32362 판결, 대법원 2015. 8. 13. 선고 2012다43522 판결.

㈎ 인정한 사례

① **정년제의 신설** 대법원은 정년제의 신설을 내용으로 하는 취업규칙의 변경에 대하여, 종전 취업규칙에 직원의 정년에 관한 아무런 제한규정이 없었다 해서 그 직원이 그 연령에 관계없이 무한정 근무할 수 있음을 보장한 것이라고는 볼 수 없어, 근로자 집단의 동의 없이 취업규칙을 변경하여 직원의 정년을 만 55세로 정한 것이 사회의 일반 통례에서 벗어난 불합리한 제도라고 볼 수 없고, 정년제의 신설이 근로자의 기득권을 침해하는 근로조건 변경이라고 단정할 수 없으므로, 근로자의 동의 없이 하여도 그 변경은 유효하다고 하였다.[290]

② **면직사유의 신설** 대법원은 공익법인으로서 그 설립목적과 취급하는 업무의 성격상 그 직원에게는 공무원에 버금가는 고도의 성실성과 청렴성이 요구됨에 비추어 인사규정에 그 면직사유의 하나로 금고 이상의 형의 선고유예를 받고 그 선고유예기간 중에 있는 자를 추가하여 변경 규정한 것은 공익법인의 목적을 수행함에 있어서 미비된 규정을 단지 정비보완하였음에 불과하여 사회통념상 그 합리성이 충분히 용인된다고 한다.[291]

③ **기업변동에 따른 근로조건 통일을 위한 퇴직금 규정 불이익변경** 대법원은, 한국기계금속시험연구소가 한국정밀기기센터를 흡수통합한 사안에서, 한국기계금속시험연구소의 1980. 3. 6. 퇴직금 지급규정이 한국정밀기기센터의 1970. 1. 1. 퇴직금 지급규정에 비하여 그 지급률에 있어서 불이익한 것은 사실이나, 한국기계금속시험연구소의 1980. 3. 6. 퇴직금 지급규정을 제정할 당시 통일적인 퇴직금 지급규정을 마련할 필요성이 높았고, 한국정밀기기센터 출신 직원들의 정년이 통합 후 10년이나 연장되었으며, 통합 후 다른 근로조건이 개선되어 퇴직금 지급률의 저감에 따른 불이익이 상당 정도 완화되었고, 통합에 앞서 한국정밀기기센터 출신 직원들이 한국정밀기기센터를 형식적으로 퇴직하면서 퇴직금을 이의 없이 수령하여 통합 당시에는 한국정밀기기센터 출신 직원들도 향후 제정될 한국기계금속시험연구소의 퇴직금 지급규정이 자신들에게 적용될 것으로 예상하고 있었다고 추정되는 점 등의 사정에 비추어 볼 때, 한국기계금속시험연구소의 1980. 3. 6. 퇴직금 지급규정은 한국정밀기기센터 출신 직원들의 집단적 동의를 받지 않아도 될 만한 사회통념상의 합리성이 있다고 보았다.[292]

---

290) 대법원 1978. 9. 12. 선고 78다1046 판결.
291) 대법원 1988. 5. 10. 선고 87다카2853 판결.
292) 대법원 2001. 1. 5. 선고 99다70846 판결, 대법원 2001. 2. 9. 선고 99다70938 판결.

④ 보직관리규정 대법원은 인력관리상 필요한 경우 직제상의 보직기준에 의한 직위를 부여하지 않을 수 있도록 한 인사규정의 개정은 불이익한 취업규칙의 변경이지만, 인사규정 개정 전에도 불가피한 사정이 존재하거나 정년이 얼마 남지 않은 경우에는 직급에 상응하는 직위보다 낮은 직위를 부여하는 일이 있었으며 회사의 수익성이 악화되고 경쟁업체에 비하여 매출액 대비 인건비 부담 비율은 높은 반면 종업원 1인당 매출액은 뒤떨어짐에 따라 회사의 조직을 축소 개편하여야 할 필요성이 제기된 점, 개정된 인사규정은 "사장이 인력관리상 필요하다고 인정하는 직원"이라고만 규정함으로써 다소 추상적이지만 회사는 보직부여기준을 마련하여 일정한 기준에 따라 직급에 따른 직위를 우선적으로 부여할 직원을 선정하도록 함으로써 인사권의 자의적인 행사를 방지하기 위하여 노력하고 있는 점에 비추어 인사규정의 개정은 사회통념상의 합리성이 있다고 보았다.[293)]

⑤ 후선배치직원의 인사관리에 관한 지침 대법원은, 은행의 유휴인력활용지침은 은행이 후선으로 배치한 3급 이상 직원의 업무수행에 따른 표창과 제재 등의 근로조건에 관한 준칙의 내용을 담고 있으므로 근기법 소정의 취업규칙에 해당한다고 할 것이고, 1998. 1. 이전에는 1, 2급 직원만이 지점장이 될 수 있었으나 1998. 1.경부터는 3급 직원도 지점장이 될 수 있었기 때문에 3급 직원으로서 지점장으로 근무하다가 후선으로 발령받은 사람도 위 지침의 적용을 받을 수 있도록 하기 위하여 1998. 1. 9.경 그 적용대상을 2급 이상 유휴인력에서 3급 이상 유휴인력으로 변경한 것으로, 위 지침의 변경 경위와 그 내용 등에 비추어 볼 때 1998. 1. 9. 개정된 위 지침은 그 법적 규범성을 시인할 수 있을 정도로 사회통념상 합리성이 있다고 보았다.[294)]

⑥ 승무사업표의 변경 대법원은 교통공단 이사장인 피고인이 비록 당해 사업장에 근로자의 과반수로 조직된 노동조합의 동의를 얻지 아니하고 위 공단 취업규칙의 일종인 승무사업표(교번DIA)를 근로자에게 불이익하게 변경하였으나 그 변경은 사회통념상 합리성이 있는 경우에 해당한다고 인정한 원심판결을 정당하다고 하였다.[295)]

⑦ 기간제 전임강사의 재임용규정 대법원은 개정 임용규정이 비정년트

293) 대법원 2005. 6. 23. 선고 2004다68953 판결.
294) 대법원 2007. 11. 30. 선고 2005두13247 판결.
295) 대법원 2009. 6. 11. 선고 2007도3037 판결.

락 전임강사들에게 연구보조비를 지급하지 않으면서도 연구업적을 요구하고, 1년 단위로 재임용심사를 하며, 연구업적 점수가 전보다 높아진 점 등을 감안하면 임용규정의 개정이 불이익하나, 개정 전 재임용평가 항목이 추상적이고 평가점수 또한 구간별로 되어 있어 평가방법으로 적절하지 않을 뿐만 아니라 오히려 평가방법 및 평가결과를 둘러싸고 분쟁의 원인이 될 소지가 있었던 점, 학교의 질적 향상을 도모하기 위해서는 재임용과 관련한 평가가 불가피하고 그 평가와 관련하여 학교 측에 어느 정도의 재량이 있는 점, 개정 임용규정은 종래 평가기준의 경우 어느 정도의 점수를 취득하여야 재임용될 수 있는지에 대한 사항이 전혀 명시되어 있지 아니하여 학교 측의 자의적 판단에 따라 재임용심사가 이루어질 수 있다는 교원소청심사위원회의 지적에 따라 마련된 것인 점 등을 근거로 하여 사회통념상 합리성을 인정한 원심 판결을 정당하다고 하였다.[296)]

㈏ 부정한 사례

① 퇴직금 규정의 불이익변경

㉮ 국영기업체, 정부기관의 운영개선을 위한 퇴직금 규정 불이익변경　　대법원은 국영기업체 또는 정부투자기관들이 경영수지 면에서 적자이고 국민의 조세부담을 가중시키면서도 그 직원에 대한 퇴직금 지급률이 일반 공무원에 비하여 월등히 높아 재정난을 겪는 등 불합리한 운영을 하여 왔으므로 이를 시정하고 국영기업체의 적자운영을 탈피하기 위하여 정부가 취한 방침에 따라 퇴직금 지급률을 하향조정하고 퇴직금 산정의 기초가 되는 임금의 범위를 제한하여 결과적으로 퇴직금 지급액을 인하하는 것은 취업규칙의 개정에 근로자 집단의 동의를 받지 않아도 될 만한 사회통념상의 합리성이 있다고 인정할 수 없다고 일관되게 판시하였다.[297)]

296) 대법원 2012. 3. 15. 선고 2011다103571 판결.

297) 대법원 1990. 3. 13. 선고 89다카24780 판결, 대법원 1991. 10. 11. 선고 91다11742 판결, 대법원 1991. 10. 11. 선고 91다11759 판결, 대법원 1992. 11. 10. 선고 92다30566 판결, 대법원 1992. 11. 27. 선고 92다32357 판결, 대법원 1993. 1. 15. 선고 92다39751 판결, 대법원 1993. 1. 15. 선고 92다39778 판결, 대법원 1993. 1. 26. 선고 92다49324 판결, 대법원 1993. 1. 26. 선고 92다49331 판결, 대법원 1993. 3. 9. 선고 92다54296 판결, 대법원 1993. 5. 11. 선고 93다3066 판결, 대법원 1993. 5. 14. 선고 93다1893 판결, 대법원 1993. 6. 11. 선고 92다35387 판결, 대법원 1993. 8. 24. 선고 93다17898 판결, 대법원 1993. 8. 24. 선고 93다17904 판결, 대법원 1993. 8. 27. 선고 93다16895 판결, 대법원 1993. 9. 10. 선고 92다54630 판결, 대법원 1993. 9. 10. 선고 93다22234 판결, 대법원 1993. 9. 14. 선고 92다45490 판결, 대법원 1993. 12. 28. 선고 93다14110 판결, 대법원 1993. 12. 28. 선고 92다50416 판결, 대법원 1994. 1. 11. 선고 93다37540 판결, 대법원 1994. 1. 25. 선고 93다8696 판결, 대법원 1994. 4. 12. 선고 92다20309 판결, 대법

㉯ 기타 퇴직금 규정의 불이익변경

㉠ **퇴직금 규정의 변경은 합리성이 없는 불이익변경이라고 판시한 사례** 초기의 퇴직금에 관한 판결들은 사회통념상 합리성에 대한 특별한 심사 없이, 사용자가 취업규칙 중 근로조건의 내용을 이루는 퇴직금에 관한 규정을 기존 취업규칙의 그것보다 근로자에게 불이익하게 변경하는 것은 합리성이 없는 취업규칙의 불이익변경에 해당한다고 판시하였다.[298)]

㉡ **타 계열회사와 동일한 내용으로의 퇴직금 규정 불이익변경** 대법원은 급여규정을 개정하면서 퇴직금 산정의 기초인 임금의 범위에서 일부를 제외하더라도 근기법에 의하여 산정된 퇴직금 액수를 훨씬 초과하고 같은 계열회사들도 그와 동일한 보수규정을 두고 있다는 사정만으로는 그 개정에 근로자 집단의 동의를 받지 않아도 될 만한 사회통념상의 합리성이 있다고 보기 어렵다고 하였다.[299)]

② **상여금 규정의 불이익변경** 대법원은 회사가 상여금 조항을 삭제할 당시 국가의 외환위기 상황에서 건설경기의 악화로 인하여 막대한 경영손실을 보고 있었고, 회사의 존립을 위하여 채권은행단과 수립한 워크-아웃 계획에 따라 상여금 규정의 개정을 하였다 하더라도, 이러한 사유만으로 위 취업규칙의 개정을 통해 근로자들에게 상당한 근로조건의 개선이라든지 기타 이익 되는 요소는 전혀 없이 상여금 조항을 삭제하여 근로자들에게 일방적인 불이익을 감수하도록 한 것은 근로자 집단의 동의를 받지 않아도 될 만한 사회통념상의 합리성이 있다고 볼 수 없다고 하였다.[300)]

③ **명예퇴직수당 불이익변경** 대법원은 명예퇴직 등 운영요령 개정 당시 국제통화기금 관리체제 아래에 있었던 국내의 일반적인 상황 하에 정부가 심각한 경제난을 극복하기 위하여 정부산하 출연연구기관들에 대하여 구조조정을

---

원 1994. 4. 26. 선고 93다39577 판결, 대법원 1994. 5. 24. 선고 93다45916 판결, 대법원 1994. 5. 24. 선고 93다14493 판결, 대법원 1994. 6. 24. 선고 92다28556 판결, 대법원 1994. 6. 28. 선고 93다48472 판결, 대법원 1994. 8. 26. 선고 93다47691 판결, 대법원 1994. 8. 26. 선고 93다58714 판결, 대법원 1994. 10. 14. 선고 94다25322 판결, 대법원 1994. 12. 22. 선고 94다927 판결, 대법원 1994. 12. 23. 선고 94다6789 판결, 대법원 1995. 7. 11. 선고 93다26168 전원합의체 판결, 대법원 2002. 6. 28. 선고 2001다47764 등 판결.

298) 대법원 1988. 5. 10. 선고 87다카2578 판결, 대법원 1989. 8. 8. 선고 88다카15413 판결.

299) 대법원 2000. 9. 29. 선고 99다45376 판결.

300) 대법원 2004. 5. 14. 선고 2002다23185, 23192 판결. 이외에 상여금 삭제 조항과 관련하여 사회통념상 합리성을 부정한 판결로 대법원 2005. 4. 29. 선고 2004다54947 판결, 대법원 2006. 2. 24. 선고 2004다65169 판결, 대법원 2006. 2. 24. 선고 2004다65176 판결, 대법원 2007. 9. 6. 선고 2007다42600 판결 참조.

추진하면서 출연예산 삭감과 경영혁신을 요구함에 따라 피고가 위 운영요령을 근로자들에게 불이익하게 개정하게 된 것이고, 이러한 사정을 알고 있었던 원고들이 명예퇴직수당의 감축을 이해하고 이에 승복하겠다는 취지의 서약서를 피고에게 제출한 바 있으며, 원고들과 같은 시기에 명예퇴직한 피고 직원 143명 중 원고들만 개정된 위 운영요령에 따른 명예퇴직수당에 관하여 다투고 있다고 하더라도, 이러한 사유만으로는 근로자 집단의 동의를 받지 않아도 될 만한 사회통념상의 합리성이 있다고 볼 수 없다고 하였다.301)

④ **성과금의 불이익변경** 대법원은, 소속 직원들 중 원고와 같은 비연구위원에게 분기 성과금을 지급함에 있어서 2004년도 1/4분기까지는 A, B, C, D의 4단계로 등급을 나누어 성과금을 차등 있게 지급하여 오다가 2004년도 2/4분기 성과금 지급에 즈음하여 연구위원의 경우에는 연구실적비율에 따라, 비연구위원의 경우에는 근무평정결과에 따라 등급별로 차등 있게 성과금을 지급하되, 근무태도가 극히 불량하거나 피고 연구원의 명예와 위신을 손상하는 행위를 한 연구위원과 해당 분기 평정결과가 70점 이하이거나 비연구위원 평균보다 10점 이하인 비연구위원에게는 성과금의 일부 또는 전부를 지급하지 아니할 수 있다는 내용으로 성과금 지급기준을 제정하였는데, 정부투자기관에 대한 정부의 경영혁신지침이 있었고 성과금의 재원이 피고 연구원 소속 연구원의 연구용역수입에 상당 부분 의존하고 있으며 그 지급금액과 방법이 고정적·확정적이지 않아 연구용역수입의 액수, 피고 연구원 소속 직원의 실적, 피고 연구원 원장의 근무평가결과에 따라 성과금의 액수가 달라져 온 사정이 인정되기는 하나, 성과금 지급기준의 제정으로 근로자들에게 상당한 근로조건의 개선이나 기타 이익되는 요소는 전혀 없이 성과금의 일부 또는 전부를 지급받지 않을 수도 있다는 일방적인 불이익만을 감수하도록 하였음을 알 수 있는바, 앞서 본 사정을 고려하여 보더라도 이러한 사정만으로는 근로자 집단의 동의를 받지 않아도 될 만한 사회통념상의 합리성이 있다고는 볼 수 없다고 하였다.302)

⑤ **정년제의 불이익변경** 대법원은 인사규정 개정 당시 사회 전반적으로 기업경쟁력 강화를 위한 구조조정의 필요성이 제기되었고 인원감축, 임금삭감 등의 방법을 통해 그와 같은 구조조정이 이루어진 사실, 사용자는 정년을 단

301) 대법원 2003. 11. 28. 선고 2001다4750 판결. 그 외의 임금삭감 및 호봉승급에 관한 판결로 대법원 2003. 2. 14. 선고 2002다68126 판결.
302) 대법원 2010. 12. 9. 선고 2010다59998 판결.

축하는 개정을 함에 있어 노사 간의 합의에 의해 일정 기간까지 명예퇴직신청을 할 경우에는 종전 정년규정을 적용하기로 한 사실 및 개정 과정에서 자문회의 등을 통하여 근로자들의 의견을 듣고, 비록 과반수로 조직된 노동조합은 아니지만 노동조합의 동의를 얻은 사실을 인정하면서도 그러한 사실만으로는 위 정년단축에 관한 인사규정 개정에 사회통념상의 합리성이 있다고 보기 어렵다고 하였다.[303)]

⑥ **근로계약관계의 당연 종료사유의 신설** 대법원은 아파트 위수탁 관리계약의 기간만료나 중도해지를 근로계약관계의 당연 종료사유로 규정한 취업규칙은 근로자들에게 있어서 가장 중대한 문제인 근로관계의 당연 소멸에 관한 것을 그 내용으로 하는 것이므로 상고이유의 사정만으로는 이 사건 취업규칙의 제정 또는 개정이 근로자 집단의 동의를 받지 않아도 될 만한 사회통념상의 합리성이 있다고 볼 수 없다고 하였다.[304)]

⑦ **무계출 결근 등 사유에 의한 자연면직조항** 대법원은 인사규정에 열거된 자연면직사유 중 무계출 또는 부득이한 사유가 없는 결근이 7일을 초과한 경우는 무계출인지의 여부와 부득이한 사유가 있는지의 여부 등에 관하여 사용자와 근로자 사이에 의견대립이 있을 뿐 아니라, 위와 같은 결근은 본질적으로 근무태만이나 회사의 복무규정 위반행위로서 징계사유와 다를 바 없어 사용자의 일방적인 사실인정만으로 자연면직이 된다는 것은 불합리하고 근로자에게 불이익한 근로조건이므로, 이러한 조항을 근로자측의 동의 없이 새로이 취업규칙에 규정하는 것은 사회통례상 합리성이 있는 것으로 보기 어렵다고 하였다.[305)]

### ㈐ 판례에 대한 통계적 이해[306)]

대법원 판결 중 사회통념상 합리성 법리에 관한 언급이 있는 대법원 판결

---

303) 대법원 2005. 11. 10. 선고 2005다21494 판결. 이외에 정년단축에 관한 사회통념상 합리성을 부정한 판결로는 대법원 2003. 6. 27. 선고 2002다23611 판결, 대법원 2004. 1. 27. 선고 2001다42301 판결, 대법원 2004. 7. 22. 선고 2002다57362 판결, 대법원 2004. 7. 22. 선고 2002다59702 판결, 대법원 2004. 8. 16. 선고 2003두13526 판결, 대법원 2010. 1. 28. 선고 2009다32362 판결, 대법원 2010. 1. 28. 선고 2009다32522, 32539 판결, 대법원 2016. 12. 15. 선고 2015다31476 판결 참조.

304) 대법원 2003. 6. 10. 선고 2001다673 판결.

305) 대법원 1989. 5. 9. 선고 88다카4277 판결.

306) 법원 내부 전산망인 Courtnet의 종합법률정보와 판결문 검색시스템에서 2016. 11. 30.까지를 기준으로 하여 검색된 대법원 판결을 토대로 한 것이다. 위 통계에 관한 자세한 내용은 마은혁c, 620면, 657~673면 참조.

은 총 71건이 있고, 그 중 실제로 사회통념상 합리성 판단이 이루어진 대법원 판결은 68건이다.

사회통념상 합리성의 인정 여부에 관하여 보면, 사회통념상 합리성을 인정한 사례가 8건(11.8%), 부정한 사례가 60건(88.2%)이다.

사유별로 보면 퇴직금에 관한 것이 43건(63.2%), 기타 상여금 등 임금에 관한 것이 8건(11.8%)이다. 정년에 관한 것이 9건(13.2%), 면직사유 등 근로관계의 종료사유에 관한 것이 3건(4.4%), 인사관리에 관한 것 3건(4.4%), 근무시간에 관한 것 1건(1.5%), 재임용규정에 관한 것 1건(1.5%)이다.

사유별 인정비율을 보면 임금, 퇴직금에 관한 판결 중 사회통념상 합리성을 인정한 것이 51건 중 2건으로 인정비율이 3.9%이다. 이에 대해 면직사유와 인사관리 등 인사조항에 관한 판결 6건 중 사회통념상 합리성을 인정한 것이 3건으로 인정비율이 50%이다. 정년에 관한 판결 9건 중 사회통념상 합리성 인정한 것은 1건으로 인정비율이 11.1%이다.

대법원이 사회통념상 합리성에 관한 원심의 판단을 변경한 것은 7건(10.3%)이고, 원심은 모두 사회통념상 합리성을 인정하였으나 대법원은 이를 부정하였다.

사회통념상 합리성을 인정한 사례가 11.8% 정도에 그치고 있는 점, 중요한 근로조건인 임금, 퇴직금 등에 관하여 인정한 사례는 더욱 적어 3.9%에 그치는 점, 대법원이 사회통념상 합리성에 관한 원심의 판단을 변경한 사례는 모두 사회통념상 합리성을 부정한 것인 점을 종합하여 보면, 대법원이 사회통념상 합리성을 엄격하게 심사하고 있다고 볼 수 있다.

다만 위의 통계는 판시 중에 사회통념상 합리성 법리에 대한 언급이 있는 대법원 판결에 관한 통계이다. 위 판결들 이외에 대법원 판결 중에는 원심 판결에서 사회통념상 합리성에 관하여 인정 또는 부정하였는데 대법원이 이에 대한 상고를 상고기각 또는 심리불속행기각하면서 판시에서는 사회통념상 합리성에 관하여 언급하지 않은 판결들이 있다. 위 판결들의 판시에는 사회통념상 합리성에 관한 언급이 없지만 결국 원심 판결의 태도를 간접적으로 수긍한 것으로 볼 수 있다. 위와 같은 상고기각 또는 심리불속행기각 판결 57건(그 중 원심 판결이 사회통념상 합리성 인정한 것을 수긍한 판결이 17건, 원심 판결이 사회통념상 합리성 부정한 것을 수긍한 판결이 40건)까지 고려하면 사회통념상 합리성에 관한 판단이 이루어진 판결이 총 125건(=68건 + 57건)이 되고, 그 중 사회통념상 합리성을 인정한 판결이 25건(=8건 + 17건)이 되어 사회통념상 합리성 인정 비율은 20%에 달한다. 그렇다면 과연 대법원이 엄격해석의 원칙을 실제로 견지하고 있는지에 대하여는 다소간의 의문이 있다.

#### (4) 사회통념상 합리성론에 대한 평가

사회통념상의 합리성론은 법 94조 1항 단서와 같이 취업규칙 불이익변경에 대해 근로자 집단의 동의를 얻도록 하는 명문의 규정이 없는 일본에서 판례를 통하여 확립된 이론인데, 법 94조 1항 단서와 같은 명문의 규정을 두고 있는 우리의 경우 위 사회통념상 합리성 이론을 유지하는 것이 타당한가에 대하여는 견해의 대립이 있다.[307)]

##### ㈎ 학 설

**① 판례의 태도를 비판하는 견해** 판례의 사회통념상 합리성론에 대하여는 이를 비판하는 견해가 다수이다. 그 근거로는 법 94조 1항 단서는 강행규정이므로 취업규칙의 불이익변경 문제는 오직 근로자들의 집단적 동의 유무에 따라 판단되어야 한다는 견해,[308)] 사회통념상의 합리성론은 사용자가 일방적인 근로조건 형성권을 보유한다고 가정하는 경우에 그 권리남용론에 상당하는 것으로, 그러한 가정은 근대적 계약자유의 원칙과 1977년 판결에서 해석된 근로조건의 노사 대등 결정 원칙에 반할 뿐만 아니라 우리의 명문 규정에도 반한다는 견해,[309)] 판례의 입장은 근로자 집단의 동의를 효력발생 요건으로 보아온 것과 모순일 뿐 아니라, 법률로 정한 취업규칙 불이익변경의 요건을 해석을 통하여 배제함으로써 사법권의 한계를 넘어서는 것이라는 견해[310)]가 있다.[311)]

**② 판례의 태도를 긍정하는 견해** 이에 대하여 판례의 태도를 긍정하는

---

307) 근기법 94조 1항 단서 규정을, 취업규칙을 근로자에게 불리하게 변경하는 경우에 "사회통념상 합리성이 인정된다면 근로자의 동의를 받지 아니하여도 유효하다"라고 해석하는 한, 헌법 32조 1항, 3항, 33조 1항을 위반한다는 위헌법률심판제청신청에 대하여, 대법원은 법률조항에 대한 해석의 위헌 여부는 위헌제청의 대상이 될 수 없는데, 이 사건 위헌법률심판제청신청은 결국 헌법재판소로 하여금 법원이 구체적인 사건을 재판하면서 적용하게 되는 근기법 94조 1항 단서에 관한 해석의 기준을 제시하여 달라는 것과 다름없어 부적법하다며 각하하였다. 대법원 2015. 8. 13.자 2012카기442 결정 참조.

308) 김재훈a, 129면; 김형배a, 204면; 하경효a, 19면.

309) 이철수a, 21면.

310) 임종률, 373면.

311) 하급심 판결 중 판례의 태도를 비판하는 것으로 대전고법 2000. 12. 21. 선고 2000나3437 판결, 서울중앙지법 2007. 11. 9. 선고 2006가합8219 판결.

견해로는, 사회통념상의 합리성이라는 것은 취업규칙의 변경이 유효한지 여부를 판단하는 가장 근본적인 요소로서, 취업규칙의 불이익변경에 근로자의 동의를 요구하는 이유도 취업규칙의 불합리한 변경을 방지하고자 함에 있는 것이기 때문에 법 94조 1항 단서가 규정되었다고 하더라도 합리성 이론은 그대로 유지된다고 하는 견해,[312] 법 94조 1항 단서에서 정하는 근로자의 동의가 없더라도 그보다도 더 일반규범적인 성격을 띠는 근기법의 근로자 보호 정신이나 기득권 보호의 원칙에 어긋나지 않아 근로자의 집단적 의사 결정 방법에 따른 동의를 받지 않더라도 바로 해당 사업장에서 법적 규범성을 시인할 수 있는 정도에 이르렀다면 변경된 취업규칙의 효력을 인정하는 것이 논리적으로 타당하다는 견해[313]가 있다.

(나) 검　　토

① 학설에 대한 검토　　먼저 판례의 태도에 반대하는 견해들이 법 94조 1항 단서가 신설된 이후의 취업규칙의 불이익변경 문제는 오직 근로자들의 집단적 동의 유무에 따라 판단되어야 한다고 보는 점은 타당하다. 그러나 법 94조 1항 단서가 강행규정인 점에서 그 근거를 찾는 것은 타당하지 않다. 즉 강행규정성을 이유로 사회통념상 합리성론을 비판하는 것에 대하여는 "강행규정이라 함은 당해 규정의 적용을 받는 당사자들 사이의 합의에 의하여 그 규정의 적용을 배제할 수 없다는 의미일 뿐, 당사자들 사이의 합의가 아니라 합리적인 법률해석에 의하여 그 규정의 적용 범위를 확정하는 것까지 배제할 수는 없다"[314]는, 논리적으로 정당한 대응이 가능하기 때문이다.

다음으로 판례의 태도에 찬성하는 견해에 대하여 살펴보면, 앞서 집단적 동의의 규범적 요청에서 본 것처럼 취업규칙의 불이익변경에 집단적 동의를 요구하는 이유는 근기법에 명시되어 있는 집단적 대등 결정 원칙을 관철하기 위한 것이지 근기법 어디에서도 그 근거를 찾을 수 없는 취업규칙의 불합리한 변경을 방지하기 위한 것이 아니므로 이를 근거로 합리성 이론을 정당화할 수 없다. 또한 사용자의 일방적 불이익변경을 허용하지 않는 이념적 근거인 근기법의 근로자 보호 정신이나 기득권 보호의 원칙을 근거로 사용자의 일방적인 취업규칙

312) 이국환, 412면.
313) 고경우, 946면.
314) 서울지법 2001. 7. 5 선고 2000가합50669 판결, 서울지법 2001. 7. 5. 선고 2000가합67629 판결.

불이익변경을 허용하는 사회통념상의 합리성 이론을 정당화할 수도 없다.

② 근본적 비판

㉠ **근기법 94조 1항 단서의 문언 해석** 법 94조 1항 단서에서는 취업규칙을 불리하게 변경하는 경우 집단적 동의를 받아야 한다고 규정하고 있을 뿐 불리하게 변경하는 경우에 대하여 다시 합리성 있는 경우와 합리성이 없는 경우로 나누어 후자에 한하여 집단적 동의를 요구하는 제한을 두고 있지 않다. 따라서 근기법 94조 1항 단서의 문언 해석에 의하면 취업규칙을 불리하게 변경하는 경우 합리성 유무를 가리지 않고 집단적 동의가 있어야 취업규칙의 변경이 효력을 가진다고 볼 수 있다.

㉡ **취업규칙 불이익변경과 관련한 법규범 설정 권한** 판례는 취업규칙을 일종의 법규범으로 보고 있는데, 법규범의 경우에는 정통성이 있는 제정 권한을 가진 자가 적정한 절차를 거쳐 법규범을 제정하는 것에 구속력의 근원이 있다.[315] 그런데 근기법은 사용자가 취업규칙을 불이익하게 변경하는 경우 집단적 동의를 요구함으로써 사용자의 일방적 취업규칙 변경 권한을 제한하고 사용자와 근로자 집단을 공동의 법규범 제정권자로 보고 있다고 할 수 있다. 따라서 사용자가 취업규칙을 불이익하게 변경하면서 집단적 동의를 받지 않는 것은 법률에 의하여 제정 권한을 부여받은 근로자 집단이 동의하지 않은 것이므로 그 구속력의 근원에 문제가 있다. 마치 입법권자로서 국회가 제정하지 않은 것은 그 내용이 아무리 정당하더라도 법률로서 효력을 가질 수 없는 것처럼, 변경된 취업규칙의 합리성이 인정되더라도 공동의 법규범 제정권자로서 근로자 집단의 동의가 없는 경우에는 변경된 취업규칙은 법규범적 효력을 가질 수 없다.

㉢ **사회통념상 합리성 법리를 필요로 하는 이념적 요청에 대한 검토** 일본의 秋北버스사건 대법정판결 등 판례의 합리적 변경 법리나 우리 판례가 취하는 사회통념상 합리성 법리는 두 가지 이념적 요청에 부응하기 위한 것이라고 할 수 있다. 하나는 근로조건의 통일적 변경의 요청이고, 다른 하나는 근로조건의 유연한 변경의 요청이다.

첫째, 개별적 합의 원칙에 의해서는 근로조건의 통일적 변경의 요청에 부응하기 어렵다. 개별적 합의 여하에 따라 근로조건의 변경의 효력이 근로자마다 다르게 되는 것은 집단적·조직적 성격을 갖는 근로관계에서의 근로조건의 통일

315) 矢野昌浩, 141면.

적 형성을 저해한다. 秋北버스사건 대법정판결에서 취업규칙이 노동조건의 통일적 결정수단인 점을 근거로 합리적 변경법리를 제창한 것은 이와 같은 맥락에서라고 볼 수 있다. 그런데 집단적 동의 법리를 최초로 제시한 대법원 1977. 7. 26. 선고 77다355 판결에서는 근로조건의 통일적 결정이라는 요청을 불이익변경의 효력요건으로서의 집단적 동의를 요구하는 하나의 근거로 제시하고 있다. 이와 같이 보면 우리의 판례와 근기법의 집단적 동의 제도는 근로조건의 통일적 변경의 요청에 완전히 부응하고 있다고 할 수 있다.[316] 따라서 일본과는 달리 우리 판례 및 근기법상으로는 근로조건의 통일적 결정이라는 요청은 집단적 동의 제도에 의하여 달성할 것을 예정하고 있다고 할 수 있고, 집단적 동의를 요건으로 한 절차에서 근로조건의 통일적 결정이라는 이념적 요청이 충족되는 이상 근로조건의 통일적 결정을 위하여 사회통념상 합리성 법리를 동원해야 할 규범적 필요성은 없다고 할 수 있다.

둘째, 근로조건의 유연한 변경의 요청에 대하여 보건대, 근로관계는 계속적 법률관계이어서 그 내용인 근로조건의 변경이 불가피하다고 할 수 있다. 사회통념상 합리성 법리는 근로조건 변경의 운명을 집단적 동의 여부에 걸지 않고 법원의 합리성 여부 판단에 의존하게 하여 집단적 동의가 없더라도 그 효력을 인정하여 근로조건의 유연한 변경을 가능하게 한다는 점에서 집단적 동의 제도보다 근로관계의 유연성을 강조하는 제도이다.

그런데 판례의 사회통념상 합리성 법리는 근로관계를 지탱하는 중요한 규범적 요청의 희생 하에 근로조건의 유연한 변경을 추구하고 있다는 점을 간과해서는 아니 된다.

먼저 사회통념상 합리성 법리는 집단적 동의가 없었음에도 변경된 취업규칙의 적용을 인정하는 제도로서 근로조건 대등 결정 원칙의 희생 하에 세워진 법리라고 할 수 있다.

다음으로 일본의 합리적 변경법리나 우리의 사회통념상 합리성 법리는 취업규칙의 변경을 둘러싼 여러 사정을 종합하여 합리성 여부를 판단하는 것으로서 변경된 취업규칙이 법원에 의하여 합리성이 있는 것으로 판단될지 여부를 사전에 예측하는 것이 곤란한 법리이다. 일본에서 합리성을 판단하는 과정에서

316) 다만 대법원 1992. 12. 22. 선고 91다45165 전원합의체 판결에서는 이른바 상대적 무효설을 취하여 종전 근로자와 신규 근로자 사이에 적용되는 취업규칙을 달리함으로써 집단적 동의 제도가 통일적 근로조건 결정에 부응하는 면을 제한하고 있다.

심급마다 합리성 판단이 달라지는 경우가 대부분이라는 사실은 합리적 변경법리에 예측가능성이 없다는 점을 잘 보여준다.[317] 우리의 경우에도 심급에 따라 사회통념상 합리성 판단이 바뀌는 예가 드물지 않다. 즉 합리적 변경법리, 사회통념상 합리성 법리에는 예측가능성이 결여되어 법적 안정성이 침해되고 법원의 최종적인 판단이 나올 때까지 근로관계의 갈등을 불러일으킬 소지를 안고 있으며, 집단적 동의라는 노사합의를 위한 모색의 동기를 박탈하는 부정적인 효과까지 더해진다.

나아가 다른 한편 집단적 동의 제도가 우리 법제가 요구하는 근로조건 변경의 유연성의 정도에 부응하지 못하는 제도인지에 관하여 보건대, 헌법 33조가 근로조건의 향상을 위하여 노동3권을 인정하고 있고 그 중 단체교섭권에는 단체협약을 체결할 권리가 포함되어 있다고 해석[318]되고 있는 것에서 알 수 있는 것처럼 우리 헌법은 단체협약의 체결에 의한 근로조건의 결정을 기본적인 경로로 보고 있다고 할 수 있다. 먼저 집단적 동의 제도와 단체협약 제도는 집단의사를 근로조건의 변경 수단으로 삼고 있다는 점에서 유사한 면이 있다고 볼 수 있고, 이러한 면에서 집단적 동의 제도의 유연성 수준과 단체협약 제도의 유연성 수준은 일단 유사한 수준이라고 볼 수 있다. 그런데 취업규칙 불이익변경의 경우 단체교섭의 경우와는 달리 사용자에게 내용 결정상의 주도권이 유보되어 있는 반면에 근로자측에게는 사용자측의 제시 수준을 넘은 상향적 요구, 타협의 가능성은 봉쇄되어 있고 단지 거부권만이 인정되어 있는 점[319]을 고려하면 집단적 동의 제도의 유연성 수준은 단체교섭이나 단체협약에 의한 근로조건 변경보다도 오히려 높다고 볼 수 있다.

집단적 동의 제도가 운용되고 있는 현실을 보면, 판례 사안에서 집단적 동의가 없는 경우는 사용자가 의견 청취 의무의 전제인 설명조차 하지 않는 등 아예 집단적 동의를 받으려는 시도조차 하지 않는 경우가 대부분이다. 사용자가 집단적 동의를 받기 위해 할 수 있는 최대한의 노력을 기울였으나 근로자 집단의 완고한 태도로 인하여 집단적 동의를 얻지 못한 경우는 거의 찾아보기 어렵다. 따

317) 古川景一, 117~118면에 의하면 일본최고재판소에서 사회통념상 합리성 판단을 거친 사건 10건 중 地裁·高裁·最高裁判所가 합리성의 유무에 관하여 같은 판단을 내린 사건은 1건 밖에 없고 나머지 9건에서는 합리성 판단의 변경이 있었다고 한다.

318) 헌법재판소 1998. 2. 27. 선고 94헌바13 등 결정.

319) 최영호, 173면.

라서 집단적 동의 제도의 유연성 부족으로 인하여 근로조건의 유연한 변경에 문제가 있다고 보기도 어렵다. 근로자 집단의 완고한 태도로 인하여 집단적 동의를 받지 못한 경우에는 집단적 동의권의 남용 이론으로 대처할 수 있을 것이다.[320)]

㉣ 소 결 대법원 1977. 7. 26. 선고 77다355 판결이 선고되고 뒤이어 위 판례에서 제시된 법리가 법제화될 때, 한국 사회는 이미 일방적으로 허용되지 않는 불이익변경에 효력을 부여하는 두 가지 방법, 즉 집단적 동의라는 주체적·절차적 정당화 사유와 사회통념상 합리성이라는 내용적 정당화 사유를 알고 있었다. 입법자는 그 중 주체적·절차적 정당화 사유를 채택하고, 내용적 정당화 사유는 채택하지 않는 방법으로 입법적 결단을 내린 것이다.[321)]

### 카. 퇴직금규정이 근속기간 중 변경된 경우 적용할 퇴직금규정

#### (1) 일반 원칙

퇴직 근로자의 근속기간 중 퇴직금규정이 유효하게 변경된 경우 근로자에게 적용될 퇴직금규정에 관한 견해로는, (i) 퇴직금은 퇴직함으로써 비로소 청구권이 발생하는 것이므로 퇴직 당시에 유효한 퇴직금규정에 따라 퇴직금을 산정해야 하고, 따라서 근속기간 전체에 대하여 변경된 퇴직금규정을 적용하여야 한다는 견해(신 퇴직금규정 적용설),[322)] (ii) 퇴직금규정의 변경 시점을 기준으로 하여 변경 전 근속기간에 대하여는 종전의 퇴직금규정을, 변경 후 근속기간에 대하여는 신 퇴직금규정을 적용하여 산정해야 한다는 견해(구 퇴직금규정 적용설),[323)] (iii) 원칙적으로 퇴직 당시의 신 퇴직금규정을 적용하되, 변경 전 근속기간에 대하여 구 퇴직금규정을 적용하는 것이 근로자에게 더 유리하면 구 퇴직금 규정

---

320) 하경효a, 19면에서는 합리적인 이유에서 취업규칙의 변경이 불가피한데도 근로자가 동의하지 않는다면 이를 근로자의 동의권 남용으로 다룸으로써 해결할 수 있다고 한다.

321) 판례의 사회통념상 합리성론에 대한 필자의 견해[근기법주해(초판) Ⅲ, 450면]에 대하여, "근로자의 집단적 동의 요건은 절차적 정당화 사유에 지나지 않으므로 내용적 정당화 사유는 판례에 의하여 형성될 수 있는 것으로 해석하는 견해"로 파악하고, "이는 동의 또는 합의의 법적 의미를 형해화하는 것으로 옳지 않다고 판단된다"며 비판하는 견해[김형배, 315면 주 1)]가 있으나, 필자의 견해는 판례의 사회통념상 합리성론이 주로 변경의 필요성이나 변경 내용의 상당성을 기본으로 하여 변경의 합리성을 판단한다는 점에서 변경의 합리성이라는 내용적 사유를 근거로 집단적 동의를 받지 않은 취업규칙불이익변경을 정당화하려는 견해로 보고, 입법에 의하여 이러한 견해는 배제되었다는 것이지, 내용적 정당화 사유는 판례에 의하여 형성될 수 있다는 것이 아니다. 필자의 사회통념상 합리성론에 관한 포괄적 분석으로는 마은혁c 참조.

322) 이국환, 416면 이하.

323) 곽현수, 357면.

을 적용하여야 한다는 견해(절충설)가 있다.[324)]

이와 관련하여 일군의 대법원 판결은 구체적인 퇴직금 청구권은 계속 근로가 끝나는 퇴직이라는 사실을 요건으로 하여 발생하는 것이어서 계속근로기간의 중간에 사용자에 의하여 퇴직금규정이 변경되었다면 변경 이후의 근속기간은 물론이고 근로자의 기득이익을 침해하지 않는 한 원칙적으로 변경 전의 근속기간에 대하여도 변경된 퇴직금규정을 적용하여야 하고, 이와 같은 법리는 퇴직금규정이 사용자에 의하여 변경된 것이 아니라 1980. 12. 31. 개정 법에 따라 1981. 4. 1.부터 퇴직금 차등 제도가 금지되고 해당 사업 내의 최다수 근로자에게 적용되는 퇴직금 제도가 전체 근로자에 대하여 적용되는 경우에도 동일하다고 하여 절충설의 견해를 취한 것들이 다수 있다.[325)]

한편 다른 일군의 대법원 판결은 계속근로기간의 중간에 적용될 퇴직금 규정이 유효하게 변경된 경우 퇴직금을 산정할 때에는 전체 근로 기간에 대하여 퇴직 당시에 유효한 퇴직금규정을 적용하여야 하는 것이지 퇴직금규정 변경 전후의 기간을 나누어서 변경 전 근무기간에 대하여 변경 전의 퇴직금규정을 적용할 것은 아니라고 하여[326)] 신 퇴직금규정 적용설을 취하였다.[327)]

주로 퇴직금 지급률이 변경된 사례를 중심으로 경우를 나누어 살펴본다.

#### (2) 유리하게 변경된 경우

##### ㈎ 일 반 론

사용자가 퇴직금 지급률을 단수제에서 누진제로 유효하게 변경한 경우, 변경 이전의 근속기간에 대하여 변경 전 퇴직금규정을 적용한다는 등의 경과규정을 둔 경우를 제외하고는 전체 근속기간에 대하여 변경 후 퇴직금규정에 따른

---

324) 이상의 견해는 박순성, 148~149면에서 분류한 견해를 인용한 것이다.

325) 대법원 1990. 11. 27. 선고 89다카15939 판결, 대법원 1990. 12. 26. 선고 90다카24311 판결, 대법원 1995. 9. 26. 선고 94다28123 판결, 대법원 1996. 12. 23. 선고 95다30826 판결, 대법원 1996. 12. 23. 선고 95다32631 판결, 대법원 1996. 12. 23. 선고 95다32709 판결, 대법원 1997. 1. 24. 선고 95다16769 판결, 대법원 1997. 7. 11. 선고 96다45399 판결, 대법원 1997. 8. 22. 선고 95다50899 판결, 대법원 1997. 8. 28. 선고 97다18462 판결, 대법원 1997. 10. 10. 선고 97다26579 판결, 대법원 1997. 11. 28. 선고 97다24511 판결, 대법원 1998. 1. 20. 선고 97다22577 판결, 대법원 1998. 2. 24. 선고 97다28131 판결, 대법원 1998. 3. 13. 선고 97다30202 판결, 대법원 2003. 4. 11. 선고 2001다9380 판결.

326) 대법원 1996. 5. 14. 선고 95다19256 판결, 대법원 1996. 9. 10. 선고 96다3241 판결, 대법원 1996. 9. 10. 선고 95다15414 판결, 대법원 1998. 9. 20. 선고 95다26438 판결, 대법원 1999. 12. 28. 선고 97다40605, 40612 판결, 대법원 2005. 7. 8. 선고 2003다40798, 40804 판결.

327) 판례의 통일이 필요하다는 지적으로 박순성, 142면 이하 참조.

누진제를 적용하여 퇴직금을 산정한다.[328)]

직접적으로 유리하게 변경된 사안은 아니지만, 취업규칙 개정 당시의 사정만을 기준으로 개정 전 규정에 따른 퇴직금과 개정 후 규정에 따른 퇴직금을 비교하면, 단기 근속자들에게는 유리하고 장기 근속자들에게는 불리하여 전체적으로 보아 근로자들에게 불이익하게 변경된 것임에도 집단적 동의를 받지 않았지만, 위 퇴직금규정의 개정 이후에 여러 수당이 신설되면서 이 수당들이 퇴직금 산정의 기초 임금에 포함됨으로써 개정 전 퇴직금규정으로 산정된 퇴직금액보다 개정 후 퇴직금규정으로 산정된 퇴직금액이 더 크게 된 사안에서, 개정 후 퇴직금규정에 따르더라도 근로자들의 기득이익을 침해하지 않게 되어 근로자들에게는 개정된 퇴직금규정을 적용하여야 한다는 판결[329)]도 같은 취지이다.

㈏ **경과 규정을 둔 경우**

유리하게 변경된 경우라도 변경 이전의 근속기간에 대하여 변경 전 퇴직금규정을 적용한다는 경과 규정이 있는 경우에는 그에 따라 변경 전의 근속기간에 대하여는 변경 전 퇴직금규정이, 변경 후의 근속기간에 대하여는 변경 후 퇴직금규정이 적용된다.

가령 사용자가 1981. 7. 1.부터 퇴직금규정을 평균임금에 근속연수를 곱하는 단수제에서 기준급여금에 근속연수에 따른 누진율을 곱하는 누진제로 변경·시행하면서 부칙에서 1981. 6. 30.까지의 근속기간에 대하여는 종전 규정에 따르고, 1981. 7. 1.부터 퇴직 시까지의 근속기간에 대하여는 변경된 규정에 따른다는 경과 규정을 두었는데, 변경 당시를 기준으로 할 때 위 기준급여금이 평균임금보다 적은데다가 누진율도 근속기간 3년까지는 근속연수와 같거나 조금 높았을 뿐이므로, 위와 같은 퇴직금규정의 변경이 그 변경 후 3년 이내에 퇴직하는 기존의 직원들에게는 불리하게 되어 기존 근로자에게 불이익함에도 그 변경에 대하여 직원들의 동의 절차를 거치지 아니하였지만, 기존 근로자들이 퇴직할 때까지 급여 체계의 변경으로 인하여 변경된 퇴직금규정(부칙 포함)에 따라 계산한

328) 해고와 임금, 234면. 퇴직금에 관한 것은 아니나, 해외 연수 근로자의 의무 복무 기간에 관한 인사규정이 근로자에게 유리하게 변경되었다면 근로자의 해외 연수 비용 상환 의무를 면제받는 의무 복무 기간에 대하여는 개정된 인사규정에 소급적용을 배제하는 별도의 규정이 없는 한, 유리하게 개정된 인사규정이 적용된다고 한 것으로 대법원 1994. 5. 10. 선고 93다30181 판결이 있다.

329) 대법원 1997. 8. 26. 선고 96다1726 판결.

퇴직금액[(변경 전의 근속연수×평균임금)+(변경 후의 근속연수에 따른 누진율×기준급여금)]이 종전 퇴직금규정에 의하여 계산한 퇴직금액(총근속기간×평균임금)을 초과하는 사안에서, 대법원은 취업규칙 중 퇴직금규정을 기존 근로자들에게 불리하게 변경하면서 부칙의 경과 규정에 따라 퇴직금규정이 변경되기 전의 근속기간에 대하여는 종전의 퇴직금규정에 의하도록 하는 것은 근로기준법이 정한 차등퇴직금제도금지의 원칙에 위배되지 아니하고, 기존 근로자들이라고 하더라도 현재의 법규적 효력을 가진 변경된 퇴직금규정에 따라 산정한 퇴직금액이 종전 퇴직금규정에 따라 산정한 퇴직금액을 초과하는 한 기득이익의 침해가 없으므로 변경된 퇴직금규정(부칙 포함)에 따라 산정한 퇴직금액의 지급을 청구할 수 있을 뿐이라고 하였다. 다만, 대법원은 급여체계의 변경으로 변경된 퇴직금규정 중 부칙의 경과 규정을 적용하는 것이 기존 근로자들에게 불리하게 되었다고 하여 위 경과 규정의 적용을 배제하고 그 본문만으로 산정한 퇴직금액의 지급을 청구할 수는 없다고 하였다.330)

㈐ **법령에 의해 퇴직금규정이 유리하게 변경되는 경우**

퇴직금규정이 유리하게 변경되는 것은 사용자가 하는 것이 일반적이나, 법령으로 이루어진 경우도 있다. 즉 1980. 12. 31. 개정 법으로 1981. 4. 1.부터 퇴직금 차등 제도가 금지되고 최다수 근로자에게 적용되는 퇴직금 제도가 전체 근로자에 대하여 적용됨으로써 일부 근로자 집단에게 퇴직금규정이 유리하게 변경되는 경우도 있다.

가령 일반직에 대한 퇴직금규정은 고율의 누진제를, 별정직에 대한 퇴직금규정은 단수제를 채택하고 있는 기업체가 1981. 1. 1. 집단적 동의 없이 일반직 직원에 대하여 누진율을 인하하는 등 종전에 비해 퇴직금규정을 불이익하게 변경(다만, 별정직 직원에 대한 단수제보다는 유리하다)한 경우, 앞서 본 바와 같이 상대적 무효설을 취하는 판례에 따르면 법규적 효력을 가지는 취업규칙은 변경된 취업규칙이고, 기존 일반직 직원과의 관계에서도 취업규칙은 유효하게 변경되므로 1981. 4. 1. 당시 일반직 직원에 대하여는 1981. 1. 1. 개정 퇴직금규정이 법규적 효력을 가지는 퇴직금 제도이고, 1980. 12. 31. 개정 법이 시행된 1981. 4. 1. 당시 위 기업체에는 별정직 직원에 대하여 적용되는 퇴직금 제도와 일반직 직원에

330) 대법원 2003. 12. 18. 선고 2002다2843 전원합의체 판결(이에 대한 평석으로는 박순성, 142면 이하).

대하여 법규적 효력을 가지는 1981. 1. 1. 개정 퇴직금규정에 따른 퇴직금 제도가 시행되고 있었다고 볼 것이다. 그런데 1980. 12. 31. 개정 법에 따라 1981. 4. 1.부터 최다수 근로자인 일반직 근로자에게 적용되는 퇴직금 제도가 해당 사업 내의 퇴직금 제도로 적용되므로 별정직 근로자에 대한 퇴직금을 산정함에 있어서는 1981. 1. 1. 개정된 일반직 퇴직금규정을 적용하되, 단수제의 별정직 퇴직금규정보다는 1981. 1. 1. 개정된 일반직 퇴직금규정이 유리하므로, 결국 별정직 근로자의 모든 근속기간에 대하여 1981. 1. 1. 개정된 일반직 퇴직금규정이 적용된다.[331]

#### ㈑ 직류 등 변경으로 유리한 퇴직금규정 적용을 받는 경우

퇴직금규정의 변경은 없지만 근속기간 중 그 직류 등에 변경이 있고 이전의 직류보다 변경된 이후의 직류에 적용되는 퇴직금규정이 유리한 경우가 있다.

가령, 일급 임시 고용원에 대하여는 단수제에 의한 퇴직금을, 정규직 사원에 대하여는 누진제에 의한 퇴직금을 지급하는데, 일급 임시 고용원으로 채용된 후 정규직으로 직류가 변경된 사안에서, 대법원은 계속근로기간의 중간에 직류 변경이 있고 직류에 따라 퇴직금 지급률에 차이가 있는 경우의 퇴직금 산정 방법에 관하여 취업규칙이나 단체협약에 별도의 규정이 있고 그것이 계속근로기간 1년에 대하여 30일분 이상의 평균임금을 지급하도록 하는 법 규정에 위반되지 않는 한 그 규정에 따르면 되고, 별도의 규정을 두지 아니한 경우에는 퇴직자의 근무기간 중의 직류 변경에 불구하고 계속 근무하여 온 전 기간을 계속근로기간으로 보고, 퇴직금 계산의 기초가 되는 평균임금도 직류 변경 후인 퇴직시의 평균임금을 기준으로 하여 퇴직금을 계산하여야 하는 이상, 그 지급률도 마땅히 퇴직 당시 직류의 지급률로 하여야 한다고 판시하였다.[332]

### (3) 불리하게 변경된 경우

#### ㈎ 불이익변경이 소급 적용되지 않는 경우

퇴직금 지급률을 근로자 집단의 사전 동의를 받고 누진제에서 단수제로 유효하게 불이익하게 변경한 경우, 변경 후 퇴직한 근로자에게 변경 전의 근속기간에 대하여도 변경 후의 단수제 퇴직금규정을 적용하는 것은 기득이익의 침해이

331) 대법원 1997. 8. 26. 선고 97다18462 판결, 대법원 1998. 2. 24. 선고 97다28131 판결. 같은 취지 대법원 2000. 2. 25. 선고 98다11628 판결.

332) 대법원 1982. 4. 13. 선고 81다카137 판결, 대법원 1995. 7. 11. 선고 93다26168 전원합의체 판결, 대법원 1996. 12. 23. 선고 95다32631 판결.

므로 변경 전의 근속기간에 대하여는 변경 전의 누진제 퇴직금규정을, 변경 후 퇴직 시까지의 근속기간에 대하여는 변경 후의 단수제 퇴직금규정을 적용한다.

대법원도 퇴직금 지급률에 관한 취업규칙이 근속기간에 따른 누진제에서 단수제로 변경된 경우 취업규칙의 불이익변경에 대한 근로자들의 동의가 있었다고 하여도 그것만으로는 불이익하게 변경된 취업규칙이 종전 재직기간에 대하여까지 소급 적용된다고 볼 수는 없으므로, 위 취업규칙 변경 이전에 입사하였다가 그 변경 이후에 퇴사한 근로자의 퇴직금을 산정할 때에는 입사일부터 퇴직금 지급률 변경 전까지의 재직 기간에 대한 퇴직금 지급률은 종전 취업규칙에 따르고, 그 이후 퇴사일까지의 재직 기간에 대한 퇴직금 지급률은 변경된 취업규칙에 따라 계산하여야 한다고 하였다.[333)]

불이익변경이 있은 후 사후에 동의를 받아 누진제에서 단수제로 불이익변경된 경우로서 소급 적용이 없는 경우에도 사후 동의 시점을 기준으로 그 이전의 근속기간에 대하여는 누진제가, 그 이후의 근속기간에 대하여는 단수제가 각 적용된다.

퇴직금규정이 불리하게 변경된 것이 법령에 따라 이루어진 경우, 즉 1980. 12. 31. 개정 법에 따라 1981. 4. 1.부터 퇴직금 차등 제도가 금지되고 해당 사업 내의 최다수 근로자에게 적용되는 퇴직금 제도가 전체 근로자에 대하여 적용됨으로써 일부 근로자 집단에게 불리하게 변경되는 경우도 있다.

대법원은 국내 직원의 퇴직금 지급에 관하여 누진제 퇴직금규정을, 해외기능공에 대하여는 단수제 퇴직금규정을 각 적용한 회사에서 1981. 3. 31.까지 퇴직금 차등 제도를 금지한 1980. 12. 31. 개정 법에 적합하도록 퇴직금규정을 변경하여 노동청장에게 신고하지 않은 경우, 그 회사의 퇴직금 제도는 위 개정 법 부칙에 따라 1981. 3. 31. 당시의 최다수 근로자에 대한 퇴직금 제도인 해외기능공에 대한 퇴직금 제도를 적용하는 것으로 보아야 하는바, 비록 회사가 1981. 4. 1. 국내 직원에 대해 누진제를 적용하도록 규정한 개정 전 퇴직금규정을 단수제로 개정하면서 근로자 집단의 집단적 의사 결정 방법에 의한 동의를 받지 아니하였더라도 그 개정 내용이 회사의 개정 여부와 관계없이 1980. 12. 31. 개정 법에 따라 기존 국내 직원들에게 적용될 퇴직금규정(해외기능공에 대한 퇴직금 제도)과 같으므로, 기존 국내 직원들에 대한 퇴직금을 산정할 때에는 개정 퇴직금

333) 대법원 1990. 11. 27. 선고 89다카15939 판결, 대법원 1990. 12. 26. 선고 90다카24311 판결.

규정이 적용되어야 하고, 다만 기존 국내 직원들이 채용된 후 1981. 3. 31.까지의 근속기간에 대하여는 개정 전 퇴직금규정을 적용하는 것이 더 유리하므로 이에 따라야 한다고 판시하였다.[334)]

(나) 불이익변경이 소급적으로 이루어진 경우

먼저 사전 동의로 유효하게 소급적 불이익변경이 이루어지는 사안을 보면, 가령 1987. 9. 1.자로 취업규칙을 개정하면서 입사일[335)]부터 1987. 12. 31.까지의 퇴직금 계산 방식을 불이익하게 변경하고 이에 대하여 과반수 조합의 동의를 받은 경우(즉 취업규칙 변경 내용 그 자체에 소급적 내용이 있고 이에 대하여 사전 동의를 받은 경우) 입사 시부터 1987. 12. 31.까지 개정된 취업규칙에 의하여 퇴직금을 산정하여야 한다는 하급심 판결이 있다.[336)]

다음으로 사후 동의의 경우를 보면, 사후 동의에서는 취업규칙이 변경되어 시행된 시기와 사후 동의 시기 사이에 시간적 간격이 있게 되는데, 소급적 동의의 내용에 따라 소급효의 범위를 무효인 취업규칙의 변경 또는 시행일[337)]부터 미치게 하려는 것으로 해석되는 경우도 있고, 더 나아가 시행일 이전의 특정한 시점, 가령 입사일부터 미치게 하는 경우도 있을 수 있다. 전자의 경우에는 퇴직한 근로자가 입사한 시점부터 변경된 취업규칙의 시행일까지는 누진제 퇴직금규정이, 그 이후부터 퇴직 시까지는 개정된 단수제 퇴직금규정이 적용되고, 후자의 경우에는 입사 이후의 전 근속기간에 대하여 단수제 퇴직금구정이 적용된다.

[마 은 혁]

## 第95條(제재 규정의 제한)

취업규칙에서 근로자에 대하여 감급(減給)의 제재를 정할 경우에 그 감액은 1회의 금액이 평균임금의 1일분의 2분의 1을, 총액이 1임금지급기의 임금 총액의 10분의 1을 초과하지 못한다.

---

334) 대법원 1997. 11. 28. 선고 97다24511 판결.
335) 개정 퇴직금 규정 시행일인 1987. 9. 1. 이전 시점에 해당하는 입사일을 말한다.
336) 부산고법 1993. 8. 13. 선고 93나3493 판결. 상고심 판결은 대법원 1994. 5. 24. 선고 93다46841 판결.
337) 대법원 1992. 7. 24. 선고 91다34073 판결, 대법원 1993. 2. 12. 선고 92다50447 판결 참조.
※ 이 조에 관한 각주의 참고문헌은 '취업규칙 전론(前論)'의 참고문헌을 가리킨다.

〈세 목 차〉



## Ⅰ. 취 지

취업규칙에서 근로자에 대하여 감급(減給)의 제재를 정할 경우에 그 감액은 1회의 금액이 평균임금의 1일분의 2분의 1을, 총액이 1임금지급기의 임금총액의 10분의 1을 초과하지 못한다(법 95조).

이와 같이 법 95조는 사용자가 취업규칙에서 징계처분의 일종인 감급의 제재에 관하여 규정하는 경우 그 감액의 상한을 설정하고 있다. 감급은 근로자의 임금을 감액하는 것으로 임금을 근거로 생활하는 근로자와 그 가족의 생활을 위협하는 가혹한 결과를 초래하므로 취업규칙에서 감급의 제재를 규정할 경우 그 한도를 법정한 것이다.

## Ⅱ. 감급의 제재

### 1. 의 의

감급의 제재란 취업규칙에서 근로자의 복무규율 위반에 대하여 정한 징벌적 제재의 일종으로서 근로계약 관계가 존속되는 기간 중에 실제로 제공한 근로의 대가로 본래 근로자가 받아야 할 임금의 일부를 감액하는 징계처분을 말한다.[1] 실제의 취업규칙에서는 감급과 감봉이라는 용어가 혼용되고 있고, 벌금

1) 대법원 1999. 2. 12. 선고 98다29698 판결 참조.

등으로 불리는 경우도 있다.[2)]

감급은 임금 전액 지급의 원칙(법 43조 1항 본문)에 비추어 적법성이 문제될 수 있는데, 본조는 법 43조 1항 단서에서 말하는 '법령에 특별한 규정이 있는 경우'에 해당된다고 해석되므로 감급은 본조에서 정한 한도 내에서는 임금전액불의 원칙의 예외로서 적법하다.

## 2. 적용 범위

이와 같이 법 95조는 취업규칙에서 감급의 제재를 정할 경우 그 한도를 정하고 있는데, 이때 취업규칙이란 법 93조에서 규정하는 취업규칙 작성 의무가 있는 사용자가 작성한 취업규칙만을 의미하는 것인지 문제된다. 법 95조에서 명시적으로 이를 한정하지 않고 있고, 감급이 가혹하게 되지 않도록 그 한도를 정한 것이 감급 제한의 취지라는 점을 고려할 때 법 95조에서 말하는 취업규칙에는 취업규칙 작성 의무 없는 사용자가 작성한 취업규칙도 포함된다고 봄이 타당하다.[3)]

또한 법 95조는 '취업규칙'에서 감급의 규정을 둔 경우에 그 제한을 규정하고 있으나 근로자의 생활을 위협하는 가혹한 결과를 초래하는 감급을 제한한다는 이 제도의 취지에 비추어 보면 단체협약, 근로계약, 노등관행 등에 따라 감급을 하는 경우에도 법 95조가 정한 제한을 넘어 제재를 하는 것은 무효라고 해석하여야 한다.[4)]

## 3. 감급의 제재 해당 여부

### 가. 퇴직금의 감액과 감급의 제재

감급의 제재는 근로계약 관계가 존속하는 것을 전제로 하는 것이므로, 근로계약 관계가 해소되는 것을 전제로 하는 퇴직금에 관하여는 감급 제재 규정의 제한이 적용되지 않는다.[5)] 가령 퇴직급여 규정에서 직원이 업무와 관련하여 금고 이상

---

2) 김정한 · 문무기 · 윤문희, 156면에 따르면, 징계의 종류에 관하여 구정을 두고 있는 취업규칙 중 감봉에 관한 규정을 두고 있는 취업규칙의 비율이 94.7%로 징계의 종류 중 가장 높다.

3) 임종률, 375면; 青木宗也 · 片岡曻, 281면(辻秀典 집필); 新基本法コンメ勞基 · 勞契, 263면(中內 哲 집필); 荒木, 468면.

4) 青木宗也 · 片岡曻, 284면(辻秀典 집필); 注釋(下), 1013면(土田道夫 집필).

5) 대법원 1999. 2. 12. 선고 98다29698 판결 참조. 대법원 1995. 10. 12 선고 94다36186 판결에서는 퇴직금은 법 96조(현행법 95조)에 따라 감급의 제한을 받는 대상 임금이 아니므로 퇴직금

의 형을 받았거나 징계처분으로 파면된 경우 퇴직급여액은 100분의 50을 감하여 지급한다고 규정하더라도 이는 여기서 말하는 감급의 제재에 해당하지 않는다.[6)]

### 나. 결근, 지각, 조퇴와 임금 감액

감급은 근로자가 실제로 근로를 제공하여 임금청구권을 취득하였음을 전제로 그 일부를 공제하는 것이므로 결근, 지각, 조퇴와 같이 근로를 제공하지 않아 임금청구권이 발생하지 않은 경우에 임금을 지급하지 않는 것은 감급의 제재에 해당하지 아니한다. 따라서 결근, 지각, 조퇴 등 근로를 제공하지 않는 것을 이유로 그 일수나 시간에 비례하여 임금을 감액하는 것은 감급의 제재가 아니다. 하지만 결근 등의 일수나 시간에 비례하지 않고 실제의 일수나 시간을 초과하여 행해지는 임금 감액은 감급의 제재에 해당한다.[7)]

### 다. 징벌적 제재로서의 감급의 제재

#### (1) 감급 이외의 징계에 수반된 임금 감액

인사처분 또는 징계 등에 수반하여 임금이 감액되는 경우가 있는데, 이와 같은 임금 감액이 본조에서 말하는 감급의 제재에 해당하는지 문제된다.

##### ㈎ 강격, 강직, 강등, 강급(降級)에 따른 임금 감액

강격 등에 따라 직무가 변경되고 이에 수반하여 임금이 감액되는 것은 근로자의 직무가 변경됨에 따라 수반되는 당연한 결과이므로, 여기에는 법 95조가 말하는 제재 규정의 제한이 적용되지 않는다. 가령 극단에서 4등급으로서 수석단원의 직급과 직무에 종사하였으나, 연말 정기 평가 결과 12등급이 되어 출연단원이라는 가장 낮은 직급과 직무에 종사하게 되어 임금이 감액된 경우 이 임금 감액은 직무 변경에 따른 당연한 결과이므로 여기서 말하는 감급의 제재에 해당하지 아니한다.[8)]

그러나 강격 등이 근로자로 하여금 직무 내용을 변경하지 않은 채 종래와

---

감액 규정이 법 96조에 위배되어 전부 무효라거나 유효하다 하더라도 법 96조의 제한에 따라 퇴직금총액의 10분의 1 범위 내에서만 유효하다는 주장을 배척하였다. 김성진b, 152면도 참조.

6) 대전고법 1994. 6. 28. 선고 93나4111 판결, 서울고법 1994. 9. 28. 선고 94나13918 판결.

7) 김성진b, 147면; 菅野, 662면. 2일 무단결근한 것에 대하여 1일 평균임금의 1/2에 해당하는 금원을 감급한 것 이외에 이를 초과하여 추가로 감급한 것은 근기법 95조 위반으로 무효라고 본 것으로 서울중앙지법 2009. 1. 22. 선고 2008나17846 판결 참조.

8) 인천지법 2004. 10. 5. 선고 2004가단2341 판결의 사안. 서울고법 2010. 7. 1. 선고 2009누37090 판결, 서울고법 2014. 3. 26. 선고 2013나2009831 판결도 참조.

동일한 업무에 종사하게 하면서 임금액만을 삭감하는 것이라면 여기서 말하는 감급의 제재에 해당한다는 일본의 행정해석이 있다.[9)]

㈏ 출근 정지 또는 정직과 임금 감액

출근 정지 또는 정직의 징계처분에 수반하여 임금을 지급하지 않는 것은 근로를 제공하지 않은 것에 따른 당연한 결과이므로 근로의 제공을 전제로 하여 임금을 감액하는 감급과는 구별된다.[10)]

다만, 출근 정지나 정직 등을 이유로 하여 그 출근 정지, 정직 기간을 벗어나 정상적으로 노무의 제공이 이루어진 기간에 대하여도 임금을 지급하지 아니하는 경우에는 여기서 말하는 감급의 제재에 해당한다. 가령 상벌 규정에서 정직의 징계를 할 경우, 상여금은 1년 동안, 정직 기간에는 전혀 지급하지 아니하고, 나머지 기간에는 50%를 지급하지 아니한다고 규정하는 경우 정직 기간은 근로의 제공이 이루어지지 않는 기간이므로 이 기간 동안 상여금을 지급하지 아니하는 것은 감급의 제재에 해당하지 않지만, 나머지 기간 동안 종래의 직무에 그대로 종사하는 근로자에 대하여 상여금의 50%를 지급하지 아니하는 것은 원칙적으로 여기서 말하는 감급의 제재에 해당한다.[11)]

㈐ 승급(昇給) 정지 또는 강급(降給)

취업규칙에서 징계처분을 받은 근로자에 대하여 승급을 정지 또는 연기하는 승급 결격 조항을 두더라도, 승급이란 장래에 향하여 임금을 증액시키는 것을 내용으로 하는 것이고 승급 자격이 없는 근로자에게는 종전대로 한 근로에 대하여 임금이 지불될 뿐이며 별도로 감액하는 것은 아니라는 점에서 여기서 말하는 감급의 제재에 해당하지 않는다.[12)]

다만, 연령이나 근속연수에 따라 정기적·자동적으로 승급하는 정기 승급과 같이 일정한 시기가 되면 당연히 임금을 더 받을 권리가 인정되는 경우에 그 권리를 부정하여 임금을 증액하지 않는 것은 실질적으로 감액이라고 보아 법

9) 昭和 37. 9. 6. 基收 917号. 이에 대하여는 장래에 향하여 임금을 거하하는 처분은 지불되어야 할 임금의 감액에 해당하지 않아 감급과는 구별된다는 취지에서 위 행정해석은 적절하지 않다고 보는 견해가 있다. 荒木, 467면 참조.

10) 음주운전으로 인한 면허정지처분 후 회사에서 받은 정직 15일의 징계처분에 따라 15일간 근로제공을 하지 않아 그에 상응하는 임금청구권이 발생하지 않은 것은 감급의 처분을 받은 것이 아니라고 한 것으로 대구지법 2014. 1. 23. 선고 2013나14611 판결.

11) 인천지법 1998. 10. 16. 선고 98나1645 판결의 사안 참조.

12) 青木宗也·片岡曻, 282면(辻秀典 집필).

95조가 적용될 여지가 있다.[13)]

강급(降給)의 경우에도 근로계약상의 임금액을 장래에 향하여 저액으로 변경하는 조치라는 점에서 감급의 제재와 구별된다.[14)] 다만, 강급이 종래와 동일한 업무에 종사하면서 임금액만을 저하시키는 것인 경우에는 통상의 노동에 대한 대가로서의 임금을 계속적으로 일정액 감급하는 것이고, 그것은 본조에서 말하는 감급의 제재에 해당한다고 보는 견해[15)]가 있다.

#### (2) 직위해제, 대기발령에 수반되는 임금 감액

직위해제나 대기발령은 근로자의 비위 행위에 대하여 기업질서 유지를 위해 행해지는 징벌적 제재인 징계와는 그 성질이 다르다. 따라서 직위해제 · 대기발령과 이에 수반하여 그 기간 중 임금을 감액하는 것은 법 95조에서 말하는 감급의 제재에 해당하지 않는다. 가령 보수 규정에서 직위해제 기간 중에는 직위해제 발령일로부터 6개월까지는 기본급의 8할을 지급하고, 그 이후부터는 기본급의 5할을 지급하도록 정하고 있는 경우 직위해제 그 자체를 징계라고 할 수 없고, 직위가 해제됨으로써 업무에 종사하지 못하게 되어 근로자에게 임금청구권 자체가 발생하지 아니하므로 법 95조가 적용될 여지가 없다.

#### (3) 인사조치에 수반되는 임금 감액

징벌적 제재에 해당하지 않는 전보 등의 인사조치가 행해지고 직무가 변경됨에 따라 임금이 감액되는 것은 여기서 말하는 감급의 제재에 해당하지 않는다.

가령 점포장의 지위에 있던 근로자를 업무추진역으로 발령함으로써 직무급이 축소되어 통상임금이 종전 임금에 비하여 약 80%의 수준으로 감액된 경우, 이는 점포장의 지위에서 업무추진역으로 전직 처분을 받음에 따라 직무가 변동됨으로 인하여 급여가 감소된 것으로서 근로자가 점포장의 직무를 계속하여 유지하고 있음에도 그 급여를 감액한 경우라고는 볼 수 없으므로 여기서 말하는 감급의 제재에 해당하지 않는다.[16)]

---

13) 青木宗也 · 片岡曻, 282면(辻秀典 집필).

14) 菅野, 662면.

15) 勞基(下), 914~915면.

16) 서울동부지법 2007. 11. 8. 선고 2006가합16695 판결의 사안. 대전지법 2009. 5. 29. 선고 2008가합5015 판결, 대구지법 2015. 10. 13. 선고 2015가단105619 판결도 참조. 서울고법 2010. 7. 1. 선고 2009누37090 판결에서는, 근기법 95조에서 정하고 있는 근로자에 대한 제재로서의 '감급'이라 함은 종전과 동일한 근로를 제공함에도 불구하고 그에 대응하여 산정된 임금액에서 일정액을 삭감하는 것을 의미하고, 근로자가 인사처분을 받아 종전과 동일하지

#### (4) 인사고과(사정)에 따른 임금 감액

감급이란 결정된 임금액을 감액하여 지불하는 것이고, 사정이나 평가에 의하여 임금이 결정되는 경우에 그 결정 과정에서 근로자의 비위행위가 부정적으로 평가되어 비위행위가 없는 근로자와 비교하여 임금액에 차이가 발생하는 것과는 구별된다.[17] 대법원[18]은 마이너스 연봉제 규정에 따른 연봉 삭감은 회사가 근로자의 전년도 인사고과를 토대로 근로자가 향후 1년간 받을 임금액수를 정한 것에 불과하여 향후 1년간 받을 임금액수가 줄어들었다고 하더라도 이를 법 95조에서 정한 감급의 제재라고 볼 수 없다고 보았다.

상여금의 경우 기본급을 기초로 하여 자동적으로 산정되는 부분에는 본조의 적용이 있지만, 인사고과(사정)를 거쳐 정해지는 부분에 관하여는 사정을 거쳐야 비로소 임금청구권이 발생하는 것으로 본조의 적용이 없다.[19]

### 라. 불량품의 생산에 대한 임금 감액

불량품의 생산에 대한 임금 감액은 임금이 제품의 양이나 질에 따라 결정되고 있고 규정에 따른 감액이라면 임금의 계산방법에 속하지만, 규정 이상의 비율로 감액하거나 임금이 시간급임에도 불량품의 양에 따라 감액하는 경우는 감급에 해당한다.[20]

### 마. 보수규정의 불이익변경이나 합의에 따른 임금 감액

보수규정이 근로자 집단의 동의를 받아 불이익변경되거나 사용자와 근로자 사이의 합의에 따라 임금이 감액되는 것은 법 95조에서 정한 감급의 제재에 해당하지 않는다.

### 바. 재직요건, 근무일수 요건에 따른 임금 상실

그밖에 재직요건 규정으로 말미암아 지급 기준일 이전에 퇴직한 근로자가 재직요건이 붙은 수당 등의 임금을 상실하게 될 경우 법 95조에서 정한 한도를

---

않은 근로를 제공한 결과 임금이 감소되는 경우에는 근기법 95조 소정의 '감급'에 해당하지 않는다고 한다.

17) 西谷, 207면. 다만 일본 노동기준법 91조의 탈법행위를 방지한다는 관점에서, 임금 결정 과정에서의 평가라는 형식을 취한 경우라도 객관적으로 제재로서의 의미를 갖는 것이 명확한 경우에는 91조의 제약을 받는다고 한다. 注釋(下), 1014면(土田道夫 집필); 菅野, 662면도 참조.

18) 대법원 2015. 8. 19. 선고 2015다24676 판결.

19) 注釋(下), 1014면(土田道夫 집필).

20) 菅野, 662면.

초과하게 된다는 주장에 대하여 재직요건 규정은 감급의 제재에 해당하지 않는다는 취지로 판시한 사례,[21] 상여금청구권 발생에 15일 이상 근무일수의 충족이라는 지급조건을 부가한 지급제외자 규정에 대하여 감급의 제재 제한 규정이 적용될 수 없다고 본 사례[22]가 있다.

## Ⅲ. 감급 제재의 한도

법 95조는 과다한 감액으로 인하여 근로자의 생활이 위협받는 것을 방지하기 위하여 감급 한도를 1회의 감급액과 총액의 양면에 걸쳐 이중으로 제한하고 있다.

### 1. 1회 감급액의 한도

1회의 감급액은 평균임금 1일분의 2분의 1을 초과하지 못한다는 것은 하나의 징계 사유에 관하여 감액할 수 있는 금액의 상한이 평균임금 1일분의 2분의 1이라는 의미이다. 하나의 징계 사유에 관하여 평균임금 1일분의 2분의 1씩 수회에 걸쳐 감액하여도 좋다는 의미는 아니다.[23]

여기서 평균임금이란 법 2조 1항 6호에서 규정하는 바와 같이 '산정하여야 할 사유가 발생한 날 이전 3월 동안에 그 근로자에게 지급된 임금의 총액을 그 기간의 총일수로 나눈 금액'을 말하는데 감급 제재에서 그 '산정하여야 할 사유가 발생한 날'이란 감급 제재의 의사표시가 상대방에게 도달한 날로 해석된다.[24]

---

21) 서울중앙지법 2016. 6. 30. 선고 2015나67078 판결.

22) 서울고법 2015. 11. 27. 선고 2015나2009033 판결.

23) 김지형, 470면; 青木宗也 · 片岡曻, 282면(辻秀典 집필); 菅野, 662면; 荒木, 467~468면. 따라서 가령 1일 평균임금이 30,000원인 경우 사용자는 하나의 징계 사유에 관하여 평균임금의 2분의 1인 15,000원의 한도 내에서만 감액할 수 있다. 하나의 징계 사유에 관하여 감봉 3개월로 하면서 15,000원씩 45,000원을 감액할 수는 없다(감봉 3개월로 하면서 5,000원씩, 합계 15,000원을 감액하는 것은 위 한도를 넘는 것이 아니므로 허용된다고 해석된다). 이에 대하여 김유성, 266면; 임종률, 536면은 1일 평균임금의 2분의 1씩 수회에 걸친 감액, 즉 앞의 사례에서 하나의 징계 사유에 관하여 감봉 3개월로 하면서 15,000원씩 45,000원의 감액이 가능하다고 한다. 한편 '1회의 금액'을 징계 사유(비위행위, 징계 사안)의 횟수가 아니라 징계로서의 감액 1회를 의미한다고 보는 견해로 김성진b, 149~150면 참조.

24) 김지형, 170면; 김형배, 372면; 이동흡, 52면; 青木宗也 · 片岡曻, 283면(辻秀典 집필).

## 2. 총액의 한도

감급의 총액은 1임금지급기의 임금 총액의 10분의 1을 초과하지 못한다. 복수의 징계 사유가 있어 감급의 제재를 가하는 경우 각 사유마다의 감급액은 위 1회 감급액의 한도로 제한됨과 동시에, 복수의 징계 사유에 기초한 감급의 총액은 해당 임금지급기의 임금 총액의 10분의 1을 한도로 하게 된다.[25] 각 사유마다 감급된 금액은 1일 평균임금의 2분의 1을 초과하지 않는 경우에도 그 총액이 1임금지급기의 임금 총액의 10분의 1을 초과하는 경우에는 위 총액 한도의 제한에 저촉된다. 위 제한을 초과하는 감급의 제재는 다음 임금지급기에 할 수 있는 것으로 해석된다.[26] 여기서 말하는 임금 총액은 해당 임금지급기에 현실로 지급된 임금 총액을 말한다. 따라서 1임금지급기에 지불되어야 할 임금 총액이 결근 등으로 인하여 소액으로 된 때에는 그 소액으로 된 임금 총액을 기초로 하여 10분의 1을 계산하여야 한다.[27]

본조와 달리 국공법 80조 4항, 지공법 71조 4항, 사립학교법 61조 4항에서는 국가 또는 지방공무원, 사립학교교원에 대하여 1개월 이상 3개월 이하의 기간 동안 보수의 3분의 1을 감액하는 것으로 감봉에 관한 규정을 두고 있다.

---

25) 1회 감급액의 한도에 관한 규정은 하나의 징계 사유로 인하여 감급의 제재를 받는 경우의 한도에 관한 규정이고 총액의 한도에 관한 규정은 복수의 징계 사유로 인하여 감급의 제재를 받은 경우의 한도에 관한 규정이라고 해석하는 견해가 일반적이다. 김지형, 470면; 민변노동법 I, 1039면; 菅野, 661~662면; 荒木, 467~468면. 서울지법 1995. 4. 18. 선고 95나3343 판결에서도 1회 감급액의 한도에 관한 규정은 근로자가 1회의 비행사실로 인하여 징계를 받게 되는 경우 그 감액의 제한을 규정하고, 총액에 관한 규정은 근로자가 1임금지급기에 있어서 수회의 비행사실로 인하여 징계를 받게 되는 경우 1회 감급액의 제한과 함께 총액의 제한 역시 받는다는 취지를 규정하고 있다고 한다. 다만 주의할 것은 위 총액의 한도에 관한 규정은 복수의 징계사유에 관한 감액의 경우에 주로 문제되지만, 이론적으로는 1임금지급기의 근로일수가 적은 경우 하나의 징계 사유에 관한 감액이 1일 평균임금의 2분의 1을 초과하지는 않지만 1임금지급기의 임금 총액의 10분의 1을 초과하는 식으로 하나의 징계 사유에 관한 감액에서도 위 총액의 한도에 관한 규정이 문제되는 상황이 발생할 수 있다. 이에 관하여는 西谷, 207면 참조. 한편 위의 일반적인 해석과 달리 '1회의 금액'이란 1임금지급기에 대한 감급액을 말하고, '총액'이란 수회의 임금지급기에 걸친 감급액을 말한다고 해석하는 견해로 임종률, 536면 참조.

26) 김지형, 470면; 青木宗也 · 片岡昪, 283면(辻秀典 집필); 注釋(下), 1014면(土田道夫 집필); 菅野, 662면.

27) 青木宗也 · 片岡昪, 283면(辻秀典 집필); 新基本法コンメ勞基 · 勞契, 264면(中內 哲 집필). 勞基(下), 916면.

## Ⅳ. 위반의 효과

### 1. 형사 처벌

법 95조를 위반하여 법 95조에서 정한 한도를 초과하여 감급의 제재를 한 자는 500만 원 이하의 벌금에 처한다(법 114조 1호).[28] 법 95조가 금지하는 것은 그 제한에 위반하여 감급하는 행위이다. 따라서 취업규칙에서 본조의 제한을 넘는 감급에 관한 규정을 두었다고 하여도 그것만으로 법 위반의 형사 책임을 지는 것은 아니다.

### 2. 민사상 효과

법 95조에 위반한 취업규칙 규정은 무효이다.[29] 그리고 법 95조에 위반한 감급 행위는 감급이 허용되는 부분을 초과한 부분에 한하여 무효이므로 이러한 감급을 당한 근로자는 사용자에게 한도를 초과하여 감액된 임금의 지급을 구할 수 있다.

[마 은 혁]

## 第96条(단체협약의 준수)

① 취업규칙은 법령이나 해당 사업 또는 사업장에 대하여 적용되는 단체협약과 어긋나서는 아니 된다.

② 고용노동부장관은 법령이나 단체협약에 어긋나는 취업규칙의 변경을 명할 수 있다.

28) 근로자에 대하여 문서접수처리 미흡을 이유로 감봉 1개월의 징계처분을 하면서 감봉이 가능한 10분의 1을 초과한 기본급의 10분의 4를 삭감하여 지급한 사용자를 형사처벌한 사례로 수원지법 성남지원 2015. 4. 29. 선고 2015고정222 판결 참조.

29) 본조에 위반한 취업규칙 조항을 무효로 본 판결로는 인천지법 1998. 10. 16. 선고 98나1645 판결.

※ 이 조에 관한 각주의 참고문헌은 '취업규칙 전론(前論)'의 참고문헌을 가리킨다.

〈세 목 차〉



## Ⅰ. 의 의

취업규칙은 법령이나 해당 사업 또는 사업장에 대하여 적용되는 단체협약과 어긋나서는 아니 된다(법 96조 1항).[1)]

근로자의 근로조건을 규율하는 규범으로는 취업규칙 외에 법령과 단체협

1) 법규설에서는, 취업규칙에 사실규범으로서의 의의밖에 인정하지 않는 계약설의 입장에서 법 96조는 불가해한 규정이라고 한다. 왜냐하면 취업규칙이 노동계약의 내용으로 되는 것에 의해서만 법적 의의를 갖는다면 법령·협약과의 저촉이 문제되는 것은 노동계약 자체이고, 더구나 노동계약이 법령·협약에 반하여서는 아니 된다는 것은 이미 다른 규정[일본 노동기준법 13조(근기법 15조), 일본 노동조합법 16조(노조법 33조)]에 의해 명백하기 때문이라고 한다. 西谷 敏a, 467면 참조.

약, 노사관행, 노사협정, 근로계약 등이 있다. 법 96조는 1항에서 취업규칙과 법령 · 단체협약의 효력상 우선 순위를 정하고, 2항에서 고용노동부장관에게 법령 · 단체협약에 어긋나는 취업규칙의 변경을 명할 수 있는 권한을 부여하고 있다.

비록 법규범적 효력이 부여되었다고는 하나 사인인 사용자가 작성한 취업규칙이 민주적 정당성에 기초하여 제정된 법령에 어긋날 수 없는 점은 당연하고, 사용자의 일방적 결정의 산물인 취업규칙이 노사 간의 공동 결정의 산물인 단체협약에 어긋날 수 없는 점 역시 근로조건 대등 결정의 원칙(법 4조)과 단체협약 제도의 취지에 비추어 볼 때 당연하다. 따라서 법 96조 1항은 취업규칙에 대한 법령과 단체협약의 우선적 효력이라는 당연한 이치를 확인한 규정으로서 취업규칙의 외재적 한계를 명시한 규정이라 말할 수 있다.

나아가 법령 · 단체협약에 어긋난 취업규칙은 무효로 해석되지만 이를 그대로 방치하면 우월적 지위를 가진 사용자에 의하여 그대로 적용될 위험성이 있어 법 96조 2항은 고용노동부장관에게 법령 · 단체협약에 어긋난 취업규칙의 변경명령권을 부여하여 그 위험성을 미리 제거하는 행정적 감독 조치를 취하게 하였다. 법령 · 단체협약에 어긋나는 취업규칙이 적용될 위험이 있는 근로자를 보호하고 법령과 단체협약의 실효성을 확보하기 위함이다.

## Ⅱ. 법령과 취업규칙

### 1. 취업규칙이 법령에 어긋난다는 것의 의미

#### 가. 법 령

법 96조에서 말하는 법령이란 형식적 의미의 법률이나 명령에 국한되지 않고, 헌법 · 형식적 의미의 법률 · 명령 · 규칙 · 조약 · 자치법규를 총괄하는 넓은 의미로 이해된다. 다만, 임의법규는 당사자의 의사(취업규칙의 경우에는 사용자의 의사가 그에 준하는 것이 될 것이다)로 그 규정의 적용을 배제할 수 있으므로, 법 96조에서 말하는 법령이란 강행법규만을 의미하는 것으로 해석된다.

#### 나. 취업규칙

법 96조에서 말하는 취업규칙이란 상시 10명 이상의 근로자를 사용하여 법 93조에 의해 작성 의무가 부과되는 사용자에 의하여 작성된 취업규칙뿐 아니라,

상시 10명 미만의 근로자를 사용하여 취업규칙 작성 의무가 없는 사용자가 작성한 취업규칙도 포함되는 것으로 해석된다.[2)]

### 다. 취업규칙이 법령에 어긋난다는 것의 의미

취업규칙이 법령에 어긋난다는 것은, 일반적으로 취업규칙의 내용이 강행법규인 법령의 내용에 모순·저촉되는 것을 의미하고, 특히 근기법처럼 근로조건의 최저기준을 정한 법령과의 관계에서는 그 기준에 미달되는 경우가 이에 해당한다. 강행법규의 직접적 위반뿐 아니라 강행법규가 금지하고 있는 것을 회피수단에 의하여 실질적으로 달성하는 강행법규의 간접적 위반, 즉 탈법행위에 해당하는 취업규칙도 무효이다.[3)]

## 2. 법령에 어긋나는 취업규칙의 효력과 보충 여부

### 가. 법령에 어긋나는 취업규칙의 효력

법령에 어긋나는 취업규칙의 효력에 관하여는 명문의 규정이 없으나, 앞서 본 법 96조의 취지나 법 15조의 규정 내용에 비추어 무효이다.

하나의 취업규칙 중 일부 규정이 법령에 어긋나는 경우, 법규범 중 일부 규정이 상위 법규범에 위배되면 일반적으로 해당 규정만이 무효로 되는 점에 비추어 원칙적으로 그 일부 규정만이 무효가 된다고 해석된다. 다만 법령에 어긋나는 취업규칙의 일부 규정(가령 퇴직급여법상 평균임금에 포함될 수 있는 급여 항목을 퇴직금 산정의 기초임금에서 배제하는 퇴직금 규정)과 대가관계나 연계성이 있는 규정(가령 계속근로기간에 관한 규정이나 지급률에 관한 규정)이 함께 하나의 근로조건(가령 퇴직금)을 규율할 때에는 법령에 어긋나는 규정 뿐 아니라 대가관계나 연계성이 있는 규정 모두 무효가 되는 경우(가령 위 각 규정에 의하여 산정된 퇴직금액이 퇴직급여법의 산정 방법에 의하여 산정된 퇴직금액의 하한을 하회하는 경우)도 있고,[4)] 법령에 어긋나는 규정을 무효라고 할 수 없는 경우(가령 위 각 규정에 의

---

2) 김형배, 304면; 임종률, 377면; 西谷 敏a, 486면; 注釋(下), 1016면(王能君 집필), 新基本法コンメ勞基·勞契, 265면(中內 哲 집필).

3) 사용자가 택시운전근로자의 과반수로 조직된 노동조합 또는 근로자 과반수의 동의를 얻어 소정근로시간을 단축하는 내용으로 취업규칙을 변경하는 경우를 탈법행위로 보아 무효라고 한 것으로 대법원 2019. 4. 18. 선고 2016다2451 전원합의체 판결 등 참조.

4) 대법원은 고령자고용법 19조에 따라 근로자의 정년을 60세 미만이 되도록 정한 근로계약이나 취업규칙, 단체협약의 정년 관련 규정은 이에 위반되는 범위 내에서 모두 무효이므로, 인사규정이 불이익하게 변경되었는지 여부는 정년에 관한 내용을 담고 있는 개정 전후의 인

하여 산정된 퇴직금액이 퇴직급여법의 산정 방법에 의하여 산정된 퇴직금액의 하한을 상회하는 경우)도 있다는 점을 유의할 필요가 있다.[5)]

법령에 어긋나는 취업규칙은 조합원과 비조합원을 가릴 것 없이 그 적용을 받는 사업장 내 모든 근로자와의 관계에서 절대적으로 무효이다.

### 나. 보　　충

법령에 어긋나 무효가 된 취업규칙 부분이 법령에 의하여 보충되는지에 관하여 명문의 규정은 없지만 근기법 15조의 규정 내용에 비추어 성질상 보충이 문제되지 않는 금지 규정을 제외하고는 일반적으로 보충을 긍정해야 한다.

구체적으로 보면 근기법과 같이 법령에서 구체적으로 근로조건의 기준을 명시하고 있는 경우에는 법령상 기준에 따라 근로관계가 규율된다. 가령 근로시간의 산정이 어려운 경우가 아니라면 달리 근기법상의 근로시간에 관한 규정을 그대로 적용할 수 없다고 볼 만한 특별한 사정이 없는 한 근기법상의 근로시간에 따른 임금지급의 원칙이 적용되어야 할 것이므로, 취업규칙에서 근로시간 수에 상관없이 일정액을 법정수당으로 지급하는 내용의 포괄임금제를 규정한 경우, 포괄임금에 포함된 정액의 법정수당이 근기법이 정한 기준에 따라 산정된 법정수당에 미달하는 때에는 근기법의 강행성에 의하여 취업규칙의 포괄임금제에 관한 규정은 무효이고, 사용자는 근기법의 보충성 원칙에 의해 근로자에게 그 미달되는 법정수당을 지급할 의무가 있다.[6)]

그런데 법령에서 구체적인 근로조건의 기준을 정하지 않고 일반적인 법원칙만을 정한 경우에는 무엇에 따라 근로관계를 규율할 것인지 문제된다. 가령 근로자의 정년을 남성 65세, 여성 60세로 정한 취업규칙 규정은 근기법 6조, 남녀고용평등법 11조 1항 등 강행법규에 위반되어 무효인데, 위 각 법령에서 정년을 규정하지 않았으므로 이 경우 여성 근로자의 정년은 몇 세인가 하는 문제가 생긴다. 이러한 경우에는 결국 법령상 일반적 법 원칙의 취지에 따른 해석으로 보충할 수밖에 없는데, 근기법 6조, 남녀고용평등법 11조 1항은 남성 근로자보다 불이익한 정년을 적용받는 여성 근로자에게 남성 근로자와 같은 정년을 보장한다는 취지를 포함한다고 해석되므로, 여성 근로자의 정년도 남성 근로자와

---

사규정 전체를 보고 판단하여야 하고 각 개별 조항의 효력을 하나씩 따로 비교하여 판단할 것은 아니라고 한다. 대법원 2022. 4. 14. 선고 2020도9257 판결 참조.

5) 자세한 내용은 법 96조에 대한 해설 Ⅱ. 4. 가. (2), (3) 참조.

6) 대법원 2010. 5. 13. 선고 2008다6052 판결의 판시 참조.

같이 65세가 된다고 해석된다.7)

### 3. 취업규칙의 내용이 법령에서 정한 기준을 상회하는 경우

취업규칙의 내용이 법령에서 정한 기준을 상회하여 근로자에게 유리한 경우에는 취업규칙이 법령에 어긋난다고 볼 수 없으므로 취업규칙에서 정한 내용에 따라 근로관계가 규율된다.

대법원은 퇴직급여법 8조 1항(폐지 전 근기법 28조 1항)은 사용자가 퇴직하는 근로자에게 지급할 퇴직금액의 최하한을 정한 것이므로 위 규정보다 근로자에게 더 유리하게 정한 취업규칙이나 단체협약상의 퇴직금 규정이 있을 경우에는 이에 따라 퇴직금을 산정하여야 한다고 한다.8)

취업규칙에 직원이 의원(依願) 사직할 경우 14일 전에 사직원을 제출하고 정해진 절차를 거쳐 원장의 승인을 받아야 한다고 규정되어 있어 고용기간의 약정이 없는 경우 해지의 통고를 받은 날부터 1월이 경과하면 해지의 효력이 생긴다는 민법 660조와 달리 규정하고 있는 사안에서, 대법원은, 민법 660조는 근로자의 해약의 자유를 보장하는 규정으로서 근로자에게 불리하지 않는 한 그 기간이나 절차에 관하여 취업규칙에서 이와 달리 정하는 것도 가능하므로, 근로자가 사직할 때에는 일정한 기간 내에 사용자의 승인을 받도록 하고 있는 경우 근로자가 사직원을 제출하였으나 사용자가 승인을 거부할 합리적인 이유가 없는데도 승인을 하지 아니하고 있을 때에는 민법 660조로 정한 기간(취업규칙에서보다 짧은 기간을 정한 때에는 취업규칙에서 정한 기간)이 경과함으로써 근로관계는 종료된다고 하여, 사직원 제출일부터 취업규칙 소정의 14일이 경과하면 근로관계가 종료된다고 보았다.9)

판례는, 근기법 63조 2호의 사업[동물의 사육, 수산 동식물의 채취 · 포획 · 양식 사업, 그 밖의 축산, 양잠, 수산 사업]에 종사하는 근로자에게는 근로시간과 휴일

7) 이와 관련된 논의에 대하여는 김지형, 100~101면 참조. 사업주가 동일한 사업 내에서 근무하는 남녀근로자가 제공하는 노동이 동일한 가치임에도 합리적인 이유 없이 여성근로자에 대하여 남성근로자보다 적은 임금을 지급할 경우 이는 구 남녀고용평등법 제8조를 위반하는 행위로서 불법행위를 구성하고, 사업주는 임금차별을 받은 여성근로자에게 그러한 차별이 없었더라면 받았을 적정한 임금과 실제 받은 임금과의 차액 상당의 손해를 배상할 책임이 있다고 본 것으로 대법원 2013. 3. 14. 선고 2010다101011 판결 참조.

8) 대법원 1996. 9. 10. 선고 96다3241 판결, 대법원 1996. 12. 23. 선고 95다32631 판결, 단체협약에 관한 것으로 대법원 1994. 5. 24. 선고 93다46841 판결.

9) 대법원 1997. 7. 8. 선고 96누5087 판결.

등에 관한 근기법 규정이 적용되지 않도록 되어 있다 하더라도 사용자의 취업규칙에서 시간외근로에 관하여 통상임금 범위 안의 수당을 지급하기로 하는 취지의 규정을 둔 경우에는 근기법 63조 규정과 상관없이 취업규칙에 정한 바에 따라 시간외근로에 대한 수당을 지급하기로 한 것으로 보아야 한다고 하였고,[10] 이러한 판례의 법리는 그 적용 대상인 근로관계의 실질과 규정의 취지가 같다고 볼 수 있는 근기법 63조 1호의 사업[토지의 경작·개간, 식물의 식재(植栽)·재배·채취 사업, 그 밖의 농림 사업]에도 마찬가지로 적용된다고 한다.[11]

반면 대법원은 같은 근로시간·휴일·휴게에 관한 법 규정 적용 제외에 해당하는 법 63조 3호 소정의 감시·단속적 근로자들에 대하여는, 근로자의 업무가 감시 또는 단속적 근로에 해당한다고 하여 고용노동부장관으로부터 근로시간·휴일·휴게에 관한 규정 적용 배제에 대한 인가를 받아 이를 갱신하여 온 경우, 비록 취업규칙에서 근로시간·휴일·휴게 등에 관해 규정하고 있더라도 그에 따른 시간외근로수당과 휴일근로수당을 지급할 의무가 없다고 하였다.[12]

취업규칙의 내용이 근기법 등 법령의 기준보다 유리한지 여부는 근로조건별로 주의 깊게 판단하여야 한다. 가령 취업규칙 등에서 근기법 소정의 유급휴일 및 유급휴가일수의 최하한을 상회하는 휴일 및 휴가를 규정하고 있더라도, 그 휴일이나 휴가를 근기법 소정의 연·월차유급휴가로 갈음할 수는 없으므로, 단원복무규정에서 연간 20일의 정기휴가와 연간 10일의 특별휴가가 부여되어 있다는 사정만으로는 휴가에 관한 근로자들의 근로조건이 근기법에서 정한 기준을 충족시키는 것이라고 할 수 없고, 그 외 별도로 근기법 소정의 연·월차휴가가 부여되어야 한다.[13]

### 4. 취업규칙이 법령에 어긋나는지 문제된 사례

#### 가. 저촉 긍정례

##### (1) 헌법상의 기본권 침해

취업규칙은 근로자의 기본권을 침해하거나 헌법을 포함한 상위법령 등에

10) 대법원 1990. 11. 27. 선고 89다카15939 판결, 대법원 2009. 12. 10. 선고 2009다51158 판결.

11) 대법원 2009. 12. 10. 선고 2009다51158 판결.

12) 대법원 1996. 11. 22. 선고 96다30571 판결, 대법원 1996. 12. 23. 선고 96다39042 판결, 대법원 1997. 4. 25. 선고 95다4056 판결, 대법원 1997. 7. 11. 선고 96다45399 판결.

13) 대법원 2007. 5. 10. 선고 2006다30563 판결의 사안. 대법원 1995. 6. 29. 선고 94다18553 판결, 대법원 1995. 12. 21. 선고 94다26721 전원합의체 판결 등도 참조.

위반될 수는 없다는 한계를 가진다.[14)]

㈎ 일반적 행동자유권

대법원은, 항공운송업을 영위하는 회사가 턱수염을 기르고 근무하던 소속 기장에게 '수염을 길러서는 안 된다'고 정한 취업규칙인 '임직원 근무복장 및 용모규정'을 위반하였다는 이유로 비행업무를 일시 정지시킨 것과 관련하여, 위 취업규칙 조항은 항공사에 대한 고객의 신뢰와 만족도 향상, 직원들의 책임의식 고취와 근무기강 확립 등을 위하여 직원들의 용모와 복장들을 제한할 수 있는 회사의 영업의 자유와 기장의 일반적 행동자유권이 충돌하는 결과를 가져오는데, 위 취업규칙 조항이 두 기본권에 대한 이익형량이나 조화로운 조정 없이 영업의 자유와 관련한 필요성과 합리성의 범위를 넘어 일률적으로 소속 직원들의 일반적 행동자유권을 전면적으로 제한하고 있는 것은 기본권 충돌에 관한 형량과 기본권의 상호조화 측면에서 문제가 있는 점, 오늘날 개인 용모의 다양성에 대한 사회 인식의 변화 등을 고려할 때 회사 소속 직원들이 수염을 기른다고 하여 반드시 고객에게 부정적인 인식과 영향을 끼친다고 단정하기 어려운 점, 더욱이 기장의 업무 범위에 항공기에 탑승하는 고객들과 직접적으로 대면하여 서비스를 제공하는 것이 당연히 포함되어 있다고 볼 수 없으며, 기장이 자신의 일반적 행동자유권을 지키기 위해서 선택할 수 있는 대안으로는 회사에서 퇴사하는 것 외에는 다른 선택이 존재하지 않는데도 수염을 일률적·전면적으로 기르지 못하도록 강제하는 것은 합리적이라고 볼 수 없는 점 등에 비추어 보면, 회사가 헌법상 영업의 자유 등에 근거하여 제정한 위 취업규칙 조항은 기장의 헌법상 일반적 행동자유권을 침해하므로 법 96조 1항, 민법 103조 등에 따라서 무효라고 하였다.[15)]

㈏ 사상의 자유

취업규정 중 '사상이 불온'한 자를 해고사유로 규정하고 있는 경우, 헌법 19조에 따라 사상의 자유를 내용으로 하는 양심의 자유가 보장되어 있는 우리 법질서 하에서 단순히 구체적 행동으로 연결되지 아니한 내심의 '사상이 불온'하다는 것만으로 근로자에게 어떠한 불이익한 처분을 가하려는 규정은 위법한 것으로서 당연 무효이다.[16)]

14) 대법원 2018. 9. 13. 선고 2017두38560 판결, 대법원 2018. 9. 13. 선고 2017두62549 판결.
15) 대법원 2018. 9. 13. 선고 2017두38560 판결, 대법원 2018. 9. 13. 선고 2017두62549 판결.

#### (다) 양심의 자유

취업규칙에서 사용자가 사고나 비위행위 등을 저지른 근로자에게 시말서를 제출하도록 명령할 수 있다고 규정하는 경우, 그 시말서가 단순히 사건의 경위를 보고하는 데 그치지 않고 더 나아가 근로관계에서 발생한 사고 등에 관하여 '자신의 잘못을 반성하고 사죄한다는 내용'이 포함된 사죄문 또는 반성문을 의미하는 것이라면, 이는 헌법이 보장하는 내심의 윤리적 판단에 대한 강제로서 양심의 자유를 침해하는 것이므로, 그러한 취업규칙 규정은 헌법에 위배되어 법 96조 1항에 따라 효력이 없고, 그에 근거한 사용자의 시말서 제출명령은 업무상 정당한 명령으로 볼 수 없다.[17)]

### (2) 퇴 직 금

#### (가) 퇴직금 차등 제도 설정 금지의 원칙

대법원은, 회사가 다른 정부투자기관과 형평을 기하고 해결되지 않은 1980년 이전 입사자들의 소송 제기 소지를 사전에 해결한다는 이유로 1981. 1. 1. 이전 입사자들과 그 이후 입사자들에 대하여 퇴직금의 산출 방법을 달리 규정하는 등 근로자의 입사 일자에 따라 지급률에 차등이 있는 퇴직금 제도를 설정한 퇴직금 지급규정은 퇴직금 차등 제도 설정을 금지하는 구 근기법 28조 2항에 위배되어 무효라고 하였다.[18)]

#### (나) 퇴직금 규정이 퇴직급여법에서 정한 기준에 어긋나는지의 판단기준

퇴직금 급여에 관한 퇴직급여법의 규정은 사용자가 퇴직하는 근로자에게 지급하여야 할 퇴직금액의 하한을 규정한 것이므로,[19)] 취업규칙이나 단체협약

16) 인천지법 부천지원 2001. 4. 20. 선고 2000가합385 판결.

17) 대법원 2010. 1. 14. 선고 2009두6605 판결.

18) 대법원 2002. 6. 28. 선고 2001다77970 판결. 이 외에 퇴직금 차등 제도 설정 금지의 원칙에 어긋나 무효라고 본 판결로는 대법원 1999. 8. 20. 선고 98다765 판결, 대법원 2000. 2. 25. 선고 98다11628 판결, 대법원 2002. 2. 26. 선고 2001다53295 판결이 있다.

19) 구 근기법에 관한 대법원 1976. 6. 22. 선고 76다439 판결, 대법원 1982. 11. 23. 선고 80다1340 판결, 대법원 1987. 2. 24. 선고 84다카1409 판결, 대법원 1990. 11. 27. 선고 90다카23868 판결, 대법원 1994. 5. 24. 선고 93다46841 판결, 대법원 1994. 12. 23. 선고 94다6789 판결, 대법원 1996. 10. 25. 선고 96다3340 판결, 대법원 1998. 1. 20. 선고 97다21086 판결, 대법원 2000. 3. 24. 선고 98다45874 판결, 대법원 2003. 12. 11. 선고 2003다40538 판결, 대법원 2005. 4. 14. 선고 2004도8516 판결, 대법원 2007. 7. 12. 선고 2005다25113 판결, 대법원 2007. 7. 26. 선고 2005다25137 판결, 대법원 2007. 9. 20. 선고 2007다32993 판결. 퇴직급여법에 관한 대법원 2011. 9. 29. 선고 2011다47855 판결, 대법원 2020. 4. 9. 선고 2015다55748 판결, 대법원 2020. 4. 9. 선고 2015다54523 판결, 대법원 2020. 4. 9. 선고 2015다

의 퇴직금 규정이 퇴직급여법에서 퇴직금에 관하여 정한 기준에 어긋나는지 여부는 퇴직금 산정의 기준이 되는 요소인 계속근로기간, 평균임금, 지급률 3가지를 종합하여 퇴직금 규정에 따라 산정된 퇴직금 액수와 퇴직급여법이 보장하는 퇴직금 액수를 비교하여 퇴직급여법에서 정한 산정 방법에 따라 산정된 퇴직금 액수에 미치지 못하는지 여부에 따라 종합적, 전체적으로 판단되어야 하고, 개별적으로 판단할 것은 아니다.

따라서 취업규칙 등의 퇴직금 규정에서 퇴직금 산정 방법을 정하면서 퇴직급여법상의 규정과 달리 평균임금에 포함될 수 있는 급여를 퇴직금 산정의 기초로 하지 아니하거나 재직기간 중 일부를 퇴직금 산정의 기초가 되는 계속근로기간에서 제외하더라도 고율의 누진제를 채택하고 있는 등의 사정으로 그러한 산정방법에 의하여 산정한 퇴직금 액수가 퇴직급여법에서 정한 산정방법에 의하여 보장되는 하한을 상회하는 금액이라면 퇴직급여법에 위반되어 무효라고 할 수는 없다.[20]

그러나 위 퇴직금 규정에 따라 산정한 퇴직금액이 퇴직급여법이 보장한 하한에 미달되는 금액이라면 위 퇴직금 규정은 퇴직급여법 8조 1항에 위반되어 무효이고 사용자는 그 하한을 지급하여야 한다.[21]

이와 관련하여 두 가지를 주의하여야 한다. 첫째는, 취업규칙 등의 퇴직금 규정이 퇴직급여법의 하한을 상회하여 유효한 경우 사용자는 위 퇴직금 규정을 준수하여 위 퇴직금 규정에 따라 산정한 퇴직금을 지급하여야 한다. 퇴직급여법

---

20780 판결 참조.

20) 대법원 1971. 5. 11. 선고 71다485 판결, 대법원 1973. 11. 13. 선고 73다1384 판결, 대법원 1974. 12. 24. 선고 73다105 판결, 대법원 1979. 2. 27. 선고 78다2372 판결, 대법원 1982. 11. 23. 선고 80다1340 판결, 대법원 1987. 2. 10. 선고 85다카187 판결, 대법원 1987. 2. 24. 선고 84다카1409 판결, 대법원 1990. 11. 27. 선고 90다카23868 판결, 대법원 1991. 1. 15. 선고 90다6170 판결, 대법원 1991. 12. 13. 선고 91다32657 판결, 대법원 1994. 5. 24. 선고 93다46841 판결, 대법원 1998. 1. 20. 선고 97다21086 판결, 대법원 2001. 10. 23. 선고 2001다53950 판결, 대법원 2003. 12. 11. 선고 2003다40538 판결, 대법원 2007. 7. 12. 선고 2005다25113 판결, 대법원 2007. 7. 26. 선고 2005다25137 판결, 대법원 2011. 8. 25. 선고 2010다63393 판결, 대법원 2011. 9. 29. 선고 2011다47855 판결, 대법원 2020. 4. 9. 선고 2015다55748 판결, 대법원 2020. 4. 9. 선고 2015다20780 판결.

21) 대법원 1971. 5. 11. 선고 71다485 판결, 대법원 2007. 7. 12. 선고 2005다25113 판결, 대법원 2007. 7. 26. 선고 2005다25137 판결, 대법원 2007. 9. 20. 선고 2007다32993, 33002 판결, 대법원 2007. 11. 29. 선고 2005다28358 판결, 대법원 2011. 10. 27. 선고 2011다42324 판결, 대법원 2018. 8. 30. 선고 2016다228802 판결, 대법원 2020. 4. 9. 선고 2015다55748 판결, 대법원 2020. 4. 9. 선고 2015다54523 판결.

에서 정한 퇴직금액의 하한을 초과하기만 하면 퇴직금 규정에서 정한 것보다 불리하게 퇴직금을 지급해도 되는 것은 아니다.[22] 둘째는, 가령 퇴직금 규정이 퇴직급여법의 기준과는 달리 재직기간 중 일부를 퇴직금 산정의 기초가 되는 계속근로기간에서 제외하거나 평균임금에 포함될 수 있는 급여를 퇴직금 산정의 기초로 하지 아니하는 등 근로자에게 불리한 면이 있으나, 지급률을 단수제가 아닌 누진제로 정하여 근로자에게 유리한 면이 있는 경우, 위와 같은 규정에 의하여 계산된 금액이 퇴직급여법의 규정에 의하여 계산된 금액에 미달될 때 그 미달금액 범위 내에서만 무효라고 할 것이지 근로자에게 불리한 규정만을 따로 떼어 내서 그 규정을 무효라고 할 것은 아니다.[23] 즉 위와 같은 경우 미달금액 범위 내에서는 근로자에게 불리한 계속근로기간, 평균임금에 관한 규정이나 근로자에게 유리한 지급률에 관한 규정 모두 전체적으로 무효가 된다고 보아야 하고,[24] 개별적으로 근로자에게 불리한 계속근로기간, 평균임금에 관한 규정만 무효가 된다고 보아 계속근로기간, 평균임금에 관하여는 퇴직급여법의 규정에 의하고, 지급률에 관하여는 위 취업규칙 등의 누진율에 의하여야 한다는 주장은 허용되지 아니한다.

### (3) 법정수당

#### ㈎ 통상임금 제외 합의 등의 효력

통상임금은 근로조건의 기준을 마련하기 위하여 법이 정한 도구개념이므로, 사용자와 근로자가 통상임금의 의미나 범위 등에 관하여 단체협약 등에 의해 따로 합의할 수 있는 성질의 것이 아니다. 따라서 성질상 근기법상의 통상임금에 속하는 임금을 통상임금에서 제외하기로 노사 간에 합의하였다 하더라도 그 합의는 효력이 없다.[25]

---

22) 대법원 1976. 10. 26. 선고 76다502 판결, 대법원 2018. 8. 30. 선고 2016다228802 판결.

23) 대법원 1992. 2. 28. 선고 91다30828 판결, 대법원 2006. 5. 26. 선고 2003다54322, 54339 판결. 퇴직금 규정에 따라 산정한 퇴직금액이 구 근기법이 보장한 하한을 상회하여 유효한 경우에 근로자에게 불이익한 일부 규정만을 따로 떼어 구 근기법에 위반되는 무효의 것으로 볼 수 없다고 한 것으로 대법원 1987. 2. 24. 선고 84다카1409 판결, 대법원 1994. 5. 24. 선고 93다46841 판결.

24) 근기법 15조 1항에 의하면 이 법에서 정한 기준에 미치지 못하는 근로조건을 정한 근로계약은 그 부분에 한정하여 무효가 되는데, 이는 퇴직급여법에 위반되는 취업규칙의 퇴직금 규정에도 적용된다고 할 수 있다. 따라서 위의 사안에서 위 퇴직금 규정은 미달금액 범위 내에서만 무효(일부무효 또는 부분무효)가 되는데, 무효가 되는 부분의 범위 내에서는 퇴직금 산정의 요소 전체(계속근로기간, 평균임금, 지급률)가 무효가 되는 것이다(종합적 또는 전체적 판단).

나아가 연장 · 야간 · 휴일 근로에 대하여 통상임금의 50% 이상을 가산하여 지급하도록 한 근기법의 규정은 각 해당 근로에 대한 임금산정의 최저기준을 정한 것이므로, 통상임금의 성질을 가지는 임금을 일부 제외한 채 연장 · 야간 · 휴일 근로에 대한 가산임금을 산정하도록 노사 간에 합의한 경우 그 노사합의에 따라 계산한 금액이 근기법에서 정한 위 기준에 미달할 때에는 그 미달하는 범위 내에서 노사합의는 무효이고, 무효로 된 부분은 근기법이 정하는 기준에 따라야 한다.[26)]

한편 무효의 범위와 관련하여 대법원은 근기법 소정의 통상임금에 산입될 수당을 통상임금에서 제외하기로 하는 노사간의 합의는 그 전부가 무효로 되는 것이 아니라 그 법에 정한 기준과 전체적으로 비교하여 그에 미치지 못하는 근로조건이 포함된 부분에 한하여 무효로 된다고 한다(일부무효).[27)]

무효가 되는 부분의 범위 내에서는 법정수당 산정의 요소 전체(통상임금, 가산율)가 무효가 된다(종합적 또는 전체적 판단). 연장근로수당 등 법정수당의 산정은 통상임금과 가산율을 기준으로 하는데, 근기법상의 통상임금에 속하는 임금을 통상임금에서 제외하기로 하는 노사합의가 근기법이 정한 기준과 전체적으로 비교하여 이에 미치지 못하는 경우, 가령 취업규칙 등에서 근기법상 통상임금에 산입되어야 할 가족수당 등을 제외하고 기본급만을 기준으로 연차수당을 산정하도록 하고 가산율은 근기법상 100%를 상회하여 150%로 정하였는데 이를 기준으로 산정한 연차수당액이 근기법상 기준에 따른 연차수당액에 미치지 못하는 경우, 연차수당 산정의 요소 전체, 즉 기본급만을 기준으로 연차수당을 산정하는 부분뿐 아니라 가산율을 150%로 정한 부분도 무효가 된다. 따라서 통상임금은 근기법을 기준으로 하고, 가산율은 근기법상 100%가 아니라 취업규칙에서 정한 150%에 의하여야 한다는 주장은 허용되지 아니한다.[28)]

25) 대법원 1993. 5. 11. 선고 93다4816 판결, 대법원 1993. 5. 27. 선고 92다20316 판결, 대법원 1994. 5. 24. 선고 93다5697 판결, 대법원 2006. 2. 23. 선고 2005다53989 판결, 대법원 2009. 12. 10. 선고 2008다45101 판결, 대법원 2013. 12. 18. 선고 2012다89399 전원합의체 판결.

26) 대법원 2013. 12. 18. 선고 2012다89399 전원합의체 판결, 대법원 2014. 3. 13. 선고 2011다95519 판결, 대법원 2014. 8. 20. 선고 2013다38459 판결, 대법원 2014. 9. 4. 선고 2012다71671 판결.

27) 대법원 2007. 11. 29. 선고 2006다81523 판결, 대법원 2011. 8. 25. 선고 2011다24197 판결, 대법원 2011. 8. 25. 선고 2011다27110 판결, 대법원 2011. 8. 25. 선고 2011다35562 판결, 대법원 2011. 9. 8. 선고 2011다19218 판결, 대법원 2011. 9. 8. 선고 2011다21693 판결, 대법원 2011. 9. 8. 선고 2011다27769 판결, 대법원 2011. 9. 29. 선고 2011다47855 판결, 대법원 2011. 11. 24. 선고 2010다57978 판결, 대법원 2015. 11. 27. 선고 2012다10980 판결.

㈏ 연 · 월차휴가수당

① 대법원은, 운영규정에서 정근수당을 정하면서 근로자가 연 · 월차휴가를 사용하였는지 여부에 상관없이 정해진 지급조건을 갖춘 자 모두에게 정근수당을 지급하도록 하였고, 감봉 이상의 징계 처분을 받은 자나 직위해제 처분을 받은 자에 대하여는 정근수당을 감액 지급하도록 규정하고 있는 점에 비추어 그 운영규정에서 정한 정근수당은 그 지급 목적이나 성격, 그 지급 요건이 법상의 연 · 월차휴가근로수당과는 전혀 상이한 것이므로, 근기법에 따라 지급하게 되어

---

28) 대법원 2007. 11. 29. 선고 2006다81523 판결에서는 근기법 소정의 통상임금에 산입될 수당을 통상임금에서 제외하기로 하는 노사간의 합의는 그 전부가 무효로 되는 것이 아니라 그 법에 정한 기준과 전체적으로 비교하여 그에 미치지 못하는 근로조건이 포함된 부분에 한하여 무효로 된다는 법리를 최초로 제시하였다. 근로자측에서는 위 2006다81523 판결의 판시 중 전부가 무효가 되는 것이 아니라는 판시를 근거로 비록 통상임금 범위에 관한 규정은 무효이지만 가산율에 관한 규정은 무효가 아니므로 통상임금에 관하여는 근기법에 따라, 가산율에 관하여는 취업규칙 등에서 정한 바에 따라 법정수당을 산정하여야 한다고 주장하는 경우가 있다. 대법원의 위 판시는 근기법 15조의 규정에 근거하여 전부 무효가 아니라 일부 무효라고 한 것인데, 무효가 된 범위 내에서 하나의 근로조건을 구성하는 여러 요소가 있는 경우 여러 요소 전부가 무효인지 여부를 명확히 하지 아니하는 점에서 문제가 있다. 앞서 평균임금에 관하여 본 것과 마찬가지로 무효가 되는 범위 내에서는 근로자에게 불리한 규정만을 따로 떼어내서 무효라고 할 것은 아니다. 퇴직급여법을 하회하는 퇴직금 규정 중 계속근로기간, 평균임금 및 지급률 등 여러 요소의 효력을 전체적으로 보아야 하는 것과 마찬가지로, 가령 취업규칙의 시간외수당액에 관한 규정 중 근기법상 통상임금에 포함될 수당을 통상임금에서 제외하는 규정(근로자에게 불리한 규정)은 물론 근기법의 가산율을 상회하는 규정(근로자에게 유리한 규정) 또한 전체적으로 무효가 되고, 통상임금에 관하여는 근기법에 따라, 가산율에 관하여는 취업규칙 등에서 정한 바에 따라 법정수당을 산정하여야 한다는 주장은 허용되지 아니한다(종합적 또는 전체적 판단). 위 2006다81523 판결의 판시에서 법에 정한 기준과 전체적으로 비교하자는 것은 이러한 의미로 이해되는데, 다만 그와 같은 뜻이 명확하게 나타나지 않고 있고, 앞서 본 바와 같이 불필요한 논란을 불러일으키는 면이 있다. 따라서 위 2006다81523 판결의 판시는 대법원 2013. 12. 18. 선고 2012다89399 전원합의체 판결의 위 판시와 종합하여 다음과 같이 변경하는 것이 타당하다[법정수당에 관한 근로기준법의 규정은 사용자가 근로자에게 지급하여야 할 법정수당액의 하한을 규정한 것이므로, 노사 간에 단체협약이나 취업규칙 등에서 법정수당의 산정 방법을 정하면서 근로기준법이 정하는 통상임금에 포함될 수 있는 임금 항목을 법정수당의 산정의 기초로 하지 아니하기로 하는 경우에 그에 따라 산정된 법정수당액이 근로기준법이 보장한 하한을 상회하는 금액이라면 그 규정이 근로기준법에 위반되어 무효라고 할 수 없다. 그러나 만약 위 규정에 따라 산정한 법정수당액이 근로기준법이 보장한 하한에 미달하는 금액이라면 위 규정은 그 미달금액 범위 내에서 근로기준법에 위반되어 무효이다. 위와 같이 법정수당액의 산정 규정이 그 미달금액 범위 내에서 무효인 경우, 법정수당액의 산정에 관한 규정 중 근로기준법이 정하는 통상임금에 포함될 수 있는 임금 항목을 법정수당의 산정의 기초로 하지 아니하기로 하는 등 근로자에게 불리한 면이 있는가 하면, 근로기준법이 인정하는 가산율을 초과하여 인정하는 등 근로자에게 유리한 면이 있더라도, 근로자에게 불리한 규정만을 따로 떼어내서 그 규정만을 무효라고 할 것은 아니고, 미달금액 범위 내에서는 근로자에게 불리한 규정은 물론 근로자에게 유리한 규정 모두 전체적으로 무효가 된다].

있는 연·월차휴가수당은 정근수당으로 갈음한다고 한 운영규정 조항은 무효라고 하였다.[29]

② 연차휴가를 사용할 권리 혹은 연차휴가수당 청구권은 근로자가 전년도에 출근율을 충족하면서 근로를 제공하면 당연히 발생하는 것으로서, 연차휴가를 사용할 해당 연도가 아니라 그 전년도 1년간의 근로에 대한 대가에 해당한다. 따라서 근로자가 업무상 재해 등의 사정으로 말미암아 연차휴가를 사용할 해당 연도에 전혀 출근하지 못한 경우라 하더라도, 이미 부여받은 연차휴가를 사용하지 않은 데 따른 연차휴가수당은 청구할 수 있다. 이러한 연차휴가수당의 청구를 제한하는 내용의 단체협약이나 취업규칙은 근기법에서 정하는 기준에 미치지 못하는 근로조건을 정한 것으로서 효력이 없다.[30]

#### (4) 정 년

##### ㈎ 남녀 정년 차별

정년에 관한 남녀 근로자 간의 차별 대우를 정한 취업규칙의 규정이 근기법이나 남녀고용평등법에 위반되어 무효라는 취지의 판례로는, ① 구 근기법 5조에서 말하는 남녀 간의 차별적인 대우란 합리적인 이유 없이 남성 또는 여성이라는 이유만으로 부당하게 차별 대우하는 것을 의미하드로 교환 직렬 직종의 정년을 43세로 정하고 있는 한국전기통신공사의 인사규정 내용이 합리적인 이유 없이 여성근로자들로 하여금 조기 퇴직하도록 부당하게 낮은 정년을 정한 것이라면 이는 근기법 소정의 남녀 차별 금지 규정에 해당되어 무효라는 판결,[31] ② 취업규칙에서 "종업원의 정년 퇴직 연령은 남자 55세, 여자 53세가 되는 다음날로 한다"고 정하고 있어 근로자의 정년에 대하여 원칙적으로 남녀를 달리 취급하고 있는데, 이는 성별 작업 구분이나 근로조건의 구분을 명확히 하지 아니한 채 남녀를 차별하여 정년을 규정한 것으로 합리적인 이유 없이 남녀의 차별적 대우를 하지 못하도록 한 구 근기법 5조와 근로자의 정년에 관하여 여성인 것을 이유로 남성과 차별해서는 아니 된다는 구 남녀고용평등법 8조 등 강행법규에 위배되어 무효라고 한 판결[32]이 있다.

29) 대법원 1995. 7. 14. 선고 94다54573 판결, 대법원 1996. 2. 9. 선고 94다19501 판결, 대법원 1996. 3. 8. 선고 94다18560 판결, 대법원 1996. 5. 10. 선고 95다2227 판결.
30) 대법원 2017. 5. 17. 선고 2014다232296, 232302 판결.
31) 대법원 1988. 12. 27. 선고 85다카657 판결.
32) 대법원 1993. 4. 9. 선고 92누15765 판결.

#### (나) 고령자고용법상의 정년

고령자고용법 19조에 의하면, 사업주는 근로자의 정년을 60세 이상으로 정하여야 하고(1항), 사업주가 근로자의 정년을 60세 미만으로 정한 경우에는 정년을 60세로 정한 것으로 간주되므로(2항), 근로자의 정년을 60세 미만이 되도록 정한 근로계약이나 취업규칙, 단체협약은 위 규정에 위반되는 범위 내에서 무효이다. 그리고 여기서 말하는 '정년'은 실제의 생년월일을 기준으로 산정하여야 한다.[33)]

### (5) 유니언 숍 조항

취업규칙에서 종업원이 노동조합에서 정권(停權)이나 제명 처분을 당하여 노동조합으로부터 해고 요청이 있을 때 그 종업원을 해고할 수 있도록 규정하고 있다면, 그 규정은 노동조합으로부터 제명된 자에 대하여 그 제명 사실만을 이유로 해고할 수 있도록 되어 있는 만큼 결국 노동조합의 조합원이 될 것을 고용요건으로 하는 것이 되고 이는 구 노조법 39조 2호에서 금지하고 있는 행위를 용인하는 셈이 되어 노조법에 저촉되어 무효이다.[34)]

### (6) 복수 노조 금지

구 노조법 규정에 따르면, 근로자는 자기가 속한 사업장 내에 이미 노동조합이 설립되어 있는 경우에도 기존 노동조합과 조직 대상을 같이 하거나 그 노동조합의 정상적 운영을 방해하는 것을 목적으로 하는 것이 아닌 한 자유로이 새로운 노동조합을 조직하거나 이에 가입할 수 있다. 따라서 그와 같은 노동조합 조직 행위가 사업장 질서를 문란하게 하는 행위에 해당한다고 볼 수 없음은 물론 이를 제한하는 취업규칙은 위법한 것으로서 효력이 없다.[35)]

### (7) 주주 평등의 원칙

유상 증자에 참여하여 주주의 지위를 갖게 될 은행의 직원들에게 퇴직 시 출자 손실금을 전액 보전해주는 것을 내용으로 하는 손실 보전 합의와 퇴직금 특례 지급 기준은 비록 사용자와 근로자의 관계를 규율하는 단체협약 또는 취

---

33) 대법원 2017. 3. 9. 선고 2016다249236 판결, 대법원 2018. 11. 29. 선고 2018두41082 판결, 대법원 2019. 3. 14. 선고 2018다269838 판결, 대법원 2022. 4. 14. 선고 2020도9257 판결, 대법원 2022. 11. 10. 선고 2019다282333 판결, 대법원 2022. 12. 29. 선고 2019다296844 판결.

34) 대법원 1989. 1. 17. 선고 87다카2646 판결.

35) 대법원 1995. 10. 13. 선고 94다34944 판결.

업규칙의 성격을 겸하고 있다고 하더라도, 회사가 주주에 대하여 투하 자본의 회수를 절대적으로 보장하는 셈이 되고 다른 주주들에게 인정되지 않는 우월한 권리를 부여하는 것으로서 주주 평등의 원칙에 위반되어 무효이다.[36)]

#### (8) 당연면직 · 당연퇴직 사유에 관한 취업규칙 규정

① 직원이 파산선고를 받는 경우 예외 없이 당연퇴직한다고 규정한 지방공기업의 인사규정은 그 필요성과 취지에도 불구하고, 정당한 이유 없는 해고를 금지하는 구 근기법 30조 1항의 취지에 반할 뿐만 아니라, 비록 당연퇴직 처분 당시 시행되고 있었던 것은 아니나, "누구든지 파산절차 중에 있다는 이유로 정당한 사유 없이 취업의 제한 또는 해고 등 불이익한 처우를 받지 아니한다"는 채무자회생법 32조의2 규정의 취지에도 명시적으로 반하는 것이며, 직원의 근로의 권리, 직업행사의 자유를 과도하게 침해하는 것으로서 사회통념상 그 상당성을 인정하기 어렵다.[37)]

② 한국원자력안전기술원법에 의하여 설립된 공법인의 직원으로서 정당법에 의하여 정당 가입이 가능한 직원에 대하여 정당 가입 사실 그 자체를 당연면직 사유로 규정한 인사규정은 공무원, 교원 등 일정 범위의 사람을 제외하고는 누구든지 정당의 당원이 될 수 있다는 정당법 22조 1항에 저촉되어 무효이다.[38)]

#### (9) 최저임금법에 반하는 소정근로시간 단축

정액사납금제 하에서 생산고에 따른 임금을 제외한 고정급이 최저임금에 미달하는 것을 회피할 의도로 사용자가 소정근로시간을 기준으로 산정되는 시간당 고정급의 외형상 액수를 증가시키기 위해 택시운전근로자 노동조합과 사이에 실제 근무형태나 운행시간의 변경 없이 소정근로시간만을 단축하기로 합의한 경우, 이러한 합의는 강행법규인 최저임금법상 특례조항 등의 적용을 잠탈하기 위한 탈법행위로서 무효라고 보아야 한다. 이러한 법리는 사용자가 택시운전근로자의 과반수로 조직된 노동조합 또는 근로자 과반수의 동의를 얻어 소정근로시간을 단축하는 내용으로 취업규칙을 변경하는 경우에도 마찬가지로 적용된다.[39)]

---

36) 대법원 2007. 6. 28. 선고 2006다38161, 38178 판결.
37) 서울중앙지법 2006. 7. 14. 선고 2006가합17954 판결.
38) 대전지법 2002. 10. 16. 선고 2002가합3833 판결.
39) 대법원 2019. 4. 18. 선고 2016다2451 전원합의체 판결.

(10) 연령차별 금지 조항에 위반하는 취업규칙

구 고령자고용법 4조의4, 4조의6 1항, 4조의7 1항, 23조의3 2항, 24조 1항의 내용과 고용의 영역에서 나이를 이유로 한 차별을 금지하여 헌법상 평등권을 실질적으로 구현하려는 구 고령자고용법상 차별 금지 조항의 입법 취지를 고려하면, 연령을 이유로 한 차별을 금지하고 있는 구 고령자고용법 4조의4 1항은 강행규정에 해당하므로, 단체협약, 취업규칙 또는 근로계약에서 이에 반하는 내용을 정한 조항은 무효이다.[40)]

(11) 임금의 공제를 규정한 취업규칙

근기법 43조의 규정 형식이나 취지, 그 법적 성격 등에 비추어 보면, 취업규칙이나 근로계약에 임금의 일부를 공제할 수 있는 근거를 마련하였다고 하더라도 그 효력이 없다.[41)]

나. 저촉 부정례

(1) 결근 기간 중 휴일을 결근 일수에 산입하도록 한 규정

대법원은 통상 근무자들을 제외한 교대 근무자 및 교번 근무자에 한하여 계속 결근시 결근 기간 중의 휴일을 결근일수에 산입하도록 한 취업규칙 규정에 관하여, 연중무휴로 지하철이 운행되어야 하는 업무의 특수성으로 인하여 직원들의 근무 형태를 통상 근무 이외에 교대 근무, 교번 근무로 구분하여 운영하는 것이 불가피하고, 이에 따라 교대 근무자와 교번 근무자에 대하여는 엄격한 출·퇴근 관리가 요구되며, 교대 근무자와 교번 근무자의 야간근무 기간 동안에 한하여 근무일 다음날을 비번일로 정하고 있는 사정 등을 들어 교대 근무자와 교번 근무자에 한하여 취업규칙의 위 규정을 적용하는 것에는 그 합리성을 인정할 여지가 충분하다고 하여 근기법 6조의 균등 처우 조항에 위배되는 것으로 단정하기는 어렵다고 하였다.[42)]

(2) 휴가를 받고자 할 경우 사전에 승인을 받아야 한다는 규정

대법원은 취업규칙에 휴가를 받고자 하는 자는 사전에 소속 장에게 신청하여 대표이사의 승인을 받아야 한다고 규정하고 있는 경우 이는 근로자의 휴가시기지정권을 박탈하기 위한 것이 아니라 단지 사용자에게 유보된 휴가 시기변

40) 대법원 2022. 5. 26. 선고 2017다292343 판결.

41) 대법원 2022. 12. 1. 선고 2022다219540 판결.

42) 대법원 2004. 6. 25. 선고 2002두2857 판결.

경권의 적절한 행사를 위한 규정이므로 위 규정을 근로자의 휴가 시기지정권에 관한 근기법 규정에 위반되는 무효의 규정이라 할 수 없다고 하였다.[43)]

(3) 정년 차등 규정

일반직 직원의 정년을 58세로 규정하면서 전화 교환 직렬 직원만은 정년을 53세로 규정하여 5년 간의 정년 차등을 둔 인사규정에 관하여 대법원은, 교환직렬에서 생기는 잉여 인력의 정도, 연령별 인원 구성, 정년 차이의 정도, 차등 정년 실시 때 노사 간 협의를 거친 점, 신규 채용을 하지 못한 기간, 현재의 정년에 대한 교환 직렬 직원들의 의견 등에 비추어 보아 교환 직렬에 대하여 다른 일반직 직원과 비교하여 5년 간의 정년차등을 둔 것이 사회통념상 합리성이 없다고 단정하기는 어려워 구 근기법 5조와 구 남녀고용평등법 8조에 위배되지 않는다고 판시하였다.[44)]

(4) 업무와 관련하여 유죄 판결을 받거나 파면되었을 때 퇴직금을 감액하는 규정

대법원은, 정부투자기관(한국수자원공사)의 직원이 업무와 관련하여 금고 이상의 형을 받거나 징계 처분으로 파면된 경우에는 100분의 50을 감하여 퇴직급여를 지급한다는 퇴직금 감액 규정은, 직원으로 하여금 재직 중 성실하고 청렴하게 근무하도록 유도하기 위한 것으로서 그 목적의 정당성이 인정되고, 제한의 사유를 업무와 관련한 범죄 행위로 인하여 금고 이상의 형을 선고받거나 징계 처분에 의한 파면이라는 중대한 사유가 발생한 경우로 한정하였으며, 제한의 범위도 퇴직급여법 8조 1항으로 정한 최저 퇴직금 제도에 위배되지 아니하여, 수단의 상당성과 법익의 균형성을 갖춘 적법한 규정이라 하였다.[45)]

(5) 유인물 배포에 사용자 허가를 받도록 한 규정

대법원은 기업 질서를 유지하기 위해 사업장 안 유인물 배포에 관하여 사용자의 허가를 받도록 한 취업규칙 규정이나 이를 위반한 근로자를 징계할 수 있도록 한 징계규정이 언론의 자유를 보장한 헌법 조항이 위반하여 무효라고 할 수 없다고 하였다.[46)]

---

43) 대법원 1992. 6. 23. 선고 92다7542 판결.
44) 대법원 1996. 8. 23. 선고 94누13589 판결.
45) 대법원 1995. 10. 12. 선고 94다36186 판결.
46) 대법원 1994. 9. 30. 선고 94다4042 판결, 대법원 1997. 7. 11. 선고 95다55900 판결.

#### (6) 유죄 판결을 받으면 퇴직시킨다는 규정

대법원은, 취업규칙에서 퇴직 사유로 "구속 기소로 인한 휴직에 있어서 유죄판결을 받았을 때"라는 것은, 구속 기소로 인하여 휴직 처리된 종업원이 취업규칙에서 정한 휴직기간이 만료되는 1 심 판결 선고 시까지도 현실적인 근로 제공이 불가능한 신체 구속이라는 당초의 실질적인 휴직 사유가 해소되지 아니하는 내용의 유죄 판결, 즉 실형의 판결을 선고받는 것을 의미한다고 전제한 후, 구속 기소로 인하여 휴직 처리된 종업원이 1 심에서 유죄 판결(실형)을 선고받은 경우 퇴직 처리한다고 해석하는 것은 종업원이 휴직 기간이 만료되는 1심 판결의 선고 시까지는 물론이고 그 이후에도 장기 구속에 따른 장기 결근이라는 근로자측 사정으로 말미암아 근로계약에 따른 기본적 의무인 근로의 제공을 할 수 없게 되었다는 사실 그 자체에 기하여 퇴직 처분을 한다는 취지이므로, 위와 같은 취업규칙 규정이 헌법상 무죄추정의 원칙에 어긋나거나 해고의 정당성에 관한 근기법 규정에 위배되는 것이 아니라고 판시하였다.47)

#### (7) 정직 · 직위해제 기간을 연차휴가 부여에 필요한 출근일수에 포함시키지 않는 규정

정직이나 직위해제 등의 징계를 받은 근로자는 징계기간 중 근로자의 신분을 보유하면서도 근로의무가 면제되므로, 사용자는 취업규칙에서 근로자의 정직 또는 직위해제 기간을 소정근로일수에 포함시키되 그 기간 중 근로의무가 면제되었다는 점을 참작하여 연차 유급휴가 부여에 필요한 출근일수에는 포함하지 않는 것으로 규정할 수 있고, 이러한 취업규칙의 규정이 연차 유급휴가에 관한 구 근기법 59조에 반한다고 보기 어렵다.48)

#### (8) 기존의 사실 또는 법률관계를 적용대상으로 하면서 징계시효를 연장하는 등으로 불리한 법률효과를 규정한 개정 취업규칙의 효력

사업자가 취업규칙을 작성 · 변경하면서 시행일을 정하였다면 특별한 사정이 없는 한 취업규칙은 정해진 시행일부터 효력이 발생하므로 징계사유의 발생 시와 징계절차 요구 시 사이에 취업규칙이 개정된 경우에 경과 규정에서 달리 정함이 없는 한 징계절차 요구 당시 시행되는 개정 취업규칙과 그에 정한 바에 의하는 것이 원칙이고, 개정 취업규칙이 기존의 사실 또는 법률관계를 적용대상

47) 대법원 1992. 11. 13. 선고 92누6082 판결, 대법원 1993. 5. 25. 선고 92누12452 판결.
48) 대법원 2008. 10. 9. 선고 2008다41666 판결.

으로 하면서 근로자에 대한 징계시효를 연장하는 등으로 불리한 법률효과를 규정하고 있는 경우에도 그러한 사실 또는 법률관계가 개정 취업규칙이 시행되기 이전에 이미 완성 또는 종결된 것이 아니라면 이를 헌법상 불소급의 원칙에 위배되어 법 96조 1항에 따라 효력이 없다고 할 수 없으며, 그러한 개정 취업규칙의 적용과 관련해서는 개정 전 취업규칙의 존속에 대한 근로자의 신뢰가 개정 취업규칙의 적용에 관한 공익상의 요구보다 더 보호가치가 있다고 인정되는 예외적인 경우에 한하여 그러한 근로자의 신뢰를 보호하기 위하여 신의칙상 적용이 제한될 수 있을 뿐이다.[49)]

(9) 취업규칙으로 연차휴가권 발생의 기준이 되는 시점을 정한 경우

연차휴가에 관한 권리가 발생하기 위한 1년간의 계속근로는 원칙적으로 그 근로자가 근로를 개시한 날로부터 기산하여야 할 것이나, 사용자가 사업장 내의 모든 근로자에 대한 연차휴가를 일률적으로 시행하기 위하여 단체협약이나 취업규칙으로 연차휴가권 발생의 기준이 되는 시점을 정하고 이를 기준으로 계속근로기간과 출근일수를 산정하더라도, 그 기준일 이전의 1년 이내에 채용된 근로자에 대하여 잔여기간을 출근한 것으로 보고 1년간 계속근로한 것으로 취급하여 연차휴가를 실시한다면 근로자에 대하여 불리하지 아니한 것으로서 적법하다고 보아야 할 것이다.[50)]

## Ⅲ. 단체협약과 취업규칙

### 1. 취업규칙이 단체협약에 어긋난다는 것의 의미

#### 가. 단체협약

법 96조에서 말하는 단체협약이란 노조법의 요건을 갖춘 단체협약을 말한다. 취업규칙이 어긋나서는 아니 되는 부분은 단체협약 중 근로조건 기타 근로자의 대우에 관한 기준, 즉 규범적 부분에 한정되는 것인가, 아니면 단체협약 중 규범적 부분 이외의 채무적 부분도 포함되는 것인가.

이에 관하여는 법 96조의 취지를 단체협약 중에 정하여진 근로조건의 최저

49) 대법원 2014. 6. 12. 선고 2014두4931 판결, 대법원 2014. 6. 12. 선고 2014두915 판결, 대법원 2014. 6. 12. 선고 2013두25382 판결, 대법원 2014. 6. 12. 선고 2013두26064 판결.
50) 대법원 2000. 12. 22. 선고 99다10806 판결, 대법원 2024. 12. 12. 선고 2023도5476 판결.

기준이 사실상 저하되는 것을 방지하는 것으로 보고 취업규칙이 어긋나서는 아니 되는 부분은 단체협약의 규범적 부분에 한정된다는 견해[51]와 사용자의 단독 결정을 노사의 공동 결정보다 우위에 둘 수 없다는 점에서 단체협약 우위의 근거를 구한다면 취업규칙이 단체협약의 제도적·채무적 부분에 반하는 것도 허용될 수 없으므로 단체협약상의 해고 동의 조항에 어긋나는 해고 절차를 둔 취업규칙 조항, 단체협약상 인정된 기업 내 노동조합 활동을 제약하는 취업규칙 조항, 취업규칙 개정에 관하여 동의·협의 의무를 규정한 단체협약 조항에 위반되어 개정된 취업규칙은 무효라는 견해[52]가 있다.

대법원은 단체협약에서 취업규칙의 작성·변경에 관하여 노동조합의 동의를 받거나 노동조합과 협의를 거치거나 그 의견을 듣도록 규정하고 있다 하더라도 원칙적으로 취업규칙상의 근로조건을 종전보다 근로자에게 불이익하게 변경하는 경우가 아닌 한 그러한 동의나 협의 또는 의견 청취 절차를 거치지 아니하고 취업규칙을 작성·변경하였다고 하여 그 취업규칙의 효력이 부정된다고 할 수 없다고 한다.[53]

### 나. 취업규칙

여기에서 말하는 취업규칙에 법 93조에 의해 작성 의무가 부과되는 사용자에 의하여 작성된 취업규칙은 물론 취업규칙 작성 의무가 없는 사용자가 작성한 취업규칙도 포함되는 것은 앞서 법령과 취업규칙 부분에서 본 것과 마찬가지이다.

### 다. 취업규칙이 단체협약에 어긋난다는 것의 의미

취업규칙이 단체협약에 어긋난다는 것은, 일반적으로 취업규칙의 규정이 단체협약의 내용에 모순·저촉된다는 것을 의미한다. 이와 관련하여 노조법 33조 1항에서는 단체협약에 정한 근로조건 기타 근로자의 대우에 관한 기준에 위반하는 취업규칙은 무효로 한다고 하고 있어 규범적 부분에 관하여는 법 96조와 노조법 33조 1항 사이에 단체협약과 취업규칙의 관계에 대한 규율이 중복되어 있다고 할 수 있다.[54]

---

51) 菅野, 193면; 荒木, 350면; 注釋(下), 1016면(王能君 집필).

52) 민변노동법Ⅰ, 1043면; 한덕렬, 44~45면 이하; 西谷 敏a, 468면, 493면; 青木宗也·片岡曻, 287면(辻秀典 집필).

53) 대법원 1994. 12. 23. 선고 94누3001 판결. 단체협약에서 퇴직금 규정의 변경에 노사 간의 합의를 거쳐야 한다는 규정을 두고 있는 사안에 관한 것으로는 대법원 1990. 11. 27. 선고 90다카23868 판결, 대법원 1991. 2. 12. 선고 90다15952, 15976 판결이 있다.

## 2. 단체협약에 어긋나는 취업규칙의 효력과 보충 여부

### 가. 단체협약에 어긋나는 취업규칙의 효력

단체협약의 내용에 어긋나는 취업규칙의 규정은 법 96조 및 노조법 33조 1항에 따라 무효이다. 단체협약의 내용에 어긋나는 취업규칙의 규정이 있는 경우 취업규칙 전체가 무효가 되는 것은 아니고, 단체협약에 어긋나는 그 규정만이 무효가 된다(일부 무효).

단체협약에 어긋나는 취업규칙은 단체협약이 적용되는 조합원인 근로자에게 적용되지 않는다.[55] 그러나 비조합원인 근로자에게는 단체협약이 적용되지 않으므로 비록 취업규칙이 단체협약에 반하더라도 비조합원인 근로자에 대하여는 취업규칙의 규정이 그대로 적용된다.

대법원도 취업규칙인 포상·징계에 관한 규정에서 징계 종류의 하나로서 정직을 규정하면서 다시 이를 정직 기간의 정함이 없는 무기 정직과 3개월 이내로 정직 기간을 정한 유기 정직으로 구분하고 있는 데 반해 단체협약에서는 정직에 관하여 정직 기간은 3개월 이내로 한다고만 규정하고 무기 정직에 대하여는 아무 규정을 두지 아니한 사안에서, 위 포상·징계 규정은 단체협약에 위반됨을 전제로 하여 단체협약에 반하는 취업규칙은 단체협약의 적용 대상자에 대하여는 효력이 없으나 단체협약을 적용받지 아니하는 근로자에 대하여는 그대로 적용된다고 보고 비조합원인 근로자에게 위 포상·징계 규정에 따라 무기 정직 처분을 한 것을 유효하다고 하였다.[56]

다만, 비조합원인 근로자에 대하여 단체협약의 일반적 구속력 규정인 노조법 35조에 따라 단체협약이 확장 적용되는 경우에는 단체협약에 반하는 취업규칙은 비조합원에게도 무효가 되어 그들에게 적용되지 않는다.[57]

54) 일본 노동조합법 16조에서는 단체협약의 근로계약에 대한 효력만을 규정하고 있을 뿐 단체협약의 취업규칙에 대한 효력을 규정하지 않아 규율의 중복 현상이 없다. 제정 노조법에서도 단체협약에 정하는 기준에 위반되는 근로계약 부분에 한하여 무효로 하는 규정을 두었으나, 구 노조법(1963. 4. 17. 법률 1329호로 개정된 것)에서 취업규칙 부분도 포함시켰다.

55) 대법원 1999. 4. 9. 선고 98다33659 판결, 대법원 2000. 8. 22. 선고 2000다24931 판결, 대법원 2000. 12. 22. 선고 99다21806 판결, 대법원 2012. 6. 28. 선고 2010다10795 판결.

56) 대법원 1992. 12. 22. 선고 92누13189 판결.

57) 대법원 2003. 11. 28. 선고 2003다15068 판결 참조. 다만, 위 판결에서는 노동조합이 동종근로자 과반수로 조직되지 않아 확장 적용은 부정되었고, 취업규칙이 비조합원에 대해 적용되는 것을 긍정하였다.

취업규칙의 규정이 단체협약의 기준에 반하여 무효가 된 경우 단체협약이 실효하여도 그 효력을 회복하는 것은 아니다.[58]

또한 판례에 의하면 취업규칙의 불이익변경에 사회통념상 합리성이 있으면 과반수 노동조합이나 근로자 과반수의 동의가 없더라도 예외적으로 변경된 취업규칙이 효력을 가지게 되는데, 변경된 취업규칙이 단체협약에 위반되는 경우에도 사회통념상 합리성이 인정되면 효력이 부여되는지 문제될 수 있다. 대법원은 퇴직금 지급률을 누진제에서 단수제로 변경한 단체협약의 개정에 이어 보수규정도 단수제로 개정하였는데, 위 단체협약의 개정이 무효가 된 사안에서, 원심이 위 변경된 보수규정에 사회통념상 합리성이 있으므로 유효하다고 본 것에 대하여, 누진제에서 단수제로 변경한 단체협약이 무효가 되었다면 누진제를 정한 종전 단체협약이 여전히 유효하고 개정 보수규정은 종전 단체협약에 반한다고 함으로써 설령 개정 보수규정에 사회통념상 합리성이 있더라도 여기에 단체협약의 위반이라는 하자를 치유하는 효력까지 있는 것은 아니라는 점을 전제로 판단하였다.[59]

### 나. 보 충

노조법 33조 1항은, 단체협약에 정한 근로조건 기타 근로자의 대우에 관한 기준에 위반하는 취업규칙은 무효로 한다고 하고, 2항에서는 1항에 따라 무효로 된 부분은 단체협약에 정한 기준에 따른다고 하여 무효가 된 부분에 관하여 보충을 인정하고 있다.

다만, 노조법 33조 2항에서 근로계약에 대하여는 근로계약에서 규정되지 아니한 사항에 관하여도 단체협약의 보충적 효력을 명시하고 있는 것과는 달리, 취업규칙에 대한 관계에서는 취업규칙에 규정되지 아니한 사항에 관한 보충적 효력을 명시하지 않고 있는데 이 경우에도 보충적 효력이 인정될 것인지 문제된다.

대법원은 취업규칙에 규정되지 않은 근로조건에 관한 사항에 대하여는 단체협약의 기준이 적용된다 할 것이며, 희망퇴직·명예퇴직을 희망하는 불특정

58) 注釋(下), 1016~1017면(王能君 집필).

59) 대법원 2012. 6. 28. 선고 2010다10795 판결. 환송 후 원심판결(수원지법 2013. 4. 11. 선고 2012나25408 판결)은 퇴직금 단수제를 정한 개정 보수규정은 사회통념상 합리성 여부와 관계없이 종전 단체협약에 반하므로 효력이 없다고 판시하였다. 위 대법원 판결에 대한 간단한 해설로 마은혁c, 647~650면 참조.

다수의 근로자에게 퇴직위로금 등을 지급하기로 한 합의(단체협약)는 퇴직급여 지급 규정을 보완하여 퇴직급여의 지급에 관한 사항을 규정한 것으로서 퇴직급여 지급 규정과 동일한 효력을 갖는다고 하여[60] 취업규칙에 규정되지 아니한 사항에 관하여도 단체협약의 보충적 효력을 인정하고 있다.

### 3. 취업규칙의 내용이 단체협약의 규정을 상회하는 경우

취업규칙의 내용이 단체협약에서 정한 기준에 미달하는 경우에는 단체협약에 어긋나는 것으로 되어 무효가 됨이 명확하다. 그런데 취업규칙의 내용이 단체협약에서 정한 기준을 상회하는 경우에도 이를 단체협약에 어긋나는 것으로 보고 무효라고 할 것인가.

이는 단체협약과 취업규칙 사이에 유리 원칙을 인정할 것인가 하는 문제이다. 일반적으로 유리 원칙이란 근로조건을 규율하는 상·하위 규범이 있을 때 원칙적으로 하위규범이 상위규범에 위반하면 그 효력이 없으나 하위규범이 상위규범보다 근로자에게 유리한 근로조건을 정하고 있는 경우에는 그 유리한 하위규범이 상위규범보다 우선하여 적용되어야 한다는 원칙을 말한다. 유리원칙에 의하면 상위규범은 하위규범에 대하여 편면적인 강행성만을 갖게 된다.[61]

단체협약과 취업규칙 사이에 유리 원칙을 인정할 것인가 하는 문제는 이론적으로는 단체협약과 근로계약 사이의 유리 원칙을 인정할 것인가의 문제에 비해 그다지 자주 논의되지 않고 있으나 실무상 문제가 되는 사례가 꽤 있다. 뒤에서 보는 것처럼 단체협약과 취업규칙 사이에 유리 원칙을 인정할 것인가 하는 문제는 단체협약과 근로계약 사이의 유리 원칙 인정 여부와는 다른 측면을 가지고 있는 문제로서 구별되어야 한다.

#### 가. 학 설

##### (1) 유리 원칙 긍정설

집단적 자치는 사적 자치를 보충하는 지위에 서는 것으로 단체협약과 근로계약 사이의 유리 원칙을 인정하는 전제 위에서 취업규칙 중 근로조건의 형성에 관한 부분은 계약적 성질만을 띠게 되어 근로계약과 동위 또는 근로계약의

60) 대법원 2003. 11. 14. 선고 2003다34052 판결, 대법원 2003. 11. 14. 선고 2003다34083 판결, 대법원 2005. 7. 28. 선고 2004두6532 판결.

61) 유리 원칙에 대하여는 강선희a, 115~147면; 김경태, 65~94면 참조.

일 유형의 지위를 가지게 되는 것이므로 취업규칙은 그 내용이 단체협약의 그것보다 불리한 것을 규정한 때에는 효력을 가지지 못하나 유리한 것을 내용으로 담고 있는 경우에는 우선 적용력을 가지게 된다고 한다. 다만, 취업규칙에서 정한 근로조건을 후일 단체협약에서 하향된 조건으로 변경하는 경우에는 다른 결론에 이를 수 있다고 한다.[62)]

(2) 유리 원칙 부정설

단체협약과 근로계약 사이에서는 개인의 인격의 자유로운 발현을 위한 일반적 행동의 자유가 우리 헌법상 행복추구권(헌법 10조)이라는 기본권으로 보장되어 있고, 그에 따라 근로자 개개인이 인격 실현을 위하여 자신의 급부능력에 따른 근로조건을 자유로이 형성할 수 있다는 점에 착안하여 유리 원칙이 인정되지만, 취업규칙이나 노동관행과 같이 근로자에 대한 집단적 규율을 목적으로 하는 하위 규범에 대하여는 유리 원칙이 적용되지 않고, 특히 취업규칙에 대하여는 근로자의 과반수로 조직된 노동조합이 있는 경우 그 노동조합의 동의를 받아 취업규칙을 근로자에게 불이익하게 변경할 수 있어(법 94조 1항 단서), 노동조합이 단체협약을 체결하면서 기존의 취업규칙에 정한 근로조건보다 불리한 내용의 근로조건의 기준을 정함으로써 취업규칙을 변경하는 것은 위 법 규정에 의하여 허용되고 있으므로, 우리의 경우 이러한 한도 안에서 취업규칙과 단체협약 사이의 유리의 원칙은 입법적으로 배제되어 있다고 한다. 노동조합이 근로자의 과반수로 조직된 노동조합이 아닌 경우에는 명문의 규정이 없으나, 이때에도 집단적 규율을 목적으로 하는 규범 상호간에는 유리의 원칙을 인정할 근거를 찾아볼 수 없으므로 유리의 원칙은 적용되지 않는다고 한다.[63)]

나. 판　　례

(1) 대법원 1993. 3. 23. 선고 92다51341 판결의 원심은, 취업규칙과 단체협약에서 정년을 동일하게 60세로 정하고 있다가 단체협약의 정년만을 55세로 변경하여 근로자의 나이가 55세가 되는 1991. 3. 9. 당시 정년이 취업규칙상으로는 60세, 단체협약상으로는 55세인 사안에 대하여, 어떤 근로조건을 두고 취업규칙과 단체협약이 각기 다르게 정하고 있을 경우는 취업규칙의 정함이 단체협약의 그것보다 근로자에게 불리한 경우는 물론이고 반대의 경우에도 단체협약에서

62) 박종희a, 484~501면; 김형배 303~304면도 참조.
63) 김지형a, 66~67면; 사법연수원, 207~211면.

취업규칙이 유리한 근로조건을 정할 수 있다고 명시적으로 허용하지 않은 이상에는 단체협약 우선의 원칙에 따라 단체협약상의 정함에 따라야 하므로 근로자의 정년은 단체협약상의 규정에 따라 55세라 판시하여 원칙적으로 유리 원칙 부정설의 입장을 취하면서 다만, 단체협약에서 명시적으로 허용한 경우에 유리 원칙을 인정하는 태도를 취하였는데,[64] 대법원은 원심 판결의 위 판시를 채택하지는 않았지만, 원심 판결을 인용함으로써 원심 판결의 태도를 수긍하였다고 볼 수 있다.

(2) 단체협약과 취업규칙에서 동일하게 매년 기준금액의 700%를 상여금으로 지급하고, 하기휴가비로 30만 원을 지급하는 것으로 규정하고 있다가 1998. 7. 29. 단체협약에 해당하는 노사 공동 결의서를 작성하면서 그 이후에 지급기가 도래할 상여금과 하기휴가비를 회사의 경영이 정상화될 때까지 반납하기로 하였으나 취업규칙은 개정하지 않아 취업규칙에서 정한 근로조건이 단체협약상의 근로조건을 상회하게 된 사안에 대하여, 대법원은 위 상여금 포기 약정에도 불구하고 취업규칙이 그대로 적용된다면 위 약정은 그 목적을 전혀 달성할 수 없으므로 위 약정에는 당연히 위 취업규칙상의 유리한 조건의 적용을 배제하고 변경된 단체협약이 우선적으로 적용된다는 내용의 합의가 포함된 것이라고 봄이 당사자의 의사에 합치하고, 따라서 위 약정으로써 취업규칙상 상여금에 관한 규정의 적용이 배제된다고 하여[65] 당사자의 의사 해석에 기초하여 유리 원칙을 부정하는 것과 같은 결과를 도출하였다.

(3) 한편 사용자가 퇴직금 산정의 기초가 되는 임금에서 특별 상여금을 제외하여 보수 규정을 불이익하게 변경하면서 집단적 동의를 받지 않았는데, 과반수에 미달하는 노동조합이 단체협약을 체결하면서 위 변경된 보수 규정을 승인한 사안에 대하여 대법원[66]은 사용자가 근로자의 집단적 의사 결정 방법에 의한 동의를 받지 않고 취업규칙 중 퇴직금규정을 근로자에게 불이익하게 변경함으로써 기득이익을 침해받게 되는 기존의 근로자에 대하여는 종전의 퇴직금조항이 적용되어야 하는 경우에도, 노동조합이 사용자측과 사이에 변경된 퇴직금조항을 따르기로 하는 내용의 단체협약을 체결한 때에는 그 협약의 적용

64) 부산고법 1992. 10. 23. 선고 91나17009 판결.
65) 대법원 2001. 1. 19. 선고 2000다30516 등 판결. 무단결근으로 인한 면직기준과 관련하여 동일한 판시를 한 것으로는 대법원 2002. 12. 27. 선고 2002두9063 판결 참조.
66) 대법원 2006. 4. 27. 선고 2004다4683 판결.

을 받게 되는 기존의 근로자에 대하여도 변경된 퇴직금조항을 적용하여야 한다고 하여 조합원인 근로자에 대한 관계에서 개정된 보수규정의 적용을 긍정하였다.

나아가 위 사안에서 위 노동조합은 집단적 동의와 관련하여서는 과반수에 미달하는 노동조합이기는 하나 조합원 자격이 있는 근로자의 반수 이상으로 조직된 노동조합이어서 노조법 35조에서 정하는 '동종의 근로자 반수 이상으로 구성된 조합'에 해당하므로 조합원 자격이 있는 비조합원에 대하여도 단체협약이 확장 적용되는데, 대법원은 단체협약의 직접 적용을 받는 조합원뿐 아니라 노조법 35조에 따라 그 단체협약이 확장 적용되는 조합원 자격이 있는 비조합원들에게도 개정된 보수 규정이 적용되므로 그에 따라 퇴직금을 산정하여야 한다고 판시하였다.

그러나 과반수 미달 조합에게는 취업규칙의 불이익변경에 대한 동의권한이 없으므로, 위 노동조합이 변경된 퇴직금 규정을 따르기로 하는 내용의 단체협약을 체결하더라도 이에 의하여 취업규칙이 유효하게 변경되었다고 할 수 없으므로,[67] 취업규칙이 유효하게 변경되었다는 점을 전제로 '개정된 보수규정'이 적용된다고 한 것은 타당하지 않다.

다만 이 경우 조합원은 단체협약상으로는 변경된 퇴직금 규정에 의한 퇴직금 지급 기준을, 취업규칙상으로는 그보다 유리한 종전의 퇴직금 규정에 의한 지급 기준을 적용받게 되어 단체협약과 취업규칙 사이의 유리 원칙이 문제되는 상황이 발생한다. 나아가 조합원 자격 있는 비조합원에게도 노조법 35조에 의하여 단체협약이 확장 적용되므로 비조합원의 경우에도 단체협약상으로는 개정된 보수 규정에 의한 퇴직금 지급 기준을, 취업규칙상으로는 그보다 유리한 종전의 보수 규정에 의한 퇴직금 지급 기준을 적용받게 되어 유리 원칙이 문제된다.[68]

---

67) 노동조합이 집단적 동의를 받지 않고 변경된 취업규칙을 따르기로 하는 단체협약을 체결한 경우 변경된 취업규칙을 적용하여야 한다는 법리는 취업규칙 불이익변경에 대하여 동의권한을 가진 과반수 조합을 전제로 한 법리이다. 위와 같은 법리를 판시한 대법원 1997. 6. 10. 선고 95다34316 판결, 대법원 1997. 8. 22. 선고 96다6967 판결, 대법원 1997. 10. 14. 선고 97다25132 판결, 대법원 1997. 12. 26. 선고 97다39186 판결, 대법원 1997. 12. 26. 선고 97다46665, 46672 판결, 대법원 2000. 12. 22. 선고 2000다56457 판결, 대법원 2000. 12. 22. 선고 2000다56464 판결, 대법원 2000. 12. 22. 선고 2000다56471 판결, 대법원 2002. 6. 28. 선고 2001다77970 판결, 대법원 2005. 3. 11. 선고 2003다27429 판결, 대법원 2005. 3. 11. 선고 2003다27436 판결, 대법원 2005. 3. 11. 선고 2003다44691 판결은 모두 과반수 조합이 퇴직금과 관련하여 단체협약을 체결한 경우에 관한 것이다.

68) 조합원 자격 있는 비조합원과 관련한 유리 원칙의 문제에 대한 자세한 설명으로는 노조법

위 판결에서 취업규칙이 유효하게 변경되었다고 보고, 조합원은 물론 비조합원에 대한 관계에서도 개정된 보수규정이 적용된다고 한 것은 타당하지 아니하나, 결국 위와 같은 결론은 단체협약과 취업규칙 사이의 유리 원칙을 부정하는 것과 같은 결과로 귀착된다고 볼 수 있다.[69]

### 다. 유리 원칙이 문제되는 다양한 상황

단체협약과 취업규칙 사이의 유리 원칙이 문제되는 경우로는 ① 취업규칙이 설정하고 있는 근로조건 기준보다 불리한 단체협약이 체결된 경우, ② 취업규칙이 개정되어 단체협약에서 정한 기준보다 유리한 근로조건이 설정되는 경우가 있다.

#### (1) 단체협약의 불이익변경과 유리 원칙

##### ㈎ 단체협약의 불이익변경과 함께 취업규칙도 불이익변경되는 경우

단체협약을 불이익하게 변경하면 이에 연동하여 취업규칙도 불이익하게 변경하는 것이 통례이다.[70]

이 경우 노동조합이 과반수 조합이고 취업규칙 불이익변경에 동의하면 근기법 94조 1항 단서에 의하여 사용자의 취업규칙 불이익변경이 정당화되어 결국 불이익변경된 단체협약과 취업규칙의 내용이 동일하게 되고 유리 원칙이 문제되는 상황은 발생하지 않는다.[71] 이러한 결과는 근기법 94조 1항 단서에서 과반수 조합에게 취업규칙의 불이익변경에 대한 동의 권한을 부여하고, 나아가 판

---

주해 Ⅱ, 229~234면 참조.

69) 취업규칙인 인사관리규정의 내용이 법령 또는 단체협약에 위배되지 않고 법령이나 단체협약에 정한 내용보다 근로자에게 유리한 것인 때에는 법령 또는 단체협약에 우선하여 유효하게 적용된다는 이유로 단체협약과 취업규칙 사이의 유리원칙을 인정하는 추상론을 편 하급심 판결로 서울행법 2010. 12. 2. 선고 2010구합34736 판결이 있다.

70) 대법원 1999. 4. 9. 선고 98다33659 판결, 대법원 2000. 12. 22. 선고 99다21806 판결에 의하면 취업규칙의 내용과 배치되는 단체협약이 체결되면 취업규칙도 이를 반영하여 개정하는 것이 통례라고 한다.

71) 단체협약에 의하여 불이익변경된 취업규칙의 소급적 추인의 사안, 즉 불이익변경 당시 근로자 집단의 동의를 얻지 못하여 무효인 취업규칙 규정(특히 퇴직금 규정)에 대하여 사후에 사용자와 과반수 조합의 합의에 의하여 불이익변경시로 소급적으로 추인하는 사안의 경우에도 판례가 이를 유효하다고 함으로써 단체협약과 취업규칙의 내용이 동일하게 되어 유리원칙이 문제되는 상황은 발생하지 않는다. 소급적 추인에 관한 판례로는 대법원 1997. 6. 10. 선고 95다34316 판결, 대법원 1997. 8. 22. 선고 96다6967 판결, 대법원 1997. 10. 14. 선고 97다25132 판결, 대법원 2001. 6. 26. 선고 2000다65239 판결, 대법원 2002. 6. 28. 선고 2001다77970 판결, 대법원 2005. 3. 11. 선고 2003다27429 판결, 대법원 2005. 3. 11. 선고 2003다27436 판결, 대법원 2005. 3. 11. 선고 2003다44691 판결이 있는데, 위 판결들을 유리 원칙을 부정한 판례로 언급하는 것은 타당하지 않다. 같은 견해로 강선희a, 142면 참조.

례가 단체협약의 체결을 통하여 취업규칙 불이익변경에 동의하는 방식을 인정한 데에서 기인하는 것으로 과반수 조합과 관련하여서는 단체협약과 취업규칙 사이의 유리 원칙이 문제되는 상황의 발생이 입법과 판례에 의하여 배제되어 있다고 볼 수 있다.

과반수 미달 조합의 경우에는 단체협약의 불이익변경에 이어 사용자가 취업규칙을 불이익하게 변경하고 위 조합이 이에 동의하더라도 취업규칙 불이익변경은 효력이 없다. 그리하여 조합원인 근로자는 취업규칙상 보다 유리한 종전의 취업규칙의 기준에 따른 근로조건을 향유하게 되어 유리 원칙이 문제되는 상황이 발생한다. 또한 사용자가 집단적 동의를 받지 않은 채 취업규칙을 불이익하게 변경한 후 과반수 미달 조합이 사용자와 불이익하게 변경된 취업규칙을 따르기로 하는 내용의 단체협약을 체결한 때에도 위 단체협약의 체결로 불이익변경이 정당화되지 않으므로 유리 원칙이 문제되는 상황이 발생한다. 대법원 2006. 4. 27. 선고 2004다4683 판결이 이와 같은 사안에 관한 것으로 유리 원칙을 부정하는 것과 같은 결과를 도출하였음은 앞서 본 바와 같다.

**㈏ 단체협약은 불이익변경되었으나 취업규칙은 변경되지 않은 경우**

이와 반대로 단체협약은 불이익하게 변경되었으나 사용자가 취업규칙의 변경행위를 하지 않아 취업규칙이 변경되지 않은 예외적인 경우에는 취업규칙의 기준이 단체협약의 기준을 상회하게 되어 유리 원칙의 인정 여부가 문제된다. 앞서 본 대법원 1993. 3. 23. 선고 92다51341 판결, 대법원 2001. 1. 19. 선고 2000다30516 등 판결, 대법원 2002. 12. 27. 선고 2002두9063 판결이 이와 같은 사안에 관한 것으로, 유리 원칙을 부정하는 것과 같은 결과를 도출하였음은 앞서 본 바와 같다.

#### (2) 취업규칙의 개정과 유리 원칙

어느 근로조건에 관하여 취업규칙의 개정을 통하여 단체협약보다 유리한 근로조건을 설정하는 경우에도 유리 원칙이 문제되는 상황이 발생한다.

### 라. 검 토

먼저 단체협약의 당사자가 단체협약상의 기준을 최저기준으로 삼고 있다고 해석되는 경우에는 유리 원칙이 긍정되어 단체협약상의 기준보다 유리한 취업규칙의 기준이 적용된다.[72]

이와 달리 단체협약 당사자가 단체협약에서 취업규칙에 의한 유리한 조건을 배제하고 단체협약상의 근로조건 기준을 최고기준으로 삼고 있는 경우 그 유효성 여부(유리 원칙을 인정하는 경우 단체협약상 근로조건의 최고기준을 설정하는 것은 허용되지 않을 것이다) 및 단체협약 당사자의 의사가 유리 원칙을 배제하는 취지인지가 명확하지 않은 경우에는 다음과 같이 해석할 수 있다.

노조법에서 단체협약의 규범적 효력을 승인한 것은 개별적 차원에서 형해화되기 쉬운 계약 자유를 집단적 차원에서 회복하고 근로자를 보호하기 위한 것이다. 따라서 근로계약에서 정한 근로조건이 단체협약의 기준보다 유리하여 개별적인 계약자유가 실질적으로 기능하는 국면에서 단체협약에 의하여 이를 부정하는 것은 규범적 효력을 승인한 취지에 반하는 것이므로 단체협약과 근로계약 사이의 유리 원칙은 인정되어야 한다.[73)]

그러나 단체협약과 취업규칙 사이의 유리 원칙의 경우 문제 상황이 다르다. 취업규칙은 사용자에 의하여 일방적으로 작성되는 것으로 취업규칙에 의한 근로조건의 규율과 관련하여 유리 원칙의 인정 근거인 노동법의 보호원리, 개별적 계약자유가 작동한다고 볼 수 없다.[74)] 또한 노조법 33조 1항이나 법 96조에서 근로조건의 규제 권한과 관련하여 단체협약의 우위를 명문으로 인정하고 있는 취지를 고려할 때 단체협약과 취업규칙 사이의 유리 원칙은 인정되지 아니한다. 나아가 단체협약에 의하여 설정된 근로조건과 취업규칙에 의하여 설정된 근로조건은 모두 집단적 근로조건에 해당하므로, 취업규칙에서 정해지는 집단적 근로조건은 보다 우월한 집단 의사에 의하여 결정되는 단체협약상의 집단적 근로

72) 대전지법 홍성지원 2007. 11. 2. 선고 2007가합122에서는 "단체협약의 상벌위원회 의결 규정과 취업규칙의 성질을 지닌 승무원 상벌위원회 규정의 의결 규정은 그 내용이 상이한데, 근로자의 입장에서는 보다 엄격한 의결 규정을 두고 있는 승무원 상벌위원회 규정이 보다 유리한 것으로 보인다. 이러한 경우 단체협약과 취업규칙 사이에서 유리한 조건 우선의 원칙을 적용할 것인지가 문제된다. 그런데 피고 회사의 단체협약은 83조를 통해 '위 단체협약의 체결로서 기득한 제반 근로조건을 저하시키지 못한다'고 규정하고 있으므로, 이 사건에서는 근로자에게 유리한 조건 우선의 원칙이 적용되어 위 상이한 의결규정 중 승무원 상벌위원회 규정이 우선 적용된다고 해석함이 상당하다"고 판시하였다.

73) 西谷 敏d, 344~345면.

74) 유리 원칙의 인정 근거를 업적 원칙(Leistungsprinzip)에서 찾는 견해에 의하면 근로자가 좋은 업적을 거둔 경우 이외에는 유리원칙을 적용할 수 없게 되어 유리 원칙의 적용 범위가 좁아진다. 독일에서 유리 원칙의 인정 근거를 업적 원칙에서 찾는 입장은 진부한 것으로 평가되고 있고, 현재는 노동법의 보호 원리, 사적 자치 내지 계약자유의 보장에서 그 근거를 찾고 있으며, 다수설은 유리 원칙의 기초를 노동법의 보호 원리와 사적 자치의 양자의 결합에서 찾고 있다고 한다. 강선희a, 154~157면; 村中孝史, 139~141면; 丸山亞子, 167~168면.

조건에 그 자리를 내어주어야 한다. 집단적 근로조건을 정하는 규범 상호 간에는 유리 원칙을 인정하기 어렵다.

단체협약과 취업규칙 사이의 유리 원칙이 문제되는 경우 중 ① 취업규칙이 설정하고 있는 근로조건 기준보다 불리한 단체협약이 체결되는 경우와 관련하여서는 위와 같은 점 이외에 근기법 94조 1항 단서의 존재를 주목할 필요가 있다. 위 조항은 원래 과반수 조합에 취업규칙 불이익변경에 대하여 동의 권한을 부여하여 사업장 내의 근로조건에 관한 규제 권한을 부여한 조항인데, 판례에 따르면 과반수 조합은 단체협약을 체결하는 방식으로 동의 권한을 행사하는 것이 허용된다. 이에 따라 과반수 조합과 사용자가 단체협약을 불이익변경하고 그 내용대로 사용자가 취업규칙을 변경하면 취업규칙도 유효하게 변경되어 유리 원칙이 문제되는 상황 자체가 발생하지 않는데, 다만 사용자가 취업규칙 변경 절차를 게을리 하는 경우 유리 원칙이 문제된다. 이 경우에 단체협약의 체결에 의한 근로조건 규율에 우위를 인정하는 노조법 33조 1항과 법 96조의 규정에 더하여 법 94조 1항 단서에 의하여 사용자가 취업규칙을 변경하기만 하면 취업규칙을 유효하게 변경할 수 있고, 단체협약의 당사자 모두 개정된 단체협약이 우선적으로 적용되는 것을 의도하는 점을 고려하면, 판례가 유리 원칙을 부정하는 것과 같은 결과를 도출한 것은 타당하다고 볼 수 있다.[75)]

다만 단체협약과 취업규칙 사이의 유리 원칙이 문제되는 또 다른 경우인 ② 취업규칙이 개정되어 단체협약에서 정한 기준보다 유리한 근로조건이 설정되는 경우와 관련하여서는, 취업규칙의 유리한 개정에 대하여 근로자의 묵시적 동의가 있는 것으로 볼 수 있고, 이 경우 취업규칙에서 설정한 근로조건은 근로계약의 내용이 되어 위 근로조건과 단체협약에서 정한 기준과의 관계는 근로계약과 단체협약의 유리 원칙의 문제가 된다. 앞서 본 바와 같이 근로계약과 단체협약의 유리 원칙을 인정할 수 있으므로, 결국 사용자가 취업규칙의 개정을 통하여 단체협약보다 유리한 근로조건을 설정하는 것이 부당노동행위에 해당하지

75) 근기법 94조 1항 단서의 규정을 단체협약과 취업규칙 사이의 유리 원칙을 부정하는 한 근거로 삼는 것에 대하여, 단체협약과 취업규칙 사이의 유리 원칙을 인정하는 입장에서, 위 규정은 회사의 경영사정이 악화되었거나, 당장 취업규칙의 유리한 조건을 포기하더라도 거시적 관점에서 근로자에게 불리하지 않은 경우에 적용되는 것으로 제한 해석을 하는 것이 타당하므로 위 규정을 근거로 유리 원칙의 적용 배제를 일반화하는 것은 협약자치의 한계를 벗어난 것이라는 견해(김형배, 304면)가 있으나, 위 규정을 위와 같이 제한 해석할 명확한 근거를 찾기 어렵다.

않는 한, 개정된 취업규칙의 유리한 근로조건이 우선적으로 적용된다.

### 4. 취업규칙이 단체협약에 어긋나는지 여부가 문제된 사례

#### 가. 단체협약과 취업규칙의 각 징계사유 및 징계절차의 관계

##### (1) 단체협약의 규정과 취업규칙의 규정이 상호 저촉되는 경우

동일한 징계사유나 징계절차에 관하여 단체협약상의 규정과 취업규칙 등의 규정이 상호 저촉되는 경우에는 단체협약의 규정이 우선 적용된다.

① 취업규칙에서 '사장은 직원의 재심청구가 이유 있다고 인정할 경우에는 인사위원회에 재심을 요청할 수 있다'고 규정하고 있다 하더라도, 단체협약에서 '회사는 재심에 앞서 조합과 해당 조합원의 의견을 듣도록' 하고 있고 그에 대한 예외 규정을 두지 않았다면 이를 배제하는 예외 조항을 규정한 위 취업규칙 조항은 단체협약 규정에 위반하여 무효이다.[76)]

② 단체협약 32조에서 조합원에 대한 징계는 회사가 정한 징계규정에 의한다고 규정하고, 표창·징계위원회 규정에서 '취업규칙의 규정상 징계에 해당되는 사항이 명백하거나 형사 사건으로 기소된 경우에는 위원회의 의결 없이 대표이사의 재가만으로 징계처분할 수 있다'고 규정하고 있지만, 한편 단체협약 34조가 징계위원회를 개최하여 징계대상 조합원에게 소명의 기회를 주도록 규정하고 그에 대한 예외 규정을 두지 않았다면, 위 단체협약 32조는 징계에 관한 사항 중 단체협약에서 정하지 아니한 사항에 관하여만 징계규정에 위임한 것으로 볼 것이고, 징계절차에서의 징계위원회의 개최에 관하여는 단체협약 34조가 정하고 있으므로 이를 배제하는 예외 조항을 규정한 위 표창·징계위원회 규정은 단체협약 규정에 위반하여 무효이다.[77)]

③ 단체협약에 해고 사유로서 '업무 외의 사건으로 형사상 유죄 판결을 받은 자'라는 규정을 두고 있는 경우 여기서 말하는 유죄 판결이란 단체협약 규정상 미확정 유죄 판결도 해고사유로 삼고 있음이 분명한 경우가 아닌 한 '유죄의 확정 판결을 받은 자'만을 의미하는 것으로 해석하여야 하고, 동일한 징계사유에 관하여 취업규칙은 단체협약에 저촉될 수 없는 것이므로 취업규칙에 '형사 사건으로 기소되어 형의 선고를 받았을 때'와 '범법 행위를 하여 형사상

76) 대법원 1995. 3. 10. 선고 94다33552 판결.
77) 대법원 1993. 10. 22. 선고 92다49935 판결.

소추를 받은 자'를 해고 사유로 규정하고 있더라도 위와 같은 취업규칙 규정을 근거로 단체협약상의 '유죄 판결'에 '미확정' 유죄 판결을 포함시켜 해석할 수는 없다.[78)]

④ 취업규칙 71조는 직원에 대한 징계를 함에 있어 인사위원회는 임용권자가 지정하는 5인 이내의 인원으로 구성하고 위원회 위원 1/2 이상의 찬성으로 의결하는데 가부동수일 경우 위원장이 결정한다고 규정하고 있어 노동조합이 관여할 수 없도록 규정되어 있는 반면, 단체협약 50조에는 징계위원회에 의하지 아니하고는 조합원을 징계할 수 없고, 징계위원은 노사 각 2명으로 한다고 규정하면서 노동조합이 참여할 수 있도록 규정되어 있으므로, 이러한 단체협약의 취지와 목적 등에 비추어 볼 때 취업규칙 중 임용권자가 인사위원을 지정하고 가부동수일 경우에는 위원장이 결정한다는 징계절차에 관한 부분은 단체협약에 위반되어 그 효력이 없다.[79)]

#### (2) 취업규칙에서 단체협약과 다른 사유를 해고 사유로 새로 규정하는 경우

판례에 따르면 단체협약에 "해고는 단체협약 규정에 의하여만 하고 취업규칙에 의해서는 해고할 수 없다"고 규정하거나, "단체협약에 정한 사유 외의 사유로는 근로자를 해고할 수 없다"고 규정되어 있다면, 단체협약에 규정되지 않은 취업규칙상 징계 해고 사유로는 근로자를 해고할 수 없다.[80)]

그러나 위와 같은 단체협약상 특별한 제한이 없으면 취업규칙에서 단체협약과는 다른 사유를 해고 사유로 새로이 규정하는 것이 단체협약에 반하는 것이라고 할 수 없고, 그러한 취업규칙상 징계 사유에 터잡아 징계할 수 있다.[81)] 단체협약에 "이 협약은 취업규칙보다 우선한다", "이 협약에 명시되지 않은 사항은 취업규칙에 따르되 단체협약상의 근로조건을 저하시킬 수 없다"고 규정하더라도 마찬가지다.[82)]

---

78) 대법원 1997. 7. 25. 선고 97다7066 판결.

79) 대법원 2006. 11. 23. 선고 2006두11644 판결.

80) 대법원 1993. 4. 27. 선고 92다48697 판결, 대법원 1994. 6. 14. 선고 93다62126 판결, 대법원 1995. 2. 14. 선고 94누5069 판결, 대법원 1999. 3. 26. 선고 98두4672 판결, 대법원 1999. 11. 26. 선고 98두15825 판결, 대법원 2005. 5. 26. 선고 2005두1152 판결.

81) 대법원 1993. 1. 15. 선고 92누13035 판결, 대법원 1994. 6. 14. 선고 93누20115 판결, 대법원 1994. 6. 14. 선고 93다26151 판결, 대법원 1995. 1. 12. 선고 94다27472 판결, 대법원 1995. 1. 20. 선고 94다37851 판결, 대법원 1995. 4. 7. 선고 94다30249 판결, 대법원 1997. 6. 13. 선고 97다13627 판결, 대법원 2001. 10. 12. 선고 2001다13990, 14009 판결, 대법원 2016. 1. 28. 선고 2015다57126 판결.

### 나. 단체협약에 일정 근속연수 초과 부분에 대한 퇴직금 규정이 없는 경우

퇴직금과 관련하여 1972년 취업규칙에서는 근속연수 30년까지에 대하여 누진 지급률에 의한 퇴직금을 지급하는 내용으로 규정하였는데, 1974년 단체협약에서는 근속연수 20년까지에 대하여는 취업규칙과 같은 내용으로 규정하면서 근속연수 20년을 초과하는 부분에 대하여는 규정을 하지 않은 경우, 이러한 단체협약 규정은 근속연수 20년을 초과하는 부분에 대하여는 당장 규정하지 않고 추후 별도로 규정하겠다는 것으로 보아야 하므로, 취업규칙 중 근속연수 20년을 초과하는 부분은 단체협약의 퇴직금 조항에 위반되어 노조법 33조 1항에 따라 그 효력을 상실하였다고 한 판결이 있다.[83)]

### 다. 단체협약과 다른 취업규칙의 정년

정년에 관한 하급심 판결로, 단체협약은 조합원의 정년을 "60세가 되는 해의 12월 말일로 한다"라고 규정하고 있는데, 취업규칙은 "직원의 정년퇴직 연령은 60세가 되는 생월 말일로 한다"고 규정한 사안에서, 취업규칙은 단체협약에 위반하여 무효라고 한 것이 있다.[84)]

### 라. 누진제를 규정한 단체협약과 단수제를 규정한 취업규칙

전국보건의료산업노동조합이 18개 지방공사 의료원과 종전 단체협약에서 정한 퇴직금 누진제를 폐지하고 단수제를 적용하며 근로자가 누진제 폐지에 따른 퇴직금 중간정산을 원할 시 2002년 상반기 중에 중간정산 퇴직금을 지급하기로 하는 내용의 중앙노사합의를 하였고, 6개 지방공사 경기도 의료원과 중앙노사합의에서 정한 누진제 폐지에 따른 중간정산 퇴직금을 2002. 6. 30.까지 지급하되 이것이 이행되지 않을 경우 누진제 폐지를 정한 중앙노사합의를 무효로 하기로 하는 내용의 지역노사합의를 체결하였으며, 지방의료원이 위 중앙노사합의에 따라 퇴직금 누진제를 폐지하고 단수제를 적용하도록 보수규정을 개정하였으나, 2002. 6. 30.까지 퇴직금 중간정산을 완료하지 못함으로써 중앙노사합의가 무효가 되었다면, 퇴직금 누진제를 정한 종전 단체협약이 여전히 유효하고, 퇴직금 단수제를 정한 개정 보수규정은 종전 단체협약에 반한다.[85)]

---

82) 대법원 1995. 1. 20. 선고 94다37851 판결.

83) 대법원 2001. 9. 18. 선고 2000다60630 판결, 대법원 2001. 9. 25. 선고 2001다18421 판결, 대법원 2001. 10. 30. 선고 2001다24051 판결, 대법원 2001. 11. 9. 선고 2001다55581 판결.

84) 서울행법 2003. 3. 18. 선고 2002구합31671 판결.

85) 대법원 2012. 6. 28. 선고 2010다10795 판결.

## Ⅳ. 고용노동부장관의 변경명령권

고용노동부장관은 법령이나 단체협약에 어긋나는 취업규칙의 변경을 명할 수 있다(법 96조 2항). 취업규칙의 규정이 법령이나 단체협약에 어긋나는 경우 취업규칙은 효력이 없지만, 이를 방치할 경우 그대로 적용될 위험성이 있으므로, 그 변경을 명할 권한을 고용노동부장관에게 부여한 것이다.

법령이나 단체협약에 어긋나는 취업규칙은 고용노동부장관의 변경명령이 없더라도 효력이 없고, 취업규칙을 적용받는 근로자라도 취업규칙의 변경명령을 청구할 권리가 부여되어 있는 것은 아니다. 따라서 근로자가 변경된 회사 취업규칙에 대한 변경명령을 구하는 진정서를 제출한 것에 대하여 지방노동관서가 근로자에게 그 취업규칙이 노동관계법령에 위반되는 바가 없다는 회신을 한 것은 행정소송의 대상이 되는 취업규칙 변경명령 거부처분이라고 할 수 없다.[86]

취업규칙 변경명령은 취업규칙의 내용을 직접적으로 변경하는 것이 아니라 사용자에게 취업규칙을 변경할 의무를 부과하는 것에 그친다.

고용노동부장관의 변경명령을 위반한 자는 500만 원 이하의 벌금에 처한다(법 114조 2호).

[마 은 혁]

### 제97조(위반의 효력)

취업규칙에서 정한 기준에 미달하는 근로조건을 정한 근로계약은 그 부분에 관하여는 무효로 한다. 이 경우 무효로 된 부분은 취업규칙에 정한 기준에 따른다.

〈세 목 차〉



86) 서울고법 1998. 2. 19. 선고 97구21910 판결.
※ 이 조에 관한 각주의 참고문헌은 '취업규칙 전론(前論)'의 참고문헌을 가리킨다.

## Ⅰ. 취 지

법 97조는 취업규칙의 근로계약에 대한 효력으로, 취업규칙에서 정한 기준에 미달하는 근로조건을 정한 근로계약 부분을 무효로 하고, 무효로 된 부분은 취업규칙에 정한 기준에 따르도록 하는 강행적·직률적 효력(규범적 효력)을 규정하고 있다.

사용자가 일방적으로 작성하는 취업규칙에 개별 근로자와 사용자 사이의 합의에 의하여 성립하는 근로계약에 대한 강행적·직률적 효력이라는 법규범 유사의 우월적 효력을 인정하는 것을 계약이론으로 설명할 수는 없다. 따라서 근로자보호법인 근기법에서 근로자보호라는 정책목적을 달성하기 위하여 취업규칙에 법규범 유사의 효력을 인정하는 것으로 해석할 수밖에 없다.[1)]

근기법은 사용자가 일방적으로 작성한 것으로 사실적 존재에 불과한 취업규칙을 법적 규율의 세계에 끌어 들이면서, 사용자에게 취업규칙의 작성·신고 의무를 부과하고(법 93조), 작성·변경 과정에서 근로자 집단의 의견을 청취하거나 그 동의를 받을 의무를 부과하며(법 94조 1항), 이를 주지시킬 것을 명하는(법 14조 1항) 등의 규제를 가하여 사용자가 근로조건에 관한 성문의 기준에 구속되게 하고, 행정적 감독을 가능하게 하며, 근로자 집단의 의견이 취업규칙의 내용에 반영되도록 함으로써 일정한 범위 내에서 근로자보호를 도모하고 있다.

법 97조는 여기에서 더 나아가 근기법의 근로계약에 대한 최저기준적 효력

1) 취업규칙의 법적 성질에 관하여 법규설을 취하는 경우는 물론 계약설을 취하는 경우에도 취업규칙이 법 97조의 한도 내에서 법규범 유사의 효력을 갖는 점에 대하여는 이론이 없다. 이에 대하여는 青木宗也·片岡曻, 298면(三井正信 집필); 土田道夫b, 158면 참조.

을 정한 법 15조와 대체로 동일한 문언으로 취업규칙에 근로계약에 대한 강행적·직률적 효력을 부여함으로써 취업규칙에 정한 기준이 사업장의 최저기준으로 작용하게 하여 취업규칙에 사업장의 소(小)근로기준법으로서의 지위를 부여하고 있다.[2)]

법 97조는 근로계약에서 정한 근로조건이 취업규칙에서 정한 기준에 미달하는 경우 취업규칙에 최저기준으로서의 강행적·보충적 효력을 부여하여 근로계약 중 취업규칙에 미달하는 부분을 무효로 하고, 이 부분을 취업규칙에서 정한 기준에 따르게 함으로써, 개별적 노사 간의 합의라는 형식을 빌려 근로자로 하여금 취업규칙이 정한 기준에 미달하는 근로조건을 감수하도록 하는 것을 막아 종속적 지위에 있는 근로자를 보호하기 위한 규정이다.[3)]

## Ⅱ. 최저기준적 효력[4)]의 요건

### 1. 실체적 요건

취업규칙의 최저기준적 효력은 근로조건을 정한 근로계약 부분이 취업규칙에서 정한 기준에 미달할 경우 발생한다.

2) 법 97조가 취업규칙상의 기준을 최저기준으로 규정하였다고 본 것으로 대법원 1977. 7. 26. 선고 77다355 판결, 대법원 2019. 11. 14. 선고 2018다200709 판결 참조.

3) 대법원 2019. 11. 14. 선고 2018다200709 판결. 위 대법원 판결에서는 법 97조에 의하여 명시적으로 인정되는 취업규칙의 근로계약에 대한 효력으로 근로계약에 규정된 사항 중 강행적 효력에 의하여 무효가 된 근로계약 부분을 취업규칙에서 정한 기준에 따르게 하는 효력을 '보충적 효력'이라 부르고 있다. 그런데 법 97조에 의해 명시적으로 인정되는 위와 같은 효력과 유사하지만 구별되는 것으로서, '근로계약에 규정되지 아니하는 사항에 대하여 취업규칙이 규율하는 효력'이 있다. 이는 법 97조에서 명시적으로 규정하지 않아 그 인정 여부가 문제되는데, 이를 '보충적 효력'이라 부르는 경우가 많다. 위 두 효력은 유사한 면이 있기는 하나 전자는 법 97조에 의해 명시적으로 인정되고 있고, 후자는 명시적으로 인정되지 않아 그 인정 여부가 문제되고 있는 점에서 구별할 필요가 있다. 이하에서는 법 97조에 의해 명시적으로 인정되고, 무효가 된 근로계약 부분을 규율하는 효력을 위 판례의 명명과는 달리 '직률적 효력'으로, 법 97조에 의해 명시적으로 인정되지 않지만 그 인정 여부가 문제되는 효력, 즉 근로계약에 규정되지 아니하는 사항에 대하여 취업규칙이 규율하는 효력을 '보충적 효력'으로 구분하여 부르기로 한다. 자세한 내용은 법 97조에 대한 해설 Ⅲ. 2. 참조. 법 97조의 취지를 위와 같이 보는 다른 판결로 대법원 2019. 12. 24. 선고 2015다254873 판결 참조.

4) 취업규칙의 근로계약에 대한 강행적·직률적 효력은 오로지 그 기준에 미달하는 근로조건을 정한 근로계약에만 미치고, 그 기준을 초과하는 근로조건을 정한 근로계약에는 미치지 않는다. 이러한 의미에서 취업규칙에 정한 기준은 최저기준으로서의 의미를 가지고 취업규칙의 근로계약에 대한 강행적·직률적 효력은 최저기준으로서의 효력의 성질을 갖는다. 이하 최저기준으로서의 강행적·직률적 효력을 '최저기준적 효력'으로 부르기로 한다.

### 가. 전제 요건

최저기준적 효력이 발생하기 위해서는 임금이나 근로시간 등의 근로조건에 관하여 취업규칙에서는 물론 근로계약에서도 일정한 사항을 정하고 있어야 한다. 어떤 근로조건에 관하여 취업규칙에서는 기준을 정하고 있으나 근로계약에 아무런 정함이 없는 경우에는 취업규칙의 최저기준적 효력은 발생하지 않고, 이 경우에는 뒤에서 살펴보는 것처럼 취업규칙의 근로계약에 대한 보충적 효력이 문제된다.

### 나. 취업규칙

법 97조에서 말하는 취업규칙에는 법 93조에 따라 작성 · 신고 의무가 있는 사용자가 작성한 취업규칙뿐 아니라, 상시 10명 미만의 사업장에서 취업규칙 작성 의무가 없는 사용자가 작성한 취업규칙도 포함되는 것으로 해석되므로, 취업규칙 작성 의무가 없는 사용자가 작성한 취업규칙의 기준에도 최저기준적 효력이 발생한다.[5]

### 다. 근로계약

법 97조에서 말하는 근로계약이란 근로조건과 복무규율에 관한 것으로 법 93조에 따라 취업규칙에 규정될 사항 등에 관한 사용자와 근로자 간의 일체의 개별적 합의를 의미한다.[6] 법 97조에서 말하는 개별 근로계약상의 합의에는 개별적인 교섭을 거친 근로계약상 합의 뿐 아니라 정형적인 계약서를 사용하는 통일적 계약규제에 의한 근로계약상 합의(독일에서 말하는 일반적 노동조건의 일종)도 포함된다.

### 라. 근로조건

법 97조에서는 '근로조건'에 관한 취업규칙의 기준에 최저기준적 효력을 인정하고 있어 '근로조건 기타 근로자의 대우'에 관한 단체협약의 기준에 규범적 효력을 인정하는 노조법 33조와는 문언상 차이가 있다. 그러나 판례[7]에서 "근로조건이라 함은 사용자와 근로자 사이의 근로관계에서 임금 · 근로시간 · 후생 · 해고 기타 근로자의 대우에 관하여 정한 조건을 말한다"고 근로조건을 정의하고 있는 점에 비추어 보면 법 97조에서 말하는 근로조건에 관한 기준과 노조법

5) 김유성, 201면; 임종률, 376면; 西谷 敏a, 486면.
6) 수원지법 2007. 10. 26. 선고 2006가합17952 판결에 이러한 취지가 잘 나타나 있다.
7) 대법원 1992. 6. 23. 선고 91다19210 판결.

33조에서 말하는 근로조건 기타 근로자의 대우에 관한 기준에 실질적 차이가 있다고 볼 것은 아니다.

따라서 임금이나 근로시간 등의 협의의 근로조건 뿐 아니라 재해보상, 인사사항, 복무규율, 교육훈련, 부수의무, 복리후생 등이 널리 포함된다. 스톡옵션의 부여나 직무발명에 대한 대가도 여기에서 말하는 근로조건에 해당한다고 해석되고, 근로계약 종료 후에 문제될 수 있는 경업금지의무나 비밀유지의무에 관한 사항도 여기의 근로조건에 해당한다고 해석된다.[8)]

근로조건에 관한 기준은 법 93조에서 정하고 있는 취업규칙의 필요기재사항에 한정되는 것은 아니고 근로조건의 기준에 관한 것인 한 임의기재사항도 이에 포함된다.[9)]

대법원은 취업규칙에서 정한 기준 중 채용에 관한 기준은 법 97조의 기준에 포함되지 않는다고 한다. 즉 근로자를 신규 채용하면서 입사 전의 경력에 대응하여 등급을 부여한다는 인사규정 내용보다 1등급 낮게 임용한 것을 이유로 근로자들이 1등급 더 높은 직위에서 받아야 할 임금과 실제 받은 임금 사이의 차액 지급을 구한 사안에서, 대법원은 법 97조(당시 법으로는 98조)가 정한 기준에는 채용에 관한 기준은 포함되지 않으며, 위 인사규정은 사용자가 부여할 등급에 속할 근로자를 채용하면서 입사 전의 경력으로 어느 정도를 요구한다는 취지의 '채용에 관한 기준'으로서, 법 97조에서 말하는 '취업규칙에서 정한 기준'에는 해당되지 않는다고 하였다.[10)]

그러나 판례는 신규채용이 아니라 재채용에 관한 규정은 근로조건에 관한 기준을 정한 것으로서 '취업규칙에서 정한 기준'에 해당한다고 보고 있다.

대법원은 임금피크제 개선안 중 재채용 부분이 임금피크제의 대상이 된 근로자가 임금피크제 기간 동안 근무할 수 있는 기회를 포기하고 특별퇴직을 선택하면 그에 대한 반대급부로서 부여되는 특별퇴직조건 중의 하나이고, 그 내용은 특별퇴직 후 계약직 별정직원으로 재채용되어 근무기간 동안 정해진 임금과 퇴직금 등을 지급받을 수 있는 지위를 보장하는 것으로 근로관계에 관한 기준을 정하는 것으로서 취업규칙의 성질을 가진다고 보았다.[11)]

---

8) 詳說勞働契約法, 110~111면.

9) 青木宗也 · 片岡曻 Ⅱ, 291면(三井正信 집필); 注釋(下), 1020면(荒木尙志 집필).

10) 대법원 1992. 8. 14. 선고 92다1995 판결.

11) 대법원 2022. 9. 29. 선고 2018다301527 판결. 나아가 이 판결에서 대법원은, 대법원 1992.

또한 계약직원의 재임용의 요건 및 절차에 관하여 규정한 계약직임용규정 부분은 법 97조에서 말하는 '취업규칙에서 정한 기준'이 해당한다고 한다.[12)]

#### 마. 미　　달

최저기준적 효력이 발생하기 위해서는 근로계약에서 정한 근로조건이 취업규칙에서 정한 근로조건 기준에 미달하여야 한다. 미달한다는 것은 취업규칙에서 정한 임금보다 낮은 임금, 취업규칙에서 정한 근로시간보다 긴 근로시간 등 취업규칙에서 정한 근로조건 기준을 하회하는 근로조건을 근로계약에서 정한 경우를 의미한다. 이와 같이 미달하는 경우는 취업규칙의 기준을 하회하는 새로운 개별 근로계약상 합의가 체결되는 경우에 전형적으로 발생하지만, 취업규칙의 기준과 근로계약의 내용이 동일하다가 취업규칙이 유리하게 변경되어 근로계약상 합의가 새로운 취업규칙의 기준을 하회하는 경우에도 발생할 수 있다.

근로계약에서 취업규칙의 기준을 상회하는 근로조건을 정하는 경우에는 '미달'하는 것이 아니므로, 유리 원칙이 적용되어 무효가 되지 아니한다(자세한 내용은 법 97조에 대한 해설 Ⅲ. 3. 참조).

### 2. 절차적 요건

#### 가. 신고, 의견 청취 및 주지 의무의 준수와 최저기준적 효력

근기법에서는 사용자에게 취업규칙의 신고 의무(법 93조), 의견 청취 의무(법 94조 1항 본문), 주지 의무(법 14조 1항)를 부과하고 있는데 이들 의무의 이행 내지 절차의 준수가 최저기준적 효력의 발생 요건인지에 관하여 논의가 있다. 이에 대하여 일본의 다수 견해[13)]는 사용자가 위 각 절차를 게을리 한 것을 이유로 노동자가 최저기준효에 의한 보호를 받지 못하게 되는 것은 타당하지 않으므로, 신고, 의견청취 및 노동기준법(이하 '노기법'이라 한다)에서 정한 주지 절차가 준수되지 않더라도 최저기준효의 발생에는 직접 관계가 없고, 다만 노동자에 대하여 실질적으로 주지된 것이라면 노동자에 대하여 객관적 준칙으로서 성립하였기 때문에 최저기준효를 인정할 수 있다고 보아 실질적인 주지 조치를 취하는

8. 14. 선고 92다1995 판결은 신규채용에 관한 사안이므로 이미 피고와 근로관계가 있는 근로자의 특별퇴직 후 재채용이 문제 되는 이 사건과 사안을 달리하는 것이어서 이 사건에 원용하기에 적절하지 않다고 하여 위 92다1995 판결의 적용범위를 제한하였다.

12) 대법원 2007. 10. 11. 선고 2007두11566 판결.

13) 菅野, 197면; 水町勇一郎, 91면.

것을 요건으로 한다고 한다. 이에 대하여, 실질적인 주지가 있으면 최저기준효가 발생하는 것은 당연하지만, 신고에 의하여 대외적으로 취업규칙의 존재를 주장한 사용자는 취업규칙의 존재를 알고 있는 노동자와의 관계에서 주지의 결여를 이유로 취업규칙의 최저기준효를 부정할 수 없다고 보아, 최저기준효의 발생에는 실질적 주지 또는 취업규칙의 신고가 있으면 족하다고 하는 견해[14]가 있다.

### 나. 취업규칙의 변경과 최저기준적 효력

#### (1) 취업규칙이 유리하게 변경된 경우

취업규칙이 유리하게 변경된 경우 취업규칙에서 새롭게 정해진 근로조건 기준이 사업장의 최저기준으로서 근로계약의 내용을 규율하게 된다. 유리하게 변경되는 한 변경된 취업규칙이 최저기준적 효력을 갖기 위해 합리성 등의 내용적 요건이나 절차적 요건 중 과반수 조합 또는 근로자 과반수의 동의(이하 '집단적 동의'라 한다)는 요구되지 않고 앞서 논의한 바대로의 실질적 주지나 신고만 있으면 최저기준적 효력을 갖는다고 할 수 있다.

#### (2) 취업규칙이 불리하게 변경된 경우

##### ㈎ 집단적 동의를 받은 경우

사용자가 취업규칙을 불리하게 변경하면서 집단적 동의를 받은 경우 종전 취업규칙의 최저기준적 효력은 소멸하고 변경된 취업규칙이 최저기준적 효력을 갖게 되는 것에 대하여는 이론이 없다. 취업규칙의 불이익변경 후 신규 근로자가 근로계약을 체결할 당시 유효한 취업규칙은 변경된 취업규칙이므로 변경된 취업규칙이 신규 근로자에 대한 관계에서도 최저기준적 효력을 가지게 된다.

##### ㈏ 집단적 동의를 받지 않은 경우

이에 반해 취업규칙을 불이익하게 변경하면서 집단적 동의를 받지 않은 경우 근기법 94조 1항 단서에 따라 취업규칙 변경 자체의 효력이나 변경적 효력이 발생하지 않게 되는데, 최저기준적 효력과 관련하여서는 종전 취업규칙이 여전히 최저기준적 효력을 가지는 것인지, 아니면 변경된 취업규칙이 최저기준적 효력을 가지게 되는지에 대하여는 다소간의 논의가 있다.

① 먼저 일본의 학설 중에서는 노동계약법(이하 '노계법'이라 한다) 10조에서 규정하는 변경효의 요건인 합리성이 없는 취업규칙 변경은 무효인가라는 문제

14) 荒木, 349~350면.

에 대하여, 노계법 10조에 의한 취업규칙 변경의 구속력(종전 근로자에 대한 변경의 구속력)과 취업규칙 자체의 유효성은 별개의 문제라그 보아 변경된 취업규칙이 합리성이 없어 기존 근로자에 대한 구속력이 부정되더라도 당해 취업규칙 자체가 무효가 되는 것은 아니고, 그러한 취업규칙도 주지의 요건을 충족하는 한 신규채용근로자와의 관계에서는 노계법 7조의 계약내용보충효, 12조의 최저기준효를 가진다고 한다. 나아가 합리성이 없는 취업규칙 변경은 무효가 아니라 구 취업규칙의 적용을 받고 있던 종전의 근로자에 대하여 변경의 구속력이 발생하지 않는 것에 불과하기 때문에 취업규칙 불이익변경의 합리성이 부정되더라도 변경 전의 취업규칙이 부활하여 최저기준효를 가지는 것은 아니고 따라서 불이익변경에 대한 합의가 구 취업규칙의 최저기준효에 의하여 무효가 되는 것도 아니라고 한다. 권한 있는 자에 의하여 취업규칙이 변경되고 주지되어 있는 한 변경된 취업규칙이 당해 사업장에 현존하는 취업규칙이고, 최저기준효를 갖는 것도 변경된 취업규칙으로 해석된다고 한다.[15)]

② 한편 우리의 판례는 취업규칙을 불이익하게 변경하면서 집단적 동의를 받지 않은 경우의 변경된 취업규칙의 효력과 관련하여 전원합의체판결[16)]을 통하여 종전의 절대적 무효설을 폐기한 이후 일련의 판결들[17)]을 통하여 사용자가 근로자에게 불리하게 취업규칙을 변경함에 있어 근로자의 집단적 의사결정 방법에 의한 동의를 얻지 아니하였다고 하더라도 취업규칙의 작성·변경권이 사용자에게 있는 이상 현행의 법규적 효력을 가진 취업규칙은 변경된 취업규칙이므로 그 변경 후에 근로관계를 갖게 된 근로자에 대하여는 변경된 취업규칙이 적용되고, 다만 기득이익이 침해되는 기존 근로자에 대하여는 종전 취업규칙이

15) 荒木, 379, 391면; 菅野, 210면도 참조.

16) 대법원 1992. 12. 22. 선고 91다45165 전원합의체 판결.

17) 대법원 1996. 9. 10. 선고 95다15414 판결, 대법원 1996. 9. 10. 선고 96다3241 판결, 대법원 1996. 10. 11. 선고 95다42485 판결, 대법원 1996. 12. 23. 선고 95다32631 판결, 대법원 1996. 12. 23. 선고 95다32709 판결, 대법원 1997. 1. 24. 선고 95다16769 판결, 대법원 1997. 4. 8. 선고 96다53185 판결, 대법원 1997. 7. 11. 선고 96다45399 판결, 대법원 1997. 7. 11. 선고 97다14934 판결, 대법원 1997. 8. 22. 선고 95다50899 판결, 대법원 1997. 8. 22. 선고 96다6967 판결, 대법원 1997. 8. 22. 선고 97다13085 판결, 대법원 1997. 8. 26. 선고 96다1726 판결, 대법원 1997. 8. 26. 선고 96다3234 판결, 대법원 1997. 8. 26. 선고 97다18462 판결, 대법원 1997. 10. 10. 선고 97다26579 판결, 대법원 1997. 10. 24. 선고 97다17490 판결, 대법원 1998. 1. 20. 선고 97다22577 판결, 대법원 1998. 2. 27. 선고 96다54294 판결, 대법원 1999. 11. 12. 선고 99다30473 판결, 대법원 2000. 2. 25. 선고 98다11628 판결, 대법원 2001. 4. 24. 선고 99다9370 판결, 대법원 2003. 12. 18. 선고 2002다2843 전원합의체 판결, 대법원 2003. 12. 26. 선고 2003다48112 판결.

적용된다는 취지의 법리를 판시하여 왔다.

위 판결들의 사안은 집단적 동의를 받지 않고 불이익하게 변경된 취업규칙의 신규 근로자에 대한 보충적 효력이 문제된 사안으로 문제된 취업규칙의 효력이 최저기준적 효력이었던 것은 아니고 판시의 문언상으로도 변경된 취업규칙에 최저기준적 효력이 있다고 명시한 것은 아니지만, 위 판시에서 언급한 법규적 효력이라는 용어의 문언적 의미에 비추어 보면 위 법규적 효력에 최저기준적 효력도 포함되어 있다고 볼 수 있어, 결국 판례의 태도는 집단적 동의를 받지 않았더라도 변경된 취업규칙에 최저기준적 효력이 있다는 것이라고 할 수 있다.

③ 일본의 위 일부 학설의 견해는 일본 노기법 90조에서 취업규칙의 작성·변경과 관련하여, 비록 불이익 변경이라고 하더라도 근로자 집단의 의견을 청취하기만 하면 되고 근기법과 같이 집단적 동의를 요구하는 규정이 없는 점에 그 근거를 두고 있다. 일본에서는 위와 같은 의미에서 사용자는 취업규칙을 일방적으로 작성 또는 변경할 수 있다고 보는 것이 일반적인 견해이다.[18)]

사용자에게 작성·변경의 권한이 있다고 보게 되면, 사용자가 일방적으로 불이익하게 변경한 취업규칙에 합리성이 없어 종전 근로자에 대한 관계에서는 변경의 구속력이 인정되지 아니하더라도, 변경된 취업규칙 자체가 무효가 되는 것은 아니다. 변경의 권한을 가진 사용자에 의하여 취업규칙이 변경되는 한 변경된 취업규칙이 사업장에 현존하는 취업규칙이고 최저기준효를 갖는 것도 이 변경된 취업규칙이며, 신규 근로자와의 관계에서도 최저기준효와 보충효를 갖는 것은 변경된 취업규칙이라는 결론이 도출된다.[19)]

④ 그러나 근기법 하에서는 사정이 전혀 다르다. 근기법 94조 1항 단서는 취업규칙을 불이익하게 변경할 경우 사용자는 집단적 동의를 받아야 하므로, 사용자의 취업규칙 변경 권한은 제한된다. 따라서 사용자가 취업규칙을 불이익하게 변경하면서 집단적 동의를 받지 않는 경우 그 취업규칙은 근기법상 변경 권한이 제한되어 있는 변경 주체에 의하여 변경된 것으로서 규범으로서의 정통성에 흠결이 발생하여 취업규칙 변경 자체가 무효이다. 집단적 동의를 받지 않는 경우 종전 근로자에 대한 구속력으로서의 변경적 효력이 발생하지 않는 것은 물론, 변경적 효력의 인정 여부 이전의 문제로서 취업규칙이 유효하게 변경되

18) 荒木, 346면; 土田道夫b, 156면; 池田 悠, 40면; 水町勇一郎, 89~90면; 矢野昌浩, 161면.
19) 菅野, 210면; 荒木, 380, 391면.

었다고 볼 수 없다. 근기법 하에서는 변경된 취업규칙의 변경적 효력은 인정되지 않지만 취업규칙은 유효하게 변경되는 상황은 발생할 수 없다. 그리하여 변경된 취업규칙은 단지 사실상의 존재로서만 남을 뿐 근기법상 적법 · 유효한 존재로 인정될 수 없고, 사업장에 현존하는 취업규칙은 변경된 취업규칙이 아니라 종전 취업규칙이고, 근기법이 취업규칙에 부여하는 최저기준적 효력 등의 법규범적 효력도 변경된 취업규칙이 아니라 종전 취업규칙이 가진다는 결론에 이르게 된다.

판례에서는 '취업규칙의 작성 · 변경에 관한 권한은 원칙적으로 사용자에게 있으므로 사용자는 그 의사에 따라 취업규칙을 작성 · 변경할 수 있다'[20]거나 '취업규칙의 작성 · 변경권이 사용자에게 있다'[21]는 점을 근거로 집단적 동의를 받지 아니하더라도 현행의 법규적 효력을 가진 취업규칙은 변경된 취업규칙이고, 변경된 취업규칙에 최저기준적 효력이 인정된다고 보고 있으나, 취업규칙의 변경 중 불이익변경에 대하여는 근로자 집단의 의견을 청취하는 것에 그치는 것이 아니라 집단적 동의를 받도록 되어 있어 사용자의 권한은 제한을 받고 있으므로, '취업규칙의 작성 · 변경권이 사용자에게 있다'는 명제는 불이익변경의 경우에는 그 타당성을 잃는다고 할 수 있다. 따라서 '취업규칙의 작성 · 변경권이 사용자에게 있다'는 명제를 근거로 집단적 동의를 받지 않고 변경된 취업규칙에 최저기준적 효력을 포함한 법규적 효력을 인정하는 판례의 논리 전개는 타당하지 않다.[22]

20) 대법원 1992. 12. 22. 선고 91다45165 전원합의체 판결, 대법원 1993. 1. 15. 선고 92다39778 판결, 대법원 1994. 5. 24. 선고 93다14493 판결, 대법원 1994. 12. 23. 선고 94누3001 판결, 대법원 1995. 4. 21. 선고 93다8870 판결, 대법원 1996. 9. 10. 선고 95다15414 판결, 대법원 1996. 9. 10. 선고 96다3241 판결, 대법원 1997. 4. 8. 선고 96다53185 판결, 대법원 1997. 5. 16. 선고 96다2507 판결, 대법원 1997. 7. 11. 선고 97다14934 판결, 대법원 1997. 8. 26. 선고 96다3234 판결, 대법원 1999. 6. 22. 선고 98두6647 판결, 대법원 2004. 1. 16. 선고 2003다49276 판결, 대법원 2004. 1. 27. 선고 2001다42301 판결, 대법원 2004. 8. 16. 선고 2003두13526 판결, 대법원 2005. 11. 25. 선고 2003두8210 판결, 대법원 2007. 10. 12. 선고 2006다59748 판결, 대법원 2008. 2. 29. 선고 2007다85997 판결, 대법원 2009. 5. 28. 선고 2009두2238 판결, 대법원 2009. 11. 12. 선고 2009다49377 판결.

21) 대법원 1996. 10. 11. 선고 95다42485 판결, 대법원 1996. 12. 23. 선고 95다32631 판결, 대법원 1997. 1. 24. 선고 95다16769 판결, 대법원 1997. 7. 11. 선고 96다45399 판결, 대법원 1997. 8. 22. 선고 95다50899 판결, 대법원 1997. 8. 22. 선고 97다13085 판결, 대법원 1997. 8. 26. 선고 96다1726 판결, 대법원 1997. 8. 26. 선고 97다18462 판결, 대법원 1997. 10. 10. 선고 97다26579 판결, 대법원 1997. 10. 24. 선고 97다17490 판결, 대법원 1998. 1. 20. 선고 97다22577 판결, 대법원 2000. 2. 25. 선고 98다11628 판결, 대법원 2003. 12. 18. 선고 2002다2843 전원합의체 판결.

### 3. 내용적 요건

최저기준적 효력은 근로자 보호의 방향에서 기능하는 것이므로 그 내용상 특별한 요건을 필요로 하지 않는다. 일본 노계법에서도 계약내용보충효(7조), 변경효(10조)와 관련하여서는 그 내용적 요건으로 합리성을 요구하나, 최저기준효(12조)와 관련하여서는 내용적 요건에 관하여 명문의 규정이 없고, 해석상으로도 합리적일 것을 요건으로 하는 것은 아니라고 한다.[23] 물론 취업규칙의 내용이 법령 또는 단체협약에 어긋나는 경우에는 최저기준적 효력이 인정되지 아니한다. 취업규칙의 내용이 단체협약에 어긋나는 경우 조합원과의 관계에서는 최저기준적 효력이 인정되지 아니하지만, 비조합원인 근로자와의 관계에서는 최저기준적 효력이 여전히 인정된다.

## Ⅲ. 최저기준적 효력의 내용

법 97조에서는 취업규칙의 근로계약에 대한 효력으로서 취업규칙에서 정한 기준에 미달하는 근로조건을 정한 근로계약 부분을 무효로 하는 강행적 효력과, 무효로 된 부분에 관하여 취업규칙에서 정한 기준이 직접 규율하는 직률적 효력을 규정하고 있다. 법 97조에 의하여 취업규칙에서 정한 근로조건에 관한 기준은 법령 또는 단체협약에 어긋나지 않는 한(법 96조), 사업장 내에서 근로조건의 최저기준으로서 근로계약을 강행적·직률적(즉 규범적)으로 규율하는 최저기준적 효력을 가지게 된다.

### 1. 강행적 효력

취업규칙이 설정한 근로조건 기준에 미달하는 내용을 정한 근로계약 부분은 무효가 된다.

대법원 판결에 나타난 사안을 보면, ① 가령 직원인사위원회의 심의를 거

22) 판례에서는 변경된 취업규칙에 법규적 효력을 인정하는데, 위 법규적 효력에는 여기서 논의하는 최저기준적 효력 이외에 보충적 효력이 있다고 볼 수 있다. 집단적 동의를 받지 않더라도 변경된 취업규칙에 법규적 효력 중 보충적 효력이 인정된다는 논리가 집단적 동의를 받지 않은 경우 취업규칙의 효력에 관한 이른바 상대적 효력설이다. 이 문제에 대한 자세한 내용은 법 94조에 대한 해설 Ⅱ. 2. 아. 참조.

23) 山下 昇, 98면.

쳐 고용계약을 철회할 수 있다는 근로계약 부분은 징계위원회의 의결을 거쳐 직원을 징계하도록 한 정관 규정에 미달하는 근로조건을 정한 것으로서 무효이다.[24] ② 기간제법 4조 2항에 따라 기간의 정함이 없는 근로계약을 체결한 것으로 간주되는 근로자들에게는 동일한 부서 내에서 같은 직책을 담당하며 동종 근로를 제공하는 정규직 근로자에게 적용되는 취업규칙 등에서 정한 근로조건이 그대로 적용되고, 이에 따라 위 취업규칙 등에서 정한 기준에 미달하는 근로조건을 정한 고용계약 부분은 무효로 된다.[25] ③ 취업규칙으로서의 성질을 가지는 재채용 부분에서 재채용의무를 규정하였는데, 재채용 부분의 효력을 배제하고 재채용 신청의 기회 부여만을 특별퇴직조건으로 하는 것에 대한 개별합의가 성립되었다고 가정하더라도 그러한 개별합의는 재채용 부분에 반하여 근로자들에게 불리한 내용의 합의로서 근기법 97조에 따라 무효이다.[26]

하급심 판결에 나타난 사안을 보면, ① 취업규칙에서 근로계약 기간에 관하여 "근로계약 기간은 기간의 정함이 없는 것을 제외하고는 1년으로 하되, 필요에 따라 갱신 계약을 체결할 수 있다"고 규정하고 있는데, 근로계약을 체결하면서 계약 기간을 6개월로 한 경우,[27] 근로계약 기간을 6개월로 정한 부분은 취업규칙의 근로계약 기간에 관한 규정에 정한 기준에 미달하므로 법 97조의 강행적 효력에 의하여 무효이고, ② 취업규칙에서 종업원의 고의 또는 과실로 인하여 회사에 손해를 입힌 경우 이를 배상하도록 규정하고 있는데, 근로계약에서 근로자의 고의 또는 과실이 없는 경우에도 미수금에 대한 책임을 지도록 하고 있는 경우 이는 취업규칙에서 정한 직원의 손해배상책임 관련 기준에 미달하는 근로조건을 정한 것으로 무효이며,[28] ③ 근로자의 사직 의사에 따른 퇴직의 효력 발생 시기를 취업규칙에서 정한 것보다 이후의 시기로 정하는 내용의 근로계약은 근로자의 퇴직의 자유를 제한하는 것으로서 취업규칙에서 정한 기준에 미달하는 근로조건을 정한 것으로 효력이 없다.[29]

취업규칙에서 정한 기준에 미달하는 경우 근로계약은 전부가 무효가 되는

24) 대법원 2014. 12. 24. 선고 2012다81609 판결의 사안. 그밖에 대법원 판결에서 취업규칙의 강행적 효력에 관하여 언급한 것으로 대법원 2007. 10. 11. 선고 2007두11566 판결 참조.
25) 대법원 2019. 12. 24. 선고 2015다254873 판결.
26) 대법원 2022. 9. 29. 선고 2018다301527 판결.
27) 서울남부지법 2016. 7. 7. 선고 2016나52666 판결의 사안.
28) 의정부지법 2018. 10. 25. 선고 2017나210441 판결 참조.
29) 서울고법 2018. 8. 22. 선고 2017누90645 판결.

것이 아니라 취업규칙의 기준에 미달하는 근로조건을 정한 근로계약 부분만이 무효가 되고, 그 이외 부분의 효력에는 영향이 없다(일부 무효).

취업규칙에서 정한 근로조건이 각 사업장에서의 강행적인 최저기준으로 근로계약을 직접 규율하는 효력을 가짐에 따라, 취업규칙에서 정한 근로조건의 기준은 기업경영의 관점에서 이를 인하할 필요가 있고 개별 근로자가 이에 동의하는 경우라도, 개별적인 근로계약에 의해서는 인하할 수 없고, 단체협약의 체결이나 취업규칙의 개정을 필요로 하게 된다.[30]

대법원 판결 중에는 본조의 강행적 효력을 제한하는 취지로 판시한 것이 있다. 대법원은, "사용자가 기존 근로자에 대한 구 취업규칙이 존재하는 상태에서 신 취업규칙의 적용을 전제로 신규 근로자와 사이에 새로운 근로계약을 체결한 경우 신규 근로자에 대하여 신·구 취업규칙 중 어느 쪽이 적용되어야 하는지에 관하여는 당해 취업규칙의 목적, 작성 또는 개정에 이르게 된 경위, 당사자의 의사, 해당 사업장의 구체적인 관행 또는 단체협약의 존부 등의 제반 사정을 종합하여 합리적으로 판단되어야 하는 것이지, 구 근기법 98조(현행 97조)에 따라 구 취업규칙이 신규 근로자에 대해서도 일방적·획일적으로 적용된다고 보아 그에 미달하는 근로조건을 정한 근로계약 부분이 당연히 무효로 된다고 할 수는 없다"고 하였다.[31] 그러나 이와 같은 해석은 근로자 보호를 위하여 사용자가 일방적으로 작성한 취업규칙에 강행적 효력 등의 법규범 유사의 효력을 부여한 본조의 취지에 반하는 해석으로 타당하지 않다.

### 2. 직률적 효력과 보충적 효력[32]

#### 가. 직률적 효력

취업규칙이 설정한 근로조건 기준에 미달하여 무효가 된 근로계약 부분은 취업규칙에 정한 기준에 따라 규율된다(법 97조). 가령 앞서 본 근로계약 기간에 관한 사례에서 6개월의 근로계약 기간은 취업규칙의 강행적 효력에 의하여 무

30) 菅野, 197면.

31) 대법원 2007. 9. 6. 선고 2006다83246 판결.

32) 직률적 효력은 근로계약에 규정된 사항 중 취업규칙의 강행적 효력에 의하여 무효가 된 부분을 취업규칙이 직접적으로 규율하는 효력을, 보충적 효력은 근로계약에 규정되지 아니한 사항에 대하여 취업규칙이 규율하는 효력을 가리키는 것으로 구분하여 사용한다. 직률적 효력은 근기법 97조에서 명문으로 인정하고 있으나, 보충적 효력은 명문의 규정이 없어 그 인정 여부가 문제되므로 구분할 필요가 있다.

효가 되고, 근로계약 기간은 취업규칙에 정한 기준에 따라 1년이 된다. 직률적 효력은 취업규칙이 별도의 전환 작용 없이 사용자와 근로자의 근로관계에 직접적으로 적용되는 효력을 말한다.

### 나. 보충적 효력의 인정 여부, 요건 및 효과

#### (1) 인정 여부

##### ㈎ 문제의 소재

앞서 본 것처럼 취업규칙의 근로계약에 대한 강행적·직률적 효력을 규정하는 근기법 97조는 어떠한 근로조건 사항에 관하여 사용자와 근로자 사이에 근로계약상 개별 합의가 존재하는 것을 전제로 하여 그것이 취업규칙에서 정한 기준에 미달되는 경우에 적용된다.

그러면 어떠한 근로조건 사항에 관하여 사용자와 근로자 사이에 개별 합의가 존재하지 아니하는 경우에도, 즉 근로계약에 규정되지 아니한 사항에 대하여도 취업규칙은 근로계약을 규율하는 것인가, 즉 취업규칙의 근로계약에 대한 보충적 효력을 인정할 것인가 하는 문제가 제기된다.

이와 관련하여 단체협약의 경우에는 노조법 33조에서 단체협약의 근로계약에 대한 강행적·직률적 효력 이외에 근로계약에 규정되지 아니한 사항에 관하여도 단체협약의 근로계약에 대한 보충적 효력이 있음을 명문으로 규정하고 있다. 그러나 근기법 97조에서는 근로계약에 규정되지 아니한 사항에 관하여 취업규칙이 근로계약에 대한 보충적 효력을 가지는지 여부에 대하여 침묵하고 있다.

그런데 근로계약에서 근로조건 등에 관하여 구체적으로 정하는 경우는 상당히 드물고(근로계약의 근로조건 결정 기능의 형해화 내지 공동화 현상) 취업규칙이 근로조건을 결정하는 우리나라의 노사 현실에서는 취업규칙의 최저기준적 효력이 문제되는 경우보다는 취업규칙의 보충적 효력이 문제되는 경우가 훨씬 많다. 사용자는 근로계약에서 개개의 근로자들과 일일이 계약 내용을 약정하지 않은 채 근로계약에 규정되지 아니한 사항에 관하여 취업규칙에 기초하여 개별적 근로관계를 운영하고 있다. 이와 같이 근로계약에 규정되지 아니한 근로조건 사항에 관한 취업규칙에 의한 규율이라는 현실에 대하여 근기법이 침묵하고 있는 상황에서 어떠한 법적 근거에 의하여 취업규칙이 근로계약에 규정되지 아니한 사항에 관하여도 규율하는가 하는 문제를 둘러싸고 취업규칙의 법적 성질 또는 구속력의 법적 근거에 관한 논의가 전개되었던 것이다.[33)]

이와 관련하여 수권설이 일반적으로 취업규칙의 법규범적 효력으로서의 보충적 효력을 인정하는 것에 대해, 계약설에서는 근기법 97조는 취업규칙의 기준에 미달하는 근로조건을 정한 근로계약의 효력을 무효로 하는 최저기준적 효력을 인정한 것에 지나지 않는 것인데, 이를 넘어 사용자에게 근로조건 일반을 규율하는 법규범을 정립할 수 있는 권한을 수여한 것으로 해석하는 것은 동 규정의 취지에 반한다고 비판한다.[34)]

법규범적 효력으로서 취업규칙의 최저기준적 효력은 근기법 97조에 명문의 규정이 있을 뿐 아니라 취업규칙의 기준에 미달하는 근로계약을 무효로 만드는 것이어서 오로지 근로자 보호라는 방향으로 기능하므로 이를 인정하여도 큰 문제가 없다. 이에 대하여 법규범적 효력으로서 취업규칙의 보충적 효력은 근로자에게 의무를 부과하거나 권리를 제한하는 방향에서 기능할 수도 있어 그 인정 여부가 문제된다.

㈏ 정당화 또는 실정법적 근거

이와 같은 법규범적 효력으로서의 취업규칙의 보충적 효력을 인정할 이념적 혹은 실정법적 정당화 근거가 있는가?

① 먼저 사업의 합리적 운영이라는 경영상의 요청에 기초한 근로조건의 통일적·획일적 결정의 필요성을 그 근거로 검토해 볼 수 있다. 일본의 秋北버스사건 판결[35)]은 노동조건의 통일적·획일적 결정의 필요성을 취업규칙이 구속력을 갖는 정당화 근거로 제시하였다. 그러나 노동조건의 통일적·획일적 결정은 어디까지나 사용자의 경영상의 요청에 기초한 것으로, 이를 법규범적 효력을 부여하는 부차적 근거로 삼는 것은 가능하다고 하더라도, 근로자 보호를 목적으로 하는 근기법상의 제도인 취업규칙에 법규범적 효력을 부여하는 주된 근거로 삼기에는 적절하지 아니한 면이 있다.

② 다음으로 정당화 근거로 검토해 볼 수 있는 것이 근로자 보호의 필요성이다. 비록 사용자가 일방적으로 작성하는 것이기는 하나, 작성되어 주지된 취

33) 三井正信a, 67면 참조.
34) 김형배, 293면; 荒木, 354면.
35) 秋北버스사건 판결에 대하여는 '취업규칙 전론(前論)' Ⅱ. 2. 가. 참조.

업규칙에 사용자도 구속되어 근로자를 사용자의 자의로부터 보호할 수 있다. 근로계약에 규정되지 아니한 사항에 관한 취업규칙 규정 중 근로자에게 권리를 부여하는 조항은 위와 같은 의미에서의 근로자 보호 기능을 수행하므로 이에 대하여 법규범적 효력을 부여하는 것은 별다른 문제가 없다. 나아가 근로계약에 정함이 없는 부분에 관한 취업규칙 규정 중 근로자에게 의무를 부과하고 그 의무 위반에 대하여 제재를 정하고 있는 조항이라고 하더라도 사용자로서는 규정된 의무 이외의 의무를 부과할 수 없고, 그 의무 위반에 대하여도 위 조항에서 정해진 내용 이상의 가혹한 제재를 할 수 없다는 의미에서 그 조항에 구속되어 위 조항이 근로자를 사용자의 자의로부터 보호하는 기능을 한다고 볼 수 있다. 다만 취업규칙에서 사용자가 일방적으로 근로자에게 의무를 부과하고 권리를 제한하는 것 자체에 대하여 법규범적 효력을 부여하는 것을 근로자 보호의 필요성이라는 근거로 설명하기는 어렵다. 이러한 점에서 근로자 보호의 필요성은 법규범적 효력으로서의 보충적 효력을 정당화하는 부분적 근거로서는 의미가 있지만 전면적 근거로 작동하는 데에는 일정한 한계가 있다.

③ 그러면 실정법에 취업규칙의 보충적 효력의 근거로 삼을만한 규정이 있는가. 먼저 근기법 97조에서 명문의 규정을 흠결하고 있는 점은 앞서 본 바와 같다. 이와 관련하여 근기법 15조에서 근로계약에 규정되지 아니한 사항에 관한 근기법의 근로계약에 대한 보충적 효력에 관하여 명문의 규정을 흠결하고 있음에도 학설이 일반적으로 근기법의 근로계약에 대한 보충적 효력을 인정하고 있는 점이나,[36] 근기법 15조와 근기법 97조의 규범 형식의 유사성에 기초하여 명문의 규정을 흠결하고 있지만 근기법 97조를 근거로 보충적 효력을 인정할 수 있다는 견해가 있을 수 있다. 그러나 국회가 제정한 형식적 의미의 법률인 근기법의 법규범으로서의 정통성과 사용자가 일방적으로 작성하는 취업규칙의 법규범으로서의 정통성에는 큰 차이가 있으므로 이를 동일시할 수 없고, 근기법 97조에서 명문의 규정을 흠결하고 있음에도 근기법 97조를 근거로 바로 보충적 효력을 인정하는 것에 대하여는 주저하지 않을 수 없다.

④ 보충적 효력의 실정법적 근거라는 문제와 관련하여 주목할 규정은 근기법 97조 이외에 근기법의 취업규칙의 효력에 관한 다른 규정, 즉 근기법 94조 1항 단서이다. 일본의 노기법과 달리 근기법은 근기법 97조에서만 취업규칙에 법

---

36) 김유성, 58면; 임종률, 350면; 菅野, 197면 주14); 西谷, 51면.

규범적 효력을 부여한 것이 아니다. 근기법은 법 94조 1항 단서를 통해 집단적 동의를 받은 취업규칙에 변경적 효력이라는 법규범적 효력을 부여하였다. 취업규칙 불이익변경에 대하여 집단적 동의가 있는 경우에는 개별적으로 동의하지 않은 근로자의 근로조건도 변경되고,[37] 집단적 동의가 없는 경우에는 비록 개별 근로자의 동의가 있더라도 그 동의는 효력이 없다.[38] 이와 같이 개별적 동의에 대한 집단적 동의의 우위, 개별의사에 대한 집단의사의 우위를 인정하는 것은 계약설이나 계약이론으로 설명할 수 없는 효력으로 집단적 동의를 받은 변경된 취업규칙에 변경적 효력이라는 법규범적 효력이 부여되어 있음을 의미한다.[39]

이와 같이 근기법은 94조 1항 단서에서 집단적 동의를 얻어 변경된 취업규칙에 변경적 효력이라는 법규범적 효력을 부여하였는데, 취업규칙의 변경적 효력과 취업규칙의 보충적 효력은 그 문제되는 장면은 다르지만 근로계약관계를 규율(또는 근로계약 당사자를 구속)하는 효력이라는 면에서는 본질적으로 성질이 동일한 효력이라고 할 수 있다. 즉 보충적 효력은 주로 근로계약 체결시에 근로조건 사항에 관하여 당사자 간에 별도의 약정이 없는 경우에 취업규칙이 근로계약을 규율하는 효력으로서 문제되고, 변경적 효력은 근로계약관계가 전개되어 근로조건을 변경할 경우에 변경된 취업규칙이 근로계약관계를 규율하는 효력으로서 문제된다고 볼 수 있다.

이와 같이 근기법에서 취업규칙의 최저기준적 효력뿐 아니라 근로계약을 규율하는 법규범적 효력으로서의 보충적 효력과 그 성질을 같이 하는 법규범적 효력으로서의 변경적 효력을 인정하고 있다면, 비록 명문의 규정은 없지만 취업규칙의 보충적 효력도 충분히 인정할 수 있는 것이다. 앞서 본 것처럼 법규범적 효력으로서의 취업규칙의 보충적 효력은 근로자에게 의무를 부과하거나 권리를 제한하는 방향에서 기능할 수도 있어 그 인정 여부가 문제되는데, 취업규칙의

37) 대법원 1992. 11. 24. 선고 91다31753 판결, 대법원 1993. 1. 15. 선고 92다41986 판결, 대법원 1993. 3. 23. 선고 92다52115 판결, 대법원 1994. 5. 24. 선고 93다46841 판결, 대법원 1997. 9. 12. 선고 96다56306 판결, 대법원 2008. 2. 29. 선고 2007다85997 판결. 대법원 2000. 9. 29. 선고 99다67536 판결도 참조.

38) 대법원 1977. 7. 26. 선고 77다355 판결, 대법원 1977. 9. 28. 선고 77다681 판결, 대법원 1977. 12. 27. 선고 77다1378 판결, 대법원 1991. 3. 27. 선고 91다3031 판결, 대법원 1991. 9. 24. 선고 91다17542 판결, 대법원 1992. 12. 8. 선고 91다38174 판결, 대법원 2003. 11. 28. 선고 2001다4750 판결.

39) 변경적 효력에 대하여는 '취업규칙 전론(前論)' Ⅲ. 1. 다.와 법 94조에 대한 해설 Ⅱ. 2. 바. 참조.

불이익변경을 통하여 근로조건을 불이익하게 변경함으로써 더 강한 의무를 부과하고 더 권리를 제한하는 변경된 취업규칙에 변경적 효력이라는 법규범적 효력을 실정법에서 인정한다면, 근로자에게 의무를 부과하거나 권리를 제한하는 내용이 포함되어 있더라도 근로계약 체결 시에 근로조건을 설정하는 취업규칙에 법규범적 효력으로서의 보충적 효력을 충분히 인정할 수 있다고 할 것이다.

⑤ 위의 논의를 종합하면, 법규범적 효력으로서의 취업규칙의 보충적 효력은 근기법 97조에서 법규범적 효력으로서의 최저기준적 효력을 인정하고 근기법 94조 1항 단서에서 법규범적 효력으로서의 변경적 효력을 인정한 취지를 그 주된 실정법적 근거로 삼고, 여기에 근로자 보호의 필요성, 근로조건의 통일적·획일적 결정의 필요성을 부분적, 부차적 정당화 근거로 삼아 인정할 수 있다.

### (2) 요 건

#### ㈎ 합리성에 의한 내용통제

법규범적 효력으로서의 취업규칙의 보충적 효력을 인정한다고 하더라도 사용자가 일방적으로 작성한 것이라는 취업규칙의 본질에 비추어 보면 취업규칙의 보충적 효력을 무제한 인정할 수는 없고, 일정한 통제가 필요하다.[40]

단체협약의 경우 노조법 33조 2항에서 명문으로 보충적 효력을 인정하고 있고, 근로자의 집단의사를 구현하는 노동조합과 사용자의 공동결정의 산물인 단체협약의 내용은 대등당사자 사이의 이익조정의 결과로서 일응 적정하다고 추정할 수 있다.[41] 따라서 협약자치의 원칙이 지배하는 단체협약에 대하여는 엄격한 내용통제는 불필요하다. 그러나 공동결정의 산물인 단체협약과 사용자의 일방적 단독결정에 의하여 작성되는 취업규칙의 법규범성을 동일시할 수는 없다. 또한 취업규칙의 내용에 대한 심사는 개별 교섭을 거쳐 합의에 의하여 결정된 근로계약에 대한 내용심사와는 달리 엄격한 것이어야 한다. 따라서 취업규칙에 대한 내용심사는 근기법 등 강행법규의 위반 여부, 선량한 풍속 기타 사회질서의 위반 여부 등을 판단하는 예외적인 심사기준을 넘어서는 것이어야 한다.

취업규칙은 사용자에 의하여 일방적으로 작성되는 것이고, 교섭력의 불균형이 있어 사용자와 근로자 사이에 취업규칙의 내용에 관하여 개별적인 절충이나 교섭을 통한 사회적으로 합리적인 이익조정에 의한 내용의 정통성이 확보되

40) 西谷, 165면; 土田道夫b, 169~170면.

41) 西谷, 630면.

지 않는다. 여기로부터 취업규칙 내용의 합리성을 요건으로 할 필요성이 있게 된다.[42] 따라서 근로계약 체결 시에 취업규칙이 법규범으로서 근로계약에 대한 보충적 효력을 가지기 위해서는 합리성을 그 요건으로 한다고 할 수 있다[43](이 문제는 취업규칙 불이익변경의 경우에 집단적 동의를 받지 않더라도 사회통념상 합리성이 있으면 예외적으로 변경적 효력이 있다는 판례의 사회통념상 합리성 법리를 인정할 것인가라는 문제와는 구별되는 문제이다).

판례상 취업규칙 조항을 합리적으로 한정 해석하여 그 범위 내에서 효력을 인정하는 이른바 합리적 한정해석의 방법에 의한 내용통제가 징계나 인사조항과 관련하여 행해져 왔는데, 보충적 효력의 요건인 합리성에 의한 내용통제와 유사한 결과를 도출한다고 볼 수 있다.

가령 판례[44] 중에 해고는 징계처분 중 가장 무거운 처분으로서 사회통념상 고용계약을 계속시킬 수 없을 정도로 근로자에게 책임이 있는 사유가 있는 경우에야 할 수 있는 것인 점에 비추어 인사위원회 규정에 의한 징계해고사유인 "7일 이상 무단결근 하였을 때"란 일정한 시간적 제한이 없이 합계 7일 이상의 무단결근을 한 모든 경우를 의미하는 것이 아니라 상당한 기간 내에 합계 7일 이상의 무단결근을 한 경우를 의미한다고 제한적으로 해석하여야 한다고 한 것이 대표적이다.

또한 취업규칙이 헌법상 기본권이나 법 6조의 균등처우조항을 위반하는 것인지 여부를 판단함에 있어 합리성 기준을 사용한 판례들[45]의 취지도 위와 같은 관점에서 이해할 수 있다고 본다.

㈏ 주지(周知)

변경적 효력과 관련하여 판례는 취업규칙을 기업 내의 규범으로 보고 신설 또는 변경된 취업규칙의 효력이 생기기 위해서는 법령의 공포에 준하는 절차가 필요하다고 본다.[46] 취업규칙을 변경하는 경우뿐 아니라 취업규칙을 신설하는

---

42) 浜村 彰, 33면.

43) 이에 관하여는 西谷 敏a, 472~474면 참조. 수권설에 선 국내의 학설(김유성, 58면; 임종률, 376면)에서는 취업규칙의 보충적 효력을 제한 없이 인정하나 위와 같은 관점에서 보면 문제이다.

44) 대법원 1995. 5. 26. 선고 94다46596 판결.

45) 대법원 1996. 8. 23. 선고 94누13589 판결, 대법원 2004. 6. 25. 선고 2002두2857 판결, 대법원 2018. 9. 13. 선고 2017두62549 판결 등 참조.

46) 대법원 2004. 2. 12. 선고 2001다63599 판결, 대법원 2004. 2. 27. 선고 2001다28596 판결.

경우에도 법령의 공포에 준하는 절차로서의 주지가 필요하다는 취지이므로, 취업규칙이 신설되어 법규범적 효력으로서의 보충적 효력을 가지기 위해서는 주지 요건을 충족하는 것이 필요하다. 보충적 효력이 문제되는 경우에 그 효력을 발생하는 요건으로서 주지가 필요하다는 취지의 대법원 판결이 있다.[47)]

㈐ **보충적 효력에 관한 판례**

드물지만 대법원 판결 중에 취업규칙의 근로계약에 대한 보충적 효력과 관련된 문제를 언급한 판결이 있다. 대법원은 "근로계약은 낙성계약으로 청약에 따른 승낙으로 성립하므로 그 계약의 내용은 사용자와 근로자가 개별적인 교섭에 의하여 확정하는 것이 원칙이지만, 오늘날 다수의 근로자를 고용하고 있는 기업은 개개의 근로자들과 일일이 계약 내용을 약정하기보다는 근로계약의 내용이 되는 근로조건 등을 단체협약, 취업규칙에 정하여 근로관계를 정형화하고 집단적으로 규율하는 것이 보통이므로, 근로계약 체결시 계약의 내용을 취업규칙의 내용과 달리 약정하는 등 특별한 사정이 없는 한 근로계약을 체결한 근로자와 사용자 사이에는 취업규칙에 정하는 바에 따라 근로관계가 성립한다."고 하였다.[48)]

위의 판시에 의하면 개별적인 교섭에 의한 합의가 없어 근로계약에 규정되지 아니한 사항에 관하여는 취업규칙에 정하는 바에 따라 근로관계가 성립한다는 것인데, 그 법적 근거가 무엇인지는 밝히고 있지 않다. 정확하게는 그 법적 근거가 계약인지 아니면 법규범으로서의 효력인지를 탐구하는 문제의식 자체가 결여되어 있다고 볼 수 있다. 나아가 위 판시에 의하면 취업규칙에 근로관계를 규율하는 효력을 제한 없이 인정하게 되는데, 이는 일본의 秋北버스사건 판결이 합리성을 요건으로 근로관계 당사자에 대한 구속력을 인정하는 입장이나 앞서 살펴본 것처럼 법규범적 효력으로서의 보충적 효력을 인정하되 합리성 통제를

47) 대법원 2003. 6. 10. 선고 2001다673 판결 참조. 취업규칙이 주지되지 않아 취업규칙의 제정 또는 개정 후에 근로계약을 체결한 신규 근로자에 대하여 취업규칙의 효력(보충적 효력을 의미한다)이 없다고 한 사례이다. 한편 일본 최고재판소는 후지흥산(フジ興産)사건 판결[最高裁 2003. 10. 10. 判決(フジ興産事件, 労判 861호 5면)]에서 취업규칙이 "법적 규범으로서의 성질을 가지는 … 것으로서 구속력이 발생하기 위해서는 그 내용의 적용을 받는 사업장의 노동자에게 주지시키는 절차가 채택될 것을 요한다"고 하여 노동자에 대한 주지가 취업규칙의 구속력의 요건이라는 입장을 취하였고, 위 법리는 노계법 7조의 근로계약 체결 시의 규율효의 요건으로 명시되었다.

48) 대법원 1999. 1. 26. 선고 97다53496 판결, 대법원 2007. 9. 6. 선고 2007다42600 판결.

요구하는 입장에 미치지 못하는 태도로서 사용자가 일방적으로 작성하는 취업규칙에 대한 내용 통제의 관점이 결여되어 있어 문제이다.

하급심 판결 중 구 파견법에 의한 직접고용 간주규정이 적용되어 사용사업주와 직접고용관계가 성립한 파견근로자들의 근로조건과 관련하여, 직접고용이 간주되는 경우는 파견근로자와 사용사업주 사이에 근로계약이 체결되었으나 구체적인 근로조건에 관한 정함이 없는 경우와 유사한데, 이러한 경우 취업규칙 및 단체협약의 보충적 효력에 따라 근로조건이 결정된다는 점을 사용사업주의 근로자 중 당해 파견근로자와 동종 또는 유사업무를 수행하는 근로자에게 적용되는 취업규칙 등에서 정하는 근로조건이 파견근로자에게도 적용된다는 결론의 한 논거로 들면서 취업규칙의 보충적 효력에 관하여 언급하고 있는 판결이 다수 있다.[49)]

#### (3) 효 과

취업규칙이 주지되고, 그 내용이 합리적이면 취업규칙의 보충적 효력에 의하여 근로계약에 규정되지 아니한 사항에 관하여 취업규칙에 규정된 근로조건과 복무규율에 관한 기준이 근로관계를 규율하게 된다. 취업규칙의 보충적 효력은 주로 근로계약 체결 시에 문제된다.

### 다. 직률적 효력과 보충적 효력의 작동 방식

무효가 된 근로계약 부분이나 근로계약에서 정하지 않은 사항에 관하여 취업규칙의 기준이 직접 규율하거나 보충한다고 할 때, 그 규율이나 보충의 구체

---

49) 서울고법 2012. 1. 13. 선고 2010나32278 판결, 광주지법 2012. 6. 29. 선고 2011가합15294, 2011가합391 판결, 서울중앙지법 2012. 8. 9. 선고 2010가합124781 판결, 대전지법 2012. 9. 14. 선고 2012가합246 판결, 광주고법 2012. 10. 24. 선고 2011나6402 판결, 서울중앙지법 2012. 11. 22. 선고 2011가합88196 판결, 서울고법 2013. 9. 6. 선고 2012나101475 판결, 서울고법 2013. 9. 13. 선고 2012나70595 판결, 서울중앙지법 2013. 10. 22. 선고 2012가합87473 판결, 서울중앙지법 2014. 9. 18. 선고 2010가합112450 판결, 서울중앙지법 2014. 9. 18. 선고 2010가합112481 판결, 서울중앙지법 2014. 9. 19. 선고 2010가합112474 판결, 서울중앙지법 2014. 9. 19. 선고 2010가합112511 판결, 광주고법 2014. 9. 24. 선고 2012나6287 판결, 서울중앙지법 2014. 9. 25. 선고 2011가합75848 판결, 서울중앙지법 2014. 9. 25. 선고 2011가합75831 판결, 부산고법(창원) 2016. 1. 21. 선고 2015나130 판결, 서울중앙지법 2016. 12. 1. 선고 2014가합580877 판결, 서울고법 2017. 2. 10. 선고 2014나49625 판결, 서울중앙지법 2017. 10. 13. 선고 2015가합500700 판결, 서울중앙지법 2017. 10. 13. 선고 2015가합510158 판결, 부산지법 동부지원 2018. 2. 9. 선고 2015가합102421 판결, 서울중앙지법 2018. 10. 12. 선고 2015가합568652 판결, 서울중앙지법 2018. 10. 12. 선고 2016가합514591 판결, 서울중앙지법 2018. 10. 19. 선고 2015가합556345 판결.

적 작동 방식이 어떠한 것인지에 관하여는 논의가 있다. 즉 취업규칙의 기준이 근로계약에 화체되어 근로계약의 내용이 되는 것(화체설 · 내용설)을 의미하는지, 아니면 취업규칙은 어디까지나 외부에서 근로계약을 규율하는 것에 머무를 뿐 그 내용이 되는 것은 아니고, 근로자와 사용자의 권리 · 의무는 취업규칙에서 직접 발생하는 것(외부규율설)을 의미하는지 문제가 될 수 있다.

이에 관하여는 단체협약의 경우와는 달리 그다지 활발하게 논의되고 있지는 않지만,[50] 취업규칙의 법적 성질에 관하여 계약설을 취하는 견해에 따르면 취업규칙이 근로계약에 화체되어 그 내용이 된다고 해석하는 것이 일관된 입장일 것이고,[51] 법규설의 입장을 취하면서도 근로조건 불이익변경에 대한 개별적 동의가 요구된다는 입장을 전제함으로써 화체설을 취하고 있는 견해도 있다.[52] 일본에서는 화체설로 거의 일치하고 있다고 한다.[53]

### 3. 근로계약의 내용이 취업규칙의 기준을 상회하는 경우

#### 가. 근로계약과 취업규칙 사이의 유리 원칙

##### (1) 실정법적 근거 — 근기법 97조의 반대해석

근기법 97조에 의하면 근로계약의 내용이 취업규칙의 강행적 효력에 의하여 무효가 되는 것은 취업규칙의 기준에 미달하는 경우이다. 따라서 근기법 97조를 반대해석하면, 취업규칙에서 정한 기준보다 유리한 근로조건을 정한 개별 근로계약 부분은 유효하고 취업규칙에서 정한 기준에 우선하여 적용된다.[54] 이는 근기법 15조가 근로계약에서 근기법보다 유리한 근로조건을 설정하는 것을 당연히 허용하는 것과 마찬가지이다. 근기법이 근로조건의 최저기준을 정한 것으로 근로계약에 대하여 편면적 강행성을 갖는 것과 마찬가지로, 취업규칙도 그 기준에 미달되는 근로계약에 한하여 최저기준으로서 강행적 효력을 미치는 것

50) 단체협약의 직접적 효력의 작동방식에 관한 화체설과 외부규율설에 관한 논의에 대하여는 노조법주해 Ⅱ, 105면, 130면, 152면 참조.

51) 원래 계약설에 의하면 취업규칙에는 법규범적 효력이 없으므로 취업규칙의 법규범적 효력이 근로계약에 대하여 미치는 구체적 작동 방식을 이론적으로 어떻게 설정할 것인지에 관한 논의가 있을 수 없다. 다만 앞서 본 것처럼 계약설에 의하더라도 취업규칙에 최저기준으로서의 법규범적 효력은 인정하게 되므로 위 문제가 발생할 수 있다. 김형배a, 214면에서는 화체설의 입장을 취하고 있다.

52) 西谷 敏a, 462면 이하.

53) 青木宗也 · 片岡曻 Ⅱ, 298면(三井正信 집필).

54) 대법원 2019. 11. 14. 선고 2018다200709 판결, 대법원 2022. 1. 13. 선고 2020다232136 판결.

으로서 근로계약에 대하여 편면적 강행성만을 갖는 것이다.

그 결과 취업규칙과 근로계약 사이에서는 유리 원칙이 인정되어 근로계약에서 정한 유리한 근로조건이 유효하게 존속하고 취업규칙의 기준에 우선하여 적용된다.

### (2) 법리적 근거 — 개별 약정의 우선, 사적 자치의 원리

#### ㈎ 개별 약정 우선의 원칙

취업규칙의 기준을 상회하는 개별 약정이 있는 경우에는 취업규칙의 기준에 미달되는 경우가 아니므로 취업규칙의 최저기준적 효력이 적용되지 않고 근로계약에 정함이 없는 경우에 해당하지 아니하므로 취업규칙의 보충적 효력도 적용되지 않는다. 따라서 취업규칙의 기준이 아니라 위 개별 약정에 의하여 근로조건이 결정된다. 이는 취업규칙이라는 집단적이고 획일적인 기준에 대하여 개별 약정이 우선한다는 것을 의미한다.

일반적인 규율에 대하여 구체적인 개별 약정이 우선하는 법원칙은 우리 법제에서도 널리 인정되는 법원칙으로서 마치 특별법이 일반법에 우선하는 것과 유사하다.[55] 가령 약관규제에 관한 법률 4조에서는 약관에서 정하고 있는 사항에 관하여 사업자와 고객이 약관의 내용과 다르게 합의한 사항이 있을 때에는 그 합의 사항은 약관보다 우선한다고 하여 개별 약정의 우선 원칙을 명시하고 있다. 개별 약정이 있는 경우에는 당사자들이 개별적인 교섭을 통하여 각자의 이익을 반영할 수 있는 이익조정의 기회를 가졌으므로 약관 등과 같은 "계약내용 형성의 일방성"이 우려되는 일반적 규율을 적용할 이유가 없다. 약관규제에 관한 법률 4조는 위 법원칙의 당연한 귀결로서 주의적 규정이다.[56]

#### ㈏ 개별 약정 우선의 원칙에 대한 예외적 규율로서의 근기법 97조

다만 개별 교섭과 약정을 통하여 계약 당사자의 이익이 조정될 것이라는 기대가 충족되지 않는 특별한 경우에는 특정한 법 목적을 위하여 법이 개입하여 개별 약정에 의해 법률관계가 규율되는 것을 허용하지 않는 경우가 있다.

근기법 97조는 위와 같은 개별 약정 우선의 원칙에 대한 예외적 규율을 정한 것이다. 즉 근기법 97조는 근로계약의 내용이 취업규칙의 기준에 미달하는 경우에는 사용자와 근로자 사이의 교섭력의 불균형으로 인하여 이익 조정이 제

55) 김진우, "금융거래에서의 약관에 대한 사법적 통제", 민사판례연구 37권, 박영사(2015), 1003면.
56) 김진우, 위 논문, 1003~1004면.

대로 되지 않은 것으로 보고 취업규칙의 기준에 최저기준적 효력을 부여하여 근로계약 부분을 무효로 하고 무효로 된 부분은 취업규칙에 정한 기준에 따르도록 함으로써 개별적 노사 간의 합의라는 형식을 빌려 근로자로 하여금 취업규칙이 정한 기준에 미달하는 근로조건을 감수하도록 하는 것을 막아 종속적 지위에 있는 근로자를 보호하기 위한 규정이다.

㈐ 근로계약이 취업규칙보다 유리할 경우 개별 약정 우선의 원칙·사적 자치의 원칙으로의 복귀

그러나 개별 근로계약에서 정한 근로조건이 취업규칙의 기준을 상회하는 경우에는 다시 원래의 개별 약정 우선의 원칙·사적 자치의 원칙으로 돌아와 개별 근로계약에서 정한 근로조건에 의하게 된다.

만일 개별 근로계약에서 정한 근로조건이 취업규칙의 기준을 상회하는 경우에도 이를 무효로 하는 것은 근로자 보호를 위하여 취업규칙에 최저기준적 효력을 부여한 근기법 97조의 취지에 반하는 해석이 된다.

(3) 판례에 나타나는 개별 근로계약 우선

㈎ 대법원은 근로계약에서 근로 내용이나 근무 장소를 특별히 한정한 경우에 사용자가 근로자에 대하여 전보나 전직처분을 하려면 원칙적으로 근로자의 동의가 있어야 한다[57]고 보고 있는데, 이는 취업규칙에 "업무상의 필요에 의하여 직무, 근무장소의 변경을 명할 수 있다"는 규정이 있더라도 마찬가지이다. 대법원의 위와 같은 태도는 개별 근로계약에서 정한 근로조건이 취업규칙이라는 일반적 규율보다 유리할 경우 개별 근로계약이 우선한다는 원칙을 전제로 하는 것이다.

㈏ 하급심 판결에서도 개별 근로계약을 우선하여 근로계약과 취업규칙 사이의 유리 원칙을 인정한 것이 다수 있다. ① 취업규칙에서 정년을 지난 사람은 1년 단위로 촉탁 직원으로만 채용할 수 있도록 규정하고 있더라도, 정년을 지난 근로자와 계약기간을 2년으로 정하여 근로자에게 유리하게 근로계약을 체결하는 것이 무효라고 볼 수 없고,[58] ② 취업규칙에서 아파트관리소장의 신규 채용 연령 기준을 30세 이상 60세까지로 한다고 규정하였는데, 사용자가 62세의 근로자와 근로계약을 체결하여 신규 채용 기준에 관하여 취업규칙에 정한 내용보

57) 대법원 2013. 2. 28. 선고 2010다52041 판결.
58) 서울행법 2016. 10. 20. 선고 2016구합52767 판결.

다 근로자에게 유리하게 근로계약을 체결한 경우에는 그와 같은 근로계약은 취업규칙보다 우선 적용되어 유효하며,[59] ③ 취업규칙에서 근로계약기간은 기간의 정함이 없는 것과 일정한 사업완료에 필요한 기간을 정한 것을 제외하고는 1년을 초과할 수 없으며 계약기간이 만료할 때 '노사 간에 아무런 이의가 없는 경우' 같은 근로조건으로 자동 갱신된 것으로 간주하여 기간의 정함이 없는 계약으로 전환한다고 규정되어 있는데, 근로계약에서는 계약기간 종료 후 '사용자와 특별한 약정이 없으면' 계약은 자동 연장함을 상호 인정한다고 되어 있어 근로계약 갱신 조건에 관하여 취업규칙보다 근로계약에 따르는 것이 근로자에게 유리한 경우, 위 근로계약 기간의 만료로 근로계약을 종료시키기로 한 특별한 약정이 있었다는 점을 인정할 증거가 없는 이상 근로계약은 자동으로 연장된다.[60]

#### (4) 일본 노계법 7조 단서

일본 노계법 7조에서는 취업규칙의 근로계약에 대한 효력의 하나로서 근로계약 체결 시에 합리적인 내용을 정하고 주지(周知)된 취업규칙이 근로계약을 규율하는 계약내용보충효를 규정하고 있다.

그런데 노계법 7조 단서에서는, 노동자와 사용자 사이에 취업규칙보다 유리한 노동조건을 합의한 부분에 관하여는 위 보충효가 발생하지 않는다고 규정하고 있다. 이는 노동계약 당사자 사이에 취업규칙과 별개의 유리한 특약이 있는 경우에는 특약이 우선한다는 것을 명백히 한 것이다.[61]

#### (5) 근로계약이 취업규칙보다 유리하게 되는 두 가지 상황

근로계약에서 취업규칙의 기준을 상회하는 내용으로 근로조건이 설정되는 경우는 크게 두 가지가 있을 수 있다. 하나는 취업규칙의 기준을 상회하는 개별 근로계약상의 합의가 새로 체결되는 경우이고, 다른 하나는 기존의 근로계약의 내용보다 불리하게 취업규칙이 개정되거나 신설되어 불이익변경되는 경우이다.[62]

전자의 경우에 앞서 살펴본 유리 원칙에 관한 일반적 원칙에 따라 유리 원칙이 인정되어 근로계약에서 정한 기준이 우선 적용된다고 하는 점에 대하여는

59) 서울고법 2011. 1. 27. 선고 2009누29075 판결.
60) 대구고법 2007. 3. 21. 선고 2006나6776 판결.
61) 菅野, 201면.
62) 注釋(下), 1021~1022면(荒木尚志 집필); 荒木尚志a, 166면; 村中孝史, 139면; 강선희a, 159면.

이론이 없다. 문제는 후자의 경우이다.

### 나. 기존 근로계약과 불이익하게 변경된 취업규칙 사이의 유리 원칙 인정 여부

#### (1) 문제의 소재

기존 근로계약의 내용보다 불리하게 취업규칙이 변경되는 경우에도 근로계약의 내용이 취업규칙의 기준을 상회하게 된다. 이 경우 집단적 동의를 받은 취업규칙 불이익변경에도 불구하고 근로계약의 내용은 계속 유효하게 존속하는 것인가, 아니면 집단적 동의를 받은 취업규칙 불이익변경에 의하여 근로계약의 내용도 변경되는 것인가 하는 문제가 제기된다.

앞서 본 것처럼 개별 근로계약과 취업규칙 사이에는 일반적으로 유리 원칙을 인정할 수 있는데, 취업규칙 불이익변경과 관련하여 집단적 동의를 받은 경우에도 유리 원칙이 그대로 관철되는가 하는 문제의식이 있을 수 있다.

취업규칙은 사용자가 일방적으로 작성하는 점에 그 본질적 특성이 있다. 그런데 취업규칙 불이익변경에 대하여 집단적 동의가 있는 경우에는 비록 제한적이기는 하지만 사용자와 근로자 집단 사이에 대등결정이 이루어진다고 볼 수 있다.

이와 같은 점을 고려할 때 취업규칙 불이익변경에 대하여 집단적 동의를 받은 경우에도 유리한 기존 근로계약의 내용에 유리 원칙을 그대로 인정할 것인가 하는 문제가 특수한 문제로서 제기되는 것이다.

이에 대하여는 유리한 근로계약의 내용이 집단적 근로조건 설정수단인 단체협약이나 취업규칙에 의하여 설정된 것인지, 아니면 개별적 근로조건 설정 수단인 근로계약에 의하여 설정된 것인지 나누어 살펴볼 필요가 있다.

#### (2) 단체협약 또는 취업규칙에 의하여 설정된 경우 — 유리 원칙 부정

먼저 유리한 근로계약의 내용이 단체협약이나 취업규칙 등 집단적 근로조건 설정 수단에 의하여 설정된 근로조건인 경우에 관하여 본다.

##### ㈎ 단체협약에 의해 설정된 경우

가령 상여금 700%의 근로조건이 단체협약에 의하여 설정된 경우 단체협약이 규범적 효력을 유지하고 있는 한은 취업규칙에 의하여 불리하게(가령 상여금 연 500%) 변경할 수 없다. 다만 판례에 의하면 단체협약이 실효된 경우 노동조

건에 관한 부분은 단체협약의 적용을 받고 있던 근로자의 근로계약의 내용이 된다고 본다.[63)]

이와 같이 판례에 따라 단체협약상의 근로조건에 관한 기준이 근로계약의 내용이 된다고 보는 경우, 이 근로계약의 내용을 집단적 동의를 받은 취업규칙 불이익변경에 의하여 변경할 수 있는가라는 문제, 즉 근로계약과 취업규칙 사이의 유리 원칙을 인정할 수 있는가라는 문제가 제기된다.

판례는 단체협약이 실효된 경우 단체협약상의 기준이 근로계약의 내용이 된다고 보는 한편, 새로운 단체협약, 취업규칙의 체결, 작성이나 개별적인 근로자의 동의에 의하여 변경할 수 있다는 점을 인정함으로써 근로계약의 내용이 된 단체협약상의 근로조건을 새로운 취업규칙의 변경에 의하여 불이익하게 변경할 수 있다는 점을 인정한다.[64)] 따라서 단체협약이 실효되더라도 근로계약상 여전히 상여금은 연 700%이지만, 취업규칙상 상여금에 관한 기준을 연 500%로 불이익하게 변경하면 근로계약상 연 700%의 근로조건은 연 500%로 변경된다. 즉 이 한도 내에서는 유리 원칙이 인정되지 아니하는 셈이다.

#### ㈏ 종전 취업규칙에 의하여 근로계약의 내용이 된 경우

근로조건이 종전 취업규칙에 의하여 설정된 경우, 취업규칙의 법적 성질에 관하여 계약설을 취하거나 법규범설에 서더라도 화체설을 취하는 경우에는 종전 취업규칙에 의해 설정된 근로조건이 근로계약의 내용이 된다.

여기에서 근로계약의 내용이 된 종전 취업규칙상의 근로조건을 취업규칙의 불이익변경에 의하여 불이익하게 변경할 수 있는가라는 근로계약과 취업규칙 사이의 유리 원칙의 인정 여부가 문제된다(외부규율설을 취하는 경우에는 종전 취업규칙에서 정한 근로조건은 근로계약의 내용이 되는 것이 아니므로 이와 같은 유리 원칙의 인정 여부 문제는 발생하지 아니한다).

그런데 근기법 94조 1항 단서에 의하면 취업규칙을 불이익하게 변경하고

---

63) 대법원 2000. 6. 9. 선고 98다13747 판결, 대법원 2001. 4. 10. 선고 98다13716 판결, 대법원 2003. 4. 8. 선고 2002도6991 판결, 대법원 2005. 4. 14. 선고 2004도8516 판결, 대법원 2006. 11. 23. 선고 2006두11644 판결, 대법원 2007. 7. 12. 선고 2006재두250 판결, 대법원 2007. 12. 27. 선고 2007다51741 판결, 대법원 2007. 12. 27. 선고 2007다51758 판결, 대법원 2008. 10. 9. 선고 2008다27233 판결, 대법원 2008. 10. 9. 선고 2008다27226 판결, 대법원 2009. 2. 12. 선고 2008다70336 판결, 대법원 2011. 7. 28. 선고 2009두2665 판결, 대법원 2011. 7. 28. 선고 2009두4180 판결, 대법원 2013. 6. 13. 선고 2010두18369 판결, 대법원 2017. 6. 19. 선고 2014다63087 판결, 대법원 2018. 7. 12. 선고 2013다60807 판결.

64) 주 60)의 판례 참조.

이에 대하여 집단적 동의를 받으면 취업규칙이 적법·유효하게 변경되고 이에 따라 종전 취업규칙에 의한 근로조건이 불이익하게 변경되는 것을 인정한다.

이는 종전 취업규칙에 의하여 설정되어 근로계약의 내용으로 되어 있는 유리한 근로조건(가령 상여금 연 700%)을 불이익하게 변경된 취업규칙(가령 상여금 연 500%)에 의하여 인하하는 것을 인정하는 것이다. 즉 이 한도 내에서는 유리 원칙이 인정되지 아니하는 셈이다.

㈐ 소 결

결국 단체협약과 취업규칙에 의하여 설정된 근로조건과 관련하여서는 그것이 근로계약의 내용이 된다고 보는 경우 근로계약과 불이익하게 변경된 취업규칙 사이의 유리 원칙의 인정 여부가 문제되는데, 단체협약의 실효에 관한 판례나 취업규칙의 불이익변경에 관한 근기법 94조 1항 단서의 규정에 의할 때 불이익하게 변경된 취업규칙보다 유리한 근로계약 내용은 새로운 취업규칙의 기준으로 인하되어 유리 원칙이 부정된다고 볼 수 있다.

### (3) 개별 근로계약상의 합의에 의하여 설정된 경우 — 유리 원칙 인정

위와 같은 유리 원칙의 부정은 단체협약과 취업규칙에 의하여 설정되어 근로계약의 내용이 된 근로조건에 대하여는 타당하지만, 개별 근로계약상의 합의에 의하여 취업규칙의 기준보다 유리하게 설정된 근로조건에 대하여는 타당하지 아니하다.

#### ㈎ 불이익하게 변경된 취업규칙에 법규범적 효력을 부여한 취지

취업규칙 불이익변경에 대하여 집단적 동의가 있는 경우 집단적 대등결정이 이루어지고 변경된 취업규칙에 근로조건을 변경하는 변경적 효력이 부여된다.

그런데 취업규칙 불이익변경에 대하여 집단적 동의가 있는 경우에는 개별적으로 동의하지 않은 근로자의 근로조건도 변경되고,[65] 집단적 동의가 없는 경우에는 비록 개별 근로자의 동의가 있더라도 그 동의는 효력이 없다.[66]

---

65) 대법원 1992. 11. 24. 선고 91다31753 판결, 대법원 1993. 1. 15. 선고 92다41986 판결, 대법원 1993. 3. 23. 선고 92다52115 판결, 대법원 1994. 5. 24. 선고 93다46841 판결, 대법원 1997. 9. 12. 선고 96다56306 판결, 대법원 2008. 2. 29. 선고 2007다85997 판결. 대법원 2000. 9. 29. 선고 99다67536 판결도 참조.

66) 대법원 1977. 7. 26. 선고 77다355 판결, 대법원 1977. 9. 28. 선고 77다681 판결, 대법원 1977. 12. 27. 선고 77다1378 판결, 대법원 1991. 3. 27. 선고 91다303 판결, 대법원 1991. 9. 24. 선고 91다17542 판결, 대법원 1992. 12. 8. 선고 91다38174 판결, 대법원 2003. 11. 28. 선고

이와 같이 개별적 동의에 대한 집단적 동의의 우위, 개별의사에 대한 집단의사의 우위, 사적 자치에 대한 집단 자치의 우위를 인정하여 변경된 취업규칙에 변경적 효력이라는 법규범적 효력을 인정하는 것은 한편으로는 근로자의 보호를 위한 것이고 다른 한편에서는 개별적 차원에서 형해화되기 쉬운 계약자유를 집단적 차원에서 회복하기 위한 것이다.

그런데 개별 근로계약상의 합의에서 정한 근로조건이 변경된 취업규칙의 기준보다 유리하여 개별적인 계약자유(사적 자치)가 실질적으로 기능하는 국면에서 변경된 취업규칙에 의하여 개별 근로계약상의 근로조건이 인하되는 것을 인정하는 것은 위와 같이 집단적 동의를 받아 변경된 취업규칙에 법규범적 효력을 부여하는 취지, 즉 근로자 보호와 계약자유(사적 자치)에 반하는 것이다.

따라서 변경된 취업규칙의 기준보다 유리한 근로계약의 내용이 개별 근로계약상의 합의에 의하여 설정된 경우에는 취업규칙의 불이익변경에 대하여 집단적 동의를 받아 집단적 대등결정이 이루어졌다고 하더라도 유리한 근로계약의 내용은 유효하게 존속하고 이를 새로운 취업규칙의 기준으로 인하할 수 없으며 유리한 근로계약의 내용이 우선하여 적용된다.

㈏ 일본 노계법 10조 단서

일본 노계법 10조에서는 변경된 취업규칙 조항이 노동자에게 주지되고 변경에 관하여 합리성이 인정되는 경우에는 변경된 취업규칙 조항이 취업규칙 변경에 반대하는 노동자의 노동계약 내용을 규율하는 변경효를 인정하면서, 단서에서 노동계약에서 노동자 및 사용자가 취업규칙의 변경에 의해서는 변경되지 않는 노동조건으로서 합의하고 있는 부분에 관하여는 위와 같은 변경효가 미치지 않는다는 점을 분명히 하였다.

위 단서의 취업규칙에 의해서는 변경되지 않는다는 특약에는 취업규칙과는 별개의 개별적 노동조건을 설정하는 「개별적 노동조건의 특약」과 취업규칙에 의하면서 취업규칙의 변경에 의해서는 변경될 수 없다는 것을 특약하는 「합리적 변경배제의 특약」이 있다고 한다.[67] 우리의 논의에서 중요한 의미를 갖는 것은 위 개별적 노동조건의 특약인데, 가령 취업규칙상 정년이 65세인 기업에서 정년 70세의 특약으로 고용된 자는 취업규칙 변경에 의해 정년이 63세로 인하

2001다4750 판결.

67) 菅野, 210~211면.

되더라도 여전히 계속 정년 70세인 상태로 남아 있는 것이 개별적 노동조건의 특약의 예이다.[68] 이와 같이 일본에서는 개별 약정 우선의 법원칙에 의거하여, 개별 약정에 의한 근로조건을 취업규칙 불이익변경에 의하여 인하하는 것을 허용하지 않는다는 점을 입법에 의하여 명확히 하고 있다.[69]

#### (다) 독일의 학설과 판례

독일에서는 위의 논의와 유사한 문제로, 근로계약에서 정한 유리한 근로조건, 특히 일반적 노동조건(Allgemeine Arbeitsbedingungen)[70]을 사업장협정에 의하여 불이익하게 변경할 수 있는가라는 문제, 즉 근로계약과 사업장협정 사이의 유리 원칙 인정 여부가 크게 논의되었다.

독일의 경우 근로계약과 단체협약 사이의 유리 원칙에 대하여는 명문의 규정이 있다(독일 단체협약법 4조 3항). 이때의 근로계약상 약정에는 개별 근로계약뿐 아니라 일반적 노동조건과 같이 집단이 가미되어 있는 근로계약상의 규정이 포함된다.[71]

이와 달리 근로계약과 사업장협정 사이의 유리 원칙에 대하여는 명문의 규정이 없다.

이 문제와 관련하여 한때 독일에서는 질서 원칙과 업적 원리(Leistungsprinzip)에 기초하여 일반적 노동조건과 사업장 협정 사이의 유리 원칙을 부정하는 것이 지배적 학설과 판례의 태도이었다.

그러나 독일의 현재 통설·판례는 개별 근로계약과 사업장협정 사이에도 유리 원칙을 인정하고, 일반적 노동조건에 관하여도 비록 근로자 개인의 업적이나 능력 등 근로자의 개별적 상황을 고려한 것이 아니고 집단적 성격을 갖는 것이기는 하지만, 개별 근로계약상의 동의를 근거로 성립하여 계약으로서의 성

68) 菅野, 211면.

69) 노계법 제정 이전 취업규칙에 의한 노동조건변경법리에 대하여 개별적 노동조건규제를 우선하여야 한다는 일본의 학설로 荒木尙志a, 227면; 注釋(下), 1021~1022면(荒木尙志 집필); 諏訪康雄b, 26면; 土田道夫a, 401면; 大內伸哉a, 269면 참조.

70) 일반적 노동조건이란 경영(혹은) 기업 차원에서 사용자에 의하여 도입된 통일적인 노동조건을 말한다. 대체로 다음과 같은 세 가지 유형이 있다고 한다. ① 사용자가 계약 체결에 있어 미리 준비한 통일적인 계약문서를 사용한 경우(통일적 계약 규제), ② 사용자가 종업원 전체에 대하여, 예를 들면 사업장에서의 게시나 사내신문의 게재를 통하여 연금규칙의 제정을 발표하는 경우(종업원 집단에 대한 약속), ③ 사용자가 일정한 급부를 계속적 그리고 규칙적으로 어떠한 유보 없이 피용자에게 공여하는 경우(경영관행)이 그것이다. 村中孝史, 136~137면; 荒木尙志a, 167면.

71) 강선희a, 158면.

질을 갖는 것이므로 그것이 사업장협정보다 유리한 근로조건을 정하고 있는 경우에는 이를 사업장협정에 의하여 불이익하게 변경할 수 없다고 한다.72)

㈑ 개별 근로계약상 합의의 유형

① 개별적 교섭을 거친 근로계약상 합의와 통일적 계약규제에 의한 근로계약상 합의 취업규칙 불이익변경에 의하여 인하하는 것이 허용되지 않는 개별 근로계약상 합의에는 사용자와 근로자 사이의 개별적 교섭을 거친 근로계약상 합의(가령 사용자와 특정 근로자의 개별 교섭을 통하여 체결한 연봉계약) 뿐 아니라 정형적인 계약서를 사용하는 통일적 계약규제에 의한 근로계약상 합의(가령 1급 근로자들에 대하여 정형적인 계약서를 사용하여 체결된 연봉계약. 독일에서 말하는 일반적 노동조건의 일종)도 포함된다.

개별 근로계약상 합의 중 후자의 경우에는 통일적·집단적 준칙에 해당하는 내용이 포함되어 있어 취업규칙에 의한 근로조건과 유사한 면이 있지만 어디까지나 사용자와 근로자의 개별 합의에 의하여 성립한다는 점에서 차이가 있고 이에 관하여는 취업규칙이 아니라 근로계약의 법리가 적용되어야 한다.73)

② 유리 원칙의 인정 근거 취업규칙 불이익변경에 의하여 인하하는 것이 허용되지 않는 개별 근로계약상 합의에 전자만을 포함시킬 것인지, 아니면 후자까지도 포함시킬 것인지는 유리 원칙의 인정 근거를 어디에서 찾을 것인지에 관한 논의와 연결되어 있다.

유리 원칙의 인정 근거를 업적 원칙(Leistungsprinzip)에서 찾는 견해에 의하면 근로자의 개별적 능력이나 개인적 사정에 대응하여 합의된 유리한 근로조건에 한하여 유리 원칙을 인정하게 된다. 이에 따르면 일반적 노동조건은 개개의

72) 다만 위와 같이 일반적 노동조건의 경우에도 유리 원칙을 인정하되, 일반적 노동조건이 근로자의 개별 상황을 고려하지 않고 집단적으로 관련된 청구권이라는 내용적 특수성을 유리성 판단에 반영하여 집단적 유리성 비교를 하는 것이 판례의 태도라고 한다. 즉 사용자의 급부총액이 감소하지 않는다든가 또는 확대되는 경우에는 개개의 노동자가 불이익한 상태에 놓이게 되더라도 새로운 규제에 의한 변경은 유리 원칙에 의해 방해받지 않는다고 한다(소위 집단적 유리성 비교). 한편 위와 같은 집단적 유리성 비교는 노무에 대한 직접적인 보수에는 적용하지 않고 보너스, 근속기념수당, 기업연금 등 사회적 급부(soziale Leistung)에 한정한다고 한다. 독일에서의 위와 같은 논의에 대하여는 박귀천e, 77~79면; 荒木尙志a, 165~175면; 米津孝司c, 271면 참조.

73) 이러한 관점에서 보면 판례가 개별 근로계약에서 근로조건에 관한 준칙의 내용을 담고 있으면 이를 취업규칙에 해당한다고 보는 것은 재검토의 여지가 있다. 대법원 1992. 2. 28. 선고 91다30828 판결, 대법원 1997. 11. 28. 선고 97다24511 판결, 대법원 1998. 3. 24. 선고 96다24699 판결, 대법원 1998. 11. 27. 선고 97누14132 판결 참조.

근로자의 개별적 능력이나 개인적 사정을 묻지 않는 것으로 사업장협정에 우선하는 것으로 인정할 수 없다.[74]

그러나 독일에서 유리 원칙의 인정 근거를 업적 원칙에서 찾는 입장은 진부한 것으로 평가되고 있고, 현재는 노동법의 보호 원리, 사적 자치 내지 계약자유의 보장에서 그 근거를 찾고 있으며, 다수설은 유리 원칙의 기초를 보호 원리와 사적 자치의 양자의 결합에서 찾고 있다고 한다.[75]

위와 같이 유리 원칙의 근거를 업적 원칙이 아니라 노동법의 보호 원리, 사적 자치 내지 계약자유의 보장에서 찾는다면 취업규칙 불이익변경에 의하여 인하하는 것이 허용되지 않는 개별 근로계약상 합의에는 전자뿐만 아니라 후자까지도 포함하게 된다.

③ **실정법의 해석**   유리 원칙이 타당한 개별 근로계약상의 합의를 어디까지 인정할 것인가에 관하여 실정법적 근거가 되는 것은 역시 근기법 97조이다. 근기법 97조의 반대 해석을 통하여 근로계약과 취업규칙 사이의 유리 원칙이 일반적으로 인정된다고 볼 때 유리 원칙이 타당한 범위 역시 근기법 97조에서 말하는 근로계약의 범위 문제로 귀착된다고 할 것이다.

근기법 97조에서는 근로계약의 범위와 관련하여 그 어떤 제한을 가하지 않고 있다. 따라서 근기법 97조에서 말하는 근로계약이란 근로조건과 복무규율에 관한 것으로 근기법 93조에 따라 취업규칙에 규정될 사항 등에 관한 사용자와 근로자 간의 일체의 개별적 합의를 의미한다고 할 것이고, 여기에는 개별적 교섭을 거친 근로계약상 합의 뿐 아니라 정형적인 계약서를 사용한 통일적 계약규제에 의한 근로계약상의 합의도 포함된다고 볼 수 있다.

㈒ **판　　례**

① 대법원은 심리불속행기각 판결[76]을 통해 개별 근로계약상의 합의에 근거한 근로조건을 취업규칙 불이익변경에 의하여 인하하는 것은 허용되지 않는다는 점을 간접적으로 수긍한 적이 있다.

대법원은, 근로계약에서 근로자가 실제 근무한 날짜가 월 20일 이상인 경우 약정수당을 지급하고, 만근수당의 액수는 월 600,000원으로 정하였는데, 회

---

74) 村中孝史, 139~141면.
75) 강선희a, 154~157면.
76) 대법원 2017. 12. 13.자 2017다261387 판결.

사가 자금 상황이 악화되자 근로자 과반수의 동의를 얻어 기본임금 외에 모든 약정수당을 폐지하기로 하는 자구계획안을 결의함으로써, 근로계약에 따르면 근로자는 월 20일 이상 근로할 경우 약정수당을 회사로부터 지급 받을 수 있고 만근할 경우 만근수당도 지급 받을 수 있지만, 자구계획안 내용대로 변경된 취업규칙에 따르면 근로자는 모든 종류의 약정수당을 회사로부터 지급 받을 수 없게 되므로 근로자에게는 기존 근로계약이 변경된 취업규칙보다 유리한 상황에서, 취업규칙이 적법한 절차를 거쳐 근로자에게 불리하게 변경되었으므로 변경된 취업규칙이 정한 바에 따라 근로계약의 내용도 변경되는 것인지 여부가 쟁점으로 문제된 사안에서, 취업규칙은 근로자의 근로조건과 복무규율에 관한 기준을 집단적·통일적으로 설정하기 위하여 사용자가 일방적으로 작성한 것인데 반해, 근로계약은 사용자와 근로자의 합의에 기초한 것이므로, 어떠한 근로조건에 관해 취업규칙과 근로계약이 각기 다르게 정하고 있다면, 취업규칙이 근로자에게 보다 유리하다는 등의 특별한 사정이 없는 이상, 근로계약이 우선 적용된다고 본 원심 판결에 대한 상고를 심리불속행기각함으로써 적법한 절차를 밟은 취업규칙 불이익변경이 있다고 하더라도 이에 의하여 개별 약정·근로계약에 의한 근로조건을 인하하는 것은 허용되지 않는다는 점을 간접적으로 수긍하였다.

위 사안에서의 근로계약은 개별적 교섭을 거친 근로계약상 합의가 아니라 정형적인 계약서를 사용한 통일적 계약규제에 의한 근로계약상의 합의로 보인다. 앞서 본 바와 같이 이 경우에도 유리 원칙이 적용되므로 위 판결의 태도는 타당하다.

② 대법원은 최근, 1급 직급 근로자가 사용자와 기본연봉을 70,900,000원으로 정한 근로계약을 체결하였는데, 사용자가 과반수 조합의 동의를 받아 근로계약이 정하는 기본연봉에 복리후생비를 더한 총 연봉을 임금피크 기준연봉으로 정하고, 정년이 2년 미만 남아 있는 근로자에게는 임금피크 기준연봉의 60%, 정년이 1년 미만 남아 있는 근로자에게는 임금피크 기준연봉의 40%를 지급하도록 규정한 임금피크제 운용세칙을 제정, 공고함으로써 정년이 2년 미만 남아 있는 근로자가 사용자와 체결한 위 근로계약에서 정한 연봉액이 삭감되는지 여부가 문제된 사안에서, 근기법 94조가 정하는 집단적 동의는 취업규칙의 유효한 변경을 위한 요건에 불과하므로, 취업규칙이 집단적 동의를 받아 근로자에게 불리하게 변경된 경우에도 근기법 4조가 정하는 근로조건 자유결정의 원칙은 여

전히 지켜져야 한다고 전제한 후, 근로자에게 불리한 내용으로 변경된 취업규칙은 집단적 동의를 받았다고 하더라도 그보다 유리한 근로조건을 정한 기존의 개별 근로계약 부분에 우선하는 효력을 갖는다고 할 수 없고, 이 경우에도 근로계약의 내용은 유효하게 존속하고, 변경된 취업규칙의 기준에 의하여 유리한 근로계약의 내용을 변경할 수 없으며, 근로자의 개별적 동의가 없는 한 취업규칙보다 유리한 근로계약의 내용이 우선하여 적용된다고 판시한 다음 위 시행세칙에 의하여 위 근로계약에서 정한 연봉액을 삭감할 수 없다고 보았다.[77]

위 사안에서의 근로계약은 연봉과 관련하여 개별적 교섭을 거친 근로계약상 합의에 해당한다. 위 판결을 통하여 대법원은 기존 근로계약과 불이익하게 변경된 취업규칙 사이의 유리 원칙을 인정하는 입장을 명확하게 취한 것으로 볼 수 있고, 앞서 살펴본 논의에 비추어 위와 같은 대법원의 태도는 타당하다.[78]

③ 다만 대법원은 근기법 4조, 94조 및 97조의 규정 내용과 입법 취지를 고려할 때, 위와 같은 법리는 근로자와 사용자가 취업규칙에서 정한 기준을 상회하는 근로조건을 개별 근로계약에서 따로 정한 경우에 한하여 적용될 수 있는 것이고, 개별 근로계약에서 근로조건에 관하여 구체적으로 정하지 않고 있는 경우에는 취업규칙 등에서 정하는 근로조건이 근로자에게 적용된다고 보아야 한다고 한다.[79]

### 다. 소 결 론

(1) 근기법 97조의 반대해석상 근로계약과 취업규칙 사이의 유리 원칙은 일반적으로 인정된다. 따라서 취업규칙에서 정한 기준보다 유리한 근로조건을 정한 근로계약 부분은 유효하게 존속하고 취업규칙에서 정한 기준에 우선하여 적용된다.

(2) 그리고 이러한 법리는 기존 근로계약의 내용이 근기법 94조 1항 단서에 정한 바에 따라 근로자의 집단적 의사결정방법에 의한 동의를 받아 근로자에게 불리하게 변경된 취업규칙의 기준보다 유리한 경우에도 다찬가지로 적용되므로 이 경우에도 근로계약의 내용은 유효하게 존속하고, 변경된 취업규칙의 기준에

77) 대법원 2019. 11. 14. 선고 2018다200709 판결.

78) 동일한 결론을 내린 최근의 대법원 판결로 대법원 2020. 4. 9. 선고 2019다297083 판결(원심 판결은 창원지법 2019. 11. 21. 선고 2019나52123 판결, 제1심판결은 창원지법 통영지원 2019. 1. 30. 선고 2018가소21596 판결).

79) 대법원 2022. 1. 13. 선고 2020다232136 판결.

의하여 유리한 근로계약의 내용을 변경할 수 없으며, 근로자의 개별적 동의가 없는 한 취업규칙보다 유리한 근로계약의 내용이 우선하여 적용된다.

(3) 취업규칙에 대하여 유리 원칙이 인정되는 개별 근로계약상의 합의에는 개별적 교섭을 거친 근로계약상 합의 뿐 아니라 정형적인 계약서를 사용한 통일적 계약 규제에 의한 근로계약상 합의도 포함된다.

(4) 이에 대하여 단체협약이 실효되어 근로계약의 내용이 된다고 보거나 종전 취업규칙에 의하여 설정된 근로조건이 근로계약의 내용이 된다고 보는 경우에는 근로계약의 내용과 불리한 근로조건을 설정하는 새로운 취업규칙의 관계는 근기법 97조에 의해서 규율되는 것이 아니라 단체협약의 실효에 관한 판례 법리나 근기법 94조 1항 단서의 취업규칙의 불이익변경법리에 의하여 규율되고, 그 변경에 대하여 집단적 동의를 받는 경우에는 개별 근로자의 개별적 동의를 받을 필요 없이 새로운 취업규칙에 의하여 근로계약의 내용이 인하되어 유리 원칙이 부정된다.

(5) 위와 같이 집단적 근로조건의 설정수단인 단체협약이나 취업규칙에 의하여 근로계약의 내용이 되는 것과 개별 근로계약상의 합의에 의하여 근로계약의 내용이 되는 것은 구별되어야 한다.

전자에는 합의의 계기가 결여되어 있어 그 변경 수단이 다르고, 유리 원칙의 인정 여부가 다르기 때문이다.

이상의 논의를 도해하면 아래와 같다.

<table>
<tr><th colspan="3">근로계약의 내용이 되는 경우</th></tr>
<tr><td rowspan="2">합의에 의하지 않고 단체협약이나 취업규칙의 기준이 근로계약의 내용이 되는 경우</td><td colspan="2">개별 근로계약상 합의에 의하여 근로계약의 내용이 되는 경우</td></tr>
<tr><td>개별적 교섭을 거치는 경우</td><td>통일적 계약 규제(일반적 노동조건)에 의하는 경우</td></tr>
<tr><td>변경수단 — 집단적 동의</td><td colspan="2">변경수단 — 개별적 동의</td></tr>
<tr><td>유리 원칙 부정</td><td colspan="2">유리 원칙 인정</td></tr>
</table>

[마 은 혁]

# 제10장
# 기 숙 사

# 제10장 기 숙 사

제98조(기숙사 생활의 보장)

① 사용자는 사업 또는 사업장의 부속 기숙사에 기숙하는 근로자의 사생활의 자유를 침해하지 못한다.

② 사용자는 기숙사 생활의 자치에 필요한 임원 선거에 간섭하지 못한다.

〈세 목 차〉



## Ⅰ. 기숙사 개설

기숙사는 사업장과 거주지가 멀리 떨어져 있어 먼 거리에서 출퇴근을 해야 하는 근로자나 숙식을 해결하기가 쉽지 않은 근로자를 위하여 사용자가 설치한 숙식 시설을 말한다. 사용자는 근로자에게 숙식을 제공함으로써 안정적인 취업 생활을 보장하는 한편 인력을 확보하고 노무관리의 편의를 기하기 위해서 기숙사를 운영하는데, 산업화 과정에서 도시에 취업하는 농촌 출신 근로자들을 위해 활용되었으며, 지금은 도시에서 멀리 떨어진 사업장에 설치되고 있다.

그런데 이 제도는 악용되는 경우 여러 가지 폐해를 가져오기 쉬우며, 사용자가 근로자를 묶어 놓기 위한 격리시설로 남용될 폐단도 적지 않고, 근로자의 사생활의 자유를 침해하거나 부실한 설비로 안전을 위협받을 우려도 있다. 이에 법은 기숙사에 기숙하는 근로자의 사생활과 관련된 봉건적인 폐습을 일소하고 헌법상 보장된 사생활의 자유를 보장하는 동시에 근로자의 건강 · 안전 · 위생을 확보하기 위하여 법 10장의 규정을 통해 기숙사 제도와 관련하여 사용자에게 일정한 규제를 가하고 있다. 이 법 10장의 기숙사 제도에 관한 규정은 1953. 5.

10. 제정 법에서 규정된 이래, 1999. 2. 8. 법 개정 때 기숙사규칙의 노동부장관 신고 규정이 삭제된 것을 제외하고는, 실질적 내용에서 큰 개정이 없다가, 2019. 1. 15. 법이 개정되면서 '외국인 근로자의 노동인권개선 대책'의 하나로 부속 기숙사 설치의 구체적인 기준을 법률에 명시하고(100조), 근로자의 건강 유지, 사생활 보호 등을 위한 조치 의무 규정을 신설하였다(100조의 2). 이와 함께 외국인고용법 22조의2도 신설되어 외국인근로자에게 기숙사를 제공하는 경우에는 「근로기준법」 100조에서 정하는 기준을 준수하고, 건강과 안전을 지킬 수 있도록 하여야 한다는 의무를 사용자에게 부과하고(외국인고용법 22조의2 1항), 그 정보 제공의 기준 등을 시행령에 위임하였다(2항).[1)]

원래 기숙사 자체는 당연히 근로조건이라 할 수 없으며 근로관계의 내용을 이루는 것도 아니지만, 근로조건과 관련이 있고 기업의 종류에 따라서는 기숙사의 이용이 조건으로 되어 있는 경우도 있기 때문에, 이때는 근로관계의 내용이 될 수 있다.[2)]

## Ⅱ. 기숙사 생활의 자유와 자치 보호

### 1. 의 의

사용자는 사업 또는 사업장의 부속 기숙사에 기숙하는 근로자의 사생활의 자유를 침해하지 못하고(법 98조 1항), 기숙사 생활의 자치에 필요한 임원 선거에 간섭하지 못한다(법 98조 2항).

### 2. 기숙사 사생활의 자유 침해 금지

#### 가. 사업 · 사업장의 부속 기숙사

##### (1) 사업 · 사업장에 부속

법 10장 기숙사 규정(98조부터 100조까지)은 사업 또는 사업장의 부속 기숙사

1) 외국인고용법 시행령 26조의2(기숙사 정보의 제공) ① 외국인근로자에게 기숙사를 제공하는 사용자는 법 제 9 조 제 1 항 및 제12조 제 1 항에 따라 근로계약을 체결하는 경우 「근로기준법 시행령」 제55조부터 제58조의2조까지의 사항을 포함하여 고용노동부장관이 정하는 바에 따라 외국인근로자에게 기숙사 정보를 제공하여야 한다.
② 사용자는 제 1 항에 따라 제공된 정보 중 변경사항이 있는 경우에는 변경되는 내용을 사전에 서면으로 외국인근로자에게 제공하여야 한다.

2) 김형배, 573면.

에 한하여 적용된다.

여기서 사업에 부속된다고 하는 의미에 관하여, 사업 경영의 필요에 의하여 그 일부로서 설치되며 이를 폐지하면 사업 경영이 불가능하거나 매우 곤란하게 되어 해당 사업과 필연적으로 관련을 맺고 있는 경우를 말하는 것으로 해석하는 견해가 있으나,[3] 사업 부속의 개념을 반드시 사업 경영과 결부시켜 좁게 해석할 필요는 없다. 즉 기숙사의 설치 목적이 사업 경영과 직접적인 관련이 없더라도 근로자의 기숙사 생활에 대하여 사용자가 어느 정도 감독·통제를 하거나 할 가능성이 있는 경우에는 사업 부속의 개념에 포함된다.

다만, 사업 부속 기숙사는 사업장 내 또는 가까운 거리에 설치되어 상태적(常態的)으로 상당 수의 근로자가 숙박하며 공동생활의 실체를 갖추어야 하므로,[4] 복리후생시설로서 설치된 아파트식 기숙사, 사택처럼 근로자가 각각 독립의 생활을 하는 것, 소수의 근로자가 사업주와 동거하는 것은 부속 기숙사라 볼 수 없다.[5]

#### (2) 기 숙 사

기숙사란 다수의 근로자가 계속적으로 기거하면서, 침식의 공동생활을 하는 시설을 말한다. 명칭이 무엇이든 근로자가 집단적으로 기거와 침식을 같이 하기 위한 시설이면 모두 기숙사로 본다.[6] 기숙사에 해당하는지 여부는 명칭 여하를 불문하고 상태적으로 상당한 인원의 근로자들이 숙식하며 공동생활의 실태를 갖추고 있는지 여부에 따라 구체적으로 판단하여야 한다.[7]

### 나. 사생활의 보장

사용자는 부속 기숙사에 기숙하는 근로자의 사생활의 자유를 침해하지 못한다. 법 98조 1항은, 근로자는 사용자에게 노동력의 이용을 맡긴 '근로시간' 외에는 일체 사용자로부터 지휘·명령을 받지 않는다는 근로관계의 원칙[8]과, 이것

3) 1954. 10. 2. 사노 400(이병태, 991면에서 재인용).
4) 임종률, 389면.
5) 임종률, 389면.
6) 이병태, 990면.
7) 注釋(下), 1031~1032면에 의하면 사업의 '부속성'은 (i) 숙박하는 근로자에게 노무관리상 공동생활이 요청되는지 여부, (ii) 사업 내 또는 그 부근에 있는지 여부에 의해 종합적으로 판단하고, '기숙성'은 (i) 상당 수 근로자가 숙박하는지 여부, (ii) 그 장소가 독립 또는 구획된 시설인지 여부, (iii) 공동생활의 실태를 갖추고 있는지 여부 등에 따라 종합적으로 판단한다고 한다.
8) 이병태, 991면.

이 기숙사 생활을 하는 근로자에게도 당연히 적용됨을 확인한 것이다. 여기서 사생활이라 함은 업무에서 해방된 근로관계 이외의 사적 생활을 의미하며 시업 시각 전과 종업시각 후의 생활을 말한다.

사생활의 자유를 침해하는 구체적인 예로는 (i) 외출, 외박에 대하여 사용자의 승인을 받게 하는 것, (ii) 교육, 오락, 그 밖의 행사에 참가하기를 강제하는 것, (iii) 정해진 시간 외에는 면회나 전화 통화를 제한하는 것,[9] (iv) 서신을 검열하거나 개인 사물을 점검하는 것,[10] (v) 특정 종교를 믿도록 종용하는 것 등이 있다.

물론 사용자에게는 시설관리권이 있어 건물·설비의 손상과 멸실을 방지하고 도난 예방 등을 위하여 근로자의 시설 이용에 관해 일정한 제한을 할 수는 있으나, 그러한 목적을 벗어나 근로자가 시설을 이용하는 것을 제한할 수 없다.

### 3. 임원 선거 간섭 금지

기숙사의 생활 질서는 사생활의 자유를 기초로 근로자 자치에 의하여 유지되어야 하므로, 이를 위해서 근로자들이 자치회를 조직하고 필요한 임원을 선출할 필요가 있으며, 이때 사용자는 그 임원 선출에 간섭하지 못한다.

여기서 '기숙사 생활의 자치'란 기숙사에서 이루어지는 공동생활을 근로자들이 스스로 결정하여 운영하는 것을 말하므로, 선출에 개입이 금지되는 '임원'은 그 명칭을 불문하고 기숙사 생활의 자치에 필요한 근로자의 대표를 말하며, 기숙사의 설비를 관리하거나 기숙 근로자가 위탁한 사무 처리를 담당하는 자를 사용자가 선임하여 기숙사에 두는 것은 무방하다.[11] 다만, 이렇게 선임한 기숙사 관리인은 기숙사 생활 자치에 관한 일체의 직무를 해서는 안 된다.[12]

### 4. 위반의 효과

부속 기숙사 근로자의 사생활 자유를 침해하는 법 98조 1항 위반에 대하여는 벌칙이 없다.

법 98조 2항을 위반하여 사용자가 기숙사 자치에 필요한 임원 선거에 간섭

---

9) 일본 노동성 基發-104 1945. 2. 25.(하갑래, 193면에서 재인용).
10) 1991. 12. 22. 근기 1455-37756(이병태, 991면에서 재인용).
11) 김형배, 465면; 이병태, 992면.
12) 岐阜地決 1954. 7. 24. 判決(近江絹糸紡績事件, 勞民集 5권 3호, 357면).

하면 500만 원 이하의 과태료를 부과한다(법 116조 2항 2호). 2009. 5. 21. 개정 전에는 500만 원 이하의 벌금에 처하도록 하였는데 2009 5. 21. 개정 때 과태료 부과로 개정되었다.

[김 진]

제99조(규칙의 작성과 변경)

① 부속 기숙사에 근로자를 기숙시키는 사용자는 다음 각 호의 사항에 관하여 기숙사규칙을 작성하여야 한다.

1. 기상(起床), 취침, 외출과 외박에 관한 사항
2. 행사에 관한 사항
3. 식사에 관한 사항
4. 안전과 보건에 관한 사항
5. 건설물과 설비의 관리에 관한 사항
6. 그 밖에 기숙사에 기숙하는 근로자 전체에 적용될 사항

② 사용자는 제1항에 따른 규칙의 작성 또는 변경에 관하여 기숙사에 기숙하는 근로자의 과반수를 대표하는 자의 동의를 받아야 한다.

③ 사용자와 기숙사에 기숙하는 근로자는 기숙사규칙을 지켜야 한다.

〈세 목 차〉

# Ⅰ. 기숙사규칙의 작성

## 1. 의 의

부속 기숙사에 근로자를 기숙시키는 사용자는 (i) 기상(起床)·취침·외출과 외박에 관한 사항, (ii) 행사에 관한 사항, (iii) 식사에 관한 사항, (iv) 안전과 보건에 관한 사항, (v) 건설물과 설비의 관리에 관한 사항, (vi) 그 밖에 기숙사에 기숙하는 근로자 전체에 적용될 사항에 관하여 기숙사규칙을 작성하여야 한다(법 99조 1항).

기숙사는 사용자가 근로자의 공동생활을 위하여 제공한 물적 시설이므로 사용자가 기숙사에 대하여 갖는 관리권이 근로자의 공동생활의 영역까지 확장될 가능성이 있다. 따라서 사용자의 시설관리권과 기숙근로자의 사생활 자유를 적절히 조화하기 위하여 기숙사규칙의 작성을 의무화하고 이를 통해 행정감독을 실시함으로써 근로자를 보호할 필요가 있다.[1] 이는 사용자가 그 시설의 이용 방법에 관하여 일정한 기준을 정하도록 하여 질서를 유지하게 하는 동시에 규칙 설정에 따라 근로자의 사생활이 침해되는 일이 없도록 하고, 안전·보건에 관한 배려를 도모하기 위한 것이다.[2]

## 2. 작성 시기

기숙사규칙을 작성해야 할 시기는 법에 명시되어 있지 않으나, 취업규칙의 경우[3]와 마찬가지로 규칙을 작성하고 근로자들의 동의를 얻는 데에 걸리는 최소한의 기간 안에 기숙사규칙을 작성해야 한다.[4]

## 3. 작성 사항

### 가. 기상·취침·외출과 외박에 관한 사항

기상·취침에 대하여는 공동생활질서를 유지한다는 차원에서 획일적으로 규정할 필요가 있으나, 이는 본래 자치에 맡길 사항이므로 자치회의 결정에 따른다는 정도의 일반적인 사항을 정하고 있으면 충분하다. 외출·외박에 사용자

1) 이병태, 992면.
2) 김형배, 574면.
3) 대법원 1976. 4. 27. 선고 76도146 판결.
4) 전주지법 2005. 6. 14. 선고 2005노195 판결(2005. 7. 29. 상고 기각으로 확정).

의 승인을 받도록 하는 것은 무효이고, 외박 일수의 제한도 금지된다.

### 나. 행사에 관한 사항

각종 행사에 강제적으로 참가시키는 것은 금지된다. 그러나 자치 조직의 공동생활상 필요한 행사에 대한 참가를 의무화하는 정도는 무방할 것이다.

### 다. 식사에 관한 사항

근로시간 중 식사에 관한 사항은 근로조건에 해당하므로 취업규칙에 정할 수 있으나, 기숙사에서 할 식사는 근로조건으로 보기 어려우므로 기숙사규칙에서 정하여야 한다.

### 라. 안전과 보건에 관한 사항

공동생활을 유지하기 위해 필요한 사항만 정하면 충분하다.

### 마. 건설물과 설비의 관리에 관한 사항

사용자의 시설관리권은 근로자의 사생활을 침해하지 아니하는 범위 안에서 설비의 유지 관리에 필요한 한도로 국한되어야 한다. 따라서 기숙사 안에서 집회의 개최나 유인물의 게시 등을 원칙적으로 금지하는 것은 허용될 수 없고, 참가 인원과 방법 등을 제한하여 허가제로 하는 경우에도 건물과 설비의 유지, 보존에 지장을 주지 않는다고 객관적으로 인정될 경우에는 사용자는 이를 거부할 수 없다.

### 바. 기타 기숙사에 기숙하는 근로자 전체에 적용될 사항

위와 같은 다섯 가지 사항 이외에 기숙사 생활을 하는 근로자 전체에 적용될 수 있는 사항이 여기에 해당된다.

## Ⅱ. 기숙사생활 근로자의 과반수를 대표하는 자의 동의

사용자는 기숙사규칙을 작성 또는 변경할 경우 기숙사에 기숙하는 근로자의 과반수를 대표하는 자의 동의를 얻어야 한다(법 99조 2항). 기숙사규칙이 근로자들의 사생활과 관련되어 있고, 직접·간접으로 근로조건과 관계되기 때문이다.[5] 법은, 취업규칙과 달리 근로자에게 불리하게 기숙사규칙을 변경하는 경우에 한정

5) 김형배, 573면.

하지 않고 처음 작성할 때에도 동의를 얻게 하고 있다.

동의를 구하는 대표자의 선출 방법에는 특별한 제한이 없으므로 반드시 자치 조직 또는 노동조합의 대표자일 것을 요구하지는 않으나 사용자와 대등한 지위를 가진 자치 조직 또는 노동조합이 바람직하다.

시행령은 기숙사에 거주하는 근로자의 과반수가 18세 미만일 때 사용자로 하여금 기숙사규칙안을 7일 이상 기숙사의 보기 쉬운 장소에 게시하거나 갖추어 두어 알린 후에 근로자대표의 동의를 받도록 하고 있다(영 54조). 상대적으로 스스로 의사표시를 하기 어려운 미성년자들의 경우 동의를 위한 공지 요건을 엄격히 하여 근로자 보호를 강화하기 위한 규정으로서, 법에 명시적인 위임 근거가 없으나, 연소 근로자 보호의 취지에서 법규성을 인정할 수 있다고 생각된다.

동의 방법에 관하여 따로 정한 것은 없으나 동의는 서면으로 하여 후일에 이에 따른 분쟁을 사전에 차단함이 바람직하다.[6] 근로자대표의 동의를 얻지 않고 사용자가 임의로 작성·변경한 기숙사규칙은 무효이다.

## Ⅲ. 기숙사규칙의 준수·주지 등

사용자와 기숙사에 기숙하는 근로자는 기숙사규칙을 지켜야 한다(법 99조 3항). 기숙사규칙은 사용자의 시설관리권뿐 아니라 근로자의 사생활 보호 목적도 있으므로 근로자뿐 아니라 사용자도 이를 지키게 하고 있다.[7] 사용자는 대통령령 중 기숙사에 관한 규정과 함께 기숙사규칙을 기숙사에 게시하거나 갖추어 두어 기숙하는 근로자에게 널리 알려야 한다(법 14조 2항).

## Ⅳ. 고용노동부장관 신고 제도 폐지

취업규칙과는 달리 기숙사규칙은, 작성하거나 변경한 기숙사규칙을 고용노동부장관에게 신고할 필요가 없다. 1999. 2. 8. 개정 전의 법에서는 이를 노동부장관에게 신고하도록 하였으나, 규제 완화 차원에서 삭제되었다.

6) 이병태, 993면.
7) 이병태, 993면.

## V. 위반에 대한 벌칙

법 99조를 위반하여 기숙사규칙을 작성하지 않은 자, 기숙사규칙을 작성하거나 변경하면서 기숙근로자의 과반수를 대표하는 자에게서 동의를 얻지 않은 자, 기숙사규칙을 지키지 않은 자에게는 500만 원 이하의 과태료를 부과한다(법 116조 2항 2호). 2007. 1. 26. 개정 때 500만 원 이하의 벌금에 처하도록 한 것에서 과태료 부과로 바뀌었다.

이 조항 외에도 법 14조 2항이 대통령령 중 기숙사에 관한 규정과 제99조 제1항에 따른 기숙사규칙을 기숙사에 게시하거나 갖추어 두어 기숙(寄宿)하는 근로자에게 널리 알려야 한다는 의무를 부과하고, 이를 위반한 경우에도 같은 과태료 조항을 두고 있다(116조 2항 2호, 14조 2항).

[김 진]

제100조(부속 기숙사의 설치·운영 기준)

사용자는 부속 기숙사를 설치·운영할 때 다음 각 호의 사항에 관하여 대통령령으로 정하는 기준을 충족하도록 하여야 한다.

1. 기숙사의 구조와 설비
2. 기숙사의 설치 장소
3. 기숙사의 주거 환경 조성
4. 기숙사의 면적
5. 그 밖에 근로자의 안전하고 쾌적한 주거를 위하여 필요한 사항

영 제55조(기숙사의 구조와 설비)

사용자는 기숙사를 설치하는 경우 법 제100조에 따라 기숙사의 구조와 설비에 관하여 다음 각 호의 기준을 모두 충족해야 한다.

1. 침실 하나에 8명 이하의 인원이 거주할 수 있는 구조일 것
2. 화장실과 세면·목욕시설을 적절하게 갖출 것
3. 채광과 환기를 위한 적절한 설비 등을 갖출 것
4. 적절한 냉·난방 설비 또는 기구를 갖출 것

5. 화재 예방 및 화재 발생 시 안전조치를 위한 설비 또는 장치를 갖출 것

영 제56조(기숙사의 설치 장소)

사용자는 소음이나 진동이 심한 장소, 산사태나 눈사태 등 자연재해의 우려가 현저한 장소, 습기가 많거나 침수의 위험이 있는 장소, 오물이나 폐기물로 인한 오염의 우려가 현저한 장소 등 근로자의 안전하고 쾌적한 거주가 어려운 환경의 장소에 기숙사를 설치해서는 안 된다.

영 제57조(기숙사의 주거 환경 조성)

사용자는 기숙사를 운영하는 경우 법 제100조에 따라 기숙사의 주거 환경 조성에 관하여 다음 각 호의 기준을 충족해야 한다.

1. 남성과 여성이 기숙사의 같은 방에 거주하지 않도록 할 것
2. 작업 시간대가 다른 근로자들이 같은 침실에 거주하지 않도록 할 것. 다만, 근로자들의 작업 시간대가 다르더라도 근로자들의 수면 시간대가 완전히 구분되는 등 수면에 방해가 되지 않는 경우에는 같은 침실에 거주하도록 할 수 있다.
3. 기숙사에 기숙하는 근로자가 「감염병의 예방 및 관리에 관한 법률」 제2조 제1호에 따른 감염병에 걸린 경우에는 다음 각 목의 장소 또는 물건에 대하여 소독 등 필요한 조치를 취할 것
   가. 해당 근로자의 침실
   나. 해당 근로자가 사용한 침구, 식기, 옷 등 개인용품 및 그 밖의 물건
   다. 기숙사 내 근로자가 공동으로 이용하는 장소

제58조(기숙사의 면적)

기숙사 침실의 넓이는 1인당 2.5제곱미터 이상으로 한다.

본 조는 사용자에게 기숙사 생활에 있어서의 근로자의 안전과 건강, 사생활을 확보하기 위하여 필요한 최소한도의 조치를 강구할 의무를 부과하고 있다.

과거에는 설치 장소도 붕괴, 습기·침수, 가스, 인화 물질, 전염병 오염 등을 피할 수 있는 장소로 하여야 하며, 침실은 온돌·마루로 하고 천정 높이는 2.1m 이상이어야 하고, 일정 기준의 창문·방한·비상구·식당·욕장·소화 설비를 갖추어야 하는 등 상당히 자세하게 시설 기준이 정해졌다가, 보건·건축·소

방 등 다른 행정 분야에서 규율이 상세하게 이루어지는 등의 사정으로, 1993. 10. 22.과 2001. 10. 31. 개정을 거쳐 기숙사에 특유하거나 중요한 사항만 남겨 "사용자는 부속 기숙사에 대하여 근로자의 건강, 풍기(風紀)와 생명의 유지에 필요한 조치를 강구하여야 한다(1항)"고만 하면서 그 조치 기준은 모두 대통령령에 위임하였으나(2항), 2019. 1. 15. 개정에서 기숙사의 구조와 설비, 설치 장소, 주거 환경 조성 등에 관한 구체적인 기준을 마련하고, 사업주는 이를 충족하는 기숙사를 설치 · 운영하도록 하였다(2019. 7. 16. 시행).[1]

기숙사의 설치 장소 및 설치 기준, 남녀 거주 구분, 침실의 운영 등 사용자가 강구하여야 할 최소한도의 조치와 기준에 대하여는 영 55조부터 58조까지에서 상세하게 규정하고 있는데, 2019. 7. 9. 시행령 개정에서, ⅰ) "사용자는 남성과 여성을 기숙사의 같은 방에 거주하게 하여서는 아니 된다"고만 되어 있던 55조(기숙사에서의 남녀의 거주 구분)의 조문 제목을 (기숙사의 구조와 설비)로 바꾸면서 침실 수용인원 등 구체적인 5개의 기준을 상술하고, ⅱ) 소음과 진동에 관하여만 정하고 있던 56조(기숙사의 설치 장소)도 자연재해 위험, 폐기물 오염 우려 등을 추가로 예시하고 "근로자의 안전하고 쾌적한 거주가 어려운 환경의 장소에 기숙사를 설치해서는 안 된다"고 하여 일반적인 장소 제한의 기준을 추가하는 방식으로 구체화하며, ⅲ) "취업시간을 달리하는 2개 조 이상의 근로자들을 같은 침실에 기숙하게 하여서는 아니 된다"고만 되어 있던 57조(침실) 조항의 제목을 (기숙사의 주거 환경 조성)으로 바꾸고 성별 분리, 감염병 예방 조치 등을 추가하였다. 이를 통해 안전 · 위생의 견지에서 유해 · 위험한 장소에 기숙사의 설치를 금지하고, 성별이나 취업시간을 달리하는 근로자를 동일한 침실에서 기숙시키는 것을 금지하며, 침실의 최소면적을 확보함으로써 기숙사 생활의 불편을 제거하여 근로자의 건강과 안전을 확보하는 데 그 취지가 있다.[2]

또한 감염병 확산으로 인해 외국인고용사업장 기숙사의 감염 문제가 부각되자,[3] 2021. 11. 19. 시행령 개정에서는 ⅰ) 침실 하나에 거주할 수 있는 최대 인원을 15명에서 8명으로 축소하고(55조 1호), ⅱ) 기숙사 주거환경 기준을 '준수해야 한다'는 것에서 '기준을 충족해야 한다'로 표현을 수정하였으며(57조 본문),

1) 2017. 9. 27. 이용득 의원 등이 발의한 법안(2009661)의 제안이유 참조.
2) 이병태, 995면.
3) 고용노동부 2021. 7. 29.자 보도자료, 「근로기준법 시행령 · 시행규칙」 일부개정령안 입법예고, 6면.

iii) 작업 시간대가 다르더라도 근로자들의 수면 시간대가 완전히 구분되는 등 수면에 방해가 되지 않는 경우에는 같은 침실에 거주하도록 할 수 있다는 단서 조항을 추가하였다(57조 2호).

이 기준에 위반하여 부속 기숙사에 대하여 필요한 기준을 충족하도록 조치하지 않은 자는 500만 원 이하의 벌금에 처한다(법 114조 1호).

[김 진]

제100조의2(부속 기숙사의 유지관리 의무)

사용자는 제100조에 따라 설치한 부속 기숙사에 대하여 근로자의 건강 유지, 사생활 보호 등을 위한 조치를 하여야 한다.

영 제58조의2(근로자의 사생활 보호 등)

사용자는 기숙사에 기숙하는 근로자의 사생활 보호 등을 위하여 다음 각 호의 사항을 준수해야 한다.

1. 기숙사의 침실, 화장실 및 목욕시설 등에 적절한 잠금장치를 설치할 것
2. 근로자의 개인용품을 정돈하여 두기 위한 적절한 수납공간을 갖출 것

본 조는 2019. 1. 15. 기숙사 설치·운영 기준을 강화하는 법 개정시 신설된 조항이다. 법 100조가 설치와 운영에 관한 최소한의 기준을 정한 것이라면, 100조의2는 설치된 기숙사에 대해 특히 근로자 건강 유지와 사생활 보호를 위해 필요한 조치를 취해야 함을 특정하여 규정한 것이다. 시행령에 구체적인 조치 내용을 위임하지 않고, 벌칙이나 과태료 조항도 없으나, 시행령에서는 58조의2를 신설하여 사생활 보호를 위한 잠금 장치, 수납 공간 마련 의무를 정하였다.

[김 진]

# 제11장

# 근로감독관 등

# 제11장 근로감독관 등

제101조(감독 기관)

① 근로조건의 기준을 확보하기 위하여 고용노동부와 그 소속 기관에 근로감독관을 둔다.

② 근로감독관의 자격, 임면(任免), 직무 배치에 관한 사항은 대통령령으로 정한다.

〈세 목 차〉



[참고문헌]


<u>김동욱</u>, "사업장 근로감독의 체계적 지위와 적법성 제고방안', 산업관계연구 27권 4호, 한국고용노사관계학회(2017); <u>김동희</u>, 행정법 I (24판), 박영사(2018); <u>김형배</u>a, 근로기준법(7판), 박영사(1999); <u>노상헌</u>, "근로감독관제도의 재검토와 과제", 노동법학 42호, 한국노동법학회(2012); <u>심태식</u>, 축조 근기법해설(2전정판), 법문사(1977).


## Ⅰ. 근로감독관 제도의 의의

근기법은 근로자를 보호하기 위하여 근로조건의 최저기준을 설정하고, 그 기준이 준수되도록 (i) 최저기준에 못 미치는 개별 근로계약을 무효로 하고 법정 최저기준을 근로계약의 내용으로 하며(법 15조), (ii) 법정 근로시간을 초과하거나 달리하는 연장·야간·휴일근로에 대해서는 가산금을 지급하도록 하고(법 56조), (iii) 근기법을 위반한 사용자에 대하여 형벌(법 107조부터 115조까지)이나 과태료(법 116조)를 부과하고 있다.

그러나 근기법이 규율하는 부분은 근로자의 생계는 물론 생명, 건강과도 직결되는데 법 위반에 대한 사후적인 형사처벌이나 민사적 구제만으로는 실효를 거두기 어려울 때가 많다. 그러므로 근기법의 준수 여부를 사전에 점검하고 신속한 사후 조치를 취할 수 있는 행정감독 제도가 필요하다.[1)]

근기법은 전문적인 행정기관에 의한 효율적인 행정감독을 위하여 고용노동부와 그 소속 기관에 근로감독관을 두고 사업장 현장조사[2)]와 자료 요구 등 근로감독에 필요한 여러 행정적 권한을 부여하였으며, 형사절차와 관련하여서도 노동관계법령 위반 범죄에 대한 수사를 일반 경찰 조직이 아닌 근로감독관이 맡도록 하였다.

## Ⅱ. 근로감독관 제도의 연혁

### 1. 외국의 경우

노동법의 최초 제정 당시에는 특별한 감독행정기구를 두지 않고 근로감독을 지방자치단체, 의사, 종교인에게 촉탁하거나 경찰관, 법관에게 위임하였으나, 이들이 노동법에 대한 특별한 지식을 갖추지 못하여 소기의 효과를 얻지 못하자 비로소 전문적인 관리를 임명하기에 이르렀다. 영국은 1802년 공장법이 제정되었으나 공장감독관 제도는 1833년에 비로소 도입되었고, 독일에서는 1869년에 영업 조례가 발표되었으나 1978년에야 집행기관이 설치되었다.[3)]

ILO는 그 헌장에서 모든 회원국으로 하여금 근로감독관 제도를 둘 것을 요구하였고, 1923년 ILO 제 5 차 총회에서 '근로자보호를 위한 법령의 시행상 필요한 감독제도에 관한 일반원칙 권고'(권고 20호)를 채택하여 근로감독 제도의 필요성과 함께 감독관의 직무와 권한, 감독기관의 조직, 감독관의 자격 및 훈련, 감독기준과 방법 등 오늘날의 근로감독 제도의 기본원칙을 구체적으로 마련하였다. 그리고 1947년 ILO 제30차 총회에서 모든 회원국으로 하여금 근로감독 제도를 마련하고 근로감독관을 두도록 하는 내용의 '공업 및 상업부문에서 근로감독에 관한 협약'(협약 81호, 우리나라는 1992년에 비준하였다)을 채택하여 오늘날 근로감독관 제도는 국제적으로 보편화되었다.[4)]

---

1) 김형배a, 827면.
2) 종전에는 '임검(臨檢)'이라는 용어를 사용하였으나 2017. 11. 28. 법률 15108호로 개정 시 '현장조사'로 대체하였다.
3) 심태식, 359면.
4) 노상헌, 176면.

### 2. 우리 제도의 변천

대한민국 정부 수립 직후에는 사회부 노동국 복리과에서 근로기준에 관한 업무를 담당하였다(사회부직제 7조). 그러다 1953. 5. 10. 근기법이 제정되면서 근로감독관 제도가 도입되어 사회부와 특별시, 도, 시, 군에 근로감독관을 두게 되었다. 1961. 2. 20. 근로감독관규정(사회부의 후신인 보건사회부 훈령 23호)이 제정되었고, 1963. 9. 1. 노동청직제(각령 1441호)로 보건사회부 노동국이 노동청으로 개편되었으며, 1970. 4. 15. 시, 도에 배치된 근로감독관이 노동청지방사무소 소속으로 변경되었다. 그 후 1981. 4. 8. 노동부직제(대통령령 10278호)로 노동청이 노동부로 승격되어 현재의 고용노동부에 이르고 있다.

## Ⅲ. 근로감독기관의 조직

제정 근기법은 지방의 근로감독업무를 시·도 등 지방행정기관에 맡겨 놓았으나, 현행 근기법은 근로감독체계의 특수성을 고려하고 전문성을 확보하기 위하여 이를 고용노동부로 일원화하고 지방에는 고용노동부 소속 기관으로 하여금 근로감독업무를 수행하도록 하였다(법 101조 1항).[5]

고용노동부 안에서 근로감독에 관한 정책을 담당하는 부서는 2021. 4. 15.까지 한시적으로 존속하는 '근로감독정책단'이며(고용노동부와 그 소속기관 직제 42조 1항), 지방행정조직으로는 지방고용노동청과 그 소속 지청과 출장소가 있다(위 직제 2조 1항, 21조, 23조, 24조). 현재 전국적으로 6개(서울, 중부, 부산, 대구, 광주, 대전)의 지방고용노동청과 40개의 지청, 2개 출장소가 설치되어 있으며, 이들의 관할은 위 직제 20조, [별표 1], 고용노동부와 그 소속기관 직제 시행규칙 12조 1항, [별표 1]로 정하고 있다.

## Ⅳ. 근로감독관의 자격과 임면

근로감독관의 자격, 임면(任免)과 직무배치에 관한 사항은 대통령령으로 정

5) 김형배a, 827면. 위 ILO 협약 4조도 근로감독관은 회원국의 행정관행에 반하지 아니하는 한 중앙기관의 감독 및 관리 하에 두어야 한다고 규정하고 있다.

한다(법 101조 2항). 이에 관한 대통령령으로 근로감독관규정이 있다.

근로감독관에는, 임명과 관련하여 특정 직위에 임용될 때 자동적으로 근로감독관의 자격을 갖게 되는 '당연직 근로감독관'[6]과 고용노동부장관이나 지방고용노동청장이 별도로 임명하는 '임명직 근로감독관'[7]이 있다. 직위에 임용됨으로써 근로감독관으로 임명된 것으로 보거나 임명된 근로감독관이 그 업무를 분장한 과 등에서 근무하지 아니하게 된 때에는 근로감독관의 임명이 해제된 것으로 본다(근로감독관규정 4조 1항). 그 외 근로감독관규정은 사법경찰리 지명의 추천(5조), 활동비 지급(6조), 증표(7조) 등에 관한 사항을 규정하고 있다.

[이 병 희]

제102조(근로감독관의 권한)

① 근로감독관은 사업장, 기숙사, 그 밖의 부속 건물에 현장조사하고 장부와 서류의 제출을 요구할 수 있으며 사용자와 근로자에 대하여 심문(尋問)할 수 있다.

② 의사인 근로감독관이나 근로감독관의 위촉을 받은 의사는 취업을 금지하여야 할 질병에 걸릴 의심이 있는 근로자에 대하여 검진할 수 있다.

③ 제 1 항 및 제 2 항의 경우에 근로감독관이나 그 위촉을 받은 의사는 그 신분증명서와 고용노동부장관의 현장조사 또는 검진지령서(檢診指令書)를 제시하여야 한다.

④ 제 3 항의 현장조사 또는 검진지령서에는 그 일시, 장소 및 범위를 분명하게 적어야 한다.

---

6) (i) 고용노동부의 3급부터 7급까지의 공무원 중 고용평등, 여성근로자 보호, 노동조합, 노사분규, 근로기준, 임금, 산업보건, 산업안전 업무를 수행하는 과 또는 담당관 소속 공무원, (ii) 지방고용노동청 4급부터 7급까지의 공무원 중 근로개선지도, 산업안전보건 업무를 담당하는 과 소속 공무원, (iii) 지방고용노동청 지청 및 출장소의 장과 그에 소속된 4급부터 7급까지의 공무원 중 근로개선지도 및 산업안전보건에 관한 업무를 담당하는 과 소속 공무원은 그 직위에 임용된 날(일반직 6급 또는 7급 공무원 중 고용노동부와 그 소속기관에서 근무한 경력이 1년 미만인 사람은 근무경력이 1년이 되는 날)부터 근로감독관에 임명된 것으로 본다(근로감독관규정 2조 1항 · 2항).

7) 고용노동부장관과 지방고용노동청장은 (i) 당연직 근로감독관만으로는 근로감독관의 충원이 곤란한 경우에는 앞서 본 1년 미만 경력의 6, 7급 공무원을 일정 요건에 따라 근로감독관으로 임명할 수 있으며(근로감독관규정 3조 1항), (ii) 노동관계법 위반 사건 조사를 위한 한시적인 전담반을 구성할 필요가 있는 경우에는 앞서 본 공무원 이외에도 근로감독관 경력이 있는 자 중 일정한 자를 근로감독관으로 임명할 수 있다(근로감독관규정 3조 2항).

⑤ 근로감독관은 이 법이나 그 밖의 노동 관계 법령 위반의 죄에 관하여 「사법경찰관리의 직무를 행할 자와 그 직무범위에 관한 법률」에서 정하는 바에 따라 사법경찰관의 직무를 수행한다.[1)]

〈세 목 차〉



## Ⅰ. 근로감독관의 행정상의 권한

### 1. 의 의

근로감독관은 사업장, 기숙사, 그 밖의 부속 건물을 현장조사하고 장부와 서류의 제출을 요구할 수 있으며 사용자와 근로자에 대하여 심문(尋問)할 수 있고, 의사인 근로감독관이나 근로감독관의 위촉을 받은 의사는 취업을 금지하여야 할 질병에 걸릴 의심이 있는 근로자에 대하여 검진할 수 있다(법 102조 1항 · 2항).

근로감독관의 가장 중요한 역할 중 하나는 행정적인 감독을 통해 법 위반 사실을 발견하고 이를 시정하는 것이다.[2)] 이를 위하여 근기법은 근로감독관에

---

※ 이 조에 관한 각주의 참고문헌은 제101조(감독 기관) 해설의 참고문헌을 가리킨다.

1) 근기법이 2024. 10. 22. 법률 20520호로 개정되면서 102조의2가 다음과 같이 신설되었고, 2025. 10. 23.부터 시행된다.

제102조의2(자료 제공의 요청)

① 고용노동부장관은 이 법에서 정하는 근로조건 보호를 위하여 중앙행정기관의 장과 지방자치단체의 장 또는 근로복지공단 등 관련 기관·단체의 장에게 다음 각 호의 정보 또는 자료의 제공 및 관계 전산망의 이용을 요청할 수 있다.
1. 소득세법 제4조 제1항 제1호에 따른 종합소득에 관한 자료
2. 고용보험법 제13조 및 제15조에 따른 피보험자격에 관한 신고자료
3. 그 밖에 근로자의 근로조건 보호를 위하여 필요한 정보 또는 자료로서 대통령령으로 정하는 정보 또는 자료

② 제1항에 따라 자료의 제공을 요청받은 자는 정당한 사유가 없으면 그 요청에 따라야 한다.

③ 제1항에 따라 제공되는 자료에 대하여는 수수료나 사용료 등을 면제한다.

2) 심태식, 362면.

게 사업장에 출입하고 필요한 정보를 획득할 수 있는 권한을 부여하고 있다.

여기서 말하는 현장조사, 자료 제출 요구, 심문, 검진(이하, '현장조사 등'이라 한다)은 모두 행정작용으로서 강학상 행정조사에 해당한다. 현장조사 등은 구체적 조사 목적 이외의 목적을 위해서 행해져서는 안 되며(목적부합성의 원칙), 행정목적을 달성하기 위해 필요한 최소한도에 그쳐야 한다(비례의 원칙).[3] 근기법은 현장조사 등에 협조하지 않는 경우에 과태료를 부과하도록 하였을 뿐이고(법 116조 2항 4호), 법률에 명시적인 규정이 있는 경우를 제외하고는 근로감독관은 실력으로 상대방의 저항을 배제하고 필요한 조사를 할 수는 없다고 해석된다.[4] 현장조사 등의 구체적인 내용과 절차는 고용노동부 훈령인 근로감독관집무규정(1965. 7. 12. 제정, 1997. 6. 7. 전문 개정, 최종 개정 2019. 8. 30. 훈령 291호)으로 자세히 정하고 있다.[5]

한편 산안법은 근로감독관의 권한과 관련하여, 산안법과 산안법에 따른 명령을 시행하기 위해 사업장 등에 출입하여 관계자 질문, 장부·서류·물건의 검사, 안전·보건 점검, 검사를 위한 제품·원재료·기구의 수거(산안법 51조 1항), 중대 재해 발생 시 안전·보건 진단 등(산안법 26조 4항)을 할 수 있도록 하고 있다. 산안법과 진폐예방법에 따른 근로감독관의 직무에 관하여는 '근로감독관집무규정'과 별도로 '근로감독관 집무규정(산업안전보건)'(최종 개정 2018. 12. 28. 고용노동부 훈령 264호)이 제정되어 있다.

3) 김동희, 510면. 행정조사에 관한 일반법으로 2007. 5. 17. 행정조사기본법이 제정되었는데, 이 법은 근로감독관의 직무에 관한 사항에 대하여 4조(행정조사의 기본원칙), 5조(행정조사의 근거), 28조(정보통신수단을 통한 행정조사)의 규정을 제외하고는 그 법을 적용하지 않도록 하였지만(행정조사기본법 3조 2항 4호·3항), 근로감독관의 직무에 관한 사항에도 적용되는 4조 1항은 "행정조사는 조사목적을 달성하는 데 필요한 최소한의 범위 안에서 실시하여야 하며, 다른 목적 등을 위하여 조사권을 남용하여서는 아니 된다"고 규정하고 있다.

4) 김동희, 508면.

5) 간단히 보면, 위 규정은 목적(1조), 직무(2조), 직무자세(3조), 업무분장(4조), 직무교육과 사무인계인수(5조 내지 7조), 출석요구(8조), 보고요구(9조) 등을 1장 총칙 규정으로 두고 있고, 2장에서 사업장 지도감독의 제목 아래 1절 사업장 근로감독(11조 내지 23조), 2절 사업장 노무관리지도(24조, 25조), 3절 체불임금 청산지도(27조, 27조의2), 4절 노동동향 파악 및 노사분규 예방(29조 내지 32조) 규정을, 3장에서 신고사건 처리(33조 내지 43조의2) 규정을, 4장에서 사법경찰관의 직무(44조 내지 62조) 규정을, 5장에서 일반행정사무의 제목 아래 1절 법령질의의 처리(63조 내지 66조), 2절 인·허가 및 승인사무(67조 내지 73조), 3절 취업규칙 등의 심사(74조 내지 77조), 4절 도산등사실인정 및 확인 업무(78조) 규정을 각각 두고 있다.

## 2. 구체적 내용

### 가. 현장조사

근로감독관이 근기법 등 노동 관계 법령이 준수되고 있는지를 점검하고 감독할 목적으로 사업장 등에 들어가는 것을 말한다.[6] 형사소송법상의 수색은 아니므로 법관이 발부한 영장이 필요하지 않으나, 대신 신분증명서와, 고용노동부장관이 작성하고 일시·장소·범위를 분명하게 적은 현장조사지령서를 제시하여야 한다(법 102조 3항·4항).

### 나. 장부와 서류의 제출 요구

근기법이 사용자에게 작성, 보관을 의무화하고 있거나 갖추어 두도록 하고 있는 장부나 서류에는 취업규칙·기숙사규칙(법 14조 1항·2항), 근로자명부(법 41조), 근로계약에 관한 중요한 서류(법 42조), 임금대장(법 48조), 18세 미만인 자의 연령을 증명하는 가족관계기록사항에 관한 증명서와 친권자 또는 후견인의 동의서(법 66조), 재해보상에 관한 중요한 서류(법 91조) 등이 있고, 산안법이 작성·비치 등의 의무를 부과하는 것으로 산업안전·보건에 관한 각종 서류[7] 등이 있는데, 근로감독관이 제출을 요구할 수 있는 장부·서류는 여기에 한정되지 않고, 그 외에도 근로감독관이 조사 목적을 이루는 데에 필요한 서류나 장부도 제출 요구의 대상이 될 수 있다.

### 다. 심　　문

심문(尋問)은 사람을 찾아가 어떠한 사항에 대하여 질문하고 진술을 구한다는 것으로,[8] 민사소송절차에서나 형사소송절차에서 말하는 심문(審問)과는 구분되는 행정작용이다.[9]

### 라. 검　　진

산안법은, 고용노동부장관으로 하여금 중대재해 발생 시 발생 원인을 조사하고 근로감독관 등을 시켜 안전·보건 진단을 할 수 있게 하였고(산안법 26조 4

6) 심태식, 363면.

7) 안전보건관리규정, 각종 위원회·협의체 회의록, 산업안전보건관리비 사용명세서, 물질안전보건자료, 유해·위험방지계획서, 공정안전보고서 등을 들 수 있다.

8) 사전적으로 심문(尋問)은 심방(尋訪)과 같은 뜻으로 방문하여 찾아본다는 의미이나, 법 102조 1항이 말하는 심문(尋問)은 '찾아가서 물어본다'는 뜻이다.

9) 심태식, 363면.

항), 직업성 질환의 진단·예방, 발생 원인의 규명을 위하여 필요하다고 인정할 때에는 근로자의 질병과 작업장의 유해요인의 상관관계에 관한 직업성 질환 역학조사를 할 수 있게 하고 있다(산안법 43조의2 1항). 그리고 산안법 45조 1항은, 전염병, 정신병 또는 근로로 인하여 병세가 크게 악화될 우려가 있는 질병으로서 고용노동부령으로 정하는 질병[10)]에 걸린 자에게는 의사의 진단에 따라 근로를 금지하거나 제한하도록 규정하고 있다. 이와 같은 사업장의 안전·보건 확보와 질병 걸린 사람의 근로 금지·제한 준수 여부를 감독하기 위하여 근로감독관이나 그 위촉을 받은 의사에게 검진 권한을 부여한 것이다. 이러한 검진을 할 때에는 현장조사와 마찬가지로 신분증명서와, 고용노동부장관이 작성하고 일시·장소·범위를 분명하게 적은 검진지령서를 제시하여야 한다(법 102조 3항·4항).

### 3. 위반에 대한 제재

위와 같은 근로감독관 또는 그 위촉을 받은 의사의 현장조사나 검진을 거절, 방해 또는 기피하고 그 심문에 대하여 진술을 하지 아니하거나 거짓된 진술을 하며 장부·서류를 제출하지 아니하거나 거짓 장부·서류를 제출한 자에게는 500만 원 이하의 과태료를 부과한다(법 116조 2항 4호). 2007. 1. 26. 개정 전의 법에서는 이와 같은 행위에 대해 500만 원 이하의 벌금에 처하도록 하였으나 위 법 개정에 따른 과태료 규정 신설 때 과태료 부과로 바뀌었다.

위와 같은 위반 행위로 과태료 부과를 할 수 있는 경우는 근로감독관 등의 현장조사 등이 행정작용의 성격을 가질 때에 한한다. 만일 아래에서 보는 사법작용(사법경찰관의 직무 수행)의 성격을 가지는 수사 작용으로 질문, 검사(검증, 감정) 등을 근로감독관 등이 행할 때, 이에 대해 조사에 불응하거나 진술 거부, 거짓 진술·서류 제출 등을 하는 것은 자신에 불리한 진술을 강요당하지 않는다는 헌법상 원리(헌법 12조 2항)에 따라 아무런 죄가 되지 않고, 과태료 부과 대상도 되지 않는다.

이에 대해서는 '현장조사 등은 행정작용으로서의 성격과 사법작용으로서의 성격을 동시에 가지는 것이고, 행정작용으로서의 현장조사 등과 사법작용으로서의 현장조사 등을 구분하지 않고 과태료 부과는 허용되지 않는다'는 반대 견

---

10) 산안법 시행규칙 116조 1항이 규정하고 있다. 대표적인 것으로는 전염될 우려가 있는 질병, 정신분열증, 마비성 치매, 심장·신장·폐 등의 질환으로서 근로에 의하여 병세가 악화될 우려가 있는 질병 등이다.

해[11]가 있다. 이 견해는, 실무상 현장조사 등 이후에 행정작용으로 그칠 것인지 사법작용으로 나아갈 것인지는 현장조사 등을 할 당시에는 결정되어 있지 않고 현장조사 등을 한 이후 근로감독관의 임의적인 판단에 의해 결정되는 경우가 많아서 현장조사 등 당시에는 그 성격이 행정작용인지 사법작용인지 가려낼 수 없다는 점을 근거로 하는데, 이 견해는 현장조사 등을 거부할 경우에 과태료를 부과하는 구 법 116조 1항 3호(현행 116조 2항 4호)는 그 자체로 헌법 12조 2항을 위반하여 위헌이라고 주장한다.

현실에 존재하는 현장조사 등의 법적 성격을 명확히 규명하기 어렵다는 위 지적은 타당하나, 법률은 가능한 한 합헌적으로 해석해야 하므로 현장조사 등의 대상, 근로감독관이 현장조사 등에서 보여준 태도, 현장조사 등 이후에 수사절차가 개시되었는지 여부 등을 종합하여 그 행정조사 등이 행정조사의 성격을 가지는 것이 분명한 경우에 한하여 과태료 조항의 적용이 된다고 보는 것이 타당하다고 생각한다.

## Ⅱ. 근로감독관의 사법(司法)상의 권한

### 1. 의 의

근로감독관은 근기법이나 그 밖의 노동관계법령 위반의 죄에 관하여 「사법경찰관리의 직무를 행할 자와 그 직무범위에 관한 법률」에서 정하는 바에 따라 사법경찰관의 직무를 수행한다(법 102조 5항). 「사법경찰관리의 직무를 행할 자와 그 직무범위에 관한 법률」 6조의2는 근로감독관에게 그의 관할 구역에서 발생하는 근기법 등 16개 법[12]에 규정된 범죄에 관하여 사법경찰관의 직무를 수행하도록 규정하고 있다.

이에 따라 근로감독관은 형사소송법상 특별사법경찰관으로서 수사를 한다. 노동관계법령 위반의 범죄에 대해서는 전문적인 지식과 경험을 구비한 근로감독관으로 하여금 수사를 하게 함으로써 전문적이고 능률적인 수사를 기하려고

11) 김동욱, 94면.

12) 구체적으로 나열하면 다음과 같다. (i) 근기법, (ii) 최임법, (iii) 남녀고용평등법, (iv) 임보법, (v) 산안법, (vi) 진폐예방법, (vii) 노조법, (viii) 교원노조법, (ix) 근로자참여법, (x) 근복법, (xi) 건설근로자법, (xii) 파견법, (xiii) 퇴직급여법, (xiv) 공무원노조법, (xv) 기간제법, (xvi) 고령자고용법.

한 것이다.[13)]

## 2. 진정 신고 사건의 처리

근로감독관이 노동관계법령 위반의 죄를 수사하는 것은 검사나 다른 사법경찰관과 마찬가지이만, 근기법 위반죄의 피해자인 근로자는 형사상 범죄에 대해 수사 개시를 요구하는 '고소'가 아닌, '진정'의 형식으로 근기법 위반 사건을 신고하는 경우가 많다.

고용노동부 훈령인 근로감독관집무규정 40조 1항 [별표 3], [별표4]에 의하면, 이러한 신고 사건이 접수되면, 근로감독관은 조사를 한 후 법 위반 사실이 발견되면 일정 기준에 따라 어떤 사건은 즉시 범죄로 인지하고, 어떤 사건은 일정 기간을 설정하여 그 기간 안에 사용자로 하여금 시정하도록 지시하고, 만일 기한 안에 사용자가 이를 이행하면 내사종결하고, 시정하지 않으면 정해진 기준에 따라 범죄 인지 보고 후 수사에 착수하거나 과태료를 부과한다.

[이 병 희]

제102조의2(자료 제공의 요청)

① 고용노동부장관은 이 법에서 정하는 근로조건 보호를 위하여 중앙행정기관의 장과 지방자치단체의 장 또는 근로복지공단 등 관련 기관 · 단체의 장에게 다음 각 호의 정보 또는 자료의 제공 및 관계 전산망의 이용을 요청할 수 있다.

1. 소득세법 제 4 조 제 1 항 제 1 호에 따른 종합소득에 관한 자료
2. 고용보험법 제13조 및 제15조에 따른 피보험자격에 관한 신고자료
3. 그 밖에 근로자의 근로조건 보호를 위하여 필요한 정보 또는 자료로서 대통령령으로 정하는 정보 또는 자료

② 제 1 항에 따라 자료의 제공을 요청받은 자는 정당한 사유가 없으면 그 요청에 따라야 한다.

③ 제 1 항에 따라 제공되는 자료에 대하여는 수수료나 사용료 등을 면제한다.

고용노동부장관이 근로조건의 보호를 위하여 관계기관에 자료를 요청할 수

13) 이병태, 997면.

있는 근거를 마련한 것이다. 2024. 10. 22. 법률 20520호로 개정 시 신설된 조항으로, 2025. 10. 23.부터 시행된다. 102조의2 1항 3호의 정보 또는 자료의 범위, 권한의 위임 등에 관하여 규정하는 대통령령은 아직 마련되지 않은 상태이다.

[이 병 희]

## 第103條(근로감독관의 의무)

근로감독관은 직무상 알게 된 비밀을 엄수하여야 한다. 근로감독관을 그만 둔 경우에도 또한 같다.

〈세 목 차〉



### Ⅰ. 취 지

근로감독관은 직무상 알게 된 비밀을 엄수하여야 한다. 근로감독관을 그만 둔 경우에도 또한 같다(법 103조).

근로감독관은 이 법에 따라 사업장을 현장조사하고 노사 쌍방의 기밀에 속하는 사항에 대해서도 심문할 수 있기 때문에 사용자의 경영상 또는 영업상의 비밀,[1] 근로자의 질병이나 신상에 관한 사항, 사용자와 노동조합이 가지는 단체교섭 관련 사항 등 타인이나 노사 상대방에게 알려지는 것이 바람직하지 않은 사항들까지 알게 되는 경우가 적지 않다.

법은 근로감독관으로 하여금 그와 같이 직무상 알게 된 비밀을 공개하지 못하도록 하여 근로자와 사용자를 보호하고 있다.[2]

※ 이 조에 관한 각주의 참고문헌은 제101조(감독 기관) 해설의 참고문헌을 가리킨다.

1) ILO 협약 15조는 근로감독관은 업무처리 중 알게 된 제조상, 상업상 비밀 또는 작업공정을 누설해서는 안 된다고 규정하고 있다.

2) 심태식, 365면; 이병태, 998면; 국가공무원법도 공무원은 재직 중은 물론 퇴직 후에도 직무상 알게 된 비밀을 엄수하여야 한다고 규정하고 있다(60조).

## Ⅱ. '직무상 알게 된 비밀'의 의미

여기서 말하는 '직무상 알게 된 비밀'이 무엇인가에 관하여, 형법 127조에 규정된 공무상비밀누설죄의 구성요건인 '법령에 의한 직무상 비밀'[3]과 같은 의미라고 보는 견해도 있으나,[4] (i) 전자는 근로감독관이 취득한 근로자나 사용자의 비밀을 보호하기 위한 것인데 비하여, 후자는 국가의 비밀을 보호하기 위한 것이어서 그 입법목적이 다르며, (ii) 전자에 대한 누설죄가 500만 원 이하의 벌금형으로 처해지는 데 비하여, 후자에 대한 누설죄는 벌금형 없이 징역, 금고형과 자격정지형에 처하도록 규정되어 있어 그 처벌 수위 또한 확연하게 차이가 나므로, 이 조항에서 말하는 '직무상 알게 된 비밀'이란, 공무상비밀누설죄의 '직무상 비밀'인 국가의 입장에서 비밀로 해야 할 사항이 아니라, 비밀의 당초 보유자(주로 사용자와 근로자)의 입장에서 비밀로 해야 할 사항이라고 보아야 한다.

## Ⅲ. 위반에 대한 제재

근로감독관 또는 근로감독관이었던 자가 법 103조를 위반하여 직무상 알게 된 비밀을 엄수하지 않으면 500만 원 이하의 벌금에 처한다(법 114조 1호).

[이 병 희]

제104조(감독 기관에 대한 신고)

① 사업 또는 사업장에서 이 법 또는 이 법에 따른 대통령령을 위반한 사실이

3) 대법원 2018. 2. 13. 선고 2014도11441 판결은 "형법 제127조는 공무원 또는 공무원이었던 자가 법령에 의한 직무상 비밀을 누설하는 것을 구성요건으로 하고, 비밀 그 자체를 보호하는 것이 아니라 공무원의 비밀엄수의무의 침해에 의하여 위험하게 되는 이익, 즉 비밀 누설에 의하여 위협받는 국가의 기능을 보호하기 위한 것이다. 여기에서 '법령에 의한 직무상 비밀'이란 반드시 법령에서 비밀로 규정되었거나 비밀로 분류 명시된 사항에 한정되지 않고, 정치·군사·외교·경제·사회적 필요에 따라 비밀로 된 사항은 물론 정부나 공무소 또는 국민이 객관적, 일반적인 입장에서 외부에 알려지지 않는 것에 상당한 이익이 있는 사항도 포함하나, 실질적으로 그것을 비밀로서 보호할 가치가 있다고 인정할 수 있는 것이어야 한다"고 판시하였다.

4) 심태식, 366면.

있으면 근로자는 그 사실을 고용노동부장관이나 근로감독관에게 통보할 수 있다.
② 사용자는 제 1 항의 통보를 이유로 근로자에게 해그나 그 밖에 불리한 처우를 하지 못한다.

〈세 목 차〉



## Ⅰ. 취　지

사업 또는 사업장에서 근기법 또는 근기법에 따른 대통령령을 위반한 사실이 있으면 근로자는 그 사실을 고용노동부장관이나 근로감독관에게 통보할 수 있다. 사용자는 그와 같이 통보하였음을 이유로 근로자어게 해고나 그 밖에 불리한 처우를 하지 못한다(법 104조).

근기법 위반 사실을 근로감독관의 적발에만 맡겨 두어서는 감독의 실효성을 거두기 어렵기 때문에 신고자를 보호함으로써 근로감독관이 법 위반 사실을 용이하게 파악하도록 한 것이다.[1)]

## Ⅱ. 신고를 이유로 한 불리한 처우

불리한 처우는 감독기관에 대한 신고를 이유로 한 것이어야 한다. 불리한 처우를 하게 된 이유가 감독기관에 신고한 것도 있지만 그 외에 낮은 인사고과 등 다른 사유도 있다면, 이들 중 어느 것이 불리한 처우를 하게 된 실질적인 사유였는지에 따라 불리한 처우를 하였는지 여부를 판단하면 된다.[2)]

## Ⅲ. 위반에 대한 제재

법 104조 2항을 위반하여 근로감독관에게 법 또는 법에 따른 영 위반 사실

※ 이 조에 관한 각주의 참고문헌은 제101조(감독 기관) 해설의 참고문헌을 가리킨다.

1) 심태식, 367면.

2) 대법원 2012. 10. 25. 선고 2012도8694 판결.

을 통보한 것을 이유로 근로자에게 해고나 그 밖에 불리한 처우를 한 자는 2년 이하의 징역 또는 2,000만 원 이하의 벌금에 처한다(법 110조 1호). 그리고 그 해고나 불리한 처우는 '정당한 이유'가 없는 것으로서 법 23조 1항에 따라 무효가 된다.

[이 병 희]

제105조(사법경찰권 행사자의 제한)

이 법이나 그 밖의 노동 관계 법령에 따른 현장조사, 서류의 제출, 심문 등의 수사는 검사와 근로감독관이 전담하여 수행한다. 다만, 근로감독관의 직무에 관한 범죄의 수사는 그러하지 아니하다.

〈세 목 차〉



## Ⅰ. 의 의

근기법이나 그 밖의 노동 관계 법령에 따른 현장조사, 서류의 제출, 심문 등의 수사는 검사와 근로감독관이 전담하여 수행한다. 다만, 근로감독관의 직무에 관한 범죄의 수사는 그러하지 아니하다(법 105조).

노동 관계 법령 위반 범죄에 대한 수사권은 검사와 근로감독관만 가진다는 것을 뜻한다. 일반 사법경찰관이나 다른 특별 사법경찰관이 근기법 위반을 비롯한 노동 관계 법령 위반 범죄를 접수하면 관할 근로감독관에게 이송하여야 한다.

## Ⅱ. 현장조사, 서류의 제출, 심문의 성격

법 105조에서 말하는 현장조사, 서류의 제출, 심문은 압수·수색·신문 등 형사소송법에 따른 수사방법을 의미하는 것으로서 법 102조 1항에 규정된 행정작용으로서 현장조사, 서류의 제출, 심문과는 구별된다.

법 105조의 현장조사, 서류의 제출, 심문은 형사소송법이 정하고 있는 요건과 절차가 준수되어야 하므로 강제수사의 방법으로 이를 할 경우에는 원칙적으로 판사가 발부한 영장이 있어야 한다. 또한 법 105조는 근로감독관에게 전속되는 수사방법으로 현장조사, 서류의 제출, 심문만을 한정적으로 열거한 것이 아니라 대표적인 수사방법을 예시한 것이다. 노동관계법령 위반의 범죄수사로서 법 105조에 열거된 것 외의 수사방법이라 하여 일반 사법경찰관리나 다른 특별사법경찰관리가 그 수사 권한을 갖는 것은 아니다.

## Ⅲ. '근로감독관의 직무에 관한 범죄'의 의미

근로감독관의 직무에 관한 범죄에 대하여는 일반 사법경찰관이나 다른 특별 사법경찰관도 법령에 따라 수사권을 가진다(법 105조 단서). 근로감독관의 직무유기, 직권남용, 수뢰 등 형법상 범죄에 대한 수사권은 원래부터 일반 사법경찰기관에 전속되므로, 이 조항이 의미를 지니는 영역은 근로감독관이 노동 관계법령을 위반하는 범죄를 저지른 경우이다. 여기에 해당하는 대표적인 예가 근로감독관이 이 법 위반 사실을 고의로 묵과한 경우(법 108조)와 직무상 비밀을 누설한 경우(법 114조 1호, 103조)이다.

[이 병 희]

## 제106조(권한의 위임)

이 법에 따른 고용노동부장관의 권한은 대통령령으로 정하는 바에 따라 그 일부를 지방고용노동관서의 장에게 위임할 수 있다.

근기법은 법에 정한 고용노동부장관의 권한을 지방고용노동관서의 장(지방고용노동청장과 그 소속 지청장)에게 위임할 수 있다는 규정을 법 106조에서 마련해두고 있다. 구체적인 위임사항은 근기법 시행령 59조에 규정되어 있다. 고용노동부장관은 위임을 받은 기관의 수임사무처리에 대하여 지휘·감독하고, 그 처리가 위법하거나 부당하다고 인정될 때에는 이를 취소하거나 정지시킬 수 있다(행정권한의 위임 및 위탁에 관한 규정 6조).

[이 병 희]

# 사항색인

제 2 판(수정증보판)

근로기준법 주해 Ⅲ

초판발행 2010년 9월 15일
제 2 판발행 2020년 1월 30일
수정증보판발행 2025년 4월 30일

지은이 노동법실무연구회
펴낸이 안종만 · 안상준

편 집 한두희
기획/마케팅 조성호
표지디자인 이수빈
제 작 고철민 · 김원표

펴낸곳 (주) 박영사
서울특별시 금천구 가산디지털2로 53, 210호(가산동, 한라시그마밸리)
등록 1959. 3. 11. 제300-1959-1호(倫)
전 화 02)733-6771
f a x 02)736-4818
e-mail pys@pybook.co.kr
homepage www.pybook.co.kr
ISBN 979-11-303-4742-4 94360
979-11-303-4739-4(세트)



정 가 55,000원